Edda Binder-Iijima

Die Institutionalisierung der rumänischen Monarchie unter Carol I. 1866-1881

SÜDOSTEUROPÄISCHE ARBEITEN

Für das

SÜDOST-INSTITUT MÜNCHEN

herausgegeben von

EDGAR HÖSCH

und

KARL NEHRING

2003

R. OLDENBOURG VERLAG MÜNCHEN

SÜDOSTEUROPÄISCHE ARBEITEN

118

Edda Binder-Iijima

Die Institutionalisierung der rumänischen Monarchie unter Carol I.

1866-1881

2003

R. OLDENBOURG VERLAG MÜNCHEN

Als Inaugural-Dissertation vorgelegt bei der Philosophischen Fakultät der Westfälischen Wilhelms-Universität zu Münster (Westfalen).

Bibliographische Information Der Deutschen Bibliothek
Die Deutsche Bibliothek verzeichnet diese Publikation in der Deutschen Nationalbibliographie; detaillierte bibliografische Daten sind im Internet über <http://dnb.ddb.de> abrufbar.

ISBN 3-486-56819-1

Satz: Kraus PrePrint, Landsberg am Lech
Druck und Bindung: AZ Druck und Datentechnik GmbH, Kempten

Inhaltsverzeichnis

Vorwort

Das in einigen Kulturkreisen gebräuchliche Wort vom Weg, der das Ziel ist, lässt sich auch auf diese Dissertationsarbeit anwenden, die über einen langen Zeitraum entstand und mit tiefgehenden Lebenserfahrungen verbunden ist. Die ersten Archivstudien in Rumänien begannen noch unter der Ceauşescu-Diktatur unter äußerst widrigen Arbeits- und Lebensbedingungen. Ohne die Hilfe von Institutionen und Personen in dieser Zeit wäre die Arbeit nicht möglich gewesen. Mein Dank gilt zunächst dem Deutschen Akademischen Austauschdienst (DAAD), dessen finanzielle Förderung die Voraussetzung für den zweijährigen Forschungsaufenthalt in Bukarest bildete, ebenso der Deutschen Botschaft, die immer wieder bei Schwierigkeiten half. Meine Mitstipendiatin und Freundin, Frau Gudrun Staedel-Schneider, und ich versuchten zusammen die Unwägbarkeiten des Alltags mit Phantasie und Improvisationstalent zu bewältigen, und gemeinsam standen wir die vielen Frustrationen bei den Archivgenehmigungen durch. Auch Frau Gabriele Kaczmarek, Frau Elisabeth Ernst und Frau Dr. Dagmar Galter trugen das ihre dazu bei, vieles erträglicher zu machen. Gleiches gilt für den deutsch-siebenbürgisch-rumänisch-japanischen Freundeskreis in Bukarest. Mit ihnen allen weiß ich mich durch die gemeinsamen Erfahrungen in einer dunklen Zeit verbunden.

Frau Dr. Elena Siupiur vom Institut für Südosteuropäische Studien (Institutul de studii sud-est europene) in Bukarest gilt mein ganz besonderer Dank. Sie und einige wenige Kollegen des Instituts wie Herr Prof. Dr. Andrei Pippidi legten eine große persönliche Würde und wissenschaftliche Integrität an den Tag, für die sie Gefahren in Kauf nahmen, wozu auch der Umgang mit Ausländern gehörte. Die intensiven Gespräche bei einer Tasse Kaffee in den hohen, kalten Räumen des Instituts, das sich damals im Universitätsgebäude befand, bleiben unvergessen. Ungeachtet der eigenen Gefährdung bildete Frau Siupiur die verlässliche Anlaufstelle, wenn sich Probleme ergaben. Ihre Freundschaft gehört zu den wertvollsten Erfahrungen seit jener Zeit. Ebenso möchte ich Herrn Prof. Dr. Dan Berindei danken, der immer bereitwillig auf Wünsche einging und institutionellen Beistand bot. Zu danken habe ich weiter Frau Aioanei vom Zentralen Staatsarchiv, die mir eine große Hilfe bei der Beschaffung von Archivmaterial war und mir manchen wertvollen Tipp gab. Erinnern möchte ich ferner – und damit ein Versprechen einlösen – an den vor wenigen Jahren verstorbenen Antiquar, Herrn R. Sterescu, der uns den Erwerb von Fachliteratur aus vorkommunistischer Zeit ermöglichte, die für Frau

Staedel-Schneider und mich anders kaum zugänglich gewesen wäre. Der Gang zu ihm mit Kaffee und Zigaretten, sein Lebensumfeld und seine Erinnerungen an das vergangene Bukarest gaben dem Aufenthalt jener Jahre eine manchmal irreale, um nicht zu sagen surrealistisch anmutende Note.

Seit 1990 gehören die genannten Schwierigkeiten der Vergangenheit an, nicht aber die gemachten Erfahrungen. Seitdem konnte ich immer wieder von den neuen Freiheiten des Zugangs von Archivmaterialien profitieren, u.a. 1991 mit einem Stipendium der Rumänischen Kulturstiftung (*Fundaţia Culturală Română*), der mein Dank darüber hinaus auch für viele Büchergaben gilt. Auch auf rumänischer Seite konnte man sich nun langsam an die Aufarbeitung eines bis dahin systematisch verleugneten Teils der eigenen Geschichte machen, dem sich die vorliegende Arbeit widmet. Als sie konzipiert wurde, lag ihr als ein Ziel die Sichtbarmachung von historischen Traditionen zugrunde, die der damals offiziellen kommunistischen Ideologie und Historiographie zuwiderliefen. Gerade in der Tabuisierung der monarchischen Vergangenheit trat eine der Legitimationsschwächen der kommunistischen Herrschaft deutlich zutage. Eine Monarchiediskussion zu führen, lag vor dem Umsturz im Dezember 1989 außerhalb des Vorstellungsvermögens. Aber auch bis jetzt gibt es eher tastende Versuche, die sich dieses Themas annehmen, das in vielen Fällen mit bestimmten politischen Vor- und Einstellungen befrachtet ist. Oft entsteht dabei der Eindruck, dass man noch nicht so recht weiß, wie man mit diesem Erbe umgehen soll, aus dem sich ja noch aktuelle Fragen ergeben. Wenn diese Arbeit dazu beitragen kann, offen und vorurteilsfrei den Blick auf politische Grundlagen der rumänischen Variante einer konstitutionellen Monarchie zu lenken und sich mit diesem historischen Erbe mit seinen genutzten und vertanen Chancen auseinanderzusetzen, hätte sie ein von der Autorin intendiertes Ziel erfüllt.

Die Themenstellung dieser Dissertation fällt noch in die Zeit der Lehrtätigkeit meines Hochschullehrers in Göttingen, des viel zu früh verstorbenen Professors Gunnar Hering. Seine unbestechliche wissenschaftliche Argumentationskunst blieb ein Vorbild, das die Arbeit ständig begleitete und immer wieder fruchtbare Zweifel auslöste. Nicht minder dankbar bin ich meinem zweiten Hochschullehrer, Herrn Prof. Dr. Lothar Maier von der Universität Münster, der die Arbeit auf sehr einfühlsame und geduldige Art betreute. Die Offenheit der Diskussionen mit ihm führte immer wieder zu neuen Denkanstößen und gab Ermunterung mit auf den Weg.

In großer Dankbarkeit verbunden fühle ich mich mit meinem Studienfreund Prof. Dr. Hans Knoll und seiner Frau Alicia, die auch in der Ferne nahe blieben und immer regen Anteil an der Arbeit nahmen. Eingedenk gemeinsamer Erfahrungen ließ es sich Herr Knoll nicht nehmen, das fertige Manuskript zu korrigieren und von Argentinien aus zu schicken. So schloss sich ein Kreis der Fertigstellung der Arbeit, der über Rumänien bis Japan mehrere Länder und Kontinente in sich vereinigte. Widmen möchte ich dieses Buch meinen Eltern und meinem Mann, Shoji Iijima. Ihre Unterstützung, die keiner Worte bedurfte, bildete den ruhenden Pol von Vertrauen und Sicherheit mit den dazugehörigen Freiräumen, die für die Abfassung der Arbeit unerlässlich waren.

Vorwort

Die Arbeit lag unter demselben Titel der Philosophischen Fakultät der Westfälischen Wilhelms-Universität Münster vor und wurde von ihr als Dissertation angenommen. Bedanken möchte ich mich bei Prof. Dr. Arnim Heinen für die bereitwillige Übernahme des Korreferats und bei den Herausgebern der „Südosteuropäischen Arbeiten" des Südost-Instituts, München, in dessen Reihe die Dissertation erscheinen kann.

Einleitung

Als am 10./22. Mai 1866 der deutsche Prinz Karl von Hohenzollern-Sigmaringen seine Herrschaft als Fürst Carol I. über Rumänien antrat, wurde er Oberhaupt eines als rückständig geltenden, international als türkische Provinz behandelten Landes, dessen Vereinigung durch den Zusammenschluss der beiden Provinzen Moldau und Walachei erst fünf Jahre zurücklag und stark gefährdet war. Bei seinem Tod am 27.9./10.10.1914 hinterließ der rumänische König Carol I. ein trotz großen Reformbedarfs gefestiges Staatswesen, das unter seiner 48jährigen Herrschaft zu einem politisch wie militärisch respektierten Mitglied unter den europäischen Monarchien aufgestiegen war.
Dabei schien der Beginn dieser Erfolgsgeschichte eher einem operettenhaften Szenario oder den maghrebinischen Geschichten eines Gregor von Rezzori zu entstammen: die Rumänen suchen händeringend einen ausländischen Fürsten, um ihr fragiles Staatsgebilde zu retten, nachdem sie gegen den eigenen Fürsten konspiriert und ihn vom Thron gejagt haben. Den entscheidenden Tipp für einen Thronkandidaten aus dem Hause Hohenzollern und verwandt mit den Bonapartes erhalten sie von einem engagierten Frauenkreis in Paris und küren ihn sofort zu ihrem Fürsten gegen den erklärten Widerstand der europäischen Großmächte und bevor der Erwählte noch etwas davon ahnt. Doch auch er stimmt sofort zu, erscheint ihm doch dieser Thron als göttlicher Fingerzeig bei der Suche nach einem Ausweg aus einer tiefen Lebenskrise, in die ihn die Aussichtslosigkeit und das Einerlei des preußischen Militärdienstes gestürzt haben. Als Geburtshelfer tritt dann Bismarck in Erscheinung, der seinen widerstrebenden König dazu bringt, den Verwandten, der als künftiger Vasall des Sultans der Familie kaum Ehre macht, ziehen zu lassen, um seinen Gegner Österreich, mit dem ein Krieg bevorsteht, von Südosten her in die Zange zu nehmen. Verkleidet als einfacher Passagier und unter falschem Namen, um unterwegs nicht den Österreichern in die Hände zu fallen, muss der designierte Fürst in sein Land reisen. Am 8./20. Mai 1866 betritt er zum ersten Mal rumänischen Boden, ist ganz entzückt von dem exotisch orientalischen Flair seines neuen Fürstentums und den schnellen Postgespannen und wird zwei Tage später in der Hauptstadt Bukarest enthusiastisch als Retter der Nation empfangen.
Diese zwanglose Nacherzählung hebt auf den Kontingenzcharakter des Herrschaftsantritts von Carol I. ab, wo außer der gegenseitigen Abhängigkeit von der Lösung der Lebenskrise auf der einen und der Staatskrise auf der anderen Seite nichts auf eine lange Regierungszeit hindeutete. Eher auf ein Abenteuer, von dem wenigstens „das Vergnügen

eines Coups“ in Erinnerung bleiben würde – so Bismarck.[1] Dass es dem unbedarften Fürst aus dem Westen dennoch gelang, sich zu etablieren und die chronische politische Instabilität der rumänischen Fürstentümer zu überwinden, wirft die Frage nach den Gründen seines Erfolgs auf: wie gelang es dem Fürsten sich an der Macht zu halten, und welche Ausformung erhielt das politische System unter seiner Herrschaft?

Diese Grundsatzfragen zielen auf die Stabilität des Fürstenamts und damit auf das „Institutionelle“.[2] Die Beantwortung führt zu dem Gesamtkomplex der Institutionalisierung, die nach der Definition von Gerhard Göhler verstanden wird als „Regelsystem der Herstellung und Durchführung verbindlicher, gesamtgesellschaftlich relevanter Entscheidungen und Instanzen der symbolischen Darstellung von Orientierungsleistungen einer Gesellschaft.“[3] Göhler unterscheidet weiter zwei Dimensionen von institutioneller Konfiguration, die Willensbeziehung und die Symbolbeziehung, denen wiederum zwei Muster sozialer Beziehungen zugeordnet sind: die Macht und die Repräsentation, auch als transitive und intransitive Macht bezeichnet. Darauf bezogen werden bestimmte Verfahrens- und Verhaltensweisen von Institutionen und von Herrschaftsadressaten, die sich komplementär zueinander verhalten. Während sich die Willensbeziehung durch Macht und Steuerung manifestiert und ihre Legitimation in den modernen Verfassungsstaaten in dem Repräsentationsprinzip findet, erbringt die Symbolbeziehung Orientierung durch Leitideen bzw. Wertvorstellungen und muss durch symbolische Repräsentation für eine Integrationsleistung innerhalb einer Gesellschaft sorgen.[4]

Die Definition von Göhler bietet den Vorteil, dass sie die beiden Aspekte einer direkten und indirekten Herrschaftsausübung von Institutionen mit dem Prinzip der Akzeptanz auf Seiten der Betroffenen verbindet, sie komplementär zueinander in Beziehung setzt und in der Veränderung dieser Bestimmungsfaktoren einen Institutionenwandel untersuchen kann. Dabei bleibt die Frage, welche Entscheidungen unter welchen Bedingungen sich im konkreten Fall als relevant und verbindlich erweisen, sich also auf eine Institutionalisierung prägend auswirken und die betreffende Institution formen oder aber im entgegengesetzten Fall die Herausbildung von institutionellen Sicherheiten behindern. Diese Entscheidungsperformanz politischer Institutionen besitzt daher eine hohe Bedeutung, da sie die Legitimation berührt.

Besonders weitreichende Auswirkungen haben Entscheidungen in Krisensituationen, da sie unmittelbaren Einfluss auf die Stabilisierung oder Destabilisierung des politischen Systems gewinnen. Unter Krise wird „eine unhaltbare Situation verstanden, in der Akteure unter einem Entscheidungs- und Aktionszwang stehen, weil sie eine Bedrohung

[1] Aus dem Leben König Karls von Rumänien. Aufzeichnungen eines Augenzeugen, 1, Stuttgart 1894, S. 18. Bismarck ahnte zu dem Zeitpunkt natürlich nicht, worauf er sich mit Rumänien eingelassen hatte, von dem er später meinte, dass es kein Land, sondern ein Beruf sei.

[2] Göhler, G., Wie verändern sich Institutionen? Revolutionärer und schleichender Institutionenwandel, in: Göhler, G. (Hg.), Institutionenwandel, Opladen 1997, S. 28.

[3] Ibd., S. 29.

[4] Ibd., S. 29-34.

von Zielen darstellt, die für jene unaufgebbar sind."[5] Entscheidungen müssen, wie Karl Deutsch definiert, „unter Zeitdruck"[6] gefällt werden. Kennzeichnend für eine solche Situation ist ein Veränderungsdruck, zugleich aber auch die Offenheit ihres Ausgangs und ihre Nichtdeterminiertheit. Bei fehlenden institutionellen Sicherheiten wie z. B. in dem Anfangsstadium einer neu errichteten oder neu definierten Institution können sich bestimmte Entscheidungen konstitutiv für die Institutionalisierung wie für die Herausbildung des politischen Systems erweisen. Krise wird somit zu einem Relevanzkriterium für den historischen Prozess der politischen Entwicklung Rumäniens für den behandelten Zeitraum, das dessen Ursachen, Strukturen und Folgen sichtbar machen kann.[7]

Ausgehend von diesen Voraussetzungen unternimmt die vorliegende Arbeit den Versuch, die wichtige Anfangsphase der Institutionalisierung der rumänischen konstitutionellen Monarchie während des Zeitraums 1866-1881 aus einer entscheidungstheoretischen Krisenperspektive zu analysieren. Diesem Ansatz folgt die Einteilung in vier große Abschnitte, denen jeweils ein bestimmtes Brennpunktjahr: 1866, 1871, 1876 und 1881 zugeordnet und vorangestellt ist. Bei diesen Jahren handelt es sich bis auf 1881 um Krisenjahre, in denen der Bestand des Staates oder die staatliche Ordnung bedroht waren, sei es durch die Gefahr einer ausländischen Intervention, sei es durch den Angriff strategisch wichtiger Gruppen oder Personen auf bestehende Institutionen des Staates oder beides zusammen. Diese Jahre stehen in einem Zusammenhang mit dem vorangegangenen Zeitabschnitt und verweisen durch die Art ihrer Problemlösung gleichzeitig auf die folgende Entwicklung. Um die Veränderungen bzw. die Ausgestaltung sichtbar zu machen, die die Institution des Fürsten als einer zentralen Entscheidungsinstanz im politischen System betreffen, werden diese Fünfjahreszyklen jeweils mit einer Darstellung der Krisenlage des betreffenden Jahres eingeleitet, die den Unterschied zu der Situation fünf Jahre zuvor herausarbeitet, um dann in den folgenden Kapiteln im Rückblick eine Analyse des politischen Prozesses vorzunehmen, der zu der Krise führte.

Da die Institutionalisierung des Fürstenamts als fundamentales Problem für die Herausbildung des politischen Systems gesehen wird, sowohl von den historischen Voraussetzungen als auch von den Verfassungsprinzipien her, steht die Person des Fürsten naturgemäß im Vordergrund. Die Arbeit ist dementsprechend akteurs- und handlungszentriert ausgerichtet, berücksichtigt aber auch die anderen Machtkomponenten wie Regierung, Parlament und Parteien, Öffentlichkeit und politische Kultur, da nur im Zusammenwirken und in Abhängigkeit von diesen Faktoren der Handlungs- und Spielraum des Fürsten aufgezeigt werden kann, in dem Entscheidungen gefällt werden. Deren Beziehungen untereinander gestalten sich variabel mit in Grundzügen vorgegebenen verfassungsstruk-

5 Jänicke, M., Die Analyse des politischen Systems aus der Krisenperspektive, in: Jänicke, M. (Hg.), Politische Systemkrisen, Köln 1973, S. 33.

6 Deutsch, K. W., Zum Verständnis von Krisen und politischen Revolutionen, in: Jänicke, M. (Hg.), Herrschaft und Krise, Opladen 1973, S. 91.

7 Vierhaus, R., Zum Problem historischer Krisen, in: Faber, K.G., Meier, Ch. (Hg.), Historische Prozesse, München 1978, S. 313-329.

turellen Festlegungen, aber mit veränderbaren politischen und persönlichen Präferenzen und unterschiedlichen Durchsetzungsmöglichkeiten. Bei Parteien wird kein normativer Definitionsbegriff zugrunde gelegt, sondern ihr Selbstverständnis und ihr auf staatliche und öffentliche Willensbildung ausgerichtetes politisches Verhalten, was gewöhnlich auch zur Teilnahme an Wahlen führte, wie das Beispiel der Junimisten zeigt.[8]
Eine besondere inhaltliche Strukturkomponente stellt die Außenpolitik in einem elementaren Verständnis des Wortes dar: d. h. es geht um die Gestaltung der Außenbeziehungen eines halbautonomen Landes unter osmanischer Suzeränität mit einer Kollektivgarantie von fünf Großmächten, eine konfliktträchtige Konstruktion des Vertrags von Paris von 1856. Zum einen standen den Großmächten bestimmte Rechte in wirtschaftlichen und Konsularfragen zu, die sich aus ihren Privilegien in den Beziehungen zum Osmanischen Reich ableiteten und die auf den Widerstand der Rumänen trafen, zum andern führte das rumänische Streben nach vollständiger Unabhängigkeit immer wieder zu Konflikten mit den Garantiemächten. Das enge Ineinandergreifen von außen- und innenpolitischen Faktoren stellte daher ein Charakteristikum der rumänischen Politik dar und blieb nicht ohne Auswirkungen auf die hier untersuchte Institutionalisierung des Fürsten.
Eine untergeordnete Rolle spielen sozioökonomische Bedingungen, von denen als gegebene Größen und als relativ autonome Regelsysteme ausgegangen wird. Sie stehen natürlich nicht außerhalb des Beziehungsnetzes gesamtgesellschaftlicher Zusammenhänge, dennoch gab es ein gewisses Nebeneinander oder auch Indifferenz zwischen Sozialstruktur und politischer Organisationsordnung. Der rumänischen politischen Klasse gelang es, ihre Herrschaft durch Segregation und Exklusion anderer sozialer und nationaler Schichten wie der Bauern und der Juden zu etablieren und zwar sehr erfolg- und folgenreich.[9] Als der neue Fürst Carol ins Land kam, waren bereits wichtige soziale und wirtschaftliche Grundsatzentscheidungen gefallen, die er weder ändern konnte noch wollte, da er andere Modernisierungsprioritäten setzte. Sowohl strukturell als auch von der politischen Handlungsrelevanz her gesehen, wird daher vom politischen System als einer Autonomieeinheit in der rumänischen Gesellschaft ausgegangen, die sich durch Segmentierung und fehlende soziale Zwischeninstanzen auszeichnete.[10]

[8] Hier wird die Definition von Thomas Nipperdey übernommen: Nipperdey, T., Grundprobleme der deutschen Parteigeschichte im 19. Jahrhundert, in: Conze, W. (Hg.), Beiträge zur deutschen und belgischen Verfassungsgeschichte im 19. Jahrhundert, Stuttgart 1967, S. 148. So gibt es auch keine klaren Unterscheidungen zwischen Partei, Gruppe oder Fraktion, die in der rumänischen Parteienlandschaft gleichzeitig benutzt wurden.

[9] Hier verweise ich auf die detaillierte Arbeit von Maier, Lothar, Rumänien auf dem Weg zur Unabhängigkeitserklärung 1866-1877. Schein und Wirklichkeit liberaler Verfassung und staatlicher Souveränität, München 1989. Dort kommen vor allem die wirtschaftlichen, sozialen und finanziellen Kosten der Modernisierung zur Sprache. Siehe auch seinen Aufsatz: Ders., Stadien der Modernisierung Rumäniens. Vom Frieden von Adrianopel bis zur Thronbesteigung Carols II. (1829-1930), in: Zach, K. (Hg.), Rumänien im Brennpunkt. Sprache und Politik, Identität und Ideologie im Wandel, München 1998, S. 13-37.

[10] In diesem Ansatz einer Autonomie des politischen Raumes besteht auch ein wichtiger Unterschied zu der Arbeit von L. Maier.

Die zeitliche Eingrenzung 1866 bis 1881, also zwischen der Wahl Carols zum Fürsten von Rumänien und der Ausrufung zum Königreich, entspricht den Eckdaten der sich vollziehenden Institutionalisierung der konstitutionellen Erbmonarchie, d.h. dem Prozess, in dem deren Organisation und steuerungspolitische und repräsentative Verfahrensweisen Stabilität, Berechenbarkeit und Akzeptanz erlangten und der durch die Sicherung der Erbnachfolge als einer Grundbedingung von Kontinuität zu einem Abschluss kam. Mit der Wahl Carols und der Verfassung von 1866 wurden die Grundlagen für die Errichtung einer konstitutionellen Monarchie geschaffen, dem Regierungsmodell des 19. Jahrhunderts, das sich die Rumänen zum entwicklungspolitischen Vorbild nahmen. Die Erhebung zum Königreich 1881 bedeutete die endgültige Sicherung der Dynastie, die Etablierung eines politischen Systems mit anerkannten Spielregeln und die Integration in die europäische monarchische Staatenordnung.

Im ersten Abschnitt geht es zunächst um die Voraussetzungen und die Ausgangsbedingungen der Wahl eines fremden Fürsten. Die Wirkungsmacht dieses Prinzips ergab sich aus den Forderungen der immer stärker werdenden Nationalbewegung in beiden Fürstentümern nach Union, Repräsentativverfassung und Selbständigkeit. Nicht, weil sich die Rumänen nicht selbst regieren konnten, wie sich rumänische Historiker hervorzuheben bemüßigt fühlen,[11] sondern weil die einheimischen Fürsten sich als unvereinbar mit den nationalen Zielen erwiesen, wurde das Prinzip eines ausländischen Fürsten und der Errichtung einer Erbmonarchie auf konstitutioneller Grundlage zu einer Hauptforderung der Nationalbewegung, besonders in den 50er Jahren, erhoben.[12] Dies gelang durch die Inthronisierung von Carol I., mit der die seit dem Ende des Phanariotenregimes 1821 andauernde Legitimationskrise des Fürstenamts zunächst einmal gelöst wurde. Die Umstände seiner Wahl, die ebenfalls zur Sprache kommen, sind insofern relevant, da sie zu bestimmten Implikationen und Schwierigkeiten bei seinem Herrschaftsbeginn führten. Der Widerstreit zweier Prinzipien: die nationale Selbstbestimmung und die Respektierung internationaler Verträge, ging in einer für die Rumänen vorteilhaften außenpolitischen Konfiguration zu ihren Gunsten aus, behielt aber sein Konfliktpotenzial für die kommenden Jahre mit destabilisierenden Folgen. Die euphorische Erwartungshaltung und Aufbruchstimmung bei der Ankunft des Fürsten verdeckten zunächst das Faktum, dass die außen- wie innenpolitischen Voraussetzungen für seine dauerhafte Etablierung ambivalent waren.

Die institutionelle Grundlage für das neu konzipierte politische System wurde mit der Verfassung von 1866 gelegt, wobei man sich der belgischen Verfassung als Modell bediente und damit das System von *check and balances* im Machtgefüge der Staatsorgane übernahm. Für den Fürsten stellte sich in besonderer Weise das Legitimationsproblem,

11 So z. B. Chiriţă, G., De la domnia pământeană la dinastia de Hohenzollern (1859-1866). Prerogativele şi însemnătatea domniei în edificarea statului român modern (I), in: Revista istorică, V, 1994, S. 733.

12 Zu dem politischen Willensbildungsprozess zu diesem Thema: Georgescu, V., Istoria ideilor politice româneşti (1369-1878), München 1987, S. 153ff., bes. 157f.

was im 19. Jahrhundert allgemein die Monarchien betraf. Nach der dieser Arbeit zugrunde liegenden These konnte sich der Fürst nur durch seine Effizienz legitimieren, indem er die ihm von der Verfassung zugeschriebenen Ausgleichs- und Integrationsfunktionen erfüllte. Gleichzeitig konnte er sich in seinem Handeln nur auf die Verfassung stützen als Ursprung seiner Legitimation. Institutionalisierung und Legitimierung waren eng aufeinander bezogen.

Im zweiten Abschnitt, den das turbulente Jahr 1871 einleitet, geht es um das Scheitern des Fürsten, die mit seiner Ankunft verbundenen Erwartungen zu erfüllen. Ein Vergleich zwischen dem hoffnungsfrohen Aufbruchsjahr 1866 und dem krisengeschüttelten Jahr 1871 mit seinen Frustrationen macht deutlich, dass sich an den rumänischen Zuständen mit ihrer politischen Instabilität und ihren wirtschaftlichen und finanziellen Defiziten nichts geändert hatte. Gesehen wird diese Instabilität im Rahmen des Institutionalisierungsprozesses der durch die 1866er Verfassung neu bestimmten Staatsorgane Fürst, Regierung und Parlament, denen es im Sinne der eingangs genannten Definition von Göhler nicht gelang, ein Regelsystem von verbindlichen und akzeptierten Entscheidungen durchzusetzen und dadurch die eigenen Zuständigkeitsbereiche abzustecken. Da der auf die Frage von Parlaments- oder Fürstenherrschaft zugespitzte Konflikt nach den Vorstellungen des Fürsten nur durch eine autoritäre Verfassungsänderung gelöst werden konnte, diese aber nicht durchsetzbar war, entschied er sich zur Abdankung. Dieser Entschluss am 10./22. März 1871 geriet zum Wendepunkt der fürstlichen Legitimitätskrise und erwies sich als wegweisend für die Herrschaftsausübung des Fürsten, da er einen Paradigmawechsel in der Ausgestaltung der Institution Fürst einleitete, in der sich das Verhältnis zwischen direkter Machtbeziehung und übergeordneter Repräsentation zugunsten der letzteren Funktion veränderte.

Die seit 1871 eingetretenen Änderungen wurden im Jahr 1876 sichtbar, mit dem der dritte Abschnitt beginnt. In diesem Jahr geriet das politische System erneut in eine Krise, die in ihren äußeren Erscheinungsformen denen von 1871 glich. Dennoch kam es zu keiner vergleichbaren Bedrohung für das bestehende Herrschaftssystem wie fünf Jahre zuvor, was an der konsolidierten Stellung des Fürsten lag, dem ein effektives Krisenmanagement durch die institutionelle Steuerung eines Macht- und Regierungswechsels gelang. Die Leitfragen des dritten Abschnitts, der sich mit der fünfjährigen Stabilitätsperiode der konservativen Regierung L. Catargiu 1871-1876 befasst, konzentrieren sich auf die Faktoren, die eine Konsolidierung der Regierung und des Fürsten bewirkten, wie z. B. veränderte Verhaltensmuster, politische Lernfähigkeit und Rationalisierung der Amtsausübung.

Der vierte Abschnitt schließlich beginnt mit dem Jahr 1881, in dem sich Rumänien zum Königreich proklamierte. Im Mittelpunkt dieses Jahres steht der vom Fürsten wie von den rumänischen Politikern gleichermaßen gefeierte Erfolg der Erfüllung ihrer nationalen Ziele von Unabhängigkeit und Gleichstellung mit anderen europäischen Monarchien, was sich in den Krönungsfeierlichkeiten manifestierte. Zugleich setzten diese aber auch ein unmissverständliches Zeichen der Abgrenzung gegenüber den europäischen Großmächten und der Abwehr einer Politik der Einmischung, die in rumänischen Augen das

Land um seinen berechtigten Sieg gebracht hatte. Die Krönungsfeierlichkeiten waren Ausdruck sowohl eines gestiegenen Nationalstolzes wie einer tiefsitzenden Kränkung, die in dem militärischen Erfolg an der Seite Russlands gegen die Türkei 1877 und den anschließenden Friedensbedingungen des Berliner Kongresses begründet lagen. Welche Bedeutung diese Ereignisse für die rumänische Politik insgesamt und für den Fürsten besaßen, soll als erkenntnisleitende Frage im vierten Abschnitt untersucht werden.

Historiographisch gesehen, steht eine kritische Aufarbeitung der Rolle des Fürsten, seiner Stellung im politischen System und seiner Herrschaftstechniken erst am Anfang.[13] Auf rumänischer Seite dominierte vor der Errichtung des kommunistischen Machtsystems und dem Ende der Monarchie im Dezember 1947 naturgemäß eine positive Bewertung über die Verdienste des Fürsten/Königs um die Stabilität des Landes und die Unabhängigkeit. Respektiert wurden ebenso seine Autorität und moralische Integrität. Er galt als der Begründer des modernen Rumänien, Schöpfer des Königreichs, wobei die Interpretation über die 48jährige Regierungszeit in der Regel vom Erfolg seiner Herrschaft bestimmt wurde.[14] Dieses Bild änderte sich in das genaue Gegenteil während der kommunistischen Zeit. Trotz Nuancen in der Bewertung des Fürsten und der Monarchie herrschten aufs Ganze gesehen Ignorierung und Diffamierung vor. *Per definitionem* war der Fürst bzw. König der Ausbeuter des Volkes im Verein mit der gutsbesitzenden und

[13] Vgl. dazu die Übersicht in: Michelson, P. E., Carol I (1866-1914) in Modern Romanian History and Historiography, in: Treptow, K. W. (Ed.), Biography and Romanian Studies. Biografie şi studii româneşti, Iaşi, Oxford, Portland 1998, S. 80-91.

[14] Als erfolgreicher Staatsmann sah sich Carol auch selbst. Ein sehr geschöntes Bild vermittelt die von ihm mitgestaltete Biographie von Paul Lindenberg: König Karl von Rumänien. Ein Lebensbild dargestellt unter Mitarbeit des Königs, 2 Bde. Berlin 1923. Dimitrie A. Sturdza hat mit seinen zahlreichen Schriften und Dokumentenbänden zur Regierungszeit Carols die Bedeutung der Monarchie immer wieder herausgehoben und historisch zu belegen gesucht. Sturdza, D. A. (Hg.), Charles Ier. Roi de Roumanie. Chronique-Actes-Documents, t.1, 1866-1875, Bucarest 1899. Ders. (Hg.), Domnia Regelui Carol I. Fapte-cuvîntări-documente, t. 1 1866-1876, Bucureşti 1906. Zu seinem Schriftenverzeichnis: Bibliografia românească modernă (1831-1918), Vol. IV, Bucureşti 1996, S. 418-425. Allgemein zu dem bis 1916 erschienen Schrifttum zu Carol: Băcilă, Ion C., Bibliografia domniei regelui Carol I al României, Bucureşti 1916. Giurescu, Constantin C., Cuvântările Regelui Carol I, 1866-1914, I, 1866-1886, Bucureşti 1939, S. 2. Tzigara-Samurcaş, Al. (Hg.), Din viaţa regelui Carol I, Bucureşti 1939, S. 1. Der nationalistisch geprägte und der Modernisierung des Landes gegenüber kritisch eingestellte N. Iorga hatte hingegen seine Schwierigkeiten mit Carol, da ihm nach seinem Dafürhalten die Liebe des Volkes abging und er die konstitutionelle Monarchie eher als Fremdkörper einstufte: Iorga, N, Supt trei regi. Istorie a unei lupte pentru un ideal moral şi naţional, Bucureşti 1932, S. 3ff. Eine bemerkenswerte Darstellung stammt aus der Feder zweier faschistischer Autoren mit einer klar antijüdischen und fremdenfeindlichen Einstellung, aber auch mit einer kritischen Sichtweise auf die rumänische Politik, Gesellschaft und Mentalität, in denen sich der Fürst behaupten musste. Polihroniade, M., Tell, A.-Ch., Domnia lui Carol I, Vol. I, 1866-1877, Bucureşti 1937. Von Polihroniade stammt auch der Beitrag: Viaţa politică sub Carol I, in der groß angelegten Übersichtsenzyklopädie: Enciclopedia României, Vol. I: Statul, Bucureşti 1939, S. 863-883.

bourgeoisen Führungsschicht, während das geschichtliche Ziel des rumänischen Volkes der Kampf für die Republik darstellte. Die moderne Geschichte nach Cuza reduzierte sich auf den Unabhängigkeitskrieg 1877 und den Bauernaufstand von 1907. Da die Monarchie gerade in der Zeit von 1944-1947 die pluralistische Herrschaftsalternative zu den Kommunisten und die politische wie ideologische Verbindung zum Westen darstellte, fiel ihre Tabuisierung bzw. ihre negative Geschichtsselektion umso stärker aus. Dabei konnte man sich zusätzlich des Faktums bedienen, dass die Königsdynastie auf einen ausländischen Begründer zurückging und somit als Instrument fremder Interessen anzusehen war.[15]

Der Sturz der kommunistischen Diktatur im Dezember 1989 befreite auch die Geschichtsschreibung von ihren ideologischen Vorgaben und ermöglichte eine Aufarbeitung von weißen Flecken, zu denen die monarchische Vergangenheit gehörte.[16] Viele Bücher und Abhandlungen konnten nun erscheinen, die das Wissensdefizit über die Errichtung einer konstitutionellen Monarchie verringerten und die Bedeutung der Monarchie für die moderne rumänische Geschichte wieder ins Bewusstsein brachten und zum Gegenstand historischer Forschung machten.[17] Zum Teil dauern dabei aber noch die alten Denkmuster in Bezug auf einen linearen Prozess der Bildung eines einheitlichen und unabhängigen Nationalstaats fort, nur dass der Fürst jetzt als insgesamt positive Figur

15 Siehe das bis 1878 gehende vierbändige kommunistische Standardwerk der rumänischen Geschichte, hrsg. von der Rumänischen Akademie: Istoria Romîniei, Vol. IV, Bucureşti 1964, S. 530. Sammlungen antidynastischer Schriften: Ţuţui, Gh., Popa, M., Hohenzollernii în Romînia, Bucureşti 1962. Monarhia de Hohenzollern, văzută de contemporani. Antologie, Bucureşti 1968. Ene, V. (Hg.), Adevărul despre regi, Bucureşti 1977. Ghimeş, G. (Hg.), Gîndirea social-politică antimonarhică si republicană din România, Bucureşti 1979. Rusu, D. (Hg.), Republica în România de la idee la faptă, Iaşi 1988. In der Spätphase der nationalkommunistischen Interpretation konnte Carol zumindest als ein positiver Faktor des rumänischen Unabhängigkeitsstrebens wahrgenommen werden. Vgl. dazu die Ausgabe des „magazin istoric" aus dem Jahre 1972 (VI) mit der von 1978 (XII). Generell zu dem Problem politischer Geschichtsschreibung: Georgescu, V., Politică şi istorie. Cazul comuniştilor români 1944-1977, hg. v. R. Popa, Bucureşti 1991.

16 Papacostea, Ş., Captive Clio: Romanian Historiography under Communist Rule, in: European History Quaterly, 26, 1996, S. 181-208.

17 Siehe dazu die bibliographischen Überblicke in: Michelson, P. E., Romanian Politics 1859-1871. From Prince Cuza to Prince Carol, Iaşi, Oxford, Portland 1998, S. 15-25, und in: Damean, S. L., Carol I al României 1866-1881, Bucureşti 2000, S. 15ff. Maier, Rumänien, S. 20ff. Docea, V., Istoria monarhiei între inerţie şi resurecţie, in: Xenopoliana, 1, 1993, S. 70-77. Dieser Aufsatz sowie andere zu verschiedenen Aspekten der Herrschaft und Person Carols I. wurden in einem Sammelband von demselben Autor, der sich um eine Aufarbeitung der Geschichte über Carol und die konstitutionelle Monarchie bemüht, veröffentlicht: Docea, V., Carol I şi monarhia constituţională. Interpretări istorice, Timişoara 2001. Eine Faktengrundlage bietet Mamina, Ion, Monarhia constituţională în România. Enciclopedie politică. 1866-1938, Bucureşti 2000. Zu Einzelaspekten: Tănăsoiu, C., Iconografia regelui Carol I, Timişoara 1999. Docea, V., Proiectele matrimoniale ale principelui Carol I al României, in: Arhiva genealogică, IV (IX), 1997, S. 271-295.

und entscheidender Faktor für das nationale Ziel der Unabhängigkeit gewertet wird.[18] Andere Darstellungen über die Verdienste der Monarchie erschienen als historische Begründungen für die Wiedereinführung der Monarchie als positiven Gegenentwurf gegenüber dem von Exkommunisten dominierten Herrschaftssystem nach 1989.[19] Ein immer noch zu beobachtender Grundzug vieler rumänischer Darstellungen ist dabei die Identifizierung mit der eigenen Geschichte und eine Rechtfertigungshaltung, die von vornherein die rumänische Politik als gut und legitim ansieht.[20] So wird z. B. kaum thematisiert, dass der ausländische Fürst auch einen Unruhefaktor darstellte, dass mit seiner Wahl der Pariser Vertrag von 1856, der die Sicherheit des Landes garantierte, weiter ausgehöhlt wurde, dass seine Politik große destabilisierende Konsequenzen mit sich brachte. Diese mangelnde Distanz gilt in besonderem Maße für die rumänische Politik während der Balkankrise 1876-1880, die immer noch als konsequente Umsetzung legitimer nationaler Ziele interpretiert wird, ohne die tiefgehenden innerrumänischen Debatten und deren Destabilisierungseffekte zu berücksichtigen.

Die neuere nichtrumänische Historiographie hat sich bis jetzt mit der Person und Politik des Fürsten Carol vor allem im Rahmen von Einzel- oder Gesamtdarstellungen des hier behandelten Abschnitts rumänischer Geschichte beschäftigt, ohne ihn ins Zentrum zu stellen. Eine Pionierarbeit stellt dabei die umfangreiche Untersuchung von Lothar Maier dar, der Sozialverfassung, Modernisierungsprogramme und politische Entwicklung von 1866 bis 1877 in ihrer Wechselwirkung analysiert und die Diskrepanz sowohl zwischen Verfassung und Verfassungswirklichkeit wie auch zwischen der nationalen Programmatik der Unabhängigkeit und der wachsenden wirtschaftlich-finanziellen Abhängigkeit herausstellt. In vielen Bereichen, besonders auf dem Wirtschafts- und Finanzsektor, kann die vorliegende Arbeit immer wieder auf dieses Referenzwerk verweisen, während in der politischen Entwicklung andere Akzente gesetzt werden. Die beiden Bücher des

18 Als Vertreter kann hier Anastasie Iordache genannt werden, der sich in vielen Darstellungen mit Politik und Personen dieser Zeit befasst hat. Iordache, A., Instituirea monarhiei constituţionale şi regimului parlamentar în România, Bucureşti 1997, S. 5f. Eines der ersten Werke zu diesem Thema nach 1989: Ioan Scurtu, Monarhia în România 1866-1947, Bucureşti 1991, zeichnet sich noch durch einen antimonarchischen Grundton aus und ist mehr oder weniger ein Auszug aus seinem Buch: Contribuţii privind viaţa politică din România: Evoluţia formei de guvernămînt in istoria modernă şi contemporană, Bucureşti 1988.

19 Hossu, A.-I., Istoria monarhiei române, Bucureşti 1995; Hossu-Longin, V., Monarhia românească, Bucureşti 1994. Ein Plädoyer für die Monarchie ist auch die kleine Schrift von Andrei Pippidi: România Regilor, Bucureşti 1994.

20 Diese Tendenz der Identifizierung ist auch in der sich um eine Rehabilitierung des Fürsten bemühenden Darstellung von S. L. Damean, Carol I al României 1866-1881, zu beobachten. Einen Alternativentwurf zu der bis jetzt herrschenden nationalistisch geprägten Geschichtsschreibung versuchte Florin Constantiniu, O istorie sinceră a poporului român, Bucureşti 1997, der aber an vielen Stellen sehr inkohärent wirkt und seine Abgrenzung bisweilen sehr aufgesetzt betreibt. Um eine wirkliche Entmythologisierung der rumänischen Historiographie bemüht sich hingegen in vielen Veröffentlichungen der Historiker Lucian Boia. Stellvertretend sein Buch: Istorie şi mit în conştiinţa românească, Bucureşti 1997.

amerikanischen Rumänienspezialisten Paul Michelson über die Cuza-Regierung und die ersten fünf Jahre der Herrschaft Carols, die auf weiten Strecken identisch sind, beschäftigen sich vor allem mit den innenpolitischen Auseinandersetzungen und operieren mit Krisen und Konflikten, allerdings mehr in narrativer als in analytischer Hinsicht.[21] Dabei kommt auch immer wieder die Rolle des Fürsten zur Sprache, dennoch bleiben aufgrund der fehlenden Kenntnisse der deutschen Primärquellen Anteil und Gewichtung der politischen Entwicklung unklar bzw. unvollständig. Dieselbe Feststellung trifft auch für die Gesamtdarstellungen der rumänischen Geschichte zu, in denen der Fürst vor allem in seiner Bedeutung für die Unabhängigkeit und die Stabilität gewertet wird.[22] Die Wechselwirkung zwischen europäischer Diplomatie, Außenpolitik und rumänischem Nationalismus untersucht F. Kellogg in einer informationsreichen Studie, die allerdings wegen des mangelnden innenpolitischen Hintergrunds einige analytische Schwächen aufweist.[23] Auf wichtige historiographische Diskussionen zu einzelnen Problemen wird an der betreffenden Stelle in der Arbeit eingegangen werden.

Generell wird der Fürst sowohl von rumänischer (vor 1947 und nach 1989) wie von nichtrumänischer Seite als wichtiger Bestandteil der nationalen Unabhängigkeits- und Modernisierungspolitik gesehen, wo er zu einer treibenden Kraft wurde. Im Allgemeinen gilt er als positive Figur für die rumänische Geschichte, als Garant von Stabilität und Sicherheit, mit seiner Disziplin, Korrektheit und Beharrlichkeit fast als ein Gegenbild zur rumänischen Gesellschaft und Politik.[24] Dabei ist dieses Urteil über ihn gewöhnlich von seinem späteren Herrschaftsstil geprägt, bei dem sich bestimmte Formen verfestigt oder auch ritualisiert hatten, während die Anfangsperiode allgemein als eine Vorstufe gilt in ihrer Funktion als Lehr- und Anpassungszeit. Aber gerade in dieser Zeit wurden die entscheidenden Weichen für die spätere Ausformung des politischen Systems gestellt. Um den Anteil des Fürsten daran zu verstehen, ist vor allem die Kenntnis seiner privaten Schriftzeugnisse notwendig, die Auskunft über seine Auffassung, seine Ziele und sein

[21] Michelson, P. E., Romanian Politics 1859-1871; Ders., Conflict and Crisis. Romanian Political Development, 1861-1871, New York, London 1987. Beide Werke beruhen auf seiner 1975 als Xerokopie erschienenen Dissertation: Conflict and Development in Romanian Politics, 1861-1871.

[22] Hitchins, K., Rumania 1866-1947, Oxford 1994. Dessen Stärke liegt vor allem auf der innerrumänischen Modernisierungsdebatte, während seine Urteile im politischen Teil manchmal zu pauschal wirken bzw. von rumänischen Arbeiten übernommen wurden. Durandin, C., Histoire des roumains, Paris 1995, eine unkonventionelle und anregende Arbeit, in der auf der Basis von Reflexionen über grundlegende Widersprüche in der rumänischen Geschichte oft die Interpretation die Fakten vorgibt.

[23] Kellogg, F., The Road to Romanian Independence, West Lafayette 1995. Auch diese Arbeit basiert nur wenig verändert auf seiner 1969 als Xerokopie erschienenen Dissertation: Rumanian Nationalism and European Diplomacy, 1866-1878.

[24] Vgl. dazu die Charakterstudie von Kremnitz, M., König Karl von Rumänien. Ein Lebensbild, Breslau 1903. Ebenso die Einleitung der von Sidney Whitman herausgegebenen englischen Zusammenfassung der Memoiren von Carol: Whitman, S., Reminiscences of the King of Roumania, London, New York 1899.

konkretes politisches Handeln geben. Die wichtigsten Quellen stellen dabei seine Tagebücher dar, die im Staatsarchiv Bukarest aufbewahrt werden, und die Korrespondenz mit seiner Familie, besonders mit dem Vater, sowie mit anderen ihm nahe stehenden Personen, die sich im Staatsarchiv Bukarest und im Haus-, Hof- und Domänenarchiv in Sigmaringen befinden. Diese persönlichen Zeugnisse, die bis jetzt noch nie ausgewertet wurden und auf denen diese Arbeit in wichtigen Aussagen beruht, machen vor allem seine Entscheidungsfindungsprozesse und Handlungsmotive sichtbar. Während die zu Lebzeiten des Königs veröffentlichten bearbeiteten Tagebücher, die ebenfalls über den Zeitraum 1866-1881 gehen, eine politische Botschaft über den unter seiner Herrschaft gelungenen Aufstieg Rumäniens enthalten, eröffnen die Originaltagebücher und -briefe einen direkten Zugang zum Geschehen mit teilweise neuen Fakten und anderen Einblicken in bestimmte Problembereiche, was eine Neubewertung seiner Politik mit ihren destabilisierenden und stabilisierenden Auswirkungen erlaubt.[25]
Neben dem privaten Archivmaterial sind es vor allem die Handakten des Fürsten/Königs in dem *Fond Casa Regală* des Bukarester Staatsarchivs, die für die Politik des Fürsten herangezogen wurden, in denen sich übrigens auch die Konsularberichterstattung der österreichischen Generalkonsuln in maschinenschriftlicher Abschrift zu unterschiedlichen Zeitabständen befindet. Sie enthalten eine Fülle von teils privaten, teils offiziellen Materialien und Dokumenten zur Innen- und Außenpolitik, Briefe, Memoranden, Schriftstücke zur Hofverwaltung etc. Sie sind zum großen Teil den Jahreszahlen zugeordnet, die sich aber nicht immer als zuverlässig erweisen. Eingesehen wurden auch Aktenbestände des Außenministeriums und viele private Nachlässe von Politikern in der Akademiebibliothek und der Handschriftenabteilung der Zentralen Staatsbibliothek, die sich ebenfalls durch eine sehr große chronologische und inhaltliche Diversität auszeichnen und wo persönliche und offizielle Schriftstücke teilweise sehr durcheinander liegen, was insgesamt die Zuordnung von Informationen oft erschwert hat.
Herangezogen wurde schließlich die Berichterstattung der preußischen/deutschen Generalkonsuln im Politischen Archiv des Auswärtigen Amtes. Diese besaßen aufgrund der Herkunft und der Verbindung des Fürsten zu Deutschland eine besondere Nähe zu

[25] Aus dem Leben König Karls von Rumänien. Aufzeichnungen eines Augenzeugen. 4 Bände, Stuttgart 1894, 1894, 1897, 1900. Sie sind eine Fundgrube für persönliche wie offizielle Dokumente, übrigens auch für die deutsche Politik. Die Kompilatorin war Mite Kremnitz. Zu ihrer Person: Grebing, R., Mite Kremnitz (1852-1916). Eine Vermittlerin der rumänischen Kultur in Deutschland, Frankfurt, Bern 1976. Tzigara-Samurcaş, Al., Memorii, Bd. 1, Bucureşti 1991, S. 72; Bd. 2, Bucureşti 1999, S. 69. Zu dem Verhältnis von veröffentlichten Tagebüchern und Originalaufzeichnungen s. den in Kürze erscheinenden Aufsatz: Binder-Iijima, E., Die Chronik des Aufstiegs Rumäniens: Tagebuchmemoiren und Tagebuch König Carols I. von Rumänien. Die „Aufzeichnungen" begannen bereits 1892 als Serie in der „Deutschen Revue" zu erscheinen. Das private Archivmaterial des Königs figuriert in dem Staatsarchiv Bukarest sowohl unter der Bezeichnung „Fond Regele Carol I" (Titel des Findbuches) als auch „Carol I Personale". Die Tagebücher lagen mir zunächst in ihrer Originalform vor, später erhielt ich sie als Mikrofilm, was in den Fußnoten angegeben wird (m.r.). Docea, V., Jurnalul regelui Carol I, in: Ders., Carol I. şi monarhia constituţională, S. 141-160.

ihm, was vor allem für die Zeit bis 1871 zutrifft, in der die deutschen Generalkonsuln eine ausgesprochene Ratgeberfunktion für den Fürsten innehatten und ihn im Sinne der preußischen Politik beeinflussten. Das änderte sich erst nach 1871, als sich Carol vom deutschen Einfluss im Gefolge der Eisenbahnkrise zu emanzipieren begann. Im Allgemeinen ist hierbei von einer dem Fürsten gewogenen Einstellung auszugehen, kritisch aber gegenüber der rumänischen Gesellschaft und Politikkultur.[26]

Besonders auf die Anfangszeit 1866-1871 werfen die hier benutzten Quellen ein neues Licht. Das betrifft z. B. die Vorgänge um die Einführung des Artikels 7 der Verfassung mit dem Verbot einer Einbürgerung von Juden und den bis jetzt in diesem Ausmaß nicht bekannten Expansionsdrang des Fürsten in Sachen Unabhängigkeit, Militärreform, Bewaffnung sowie Eisenbahnbau. Hier begegnet man einer Persönlichkeit, deren vorherrschende Züge eine kaum gezügelte Ungeduld, Missachtung von Verfassungsvorschriften und internationalen Verträgen, Einseitigkeit und Ausgrenzung von Politikern darstellen. Vergleicht man die Bewertungen späterer Zeiten, scheint es sich kaum um dieselbe Person zu handeln. Die von Carol I. mit wenig Rücksicht auf die tatsächlich vorhandenen Möglichkeiten des Landes vorgenommene Umsetzung seiner Pläne trug maßgeblich zu der instabilen Lage des Landes bei und brachte ihn mit an den Rand des Scheiterns, ein Faktum, das von ihm selbst nie reflektiert wurde. Auch die Abdankungsentscheidung kann anhand dieser Quellen unmittelbar verfolgt und neu gewichtet werden.

Desgleichen gewinnt der Machtwechsel 1876 von den Konservativen zu den Liberalen ein genaues Profil von Entscheidungsabläufen, die die gewandelten Herrschaftstechniken des Fürsten in einer Krise demonstrieren und die veränderten institutionellen Rahmenbedingungen aufzeigen. Im Gegensatz zu der häufig anzutreffenden These, dass vor allem die seit 1875 schwelende Balkankrise den Wechsel erforderlich gemacht habe, werden innenpolitische Gründe als die ausschlaggebenden angesehen.

Als besonders schwieriges Thema erwies sich die Behandlung der Balkan- und der Anerkennungskrise als Folge der Berliner Kongressbeschlüsse von 1878. Das hängt zum einen mit der fast unüberschaubaren Literatur über Voraussetzungen, Verlauf und Folgen der Ausrufung der Unabhängigkeit und des Krieges gegen das Osmanische Reich von 1877 zusammen und deren kaum zu ertragende nationalistische Glorifizierung in den nationalkommunistischen Jahren unter Ceauşescu. Besonders die hundertjährige Wiederkehr der Unabhängigkeit 1977 gab Anlass zu einer ganzen Flut von Darstellungen und der Herausgabe von entsprechenden Dokumentenbänden.[27] Unter den gebetsmühlenhaft wiederholten Floskeln über das jahrhundertealte nationale Unabhängigkeitsstreben und die großartigen militärischen Erfolge musste erst einmal die darunter liegende Quellenbasis rekonstruiert werden, die einen anderen Charakter der rumänischen Politik offen legte. Im Gegensatz zu dieser Abundanz an Literatur stand das große Schweigen über die Bessarabien- und Judenfrage, was sich erst nach dem Sturz der kommunistischen

[26] Zu diesem Komplex der ausländischen Berichterstattung s. Maier, Rumänien, S. 17ff.

[27] Einen ausführlichen bibliographischen Überblick gibt der von der rumänischen Akademie herausgegebene Band: Independenţa României. Bibliografie. Bucureşti 1979.

Diktatur änderte, ohne dass es allerdings bis jetzt zu einer kritischen Bewertung außer der Verurteilung über den „Raub von Bessarabien" gekommen ist.[28]
Bei der Erörterung der Orientalischen Krise und der Anerkennungskrise ergeben sich daher eine ganze Reihe von Neubewertungen, die die tiefgehenden Konflikte und die Uneinigkeit der politischen Führungsschicht bei der Kriegsfrage und der Bewältigung der Kriegsfolgen hervorheben. Vor allem gab es keinen linearen Entscheidungsprozess für einen Krieg, auch wenn die Präferenz des Fürsten dafür eindeutig vorhanden war. Die Orientalische Krise zeichnete sich durch große Unsicherheiten und Unwägbarkeiten für die rumänische Politik aus, der auch der Zufall zur Hilfe kam, um Ziele zu verwirklichen. Anders als immer wieder nahe gelegt, wurde die Unabhängigkeit nicht aus einem Überlegenheitsgefühl nationaler Stärke, sondern aus der Verwundbarkeit gegenüber Russland heraus ausgerufen. Ebenso wird deutlich, dass der Krieg an der Seite Russlands von der Mehrheit der politischen Elite abgelehnt wurde, was sich dann auf die Art und Weise der Lösung der Bessarabienkrise negativ auswirkte.
Auch bei der Anerkennungskrise im Gefolge des Berliner Kongresses von 1878 werden neue Akzente gesetzt, die auf die Überforderung des politischen Systems aufgrund des Lösungszwangs mehrerer Teilkrisen mit der Regelung der Judenemanzipation im Zentrum abstellen. Deren Brisanz hing in erster Linie mit den Kosten der Union für die Moldau zusammen – auch dies ein Punkt, der in der rumänischen Geschichtsschreibung gewöhnlich übersehen wird, da er nicht in das historische Interpretationsschema von nationaler Einheit passt. Generell wird die so genannte Judenfrage seit 1866 als folgenschwere Hypothek der Einigung der beiden Fürstentümer gesehen mit tief gehenden Auswirkungen für die gesamte rumänische Politik. Zur Sprache kommt weiter die verhängnisvolle Verbindung von militärischem Sieg und politischer Demütigung, die die Ausprägung des rumänischen Nationalismus und den politischen Willen zu Sozialreformen nachhaltig beeinflussen sollte. Ein bis jetzt unbekannt gebliebener Punkt ist auch die Rolle Bismarcks, der maßgeblichen Anteil am Zustandekommen der Erbfolgeregelung hatte und dadurch die rumänische Dynastie endgültig akzeptierte.
Sowohl mit Hilfe des konzeptionellen Ansatzes einer Institutionalisierung als auch der Auswertung bis jetzt nicht erschlossener Quellen verfolgt die Arbeit das Ziel, den Institutionenwandel des Fürstenamts unter Carol I. zu verdeutlichen und neue Einsichten auf die Ausformung der konstitutionellen Monarchie in Rumänien zu ermöglichen. Dabei vollzog sich ein mühsamer Anpassungsprozess an abstrakte Normen und entpersonifizierte Herrschaftsbeziehungen zwischen Fürst und politischer Elite. Für den Fürsten gilt speziell, dass er sich erst behaupten konnte, als er nach einem konfliktreichen Lernprozess nicht mehr seine Person zur Richtschnur seines Handelns nahm, sondern sein Land.

[28] Stan, A., Rezistență la raptul Basarabiei în 1878, in: Revista istorică, 3, 1992, S. 61-80. Das Buch von Constantinesco, N., Romania on the European Stage 1875-1880. The Quest for National Sovereignty and Independence, New York 1998, bringt keine neuen Ergebnisse und stützt sich auch nicht auf unveröffentlichtes Archivmaterial, so dass seine Darstellung oft nur an der Oberfläche bleibt.

Zum Schluss noch einige technische Hinweise. Zu den Daten sei angemerkt, dass sie gewöhnlich in beiden Stilen, sowohl nach dem julianischen (alter Stil), als auch nach dem gregorianischen (neuer Stil) Kalender angegeben sind, deren Unterschied im 19. Jahrhundert zwölf Tage betrug. Wo nur eine Datumsangabe erwähnt ist wie generell bei den Konsularberichten, handelt es sich, wenn nicht anders vermerkt, um den neuen Stil, unklare Angaben wurden mit einem Fragezeichen versehen.

Was die rumänische Währung betrifft, so beendete erst die Währungsreform von 1867 und der zugleich erfolgte Beitritt Rumäniens zur lateinischen Münzkonvention das Nebeneinander verschiedener Währungen im Land. Die neue Leiwährung wurde im Verhältnis 1:1 an den Franc gekoppelt. Ein neuer Leu (= 2.70 alte Lei) entsprach somit einem Franc.[29] Bei den Ortsnamen wurde außer bei Bukarest die rumänische Schreibweise übernommen.

Die Memoiren von Ion Bălăceanu mit dem Titel „Souvenirs politiques et diplomatiques 1848-1903", die sich als Typoskript in der Handschriftenabteilung der rumänischen Akademiebibliothek befinden,[30] lagen mir in zwei Versionen vor. Da mir nur wenige Kopien aus dem Exemplar der Akademiebibliothek gestattet wurden, erhielt ich ein zweites Typoskript aus dem Besitz eines Nachkommens der Bălăceanu-Familie, Herrn Romalo in Bukarest, der mir sein Exemplar für Kopien großzügig zur Verfügung stellte und dem ich an dieser Stelle dafür danken möchte, ebenso Herrn Prof. Andrei Pippidi, der mir die Bekanntschaft von Herrn Romalo vermittelte. Die Texte sind identisch, unterscheiden sich aber in den Seitenzahlen. Das Exemplar Romalo wird mit einem entsprechenden Hinweis gekennzeichnet.

[29] Zu den wichtigsten Wechselkursen s. Maier, Rumänien, S. 26 und Michelson, Conflict and Crisis, S. 313.

[30] B.A. Arhiva Bălăceanu I, mss. I.

1866

Im jetzigen Jahrhundert können kleine Staaten
keine einheimischen Dynastien mehr gründen.
(Ion Ghica)[1]

„En mettant le pied sur cette terre sacrée, je suis devenu Roumain."[2] Mit diesem Bekenntnis gleich am Anfang seiner Erwiderung auf die Begrüßungsrede des Kammerpräsidenten Manolache Costache Epureanu trat Karl von Hohenzollern-Sigmaringen am 10./22. Mai 1866 in Bukarest seine Herrschaft als Fürst Carol I. in den Vereinigten rumänischen Fürstentümern Moldau und Walachei an, einem Land, das einen Bestandteil des Osmanischen Reiches bildete und dessen Vereinigung erst sieben Jahre zurücklag. Carol bekundete seinen festen Willen, die Vergangenheit, die ihn an seine Heimat und Familie band, hinter sich zu lassen und von nun an untrennbar mit dem Geschick seines neuen Vaterlandes verbunden zu sein. Die Rede war von der „heiligen Erde", von der Vorsehung, die Carol auserwählt habe, das Fünf-Millionen-Volk zu neuer Einheit, Stabilität und Prosperität zu führen, was der Amtseinführung eine sakrale Weihe verlieh.[3] Carol selbst war von dem Bewusstsein durchdrungen, eine Mission an der unteren Donau zu übernehmen, wie er am 16. April 1866 aus Berlin seinem Vater, Fürst Karl Anton von Hohenzollern-Sigmaringen, geschrieben hatte: „Ein junges Volk ruft mich, fünf Millionen haben mich einstimmig zu ihrem Fürsten erwählt, diesem Rufe muß ich folgen u. sobald wie möglich, ich muß mich an die Spitze dieses Volkes stellen u. seine gerechte Sache nach Außen hin vertreten."[4] Das Missionsmotiv fand seinen Niederschlag auch in der Proklamation Carols an die Rumänen vom 11./23. Mai 1866[5] und bildete von nun an einen festen Bestandteil in der fürstlichen und politischen Rhetorik. Weit entfernt von Selbstzweifeln oder Besorgnissen über seine Wissens- und Erfahrungsdefizite hinsichtlich seines neuen Heimatlandes, von dessen Rückständigkeit er erste Eindrücke auf der Fahrt von Turnu Severin nach Bukarest sammeln konnte, fühlte sich der neue Fürst im Vertrauen auf seine „volle jugendliche Kraft" den Anforderungen seines Herrscheramtes vollauf gewachsen,

1 Sturdza, Domnia regelui Carol I, 1, S. 15.
2 Aus dem Leben König Karls von Rumänien, 1, S. 53.
3 Diese Proklamation war von dem französischen Publizisten und Philorumänen Ubicini entworfen und von Ion Bălăceanu, dem rumänischen Vertreter in Paris, redigiert worden. Arh. Stat. CR 8/1866, f. 67ff.
4 Arh. Stat. Fond Regelui Carol I, V D 1750.
5 „C'est n'est qu'une mission aussi importante qui a pu me décider quitter sans hésiter une situation indépendente, une famille, une patrie[...]": Aus dem Leben König Karls, 1, S. 56f.

die er „mit Gottes Hilfe und gut beraten“[6] erfüllen wollte. Ein Hochgefühl über seine Aufgabe und ein großer Tatendrang standen am Anfang seiner Fürstenlaufbahn, die das Land in eine verheißungsvolle Zukunft führen sollten.
Dieser persönlichen Hochstimmung entsprach eine politische Aufbruchstimmung bei den rumänischen Politikern, die den letzten, noch unerfüllt gebliebenen Punkt des nationalen Programms, nämlich die Forderung nach einem fremden Fürsten, erfolgreich umgesetzt hatten. Man sah große Zeiten anbrechen und beschwor das goldene Zeitalter des rumänischen Mittelalters mit seinen heroischen Fürsten: „Souverän von Rumänien! Wir haben Dir die Krone unserer großen Fürsten gegeben, wir haben Dir die Krone Stefans des Großen und Michaels des Tapferen gegeben, von heute an Deine Vorfahren; gib auch Du ihr ihren altehrwürdigen Glanz zurück! Mach aus diesem schönen Land den vorgeschobenen Wachposten der modernen Freiheiten, einen unbesiegbaren Boulevard der westlichen Zivilisation! Es lebe der Fürst von Rumänien! Es lebe Carol I.!“[7] Diese Empfangsworte des Bukarester Bürgermeisters Dumitru Brătianu am 10./22. Mai 1866 beim Einzug des Fürsten in die Hauptstadt spiegelten die hohen Erwartungen wider, die sich an die Thronbesteigung eines fremden Fürsten knüpften: die Rückkehr zur alten Größe und der Anschluss an das westliche Europa mit seinen modernen Institutionen. Carol nahm diesen Gedanken in seiner bereits erwähnten Proklamation an das rumänische Volk vom 11./23. Mai auf, als er versicherte: „Die Annahme des Plebiszits, die mir die Krone Stefans des Großen und Michaels des Tapferen aufs Haupt gesetzt hat, legt mir eine große Verantwortung auf. Ich hoffe aber, dass es mir gegeben sein wird, mit Gottes Hilfe und voller Hingabe meinem neuen Vaterland eine glückliche und eine seiner Vergangenheit würdige Existenz zu sichern.“[8] Fürst wie Volk versicherten sich der gegenseitigen Unterstützung, versprachen Einigkeit und Zusammenarbeit bei der gemeinsamen Gestaltung der Zukunft. Der Gemeinderat von Ploieşti, einer Stadt, deren Name sich vier Jahre später unauslöschlich mit einem Absetzungsversuch von Carol verbinden sollte, sah in der Ankunft des Fürsten die himmlische Erhörung der rumänischen Wünsche, beschwor dessen Bewahrung in einem Gebet an den Schöpfer und versprach aufrichtige Ergebenheit und Unterstützung für die Festigung des Throns.[9] Alle Probleme und Schwierigkeiten waren für den Augenblick vergessen. Die Hoffnungen eines Landes auf eine glückliche Zukunft ruhten auf dem fremden Fürsten, dessen Herrschaft am 10./22. Mai 1866 offiziell begann, ein Datum, das zum wichtigsten Nationalfeiertag des monarchischen Rumänien werden sollte.
Die Ankunft Carols in Rumänien bildete den erfolgreichen Abschluss der rumänischen Suche nach einem fremden Fürsten, bei der mehrere Faktoren zusammentrafen, die zu

6 Arh. Stat. Fond Regele Carol I, V D 1749, Brief v. 15.4.1866 an den Vater. Carol war zu dem Zeitpunkt 27 Jahre alt.
7 Sturdza, Domnia regelui Carol I, 1, S. 251.
8 Ibd., S. 255.
9 Ibd., S. 259. Die Glückwunschadressen anlässlich der Thronbesteigung, die Sturdza aufführt, umfassen allein 40 Seiten in seinem großformatigen Band.

diesem Erfolg führten. Die Wahl des Prinzen Karl von Hohenzollern-Sigmaringen zum Fürsten von Rumänien implizierte ein Geflecht von persönlichen, familiären, innen- und außenpolitischen Motiven, bei denen die Entscheidungsträger ihre jeweils eigenen Ziele verfolgten, die sich aber alle in der Annahme der Fürstenwürde trafen. Angesichts der Bedeutung dieser Wahl für das politische System Rumäniens sollen im Folgenden die Hintergründe und Voraussetzungen der Thronkandidatur aufgezeigt werden, deren Erfolg in erster Linie der europäischen Lage in der ersten Hälfte des Jahres 1866 zu verdanken war. Die Relevanz dieser Faktoren bestand in ihren ambivalenten Auswirkungen auf die rumänische Politik in den Anfangsjahren der Herrschaft von Carol I.

I Die Krise der fürstlichen Legitimität und die Union

1. Das Prinzip eines fremden Fürsten

Die Forderung nach einem fremden Fürsten und der Errichtung einer Dynastie hing eng zusammen mit der Frage der Union der beiden Fürstentümer sowie der Bewahrung ihrer Selbständigkeit gegenüber den sie umgebenden Großmächten. Auch wenn schon zu Beginn des 19. Jahrhunderts die Gründung einer Monarchie unter einem fremden Fürsten unter Ausschluss von Angehörigen der Dynastien der Nachbarreiche als programmatische Idee in einigen Memoranden auftauchte,[10] gewann sie erst Mitte der 50er Jahre an politischer Bedeutung, als sich nach dem Krimkrieg und der russischen Niederlage das internationale Umfeld als günstig für die Durchsetzung nationaler rumänischer Forderungen erwies. Der Pariser Vertrag vom 30. März 1856 beendete den dominierenden Einfluss Russlands über die beiden Fürstentümer Walachei und Moldau, die unter Beibehaltung der osmanischen Suzeränität der Kollektivgarantie der Großmächte unterstellt wurden, und stipulierte die Einberufung von Versammlungen, den sog. Diwanen *ad hoc*, mit dem Ziel, die rumänischen Vorstellungen über die künftige Organisation ihrer Länder zu erfahren. Die dadurch ausgelöste intensive Debatte mündete in ein politisches Programm, das im Oktober 1857 von den Diwanen *ad hoc* in Iaşi und Bukarest einmütig verabschiedet wurde und vier bzw. fünf Grundsatzpunke umfasste, nämlich die Respektierung der Rechte der Fürstentümer und ihrer Autonomie im Rahmen der alten Verträge mit der Hohen Pforte, die Vereinigung der Fürstentümer in einem Staat mit der Bezeichnung Rumänien, einen ausländischen Fürsten aus einer der herrschenden Dynastien Europas mit erblicher Thronfolge, eine repräsentative und konstitutionelle Regierung, die Neutralität und die Kollektivgarantie der sieben Mächte.[11]

Dieses Programm bildete die konsensstiftende Grundlage für die Neuordung der beiden Fürstentümer, auf die sich die unterschiedlichen Gruppen des nationalen Lagers einigen konnten. Der Forderungskatalog zielte vor allem auf die staatsrechtliche Neuordnung einer Vereinigung der beiden Landesteile zu einem Staat und auf die Wahrung seiner inneren und äußeren Autonomie. Als entscheidende Voraussetzung für Gelingen und Bestand der staatlich-nationalen Einheit wurden ein ausländischer Fürst und die Erblichkeit des Throns angesehen. Diese Forderung ergab sich zwangsläufig aus der permanenten Instabilität des Throns aufgrund des Fehlens einer verbindlichen Nachfolgeregelung, was

[10] Georgescu, Istoria ideilor politice româneşti, S. 156ff.; während der Jahre 1856-1858 erschien diese Forderung in 47 politischen Schriften, davon allein in 26 des Jahres 1857. Xenopol, A. D., Istoria partidelor politice in România, Bucureşti 1910, Vol. 1, S. 99.

[11] Sturdza, D. A. et al. (ed.), Acte şi documente relative la istoria renascerei României, Vol. VI, part. I, Bucureşti 1896, S. 62ff. Berindei, D., Epoca unirii, Bucureşti 1979, S. 55ff.

immer wieder zu innenpolitischen Kämpfen und außenpolitischen, sprich: russischen und türkischen Einmischungen geführt hatte. So hieß es unmissverständlich und anschaulich in den „Erklärungen zu den vier Grundlagen des nationalen Programms" des „Zentralen Komitees der Vereinigung von Bukarest" vom 30.3./11.4.1857:

„Es ist gerade aus der Erfahrung der Vergangenheit bekannt, dass die Herrschaft der Einheimischen die Rivalität unter den Familien, die Anspruch auf den Thron des Landes erhoben, entfacht hat; dadurch schwangen sich die Leidenschaften ohne Ende und ungebremst empor, und die mit der Macht in Händen, um sich der Parteien, die sich bildeten, erwehren zu können, gaben sich jede erdenkliche Mühe, diejenigen mit einem schwachen Geist zu korrumpieren, indem sie durch Belohnungen die Demoralisierung ermutigten und ihnen das Feld für alle Arten von Missbräuchen überließen!

Nach außen bestand die einzige Sorge der Fürsten darin, die fremden Mächte für ihre Person und nicht für das Land zu interessieren, während die Thronprätendenten unaufhörlich zu den Fremden liefen, um die Interessen des Landes schonungslos zu opfern für ihre erbärmliche Eitelkeit."[12]

Immer wieder wurde in den Reden in den beiden Diwanen *ad hoc*, die vom September bis Dezember 1857 in Iaşi und Bukarest tagten, die Notwendigkeit der Vereinigung und der Thronbesetzung durch einen ausländischen Fürsten unterstrichen mit dem Hinweis auf die leidvolle Geschichte des rumänischen Volkes, dessen Kräfte in den unablässigen Kämpfen um den Thron erschöpft und geschwächt worden seien, was die Entwicklung des Landes verhindert hätte.[13] Die Schwäche der Fürstentümer lag dieser Argumentation zufolge sowohl in der mangelnden Legitimität eines einheimischen Fürsten, die immer wieder durch andere Thronprätendenten in Frage gestellt wurde, wie auch in der fehlenden Überparteilichkeit der Herrschaftsausübung aufgrund familiärer und gesellschaftlicher Verbindungen und Verpflichtungen eines Fürsten.[14] Des Weiteren boten einheimische Fürsten und Thronkandidaten einen ständigen Anlass zur Einmischung der Nachbarstaaten, da sie sich zur Sicherung ihrer Herrschaft auf ausländische Verbündete stützen mussten, oder leisteten sogar Annexionsgelüsten Vorschub, wobei Russland und der Panslawismus als größte Gefahr empfunden wurden.[15] Der Ruf nach einem ausländischen Fürsten beinhaltete daher eine zutiefst nationale Forderung, da sie auf die gefähr-

12 Documente ale unirii (1600-1918), Bucureşti 1984, S. 203 (Desluşiri asupra celor patru baze din programa naţională).

13 Stellvertretend hier die Rede von I. C. Brătianu vom 9.10.1857: Din scrierile şi cuvîntările lui Ion C. Brătianu 1821-1891, Bucuresci 1903, S. 139ff.

14 So Ion Ghica, der Ministerpräsident der provisorischen Regierung nach dem Sturz Cuzas 1866, in seinen Instruktionen vom 2./14. März 1866 an den rumänischen Vertreter in Paris, Ion Bălăceanu: M.A.E. România, Vol. 125, 1866-1867, Politice, f. 118f. Sturdza, Domnia Regelui Carol I, 1, S. 15ff.

15 Ibd., S. 16.

dete außenpolitische Position der Fürstentümer verwies und den engen Zusammenhang zwischen Stabilität, nationaler Einheit und Selbstbehauptung aufzeigte.[16]
Die erbliche Thronfolge ergab sich zwangläufig aus der Forderung nach Herrschaftsstabilität und schloss aufgrund der Konkurrenz der Großbojarenfamilien von vornherein einen einheimischen Kandidaten aus. Allein ein Fürst aus einer westlichen Herrscherfamilie verfüge über die notwendige Autorität, über Unabhängigkeit und Ansehen, um eine Dynastie gründen zu können, wobei man die Solidarität zwischen den europäischen Herrscherhäusern als zusätzliche Garantie für das Land neben den Verträgen ansah.[17] Mit Blick auf Belgien und Griechenland,[18] wo die Mächte ausländische Dynastien installiert hatten unter gleichzeitiger Gewährung der Unabhängigkeit, hofften auch die rumänischen nationalen Führer, den europäischen monarchischen Zusammenhalt für ihre nationalen Ziele nutzen zu können, als Schutzfunktion wie auch als ein Weg, einmal die vollständige Unabhängigkeit zu erreichen.[19] Rumänien als eigenständiges Land ins öffentliche Bewusstsein zu bringen, die Mächte für sein Schicksal zu interessieren, um Hilfe und Unterstützung zu erhalten, und ihm die Aufnahme in den Kreis der europäischen Nationen zu verschaffen, bildeten ein wichtiges Anliegen der rumänischen Unionspolitiker. Mit dem Programm eines fremden Fürsten verband sich jedoch viel mehr, nämlich der Anschluss an die Zivilisation der westlichen Länder und die Loslösung aus dem orientalisch-osmanischen und dem östlich-russischen Kulturraum.[20] Dies betraf nicht nur die institutionellen Herrschaftsstrukturen, sondern auch negativ besetzte politisch-moralische Machtgewohnheiten. So war der Gelehrte Constantin Hurmuzaki überzeugt: „nur ein fremder Fürst kann uns das Recht sichern, er kann sich gegenüber den Parteien durchsetzen, er kann uns vor Vetternwirtschaft bewahren; nur ein fremder Fürst kann den unzähligen Aspiranten auf die Herrschaft ein Ende setzen sowie ihren Intrigen und denen ihrer Anhänger, die selbst die besten Ansätze paralysieren."[21] Somit stand der fremde Fürst für die Herrschaft des Rechts über Willkür und Nepotismus, für eine moralische Erneuerung und politische Korrektheit, während sich die einheimischen

[16] Zu dem Konzept des fremden Fürsten: Chiriţă, G., De la domnia pământeană la dinastia de Hohenzollern (1859-1866). Prerogativele şi însemnătatea domniei în edificarea statului român modern (I), in: Revista istorică, V, 1994, S. 733ff. Teil 2 mit demselben Titel: Revista istorică, VI, 1995, S. 89-106.

[17] Din scrierile şi cuvîntările lui Ion C. Brătianu, S. 141.

[18] Zu der griechischen Debatte über die Einführung einer Monarchie während und nach dem Bürgerkrieg, bei der ähnliche Argumente wie bei den Rumänen vorgebracht wurden, s. die vorzügliche, mit vielen Klischees aufräumende Erörterung von Hering, G., Die politischen Parteien in Griechenland 1821-1936, Teil 1, München 1992, S. 115ff.

[19] Sturdza, Domnia regelui Carol I, 1, S. II: „Unsere Position unter den Nationen, die heute das Konzert der europäischen Staaten bilden, ist vorgezeichnet. Von uns wird es abhängen, sie zu erreichen." (Aus dem Mémoire von Ion C. Brătianu über die Lage der Fürstentümer nach dem Pariser Vertrag).

[20] Dieser Prozess begann mit der Revolution von 1848: Lovinescu, E., Istoria civilizaţiei române moderne, Vol. 1, Bucureşti 1924, S. 133.

[21] Sturdza, Domnia Regelui Carol I, 1, S. VII.

Herrscher nach den Worten des führenden Moldauer Unionisten, Mihail Kogălniceanu, derart kompromittiert hätten, dass sie für die Fürstentümer keine Alternative mehr darstellten.[22]
Der Bruch mit dem alten Regime beinhaltete darüber hinaus die Errichtung einer verfassungsmäßigen Ordnung und eines Repräsentativsystems, die nicht nur unverzichtbare Forderungen eines nationalen Programms darstellten, sondern die im zeitgenössischen Verständnis ebenso die Wiederherstellung von alten rumänischen Rechtsgrundsätzen bedeutete. Hurmuzaki verneinte ausdrücklich, dass es sich bei einer repräsentativen Regierung um ein neues Recht handele: „Seit der Begründung der Herrschaft durch Radu Negru und Dragoş bis heute haben die Fürstentümer immer eine nationale Vertretung gehabt, die in einer einzigen legislativen Versammlung konzentriert war, die aus allen Klassen zusammengesetzt war. Niemals waren die Souveräne der Fürstentümer Autokraten!“[23] Ähnlich sah Kogălniceanu die Verfassungsgeschichte der beiden Fürstentümer: „Das konstitutionelle Regime war mehr oder weniger immer die in den Fürstentümern Moldau und Muntenien befolgte Regierungsform. Mehr als alle öffentlichen Freiheiten hielten und halten die Rumänen an dem Recht fest, sich nur Gesetzen und den Abgaben zu unterwerfen, die von ihrer legislativen Gewalt votiert wurden. Eine solche gesetzgebende Gewalt war in unserem Land immer von der exekutiven Gewalt getrennt; und selbst als die Autonomie der Fürstentümer zerstört war, so blieb doch die Trennung dieser Gewalten erhalten, wenigstens im Prinzip.“[24] Und Ion Brătianu bekräftigte im Hinblick auf den besonderen Status der Fürstentümer in seinem Mémoire von 1857: „Aber in den Fürstentümer gibt es nur zwei Legalitäten, eine historische, die von unseren Rechten herrührt, die durch den Vertrag von Paris in Kraft gesetzt wurden, und die die einzige ist, die die Rumänen anerkennen, und eine andere, diejenige des Organischen Reglements, und die Rumänen und Türken dann anrufen, wenn es ihnen notwendig erscheint sich ihrer zu bedienen.“[25] Diese Interpretation richtete sich besonders gegen Russland und dessen Anfang der 30er Jahre aufoktroyierten Grundgesetze, den *Réglements Organiques*, die trotz ihrer teilweise fortschrittlichen Grundsätze zu einem verhassten Symbol des russischen Protektorats, der Unterdrückung der rumänischen Nationalbewegung und der Konzentration der Macht in den Händen weniger Großboyarenfamilien geworden waren. Auch wenn viele dieser Argumente eher Legitimationshilfen darstellten und mit den historischen Tatsachen wenig übereinstimmten, so gaben sie doch dem Bewusstsein Ausdruck, dass sich Verfassungsstaat, Repräsentativsystem und der ausländische Fürst als Garant dieser Ordnung gegenseitig bedingten, um das alte korrupte System zu überwinden, die Nation wieder in ihre alten-neuen Rechte einzusetzen und innere und äußere Stabilität zu erreichen. Mit Belgien als Vorbild vor Augen versprach man sich von dem

22 Ibd., S. XI.

23 Ibd., S. VIII. Ebenso Nicolae Creţulescu: Xenopol, A. D., Nicolae Kretzulescu. Viaţa şi faptele lui 1812-1900, Bucureşti 1915, S. 154.

24 Kogălniceanu, Mihail, Opere, III, orat. I, part. I, Bucureşti 1983, S. 172f.

25 Din scrierile şi cuvîntările lui Ion C. Brătianu, S. 113. Das Mémoire ist in weiten Teilen eine Abrechnung mit der russischen Politik in den Fürstentümern.

Modell einer konstitutionellen Monarchie einen erfolgversprechenden Entwicklungsweg, der das Land aus der politischen und wirtschaftlichen Rückständigkeit herausführen und ihm die Aufnahme in den Kreis der fortschrittlichen Mächte Europas sichern würde, dies umso mehr, da sich die Rumänen nach Überzeugung von I. C. Brătianu in vollständiger Übereinstimmung mit den Gefühlen und Ideen des Okzidents befänden.[26]
Ein weiterer Aspekt in der Argumentation zugunsten der Errichtung einer ausländischen Dynastie betraf den wirtschaftlichen Schaden, der durch die Thronkandidaten entstand. So rechnete Creţulescu vor, dass die Ernennung von drei Fürsten im Verlauf von 20 Jahren dem Land mehr als 600.000 Dukaten für die Thronbesteigungen und Repräsentationsausgaben gekostet hätten, nicht eingerechnet alle Arten von finanziellen Begünstigungen an Anhänger und der Vergeudung von öffentlichen Geldern seitens der Fürsten. Der ständige finanzielle Aderlass durch Wahlgeschenke und Bestechung verhindere somit wirtschaftliche Prosperität, da sich die Fürsten wie Pächter verhielten, die nicht die Wohlfahrt des Landes im Auge hätten, sondern nur dessen finanzielle Ausbeutung, um ihre Kosten wieder hereinzubringen. Creţulescus Fazit lautete: „Es wäre in dreierlei Beziehung, politisch, moralisch und materiell, von grundlegender Bedeutung, dass diese Länder, einmal unabhängig gemacht, von einem erblichen Fürsten aus einer Herrscherfamilie außer der von Österreich und Russland regiert werden würden."[27]
Die Frage nach der Unabhängigkeit, die Creţulescu hier offen forderte, wobei er sie mit einer Entschädigungszahlung an die Türkei verband, verbarg sich in vielen Memoranden im Umfeld des Krimkriegs und der Pariser Konferenz hinter der Forderung nach der Wiederherstellung des alten Vertragsverhältnisses zwischen den mittelalterlichen rumänischen Fürsten und den Sultanen, beruhend auf den so genannten Kapitulationen. Diese wurden in der Pariser Konvention vom August 1858 über die Neuorganisation der Fürstentümer ausdrücklich aufgeführt, um die Autonomie der Fürstentümer zu begründen, was einen großen Erfolg für die rumänischen Aktivisten darstellte, da diese Kapitulationen als Vertragstexte nicht existierten, andererseits aber die mit mehr Autonomierechten ausgestattete Stellung der Fürstentümer im Osmanischen Reich charakterisierten und dem westlichen Rechtsdenken verständlich machten.[28] Da der Begriff der Unabhän-

[26] Ibd., S. 100.

[27] Xenopol, Nicolae Kretzulescu, S. 158.

[28] Art. 2 der Pariser Konvention: „En vertu des capitulations émanant des sultans Bajazet 1, Selim 1er, Soliman II, et Mahmoud II., qui constitutent leur autonomie en règlant leurs rapports avec la Sublime-Porte, et que plusieurs hatti-schérifs, et notamment le hatti-schérif de 1834, ont consacrés; conformément aussi aux art. 22 et 23 du traité conclu à Paris, le 30 mars 1856, les Principautés, continueront de jouir, sous la garantie collective des puissances contractantes, des privilèges et immunités dont elles sont en possession. En conséquence les Principautés s'administreront librement et en dehors de toute ingérence de la Sublime-Porte, dans les limites stipulées par l'acord des puissances garantes avec la Cour suzeraine." Schmidt, E., Die verfassungsrechtliche und politische Struktur des rumänischen Staates in ihrer historischen Entwicklung, München 1932, S. 116. Zu der Stellung der Fürstentümer im Osmanischen Reich s. die neueste Abhandlung von M. Maxim, der dieses Thema in vielen Artikeln behandelt hat: Principatele române şi imperiul otoman (1400-1878), in: Fischer-Galaţi,

gigkeit eine große Bandbreite von Interpretationen zuließ, von der inneren Autonomie bis zu der völligen staatsrechtlichen Eigenständigkeit, brauchte man sich nicht explizit festzulegen, um nicht von vornherein durch überzogene Forderungen die vorrangigen nationalen Ziele wie die Union zu gefährden. So wurde die Unabhängigkeit in den Forderungskatalog der Diwane *ad hoc* nicht aufgenommen, wohl aber die Neutralität der Fürstentümer mit einer Kollektivgarantie der Mächte, was die Frage der Unabhängigkeit bewusst in der Schwebe hielt.[29] Im Allgemeinen schlug man, bedingt auch durch die internationale Konstellation nach dem Krimkrieg, gegenüber dem Osmanischen Reich versöhnliche Töne an, da man es ebenso wie sich selbst als Opfer der russischen Politik ansah und mit der eigenen Unabhängigkeit als einer im türkischen Interesse liegenden Politik argumentierte, um mit der Türkei zusammen ein Bollwerk gegen Russland zu bilden und dadurch die orientalische Frage zu entschärfen.[30] Aber auch wenn die völlige staatliche Unabhängigkeit nicht an erster Stelle stand, lag sie in der Konsequenz der Forderungen nach Neutralität und nach einem fremden Fürsten. Im letzteren Fall konnte man natürlich davon ausgehen, dass ein Fürst aus einem der regierenden Häuser des Okzidents kaum die Stellung eines türkischen Vasallen auf Dauer akzeptiert hätte und das Streben nach Unabhängigkeit beschleunigen würde. Im Gegensatz zu den späteren Jahren herrschte aber ein gewisser Optimismus, die Frage des endgültigen Status im Einvernehmen mit der Pforte lösen zu können.

Die zentrale Rolle, die ein fremder Fürst in den Reformprogrammen der 50er und 60er Jahre einnahm, wies auf die tiefe Legitimitätskrise der höchsten staatlichen Autorität hin. Das Fürstenamt war während der ein Jahrhundert – bis 1821 – umfassenden Phanariotenzeit und des sich anschließenden Protektorats Russlands zu einem Spielball in der Machtpolitik Istanbuls und Petersburgs herabgesunken. Hatten sich zunächst die ausländischen, die aus Istanbul kommenden griechischen Fürsten vor allem aufgrund der finanziellen Ausbeutung der Landesressourcen, die mit ihrer Machtausübung einherging, diskreditiert und die Forderung nach einem einheimischen Fürsten immer lauter

St., Giurescu, D. C., Pop, I.-A. (ed.), O istorie a românilor. Studii critice, Cluj-Napoca 1998, S. 129-147. Zum Ursprung der Kapitulationsidee: Georgescu, V., Ideile politice şi iluminismul în principatele române 1750-1831, Bucureşti 1972, S. 144ff. Papacostea, Ş., Tratatele Ţării Româneşti şi Moldovei cu Imperiul otoman în secolele XIV-XVI: ficţiune politică şi realitate istorică, in: Stat – Societate – Naţiune. Interpretări istorice. Fs. für David Prodan, Cluj-Napoca 1982, S. 93-106.

29 Georgescu, Istoria ideilor politice, S. 302ff. über die Idee der Unabhängigkeit in den politischen Schriften.

30 Din scierile şi cuvîntările lui Ion C. Brătianu, S. 132ff. („Chestiunea română" von 1857). Dort heißt es: „Auf der anderen Seite, die Vergangenheit vergessend, reichen wir den Türken immer eine freundschaftliche und aufrichtige Hand, ohne dass es uns allerdings gelungen ist, ihnen verständlich zu machen, dass unsere Unabhängigkeit und Prosperität eine absolute Notwendigkeit für ihre eigene Sicherheit geworden sind, und dass sich von jetzt an unsere Kräfte, anstatt sich zu bekämpfen, gegen den gemeinsamen Feind vereinigen müssen." (S. 138). In der gleichen Richtung argumentierte N. Creţulescu: Xenopol, Nicolae Kretzulescu, S. 157f.

werden lassen, so gelang es auch den seit 1822 aus einheimischen Bojarengeschlechtern stammenden Fürsten nicht, die strukturelle Schwäche des Amtes zu überwinden. Die Abhängigkeit von Russland unterminierte zum einen die fürstliche Autorität, zum andern verhinderte sie eine Stabilisierung durch einen institutionalisierten Wechsel. Die ständig neuen Festlegungen über Dauer und Wahl des Fürstenamts durch die Pforte und Russland sowie ihr Einfluss bei der Ernennung von Kandidaten ließen eine Kontinuität erst gar nicht entstehen. So legte die Konvention von Akkermann 1826 eine Amtsdauer von sieben Jahre fest und und machte die Anerkennung der Wahl eines Fürsten durch den Diwan von der Zustimmung beider Höfe abhängig.[31] Der Vertrag von Adrianopel 1829 und die 1830-1834 ausgearbeiteten *Réglements organiques* bestimmten die Fürsten, die von einer außerordentlichen Versammlung gewählt wurden, auf Lebenszeit, begründet mit der Notwendigkeit einer stabilen und festen Grundlage der Verwaltung. Aber nur ein einziges Mal kam eine Wahl nach dieser Nachfolgeregelung zustande, als im Dezember 1842 Gh. Bibescu zum Fürsten von Muntenien gewählt wurde. Alle anderen Fürsten während der Zeit der Organischen Reglements wurden von Russland und der Pforte gemeinsam ernannt. Als Folge der Revolution von 1848 in Muntenien, die sie niedergeschlagen hatten, beschlossen die beiden Mächte in der Konvention von Balta Liman vom 1. Mai 1849 erneut eine Änderung, die ihren Einfluss auf die Thronbesetzung und die politische Organisation noch weiter verstärkte und die beiden Fürstentümer quasi einem Besatzungsrecht unterstellte. Für eine Übergangszeit wurden die Fürsten, als *haut fonctionnaires* bezeichnet, im beiderseitigen Einvernehmen vom Sultan für sieben Jahre ernannt, die Allgemeinen Versammlungen in ihrer bisherigen Form suspendiert und durch Diwane *ad hoc* ersetzt sowie eine Besatzungstruppe beider Staaten bis zur völligen Wiederherstellung von Ruhe und Ordnung im Land installiert.[32] Erst die Niederlage im Krimkrieg setzte der Dominanz Russlands in den Fürstentümern, über die während dieses Zeitraums ständig das Damoklesschwert einer Annexion hing, ein Ende und entzog die politischen Institutionen, unter denen gerade das Fürstenamt dem russischen Einfluss am stärksten ausgesetzt war, seiner Gestaltung.

Doch nicht nur die Abhängigkeit der Fürsten von Russland führte zu einem Legitimationsdefizit, sondern auch die mangelnde Akzeptanz ihrer Herrschaftsausübung durch

31 Schmidt, Die verfassungsrechtliche und politische Struktur, S. 15f., 85f.

32 Text der Konvention. Ibd., S. 112f. Art. V: „Pendant la durée de l'occupation, les deux Cours continueront à faire résider dans les Principautés un Commissaire Extraordinaire Russe et un Commissaire Extraordinaire Ottoman. Ces Agens spéciaux seront chargés de surveiller la marche des affaires, et d'offrir en commun aux Hospodars leurs avis et leurs conseils, toutes les fois qu'ils remarqueront quelques abus graves, ou quelque mesure nuisible à la tranquilité du pays. Les dits Commissaires Extraordinaires seront munis d'instructions identiques, concertées entre les deux Cours, et qui leur traceront leurs devoirs et le degré d'ingérence qu'ils auront à exercer dans les affaires des Principautés. Les deux Commissaires auront également à s'entendre sur le choix des membres des Comités de Révision à établir dans les Principautés, ainsi qu'il a été dit à l'Article III. Ils rendront compte à leurs Cours respectives du travail de ces Comités, en y joignant leurs propres observations."

die politische Elite, die Bojarenoligarchie. Viele Faktoren spielten dabei eine Rolle, Differenzen über Sozial- und Argarreformen ebenso wie die Amtsauffassung und -führung der Fürsten selbst, die ihr Amt oft genug als Pfründe und Versorgungsanstalt für die Familie verstanden. Aber auch das Bewusstsein der Großbojaren bezüglich ihrer Gleichrangigkeit mit dem Fürsten machte eine Trennung von Sach- und Personalfragen bei der Opposition fast unmöglich.[33] So hatte Gh. Bibescu, der die Gegenpartei seines Vorgängers, des Fürsten Alexandru Ghica (1834-1842), angeführt hatte, nach seiner Wahl zum Fürsten der Walachei die Allgemeine Versammlung bei den ersten Gesetzesprojekten sofort gegen sich und regierte danach fast zwei Jahre ohne sie, bis 1846 eine neue Versammlung gewählt wurde, die sich fast nur aus seinen Anhängern zusammensetzte. Als ein Grundproblem erwies sich die Herausbildung von verbindlichen Normen bei der politischen Entscheidungsfindung und Durchsetzungskompetenz zwischen den Institutionen, die durch die Organischen Reglements erstmalig nach dem Prinzip der Gewaltenteilung organisiert worden waren. Mit den Auseinandersetzungen der 30er Jahre begann ein jahrzehntelang andauernder Konflikt zwischen Herrscher und Landesversammlung bzw. Parlament, der sich von den ersten Fürsten unter den Organischen Reglements über Cuza bis zu den ersten Regierungsjahren von Fürst Carol hinzog und erst mit der Stabilisierung des politischen Systems durch die konservative Regierung von Lascăr Catargiu 1871 beendet wurde. Die verschiedenen Grundgesetze: die Organischen Reglements von 1834 mit den Restriktionen der Konvention von Balta Liman 1849, die Pariser Konvention von 1858, das Cuza-Statut von 1864 und die Verfassung von 1866 erforderten immer wieder neue Anpassungen an institutionelle Vorgaben, doch blieb die Grundkonstellation der Konflikte weitgehend unverändert, was auf den andauernden Wandel in den Legitimitätsbeziehungen verwies.

Ein anderer wichtiger Punkt in der Diskussion über den ausländischen Fürsten, der gewöhnlich übersehen wird, hing mit dem Aufstieg der Träger der Nationalbewegung zusammen, die hauptsächlich dem mittleren und kleinen Bojarentum sowie der Intellektuellen- und Kleinhändlerschicht entstammten.[34] Ihrem unermüdlichen Einsatz waren die Erfolge um die Verwirklichung der nationalen Ziele zu verdanken gewesen, doch den Weg an die Macht versperrten ihnen zunächst die Großbojarenoligarchie und später Cuza. Nur ein fremder Fürst versprach die erfolgreiche Zerschlagung der alten Machtstrukturen und die Neuordnung des politischen Systems, in dem die neue Elite ihren politischen Einfluss sowohl gegen die alte Führungsschicht wie gegen den Fürsten

[33] Die Allgemeine Versammlung in Muntenien hatte 42 Mitglieder, die sämtlich der Großbojarenschicht und drei dem hohen Klerus entstammten. Die Außerordentliche Versammlung zur Wahl des Fürsten besaß 190 Mitglieder, darunter 159 Bojaren. Anlässlich der Fürstenwahl von 1842 erfüllten 37 Großbojaren die erforderlichen Qualifikationen, als Kandidaten ließen sich 21 aufstellen. Istoria Romîniei, Vol. III, Bucureşti 1964, S. 994.

[34] Janos, A. C., Modernization and Decay in Historical Perspective. The Case of Romania, in:, Jowitt, K., Social Change in Romania 1860-1940. A Debate on Development in an European Nation, Berkeley 1978, S. 89f.

absichern konnte. Wie im nächsten Kapitel ausgeführt wird, gelang ihr dies auf optimale Weise mit der Verfassung von 1866.
Der fremde Fürst wurde in dieser Zeit zu einer Leitidee – Kogălniceanu sprach von der „politischen Religion“[35] –, die das politische Handeln der rumänischen Nationalreformer strukturierte und in der Zeit Cuzas der Opposition ein einheitliches Ziel vorgab. Die politische Erwartung richtete sich neben der Beendigung des ausländischen Einflusses auf die Lösung des Legitimationsproblems des Herrscheramts, auf dessen Fähigkeit zur Regulierung eines Interessenausgleichs und auf die Herstellung einer stabilen Ordnung. Diese Forderungen betrafen die zentralen Funktionen des politischen Systems, doch ist es für die zugrunde liegende Denkstruktur aufschlussreich, dass man das Heil nur in der Person des Fürsten sah und von ihm alles erwartete, während der eigene Positionswandel nur wenig reflektiert wurde. In dieser Fokussierung auf den Fürsten kamen die historischen Traditionen weiterhin zum Tragen, auch wenn, auf einen Nenner gebracht, die Errichtung einer rumänischen Dynastie durch einen fremden Fürsten für die Überwindung eines geschichtlichen Defizits in der Entwicklung der eigenen Nationsfindung und für die Sicherung der politischen Macht der neuen nationalen Elite stand.

2. Das Ende der einheimischen Fürsten

Die Absetzung des Begründers der Union der beiden Fürstentümer, des Fürsten Alexandru Ioan Cuza, am 11./23. Februar 1866 durch eine parteiübergreifende Verschwörung, die so genannte „monströse Koalition“, beendete eine Regierungszeit, die durch ein tiefgreifendes Reformwerk und durch instabile Herrschaftsstrukturen gleichermaßen gekennzeichnet war. Die Herrschaft Cuzas, dessen Wahl zum gemeinsamen Fürsten im Januar 1859 die Voraussetzung für die Vereinigung von Muntenien und der Moldau schuf, stand unter dem Vorzeichen einer Übergangszeit, die einem fremden Fürsten den Boden bereiten sollte.[36] So erinnerte M. Kogălniceanu am Tag der Wahl Cuzas daran, dass die höchste Pflicht des neuen Fürsten darin bestehe, seinen Thron zugunsten einer fremden Dynastie aufzugeben.[37] Diese Auffassung brachte es mit sich, dass jede Opposition gegen Cuza in eine Legitimationskrise führen konnte. Wenn es auch einen Konsens in dieser Grundsatzfrage gab, so herrschten zwischen den Parteigruppierungen erhebliche Meinungsverschiedenheiten über die Opportunität eines fremden Fürsten zu einem Zeitpunkt, wo sich die Union noch in einem ungesicherten Anfangsstadium befand. Bezeichnend dafür waren die Diskussionen über die Frage des fremden Fürsten anlässlich der Ausarbeitung einer Verfassung für die Vereinigten Fürstentümer durch die Zentralkommisssion in Focşani während des Jahres 1859. Artikel 34 des Projektes sah

35 Kogălniceanu, Opere, III, orat. I, part. I, S. 229.
36 Vgl. dazu die Studie von V. Russu: „Monstruoasa coaliţie“ şi detronarea lui Al. I. Cuza, in: Cuza Voda in memoriam, Iaşi 1973, S. 406. Xenopol, Istoria partidelor politice, 1, S. 391f. Chiriţă, De la domnia pământeană la dinastia de Hohenzollern (1859-1866), 1, S. 739.
37 Xenopol, Istoria partidelor politice, 1, S. 391f.

ursprünglich vor, dass Cuza bis zur Einsetzung eines fremden Fürsten nur im Namen dieses Fürsten konstitutionelle Macht ausüben dürfe, was Kogălniceanu ablehnte, da er darin nicht zu Unrecht eine Waffe der Konservativen gegen Cuza sah nach dem Motto: „Wenn ich schon nicht Fürst sein konnte, dann sollst du es auch nicht sein."[38] Der Artikel wurde in dieser Form nicht angenommen, erschien aber als erste Zusatzbestimmung zu dem Verfassungsprojekt mit dem Titel „Über die Thronvakanz", die die Vorgehensweise im Falle der Thronvakanz regelte und die Wahl eines fremden Fürsten aus einem der regierenden Häuser Europas verbindlich festlegte. Dann kam es über die Frage, ob dieser Zusatz integrierender Bestandteil der Verfassung sein sollte oder nicht, erneut zu heftigen Auseinandersetzungen, die mit einem knappen Votum zugunsten einer verbindlichen Verfassungsbestimmung endeten.[39] Darin lag wohl der Hauptgrund, weshalb Cuza das Verfassungsprojekt ablehnte und seine legislative Behandlung auf unbestimmte Zeit verschob.

Besonders für die Konservativen bildete der fremde Fürst ein Mittel, um ihre Opposition gegen Cuza zu artikulieren und seine Autorität ständig in Frage zu stellen.[40] Solange es aber nicht gelang, die Liberalen, vor allem die Radikalliberalen, deren Rückhalt in den Städten der Walachei und in Bukarest groß war, dafür zu gewinnen, hatten diese Angriffe keinen Erfolg. Die Liberalen stellten die Erfüllung dieses letzten Punktes des nationalen Programms zugunsten der Konsolidierung der Union zurück. Die viele Schwierigkeiten bereitende Einigung sollte nicht durch überzogene Forderungen, die außenpolitische Komplikationen hervorrufen könnten, gefährdet werden.[41] Überdies verdächtigte man führende Konservative, die Fürstenfamilien entstammten, selbst mit Hilfe der einen oder anderen Großmacht wieder die Krone des Landes zu erlangen.

Erst die zunehmende Entfremdung zwischen Cuza und den Radikalliberalen führte zu einer Annäherung zwischen diesen und den Konservativen, die nach der Ablehnung des von der konservativen Kammer im Juni 1862 verabschiedeten restriktiven Agrargesetzes durch Cuza zu unversöhnlichen Feinden des Fürsten wurden.[42] Zu einem ersten gemeinsamen Auftreten fanden sich die führenden Politiker beider Lager in dem Gegenprojekt zum Kommissionsentwurf der Antwortadresse auf die Thronrede Cuzas vom Novem-

38 Angelescu, C. C., Proiectul de constituţie din 1859 al Comisiei Centrale de la Focşani, in: Anuarul 17, 1980, S. 373.

39 Ibd., S. 387f. Bei einer Pattsituation von 7 zu 7 Stimmen hatte der konservative Präsident Răducanu Rosetti das Ausschlag gebende Votum. Kogălniceanu sprach sich vehement für eine Trennung von Verfassung und der Bestimmung über einen fremden Fürsten aus, um die Durchsetzung der Verfassung nicht zu gefährden und einen möglichen Widerstand der Großmächte nicht zu provozieren.

40 Xenopol, Istoria partidelor politice, 1, S. 417 (Catargiu in einer Rede v. 3. Mai 1861).

41 So Brătianu in einer Rede vom 11. Februar 1863: Din scrierile şi cuvîntările lui I. C. Brătianu, S. 293. Siehe auch die Rede von Kogălniceanu vom 17.9.1859 (a.St.) über das Problem des fremden Fürsten in Verbindung mit dem Verfassungsprojekt der Zentralkommission in Focşani: Kogălniceanu, Opere, III, orat. I, part. I, S. 228ff.

42 Russu, „Monstruoasa coaliţie", in: Cuza Voda in memoriam, S. 581. Michelson, Romanian Politics, S. 117ff.

ber 1862 zusammen. In einer langen Rede am 11./23. Februar 1863 warf I. C. Brătianu der Regierung eine unkonstitutionelle Vorgehensweise vor, warnte vor einer Diktatur und kritisierte eine prorussische Politik. Vor allem strich er eine gemeinsame Basis von Rechten und Linken in nationalen Grundsatzfragen heraus und sah den nationalen Frieden durch die Auseinandersetzungen über die Agrarfrage gefährdet.[43] Auch wenn Brătianu die Union als solche für nicht mehr gefährdet hielt, sah er Gefahren für die Stabilität und die nationale Einheit in dem Vorgehen Cuzas, die Agrarfrage schnell zugunsten der Bauern zu lösen. Er ging von einem Harmoniebedürfnis der Gesellschaft aus, die strittigen sozialen Probleme in Ruhe und auf der Basis von Aufklärung und Einsicht zu entscheiden. Priorität besaß demnach die Befriedung der aufgeregten Gemüter, das gegenseitige Behandeln als Brüder und erst danach sollte die „Eigentumsfrage" in Angriff genommen werden. Umgekehrt vorgehen, hieße die nationale Existenz aufs Spiel zu setzen, da ein Bürgerkrieg drohe, der mit einer fremden Invasion enden würde.[44] Obwohl das Programm der Radikalliberalen mit den Reformvorstellungen Cuzas in der Agrarfrage durchaus vereinbar war, stufte Brătianu die politische Sprengkraft dieses Problems höher als die soziale ein. Hinter seiner Argumentation stand noch die Erfahrung des Scheiterns der Revolution von 1848, als die Agrarfrage schon einmal zu unüberbrückbaren Spannungen geführt hatte und der Kampf um nationale Einheit und Freiheit durch fremde Waffengewalt unterdrückt worden war. Diese Erfahrung hatte auch wesentlichen Anteil an einem Grundzug liberaler Politik, Sozialreformen immer in Abhängigkeit von reellen oder vermeintlichen Gefahren für das nationale Gleichgewicht zu sehen. Nichts ließ das Scheitern eines nationalen Konsenses über die Agrarfrage deutlicher hervortreten als der Staatsstreich Cuzas vom 2./14. Mai 1864, auf dessen Basis die Bauernbefreiung durchgesetzt werden konnte, den Brătianu aber folgerichtig als Unterbrechung des nationalen Versöhnungswerks kritisierte.[45]

Trotz einiger Aktionen gegen Cuza wie der Entsendung von Emissären ins Ausland, um den Fürsten bei den Mächten zu diskreditieren, oder der Verweigerung von Steuerzahlungen, brachte erst der Staatsstreich vom „Zweiten Mai", der beide Gruppen gleichermaßen von der Regierungsmacht ausschloss, die so unterschiedlichen Lager enger zusammen mit dem Ziel, Cuzas Sturz zu betreiben. Im Juni 1865 verpflichteten sich insgesamt acht konservative und liberale Führer eidlich, „im Fall der Thronvakanz mit allen Mitteln die Wahl eines fremden Fürsten aus einer der regierenden Herrscherfamilien des Okzidents zu unterstützen". Dabei berief man sich ausdrücklich auf die Verabschiedung der vier Punkte der Diwane *ad hoc* mit der Wahl eines fremden Fürsten.[46] Die Anti-Cuza-

43 Lui Ion C. Brătianu 1821-1921, S. 434ff.

44 Ibd., S. 451.

45 Din scrierile şi cuvîntările lui I. C. Brătianu, S. 379 (Brătianu an Innenminister General Ioan E. Florescu 1865).

46 Sturdza, Domnia Regelui Carol I, t. 1, S. XIX. Russu, V., Monstruasa coaliţie, in: Cuza Voda in memoriam, S. 542f. Hinsichtlich der Bewertung dieses Abkommens gibt es unterschiedliche Meinungen. Russu hält seinen Wert für zweifelhaft (S. 543), während ihm D. Berindei eine entscheidende Funktion bei der Reorganisation der Koalition beimisst: Berindei, D., Les an-

Opposition, in der Mitglieder von Herrscherfamilien mit eventuellen Thronansprüchen ebenso vertreten waren wie Radikalliberale mit republikanischen Gesinnungen wie C. A. Rosetti, erhielt ihren Zusammenhalt und ihre Programmatik allein durch diesen Punkt und ebenso eine nationale Legitimation für einen Umsturz Cuzas.

Die Herrschaft Cuzas verlor im Verlauf des Jahres 1865 immer mehr an Ansehen, wozu auch eine Revolte am 3./15. August 1865 in den Straßen Bukarests beitrug, die nicht direkt mit der Verschwörung gegen Cuza zusammenhing, sondern hauptsächlich von aufgebrachten Kleinhändlern und Standbesitzern getragen wurde, die gegen neue Verkaufsregelungen protestierten. Auch wenn es der Regierung gelang, den Aufstand durch das Militär niederzuschlagen, war er ein untrügliches Zeichen der Missstimmung gegen Cuza und verstärkte seinen Autoritätsverfall im In- und Ausland.[47] Er wirkte katalysierend auf die Verschwörungskoalition, die sich eine organisatorische Struktur mit Führungsgremien und Sektionen gab, um die Opposition gegen Cuza zu verbreitern, und die Unterstützung der Armee suchte, deren Mitwirkung als notwendig für einen Erfolg erkannt wurde. Hinzu kamen andere Faktoren, die den Sturz Cuzas beschleunigten, darunter seine zunehmende innenpolitische Isolierung, eine korrupte Hofkamarilla, die immer mehr an Einfluss gewann, ein selbst in der rumänischen Gesellschaft als skandalös empfundener Lebenswandel, wachsende Missstände in den Finanzen und in der Verwaltung, für die sich Cuza wenig interessierte.[48] Er verlor allmählich seine Legitimationsbasis, weil er sich mit dem Staatsstreich, den er durch das so genannte „Statut" sowohl vom Volk durch ein Plebiszit wie durch die Vertreter der Garantiemächte legalisieren ließ,[49] eine Machtfülle angeeignet hatte, die ihn politisch für Fehler verantwortlich machte. Auf die wachsende Destabilisierung reagierte Cuza mit einer Doppelstrategie, indem er einerseits seine Bereitschaft – auch öffentlich – erkennen ließ,[50] zugunsten eines fremden Fürsten

técédents de l'abdication du Prince Cuza, in: RRH XVIII, 1979, S. 798. Berindei macht auch auf die Zugehörigkeit verschiedener Mitglieder der Koalition gegen Cuza zu Freimaurerlogen in Bukarest und Iaşi aufmerksam, für eine direkte Beteiligung der Logen an dem Sturz Cuzas gibt es aber keinen Nachweis. Auch Michelson hebt die Bedeutung dieses Abkommens hervor, sieht aber auch die Schwächen der Koalition: Michelson, Romanian Politics, S. 137ff. Zu den Unterzeichnern gehörten Grigorie Brâncoveanu (Bibescu Basarab), Constantin Brăiloiu, Dimitrie Ghica, Ion Ghica, Anastasie Panu, Constantin A. Rosetti, Gheorghe Ştirbei.

47 Zu der Bedeutung des Aufruhrs vom 3./15. August: Russu, „Monstruasa coaliţie", in: Cuza Voda in memoriam, S. 544ff.

48 Ein Stimmungsbild über die politische Atmosphäre nach dem Staatsstreich vom 2./14. Mai vermitteln die Memoiren von Ion Bălăceanu, die allerdings, was die Faktenlage angeht, nicht immer zuverlässig sind und nicht frei von übertriebener Selbst-Inszenierung Bălăceanus, der immer seine Person in den Mittelpunkt stellt. Bălăceanu, Ion, Souvenirs politiques et diplomatiques (Exemplar Romalo), S. 114ff.

49 Das Statut Cuzas wurde am 28. Juni 1864 als „Acte additionnel à la Convention du 19 août 1858" von der Suzeränitätsmacht und den Botschaftern der Garantiemächte in Konstantinopel gebilligt. Text des „Acte additionel" in: Schmidt, Die verfassungsrechtliche und politische Struktur, S. 124-127.

50 So in seiner Rede zur Parlamentseröffnung im Dezember 1865. Eder hielt die betreffende Passage jedoch nur für das Ausland berechnet. Arh. Stat. CR 12/1866, S. 4 (Nr. 2A) v. 2.1.1866.

auf den Thron zu verzichten, und in diesem Sinne im Herbst 1865 Schritte bei Napoleon III. unternahm,[51] andererseits den Zeitpunkt aber noch nicht für gekommen hielt, weil die Garantiemächte die Inthronisierung eines fremden Fürsten nicht zugestehen würden. In diesem Sinn antwortete er auf die Demarche der Generalkonsuln im Januar 1866, die sich besorgt über die Verhältnisse in den Fürstentümern äußerten, und verlangte freie Hand im Innern.[52] Dennoch schien die Gleichmütigkeit, die er während der letzten Monate seiner Herrschaft an den Tag legte, nicht frei von Resignation zu sein, denn nun fingen die enormen Folgekosten seines Modernisierungsprogramms an, sich auszuwirken.[53] Weitgehend isoliert und in einer katastrophalen Finanzlage, geriet er in eine politische Sackgasse. Cuza hatte seinen Zweck erfüllt, die Realunion zustande und die wichtigsten Reformen auf den Weg gebracht zu haben. Doch mit ihm konnte es keine dauerhafte Herrscherstabilität für das politische System geben, die als Voraussetzung für die weitere Nationalstaatsentwicklung angesehen wurde.

Anfang 1866 herrschten eine Stimmung, die die Zustände für unhaltbar hielt, und eine gewisse politische Lähmung vor, die als Ruhe vor dem Sturm angesehen wurde. Der britische Vertreter Green sprach von einer bevorstehenden Katastrophe,[54] der italienische Generalkonsul Strambio von einem Vulkan, auf dem das Land sich befinde.[55] Der österreichische Vertreter, Baron Eder, berichtete nach Wien laufend über Umsturzgerüchte, über Aktionen der Opposition, über deren Organisationskomitees und Maßnahmen er gut informiert war.[56] So kam die Nachricht von der erzwungenen Abdankung Cuzas in der Nacht des 11./23. Februar zwar überraschend, was den Zeitpunkt betrifft, konnte aber angesichts der Entwicklung der letzten Monate nur als folgerichtig bewertet werden. Dass den Garantiemächten der Sturz Cuzas sehr ungelegen kam, steht auf einem anderen Blatt. An den französischen Generalkonsul Tillos war am 17. Februar 1866 noch die Weisung ergangen, den Bestand der Herrschaft Cuzas zu sichern, da die Kabinette von Wien, Paris und London keine neuen Verwicklungen an der Donau wünschten. Im Falle von Komplikationen würden die Mächte jedoch nicht einseitig vorgehen, sondern sich gemeinsam auf Maßnahmen verständigen, wie es Artikel 8 der Pariser Konvention vom 19./31. August 1858 vorsah.[57]

Der Sturz Cuzas am 11./23. Februar 1866 führte weder zu Unruhen noch zu einer Mobilisierung seiner Anhänger, was die politische Paralyse seiner letzten Herrschaftszeit deutlich kennzeichnete. Dennoch gingen die Verschwörer ein hohes Risiko ein, da sie keinen ausländischen Fürsten zur Hand hatten, der das entstandene Machtvakuum füllen

51 Michelson, Romanian Politics, S. 143f.

52 Arh. Stat. CR 12/1866 S. 18f. und S. 32ff. Berichte von Eder vom 21.1. (Nr. 7), 30.1. (Nr. 13) und 31.1. 1866 (Nr. 14).

53 Siehe dazu den umfangreichen Rechenschaftsbericht der Statthalterschaft v. 28.4./10.5.1866 bei der Eröffnung der Konstituante. Sturdza, Domnia Regelui Carol I, 1, S. 151-209.

54 Arh. Stat CR 12/1866, S. 30. Eder v. 30.1.1866 (Nr. 13).

55 Giurescu, C. C., Viaţa şi opera lui Cuza Vodă, Bucureşti 1970, S. 384.

56 Arh. Stat. CR 12/1866, S. 38, Bericht v. 4.2.1866 (Nr. 15).

57 Ibd., S. 45f., Eder v. 18.2.1866 (Nr. 19).

konnte. Philipp von Flandern wurde zwar noch am selben Tag zum Fürsten ausgerufen und von den noch von Cuza einberufenen parlamentarischen Körperschaften einstimmig gewählt, doch war das mehr eine Verlegenheitslösung, da man keine Zusage von ihm besaß. Mit der Wahl eines Mitglieds der belgischen Königsfamilie demonstrierte man vor allem den Willen, dem Vorbild Belgien zu folgen und bei den Mächten mit diesem Kandidaten nicht anzustoßen. Das stellte sich schnell als Fehleinschätzung heraus, da Napoleon III. einen Fürsten aus dem Hause Orléans nicht zu akzeptieren bereit war. Bezeichnend für die kritische Situation war die Geheimhaltung der Ablehnung des Grafen von Flandern, die bereits zwei Tage nach dem Sturz Cuzas vorlag.[58] Die Suche nach einem fremden Fürsten wurde damit zur Überlebensaufgabe der Union, deren Auflösung Mächte wie Österreich-Ungarn und Russland, aber vor allem die Suzeränitätsmacht, das Osmanische Reich, befürworteten. Ein rumänischer Erfolg hing entscheidend von der Schnelligkeit ab, mit der die Wiederbesetzung des Throns durch einen ausländischen Fürsten realisiert werden konnte.

Zur Wahrung der institutionellen Kontinuität übernahm am 11./23. Februar eine dreiköpfige Statthalterschaft mit Vertretern der an dem Umsturz beteiligten Gruppen und Militärs – der Liberale, General Nicolae Golescu, Leutnant N. Haralambie und Lascăr Catargiu, ein konservativer, aus der Moldau stammender Großgrundbesitzer – die Regentschaft und eine provisorische Koalitionsregierung mit dem gemäßigt Liberalen Ion Ghica als Ministerpräsidenten die Regierungsgeschäfte. Ihre wichtigsten Aufgaben bestanden in der Aufrechterhaltung der staatlichen Ordnung und der Union sowie der innenpolitischen Absicherung der Kandidatur eines ausländischen Fürsten, den zu suchen den rumänischen Vertretern in Paris oblag, Ion Brătianu und Ion Bălăceanu, die über einen weitgehenden Ermessungsspielraum verfügten. Je länger die Unklarheit über einen fremden Fürsten andauerte, umso schwieriger wurde die Stellung der provisorischen Regierung und ihr Verhältnis zu den noch tagenden legislativen Körperschaften, der Wahlversammlung und dem Senat. Diese hatten die Maßnahmen der Regierung zuerst mitgetragen, die die Konsolidierung der katastrophalen finanziellen Lage, die Sicherung der Agrarverträge und die Einführung einer Nationalgarde betrafen, doch nahm die Versammlung eine immer stärker werdende oppositionelle Haltung gegenüber der Regierung an und zog schließlich auch ihre Legalität in Zweifel. Anscheinend gab es Bestrebungen, sich selbst als verfassungsgebende Versammlung zu konstituieren und die Regierung abzulösen.[59] Die Wahlversammlung wurde daraufhin am 17./29. März aufgelöst, der Senat geschlossen und Neuwahlen für den 9./21. bis 17./29. April ausgeschrieben.

Auch mit diesen Wahlen gingen Regierung und Statthalterschaft ein hohes Risiko ein. Wahlen bedeuteten immer einen Unruhefaktor und konnten in der noch unklaren Lage

[58] Sturdza, Domnia regelui Carol I, 1, S. 2, 31ff.

[59] Arh. Stat. CR 12/1866, S. 143ff., Eder v. 31.3.1866 (Nr. 44) und v. 2.4.1866 (Nr. 45). Darauf nimmt auch der Wahlaufruf an die Rumänen v. 18./30. März Bezug. Sturdza, Domnia Regelui Carol I, Vol. 1, S. 43f. Michelson dagegen sieht den Grund nur darin, dass die alte Versammlung ihren Zweck erfüllt habe und nicht mehr benötigt wurde. Michelson, Romanian Politics, S. 164.

zu einem Kristallisationspunkt verschiedener Oppositionsströmungen werden.[60] Ungenannt blieben der genaue Zweck und das Ziel der Wahlen, auch wenn sehr schnell die Aufgabe der Ausarbeitung einer Verfassung genannt wurde, mit der sich bereits der Staatsrat – auch ein Organ der Cuza-Zeit – beschäftigte. Der instabilen Situation versuchte die Regierung gegenzusteuern, indem sie sich zum einen auf die eigene Legitimität als ausführendes Organ des Willens der Nation mit den vier Punkten der Diwane *ad hoc* berief,[61] zum andern Wahlkomitees bildete, die den Ausgang der Wahlen im Regierungssinne garantieren sollten.[62] Wichtig war auch die Demonstration militärischer Stärke, um keinen Zweifel daran aufkommen zu lassen, dass man notfalls auch zu Gewaltmitteln greifen würde: so wurden eine Truppenschau in Bukarest abgehalten, Waffen an die neu gegründete Nationalgarde verteilt und Truppen in den Kasernen zusammengezogen, um sie bei Unruhen einsetzen zu können.[63]

Erst die Gewissheit, dass mit Karl von Hohenzollern-Sigmaringen ein Kandidat gefunden war, der sich bereit erklärt hatte, den Thron zu besteigen, erlöste die Regierung aus ihrer prekären Lage und gab ihrem Handeln die nötige Zielsetzung. Sie war seit Ende März über diese Kandidatur von ihren Vertretern in Paris informiert worden, hielt sie aber geheim, um nicht noch einmal, wie im Falle Philipps von Flandern, durch eine Absage desavouiert zu werden, die geeignet gewesen wäre, den Plan eines fremden Fürsten völlig zum Scheitern zu verurteilen. Die Ankunft von Ion C. Brătianu, dem Führer der radikalliberalen Partei und Verhandlungsführer bei den Kandidaturgesprächen mit der Sigmaringer Familie, in Bukarest am 30.3./11.4.1866 brachte die Wende. Er gab die Sicherheit, dass Karl die Wahl akzeptieren würde, und forcierte das politische Handeln, die Kandidatur Karls von Hohenzollern-Sigmaringen gegen alle Widerstände durchzusetzen. Noch am selben Tag wurde eine Proklamation an das rumänische Volk erlassen, die Karl als Carol I. zum neuen Fürsten der Rumänen ausrief, und ein Plebiszit dekretiert, das vom 14. bis 20. April (n.St.) abgehalten wurde und mit einer überwältigenden Mehrheit für den neuen Fürsten ausging.[64] Diese Volksbefragung, deren Ergebnis durch die Staatsorgane gesichert worden war, verfolgte sowohl den Zweck, mit dem Argument des nationalen Willens die Widerstände gegen eine Kandidatur in der Hohenzollernfamilie zu überwinden, als auch den einheimischen potenziellen Kandidaten jede Hoffnung auf den

[60] Zutreffend charakterisierte der österreichische Generalkonsul Eder die Lage: „An der Spitze der Geschäfte befindet sich gegenwärtig eine Regierung, die eigentlich keine andere Unterlage hat, als die ihres tatsächlichen Bestandes. Nachdem sie plötzlich aufgetaucht und sich eingesetzt, wurde sie zwar von den legislativen Körperschaften im ersten Taumel anerkannt, allein schon kurze Zeit nach ihrer Einsetzung war sie Gegenstand der Angriffe des Senats und der Wahlversammlung. Im Interesse der Selbsterhaltung sah sie sich gezwungen den Senat zu schließen und die Wahlversammlung aufzulösen, daß sie aber neue Wahlen ausgeschrieben, wird unter den gegebenen Verhältnissen beide Länder in nicht geringe Bewegung versetzen." Arh. Stat. CR 12/ 1866, S. 148, Eder v. 2.4.1866 (Nr. 45).

[61] Sturdza, Domnia Regelui Carol I, 1, S. 43f.

[62] Arh. Stat. CR 12/1866, S. 156f. Eder an Mensdorff v. 5.4.1866 (Nr. 48).

[63] Ibd., S. 149f. Eder an Mensdorff v. 2.4. (Nr. 45) und v. 6.4.1866 (Nr.40).

[64] Sturdza, Domnia Regelui Carol I, 1, S. 98. (685.969 gegen 224).

Thron zu nehmen. Außerdem war sie ein Signal an die in Paris tagende Botschafterkonferenz der Garantiemächte, die einen fremden Fürsten ablehnten. Trotz der noch ausstehenden offiziellen Zusage Karls konnte die Regierung nun in seinem Namen agieren und entschlossen handeln. Mit dem Zusammentritt der neu gewählten Versammlung am 28.4./10.5.1866, die sich als verfassungsgebende Versammlung konstituierte und gleich zu Beginn ihr Bekenntnis zur rumänischen Einheit und zum Fürsten Carol I. ablegte,[65] und der Ankunft des neuen Fürsten am 10./22. Mai 1866 in Bukarest fand die Cuza-Zeit und damit die Epoche der einheimischen Fürsten ihr Ende.

Die Aktionen um eine Lösung der rumänischen Herrschaftskrise spielten sich in drei Zentren ab: in Paris, wo die Kandidatur Karls von Hohenzollern-Sigmaringen in einem privaten Kreis ihren Anfang nahm und wo die Botschafter der Garantiemächte am 10. März 1866 zu einer Konferenz zusammentraten, um sich auf ein einheitliches Vorgehen in der rumänischen Frage zu verständigen, in Düsseldorf und Berlin, wo die Kandidatur des Hohenzollernprinzen Karl im Alleingang entschieden wurde, und in Bukarest, wo die Übergangsregierung die Union und die staatliche Ordnung sichern musste.

3. Der Kampf um die Union

Die aus der Retrospektive so erfolgreiche Inthronisierung eines fremden Fürsten und der Aufstieg Rumäniens lassen oft vergessen, dass sich das Land nach dem Sturz Cuzas in einer äußerst kritischen Lage befand, in der ein Auseinanderfallen der erst vier Jahre zurückliegenden Realunion eine ernst zu nehmende Gefahr bildete. Dabei wird die gegenseitige Bedingtheit zwischen Union und fremdem Fürsten in der Regel übersehen: Eine Auflösung der Union hätte zugleich das Ende eines fremden Fürsten bedeutet und umgekehrt war die Union nur durch einen fremden Fürsten gesichert.[66] Die Besorgnisse richteten sich in erster Linie auf die Moldau, wo im Gefolge der Vereinigung und der Zentralisierung in Bukarest ein großes Unzufriedenheitspotenzial aufgrund des wirtschaftlichen Niedergangs von Iaşi und der allgemeinen Benachteiligung zugunsten der Walachei entstanden war.[67] Separatisten konnten sich zudem auf internationale Vereinbarungen und auf den Wortlaut des Firmans des Sultans von 1861 berufen, die die Doppelwahl Cuzas nur für dessen Lebzeiten zugestanden hatten. Aber auch in der Walachei machten sich einige Fürstengeschlechter wieder Hoffnungen auf den Thron, je länger die Ungewissheit über einen fremden Fürsten andauerte und erkennbar wurde, dass die

65 Ibd., S. 214 (1./13. Mai 1866).

66 Daher auch die Forderung des russischen Botschafters in Paris, Budberg, die Frage des fremden Fürsten auf der Konferenz gar nicht erst zuzulassen. Sturdza, Domnia Regelui Carol I, 1, S. 110ff. Auch der seine Abneigung gegenüber den Rumänen nicht verhehlende österreichische Generalkonsul, Baron Eder, machte immer wieder auf diesen Zusammenhang in seinen Berichten aufmerksam. Arh. Stat. CR 12/1866, S120f. Eder v. 14.3.1866 (Nr. 36) oder v. 23.3.1866 (Nr. 41A). Ibd., S. 134.

67 Grigoraş, N., Alexandru Ioan Cuza şi Iaşii, in: Cuza Vodă in memoriam, Iaşi 1973, S. 478ff.

Pariser Botschafterkonferenz einen ausländischen Fürsten ablehnte.[68] Selbst der Ministerpräsident, Ion Ghica, Nachkomme einer berühmten Fürstenfamilie und in den fünfziger Jahren zum Bei von Samos in osmanischen Diensten aufgestiegen, stand notorisch unter dem Verdacht, die eigene Kandidatur anzustreben. Konservative Kreise wiederum argwöhnten, dass die Radikalliberalen im Grunde eine Republik mit Ion C. Brătianu oder Nicolae Golescu als Präsidenten anstrebten.[69] In diesem Klima der Unsicherheit und gegenseitiger Verdächtigungen fanden Gerüchte und Spekulationen einen günstigen Nährboden, wodurch sich die bereits vorhandenen Spannungen weiter potenzierten.

Die Statthalterschaft und die provisorische Regierung unter dem liberal gemäßigten Ion Ghica standen angesichts der Gefahr eines Auseinanderfallens des Landes unter einem enormen Handlungs- und Zeitdruck. Sie reagierten mit einem Bündel von Maßnahmen, die jede separatistische Bewegung von vornherein unterbinden sollte. Dazu gehörten die Neubesetzung von Präfektenstellen und die Ernennung von zwei Regierungskommissaren für die Moldau, die Weisungsbefugnis besaßen.[70] Die Aktivitäten der „Altkonservativen", zu denen Großbojaren aus ehemaligen Fürstenfamilien gehörten, wurden überwacht, ihre Versammlungen aufgelöst, eine Pressezensur ausgeübt und Offiziere, die nicht sofort den Eid auf Philipp von Flandern leisteten, entfernt und durch zuverlässige, meistens aus der Walachei stammende Offiziere ersetzt.[71] Zugleich wurden eine große Propagandakampagne für die Union und den fremden Fürsten entfaltet und die beiden Statthalter N. Golescu und L. Catargiu nach Iaşi entsandt, um durch ihr persönliches Erscheinen die Zustimmung der Moldau für den neuen Fürsten zu erreichen. Dennoch kam es am 3./15. April als Reaktion auf die Ausrufung Carols I. zum Fürsten und die Ankündigung des Plebiszits zu einer Protestdemonstration des von Gegnern eines fremden Fürsten zusammengesetzten Wahlkomitees, die in eine Straßenschlacht mit dem hart durchgreifenden Militär ausartete mit Toten und Verwundeten auf beiden Seiten.[72] Dieser so genannte separatistische Aufstand war der schwerste Zwischenfall während des Interregnums und kam der Regierung naturgemäß höchst ungelegen. Da man aber im In- und Ausland von einer von Russland gesteuerten Intrige gegen die Union ausging, blieb dieser Vorfall außenpolitisch ohne Konsequenzen.[73] Innenpolitisch hingegen wirkte er

[68] Arh. Stat. CR 12/1866, S. 158, Eder v. 6.4.1866 (Nr. 40).

[69] Ibd., S. 156f., Eder v. 5.4.1866 (Nr. 48).

[70] Arh. Stat. CR 13/1866, S. 9ff., Haas v. 25.2.1866 (Nr. 10).

[71] Ibd., S. 15ff., Haas v. 6.3.1866 (Nr. 12).

[72] Über die Zahl der Opfer gibt es unterschiedliche Angaben: N. Golescu sprach von 15 Toten und 25 Verwundeten auf Seiten der Aufrührer und von zwei getöteten und 15 verwundeten Soldaten, der österreichische Vizekonsul Haas nannte 43 Tote und über 80 Verwundete. Arh. Stat. CR 13/1866, S. 49ff., und S. 57f., Haas v. 17.4.1866.

[73] Arh. Stat. CR 12/1866, S. 179f., Note von Ion Ghica an die Generalkonsuln v. 3./15. April 1866. Henry, P., L'abdication du Prince Cuza et l'avènement de la dynastie de Hohenzollern au trône de Roumanie. Documents diplomatiques, Paris 1930, S. 314ff u. 319ff. Russland hingegen verwahrte sich gegen die Vorwürfe. Arh. Stat. CR 12/1866, S. 186f., Note des russischen Generalkonsuls als Anlage zum Bericht Nr. 58 v. 19. April von Eder.

katalysierend zugunsten des fremden Fürsten, da er die Gefahren für die Einheit des Landes deutlich vor Augen geführt hatte.
Diese Vorgänge öffneten den Blick auf die Moldau, die als Verlierer der Einheit dastand. Dort hatten sich drei Strömungen angesichts der Frage einer staatlichen Neuordnung herausgebildet: eine, die für eine erneute Trennung der Landesteile und die Wahl eines einheimischen Fürsten eintrat, eine zweite, die sich für die Union mit einem rumänischen Fürsten aussprach, und eine dritte, die sich für die Union und den fremden Fürsten einsetzte. Zu der ersten Gruppe gehörten Großbojaren und hohe Kleriker mit Verbindungen zu Russland,[74] aber auch einige Vertreter der moldauischen Oberschicht, die zwar prinzipiell die Union und den fremden Fürsten bejahten, diesen aber nicht für durchsetzbar hielten. Daher befürworteten sie eine Rückkehr zur alten Ordnung, sprich zur Konvention von 1858, wobei diese Argumentation wohl eher der Verschleierung ihrer eigenen Machtambitionen diente.[75] Die zweite Gruppe, die, folgt man den Memoiren von George Panu, über die größte Anhängerschaft in Iaşi verfügte, wollte die Union nicht aufgeben, forderte aber einen einheimischen Fürsten.[76] Hier weckte der Sturz Cuzas, eines Moldauers, die Befürchtung vor einer noch stärkeren Dominanz der Muntenier. Ideologisch wurde diese Position von einer einflussreichen intellektuell-politischen Gruppe vertreten, der so genannten „Freien und unabhängigen Fraktion“ – kurz als „Fraktion“ bezeichnet – um den Universitätsprofessor Nicolae Ionescu.[77] Ihr Programm zeichnete sich im Anschluss an die von dem Siebenbürger nationalen Führer von 1848 und Professor an der Universität Iaşi, Simion Bărnuţiu, diffus propagierten Theorien von nationalen und demokratischen Traditionen des rumänischen Volkes unter Betonung des römisch-lateinischen Erbes durch ein republikanisch-antidynastisches Gedankengut aus mit einer starken ausländerfeindlichen und antisemitischen Stoßrichtung.[78] Für sie bedeutete ein ausländischer Fürst sowohl Verrat an den rumänischen Traditionen wie auch eine Verletzung der europäischen Verträge, was den Bestand der Union gefährden konnte.[79]
Die dritte Gruppe schließlich setzte sich aktiv für die Union und den fremden Fürsten ein. Sie wurde angeführt von Vertretern der später so berühmten und das Geistesleben Rumäniens dominierenden literarischen Gesellschaft *Junimea* (Jugend), die, mobilisiert durch die Staatskrise, politisch zum ersten Mal in Erscheinung trat, sich aber nach der

74 Arh. Stat. CR 12/1866, S. 166, Eder v. 13.4.1866 (Nr. 53). Nach Meinung des russischen Generalkonsuls Offenberg handelte es sich nur um 20-30 „alte“ Bojaren, die gegen eine Union waren.

75 Arh. Stat. CR 13/186, S. 36f. Haas v. 13.4.1866 an Mensdorff (Nr. 24). So der Großbojar N. Rosetti-Roznovanu, der auch an den Unruhen vom 3./15. April maßgeblich beteiligt war.

76 Panu, G., Amintiri de la „Junimea“ din Iaşi, Bucureşti 1998, S. 12ff.

77 Da viele Professoren der Universität Iaşi zu ihr gehörten, wurde die Fraktion oft auch als „Professorenpartei“ genannt.

78 Ausführlich dazu: Stan, A., Grupări şi curente politice în România între unire şi independenţă, Bucureşti 1979, S. 178ff. Xenopol, Istoria partidelor politice, S. 503ff. Zu Bărnuţius Philosophie und Einfluss: Hitchins, K., Orthodoxy and Nationality. Andreiu Şaguna and the Rumanians of Transylvania, 1846-1873, Cambridge, London 1977, S. 205f. u. passim.

79 Sturdza, Domnia Regelui Carol I,1, S. 216ff.

erfolgreichen Realisierung des Programms wieder in ihre literarisch-wissenschaftlichen Aktivitäten zurückzog, um sich erst später, wiederum in einer Krisenlage, als politische Gruppe abseits der großen Hauptstromparteien zu etablieren. Sie vertrat ein konservativ aufklärerisches Programm, das eine organische Entwicklung des Landes forderte und die Auswüchse einer schnellen Modernisierung durch die Überstülpung westlicher Institutionen kritisierte, was sich in dem von dem Führer der Gruppe und Rektor der Universität von Iaşi, Titu Maiorescu, geprägten berühmten Theorieformel: „Formen ohne Inhalt" niederschlug, die sich außerordentlich befruchtend auf die theoretische Diskussion über die Entwicklungsdefizite des Landes auswirkte.[80] Ideologisch, politisch, literarisch und auch vom Persönlichskeitsprofil her ein erbitterter Gegner der Fraktion, unterstützten die Mitglieder der *Junimea* vehement das Regierungsprogramm der Union mit einem fremden Fürsten. Mit bemerkenswerter Konsequenz im Gegensatz zu anderen Parteigruppierungen hielten sie auch später an ihrer Überzeugung fest, dass die Stabilität des Landes nur mit einem fremden Fürsten und der Herausbildung eines dynastischen Gefühls gesichert werden könne.[81] Andere Befürworter eines fremden Fürsten sahen gerade in ihm die Garantie für eine Überwindung der Benachteiligung der Moldau, da man sich eine Verbesserung der Lage durch eine überparteiliche und neutrale Instanz erhoffte.[82]
Die Integrationskrise in der Moldau konnte demnach sowohl zur Ablehnung eines fremden Fürsten, wie im Falle der Fraktion, als auch zu seiner Befürwortung führen, dennoch gab es zwischen diesen beiden Gruppen den grundlegenden Konsens, die Einheit des Landes zu bewahren. Als der Bestand der Union durch den separatistischen Aufstand am 3./15. April in Iaşi selbst bedroht wurde, geriet die Fraktion in die politische Defensive. Der Aufstand hatte verdeutlicht, dass ein einheimischer Fürst zur erneuten Teilung des Landes führen und die Moldau wieder unter russischen Einfluss geraten würde. Aufgrund dieses Drucks kam es sogar zu einer vorübergehenden Zusammenarbeit zwischen Fraktion und Junimisten in einem „Nationalklub" mit gemeinsamen Unterschriften unter ein Wahlprogramm, das sich für einen fremden Fürsten aus lateinischem Geschlecht aussprach, ein Kompromiss, auf den sich einige Mitglieder der Fraktion einließen. Später dann enthielten sich die sechs Abgeordneten der Fraktion in der Konstituante der Stimme, als die Antwortadresse auf den Rechenschaftsbericht der Regierung ein eindeutiges Bekenntnis zur Union und zu Fürst Carol als erblichen Fürsten ablegte. Die Union wurde gesichert, die Probleme der Vereinigung wie der Vernachlässigung der Moldau aber blieben weiter bestehen und erwiesen sich als schwere Hypothek für die weitere Entwicklung des Landes.
Doch nicht nur in der Moldau gab es Widerstand gegen einen fremden Fürsten, auch in der Walachei konspirierte man in einigen Armee- und Großbojarenkreisen für die Thronbesetzung durch einen Einheimischen, nachdem sich die Garantiemächte, einschließlich

80 Zur „Junimea" s. Ornea, Z., Junimea şi Junimismul, Bucureşti 1975.
81 Maiorescu, T., Istoria contemporană (1866-1900), Bucureşti 1925, S. 14f.
82 Rizos, P. (Hg.), Mémoires du Prince Nicolas Soutzo, Grand-Logothète de Moldavie 1798-1871, Wien 1899, S. 421f. Arh. Stat. CR 13/1866, S. 17, Haas v. 6.3.1866 (Nr. 12).

Frankreichs, das bis jetzt immer als Befürworter eines fremden Fürsten aufgetreten und von der Regierung als Unterstützer der Kandidatur Karls hingestellt worden war, am 24. April auf die Wahl eines einheimischen Fürsten geeinigt hatten. Vor allem die Armee erwies sich als großer Unsicherheitsfaktor für die Übergangsregierung, da in ihr Cuza den größten Rückhalt besaß.[83] Eine Verschwörung, angeführt durch ein „Komitee der Ordnung", wurde Ende April aufgedeckt, Offiziere verhaftet und das implizierte erste Infanterieregiment aufgelöst.[84] Der Pariser Konferenzbeschluss vom 2. Mai, einen einheimischen Fürsten zu wählen, bedeutete für die Regierung trotz des inzwischen erfolgreich abgeschlossenen Plebiszits für Carol I. einen kritischen Moment, da sie außenpolitisch isoliert stand, was sich ihre Gegner zu Nutzen machen konnten, ohne das Prinzip des fremden Fürsten aufgeben zu müssen.[85] Gefährlich konnte es für die Regierung werden, wenn solche Gruppen Unterstützung von ausländischen Konsulaten erhielten, wie in Iaşi vom russischen und in Bukarest vom österreichischen. So machte sich der österreichische Generalkonsul in Bukarest, Baron Eder, für eine Beseitigung der Regierung und die Verhinderung des fremden Fürsten stark mit dem Ziel der Trennung der Fürstentümer.[86] Allerdings stand er damit isoliert unter seinen Kollegen und musste angesichts des bevorstehenden Krieges zwischen Österreich und Preußen Rücksicht auf die übergeordneten Interessen Österreichs im Verhältnis zu Frankreich nehmen,[87] so dass sein Eingreifen nicht viel bewirkte, zudem auch keine Persönlichkeit für eine Übergangszeit gefunden werden konnte.

Eine andere Gruppe in der Walachei, die ideologische Berührungspunkte mit der Moldauer Fraktion aufwies und sich ebenfalls gegen einen ausländischen Fürsten wandte, gruppierte sich um einen alten Führer der rumänischen Nationalbewegung, Ion Heliade-Rădulescu, und die Anhänger von Cuza, Cezar Bolliac und General Christian Tell. Sie galten eher als politische Außenseiter und verfügten über wenig Einfluss, boten aber dennoch antidynastischen und antisemitischen Stimmen immer wieder einen Kristallisationspunkt, besonders Bolliac in seiner Zeitung *Trompeta Carpaţilor*.[88]

83 Panu, Amintiri, S. 13.

84 Arh. Stat. CR 12/1866, S. 193, Eder v. 21.4.1866 (Nr. 59B); ibd., S. 201, Chiffretelegramm v. 24.4.1866; ibd., S. 202f., Bericht v. 24.4. (Nr.62); S. 209f., 25.4. (Nr. 63C); S. 215, 28.4.; S. 216f., 30.4.1866 (Nr. 66). CR 36/1866, S. 4, Bericht v. 3.5.1866 (Nr. 68); ibd., S. 26f., 20.5.1866 (Nr. 79). Man wollte mit Hilfe eines Teils der Bukarester Garnison die radikalliberalen Führer und Regierungsmitglieder verhaften und eine neue Regierung einsetzen.

85 So hielt das Programm an einem fremden Fürsten fest, sprach sich aber aufgrund der Weigerung der Garantiemächte für die Wahl eines einheimischen Fürsten aus. Arh. Stat. CR 12/1866, S. 215, Eder v. 28.4.1866.

86 Arh. Stat. CR 36/1866., S. 22f., Eder v. 18. Mai 1866 (Nr. 78). Er schlug vor, offen mit einer militärischen Besetzung zu drohen und einen einheimischen „Landeschef", aber keinen einheimischen Fürsten für eine Übergangszeit wählen zu lassen.

87 Arh. Stat. CR 12/1866, S. 208, Eder v. 25.4.1866 (Nr. 63B); ibd. CR 36/1866, S. 15ff., Eder v. 12.5.1866 (74A), wo er sich über die Haltung des französischen und des englischen Konsuls beklagt.

88 Michelson, Romanian Politics, S. 171. Ghimeş, Gh. (Hg.), Gîndirea social-politică antimonarhică şi republicană din România, Bucureşti 1979, S. 119ff., S. 133ff.

Das Interregnum hatte die innen- wie außenpolitischen Gefahren für den Bestand des noch jungen Landes sichtbar und gleichzeitig deutlich gemacht, dass es zu dem ausländischen Fürsten keine Alternative gab, wenn man die Union aufrechterhalten wollte. Es war ein Erfolg der Regierung und der sie tragenden Gruppen, die Einheit bewahrt zu haben, doch der entscheidende Anteil daran kam den Radikalliberalen zu. Der bestand nicht nur in der Tatsache, dass ihr Führer, Ion C. Brătianu, den deutschen Prinzen Karl von Hohenzollern-Sigmaringen für den rumänischen Thron gewinnen konnte, sondern auch darin, dass es ihnen mit ihrer Mobilisierungskraft und meinungsbildenden Führung in der Presse gelang, den neuen Fürsten Carol in das Bewusstsein der Öffentlichkeit zu bringen, die Regierung zum energischen Handeln zu veranlassen und die Wahl Carols durchzusetzen. Die Radikalliberalen führten die Regie bei dieser Wahl und nutzten die Krise, um ihren Einfluss zu vergrößern, was umso leichter gelang, da die konservativen Kräfte gespalten waren und in ihren Aktionen zögerten. Aufgrund ihrer eigenen Revolutionserfahrungen bereitete es ihnen wenig Schwierigkeiten, sich über Konferenzbeschlüsse hinwegzusetzen, wenn es den eigenen nationalen Zielen diente. Sie konnten sich als die wahren Vollstrecker des Vier-Punkte-Programms der Diwane *ad hoc* bezeichnen und besaßen in ihrem Selbstverständnis das Monopol als *die* nationale Partei Rumäniens. Sie gingen aus der Krise als Gewinner hervor. Mit ihrer Dynamik, ihrem höheren Organisations- und Mobilisierungsgrad sicherten sie sich die politische Überlegenheit und legten zusammen mit dem von Brătianu ausgeübten Einfluss auf den Fürsten den Grundstein für ihre Macht zu Beginn der Herrschaft Carols.

4. Die Entscheidung der Hohenzollern

Die Wahl des zweitältesten Sohns, Karl (geb. am 20. April 1839), des Fürsten Karl Anton von Hohenzollern-Sigmaringen und seiner Frau Josephine, Tochter des Großherzogs Carl von Baden und von Stephanie Beauharnais,[89] zum Fürstenkandidaten von Rumänien wurde in Paris von einer kleinen philorumänischen Gruppe initiiert und ging von einer Familienfreundin der Sigmaringer Hohenzollern und Patenkind Kaiser Napoleons III., Hortense Cornu,[90] aus. Sie besaß eine Vermittlerrolle zwischen den Sigmaringern und dem französischen Kaiserhaus, zwischen denen enge Verwandtschaftsbeziehungen bestanden,[91] und brachte Karl ins Spiel, als sie von der Suche der Rumänen nach einem

89 Zu Stephanie Napoleon s. die Monographie von Haas, R., Stephanie Napoleon. Großherzogin von Baden. Ein Leben zwischen Frankreich und Deutschland 1789-1860. Mannheim 1976. Auch durch seine Großmutter väterlicherseits, eine Murat, war Karl mit Napoleon verwandt.

90 Cristescu, Sorin, Sfetnici de taină. Hortense Cornu, in: Magazinul istoric (1998), Internetausgabe: www.itc.ro/history/archive/mi1998/current9/mi65.htm; curent10/mi30htm; mi1999/current1/m17.htm.

91 Eine Heirat zwischen Karl und einer Verwandten Napoleons III., Prinzessin Anna Murat, mit der er zugleich auch selbst verwandt war, war nur ein Jahr zuvor an unvereinbaren Bedingungen der französischen und preußischen Seite gescheitert. Ausführlich zu den Heiratsprojek-

Fürsten durch den liberalen Führer Ion C. Brătianu erfuhr.[92] Dieser hielt sich seit Dezember 1865 in Paris auf, um die französischen politischen Kreise und die öffentliche Meinung zugunsten der Ziele der rumänischen Opposition zu beeinflussen, und wurde nach dem Sturz Cuzas zusammen mit anderen Delegationen mit dem offiziellen Auftrag betraut, einen fremden Fürsten zu finden.[93] Die entscheidende Bedingung, die ein Fürst mitbringen musste, bestand in seiner Akzeptanz durch Napoleon III., da Frankreich als einzige Macht die Wünsche der Rumänen offen unterstützte, wenn auch mit Einschränkungen, wie zu zeigen ist. Von dieser Voraussetzung her bildete Karl, der sich am französischen Hof einige Zeit aufgehalten hatte und das Wohlwollen des Kaisers besaß, eine ideale Besetzung,[94] so dass sein Name bereits nach Bukarest übermittelt wurde, bevor er selbst Kenntnis von seiner Kandidatur besaß, geschweige denn sein Einverständnis dazu vorlag.[95] Brătianu seinerseits versuchte im Alleingang, indem er als Mitglied der inzwischen in Paris eingetroffenen offiziellen rumänischen Delegation demissionierte,[96] die Zustimmung der Sigmaringer Fürstenfamilie zu erreichen. Es ist maßgeblich seinem Auftreten zu verdanken, dass Karl Anton und sein Sohn Karl für das rumänische Angebot gewonnen wurden. Brătianus Handeln während der Kandidaturverhandlungen zeichnete sich durch eine Mischung von Überzeugungskunst, Überrumpelungstaktik und Unverfrorenheit aus, mit deren Hilfe er den Druck auf den Entscheidungsprozess der Hohenzollern zu forcieren und die Kandidatur Karls unumkehrbar zu machen suchte.[97] Prinz Karl wurde bereits kurz nach dem Sturz des rumänischen Fürsten Alexandru Ioan Cuza mit der Thronfolge in Rumänien konfrontiert, als ihm der belgische Gesandte in Berlin, Nothomb, zu einer Kandidatur riet, nachdem der Graf von Flandern die auf ihn gefallene Wahl zum Fürsten von Rumänien abgelehnt hatte. Auch wenn Karl zuerst nicht viel von der Sache hielt, da sie ihm zu unsicher erschien, war ein erster Anstoß gegeben,

ten s. Docea, Vasile, Proiectele matrimoniale ale principelui Carol I al României, in: Arhiva genealogică, IV (IX), 1997, S. 271ff.

92 Ollivier, Émile, L'Empire liberal. Études, récits, souvenirs, t. 8, Paris 1903, S. 71ff.

93 Stan, Apostol, Ion C. Brătianu şi liberalismul român. Un promotor al liberalismului în România, Bucureşti 1993, S. 164f. Bălăceanu, der als politischer Vertreter der provisorischen Regierung nach Paris entsandt wurde, behandelt in seinen Memoiren die Kandidatensuche ausführlich, allerdings bringt er einige Daten und Fakten durcheinander und schreibt den Erfolg der Kandidatur allein Napoleon III. und seinem Wirken zu, was nicht zutrifft. Aber auch er weist Hortense Cornu die Initiativrolle zu. B. A. Arh. Bălăceanu I, mss I, Ion Bălăceanu, Souvenirs politiques et diplomatiques 1848-1903, S. 110f. (72f.).

94 Sturdza, Domnia Regelui Carol I, 1, S. 65.

95 Ibd., S. 32 und 36. Schon in einem Mémoire vom 1./13. März 1866 an Napoleon III. schlug Brătianu Karl als rumänischen Fürsten vor. Stan, Ion C. Brătianu, S. 164f.

96 Sturdza, Domnia Regelui Carol I, 1, S. 36.

97 So sorgte er für die schnelle öffentliche Bekanntmachung der Kandidatur in Rumänien, bediente sich Behauptungen, die entweder so nicht stimmten wie seine Meldung vom 14./26. März 1866, dass der Hohenzoller der Kandidat Englands sei, oder übertrieb wie in seinem Telegramm v. 3./15.4. an Karl-Anton, dass fünf Millionen seinen Sohn zum Fürsten ausriefen, obwohl das Plebiszit über die Wahl Karls erst am 8./20. April beendet war. Sturdza, Domnia Regelui Carol I, 1, S. 36, 87, 98. Aus dem Leben König Karls, 1, S. 7f.

sich mit dieser Idee auseinanderzusetzen.[98] Dabei wird sie einige Anziehungskraft auf ihn ausgeübt haben, da er seine persönliche Lage zu Beginn des Jahres 1866 wegen der Hinauszögerung einer längst fälligen militärischen Beförderung unerträglich und deprimierend fand, so dass er schon um die Entlassung aus dem Dienst nachsuchen wollte.[99] Als dann am 31. März 1866 Ion C. Brătianu dem Prinzen den rumänischen Fürstenthron anbot, traf dieser Antrag Karl nicht völlig überraschend und fiel auf fruchtbaren Boden. Karl entschied sich bereits in dieser ersten Unterredung mit Brătianu prinzipiell für die Annahme des Fürstenthrons, ohne allerdings eine offizielle Zusage geben zu können, die er von der königlichen Einwilligung abhängig machte, worauf Brătianu ihm die Zusicherung gab, dass er sie erhalten würde.[100] Die positive Reaktion auf die rumänische Offerte offenbarte die schwere Lebenskrise Karls, aus der der rumänische Thron unverhofft einen Ausweg wies und seinem Leben eine neue Wendung zu geben versprach, weg von der Perspektivlosigkeit einer eintönigen militärischen Laufbahn in Preußen.[101] Wie er seinem Vater schrieb, treibe ihn nicht die Ambition nach Rang und Ehre, „sondern zu versuchen eine mir gestellte, freilich sehr schwere Aufgabe zu lösen u. unserm Namen Ehre zu machen".[102]

Die Entscheidung für oder gegen den rumänischen Fürstenthron hing jedoch nicht von Karl ab, sondern von seinem Vater Karl Anton, dem preußischen König als Oberhaupt der Hohenzollern, und dem preußischen Ministerpräsidenten Bismarck, der an oberster Stelle in der Hierarchie von Entscheidungsträgern stand. Ohne deren Einwilligung hätte Karl trotz aller Geneigtheit und seines Idealismus die Kandidatur nicht annehmen können. Für die Übernahme des rumänischen Throns durch Karl plädierten Karl Anton und Bismarck, während König Wilhelm sich dagegen sträubte. Der Vater sah darin die einmalige Chance der Zukunftssicherung seines Sohnes und zugleich einen Prestigezuwachs für die hohenzollernsche Familie. Ausführlich legte er in einem Schreiben vom 4. April 1866 an das Oberhaupt der Familie, König Wilhelm, dessen Einverständnis nach

98 Arh. Stat. Fond Regele Carol I, V D 1744.

99 Ibd., V D 1748.

100 Arh. Stat. Fond Regele Carol I, III/26, f. 44 (31. März 1866). Karls erste Reaktion bestand in der Aussage, dass er nicht glaube, dieser großen Aufgabe gewachsen zu sein und dass er einer Genehmigung des Königs bedürfe. Doch am Ende der Audienz gab er Brătianu sein Einverständnis, ihn zum Fürsten von Rumänien auszurufen. Brătianu hatte zuerst am Vormittag eine Unterredung mit Karl Anton gehabt und traf am Abend desselben Tages mit Karl zu einem Vieraugengespräch zusammen. Arh. Stat. Fond Regele Carol I, V D 1749, Brief Karls an den Vater v. 15.4.1866. Demzufolge habe Brătianu gesagt: „Vous l'aurez." Wenn auch die kategorische Zusicherung Brătianus voreilig war und als Überzeugungsmittel diente, so bezog er vielleicht die Gewissheit auch aus Unterredungen mit dem deutschen Botschafter in Paris, Goltz, da Bismarck schon früh die Kandidatur befürwortete.

101 Am 4. April wurde Karl zum Rittmeister *à la suite* befördert, bekam aber kein eigenes Regiment, was er als demütigend empfand. Seinen Ärger und Überdruss an einem langweiligen militärischen Dienst brachte er in seinem Tagebuch zum Ausdruck. Arh. Stat. Fond Regele Carol I, III/26, f. 44f. (12. April 1866).

102 Arh. Stat. Fond Regele Carol I, V D 1749, Brief v. 15.4.1866.

dem Familiengesetz notwendig war, die Gründe für eine Annahme des rumänischen Throns dar. Als Gründe führte er die vielversprechende Zukunft des Landes an, dessen Herrscher eine große Mission mit der von ihm etablierten Dynastie erfüllen könnte und die politischen und wirtschaftlichen Vorteile, die Preußen durch diese Verbindung an der unteren Donau gewänne. Das entscheidende und seinem väterlichen Herzen nächstliegende Motiv war jedoch ein familiäres: stolz auf den glorreichen Namen des königlichen Geschlechts der Hohenzollern, der nicht ins Alltägliche hinabgezogen werden dürfe und besorgt über die Zukunft seiner Söhne, von denen nur der Älteste die Nachfolge des Vaters antreten könne, sah Karl Anton in der rumänischen Fürstenwürde eine Stellung, die seinem zweiten Sohn eine verheißungsvolle Zukunft eröffnete und zugleich dem hohen Rang und Namen des Hohenzollerngeschlechts entspräche.[103]

Dieses Memorandum Karl Antons bildete den Auftakt eines Briefwechsels zwischen ihm, dem König, dem hohenzollernschen Hausminister von Schleinitz und Bismarck über die Vereinbarkeit der Annahme des rumänischen Throns mit den dynastischen Interessen der Hohenzollern und den Prinzipien preußischer Außenpolitik. Die rumänischen Beweggründe, die hinter der Wahl eines fremden Fürsten standen, spielten dabei nur eine untergeordnete Rolle und dienten als Argumentationshilfe, um den Widerstand des Königs zu überwinden, der dieser Kandidatur ablehnend gegenüberstand, ohne aber ein direktes Verbot der Annahme auszusprechen. Den Argumenten bezüglich des politischen und wirtschaftlichen Nutzens, den Preußen aus der Kandidatur ziehen würde, setzte er den Verlust der neutralen Stellung entgegen, die das Land bis jetzt in der orientalischen Frage innehabe. Mit einem Hohenzollern auf dem rumänischen Thron übernähme es eine moralische Verpflichtung, ihm im Fall einer Krise beizustehen. Auch unter familiär-dynastischen Gesichtspunkten sah Wilhelm keine Erhöhung der Stellung von Karl als zukünftigem Vasallen der Pforte und die Zukunft wäre angesichts der turbulenten Geschichte dieser Länder alles andere als gesichert. Von zentraler Bedeutung erachtete Wilhelm jedoch die Haltung der übrigen Mächte gegenüber dieser Frage. Wegen des Widerstands der Pforte, Englands und vor allem Russlands plädierte er dafür, zunächst die Arbeiten der Pariser Botschafterkonferenz und die Entwicklung in den Fürstentümern abzuwarten.[104] Ähnlich äußerte sich der Minister des Königlichen Hauses, von Schleinitz, in einem Brief an Karl Anton vom 15. April und sprach sich in demselben Sinne auch gegenüber Karl aus.[105]

Damit waren die Grundpositionen abgesteckt, die sich auch im Verlaufe der weiteren Verhandlungen zwischen den Sigmaringer und den Berliner Hohenzollern nicht veränderten.[106] Der abwartenden und einer Ablehnung hinneigenden Haltung des Königs

[103] Sturdza, Domnia Regelui Carol I, 1, S. 61ff. Der Teil des Memorandums, wo es um die Zukunftssicherung des Sohnes geht, ist bezeichnenderweise in dem Memoirenband „Aus dem Leben König Karls“ nicht abgedruckt.

[104] Ibd., S. 72ff., Brief Wilhelms v. 14. April 1866.

[105] Ibd., S. 87f.

[106] Der diesbezügliche Briefwechsel ist abgedruckt bei Sturdza, Domnia Regelui Carol I, 1, S. 92ff.

stand der Entschluss von Karl und seinem Vater entgegen, die rumänische Fürstenkrone auch gegen den Widerstand der Großmächte anzunehmen. Bestärkt wurden sie in dieser Haltung durch die zügige Umsetzung der Kandidatur in Rumänien selbst, wo in dem Volksentscheid vom 14. bis 20. April die Wahl Karls zum Fürsten bestätigt worden war, und durch das Drängen der rumänischen Politiker, die angesichts des Machtvakuums und der außenpolitischen Gefahren auf eine schnelle Annahme und Abreise ohne Rücksicht auf die Beschlüsse der Konferenz insistierten.[107] Noch unter dem Eindruck der Depesche von Brătianu vom 15. April, dass ihm fünf Millionen Rumänen als Fürsten zujubeln, entwickelte Karl seinem Vater den Plan, sofort nach Paris, wo er Napoleon III. inkognito um dessen Protektion bitten wolle, und dann in die Fürstentümer zu reisen, wo er mit großem Enthusiasmus empfangen werden würde. Eine schnelle Heirat mit der russischen Prinzessin v. Leuchtenberg würde Russlands Zustimmung zu seiner Wahl bringen, und der Tribut an die Pforte müsste verdoppelt werden: „Es ist ein großer Coup, gelingt er, so habe ich Alles für mich."[108]

Die Schlüsselrolle in der rumänischen Thronkandidaturfrage fiel jedoch Bismarck zu. Er erkannte sofort den politischen und strategischen Vorteil, bei dem bevorstehenden Krieg mit Österreich einen Hohenzollern in Bukarest zu haben. Dieser wurde Teil seines Plans, österreichische Kräfte durch eine Unterstützung nationaler Unabhängigkeitsbestrebungen wie der Ungarn im Südosten zu binden.[109] Bismarck stand daher einer Annahme positiv gegenüber, ohne sich jedoch in dieser Frage zu exponieren oder sich direkt in Widerspruch zum König zu setzen. In einer wichtigen Audienz, die er Karl am 19. April 1866 gewährte, riet er ihm zu einer Annahme und entwarf einen Plan, wie die Kandidatur zu realisieren sei: eine Einwilligung des Königs wäre durch die Beantragung eines Auslandsurlaubs zu umgehen, was den König einer peinlichen Entscheidung enthöbe. Karl solle sich zuerst inkognito nach Paris begeben und den französischen Kaiser um dessen Unterstützung bitten. Wenn Karl erst einmal in den Fürstentümern sei, vereinfache sich die ganze Situation, da Preußen den *fait accompli* anerkennen würde. Diesem Beispiel würden die anderen Mächte nach Protesten ebenfalls folgen. Von Österreich wäre vorerst nichts zu befürchten, da Preußen es für einige Zeit beschäftigen würde, Russland könne durch eine Heiratsverbindung mit dem Kaiserhaus und eine schriftliche Loyalitätserklärung gegenüber Zar Alexander II. gewonnen werden, so dass Russland die größte Stütze

[107] Ibd., S. 98.

[108] Arh. Stat. Fond Regele Carol I, V D 1750. Brief v. 16. April 1866. Nach seinen Angaben habe ihn das Studium der belgischen Verfassungsgeschichte auf diesen Gedanken gebracht.

[109] Gall, L., Bismarck. Der weiße Revolutionär, Frankfurt 1980, S. 358ff. Nipperdey, T., Deutsche Geschichte 1800-1866. Bürgerwelt und starker Staat. München 1983, S. 784f. Zu den Einzelheiten der Zusammenarbeit zwischen Bismarck und den Ungarn, s. Türr, Stefan, Fürst Bismarck und die Ungarn. Reminiscenzen aus dem Jahre 1866, in: Deutsche Revue, Jg. 25, 1900, S. 313ff.

Rumäniens darstelle. Sollte das Wagnis aber misslingen, so bliebe es als ein vergnügliches Abenteuer im Gedächtnis.[110]

Trotz der Eingangsworte Bismarcks, nicht als Staatsmann, sondern als „Freund und Ratgeber" zu Karl sprechen zu wollen, steckte hinter seinem Rat, die rumänische Fürstenkrone sofort anzunehmen und vollendete Tatsachen zu schaffen, handfeste preußische Interessenpolitik. Ohne Preußen in irgendeiner Weise zu verpflichten, sollte die Annahme der Wahl durch Karl auf dessen eigene Verantwortung hin geschehen und das preußische Königshaus aus der Entscheidung herausgehalten werden. So war es Bismarck auch völlig gleichgültig, ob und wie lange sich der Sigmaringer auf dem rumänischen Thron würde halten können. Entscheidend war im Augenblick die Verwendbarkeit der Fürstenwahl als Waffe gegen Österreich. Angesichts des kurz bevorstehenden Krieges drängte Bismarck daher auf Schnelligkeit und auf die Ignorierung der Pariser Konferenz, die zu keinem Ergebnis führen würde.

Die Unterredung mit Bismarck konnte nur Karls Entschluss bestärken, auch gegen das Widerstreben des Königs, bei dem er am selben Tag eine Audienz hatte, vollendete Tatsachen zu schaffen. König Wilhelm wollte die Konferenz in Paris über die rumänische Frage entscheiden lassen und wiederholte seine Auffassung, dass es für einen Hohenzollern unwürdig sei, der Oberhoheit eines Sultans zu unterstehen. Karl nahm diese Bemerkung zum Anlass, bereits die Unabhängigkeit, die er auf dem Schlachtfelde zu erobern gedachte, zu propagieren, und versicherte dem König, dem Namen der Hohenzollern immer Ehre zu machen.[111] In dem Vasallenverhältnis sah er aufgrund der Schwäche Rumäniens zunächst kein Hindernis[112] und hielt es wie sein Vater für ein vorübergehendes Stadium, dessen Ende bei fortschreitender Entwicklung des Landes nur eine Frage der Zeit sei.[113] Ein langes Gespräch mit seinem Freund, dem preußischen Kronprinzen Friedrich, der sich den Plänen Karls nicht abgeneigt zeigte, beendete diesen entscheidenden Tag, an dem Karl Berlin und den preußischen Hof verließ, um erst nach dreieinhalb Jahren als Fürst von Rumänien wiederzukommen.

Dennoch zögerten die Sigmaringer, ohne die Genehmigung des Königs einen solchen Schritt zu unternehmen. Nachdem sich die Konferenz von Paris in ihrer sechsten Sitzung vom 24. April mehrheitlich auf einen einheimischen Fürsten festgelegt und sie sogar die Möglichkeit einer gesonderten Abstimmung der moldauischen Delegierten über die

110 Aus dem Leben König Karls, 1, S. 17ff. Karls Tagebucheintragung bezüglich der Audienz bei Bismarck fasst das Ergebnis kurz zusammen: „Er ist der Ansicht, daß ich hingehe u. die Frage durch einen *fait accompli* löse." Die Audienz dauerte anderthalb Stunden. Arh. Stat. Fond Regele Carol I, III/26, f. 45. Die Übereinstimmung zwischen dem Plan Bismarcks und demjenigen Karls vom 16. April in dem Brief an seinen Vater ist frappierend und wohl kaum zufällig, so dass ihm die Absichten Bismarcks vielleicht schon früher bekannt waren.

111 Aus dem Leben König Karls, 1, S. 19.

112 Ibd., S. 4.

113 Sturdza, Domnia Regelui Carol I, 1, S. 94. Karl Anton an den Hausminister von Schleinitz v. 18. April 1866. Auch Schleinitz war gegen eine Annahme. Aus dem Leben König Karls, 1, S. 16.

Union zugestanden hatte, nachdem auch Napoleon III. einen *fait accompli* ablehnte und Bedenken auf Sigmaringer Seiten bezüglich der Zuverlässigkeit des Plebiszits aufkamen, trat die Thronfrage in ein kritisches Stadium.[114] Erst intensive Unterredungen am 1. und 2. Mai mit Ion C. Brătianu, dem Generalinspekteur des rumänischen Sanitätswesens, Dr. Davila, und dem aus Paris angereisten französischen Publizisten und Rumänienkenner, Ubicini, die alle für die Annahme und einen *fait accompli* plädierten, überwanden schließlich die Bedenken von Karl Anton und führten zu der definitiven Zusage, die rumänische Krone anzunehmen.[115] In einer Audienz bei König Wilhelm am 5. Mai 1866 erreichte Karl Anton schließlich dessen Einverständnis, Prinz Karl die Entscheidungsfreiheit zu überlassen und einen *fait accompli* zuzugestehen. Karl selbst sollte seinen Abschied aus der preußischen Armee an der Grenze einreichen.[116] Die Entscheidung, den rumänischen Thron zu besteigen, wurde somit zu einer Privatangelegenheit Karls, auf den auch die alleinige Verantwortung fiel. Karl verließ am 11. Mai 1866 Düsseldorf, wo sein Vater als Gouverneur der Rheinprovinzen residierte, und erreichte am 20. Mai nach einer abenteuerlichen Reise, die er verkleidet und inkognito durch das feindliche Österreich unternahm, rumänisches Territorium in der Donaustadt Turnu Severin, von wo er zwei Tage später in Bukarest eintraf.[117]

Somit hatte Bismarck, dem der König schließlich nachgab,[118] sein Ziel erreicht, dem zwar andere Absichten zugrunde lagen als bei den Sigmaringern, die aber dasselbe Ziel der Annahme verfolgten. Er hatte der rumänischen Thronkandidatur zum Erfolg verholfen, doch konnte auch er nicht voraussehen, welche wechselvolle und konfliktreiche Geschichte der Beziehungen zwischen beiden Ländern damit begann. Es war das erste Mal, dass Bismarck rumänische Probleme für eigene politische Zwecke instrumentalisierte bzw. in die rumänische Politik eingriff, was sich noch einige Male wiederholen sollte. Mit einem Hohenzollern auf dem rumänischen Thron bekam das beiderseitige Verhältnis eine neue Qualität und sollte auch eine Wende in der rumänischen außenpolitischen Orientierung bringen. Dennoch ließ Bismarcks Vorgehen keinen Zweifel daran, dass Karl aus seiner Herkunft keine Vorzugsrechte für seine Person und sein neues Heimat-

114 Sturdza, Domnia Regelui Carol I, 1, S. 117ff. Arh. Stat. Fond Regele Carol I, III/26, f. 46. Am 30. April notierte Karl, dass ein fait accompli nicht möglich sei, da der König die Entscheidung von der Konferenz abhängig mache.

115 Aus dem Leben König Karls, 1, S. 25ff. Sturdza, Domnia Regelui Carol I, 1, S. 126.

116 Aus dem Leben König Karls, 1, S. 27f. Auf den Rat von Bismarck hin sah Karl Anton von der Vorlage der von ihm vorbereiteten Punktuation, die dem König die Entscheidung erleichtern sollte, ab.

117 Ausführlich: Aus dem Leben König Karls, 1, S. 33ff. Um die Reise und die Ankunft von Karl in Turnu Severin ranken sich viele Anekdoten, doch für ihn war sie insgesamt wenig angenehm.

118 Bismarck und Wilhelm divergierten besonders in der Meinung über die Haltung Russlands. Angesichts des bevorstehenden Kriegs mit Österreich wollte Wilhelm keinen Konflikt mit Russland, das sich klar gegen einen fremden Fürsten aussprach, riskieren, während Bismarck keine Gefahr in dieser Hinsicht sah und den Nutzen eines Hohenzollern in den Donaufürstentümern höher veranschlagte. Aus dem Leben König Karls, 1, S. 13f., 18, 24.

land ableiten konnte. Auch Karl Anton hatte in einer Denkschrift an den König klar auf die Priorität des preußischen Staatswohls gegenüber einem Familieninteresse verwiesen und die Möglichkeit eines Scheiterns seines Sohnes nicht ausgeschlossen.[119] Bismarcks Unterstützung der Sigmaringer Kandidatur bedeutete daher keine neue preußische Orientpolitik und schon gar nicht eine Parteinahme für die rumänischen Anliegen, sondern sie war Teil seiner Strategie, in einem Krieg gegen Österreich die Nationalitäten an seinem Rand gegen die Habsburger zu mobilisieren.

Was Karl anging, so sah er in der Übernahme des rumänischen Throns eine seiner Herkunft adäquate Herausforderung, um seinem Namen Ehre zu machen. Dieses immer wiederkehrende Motiv und damit die Befriedigung eines persönlichen Bedürfnisses standen am Anfang seiner Herrschaft und hatten auf seine politischen Ziele entscheidenden Einfluss. So besaß sowohl bei Bismarck wie bei den Sigmaringern Rumänien einen funktionalistischen Stellenwert sei es aus politischen, sei es aus persönlichen Gründen, wobei offen war, inwieweit sich diese mit den Interessen Rumäniens vereinbaren ließen.

5. Die Haltung Frankreichs und die Pariser Konferenz

Frankreich war für die rumänische Seite die entscheidende Macht, deren Unterstützung die wichtigste Voraussetzung für die Thronfolgeregelung bildete. Napoleon III. galt als der Protektor Rumäniens, von dem man auch jetzt den notwendigen Beistand bei der Durchsetzung eines fremden Fürsten erhoffte und erwartete. Doch im Gegensatz zu der in Rumänien verbreiteten und auch in der Literatur anzutreffenden Meinung, dass Frankreich die Kandidatur Karls von Hohenzollern-Sigmaringen begünstigte, ja die Initiative dazu direkt von Napoleon III. ausgegangen sein soll,[120] erwies sich die Pariser Politik als sehr zweideutig in dieser Frage. Wie im Falle Preußens, so wurde auch das französische Vorgehen bei der Behandlung der rumänischen Thronfrage von gesamteuropäischen Erwägungen, sprich der deutschen Krise geleitet, was gleichermaßen zu einem „Doppelspiel"[121] führte. Wie bereits erwähnt, ging die Thronkandidatur Karls auf

119 Ibd., S. 15.

120 Corivan, N., Relaţiile diplomatice ale României de la 1859 la 1877, Bucureşti 1984, S. 192f. Corivan beruft sich hauptsächlich auf die Memoiren von Bălăceanu, die, wie bereits erwähnt, nicht als sehr zuverlässige Quelle angesehen werden können und überdies auch nicht Napoleon III. explizit als Urheber der Wahl bezeichnen. Ausführlich mit den Quellen setzt sich Panaitescu, P. P., Urcarea în scaun a principelui Carol de Hohenzollern, in: Revista fundaţiilor regale, VI, 1939, Nr. 5, S. 268ff. auseinander und kommt zu dem Ergebnis, dass der Kaiser die Kandidatur bedingungslos unterstützt habe, wobei er die europäische Lage aber außer Acht lässt.

121 So bezeichnete der österreichische Botschafter in Berlin, Graf Károlyi, die Politik Bismarcks, der ungeachtet der offiziellen preußischen Haltung auf der Konferenz seine Hände bei der Kandidatur im Spiel gehabt habe, um der preußischen Politik Vorteile zu verschaffen. Srbik, H. R. v. (Hg.), Quellen zur deutschen Politik Österreichs 1859-1866, Bd. V. 2. Hlbd.: 1. Mai 1866 – August 1866, Oldenburg, Berlin 1938, S. 751f.

eine Privatinitiative von Hortense Cornu zurück, nicht auf das offizielle Frankreich. In Paris gab es demnach zwei Aktionszentren, die eine teilweise entgegengesetzte Politik verfolgten. Frau Cornu und ihr Freundeskreis, zu dem auch die Frau des französischen Außenministers gehörte, setzten sich leidenschaftlich für die Wünsche der Rumänen, die Kandidatur von Karl und die Missachtung der Beschlüsse der Pariser Konferenz ein.[122] Die Nähe dieser Personen zu Napoleon III. und dem Außenminister brachte es mit sich, dass zwischen beiden Ebenen nicht immer unterschieden wurde bzw. die offizielle Politik als zwielichtig erschien. So wurde Karl sehr schnell als Wunschkandidat Napoleons III. präsentiert,[123] was in dieser Form nicht zutrifft.

Hingegen zeigte sich die Haltung Napoleons III. in der rumänischen Thronfolgefrage widersprüchlich und schwankend und kann als Reflex seiner Optionen gegenüber der deutschen Krise gewertet werden. Der Sturz Cuzas eröffnete ihm zunächst eine neue Möglichkeit, die ihm am Herzen liegende italienische Frage auf Kosten der Rumänen zu lösen, indem er Österreich die Fürstentümer als Tauschobjekt gegen Venetien anbot, was jedoch Mitte März am Widerstand Österreichs scheiterte.[124] Nach einer Zeit des Schwankens zwischen einer Allianzpolitik mit Preußen und Italien gegen Österreich und einer Kongresspolitik, die eine friedliche Lösung der zentraleuropäischen Probleme zu erreichen suchte, entschied sich Napoleon III. im Verlauf des April für eine Politik des für ihn mehr Vorteile bietenden friedlichen Ausgleichs der strittigen Fragen wie der Abtretung Venetiens, des Status der Elbfürstentümer und der Bundesreform auf einem Kongress, um einen Krieg zwischen den deutschen Staaten zu vermeiden. Vor diesem Hintergrund müssen auch seine Haltung gegenüber der rumänischen Frage und das französische Vorgehen auf der Pariser Botschafterkonferenz gesehen werden. Zunächst an einer Verzögerung ihrer Arbeit interessiert, bis klar wurde, dass die Austauschverhandlungen gescheitert waren, setzten sich Napoleon III. und sein Außenminister Drouyn de Lhuys im April für eine einvernehmliche Lösung mit den übrigen Großmächten ein, von denen das Osmanische Reich, Russland und Österreich sich strikt gegen den fremden Fürsten wandten. So trat Frankreich als einzige Macht während der ersten Sitzungen offen für den rumänischen Wunsch ein, wohl wissend, dass es darüber zu keiner Einigung kommen würde.[125] Auch gegenüber den rumänischen Abgesandten kam es zunächst

[122] Zu dem Kreis gehörte auch eine Baronin Franque in Ramersdorf bei Bonn, die wiederum eine gute Bekannte der Sigmaringer Familie war und als Verbindungsperson zwischen Paris und den Sigmaringern fungierte. Ihr Haus wurde auch als inoffizieller Treffpunkt von rumänischen Abgesandten mit Karl Anton und Karl benutzt. Aus dem Leben König Karls, 1, S. 7, 20ff.

[123] Sturdza, Domnia Regelui Carol I, 1, S. 51, 64f.

[124] Echard, W. E., Napoleon III. and the Concert of Europe, Baton Rouge, London 1983, S. 211ff. Auch Russland war strikt dagegen. Die offizielle österreichische Ablehnung erfolgte am 16. März 1866. Henry, P., L'abdication du Prince Cuza, S. 217f. (Drouyn de Lhuys an La Tour d'Auvergne in London v. 6.3.1866). Senner, M., Die Donaufürstentümer als Tauschobjekt für die österreichischen Besitzungen in Italien (1853-1866), Stuttgart 1988, S. 278ff.

[125] Sturdza, Domnia Regelui Carol I, 1, S. 20f., 35, 47, 51.

zu zustimmenden Äußerungen gegenüber einem ausländischen Fürsten.[126] In diesen Zeitraum fiel auch die Unterredung zwischen Bălăceanu und Napoleon III., in der nach Bălăceanus Aufzeichnungen der französische Kaiser sehr positiv auf die Kandidatur Karls von Hohenzollern-Sigmaringen reagierte, nachdem er aber zuerst zwei französische Generale als Fürsten ins Gespräch gebracht hatte, die es jedoch vorgezogen hätten, in der Armee zu bleiben.[127] Bălăceanu zufolge hätte ihn der Kaiser ausdrücklich darauf aufmerksam gemacht, dass seine Präferenz für den Sigmaringer in keiner Weise die provisorische Regierung in Bukarest verpflichte und sie frei in ihrer Wahl sei.[128] So lehnte ähnlich wie Bismarck Napoleon III. eine Verantwortung in dieser Frage ab und überließ sie der rumänischen Seite.[129]

Eine Änderung erfuhr die französische Haltung ab Mitte April, als sich Drouyn de Lhuys für die Wahl eines einheimischen Kandidaten auf drei oder vier Jahre unter Beibehaltung des Prinzips eines ausländischen Fürsten als Übergangslösung aussprach, eine Meinung, der sich auch Napoleon III. anschloss.[130] Auch wenn man weiterhin den Wunsch der Rumänen grundsätzlich befürwortete und auch Karl als Kandidat auf Zustimmung stieß, erhielt eine einvernehmliche Lösung mit den übrigen Mächten Priorität, um die drängenden Fragen der mitteleuropäischen Krise nicht zusätzlich mit den rumänischen Problemen zu belasten, die die Großmächte entzweiten. Vor allem aber sollte nun die Konzeption, dass Änderungen in Europa nur gemeinsam beschlossen und durchgesetzt werden sollten, angesichts des von Napoleon geplanten gesamteuropäischen Kongresses nicht kompromittiert werden, der seine Position als Schiedsrichter Europas weiter festigen würde.[131] So verabschiedete die Konferenz in ihrer sechsten Sitzung am 24. April 1866 einen Kompromissvorschlag von Drouyn de Lhuys, in dem man den Artikel 13 der Pariser Konvention vom August 1858 als Ausgangspunkt für eine Lösung nahm, der nur die Wahl eines einheimischen Fürsten durch eine neu gewählte Versammlung vorsah. Dieser Entwurf wurde auf der folgenden Sitzung am 2. Mai 1866 nach Zustimmung aller Regierungen als Konferenzbeschluss einstimmig angenommen, zu einem Zeitpunkt, als die Bukarester Regierung durch das Plebiszit Karl von Hohenzollern bereits zum Fürsten von Rumänien hatte bestätigen lassen. Frankreich ließ nach dem Wortlaut der Entschließung sogar die Möglichkeit einer Auflösung der Union zu, falls sich dafür eine Mehrheit

126 So in einer Unterredung zwischen Drouyn de Lhuys und den rumänischen Delegierten L. Steege und V. Boerescu am 24. März 1866. Sturdza, Domnia Regelui Carol I, 1, S. 35.

127 B.A. Arh. Bălăceanu I, mss I, Souvenirs politiques, S. 73f. (111f.).

128 Ibd., S. 74 (112).

129 So erklärte er am 10. April 1866 gegenüber dem englischen Botschafter, Cowley, dass er selbst keinen Kandidaten habe, dass es aber die Fürstentümer mit dem Erbprinzen von Sigmaringen versuchten und dass sowohl dessen Vater wie auch der König von Preußen eine bedingte Einwilligung gegeben hätten. Zitiert in: Mosse, W. E., England, Russia and the Rumanian Revolution of 1866, in: Slav. East Europ. Rev. 39, 1960/61, S. 85.

130 B.A. Arhiva Ion Ghica VIII (1) varia 12, f.17ff., Depeschen von Bălăceanu an Ion Ghica v. 13.4., 14.4., 19.4. und 1.5.1866. Sturdza, Domnia Regelui Carol I, 1, S. 117f.

131 Henry, L'abdication du Prince Cuza, S. 324 (Drouyn an Moustier v. 20.4.1866).

unter den muntenischen oder moldauischen Delegierten fände.[132] Zu diesem Zeitpunkt konnten weder die Rumänen noch Karl auf eine französische Unterstützung ihrer Pläne eines *fait accompli* rechnen. Dementsprechend sorgte denn auch die Ankunft Karls in den Fürstentümern für eine unangenehme Überraschung für das offizielle Frankreich, und Napoleon III. wie auch sein Außenminister stellten nachdrücklich in Abrede, die Kandidatur Karls gebilligt zu haben.[133]

In der Tat durchkreuzte die überraschende Übernahme der rumänischen Fürstenwürde durch Karl die französischen Ausgleichsbestrebungen und diskreditierte die französische Politik, deren Unschuld in dieser Sache niemand abnahm. Das Faktum, dass die Rumänen und die Sigmaringer die Konferenzbeschlüsse derart missachten konnten, ließ bei den anderen Mächten den Verdacht auf eine heimliche Komplizenschaft Frankreichs aufkommen, das sich ja im Prinzip für einen fremden Fürsten ausgesprochen hatte. Die Glaubwürdigkeit der französischen Politik nahm jedenfalls großen Schaden und die Vermutung von Drouyn de Lhuys, dass es sich bei der „Eskapade" des Prinzen Karl um eine preußisch-russische Intrige handele, rief beim österreichischen Botschafter Metternich nur ein Lachen hervor.[134] Der Coup von Karl sorgte außer in Berlin für Irritationen, Ärger und Verstimmung und führte darüber hinaus zu gegenseitigen Verdächtigungen der verschiedenen Regierungen, wobei Frankreich und Preußen im Mittelpunkt standen.[135]

Der Ausgang der rumänischen Thronkandidatur hinterließ besonders für die französische Politik einen Scherbenhaufen. Nicht auszuschließen ist, dass die Verärgerung über Frankreich in der Rumänienfrage und die Missachtung der europäischen Beschlüsse vor allem das Verhältnis zu Österreich negativ beeinflussten[136] und somit zum Scheitern des Zustandekommens des europäischen Kongresses beitrug, zu dem Napoleon III. am 24. Mai eingeladen hatte. Österreichs Forderung, dass alle territorialen Veränderungen im

[132] Sturdza, Domnia Regelui Carol I, 1, S. 117 und S. 127f. Drouyn de Lhuys hatte auch Kandidaten zur Hand, nämlich einen der Söhne des früheren Hospodaren der Walachei, Bibescu. B.A. Arhiva Ion Ghica VIII (1) varia 12, Gc I 232, f.18f., Depesche von Bălăceanu an Ion Ghica v. 14.4.1866. Ibd. Gc I 251, f. 24, Depesche von Bălăceanu v. 30.4.1866 über Versuche von Nicolae Bibescu, mit Hilfe von Österreich an die Macht zu gelangen.

[133] Henry, L'abdication du Prince Cuza, S. 372f. und 387f.

[134] Ibd., S. 385f., Metternich an Mensdorff v. 21. Mai 1866 (Nr. 27 B): „Ce serait singulier", lui dis-je, „que la Russie qui a déclaré ne vouloir admettre un Prince étranger quel qu'il fût, soit la Puissance qui se serait entendue avec la Prusse pour mettre en scène le coup de theâtre auquel nous allons assister, tandis que vous qui n' avez cessé de prôner l'idée du Prince étranger et de la faire appuyer par vos agents dans les Principautés, vous n'eussiez rien su de ce qui allait arriver." Ibd., S. 387f., Metternich an Mensdorff v. 23.5.1866 (Nr. 28 D).

[135] Ibd., S. 394f., S. 400f. England sah darin ein Zusammengehen von Frankreich, Preußen und Italien, Russland war gegen Preußen aufgebracht, Österreich gegen Frankreich, das Osmanische Reich sogar gegen England, das sich zu nachgiebig gezeigt habe: Mosse, England, Russia and the Rumanian Revolution of 1866, S. 86.

[136] So schrieb Mensdorff an Metternich am 25. Mai 1866: „Les Puissances auront à considérer si elles veulent supporter une pareille attente à leur dignité et à leur autorité. Si elles s'y soumettent, il est évident qu'on devra renoncer dorénavant à provoquer une décision europeéne dans des questions internationales." Henry, L'abdication du Prince Cuza, S. 391.

Voraus auszuschließen seien, kam einer Absage gleich.[137] Vor diesem Hintergrund wird auch der Ärger Napoleons III. über die für ihn inopportune Ankunft Karls in Rumänien verständlich. Eine militärische Okkupation als Reaktion darauf lehnten aber sowohl Frankreich wie England entschieden ab, da sie noch größere Komplikationen und eine Aufstandsbewegung der Balkanländer gegen das Osmanische Reich befürchteten, die sich mit dem Krieg in Mitteleuropa zu einem allgemeinen Krieg entwickeln könnte. Sie brachten schließlich die Pforte dazu, von ihrem geplanten Einmarsch in die Fürstentümer abzulassen, wobei auch die preußischen Waffenerfolge nicht ohne Eindruck auf türkischer Seite blieben.[138] Angesichts der geschaffenen Fakten in Bukarest stimmte man dem russischen Vorschlag vom 25. Juni 1866 auf Schließung der Konferenz zu, ohne grundsätzlich auf das Prinzip des europäischen Konzerts zu verzichten, das sich im Falle Rumäniens jedoch als wirkungslos gezeigt hatte.[139]

Im Windschatten der deutschen Krise, die die Mächte zu einem vorsichtigen Taktieren zwang, um sich nicht zu isolieren, gelang es den entschlossen handelnden rumänischen Politikern, stets die Initiative zu behalten und Fakten zu schaffen, mit denen sie die Konferenz überrumpelten. Während der zehn Sitzungen, die sich vom 10. März bis zum 4. Juni hinzogen, kam man über die Darlegung der jeweils eigenen Standpunkte hinsichtlich der sich ständig ändernden Lage in Rumänien kaum hinaus. Nur nach der ersten und der siebenten Zusammenkunft (2. Mai) ergingen konkrete Anweisungen an Bukarest, die jedoch ohne Wirkung blieben.[140] Eine Durchsetzung des Beschlusses, einen einheimischen Fürsten zu wählen, war nur mit Waffengewalt möglich, worüber es zu keiner Einigung kam, die Artikel 8 der Pariser Konvention von 1858 vorschrieb. Das gab den politischen Spielraum vor, den die rumänischen Führer voll ausnutzen und somit die Pariser Konferenzansichten ignorieren konnten.[141] Der rumänische Erfolg bedeutete indes auch, dass am Beginn der Herrschaft Carols die offene Verletzung der Verträge stand, die die politische Existenz und Autonomie der Fürstentümer garantierten, und der neue Fürst zunächst kaum mit dem Wohlwollen der Großmächte rechnen konnte. So wurde von rumänischer Seite die Verbindlichkeit des Pariser Vertrags untergraben, an den sich andere Mächte, allen voran Russland, das die Aufhebung der Schwarzmeerklausel und den Rückerwerb von Bessarabien anstrebte,[142] gleichfalls nicht mehr gebunden zu fühlen brauchten. Österreich seinerseits drohte, die gemeinsame Linie zu verlassen, um eine

[137] Echard, Napoleon III and the Concert of Europe, S. 234.

[138] Mosse, England, Russia and the Rumanian Revolution of 1866, S. 87ff. Henry, L'abdication du Prince Cuza, S. 400f., 405, 414f., 418ff., 434.

[139] Ibd., S. 42, Drouyn an Moustier v. 2. Juli 1866: „Dans ma réponse approuvée par tous les plénipotentiaires j'admets l'interruption des travaux de la conférence, mais je maintiens absolument le principe de l'entente."

[140] Ausführlich dazu: Chiriţa, G., România şi conferinţa de la Paris februarie – iunie 1866. Folge I und II, in: Rev. de ist. 38, 1985, S. 967-987 und S. 1075-1100.

[141] Sturdza, Domnia Regelui Carol I, 1, S. 137f.

[142] Clark, Ch., Prince Gorchakov and the Black Sea Question 1866. A Russian Bomb That Did Not Explode, in: American Historical Review, 48, 1942/43, S. 52-60.

eigene Politik gegenüber Rumänien zu verfolgen, die ein militärisches Eingreifen favorisierte.[143] So zeichnete sich bereits das Dilemma der rumänischen Außenpolitik ab, mit Vertragsverletzungen zugunsten der Erweiterung des eigenen Spielraums einer Destabilisierung seiner außenpolitischen Sicherheitslage Vorschub zu leisten.

Durch ihr eigenmächtiges Vorgehen, wozu bereits die Doppelwahl von Cuza gehört hatte, gerieten die Rumänen in den Ruf eines „enfant terrible" der europäischen Diplomatie, doch die teilweise herbe Kritik und der unverhohlene Ärger[144] verwiesen auch auf einen anderen Aspekt. Die Großmächte, nicht zuletzt Frankreich, sahen die Fürstentümer noch immer als Verhandlungsmasse zur Lösung von Großmachtkonflikten an. Bismarck hätte keine Skrupel gehabt, sie Russland zu überlassen[145] und in Istanbul dachte man in seinem Ärger sogar daran, sie an Russland oder an Österreich zu verkaufen.[146] In ihrer Optik war das Land noch immer ein Objekt von Großmachtinteressen, doch Rumänien nutzte die mitteleuropäische Krise von 1866, um als eigenständig agierendes Subjekt aufzutreten und die Mächte auszumanövrieren. 1866 konkurrierten beide Handlungskonzeptionen miteinander. Es zeichnete sich aber ab, dass die Zeit der Verfügungsgewalt über dieses Land ihrem Ende zuging. Ein fremder Fürst mit dem damit verbundenen Prinzip der Errichtung einer Erbmonarchie und mit seinen Verbindungen zum europäischen Hochadel bildete auch in dieser Hinsicht ein wichtiges Emanzipationselement. Vom Erfolg seiner Etablierung hing es entscheidend ab, ob sich Rumänien auf der europäischen Bühne würde behaupten können. Zunächst aber bestand eine der wichtigsten Aufgaben für den neuen Fürsten in der Überwindung eines außenpolitischen Vertrauensdefizits, was in der Konsequenz die Anerkennung der Verträge mit ihrer Kollektivgarantie und der türkischen Suzeränität bedeutete. Die Anerkennungsverhandlungen mit der Pforte, mit der sich die neue Regierung in Bukarest verständigen musste, nachdem sich die Mächte aus der Regelung der rumänischen Thronfrage zurückgezogen hatten, gerieten dabei zu einer ersten Nagelprobe für den Willen aller beteiligten Seiten, einen fremden Fürsten mit der türkischen Suzeränität zu vereinbaren.

[143] Mosse, England, Russia and the Rumanian Revolution of 1866, S. 94. Zur russischen Politik insgesamt: Jelavich, B., Russia and the Formation of the Romanian National State 1821-1878, Cambridge 1984, S. 164ff. Henry, L'abdication du Prince Cuza, S. 396f., Mensdorff v. 29. Mai 1866 (Nr. 313).

[144] Vgl. dazu den ohnmächtig-bitteren Kommentar von Eder: „Während die Conferenz in Paris Beschlüsse faßt, die wie gewöhnlich hier keine Beachtung finden, hat sich Prinz Carol von Hohenzollern tatsächlich der Regierung bemächtigt, und wird allem Anscheine nach diese nur in dem Falle aufgeben, wenn man ihn wieder tatsächlich von hier wegschafft und eine andere Combination an dessen Stelle setzt. Solange die Beschlüße der Mächte den Anstrich blos frommer Wünsche haben, ist nicht zu gewärtigen, daß die Moldo-Walachen, die auf revolutionärem Wege vorgehen, auf diese ein Gewicht legen." Arh. Stat. CR 36/1866, S. 34, Bericht v. 24. Mai 1866 (Nr. 82).

[145] Bismarck. Die gesammelten Werke, hrsg. v. H. v. Petersdorff, F. Thimme u. a., Bd. 5, Berlin 1926, S. 517f., Bismarck an Redern v. 30. Mai 1866. Henry, L'abdication du Prince Cuza, S. 415.

[146] Mosse, England, Russia and the Rumanian Revolution of 1866, S. 86. Henry, L'abdication du Prince Cuza, S. 420 (Moustier an Drouyn v. 13. Juni 1866).

II Institutionelle Grundlegung der neuen Staatsordnung: Verfassung und internationale Anerkennung

1. Interregnum und Verfassung

Wie jede Übergangsphase war die Zeit nach der erzwungenen Abdankung Cuzas bis zur Ankunft des neuen Fürsten durch Unsicherheiten, Differenzen über die Legalität von politischen Entscheidungen seitens der neuen Regierung und durch ein Nebeneinander von alten und neuen Institutionen gekennzeichnet.[1] Typologisch gesehen konnte man die erzwungene Abdankung Cuzas kaum als Revolution bezeichnen, sondern eher als Staatsstreich, nicht unähnlich demjenigen von Cuza selbst von 1864. Dennoch wurde in der zeitgenössischen Perspektive den Vorgängen ein revolutionärer Charakter zugesprochen, nicht nur in Bezug auf den Umsturz als solchen, sondern auch in Verbindung mit den Agitationen der radikalliberalen Partei durch Volksversammlungen, die Schaffung einer Nationalgarde, Bildung von Wahlkomitees etc.[2] *De facto* bedeutete der Sturz von Cuza einen Bruch mit der von ihm etablierten Verfassungsordnung, doch wurde diese formal nicht aufgehoben. Wegen der außenpolitischen Gefahren musste der Bruch mit dem Cuza-System ruhig und geordnet vollzogen werden. Dabei konnten sich die neuen Machtinhaber auf die internationale Abmachung des „Acte additionnel à la Convention du 19 août 1858" von 1864 stützen, die den Staatsstreich Cuzas sanktioniert hatte, und die in ihrer Präambel feststellte, dass die Fürstentümer von jetzt ab Gesetze, die die innere Administration betrafen, modifizieren oder abändern konnten ohne äußere Intervention, solange sie nicht den internationalen Status der Fürstentümer berührten.[3] Damit ließen sich Staatsstreich und die Ausarbeitung einer neuen Verfassung als rein innerrumänische Angelegenheit im Rahmen ihrer Autonomie rechtfertigen, da eine Änderung des Abhängigkeitsverhältnisses aus verständlichen Gründen nicht zur Debatte stand. Das von den Mächten anerkannte Cuza-Statut bot somit auch den neuen Machtinhabern eine

1 B.A. Arhiva Ion Ghica VIII(1), varia 12, f. 117, Bălăceanu v. 3.4.1866. So z.B. über die Frage der Berechtigung, den Senat zu schließen, die Versammlung aufzulösen und Neuwahlen auszuschreiben.

2 Arh. Stat. CR 12/1866, S. 148f. Eder v. 2.4.1866 (Nr. 45). Ibid, S. 177; Eder v. 15.4.1866 (Nr. 55). Bucur, M. (Hg.), C. A. Rosetti. Corespondenţa, Bucureşti 1980, S. 57. Dort schreibt Rosetti an seinen Freund Bataillard am 17./29.9.1866: „on était révolté intérieurement de ce que les mêmes hommes, 3 ou 4, ont fait en 18 ans trois révolutions"; vgl. auch den Titel des bereits zitierten Aufsatzes von E. W. Mosse: England, Russia and the Romanian Revolution. Michelson, Romanian Politics, S. 165. M.A.E. România, Vol. 125, 1866-1867, Politice, f. 354f. (Rundschreiben an die rumänischen Auslandsvertreter v. 1./13. und v. 3./15. Juni 1866 über die Legalität von Regierungsakten).

3 Schmidt, Die verfassungsrechtliche und politische Struktur, S. 124.

legale Basis für ihr Handeln, worauf sie sich gegenüber der Pariser Konferenz berufen konnten.[4]

Wenn man daher die von Cuza errichteten Institutionen zunächst beibehielt, so geschah dies aus politischer Notwendigkeit zwecks Sicherung eines friedlichen Übergangs.[5] Der Staatsrat als ein Gremium mit juristischer Kompetenz bekam den Auftrag, eine Verfassung auszuarbeiten, wobei er sich auf die Vorarbeiten der Zentralen Kommission von Focşani von 1859 stützen konnte.[6] Die Wahlversammlung aber wurde am 18./30. März 1866 aufgelöst, als sich abzeichnete, dass die Opposition gegen die Regierung zunahm und man ihrer Zustimmung für eine erneute Wahl eines Fürsten nicht sicher sein konnte. Außerdem befürchtete man einen negativen Einfluss, die Wahl des neuen Kandidaten – zu diesem Zeitpunkt war nur der Regierung der Name Karl von Hohenzollern-Sigmaringen bekannt – einer Versammlung zu überlassen, die bereits den Grafen von Flandern zum Fürsten gewählt hatte. Auch die Verabschiedung einer Konstitution, die, obwohl nicht publik gemacht, als eine der Hauptaufgaben der neuen Volksvertretung galt, durfte nicht diesem unter Cuza zustande gekommenen Parlament anvertraut werden, in dem die Regierung über keinen großen Einfluss verfügte. Die Wahl einer neuen parlamentarischen Versammlung fand zwischen dem 9./21.4. und 19.4./1.5. noch nach dem Cuzaschen Wahlgesetz statt, da man für die Aufstellung neuer Wählerlisten weder Zeit hatte, noch das Risiko von Unruhen bei einer Neuregistrierung eingehen wollte.[7] Dieses Wahlgesetz hatte im Vergleich zur Pariser Konvention die Wahlbasis erheblich verbreitert und das städtische Element gegenüber dem ländlichen bevorzugt, obwohl auf dem Land die meisten Einwohner lebten.[8] Der Senat, dessen Mitglieder ihre Ernennung ausschließlich Cuza verdankten, wurde nicht mehr einberufen und verschwand in dieser Form stillschweigend.

Der Wahl kam eine große Bedeutung zu, da von der aus ihr hervorgehenden Versammlung die zukünftige Gestaltung des Landes abhängen würde. Infolgedessen musste jede Parteigruppierung das größte Interesse daran haben, eine Mehrheit zu bekommen, doch angesichts der außenpolitischen Gefährdung konnte man sich keinen Wahlkampf leisten. Stattdessen einigten sich Radikalliberale und Konservative in Absprachen auf eine gleiche Anzahl von Abgeordneten und auf die Bildung eines zentralen Wahlkomitees in

4 Ausführlich dazu: Xenopol, Istoria partidelor politice, S. 472ff.

5 Anders Xenopol: ibd., S. 472f., 475ff.

6 Arh. Stat. CR 12/1866, S. 139f., Eder v. 27.3.1866. Istoria parlamentului şi a vieţii parlamentare din România pînă la 1918, Bucureşti 1983, S. 153.

7 Arh. Stat. Min. de Int. 131/1866, f. 37, Protokoll der Kabinettssitzung v. 21.3.1866 (a. St.), Nr. 1659.

8 Istoria parlamentului, S. 140f. Ausführlich: Drăganu, T., Inceputurile şi dezvoltarea regimului parlamentar în România pînă în 1916, Cluj 1991, S. 159ff. Das Wahlgesetz beruhte auf einer Terriorialteilung zwischen Land und Stadt und unterteilte, je nach Steueraufkommen und Bildung, die Wähler in indirekte und direkte. Von den 160 Abgeordneten kamen 94 aus den Städten, 66 wurden von den 33 Präfekturen (Judeţ), also vom Land, entsandt. Insgesamt belief sich nach diesen Angaben die Zahl der Wähler auf 570.690 bei einer Bevölkerung von knapp 5 Millionen, was einer Relation von 1 Wähler auf ca. 8-9 Einwohner entspricht.

Bukarest und von Wahlkomitees in den Präfekturen.[9] Die in den Fürstentümern seit den Organischen Reglements bestehende Praxis der Wahlbeeinflussung hatte sich unter Cuza dahingehend entwickelt, dass dem Innenminister die entscheidende Rolle bei Wahlen zufiel, da ihm der Staatsapparat unterstand. Mit dem gemäßigt konservativen Amtsinhaber, Dimitrie Ghica, hatte sich die Koalition auf eine Person verständigt, die über keine sehr große Hausmacht verfügte und die Wahlen nicht einseitig zu Gunsten einer Gruppe beeinflussen konnte.[10] Das Risiko einer „Freiheit" der Wahlen konnte in der gegebenen Situation nicht eingegangen werden, so dass ihr Ausgang maßgeblich von den mit Anhängern der Koalitionsparteien zusammengesetzten Wahlkomitees in den Distrikten und Städten bestimmt wurde. Klagen gegen deren Einmischungen hatten beim Innenminister wenig Erfolg.[11] Die neue Versammlung entsprach denn auch in ihrer Zusammensetzung weitgehend den Wahlvereinbarungen, so dass Liberale und Konservative mit ihren jeweiligen gemäßigten Nuancen ungefähr gleich stark vertreten waren.[12] Da die Übergänge zwischen den Parteien fließend waren mit kleinen, von einzelnen Politikerpersönlichkeiten geführten Zwischengruppen, fiel die grobe Parteizugehörigkeit nicht unbedingt mit dem Abstimmungsverhalten zusammen; so gab es z. B. viele Berührungspunkte der gemäßigt Liberalen mit den Konservativen.

Die erste Aufgabe, die der am 28.4./10.5.1866 mit einem langen Rechenschaftsbericht über die Herrschaft Cuza durch die Statthalterschaft eröffneten neuen Versammlung zufiel, bestand in der Abstimmung über die Union und über den neuen Fürsten, Carol I. Damit reagierte man auch auf den Pariser Konferenzbeschluss vom 2. Mai, der eine solche Abstimmung gefordert hatte, allerdings unter Missachtung der Auflage über die Wahl eines einheimischen Fürsten. Am 1./13. Mai 1866 erklärte die Versammlung mit 109 gegen sechs Enthaltungen, die mehrheitlich aus der Moldauer Fraktion stammten, in einem feierlichen Bekenntnis:

9 Răutu, C., Eugeniu Carada. Omul şi opera (1836-1910), Craiova 1940, S. 80f.

10 Nach einem Bericht Eders hoffte D. Ghica, sich eine Mehrheit zu sichern, um selbst zum Fürsten gewählt zu werden, falls ein fremder Fürst von den Mächten abgelehnt werden würde. Arh. Stat. CR 12/1866, S. 216f. Eder v. 30.4.1866 (Nr. 66). Eder schien jedoch oft seine eigenen Hoffnungen in bestimmte Vorgänge zu projizieren. Andererseits machte er auch klar, dass keiner der verschiedenen Anwärter auf das Fürstenamt mit einer Mehrheit rechnen konnte.

11 Arh. Stat. Min. de Int. 131/1866/f. 82, Rundschreiben von D. Ghica an die Präfekten v. 17.4.1866 (a.St.). D. Ghica erklärte, dass sich die Regierung und die Autoritäten nicht einmischen würden, solange Personen und Wahlkomitees innerhalb der Grenzen der Gesetze agierten. Gleichzeitig aber empfahl er dem Präfekten von Ismail die Wahl von Alexandru Plagino, nachdem er betont hatte, dass er sich systematisch der Zusammenstellung von Abgeordnetenlisten enthalten habe. Ibd., f. 77, Ghica v. 27.4. 1866 (n.St.)

12 Das lässt sich übrigens gerade an der unterschiedlichen Beantwortung der Frage festmachen, wer ein Übergewicht besaß. Răutu, Eugeniu Carada, S. 81, spricht von einer liberalen Mehrheit, die „Istoricul partidului naţional-liberal de la 1848 şi până astăzi", Bucureşti 1923, S. 75, dagegen von einer konservativen. Die jüngeren rumänischen Darstellungen gehen in der Regel von einer konservativen Mehrheit aus. Drăganu, Începuturile şi dezvoltarea regimului parlamentar, S. 185.

„Sie erklärt zum letzten Mal vor Gott und den Menschen, dass es der unerschütterliche Wille der Vereinigten Fürstentümer ist, auf immer das zu bleiben, was sie sind: ein einiges und unteilbares Rumänien unter der erblichen Herrschaft eines fremden Fürsten aus einer der souveränen Familien des Westens, und dass der erbliche Fürst des einen und unteilbaren Rumänien Prinz Karl-Ludwig von Hohenzollern-Sigmaringen ist, den die Versammlung ihrerseits unter dem Namen Carol I. proklamiert."[13]

Damit erhielt die Wahl Carols neben dem Plebiszit auch die parlamentarische Sanktion, womit die Anerkennung der neuen Herrschaftsverhältnisse vollzogen und möglichen einheimischen Thronaspiranten eine klare Absage erteilt wurde. Am 10./22. Mai, am Tag der Herrschaftsübernahme durch Carol, wurde der Familie Hohenzollern-Sigmaringen die rumänische Einbürgerung durch die große Naturalisation an Karl Anton verliehen. Eine letzte Abrechnung mit dem Regime von Cuza bestand noch in der zweimaligen Nichtigkeitserklärung der Wahl von Mihail Kogălniceanu, dem „Mann des Zweiten Mai", der Einsetzung einer Kommission, um die Gesetzesverfehlungen und die Vergeudung öffentlicher Gelder der letzten Regierungen unter Cuza zu untersuchen, und der Verabschiedung einer Dankesadresse an die Armee, die sich durch ihr Verhalten am 11./23. Februar um das Vaterland verdient gemacht habe.

Mit der Ankunft Carols I. in Bukarest am 10./22. Mai 1866 fand das Herrschaftsvakuum ein Ende und Statthalterschaft und Regierung konnten erleichtert die Verantwortung auf den Fürsten übertragen.[14] Sie hatten ihre Aufgaben der Aufrechterhaltung der Einheit und der Wahl eines fremden Fürsten erfüllt. Das Kabinett reichte noch am selben Tag seinen Rücktritt ein, die Koalition blieb jedoch weiter an der Macht mit dem Konservativen L. Catargiu als Premier- und Innenminister, während Ion C. Brătianu zum Finanzminister ernannt wurde.[15] Die Gesamtlage des Staates blieb aber kritisch, da zu den akuten inneren und äußeren Schwierigkeiten neue hinzukamen und sich in ihrer Dependenz gegenseitig verstärkten. Dazu gehörten die große Finanzkrise mit einem Schuldenberg von über 222 Millionen Lei, die den Staatsapparat lähmte und wegen ausstehender Zahlungen zu Unzufriedenheit führte bei gleichzeitig zusätzlichem Finanzbedarf durch die Mobilisierung der Armee aufgrund der türkischen militärischen Bedrohung, die Spaltung in der Armee wegen ihrer Rolle bei dem Umsturz Cuza, ein Aufstand der Donaugrenzer, eine Hungersnot und der Ausbruch der Cholera in der Moldau.

Dem neuen Fürsten blieb keine Zeit, sich in die Probleme seines neuen Landes einzuarbeiten, er musste sofort mit dem Krisenmanagement beginnen. Gleich zu Beginn wurde er mit der Lage in der Armee konfrontiert, in der sich die Unzufriedenheit über die Teilnahme einiger Offiziere am Sturz Cuzas in einer Adresse niederschlug, die die

13 Sturdza, Domnia Regelui Carol I, 1, S. 214. Ausführlich dazu auch: Nicolescu, G., 1866-1901. Parlamentul romîn, Bucureşti 1903, S. 8ff. Die Regierung hatte der Versammlung in einer geheimen Sitzung alle die Pariser Konferenz betreffenden diplomatischen Aktenstücke vorgelegt.

14 Henry, L'abdication du Prince Cuza, S. 386f. (Nr. 295).

15 Aus dem Leben König Karls, 1, S. 55f., mit einer Charakterisierung der Minister und ihrer politischen Zugehörigkeit.

Entlassung der betreffenden Offiziere forderte. Über diese Frage kam es zu einem ersten ernsten Konflikt zwischen dem Fürsten und der Regierung, da der Fürst die Adresse annahm und ihre Beweggründe billigte, was einer Desavouierung der Koalition gleichkam. Gleichzeitig machte er in einer Rede an das Offizierscorps, die er gegen den Widerstand seiner Minister hielt, aber auch deutlich, dass er von der Armee bedingungslosen Gehorsam und keine Einmischung in die Politik verlange. Auf die Forderung nach Entlasssung der betreffenden Offiziere ging er nicht ein, sondern betonte, dass er gekommen sei, die Zukunft zu gestalten und nicht die Vergangenheit als Basis seines Handelns zu nehmen.[16] Dieser Auftritt des Fürsten bildete ein wichtiges Signal, da er seinen Anspruch auf die in militärischen Angelegenheiten entscheidende Instanz auch gegen politische Widerstände untermauerte und eine Integration der ihrem Eid auf Cuza treu gebliebenen Offiziere ermöglichte. Angesichts der alarmierenden Nachrichten über einen bevorstehenden Einmarsch der Türken geriet der Streit im Offizierscorps jedoch schnell in den Hintergrund und verlor an Bedeutung aufgrund der durch die Kriegsgefahr erforderlichen Defensivmaßnahmen wie der Konzentrierung der Truppen südlich von Bukarest.[17]

Bei anhaltender Ungewissheit über die weitere Entwicklung im Verhältnis zur Pforte und über die Frage der Anerkennung blieb die Verabschiedung einer neuen Verfassung die dringendste Aufgabe, um die neue Herrschaftsordnung im Innern zu etablieren und ihr die notwendige Legitimität und Legalität zu verschaffen. Ohne sie konnte die Gültigkeit jeder Maßnahme des Fürsten und seiner Regierung angezweifelt werden.[18] Die Regierung hatte bereits am 1./13. Mai den von einer Kommission des Staatsrats und von ihr gebilligten Entwurf einer Verfassung dem Parlament zugeleitet, der in Sektionen beraten wurde. Als mit der Ankunft des Fürsten der Zwang zur Einheit für die beiden Koalitionsparteien entfiel, kam es zu harten Auseinandersetzungen zwischen Radikalliberalen und Konservativen, die gleichfalls um die Einflussnahme auf den Fürsten konkurrierten. Da der Entwurf eine deutlich liberale Handschrift trug, versuchten die Konservativen, die zuvor eingegangenen Zugeständnisse rückgängig zu machen. Dazu gehörten das Einkammersystem, das suspensive Veto des Fürsten und das Wahlgesetz, das drei Kollegien vorsah. Die Divergenzen im Ministerium und in den Kammersektionen führten zu verschiedenen politischen Intrigen und stellten die Verabschiedung der Verfassung sogar insgesamt in Frage.

Es ist fraglich, ob ohne die Intervention des Fürsten die Verfassung in so kurzer Zeit verabschiedet worden wäre. Aufgrund der Notwendigkeit einer schnellen Legitimation

16 Aus dem Leben König Karls, I, S. 65f., S. 68. Der Konflikt mit seinen Ministern geht nur aus dem Originaltagebuch hervor. Arh. Stat. Fond Regele Carol I, III/26 (m.r. 560), f.49 (24.5./5.6.1866). Carol erklärte, dass er vom militärischen Standpunkt her die Beteiligung der Offiziere am Putsch nicht gutheißen könne, während ihm Brătianu Vorwürfe wegen seiner Rede machte.

17 FHHDA, HS, R 53, 1429, Nr. 184, Carol v. 26.5./7.6.1866 an seinen Vater.

18 In der Tat gab es auch Diskussionen in der Regierung über dieses Problem: M.A.E. România. Vol. 123, 1866-1867, Politice, f. 354f. Rundschreiben an die rumänischen Auslandsvertreter v. 1./13. Juni 1866.

seiner Herrschaft übte er massiven Druck aus, um eine Verständigung zwischen den streitenden Parteien zu erreichen. So wurde auf sein Insistieren hin am 16./28. Juni in der Kammer endlich die Generaldebatte über den Verfassungsentwurf aufgenommen.[19] Dennoch gab es weiterhin Versuche, besonders von konservativer Seite, die Debatte zu verzögern bzw. auf den Herbst zu verschieben. Hier sind insbesondere zwei Vorfälle zu nennen, die gewöhnlich nur am Rande erwähnt werden, deren Bedeutung aber unterschätzt wird. Am 18./30. Juni kam es zu einem Straßenaufruhr in Bukarest gegen den Artikel 6 des Verfassungsprojekts, der die Einbürgerung unabhängig von der Religion zuließ und über den an diesem Tag debattiert werden sollte. Dieser Artikel, dessen Brisanz darin bestand, dass er auch den Juden die Naturalisation gestattete, war bereits im Vorfeld in der Moldau auf starken Widerstand gestoßen und hatte zu zahlreichen Petitionen und sogar Übergriffen gegen die Juden geführt.[20] Dennoch blieb der Artikel unverändert, vielleicht auch aufgrund der Einflussnahme des Pariser Vorsitzenden der „Alliance Israelite", A. Crémieux, der in Bukarest zugunsten einer Gleichberechtigung der Juden warb und einen günstigen Kredit in Aussicht stellte, der angesichts der katastrophalen Finanzlage nur willkommen sein konnte.[21] Aufgrund dieses Aufruhrs, bei dem auch eine erst kurz zuvor errichtete Synagoge in Bukarest zerstört wurde, zog Finanzminister Ion C. Brătianu als Vertreter der Regierung den Verfassungsartikel in der vorliegenden Form zurück und charakterisierte die Juden nun als „soziale Plage" für Rumänien, die die Nation bedrohe.[22] Mit dieser Auseinandersetzung über den Verfassungsartikel brach die so genannte Judenfrage das bisher latente Stadium der Unzufriedenheit in der Moldau über die Juden auf und wurde zu einem Problem der gesamtrumänischen Gesellschaft und Politik. Die aschkenasischen Juden, die in den letzten Jahren verstärkt aus Russland und Galizien in die Moldau eingewandert und in einigen Städten stark vertreten waren oder sogar die Mehrheit bildeten, besaßen eine dominierende Stellung im Klein- und Zwischenhandel und fast ein Monopol im Kreditgeschäft.[23] Zusammen mit der Beibehaltung

[19] Aus dem Leben König Karls, 1, S. 73ff. Arh. Stat. Fond Regele Carol I, III/26 (m.r. 560), f.50f. Viele Deputierte waren bereits abgereist und mussten zurückgerufen werden. Arh. Stat. Min. de Int. 131/1866, f. 253, Rundschreiben an die Präfekten v. 18.6.1866 (a.St.).

[20] Aus dem Leben König Karls, 1, S. 75. Aufschlussreich der Bericht des österreichischen Vizekonsuls Haas in Iaşi v. 8. Juni 1866, publiziert in: Welter, B., Documente pentru istoria Iaşilor: rapoarte consulare austriace din perioada 1866-1878, in: Românii în istoria universală III,3: Izvoare străine pentru istoria românilor, ed. Şt. Gorovei, Iaşi 1988, S. 231ff. Xenopol, Istoria partidelor, S. 509ff., von einem antijüdischen Standpunkt heraus.

[21] Aus dem Leben König Karls, 1, S. 70f. Zu dem Besuch von Crémieux, der seit den Revolutionskämpfen von 1848 in Paris eigentlich zu den Freunden von C. A. Rosetti und den Brătianus gehörte, siehe: Stern, A., Din viaţa unui evreu român, Vol. 1, Bucureşti 2001, S. 33ff.

[22] Xenopol, Istoria partidelor, S. 516f. In derselben Rede sprach er von den Juden auch als „Lepra".

[23] Maier, Rumänien, S. 317. Genaue Zahlen über die Anzahl der Juden fehlen und schwanken um die 140.000 bei einer Gesamtbevölkerung von ca. 4 Millionen im Jahre 1859. Ausführlich: Welter, B., Die Judenpolitik der rumänischen Regierung 1866-1888, Frankfurt 1989, S. 46ff. Siehe unten S. 505.

ihrer traditionellen Lebensweise und ihren Kultur- und Sprachgewohnheiten machte sie diese Dominanz zu einer Außenseitergruppe, auf die man angewiesen war und die man gleichzeitig ablehnte. Anders als in der Walachei, wo sich schon lange sephardische Juden aus dem Osmanischen Reich besonders in Bukarest niedergelassen und sich weitgehend assimiliert hatten, wurden die Juden in der Moldau als Fremdkörper und Bedrohung empfunden. In Verbindung mit der Unzufriedenheit über die negativen Folgen der Union für die Moldau und dem Separatismus sollte der moldauische Antisemitismus eine Sprengkraft mit unheilvollen Folgen für die Herausbildung einer rumänischen Identität bilden, die im 4. Abschnitt anlässlich der vom Berliner Vertrag 1878 geforderten Verfassungsänderung noch ausführlich behandelt wird.[24]

Wer hinter den Straßendemonstrationen vom 18./30. Juni stand, ist unklar, doch verdankten sie ihre Entstehung keineswegs einem spontanen Hassausbruch gegen die Juden, die in Bukarest kein Problem darstellten. Sie müssen vielmehr im Zusammenhang des Machtkampfs um die Verfassung gesehen werden, bei dem die Judenfrage instrumentalisiert wurde, eventuell auch als Waffe gegen den Fürsten.[25] Dabei wurde die Abwesenheit des Fürsten von Bukarest ausgenutzt, der an diesem Tag einen Ausflug zur alten walachischen Hauptstadt Târgovişte und nach Ploieşti unternommen hatte. Sowohl die Radikalliberalen wie die Konservativen hätten von den Unruhen profitieren können: die Liberalen, um einen Anlass zu finden, demonstrativ den Verfassungsartikel zurückzuziehen, sich als Verteidiger der rumänischen Nation zu präsentieren und ihre Stellung durch eine Annäherung an die antisemitische Moldauer Fraktion zu stärken, die Konservativen, um die Unruhen als Grund für eine Vertagung der Abstimmung über die Verfassung zu nehmen. Die Radikalliberalen besaßen seit der 48er Revolution Erfahrung im Organisieren von Straßenaufläufen. An diesem Tag blieb aber auch die Polizei im Hintergrund, für die der Innenminister L. Catargiu und sein Polizeipräfekt zuständig waren.[26] Da die Ausschreitungen außer Kontrolle zu geraten drohten, rückte schließlich die Nationalgarde, ein Instrument der Radikalliberalen, aus, um die Gewalttätigkeiten zu beenden. Carol, der noch in der Nacht nach Bukarest zurückeilte, machte seinen Innenminister für den Vorfall verantwortlich, da die Polizei nicht ihre Pflicht getan hätte. Als tags darauf im Ministerrat als Konsequenz die Frage einer Auflösung der Kammer diskutiert wurde, drohte Carol erstmals mit seinem Rücktritt, wenn die Verfassung nicht votiert werden würde.[27]

[24] Siehe unten S. 499ff. Der Meinung von Beate Welter ist zuzustimmen, „daß alle gegen die Israeliten gerichteten Maßnahmen in dem von mir besprochenen Zeitraum mit Rücksicht auf die Moldau ergriffen wurden." Ibd., S. 34.

[25] So Adolphe Stern, der die Fraktion als Urheber der Unruhen sah, die gegen den deutschen Fürsten zielten und gegen angebliche Bestrebungen, die Juden zu einer germanischen Avantgarde zu machen. Somit wären die Juden zu Sündenböcken für den fremden Fürsten geworden. Stern, Din viaţa unui evreu român, Vol. 1, S. 36.

[26] L. Catargiu war in ähnlichen Fällen in der Moldau streng gegen jede Art von Unruhe im Zusammenhang mit Ausschreitungen gegen die Juden vorgegangen.

[27] Arh. Stat. Fond Regele Carol I, III/26 (m.r. 560), f. 51 (19.6./1.7.1866).

Ein zweiter Versuch, die Verfassungsarbeiten der Konstituante zu blockieren und die Sitzungen zu vertagen, wurde anlässlich einer Musterung der Nationalgarde gemacht, die der Fürst am 20. Juni/2. Juli 1866 vornehmen wollte. Nach Mitteilung des Innenministers L. Catargiu würde sich die Garde weigern anzutreten, da das Gerücht verbreitet worden war, dass sie entwaffnet werden sollte. Aus diesem Grund habe man die Absicht geäußert, vor die Versammlung zu ziehen und um deren Schutz nachzusuchen. Catargiu sprach sich daher für eine Verschiebung der Sitzung aus. Der Fürst hielt dennoch an der geplanten Inspektion fest und zog an der Spitze der Nationalgarde, an deren Versammlungsplatz sich in der Tat zunächst nur wenige Mann eingefunden hatten, in die Stadt, wo sich nach und nach die übrigen Kompanien anschlossen, so dass schließlich 3.000 Mann auf dem Theaterplatz an dem Fürsten vorbeidefilierten. Gleichzeitig hatte Carol den Ministerpräsidenten aufgefordert, die Versammlung zu der vorgesehenen Sitzung einzuberufen, die dann auch ohne Störungen verlief.[28]

Diese beiden inszenierten Vorfälle hatten weitreichende Konsequenzen, vor allem was die Verweigerung der Emanzipation der Juden angeht.[29] Was als politisches Manöver berechnet war, sollte sich als eine der größten Hypotheken für die rumänische Politik und Gesellschaft erweisen. Nicht nur, dass der Ausschluss der Juden von nun an zum Gegenstand außenpolitischer Interventionen wurde und zum Instrument innenpolitischer Machtsicherung, sondern er eröffnete auch den Diskurs über die rumänische nationale Identität mit seinen antisemitischen Grundelementen. Der Artikel 7 der Verfassung von 1866 wurde zum Sündenfall des jungen rumänischen Staates mit einer negativen Langzeitwirkung, die bis heute andauert. Eine weitere Folge beider Ereignisse bestand in der Entfremdung des Fürsten von den Konservativen, die zu ihrem Ausschluss von der Macht während der nächsten Jahre führte. Carol wertete die Vorkommnisse als Versuch, ihn unter Druck zu setzen, die Konstituante aufzulösen und mit einer neu gewählten Versammlung im Herbst die Verfassung zu verabschieden. L. Catargiu befürwortete eine solche Maßnahme, die Carol zusammen mit den liberalen Ministern kategorisch ablehnte. Er setzte nun seinerseits die Minister unter Druck, indem er erneut mit seinem Rücktritt drohte, falls es zu keiner Einigung über die Verfassung käme. Über diese kritischen Tage Ende Juni/Anfang Juli schrieb er seinem Vater:

„Den Abend ließ ich 10-12 Deputirte von jeder Parthei kommen und erklärte ihnen, daß es eine Pflicht dem Lande u. mir gegenüber wäre die Constitution so rasch wie möglich zu beendigen. – Den Ministern sagte ich, ich bestände um jeden Preis darauf, daß diese Sache beendigt würde, denn sie könnten nicht von mir verlangen, daß ich länger in einem anarchischen Zustande bleibe. Es kam im Conseil sogar zu einigen heftigen Scenen, so daß ich gezwungen war die Sitzung aufzuheben, indem ich den Herrn categorisch erklärte,

[28] Aus dem Leben König Karls, 1, S. 77f. Zwischen Carol und Catargiu kam es darüber zu einer scharfen Auseinandersetzung, die in den veröffentlichten Memoiren nicht erwähnt wird. Fond Regele Carol I, III/26 (m. r. 560), f. 51 (20.6./2.7.1866).

[29] Vgl. die eindringliche Schilderung der Diskussionen in der Konstituante bei Stern und die langfristigen Konsequenzen des Artikels 7 der Verfassung für die Juden: Stern, Din viaţa unui evreu român, Vol. 1, S. 40ff.

daß wenn die Intriguen, Reibereien etc. nicht bald aufhörten, ich vollständig die Energie besitze, wieder zurückzukehren, da ich nicht durch kleinliche Interessen in meiner Action lahm gelegt werden wollte od. gar durch Intriguen gestürzt werden, dieser Act würde aber dann nicht auf mich zurückfallen, sondern auf das Land, was dann in Europa in eine traurige Lage versetzt werden würde. – Ein solches Auftreten von meiner Seite machte einen großen Eindruck auf die Minister, die mir dann alle Versprechungen machten. – Die Folge war das die Constitution in kürzester Zeit einstimmig votirt wurde. –"[30]

Die ernst gemeinte Rücktrittsdrohung des Fürsten zwang die widerstreitenden Parteien und Politiker zu einer Einigung. Am 25.6./7.7. wurde ein Kompromisskomitee gegründet, dessen Aufgabe es war, durch entsprechende Modifikationen der Artikel die Abstimmung zu beschleunigen, damit das Land möglichst bald aus dem „anormalen Zustand" heraustreten könne.[31] In den folgenden Tagen wurden die Vorschläge des Komitees fast ausnahmslos ohne große Diskussionen angenommen, zu größeren Debatten kam es nur noch über die Einrichtung eines Senats, über das Wahlgesetz und die Verlegung des obersten Gerichts, des Kassationshofs nach Iaşi. Am 29.6./11.7.1866 wurde die Verfassung einstimmig mit 91 Stimmen angenommen, und der Fürst legte am folgenden Tag feierlich seinen Eid auf sie ab. In seiner Rede an die Abgeordneten bezeichnete er sie als den „definitiven Pakt", der ihn für immer an das neue Vaterland binde, und konstatierte, dass das Land nun in einen normalen Zustand eingetreten und die Regierung auf eine konstitutionell-monarchische Grundlage gestellt sei. Durch eine loyale und aufrichtige Anwendung ihrer Prinzipien würde die Verfassung gute Früchte tragen.[32] Und gegenüber seinem Vater äußerte er, dass nun ein geregeltes Staatsleben möglich sei: „die erste Basis geschaffen, ist der Grundstein gelegt zu dem großen Gebäude, das darauf errichtet werden soll. Dieses zu erreichen hat aber unendlich schwer gefallen und mußte ich mit der größten Energie auftreten. –"[33]

Für den Fürsten war das Zustandekommen der Verfassung an sich das Wichtigste, um seine Herrschaft auf eine legale Grundlage zu stellen. In die Diskussionen um inhaltliche Bestimmungen hatte er nur zugunsten einer zweiten Kammer, des Senats, und eines absoluten Vetos des Fürsten interveniert,[34] ansonsten aber nur immer wieder Druck hinsichtlich einer schnellen Verabschiedung gemacht. Die Verschleppungstaktik lastete er den Konservativen an, in denen er die Bojaren sah, die sich mit der neuen Ordnung schwer abfinden konnten.[35] Daraus resultierten ein lang andauerndes Misstrauen und

30 FHHDA, HS, R 53, 1429, Nr. 213, Brief v. 16./28. Juli 1866 an Karl Anton. Aus dem Leben König Karls, 1, S. 92.

31 Pencovici, Al., Dezbaterile Adunării Constituante din anul 1866 asupra Constituţiunei şi Legei electorale din Romînia, Bucureşti 1883, S. 180f.

32 Sturdza, Domnia Regelui Carol I, 1, S. 320. Diese Rede war von Ion Brătianu verfasst worden. FHHDA, HS, R 53, 1429, Nr. 213, Brief v. 16./28. Juli 1866.

33 Ibd.

34 Aus dem Leben König Karls, 1, S. 65, 73. Aus seinen Tagebuchnotizen geht diese Einflussnahme nicht hervor.

35 FHHDA, HS, R 53, 1429, Nr. 213, Brief v. 16./28. Juli 1866 an Karl Anton. Diese Passage fehlt in den veröffentlichten Memoiren.

eine Entfremdung, die kurz nach der Verabschiedung der Verfassung aus Anlass von Meinungsverschiedenheiten über die Ernennung eines Polizeipräfekten zum Rücktritt von L. Catargiu führten.[36] Erst fünf Jahre später wurde Catargiu in einem dramatischen Moment wieder zum Minsterpräsidenten berufen, als letzter Versuch, den Thron und das Land aus einer existenziellen Krise herauszuführen.

Die Verfassung entsprach in weiten Teilen der belgischen Verfassung von 1831, die auch im Fall Rumäniens als Modell diente.[37] Das Land reihte sich damit, ungeachtet seines nicht souveränen internationalen Status, in die modernen Verfassungsstaaten Europas ein. Die Konstitution verankerte das Prinzip der Volkssouveränität, schrieb das Repräsentativsystem und die Gewaltenteilung fest. Die Staatsgewalt konnte nur durch Delegation und nach den in der Verfassung niedergelegten Prinzipien und Regeln ausgeübt werden (Artikel 31). Auch der Fürst war ein Staatsorgan und musste vor Herrschaftsantritt einen Eid auf die Verfassung ablegen, in dem er sich verpflichtete, die Verfassung und die Gesetze des rumänischen Volkes zu halten, seine nationalen Rechte und territoriale Integrität zu bewahren (Artikel 87). Andere Rechte als die ihm von der Verfassung zuerkannten besaß er nicht. So bezog er seine Legitimation weder aus einem dynastisch historischen Recht noch aus einem sakral überhöhten Gottesgnadentum, sondern nur aus dem gesetzten Recht, dessen Souveränitätsträger die Nation war. Auch wenn in der Intitulatio „von Gottes Gnaden" beibehalten wurde, so entsprach das der überlieferten christlichen Formelsprache, nicht aber mehr einem daraus abzuleitenden übergeordneten Rechtsanspruch. In der vollständigen Titulatur „Carol I. von Gottes Gnaden und durch den nationalen Willen Fürst der Rumänen"[38] wurde dieser Grundlage einer nationalen Legitimation deutlich Ausdruck verliehen.[39]

Die Verfassung fixierte zum ersten Mal in der rumänischen Rechtsgeschichte eine dynastische Erbfolge: die konstitutionelle Macht des Fürsten wurde auf die direkten männlichen Nachkommen vererbt; im Falle ihres Fehlens ging die Erbfolge auf die Brüder von

[36] Ibd. Nr. 215, Brief v. 19./31. Juli 1866 an Karl Anton: „Mein früher Minister-Präsident ist für mich unmöglich geworden u. wir konnten uns nicht mehr vertragen. Er war das Instrument der mir feindlichen Parthei geworden u. war nicht geschickt genug dies mir zu verdecken. – In Folge einer Ernenung eines Polizei-Prefecten hier hatten wir uns überworfen [...]"

[37] Hamangiu, C., Codul General al României. Legi uzuale I, Bucureşti 1907, S. 3ff. mit den entsprechenden Verweisen. Gilissen, J., Die belgische Verfassung von 1831 – ihr Ursprung und ihr Einfluß, in: Conze, W. (Hg.), Beiträge zur deutschen u. belgischen Verfassungsgeschichte im 19. Jahrhundert, Stuttgart 1967, S. 38ff., bes. S. 66. Drăganu, Inceputurile şi dezvoltarea regimului parlamentar, S. 187. Den Text der belgischen Verfassung in: Franz, G. (Hg.), Staatsverfassungen. Eine Sammlung wichtiger Verfassungen der Vergangenheit und Gegenwart in Urtext und Übersetzung, München 1950, S. 52-85.

[38] M.A.E. Germania, Vol. 241, 1852-1879, f. 20. Die Titulatur „Fürst der Rumänen" war verfassungsrechtlich gesehen korrekt, ließ aber bei Österreich den Verdacht hinsichtlich eines Anspruchs auf Siebenbürgen aufkommen, was nach der Unabhängigkeit zu einer Änderung in „Fürst (bzw. König) von Rumänien" führte.

[39] Etwas umständlich dazu: Docea, V., Europa monarhică şi România lui Carol I, in: Carol I şi monarhica constituţională, S. 111-114 (Între divin şi laic).

Carol und deren Nachkommen nach dem Senioratsprinzip über. Frauen blieben von der Thronfolge ausgeschlossen (Artikel 82). Die Artikel 83-89 sahen genaue Regelungen im Falle des Fehlens von Erben, der Thronvakanz, der Minderjährigkeit und der Regierungsunfähigkeit des Throninhabers vor. Ein neuer Fürst konnte nur aus einer souveränen Dynastie des westlichen Europa gewählt werden; eine rumänische Neubesetzung des Throns blieb somit definitiv ausgeschlossen (Artikel 83 und 84). Außerdem wurde mit Zustimmung Carols der Zusatz aufgenommen, dass seine Nachkommen in der orthodoxen Religion erzogen werden sollten, um alle Besorgnisse über eine Katholisierung des Landes zu zerstreuen und seinen Willen zu dokumentieren, eine national-rumänische Dynastie im Einklang mit den kulturell-religiösen Traditionen zu begründen.[40] Die verfassungsmäßige Verankerung des neuen Fürsten und seiner Dynastie in Verbindung mit seiner Unverletzlichkeit (Artikel 92) machte ihn zu einer übergeordneten, unabhängigen Instanz und etablierte die Grundsätze von politischer Kontinuität und Stabilität als Antwort auf die endogenen Thronwirren in der rumänischen Geschichte.

Als weiteres Grundprinzip wurde die Gewaltenteilung übernommen. Der Fürst hatte neben der exekutiven Gewalt auch die legislative inne, die er gemeinsam mit den beiden Häusern der Nationalvertretung, der Abgeordnetenkammer und dem Senat, ausübte. Alle Gesetze bedurften der Zusammenwirkung aller drei Faktoren der Legislative, wovon nur das Budgetrecht ausgenommen war, das allein der Kammer zustand. Die Rechte und Einschränkungen der Macht des Fürsten (Artikel 93) entsprachen dem Katalog der belgischen Verfassung: er ernannte und entließ die Minister, er sanktionierte und promulgierte die Gesetze, er konnte seine Sanktion verweigern, er konnte die beiden Kammern des Parlaments zu außerordentlichen Sitzungen einberufen, sie vertagen oder auflösen, wonach Neuwahlen nach spätestens zwei Monaten durchgeführt werden mussten. Seine Person war unverletzlich, jeder seiner Akte erlangte nur durch die Unterschrift eines Ministers Gesetzeskraft, der dafür die Verantwortung übernahm.[41] Er war das Oberhaupt der Armee, verlieh militärische Grade gemäß den Gesetzen, ernannte und bestätigte in öffentlichen Ämtern, konnte aber kein neues Amt ohne eine Gesetzesbasis errichten.

Im judikativen Bereich besaß der Fürst das Amnestierecht in politischen Fällen, das Begnadigungsrecht und konnte das Strafmaß in Kriminalfällen verringern, wovon die Minister ausgeschlossen waren. Ebenso wurden dem Fürsten Hoheitsrechte wie die Verleihung eines rumänischen Ordens, die Prägung von Münzen und der Abschluss von Handels- und Schifffahrtsverträgen mit ausländischen Staaten zuerkannt (Artikel 93), die allerdings die Suzeränität der Pforte tangierten und nicht ohne Schwierigkeiten durchzusetzen waren. Das Suzeränitatsverhältnis selbst blieb in der Verfassung unerwähnt und fand sich indirekt nur in der Abwesenheit des entsprechenden belgischen Artikels wieder,

40 Ibd., S. 116f. Dieses stieß auf viel Beifall und Zustimmung: Perncovici, Dezbaterile Adunării Constitutante, S. 240.

41 In der belgischen Verfassung fehlte eine Aussage über das Recht des Königs, seine Sanktion zu verweigern.

der dem König das Recht einräumte, internationale Verträge abzuschließen und einen Krieg zu erklären.
Den Prärogativen des Fürsten stand die grundsätzliche Einschränkung gegenüber, dass er keine anderen als die ihm von der Verfassung zuerkannten Rechte besaß (Artikel 96). Gesetze konnten erst nach freier Diskussion und Abstimmung in beiden Kammern zur Bestätigung vorgelegt werden, jene durften bei ihrer Ausführung weder modifiziert, aufgehoben noch jemand von ihrer Verbindlichkeit entbunden werden. Eingriffe in den Justizablauf zu nehmen, war dem Fürsten untersagt. Die Kammern traten unabhängig von der Einberufung des Fürsten jedes Jahr am 15. November (a.St.) zusammen und wurden mit einem Rechenschaftsbericht über den Zustand des Landes eröffnet, auf den die beiden Kammern ihre Antworten gaben (Artikel 95).
Die Übernahme der belgischen Verfassung als Vorbild für die Gestaltung des rumänischen Verfassungslebens wurde oft als inadäquat, als mit den politischen und gesellschaftlichen Realitäten in den Fürstentümern nicht übereinstimmend bewertet. Abgesehen von der für alle Verfassungen geltenden Feststellung, dass viele Bestimmungen einen normativen Charakter besitzen und den vorgefundenen Gegebenheiten nicht immer entsprechen, aber als Zielvorgabe eine unerlässliche Voraussetzung für den nationalen Zukunftsentwurf darstellen, geht der auf den ersten Blick bestechende Vorwurf der Unangemessenheit an den Tatsachen und an dem Selbstverständnis der damaligen Verfassungsträger vorbei. Sich eine als fortschrittlich geltende Verfassung zum nachahmenswerten Modell zu nehmen, ist von vornherein kaum als verwerflich zu bezeichnen, zumal man Erfahrungen mit „restriktiven" Konstitutionen seit Beginn der 30er Jahre besaß, mit denen eine Stabilisierung des politischen Systems nicht erreicht worden war. Davon abgesehen nahm die Verfassung von 1866 sehr wohl auf rumänische Verhältnisse Bezug und sicherte der Elite einen Freiraum und eine Machtposition, die genau ihren Interessen entsprachen. Nimmt man die von Böckenförde vorgeschlagene Gliederung von nationalen, konstitutionalen und sozialen Verfassungsproblemen zum Ausgangspunkt,[42] so finden sich genuine Antworten auf diese Fragen im Verfassungstext wieder.
Die nationale Problematik fand nicht nur in den ersten Artikeln der Verfassung ihren Niederschlag, die einen einzigen, unteilbaren Staat mit der Bezeichnung „Rumänien" postulierten und das Territorium für unveräußerlich erklärten, sondern auch in dem Verbot, das rumänische Territorium mit Fremden zu besiedeln, Ausländer in öffentlichen Funktionen außer in Ausnahmefällen zuzulassen, in dem Ausschluss der Juden von einer Einbürgerung und in der Zuerkennung einer sofortigen Staatsangehörigkeit für Rumänen aus dem Ausland, die der ausländischen Protektion entsagten – dies bezog sich in erster Linie auf die Rumänen aus Ungarn. Ebensowenig konnte ein Rumäne ohne Einwilligung der Regierung in fremde Staatsdienste treten, es sei denn um den Preis des Verlustes der rumänischen Staatsbürgerschaft. Eine osmanische Staatsangehörigkeit stand erst gar

[42] Böckenförde, E.-W., Verfassungsprobleme und Verfassungsbewegung des 19. Jahrhunderts, in: Ders., Staat, Gesellschaft, Freiheit. Studien zur Staatstheorie und zum Verfassungsrecht, Frankfurt 1976, S. 95ff.

nicht zur Debatte. Die orthodoxe Religion wurde zur „herrschenden Religion“ des rumänischen Staates und von jeder fremden Hierarchie unabhängig erklärt unter Bewahrung der dogmatischen Einheit mit der Ostkirche.[43] Generell lag der Verfassung implizit der Anspruch auf Unabhängigkeit zugrunde. Die Zugehörigkeit zum Osmanischen Reich wurde bewusst ignoriert bzw. stand im direkten Widerspruch zu Artikel 1. In diesem Zusammenhang war auch das Verbot zu sehen, einer fremden Truppe die Zulassung in den Staatsdienst, die Besetzung des Landes oder den Durchzug ohne Gesetzesgrundlage zu gestatten (Artikel 123, der dem Artikel 121 der belgischen Verfassung entsprach). Schließlich bildeten die Ausarbeitung und die Verabschiedung der Verfassung durch eine – mit den zuvor erwähnten Einschränkungen – frei gewählte Versammlung und die Verfassung selbst einen Erfolg der nationalen Bewegung, die die Nation als Träger der Volkssouveränität einsetzte und die Prinzipien der Repräsentation, der Gewaltenteilung sowie die Bürgerrechte verfassungsmäßig verankerte.

Wenn auch nationale und konstitutionelle Verfassungsfragen eng verbunden waren, so betraf die konstitutionelle Seite vor allem die Machtverteilung der Staatsorgane und die Organisation des öffentlichen Lebens. Hier konnte die Übernahme der belgischen Bestimmungen prinzipiell die Einführung einer parlamentarischen Monarchie bedeuten.[44] Trotz der Übertragung wichtiger Rechte an den Fürsten ließ die Verfassung ein Vorbeiregieren am Parlament nicht mehr zu. Die Antwort auf die Legitimationskrise der fürstlichen Herrschaft während der letzten Jahrzehnte bildete also eine Vermehrung politischer Rechte zugunsten der Volksvertretung, und das hieß zugunsten einer Elite, der allein der Zugang zur Macht offen stand. Dem Fürsten wurden durch die Erblichkeit des Throns, seine Unverletzlichkeit und die Abwesenheit von politischer Verantwortlichkeit eine unabhängige und überparteiliche Stellung zugedacht, die es ihm ermöglichen sollte, eine Schiedsrichter- und Vermittlerfunktion bei Konflikten zu übernehmen, einen Interessenausgleich herbeizuführen, konsens- und integrationsstiftend in Gesellschaft und Politik zu wirken. Daher wurde er auch mit wichtigen Entscheidungsrechten zur Lösung von Konflikten zwischen Legislative und Exekutive ausgestattet wie der Entlassung von Ministern oder der Auflösung des Parlaments.

Zwischen diesen Antipoden von Überparteilichkeit und Teilhabe an wichtigen Entscheidungsprozessen eine Balance zu finden, die dem Postulat der politischen Unverantwortlichkeit Geltung verschaffte, stellte eine der größten Herausforderungen an den Fürsten wie an die politische Elite dar, da sie im Kern die Legitimation des Fürsten und damit des politischen Systems insgesamt betraf.[45] In diesem Punkt gab es auf beiden Seiten wenig Erfahrungswerte. Der Fürst kannte aus eigener Anschauung das preußische System mit

[43] Die belgische Verfassung hingegen postulierte das Prinzip der Nichteinmischung des Staates in religiösen Dingen.

[44] Gilissen, Die belgische Verfassung von 1831, S. 61, mit dem Fazit: „Sie war die erste Verfassung einer parlamentarischen Monarchie.“

[45] Siehe zu diesem Problem den Artikel von H. Boldt, Monarchie, 5. Das monarchische Prinzip, in: Geschichtliche Grundbegriffe. Historisches Lexikon zur politisch-sozialen Sprache in Deutschland, Bd. 4, Stuttgart 1978, S. 200ff.

seinem monarchischen Prinzip und der dominanten Stellung des Königs, gleichzeitig sympathisierten die Sigmaringer mit den nationalliberalen Strömungen der Zeit, was ihnen am Berliner Hof manche Anfeindungen und Nachteile eingebracht hatte. Die Konfliktträchtigkeit des Verhältnisses zwischen Legislative und Exekutive, zwischen Parlament und Monarchie dürfte dem neuen Fürsten nicht ganz unbekannt gewesen sein, denn die preußische Politik war seit 1862 durch den Verfassungskonflikt geprägt, der fast zur Abdankung von Wilhelm I. geführt hatte. Auf der anderen Seite standen die Vertreter der rumänischen Nationalbewegung, die mit ständigen Auseinandersetzungen mit einer von einer absoluten Rechtstradition geprägten Regierungsweise der Fürsten groß geworden und von diesem Dualismus geprägt worden waren. Die Großbojarenoligarchie hatte bereits mit der Pariser Konvention und danach durch das Cuza-Statut ihren exklusiven Machtstatus verloren, nun wurde ihr durch die Verfassung endgültig der Weg an die Staatsspitze verwehrt. Es kam nun auf die nationale Führungsschicht an, von der die meisten aus dem mittleren und kleinen Bojarentum stammten, wie sie die Übernahme der politischen Macht und Verantwortung gestalten würden, die sie sich mit der Verfassung gegeben hatten.

Ebenso spiegelten die sozialen Komponenten in der Verfassung Realitäten und Zielvorstellungen der Führungsschicht wider und zementierten ihre Vorrangstellung. An erster Stelle stand das Wahlrecht mit seinen differenzierten, nach Stadt und Land unterteilten Zensus- und Bildungskriterien, das nur den ersten drei der insgesamt vier Wahlkollegien für die Kammer das direkte Wahlrecht einräumte, während die überwiegende Mehrheit der Bevölkerung in einem einzigen Wahlkollegium indirekt über Wahlmänner ihre Abgeordneten bestimmte.[46] In der Kammer standen somit 124 direkt gewählten Vertretern der ersten drei Kollegien 33 indirekt gewählte Abgeordnete gegenüber, was anhand eines konkreten Beispiels von 1883 bedeutete, dass 3.388 Wähler das erste Kollegium, 4.814 das zweite, 15.382 das dritte bildeten, während das vierte aus 12.657 Delegierten bestand, die wiederum 626.906 Wähler repräsentierten. Damit entsandten 23.584 Wähler 118 Deputierte, während auf den Rest der Bevölkerung 30 Abgeordnete entfielen.[47] Für das passive Wahlrecht galten allerdings keinerlei Zensusbestimmungen, was die Rekrutierung des parlamentarischen Personals durch die Parteien erleichterte.

Noch höher fiel das Zensuswahlrecht beim Senat aus. Gewählt wurde in zwei nach Land und Stadt unterteilten Wahlkollegien, wobei ein Mindesteinkommen von 300 Dukaten

[46] Die ersten beiden Wahlkollegien waren an Einkommen aus Grundbesitz gekoppelt, dessen Unterscheidungsgrenze bei 300 Dukaten lag; in dem dritten Wahlkollegium wählten alle, die eine jährliche Steuer von 80 Lei zahlten, dazu kamen Freiberufler, Offiziere im Ruhestand, Professoren und Pensionäre. Im vierten Wahlkollegium bestimmten je 50 Erstwähler einen Delegierten, die dann in der Distrikthauptstadt den Deputierten wählten. Die Wahlkreiseinteilung entsprach den 33 Präfekturen (judeţe) und der Größe der Städte.

[47] Chiriţa, G., România în 1866. Coordinate ale politicii interne şi internaţionale, in: Revistă de istorie, 31, 1978, S. 2216f., der sich auf statistisches Quellenmaterial stützt, das anlässlich der Wahlrechtsreform erstellt wurde. Die drei bessarabischen Distrikte gehörten zu dem Zeitpunkt nicht mehr zum Staatsterritorium und die hinzugewonnene Dobrudscha war noch nicht vertreten. Maier, Rumänien, S. 317f.

aufwärts bzw. ein Ertrag aus städtischem Immobilienbesitz von 300 Dukaten an abwärts nachgewiesen werden musste. Falls in den Städten die erforderliche Mindestanzahl von 100 Wahlberechtigten nicht zustande kam, wurden diese durch Grundbesitzer auf dem Land komplettiert, deren Einkommen zwischen 100 und 300 Dukaten lag. Auch in dieser Bestimmung lag eine Berücksichtigung der rumänischen Realitäten und verstärkte – zunächst jedenfalls – den Einfluss der grundbesitzenden Schicht. Anders als bei der Kammer war auch das passive Wahlrecht an eine Zensusbestimmung von 800 Dukaten Jahreseinkommen gebunden, wovon hohe ehemalige Funktionsträger des Staates und des Militärs sowie diejenigen mit einem akademischen Abschluss ausgenommen waren. Von Rechts wegen gehörten der Metropolit, die Diözesanbischöfe und der Thronfolger ab dem 18. Lebensjahr dem Senat an, und die beiden Universitäten Bukarest und Iaşi enstandten je einen Vertreter.

Nun stellten die Besitz- und Bildungsqualifikationen für das Wahlrecht keine besonderen Abweichungen von europäischen Normen dar[48] und ebenso wenig schlossen sich Wahlrechtsbeschränkungen und Parlamentarisierung von vornherein aus. Das Verständnis von einem Individualrecht auf Gleichheit der Stimme stand erst am Anfang der Wahlrechtsdiskussion und selbst nach den englischen Wahlrechtsreformen gegen Ende des Jahrhunderts wurde das Wahlrecht noch immer mehr als Privileg denn als Recht behandelt.[49] Im rumänischen Fall bedeutete allerdings das 1866 eingeführte Wahlrecht einen Rückschritt im Verhältnis des von Cuza eingeleiteten Prozesses einer Erweiterung der politischen Partizipation. Andererseits hatte die Vergrößerung der Wählerbasis unter Cuza nicht zu einer Demokratisierung der Gesellschaft geführt – dafür fehlte auch die Zeit –, sondern zu einer plebiszitäre Elemente enthaltenden Absicherung seiner Macht nach dem Vorbild Napoleons III. durch das System der „offiziellen Kandidaten".[50] Die Rücknahme des großzügigeren Cuzaschen Wahlgesetzes war daher zum einen eine Reaktion auf die von seinen Regierungen gesteuerten Wahlen und den von ihm betriebenen Machtausschluss der Opposition, zum andern ließ das neue Wahlgesetz aber auch die Unwilligkeit der jetzt regierenden Führung erkennen, die Segregation der rumänischen Gesellschaft zu überwinden.

Auch an einem anderen Punkt ließ sich diese Tendenz festmachen. Noch vor der Diskussion der Verfassung wurde im März 1866 das für die rumänische Sozial- und Agrarverfassung so wichtige Gesetz über landwirtschaftliche Arbeitsverträge verabschiedet, das einer Ausnahmegesetzgebung für die Bauern gleichkam und sie von wichtigen Bürgerrechten ausschloss.[51] Aufgrund der Abhängigkeit der Großgrundbesitzer von der

48 Im „Musterland" Belgien gab es bei knapp 4 Millionen Einwohnern 44.000 Wahlberechtigte. Franz (Hg)., Staatsverfassungen, S. 51. Umgekehrt führte das allgemeine Wahlrecht in der Verfassung des Deutschen Reiches nicht automatisch zu einer allgemeinen Parlamentarisierung und Demokratisierung.

49 Kluxen, K., Geschichte und Problematik des Parlamentarismus, Frankfurt 1983, S. 131.

50 Drăganu, Inceputurile şi dezvoltarea regimului parlamentar în România, S. 166f.

51 Maier, Rumänien, S. 120f. Welzk, S., Nationalkapitalismus versus Weltmarktintegration? Rumänien 1830-1944. Ein Beitrag zur Theorie eigenständiger Entwicklung, Saarbrücken

Bewirtschaftung ihrer Güter durch die jetzt freien Kleinbauern mit deren Zugvieh und Gerät, was zugleich die Abhängigkeit des für die gesamte rumänische Wirtschaft so wichtigen Getreideexports von der kleinbäuerlichen Pachtbewirtschaftung bedeutete, musste man über die bäuerliche Arbeitskraft ungehindert verfügen können. Mit den Arbeitsverträgen wurde ein wirksames Instrument geschaffen, sich diese Verfügbarkeit über die Bauern zu sichern und sie zur Erfüllung der „Verträge", auch unter Gewaltanwendung, zu zwingen. Dem Bauern als dem von Anfang an unterlegenen Vertragspartner wurden hingegen die rechtlichen Mittel versagt, vor Vertragserfüllung gegen Missbrauch, Willkür, Ausbeutung, Fälschungen oder Vertragsverletzungen vorzugehen. Dass sie selbst verschiedene Strategien des Widerstands, darunter ebenfalls gewalttätige, entwickelten, lag in der Konsequenz dieser Benachteiligung und prägte nicht unwesentlich die Beziehungen zwischen den ungleichen Agrarpartnern. Die Verfassung garantierte zwar ausdrücklich den bäuerlichen Besitz aus der Agrarreform von 1864, doch reichte dieser nicht aus, um die Familien zu ernähren, so dass die Kleinbauern auf zusätzliches Pachtland angewiesen waren. Den Großgrundbesitzern ihrerseits wurde in demselben Artikel 20 die garantierte Entschädigung aus dem Agrargesetz verfassungsmäßig gesichert, die in vielen Fällen übermäßig hoch ausfiel. Ebenso wurde die auf 20 Jahre festgesetzte Unveräußerlichkeit der den Bauern von der Agrarreform zugewiesenen Bodenanteile bestätigt (Artikel 133), was aber die bestehende Abhängigkeit der Bauern nur weiter vertiefte.

Das Eigentum generell stand unter Verfassungsschutz und konnte nur in ganz wenigen und genau definierten Fällen zugunsten des Staatswohls angetastet werden. In dem betreffenden Artikel 19 fand die Entwicklung der Übertragung von Eigentumstiteln an die landbesitzende Oberschicht seit den Organischen Reglements ihren verfassungsmäßigen Abschluss. Die Eigentumsgarantie und der Schutz der Gesetze galt auch für Ausländer (Artikel 11) und damit auch für die Juden, deren Wirtschaftskraft man bedurfte. Gleichzeitig wurde dafür gesorgt, dass sie die politische Machtposition der Elite nicht gefährden konnten.[52]

Die Verfassung von 1866 mit ihrem liberalen Bürgerrechts- und Freiheitenkatalog, der einen großen Entfaltungsraum für eine öffentliche Streitkultur schuf, sicherte so in allen Bereichen die Vorrangstellung einer politisch mächtigen, wirtschaftlich aber von anderen Bevölkerungsschichten wie den Bauern und Juden abhängigen Elite. Diesen wurde die politische Partizipation versagt und der trotz aller Unzulänglichkeiten begonnene Emanzipationsprozess unter Cuza zum Stillstand gebracht. Der Kompromisscharakter der Verfassung, der immer wieder hervorgehoben wurde,[53] bezog sich in erster Linie auf Zugeständnisse innerhalb der Oberschicht, so derjenigen der Liberalen in Sachen Senat, absolutem Veto des Fürsten und Wahlrecht und derjenigen der Konservativen in Bezug auf

1982, S. 16f. Ilincioiu, I., Ţăranii, pămîntul şi moşierii în România 1864-1888, Bucureşti 1982, S. 127ff.

52 Janos, Modernization and Decay in Historical Perspective, S. 91f.

53 Istoricul partidului naţional-liberal de la 1848 şi până astăzi, Bucureşti 1923, S. 76ff. Drăganu, Inceputrile şi deszvoltarea regimului parlamentar, S. 187.

Bürgerrechte und Freiheiten, ebenso die Votierung des Haushalts allein durch die Abgeordnetenkammer und die Verabschiedung aller Gesetze über Einnahmen und Ausgaben des Staats sowie des Gesetzes über das alljährliche Truppenkontingent zuerst durch die Kammer (Artikel 33 und 113). Die Heftigkeit, mit der teilweise über diese Differenzen gestritten wurde, täuscht darüber hinweg, dass die Interessenlage beider Gruppen, die in der rumänischen Historiographie gerne als konservative Großgrundbesitzer und liberales Bürgertum gegenübergestellt werden, hinsichtlich der Absicherung ihrer politischen Vorrangstellung nicht so unterschiedlich war. Der gefundene Kompromiss kann daher weder als Sieg der Konservativen noch als Niederlage der Liberalen bewertet werden,[54] denn der prinzipiell liberale Charakter der Konstitution wurde dadurch bis auf die Verweigerung der Emanzipation der Juden nur in Nuancen tangiert. Darüber hinaus wirkten sich die vermeintlich konservativen Elemente kaum in der erhofften oder befürchteten Weise aus. Der Senat zum Beispiel, als Ausgleichskörperschaft intendiert, entwickelte sich, wie später noch gezeigt wird, in vielen Fällen zum eigentlichen Oppositionsorgan und das absolute Vetorecht des Fürsten blieb in der Praxis auf dem Papier.

Die Verfassung bedeutete sowohl einen Triumph der nationalen Bewegung und des rumänischen Liberalismus, als auch sein Versagen, da elementare Grundsätze der Gleichheit zugunsten der Anpassung an die strukturelle Ungleichheit der rumänischen Gesellschaft aufgegeben wurden. Dabei kamen die schärfsten antisemitischen Stimmen aus dem liberalen Lager. Das für das politische System entscheidende Novum bestand in der Teilhabe der mehrheitlich aus dem mittleren und kleinen Bojarentum sowie aus einer schmalen Intellektuellen- und Handwerkerschicht stammenden nationalen Elite an der politischen Macht, der es mit dieser Verfassung gelang, die alte Großbojarenoligarchie zu marginalisieren und die bis dahin absolute Macht des Fürsten zu beenden.

2. Das Tauziehen um die internationale Anerkennung

Musste innenpolitisch die Verfassung die Legitimität des Fürsten begründen, so galt dieselbe Prämisse außenpolitisch für seine Anerkennung als rumänischer Fürst durch die Pforte. Diese bildete die Voraussetzung für die Anerkennung seiner Herrschaft durch die übrigen Großmächte. Die Wahl Carols hatte an dem internationalen Status der Fürstentümer nichts geändert, doch die Anerkennungsverhandlungen boten beiden Seiten die Möglichkeit, ihre Positionen neu zu definieren und auf Kosten des jeweils anderen zu erweitern. Die Pforte konnte sich nur schwer mit dem neuen Fürsten abfinden, der in ihrer Sicht einer verdeckten Unabhängigkeitserklärung gleichkam, und hielt sich die militärische Option bis Juli offen, was wiederum die rumänische Seite zu militärischen Gegenmaßnahmen wie der Mobilisierung der Armee, der Bildung von Freiwilligenverbänden unter dem Revolutionsgeneral von 1848, Gh. Magheru, zu Waffenkäufen in Serbien und zur Vorbereitung eines allgemeinen Balkanaufstands gegen das Osmanische Reich veran-

54 Michelson, Romanian Politics, S. 182f. Maier, Rumänien, S. 314.

lasste. Im Windschatten des preußisch-österreichischen Krieges gab es auf beiden Seiten Kräfte, die in einem bewaffneten Konflikt Vorteile sahen. So spielten die Radikalliberalen mit C. A. Rosetti die balkanische und die siebenbürgische Aufstandskarte,[55] während das Osmanische Reich Gerüchte über einen Einfall der Rumänen in Siebenbürgen mit preußischer Unterstützung zum Anlass nehmen konnte, zusammen mit Österreich den ungeliebten Fürsten zu verjagen.[56] Als weitere Akteure sahen die in Rumänien wirkenden Freiheitsbewegungen der Bulgaren und Polen eine Möglichkeit, für die eigene nationale Befreiung zu kämpfen, allerdings mit entgegengesetzten Bündnispartnern.[57] Auch die Nachbarstaaten Serbien, das die Rumänen bereitwillig mit Munition unterstützte,[58] und Griechenland hätten sich bei einem offenen Konflikt die Chance nicht entgehen lassen, ihre Revendikationen gegen das Osmanische Reich durchzusetzen. Dennoch wurde auch die strukturelle Schwäche der balkanischen Befreiungsbewegungen deutlich, die jeweils anderen nur für die eigenen nationalen Ziele zu instrumentalisieren, wie es die Bulgaren einige Male erleben mussten.[59] Die Interessenlage der Beteiligten war bei aller Feindschaft gegen die Osmanen zu unterschiedlich und die nationalen Empfindlichkeiten waren zu ausgeprägt. Die nationalen Interessen definierten sich nicht über eine gemeinsame Balkanidentität, sondern in Abgrenzung zu dieser, was eine zeitweise Zusammenarbeit nicht ausschloss. So verloren auch die Rumänen das Interesse an einem Zusammengehen mit dem bulgarischen Revolutionskomitee, als sich eine Verhandlungslösung mit Istanbul abzeichnete.

Was den neuen rumänischen Fürsten angeht, so schien er zunächst die Bindungen Rumäniens zum Osmanischen Reich eher als Formalität anzusehen und die Unabhängigkeit für eine Frage der nächsten Zukunft zu halten – sicher nicht unbeeinflusst von den Gesprä-

[55] So kam es zur Bildung einer „Heiligen Koalition" zwischen dem „Bulgarischen Geheimen Zentralkomitee", das von Kasabov im März 1866 in Bukarest gegründet worden war, und einem rumänischen Komitee radikalliberaler Anhänger C. A. Rosettis mit dem Ziel, die christlichen Völker zum Kampf gegen die osmanische Unterdrückung aufzurufen. Zu diesem Themenkomplex: Ionescu-Nişcov, I., Mişcarea de eliberare naţională a bulgarilor în nordul Dunării între 1850-1870, in: Relaţii româno-bulgare de-a lungul veacurilor sec. XII-XIX, Vol. 1, Bucureşti 1971, S. 371. Velichi, C. N., Relaţiile romîno-turce în perioda februarie – iulie 1866, in: Studii, 16, 1963, S. 847-867. Netea, V., C. A. Rosetti, Bucureşti 1970, S. 309f.

[56] Henry, L'abdication du Prince Cuza, S. 428f., Prokesch an Mensdorff v. 29.6.1866.

[57] So wollten sich die Polen den Türken anschließen, um mit diesen gegen die Russen zu kämpfen. Arh. Stat. CR 63/1866, S. 162ff., Bericht des K. K. Polizeidirektors in Lemberg an das K. K. Polizeiministerium v. 17.12.1866 mit einem Bericht eines österreichischen Konfidenten über die Lage der polnischen Emigration in den Fürstentümern.

[58] Aus dem Leben König Karls, 1, S. 67, 75. FHHDA HS, R 53, 1429, Nr. 213, Brief Carols v. 16./28. Juli 1866 an seinen Vater.

[59] So forderte der bulgarische Revolutionär Rakovski aus leidvollen Erfahrungen mit Serbien von den rumänischen Radikalliberalen Garantien für die Fortsetzung des Kampfes auch im Fall der friedlichen Beilegung der Differenzen zwischen Rumänien und der Pforte. MacDermott, M., The Apostle of Freedom, Sofia 1979, S. 103ff. In Brăila wollten die Griechen unter eigener Fahne kämpfen, was die Rumänen nicht zuließen. Velichi, Relaţiile romîno-turce, S. 859.

chen mit Brătianu.[60] Er ging dabei von einem Vertragsverhältnis aus, wie dies in seinem Brief an den Sultan vom 13. Mai 1866, den er auf der Reise in die Fürstentümer schrieb, zum Ausdruck kam, in denen er von den *traités séculaires* zwischen beiden Ländern und gewissen Verpflichtungen sprach, die er respektieren wolle. Von einem Abhängigkeitsverhältnis war keine Rede, sondern von „zwei Staaten".[61] Dasselbe Selbstbewusstsein spiegelte sich auch in den Briefen an die Kaiser von Frankreich und Russland wider. Napoleon III. versicherte er dabei ausdrücklich, dass die Rechte der Pforte respektiert werden würden.[62] Allgemein ließen diese ersten außenpolitischen Verlautbarungen Carols die Tendenz erkennen, als gleichberechtigter Souverän eines Landes aufzutreten und diese Berechtigung auch aus seiner Herkunft abzuleiten. Bei dem österreichischen Generalkonsul Eder hinterließ der Fürst in seiner ersten Audienz gleich den Eindruck, „daß dieser Prinz die erste ihm günstig scheinende Gelegenheit ergreifen wird, um die Unabhängigkeit dieser Länder von der Pforte zu erklären".[63]
Basierend auf dieser Grundhaltung waren die ersten außenpolitischen Schritte des Fürsten um Entspannung bemüht und von dem Versuch gekennzeichnet, die unmittelbaren Nachbarn und die Suzeränitätsmacht davon zu überzeugen, dass seine Wahl kein gegen sie gerichteter feindlicher Akt bedeute. So beauftragte er einflussreiche Politiker mit Missionen nach Wien und St. Petersburg und schickte Ion Ghica, den früheren Bei von Samos und Freund des türkischen Außenministers Ali Pascha, nach Istanbul, um die Verhandlungen um die Anerkennung zu führen.[64] Türkischerseits verzögerte man jedoch diese Verhandlungen, so lange man die Möglichkeit sah, die geschaffenen Tatsachen rückgängig zu machen, und sei es mit militärischen Mitteln. Erst nach Schließung der Pariser Botschafterkonferenz, die im Prinzip das gemeinsame Handeln der Großmächte noch einmal bestätigte und die Pforte von der Sorge vor der Aufkündigung des Pariser Vertrags befreite,[65] kam es zu der Aufnahme von Gesprächen. Dabei hatte auch der preußische Sieg über Österreich seinen Eindruck bei den türkischen Staatsmännern nicht verfehlt. Ausgangspunkt bildete ein Vierzehn-Punkte-Entwurf, der das Vasallenverhältnis unter ausdrücklicher Nennung der beiden Landesteile Walachei und Moldau sehr stark akzentuierte und dem Fürsten Hoheitsrechte untersagte, wie Münzen zu prägen, Orden zu verleihen oder Handelsverträge abzuschließen. Weiter wurde die Erblichkeit des Throns verweigert, den Rumänen das Recht abgesprochen, offizielle Beziehungen zu

60 Aus dem Leben König Karls, 1, S. 4, 19.

61 Ibd., S. 37. Der Sultan verweigerte die Annahme des Briefes. Arh. Stat. CR 36/1866, S. 49f., Eder v. 2.6.1866, der berichtet, dass Carol diese Weigerung als „eine gegen das Königlich preußische Königshaus begangene Unschicklichkeit" betrachtete.

62 Aus dem Leben König Karls, 1, S. 35f. Diese Aussage fehlt in dem Schreiben an Alexander II. Dessen Reaktion fiel allerdings wenig positiv aus, er ließ den Brief unbeantwortet: Denkwürdigkeiten des Botschafters General v. Schweinitz, hrsg. v. Wilhelm v. Schweinitz, 1. Bd., Berlin 1927, S. 218, 220.

63 Arh. Stat. CR 36/1866, S. 45ff., Eder v. 30.5.1866.

64 FHHDA, HS, R 53, 1429, Nr. 184, Carol v. 26.5./7.6.1866 an seinen Vater.

65 Henry, L'abdication du Prince Cuza, S. 429ff., Moustier v. 30.6., 4. und 5. Juli 1866.

anderen Mächten zu unterhalten und Forderungen aufgestellt nach Heeresfolge und einer Sicherheitsgarantie vor revolutionären Bewegungen, die sich gegen die Suzeränitätsmacht oder die Nachbarstaaten richteten. Es war im Ganzen der Versuch, den verloren gegangenen Einfluss über die Fürstentümer zurückzugewinnen und die Gelegenheit zu nutzen, das Abhängigkeitsverhältnis zu verstärken. Dabei ging man sogar so weit, sich im Falle der Verletzung der Abmachung volle Handlungsfreiheit zu gewähren.[66] Diese Bestimmung rief jedoch den Protest Frankreichs hervor, das darin eine Verletzung des Prinzips der *entente commune* der Großmächte sah und dagegen sofort Widerspruch einlegte.[67] Das französische Beharren auf dem Prinzip der gemeinsamen Aktion lag in dem Misstrauen gegenüber Russland begründet, das verdächtigt wurde, die rumänische Frage zu einer Aufkündigung des Pariser Vertrags benutzen zu wollen. Frankreich drängte daher auf eine schnelle und direkte Verständigung zwischen der Pforte und Bukarest, um Russland keinen Anlass zum Eingreifen zu geben. Dementsprechend riet der französische Außenminister in beiden Hauptstädten zu Mäßigung und gegenseitiger Rücksichtnahme auf Empfindlichkeiten.[68]

Die türkischen Vorschläge waren für die rumänischen Politiker und den Fürsten jedoch unannehmbar und standen vor allem in Widerspruch zu den Bestimmungen der gerade verabschiedeten Verfassung, die einen einheitlichen, unteilbaren Staat 'Rumänien' und die Erblichkeit des Throns postuliert hatte. Eine Annahme der türkischen Bedingungen wäre einem Verfassungsbruch des Fürsten gleichgekommen.[69] Der rumänische Gegenentwurf vermied konsequent jede Formulierung des Vasallitätsverhältnisses und lehnte einige der diesbezüglichen türkischen Bestimmungen rundweg ab, andere wie die betreffend der Heeresfolge, der Gültigkeit der Verträge der Pforte mit anderen Staaten für die Fürstentümer, der Duldung von revolutionärer Propaganda wurden durch neutrale Wendungen ohne bindenden Charakter ersetzt. Nur über die Stärke der Armee sowie über die Erhöhung des Tributs zeigte man sich verhandlungsbereit.[70] Carol bezeichnete die türkischen Vorschläge als unannehmbar und unberechtigt, während er die rumänischen Bedingungen als „Redensarten" bewertete, an denen sich kaum etwas ändern ließe. Die Reise nach Istanbul sah er nur als Höflichkeitsbesuch an, nicht aber als Vasallenpflicht wie die Pforte. Als Zeichen seiner „entschiedenen Haltung" ließ er die Truppen weiter im Süden des Landes konzentriert, obwohl die Gefahr eines türkischen Einmarsches nicht mehr bestand.[71]

Die beiderseitigen Positionen waren unvereinbar, da jede Seite versuchte, entgegengesetzte Ziele durchzusetzen. Dem Verfall ihrer staatlichen Autorität in den Balkangebieten

66 Aus dem Leben König Karls, 1, S. 85ff.

67 Henry, L'abdication du Prince Cuza, S. 437f. Drouyn an Moustier v. 11. Juli und Bericht von Moustier an Drouyn vom selben Tag.

68 Ibd., S. 440ff. Drouyn an Moustier v. 20. und 27. Juli 1866.

69 Arh. Stat. CR 36/1866, S. 90f., Eder v. 15. Juli 1866.

70 Aus dem Leben König Karls, 1, S. 85ff.

71 FHHDA, HS 53, 1429, Nr. 213, Carol v. 16./28. Juli 1866 an seinen Vater. Aus dem Leben König Karls, 1, S. 93.

suchte die Pforte durch eine Stärkung des Abhängigkeitsverhältnisses entgegenzuwirken, was die Abwehrhaltung der Rumänen, die die Abhängigkeit möglichst ignorieren wollten, nur weiter verstärkte. Vor allem der Fürst wurde zum treibenden Element der Ablehnungsfront, denn anders als die rumänischen Politiker, die zwar auch nach Unabhängigkeit strebten, aber eine gewisse Familiarität mit den Beziehungen zur Pforte besaßen, konnte sich Carol nur schwer an den Gedanken gewöhnen, „als Hohenzollern, Christ und Katholik" die Oberhoheit des Sultans anzuerkennen.[72] Da keine Seite bereit war nachzugeben, gerieten die Verhandlungen ins Stocken. Auch die Berufung Ion Ghicas zum Ministerpräsidenten am 15./27. Juli nach einer Kabinettskrise änderte wenig an der Konfrontationslage.[73] Carol unterschätzte dabei die negativen Folgen einer ausstehenden Anerkennung. Die Stabilisierung seiner Position im Innern und eine finanzielle Konsolidierung der Staatsfinanzen wurden verhindert, da die dringend notwendige Kreditaufnahme auf dem internationalen Kapitalmarkt vor einer Anerkennung unmöglich war. Ein Entgegenkommen der Pariser Bankhäuser hatte man sich zudem durch die Verabschiedung des Artikels 7 der Verfassung verbaut. Andererseits konnte der neue Fürst auch keine Bedingungen akzeptieren, die sich mit der nationalen Basis seiner Herrschaft nicht vereinbaren ließen und sogar einen Rückschritt im Vergleich zu dem von Cuza Erreichten bedeuteten.

Carol versuchte Frankreich für eine sofortige Anerkennung seiner Herrschaft zu gewinnen in der Hoffnung, dass die anderen Mächte nachziehen würden. Er bediente sich dabei seiner Verbindungen zu Hortense Cornu,[74] die weiterhin eine Vermittlerrolle spielte, doch Napoleon III. ließ keinen Zweifel daran, dass die Bestätigung durch die Pforte Voraussetzung für die internationale Anerkennung sei.[75] Französischerseits kam der Vorschlag, dass sich Carol direkt nach Istanbul begeben solle, um eine Lösung zu erreichen. Diesen Modus lehnte dieser jedoch ab, da er nicht als Bittsteller kommen wollte.[76] Die verzweifelte finanzielle Lage, die zusätzlich durch eine Choleraepidemie und eine Hungersnot in der Moldau verstärkt wurde, ließ den Fürsten zu einem beschwörenden Appell an Napoleon III. Zuflucht nehmen, dem er in einem Schreiben vom 19. August die trostlose Situation schilderte und ihn um seine Intervention bat, die allein das Land jetzt retten könne. Er zeigte sich jetzt auch zu einer Reise nach Konstantinopel bereit, allerdings nur nach einer vorausgehenden Anerkennung durch die Pforte.[77] Die Antwort Napoleons III. fiel sehr knapp aus und zerschlug die Hoffnungen des Fürsten: eine An-

72 Arh. Stat. CR 36/1866, S. 45ff., Eder v. 30.5.1866.
73 Aus dem Leben König Karls, 1, S. 90f.
74 Madame Cornu hatte sich bereits vor der Ankunft Carols in den Fürstentümern in einem Privatbrief an Ali Pascha für den zukünftigen Fürsten eingesetzt und Carol als einen Liebling des Kaisers und als Freund der Pforte vorgestellt. Henry, L'abdication du Prince Cuza, S. 377, Prokesch v. 15. Mai 1866.
75 Arh. Stat. Fond Regele Carol I, V N 121/7. Cornu an Carol v. 13./27. Juli 1866 (sic!).
76 Henry, L'abdication du Prince Cuza, S. 445, Moustier v. 8.8.1866.
77 Arh. Stat. CR 52/1866, f.1ff. In den offiziellen Memoiren ist der Brief nur stark verkürzt wiedergegeben: Aus dem Leben König Karls, 1, S. 99f.

leihe könne erst nach einer türkischen Anerkennung an der Pariser Börse gezeichnet werden, und es läge im Interesse des Fürsten, so schnell wie möglich nach Konstantinopel zu gehen, vorausgesetzt, er erhielte die Zusicherung der Investitur.[78] Der Brief Carols an Napoleon III. ist für seinen Herrschaftsstil aufschlussreich, kritische Situationen durch eine persönliche, direkt an andere Souveräne gerichtete Interventionen zu lösen. Dieses Vorgehen beruhte auf dem eigenen Selbstbewusstsein der Würde und der Bedeutung eines Hohenzollern, was ihn in seinen Augen berechtigte, gleichrangig mit den europäischen Staatsoberhäuptern zu verhandeln. Ein solches Auftreten kompensierte den Abhängigkeitsstatus seines Landes und wurde erst nach der vollständigen Unabhängigkeit obsolet. Allerdings musste der Fürst immer wieder die Erfahrung machen, dass seine Herkunft, und sei sie noch so bedeutend, die politischen Realitäten nicht aufheben konnte. So blieben seine Versuche der direkten Einflussnahme in der Regel erfolglos, waren aber ein Indikator, für wie kritisch der Fürst seine eigene Lage hielt.

Auch ein neuer Entwurf der Pforte brachte kaum Bewegung in die starren Fronten, da er die Suzeräntitätsbezeichnungen wie „integrierender Bestandteil des Osmanischen Reiches", „Investiturferman" etc. beibehielt, die der Fürst ablehnte. Im Gegensatz zu dem französischen Botschafter Moustier in Istanbul, der sie als „leere Formeln" ansah, bedeuteten sie für Carol eine fast schmerzhaft empfundene Festschreibung des Abhängigkeitsverhältnisses.[79] Der Gegensatz spitzte sich auf den Ausdruck *partie intégrante* zu, den Carol, wie er seinem Vater schrieb, nie akzeptieren werde.[80] Als Ende September die innenpolitische Stagnation immer größer wurde und die Zunahme separatistischer Äußerungen in der Moldau als Warnsignale hinsichtlich der Stellung des Fürsten gedeutet wurden, entschloss er sich zu der Reise nach Istanbul, um durch sein persönliches Erscheinen alle Schwierigkeiten zu beheben und den gefährlichen Stillstand zu überwinden.[81] Eine für diesen Fall entworfene Proklamation an das rumänische Volk sollte einen solchen Schritt rechtfertigen und ihn in die Tradition rumänischer Politik der Bewahrung der Eigenständigkeit stellen, um jeden Anschein eines Bittgangs zu vermeiden.[82] Nach Carols eigenem Eingeständnis war es augenblicklich der kritischste Moment, den er bis jetzt erlebt habe: einerseits die Würde eines Hohenzollern und Fürsten von Rumänien zu wahren und andererseits das Land „zum zweiten Male zu retten".[83] In dieser Situation rief der Fürst am 18./30. September eine Institution ins Leben, nämlich den Kronrat, der sich aus den Ministern und Führern aller politischen Parteigruppierungen zusam-

[78] Arh. Stat. CR 52/1866, f. 4.

[79] Henry, L'abdication du Prince Cuza, S. 448ff., Moustier v. 29.8.1866.

[80] FHHDA, HS, R 53, 1429, Nr. 237. Carol an seinen Vater v. 15./27.9.1866. Aus dem Leben König Karls, 1, S. 120.

[81] Henry, L'abdication du Prince Cuza, S. 453, Bonnières an Moustier v. 30.9.1866. Aus dem Leben König Karls, 1, S. 125. FHHDA, HS, R 53, 1429, Nr. 237, Carol v. 15./27.9. 1866. Arh. Stat. Fond Regele Carol I, III/26 (m.r. 560), f. 60 (17./29. Sept. 1866).

[82] Arh. Stat. CR 8/1866, f. 94f.

[83] FHHDA, HS, R 53, 1429, Nr. 237, Carol v. 15./27.9.1866.

mensetzte, um für eine Entscheidung einen möglichst breiten Konsens zu finden.[84] Das Meinungsbild fiel unterschiedlich aus, auch wenn eine Mehrheit Teile der türkischen Vorschläge als nicht annehmbar bezeichneten. Dieses Beratungsgremium brachte keine Klärung, sondern offenbarte im Gegenteil die Differenzen zwischen Carol und einem Teil des Ministeriums, wie auch zwischen einigen Ministern und den Radikalliberalen. Die Absicht Carols, durch sein Erscheinen in Istanbul die Anerkennung zu erreichen, ohne auf schriftliche Abmachungen eingehen zu müssen, war ebenso wenig erfolgreich, da sie auf türkische Ablehnung stieß.[85]

Der Stillstand drohte eine erneute Ministerkrise auszulösen. Ion Ghica reichte am 21.9./3.10.1866 seinen Rücktritt ein mit der Begründung, dass er keinen Ausweg mehr sehe zwischen der Unmöglichkeit, vom innenpolitischen Standpunkt der Pforte noch die geringsten Konzessionen einzuräumen und der Überzeugung, dass eine hart bleibende Politik gegenüber Konstantinopel negative Folgen für das Land nach sich ziehen werde.[86] Der eigentliche Grund lag aber in den Differenzen zwischen dem Fürsten und seinem Regierungschef über die Verhandlungen mit der Pforte. Ghica vertrat die Ansicht, der Pforte mehr entgegenzukommen und einige geringfügige Konzessionen zu machen, um die gekränkte Eigenliebe des Sultans zufrieden zu stellen, eine Auffassung, die weder von Carol noch von den Radikalliberalen geteilt wurde. Die letzteren erhoben gerade den Vorwurf, dass das Ministerium die Situation nicht ausgenutzt habe, als sie günstig gewesen sei und die Pforte alles zugestanden hätte.[87] Mangelndes Vertrauen des Fürsten und die eigene politische Schwäche, da er über keine genügende Hausmacht verfügte, um eine unpopuläre Entscheidung durchzusetzen, führten zu dem Demissionsgesuch, das der Fürst jedoch nicht annahm. Ein Rücktritt hätte die Situation durch die Suche nach einer neuen Regierung nur noch weiter kompliziert und nichts an der Verhandlungslage geändert.[88]

Die rumänisch-türkische Konfrontation ließ auch die Großmächte nicht unbeteiligt, besonders Frankreich, das über seinen Botschafter Moustier in Konstantinopel zwischen beiden Auffassungen zu vermitteln suchte. Er war es auch, der eine Briefform vorschlug, die beiden Seiten die Möglicheit gab, in einer Paraphrase die eigenen Formulierungen beizubehalten.[89] Auch der englische und französische Generalkonsul in Bukarest fungierten als Vermittler, ohne zunächst etwas ausrichten zu können. Rumänien geriet dabei allmählich in die Rolle des Störenfrieds, da es sich den Konzessionen der Pforte gegenü-

84 In dem Buch von Ion Mamina, Consilii de Coroană, Bucureşti 1997, ist dieser Kronrat nicht aufgeführt. Aus dem Leben König Karls, 1, S. 125.

85 Ibd., S. 127. Arh. Stat. CR 58/1866, S. 41, Eder v. 13.10.1866.

86 Arh. Stat. CR 8/1866, f. 90f. (undatiert). Ibd. Fond Regele Carol I, III/26 (m.r. 560), f. 60. Aus dem Leben König Karls, 1, S. 126.

87 B.C.S. Col. Kogălniceanu, P. LXXXV, D. 14, Ion Ghica an A. G. Golescu v. 26.9.1866 (Stil?)

88 Arh. Stat. CR 8/1866, f. 93, Handschreiben Carols an Ion Ghica v. 21.9./3.10.1866. Ion Ghica versuchte den Fürsten zu überzeugen, die türkischen Bedingungen anzunehmen. Arh. Stat. Fond Regele Carol I, III/26 (m.r. 560), f. 60 (22.9./4.10.1866).

89 Aus dem Leben König Karls, 1, S. 123.

ber unnachgiebig verhielt. Moustier, der Anfang September französischer Außenminister wurde, hielt den Rumänen vor, dass sie mit ihrer Verweigerung der Einbeziehung der Fürstentümer ins Osmanische Reich auch die kollektive Garantie und den Schutz der bestehenden Verträge für ihr eigenes Land verneinen würden.[90] Anfang Oktober schlug Frankreich eine harte Tonart an, um das leidige Anerkennungsproblem zu beenden, das nun drohte, in Verbindung mit dem antitürkischen Aufstand auf Kreta und der serbischen Forderung nach Räumung der türkischen Festungen zu einer übergreifenden orientalischen Frage zu werden. Dahinter vermutete man wie gehabt das Wirken Russlands, das seinen verlorenen Einfluss in der Region wieder zu erlangen trachtete, letztlich mit dem Ziel einer Revision des Pariser Vertrags.[91] Am 5. Oktober forderte Napoleon III. den Fürsten ultimativ auf, die von Moustier entworfene Fassung einer Vereinbarung sofort (*immédiatement*) anzuerkennen.[92] Carol blieb angesichts des drohenden Verlustes der französischen Unterstützung keine andere Wahl, als sich dem Druck zu beugen und der Forderung des Kaisers nachzukommen. An die von Ali Pascha als unverzichtbar erklärte Wendung *partie intégrante* fügte er aber den Zusatz „dans les limites fixées par les capitulations et le traité de Paris" hinzu und erklärte, dass er im Falle einer Ablehnung dieses Passus gezwungen sein werde, die Vertreter der Nation zu befragen, da seine Position im Innern schlechter als nach einer Anerkennung sein würde.[93] Mit dieser Zusatzformulierung schwächte er die Einseitigkeit des Abhängigkeitsverhältnisses ab und stellte dieses in den Rahmen der europäischen Verträge, was weniger verletzend wirkte.

Nachdem die türkische Regierung diese Bestimmung akzeptiert hatte und die letzten Schwierigkeiten beseitigt worden waren, konnte der Fürst die Reise nach Istanbul am 9./21. Oktober antreten. Vor seiner Abreise empfing er die Generalkonsuln mit Ausnahme des russischen, was die Anerkennung durch die Großmächte bedeutete. Der Aufenthalt in Istanbul, wo er bis zum 18./30. Oktober blieb, fiel zu Carols Befriedigung aus. Er selbst ließ keine Gelegenheit aus, als gleichberechtigter Partner und mit dem Bewusstsein der Ebenbürtigkeit eines Mitglieds des siegreichen preußischen Königshauses aufzutreten, was bis in Einzelheiten wie etwa der Platznahme auf dem Sofa neben dem Sultan ging.[94]

90 „On ne prend pas assez garde à Bucarest qu'en déclarant que les Principautés sont comprises dans l'Empire ottoman, les derniers traités ont entendu surtout assurer à ce pays le bénéfice du principe européen sous la sauvegarde duquel est aujourd'hui placée l'intégrité du même Empire. Les Principautés ne sont donc pas moins intéressées que la Turquie elle-même à ne pas sortir des limites dans lesquelles s'étend l'exercice de cette garantie collective et protectrice [...]" Henry, L'abdication du Prince Cuza, S. 454, Moustier v. 5.10.1866.

91 Ibd., S. 452. Bonnières an Moustier v. 2.10.1866. Der russische Botschafter Ignat'ev äußerte Unterstützung für die rumänische Position. Aus dem Leben König Karls, 1, S. 123. Serbien brachte seine Forderung am 3. Oktober vor.

92 Henry, L'abdication du Prince Cuza, S. 454, Telegramm von Moustier v. 5.10.1866. Die Audienz von Avril bei Carol fand am 7. Oktober statt. Aus dem Leben König Karls, 1, S. 127.

93 Henry, L'abdication du Prince Cuza, S. 454. Avril an Moustier v. 9.10.1866. Aus dem Leben König Karls, I, S. 127. Arh. Stat. Fond Regele Carol I, III/26 (m. r. 560), f.61 (26. 9./8.10.1866).

94 Die Memoiren sind bestrebt, die Ausnahmebehandlung Carols im Vergleich zu den Besuchen früherer Hospodare herauszustreichen. Aus dem Leben König Karls, 1, S. 136-151. Auch der

Beide Seiten waren jetzt um einen harmonischen Ablauf bemüht. Carol versicherte, dass er in der Aufrechterhaltung der bestehenden Verträge eine Garantie sähe und sie respektieren würde, während sich Ali Pascha mit der Betonung der Abhängigkeit zurückhielt. Wie Carol seinem Vater schrieb, fiel das Wort „Suzeränität" kein einziges Mal.[95] Ihm gelang es auch, die Erhöhung des Tributs vorläufig auszusetzen angesichts der finanziellen Notlage des Landes und das Recht der Erteilung von Medaillen analog der französischen Kriegsmedaille zu erlangen, womit er das Verbot von Ordensverleihungen umging. Das Angebot, türkische Orden zu vergeben, lehnte er selbstredend ab.[96]

Die Schwierigkeiten der Anerkennungsverhandlungen offenbarten die Unvereinbarkeit der beiden Positionen und ließen die Konfliktträchtigkeit des beiderseitigen Verhältnisses für die kommenden Jahre vorausahnen. Sichtbaren Ausdruck fanden die unterschiedlichen Auffassungen in den beiden Briefen des Großwesirs und des Fürsten, die, wenn auch in ihren inhaltlichen Aussagen ähnlich, in der Form differierten. Während die türkische Version immer nur den Begriff „Moldau-Walachei" mit dem entsprechenden Adjektiv gebrauchte, verwandte der rumänische Text durchgängig die Ausdrücke „Vereinigte Fürstentümer" und „rumänisch". Er schwächte im Vergleich zu den stärker ausgeprägten Formulierungen das Abhängigkeitsverhältnis ab und suchte dieses in das europäische Vertragswerk einzubetten – so sprach man von dem „europäischen Prinzip" der Erhaltung des Osmanischen Reiches –, während die türkische Seite den Hinweis auf die Verträge und die Kapitulationen unterließ. Zudem wich man genauen Zusagen aus, die als Verpflichtungen im türkischen Text standen. Die Armeestärke von 30.000 Mann bezog der Brief des Fürsten auf die „reguläre Armee", das Verbot, Münzen ohne türkische Hoheitszeichen zu prägen, wurde nicht erwähnt, sondern die Angelegenheit einer späteren Regelung vorbehalten. Der Fürst kam aber nicht umhin, sich und seine Nachfolger zur Anerkennung der Suzeränitätsrechte des Sultans zu verpflichten, nur Partikularabkommen und solche von lokalem Interesse mit anderen Mächten abzuschließen, keine Orden und Dekorationen im Namen der Fürstentümer zu verleihen.[97] Generell herrschten im rumänischen Text mehr Absichtserklärungen vor als in der stärker an Bedingungen orientierten türkischen Variante.

Welchen Stellenwert besaßen die Anerkennungsverhandlungen für die türkische und rumänische Seite sowie für die europäische Balkanpolitik allgemein? Für die Pforte bedeutete der fremde Fürst die dritte Verletzung des Pariser Vertrags durch die Rumänen innerhalb von sieben Jahren, die sie akzeptieren musste. Die Hartnäckigkeit, mit der man auf der ausdrücklichen Nennung der Zugehörigkeit der Fürstentümern zum Osmani-

Außenminister Ştirbei zählt die Unterschiede auf, die die Pforte bei dem Besuch von Carol machte, z. B. die Entsendung des Generaladjutanten des Sultans bis nach Rusciuc, die Übergabe des Investiturfermans durch den Sultan selbst etc. Arh. Stat. CR 54/1866, f. 43. Allerdings wurde dasselbe auch vom Besuch Cuzas im Sommer 1864 kolportiert. Riker, T. W., Cum s' a înfăptuit România. Studiul unei probleme internaţionale 1856-1866, Bucureşti 1940, S. 558f.

95 FHHDA, HS, R 53, 1429, Nr. 256, Carol v. 1./13.11.1866.

96 Aus dem Leben König Karls, 1, S. 149.

97 Ibd., S. 132ff.

schen Reich bestand, entsprang der Furcht vor einer Abspaltung Rumäniens und den damit verbundenen Konsequenzen. Die Pforte konnte sich gegenüber ihren zentrifugalen Teilen nicht großzügig verhalten, ohne den Bestand des eigenen Reiches zu gefährden. Bei den früheren Verträgen bezüglich Rumäniens wie der Konvention von 1858 und dem Cuza-Statut stand das Problem der Zugehörigkeit noch gar nicht zur Debatte und wurde daher *expressis verbis* nicht aufgeführt bzw. die Nennung der osmanischen Suzeränität geschah vor dem Hintergrund der Bestimmung der rumänische Autonomie.[98] Ein fremder Fürst, noch dazu ein Mitglied einer bedeutenden Herrscherfamilie, stellte aber *per se* dieses Abhängigkeitsverhältnis in Frage und kam damit einer latenten politischen Bedrohung gleich. Dieser grundlegende Argwohn gegenüber einem fremden Fürsten führte dazu, dass Symbolfragen einen großen politischen Stellenwert bekamen, sobald man die Suzeränität tangiert sah, die man um jeden Preis zu verteidigen suchte.

Dieselbe Empfindlichkeit galt auch für Rumänien, nur aus entgegengesetzten Gründen. Der Fürst hatte bewiesen, dass er die nationalen Belange gegenüber der Pforte durchzusetzen verstand und sich mit den Bestrebungen nach mehr Unabhängigkeit identifizierte. In dieser Hinsicht erhielt die rumänische Nationalbewegung einen mächtigen Auftrieb, da sich Carol an ihre Spitze stellte. Ob dies *a priori* immer im Staatsinteresse lag, war eine andere Frage, denn mit der Zugehörigkeit zum Osmanischen Reich stand und fiel auch die kollektive Garantie der Großmächte. Sicher ist, dass mit dem fremden Fürsten ein neues Unruheelement in die Region kam und Konflikte vorprogrammiert waren, da er die Bindungen zum Osmanischen Reich möglichst zu ignorieren suchte. Wenn er sie erwähnte, dann nur im Zusammenhang mit europäischen Verträgen und den Kapitulationen, wie er dem preußischen Kronprinzen schrieb:

„Jetzt habe ich nur die durch jahrhundertealte Verträge bestehende, von den Großmächten garantierte *Suzeraineté* der Pforte anerkannt, mir aber im übrigen die vollste Autonomie bewahrt, und die Suzeränität bleibt so eine leere Form ohne Inhalt.“[99]

Die sichtbar gewordene Konfliktstruktur im rumänisch-türkischen Verhältnis involvierte automatisch die Garantiemächte, die für beide Seiten zuständig waren. Die Tatsache, dass es nur aufgrund des französischen Drucks gelang, einen Kompromiss zu erzielen, wies darauf hin, dass von nun an die Großmächte verstärkt eine Schlichterrolle zwischen einem selbstbewusst auftretenden rumänischen Fürsten und einer misstrauischen osma-

[98] Artikel 1 der Konvention von 1858 stellte fest, dass die Vereinigten Fürstentümer Moldau und Walachei unter der Suzeränität des Sultans bleiben. Im Artikel 2 folgte sofort die Festlegung der inneren Autonomie. Im Investiturferman für Cuza v. 2.12.1861 fehlte überhaupt eine entsprechende Wendung, während im Investiturferman für Carol v. 23.10.1866 ausdrücklich die Vereinigten Fürstentümer Moldau und Walachei als „partie importante de mon Empire“ und „partie intégrante de mon Empire, dans les limites fixées par les stipulations des anciennes Conventions et par le Traité de Paris de 1856“ bezeichnet wurden. Schmidt, Die verfassungsrechtliche und politische Struktur, S. 116, 127.

[99] Aus dem Leben König Karls, 1, S. 129 (Hervorhebung im Text). Einen Vertragscharakter sprach Carol dem Briefwerk ab, er hielt seinen Brief nur für ein „persönliches Engagement“: FHHDA, HS, R 53, 1429, Nr. 256, Carol v. 1./13.11.1866 an den Vater.

nischen Regierung würden übernehmen müssen. Angesichts der eigenen Differenzen und in Abhängigkeit von den politischen Prioritäten auf europäischer Ebene konnte dieses Problem tendenziell Spannungen zwischen ihnen vergrößern. Allerdings waren die Großmächte in den folgenden Jahren bemüht, das Konfliktpotenzial in dieser Region zu entschärfen und die Selbständigkeitsbestrebungen der rumänischen Seite zu blockieren. Wenn der Fürst glaubte, nach erfolgter Anerkennung die Abhängigkeit vom Osmanischen Reich nicht weiter beachten zu müssen und ohne Intervention von außen regieren zu können, so stellte sich dies alsbald als Illusion heraus. Eine auf Erweiterung der rumänischen Eigenständigkeit ausgerichtete Politik kollidierte zwangsläufig mit den Interessen der Pforte und wurde zu einem internationalen Störfaktor, so lange ein Konsens der Großmächte über die Notwendigkeit des Erhalts des Osmanischen Reichs bestand. Stellte somit die Identifizierung mit dem nationalen Selbstverständnis und den Zielen der Unabhängigkeit ein wichtiges Element der Stabilisierung der Herrschaft des Fürsten dar, so bedingte eine solche Politik fast zwangsläufig eine außenpolitische Destabilisierung. Hier zeichneten sich die Zielkonflikte der kommenden Jahre ab mit dem schwierigen Balanceakt zwischen beiden Positionen, die in einem gegenseitigen Abhängigkeitsverhältnis zur Herrschaftskonsolidierung standen.

III Erste politische Weichenstellungen: Ausgleich und Ausgrenzung

1. Die Aussöhnung mit der Moldau

Das Eingreifen des Fürsten bei der Verabschiedung der Verfassung und in der Anerkennungsfrage wurde durch die Notwendigkeit einer schnellen Regelung der Legalität seiner Herrschaft und der Wahrung von fundamentalen Rechten diktiert. Vorrangiges Ziel der ersten Zeit bildete allgemein die Festigung seiner Stellung, aber nicht nur was die institutionelle Sicherung betraf, sondern dies galt auch für die politische Praxis. Dabei brachte sein Informationsdefizit fast automatisch eine gewisse Vorsicht im politischen Handeln mit sich und das Bemühen versöhnlich aufzutreten, sich so schnell wie möglich Kenntnisse über sein neues Land anzueignen und die eigene Person nicht zu exponieren. Der Rat der ihm von seinem Vater mitgegebenen Begleiter, Kabinettsrat von Werner und Kammerherr von Mayenfisch, eine Entscheidung erst nach Anhörung aller Meinungen zu treffen und angesichts der eigenen Unkenntnis der Verhältnisse nichts ohne den Rat seiner Minister zu unternehmen, lag auf dieser Linie.[1] Bis zu den Wahlen eines neuen Parlaments Anfang November 1866, die die politischen Verhältnisse neu ordneten, waren es drei Politikfelder, auf denen der Fürst agieren musste und wo diese Vorsicht und die Suche nach Ausgleich erkennbar wurden: es handelte sich um das Verhältnis zur Moldau, die erste Regierungsumbildung und um das Verhältnis zum Ausland vor dem Hintergrund der Spannungen zur Pforte.

Nach dem Willen der provisorischen Regierung sollte mit der Ankunft Carols in Rumänien zugleich ein Zeichen der Aussöhnung mit der Moldau gesetzt werden: so bestand seine erste Handlung in der Begnadigung des moldauischen Metropoliten Calinic Miclescu, der wegen seiner Beteiligung an dem Aufruhr am 3./15. April in Iaşi inhaftiert worden war.[2] Zugleich versicherte der Fürst den Bewohnern von Iaşi: „Meine erste und teuerste Sorge wird sein, dieser Stadt, die so viele Opfer für die Realisierung der Union gebracht hat, alle die ihr zukommenden Rechte als zweiter Hauptstadt des Landes zurückzugeben.“[3] Mit dem neuen Fürsten schien auch der Zeitpunkt günstig, um endlich die schon seit Cuzas Zeiten versprochenen Ausgleichsmaßnahmen für den Verlust der

1 FHHDA, HS, R 53, 1429, Nr. 185, Werner an Karl Anton v. 7. Juni 1866.

2 Aus dem Leben König Karls, 1, S. 47. Calinic schickte dem Fürsten ein Glückwunschtelegramm zur Thronbesteigung: Sturdza, Domnia Regelui Carol I, 1, S. 267.

3 Ibd., S. 275 (15./27. Mai 1866).

Hauptstadtstellung zu verwirklichen.[4] Die provisorische Regierung hatte bereits die Verlegung der Militärschule, den Ausbau der Fakultäten der Universität, die Zuwendung von 500 000 Lei für die Reparatur des Straßenpflasters und vor allem die Verlegung des Kassationshofes nach Iaşi beschlossen.[5] Besonders die letztgenannte Maßnahme war zum Kompensationssymbol geworden und galt als Signal für eine Besserstellung der Moldau insgesamt. Doch bereits 1862 war dieser Antrag abgelehnt worden, und hatte erneut während der Verfassungsdebatten von 1866 keine Mehrheit gefunden.[6] Eine persönliche Intervention von Moldauer Abgeordneten beim Fürsten blieb erfolglos, denn dieser konnte, auch wenn er dem Wunsch wohlwollend gegenüberstand, die parlamentarische Entscheidung nicht rückgängig machen. Ein Aufschub wurde immerhin erreicht, da die Regierung das Votum der Kammer nicht sanktionierte. Doch auch der letzte Versuch einer Verlegung des Kassationshofes nach Iaşi scheiterte im März 1867, als der Senat das Projekt nach einem positiven Votum der Kammer ablehnte.[7]

In der Moldau setzte man in den neuen Fürsten große Hoffnungen auf eine Verbesserung der Lage und auf ein Ende der wirtschaftlichen und politischen Benachteiligung dieses Landesteils. Außerdem war das Gefühl für die Bedeutung und den Wert der Union gerade wegen der erbrachten Opfer besonders wach. Eine Reise von Carol in die Moldau bildete daher eine der dringendsten Aufgaben, um ein Zeichen zu setzen, die Moldau als gleichberechtigten Teil des Landes zu behandeln. Aufgrund der innen- und außenpolitischen Schwierigkeiten kam die Reise erst im August zustande (9./21.8.–26.8./7.9.1866). Sie führte ihn durch 11 der 14 Distrikte, wobei er 1 500 km zurücklegte und sich einen ersten Eindruck über die Landschaft, deren Bergregionen ihn oft an die Schweiz erinnerten, über die Menschen und die allgemeinen Verhältnisse verschaffen konnte.[8] Er ließ es nicht an gutem Willen und Absichtserklärungen fehlen, diesen Landesteil für die Opfer der Union zu entschädigen, Iaşi als „zweite Hauptstadt und Residenz" anzuerkennen und zu versprechen, einen Teil des Jahres dort zu residieren, soweit es die politischen Geschäfte zuließen.[9] Außerdem machte er Zusagen für die Unterstützung der Regierung bei der Choleraepidemie und der Hungersnot, die das Land bedrohten, die aber wegen der katastrophalen Finanzlage kaum einzuhalten waren.

4 Unter Cuza war im Oktober/November 1863 eine Kommission eingesetzt worden, um Reformen für die wirtschaftliche und politische Erholung der Stadt auszuarbeiten: Grigoraş, A. I. Cuza şi Iaşii, in: Cuza vodă in memoriam, S. 492ff.

5 Xenopol, Istoria partidelor politice, S. 490.

6 Aus dem Leben König Karls, 1, S. 80. Die Ablehnung bewirkte eine große Verstimmung in der Moldau. Arh. Stat. Min. de Int. 131/1866, f. 280f. Doch waren nicht alle Moldauer Abgeordneten für die Verlegung, wie z. B. N. Ionescu.

7 Aus dem Leben König Karls, 1, S. 185f. Arh. Stat. Min. de Int. 187/1867, f. 5.

8 Aus dem Leben König Karls, 1, S. 117f. mit einem Fazit der Reise.

9 Sturdza, Domnia Regelui Carol I, 1, S. 333f. FHHDA, HS, R 53, 1429, Nr. 237, Brief v. 15./27.9.1866 an den Vater: „Ich blieb 7 Tage in meiner zweiten Hauptstadt, wie ich es den Jassyern zu lieb bezeichnete."

Die Reise verfolgte drei miteinander verbundene Ziele: Sie war zunächst einmal eine Informationstour zum Kennenlernen der Gesellschaft, der Beamtenschaft, des Klerus, des Militärs und der Verhältnisse allgemein. So standen auf dem Programm unzählige Empfänge, Besichtigungen von weltlichen und kirchlichen Einrichtungen, Inspektionen von Truppen und Kasernen etc. Zweitens diente seine Präsenz der Festigung der Union durch die Vergegenwärtigung der nationalen Einheit in seiner Person und die Anerkennung des von der Moldau geforderten nationalen Ausgleichs. Drittens galt sie der Versöhnung mit der alten Bojarenaristokratie, die in der Moldau über ein ausgeprägtes Traditionsverständnis verfügte. Carol übernachtete unterwegs sehr oft in den Herrenhäusern alter Bojaren- und Fürstengeschlechter wie den Balş, Moruzzi, Ghica und in Iaşi wurde ihm am letzten Abend seines Aufenthalts ein großartiger Fackelzug gebracht mit vielen vornehmen Bojaren an der Spitze.[10] Diese sicherten durch ihren Doyen, General Th. Balş, dem Fürsten nach seiner Anerkennung durch die Pforte ihr volles Vertrauen und ihre Ergebenheit zu, nicht ohne ihn an die Zusagen zu erinnern, die er den Moldauern gemacht hatte.[11] Als Ergebnis der Reise wurde die Festigung der Union hervorgehoben, da die separatistischen „Umtriebe“ geschwächt worden seien, wozu die persönliche Liebenswürdigkeit des Fürsen viel beigetragen habe.[12]

Der Fürst konnte diese Reise als persönlichen und politischen Erfolg verbuchen,[13] es bleibt aber offen, inwieweit er die Gravamina der Moldauer wirklich ernst nahm. Diese wurden in einer Bittschrift des Gemeinderats an den Fürsten niedergelegt und sahen konkrete Vorschläge für eine Besserstellung der Stadt vor. Vom Fürsten erwartete man, dass seine Salbung in Iaşi, der „Wiege der Union“, stattfinden und er sechs Monate im Jahr hier residieren solle. Außerdem forderte man den Ausbau der Fakultäten der Universität, die Verlegung des Kassationshofes, die Einrichtung von Berufsschulen, von Kreditanstalten, einer Leihanstalt, Verbesserung der Infrastruktur, die finanzielle Sicherstellung der Kirchen durch die Gemeinde, den Verkauf von Staatsdomänen nur an christliche Rumänen, das Verbot des Lebensmittelhandels durch die Juden.[14] Neben

[10] Ibd. In demselben Brief gab er eine enthusiastische Beschreibung über die Empfänge in der Moldau. Nur Rosetti-Roznovanu, der im April mit an der Spitze des Aufruhrs gegen den fremden Fürsten stand, beteiligte sich nicht an den Illuminationen und Ovationen. Der Empfang fiel nach Carols eigenen Worten noch großartiger als in Bukarest aus. Aus dem Leben König Karls, 1, S. 115f.

[11] Arh. Stat. CR 8/1866, f. 101f./pr. 28.10./9.11.1866.Th. Balş vereinigte als Militär, moldauischer Altbojar und Senator unter Cuza in seiner Person drei mögliche Gegnervarianten zum Fürsten. In dem Schreiben wurde auch die Hoffnung ausgedrückt, dass nach erfolgter Anerkennung alle Schwierigkeiten beseitigt seien, die den Fürsten bis jetzt an einer Politik der freien Hand gehindert hätten. Carol wird durchgehend als „Königliche Hoheit“ bezeichnet.

[12] Aus dem Leben König Karls, 1, S. 118.

[13] Vgl. dazu die Beschreibung in der „offiziellen“ Biographie des Fürsten von Lindenberg, Paul, König Karl von Rumänien, 1. Bd., S. 181ff.

[14] Welter, B., Documente pentru istoria Iaşilor: rapoarte consulare austriece din perioada 1866-1878, in: Gorovei, Şt. (ed.), Izvoare străine pentru istoria românilor, Iaşi 1988, S. 233ff. Xenopol, Istoria partidelor politice, S. 492f. Bogdan, N. A., Regele Carol şi a doua sa capitală, Iaşi 1916, S. 37ff.

finanziellen Erleichterungen richteten sich die geforderten wirtschaftlichen Maßnahmen fast ausschließlich auf eine Zurückdrängung des jüdischen Einflusses im Handel und Kreditgewerbe. Ein ähnlicher Grundton über die Vernachlässigung der Moldau durchzog auch eine andere Petition an den Fürsten, die kurz vor seiner Ankunft veröffentlicht wurde und in der es zu Beginn hieß:

„Mit großem Schmerz sehen wir Unterzeichnete, Bürger von Iaşi, dass unsere Stadt das Ziel einer systematischen Verfolgung zu sein scheint. Bis zu den Zeiten der schrecklichsten Leiden, die sich über sie ohne Unterlass angehäuft haben, haben die Bewohner von Iaşi immer das Beispiel eines grenzenlosen Stoizismus gegeben, wobei sie glaubten, dass die Regierung, deren Pflicht es ist, die unzähligen materiellen Opfer, die den Interessen der Nation gemacht worden sind, und ihre Selbstverleugnung zu berücksichtigen, es angemessen finden würde, diese Leiden zu lindern, die einen Höhepunkt erreicht haben. Diese Erwartungen waren aber vergeblich."[15]

Daran schloss sich ein beschwörender Appell an den Fürsten, die der Stadt gemachten Zusagen einzuhalten, dem Verfall entgegenzuwirken, der Jugend eine Zukunftsperspektive zu geben und dem jüdischen Handel Einhalt zu gebieten. Auch der Bürgermeister von Iaşi, D. Gusti, erinnerte in einem Toast an die Leiden der Stadt, sprach sich aber auch dafür aus, den Schleier über die Vergangenheit zu werfen.[16] Der Leidens- und Opfertopos behielt seinen festen Platz im moldauischen Selbstverständnis, ebenso wie das Gefühl der Benachteiligung. Als Ausgleich erwartete man allgemein Maßnahmen der Dezentralisierung und gegen die Juden. Die weitere Regierungspolitik verfolgte im Verhältnis zur Moldau jedoch nur den antijüdischen Kompensationsaspekt, während die Dezentralisierung, die auch in der Verfassung vorgesehen war, auf dem Papier blieb.

Der Fürst ließ keine Gelegenheit aus, um der Moldau eine verbale Genugtuung zu geben und seine Bereitschaft hervorzuheben, sich für die Verwirklichung der von der Regierung gemachten Zusagen, für die Dezentralisierung einzusetzen und alles zu tun, um die alte Prosperität wiederherzustellen.[17] Diese wohlmeinenden Absichtserklärungen dienten der Beruhigung der Situation in der Moldau durch die Anerkennung der Berechtigung ihrer Forderungen, waren aber kein Versprechen für ihre Erfüllung. Die Projektion von Heilserwartungen auf den Fürsten verkannte seine Eingebundenheit in politische Entscheidungsprozesse, tangierte aber gerade dadurch immer wieder seine Position in Abhängigkeit von der Befriedigung oder Enttäuschung solcher Erwartungen. Sichtbaren Ausdruck des Unzufriedenheitspotenzials bildeten die „separatischen Regungen", wie sie pauschal bezeichnet wurden, die aber nach 1866 nicht die Forderung nach Lostrennung vom Gesamtstaat beinhalteten, sondern zum einen den Frustrationsgrad gegenüber Bukarest kennzeichneten, zum anderen als politisches Machtmittel eingesetzt wurden. Separatisch und anticarlistisch verschmolzen dabei zu Schlagworten, die dieses Gefühl artikulierten, aktivierten und es für politische Zwecke nutzbar machten.

[15] Ibd., S. 61f. Xenopol, Istoria partidelor politice, S. 491f.
[16] Sturdza, Domnia Regelui Carol I, 1, S. 335.
[17] Ibd., S. 335f.

2. Das Ende der Koalitionsregierung von L. Catargiu und die Berufung von Ion Ghica

Auf dem Feld der Regierungspolitik stand der Fürst zum ersten Mal vor der Entscheidung einer Kabinettsneubildung, als Ende Juli eine Ministerkrise ausbrach. Das Auseinanderbrechen der Regierungskoalition wird gewöhnlich damit begründet, dass sie ihren Zweck erfüllt habe. Der Austritt der beiden radikalliberalen Minister I. C. Brătianu und C. A. Rosetti am 12./24. Juli aus der Regierung sei vor allem aus wahlstrategischen Motiven heraus geschehen, um den konservativen Ministerpräsidenten zu Fall zu bringen und damit seine Kontrolle über die im Herbst stattfindenden Wahlen zu verhindern.[18] Andere Begründungen nennen das persönliche Misstrauen und die politischen Differenzen zwischen dem Regierungschef und seinen radikalliberalen Ministern.[19] Sicherlich haben diese Gründe eine wichtige Rolle gespielt, doch entscheidend für den Sturz der Regierung wirkten sich nicht die Unstimmigkeiten zwischen den Parteien aus, sondern der Konflikt zwischen L. Catargiu und dem Fürsten, deren Verhältnis seit den Verfassungsdebatten bereits stark gestört war. Der Rücktritt der beiden radikalliberalen Politiker hätte nicht den Sturz der Regierung Catargiu nach sich ziehen müssen, wenn der Fürst an seinem Ministerpräsidenten festgehalten hätte. Die Radikalliberalen reichten erst ihren Rücktritt ein, als sie die Gewissheit besaßen, dass dieser Schritt den Ministerpräsidenten zu Fall bringen würde.

Welches waren die Hintergründe dieser Krise? Das bereits schwelende Misstrauen des Fürsten gegenüber seinem Ministerpräsidenten brach offen aus, als L. Catargiu ohne Vorabsprache mit dem Fürsten – der Fürst unternahm an dem Tag gerade eine Truppeninspektion an der Sabarlinie – einen neuen Polizeipräfekten von Bukarest ernannte. Der Entlassung des alten Polizeipräfekten waren Geheimgespräche mit dem ungarischen General Türr über gemeinsame Aktionen in Siebenbürgen vorangegangen, über die Catargiu nicht informiert worden war und in die auch Rosetti und Brătianu involviert waren.[20] Carol aber reagierte erbost über die Personalentscheidung von Catargiu und verlangte einen Präfekten, der den Liberalen nahestand.[21] Der Polizeipräfekt der Hauptstadt war auch für die Sicherheit des Fürsten zuständig, die Carol aufgrund seines Misstrauens gegenüber dem Ministerpräsidenten nicht einem Gefolgsmann von L. Catargiu überlassen wollte. Noch bevor L. Catargiu formal seine Demission eingereicht hatte, beauftragte der Fürst Ion Ghica mit der Bildung eines neuen Ministeriums. Das mangelnde Vertrauen des Fürsten sprach Catargiu indirekt auch in seinem Rücktrittsgesuch an, das er mit der

18 Maier, Rumänien, S. 406.

19 Nicolescu, Parlamentul romîn, S. 21, der aus einem Artikel des *Românul*, des Organs der Radikalliberalen, zitiert. Aus dem Leben König Karls, 1, S. 90.

20 Arh. Stat. CR 36/1866, S. 106f. Eder v. 2.8.1866.

21 Arh. Stat. Fond Regele Carol I, III/26 (m.r. 560), f. 53: „Krisis begonnen, ich bös über Catargi, daß er ein Polizei-Prefect ohne mein Wissen ernannt 'Mano'. Ich verlange Radu Rosetti." (12./24.7.1866).

Ablehnung seiner Personalvorschläge für die vakant gewordenen Ministerposten durch den Fürsten begründete.[22]

Ob L. Catargiu wirklich das Instrument einer dem Fürsten feindlichen Partei geworden war, wie Carol meinte,[23] darf bezweifelt werden, richtig ist aber, dass er wie im Fall der Zerstörung der Synagoge oder der Ernennung eines Polizeipräfekten die Abwesenheit des Fürsten benutzt hatte, um Entscheidungen zu fällen, die der Fürst als gegen sich gerichtet ansah.[24] Das Handeln Catargius geschah aus einer konservativen Interessenlage heraus und konnte auch als Versuch gewertet werden, dem Einfluss der Radikalliberalen, repräsentiert durch die Person von Ion C. Brătianu, auf den Fürsten entgegenzuwirken. Carol sah aber in ihm den Vertreter von gegen ihn intrigierenden Bojaren, die gegen das Prinzip des fremden Fürsten opponierten und seine Anerkennung verhindern wollten.[25]

Die Radikalliberalen hingegen traten als die wahren Unterstützer des Fürsten auf, womit es ihnen gelang, den Fürsten in ihrem Sinne zu beeinflussen. Sie mussten in der Tat das größte Interesse daran haben, Catargiu, der als hart durchgreifend galt, von dem Innenministerium und damit von der Wahlleitung zu entfernen, um die eigenen Wahlchancen zu vergrößern.[26] Insofern spiegelte die Ablösung Catargius bereits den beginnenden Machtkampf zwischen den Konservativen und den Liberalen wider, die sich durch die Unterstützung des Fürsten in eine gute Ausgangsposition für die bevorstehenden Wahlen brachten. Außerdem verließ Brătianu als Finanzminister eine in diesem Augenblick höchst unpopuläre und undankbare Stelle, da die Finanznot zu Abzügen an den Gehältern, zu Steuererhöhungen und vermehrten Steuereintreibungen zwang, was sich negativ auf den Finanzminister und seine Partei hätte auswirken können.[27]

Die Berufung von Ion Ghica zum neuen Ministerpräsidenten wurde ausgehend von der Begründung in den veröffentlichten Memoiren des Fürsten gewöhnlich im Zusammenhang mit der Anerkennungsfrage gesehen, da er das Vertrauen der Pforte besaß und daher am besten geeignet schien, „diese augenblicklich wichtigste Angelegenheit" zu beenden.[28]

[22] Arh. Stat. CR 8/1866, f. 44. Datiert ist das Schreiben v. 14./27.7.1866 (sic!).

[23] FHHDA, HS, R 53, 1429, Nr. 215, Brief v. 19./31. Juli 1866 an den Vater, in dem Carol über das Zerwürfnis mit L. Catargiu berichtet: „In Folge einer Ernennung eines Polizei-Prefecten hier hatten wir uns überworfen,[...]".

[24] Gegenüber Napoleon III. argumentierte Carol übrigens, dass er das Ministerium Catargiu aufgrund des Synagogenvorfalls und der antisemitischen Ausschreitungen entlassen hätte. Arh. Stat. CR 52/1866, f. 1. Carol v. 19.8.1866.

[25] Arh. Stat. Fond Regele Carol I, V N 121/37, Carol v. 30.7.1866 an H. Cornu. In einem anderen Brief sprach Carol von „fast Verrath" des früheren Ministeriums: FHHDA, HS, R 53, 1429, Nr. 219.

[26] Der Ministerkrise voran gingen lange Gespräche mit Brătianu und Gen. Davila, die beide zu den Vertrauenspersonen von Carol gehörten, Gespräche, die darauf schließen lassen, dass es im Vorfeld zu einer Strategie der Ablösung von Catargiu gekommen war. Arh. Stat. Fond Regele Carol I, III/26. f. 53 (10./22., 11./23., 12./24. Juli 1866).

[27] Arh. Stat. CR 36/1866, S. 106f., Eder v. 2.8.1866. Darin mag auch ein Grund gelegen haben, warum Brătianu nicht in das neue Kabinett eintrat, obwohl ihn Carol gerne behalten wollte.

[28] Aus dem Leben König Karls, 1, S. 90.

Der Iaşier Historiker V. Russu hat mit guten Gründen diesen Vorrang der außenpolitischen Motive bestritten und stattdessen die innenpolitischen hervorgehoben. Ghica galt als Anhänger des „anglikanischen Systems", mit dem man die Vorstellung eines getreuen Konstitutionalismus und der Durchführung von freien Wahlen verband. Als gemäßigt Liberaler und ohne großen politischen Anhang stellte er keine Gefahr für die anderen Parteigruppierungen dar, was ihn zur geeigneten neutralen und allseits akzeptablen Persönlichkeit machte, von der man überzeugt war, dass sie die Wahlen ohne die übliche staatliche Beeinflussung organisieren würde.[29] Dass Ghica der Achtung und Beachtung der Verfassung einen herausragenden Platz einräumte, zeigte sein Rundschreiben an die Präfekten, in dem er sie als „unser politisches Evangelium" bezeichnete und davon sprach, „das System der Despotie und des Absolutismus durch das System der Freiheit" zu ersetzen, die Rechte und die Freiheit aller zu respektieren und zu garantieren.[30] Dennoch wird man Ion Ghica nicht gerecht, wenn man nur den „amorphen Charakter" seiner Regierung und die Unverbindlichkeit ihres Programms hervorhebt. Mit seinem Bekenntnis zur Verfassung suchte er ihre Prinzipien ins allgemeine Bewusstsein zu bringen und sie ins Zentrum des politischen Neuanfangs zu stellen. Er setzte damit ein Zeichen gegen das von Cuza ausgeübte persönliche Regiment und wies der Verfassung und damit auch seiner Regierung eine Vorbildfunktion zu.

So überzeugend die Neubewertung der Regierungsbildung von Ion Ghica durch Russu ausfällt, so ist sie ihrerseits nicht frei von Einseitigkeiten. Zum einen ignoriert er die Rolle des Fürsten, was die Geschichtsschreibung der kommunistischen Zeit generell kennzeichnet, zum andern unterschätzt er das Problem der Anerkennung durch die Pforte, denn ohne diese gab es keine Normalisierung der Verhältnisse, geschweige denn eine Stabilisierung der Herrschaft des neuen Fürsten. Mit der Berufung von Ghica, der *persona grata* der osmanischen Regierung, setzte Carol ein Zeichen seines guten Willens gegenüber der Pforte, gerade weil sich jener bei den Verhandlungen den türkischen Wünschen gegenüber konziliant gezeigt hatte.[31] Ebenso trifft es aber auch zu, dass Carol bei seiner Entscheidung innenpolitische Gesichtspunkte berücksichtigte, denn, wie er seinem Vater schrieb, sollte das neue Ministerium alle Parteien aussöhnen.[32] Ghica wurde deshalb nicht Außen-, sondern Innenminister, der in der Phase des Übergangs auf einer unparteiischen Basis die Voraussetzungen für die Regierungsarbeit mit einem neu gewählten Parlament schaffen sollte. Der Fürst hätte allerdings Brătianu gern im neuen Ministerium behalten, doch die Radikalliberalen zogen ein Fernbleiben vor, da sie

[29] Russu, V., Din activitatea politică a lui Ion Ghica în perioada instabilităţii guvernamentale şi parlamentare, in: Anuarul, 14, 1977, S. 191-210.

[30] Monitorul oficial v. 20.7./1.8.1866, zit. bei Russu. Ibd., S. 196f.

[31] Bei Russu gilt diese Nachgiebigkeit Ion Ghicas gerade als Argument gegen seine Berufung, da seine Konzessionen allesamt auf Ablehnung in Bukarest stießen und er sich somit als Verhandlungsführer diskreditiert habe.

[32] FHHDA, HS, R 53, 1429, Nr. 213, Brief v. 16./28. Juli 1866.

innen- wie außenpolitisch von ihrer gouvernamentalen Abstinenz mehr profitierten.[33] Zum einen entzogen sich die Radikalliberalen, die bei der Suzeränitätsmacht und den Nachbarreichen in einem denkbar schlechten Ruf als Revolutionäre standen, durch ihren Weggang außenpolitischen Angriffen, die ihnen im Wahlkampf hätten schaden können.[34] Zum andern brauchten sie mit einem Regierungschef und Innenminister Ion Ghica nicht um ihren Einfluss auf die weitere politische Entwicklung zu fürchten. Hier kommen die von Russu angeführten Argumente bezüglich der Neutralität Ghicas ins Spiel, er übersieht aber die Voraussetzungen seiner Wahl. Ion Ghica wurde berufen, weil L. Catargiu gehen musste und weil seine Ernennung im gemeinsamen Interesse der Radikalliberalen und des Fürsten lag. Eine „Freiheit der Wahlen", für die Ghica stand, verschaffte den Radikalliberalen aufgrund ihres größeren Mobilisierungspotenzials einen Vorteil gegenüber den anderen Parteien. Falsch liegt Russu auch mit seiner Feststellung einer Präferenz des Fürsten für die Konservativen, denn genau das Gegenteil war der Fall.[35]
Es ist daher müßig, eine Konkurrenz von innen- und außenpolitischen Gründen oder ein Übergewicht des einen oder anderen Faktors festzuschreiben. Ion Ghica war genau der Mann, den die Situation innen- wie außenpolitisch erforderte. Darüber hinaus spielte beim Fürsten noch ein anderer Grund eine Rolle. In der Übernahme der Regierung durch Ion Ghica und durch den Eintritt von George Ştirbei, eines Sohns des früheren Hospodaren Barbu Ştirbei, des letzten walachischen Fürsten vor der Vereinigung, in das Kabinett als Außenminister sah Carol eine Anerkennung seiner Herrschaft durch die höchsten Bojarenfamilien, die selbst Fürsten und Thronkandidaten gestellt hatten bzw. denen Ambitionen auf dieses Amt nachgesagt wurden.[36] Diesem Faktum maßen er und seine Umgebung eine hohe Bedeutung bei, galt doch deren Regierungsbeteiligung als Vertrauensbeweis für den Bestand der neuen politischen Ordnung.[37] Das Bemühen des Fürsten um die rumänische Oberschicht ließ sich auch an der Aufmerksamkeit beobachten, mit der er Barbu Ştirbei während dessen Besuch im September in Bukarest bedachte.[38] Gegenseitige Besuche, Empfänge, Unterredungen galten dieser Aussöhnung der Großbojaren mit dem neuen Fürsten, womit Carol wohl auch die Hoffnung verband, dass Ştirbei mit seiner Parteinahme für den Fürsten eine Vorreiterrolle zu seinen Gunsten spielen

33 „Derselbe (Brătianu, E. B.-I.) u. Rosetti mußten sich zurückziehen, um sich mir für später zu erhalten, wären sie jetzt geblieben, so wären sie später unmöglich gewesen." FHHDA, HS, R 53, 1429, Nr. 215, Brief v. 19./31. Juli 1866 an den Vater.

34 Arh. Stat. CR 36/1866, S. 106f., Eder v. 2.8.1866. Arh. Stat. CR 24/1866, f. 96f., Werner v. 30.7.1866 an Fürst Karl Anton.

35 Russu, Din activitatea politică a lui Ion Ghica, S. 195.

36 „Der Eintritt Stirbeys in dasselbe ist für mich von einer großen Wichtigkeit, der Thron-Candidat von Drouyn de Luys ist mein Minister der auswärtigen Angelegenheit, durch seinen Eintritt habe ich einen kleinen Sieg errungen u. Bratiano ist sehr zufrieden damit." FHHDA, HS, R 53, 1429, Nr. 215, Carol v. 19./31. Juli 1866 an den Vater.

37 So Werner an Fürst Karl Anton v. 30.7.1866. Arh. Stat. CR 24/1866, f. 96f.

38 Barbu Ştirbei, der in Nizza lebte, hielt sich vom 2./14.9. bis 24.9./6.10. in Bukarest auf. Aus dem Leben König Karls, 1, S. 120, 125, 127.

und vorhandene Widerstände gegen ihn überwinden helfen könnte.[39] Zu diesen Gegnern gehörten z. B. Mitglieder der Bibescu-Familie, selbst verwandt mit den Ştirbeis, die nach Carols Meinung gegen ihn im In- und Ausland intrigierten und dabei gemeinsame Sache mit dem österreichischen und russischen Konsul machten.[40] So ließen sich beim Fürsten zwei gegensätzliche Vorgehensweisen im Umgang mit möglichen Gegnern aus der Bojarenaristokratie festmachen: auf der einen Seite stand der Versuch der Integration durch Einbindung in die Regierungsverantwortung, auf der anderen die Ausgrenzung wie im Fall L. Catargiu, der nach seiner Meinung das Instrument einer fürstenfeindlichen Partei geworden war.[41]

3. Außenpolitik zwischen Entspannung und Expansion

Wie bereits ausgeführt, geschah die Wahl Carols zum rumänischen Fürsten gegen den heftigen Widerstand der Suzeränitätsmacht und der Nachbarmächte Österreich und Russland. Seinen Erfolg verdankte er in hohem Maße der mitteleuropäischen Krise, die dazu führte, dass diese Mächte trotz aller Drohungen nicht mit militärischen Mitteln intervenierten. In Bezug auf das vorrangige Ziel einer Stabilisierung der neuen Ordnung musste der Fürst zunächst einmal an der Herstellung eines guten Verhältnisses zu den für die rumänische Politik so wichtigen Nachbarstaaten interessiert sein, nicht zuletzt, um der Gefahr einer Verbindung mit möglichen Gegnern im Innern vorzubeugen.

Die ersten außenpolitischen Schritte des Fürsten ließen seinen Willen zur Entspannung in den außenpolitischen Beziehungen erkennen und das Bemühen, das gegen ihn herrschende Misstrauen in Wien und St. Petersburg zu zerstreuen. Entschieden bestritt er, dass seine Wahl gegen Österreich gerichtet sei,[42] und entsandte bereits kurz nach seiner Ankunft Missionen in die Nachbarreiche.[43] Die Reise von D. Ghica nach Wien hatte jedoch wenig Erfolg und konnte die Missstimmung gegen den Fürsten nicht überwinden.[44] Das Verhältnis zu Russland hatte der Fürst eingedenk der Bismarckschen Ratschläge

[39] FHHDA, HS, R 53, 1429, Nr. 237, Carol v. 15./27.9.1866 an den Vater. Er schreibt u. a.: „Seine Anwesenheit kann mir nur von Nutzen sein, denn er ist mit dem heutigen Regim ganz einverstanden. [...] Sonst habe ich ihn mit allen Auszeichnungen behandelt, was ihn sehr geschmeichelt u. er ist mit der Aufnahme meiner Seits sehr zufrieden."

[40] Arh. Stat. Fond Regele Carol I, V N 121/37, Carol an H. Cornu v. 30. Juli 1866. Die Klagen Carols über die Bibescus verfolgten auch den Zweck, ihren Einfluss auf hohe französische Regierungs- und Militärkreise zu unterbinden, wobei er natürlich mit der Hilfe von Frau Cornu rechnete.

[41] FHHDA, HS, R 53, 1429, Nr. 215, Brief v. 19./31. Juli 1866 an den Vater.

[42] Arh. Stat. CR 36/1866, S. 36f. und 43f., Eder vom 26. und 28. Mai 1866. Carol stellte seine Wahl als „Fügung der Vorsehung" dar und verneinte eine Intrige Preußens.

[43] Ibd., S. 43f. und S. 36f.

[44] Corivan, N., Relaţiile diplomatice ale României de la 1859 la 1877, Bucureşti 1984, S. 203f. Aus dem Leben König Karls, 1, S. 65, 75. Dort wird von dem Misserfolg der Mission in Wien nichts berichtet. In Berlin wurde D. Ghica verständlicherweise gut empfangen.

gleich zu Beginn seines Herrschaftsantritts mit einem persönlichen Brief an den Zaren, den er noch auf der Reise schrieb, positiv zu seinen Gunsten beeinflussen wollen, doch damit zunächst das Gegenteil erreicht. Gerade dieser Brief wurde als überheblich, unangemessen in Inhalt und Form bewertet und hatte den unverhohlenen Ärger Alexanders II. hervorgerufen. Hier wie auch beim Brief an den Sultan zeigte sich die politische Unerfahrenheit des Fürsten, der die politischen Maßstäbe völlig verkannte, auch wenn er sich an rumänische Vorlagen hielt.[45] Die Sendung von Gh. Costaforu und V. Boerescu nach St. Petersburg Anfang Juni, wobei sie unterwegs in Berlin noch Ratschläge von Bismarck bezüglich ihres Vorgehens bei der russischen Regierung einholten, brachte jedoch einen gewissen Umschwung zugunsten des Fürsten und der neuen Lage in Rumänien. Russland forderte einige Garantien wie die Sicherheit der Grenzen, was sich vor allem gegen die polnische Emigration, aber auch gegen „demagogische Elemente" – gemeint waren die Radikalliberalen – in den Fürstentümern richtete, und den Schutz der orthodoxen Kirche, worin sich Befürchtungen über eine katholische Propaganda ausgehend von der Religion des Fürsten widerspiegelten.[46] Trotz bestehender Unzufriedenheiten über den gesamten Verlauf der rumänischen Frage schien Russland bereit, sich mit den geschaffenen Tatsachen abzufinden, da es angesichts der Unmöglichkeit der Auflösung der Union, die für Russland die wünschenswerte Lösung darstellte, keine bessere Alternative gab. Ein anderer Anknüpfungspunkt für eine engere Bindung an Russland stellten die Heiratspläne des Fürsten dar, der, auch darin Bismarck folgend, bereits über eine Familienallianz mit einer russischen Prinzessin, Eugenie von Leuchtenberg, einer Nichte des Zaren, verhandeln wollte.[47]

Trotz aller Widerstände schien eine außenpolitische Konsolidierung der neuen Fürstenherrschaft durch diplomatische Schritte möglich zu sein, zumal den schärfsten Gegnern, Österreich und der Pforte, die Hände gebunden waren, im ersten Fall durch den drohenden Krieg mit Preußen, im zweiten durch die entschiedene Ablehnung einer türkischen Militärinvasion seitens Frankreichs und Englands. Der tatsächliche Ausbruch des Krieges am 4./16. Juni 1866 schuf aber insoweit eine neue Lage, da er potenziell auch die orientalische Frage neu aufrollen konnte. Mit preußischer Hilfe eröffneten sich neue Perspektiven einer nationalen Expansionspolitik, die sich nicht nur auf die unmittelbaren Nachbarn Österreichs beschränkte, sondern die Balkanregion mit hineinzog. Der Krieg

[45] Der Brief ist abgedruckt in: Aus dem Leben König Karls, 1, S. 36f. Der Entwurf des Briefes ging auf Bălăceanu zurück. Arh. Stat. CR 8/1866, f. 67, Bălăceanu an Carol v. 12. Mai 1866. Über den schlechten Eindruck dieses Briefes berichteten V. Boerescu und Gh. Costaforu in einem konfidentiellen Bericht aus St. Petersburg v. 8. Juni 1866. Arh. Stat. 38/1866, f.1f. Schweinitz, Denkwürdigkeiten, Bd. 1, S. 218, 220f.

[46] Arh. Stat. CR 39/1866, f. 1ff., Boerescu und Costaforu v. 8. Juni 1866. Die beiden Abgesandten werteten diese Forderungen als Mittel, um die Wendung in der russischen Politik zu rechtfertigen. Ausführlich zur russischen Politik: Jelavich, B., Russia and the Formation of the Romanian National State, S. 173ff. Aus dem Leben König Karls, 1, S. 64f.

[47] FHHDA, HS, R 53, 1429, Nr. 184 und Nr. 213, Carol v. 26.5./7.6. und v. 16./28. Juli 1866 an den Vater. Arh. Stat. Fond Regele Carol I, III/26 (m.r. 560), f. 52 (23.6./5.7. 1866).

führte zu einer Aufbruchstimmung vor allem unter ungarischen Emigrantenführern und löste ähnlich wie 1859 entsprechende hektische Aktivitäten aus, um ein unabhängiges Ungarn mit preußischer und italienischer Hilfe zu erreichen, von Bismarck wärmstens gefördert. Zu dem von ihm verfolgten Ziel der Errichtung einer Südostfront gegen Österreich hatten bereits die Billigung der Annahme des rumänischen Fürstenthrons durch Carol gehört, ebenso die Unterstützung eines ungarischen Aufstands durch Türr und die Bildung einer ungarischen Legion unter Klapka.[48] Demselben Zweck diente auch die Sondermission des Legationsrats von Pfuel in die Balkanregion, um Serbien und Rumänien für einen Angriff gegen Österreich zu gewinnen.[49] Serbische und ungarische Emissäre waren in Bukarest aktiv,[50] und auch die Griechen, vertreten durch den Prinzen G. Ipsilanti, der ebenfalls in Bukarest mit Pfuel zusammentraf, sondierten die Möglichkeiten eines Aufstands.[51] Vor diesem Hintergrund gewann ein Zusammengehen zwischen Rumänien und Serbien an Bedeutung, die eine ähnliche Interessenlage verband. Die demonstrativ bekundete Bereitschaft der gegenseitigen Unterstützung und die Entsendung von Missionen im Juni und Juli nach Belgrad und Bukarest richteten sich in erster Linie gegen Istanbul, konnten aber auch Wien zum Ziel haben.[52] Ebenso konnten die in Rumänien zunächst gegen einen türkischen Einmarsch unternommenen Defensivmaßnahmen wie die Mobilisierung der Armee und die Bildung von Freiwilligenverbänden prinzipiell auch offensiv gegen Österreich eingesetzt werden. In der Tat häuften sich mit Ausbruch des Krieges die Gerüchte über einen Einfall in Siebenbürgen, die auch eingedenk der Erfahrungen der rumänischen Unterstützung der ungarischen Emigration von 1859 große Besorgnisse auf österreichischer Seite auslösten.[53]

[48] Dazu ausführlich: Kienast, A., Die Legion Klapka. Eine Episode aus dem Jahre 1866 und ihre Vorgeschichte, Wien 1900. Wendel, H., Bismarck und Serbien im Jahre 1866, Berlin 1927. Türr, Stefan, Fürst Bismarck und die Ungarn, in: Deutsche Revue, 25, 1. Bd., 1900, S. 313ff. mit einer ausführlichen Schilderung seiner Tätigkeiten im Jahre 1866.

[49] Aus dem Leben König Karls, 1, S. 69f. Pfuel, von Konstantinopel kommend, traf am 16./28. Juni 1866 mit Fürst Carol zusammen, wobei er ihn vor Attentatsplänen warnte. Am selben Abend hatte der Fürst noch mit Rosetti ein Gespräch über Siebenbürgen. Arh. Stat. Fond Regele Carol I, III/26 (m.r. 560), f. 51. Über die Pläne einer serbisch-ungarischen Zusammenarbeit im Zusammenhang mit den italienischen Militäroperationen s. Djordjevic, D., Revolutions nationales des peuples balkaniques 1804-1914, Beograd 1965, S. 92f. Wendel, Bismarck und Serbien, S. 45f.

[50] Aus dem Leben König Karls, 1, S. 71.

[51] Am 17./29. Juni 1866 kam es zu einem Treffen zwischen Pfuel, Prinz Ipsilanti, C. A. Rosetti, Sturdza, Fürst Ştirbei und Carol. Arh. Stat. Fond Regele Carol I, III/26 (m.r. 560), f. 51.

[52] Iordache, A., Pe urmele lui Dumitru Brătianu, Bucureşti 1984, S. 268f. Aus dem Leben König Karls, 1, S. 67, 75, 89f. D. Brătianu hielt sich zwecks Waffen- und Munitionskäufe drei Wochen in Serbien auf. FHHDA, HS, R 53, 1429, Nr. 213, Carol an seinen Vater v. 16./28. Juli 1866. M.A.E. România 1866-1867, Politice, Vol. 125, f. 374.

[53] Arh. Stat. CR 36/1866, S. 69ff., Berichte Eders v. 20.6., 23.6., 27.6., 11.7.1866. Eder machte sich für einen sofortigen türkischen Einmarsch stark und suchte seine Regierung in diesem Sinn zu beeinflussen, ibd., S. 71 (23.6.1866). Kurze Geschichte Siebenbürgens, Budapest 1990, S. 534f.

Zweifellos gab die Aussicht auf eine allgemeine revolutionäre Umgestaltung in Mittel- und Südosteuropa den Hoffnungen der rumänischen Nationalisten auf Siebenbürgen starken Auftrieb. Für diese Politik der Ausnutzung der mitteleuropäischen Krise bei ihrer gleichzeitigen Verschärfung durch die Vorbereitungen für eine allgemeine Aufstandsbewegung auf dem Balkan mit dem Ziel der Unabhängigkeit und der Vereinigung mit Siebenbürgen stand C. A. Rosetti. Neben der bereits erwähnten Bildung einer „Heiligen Koalition“ zwischen Radikalliberalen und dem bulgarischen geheimen Zentralkomitee im Mai 1866 zur Vorbereitung eines allgemeinen Aufstands in den Balkanländern gegen das Osmanische Reich im Falle des Ausbruchs von Kriegshandlungen mit der Pforte,[54] verfolgte er anscheinend den Plan, mit einer Art Landsturm in Siebenbürgen einzufallen.[55] Da Rosetti als Kultusminister Mitglied der Regierung war, die von den Radikalliberalen getragen wurde, musste zwangsläufig die gesamte Regierungspolitik in einem zweideutigen Licht erscheinen und Misstrauen in den Nachbarstaaten hervorrufen.[56] Aufgrund ihrer engen Verbindungen zu der europäischen Revolutions- und Emigrantenszene und der eigenen Vergangenheit traute man den Radikalliberalen alles zu, was der österreichische Generalkonsul Eder auf den Punkt brachte: „Daß ein Unternehmen ganz widersinnig berechtigt nicht zur Annahme, daß es von dieser Partei nicht aufgenommen würde.“[57] Zwielichtig erscheint in diesem Zusammenhang auch die Haltung des Fürsten gegenüber der „großen nationalen Frage“, wie er sie, dem Sprachgebrauch der Radikalliberalen folgend, in seinem Tagebuch nannte. Entgegen dem in seinen veröffentlichten Memoiren vermittelten Eindruck, dass er einer gegen Österreich gerichteten Politik eine klare Abfuhr erteilte, war er anderen Berichten nach einer Militäraktion in Siebenbürgen durchaus nicht abgeneigt, machte aber den Ausbruch des Aufstandes in Ungarn zur Bedingung und wies auch auf die türkische Bedrohung hin, die seine Truppen zunächst an der Südgrenze band. Gegenüber Pfuel soll er sich ganz antihabsburgisch geäußert haben, was darauf schließen lässt, dass der Fürst den Wünschen Bismarcks entgegenkommen wollte, die sich mit den Plänen der Radikalliberalen trafen, wenn auch aus anderen Gründen.[58] Ebenso scheint seine Ablehnung eines rumänischen Engagements in Siebenbürgen in seinem geheim gehaltenen Treffen mit dem ungarischen Emigrantengeneral Stefan Türr am 7./19. Juli nicht so kategorisch gewesen zu sein, wie er in den offiziellen Memoiren

[54] Velichi, Relaţiile româno-turce în perioada februarie–iulie 1866, in: Studii, 16, 1963, S. 862. Der Gründungsakt sah nach vorheriger Verständigung mit der rumänischen Seite den bulgarischen Aufstand vor, wenn die „Revolution“ in den Nachbarstaaten Rumänien, Serbien, Montenegro, Herzegovina, Epirus und Albanien ausbrechen würde.

[55] Arh. Stat. CR 58/1866, S. 50f., Eder v. 4.11.1866. Die Rede war von hunderttausend Mann.

[56] Henry, L'abdication du Prince Cuza, S. 430f., Ion Ghica v. 21.6/3.7.1866. Ali Pascha beschuldigte die Rumänen, einen Einfall in Siebenbürgen mit preußischer Unterstützung zu beabsichtigen.

[57] Arh. Stat. CR 36/1866, S. 70f., Eder v. 23.6.1866.

[58] Wendel, Bismarck und Serbien, S. 45, 90. Dafür würde sprechen, dass das Treffen mit Pfuel in den offiziellen Memoiren überhaupt nicht erwähnt wird. Offiziell dementierte Bismarck in einem Telegramm v. 21.6.1866 an Goltz die Absicht, dass Pfuel in Bukarest gegen Österreich agieren sollte. Ibd., S. 88.

glauben macht, auch wenn es zutrifft, dass er sich jetzt vorsichtiger verhielt und auf keine Abmachung einließ.[59] Türr war kein dahergelaufener Polithasardeur, sondern kam als „Verbündeter Preußens",[60] so dass er von vornherein auf das Wohlwollen des Fürsten rechnen konnte. Wenn Carol ihm gegenüber jetzt den Vorrang der inneren Politik betonte und seine Aufgabe darin sah, „ein moralisch u. finanziell vollständig zerrüttetes Land durch eine gute Administration wieder aufzurichten"[61], so reflektierte diese Antwort bereits die veränderte militärische Lage nach der Schlacht von Königgrätz und die Einsicht in die völlig unzureichenden Mittel für eine wie auch immer geartete Militäraktion in Siebenbürgen. Auch der warnende Rat seines Vaters, niemals „persönliche", sondern „nationale Politik" zu machen, klingt wie ein Echo auf die vorhandene Bereitschaft Carols, sein früheres Vaterland in dem von Bismarck gewünschten Sinne zu unterstützen und in seiner Stellung das Seine zu tun, um einen preußischen Sieg zu ermöglichen. Dass der Fürst dabei Gefahr lief, im Verein mit C. A. Rosetti sich auf ein Hasardspiel mit unabsehbaren Folgen einzulassen, schien er noch rechtzeitig erkannt zu haben.[62]

Im Grunde genommen konnte die Siebenbürgenfrage keine ernst zu nehmende politische Option bilden und quasi als *Deus ex machina* die Probleme des Landes mit einem Schlage lösen, wie es Rosetti vorschwebte. Es fehlten für eine Expansionspolitik alle finanziellen, materiellen und militärischen Voraussetzungen. Vor allem aber machte der bereits vielfach angesprochene schlechte Zustand der Armee jede Militäraktion gegen Österreich, die noch zusätzlich die Gefahr eines Zweifrontenkriegs heraufbeschwor, illusorisch. Tief gespalten über den Sturz Cuzas, demoralisiert, ohne genügende Ausbildung und Ausrüstung wäre sie schon mit der Verteidigung gegen die Türken überfordert gewesen. Gerade als Militär war sich der Fürst dieser Defizite, von denen er sich auf seinen Inspektionen immer wieder überzeugen konnte, nur zu gut bewusst.[63] Wie er seinem Vater schrieb, hätte er die Armee am liebsten per Dekret aufgelöst.[64] Zudem erwiesen sich

59 Aus dem Leben König Karls, 1, S. 89, 94f. Arh. Stat. Fond Regele Carol I, III/26 (m.r. 560), f. 53. Die Gespräche kamen auf Drängen Rosettis zustande. Nach Türrs Bericht hätte Carol ihn „in der zuvorkommendsten Weise" empfangen und ihm nicht nur die Übergabe der von Cuza für die Ungarn aufbewahrten Waffen versprochen, sondern auch anderweitige Unterstützung. Türr, Fürst Bismarck und die Ungarn, S. 319. Nach Wendel, Bismarck und Serbien, S. 97, wurde außerdem die eventuelle Aufstellung einer Armee von 40 000 Mann gegen Österreich in Aussicht gestellt. Er bezeichnet die Haltung des Fürsten gegenüber Türr, wie sie in den veröffentlichten Memoiren dargestellt wird, als „unglaublich biedermännisch" (S. 61).

60 Türr, Fürst Bismarck und die Ungarn, S. 319. Türr war ein angesehener General und Generaladjutant des italienischen Königs.

61 FHHDA, HS, R 53, 1429, Nr. 213, Carol v. 16./28. Juli 1866 an seinen Vater.

62 Aus dem Leben König Karls, 1, S. 89. Wohl nicht zufällig steht der Rat des Vaters nach dem Treffen mit Türr.

63 Aus dem Leben König Karls, 1, S. 60f., 63, 67, 70f., 73, 90, 100. Bei den überraschenden Inspektionen des Fürsten an der Sabarlinie zeigten sich die Truppen jedesmal unvorbereitet bei Alarmübungen.

64 FHHDA, HS, R 53, 1429, Nr. 237, Brief v. 15./27.9.1866 an den Vater: „Dieselbe ist ganz demoralisiert u. zähle ich bis jetzt gar nicht auf sie; wären die politischen u. Finanz-Verhältniße anders, würde ich sie durch ein Decret auflösen u. durch ein anderes Decret neu formiren.–"

ausgerechnet die Grenzerbataillone an der Donau als höchst unzuverlässig. Unter ihnen war Ende Mai eine Meuterei ausgebrochen, deren Ursachen im sozialen Bereich und im Loyalitätswechsel von Cuza zu Carol lagen, dem sie die Eidesleistung verweigerten.[65] So galt auch die Bildung von Freiwilligenverbänden, die auf wenig Resonanz stieß – die Zahl der Einschreibungen belief sich auf etwa 400 –, eher der Kompensation der militärischen Schwäche der Armee als der Vorbereitung einer antiösterreichischen Aggression.[66] Wenn die Truppen trotz der zunehmenden Unwahrscheinlichkeit eines türkischen Einmarsches bis in den August konzentriert blieben, so geschah dies hauptsächlich aus Gründen der Disziplin und weil man ein Druckmittel gegen die Pforte wegen der Anerkennungsverhandlungen in der Hand haben wollte.

Sprachen schon alle innenpolitischen Voraussetzungen gegen einen Einfall in Siebenbürgen, so gilt dasselbe für die Außenpolitik. Hier lag die größte Gefahr darin, mit Frankreich, das strikt gegen eine zu große Schwächung Österreichs war, seinen einzigen Verbündeten zu verlieren und zudem Österreich und Russland in eine Einheitsfront gegen die revolutionären Bewegungen zu bringen.[67] So war es nur konsequent, dass die Regierung jede Absicht eines Einmarsches in Siebenbürgen dementierte und die absolute Neutralität und Nichteinmischung in die europäischen Verwicklungen als Prinzipien ihrer Außenpolitik bezeichnete. Als „einzige gute und patriotische Politik" galten ihr die Respektierung der Verträge und die Entwicklung der inneren Ressourcen.[68] Auch der Fürst erklärte in seiner Rede am 30.6./12.7.1866, dem Tag seiner Vereidigung auf die Verfassung, vor der verfassungsgebenden Versammlung unmissverständlich, dass die Richtschnur rumänischer Politik die Bewahrung der Neutralität, die Achtung der Verträge mit der Pforte und die Vermeidung von Schwierigkeiten bei den benachbarten Großmächten sein müsse – ein an die Adresse Österreichs gerichteter Zusatz.[69] Nach dem Besuch Türrs beeilte sich die Regierung dem österreichischen Vertreter zu versichern, dass sie weder die Werbung

65 Die Grenzer gehörten zur Territorialarmee, waren Bauern, die zehn Tage im Monat Wachdienst an der Grenze leisteten. Zum Aufstand: Corbu, C., Rolul ţărănimii în istoria României, sec. XIX, Bucureşti 1982, S. 312ff. Mihordea, V., Răscoala grănicerilor de la 1866, Bucureşti 1958. Ghimeş (Hg.), Gîndirea social-politică antimonarhică, S. 124ff. Aus dem Leben König Karls, 1, S. 63.

66 Cernovodeanu, P., Ştefan, M., Pe urmele Magherilor, Bucureşti 1983, 416f. Der berühmte Revolutionsgeneral Magheru wurde zum Kommandanten des auf 10000 Freiwillige veranschlagten Verbandes ernannt. Arh. Stat. CR 36/1866, S. 74f., 78, 96, Eder v. 24. u. 27. 6, 21.7. 1866. Vasile, R. I., Implicaţiile militare ale abdicării lui Al. I. Cuza oglindite în documente de arhivă, in: Revista arhivelor, an. 66, Vol. 51, 1989, S. 35-41.

67 Arh. Stat. CR 41/1866, f. 11f., Bălăceanu an Carol, Confidentiel, o. D. Arh. Stat. CR 44/1866, f. 1f., Gramont (franz. Botschafter in Wien) an Baron d'Avril v. 28.6.1866 über die Gefahren für den Fürsten bei einem Vorgehen gegen Österreich.

68 Arh. Stat CR 36/1866, S. 84f., Kopie einer Depesche an Ion Ghica in Konstantinopel. Anlage zum Bericht vom 11. Juli 1866 von Eder (Nr. 101).

69 Aus dem Leben König Karls, 1, S. 82. Diese Rede war übrigens von Ion C. Brătianu verfasst worden, was auch auf eine veränderte Strategie bei den Radikalliberalen schließen lässt. FHHDA, HS, R 53, 1429, Nr. 213, Carol v. 16./28. Juli 1866. Auch Eder vermerkte genau diese Stelle. Arh. Stat. CR 36/1866, S. 87f., Eder v. 12.7.1866 (Nr. 102).

noch irgendein Unternehmen gegen Siebenbürgen dulden würde.[70] Doch erst der Rücktritt der Regierung L. Catargius und der beiden radikalliberalen Minister ließen die letzten Zweifel an der Haltung der rumänischen Regierung in dieser Frage verstummen. Der neue Ministerpräsident Ion Ghica erteilte von Anfang an jedweden Unabhängigkeits- oder Eroberungsplänen eine klare Absage und machte die Sanierung der Staatsfinanzen und die Regelung der Anerkennungsfrage zum Hauptanliegen der Regierung.[71] Vom neuen Finanzminister P. Mavrogheni wurden sofort die entsprechenden Maßnahmen eingeleitet, wozu auch die Reduzierung der Armee um 7 000 Mann gehörte.[72]

Aber auch andere Faktoren auf europäischer Ebene führten zu einem Scheitern der großen Pläne von nationaler Befreiung in dieser Region. Die unerwartet schnelle Entscheidung des Krieges nach der Schlacht von Königgrätz am 3. Juli 1866 und die Abtretung Venedigs durch Österreich ließen für die Umsetzung der Aufstandspläne der ungarischen Emigranten und anderer Befreiungsbewegungen keine Zeit.[73] Die italienische Unterstützung fiel weg und Preußen benutzte die ungarische Legion nur noch als Druck- und Drohmittel gegen Österreich. Die Gespräche von Türr und Eber über einen Aufstand in Siebenbürgen im Juli und August in Bukarest besaßen daher schon keine Bedeutung mehr. Ein zweiter Faktor betraf die Aufstandsvorbereitungen in den betreffenden Ländern selbst. So musste Türr feststellen, dass man in Ungarn nicht nur völlig unvorbereitet, sondern dass auch keine Bereitschaft für einen Kampf gegen Österreich vorhanden war, mit dem die Ungarn bereits seit 1865 Ausgleichsverhandlungen führten.[74] Ähnlich war man in Serbien außer der zugesagten Waffenhilfe für Rumänen und Ungarn nicht bereit, sich in einer gemeinsamen Aktion gegen Österreich zu exponieren, zumal man noch türkische Garnisonen im Land hatte.[75] Fürst Michael wurde erst Anfang Oktober aktiv, um die Pforte, der der Aufstand in Kreta zu schaffen machte, in einer für sie schwierigen Lage mit der Forderung nach Räumung der letzten türkischen Festungen zusätzlich unter Druck zu setzen.[76] Selbst bei der griechischen Führungsschicht löste der Ausbruch der

70 Arh. Stat. CR 36/1866, S. 98 und S. 100f., Chiffretelegramm v. 22. Juli 1866 und Bericht von Eder v. 25.7.1866 (Nr. 108). Türr kam noch ein zweites Mal am 23. August nach Bukarest, um sich mit Eder zu treffen. Ibd., S. 116f., Waldhart v. 25.8.1866.

71 B.C.S. Colecţia Kogălniceanu, P. LXXXV, D. 14, Ion Ghica an A. G. Golescu , o.D.

72 Arh. Stat. CR 36/1866, S. 116f., Waldhart v. 25.8.1866. Zu den Sanierungsmaßnahmen gehörten auch eine Erhöhung des Salzpreises, des Einfuhrzolls von 5% auf 7,5% und der Abzug von 20% auf Gehälter und Pensionen. Die Gesamtstärke der regulären Truppen betrug nur noch 7 651 Mann. Aus dem Leben König Karls, 1, S. 98.

73 Arh. Stat. CR 36/1866, Eder v. 12.7.1866 über die Desillusionierung bei den Radikalliberalen nach der Regelung der italienischen Frage.

74 Türr, Fürst Bismarck und die Ungarn, S. 320f. Kurze Geschichte Siebenbürgens, S. 547ff.

75 M.A.E. România, Politice, 1866-1867, Vol. 125, f. 372. Prohasca an D. Stourdza v. 4./16.7. 1866: „C'est toujours le même réserve, la même indifférence apparente en face des grands évenements qui se déroulent en Europe." Auch die Missionen Pfuel und Türr brachten nicht den gewünschten Erfolg eines Engagements Serbiens. Wendel, Bismarck und Serbien, S. 45f.

76 Aus dem Leben König Karls, 1, S. 126.

Unruhen auf Kreta angesichts der eigenen Schwäche zunächst keine allgemeine Kriegsbereitschaft gegen das Osmanische Reich aus.[77] Allgemein gilt, dass sowohl die Schwäche der Balkanstaaten und der Emigrantenorganisationen als auch ihre unterschiedlichen, z.T. entgegengesetzten Interessen gemeinsame Aktionen verhinderten. Im Falle von Siebenbürgen, über das seit der 1848er Revolution ein grundlegender Dissens zwischen Rumänen und Ungarn bestand, ließen sich die Konzeptionen der ungarischen Emigration und von C. A. Rosetti schon gar nicht vereinbaren, so dass auch hier ein gemeinsames Vorgehen illusorisch bleiben musste.[78]

Trotz des Scheiterns der überspannten Pläne Rosettis, der ungeachtet der vielen Defizite die Zukunft des Landes zusätzlich von einem ungewissen Kriegsverlauf abhängig machen wollte,[79] brachte er mit Siebenbürgen ein neues Thema und Orientierungsziel in die Politik mit weitgehenden Folgen. Es besaß zwar jetzt noch keine große Relevanz, war aber aufgrund seiner nationalen Komponente geeignet, eine große Mobilisierungskraft zu entfalten und für die Innenpolitik nutzbar gemacht zu werden.[80] Diese offensive Linie konnte als Verlängerung der seit 1859 befolgten Politik erscheinen, die sich bis jetzt als sehr erfolgreich erwiesen hatte, andererseits zeigte sich hier bereits ein expansiver Zug von Außenpolitik, der später etwa in Planspielen über die Gestaltung der Balkanhalbinsel unter rumänischer Führung noch zum Tragen kommen sollte. Schon an dem Liebäugeln mit einem Zusammengehen mit anderen Aufstandsbewegungen ließ sich die Tendenz bei Carol beobachten, die Möglichkeiten seines Landes zu überschätzen, wobei ihm allerdings Bismarck die Vorgaben lieferte.

77 Hering, Die politischen Parteien in Griechenland, 1, S. 409ff. Zum Kreta-Aufstand s. die vorzügliche Studie von Elz, W., Die europäischen Großmächte und der kretische Aufstand 1866-1867, Stuttgart 1988, hier bes. S. 83ff.

78 Eine gewisse Vermittlerposition nahm Bălăceanu, der rumänische Agent in Paris, ein, der einen unabhängigen Staat Transsilvanien unter der Krone Ungarns vorschlug. Doch der Teil der früheren rumänischen Emigranten, die ein Solidaritätsgefühl mit der ungarischen Emigration verband, blieb politisch unbedeutend. Arh. Stat. CR 41/1866, f. 11f., o.D.

79 In diesem Punkt ist der Ansicht von Dan Berindei zu widersprechen, dass auch die „waghalsigsten radikalen Rumänen“ nicht daran dachten, sich auf politische Abenteuer einzulassen und das Bestehen des Staates aufs Spiel zu setzen. Berindei, D., Rumänien und die Freiheitsbewegungen der Nationen Südosteuropas zwischen 1866 und 1877, in: Choliolcev, C. et al. (Hg.), Nationalrevolutionäre Bewegungen in Südosteuropa im 19. Jahrhundert, Wien, München 1992, S. 153.

80 So konnten die Radikalliberalen später aus der Opposition heraus dem Fürsten den Vorwurf machen, 1866 die Gelegenheit der Gründung eines dakoromanischen Reiches verpasst zu haben. P.A. I.A.B.q. Türkei 24, Vol. 41, General-Commando Siebenbürgen an das Kriegsministerium (Lieferung des Wiener Agenten). Abschrift, pr. 1.9.1869.

4. Exkurs: Leitlinien und Leitfiguren

Für das Verständnis der Politik des Fürsten der Anfangszeit und der ihr zugrunde liegenden Herrschaftsauffassung und -ausübung bedarf es eines näheren Eingehens auf einige seiner Grundüberzeugungen und auf Personen, die Einfluss auf ihn ausübten. Sein Werdegang bis zu seiner Wahl hatte ihn nicht besonders auf ein solches Fürstenamt vorbereitet, sondern entsprach weitgehend der üblichen militärischen Laufbahn für einen Angehörigen des Hochadels in der preußischen Armee. Seit seinem 17. Lebensjahr in der Armee interessierte er sich besonders für die Artillerie, die als bürgerliche Waffengattung galt, versah Festungsdienst in Jülich, besuchte die Vereinigte Artillerie- und Ingenieurschule in Berlin (Frühling 1857), nahm Unterricht in Militär- und Naturwissenschaften. Praktische Kriegserfahrungen konnte er anlässlich des französisch-österreichischen Kriegs von 1859 bei Mobilmachungsvorbereitungen und während des österreichisch-preußischen Feldzugs in Schleswig-Holstein Anfang des Jahres 1864 als Ordonnanzoffizier des Kronprinzen sammeln. Seit der Zeit verband ihn eine enge Freundschaft mit Friedrich Wilhelm, wobei sie sich auch in ihrer Ablehnung gegen einen retrograden Konservatismus am preußischen Hof trafen. Vor seiner Abreise in die Fürstentümer bekleidete er den Rang eines Rittmeisters *à la suite* beim 2. Gardedragoner-Regiment, eine Ernennung, auf die er lange vergeblich gewartet hatte und die erst am 4. April 1866 erfolgt war. Von seinen Kenntnissen her gesehen, waren die militärischen die umfassendsten, so dass natürlich sein Hauptinteresse der rumänischen Armee galt, zumal auch in ihrer Funktion als Instrument der Herrschaftssicherung, wie er es von Preußen gewohnt war. Dennoch kann man nicht von einer engstirnigen, ausschließlich an militärischen Prinzipien orientierten Erziehung sprechen, und was vielleicht noch wichtiger ist, füllten diese Carol nicht aus. Seinem Vater Karl Anton ging es um ein gesundes Gleichgewicht zwischen der Einhaltung notwendiger Konventionen und individueller Ausprägung des Charakters, ohne Standesdünkel und einseitige politische Anschauungen. Angemessenheit, Überzeugungstreue, Freiräume zur Entwicklung von Selbständigkeit und keine Vorteilnahme aufgrund seiner Herkunft, der er sich trotzdem immer bewusst sein und den Namen als Ehrennamen auffassen sollte, kennzeichneten diese Erziehungsgrundsätze.[81] Als katholische süddeutsche Hohenzollern mit liberalem Einschlag – Karl Anton wurde 1858 zum preußischen Ministerpräsidenten der „neuen Ära" ernannt – besaßen die Sigmaringer eine gewisse Außenseiterposition am Berliner Hofe, wo sie in bestimmten konservativen Kreisen auf Ablehnung stießen. Aufgrund der familiären Verbindungen und Kontakte zum französischen Kaiserhaus lernte der spätere Fürst auch eine von deutschen Königshöfen unterschiedliche Atmosphäre und Lebensart kennen. So hielt sich Carol einige Male am Hof von Napoleon III. auf, zuletzt im Dezember 1863, als es

[81] Aus dem Leben König Karls, 1, S. XXVIIf. Lindenberg, König Karl von Rumänien, 1, S. 23ff. Außerdem hatte er das Schnitzhandwerk gelernt. Heitmann, K., Deutsche und rumänische Kultur am Hofe Carols I. und Carmen Sylvas, in: Lauer, R., Majer, H. G. (Hg.), Höfische Kultur in Südosteuropa, Göttingen 1994, S. 309.

um eine Eheverbindung mit der Prinzessin Anna Murat ging, die aber scheiterte.[82] Reisen nach Portugal und Algerien ließen ein großes Interesse und Neugierde an fremden Landschaften und Menschen erkennen. Diese Disposition zusammen mit der Sinnkrise über die Eintönigkeit seines vom militärischen Dienst und von gesellschaftlichen Verpflichtungen geprägten Alltags bildeten denn auch die Voraussetzungen für seine schnelle Bereitschaft, den rumänischen Thron zu übernehmen und darin die „Fügung der Vorsehung“[83] zu erblicken. Sie erleichterte ihm, sein neues Land trotz der Rückständigkeit sofort anzunehmen, einen großen Lerneifer auf allen Gebieten zu entwickeln und voller Elan an die Aufgabe heranzugehen, etwas Neues zu schaffen.

Zentrale Bedeutung erlangte das Selbstverständnis Carols von der Würde der Hohenzollern, mit denen sich gerade in seiner Zeit der Aufstieg Preußens und Deutschlands zur europäischen Großmacht verband. In diesem Bewusstsein von Kindheit an erzogen, prägte die Überzeugung von der nationalen Berufung Preußens in Deutschland, von seiner Größe und Überlegenheit den jungen Fürsten entscheidend, wozu der erfolgreiche Feldzug in Schleswig-Holstein erheblich beigetragen hatte. Daraus resultierte ein Stolz, der nicht nur persönlich in Erscheinung trat,[84] sondern auch politisch in Fragen der Unabhängigkeit und der Gleichberechtigung des Landes wirksam wurde. Als Hohenzollernprinz sah sich der Fürst von Anfang an als ebenbürtig mit anderen gekrönten Häuptern an, was die mangelnde Souveränität des Landes kompensierte und mit den rumänischen nationalen Zielen nach Unabhängigkeit konform ging, mehr noch, sie entscheidend förderte. Carol bediente sich dabei selbstverständlich des Gewichts und des Prestiges seiner Familie, um politische Vorteile zu erreichen. Auch darin kam ihm das wachsende politische Gewicht Preußens und später Deutschlands entgegen. Schon aus seinem Selbstverständnis heraus musste der Fürst alles daran setzen, das Land auf ein Niveau zu bringen, dass der Stellung seiner Familie entsprach und dem Namen der Hohenzollern Ehre einbrachte. Um dies zu erreichen, nahm er sich das erfolgreiche Preußen zum Vorbild, das er auch als moralisch überlegen gegenüber Frankreich ansah. Die Erfolge der preußischen Armee über Österreich gaben diesem Gefühl weiteren Auftrieb und stärkten natürlich auch seine Stellung in Rumänien, wo der preußische Triumph ebenfalls Stolz hervorrief.[85] Die Hilfestellung, die sich Carol von Preußen bei der Reformierung der Verwaltung und dem Ausbau der Infrastruktur versprach, sollte sich nach seinen Vorstellungen generell mit einem größeren außenpolitischen Engagement Preußens in dieser Region verbinden, wie aus seinen Zeilen an den Kronprinzen hervorgeht:

[82] Docea, V., Proiecte matrimoniale ale principelui Carol I al României, in: Arhiva Genealogică, IV (IX), 1997, S. 274ff. Hortense Cornu spielte auch in dieser Angelegenheit eine Vermittlerrolle.

[83] Arh. Stat. CR 36/1866, S. 43f., Eder v. 28. Mai 1866 (Nr. 84).

[84] N. Iorga berichtet, dass Carol in seinem Regiment als „Karl der Eitle“ tituliert wurde: Iorga, N., Carol I-iu. O caracterisare, Vălenii-de-Munte 1932, S. 11. Zu dem Komplex auch Docea, V., Conştiinţa genealogică a regelui Carol I, in: Ders., Carol I şi monarhia constituţională, S. 13ff.

[85] Aus dem Leben König Karls, 1, S. 78. Arh. Stat. CR 36/1866, S. 80f., Eder v. 4. Juli 1866.

„Wenn ich aus diesem neuen Aufschwunge unseres Vaterlandes neue Hoffnungen auch für mich und meine Aufgabe hier schöpfe, so darf ich das Dir gegenüber wohl ohne Hehl aussprechen: Preußen hat im Orient eine große Mission zu erfüllen. Rußland, Frankreich und England dürfen nicht mehr, wie bisher, allein über die Geschicke dieses Erdteils entscheiden [...]“[86]

Trotz der Bindungen an Frankreich und an Kaiser Napoleon III., die gerade in Rumänien besonders herausgestellt wurden, bildete Preußen das Leitmodell für den Fürsten. Damit leitete er einen Orientierungswechsel in der rumänischen Politik ein, der nicht ohne Widerstände abging. Ein Großteil der Elite, unter ihnen vor allem die Liberalen, fühlte sich Frankreich aufgrund persönlicher Erfahrungen, Ausbildung, nationaler Affinität und Dankbarkeit für die Unterstützung der Ziele der rumänischen Nationalbewegung tief verbunden. Vor dem Hintergrund des wachsenden preußisch-französischen Gegensatzes[87] barg der Ablösungsprozess von Frankreich viel Konfliktstoff und wirkte polarisierend auf das Verhältnis zu den betreffenden Ländern wie auch auf die rumänische Gesellschaft. Die Auseinandersetzungen im Gefolge dieser Neuorientierung führten daher in den ersten Jahren zu großen Schwankungen in der Außenpolitik und trugen nicht wenig zu der instabilen Lage dieser Anfangsperiode bei. Für den Fürsten spielte sich dieser Konflikt noch zusätzlich auf einer persönlichen Ebene im Verhältnis zu Madame Cornu und in seiner engsten Umgebung ab, da sein französischer und sein deutscher Sekretär unter Ausnutzung dieser Konfrontation gegenseitig um die Einflussnahme auf den Fürsten rivalisierten.

Der Fürst konnte nur auf wenige Informationen zurückgreifen, als er in die Fürstentümer kam.[88] Dieses Defizit suchte er durch Reisen, Besuche, Gespräche und Begegnungen möglichst schnell auszugleichen und sich durch direkte Anschauung mit seinem neuen Fürstentum vertraut zu machen. Dazu gehörte auch, dass er sofort mit dem Rumänischunterricht begann, auch wenn es mit dem Französischen als Kommunikationssprache in der rumänischen Elite keine Schwierigkeiten gab.[89] Seine politische Unerfahrenheit ließ

86 Aus dem Leben König Karls, 1, S. 129.

87 Bereits im August 1866 konstatierte Eder mit ironischem Unterton, dass Preußen die Stellung Frankreichs einzunehmen beginne und es den Anschein habe, dass König Wilhelm Kaiser Napoleon den revolutionären Rang ablaufen würde. Arh. Stat. CR 36/1866, S. 112ff.

88 Diese bezog er vor allem aus den Gesprächen mit den rumänischen Vertretern wie I. C. Brătianu, Dr. Davila und dem französischen Publizisten Ubicini. Eine Unterredung mit dem ehemaligen preußischen Gesandten Emil von Richthofen, der dazu vom Kronprinzen aufgefordert worden war, kam aus zeitlichen Gründen nicht mehr zustande. Arh. Stat. CR 24/1866, f. 5-10, Richthofen v. 11. Mai 1866 an den Kronprinzen. Zu Richthofen s. a. Heitmann, K., Ein Sachwalter Rumäniens in der deutschen Diplomatie und Publizistik des 19. Jahrhunderts: Emil von Richthofen, in: Grimm, G. (Hg.). Von der Pruth-Ebene bis zum Gipfel des Ida. Studien zur Geschichte, Literatur, Volkskunde und Wissenschaftsgeschichte des Donau-Balkan-Raumes. Fs. E. Turczynski, München 1989, S. 193ff.

89 Der Wochenplan vermittelt einen Eindruck von seinem Arbeitspensum. So nahm er jeden Tag außer Sonntag anderthalb Stunden Rumänisch-Unterricht, jeden Tag kamen verschiedene Minister zum Rapport, am häufigsten der für Öffentliche Arbeiten, Ministerrat fand am

ihn im Umgang mit Politikern zunächst vorsichtig und vermittelnd agieren, andererseits konnte er bei vermuteten Gegnern wie im Falle von L. Catargiu aber auch hart auftreten. Aus demselben Grund suchte er den Rat und die Vermittlung von ihm nahe stehenden Personen, auf deren Meinung er großen Wert legte. Als Vertrauens- und Bezugspersonen besaßen sie daher großen Einfluss, der sich unmittelbar auf politische Entscheidungen auswirken konnte. Zu diesen gehörten zeit seines Lebens sein Vater Karl Anton und – wichtig im Hinblick auf die Anfangszeit – Hortense Cornu mit ihren Verbindungen zum französischen Kaiserhof sowie Ion C. Brătianu unter den rumänischen Politikern.

Eine einzigartige Stellung nahm der Vater Karl Anton ein, der als Ratgeber und Gesprächspartner alle Bereiche des Lebens seines Sohnes bis zu seinem Tod 1885 begleitete. Seine Meinung bedeutete nicht nur eine wirkliche Entscheidungshilfe für Carol, sondern besaß auch einen hohen ideellen Wert als Zuspruch und Ermutigung in einer fremden Umwelt, in der sich der Fürst in den ersten Jahren oft allein fühlte. Karl Anton konnte in Unkenntnis der Lage kaum konkrete Hilfestellungen für Entscheidungen geben, zumal er auch der Meinung war, dass für Rumänien andere Maßstäbe als die in Preußen gewohnten anzulegen seien,[90] doch gab er dem Sohn allgemeine Prinzipien von Lebensführung und Amtsauffassung mit auf den Weg. So lautete einer seiner Grundsätze, als konstitutioneller Fürst nicht als politisch Verantwortlicher zu erscheinen, sondern der Mehrheit Raum zu geben und nur im äußersten Fall bei Bedrohung vitaler Interessen selbst einzugreifen. Eigene Interessen und Meinungen hätten hinter dem Wohl des Landes zurückzustehen, was bedeutete, niemals persönliche, sondern nationale Politik zu betreiben.[91] In der Ablehnung einer Zusammenarbeit mit der ungarischen Emigration für den Aufstand in Siebenbürgen folgte der Fürst nach eigenem Bekunden der Belehrung seines Vaters, doch zeigte sich gerade in diesem Fall, dass es über die Definition, was nationale Politik bedeute, Dissens geben konnte.[92]

Umgekehrt benutzte der Fürst jede Gelegenheit, seinen Vater so umfassend wie möglich über die rumänischen Verhältnisse zu informieren. Außer dem Briefwechsel waren es rumänische Politiker, die auf diversen Auslandsreisen im Auftrag des Fürsten Karl Anton aufsuchten, um mit ihm die rumänische Politik zu erörtern. Dabei ließ Carol seinem Vater oft vorher einen schriftlichen Themenkatalog zukommen über die Probleme, über die dieser sich aus erster Hand einen Überblick verschaffen sollte, und fügte dabei eine kurze Charakterisierung der betreffenden Person bei.[93] Carol maß diesen Besuchen nicht

Dienstagabend statt, Audienzen waren für Mittwoch und Sonntag Nachmittag vorgesehen. Arh. Stat. Personale Carol I, III-3/1866.

90 Aus dem Leben König Karls, 1, S. 79

91 Ibd., S. 79. Bei diesen Empfehlungen dürften sicher seine eigenen Erfahrungen als preußischer Ministerpräsident eingeflossen sein. Sie bildeteten die Antwort auf ein Schreiben des Kabinettsrats Werner, der Karl Anton um allgemeine Ratschläge und Maximen für seinen Sohn erbeten hatte. FHHDA, HS, R 53, 1429, Nr. 185, Werner v. 7.6.1866.

92 Aus dem Leben König Karls, 1, S. 89.

93 So z. B. über D. Brătianu, den er als einen bedeutenden Mann mit edlen politischen Ansichten bezeichnete, der ihm treu ergeben sei. Als Gesprächsthemen nannte Carol seinem Vater u. a. Carols Verhältnis zur katholischen Kirche, die Judenfrage, die Verfasssung, die türkische

nur eine private, sondern auch eine politische Bedeutung bei: Sein Vater konnte sich ein eigenes Urteil über die Politiker bilden und somit die Personalentscheidungen seines Sohnes einordnen und bewerten, umgekehrt aber auch seinen rumänischen Besuchern politische Empfehlungen in einem von Carol gewünschten Sinn übermitteln.[94] Natürlich halfen solche Besuche auch, die Bindungen an die Familie des Fürsten und damit an ihn selbst zu stärken. Das väterliche Haus entwickelte sich so zu einer Begegnungsstätte und einem Umschlagplatz für Informationen und Meinungen über rumänische und europäische Politik. Wichtig wurde es aber auch für den Zugang zu dem politischen Zentrum Berlin und dem dortigen Hof.[95] In seiner Position konnte Karl Anton rumänischen Politikern den Weg zu den höchsten preußischen und später deutschen Stellen ebnen, wo jene wiederum auf ein vermehrtes Interesse an ihrem Land stießen, das in der Person des Fürsten begründet lag.

Karl Anton beschränkte sich nicht nur auf eine Vermittlerrolle, sondern intervenierte in ernsten Fällen auch direkt zugunsten seines Sohnes in Berlin oder in Paris, um bei der Beseitigung politischer Schwierigkeiten mitzuwirken.[96] Umgekehrt ließ man dem Vater aus diesen Hauptstädten politische Winke und vertrauliche Informationen zukommen, die für Carol von Bedeutung waren.[97] Auch für rumänische Politiker diente er als Anlaufstelle, um ihre Einschätzungen über die Lage des Landes zur Kenntnis des Fürsten gelangen zu lassen.[98] So bildete der Vater eine wichtige Drehscheibe für den politischen und persönlichen Informationsaustausch zwischen Rumänien und Deutschland und übte als politischer Ratgeber seines Sohnes einen großen Einfluss aus. Dieser machte sich auf einer übergeordneten Ebene der Problemlösungen bemerkbar wie der Herangehensweise und generellen Einordnung, beließ aber die konkrete Entscheidung immer beim Fürsten. In dem Briefwechsel schlagen sich nicht nur die politischen Themen nieder, die ihn zu einer erstrangigen historischen Quelle machen, sondern er spiegelt auch das gegenseitige enge Vertrauensverhältnis wieder. Damit wird er auch zu einem persönlichen Zeugnis der engen familiären Verbundenheit, in der Carol immer wieder einen inneren Halt fand. Ab-

Anerkennung, die Armee. FHHDA, HS, R 53, 1429, Nr. 216, Brief v. 30.7./11.8. 1866. Im Verlauf des Sommers kamen noch G. Ştirbei, Costaforu, Steege, Boerescu, D. Ghica, Epureanu, u. a. nach Düsseldorf. Ausführlich informierten die im August nach Düsseldorf zurückgekehrten Ratgeber Werner und Mayenfisch den Vater über die Anfangszeit.

94 FHHDA, HS, R 53, 1430, Nr. 372. Carol an seinen Vater ohne Datumsangabe, pr. Weinburg 22.10.1867.

95 Zum Beispiel bat Carol seinen Vater, D. Brătianu mit Empfehlungsschreiben an Bismarck, Graf Goltz und Graf Bernstorff behilflich zu sein.

96 Aus dem Leben König Karls, 1, S. 213.

97 Bismarck z. B. mit negativen Informationen über den Privatsekretär des Fürsten, Friedländer, v. 12.3.1867. Arh. Stat. CR 24/1866, f. 132. Der Besuch von Hortense Cornu bei der Mutter Carols im April 1868 wegen Unabhängigkeitsgerüchten, die Karl Anton sehr ernst nahm und sofort an seinen Sohn weiterleitete. FHHDA, HS, R 53, 1430, Nr. 413, 432.

98 D. A. Sturdza ist dafür ein beredtes Beispiel. FHHDA, HS, R 53, 1430, Nr. 397, Sturdza v. 16.2.1868. Aus dem Leben König Karls, 1, S. 230f.

gesehen davon half der Vater seinem Sohn auch immer wieder bei finanziellen Engpässen aus oder schickte Berater, die die Finanzen der Hofhaltung in Bukarest sanierten. Eine andere wichtige Funktion seines Vaters, derer sich Carol bediente, bestand in der Auszeichnung durch Ordensverleihungen. Karl Anton war dieses Souveränitätsrechts der Verleihung des Hohenzollernschen Hausordens vom preußischen König 1850 belassen worden, als er in einem Staatsvertrag sein Fürstentum an Preußen übertragen hatte.[99] Carol seinerseits besaß zwar das Recht der Ordensverleihung qua Verfassung, dennoch hatte er sich in dem Anerkennungsschreiben auf den Verzicht von Ordensverleihungen verpflichten müssen. Das Angebot der türkischen Seite, über die Verleihung türkischer Orden frei zu verfügen, hatte er selbstredend abgelehnt. Orden besaßen einen hohen Stellenwert für die Herausbildung von Loyalitätsbeziehungen zum Fürsten und bildeten daher ein wichtiges Mittel für die Unterstützung der neu gebildeten Dynastie. Der Hohenzollernsche Hausorden bot eine elegante Möglichkeit, das bestehende Ordensverbot zu umgehen und zu kompensieren. So bat Carol seinen Vater immer wieder, Personen aus Politik und aus dem Umkreis seines Hofs, die sich in seinen Augen verdient gemacht hatten, mit Orden auszuzeichnen und sich damit seiner Person zu verpflichten.[100] Auch als politisches Instrument setzte er die Ordensverleihung ein, um in der Regierungsverantwortung stehende Politiker in seinem Sinn zu beeinflussen. Doch hatte diese als politische Disziplinierung gedachte Maßnahme nicht immer den gewünschten Erfolg.[101] Im Ganzen gesehen, kam aber die Auszeichnung durch einen Orden dem generellen Prestigebedürfnis und den persönlichen Eitelkeiten vieler entgegen, so dass sie nicht ohne Wirkung geblieben sein dürfte.[102] Karl Anton ging stets bereitwillig auf die Wünsche seines Sohnes ein, der sich während der nächsten Jahre in zähen Verhandlungen mit der Pforte bemühte, das Recht auf Ordensverleihungen doch noch zu erlangen, allerdings ohne Erfolg. Abgesehen von der 1872 gestifteten Militärmedaille (*Virtutea militară*) und einer 1876 geschaffenen Medaille für künstlerische und wissenschaftliche Verdienste (*Bene Merenti*) blieb die Verleihung des Hohenzollernordens die einzige Auszeichnung bis zur Unabhängigkeit, die Verdienste um den Fürsten belohnte und dynastische Bindungen zu stärken versuchte. Der Rückhalt des Vaters bildete neben seinem Glauben einen der größten Stabilisatoren für das seelische Gleichgewicht Carols und besaß daher großen Anteil an seiner Fähigkeit, die ersten Jahre mit ihren vielen Enttäuschungen durchzustehen.

99 Lindenberg, König Karl von Rumänien, I, S. 13ff.

100 FHHDA, HS, R 53, 1430, Nr. 327, Carol v. 1./13. April 1867 mit Vorschlägen für N. Golescu, P. Mavrogheni, D. Creţulescu. Ibd. 1433, Nr. 761, Carol v. 6./18.9.1870 für G. Cantacuzino; ibd. 1433, Nr. 766, Carol v. 28.10./9.11.1870 für Epureanu etc.

101 So schlug Carols Versuch fehl, mit der Verleihung des Ordens an Kogălniceanu Anfang 1870 diesen zu einer verständigungsbereiten Haltung im Kabinett zu bewegen. Carol sprach daher bitter davon, dass ein „Unwürdiger“ den Orden erhalten habe. FHHDA, HS, R 53, 1433, Nr. 709.

102 FHHDA, HS, R 53, 1435, Nr. 981, Carol v. 17./29. Juni 1872 an den Vater.

Die zweite Persönlichkeit, Hortense Cornu, spielte schon aufgrund ihrer Initiativrolle bei der Kandidatur eine wichtige Rolle für den Fürsten und war auch für die Verbindungen zu Napoleon III. von großer Bedeutung. Nicht zuletzt aufgrund ihrer Vertrauensstellung beim Kaiser war es ihr gelungen, Carol für die französische Politik akzeptierbar zu machen. So war es nicht verwunderlich, dass sie in Carol ihren Schützling sah und sich für ihn verantwortlich fühlte. Dies schlug sich in konkreten Ratschlägen an ihn nieder, wie er sein Amt aufzufassen und zu regieren habe: so sollte er über den Parteien stehen und diese überwachen, sich den inneren Problemen widmen, durch häufige Spaziergänge in der Stadt das Volk und dessen Sorgen kennen lernen, gegen Korruption und Luxus seine Rechtschaffenheit und Einfachheit setzen, korrupte Personen und die früheren Adjutanten von Cuza entfernen etc.[103] Cornu, der republikanische Neigungen nachgesagt wurden, schien in Carol ihre eigenen Ideale von einem volksnahen Herrscher verwirklichen zu wollen. Leidenschaftlich versuchte sie ihn von seiner Aufgabe als Erneuerer der rumänischen Nation zu überzeugen und von der Notwendigkeit, seinen alleinigen außenpolitischen Halt nur bei Frankreich zu finden, das allein Rumänien uneigennützig unterstützt habe und weiter unterstütze.[104] Dementsprechend stieß die sich bald abzeichnende Tendenz des Fürsten, Preußen den Vorrang zu geben, auf ihren entschiedenen Widerstand. Sie war der festen Überzeugung, dass ein wachsender Einfluss Preußens den Verlust der französischen Protektion für Rumänien bedeute, was die Auslieferung des Landes an Russland und damit den Untergang der Fürstentümer nach sich ziehen würde. Preußen würde Rumänien in die Hände Russlands fallen lassen, selbst wenn ein Fürst aus demselben Herrscherhaus das Land regiere, da die Sigmaringer Linie bei der königlich-preußischen nie beliebt gewesen sei.[105] Warnend wies sie auf das Beispiel Polen hin und wandte sich mit derselben Entschiedenheit gegen eine russische Heiratsverbindung, die nur zu einem noch schnelleren „Verschlingen" des Landes durch Russland führen würde.[106]

An dem sehr regen Briefwechsel zwischen Hortense Cornu und Carol in den Jahren 1866 und 1867 lässt sich die Entwicklung der rumänisch-französischen Beziehungen gut ablesen, die ab Frühjahr 1867 immer gereizter und von den Spannungen zwischen Preußen und Frankreich überschattet wurden. Die Differenzen entzündeten sich an der Entlassung der französischen Militärmission und der Heranziehung preußischer Berater bei der Armeereform sowie der Politik von Ion C. Brătianu in der Juden- und Irredentafrage. Hortense Cornu versuchte zunächst, eine Entfremdung zu Frankreich zu verhindern und in einigen Streitpunkten vermittelnd einzugreifen, doch mit ihrer pointiert antipreußischen Einstellung trug auch sie zu einer Verschlechterung des beiderseitigen Verhältnis-

[103] Arh. Stat. Fond Regele Carol I, V N 121/4, 121/5, 121/6, 121/7, Briefe v. 8./20.4.1866, 28.4./9.5., 18./30.6., 15./27.7.1866.

[104] Georgescu-Tistu, N., Emile Picot et ses traveaux relatifs aux Roumains, in: Mélanges de l'école roumaine en France, 1. Teil, Paris 1925, S. 269 (Brief v. 5.3.1867).

[105] Ibd., S. 268f.

[106] Arh. Stat. Fond Regele Carol I, V N 121/12, H. Cornu v. 7.1.1867.

ses ein. Ihrerseits war die Kritik an der Politik des Fürsten nicht frei von Übertreibungen und Einseitigkeiten, da sie alle Maßnahmen nur aus dem Blickwinkel des französisch-preußischen Gegensatzes beurteilte.[107]

Nicht nur über ihre Briefe versuchte Cornu Einfluss auf die Politik Carols zu nehmen, sondern auch über verschiedene Personen, derer sie sich bediente, um ihrer Auffassung beim Fürsten Gehör zu verschaffen. Dazu gehörten der französische Privatsekretär des Fürsten, Émile Picot, der seine Stellung der Vermittlung von Hortense Cornu verdankte,[108] dessen Schwager Desjardins, Professor für Geschichte in Paris, der nach Rumänien kam, um die Donaumündungen zu erforschen, der rumänische Vertreter in Paris, Ion Bălăceanu, und der Sekretär der dortigen rumänischen Vertretung, der Junimist Petre Carp. Auch diese versuchten, aus politischer Überzeugung oder aus persönlich-politischem Ehrgeiz wie bei Carp, den Fürsten von der Notwendigkeit eines freundschaftlichen Verhältnisses zu Frankreich zu überzeugen und gleichzeitig die Politik von Brătianu in der französischen Öffentlichkeit und beim Kaiser in Misskredit zu bringen. Der Fürst seinerseits reagierte immer gereizter darauf, da er darin eine gegen ihn und Brătianu gerichtete Kampagne der ehemaligen Hospodarenfamilie Bibescu sah, um ihn in französischen Augen zu diskreditieren.[109] Das Vertrauensverhältnis zu Hortense Cornu wurde dann grundlegend gestört, als Carol Kenntnis von ihren Plänen erhielt, Petre Carp mit einer seiner Cousinen, und zwar einer Tochter seines Onkels, Marquis Pepoli, zu verheiraten, womit Carp Mitglied der Hohenzollernfamilie werden würde – für Carol völlig inakzeptabel.[110]

Im Vergleich zu den bei aller Sympathie für Preußen abwägenden Stellungnahmen des Vaters, der immer den Entscheidungsspielraum seines Sohnes respektierte, glichen die Vorhaltungen von Hortense Cornu eher einer Bevormundung, die Carol immer weniger bereit war anzunehmen, zumal er sich von Paris ungerecht behandelt fühlte. Die erzwungenen Zugeständnisse wie die Rücknahme der Auflösung der französischen Mi-

107 Georgescu-Tistu, Emile Picot et ses traveaux relatifs aux Roumains, S. 267 (Brief v. 18.1.1867). Arh. Stat. Fond Regele Carol I, V N 121/14, H. Cornu v. 12.3.1867. Eine vernichtende Kritik enthielt ihr Brief v. 8.6.1867. Ibd. V N 121/19.

108 Cornu hatte damit einer Bitte Carols entsprochen. An Picot schrieb sie am 12.3.1867: „Je vous en prie, faites votre possible pour neutraliser les mauvaises influences qui viennent de Prusse." Georgescu-Tistu, Emile Picot et ses traveaux relatifs aux Roumains, S. 271.

109 FHHDA, HS, R 53, 1430, Nr. 323 u. 327, Carol v. 17./29.3. und vom 1./13.4.1867 an den Vater.

110 Ibd. Nr. 365, Carol v. 8.8.1867 (a.St.) an den Vater. Was Carol zusätzlich als Vertrauensbruch empfand, war die Tatsache, dass H. Cornu seine Briefe, die u. a. verschiedene Heiratskombinationen enthielten, Carp zeigte und diese Informationen ihren Weg dann in die oppositionelle Presse fanden. Carp wurde sofort entlassen. B. A. Arh. Bălăceanu I, mss. I, Souvenirs politiques et diplomatiques, S. 130f. Auch Bălăceanu missbilligte das Vorgehen von Madame Cornu und Carp. Negativ wird der Einfluss von H. Cornu vom französischen Historiker Emerit bewertet, der einen Teil des Briefwechsels mit Carp veröffentlichte: Emerit, M., Une ingérence française dans la politique intérieure roumaine au début du règne de Charles I-er, in: Revue historique du sud-est européen, 16, 1939, S. 53ff.

litärmission oder die Entlassung von Brătianu im August 1867 ließen die Ressentiments des Fürsten gegenüber der französischen Politik weiter wachsen. Er musste erkennen, dass seine Absicht, Armee und Verwaltung nach preußischem Vorbild zu reformieren und den französischen Einfluss in den Fürstentümern zurückzudrängen, ohne die beiderseitigen Beziehungen zu verschlechtern, zum Scheitern verurteilt war, auch wenn er noch lange an der Auffassung festhielt, dass es sich nicht um eine prinzipielle politische Unstimmigkeit handele, sondern um Intrigen von ihm feindlich gesonnenen Kreisen. Mit der Entlassung von E. Picot von seinem fürstlichen Sekretariatsposten Ende des Jahres 1867 gegen ihren heftigen Widerstand verlor Madame Cornu ihre letzten politischen Einflussmöglichkeiten auf den Fürsten.[111] Somit führte Carols Politik der Abnabelung von Frankreich[112] auch zu einer persönlichen Entfremdung zu der für ihn wichtigsten Person in der Nähe des Kaisers. Damit hörte auch das briefliche Tauziehen um die Richtung der rumänischen Politik Anfang 1868 auf, ohne dass es aber zu einem völligen Bruch in den persönlichen Beziehungen kam. Der Fürst hielt die Korrespondenz mit Hortense Cornu weiter aufrecht und, nach späteren Briefen zu urteilen, wurde eine erneute Vertrauensbasis hergestellt. Doch politische Auseinandersetzungen über den richtigen Weg wie die von 1867, die Carol auch immer wieder die Grenzen seines Handelns aufzeigten und zur Rücksichtnahme auf außenpolitische Gegebenheiten zwangen, fanden zwischen den beiden Protagonisten nicht mehr statt. Hortense Cornu war in ihrem Bemühen gescheitert, Carol auf die französische Seite zu ziehen.

Als dritte markante Persönlichkeit mit großem Einfluss auf den Fürsten ist Ion C. Brătianu zu nennen, der einzige unter den rumänischen Politikern, zu dem Carol ein besonderes Vertrauensverhältnis entwickelte. Bereits das erste Zusammentreffen am 31. März 1866 in Düsseldorf hinterließ einen positiven Eindruck beim zukünftigen Fürsten und legte den Grundstein für das besondere Verhältnis. Auch wenn er in den ersten Jahren nicht das höchste Amt des Ministerpräsidenten bekleidete, so dominierte Ion C. Brătianu wie kaum eine andere Persönlichkeit die politischen Auseinandersetzungen, im positiven wie im negativen Sinn. Er entstammte einer in den Subkarpaten bei Argeş alteingesessenen Bojarenfamilie mit unternehmerischen Qualitäten und hatte beim Herrschaftsantritt des neuen Fürsten bereits eine bewegte politische Vergangenheit hinter sich.[113] Wie viele Angehörige der rumänischen Elite hatte er in Paris studiert und war

[111] Bereits im August 1867 hatte sie Picot beschworen, beim Fürsten auszuhalten, da sonst kein anderer Franzose mehr in seiner Umgebung sein würde. Sie schreibe schon nicht mehr an den Fürsten, „das ist das Beste, was ich tun kann. Ich ziehe es vor, dass er mich der Gleichgültigkeit bezichtigt, als weiter mit ihm Krieg zu führen." Georgescu-Tistu, Emile Picot et ses traveaux relatifs aux Roumains, S. 273.

[112] „Cuza wurde der gerechte Vorwurf gemacht, daß er sich ganz von Napoleon beherrschen ließ u. aus Rumänien eine franz. Provinz gemacht hatte 'la nouvelle France'". FHHDA, HS, R 53, 1430, Nr. 365, Brief Carol v. 8.8.1867 (a.St.) an den Vater.

[113] Zu Ion C. Brătianu gibt es die ausführliche Biographie von Stan, A., Ion C. Brătianu şi liberalismul român, Bucureşti 1993. Zu dem frühen Brătianu s. die Dissertation von Walters, E. G., Ion C. Brătianu: The Making of a Nationalist Politician, 1821-1866, Ann Arbor, Univ. Microf. 1974. Viel über die Familie erfährt man aus den Erinnerungen der Tochter Brătianus:

stark von den Vorlesungen am Collège de France von Jules Michelet, Edgar Quinet und Adam Mickiewicz beeinflusst worden, die mit ihren demokratischen, nationalen und die Befreiung der unterdrückten Völker propagierenden Ideen eine ganze Generation von französischen und ausländischen Studenten prägten und eine Atmosphäre der revolutionären und nationalen Begeisterung schufen, die diese Studenten in sich aufnahmen und die sie zu Trägern der 1848er Revolution werden ließ.[114] Während der 48er Revolution in der Walachei trat I. C. Brătianu zum ersten Mal als Agitator und Organisator von Demonstrationen und Volksaufläufen politisch in Erscheinung, mit denen es ihm immer wieder gelang, die Provisorische Regierung aus kritischen Situationen zu retten. Das verhalf ihm einerseits zu großer Popularität, ließ ihn andererseits aber auch zum Schreckgespenst von Konservativen und Großbojaren werden. Dabei entwickelte er sich zu einem geschickten Redner, dem es immer wieder gelang, Menschen zu beeinflussen.[115]
Während der neun Jahre seines Exils in Frankreich nach der Niederschlagung der 48er Revolution kämpfte er publizistisch in Artikeln und Memoranden für die rumänische Nationalität[116] und die Errichtung eines rumänischen Staates, für die er auch die französische Politik und insbesondere Napoleon III. zu gewinnen suchte. In diesen Jahren wandelte er sich von einem Revolutionär mit republikanischen und sozialradikalen Anschauungen zu einem Vorkämpfer der Nationsidee, in dessen politischem Credo die Konstituierung der eigenen Nationalität an erster Stelle stand, ohne die Freiheit und Demokratie undenkbar wären. Der zuerst als Totengräber der Republik verteufelte und bekämpfte Napoleon III. wurde nun zum Ansprechpartner und Hoffnungsträger der rumänischen Nationalisten, um mit seiner Hilfe das Ziel eines einigen und unabhängigen Nationalstaats zu erreichen.[117] Während des Krimkriegs und des Pariser Kongresses versuchte Brătianu im Verein mit anderen nationalen Mitstreitern in diesem Sinne die französische und europäische Politik zu beeinflussen. So kritisierte er die Festschreibung der osmanischen Suzeränitätsabhängigkeit und ging stattdessen von einem gleichberechtigten Verhältnis der

Cantacuzino, Sabina, Din viaţa familiei I. C. Brătianu 1821-1891, 2. Auflage Bucureşti 1934. Rădulescu, S. M., Elita liberală românească 1866-1900, Bucureşti 1998, S. 29-32.

114 Campbell, J. C., French Influence and the Rise of Roumanian Nationalism, New York 1971, S. 129ff.

115 Stan, A., Ion C. Brătianu, S. 38ff. In der Zeit der Revolution erhielt Brătianu den Spitznamen „Firfiricu", was soviel wie Pfennig bedeutet, den jeder in der Hosentasche hat. Spektakulär war auch die Verbrennung der Organischen Reglements und der „Arhondologia" (Verzeichnis der Bojarenränge) am 6./18. September 1848 auf dem Vorplatz der Metropolie. Walters, Ion C. Brătianu, S. 68ff.

116 So der Titel eines Artikels: Din scrierile şi cuvântările lui Ion C. Brătianu, 1821-1891, Bucureşti 1903, S. 42f.

117 Campbell, French Influence, S. 368ff., Walters, I. C. Brătianu, S. 103f. Brătianu war 1853 der Teilnahme an dem Mordkomplott gegen Napoleon III. beschuldigt worden, ohne dass man Beweise fand. Er wurde zu drei Jahren Gefängnis und zu einer Geldstrafe verurteilt, im Juli 1856 aber begnadigt. Stan, Ion C. Brătianu, S. 55ff.

Fürstentümer zur Türkei aufgrund Jahrhunderte alter Verträge aus, eine Argumentation, die allgemein verbreitet und auch von Carol übernommen wurde.[118]
I. C. Brătianu galt seit der 48er Revolution als Mann der Tat und weniger als Theoretiker und vorausschauender Planer.[119] Bei der Kandidatur Carols spielte er eine bemerkenswert vorwärtstreibende Rolle, indem er geschickt mit Aussagen und Festlegungen von Fakten operierte, um den Erfolg der Kandidatur zu sichern. So stellte er die Wahl von Carol als eine von Napoleon III. ausgehende Anregung dar, der provisorischen Regierung telegrafierte er, dass Carol die Krone ohne Bedingungen annehme, ohne Erwähnung des Vorbehalts einer Zustimmung des preußischen Königs, er telegrafierte vor Beendigung des Plebiszits an Carol, dass ihn fünf Millionen zum Fürsten akklamierten, er organisierte eine Massenveranstaltung auf dem traditionsreichen Freiheitsfeld in Bukarest, wo er den neuen Fürsten als liberal und demokratisch bezeichnete, um die Akzeptanz der Wahl unter seinen Anhängern zu erhöhen.[120] Kurzum, er unternahm alles, um Fakten zu schaffen und diejenigen Aspekte herauszustellen, die ein Zurück für alle Beteiligten erschwerten. Gerade die von ihm organisierte nationale Legitimierung der Wahl hinterließ einen starken Eindruck bei Carol, der in dem „Ruf des Volkes" eine göttliche Berufung sah.
Für die rumänische Politik war es von großer Bedeutung, dass I. C. Brătianu schon bei der ersten Zusammenkunft mit Carol dessen Sympathie und Vertrauen gewinnen konnte. Das Verhältnis zu ihm war in den ersten drei Jahren nicht nur durch eine in nationalen und militärischen Fragen übereinstimmende Politik geprägt, sondern besaß im Unterschied zu anderen Politikern auch eine besondere persönliche Note, was in der Wertschätzung Carols zum Ausdruck kam, dass Brătianu sein bester Freund sei.[121] Auch nach dem Rücktritt Brătianus vom Ministeramt im Sommer 1866 beriet sich Carol weiter mit ihm. So ist es auch mit seinem Einfluss zu verdanken, dass sich der Fürst in der Anerkennungsfrage unnachgiebig verhielt, zumal ihm die harte Haltung Brătianus mehr zusagte als die konziliante seines Ministerpräsidenten Ion Ghica.[122] Daher verwundert es nicht,

[118] „Memoriu asupra situaţiunii Moldo-României după Tratatul din Paris" (frz. 1857): Din scrierile şi cuvîntările lui Ion C. Brătianu 1821-1891, S. 98ff.

[119] Bălcescu bezeichnete ihn als Hitzkopf und misstraute den Methoden der „Clique" C. A. Rosetti, D. und I. Brătianu: Rusu, A. (ed.), Bălcescu. Scrieri alese, Bucureşti 1973, S. 325f. Walters, I. C. Brătianu, S. 72ff.

[120] Eder bezeichnete Brătianu auch als Urheber des Plebiszits. Arh. Stat. CR 12/1866, S. 173ff., Eder v. 15.4.1866 (Nr. 55). C. A. Rosetti seinerseits schrieb an Bataillard am 17./29.9.1866: „Le Prince [...] est d'une famille très bonne, honorable et libérale; [...]": Bucur, M. (ed.), C. A. Rosetti. Corespondenţă, Bucureşti 1980, S. 57.

[121] FHHDA, HS, R 53, 1430, Nr. 407, Carol an seinen Vater v. 24.2./7.3.1868: „Ich habe niemanden, mit dem ich mich aussprechen, der mich zerstreuen könnte. – Bratiano, den ich hier als meinen besten Freund ansehe, ist der Einzige, aber er ist so unendlich beschäftigt, daß ich nur geschäftlich mit ihm verkehren kann."

[122] Ion Ghica berichtete an A. G. Golescu am 26.9.1866, dass sich I. C. Brătianu und Davila im Palast die Klinke in die Hand gäben und dass der *Românul*, Sprachorgan der Radikalliberalen, die Haltung der Regierung in der Anerkennungsfrage heftig angegriffen habe. B.C.S. Colecţia Kogălniceanu P. LXXXV, D. 14. Auch der französisch-stämmige Militärarzt und Freund der

dass in den Konsularberichten dieser Zeit immer wieder von dem Einfluss Brătianus auf Carol die Rede ist und dieser als Werkzeug in den Händen der Radikalliberalen dargestellt wird.[123] In gleicher Weise bedeuteten für die innenpolitischen Gegner die Regierungen unter dem Einfluss Brătianus ein Schreckgespenst und nährten die Befürchtung, der Fürst würde sich mit der Politik der Radikalliberalen identifizieren.[124]

Entgegen der in den Hauptstädten der Garantiemächte verbreiteten Meinung, dass es sich bei Brătianu um einen unverbesserlichen Revolutionär, Demagogen und Agitator handele, der als Unruhestifter einen unberechenbaren Faktor darstelle, verteidigte ihn der Fürst als einen tatkräftigen und energischen Mann, einen ihm ergebenen und loyalen Politiker, dessen er bedurfte, um die angestrebten Reformen in Verwaltung und Militär durchzusetzen. Das Festhalten trotz aller Widerstände an I.C. Brătianu, der bis Ende 1868 mehrere Ministerposten bekleidete, lag nicht nur in der persönlichen Sympathie zu dem Mann begründet, dem er das Angebot der rumänischen Krone verdankte, sondern auch in der Überzeugung, dass die Radikalliberalen die einzige Stütze seines Throns seien, während Teile der Konservativen das neue Regierungssystem ablehnten und überdies Werkzeuge in den Händen Russlands und Österreichs seien.[125] Natürlich machten sich die Radikalliberalen dieses Misstrauen zunutze und verstanden es, ihre Machtposition in den ersten Jahren auszubauen im Vertrauen darauf, den Fürsten in ihrem Sinne bestimmen und ihre Gegner auf lange Sicht ausschalten zu können.

Aufgrund der Exklusivität dieses Verhältnisses musste der Fall der Radikalliberalen im November 1868 zu einer tiefgehenden Störung führen. Die Person Brătianus besaß eine politische Sprengkraft, die bis Ende 1868 ständig für außenpolitische, danach innenpolitische Turbulenzen sorgte, die im März 1871 ihren Höhepunkt mit dem Abdankungsentschluss erreichten. Den Radikalliberalen mit Brătianu an der Spitze kam ein erheb-

radikalliberalen Politiker, Dr. Carol Davila, spielte in dieser Anfangszeit eine große Rolle als Gesprächspartner des Fürsten, wie aus seinem Tagebuch hervorgeht.

123 P.A. I.A.B.q. 24, Türkei, Vol. 35, Polit. Bericht v. 16.10.1867 (Nr. 38); ibd. Vol. 37, Bericht v. 17.6.1868; ibd. Vol. 39, Bericht v. 4.12.1868 (Nr. 108); ibd. Vol. 36, Goltz v. 8.3.1868 aus Paris. Arh. Stat. CR 72/1868, vertrauliche Note aus Paris v. 14.12.1868 (ohne Absender).

124 Bucur, C.A. Rosetti. Corespondenţă, S. 57. P.A. I.A.B.q. Türkei 24, Vol. 35, Goering (Vizekonsul in Iaşi) v. 9.12.1867. Arh. Stat. CR 79/1868, Mémoire von D. Sturdza an Carol v. Ende 1867.

125 FHHDA, HS, R 53, 1430, Nr. 232, Carol v. 17./29.3.1867 an den Vater. Arh. Stat. CR 58/1866, S. 78f., Eder v. 8.12.1866, der ironisch vermerkt: „Die demokratische Partei ausgenommen, hat der Prinz für keine der hier vorhandenen Parteien eine Vorliebe. Wird in Berücksichtigung genommen, daß der Gesichtskreis des Prinzen eigentlich der eines preußischen Gardelieutenants, dürfte diese Vorliebe für die moldo-walachische Demokratie unerklärlich erscheinen." Arh. Stat. Fond Regele Carol I, V N 121/45, Carol an Hortense Cornu v. 1.6.1867, worin er bemerkt, dass eine Entlassung Brătianus den Sieg der feudalen Bojaren und Russlands bedeuten würde und seine eigene Sicherheit in Gefahr wäre. Die Einschätzung Damés, Carol habe Brătianu nur aus politischem Kalkül in der Regierung gehalten, weil er in der Opposition gefährlicher gewesen wäre, trifft für diese Zeit nicht zu. Damé, F., Histoire de la Roumanie contemporaine, Paris 1900, S. 180.

licher Anteil an der Destabilisierung der politischen Verhältnisse und der mangelnden Konsolidierung des Throns zu, was fast bis zur Aufgabe des 1866 propagierten Ziels der Errichtung einer Erbmonarchie ging. Angesichts der engen persönlichen Beziehung zu Brătianu werden die tiefe Enttäuschung und Bitterkeit des Fürsten verständlich, als sich jener nach dem Sturz der radikalliberalen Regierung immer mehr vom Fürsten distanzierte und seine Partei offen in eine antidynastische Opposition eintrat. Vieles im späteren Umgang mit rumänischen Politikern ist vor dem Hintergrund dieser Erfahrungen zu sehen. Das Verhältnis zu Brătianu bildete daher einen wichtigen Teil des Lernprozesses der ersten Jahren, der stark vom Scheitern persönlicher Bindungen und politischer Pläne geprägt wurde.

1871

Il faut imposer le bien dans ce pays.
(Carol)[1]

Am Morgen des 11./23. März 1871 berief Fürst Carol die drei Mitglieder der Statthalterschaft von 1866 ein – ein Mitglied, Oberst N. Haralambie, war von Bukarest abwesend –, um ihnen seine Abdankung zu überreichen. Die Abdankung erschien ihm als einziger Ausweg aus einer politisch völlig verfahrenen Lage, in der sich alle Staatsorgane blockierten und gegenseitig lähmten. Eine machtlose Regierung unter Ion Ghica, unfähig zu handeln, ein Parlament, in dem die Zeit mit Debatten verbracht wurde, ohne Entscheidungen zu treffen, ein Fürst ohne Autorität und Rückhalt. Knapp fünf Jahre nach seinem triumphalen Einzug in Bukarest kam es in der Nacht vom 10./22. zum 11./23. März zu Unruhen auf den Straßen der Hauptstadt, ausgelöst durch die Feier der deutschen Gemeinde zu Ehren des Geburtstags des deutschen Kaisers. Der Anschlag auf diese Feier galt in gleicher Weise dem fremden Fürsten aus derselben Familie, der isoliert und angefeindet im Mittelpunkt der Krise des politischen Systems stand. Was im Mai 1866 so hoffnungsvoll begonnen hatte, schien bereits am Ende zu sein. Der Fürst stand vor einem Scherbenhaufen zerstörter Erwartungen, politischer und persönlicher Enttäuschungen. Den Gründen für sein Scheitern soll anhand von Leitdokumenten in diesem Teil nachgegangen werden. Die Anfangsphase der Etablierung der Herrschaftsordnung von 1866 bildet die Schlüsselperiode für das Verständnis des gesamten politischen Systems Rumäniens bis zum Ersten Weltkrieg und ist daher von grundlegender Bedeutung.

In einem umfangreichen, geheimgehaltenen Mémoire aus dem Jahre 1870 mit dem Titel „La Roumanie depuis l'avènement du prince Charles", verfasst von dem Privatsekretär des Fürsten, Vogel, in Zusammenarbeit mit Carol, wurde die politische Entwicklung in den Fürstentümern seit dem Thronantritt des Fürsten einer eingehenden Analyse unterzogen.[2] Es handelt sich um eine Bilanz der von Carol gemachten Erfahrungen mit dem

[1] Arh. Stat. Fond Regele Carol I, III/27, f. 8 (18.2./1.3.1868).

[2] FHHDA, HS, 53, 1435. Die handschriftliche Eintragung Karl Antons über der Überschrift lautet: „Mémoire ausgearbeitet von Vogel und bestimmt, aus Veranlaßung der Veröffentlichung des Briefes des Fürsten Carl den Schutzmächten mitgetheilt zu werden, quasi als Rechtfertigung des eventuellen Abdankungs Schrittes. Ist indeßen zurückgehalten worden, und gehört ad Secreta." Das Mémoire umfasst 71 Seiten und ist in mehrere Abschnitte gegliedert: „Historique page 3. – Particularités de l'état social et difficultés du gouvernement en Roumanie, dans les conditions du régime actuel, p. 19. – Le Prince vis-à-vis de la constitution, des partis et des Chambres, p. 27. – Comment fonctionnent et ce que sont devenues, dans la pratique, les institutions de l'année 1866, p. 33. – Triste situation, qui en est résultée, p. 38.

seit 1866 inaugurierten politischen System und ist ein Schlüsseldokument für seine Denk- und Handlungsweise sowohl im Rückblick auf die vergangenen vier Jahre als auch hinsichtlich seiner Reformvorschläge für die künftige Gestaltung des Verfassungssystems. Konzipiert wurde die Denkschrift als Rechtfertigungsschrift, gerichtet an die Adresse der Garantiemächte mit dem Ziel, diese zu einer Intervention zugunsten der von dem Fürsten geplanten politischen Umstrukturierung zu bewegen. Sieht man von ihrem apologetischen Charakter einmal ab, so bietet diese Denkschrift eine Fülle von Informationen und Einsichten in die Funktionsweise der rumänischen Politik und Gesellschaft und ihrer Mentalitätsstrukturen, die eine gute Kenntnis der Verhältnisse des Landes verraten, aber nicht frei von Einseitigkeit sind. Aufgrund ihres hohen Stellenwerts für die Erklärung des politischen Systems und der Stellung des Fürsten als eines zentralen Staatsorgans aus der Sicht des Fürsten soll diese Schrift als Ausgangspunkt und Leitfaden für die kritische Auseinandersetzung über die Herausbildung eines konstitutionellen Systems mit einem ausländischen Fürsten genommen werden.

Das Urteil dieser Bestandsaufnahme der politischen, sozialen und wirtschaftlichen Gegebenheiten fällt für das Land vernichtend aus und gipfelt in der Aussage: „[...] l'état de choses auquel on est arrivé en Roumanie est de ceux qui ne peuvent durer: la désorganisation et l' anarchie en s'y répandant de plus en plus menacent le pays des dangers les plus sérieux; la situation est même telle qu'il n'y a guère de chances d'y remédier, s'il demeure abandonné à lui-même; [...]“[3] Auf die Frage, warum es zu dieser Lage kommen konnte, versucht die Arbeit mit rund zwei Dritteln ihres Umfangs eine Antwort zu geben. Dem Mémoire zufolge bestanden die ersten Jahre aus einer nicht enden wollenden Aufeinanderfolge von Regierungskrisen, Ministerwechseln, Parlamentsauflösungen, außenpolitischen Komplikationen, sterilen Agitationen der Parteien, was die jetzige Anarchie herbeiführte. Die Gründe dafür sah Carol in den negativen Traditionen der Vergangenheit und in der Diskrepanz zwischen den wirtschaftlichen, sozialen und mentalen Eigentümlichkeiten des Landes und den liberalen Institutionen. Während das Erbe der Vergangenheit pauschal als eine Mischung von byzantinischen, türkischen und phanariotischen Einflüssen bezeichnet wird, gerät die Darstellung der rumänischen Gesellschaft zu einer ausführlichen soziologischen Studie über die krasse Ungleichheit und ihre scharfe Trennung in zwei Schichten: auf der einen Seite die große Masse der Bevölkerung, die Bauern, die sich apathisch und politisch indifferent verhalten, abhängig von Großgrundbesitzern und lokalen Administratoren, geprägt von patriarchalischen Bewusstseinsstrukturen, de-

– Progrés du mal, p. 40. – Moyens d'y remédier, p. 43. – Conclusion, p. 53.“ Dieses Mémoire befindet sich ebenfalls im Staatsarchiv in Bukarest. Arh. Stat. CR 12, 1871. – Die hier zitierten Seitenangaben beziehen sich auf das Exemplar in Sigmaringen. – Die Tagebuchaufzeichnungen geben Aufschluss über die gemeinsamen Zusammenkünfte, in denen während der Monate Oktober und November dieses Mémoire und ein neues Verfassungsprojekt ausgearbeitet wurden. Vogel wurde am 6./18. Oktober 1870 zum Kabinettsrat ernannt. Arh. Stat. Fond Regele Carol I, III/27, ab f. 116 passim. Vor den rumänischen Politikern wurden diese Arbeiten geheim gehalten.

3 FHHDA, HS, 53, 1435, S. 41f.

nen das Verständnis eines konstitutionellen Systems völlig abgeht, auf der anderen Seite die soziale Minoriät der Oberschicht, hauptsächlich aus Grundherren bestehend, die sich im Besitz aller gesellschaftlichen und politischen Vorteile befinden, zum großen Teil aber hoch verschuldet sind und daher in Politik, Verwaltung oder Armee ihr Auskommen suchen müssen. Die daraus resultierende Vermehrung von Verwaltungsstellen reiche dennoch nicht zur Befriedigung aller Wünsche, so dass immer ein Unzufriedenheitspotenzial vorhanden sei, was wiederum zu einer dauernden Instabilität im öffentlichen Leben führe, da jeder Kabinettswechsel notwendigerweise einen Austausch des Verwaltungspersonals nach sich ziehe, um die jeweils eigene Klientel zu versorgen.[4]

Diese institutionelle Unsicherheit begünstigt nach Meinung der Autoren die ohnehin schon seit Jahrhunderten bestehende Korruption und persönliche Bereicherung auf Kosten des Staates. Dazu gesellten sich Defizite im Nationalcharakter wie die Abwesenheit eines Ordnungssinnes, fehlende Sparsamkeit, Praxisferne, Sorglosigkeit, Leidenschaftlichkeit und Phrasenliebe. Diese kämen politisch bei der Parlamentsarbeit zum Tragen, da sie sich in einer Respektlosigkeit vor dem Gesetz und der Verletzung von Pflichten äußerten, einhergehend mit dem Mangel an Prinzipien und Überzeugungen. Politik reduziere sich auf den ständigen Kampf um die Macht mit ihren materiellen Vorteilen, ohne Interesse für das Gemeinwohl. Während die „Weißen“, die Konservativen, kaum als Partei zu bezeichnen seien, sondern als eine Ansammlung von rivalisierenden Cliquen, träten die „Roten“, die Radikalliberalen, geschlossen auf, besäßen aber außer ihrem exklusiven Romanismus, der Voreingenommenheit gegen Ausländer und ihrer Animosität gegen die Juden kein festes Regierungsprogramm. Keine der bisherigen Regierungen habe genügend Einfluss auf die Kammern gewinnen können, um notwendige Reformen durchzuführen. Stattdessen zögen sie es vor, angesichts von Schwierigkeiten zurückzutreten, während sich die Aktivität des Parlaments in stürmischen Debatten, Personalfragen und sterilen Diskussionen erschöpfe. Das parlamentarische System habe sich als demoralisierend, korrupt und unheilvoll für das Land erwiesen, dem Desorganisation und Anarchie drohe.

Was seine eigene Rolle angeht, so rechtfertigte sich der Fürst zunächst, dass er während der ersten Phase seiner Regierungszeit auf die radikale Partei mit Ion Brătianu zurückgreifen musste, dem er freie Hand ließ, um den wichtigen Eisenbahnbau mit den Konzessionen votiert zu bekommen. Andere notwendige Verwaltungsreformen konnten trotz seiner besten Absichten nicht in Angriff genommen werden, weil ihm die konstitutionellen Mittel fehlten und ein Mangel an Fachkräften herrschte, ausländische Spezialisten aber aufgrund des nationalen Misstrauens gegenüber Fremden nicht gerufen werden konnten. Dem Fürsten seien als einzige Ratgeber die Minister geblieben, die aber den Launen der Kammer mit ihren wechselnden Mehrheiten ausgesetzt gewesen seien.

4 Ein anschauliches Beispiel gibt Th. C. Aslan in seinem Werk: Finanţele României dela Regulamentul organic până astăzi 1831-1905, Bucureşti 1905, S. 132. Demnach betrug der Anstieg der Pensionen von 1859-1866 im Staatshaushalt 401%. Auch anderen zeitgenössischen Wirtschaftsfachleuten wie Ion Ghica war dieses Phänomen nicht fremd: Roman, I. (ed.), Ion Ghica, Opere II, Bucureşti 1970, S. 227ff. (Finanţele).

Darüber hinaus herrsche auch ein Desinteresse der Oberschicht an wirtschaftlichen und sozialen Reformen, da sie von dem jetzigen Zustand profitiere und kein eigenes Kapital oder Arbeit investieren müsse. Aus dieser Mentalitäts- und Geisteshaltung, das Leben möglichst ohne eigene Anstrengung zu genießen, resultiere auch die Einstellung zur Politik als einem interessanten Zeitvertreib. Bei Schwierigkeiten entledigten sich die Minister schnell ihrer Verantwortung, die trotz aller konstitutionellen Vorschriften auf den Fürsten zurückfalle.

Als Ausweg aus dieser Lage wird die vollständige Reform des Staatswesens gefordert, die mit Hilfe der Garantiemächte verwirklicht werden soll, da eine Einigung mit den konstitutionellen Gewalten im Lande unmöglich sei. Zu diesen Reformvorschlägen gehören die Aufhebung der Verfassung von 1866 und die Errichtung eines Übergangsregimes während eines Zeitraums von fünf bis zehn Jahren, in dem eine neue Verfassung ausgearbeitet werden soll. Konkrete Änderungen betreffen das Kolonisationsverbot für Ausländer und die Naturalisationsgesetze, die aufgehoben bzw. erleichtert werden sollen, wobei die Exekutive eine wichtige Entscheidungsbefugnis erhält. Kernstück der Neuorganisation ist die Errichtung eines Staatsrats, dessen Mitglieder vom Fürsten ernannt werden und dem auch Ausländer angehören können. Ihm werden große Befugnisse im legislativen Bereich eingeräumt, er dient als generelle Kontrollinstanz über die öffentliche Verwaltung und durch beigeordnete Inspektoren, Referendare und Auditoren als Ausbildungsstätte für höhere Funktionäre. Dem Staatsrat obliegt die Ausarbeitung von umfassenden Reformen auf allen Gebieten der Verwaltung, des Polizei-, Rechts-, Unterrichts- und Militärwesens mit dem Ziel einer höheren Rationalität und Effizienz in diesen Einrichtungen. Geplant ist auch eine Wahlreform mit einem Wahlsystem, das nur aus zwei Kollegien bestehen soll. Das Zweikammersystem wird beibehalten mit einer Machtverschiebung zugunsten der Exekutive, da die meisten Senatoren vom Fürsten ernannt und die Wahl des Kammerpräsidenten von ihm bestätigt werden muss. Während der Übergangszeit hat das Parlament nur beratende Funktion; ihm obliegt zwar weiterhin die Kontrolle über die Finanzen, es bleibt aber von der Mitwirkung an den Reformen ausgeschlosssen.

Grundlinien dieses Reformmodells bilden die Stärkung der Exekutive und der fürstlichen Macht, denen allein die Entscheidungsgewalt über die künftige innere und äußere Gestaltung der Politik übertragen wird, der Aufbau eines Mittelstandes mit Hilfe einer schnellen Eingliederung von Ausländern und der Einsatz von fremden Fachkräften in allen Zweigen der Zivil- und Militärverwaltung, wo es an einheimischen qualifizierten Leuten mangelt. Nur wenn diese Reformen ihm von den Großmächten zugestanden werden, erklärt sich der Fürst in der Lage, seine Mission fortzuführen.

Carol hatte aber nicht nur eine innenpolitische Reform im Auge, sondern im Rahmen einer Neuordnung sollte auch der außenpolitische Status des Landes verändert werden durch die Anerkennung der vollständigen Unabhängigkeit und Neutralität nach dem Vorbild Belgiens. In diesem Zusammenhang brachte er die alten Gravamina über die Nachteile der Suzeränität zur Sprache, wie die mangelnde Vertretung im Ausland, die ausländische Jurisdiktion, die Verweigerung einer nationalen Auszeichnung etc. Er betonte zwar die Zweitrangigkeit dieses Problembereiches angesichts der inneren Neuordnung

des Staates, doch geschah dies eher aus taktischem Kalkül als aus innerer Überzeugung, da ihm sehr viel an der völkerrechtlichen Unabhängigkeit lag.
Die ausführliche Vorstellung dieser Denkschrift liegt in ihrer Funktion als Leitfaden für diesen Teil begründet und in ihrer Bedeutung für das Verständnis des Fürsten über die Anfangsjahre seiner Herrschaft. Ihre Analyse der rumänischen Gesellschaft ist auf weiten Strecken zutreffend und entspricht damaligen zeitgenössischen rumänischen Beobachtungen ebenso wie modernen Untersuchungen. Sie unterschlägt jedoch die Rolle des Fürsten und seinen Anteil an der politischen Destabilisierung und argumentiert in der einseitigen Schuldzuweisung hinsichtlich der charakterlichen Defizite der Politiker in moralischen Kategorien, die sich für eine Lösung der Probleme inadäquat erweisen. Politische Relevanz und Brisanz zugleich besaß allerdings seine Einschätzung, dass die Situation völlig verfahren und ein weiterer Verbleib auf dem Thron nur mit einer radikalen Änderung der verfassungsrechtlichen Grundlagen möglich sei. Von daher gesehen stellte die Denkschrift ein Dokument des Scheiterns des Verfassungsexperimentes von 1866 dar.
Die Existenz des Mémoires blieb ein Geheimnis, dennoch ließ der Fürst seine Meinung über das Untragbare seiner jetzigen Position und die Gründe, die dazu geführt hatten, sowohl den Garantiemächten als auch der rumänischen Öffentlichkeit zukommen. So müssen seine diplomatischen und publizistischen Aktionen, die auf eine Überwindung der Krise abzielten, im Zusammenhang mit diesen Darlegungen behandelt werden, da sie auf demselben Grundtenor fußen. Die Art und Weise, wie Carol dabei vorging, ist kennzeichnend für das Außergewöhnliche der Situation, in der eine innerhalb der bestehenden Institutionen und Normen zu erfolgende Konfliktlösung unmöglich schien.
Bereits im Juni 1870 hatte Carol ohne Kenntnis seiner Minister Geheimgespräche mit dem preußischen, dem französischen und dem österreichischen Generalkonsul mit dem Ziel geführt, von den Garantiemächten ein Mandat für die von ihm geplanten Verfassungsänderungen zu erhalten.[5] Nach seinen Vorstellungen sollte sich der französische Außenminister mit den Botschaftern der übrigen Mächte in Paris über die Neuordnung des rumänischen Staatswesens verständigen, um beim Zusammentritt des Parlaments im November 1870 eine neue Konstitution vorlegen zu können.[6] Der deutsch-französische Krieg vereitelte diesen Plan, doch bot danach die Londoner Konferenz eine neue Gelegenheit, sich direkt mit einem Schreiben an die Souveräne der Garantiemächte zu wenden.[7] Carol erinnerte in diesen Schreiben daran, unter welch schwierigen Bedingungen er die rumänische Krone übernommen habe, wie er dies nur auf die dringende Bitte der einflussreichsten Männer aller Parteien hin getan habe, um das Land vor der Anarchie zu

5 P.A. I.A.B.q. Türkei 24, Vol. 34, Radowitz v. 24.6.1870 (Nr. 48, Geheim).
6 Ibd., Radowitz v. 1.7.1870 (Nr. 50, Ganz Vertraulich. Durch sichere Gelegenheit bis Wien).
7 Am 17./29.11.1870 notierte Carol in sein Tagebuch: „Conferenz in London ist zieml. gesichert, werde jetzt auch Schritte thun um die hiesige Lage zu klären." Arh. Stat. Fond Regele Carol I, III/27, f. 119. Die Briefe an die Kaiser von Russland, von Österreich-Ungarn und an die Königin von Großbritannien sind vom 25.11./7.12. 1870 datiert. FHHDA, HS, R 53, 1433, Nr. ad 777, Anlage I. P.A. I.A.B.q. Türkei 24, Vol. 43, Brief an den preußischen König v. 9.12.1870.

bewahren. Die Annahme der Verfassung sei durch den Zwang der Ereignisse bestimmt gewesen, doch habe sich schnell gezeigt, dass sie keine feste Grundlage für eine Regierung schaffen konnte: „Die Institutionen hier bewegen sich in dem ewigen Kreislauf der politischen Rivalitäten, der Umsturzversuche, des Ehrgeizes ohne Ende, bleiben somit vollkommen unfruchtbar und begünstigen nur Unordnung und Anarchie.“[8] Der Fürst machte überdies die „zügellose Presse“ für das Anheizen der Leidenschaften verantwortlich[9] und erklärte sich außerstande, mit den ihm zur Verfügung stehenden Mitteln der Lage Herr zu werden, da er durch einen Eid gebunden sei. Daher appellierte er an das Eigeninteresse der Großmächte, im Interesse des Friedens für geordnete Verhältnisse in dieser Region zu sorgen und kam dann zum Kern seines Anliegens: „Es würde sich darum handeln, im allgemeinen Einverständniß in Rumänien eine dauernde, gerechte und starke Regierung einzusetzen, im Innern wie im Aeußern von den Hemnißen befreit, die sie heute einengen und ihrem Ansehen schaden, ohne Gewinn für die dabei interessirten Theile.“[10] Als günstige Gelegenheit für eine Neuordnung des rumänischen Staates schlug Carol die bevorstehenden Konferenzverhandlungen vor, die sich ohnehin mit der Regelung der orientalischen Angelegenheit befassen würden.

Der Fürst nahm in seinem Schreiben an die Souveräne die Grundaussagen seines Mémoires auf: die Unmöglichkeit, mit der bestehenden Verfassung weiterzuregieren, was ihn vor die Alternative stelle, abzudanken oder das Mandat für eine staatliche Umgestaltung, möglichst mit der vollen Unabhängigkeit,[11] durch eine konzertierte Aktion der Großmächte zu erhalten. In seiner Intention lag es, das Schicksal Rumäniens in die Hände der Schutzmächte zu legen, wobei er jetzt argumentierte, dass die Verfassung von 1866 von diesen nie anerkannt worden sei und demnach die Konvention von 1858 mit dem *Acte additionnel* von 1864 für sie noch Gültigkeit besitze.[12] Er selbst wollte aber nicht als Initiator in Erscheinung treten, sondern als Vollstrecker des Willens der Garantiemächte, den er über das Recht der rumänischen Selbstbestimmung stellte, um das Land vor der Anarchie zu bewahren.[13] Dies bedeutete die genaue Umkehrung der Argumentation von 1866 und eine radikale Veränderung der fürstlichen Legitimationsbasis, die für Carol die Grundlage seines Handelns 1866 dargestellt hatte: kein vom freien Willen eines Volkes berufener und gewählter Fürst, sondern ein Fürst von Gnaden der Großmächte.[14] Ganz

8 Ibd.

9 Den Passus über die Presse unterließ der Fürst in dem Schreiben an die Königin von England.

10 P.A. I.A.B.q. Türkei 24, Vol. 43, Brief an den preußischen König v. 9.12.1870.

11 FHHDA, HS, R 53, 1433, Nr. 777, Brief Carols an den Vater v. 2./14.12.1870: „Es ist zu hoffen, daß dann ein Aufwaschen sein wird und habe ich daher in den Briefen auch die Stellung zur Pforte berührt um eben Falls von den Fesseln befreit zu werden.“

12 So Carol in einer Unterredung mit Radowitz am 30.6.1870: P.A. I.A.B.q. Türkei 24, Vol. 43, Radowitz v. 1.7.1870 (Nr. 50. Ganz vertraulich. Durch sichere Gelegenheit bis Wien).

13 FHHDA, HS, R 53, 1433, Nr. 777, Brief Carols an den Vater v. 2./14.12.1870.

14 Diese Konsequenz wird in den publizierten Memoiren von sich gewiesen, in denen es heißt, dass Carol seine Zukunft keiner fremden Intervention, sondern nur sich selbst verdanken wolle: Aus dem Leben König Karls, 2, S. 128.

abgesehen davon, dass die Mächte es ablehnten, sich mit der rumänischen Frage zu beschäftigen, hätte diese Vorgehensweise angesichts der Sensibilität in nationalen Fragen bei der rumänischen Oberschicht das Ende seiner Fürstenherrschaft bedeutet.
Gegenüber rumänischen Ministern und Politikern begann der Fürst Ende Oktober 1870 nach der Freisprechung der Rädelsführer des so genannten „Aufstandes von Ploieşti", bei dem im August Carols Absetzung proklamiert worden war, von der Unhaltbarkeit der Verfassung zu sprechen und sein Verbleiben von deren Änderung abhängig zu machen.[15] Er deutete auch die Möglichkeit einer von ihm favorisierten Intervention der Großmächte in Rumänien an,[16] doch über den Inhalt des Schreibens und dessen tatsächlich erfolgte Absendung wurden die Minister in Unkenntnis gelassen.[17] Erst durch ausländische Indiskretionen sickerten Nachrichten über den Schritt Carols in Rumänien durch, doch klärte er seine Minister – inzwischen war Ion Ghica Ministerpräsident geworden – erst auf, als Ende Dezember 1870 ein Protestschreiben der Pforte einging, die sich über das Vorgehen des Fürsten beschwerte, nur an die Garantiemächte, nicht aber an die Suzeränitätsmacht geschrieben zu haben.[18] So trug diese Initiative, der man eine Naivität und Ungeschicklichkeit nicht absprechen kann, dem Fürsten einen doppelten Misserfolg ein: Zum einen waren die Garantiemächte zu einer Behandlung der rumänischen Frage nicht bereit, zum andern vergrößerte ihr Bekanntwerden in Rumänien die bereits vorhandenen innenpolitischen Spannungen und schwächte die Stellung sowohl des Fürsten wie auch seiner Regierung gegenüber dem Parlament noch weiter.[19] Anstatt zu der vom Fürsten erhofften Klärung der Verhältnisse beizutragen, spitzte sie sie weiter zu.
Trotz oder auch gerade wegen dieses Misserfolgs auf diplomatischer Ebene unternahm der Fürst einen weiteren ungewöhnlichen Schritt, um seine Einschätzung über die Unhaltbarkeit der Zustände im Land nun in die Öffentlichkeit zu bringen. Es handelt sich um den berühmten Brief an einen Freund, der anonym am 27. Januar 1871 (n.St.) in der „Augsburger Allgemeinen Zeitung" erschien und am 2. Februar in den rumänischen Zeitungen abgedruckt wurde.[20] Anders als in dem distanziert, diplomatisch-sachlich

[15] Arh. Stat. Fond Regele Carol I, III/27, f. 118 (19./31.10.1870): „Minister bei mir, lange mit Carp gesprochen, dem ich erklärt, daß die Zustände hier unhaltbar sind, u. daß ich nur mit anderen Gesetzen noch hier bleibe." Weitere Gespräche folgten in den nächsten Tagen.

[16] So gegenüber A. Golescu, der sich dagegen aussprach: Tagebucheintragung v. 1./13.11.1870. Ibd. Auch Ministerpräsident Epureanu wurde über diese Möglichkeit informiert, der in Wien darüber sprach, wahrscheinlich auch Carp.

[17] Carol teilte ihnen nur soviel mit, dass er seine Maßregeln ergriffen habe: Tagebuchnotiz v. 29.11./11.12.1870. Ibd.

[18] Am 22.12.1870/3.1.1871 erfährt Ion Ghica den Inhalt des Schreibens. Arh. Stat. Fond Regele Carol I, III/28, f. 2.

[19] Gegenüber Radowitz erklärte Ion Ghica, dass er niemals das Ministerium übernommen hätte, wenn ihm die Demarche des Fürsten bekannt gewesen wäre: P.A. I.A.B.q. Türkei 24, Vol. 44, Radowitz v. 8.1.1871 (Nr. 3. Ganz Vertraulich).

[20] Aus dem Leben König Karls, 2, S. 138ff. und S. 156. Als Briefdatum ist der 10./22.12.1870 angegeben, in den unveröffentlichten Tagebüchern findet sich unter diesem Datum aber keine diesbezügliche Eintragung. Erst am 20.12.1870/1.1.1871 steht die Notiz: „Brief für Aali

gehaltenen Schreiben an die Garantiemächte lässt der Fürst seiner Enttäuschung freien Lauf und beschuldigt direkt die Führer des Landes, an dem schlechten Zustand schuld zu sein:

„Diese Leute nämlich, welche sich meistens ihre ganze sociale und politische Bildung im Auslande geholt, die heimatlichen Zustände dabei allzusehr vergessen haben, trachten bloß danach, die dort geltenden, von ihnen eingesogenen Begriffe, in utopische Formen eingezwängt, ohne Prüfung auf ihr Vaterland zu übertragen. [...] Ich halte dies nach den gemachten Erfahrungen für ein umso größeres Unglück, als die Rumänen sich keiner der bürgerlichen Tugenden rühmen können, die zu einer solchen quasi republikanischen Staatsform gehören.–" [21]

Der letzte Passus gilt der Kammeradresse, „ein Meisterstück phanariotischer Perfidie" , die er am kommenden Tag, dem 11./23. Dezember, entgegennehmen soll – daher auch die Datierung des Briefes am 10./22. Dezember 1870 – und die er scharf verurteilt, da der „Gesetzgebende Körper wagt, seinem Herrscher von konditioneller Ergebenheit zu sprechen." Nur die Rücksicht auf den drohenden Staatsbankrott könne ihn zur Annahme bewegen, die ganze Verantwortung aber falle auf die Urheber zurück, die ihren Fürsten nicht ehrten und nicht respektierten, was sie selber geschaffen hätten.

Der Brief ist eine einzige moralische Verurteilung der rumänischen Politiker, die allein für die Missstände im Land verantwortlich gemacht werden. In dem vertraulichen Ton eines Briefes an einen Freund fand der Fürst eine Form, seiner ganzen Verachtung und Enttäuschung Ausdruck zu geben und öffentlich seine Absicht zur Abdankung zu erklären. Sich selbst sah er nur als Opfer der rumänischen Verhältnisse: seine besten Absichten seien zunichte gemacht worden und er hätte nur Undank geerntet. Er stellte auch klar, dass im Falle seiner Abdankung die Verantwortung auf die Politiker fiele. Diese Drohung mit der Abdankung erfolgte natürlich auch in der Absicht, Druck auf die Öffentlichkeit und die Politiker auszuüben, um eine Veränderung der Verhältnisse zu bewirken und die Kräfte zu mobilisieren, die bereit waren, die Dynastie zu unterstützen.[22]

Der Brief war eine politische Sensation und rief heftige Reaktionen hervor, auf die später im Gesamtkomplex der Krise noch eingegangen wird. Wichtig in diesem Zusammenhang ist die Überzeugung des Fürsten, dass das bestehende Verfassungssystem gescheitert war und dass ihm nur die Alternative eines staatlichen Umbaus oder die Abdankung blieb. Aus all den Schriftstücken sprach ein Gefühl der Desillusionierung angesichts der großen

Pascha u. A.A.Z. zur Veröffentlichung" und noch einmal am 22.12.1870/3.1.1871: „Brief für A.A.Z. geschrieben. In einem Jahr sind wir wohl in Deutschland." Arh. Stat. Fond Regele Carol I, III/28, f. 2.

21 Aus dem Leben König Karls, 2, S. 139.

22 Radowitz nahm für sich in Anspruch, den Anstoß zu diesem Brief gegeben zu haben: „Der Brief ist entstanden in Folge einer Conversation, welche ich, im Dezember l. J. mit Sr. Hoheit hatte und worin ich Hochdenselben darauf aufmerksam machte, daß es rathsam sei bei Zeiten die öffentliche Meinung in Deutschland und Europa auf die Möglichkeit Seines Rücktrittes vorzubereiten und zwar in einer Weise, daß die moralische Verantwortung dafür auf den schuldigen Theil im Lande allein zurückfalle." P.A. I.A.B.q. Türkei 24, Vol. 44, Radowitz v. 4.2.1871 (Nr. 9).

Erwartungen, mit denen Carol und die Rumänen seinen Herrschaftsantritt als Beginn einer neuen Ära gefeiert hatten. Von der Vision einer Mission, Rumänien zu Stabilität, Wohlstand und internationaler Anerkennung zu führen, blieb wenig übrig. Allein das Jahr 1870 erlebte vier Regierungswechsel mit schwachen und glücklosen Ministerpräsidenten, eine Parlamentsauflösung und einen Wahlkampf – der vierte in vier Jahren –, in dem das Tragen von Waffen ausdrücklich verboten werden musste.[23] Die Arbeit im Parlament erschöpfte sich in endlosen Diskussionen, Personalintrigen und rhetorischen Kämpfen zwischen den verschiedenen Parteigruppierungen ohne gesetzgeberische Entscheidungen. In einem gescheiterten Putschversuch in Ploieşti im August 1870 war Carol für abgesetzt erklärt worden, die Aufrührer wurden anschließend von einem Geschworenengericht freigesprochen und der Anführer zum Abgeordneten gewählt. Wachsende antidynastische Angriffe und Agitationen zugunsten Cuzas, die Mobilisierung der rumänischen Sympathien für Frankreich während des deutsch-französischen Kriegs, die wachsende Kritik am Fürsten wegen des stroussbergschen Eisenbahnbaus, wo er der einseitigen Wahrnehmung preußischer Interessen verdächtigt wurde, vergrößerten die Isolierung des Fürsten und engten seinen politischen Spielraum immer mehr ein. Hinzu kam ein Besorgnis erregendes Haushaltsdefizit von elf Millionen Lei, das zu einer wachsenden Unzufriedenheit unter den Funktionären und Pensionsberechtigten führte, da Zahlungen nicht mehr geleistet wurden.[24] Auch außenpolitisch war man von einer gesicherten Stellung weit entfernt.

Während des Jahres 1870 und der ersten Monate 1871 erreichten die innere Destabilisierung und der fürstliche Autoritätsverlust ein immer größeres Ausmaß und schufen eine Atmosphäre gereizter Unsicherheit und gespannter Erregtheit,[25] die sich in dem Angriff auf die Teilnehmer eines Banketts der deutschen Kolonie zu Ehren des Geburtstags des deutschen Kaisers am Abend des 10./22. März 1871 entlud. Der Kulminations- und Wendepunkt der Krise wurde in dieser Nacht erreicht, als Carol, der sich durch diesen Anschlag selbst getroffen fühlte, seine Abdankung aussprach. Da der Fürst weder außen- noch innenpolitisch Unterstützung für seine Reformvorschläge erhalten hatte und alle seine Mittel erschöpft waren, bot sich ihm dieser Moment als geeignet an, mittels seiner Abdankung den legitimen Ausweg aus der Krise zu suchen und gleichzeitig die Rumänen in aller Öffentlichkeit zu diskreditieren.

Vergleicht man die Lage 1871 mit der politisch ebenso instabilen Situation von 1866, so lag ein entscheidender Unterschied in dem extremen Vertrauensverlust des Fürsten hinsichtlich der rumänischen Politiker und der Funktionsfähigkeit des 1866 etablierten Systems. Diesem Vertrauensverlust lag eine Frustration zugrunde, die wiederum aus der Differenz zwischen den seit 1866 gehegten Erwartungen und deren Realisierung entstanden war. Für den Fürsten bestanden die vergangenen Jahre aus einer Folge ständig

23 Arh. Stat. Min. de Int. 83/1870, f. 11, Rundschreiben des Innenministers Epureanu an die Präfekten v. 18.5.1870.

24 Arh. Stat. CR 67/1870, f. 178. Aslan, Finanţele României, S. 133f. B.A. Arh. Ion Ghica, VIII-3, varia 1.

25 P.A. I.A.B.q. Türkei 24, Vol. 44, Radowitz v. 8.1. (Nr. 3) und v. 27.1.1871 (Nr. 7).

wachsender Enttäuschungen, die im Jahre 1870 und Anfang 1871 eine derartige Eskalation erfuhren, dass er dem Entscheidungsdruck nicht mehr ausweichen konnte und eine Situation schuf, in der eine Änderung des bisherigen Herrschaftssystems möglich wurde und die rumänische Frage international wieder zur Disposition stand. Aufgrund seiner zentralen Stellung besaß der Vertrauensverlust des Fürsten in zweifacher Hinsicht eine systemzerstörende Potenzialität: zum einen in dem Umsturz der bestehenden Ordnung durch die Errichtung eines autoritären Regimes, zweitens konnte die Abdankung nicht kalkulierbare Gefahren für den Bestand des Staates in seiner jetzigen Form mit sich bringen. Anders als 1866 gab es aber keinen Elitenkonsens über eine Änderung des politischen Systems, der eine Alternative hätte aufzeigen können.

Bei den Lösungsvorschlägen des Fürsten spielten allerdings exogene Faktoren eine wichtige Rolle, die er kaum beeinflussen konnte, nämlich die Haltung der Garantiemächte. Darin lag auch die große Schwäche und der Kern des Scheiterns, denn die Abhängigkeit von der Entscheidung der Garantiemächte hätte innenpolitisch den eigenen Fall nach sich gezogen. Eine andere Schwäche betraf die Reformvorschläge selbst: Sie zielten auf einen weitgehenden Ausschluss der rumänischen Politiker und den Einsatz ausländischer Fachkräfte, um einen Staat nach Carols Vorstellungen zu schaffen. Er suchte eine Lösung nicht mit, sondern gegen die politische Oberschicht, weil er sie für moralisch verwerflich hielt. Überspitzt formuliert, bedurfte Carol einer anderen Gesellschaft und nicht einer anderen Verfassung, ganz abgesehen davon, dass er für die tatsächlich bestehenden sozialen Ungleichheiten kein Reformkonzept vorlegte. Das Beispiel Cuza, der mit seiner autoritären Regierung gescheitert war, hätte ihm eigentlich als Warnung dienen müssen. Die Suche des Fürsten nach einem Ausweg aus der Krise offenbarten daher noch sein Unverständnis der rumänischen Verhältnisse wie auch seine Ungeduld, sofort alles nach seinen Vorstellungen zu ändern. Das gelang weder mit innenpolitischen noch mit außenpolitischen Kräften.

Wie bekannt, kam es nicht zur Ausführung der Abdankung Carols, sondern zur Stabilisierung seiner Herrschaft durch die Bildung eines konservativen „starken" Ministeriums, das die Periode der fünf stürmischen Jahre mit instabilen Regierungen beendete und eine Phase der Kontinuität in der politischen Führung einleitete, die bis 1876 dauerte. Sie stellte darüber hinaus die Weichen für das System der Regierungsalteration der sich festigenden konservativen und liberalen Lager, die für die Regierungszeit im späteren Königreich charakteristisch werden sollte. So steht der Krisenausbruch des Jahres 1871 in einem Beziehungszusammenhang zu der Zeit ab 1866 und weist über 1871 hinaus. Er bedeutete keinen Bruch mit vorhergehenden Entwicklungslinien, sondern eine Zäsur, die das Ende der politischen Fermentierphase markierte und den Beginn einer Periode einer zunehmenden Institutionalisierung von Regierungsmachtwechseln, bei denen die fürstliche Schiedsrichter- und Konsensfunktionen zum dominierenden Faktor wurden. Die Krise von 1870/71 beleuchtet somit einen Entscheidungsprozeß, in dem Ansätze der politischen Entwicklung seit 1866 aufgenommen, verstärkt, alteriert oder verworfen wurden. Die Frage, inwieweit die Konsolidierung der verfassungsrechtlichen Ordnung von 1866 gelingen konnte, berührte sowohl die Fähigkeit Carols, Konsensfähigkeit und eine Integrationskraft zu entwickeln, wie auch die Bereitschaft der rumänischen Politiker, akzeptierte Normen im Verhältnis zur fürstlichen Macht zu schaffen. Der Fürst musste als Inhaber des Fürstenamtes den „Leistungsnachweis einer zweckrational begründeten Monarchie" erbringen,[26] doch mussten auch die an der politischen Neuordnung beteiligten Kräfte eine Verantwortung für das Funktionieren des politischen Systems übernehmen. Dies stellte sich angesichts der Traditionen einer absoluten Machtausübung der rumänischen Fürsten, wo Probleme zwischen dem Fürsten und der Oberschicht gewöhnlich mit einem Herrscherwechsel gelöst wurden, als ein schwieriger Lernprozess der rumänischen Elite heraus.

Übereinstimmend wird von Beteiligten wie von Historikern als Charakteristikum der ersten fünf Jahre unter der neuen Verfassung die Instabilität der Regierungen und des Parlaments genannt, deren Ursachen unterschiedlich gewertet werden: Zersplitterung der politischen Gruppen, deren Unfähigkeit zu Koalitionsbildungen, fehlende parlamentarische Traditionen, persönliche Machtkämpfe und Intrigen, Auseinandersetzungen über die politische, wirtschaftliche und gesellschaftliche Entwicklung, Einmischungen der Garantiemächte, Schwäche der Politiker, Defizite der Verfassung.[27] Generell wird auch von einer „Experimentierphase"[28] und von „Krisen und Konflikten"[29] gesprochen, die sich durch die Umsetzung von Verfassungsnormen in die politische Praxis ergaben und das Land 1870/71 an den Rand eines Umsturzes brachten.

Dazu ist anzumerken, dass eine solche Instabilität in den Fürstentümern kein Novum darstellte, sondern bis dato den Normalfall bildete. Auch unter den restriktiven Bestimmungen der Konvention von 1858 und dem Cuza-Statut von 1864 mit ihren großen Vollmachten für die Exekutive war die Schaffung stabiler politischer Verhältnisse nicht gelungen. Insofern geht der Vorwurf gegen eine zu liberale Verfassung als Ursache politischer Instabilität, der von konservativen Kreisen und zeitweise vom Fürsten, später auch von Historikern erhoben wurde, ins Leere. Abgesehen davon wurde sie, wie bereits aus-

[26] Zu den Schwierigkeiten einer Legitimierung der Monarchie im 19. Jh. s. den Artikel von Hans Boldt: „Monarchie", in: Geschichtliche Grundbegriffe, Bd. 4, S. 206ff.

[27] Mit dieser Periode hat sich in vielen Artikeln und in seiner Doktorarbeit der Historiker V. Russu aus Iaşi befasst, der sich besonders gegen die bis dahin in der rumänischen Historiographie offiziell verbreitete Auffassung einer bürgerlich-großgrundbesitzenden Allianz, der es nur um die Macht ging, wandte. Istoria Romîniei, Vol. 4, S. 530. Doch auch dort wurden die Unterschiede zwischen der Bourgeoisie und den Gutsbesitzern thematisiert. Russu hingegen stellt die Differenzen zwischen Liberalen und Konservativen in den Mittelpunkt. So in seinem Aufsatz mit ausführlichen Verweisen auf die ältere Historiographie: Cauzele luptelor politice dintre grupările liberale şi conservatoare în anii instabilităţii guvernamentale şi parlamentare (1866-1871), in: Cercetări istorice, IX-X, 1978/79, S. 411ff. Die Auffassung Russus fand auch Eingang in die darauf folgenden historischen Darstellungen wie in: Istoria parlamentului, und in dem offiziellen universitären Unterrichtsbuch: Platon, Gh., Istoria modernă a României, Bucureşti 1985. Die Autoren des 1937 erschienenen Werkes „Domnia lui Carol I", M. Polihroniade und A.-Ch. Tell, sahen die Gründe für die Turbulenzen in erster Linie in der Mentalität einer ehrgeizigen, intriganten und individualistischen Bojarenschicht (S. 181ff.).

[28] Maier, Rumänien, S. 378.

[29] So der Titel von Michelsons Darstellung aus dem Jahre 1987.

geführt, durchaus in wichtigen Punkten der einheimischen Sozialverfassung angepasst. Generell ist auch zu berücksichtigen, dass Rechtsnormen ebenfalls eine politische Realität schaffen, auf die sich Reformer berufen und Veränderungen in Gang setzen können. So geht der Begriff einer Scheinkonstitutionalität am Kern der Sache vorbei, ähnlich wie Maiorescus Theorie der „Formen ohne Inhalt".[30] Gerade der Artikel 7 der Konstitution von 1866, der die Juden von einer Einbürgerung ausschloss, zeigt, wie destruktiv sich eine vermeintliche Respektierung einheimischer Gegebenheiten auswirken konnte. Die Vorenthaltung wichtiger Verfassungsrechte gegenüber den Bauern blieb hingegen immer eine Verfassungsverletzung und konnte als solche thematisiert und bekämpft werden, was auch immer wieder geschah.

Unhaltbar in ihrer exklusiven Form sind die Thesen der älteren und neueren kommunistischen Historiographie, die auch noch Eingang in die nachkommunistische Zeit gefunden haben. Während die ersten die Machtspiele in der ausbeuterischen Allianz zwischen Fürsten und bürgerlich-gutsbesitzender Koalition als den bestimmenden Faktor für die Instabilität ausmachen, stellen die späteren die tiefgehenden Unterschiede zwischen den „beiden führenden Klassen" – gemeint sind die Liberalen und Konservativen mit ihrem sozialen Hintergrund, wobei der Begriff der „Klasse" in dieser Zusammensetzung schwer nachzuvollziehen ist – über die Modernisierung des Landes als Ursache für die Auseinandersetzungen heraus.[31] Beiden gemeinsam sind die Ignorierung des Fürsten als wichtigen Politik- und Machtfaktors und die Einseitigkeit in der Auffassung von Einheit bzw. Uneinigkeit in den Führungsschichten, die die institutionellen Aspekte, außenpolitische Handlungszwänge und persönliche Handlungsmotive vernachlässigt.

Gerade aufgrund ihres Zustandekommens brachte die neue Verfassung die Voraussetzungen für politische Stabilität und Akzeptanz mit, da sie von den politisch relevanten Gruppen gemeinsam beschlossen wurde, die wichtige Teile ihres politischen Credos mit einbringen konnten. In der neuen Verfassung spiegelte sich die inzwischen erreichte Machtstellung dieser Elite wider, die einen größeren Einfluss im politschen Entscheidungsprozess beanspruchte. So wurde durch eine Vermehrung ihrer Kompetenzen die Machtpartizipation zwischen Parlament und Exekutive neu geregelt, für die sich etablierte und akzeptierte Regeln aber erst herausbilden mussten. Die politische Instabilität der ersten Jahre geht auf diesen Prozess der Institutionalisierung der Staatsorgane gemäss der neuen konstitutionellen Vorgaben zurück, wobei sich jener nicht auf einer abstrakten Ebene vollzog, sondern in konkreten Entscheidungen, die wiederum abhängig von politische Gegebenheiten, Persönlichkeiten und Vorstellungen waren. Beide Gewalten befanden sich somit in einem Umbruch, wobei die Exekutive mit einem fremden Fürsten an der Spitze aufgrund dessen Unerfahrenheit und Informationsdefiziten in einer geschwächten Ausgangsposition lag. So geht es in den folgenden Kapiteln neben der

30 Maier, Rumänien, S. 378.

31 Siehe Fußnote 27 mit den Angaben der Arbeiten von V. Russu. Übernommen wurde seine These von den kaum zu überbrückenden Differenzen in den Auffassungen von Liberalen und Konservativen auch in dem 1993 erschienenen Sammelband, hg. von Platon, Gh., Cum s-a înfăptuit România modernă, Iaşi 1993, S. 339f.

Performanz des Fürsten auch um die Frage, warum eine Parlamentarisierung, hier verstanden im Sinne der Entscheidungskompetenz für eine Regierungsbildung, scheiterte, obwohl die Voraussetzungen dafür gerade in dieser Anfangsphase so günstig wie nie zuvor und danach waren.

I Erste Versuche parlamentarischer Regierungsbildung unter der neuen Verfassung

1. Die Wahlen vom November 1866 und das erste Parlament

Als erster Test für die Funktionsfähigkeit der neuen Ordnung galten die Parlamentswahlen vom 29.10./10.11. bis zum 10./22. November 1866. Deren Ausgang kam eine Schlüsselstellung für die nachfolgende Entwicklung zu. Vor den Wahlen unternahm der Fürst einen ungewöhnlichen Schritt, indem er sich in einem Brief an den Ministerpräsidenten Ion Ghica für die „Freiheit der Wahlen" aussprach und gegen jede Einflussnahme der Regierungsorgane wandte. Das Parlament solle den „wirklichen Ausdruck" der Nation repräsentieren. Carol wies sich selbst die Rolle als Beobachter und Überwacher zu.[32] Diese öffentliche Aufforderung, sich jeder Wahlbeeinflussung zu enthalten, stellte nur auf den ersten Blick eine lobenswerte Initiative zur Änderung einer bis dahin üblichen Praxis von Wahlmanipulationen dar. Sie bildete im Gegenteil eine höchst fragwürdige Einmischung des Fürsten, deren Motive durchaus nicht seiner „loyalen Natur" und edlen Gesinnung entsprangen, sondern politischem Kalkül. Carol befürchtete einen Wahlsieg der Rechten, während er selbst die Partei Brătianus favorisierte, in der er den Garanten der neu etablierten Dynastie sah.[33] Von der Voraussetzung ausgehend, dass die Radikalliberalen die meisten Anhänger mobilisieren konnten und sich das Wahlvolk bei freier Meinungsäußerung für die Liberalen und damit für den Fürsten entscheiden würden, sah Carol in dem Aufruf nach freien Wahlen, der nach außen Neutralität vorspiegelte, das geeignete Mittel, dieses Ziel zu erreichen. Während die Radikalliberalen diesen Schritt begrüßten, erblickte Ion Ghica, dessen Achtung vor konstitutionellen Vergehensweisen

[32] Dieser Brief wurde am 23.10./4.11.1866 im Staatsanzeiger: „Monitorul oficial" veröffentlicht. Aus dem Leben König Karls, 1, S. 153f. Das Original ist v. 8./20. Oktober datiert. Arh. Stat. CR 8/1866, f. 98.

[33] FHHDA, HS, 1429, Nr. 237, Brief an den Vater v. 15./27.9.1866.

allgemein anerkannt war, darin nicht zu Unrecht ein Zugeständnis an die Liberalen und eine Art von Misstrauenserklärung an seine Adresse.[34]
Die Wahlen verliefen nach Augenzeugenberichten tatsächlich weitgehend frei von administrativer Beeinflussung, dafür kam es aber immer wieder zu handfesten Störungen und Kämpfen während der Wahlkampagne seitens der Parteien, was wiederum der Regierung den Vorwurf mangelnder Sicherheitsvorkehrungen bei Wahlveranstaltungen einbrachte.[35] Carol lastete in seinem Mémoire von 1870 den Radikalliberalen die Ausschreitungen und Gewalttätigkeiten an, die wiederum die Konservativen provoziert hätten, doch kam es auf beiden Seiten zu mehr oder weniger tatkräftigen Beeinflussungen in den Wahlkollegien.[36] Er verschwieg jedoch seine eigene Präferenz für die Radikalliberalen und seine Enttäuschung, dass das Land kein klares Votum abgegeben hatte.
Das Resultat der Wahlen fiel desillusionierend aus. Vor allem die neu gewählte Kammer bot ein buntes Spektrum unterschiedlicher Parteigruppen, das von den Konservativen über die Gemäßigten konservativer und liberaler Couleur, die Anhänger Cuzas und Kogălniceanus, die Moldauer Fraktionisten und Separatisten bis hin zu den muntenischen Radikalliberalen reichte und als getreues Abbild der im Land zirkulierenden politischen Strömungen angesehen werden konnte. Auffallend war die starke Präsenz vieler Gruppierungen aus der Moldau, worin sich auch ein regionaler Unterschied zur Walachei manifestierte. Unter jenen galten einige als Gegner des Fürsten und der Union. Die Angaben über die Stärke und Zusammensetzung der einzelnen Gruppen fielen sehr unterschiedlich aus, was die Schwierigkeit einer exakten Zuordnung der Abgeordneten widerspiegelte. Grob eingeteilt, bestand ein Drittel der Kammer aus Liberalen, ein Drittel aus Konservativen und ein Drittel aus verschiedenen anderen Gruppen oder, wie Brătianu den Ausgang kommentierte, waren ein Drittel Liberale, das zweite Drittel Regierungsfreundliche und das letzte Drittel Cuzisten und Separatisten.[37] Besonders für den Fürsten bedeutete das Wahlergebnis eine herbe Enttäuschung, da er in diesem ein gegen

[34] Aus dem Leben König Karls, 1, S. 154. Wohl nicht zufällig entstand der Brief kurze Zeit nach einem Besuch Carols auf dem Landgut von I. C. Brătianu. Offiziell wurde die Aufnahme des Briefes als positiv beschrieben: M.A.E. România, 1866-1867, Politice, Vol. 125, Rundschreiben des Außenministers v. 9./21.12.1866.

[35] Georgescu-Tistu, Correspondence d'Emile Picot, S. 110. Kogălniceanu, Opere IV, orat. II, part. I, S. 113. Ganz frei von Vorwürfen war die Regierung dennoch nicht, so im Fall des Bruders von Ion Ghica, Pantazi, der in Bacău Präfekt war: Bogdan, I., Pe urmele lui Ion Ghica, Bucureşti 1987, S. 170. B.A. Arh. Ion Ghica VIII, varia 11, Gc II 357, R. Rosetti an I. Ghica, o.D.

[36] Kogălniceanu, Opere IV, orat. II, part. I, S. 109f. Dort auch eine populäre Satire auf Weiße und Rote, die nach Volkes Meinung alle *ciocoi* waren, nur die einen alt, die anderen neu.

[37] Aus dem Leben König Karls 1, S. 159. Michelson, Conflict and Crisis, S. 153. Andere Zahlen in: Istoria parlamentului, S. 173f. Nach einer für den Fürsten angefertigten Aufstellung gab es vier Gruppen: Linke: 34, Regierungsrechte: 47, Rechte: 23, Camorra: 41. Arh. Stat. CR 8/1866, f. 153-155. FHHDA, HS, R53, 1429, Nr. 261, Brief Carols an den Vater v. 28.11./ 10.12.1866, dort allerdings mit umgekehrten Zahlenangaben für Linke und Rechte.

sich gerichtetes Votum sah, worin er von Brătianu bestärkt wurde, der den Gedanken einer Verfälschung des Wählerwillens nahe legte.[38]

Trotz seiner Enttäuschung akzeptierte der Fürst zunächst das Ergebnis und war bereit, mit der Kammer zusammenzuarbeiten in der Hoffnung, wenigstens einige kleine Reformen zu erreichen.[39] In seiner Thronrede zur Eröffnung der ersten Parlamentssession am 15./27. November 1866 appellierte er an Einheit und Zusammenarbeit sowie an die Pflicht aller, nur dem Wohl des Vaterlandes zu dienen und die Schäden der Vergangenheit zu beseitigen. Gegen den Widerstand seiner Minister hatte er einen Satz eingebaut, auf den er großen Wert legte: „Vergessen Sie die Kämpfe und die Rivalitäten, die, um der Befriedigung persönlicher Interessen willen, die Sicherheit des ganzen Landes kompromittieren können [...].“[40] Während der Fürst das Pflicht- und Verantwortungsgefühl für das Gemeinwohl herausstellte und sich selbst als beispielgebend ansah, setzte die Regierung einen anderen Akzent, indem sie zur Voraussetzung für Stabilität und Fortschritt den Respekt vor der Verfassung und die strikte Anwendung der Gesetze machte.[41] Beide Standpunkte blieben allgemein und offen für viele Interpretationsmöglichkeiten, konnten aber nur in dieser Unbestimmtheit als Angebot für eine Zusammenarbeit mit einer Kammer dienen, in der sich neue Mehrheitsverhältnisse erst herausbilden mussten. Ein zukunftsweisendes Programm hatte die Regierung nicht zu offerieren, sondern sie konzentrierte sich auf die Bewältigung momentan drängender Probleme wie der Bekämpfung der Auswirkungen der Dürre und der Choleraepidemie. Die Hauptschwierigkeit blieb aber die Finanzlage, die nur durch eine zu sehr ungünstigen Bedingungen abgeschlossene Auslandsanleihe einigermaßen stabilisiert werden konnte.[42]

Es waren aber nicht die Finanzfragen, denen das Hauptinteresse der Abgeordneten galt, sondern die Klärung der Zusammensetzung des Parlaments durch die Wahlverifikationen, die gut einen Monat in Anspruch nahmen. Wenngleich versucht wurde, diese Verifikationen zur Ausschaltung des politischen Gegners zu nutzen, so bedeuteten die langen und heftigen Diskussionen einen Klärungsprozess und einen Beitrag zur Integration von Gruppen, die als ehemalige Mitstreiter Cuzas oder als so genannte Separatisten in dem Ruf standen, der neuen politischen Ordnung ablehnend gegenüber zu stehen.[43]

[38] Aus dem Leben König Karls, 1, S. 159f. FHHDA, HS, R 53, 1429, Nr. 275, Brief an den Vater v. 28.12.1866/9.1.1867. In seinem Brief v. 18./30.11.1866 spricht er von vielen „schlechten Elementen“ in der Kammer. Ibd. Nr. 260.

[39] Aus dem Leben König Karls, 1, S. 160. Demnach betrachtete er diese Aufgabe als Herausforderung, die er annehmen wollte.

[40] FHHDA, HS, R 53, 1429, Nr. 260, Brief an den Vater v. 18./30.11.1866. Aus dem Leben König Karls, S. 261.

[41] Regele Carol I al României, 1, S. 55ff. Diese Akzentverschiebung innerhalb der Thronrede ist nicht zu übersehen.

[42] Maier, Rumänien, S. 267. Arh. Stat. CR 58/1866, S. 59ff., Eder v. 17.11.1866 mit einer Kopie des Anleihevertrags. Die Zahlen differieren etwas, ändern aber nichts an den exorbitanten Bedingungen der Anleihe, bei der der Staat bei einem Nominalwert von über 36,5 Mill. Francs nur 18,5 Mill. erhielt mit einem realen Zinssatz von 16,36 %. Die jährlichen Zins- und Tilgungsraten betrugen über 23 Jahre lang über 3 Mill. Francs.

Trotz einer persönlichen Begegnung mit dem Fürsten, dem sie ihre Treue versicherten, blieb dieser ihnen gegenüber misstrauisch.[44] Auch die Wahl L. Catargius zum Kammerpräsidenten, mit der dem Fürsten im Fall eines Regierungswechsels eine institutionelle Alternative zur Verfügung gestellt wurde, war kaum geeignet, die Vorbehalte des Fürsten gegenüber der Kammer zu verringern.[45] Die Kammeradresse, die Aufschluss über die Haltung der Kammer gegenüber der Regierung gab, sicherte dem Fürsten volle Ergebenheit und Unterstützung zu, bezog aber gegenüber der Regierung eine kritische Haltung, indem man sich gegen den Missbrauch und die Verantwortungslosigkeit im Umgang mit den öffentlichen Geldern wandte, womit auf die Pariser Anleihe angespielt wurde.[46]
Schon bald zeichnete sich ab, dass sich die Zusammenarbeit zwischen Regierung und Kammer schwierig gestaltete: jene war nicht in der Lage, den Staatshaushalt durchzusetzen, während die Kammer aufgrund ihrer unklaren Mehrheitsverhältnisse und der Beanspruchung durch viele so genannte „persönliche Fragen" der Regierung keine klare Politik entgegensetzen konnte. Die Folge war eine gegenseitige Blockierung, die den Staatsapparat insgesamt zu lähmen drohte. Der Fürst selbst verlor allmählich das Vertrauen in seine Regierung, die sich in seinen Augen als zu wenig energisch gegenüber der Kammer erwies und die Administration vernachlässigte. So stellte er bei seinen vielen Inspektionen bei Behörden, Gerichten und Militärstellen immer wieder Unregelmäßigkeiten, Missstände und eine mangelnde Arbeitsmoral fest, für die er die Minister verantwortlich machte.[47]
Am Jahresende 1866 zog der Fürst eine negative Bilanz: der Regierung mangele es an Durchsetzungsfähigkeiten, die rumänischen Auslandsvertretungen seien ineffizient, der russische Einfluss in der Moldau drohe aufgrund der innenpolitischen Energielosigkeit zuzunehmen. Am Silvesterabend 1866 war der Fürst von der Notwendigkeit eines Regierungswechsels überzeugt.[48] Als Konsequenz reichte Ion Ghica dem Fürsten am 1. Januar 1867 (n.St.) seine Demission ein, die er gegenüber dem Parlament tags darauf, sehr zu

43 So scheiterte der Antrag, die Wahl Kogălniceanus erneut für ungültig zu erklären, und Kogălniceanu wiederum setzte sich für die Bestätigung der Wahl von Nicolae-Roznovanu, einem der Führer der Separatistendemonstration vom 3./15. April in Iaşi, ein mit dem Argument, dass sich dieser als Unionist und Unterstützer des fremden Fürsten erklärt habe und dass es klüger wäre, ihn innerhalb als außerhalb der Kammer zu wissen. Kogălniceanu, Opere IV, orat. II, part. I, S. 97ff., S. 108f.

44 FHHDA, HS, R 53, 1429, Nr. 275, Brief an den Vater v. 28.12.1866/9.1.1867.

45 Arh. Stat. CR 8/1866, f. 113, Ion Ghica an Carol v. 7./19.12.1866. Die Wahl kam erst im zweiten Wahldurchgang zustande.

46 Sturdza, Domnia Regelui Carol I, t. 1, S. 374f.

47 B.A. Arh. Ion Ghica VIII, varia 11, Bericht v. Polizeipräfekt Rosetti an Ion Ghica v. 10.12. 1866. Aus dem Leben König Karls, 1, S. 162f. Wie sehr den Fürsten diese Missstände ärgerten, worunter auch Unpünktlichkeit, schlechte Verfahrensweisen, Unvollständigkeiten der Buchführung etc. fielen, geht aus seinen Tagebucheintragungen hervor. Dann konnte er sehr heftig werden. Arh. Stat. Fond Regele Carol I, III/26, (m.r. 561), f. 67.

48 Arh. Stat. Fond Regele Carol I, III/26, (m.r. 561), f. 68. Am 19./31.12.1866 fällt die Tagebucheintragung ungewöhnlich lang aus mit einer Art negativem Resümee über die letzte Zeit. An diesem Tag finden auch entscheidende Gespräche mit Ion Ghica, D. Sturdza und Ion Brătianu über die weitere Vorgehensweise statt.

dessen Überraschung, damit begründete, dass die amtierende Regierung ohne eine parlamentarische Grundlage zustande gekommen sei und dass der neu gewählten Kammer die Aufgabe zufalle, ein neues Ministerium aus ihrer Mitte zu bilden.[49] Dieses war allerdings ein vorgeschobener Grund, da kein Misstrauensvotum vorlag. Festzuhalten ist, dass der Fürst den Rücktritt der Regierung zu verantworten hatte und beiden Institutionen, Regierung wie Parlament, keine Zeit ließ, um selbst die Formen einer Zusammenarbeit zu finden und ihre Funktionsweise zu erproben. Nach der Verfassung stand ihm das Recht der Entlassung eines Ministeriums zu, doch zeigte sich bereits in diesem Fall, dass dieses Recht mit dem Anspruch der Überparteilichkeit kollidierte, da ein konkreter Konflikt zwischen Parlament und Regierung nicht vorlag.

Eine Lösung der Ministerkrise erwies sich als schwierig, denn Ion Brătianu, den der Fürst mit der Kabinettsbildung beauftragte, scheiterte mit seinem Versuch, gemäß den Vorstellungen des Fürsten eine mehrheitsfähige Regierung unter Einschluss gemäßigter Politiker zustande zu bringen.[50] Carol lag vor allem an dem Eintritt von Brătianu in die Regierung, dem er die nötige Energie für seine geplanten Reformen zutraute. Da eine rein radikalliberale Regierung aber weder eine parlamentarische Mehrheit besaß noch außenpolitisch genehm erschien, galt Carols Präferenz einer Allianz zwischen Radikalliberalen und gemäßigt Konservativen.[51] Der Misserfolg Brătianus zwang Ion Ghica gegen seinen Willen, weiter im Amt zu bleiben, immer zum Abruf bereit, was seine Stellung gegenüber dem Parlament und dem Fürsten weiterhin erschwerte. In dieser Situation stießen auch zwei Auffassungen aufeinander, die den Mentalitätsunterschied zwischen dem Fürsten und einem Mitglied der rumänischen Hocharistokratie offenbarten und ihr Verhältnis beeinflussten: Während Carol seinen Ministern offen erklärte, dass es ihre Pflicht wäre, so lange auszuharren, bis die Situation geklärt sei, bedeutete das tolerierte Verbleiben für die Minister eine Verletzung ihres persönlichen Stolzes und Selbstwertgefühls.[52]

[49] Nicolescu, Parlamentul român, S. 23. Arh. Stat. Fond Regele Carol I, III/26, (m.r. 561), f. 70.

[50] Brătianu hatte bereits eine Ministerliste aufgestellt, doch scheiterte sie an persönlichen Unvereinbarkeiten: Bălăceanu an Carol v. 25.12.1866 (a.St.). Arh. Stat. CR 8/1866, f. 129. Zwei Tage zuvor, am 23.12. (a.St.), hatte Picot an Friedländer in Berlin telegrafiert, dass ein Ministerwechsel kurz bevorstände und dass Epureanu und Brătianu ins Kabinett eintreten würden. Ion Ghica sei unmöglich geworden. FHHDA, HS, R 53, 1429, Nr. 265. Am 27.12. (a.St.) teilte der Polizeipräfekt Rosetti Ion Ghica mit, dass Ion Brătianu dem Fürsten das Scheitern seiner Regierungsbildung bekannt gegeben habe: B.A. Arh. Ion Ghica VIII, varia 11, Gc II 347.

[51] FHHDA, HS, R 53, 1429, Nr. 289, Artikel in der „Nationalzeitung" v. 31.1.1867, der aus der Feder des deutschen Sekretärs des Fürsten, Eduard Friedländer, stammt.

[52] Ibd., Nr. 275, Carol v. 28.12.1866/9.1.1867 an den Vater. Ion Ghica wurde nur durch die Überredungskunst seines Freundes Ion Bălăceanu davon abgehalten, sein Amt aufzugeben. Arh. Stat. CR 8/1866, f. 130.

2. Das Scheitern der Regierung Ion Ghica und die Berufung der Radikalliberalen

Die Suche nach arbeitsfähigen Mehrheitsverhältnissen bestimmte in den kommenden zwei Monaten das Verhältnis zwischen Regierung und Parlament. Zugleich wurde immer wieder die Frage nach der Stellung beider Institutionen zueinander erörtert, was die Unsicherheit im Umgang mit den neu erworbenen Verfassungsrechten offenbarte. So wurde die Oppenheim-Anleihe im Januar 1867 von der Budgetkommission der Kammer missbilligt und die Regierung scharf angegriffen, ihr sogar mit einer gerichtlichen Klage gedroht. Dennoch vermied man ein klares Misstrauensvotum. Vielen Abgeordneten war das Dilemma bewusst und sie wiesen auf die Verantwortlichkeit der Parteien hin, im Falle einer von ihnen provozierten Regierungskrise die Konsequenzen zu tragen, sprich: die Regierungsbildung zu übernehmen.[53] So kritisierte Ion Brătianu in seiner Rede am 14./26. Januar 1867 die Budgetkommission, da sie ihre Befugnisse überschritten und keinen Auftrag gehabt habe, der Regierung ihr Misstrauen auszusprechen, denn „wir wissen nicht, wie in dieser Kammer eine Mehrheit mit einem anerkannten Programm gebildet werden kann, die in der Lage wäre, ein neues Ministerium zu bilden."[54] Ion Ghica seinerseits appellierte angesichts der Angriffe an die politische Einsicht der Abgeordneten, die Situation mit einem klaren Votum zu klären, ohne viel Erfolg.[55] Ghica wies eindeutig dem Parlament eine Entscheidungsrolle zu, was gleichermaßen seiner politischen Einstellung entsprach, wie auch der Lage seiner schwachen Regierung, die sich auf keine starke Parteigruppierung stützen konnte. Sein wiederholtes Angebot zurückzutreten, bewirkte kontraproduktiv einen weiteren Autoritäts- und Vertrauensverlust und blieb so lange ohne Folgen, bis eine Alternative bereitstand. Frustriert und resignierend beschrieb Ghica seine immer unhaltbarer werdende Lage in einem Brief an A. G. Golescu:
„Ich bin noch Minister angesichts von 15 oder 20 Parteien in der Kammer, die in zwei Lager aufgeteilt ist mit einer schwankenden und unentschlossenen Mehrheit. Du würdest eine ziemlich gute Vorstellung davon bekommen, wenn ich Dir sage, dass sie 32 Tage brauchten, um die Rechte der Deputierten zu verifizieren und 60 Tage, um die Budgets zu votieren [...] Was mich angeht, so gestehe ich Dir, dass ich mich zurückziehen möchte, denn ich bin ausgelaugt. Ich muss wie ein Pferd arbeiten und wie eine Schildwache aufpassen. Wir leben seit 12 Monaten unter einem Regime der Verdächtigungen der einen gegen die anderen, diesen erzählen die einen Alles, die anderen konspirieren, und dies alles, um dem Fürsten zu beweisen, dass man ihm treu und ergeben ist. Die Roten praktizieren diese Politik in umfangreichem Maßstab, wie Du sie kennst. Wenn ich das Land

53 Supliment la Monitorul oficial, 19./31.1.1867, Nr. 15, S. 76, G. Ghica in der Sitzung v. 13./25.1.1867.

54 Supliment la Monitorul oficial, 20.1./1.2.1866, Nr. 16, S. 86.

55 Er setzte die Abgeordneten in der Sitzung am 14./26.1.1867 unter Druck, indem er erklärte, dass angesichts der herrschenden Unklarheit die Regierungsmitglieder die Sitzung nicht verlassen würden, ehe dieses Problem geklärt sei. Ibd., S. 85.

verlassen könnte, ich würde es nur zu gern tun. Unser Land ist für ehrliche Leute sehr schwierig geworden."[56]

Ghicas anschauliche Klage überging allerdings seine eigene Hilflosigkeit und Passivität, angesichts der Parteienzersplitterung Mehrheiten für seine Politik zu finden. Er selbst unternahm nichts, um einen Zusammenschluss von Gruppen zwecks Unterstützung seiner Regierung zu bewerkstelligen. Auch war er nicht die Persönlichkeit, die durch ein offensives Auftreten oder eine mitreißende Rhetorik in einer offenen Situation die Initiative an sich ziehen konnte und sich in der Lage zeigte, die Regierung zu konsolidieren. So wartete er auf eine Beendigung der Krise, die erst gelang, als sich liberale Gruppen auf eine Zusammenarbeit verständigten. Die Initiative dazu ergriffen die Radikalliberalen, die bessere organisatorische Voraussetzungen mitbrachten und der wohlwollenden Unterstützung durch den Fürsten sicher sein konnten. Sie einigten sich mit den Kogălniceanu-Liberalen aus der Moldau auf ein gemeinsames Programm, das die Voraussetzungen für den Regierungswechsel schuf.

Dieses so genannte „Programm von Concordia", benannt nach einem Versammlungslokal der Linken, wurde Ende Februar 1867 verabschiedet und enthielt in elf Punkten die politischen Grundsätze der Liberalen.[57] An erster Stelle standen die Verteidigung und Entwicklung der rumänischen Nationalität, gefolgt von der Gewissensfreiheit, der Entwicklung und Verbesserung des Erziehungswesens, der Armee, der Finanzen und des Handels, der Administration, der Justiz, dem Ausbau von Verkehrswegen, der Forderung nach Ministerverantwortlichkeit und administrativer Dezentralisation. Bezeichnenderweise wurde die Landwirtschaft als letzter Punkt behandelt, u. a. mit der Feststellung, dass in Rumänien die soziale Frage durch die Agrarreform ein für alle Mal erledigt sei und dass es von nun an nur von einer guten Verwaltung abhinge, die wohl verstandenen Interessen der großen und kleinen Eigentümer miteinander zu sichern und zu befriedigen.[58]

Dieses Programm deckte sich in vielen Teilen mit Reformforderungen in einer mitreißenden Rede, die Ion Brătianu am 30.1./11.2.1867 vor Mitgliedern des Radikalliberalenklubs „Gesellschaft der Freunde der Verfassung" gehalten hatte und die den Auftakt zu Angriffen gegen die Regierung bildete, der eine mangelnde Weiterentwicklung der geschaffenen Institutionen vorgeworfen wurde.[59] Am 20.2./4.3.1867 erfolgte schließlich der Misstrauensantrag durch den Abgeordneten Petre Grădişteanu in der Kammer, in dem der Regierung Fehler in der Finanz- und Haushaltspolitik, bei den Anerkennungsverhandlungen, ihre schlechte Administration und – an erster Stelle – ihr verfassungswidriges Handeln vorgeworfen wurde, sich gegen den Willen der Abgeordneten an der Macht gehalten zu haben, ein Vorwurf, der angesichts der Haltung Ion Ghicas gegenüber dem Parlament absurd war.[60] Die Anschuldigungen dienten denn auch eher dem Zweck, die allgemeine

56 B.C.S. Colecţia Kogălniceanu, P. LXXX, D 14. Ion Ghica an A. G. Golescu, 17.2./1.3. 1867.

57 Russu, V., Din lupta politică în anii instabilităţii guvernamentale: înţelegerea de la „Concordia" (februarie 1867), in: Analele, XVII, 1971, S. 73-91. Stan, Grupări şi curente politice, S. 190f.

58 Istoricul partidului naţional-liberal de la 1848 şi până astăzi, Bucureşti 1923, S. 85ff.

59 Din scrierile şi cuvîntările lui Ion C. Brătianu, S. 416ff.

60 Monitorul oficial, Nr. 44, 24.2./8.3.1867, S. 319. Aus dem Leben König Karls, 1, S. 181. Arh. Stat. CR 6/1866, f. 151.

Kritik und das weit verbreitete Unbehagen an der Regierung zu fixieren, wobei sich die Verfassung als Referenzsystem erwies. Das Votum für den Antrag fiel äußerst knapp aus, führte aber endgültig zur Demission der Regierung, die der Fürst diesmal annahm.

Dieser erste Rücktritt einer Regierung unter der neuen Verfassung wies in eine parlamentarische Richtung der Regierungsbildung. Das Ministerium Ion Ghica, obwohl dem Fürsten und nicht dem Parlament verantwortlich, akzeptierte das parlamentarische Misstrauensvotum. In dieser Initiative der Kammer lag denn auch der Grund, warum der Fürst trotz seiner negativen Meinung über das alte Kabinett einem Ministerwechsel mit gemischten Gefühlen gegenüberstand: Er sah darin eine „Pression der Kammer", deren Abgeordnete persönliche Interessen über die des Landes stellten, und bedauerte die Störung der Stabilität, andererseits besaß er selbst wenig Vertrauen in sein Kabinett und hielt ein weiteres Verbleiben im Amt für unmöglich.[61]

Als verfassungsmäßig dazu berufenem Organ oblag es dem Fürsten, die Schiedsrichterrolle in dem Konflikt zwischen Regierung und Parlament zu übernehmen und eine Entscheidung über das neu zu bildende Kabinett zu treffen. Doch die Regierungsbildung gestaltete sich sehr schwierig und offenbarte die Unsicherheiten in den Verfahrensweisen der noch jungen Institutionen. So scheiterte der Fürst zunächst damit, ein radikalliberales Kabinett unter St. Golescu zu bilden, da dieses keine Mehrheit besaß und allgemeine Besorgnis auslöste.[62] Ebenso wenig gelang es ihm danach, seine Vorstellungen für ein Fusionskabinett zwischen Linken und gemäßigten Rechten durchzusetzen. Während er von der Auffassung einer Pflicht gegenüber dem Staatsoberhaupt geprägt war, zeigten sich die von ihm ins Auge genommenen Politiker der Konservativen wie D. Ghica oder Epureanu nicht bereit, eine Statistenrolle bei den Radikalliberalen zu übernehmen, auf die der Fürst nicht verzichten wollte. Carol seinerseits warf der „Rechten" vor, ihm ein Ministerium aufzwingen zu wollen und Männer vorzuschlagen, in die er kein Vertrauen hatte.[63]

Als Hauptproblem erwies sich das Fehlen einer Mehrheit im Parlament. Dennoch ist es bemerkenswert, dass der Fürst bzw. die anderen Politiker eine Kammerauflösung zu dem Zeitpunkt nicht in Betracht zogen, was nicht nur an dem noch nicht votierten Staatshaushalt für 1867 lag.[64] Die Kammerverhältnisse dienten als Ausgangspunkt für die Lösung der Regierungskrise, wobei der Wille des Fürsten gleichfalls von entscheidender Bedeutung war, aber nicht in ausschließlicher Manier. Erst nach langwierigen Verhandlungen, die sich bis zum 1./13. März 1867 hinzogen und während derer immer wieder Ministerlisten aufgestellt und verworfen wurden, gelang die Konstituierung eines Ministeriums. Während dieser Konsultationsphase spielte I. Brătianu sowohl als Berater des Fürsten wie auch als Organisator einer liberalen Koalition auf der Basis des „Con-

61 FHHDA, HS, R 53, 1430, Nr. 323, Brief v. 17./29.3.1867 an den Vater.

62 Arh. Stat. Fond Regele Carol I, III/26, f. 75 (24.2./8.3.1867). FHHDA, HS, R 53, 1430, ad Nr. 327. Aus dem Leben König Karls, 1, S. 182.

63 FHHDA, HS, R 53, 1430, Nr. 323, Brief v. 17./29.3.1867 an den Vater.

64 Den Vorschlag von Mavrogheni Anfang Januar bei der ersten Ministerkrise, dass die Kammer dem Fürsten eine auf zwei Jahre befristete Vollmacht ausstellen sollte, hielt Carol für gefährlich. Arh. Stat. Fond Regele Carol I, III/26, f. 70.

cordia-Vertrags" eine zentrale Rolle. Ihm gelang es, die Rechte bei Carol auszumanövrieren, was umso leichter fiel, als der Fürst einigen ihrer Führer zutiefst misstraute. Die Lösung der Ministerkrise bestand schließlich in der Bildung eines radikalliberalen Kabinetts mit einem konservativen Ministerpräsidenten aus einer bekannten Bojarenfamilie, Constantin Creţulescu, der sich bereit erklärt hatte, als konservatives Aushängeschild für ein linkes Ministerium zu fungieren.[65] Ion Brătianu erhielt das Innenministerium, wo nach Carols Worten „die größte Action entwickelt werden kann, da man die ganze Administration in Händen hat", sein Bruder Dumitrie das Kultusministerium und *ad interim* das Ministerium für öffentliche Arbeiten, das Äußere fiel an deren Freund und Mitstreiter Ştefan Golescu, den Carol als sehr diskret und ihm ganz ergeben bezeichnete. Das Finanzministerium wurde einem Moldauer, Al. Văsescu, übertragen, den Carol nicht kannte, der sich aber des Rufes eines ehrlichen Mannes erfreute, „was für einen Rumänischen Finanz-Minister die erste Bedingung sein muss".[66] Der Ministerpräsident hatte das Justizressort inne, während der Kriegsminister der Vorgängerregierung, der Moldauer General T. Gherghel, der im preußischen Ingenieurkorps als Offizier gedient hatte, beibehalten wurde, da Carol mit ihm die Armeereform nach preußischem Vorbild durchführen wollte.

Alle Schlüsselministerien lagen somit in radikalliberaler Hand, was den Intentionen des Fürsten entsprach. Das neue Kabinett besaß im Gegensatz zu seinem Vorgänger das volle Vertrauen des Fürsten, der sich auch bereit zeigte, im Falle eines neuen Konfliktes die Kammer aufzulösen – eine Konzession, die er der Rechten nicht gemacht hatte. In einem abschließenden Urteil sprach der Fürst der abgetretenen Regierung Ion Ghica die nötige fachliche Kompetenz nicht ab, kritisierte aber vor allem ihre Energielosigkeit, was zu ihrem Autoritätsverlust und zu Unpopularität geführt habe.[67] Auf der Gegenseite fühlten sich Ion Ghica und seine politischen Freunde als Opfer von Intrigen und Diffamierungskampagnen und zeigten sich vom Fürsten enttäuscht, da sie ihren Kopf für alle Schwierigkeiten hingehalten hätten, um dem Fürsten und seinem Amt nicht zu schaden.[68] Die Folge war eine zunehmende Distanzierung vom Fürsten, dem sie die Bevorzugung der Radikalliberalen übelnahmen und eine, wenn auch vorläufige, Trennung von dieser Gruppe, der sie ideologisch nahe gestanden hatten.[69] Diese Reaktionsweise erwies sich als ein sehr typisches Verhaltensmuster bei Regierungswechseln, wo der Verlust eines Amtes als ein persönlich angetanes Unrecht und eine Schmälerung des Selbstwertgefühls empfunden wurde und entsprechende Ressentiments auslösten. Diese konnten sehr heftig

65 Der Fürst beschrieb ihn als einen von allen Parteien hoch geachteten Mann: FHHDA, HS, R 53, 1430, Nr. 323, Brief v. 17./29.3.1867 an den Vater.

66 Ibd.

67 Ibd.

68 B.C.S. Colecţia Kogălniceanu, P. LXI, D 6, D. Sturdza an A. G. Golescu v. 14./28.3.1867.

69 „Le résultat de ces machinations est l'arrivée au pouvoir des rouges, et d'un autre côté notre séparation complète d'eux. Il y a rupture, je l'espère, pour toujours, car on doit respecter l'opinion d'autrui, fût-elle la plus folle; mais on n'est pas tenu à souffrir toute sa vie les calomnies les plus viles, les procédés les plus indignes." Ibd. D. Sturdza war ein typischer Vertreter dieser Politikerkategorie.

ausfallen, dauerten aber selten lange an und standen einer späteren erneuten politischen oder persönlichen Zusammenarbeit nicht im Wege. Diese starke Emotionalisierung der politischen Kultur trug das Ihre zu den Schwankungen und Irritationen zwischen dem Fürsten und den rumänischen Politikern während der ersten Jahre bei, die sich beide an unterschiedliche Verhaltensnormen im Umgang miteinander gewöhnen mussten.

Im Gegensatz zu der von Carol Anfang 1867 begrüßten und mit einem großen Vertrauensvorschuss bedachten Regierungsbildung der Radikalliberalen steht die Deutung dieses Ereignisses durch die Denkschrift von 1870. Im Lichte der gemachten Erfahrungen und bestimmt durch den Charakter einer Rechtfertigungsschrift wird die Berufung Ion Brătianus entschuldigend als einzig mögliche Option für den Fürsten dargestellt, da nur die Radikalliberalen die notwendige Aktivität bewiesen hätten, während die Konservativen durch hoffnungslose Schwäche und Unentschlossenheit gekennzeichnet gewesen seien. Der Fürst erscheint dabei nur als passives Element, dem durch die Verhältnisse das Kabinett Brătianu quasi diktiert wurde, verstärkt noch durch den Machthunger der radikalliberalen Partei.[70]

Diese Interpretation verschweigt die tatsächliche Einstellung Carols seiner neuen Regierung gegenüber, die große Sympathie für Brătianu sowie das aktive Engagement des Fürsten für dessen Eintritt in die Regierung. Seine Berufung beruhte auf dem Vertrauen des Fürsten in den Menschen und den Politiker Brătianu, auf der Überzeugung, dass nur seine Partei dem Fürsten wirklich ergeben sei und die Dynastie konsolidieren könne und er die erforderliche Energie besitze, um die für die geplante Modernisierung notwendigen Reformen durchzusetzen. Dafür war der Fürst bereit, Brătianu gegen alle Widerstände von außen und innen zu halten. Wohl kaum eine andere Regierungszeit unter Carol kennzeichnete eine so enge menschliche und politische Zusammenarbeit zwischen dem Fürsten und seinem mächtigen Minister, wie es unter den drei radikalliberalen Regierungen der Fall war. Ion Brătianu bekleidete die jeweils wichtigsten und für die Tagespolitik maßgeblichen Ministerposten. In allen drei Kabinetten mit den Ministerpräsidenten Constantin Creţulescu (1./13.3.–16/28.8.1867), Ştefan Golescu (17./29.8.1867–30.4./12.5.1868), Nicolae Golescu (1./13.5.–15./27.11.1868) hatte er, mit kurzen Unterbrechungen, das Innenministerium inne, hinzu kam das Finanzressort in der Regierung von Şt. Golescu und das Kriegsministerium unter dem Ministerpräsidenten N. Golescu. Die anderen Minister, viele von ihnen politisch unerfahren und wenig kompetent, gerieten eher zu Statisten oder standen unter dem Einfluss von Brătianu, der seine Machtstellung in erster Linie dem Vertrauen des Fürsten verdankte. 1870 wollte Carol weder an die eigene Präferenz für Brătianu erinnert werden, noch an die Tatsache, dass es die Radikalliberalen waren, die seine Reformen trugen, und dass nur mit ihrer Hilfe der politische Orientierungswechsel von Frankreich nach Preußen gelang.

70 FHHDA, HS 53, 1435, S. 7. Diese Argumentation einer durch die Verhältnisse aufgezwungenen Berufung der Radikalliberalen wurde bereits kurz nach deren Sturz im November 1868 in diplomatischen Rechtfertigungsversuchen für das Ausland benutzt. Arh. Stat. CR 27/1869, f. 1ff., Ion Strat an D. Ghica v. 26.1.1869 (n.St.).

II Aufbruch zu neuen Ufern: Reform und Expansion unter den Radikalliberalen

1. Die Armeereform im Spannungsfeld von französischer und preußischer Politik

Mit dem Antritt der Regierung Crețulescu/Brătianu begann für den Fürsten eine Zeit voller Elan, Dynamik und hektischer Aktivitäten. Sein Ziel war kein geringeres als die vollständige Unabhängigkeit, die er durch den Aufbau einer starken Armee, eines ausgebauten Verkehrsnetzes und einer leistungsfähigen Verwaltung zu erreichen hoffte. Es war die Sturm-und-Drang-Periode seiner Herrschaft: Carol und seine Minister verfolgten eine offensive, auf Expansion angelegte Politik, getragen vom Vertrauen in die eigenen Fähigkeiten und in die zu erschließenden Potenziale des Landes. Die Ungeduld des Fürsten, der seine Vorstellungen so schnell wie möglich realisiert sehen wollte, bildete einen weiteren herausragenden Charakterzug dieser Zeit. Ganz oben auf der Prioritätenliste stand dabei die Armeereform nach preußischem Vorbild. Ein starkes und gut ausgebildetes Heer sollte sowohl eine Stütze der Dynastie wie auch die Grundlage für die Erringung der Unabhängigkeit bilden. Anhand der Militärreformen wie auch des Eisenbahnbaus lassen sich sehr gut der Regierungsstil des Fürsten während dieser Anfangsphase und die daraus resultierenden langfristigen Auswirkungen auf die Innen- und Außenpolitik aufzeigen.

Die Armee befand sich in einem desolaten Zustand, wie alle Berichte von preußischen Offizieren, des Polizeipräfekten von Bukarest und rumänischen Militärs zeigten. Fielen preußischen Beobachtern vor allem die schlechte Haltung, unzweckmäßige und veraltete Bewaffnung, der Mangel an militärischen Kenntnissen, an Disziplin, an Pflicht- und Ehrgefühl im Offizierkorps auf, so berichtete der Polizeipräfekt von politisierenden Offizieren, Verschwörungen, Intrigen, Schlägereien von Offizieren. Rumänische Insider beklagten die politisch motivierten Eingriffe des Kriegsministeriums bei Beförderungen, Protektionen von unfähigen Leuten, die Missstände bei der Rekrutierung und die schlechte Behandlung der Soldaten.[1] Schlecht bewaffnet, undiszipliniert, demoralisiert, gespalten durch den Loyalitätskonflikt über die Teilnahme von Armeeangehörigen am

[1] FHHDA, HS R 53, 1429, Nr. 313, Oberstleutnant Bothe an Karl Anton v. 24.2.1867. B. A. Arhiva Ion Ghica VII, varia 11, passim, Polizeiberichte von Rosetti an Ion Ghica. Arh. Stat. CR 79/1866, S. 198ff., Notes sur la situation actuelle de l'armée Roumaine et les moyens de modifier avantageusement cette situation. Ibd., S. 311ff., Bericht von Davila an Carol v. 8./20.1.1867.

Sturz Cuzas: dies alles machte die Armee eher zu einem Unsicherheitsfaktor als zu einer Stütze des neuen Systems.[2]

Der Fürst begann mit großem persönlichem Engagement und einem breit angelegten Maßnahmenkatalog das Reformprogramm nach preußischem Vorbild. Zur Ausarbeitung der Heeresreform ließ er preußische Offiziere und Instrukteure kommen, des Weiteren Fachleute für militärische Einrichtungen (Feuerwerker, Büchsenmacher, Waffenschmiede), rumänische Offiziere schickte er zur Ausbildung nach Preußen. Die Beschaffung neuer Waffen, fast ausschließlich in Preußen, nahm er selbst in die Hand und versuchte, durch häufige Inspektionen, Personalentscheidungen, militärische Übungen, gemeinsame Essen mit Offizieren, Einrichtung von Offiziersmessen die Disziplin und Moral der Truppen zu heben. Dabei konnte sich Carol bei seinen Bemühungen auf die wohlwollende Unterstützung des Königs und auch Bismarcks verlassen, dem die rumänische Anlehnung an Preußen bei seiner antiösterreichischen Politik entgegenkam.[3] So erhielt der Oberstleutnant von Krenski, der als einer der fähigsten Offiziere im preußischen Generalstab galt, gegen den Willen der preußischen Militärs vom König die Erlaubnis und den erforderlichen Urlaub, nach Rumänien zu reisen, wo er sich vom 13./25. März bis Mitte Mai 1867 zum ersten Mal aufhielt, um Carol bei der organisatorischen Neuordnung des Heeres behiflich zu sein, wie auch der bereits seit Anfang des Jahres 1867 nach Bukarest gekommene Oberstleutnant Bothe.[4]

Oberstleutnant Krenski stand im Mittelpunkt des Interesses der Einführung von preußischen Instrukteuren und bildete ein Fallbeispiel für die Interaktionen von fürstlichem Handeln und innen- und außenpolitischen Implikationen. Nach dessen erstem Besuch drängte Carol immer wieder auf sein erneutes Kommen, da er ihm die Reorganisation der Armee anvertrauen wollte.[5] Die Anwesenheit der französischen Militärmission, die für den preußischen König einen Aufenthalt eines im aktiven Dienst stehenden preußischen Offiziers unmöglich machte, und die Schwierigkeiten einer offiziellen Regelung seiner Stellung rumänischerseits verhinderten jedoch eine schnelle Rückkehr von Krenski. Er konnte erst Anfang Oktober 1868 erneut kommen und nur in der Eigenschaft als einfacher Besucher des Fürsten. Auch diesmal war sein Aufenthalt nur von kurzer Dauer, da sich die politischen Voraussetzungen für sein Verbleiben gerade zu diesem Zeitpunkt ungünstig verändert hatten. Ion Brătianu weigerte sich nach dem Ausscheiden aus dem Amt und dem Rücktritt der Regierung N. Golescu im November 1868, die von ihm zunächst gebilligte Regelung der offiziellen Stellung Krenskis zu unterschreiben.[6]

2 Daher auch der Stoßseufzer Carols, am liebsten die Armee per Dekret aufzulösen, FHHDA, HS, R 53, 1429, Nr. 237, Brief v. 15./27.9.1866 an den Vater. Ibd. 1430, Nr. 323, Brief v. 17./29.3.1867. Am 4.1.1867 telegrafierte Picot an Friedländer: „Situation de l'armée inquietante." Ibd. 1429, Nr. 265.

3 Potthof, Fr. H., Die deutsche Politik Beusts, Bonn 1964, S. 228ff. Lutz, H., Österreich-Ungarn und die Gründung des Deutschen Reiches, Frankfurt, Berlin, Wien 1979, S. 109.

4 Aus dem Leben König Karls, 1, S. 185. FHHDA, HS, R 53, 1429, Nr. 313 und 1430, Nr. 327.

5 Arh. Stat. Fond Regele Carol I, V N 5, Carol an Friedländer v. 31. März 1868.

6 Arh. Stat. Fond Regele Carol I, III/27, f. 43.

Darüber hinaus begannen die Radikalliberalen, die sich jetzt in der Opposition befanden, und ihnen nahe stehende Offiziere gegen Krenski zu opponieren und seine Anwesenheit als Instrument im Kampf gegen die neue Regierung und als Druckmittel gegen den Fürsten zu benutzen.[7] Auch in der Armee regte sich Widerstand gegen das Auftreten von Krenski, das als anmaßend und taktlos empfunden wurde und dessen bevorzugte Stellung unter Übergehung rumänischer Befehls- und Verwaltungsstrukturen Verärgerung auslöste.[8] Der Fürst hielt es daher für angebracht, Krenski Ende Januar 1869 einen sechswöchigen Urlaub zu erteilen, wobei ihm die bevorstehende Abberufung und Abreise der französischen Militärmission einen willkommenen Anlass bot;[9] er hoffte aber, dass mit dem Ende dieser Mission endlich der Weg frei wäre, Krenski für ein oder zwei Jahre als Organisator zur Verfügung zu haben und zwar in dessen Eigenschaft als aktiver, wenn auch für diesen Zeitraum beurlaubter preußischer Offizier.[10] Trotz des Eintretens des preußischen Generalkonsuls Keyserling, der dringend zur Überlassung Krenskis an Carol riet und sich in dieser Angelegenheit auch direkt an den Kronprinzen wandte,[11] scheiterte die Rückkehr Krenskis nach Bukarest aber endgültig an dem Einspruch Bismarcks, der aus Rücksicht auf das ungarische Misstrauen wegen Siebenbürgen die Ausbildung der rumänischen Armee durch einen im aktiven Dienst stehenden preußischen Offizier ablehnte.[12] Damit fanden auch Carols Pläne zur Organisation und Ausbildung seiner Armee durch preußische Instrukteure ein Ende, was sich im Nachhinein für den Fürsten als Vorteil erweisen sollte.

Die Schwierigkeiten einer Einstellung preußischer Offiziere hingen eng mit der französischen Militärmission zusammen, die sich seit 1861 in den Fürstentümern aufhielt und maßgeblich am Aufbau und an der Ausbildung der von Cuza neu geschaffenen rumänischen Armee beteiligt gewesen war.[13] Misshelligkeiten mit einheimischen Stellen und

7 Ibd., f. 47f. Aus dem Leben König Karls, 1, S. 324. Dabei tat sich besonders Oberst D. Creţulescu hervor: B.C.S. Fond Brătianu, P. L, D 4.

8 Rosetti, R., Regele Carol I militar, in: Arhiva Românească, t. IV, Bucureşti 1940, S. 26. 30 de ani din domnia militară a regelui Carol I al României 1866-1896, Bucureşti 1899, S. 40. P.A. I.A.B.q. Türkei 24, Vol. 39, Keyserling v. 15.12.1868 (Nr. 115). Ibd. Vol. 41, Keyserling v. 5.6.1869 (Nr. 61). Krenski sollte de facto Aufgaben des Kriegsministers übernehmen, während der schwache Kriegsminister Duca lediglich für die formal rechtliche Seite zuständig sein sollte.

9 Arh. Stat. Fond Regele Carol I, III/27, f. 48. Aus dem Leben König Karls, 1, S. 327f.

10 Ibd. Ein Ausscheiden aus der preußischen Armee als Vorbedingung für den Verbleib Krenskis in Bukarest lehnten er selbst wie auch der Fürst ab. Arh. Stat. Fond Regele Carol I, VII/500. Keyserling v. 26.12.1868 an den Kronprinzen.

11 Ibd. P.A. I.A.B.q. Türkei 24, Vol. 39, Keyserling v. 15.12.1868 (Nr. 115).

12 P.A. I.A.B.q. Türkei 24, Vol. 38, Bismarck v. 25.11.1868. Aus dem Leben König Karls, 1, S. 326f. Arh. Stat. Fond Regele Carol I, III/27, f. 44. Carol schrieb am 13./27.12.1868 sogar an Andrassy wegen Krenski.

13 Emerit, M., Le dossier de la première mission militarie française en Roumanie, in: RRH V, 1966, S. 575ff. Emerit stützt seinen Aufsatz fast ausschließlich auf den Briefwechsel zwischen der Mission und dem Verteidigungsministerium und kommt aufgrund der Unkenntnis der rumänischen Quellen zu einer positiven Einschätzung des Verhältnisses zwischen Carol und der Mission, was verdeckt, dass der Fürst die Mission so schnell wie möglich loswerden wollte. Bobango, G., Foundations of the Independence Army: The Romanian Military in the Unification

Differenzen innerhalb der Mission hatten zur Folge, dass sich Ende 1866 nur noch ein Offizier in Rumänien aufhielt und das Ende der Mission nahe schien. Davon ging auch Carol aus und hielt den Moment günstig, die ungeliebten französischen Offiziere durch preußische zu ersetzen.[14] Als Unglück erwies sich für ihn, dass diese Angelegenheit in die Spannungen zwischen Preußen und Frankreich mit hineingezogen und zum Prüfstein für die französischen Beziehungen gemacht wurde. Als seine Pläne in Paris bekannt wurden – Carol hatte zuerst Hortense Cornu in der Hoffnung informiert, sie würde den Kaiser darauf vorbereiten –,[15] stießen sie angesichts der dort herrschenden antipreußischen Stimmung[16] auf entschiedene Ablehnung und trugen wesentlich zum wachsenden Misstrauen gegen den Fürsten und seine Regierung bei. Um nicht die Unterstützung Frankreichs zu verlieren und Rumänien außenpolitisch zu isolieren, musste Carol nicht nur seine Absicht, eine preußische Mission kommen zu lassen, dementieren, sondern als Zeichen seines guten Willens um die erneute Entsendung weiterer französischer Offiziere bitten.[17] Seinem Vertreter in Paris, Ion Bălăceanu, gelang es, nachdem ihm der Kaiser zuerst aus Verärgerung die Antrittsaudienz verweigert hatte, im Verein mit Hortense Cornu die aufgetretenen Spannungen zu beseitigen und die Zusage für die Verstärkung der französischen Mission zu erhalten.[18]

Damit fanden die Auseinandersetzungen über diese Mission jedoch kein Ende, sondern sie erfuhren eine Zuspitzung im Mai 1867, als Bălăceanu, der sich mit Hortense Cornu engagiert für die Wiederherstellung der guten Beziehungen zwischen Rumänien und Frankreich einsetzte, auf eigene Verantwortung, aber im Namen des rumänischen Staates, das Reisegeld für die zwei neuen Offiziere vom Hause Oppenheim lieh und dafür eine scharfe Rüge von Außenminister Ştefan Golescu erhielt mit der auf Anordnung Carols erfolgten Anweisung, die Abreise der Offiziere sofort zu stoppen.[19] Die Begrün-

Era, in: Kiraly, B. K. (ed.), The Crucial Decade: East Central European Society and National Defense 1859-1870, Columbia 1984, S. 389f. Giurescu, Viaţa şi opera lui Cuza Vodă, S. 415.

14 FHHDA, HS, R 53, 1429, Nr. 256 und 264. Briefe an den Vater v. 2./14.11.1866 und vom 7./19.12.1866.

15 Arh. Stat. Fond Regele Carol I, V N 121/39. Hortense Cornu weigerte sich nicht nur, Carols Pläne zu unterstützen, sondern sie zeigte seinen Brief dem Kaiser, was zu dessen großer Verstimmung über den Fürsten und Rumänien führte: Bălăceanu an den Fürsten v. 8.3.1867 aus Paris (Très confidentielle). Arh. Stat. CR 41/1866, f. 64ff.

16 Tapie, V.-L., Autour d'une tentative d'alliance entre la France et l'Autriche 1867-1870, in: Österr. Akad. der Wiss. Phil.-Hist. Kl., 274, Nr. 5, Wien 1971, S. 10f. Georgescu-Tistu, Correspondence d'un secrétaire princier, S. 175f. (Desjardins v. 8.4.1867 an seinen Schwager E. Picot).

17 FHHDA, HS, R 53, 1430, Nr. 327, Brief an seinen Vater v. 1./13.4.1867. Frankreich hatte in einer ultimativen Note eine Entscheidung über den Verbleib der Mission gefordert: Goltz an Bismarck v. 2.3.1867: Fond Regele Carol I, VII 21/1.

18 Arh. Stat. CR 41/1866, f. 64ff. Bălăceanu an Carol v. 8.3.1867 (Nr. 3, Très confidentielle), wo er dem Fürsten in seinem typisch dramatisch-emphatischen Stil die Unterredung mit Napoleon III. wörtlich mitteilt.

19 Arh. Stat. CR 41/1867, f. 2f. Bălăceanu ließ Madame Cornu den Telegrammwechsel bezüglich der Militärmission zukommen und trug damit seinerseits zu der wachsenden Verstimmung gegen den Fürsten bei.

dung lautete, dass die Kammer die nötigen Fonds nicht votiert habe und das Kommen der Offiziere ohne die parlamentarische Genehmigung eine Verletzung der Verfassung bedeute.[20] Bălăceanu reichte in Folge dieser Missbilligung seines Vorgehens am 13. Mai seine Demission ein, erhielt aber die Anweisung, vorerst noch im Amt zu bleiben, um dann zehn Tage später doch seines Postens enthoben zu werden.[21] Die eingetretene Verzögerung der Abreise der Offiziere wurde offiziell mit Budgetformalitäten begründet, konnte schließlich aber doch erfolgen.[22]

In diesem Konflikt, der in den publizierten Memoiren bagatellisierend als „unangenehmer Zwischenfall"[23] bezeichnet wird, hervorgerufen durch die schlechten Kommunikationsmöglichkeiten zwischen Bălăceanu und dem Außenminister, der zu diesem Zeitpunkt den Fürsten zusammen mit Oberstleutnant Krenski auf einer zwölftägigen Reise durch Oltenien begleitete, spiegelten sich im Detail die Widersprüchlichkeit und der Dissens zwischen dem Fürsten und seinem Vertreter über die einzuschlagende Politik Frankreich gegenüber: während sich Bălăceanu mit großem persönlichem Einsatz und Engagement bemühte, das alte freundschaftliche Verhältnis wiederherzustellen und sehr zum Ärger Carols aktiv die Abreise der französischen Offiziere betrieb, lief Carols Bestreben darauf hinaus, die Beziehungen zu Frankreich auf das politisch notwendige Maß zu beschränken und die Ankunft der Offiziere möglichst hinauszuzögern. Angesichts des Vorpreschens von Bălăceanu, der sich in gutem Glauben und mit ausdrücklicher Billigung des Fürsten in der Frage der Militärmission engagiert hatte,[24] sah der Fürst in der Forderung nach Einhaltung verfassungsrechtlicher Vorschriften ein Mittel zur Verschiebung des Eintreffens der französischen Offiziere.[25] Abgesehen von der Angemessenheit der Verlagerung der Reisegeldfrage von 7.000 Francs auf verfassungsrechtliches Terrain[26] wird die Vorgeschobenheit dieses Arguments umso leichter greifbar, wenn man berücksichtigt, dass sich der Fürst vom Prinzip der Verfassungstreue in schwerwiegenderen Fällen wie der preußi-

20 „[...] mais il (d.h. das Ministerium) pense que cette mission doit entrer en Roumanie par la Grande Porte Constitutionell et non par des mesures qui violent la Constitution." Arh. Stat. CR 41/1867, f. 3f., Telegramm v. 15.5.1867 von Şt. Golescu an Bălăceanu.

21 Ibd., f 7. Telegramm v. Bălăceanu an Şt. Golescu, in dem er seinem Ärger über die Vorgehensweise Ausdruck gibt.

22 Arh. Stat. Fond Regele Carol I VII/44 und VII/48, Bălăceanu an Madame Cornu v. 24.5. und v. 27.5.1867.

23 Aus dem Leben König Karls, 1, S. 198.

24 Arh. Stat. CR 41/1866, f. 96ff., Bălăceanu an Carol v. 12.5.1867. Carol hatte an Bălăceanu telegrafiert: „J'approuve tout ce que vous avez dit et fait; les officiers seront parfaitement reçus." Ibd., f. 100.

25 Die diesbezüglichen Telegramme wurden zwar vom Außenminister Şt. Golescu unterschrieben, doch besaß der Fürst, dem alle Depeschen von Bălăceanu vorgelegt wurden, das letzte Wort in dieser Angelegenheit. Der Außenminister galt allgemein als politisch wenig kompetent. Offen bleibt, inwieweit Krenski den Fürsten in irgendeiner Weise beeinflusste, wie Bălăceanu vermutet, doch angesichts des bereits vorhandenen Missmuts Carols über eine französische Mission spielt diese Frage keine große Rolle.

26 Arh. Stat. CR 41/1866, f. 96ff. Bălăceanu an Carol in seinem Privatbrief v. 12. Mai 1867 (Très confidentielle), in dem er mit der Handlungsweise der Regierung abrechnet.

schen Waffenlieferungen oder bei der Durchsetzung des Eisenbahngesetzes gerade nicht leiten ließ, als es um unvergleichlich höhere finanzielle Lasten ging. Hier ließ sich eine Tendenz der rumänischen Politik festmachen, die auch auf den Fürsten zutraf, den normativen Wert der Verfassung zugunsten ihrer Instrumentalisierung zu vernachlässigen.
Das Vorgehen des Fürsten in der Frage der französischen Militärmission bietet ein gutes Beispiel für seine Zick-Zack-Politik gegenüber Frankreich in dem Spannungsverhältnis zwischen seiner Ungeduld der Durchsetzung eigener Reformvorstellungen und der Verkennung politischer Bedingungen. Die Verstimmung Frankreichs nahm er zunächst nicht sehr ernst, da er sie auf die Intrigen und Verleumdungen der in Paris lebenden Hospodarenfamilie Bibescu und des Fürsten Cuza zurückführte, die ihn als Instrument Preußens beim Kaiser und in der französischen Öffentlichkeit diskreditierten und dabei angesichts der starken antipreußischen Stimmung auf offene Ohren stießen.[27] So war er auch überzeugt, durch persönliche Schreiben an Napoleon III., auf dessen persönliche Sympathie er vertrauen zu können glaubte, die Missstimmigkeiten zu beseitigen, ohne die von ihm eingeschlagene Richtung ändern zu müssen.[28] Die durch zwei Offiziere verstärkte Militärmission versuchte er möglichst zu ignorieren, indem er sie von den Plänen der Heeresorganisation fernhielt und sie mit unwichtigen Aufgaben beschäftigte.[29] Sie blieb für ihn ein Ärgernis und ein Grund ständiger Gereiztheit, da sie die ersehnte Entsendung aktiver preußischer Offiziere als Instrukteure verhinderte, und nach der Einführung der Heeresreform und der Ausrüstung der Armee mit preußischen Waffen militärisch völlig sinnlos war und nur aus politischen Rücksichten beibehalten werden musste.[30]
Auch von französischer Seite wurde die Unhaltbarkeit der Mission schließlich eingesehen, so dass die Verhandlungen über ihre Rückberufung, mit denen der Fürst seinen neuen Vertreter in Paris, Ion Strat, im Dezember 1868 beauftragt hatte, schnell zum Erfolg führten.[31] Strat gelang es mit viel Takt und unter Schonung des französischen Selbstwertgefühls, diesem Problem die politische Schärfe zu nehmen, wobei sich die nach dem Sturz der Regierung N. Golescu/Brătianu eingetretene Entspannung in den beiderseitigen Beziehungen zusätzlich positiv auswirkte. Am 17./29. Januar 1869 erhielt der Fürst die offizielle Mitteilung über die Abberufung der Mission, die sich am 25.1./6.2.1869 offiziell verabschiedete.[32] Die Hoffnungen Carols, die er an die Abberufung geknüpft hatte, erfüllten sich dennoch nicht. Bismarck blieb bei seiner Ablehnung einer Entsendung preußischer Offiziere, auch als die neue, gemäßigt konservative Regierung

27 Arh. Stat. CR 41/1866, f. 64., Bălăceanu an Carol in seinem Privatbrief v. 8.3. 1867 (Très confidentielle). FHHDA, HS, R 53, 1430, Nr. 327. Brief Carols an seinen Vater v. 1./13.4.1867.

28 Aus dem Leben König Karls, 1, S. 198f. FHHDA, HS, R 53, 1430, Nr. 327, Carol v. 1./13. April 1867 an seinen Vater.

29 Ibd. Emerit, Première mission militaire française en Roumanie, S. 565f.

30 P.A. I.A.B.q. Türkei 24, Vol. 35, Keyserling v. 25.11.1867 (Nr. 43, Vertraulich) und v. 30.11. 1867 (Nr. 44, Vertraulich). Arh. Stat. Fond Regele Carol I, VII/500, Keyserling an den Kronprinzen v. 26.12.1868.

31 Arh. Stat. CR 26/1869, f. 4f., Ion Strat an Carol v. 26.1.1869. Aus dem Leben König Karls, 1, S. 329.

32 Arh. Stat. Fond Regele Carol I, III/27, f. 48.

eine Revision der rumänischen Außenpolitik Ungarn gegenüber einleitete.[33] Stattdessen erteilte er dem Fürsten den Rat, eine zahlenmäßige kleine, aber disziplinierte und zuverlässige Truppe aufzubauen, auf die sich die fürstliche Macht im Innern stützen und ihr Geltung verschaffen könne.[34] So schwer der Verzicht auf preußische Unterstützung Carol auch getroffen haben mochte, so wirkte sich diese Entscheidung vorteilhaft auf die Herausbildung eines Vertrauens- und Loyalitätsverhältnisses zwischen Fürst und Armee aus. Carol blieb auf die eigenen Leute bei der Neuorganisation des Heerwesens und auf seine eigenen Bemühungen angewiesen, um die demoralisierenden Folgen des Sturzes Cuzas zu überwinden und das Niveau der Armee zu heben. Die Krise 1870/71 sollte den Erfolg dieser Politik zeigen, als Carol sich auf das Militär als Ordnungsmacht verlassen konnte.

Das Gesetz über die Heeresorganisation wurde am 1./13. Juni 1867 verabschiedet und modifizierte in wesentlichen Teilen das Armeegesetz von Cuza vom Dezember 1864.[35] Im Unterschied zu der bisherigen Einteilung in eine ständige Armee und Milizen (unterteilt in Grenzer und Dorobanzen) sah das neue Armeegesetz auf der Basis der allgemeinen Wehrpflicht, die in der Verfassung verankert war (Artikel 118), die vollständige Erfassung der männlichen Bevölkerung vom 17. bis zum 50. Lebensjahr in einer der fünf Kategorien vor: 1. das stehende Heer mit der Reserve, 2. Dorobanzen und Grenzer, 3. die inaktive Miliz, 4. die Nationalgarde, 5. der Landsturm.[36] Übernommen wurde nach preußischem Vorbild die Landwehr (inaktive Miliz) und der Landsturm, während Grenzer und Dorobanzen mit ihrem Rotationsprinzip von einem Drittel Dienstzeit in einem Monat als bewährte militärische Einrichtung erhalten blieben. Sie bildeten die so genannte Territorialarmee, die für den Schutz der Grenzen zuständig war oder zur Durchsetzung von Verwaltungs- und Polizeiaufgaben herangezogen wurde, wie z. B. der zwangsweisen

33 P.A. I.A.B.q. Türkei 24, Vol. 38, Bismarck v. 25.1.1868 (drei Tage vor dem Rücktritt der Regierung N. Golescu/Brătianu) an den königlichen Generaladjutanten Herrn von Treskow, worin er u. a. schreibt: „[...], wenn aber, wie es den Anschein hat, das jetzige Ministerium in Bukarest beabsichtigt, größere Truppenmassen schlagfertig zu machen, um nach Außen große Politik zu treiben, so liegt darin eine ernste Gefahr, nicht nur für die Erhaltung des Friedens, sondern auch für den Thron des Fürsten. [...] Eine solche Politik in augenfälliger Weise durch königl. Offiziere zu unterstützen würde nur die Sympathien befreundeter Großstaaten entfremden, deren wir bei europäischen Complicationen nothwendig bedürfen. So lange daher die Ziele der rumänischen Regierung nicht klarer, als bis jetzt, festgelegt sind, könnte ich nicht dazu rathen, durch die längere Beurlaubung eines ausgezeichneten Offiziers nach Bukarest gewissermaßen eine Mitverantwortlichkeit für den Gang der dortigen Entwicklung zu übernehmen."

34 Ibd. Aus dem Leben König Karls, 1, S. 332f.

35 Popescu, T., Modernizarea forţelor armate româneşti în timpul domniei lui Alexandru Ioan Cuza, in: Revistă de istorie 32, 1979, S. 79ff. Berindei, D., The Military Reforms of Alexandru Ioan Cuza and the Modernization of the Romanian Army, in: Ceauşescu, I. (ed.), War, Revolution and Society in Romania. The Road to Independence, New York, 1983, S. 165ff. Georgescu, M., Politica militară a guvernării liberale din anii 1867-1868, in: File din istoria militară a poporului român, 3, 1975, S. 120ff. Căzănişteanu, C., Un deceniu de realizări militare: 1866-1875, in: File din istoria militară a poporului român, 7, 1980, S. 96ff.

36 Aus dem Leben König Karls, 1, S. 272f. Istoria parlamentului, S. 181f.

Ausführung von Agrarverträgen. Die Nationalgarde war von der Verfassung vorgeschrieben (Artikel 121) und bildete in den Städten eine Bürgerwehr, die sich vorwiegend in den Händen der Radikalliberalen befand.[37] Die Dienstpflicht im stehenden Heer und bei der Territorialarmee wurde von sechs auf sieben Jahre, davon vier in der Reserve (bisher zwei Jahre) heraufgesetzt, was ebenfalls preußischen Vorschriften entsprach, aber auch der angespannten finanziellen Situation des Landes Rechnung trug. Des Weiteren wurden die organisatorischen Voraussetzungen für eine Erhöhung der Präsenzstärke geschaffen, indem die Anzahl der Regimenter in der Infanterie von sieben auf acht, die der Bataillone von zwei auf drei und die der Kompagnien von vier auf fünf zu je 100 Mann festgelegt wurden. In den zwei Kavallerieregimentern erhöhte sich die Zahl der Schwadronen von vier auf fünf zu je 100 Pferden. Die Friedensstärke der Armee sollte nach Carols Vorstellungen 24 000 Mann betragen und im Kriegsfall auf 75 000 Mann steigen – Zahlen, die nach Meinung eines preußischen Experten zu hoch gegriffen waren.[38]
Die Vergößerung der Armee stieß vor allem bei konservativen Großgrundbesitzern auf Widerstand, die einen Entzug von Arbeitskräften in der Landwirtschaft befürchteten und für eine zahlenmäßig kleine ständige Armee eintraten. Mit nur einer Stimme Mehrheit passierte das Gesetz äußerst knapp den Senat.[39] Im Programm der Liberalen hatte dagegen die Milizorganisation, besonders die Nationalgarde, als Mittel der allgemeinen Volksbewaffnung zur Verteidigung der nationalen Integrität ihren festen Platz, wobei auch mehrfach auf die preußische Organisation als nachahmenswertes Modell hingewiesen wurde.[40] Allerdings gab es keine Deckungsgleichheit ihrer Auffassungen mit denen des Fürsten, denn die preußische Wehrverfassung, mit der Carol aufgewachsen war, hatte sich bereits von der Tradition der Befreiungskriege entfernt und den bestehenden Milizformationen wie z.B. der Landwehr einen festen organisatorischen Rahmen innerhalb der Gesamtstruktur der Armee zugewiesen, so dass der eigenständige Charakter der Bürgerwehr verloren gegangen war. So besaß auch die Nationalgarde für Carol zu diesem Zeitpunkt keinen militärischen Wert mehr und er dachte daran, sie zu einer „Greisengarde“ zu degradieren.[41]
Im Gefolge der Durchführung der Heeresreform, mit der sofort nach Inkrafttreten des Gesetzes begonnen wurde, kam es sehr schnell zu einem Konflikt zwischen dem Fürsten und seinem Kriegsminister Oberst Gh. Adrian, der für eine Verzögerung eintrat und Anordnungen von Carol missachtete bzw. eigenmächtig handelte.[42] Carol wollte die Reform in die eigene Hand nehmen und nach dem von ihm geforderten Rücktritt des Kriegsministers übernahm Ion Brătianu *ad interium* dieses Amt, von dem er sich ein schnelles Handeln versprach. Die Besetzung des Ministeriums mit einem Zivilisten

37 Totu, M., Garda civică din România, Bucureşti 1976, S. 167ff.
38 P.A. I.A.B.q. Türkei 24, Vol. 36, Premierleutnant v. Rundstedt v. 6.1.1868.
39 Istoria parlamentului, S. 182.
40 Istoricul partidului naţional-liberal de la 1848 şi până astăzi, passim. Căzănişteanu, C., Die rumänische Auffassung des Volkskriegs um die Mitte des 19. Jahrhunderts, in: Aus der Geschichte der rumänischen Armee, Bucureşti 1978, S. 124ff.
41 P.A. I.A.B.q. Türkei 24, Vol. 36, Premierleutnant v. Rundstedt v. 6.1.1868
42 Arh. Stat. CR 17/1868 (confidentiel). Rundstedt hatte bereits im Januar 1868 auf diesbezügliche Differenzen zwischen dem Fürsten und seinem Kriegsminister hingewiesen.

– Brătianu bekleidete keinen Offiziersrang – sollte ein klares Zeichen zwischen den administrativen Aufgaben des Ministeriums und der militärischen Organisation und Führung setzen, die sich der Fürst als Aufgabengebiete vorbehielt. Dieser so genannte „Bruch mit der Tradition", wie Brătianu in einem Rundschreiben an die Divisionskommandeure die Trennung von Verwaltung und militärischem Kommandobereich bezeichnete, wurde als Konsequenz der konstitutionellen Entwicklung herausgestellt, da der Fürst sein Recht als oberster Kriegsherr ausübe und die Armee aufgrund der durch ihn manifestierten Einheit und Kontinuität nicht mehr den politischen Fluktuationen und Parteizwistigkeiten ausgesetzt sei.[43] Es war der Versuch, die verfassungsmäßige Verantwortung für die Armee vom ministeriellen Bereich auf den Fürsten zu übertragen, wobei die Verfassung mit ihrer Bestimmung (Artikel 93), dass der Fürst das Oberhaupt der Armee sei, einen Interpretationsspielraum zuließ.

In der Absicht des Fürsten lag es, freie Hand für die Ausbildung einer ihm ergebenen Streitmacht zu bekommen, was er mit der Unterstützung preußischer Berater zu erreichen hoffte, und dabei dem Kriegsminister lediglich eine ausführende Funktion zuzuweisen.[44] Er übernahm das Kommando über die Armee, bildete einen Stab von Offizieren, erhöhte alle Gehälter und kümmerte sich intensiv um alle personellen und militärischen Belange der Truppen, insbesondere des Offiziers- und Unteroffizierskorps.[45] Dabei erstreckte sich sein Engagement auf alle Bereiche der Armee: von der Konzipierung eines Modells für rumänische Offizierssäbel über Kavalleriesättel, von Kasernen bis hin zur Bewaffnung.[46] Mit Brătianu an der Spitze des Kriegsministeriums wurde sofort das 8. Infanterieregiment errichtet, das im September 1868 auch schon mit modernen preußischen Zündnadelgewehren ausgerüstet war, mit der Aufstellung von 33 Milizbataillonen begonnen und 150 Unteroffiziere zu Offizieren befördert, kurz danach folgte die Aufstellung je eines zweiten Artillerieregiments und Geniebataillons.[47] Die Vermehrung der Regimenter wurde ohne die parlamentarische Zustimmung beider Häuser vorgenommen, die gemäß Artikel 120 der Verfassung das Heereskontingent für jedes Jahr zu votieren hatten. Wie im Fall des noch zu behandelnden Eisenbahngesetzes setzten sich Fürst und Regierung über Verfassungsbestimmungen hinweg zugunsten der Ausführung noch nicht rechtsgültig verabschiedeter Gesetze.[48]

43 P.A. I.A.B.q. Türkei 24, Vol. 38/A 2897 pr. 6.9.1868. Aus dem Leben König Karls, 1, S. 268f.

44 Im April 1868 hatte Carol gegenüber Keyserling erklärt, dass er der eigentliche Chef des Kriegsministeriums mit Beihilfe von Oberst Krenski sein wolle: P.A. I.A.B.q. Türkei 24, Vol. 37, Keyserling v. 2.4.1868 (Nr. 38 Entzifferung).

45 Arh. Stat. Fond Regele Carol I, V N 169, Carol an Friedländer v. 16./28.9.1868.

46 Ibd. Aus dem Leben König Karls, 1, S. 287.

47 „Bratiano entwickelt eine enorme Thätigkeit im Kriegsministerium". Arh. Stat. Fond Regele Carol I, V N 169, Carol an Friedländer v. 16./28.9.1868. Aus dem Leben König Karls, 1, S. 286, 289.

48 Der Senat war am 3./15. Juni 1868 aufgelöst worden. Kriegsminister Adrian hatte Anfang Juni der Kammer ein Gesetz über die Rekrutierung eines Kontingents von 10 000 Mann für 1868 vorgelegt, das nach Opposition von M. Kogălniceanu und D. Ghica auf 8 000 Mann reduziert wurde und die Kammer mit großer Mehrheit passierte. Kogălniceanu, Opere IV, orat. II, part. I, S. 615ff.

Vervollständigt wurde die Heeresreform durch die Einführung preußischer Reglements in der Infanterie und Kavallerie sowie neuer Uniformen, die sich an preußischen Mustern orientierten und im Gegensatz zu den bisherigen weit schlichter ausfielen. Damit trat auch im äußeren Erscheinungsbild der Armee ein sichtbarer Wandel ein.

2. Bewaffnung und Unabhängigkeit

Neben der Neuorganisation des Heeres besaß die Ausrüstung der Armee mit modernsten Waffen aus preußischer Produktion für den Fürsten eine hohe Priorität. Die von ihm vorgefundene Bewaffnung erwies sich als veraltet und unpraktisch und überall mangelte es an Munition. Als erste Maßnahme wurden zwei Geschützbatterien für die Artillerie bei Krupp bestellt, die Carol zunächst aus eigener Tasche bezahlte,[49] danach folgte im September 1867 die Bestellung von 20 000 Zündnadelgewehren, den modernsten Waffen der preußischen Armee, in Berlin. Welche Ziele der Fürst mit der militärischen Aufrüstung verfolgte, geht aus dem Briefwechsel mit seinem deutschen Sekretär Eduard Friedländer hervor, der sich als Verbindungsmann Carols 1867 und 1868 in Berlin aufhielt, um für den Fürsten die Waffeneinkäufe, das Engagement von preußischen Fachleuten und Angelegenheiten im Zusammenhang mit den Eisenbahnkonzessionen zu erledigen.[50] Die Beschaffung von Waffen war deshalb so wichtig, weil der Fürst sie als Droh- und Druckmittel brauchte, um die Unabhängigkeit zu erreichen. Wie ungeduldig und entschlossen er dabei vorging, zeigen seine Zeilen an Friedländer vom 13./25. Januar 1868:
„Wir müßen bis zum Frühjahre à tout prix eine größere Anzahl Hinterladungs-Gewehre haben, wir müssen sie haben und wenn wir dieselben auf den Knieen vom Könige erflehen müßten. Der bloßen Versprechung von Podbielski traue ich noch nicht – vom Könige u. dem Kronprinzen wird es zu erreichen sein. Der Transport der Gewehre u. der Kruppschen Kanonen wird durch Rußland zu ermöglichen sein, dafür muß sich auch Bismarck in die Schanze schlagen. [...] Giebt Preußen die Gewehre u. gestattet Rußland den Durchlaß, so garantiere ich, daß die ganze Nationalparthei für diese beiden Staaten sympathisieren wird, wie sie es bis jetzt für Frankreich gethan. Also bis zum März 5000 Zündnadelgewehre mit Munition – sind diese einmal hier, so fällt selbstverständlich die franz. Mission u. werden die preuß. Officiere, meine alten Kameraden mit offenen Armen empfangen."[51]

[49] Aus dem Leben König Karls, 1, S. 183.

[50] Eduard Friedländer, vom Sommer 1866 bis Anfang 1869 in Carols Diensten, war eine schillernde Persönlichkeit und als Ratgeber Carols während dieser Jahre an allen ehrgeizigen Projekten des Fürsten beteiligt. Von Beruf Kaufmann, was ihn in Tabakgeschäften auch in die Moldau geführt hatte, kam er auf Empfehlung des Redakteurs der „National-Zeitung", für die er einige Artikel geschrieben hatte, nach Bukarest, wo er sich wegen seines arroganten Auftretens schnell unbeliebt machte, was sich auch negativ auf den Fürsten auswirkte. Hinzu kamen finanzielle Unregelmäßigkeiten im Umgang mit fürstlichen Geldern, was Carol bewog, ihn Anfang 1869 zu entlassen.

[51] Arh. Stat. Fond Regele Carol I, V N 164.

Der Fürst gedachte somit, die preußische Politik für seine Zwecke einzuspannen und vertraute dabei auf die familiären Beziehungen zum König. Als Preis stellte er den Wechsel von einer profranzösischen zu einer propreußischen und prorussischen Politik in Aussicht. Doch sein eigentliches Ziel formulierte er in einem Brief vom 1./13. März 1868 an Friedländer:

„Die Antwort von St. Petersburg hat mich keineswegs überrascht, ich habe sie sogar erwartet. – Es hängt jetzt von Preußen ob diese Alliance zu Stande zu bringen und wenn sie dort aufrichtig gewünscht wird, gelingt sie auch. – Zu ihrer Durchführung bedürfen wir aber Gewehre, eine große Anzahl Gewehre und heute nicht mehr 20 000 Stück, sondern 40 000, aber nicht, um die Ruß. Kaisers-Tochter zu erobern, sondern um den letzten Schein von der Suzerenität abzuschütteln. Preußen soll die versprochenen Gewehre geben u. dann werde ich zeigen was ein Hohenzollern will, erreicht er auch; mein Anspruch soll dann zur Wahrheit werden, daß ich die türkische Suzerenität nur deshalb angenommen, um mich ihrer ehrenvoll entledigen zu können. [...] Kann man mir garantiren, daß, nachdem ich die Unabhängigkeit erklärt, auch sofort die Verlobung gefeiert werden kann? Um diesen Preis warte ich gern noch mit meiner Verheirathung. – Der Gedanke ist kühn aber würdig eines Hohenzollern. [...] Ihre Aufgabe ist nun das St. Petersburger Cabinet sondiren zu lassen, ob es einen solchen Schritt billigen würde u. ob in Folge desselben ich dann um die Hand der Kaiser Tochter mit Erfolg werben könnte. – Die ganze Angelegenheit ließe sich in Jahres Frist entscheiden – die Türken haben nichts mehr auf dem linken Donau-Ufer zu suchen. Ich beschwöre Sie aber, die Gewehr-Angelegenheit mit Erfolg zu Ende zu führen, denn eine gut bewaffnete Armee ist die erste Bedingung zu großartigen Unternehmungen 20 000 Hinterladungs-Gewehre wirken mächtiger wie die gewandtesten diplomatischen Formeln.“[52]

Es gibt kaum ein anderes Dokument aus dieser Zeit, das so unverblümt die Motive des Fürsten offen legt und zeigt, wie die Überheblichkeit in Bezug auf seine Herkunft seine Politik bestimmte und ihn die politischen Realitäten völlig verkennen ließ. Carol leitete aus seiner Herkunft sowohl den Anspruch auf eine Unterstützung seiner Pläne durch Preußen ab, dessen er sich wie selbstverständlich bedienen zu können glaubte, als auch die Legitimität für seine Politik einer Unabhängigkeit, die in einer Heirat mit der Zarentochter gipfeln sollte.[53] Die Waffenlieferungen sollten aber nicht dazu dienen, einen Offensivkrieg gegen die Türken vom Zaun zu brechen, sondern um sie als Droh- und Abschreckungspotenzial einzusetzen. Die Unabhängigkeit sollte, wie Carol in seinem Schreiben weiter ausführte, auf diplomatischem Wege – wiederum ging es ihm um eine

[52] Arh. Stat. Fond Regele Carol I, N V 165.

[53] Friedländer hatte am 18. Februar 1868 Carol geschrieben, dass Zar Alexander II. einer Heirat seiner Tochter mit dem Fürsten nicht zustimmen könne, so lange dieser unter türkischer Suzeräntität stehe. Friedländer interpretierte diese Antwort nicht als Ablehnung, sondern als Indikation dafür, dass die türkische Suzeränität nicht mehr lange dauern würde. Arh. Stat. Fond Regele Carol I, V N 154. Die Tagebucheintragung von Carol am 14./26.2.1868 lautet: „Kaiser sagt, so lange Fürst Carol unter Souzeränität der Pforte steht, kann er seine Tochter nicht geben; ich bekomme sie aber doch, u. die Souzeränität wird abgeschüttelt.“ Fond Regele Carol I, III/27, f. 7.

Politik des *fait accompli* – erreicht werden. Allerdings blieb ein Rest von Ambiguität in der Frage einer eventuellen militärischen Aktion gegen die Suzeränitätsmacht.

Dieses Junktim von Waffen, Unabhängigkeit und der Vermählung mit der zu diesem Zeitpunkt erst 14jährigen Zarentochter Maria – sie wurde später die Mutter der rumänischen Königin Maria – beschäftigte den Fürsten zusammen mit der Eisenbahnkonzession Strousberg während des Jahres 1868 in hohem Maße. Doch entsprach sein Handeln kaum dem eines konstitutionellen rumänischen Fürsten, sondern dem eines ehrgeizigen Hohenzollernprinzen, der es kaum abwarten konnte, seine Vorstellungen ohne Rücksicht auf die tatsächlichen Möglichkeiten seines Landes verwirklicht zu sehen, und dabei die Unabhängigkeit für seinen Ruhm instrumentalisierte. Allerdings wurde dieses Vorgehen durch Berlin begünstigt. Nicht nur beim König und beim Kronprinzen fanden Carols Wünsche offene Ohren, sondern sie erfuhren auch durch Bismarck zunächst wenigstens eine weitgehende Billigung. So genehmigte im April 1868 der König den Kauf von 20 000 Zündnadelgewehren, 5 000 Zündnadelkarabinern mit den dazugehörigen Reserveteilen, Büchsenmacherwerkzeugen und Munitionsgegenständen,[54] im Oktober 1868 kamen noch 48 Feldlafetten, 1 Munitionswagen, 1 Vorratswagen, 1 Feldschmiede neuester Konstruktion zusammen mit 10 000 Geschossen und Zündvorrichtungen hinzu.[55] Nur der Transport der Waffen stieß auf Schwierigkeiten, der nach der Intervention Preußens in St. Petersbrug über russisches Gebiet erfolgen konnte.[56] Ein erster Transport mit 5 000 Gewehren traf im Juli 1868 in Rumänien ein, ein zweiter wurde im November von Danzig aus expediert.[57]

Im Zuge einer besseren und einheitlichen Bewaffnung des Heeres sollten auch die 50 000 französischen Gewehre der rumänischen Armee in Hinterlader nach preußischem Vorbild umgerüstet werden, doch konnte dieses Vorhaben aufgrund defekter Ausrüstungsteile, Unregelmäßigkeiten in der Lieferung und anderer Schlampereien bis Ende 1869 nur zum Teil ausgeführt werden.[58] Vervollständigt wurden die Waffenanschaffungen noch durch den Kauf von 15 000 amerikanischen Peabody-Gewehren.[59] Alle diese Waffenkäufe bedeuteten eine erhebliche finanzielle Belastung – hinzu kam noch die Bestellung von 48 gezogenen Stahlkanonen samt Zubehör bei Krupp –[60] mit der Folge, dass die Ausgaben des Kriegsministeriums von fast 28 931 079 (alten) Lei im Jahr 1867 auf 53 803 053 Lei im darauf folgenden Jahr stiegen, einem Viertel der Staatsausgaben.[61]

54 P.A. I.A.B.q. Türkei 24, Vol. 37, Podbielski an Bismarck v. 16.4.1868 (Secret).

55 Ibd., Vol. 38, Roon an Bismarck v. 25.10.1868.

56 Arh. Stat. Fond Regele Carol I, V N 156, Friedländer an Carol, 18.3.1868.

57 Ibd. V N 159, Friedländer an Carol, 5.11.1868. Dort befindet sich auch eine genaue Aufstellung des Waffentransports. P.A. I.A.B.q. Türkei 24, Vol. 38, Podbielski an Bismarck v. 11.11.1868 (Secret).

58 Arh. Stat. CR 10/1870, S. 21f. (Bericht der Untersuchungskommission v. Dezember 1869). Bis Juni 1869 waren erst 19 819 Gewehre zu überhöhten Preisen umgerüstet worden.

59 Ibd., S. 22. Arh. Stat. CR 74/1868.

60 Arh. Stat. CR 10/1870, S. 22. Bis Ende 1869 waren davon 36 eingetroffen und in Dienst gestellt worden.

61 Ibd., S. 15. Bei den Zahlenangaben ist eine gewisse Vorsicht geboten, da es kaum zuverlässige Statistiken in diesem Zeitraum gibt und sie in verschiedenen Arbeiten differieren. Der große Anstieg der Militärausgaben ist aber unbestreitbar.

Welche Unregelmäßigkeiten, Verletzungen gesetzlicher Bestimmungen, finanzielle Übervorteilungen zu Lasten der Staatskasse bei diesen Geschäften vorkamen, brachte der Abschlussbericht eines Untersuchungsausschusses der Kammer über die finanzielle Lage Rumäniens zutage, der am 6./18. Dezember 1869 veröffentlicht wurde. So fanden sich keine Kaufverträge über 25 000 preußische Gewehre, da diese Angelegenheit nur zwischen dem Fürsten und Friedländer abgelaufen war und das Kriegsministerium lediglich entsprechende Zahlungsmandate auf die Namen mehrerer Offiziere ausgestellt hatte.[62] Nun stellten das unkontrollierte Ausgeben von Geldern, ein großzügig gehandhabter persönlicher Entscheidungsspielraum, das leichtfertige Hinwegsetzen über Gesetzesvorschriften keine besonderen Merkmale nur des Kriegsministeriums dar, sondern waren allgemein in der Verwaltung zu konstatieren, deren Mängel zu beseitigen der Fürst angetreten war. Aber auch er behandelte den ganzen Armeebereich wie seine Privatangelegenheit, da er darin keinen Widerspruch zum Staatsinteresse sah. Sein eigenes Engagement lag aber eindeutig außerhalb seiner verfassungsrechtlichen Kompetenzen und war durch gesetzliche Bestimmungen nicht gedeckt. Da er seine Legitimität aus der Verfassung bezog, wirkte sich deren Nichtbeachtung auf den Fürsten besonders negativ aus. In seinem Mémoire von 1870 verschwieg er das Faktum, dass auch er Verfassungsbestimmungen nicht eingehalten hatte und dass seine vorwärts preschende Politik, die die eigenen Möglichkeiten weit überschätzte und seinem Ehrgeiz und hohenzollernschen Selbstverständnis entsprang, zur Destabilisierung des Landes vor allem in den Außenbeziehungen beigetragen hatte mit entsprechenden Folgen für die Innenpolitik.

3. Der Eisenbahnbau und die Konzession Strousberg

Neben der Armeereform bildete der Ausbau einer Infrastruktur, vor allem die Errichtung eines Eisenbahnnetzes, für den Fürsten Grundlage und Zielvorgabe zugleich von Überwindung der Rückständigkeit.[63] Diese Reformen verfolgte er mit einem Höchstmaß an persönlichem und politischem Einsatz. Die Rückständigkeit des Landes offenbarte sich für ihn am augenfälligsten im desolaten Zustand der Verkehrswege bzw. deren Nichtvorhandensein. Wie beschwerlich und zeitaufwändig das Reisen im Lande war, konnte der Fürst auf seinen zahlreichen Ausflügen und während seiner Besuche in den verschiedenen Landesteilen zur Genüge erfahren. Gleich seine erste Reise in die Moldau und nach Iaşi im Sommer 1866 vermittelte ihm eine klare Vorstellung von den Schwierigkeiten seiner Wegstrecke: es existierte keine direkte Straßenverbindung zwischen beiden Hauptstädten, bei Hochwasser stellten Flüsse wie der Buzău oder der Rimnic kaum überwindbare Hindernisse dar, da es keine Brücken gab, bei Regen verwandelten sich die Landwege in

[62] Ibd., S. 22. Brătianu hatte gegenüber dem österreich-ungarischen Generalkonsul Eder im August 1868 erklärt, dass Fürst Carol die Zündnadelgewehre für die Armee in Preußen „angekauft“ habe: Correspondenzen des Kais.-Kön. Gemeinsamen Ministeriums des Äußern, Nr. 2, Wien 1868, S. 81.

[63] FHHDA, HS, 53, 1435, S. 30f. Aus dem Leben König Karls, 1, S. 287.

einen unpassierbaren Morast.[64] Bereits während des ersten Jahres hatte Carol das Land vollständig bereist und sich ein exaktes Bild über die Verkehrswege verschaffen können, deren Zustand er peinlich genau in seinen Aufzeichnungen festhielt.

Eisenbahnpläne hatte es bereits seit Mitte der 50er Jahre gegeben. Besonders die moldauischen Großgrundbesitzer besaßen ein genuines Interesse daran, ihr Exportgetreide ohne große Zeit- und Ausfallverluste zu den Donauhäfen zu transportieren und hatten sich deshalb auch selbst finanziell an Vorstudien beteiligt.[65] Die Pläne scheiterten jedoch in der Regel an dem Problem der Kapitalbeschaffung. So wurden die ersten Konzessionen erst 1864 und 1865 an zwei englische Gesellschaften vergeben für den Bau einer Siretbahn und einer Verbindungsbahn zwischen Bukarest und Giurgiu, um die Hauptstadt an den Donauhafen anzuschließen. Der politische Umsturz brachte eine kurzfristige Unterbrechung mit sich, doch mit der Thronbesteigung Carols gewann der Eisenbahnbau schnell entwicklungspolitische Priorität. Die Notwendigkeit einer Eisenbahn war bereits in dem Rechenschaftsbericht der Statthalterschaft zur Eröffnung der Konstituante am 28.4./10.5.1866 hervorgehoben worden, wo es hieß:

„Heute hat niemand mehr den leisesten Zweifel, dass Eisenbahnen für Rumänien etwas Unentbehrliches sind, eine conditio sine qua non für die Begründung und Stärkung der Zivilisation und ihres Aufschwungs."[66]

Zu dieser Auffassung, die über den Aspekt eines strikt ökonomischen Nutzens hinausging und in der Eisenbahn das Symbol für Fortschritt und Zivilisation sah, gesellte sich noch eine starke national-integrative Komponente, zur Stärkung der Union die beiden Landesteile enger zusammenzuschließen und die Moldau für die ihr entstandenen Nachteile wirtschaftlich zu entschädigen.[67]

Die ersten konkreten Schritte unternahm der Fürst bereits im Sommer 1866, als er eine Studie über den Bau einer Eisenbahn und deren Kosten in Auftrag gab.[68] Anfang 1867 ließ er seinen Sekretär Friedländer im preußischen Handelsministerium Informationen über Ausschreibebedingungen für Eisenbahnbauten einholen sowie über Ingenieure mit genauen Kenntnissen von Eisenbahn-, Straßen- und Wasserbauten.[69] Im Oktober 1867 kam es zu einem ersten Kontakt mit dem österreichischen Unternehmer Ofenheim, der die Lemberg-Czernowitz-Bahn erbaut hatte und aus Rentabilitätsgründen an der Weiterführung seiner Bahn zu den großen Handelsumschlagplätzen an der Donau und

64 Aus dem Leben König Karls, 1, S. 102ff. So brauchte der mit 12 Pferden bespannte fürstliche Wagen für die 47 km lange Strecke von Cîmpulung nach Curtea de Argeş bei Regenwetter 6 Stunden. Ibd., S. 130. Eine anschauliche Beschreibung der moldauischen Wege gibt der preußische Vizekonsul Goering in seinem Bericht aus Iaşi vom 4.11.1867: P.A. I.A.B.q. Türkei 24, Vol. 35.

65 Istoria parlamentului, S. 184. Istoria Romîniei, IV, S. 462f.

66 Sturdza, Domnia Regelui Carol I, 1, S. 174.

67 Regele Carol I. Cuvântări şi scrisori, 1, S. 86 (Eröffnungsbotschaft v. 25.10./6.11. 1867). Unter dem Aspekt einer Verbesserung der Situation in der Moldau wurde der Eisenbahnbau im Programm der Radikalliberalen 1867 gefordert. Istoricul partidului naţional-liberal, S. 88f.

68 Maier, Rumänien, S. 172f.

69 FHHDA, HS, R 53, 1429, Nr. 263.

am Schwarzen Meer stark interessiert war. Bereits vier Tage nach dem ersten Treffen mit dem Fürsten, das durch die Vermittlung des früheren Finanzministers und Konsortiumsteilnehmers Petre Mavrogheni zustande gekommen war, wurde ein provisorisches Abkommen mit Ofenheim über den Bau der Strecke Suceava–Iaşi–Galaţi–Bukarest abgeschlossen (16.10.1867).[70] Anfang November lag die provisorische Konzession der Kammer vor, konnte aber aufgrund der Auflösung der Kammer am 1./13. November und der anschließenden Neuwahlen nicht behandelt werden, sondern musste beim Zusammentritt der neuen Kammer Anfang Januar 1868 erneut eingebracht werden.

Hatte es bis zu diesem Zeitpunkt kaum politische Auseinandersetzungen um die Eisenbahn gegeben, so änderte sich dies, als der preußische Eisenbahnkönig und Unternehmer Bethel Strousberg an der Spitze eines Konsortiums, für das er bekannte Namen wie die Herzöge von Ujest und Ratibor und den Grafen Lehndorff-Steinort gewinnen konnte, als Konkurrent von Ofenheim auftrat. Die Initiative dazu war nach Strousbergs eigenem Bekunden von der Hohenzollernschen Familie ausgegangen, mit der er beim Bau der Märkisch-Posener Eisenbahn in Kontakt getreten war.[71] Für den Fürsten stand von Anfang an fest, Strousberg mit dem Eisenbahnbau zu beauftragen und er brachte auch das Ministerium auf diese Linie, noch bevor die offizielle Offerte des Konsortiums Strousberg in Bukarest eingegangen war.[72] Ähnlich wie bei der Anschaffung der Waffen konnte es ihm auch in der Frage der Eisenbahn nicht schnell genug gehen, wie seine Zeilen an Friedländer offenbaren:

„Mit fieberhafter Ungeduld und Aufregung sehe ich der Stroussbergschen Concession entgegen – Oppenheim (gemeint ist Ofenheim, E. B.-I.) kommt hierher, was mich aber in meinem feststehenden Entschluße nicht abbringen wird. – Außerdem ist Donici, der Bauten- u. Handelsminister ein heftiger Gegner der O. Concession. – Der Kammer muß sie aber vorgelegt werden, es liegt aber darin keine Gefahr. – Bedenken Sie wohl, daß wir Beide, wie in der Gewehr- so auch in der Eisenbahn-Angelegenheit engagiert sind. – Noch in *diesem Frühjahr* müssen die Bauten begonnen werden, sonst könnten wir der Kammer und dem Lande gegenüber unangenehm compromittirt werden. – Ich sehe daher der Einsendung der concession in kürzester Frist entgegen u. werde mich dann selbst ins Mittel legen, daß sie in kürzester Frist votirt wird. – Die Kammer hat den Anschein willig zu sein – das Ministerium hat eine bedeutende Majorität u. Brătianu hat dieselbe vollständig in der Hand.“[73]

[70] Aus dem Leben König Karls, 1, S. 225ff. Maier, Rumänien, S. 173.

[71] Dr. Strousberg und sein Wirken von ihm selbst geschildert, Berlin ^{3}1876, S. 337f. Wolter, H, Bethel Henry Strousberg, in: Seeber, G. (Hg.), Gestalten der Bismarckzeit, Bd. II, Berlin 1986, S. 101.

[72] Friedländer befand sich seit mindestens Anfang Dezember 1867 in Verhandlungen mit Strousberg. Arh. Stat. Fond Regele Carol I, V N 163. Carol an Friedländer v. 12.12.1867. Bereits zu Neujahr 1868 schrieb Carol an Friedländer: „Ich u. das M. sind immer in derselben Disposition für Str.“ Ibd. V N 168 (Schriftstück ist undatiert). Nach den publizierten Aufzeichnungen des Fürsten ging die Nachricht von der Bildung des Konsortiums Strousberg erst am 25.1./6.2.1868 in Bukarest ein.

[73] Arh. Stat. Fond Regele Carol I, V N 164, Carol v. 13./25.1.1868 [Hervorhebung im Text].

Ein bedingungsloses Eintreten für Strousberg kennzeichnete das Verhalten des Fürsten während der gesamten Auseinandersetzung um die Annahme der Konzession, wobei Carol das Parlament nur als Zustimmungsorgan ansah. Der Grund für diese derart einseitige Bevorzugung Strousbergs lag in der Tatsache, dass es sich um ein preußisches Unternehmen mit preußischen Konzessionären handelte, die der Aristokratie angehörten und deren guter Ruf außerhalb jeden Zweifels stand. Preußisches Unternehmertum wurde gleichgesetzt mit ehrlicher Verwaltung, Qualität, Verlässlichkeit, wodurch der Eisenbahnbau zusätzlich Vorbildcharakter für die Institutionen des Landes erhalten sollte. Die damit verbundene Stärkung des preußischen Einflusses lag in Carols Absicht, da er sich zivilisatorische Impulse für sein Land versprach.[74] Darüber hinaus spielten die bereits bestehenden persönlichen Beziehungen des Vaters Karl Anton und seines Vermögensverwalters, Geheimrat Ambronn, zu Strousberg eine wichtige Rolle, wie die maßgebliche Beteiligung Ambronns am Zustandekommen der rumänischen Eisenbahnkonzession dokumentiert.[75]

Entgegen der von dem Fürsten im Januar 1868 geäußerten optimistischen Prognose, dass seitens der Kammer kaum Widerstand zu erwarten sei, entwickelte sich die parlamentarische Behandlung der Eisenbahnkonzessionen zu einer der größten innenpolitischen Auseinandersetzungen während der ersten fünf Jahre der Herrschaft Carols mit weitreichenden Auswirkungen auf die Innen- und Außenpolitik. Angesichts einer positiven Grundeinstellung beim größten Teil der rumänischen Elite mag der Widerstand verwundern, auf den die Eisenbahnkonzessionen trafen, doch ging es zum einen nicht um den Eisenbahnbau an sich, sondern um die Probleme seiner Realisierung, wogegen sich ernst zu nehmende wirtschaftlich-finanzielle Einwände regten, zum andern diente die Kontroverse auch als Hebel zur Durchsetzung anderer innenpolitischer Vorstellungen und von Machtansprüchen verschiedener Gruppen.

So waren es mehrere Gründe, die zu einer Eskalation des Streits um die Eisenbahnen führten. Widerstand gegen den Bau aus Furcht vor wirtschaftlicher und politischer Dominanz durch Ausländer machte sich besonders bei der „Unabhängigen und freien Fraktion" aus der Moldau breit, die seit der letzten Kammerwahl von Ende 1867 aufgrund eines Bündnisses mit den Radikalliberalen verhältnismäßig stark in der Kammer vertreten war und sogar deren Präsidenten stellte.[76] Sie besaß eine strategische Position der Mehrheitsbeschaffung, die sie in erster Linie zur Durchsetzung antijüdischer Maßregeln benutzen wollte, aber auch gegen die Eisenbahn einsetzte.[77] Die durch sie ausgelöste Empörung in der westeuropäischen Presse und Politik in Folge eines Gesetzesantrages gegen die Bewegungs- und Handelsfreiheit der Juden zwang I. C. Brătianu, sich öffentlich

74 Aus dem Leben König Karls, 1, S. 244. Arh. Stat. Fond Regele Carol I V N 156, Friedländer an Carol v. 18.3.1868. Arh. Stat. CR/1868, S. 74ff. (Bericht des Bevollmächtigten von Strousberg, Ewald, über die Auswirkungen des Eisenbahnbaus auf Rumänien).

75 Ohlsen, M., Der Eisenbahnkönig Bethel Henry Strousberg. Eine preußische Gründerkarriere, Berlin 1987, S. 113.

76 Stan, Grupări şi curente politice, S. 178ff. Die Gruppe umfasste ca. 31 Mitglieder.

77 Arh. Stat. Fond Regele Carol I, V N 166, Carol an Friedländer v. 2./14.3.1868.

von ihr zu distanzieren, was wiederum seine Position in der Kammer schwächte und im Senat zum Verlust der Regierungsmehrheit führte. Der Fürst selbst forderte von Brătianu den Rücktritt des Kammerpräsidenten Fătu, zuerst eher wegen dessen schleppender Behandlung der Eisenbahnfrage, dann aufgrund der außenpolitischen Folgen des antijüdischen Gesetzesantrages, den Fătu mit unterzeichnet hatte.[78]

Während diese Gruppe von absoluten Eisenbahngegnern eine numerisch kleine Anzahl umfasste, die jedoch aufgrund ihrer Stellung und des rhetorischen Talentes einiger ihrer Mitglieder wie N. Ionescu über einen nicht unbedeutenden Einfluss verfügte, regten sich größere Widerstände nicht gegen die Eisenbahn als solche, sondern gegen die Konzession Strousberg. Die Konservativen, vor allem die Gutsbesitzer aus der Moldau, standen auf der Seite von Ofenheim, z.T. wegen persönlicher Verbindungen und geschäftlicher Zusammenarbeit wie im Falle von Petre Mavrogheni, andererseits wegen des Vorzugs der Schnelligkeit des Baus, da Ofenheim bereits die Vorstudien über die geplante Strecke angefertigt hatte und sofort mit der Ausführung der Arbeiten beginnen konnte.[79] Eine antipreußische Haltung mit anticarlistischem Einschlag zeichnete die publizistisch wirksame Ablehnung einer Gruppe von jungen Konservativen aus, der so genannten „Juna dreaptă“, die sich lose um die Zeitung „Terra“ bzw. „Ţara“ (Das Land) gebildet hatte.[80] Die meisten Bedenken richteten sich aber gegen den Preis der Strousbergschen Eisenbahn, der allgemein als zu hoch empfunden wurde. Die Gesamtsumme von ursprünglich 280 000 Francs pro Kilometer, die alle Kosten einschließlich der Zinsen während der Bauzeit und eventuelle Verluste aus Kursschwankungen abdecken sollte, wurde selbst von den Bevollmächtigten des Konsortiums als höchste Forderung bezeichnet, die bisher erhoben worden sei.[81] Während der Fürst in der Höhe des Preises gerade eine Garantie für die Realisierung sah,[82] befürchteten andere den finanziellen Ruin des Landes.[83] Der Fürst seinerseits trug zur Verschärfung der Konfrontation bei, da er mit allen Mitteln die parlamentarische Verabschiedung der Strousberg-Konzession zu sichern suchte. Dafür nahm er in den ersten Wochen quasi die Rolle eines Verbindungsmanns für Strousberg auf sich, da dessen Bevollmächtigte erst am 14./26. März 1868 in Bukarest eintrafen, drei Wochen nach der Vorlage der Konzession in der Kammer. Sowohl diese Verspätung als auch die schleppende Arbeit im Parlament bedeuteten für Carol eine fast unerträgliche Geduldsprobe. Während der Monate März bis Juni 1868 sind die Kämpfe um die Eisenbahnkonzessionen das beherrschende Thema in seinen Tagebuchaufzeichnungen, die

78 Aus dem Leben König Karls, 1, S. 254, 268. Arh. Stat. Fond Regele Carol I, III/27, f. 10 (12./24.3.1868).

79 Arh. Stat. Fond CR 27/1868, f. 41f., Ewald an Strousberg v. 28.3.1868 (Nr. 3). Fond Regele Carol I, V N 166, Carol an Friedländer v. 2./14.3.1868.

80 Ibd. Zu ihr gehörten u. a. N. Blaremberg, A. Pascal und auch P. P. Carp, der sich später davon distanzierte. Stan, Grupări şi curente politice, S. 213f.

81 Arh. Stat. CR 27/1868, f. 39, Ewald u. Fischer an Strousberg v. 28.3.1868 (Nr. 2). 1862 hatte man die Kosten für einen Kilometer noch mit 180 000 Francs berechnet.

82 Arh. Stat. Fond Regele Carol I, V N 165, Carol an Friedländer v. 1./13.3.1868.

83 Rusu, A. (Hg.), Bolliac, C. Scrieri, Bd. II, Bucureşti 1983, S. 248.

aufzeigen, in welch starkem Maße sich der Fürst mit der Konzession Strousberg identifizierte. Für ihn stand fest, dass diese Konzession votiert werden musste. Äußerungen wie „in 8 Tagen muß aber die Berliner votirt sein“[84] oder „es muß à tout prix durchgehen“[85] oder „ich erkläre sie müßte votirt werden“[86] sind wiederkehrende Formeln, die Carol ständig gegenüber seinen Ministern und anderen Politikern benutzte oder als eigenen Kommentar niederschrieb.

Trotz des massiven Drucks, den der Fürst auf die Regierung und die Parlamentsmitglieder ausübte, konnte er nicht verhindern, dass sich die Beratungen in die Länge zogen und noch zusätzlich wegen der Osterferien vertagt wurden (30.3./11.4.1868). Gerade diese Vertagung hatte Carol unter allen Umständen vermeiden wollen, da nach seinen Terminvorstellungen das Frühjahr bereits zu Studien und Erdarbeiten genutzt werden sollte.[87] In den ersten Apriltagen setzte er deshalb alle Hebel in Bewegung: er insistierte bei Strousberg und Ofenheim auf einem Kompromiss, da es sich als nicht durchsetzbar herausgestellt hatte, Strousberg die ganze Strecke durch die Moldau und Walachei bauen zu lassen, desgleichen bei den Parlamentariern, vor allem bei dem Berichterstatter der zuständigen Kommission, Constantin Hurmuzaki, dass der Kommissionsbericht noch in der Woche vor Ostern im Parlament behandelt werden müsse.[88] Während mit den Bevollmächtigten Strousbergs am 3. April 1868 eine Einigung zustandekam, aufgrund derer das Baukapital auf ausdrücklichen Wunsch des Fürsten um 10 000 Francs auf 270 000 Francs reduziert und der Verzicht auf die Streckenführung in der nördlichen Moldau (Mihaeleni – Iaşi – Roman – Bacău) erklärt wurden[89], misslang die zügige Verabschiedung der Konzession durch die Kammer, die erst am 21. Mai/2. Juni mit der Diskussion über die beiden Konzessionen Ofenheim und Strousberg begann und erst eine Woche später endlich votierte.[90]

Die Schwierigkeiten nahmen damit noch kein Ende, sondern spitzten sich im Gegenteil zu einem offenen Konflikt zwischen dem Senat und der Regierung zu. Der Senat, in dem die Regierung über keine Mehrheit mehr verfügte, versuchte die Eisenbahnfrage als Hebel zum Sturz des Kabinetts zu benutzen und sprach drei Tage nach der Verabschiedung der Konzessionen durch die Kammer der Regierung wegen einer zweitrangigen Frage ein Misstrauensvotum aus. Carol musste dieses Misstrauensvotum als ein auch gegen ihn

84 So bereits am 16./28.2.1868. Arh. Stat. Fond Regele Carol I, III/27, f. 7.

85 Ibd., f. 9 (29.2./12.3.1868).

86 Ibd., f. 9 (2./14.3.1868).

87 Arh. Stat. Fond Regele Carol I, V N 166, Carol an Friedländer v. 2./14. März 1868: „Den 1ten Mai müßte man den ersten Spatenstich machen.“

88 Ibd., f. 12. Außer in persönlichen Unterredungen teilte Carol Hurmuzaki auch schriftlich am 4. April (Samstag) mit, dass er auf der Vorlage des Rapports am Montag, den 6. April, bestehe.

89 Arh. Stat. CR 27/1868, S. 48f.

90 Aus dem Leben König Karls, 1, S. 271. Bezeichnenderweise werden in den publizierten Memoiren nur die Verabschiedung der Ofenheim-Konzession und ihre Konditionen mitgeteilt, während die Kämpfe um die Strousberg-Konzession und ihre Votierung auffällig unerwähnt bleiben.

direkt gerichtetes interpretieren, da er noch drei Tage zuvor viele Senatoren, darunter den Vizepräsidenten Plagino, zu sich eingeladen und „sie wegen der Eisenbahn bearbeitet" hatte.[91] Es kam zu einer Machtprobe zwischen der Opposition und dem Fürsten, da beide Seiten der anderen ihre Bedingungen aufzwingen wollte. Der Fürst verlangte von der Senatsopposition, eine Regierung zu bilden, die die Verabschiedung der Eisenbahnkonzessionen *à tout prix* innerhalb einer Woche garantieren könne.[92] Die Opposition ihrerseits stellte die Forderung nach der Kammerauflösung in der Absicht, Brătianu und seine Regierung definitiv zu Fall zu bringen, und weigerte sich, nur eine Übergangsregierung für die Erfüllung der vom Fürsten gestellten Bedingung zu bilden.[93] Carol, den bereits die Aussicht der erneuten Verzögerung der Eisenbahnarbeiten durch das Vorgehen des Senats in hohem Maße verärgert hatte, sah in der Forderung der Opposition einen Angriff auf seine Vorrechte und ein unzulässiges Druckmittel auf die Entscheidungen des Fürsten. Als einziger Ausweg blieb die Auflösung des Senats, die Carol am 3./15. Juni 1868 dekretierte. Die Neuwahlen erbrachten die gewünschte Regierungsmehrheit, die die Verabschiedung der Eisenbahnkonzessionen am 20.9./2.10.1868 durch die zweite Kammer ermöglichte.[94]

Hier braucht nicht im Einzelnen auf die Konzessionen[95] eingegangen zu werden, denn im Mittelpunkt des Interesses stehen die Fragen nach der Bedeutung des Eisenbahnbaus für die politische Entwicklung des Landes und den Konsequenzen für die Stellung des Fürsten. Überlagert von persönlichen oder machtpolitischen Motiven zeichnete sich die ganze Auseinandersetzung von Anfang an durch eine große Emotionalität aus und bot gleichzeitig reichlich Gelegenheiten zu einer persönlichen Bereicherung.[96] Alle Beteiligten erhofften sich einen größtmöglichen Gewinn bei möglichst geringem eigenen Risiko, ohne das Ausmaß der finanziellen Belastungen und der ortsbedingten Schwierigkeiten zu überblicken. Strousberg, der mit 943 Kilometern den größten Anteil der Eisenbahnlinien zu bauen hatte (von der österreichisch-ungarischen Grenze im Westen durch die Kleine Walachei über Craiova – Piteşti – Bukarest; von Bukarest – Ploieşti – Buzău – Brăila – Galaţi; von Galaţi – Tecuci – Roman mit einer Abzweigung von Tecuci nach Bârlad), sah in dem rumänischen Auftrag, dem größten in seiner bereits an Eisenbahnunternehmungen reichen Karriere, eine seinem Unternehmergeist entsprechende Herausforderung und die Gelegenheit zu finanziellem Gewinn. Die Finanzierung des Baus sollte durch eine Anleihe in Form des Verkaufs von Obligationen gesichert werden, die bis zur Gesamthöhe von 254 Millionen Francs ausgegeben werden konnten, was dem Preis für die ganze Strecke entsprach. Die Emission der Obligationen richtete sich, außer einem sofort freigegebenen Betrag, nach dem Stand der Arbeiten und deren Billigung durch die Regierung.

91 Arh. Stat. Fond Regele Carol I, III/27, f. 21 (28.5./9.6.1868).
92 Ibd., f. 22. P.A. I.A.B.q. Türkei 24, Vol. 37, Keyserling v. 15.6.1868.
93 Ibd.
94 Aus dem Leben König Karls, 1, S. 295.
95 Dazu ausführlich: Maier, Rumänien, S. 174ff. Wolter, Bethel Henry Strousberg, S. 101f. Ohlsen, Der Eisenbahnkönig Bethel Henry Strousberg, S. 113ff.
96 Ibd., S. 114f. Maier, Rumänien, S. 176.

Ferner war die sichere Deponierung des Kapitalfonds bei Banken vorgesehen, über den ein von der Regierung ernannter Staatskommissar die Kontrolle ausübte.
Es war die zweideutige Fassung einer Bestimmung, die den Kern für den nur zwei Jahre später ausbrechenden Konflikt zwischen der Regierung und dem Strousberg-Konsortium bildete mit all den daraus resultierenden innen- und außenpolitischen Belastungen. Sie betraf die Zinszahlung von 7,5 %, die nach der Konzessionsurkunde während der Bauphase zu Lasten der Konzessionäre ging und erst nach Abnahme eines Streckenabschnitts durch die Regierung von dieser übernommen wurde (§§ 7 und 15).[97] Gleichzeitig besagte der Text aber auch, dass die rumänische Regierung die Zinsen von Beginn der Emission und während der gesamten Dauer der Konzession (90 Jahre) garantiere (§ 15). Dieser Wortlaut erschien ebenfalls auf den Obligationen, so dass der Käufer seine Geldanlage vom rumänischen Staat garantiert sah.[98] Strousberg selbst ging von der Zinszahlung der Konzessionäre während der Bauzeit aus und musste daher das größte Interesse haben, so schnell wie möglich die Eisenbahnstrecken fertigzustellen bzw. die schnelle Übernahme durch die Regierung zu betreiben. Dies konnte nur zu Lasten der Qualität und der Solidität des Baus gehen. Darüber hinaus führte es zu der Forderung Strousbergs, möglichst freie Hand bei allen Entscheidungen zu haben und durch gesetzliche Bestimmungen nicht behindert zu werden. In diesem Sinne insistierte er z. B. beim Fürsten, selbst die Anweisung zu geben, dass er – Strousberg – sofort mit den Vorbereitungsarbeiten und dem Bau der Strecke von Galaţi nach Roman und von Bukarest aus beginnen und die dafür erforderlichen Pläne erst später der Genehmigung durch die Regierung vorlegen könne.[99] Verfassungsrechtlich hätten die Eisenbahnarbeiten nicht vor Inkrafttreten des Gesetzes, dessen Verabschiedung durch den Senat noch ausstand, beginnen dürfen. Darüber setzte sich Carol jedoch hinweg, denn die Aussicht, bald, d. h. bereits nach einem Jahr über eine erste betriebsbereite Eisenbahnstrecke zu verfügen, ließ bei ihm eine Haltung entstehen, die Einwände gegen den Eisenbahnbau als Intrigen abtat und Strousberg in seinen Forderungen weitgehend entgegenkam.[100] Auf sein Drängen hin kam es zum Abschluss eines Übereinkommens mit der Regierung, das Strousberg den Beginn der Bauarbeiten sofort, d. h. im Juli 1868, gestattete.[101]
Eine weitere Verletzung der Verfassung bestand in der Ernennung von Ambronn, dem Vermögensverwalter des fürstlichen Vaters, Karl Anton, zum rumänischen Staatskom-

[97] Arh. Stat. CR 28/1868, f. 118-132.

[98] Der größte Teil der Anleihe wurde in einer großen Werbekampagne in Preußen gezeichnet, und zwar hauptsächlich von kleinen Sparern: Ohlsen, Der Eisenbahnkönig, S. 123.

[99] Arh. Stat. CR 28/1868, f. 203f. (undatiert, unmittelbar nach einer Audienz Strousbergs abgefasst, der am 24.6./6.7.1868 in Bukarest eintraf und von Carol sofort empfangen wurde). Ibd., CR 27/1868, S. 83f., Strousberg an Carol v. 20.7.1868 aus Pest.

[100] Arh. Stat. Fond Regele Carol I, III/27, f. 23 (1./13. Juni 1868, wo Carol schrieb: „Der Senat wird Montag aufgelöst werden, die Eisenbahn-Arbeiten sollen trotzdem gleich beginnen.") Strousberg stellte in Aussicht, dass bei entsprechendem Entgegenkommen der Behörden bereits im Laufe des nächsten Jahres die Strecke Galaţi – Roman eröffnet werden könne. Arh. Stat. CR 28/1868, Strousberg v. 20.7.1868 an Carol.

[101] P.A. I.A.B.q. Türkei 24, Vol. 38, Annecke v. 28.7.1868.

missar, eine Position, die gesetzlich nur einem Rumänen zustand. Strousberg hatte nach Carols Angabe aus dieser Ernennung eine *conditio sine qua non* gemacht und Carol hatte diese umso bereitwilliger akzeptiert, als er von der Ehrenhaftigkeit Ambronns überzeugt war und in ihm eine Garantie für eine solide Finanzverwaltung des Unternehmens sah.[102] Des Weiteren gab der Fürst Strousberg eine vertrauliche schriftliche Zusicherung, die jede weitere Konzessionierung einer Eisenbahnlinie in Rumänien von der Zustimmung Strousbergs abhängig machte und ihm gleichzeitig ein Vorzugsrecht einräumte.[103] Die Liste der Strousberg gegebenen Zusicherungen ließe sich weiter verlängern.[104] Der Fürst stellte ihm Blankoschecks aus, die verfassungsrechtlich nicht gedeckt waren. Er band somit rumänische Wirtschafts- und Finanzinteressen an das Unternehmen Strousberg und gab gleichzeitig die staatliche Kontrolle aus der Hand. Das Eisenbahnunternehmen Strousberg in Rumänien geriet somit zu einem politischen Va-banque-Spiel des Fürsten, der alles auf die Karte Strousberg setzte und damit vom Erfolg Strousbergs abhängig wurde.

Dadurch, dass er den Eisenbahnbau nicht zu einer nationalen, sondern zu seiner eigenen Sache machte, zum Prüfstein für die Gesinnung seiner Minister gegenüber der Person des Fürsten und die Annahme der Strousberg-Konzession als Maßgabe für sein eigenes Handeln gegenüber dem Land ansah,[105] hatte der Fürst selbst großen Anteil an der schweren Legitimitätskrise, die seine Herrschaft im Gefolge der Schwierigkeiten mit dem Eisenbahnbau und dem Zusammenbruch des Konsortiums Strousberg nur zweieinhalb Jahr später an den Rand des Scheitern brachte. Der Versuch des Fürsten, die instabile Lage des Landes 1870/71 dem Charakter der Politiker und den ungeeigneten Institutionen anzulasten, überging die eigene Verantwortung für die gemachten politischen Fehler. Entgegen den Tatsachen wurde in seinem Mémoire von 1870 die Notwendigkeit des Eisenbahnbaus als Rechtfertigungsgrund für die Berufung Ion C. Brătianus und seiner Partei an die Regierung herangezogen, da nur diese aufgrund ihrer Energie und Einflussmöglichkeiten die für das Land als lebenswichtig eingestufte Eisenbahnfrage zu einem erfolgreichen Abschluss bringen konnten.[106] Hier erscheint wieder dasselbe Argumentationsschema, den Fürsten als einen nur passiv Handelnden hinzustellen, als ein Opfer der rumänischen Verhältnisse, dem keine andere Wahl blieb als Demagogen die Regierung zu überlassen, um wichtige Interessen des Landes durchsetzen zu können. Die verfassungsrechtliche Verantwortung lag nicht beim Fürsten, sondern bei seinen Ministern, andererseits fiel es angesichts des enormen Drucks des Fürsten bei der Durchsetzung der

[102] FHHDA, HS R 53, 1433, Nr. 738, Carol an den Vater v. 29.4./11.5.1870. Ebenso sein Brief v. 10./22.6.1871. Ibd. 1435, Nr. 914.

[103] Arh. Stat. CR 12/1868, f. 31.

[104] Arh. Stat. Fond Regele Carol I, V N 167 (Genehmigung für die von Strousberg gewünschten Auslegungen der Eisenbahnkonzession, 16./28.7.1868). Ein Vertrag für eine Waffenfabrik in Galaţi wurde ebenfalls abgeschlossen. Ibd. V N 168. Strousberg selbst kam später immer wieder auf diese „höchsten Orts" gegebenen Zusicherungen bei seinen Forderungen zurück. Arh. Stat. CR 28/1868, f. 224.

[105] P.A. I.A.B.q. Türkei 24, Vol. 37, Keyserling v. 2.4.1868 (Entzifferung).

[106] FHHDA, HS 53, 1435, S. 31ff.

Konzession Strousberg schwer, ihn persönlich nicht dafür verantwortlich zu machen.[107] Die Identifikation des Fürsten mit der Konzession Strousberg war zu offensichtlich gewesen, als dass sie für ihn ohne politische Folgen hätte bleiben können.
Es stellte sich schnell heraus, dass Strousbergs Kalkulationen, die auf einer schnellen Eröffnung einer Strecke beruhten, nicht aufgingen. Er hatte zum einen die Schwierigkeiten der Streckenführung und der Logistik weit unterschätzt, die einen schnellen Fortgang der Arbeiten nicht zuließen und den Bau beträchtlich verteuerten.[108] Zum andern konnte er trotz der fürstlichen Unterstützung nicht immer mit der bedingungslosen Gefolgschaft der Regierung rechnen. Angesichts des Außergewöhnlichen seines Vorhabens, was Dimension und Schnelligkeit des Eisenbahnbaus anging, beanspruchte Strousberg für sich eine Sonderstellung und erwartete, dass Regierung und Behörden anstandslos alle seine Pläne billigten und alle Hindernisse, wie sie z. B. bei Landenteignungen auftraten, aus dem Weg räumten.[109] Seiner Ansicht nach fehlten den Rumänen qualifizierte Techniker und Ingenieure, die seine Bauvorhaben sachkundig beurteilen konnten, was sicher auch zutraf. Allerdings verschwieg er die Unfähigkeit und Korrumpierbarkeit seiner eigenen Leute, wie z. B. das Auftreten seines Repräsentanten in Bukarest, der wegen seines protzenden Lebensstils unangenehm auffiel, oder das Verhalten seines Bauunternehmers Rudolph Rauschning, der sich der groben Fahrlässigkeit bei wichtigen Brückenbauten schuldig machte.[110] Das arrogante, z. T. skandalöse Auftreten des von Strousberg ausgewählten Personals trug zu wachsender Unzufriedenheit in der Bevölkerung über die Eisenbahn bei, die durch schlampige Arbeit, Ignorieren rumänischer Einwände, Bevormundung und dergleichen mehr verstärkt wurde.[111] Hinzu kam angesichts des augenfälligen Anwachsens der ausländischen Arbeiter die Furcht vor einem zunehmenden Einfluss der Fremden, vor einer „Borussifizierung“ des Landes und vor einer „Ausbeutung des Landes durch die Fremden“.[112] Dieses Misstrauen gegenüber Fremden konnte leicht aktiviert und politisch von der Opposition instrumentalisiert werden. Strousbergs Klagen über die vielfältigen Schwierigkeiten und Schikanen, auf die sein Unternehmen stieß, waren sicher nicht unberechtigt, berücksichtigt man die von Willkür und Korruption nicht freie Verwaltung, nur hatte er zum einen während der ersten anderthalb Jahre selbst davon profitiert, indem die Regierung Justiz und Verwaltung zu seinen Gunsten eingesetzt hatte, zum anderen trugen sein Verhalten und das seiner Leute, das von Überheblichkeit

[107] Aus dem Leben König Karls, 2, S. 86f. Arh. Stat. Fond Regele Carol I, III/27, f. 105 (12./24. Mai 1870).

[108] P.A. I.A.B.q. Türkei 24, Vol. 41, General-Commando Siebenbürgen. An das Kriegs-Ministerium (Lieferung des Wiener Agenten). Abschrift, pr. 1.9. 1869.

[109] Dr. Strousberg und sein Wirken, S. 345ff.

[110] Ohlsen, Der Eisenbahnkönig, S. 160f. Arh. Stat. CR 27/1868. Der sich dort befindende Schriftwechsel zwischen Strousberg und den Ingenieuren handelt fast nur von Klagen über die von Rauschning begangenen Fehler bei den großen Brückenbauten (Excerpte ex actis „Große Brücken“ der Bauabteilung „Tecuciu“).

[111] Arh. Stat. CR 6/1869, f. 1, D. Ghica an Carol v. 11./23.4.1869. Wolter, B. H. Strousberg, S. 103.

[112] P.A. I.A.B.q. Türkei 24, Vol. 42, Radowitz v. 25.2.1870.

und Rechthaberei gekennzeichnet war, wenig dazu bei, den Eisenbahnbau populär zu machen, sondern entfremdeten diesen im Gegenteil immer mehr dem Land.[113]
Der sich allmählich abzeichnende Anti-Strousberg-Trend verstärkte sich während des Jahres 1870 zusehends, besonders nach dem Sturz der ihn bis dahin unterstützenden Regierung D. Ghica/Kogălniceanu am 1./13. Februar 1870.[114] Parallel dazu machte sich ein wachsendes Misstrauen gegenüber den Finanzoperationen Strousbergs und des rumänischen Staatskommissars Ambronn breit. Ende 1869 wurde zur Überprüfung der von einem deutschen Ingenieur, Brandt, ausgestellten Zertifikate über den Stand der Eisenbahnbauten eine rumänische Kontrollbehörde mit dem früheren Minister für Öffentliche Arbeiten, P. Donici, an der Spitze geschaffen, von deren Plazet die Überweisungen von Zahlungen an die Konzessionäre abhängen sollten.[115] Das am 20.4./2.5.1870 neu gebildete Kabinett Epureanu nahm gegenüber Strousberg eine weniger konziliante Haltung ein als seine Vorgänger, so dass Differenzen zwischen der Regierung und dem Konsortium über die Länge der Strecke an Schärfe zunahmen.[116] Auf der parlamentarischen Bühne setzte im März 1870 eine heftige Anti-Strousberg-Debatte ein. Die Kammer forderte die Regierung auf, eine Enquete über den Stand der geleisteten Eisenbahnarbeiten zu erheben und zu überprüfen, ob die Ausgabe der Obligationen mit dem Ergebnis übereinstimme.
Die Angriffe konzentrierten sich immer mehr auf die Person von Ambronn, dem man vorwarf, den Interessen Strousbergs näher zu stehen als denen Rumäniens. Man nahm besonders Anstoß daran, dass verfassungswidrig kein Rumäne mit diesem wichtigen Amt betraut worden war. Ins Kreuzfeuer der Kritik geriet auch zunehmend der Fürst selbst, da die enge Verbindung Ambronns zur Fürstenfamilie bekannt war.[117] Dennoch weigerte sich Carol trotz des einstimmigen Votums seiner Minister, Ambronn zu entlassen, diesen offiziell seines Amtes zu entheben, aus Besorgnis vor den negativen Folgen für die rumänischen Eisenbahnpapiere.[118] Diese Sorge war nicht unbegründet, denn nach den scharfen Attacken gegen Strousberg im Parlament hatten die Eisenbahnobligationen einen Kursverfall hinnehmen müssen.[119] Andererseits geriet die Beibehaltung Ambronns zu einer immer größer werdenden innenpolitischen Belastung und drohte sich zu einer Ministerkrise zuzuspitzen, so dass der Fürst versuchte, mit Hilfe seines Vaters Ambronn zu einem freiwilligen Rücktritt zu bewegen.[120] Zu demselben Zweck wurde D. Sturdza

113 Dr. Strousberg und sein Wirken, S. 348ff. Aus dem Leben König Karls, 2, S. 71.
114 Dr. Strousberg und sein Wirken, S. 369, 351f. Kogălniceanu stand im Verdacht, von Strousberg finanzielle Zuwendungen erhalten zu haben. Dazu seine Verteidigungsrede am 5./17.3.1871 in der Kammer: Kogălniceanu, Opere IV, orat. II, part. II, S. 93ff. P.A. I.A.b.q. Türkei 24, Vol. 42, Radowitz v. 8.3.1870 (Nr. 8).
115 Aus dem Leben König Karls, 2, S. 56.
116 Ibd., S. 84, 97. Es handelte sich um eine Verkürzung der Strecke zwischen Piteşti und Turnu Severin um 19 km, auf der die Regierung beharrte.
117 Arh. Stat. CR 68/1870, f. 178. Abegg an Werner v. 25.4./7.5.1870.
118 FHHDA, HS R 53, 1433, Nr. 738, Carol an seinen Vater v. 29.4./11.5.1870.
119 Wolter, B. H. Strousberg, S. 104.
120 FHHDA, HS R 53, 1433, Nr. 738, Carol an seinen Vater v. 29.4./11.5.1870.

im Mai 1870 nach Berlin gesandt, doch hatten alle diese Bemühungen keinen Erfolg. Ambronn schloss zwar seinen späteren Rücktritt nicht aus, weigerte sich aber sofort zurückzutreten mit der Begründung, dass sein Rücktritt einen Kurssturz der Strousbergschen Obligationen zur Folge haben würde. Außerdem verlangte er eine korrekte Revision seiner Abrechnungen durch einen Vertrauensmann der rumänischen Regierung, um den Angriffen gegen ihn ein Ende zu setzen.[121]

Die Überprüfungen der Abrechnungen durch den Bevollmächtigten der Regierung, Th. Văcărescu, führten zu einem bösen Erwachen, denn zum einen differierten die Beträge für die geleisteten Arbeiten, die vom Generalinspekteur der rumänischen Eisenbahnen, P. Donici, errechnet worden waren, um fast 7,5 Millionen Francs von dem Betrag, den sich der Chefingenieur des Konsortiums in Zertifikaten hatte bestätigen lassen, zum anderen war der Erlös aus dem Verkauf der letzten Obligationen in Höhe von 40 Millionen Francs ohne Wissen der Regierung in unsicheren Aktien und Hypotheken beim Bankhaus Jacques, mit dem Strousberg viele seiner Finanzgeschäfte abwickelte, angelegt worden. Strousberg hatte sich unter Mithilfe von Ambronn und Jacques des sicheren Eisenbahndepots bedient, um kurzfristigen finanziellen Forderungen gerecht zu werden und seine Liquidität unter Beweis zu stellen. Die stattdessen hinterlegten Papiere und Hypotheken auf Strousbergs Immobilienbesitz verloren durch den deutsch-französischen Krieg ein Viertel ihres Wertes, wie überhaupt Strousbergs Unternehmen durch den Krieg empfindlich getroffen wurde und er schwere finanzielle Einbußen hinnehmen musste.[122]

Trotz dieser aufgedeckten Finanzmanipulationen widersetzte sich der Fürst der Forderung seiner Minister, Ambronn „motivirt" abzusetzen, sondern änderte die Form der unumgänglich gewordenen Entlassung dahingehend, dass er Ambronns Demission annahm.[123] Er bezeichnete Ambronns Verhalten als „abus de confiance et de pouvoir", war aber noch von dessen „Ehrenhaftigkeit" überzeugt und hoffte im Übrigen auf eine befriedigende Klärung der ganzen Angelegenheit.[124] Die rumänischen Stellen wiederum fanden ihre schlimmsten Befürchtungen bestätigt und legten Strousberg immer mehr Hindernisse in den Weg, so etwa bei exorbitanten Entschädigungsforderungen der Gutsbesitzer, die der Justizapparat jetzt gewähren ließ, während er früher auf Druck der Regierung zugunsten Strousbergs agiert hatte.[125] Zusätzlichen Auftrieb erhielt die gegen

[121] Aus dem Leben König Karls, 2, S. 87, 97, 109f. Arh. Stat. Fond Regele Carol I, III/27, f. 108. (20.6./2.7.1870: „Nachmittags Stourdza bei mir, der nicht reüssirt wegen Rücktritt von Ambronn (mir ist es recht)".

[122] Maier, Rumänien, S. 181. Vgl. auch Strousbergs leidenschaftliche Schilderung der negativen Konsequenzen des Krieges für seine Eisenbahnunternehmungen: Dr. Strousberg und sein Wirken, S. 358f.

[123] FHHDA, HS R 53, 1433, Nr. 761. Carol an seinen Vater v. 6./18.9.1870. In den publizierten Memoiren wird von Absetzung gesprochen, was einen etwas anderen Eindruck über Carols Vorgehensweise entstehen lässt: Aus dem Leben König Karls, 2, S. 122.

[124] FHHDA, HS R 53, 1433, Nr. 761.

[125] Stern, F., Gold und Eisen. Bismarck und sein Bankier Bleichröder, Frankfurt/Berlin 1978, S. 443. Dr. Strousberg und sein Wirken, S. 348f. FHHDA, HS R 53, 1433, Nr. 766, Carol an seinen Vater v. 28.10./9.11.1870.

die Deutschen und den Fürsten gerichtete Stimmung durch den im Sommer 1870 ausgebrochenen deutsch-französischen Krieg, da Politiker und Öffentlichkeit eindeutig für Frankreich Partei ergriffen und die Deutschen im eigenen Land als Feinde ansahen.[126]
In diesem Klima der allgemeinen Abneigung und Feindseligkeiten gegenüber Strousberg, die auf den Eisenbahnbau übertragen wurden, fand die erste Fahrt, die der Fürst mit der Bahn in die Moldau im Oktober 1870 unternehmen konnte, zu seiner großen Enttäuschung kaum Beachtung. In einer kurzen Ansprache nannte er die erste direkte Fahrt von Brăila nach Bukarest „das größte Ereignis für Rumänien":
„Aujourd'hui s'est passé, selon moi, le plus grand évenement pour la Roumanie: le premier train parcourant une si grande distance et joignant le port le plus considerable à la capitale."[127]
Während Carol aufrichtig die von Strousberg geleistete Arbeit bewunderte, war in der rumänischen Presse kein Wort über die Bedeutung dieser Fahrt zu lesen, was Carol zu einer Intervention veranlasste, damit wenigstens im offiziellen Staatsanzeiger eine kurze Notiz darüber erschien und eine Woche später einige bezahlte Artikel das Ereignis behandelten.[128]
Der Fürst fühlte sich durch diese Missachtung in seinem Stolz, den er über die Eisenbahn empfand, geradezu beleidigt und machte seinem Ärger gegenüber seinem Vater Luft:
„Bei all den Enttäuschungen und Infamien, denen man hier täglich begegnet war für mich eine wahre Herzens-Freude meine letzte Reise nach der Moldau per Eisenbahn. Strussberg hat wirklich unglaubliches geleistet, wenn man die Schwierigkeiten in Betracht zieht, denen er hier begegnete u. die bedeutende Anzahl großartiger Brücken, die er hat bauen müssen. Mit recht staunte ich die Arbeiten an und war es mir peinlich zu sehen, mit welcher Oberflächlichkeit u. Gleichgültigkeit die Herrn Rumänen den ganzen Eisenbahnbau beurtheilten. Sie finden jetzt nicht mehr wie natürlich, daß sie Eisenbahnen haben u. scheinen sie ihnen noch nicht ein Mal gut u. elegant genug. Welchen ökonomischen Werth sie haben, sind sie nicht im Stande zu beurtheilen."[129]
Dabei handelte es sich nicht um die erste befahrbare Strecke in Rumänien, denn bereits am 22.10./3.11.1869 war die noch unter Cuza konzessionierte Bahnlinie Bukarest–Giurgiu dem Verkehr übergeben worden. Ofenheim konnte sein Streckennetz sukzessive im Dezember 1869 (Suceava–Roman), im Juni 1870 (Paşcani–Iaşi) und im November 1871 (Vereşti–Botoşani) eröffnen, so dass die Nordmoldau im Sommer 1870 an das österreichische und europäische Bahnnetz angeschlossen war.[130] Doch diesen Streckeneröffnungen wurde seitens des Fürsten nicht dieselbe große Aufmerksamkeit zuteil wie bei seiner ersten Fahrt auf der Strousbergschen Linie. Diese besaß für ihn nicht nur aufgrund der technischen Leistungen oder der wirtschaftlichen Bedeutung der Verkehrsverbindung

[126] Ibd., Nr. 752 und Nr. 758, Carol an seinen Vater v. 8./20.7.1870 und v. 1.9.1870. Aus dem Leben König Karls, 2, S. 159.
[127] FHHDA, HS R 53, 1433, Nr. 766, Carol an seinen Vater v. 28.10./9.11.1870. Aus dem Leben König Karls, 2, S. 127.
[128] FHHDA, HS R 53, 1433, Nr. 766, Brief v. 28.10./9.11.1870.
[129] Ibd.
[130] Aus dem Leben König Karls, 2, S. 37, 44. Istoria Romîniei, IV, S. 463.

zwischen der Moldau, den Donauhäfen und der Hauptstadt eine vorrangige Geltung, sondern seine Reaktion zeigte darüber hinaus seine enge gefühlsmäßige Verbundenheit mit dieser Eisenbahn, die er als sein Werk betrachtete. Mit der offiziellen Streckeneröffnung der Linie Roman – Bukarest, die er für den 15. Dezember 1870 erwartete, hoffte er auf ein Ende der Gereiztheiten und der Intrigen gegen die Bahn.[131] Die baldige Eröffnung dieser Linie kündigte er auch in seiner Thronrede bei der Parlamentseröffnung am 15./27. November 1870 an, in der er die Bahn ein „großes Werk des Friedens und der Zivilisation" nannte, das trotz der europäischen Krise fortgeführt worden sei und jetzt als eine vollendete Tatsache für das Land angesehen werden könne.[132]
In diese Erwartung einer kurz bevorstehenden Vollendung dieser Bahnstrecke hinein platzte die Nachricht von der Zahlungsunfähigkeit Strousbergs.[133] Sie führte zum offenen Ausbruch der seit langem schwelenden Strousbergkrise und bedeutete gleichzeitig den Beginn eines jahrelangen Ringens um die Beseitigung der Folgen des Zusammenbruchs seines Unternehmens. Strousberg hatte durch den anhaltenden deutsch-französischen Krieg schwere Verluste hinnehmen müssen, die seine Zahlungsfähigkeit immer mehr verschlechterten und ihn gleichzeitig mit zunehmenden finanziellen Forderungen konfrontierten.[134] Seine Bemühungen, im Spätherbst 1870 Gelder in Höhe von 2,5 Millionen Taler für die am 2. Januar 1871 anfallende Zinszahlung für die rumänischen Eisenbahnobligationen zu beschaffen, scheiterten am Widerstand deutscher Finanz- und Bankierkreise trotz der Intervention Bismarcks, an den sich Strousberg gewandt hatte, um dessen Unterstützung für einen Kredit bei der staatlichen Darlehenskasse zu erhalten.[135] Den letzten Ausweg sah Strousberg in der Forderung an die rumänische Regierung nach Neuausgabe von Obligationen für noch nicht vorhandene Strecken, deren Erlös er für die Zinszahlung verwenden wollte.[136] Gleichzeitig verlangte er die Übernahme der „eröffnungsfähigen" Strecke Roman – Galaţi durch die rumänische Regierung und damit die Übernahme der Zinsgarantie, wobei er sich wieder auf vom Fürsten gegebene Zusicherungen berief, dass betriebsfähige Strecken vom Staat übernommen und auf Kosten des Konsortiums fertig gestellt würden.[137]
Die Zahlungsunfähigkeit Strousbergs bedeutete für den Fürsten ein politisches und persönliches Desaster: seine bereits stark angeschlagene Stellung wurde durch die öffentliche Empörung über Strousberg noch weiter geschwächt, da man ihm eine Mitschuld an der Fehlentwicklung der Eisenbahnangelegenheit gab.[138] Noch härter musste er sich persönlich getroffen fühlen, denn die Zahlungsunfähigkeit Strousbergs zerstörte seine großen

131 FHHDA, HS R 53, 1433, Nr. 766, Brief v. 28.10./9.11.1870.
132 Regele Carol I al României. Cuvântări şi scrisori, t.1, S. 221f.
133 Arh. Stat. CR 27/1868, f. 175-182, Strousberg an Carol v. 10.12.1870, pr. Bukarest 6./18.12. 1870. Aus dem Leben König Karls, 2, S. 136f.
134 Dr. Strousberg und sein Wirken, S. 359f.
135 Ohlsen, Der Eisenbahnkönig, S. 183ff.
136 Arh. Stat. CR 27/1868, f. 176ff.
137 Ibd., f. 180f. CR 28/1868 f. 224 (undatiert, Ende 1870).
138 Aus dem Leben König Karls, 2, S. 172f.

Hoffnungen, die er an das Bahnunternehmen und an den wirtschaftlichen und sozialen Aufschwung des Landes geknüpft hatte. Hinzu kam die menschliche Enttäuschung, dass ausgerechnet die Personen, denen er am meisten vertraut hatte, wie Ambronn und auch Strousberg selbst, ihn hintergangen hatten, indem sie Gelder veruntreut und das Vertrauen des Fürsten missbraucht hatten.[139] Was sich Carol an zivilisatorischen Impulsen von Deutschland versprochen hatte, wurde durch den finanziellen Zusammenbruch Strousbergs zunichte gemacht. Der Name Strousberg wurde nun zum Symbol für windige Spekulationen, betrügerische Manipulationen, schlechte Qualität, persönliche Bereicherung auf Kosten des Landes, Arroganz gegenüber Einheimischen.[140]

Der Fürst selbst verfügte aufgrund der eigenen Diskreditierung in der Strousbergaffäre über keinen Handlungsspielraum oder Einflussmöglichkeiten mehr, Lösungen gegen das Parlament durchzusetzen. Im Januar 1871 ging er noch davon aus, dass der Staat bei einer Insolvenz Strousbergs die Zinsen zahlen würde, Strousberg dafür aber sein Vermögen opfern müsse, um das rumänische Unternehmen zu retten.[141] Erst jetzt gab er zu, dass Strousberg Rumänien als „Melkkuh" behandelt habe, seine rhetorische Frage im Anschluss an diese Feststellung: „Freilich kann man sagen: Warum hat es sich als solche behandeln lassen?" offenbarte aber, dass er noch immer nicht bereit war, den eigenen Anteil an dieser Entwicklung zu erkennen.[142] Allerdings fühlte er sich sowohl dem Land als auch den vielen deutschen Obligationsinhabern gegenüber verantwortlich und in die Pflicht genommen, eine beide Teile zufrieden stellende Lösung zu finden. Er sah sich dabei selbst als Garanten, das in ihn gesetzte Vertrauen der vielen Kleinanleger in Deutschland nicht zu enttäuschen und auch Rumänien zu seinem Recht zu verhelfen.[143] Dieses Verantwortungsgefühl, dem wohl auch ein Schuldgefühl entsprach, ließ ihn seine seit Herbst 1870 immer konkreter werdenden Abdankungspläne zunächst einmal verschieben.

Die Initiative für eine Lösung der Strousbergkrise lag nicht mehr beim Fürsten, wie in der Anfangsphase, sondern ging bei einem schwachen Ministerium auf das Parlament über, das mit der Einsetzung einer Untersuchungskommission das Gesetz des Handelns an sich zog. Sowohl die öffentlichen Debatten in der Kammer, die sich zu einem Anklageforum gegen Strousberg, aber auch gegen den Fürsten, entwickelten, als auch die immer schärfer und ultimativ formulierten Forderungen und Drohungen Strousbergs gegenüber der Regierung trugen zur wachsenden Emotionalisierung und Eskalation der Strousbergaffäre bei, was kompromissfähige Lösungsvorschläge oft schon im Ansatz scheitern

[139] Auch Carols Sekretär, Friedländer, hatte von Anfang an mit Strousberg gemeinsame Sache gemacht. FHHDA, HS, R 53, 1435, Nr. 956, 993, Briefe Carols v. 16./28.1.1872 und v. 14./26.3.1873 an den Vater, in dem er schrieb: „Nach der Leidenszeit, die mir diese sauberen Herrn bereitet hatten, könnte mir keine glänzendere Genugthuung gewährt werden, als dieselben im Gefängniß zu sehen."

[140] FHHDA, HS, R 53, 1435, Nr. 930, Brief Carols v. 17./29.8.1871 an den Vater.

[141] Ibd., Nr. 801, Brief v. 19./31.1.1871.

[142] Ibd. Für Carol war Ambronn der Hauptschuldige. Etwas anders liest sich das Eingeständnis der eigenen Schuld in den publizierten Memoiren: Aus dem Leben König Karls, 2, S. 172f.

[143] FHHDA, HS, R 53, 1435, Nr. 801, Brief v. 19./31.1.1871 an den Vater.

ließ.[144] Die Verbitterung wurde weiter verstärkt durch das Ergebnis einer Überprüfung der Befahrbarkeit der Strecken durch eine Schiedskommission, die zu einem vernichtenden Urteil über den Zustand und die Qualität der Strousbergschen Bahnen kam.[145] Auch der Fürst musste allmählich erkennen, dass er getäuscht worden war, und gab die „liederliche Arbeit" des „Schwindlers" Strousberg zu.[146]

Die Kammer blieb der entscheidende Faktor bei den sich über das ganze Jahr hinziehenden Bemühungen um einen Ausweg aus der Eisenbahnaffäre, die aufgrund des starken außenpolitischen Drucks Bismarcks eine weitere Zuspitzung erfuhr. Das ganze Ausmaß des finanziellen Desasters wurde erst Ende März 1871 sichtbar, als der neue rumänische Staatskommissar, T. Rosetti, nur Schuldscheine auf bereits mit Hypotheken belasteten Besitzungen von Strousberg im Eisenbahndepot vorfand.[147] Mit dieser Offenlegung schwanden auch die letzten Hoffnungen, die der Fürst bis zu diesem Zeitpunkt noch gehegt hatte, dass Strousberg und Ambronn ihren finanziellen Verpflichtungen nachkommen und den Zinscoupon würden zahlen können.[148] Die Aversion gegen Strousberg ging so tief, dass eine Verhandlungslösung mit seiner Person nicht mehr durchsetzbar war. So sah sich die konservative Regierung Lascăr Catargiu, mit deren Einsetzung am 12./24. März 1871 die Staatskrise ein Ende gefunden hatte, trotz ihrer großen Kammermajorität gezwungen, einen mit Strousberg ausgehandelten Kompromiss zurückzuziehen und die Kammer zu einer für sie annehmbaren Lösung aufzufordern.[149] Das Ergebnis war ein Eisenbahngesetz – eines der wenigen Gesetze, die aus der Initiative des Parlaments hervorgingen –, dessen wichtigster Punkt die Annullierung der Konzession Strousberg stipulierte. Weiter sah es die Unterstellung der Eisenbahn unter einen Verwaltungsrat vor und eine Entschädigung der Obligationsinhaber nach dem Wert der geleisteten Arbeit und des Eisenbahnmaterials für den Fall, dass sich jene nicht binnen 30 Tagen nach der Annullierung zu einer Aktiengesellschaft formierten, um die Rechte und Pflichten der Konzessionäre zu übernehmen. Die Regierung wurde andernfalls zum Rückkauf der Obligationen und zu ihrer Konvertierung in 4%ige Staatspapiere ermächtigt.[150]

Das Gesetz wahrte vor allem die rumänischen Interessen und rief einen Sturm der Empörung in Deutschland hervor.[151] Der Fürst weigerte sich, das Gesetz zu unterschreiben, weil man sich seiner Auffassung nach damit außerhalb des Vertragsverhältnisses stellte

144 Aus dem Leben König Karls, 2, S. 172. Istoria parlamentului, S. 194.

145 Ohlsen, Der Eisenbahnkönig, S. 196f. Dies Ergebnis wird in den Memoiren bezeichnenderweise nicht erwähnt. Einen besonderen Schwachpunkt bildeten die Brücken, die bei starken Regenfällen schwer beschädigt wurden oder sogar einstürzten. Aus dem Leben König Karls, 2, S. 191, 208.

146 FHHDA HS, R 53, 1435, Nr. 930, Carol v. 17./29.8.1871 an den Vater. Aus dem Leben König Karls, 2, S. 215.

147 Ibd., S. 183f.

148 Arh. Stat. CR 27/1868, f. 201f., Vogel an Ambronn v. 10.4.1871. FHHDA, HS, R 53, 1435, Nr. 914, Carol v. 10./22.6.1871 an den Vater.

149 Istoria parlamentului, S. 209. Aus dem Leben König Karls, 2, S. 206f.

150 Ibd., S. 207f. Nicolescu, Parlamentul român, S. 117f.

151 Ohlsen, Der Eisenbahnkönig, S. 230ff.

und die Gefahr einer Intervention der interessierten Mächte zugunsten der Obligationsinhaber heraufbeschwor, was sich auf das Land nur negativ auswirken konnte.[152] Die Eisenbahnaffäre spitzte sich derart zu, dass dem Fürsten nur die Wahl zwischen Skylla und Charybdis blieb: entweder den eingeleiteten innenpolitischen Konsolidierungsprozess aufs Höchste zu gefährden oder aber das Land einem massiven außenpolitischen Druck auszusetzen mit gleichfalls destabilisierenden Folgen. Dahinter verbarg sich für den Fürsten auf einer emotionalen Ebene auch das Gegensatzpaar Rumänien – Deutschland. Er hatte sich definitiv für eines der beiden Länder zu entscheiden. Der große Druck, unter dem Carol stand, machte sich auch in einer physischen Erkrankung bemerkbar, was bei seiner ansonsten widerstandsfähigen Natur selten vorkam.[153] Zehn Tage verweigerte er seine Unterschrift trotz des intensiven Drängens seiner Minister. Die Entscheidung nahm ihm schließlich Bismarck ab, als dieser sich noch vor einer Unterzeichnung des Gesetzes durch den Fürsten an die Pforte als Suzeränitätsmacht wandte und sie zum „Schutz der bedrohten Interessen deutscher Unterthanen" aufforderte.[154] Eine derartige Missachtung rumänischer Souveränitätsrechte ließ dem Fürsten keine andere Wahl, als das Gesetz zu unterschreiben und sich auf die Seite des Parlaments und der Minister zu stellen.[155] Die Tagebucheintragung am 17./29. Juli 1871, dem Tag der Gesetzesunterzeichnung, schloss mit den Worten: „Es ist mir jetzt ein Stein vom Herzen, möge Alles gut vorübergehen."[156] Es war auch ein wichtiger Schritt in Richtung Emanzipation von der bisher verfolgten prodeutschen Politik und innerer Akzeptanz des rumänischen Landes.

Doch dieses Gesetz bildete nur den Beginn einer neuen Etappe von Schwierigkeiten, die erst mit dem Rückkauf der Eisenbahnen durch den rumänischen Staat im Februar 1880 endgültig ihren Abschluss fand. Was mit der Hoffnung auf eine neue zivilisatorische Ära und einen wirtschaftlichen Aufschwung begonnen hatte, wurde zu einer ständigen finanziellen und politischen Belastung, zu einem Druckmittel, das innen- wie außenpolitisch erfolgreich eingesetzt werden konnte. Die weitere Entwicklung und die politischen Folgen der für Rumänien so unseligen Eisenbahnfrage werden daher immer wieder Gegenstand der Erörterung sein. 1871 bildete den ersten negativen Höhepunkt der Strousbergaffäre, die einen großen Anteil an der Herrschaftskrise des Fürsten hatte und ihn recht unsanft vieler seiner Illusionen beraubte. Sie geriet aber auch zu einem Wendepunkt in der Entwicklung vom deutschen Prinzen zum rumänischen Fürsten und der Akzeptanz des Primats der rumänischen Politik.

[152] Arh. Stat. CR 28/1868, f. 8. Arh. Stat. Fond Regele Carol I, III/28, f. 20.

[153] Aus dem Leben König Karls, 2, S. 208. P.A. I.A.B.q. Türkei 24, Vol. 46, Radowitz v. 25.7.1871 (Telegramm Nr. 3).

[154] Ibd., Bismarck an Radowitz v. 26.7.1871 (Abschrift). Chiffr. Telegramm (Nr. 12) an Limburg-Stirum in Konstantinopel v. 28.7.1871 (Abschrift).

[155] Aus dem Leben König Karls, 2, S. 208f. Arh. Stat. Fond Regele Carol I, III/28, f. 21.

[156] Ibd.

4. Außenpolitische Turbulenzen: der erste Fall von I.C. Brătianu

Mit der Übernahme der Regierungsverantwortung durch die Radikalliberalen im März 1867 begann eine außenpolitisch aufregende Zeit, die auch eine innenpolitische Stabilisierung verhinderte und das Bild Rumäniens noch lange negativ beeinflussen sollte. Es waren drei Politikfelder, auf denen der Fürst und Brătianu die außenpolitischen Implikationen unterschätzten: es handelte sich erstens um die so genannte Judenfrage, zweitens um das Problem der bulgarischen Freischärler und drittens um die Unterstützung der Rumänen in Siebenbürgen nach dem Ausgleich. Dabei bildeten die Radikalliberalen und die Person Brătianu per se außenpolitisch ein destabilisierendes Element, denn in allen Hauptstädten galten sie als die Verkörperung von Aufruhr, als Unterstützer revolutionärer Bewegungen und großrumänischer Ambitionen. Negativ verstärkend für die rumänische Politik wirkten sich die preußisch-französischen Spannungen und die dadurch ausgelöste Suche der Großmächte nach Verbündeten aus. Ähnlich wie im Fall Kreta geriet auch Rumänien dabei zur Manövriermasse der Großmächte, wobei es aber keineswegs nur ein passives Objekt darstellte, sondern aktiv mitagierte.
Als wichtigste Aufgabe stellte sich für Brătianu zunächst die Stabilisierung seiner Position im Innern. Er musste die Befürchtungen der Konservativen in Bezug auf eine sozial umstürzlerische Politik zerstreuen und die Wirtschaftskraft des Landes stärken, sich vor allem aber die Unterstützung der Liberalen in der Moldau, sprich der Fraktion, sichern. Eine seiner ersten Maßnahmen galt daher der Durchsetzung der Argarverträge, die bereits im Vorjahr verabschiedet worden waren, mit Hilfe der Administration, wobei er die Behörden auf Distrikt- und Kommunalebene zu einer strengen Beachtung der Verträge anhielt.[157] Ein anderer Maßnahmenkatalog betraf in seiner Anwendung nur die Juden, die aufgrund eines Dekrets vom 21.3./2.4.1867, das den „Vagabundenparagraphen" der Organischen Reglements wieder aktivierte, ausgewiesen werden konnten, wenn sie weder einen Beruf hatten noch Vermögen nachwiesen. Ein zweiter Erlass vom 7./19. Juli 1867 untersagte den Handel und Ausschank von alkoholischen Getränken durch so genannte unmoralische und unredliche Personen, was wiederum die jüdischen Schankwirte auf dem Land traf. Die daraufhin einsetzenden gewaltsamen und willkürlichen Ausweisungen, deren Höhepunkt der Tod von zwei Juden am 2./14. Juli 1867 bildete, die in der Donau ertranken, riefen einen Sturm von ausländischen Protesten hervor, vor allem in Frankreich und Österreich-Ungarn, und setzten die Regierung wie auch den Fürsten unter massiven Druck.[158] Konservative Grundbesitzer aus der Moldau nutzten ihrerseits die Gelegenheit, um Brătianu zu demontieren, indem sie diese Maßnahmen anprangerten, die auch die eigenen jüdischen Pächter treffen konnten. Außerdem bereiteten sie

[157] Vgl. dazu die unterschiedliche Bewertung in: Istoria Romîniei, IV, S. 541, und Stan, Ion C. Brătianu, S. 289.

[158] Ausführlich: Iancu, C., Les juifs en Roumanie (1866-1919), Aix-en-Provence 1978, S. 68ff. Welter, Die Judenpolitik, S. 40f. Aus dem Leben König Karls, 1, S. 194, 199, 200-203, 207, 212f.

nach dem gescheiterten Votum der Verlegung des Kassationshofes nach Iaşi eine Demonstration zugunsten der Moldau vor.[159]

Gleichzeitig riefen die Aktivitäten der bulgarischen Komitees in Bukarest, Galaţi, Brăila und Giurgiu zwecks Vorbereitung von Aufständen in Bulgarien die Pforte auf den Plan, die im April den Fürsten darauf aufmerksam machte und Gegenmaßnahmen verlangte.[160] Anfang und Ende Mai 1867 gelang es zwei kleinen Freischärlergruppen unter Hitov und Totiu, unbemerkt über die Donau zu setzen und nach Bulgarien zu gelangen, wo sie jedoch wenig ausrichteten und bald auf serbisches Gebiet flüchten mussten.[161] Auf die ausländischen Proteste erfolgte ein rumänisches Dementi, die Bildung von Komitees begünstigt zu haben.[162] Auch dieser Vorfall war kaum geeignet, das Vertrauen in die rumänische Politik zu stärken, dennoch konnte die demonstrative Begrüßung des Sultans auf seiner Heimreise von Paris nach Istanbul durch den Fürsten am 5. August 1867 in Rusciuc das Verhältnis zur Pforte wieder verbessern.[163]

Zugleich mit den Vorwürfen der Tolerierung und Unterstützung der Bulgarenkomitees hatte die Pforte auch die Bildung von Komitees moniert, die angeblich in Siebenbürgen eine großrumänische Agitation betrieben, was der rumänische Außenminister ebenfalls dementierte. Er räumte nur die Reise eines rumänischen Offiziers a. D. – es handelte sich um Al. Candiano-Popescu – als eines Privatmanns nach Siebenbürgen ein, der von den Ungarn nicht behelligt worden sei. Die Reise von Candiano-Popescu, eines Vertrauensmanns von Brătianu, galt der Sondierung der Stimmung unter den Rumänen in Siebenbürgen.[164] Der österreichisch-ungarische Ausgleich vom Februar 1867, der die Autonomie Siebenbürgens vollständig aufgehoben hatte, war auf den Widerstand der rumänischen Siebenbürger gestoßen, der eine aktive und eine passive Form annahm, wobei die passive, die eine Mitwirkung der Rumänen an den parlamentarischen Institutionen ablehnte, von der Mehrheit der rumänischen Intellektuellen vertreten wurde.[165] Den stärksten Ausdruck fand der Protest in dieser Zeit in dem Pronunciamentum von Blasendorf/Blaj vom Mai 1868, in dem die Wiederherstellung der Autonomie Siebenbürgens und das Wiederinkrafttreten der Beschlüsse des Hermannstädter Landtags von 1863/64 gefordert wurden, die den Rumänen eine gleichberechtigte Stellung neben den anderen Nationalitäten garantiert hatten.

[159] Istoria Romîniei, IV, S. 542.
[160] M.A.E. România, Vol. 126, Politice 1867-1874, f. 75f.
[161] Diculescu, V., Rumänien und die Frage der bulgarischen Freischaren (1866-1868), in: Revue des études sud-est européenes, nr. 3-4, 1963, S. 471. Velichi, C., România şi renaşterea bulgară, Bucureşti 1980, S. 220f.
[162] M.A.E. România, Politice 1867-1874, Vol. 126, f. 82f. Schreiben des Außenministers v. 5. Juli 1867. P.A. I.A.B.q. Türkei 24, Vol. 35, Saint Pierre v. 2.7.1867 (Nr. 21, Vertraulich). Auch der preußische Konsul maß diesen Einfällen durch „untergeordnete Emissaire" keine große Bedeutung bei. Aus dem Leben König Karls, 1, S. 203.
[163] Aus dem Leben König Karls, 1, S. 214f.
[164] Candiano-Popescu, Al., Amintiri din viaţa-mi, Vol. 1, Bucureşti 1944, S. 137ff.
[165] Kurze Geschichte Siebenbürgens, S. 610f. Roth, H., Kleine Geschichte Siebenbürgens, Köln 1996, S. 108f.

Die Benachteiligung der rumänischen Bevölkerung in Siebenbürgen ließ die national gesinnten Politiker in Bukarest natürlich nicht gleichgültig. Gerade Candiano-Popescu hatte in seiner Zeitung *Perseverența* (Die Beharrlichkeit) die „Annexion" Siebenbürgens durch Ungarn scharf verurteilt. Zur Unterstützung rumänischer Studenten aus Siebenbürgen wurde im Mai 1867 die Gesellschaft „Transilvania" gegründet, die auch Protestaktionen in Siebenbürgen unterstützte.[166] Mit der Gründung der „Rumänischen Akademischen Gesellschaft" (*Societatea Academică Română*, ab 1879: *Academia Română*) im August 1867 in Bukarest schuf man eine Institution, die die kulturelle Einheit aller Rumänen festigen und durch einheitliche Sprachregelungen fördern sollte. Rumänische Gelehrte aus von Rumänen bewohnten Provinzen des benachbarten Auslandes wurden zu Mitgliedern ernannt, und es blieb nicht aus, dass auch vereinzelt der Wunsch nach politischer Einheit laut wurde.[167] Dennoch bildete die Siebenbürgen-Frage kein zentrales Thema in der rumänischen Politik. Es gab zwar Solidaritätsaktionen für die rumänischen Siebenbürger in der Bukarester Presse, als z. B. die Autoren des Pronunciamentum und die Herausgeber der Zeitschrift, in der es veröffentlicht worden war, unter Anklage standen, doch von einer breiten „dakorumänischen Agitation" konnte keine Rede sein.[168] Die Sensibilität österreichisch-ungarischer Stellen schien eher in der Furcht vor einem Scheitern des noch fragilen Staatsgebildes begründet zu sein, in dem die rumänischen Forderungen nach Nationalitätenrechten und einer siebenbürgischen Autonomie große Sprengkraft besaßen, gleichzeitig konnte man diese Furcht zur Stabilisierung der Doppelmonarchie instrumentalisieren. Da man zudem in Wien eingedenk der Ereignisse des letzten Jahres den Radikalliberalen in Verbindung mit einer preußischen Unterstützung zutiefst misstraute, nahm man jede Gelegenheit wahr, ihre Regierung zu destabilisieren, wobei man sich der Unterstützung anderer Mächte wie Frankreichs und der Pforte sicher sein konnte.[169]

So besaß jede Großmacht ihr spezielles Konfliktprofil gegenüber der neuen radikalliberalen Regierung, doch bedrohlich für diese wurde die feindliche Stimmung in Paris, da Frankreich noch immer die wichtigste außenpolitische Stütze bedeutete und als Garant des Pariser Friedens die autonome Stellung des Landes sicherte. Das Misstrauen gegenüber Preußen übertrug sich aufgrund der Schwierigkeiten mit der französischen Militärmission und der Anwesenheit preußischer Offiziere in Rumänien auf den rumänischen Staat mit seinem deutschen Fürsten und sorgte in Kombination mit der Empörung über die Judenverfolgungen für eine völlige Diskreditierung der Regierung.[170] Wie gereizt die Stimmung in Paris gegen Brătianu und Rumänien war, machten die Berichte von Carols Vater, Karl Anton, und des deutschen Konsuls Bamberg, eines Freundes der Sigmaringer,

166 Istoria Romîniei, IV, S. 575.

167 Aus dem Leben König Karls, 1, S. 216f.

168 Hitchins, K., Conștiință națională și acțiune politică la Românii din Transilvania 1700-1868, Cluj-Napoca 1987, S. 237.

169 Arh. Stat. CR 55/1867, f. 3ff. Bamberg an Carol, o. D. pr. Bucarest August 1867.

170 Über die gewandelte Stimmung in Paris und die Missgunst des Kaisers gegenüber Rumänien berichtete Bălăceanu sehr ausführlich in einem Brief an Carol. Arh. Stat. CR 41/1866, S. 64ff., Bălăceanu v. 8.3.1867 (Nr. 3, Très confidentielle).

deutlich.[171] Karl Anton versuchte selbst, in Paris zugunsten von Brătianu zu intervenieren, aber ohne Erfolg. Auch Bamberg konstatierte die große Abneigung Napoleons III. gegenüber Brătianu und riet dem Fürsten dringend, sich von diesem zu trennen.[172] Beide stimmten darin überein, dass die Lage Rumäniens ohne die Unterstützung Frankreichs sehr kritisch sei, und Carol mit Frankreich, „solange dessen Zerwürfnis mit Preußen dauert, wie mit einem weichen Ei umgehen" müsse, wie sich Bamberg ausdrückte.[173]
Der Fürst sah sich vor eine unangenehme Entscheidung gestellt, die, ob sie nun für oder gegen Brătianu ausfiel, nur negative Konsequenzen haben konnte. Seit Brătianu ins Ministerium eingetreten war, hatte sich nach Carols Ansicht der Gang der Staatsgeschäfte deutlich gebessert, da dieser die nötige Autorität und Energie besaß, um die notwendigen Reformen auf den Weg zu bringen, Entscheidungen durchzusetzen und für Ordnung zu sorgen.[174] So hatte er seinen Minister voll unterstützt und ihn gegen alle Kritik verteidigt. Auch die Judenerlasse hatte der Fürst als notwendige Maßnahmen gebilligt, um die Moldau zu beruhigen und einem Massaker an den Juden vorzubeugen, das dem Separatismus in die Hände gespielt hätte.[175] Im Übrigen teilte er die negativen Ansichten über die Juden in der Moldau, die auch er für eine „furchtbare Plage" hielt.[176] Das Problem sah Carol nicht in einer wirklichen Verfolgung, sondern in der Instrumentalisierung der Angelegenheit durch die ausländische, vor allem die österreichische, Presse und durch die Moldauer Bojaren, die auf diese Art Brătianu zu Fall bringen wollten. Diese hätten übertriebene Nachrichten ins Ausland lanciert, mit Hilfe des noch teilweise mit Cuza-Anhängern besetzten Beamten- und Justizapparats bewusst unschuldige Juden vertrieben, um ihre Freisprechung zu provozieren und die vermeintliche Willkür Brătianus zu demonstrieren. Die Petition von 30 Moldauer Bojaren an den Fürsten zugunsten der Juden bezeichnete Carol als „Infamie u. ein montirter coup gegen meinen Minister des Innern".[177] Für ihn richtete sich die Opposition gegen Brătianu ganz allgemein gegen die jetzige Ordnung und damit auch gegen ihn. In den Moldauer Bojaren sah er „fremde Werkzeuge" und hoffte, dass Brătianu ihre Dominanz „für immer" zerstören würde.[178]
Noch im Juni 1867 weigerte er sich, Brătianu zu entlassen, was Hortense Cornu von ihm

[171] Aus dem Leben König Karls, 1, S. 213f. Arh. Stat. CR 55/1867, f. 3ff. Bamberg an Carol, o. D. pr. Bucarest August 1867.

[172] „Jemehr mir aber die Nothwendigkeit klar wurde daß Eu.Hoheit in die Lage kommen würde Bratiano opfern zu müssen, desto weniger hielt ich für rathsam, den Minister in den offiziösen Zeitungen als den Mann der Situation darzustellen. Erst jetzt sind die Verhältnisse geklärt: der Kaiser hält den Rücktritt Bratianos für nothwendig [...]" Ibd., f. 12. Bamberg bemühte sich sowohl in der französischen Presse wie auch in jüdischen Finanzkreisen um eine Verbesserung des Ansehens des Fürsten, und es gelang ihm, die Entsendung einer jüdischen Kommission nach Rumänien zu verhindern.

[173] Ibd., f. 6.

[174] FHHDA, HS, R 53, 1430, Nr. 345, Carol v. 14./25. 5. (sic!) 1867 an den Vater.

[175] Ibd. Nr. 358, Carol v. 14./26. Juli 1867 an den Vater.

[176] Ibd. Nr. 365, Carol v. 8.8.1867 (a.St.) an den Vater.

[177] Ibd., Nr. 345, Carol v. 14./25. Mai (sic!) 1867 an den Vater.

[178] Ibd.

forderte, mit der Begründung, dass dies ein Sieg der feudalen Bojaren und Russlands bedeuten und eine Gefahr für seine eigene Sicherheit darstellen würde.[179] Wie die Radikalliberalen sich selbst, so sah auch der Fürst in diesen die eigentlichen Bewahrer des 1866 errichteten Systems:
„Es giebt hier nur eine Parthei – u. die ist 'le partie national', die Rumänien von jeder fremden Domination befreit sehen möchte. Ihr Chef ist Bratiano, ihre Fahne ist die Dynastie, die durch's Plebescit zur Regierung berufen. – Die Bojaren können immer noch nicht vergessen, daß heute alle ihre Hoffnung zu regieren zerstört sind; einen Hoffnungsstrahl glauben sie immer noch in Rußland zu sehen."[180]
Auch von Paris aus wurde der Fürst in dieser Auffassung von der Intrigenhaftigkeit der ganzen Angelegenheit bestärkt, da nach einem Bericht von Bălăceanu Gegner von Carol, zu denen die Bibescus und Cuza gehörten, gegen ihn agierten und über die entsprechenden Kontakte und Geldmittel verfügten, um die jetzige Regierung und den Fürsten zu diskreditieren.[181]
Erst der eindringliche Rat seines Vaters Karl Anton nach dessen erfolgloser Intervention in Paris zugunsten von Brătianu – wobei dieses Faktum allein schon bewies, wieviel dem Fürsten an seinem Innenminister lag – überzeugte Carol von der Notwendigkeit, Brătianu um seine Entlassung zu bitten.[182] Brătianu trat offiziell am 1./13. August 1867 zurück, was Carol zu einem bewegenden Bekenntnis zu seinem Minister veranlasste:
„Mit schwerem Herzen trennte ich mich von einem Manne, von dessen Ergebenheit und *Uneigennützigkeit* ich überzeugt war, mit dem ich in Allem so übereinstimmte u. der Alles that was ich wünschte. Ich habe seiner Zeit Alles aufgeboten, ihn für das Ministerium zu gewinnen, tausende von Intriguen wurden aber gesponnen, ihn fern von mir zu halten. – Endlich im März gelang es mir ihn als Minister des Innern zu haben, aber nach enormen Kämpfen; von diesem Augenblicke kehrte die Ruhe wieder bei mir ein und die großen Sorgen lasteten nicht mehr so schwer auf mir. –" [183]
Der Fürst betrachtete den Rücktritt von Brătianu als Konzession gegenüber Frankreich, was seine eigene Autorität im Innern schmälerte. Nun befand er sich in der Defensive und geriet selbst unter Druck, da ihm der Vorwurf gemacht wurde, dem ausländischen Druck nachgegeben zu haben.[184] Beide Reaktionsweisen: die Identifizierung mit seinem Minister und Schuldzuweisungen an die Adresse des Fürsten wegen des erzwungenen Rücktritts verdeutlichten, wie schwer die von der Verfassung geforderte Unverantwortlichkeit des Fürsten, deren Voraussetzung die Neutralität des Amtes bildete, einzuhalten war.

[179] Arh. Stat. Fond Regele Carol I, V N 121/45, Carol v. 1.6.1867.
[180] FHHDA, HS, R 53, 1430, Nr. 323, Carol v. 17./29.3.1867 an den Vater.
[181] Arh. Stat. CR 41/1866, S. 64ff., Bălăceanu v. 8.3.1867 (Nr. 3, Très confidentielle). FHHDA, HS, R 53, 1430, Nr. 327, Carol v. 1./13.4.1867 an den Vater.
[182] Aus dem Leben König Karls, 1, S. 213f.
[183] FHHDA, HS R 53, 1430, Nr. 365, Weiterschrift am 12.8. des Briefes v. 8.8.1867 [Hervorhebung im Text].
[184] Ibd.: „Durch den Rücktritt B...s habe ich vielleicht momentan im Auslande etwas gewonnen, hier hat es mir entschieden geschadet; die mir feindliche Presse benützt dieses auch u. greift mich, wenn auch nicht ganz direct, heftig an." Aus dem Leben König Karls, 1, S. 218.

Sicher konnte man den Klagen des Fürsten, dass die Judenfrage als Waffe gegen Brătianu benutzt und vieles übertrieben wurde, eine gewisse Berechtigung nicht absprechen.[185] Doch diese Perspektive, politische Probleme nur über ihre Instrumentalisierung wahrzunehmen, verstellte den Blick auf ihre Ursachen und verhinderte die Bereitschaft für langfristige Lösungen. Vor allem aber erwies sich, wie diese Auseinandersetzung erneut zeigte, die Verbindung von Judenfrage und Separatismus in der Moldau als verhängnisvoll, da sie die Frage der Einheit der Nation berührte und gleich einen Schuldigen präsentierte. In der schwierigen Anfangsphase der Etablierung seiner Herrschaft übernahm der Fürst dieses Wahrnehmungsmuster, das generell dazu führte, dass antijüdische Maßnahmen sich im politischen Entscheidungsprozess institutionell verfestigten.

Der Fürst zeigte darüber hinaus wenig Einsicht in seine eigenen politischen Fehler. Die Spannungen im französisch-preußischen Verhältnis hätten ihn zu besonderer Vorsicht anhalten müssen, doch gerade in dieser Phase forcierte er die politische Neuorientierung an Preußen in einer Form von Privatpolitik. Dies führte zu einer institutionellen Unkoordinierung der rumänischen Außenpolitik, die ihre Glaubwürdigkeit beschädigte. Der farblose Außenminister Şt. Golescu trat kaum in Erscheinung, während der Fürst offiziell für die Anbindung an Frankreich eintrat, inoffiziell sich aber Preußen näherte. Damit diskreditierte er auch seinen Vertreter in Paris, Bălăceanu, der sich um die Wiederherstellung eines Vertrauensverhältnisses mit Frankreich bemühte. Zusätzlich komplizierte sich diese Konstellation durch das Wirken von P. P. Carp, des Sekretärs der rumänischen Vertretung in Paris, der zu den Gegnern Brătianus gehörte und gegen die eigene Regierung arbeitete. Als dieser dann noch versuchte, eine Cousine von Carol zu heiraten, geriet er in Konflikt mit dem Fürsten, der eine solche Verbindung unter keinen Umständen dulden konnte.[186]

Die beherrschende Stellung Brătianus musste nach seinem Ausscheiden zum Rücktritt des ganzen Kabinetts führen (4./16. August 1867)[187] und ließ auch eine Regierungsneubildung nur unter großen Schwierigkeiten zustandekommen. Das Ergebnis bestand in der Berufung des bisherigen Außenministers, des Radikalliberalen Ştefan Golescu, zum Ministerpräsidenten, der einer berühmten und für die nationalen Belange Rumäniens sich aktiv engagierenden Familie entstammte, politisch aber kaum eigenständig handelte und sich den radikalliberalen Führungsgrößen unterstellte. Dem Ministerium fehlte von Anfang an die Kohärenz, und es galt lediglich als Notbehelf für die parlamentslose Sommerzeit.

Da der Fürst auf Brătianu aber wegen seiner Reformvorhaben nicht verzichten wollte, musste die Verstimmung mit Frankreich beseitigt und die Regierungsfähigkeit des radikalliberalen Politikers wiederhergestellt werden. Fürst wie Radikalliberale bemühten sich daher in einer konzertierten Aktion, das Verhältnis zu Frankreich und zu Napoleon III.

[185] Michelson, Romanian Politics, S. 216f.

[186] FHHDA, HS, R 53, 1430, Nr. 365, Carol v. 8.8.1867 an den Vater. Vgl. oben S. 113.

[187] P.A. I.A.B.q. Türkei 24, Vol. 35, Annecke v. 21.8.1867 (Nr. 27, Ganz vertraulich). Allerdings war es schon zuvor zu Meinungsverschiedenheiten zwischen Brătianu und Creţulescu gekommen.

wieder zu verbessern. Der Fürst schrieb an den Kaiser zu dessen Namenstag am 15. August, an dem alle Minister an einem Gottesdienst teilnahmen und ein großer Fackelzug veranstaltet wurde.[188] Auch hatte er vor, selbst nach Paris zu kommen, um durch sein persönliches Erscheinen die Missstimmung gegen seine Regierung zu beseitigen, musste davon aber Abstand nehmen, als Napoleon III. darauf nicht einging.[189] Publizistisch warb Eugeniu Carada, ein Vertrauter von C.A. Rosetti, in Paris für Rumänien und seine Regierung und schließlich begab sich Ion Brătianu selbst im September nach Paris, um das Misstrauen gegen ihn abzubauen und die französische Presse zu gewinnen.[190]
So lag der Entscheidung des Fürsten, Brătianu nach seiner Rückkehr wieder ins Ministerium zu berufen, zunächst als Finanzminister (27.10./8.11.1867), dann als Innenminister (9./21.11.), um die bevorstehenden Wahlen zu überwachen, die Überzeugung zugrunde, dass es Brătianu gelungen sei, einen Stimmungsumschwung zu seinen Gunsten herbeizuführen.[191] Verärgert über die Energielosigkeit der amtierenden Minister hatte Carol den Augenblick der Rückkehr Brătianus ins Ministerium mit Ungeduld erwartet, um endlich die großen Reformvorhaben parlamentarisch durchsetzen zu können. So wurden auch gleich die Kammerauflösung und Neuwahlen beschlossen,[192] die den Radikalliberalen und ihren Verbündeten die parlamentarische Mehrheit brachten und die institutionellen Voraussetzungen für die Verwirklichung der Modernisierungspläne des Fürsten schufen.

5. Außenpolitische Isolierung: der zweite Fall von I.C. Brătianu

Trotz der gewonnenen Regierungsmehrheit im Parlament kam es zu keiner dauerhaften Konsolidierung der radikalliberalen Regierung, weil sich im Verlauf des Jahres 1868 die Ereignisse des Vorjahres mit ihren außenpolitischen Irritationen wiederholten. Die Konflikte Rumäniens mit den Großmächten und der Suzeränitätsmacht liefen während dieses Jahres nach demselben Grundmuster ab bei einer sich verfestigenden Frontstellung zwischen der Großmachtpaarung Frankreich/Österreich einschließlich des Osmanischen Reiches auf der einen Seite und Preußen/Russland auf der anderen Seite. Auf französische, österreichische, osmanische Proteste gegen die Bildung bulgarischer Insurgenten-

[188] Ibd. Die Teilnehmer wurden diesmal besonders hoch entlohnt. Dieser Fackelzug war gleichzeitig eine Demonstration zugunsten von Brătianu. Arh. Stat. CR 11/1867, f. 1f., C.A. Creţulescu an Carol v. 4.8.1867 (a.St.). Aus dem Leben König Karls, 1, S. 216f.

[189] Arh. Stat. Fond Regele Carol I, III/26 (m.r.), f. 91, 95.

[190] Aus dem Leben König Karls, 1, S. 222f. Eugen Carada veröffentlichte Broschüren über die Judenfrage und den russischen Einfluss im Orient und schrieb in der „Revue des Deux Mondes" ein Loblied auf Napoleon und Frankreich. Arh. Stat. Fond Regele Carol I, V N 121/44, Carol an Hortense Cornu v. 8. Juni 1867. Theodorian-Carada, M., Eugeniu Carada, Bucureşti 1922, S. 46ff. Arh. Stat. Fond Regele Carol I, III/26 (m.r.), f. 94 (12./24.9.1867). Carol gab Brătianu 20000 Francs für die Reise.

[191] Iordache, Instituirea monarhiei constituţionale, S. 178.

[192] Arh. Stat. Fond Regele Carol I, III/26 (m.r.), f. 99 (28.10./10.11. sic!, korrekte Zählweise: 9.11.1867).

banden, gegen antijüdische Maßnahmen, Unabhängigkeitsgerüchte und siebenbürgische Agitationen folgte zunächst ein kategorisches rumänisches Dementi. Stellten sich die Vorwürfe als berechtigt heraus, musste die rumänische Regierung einlenken, was bis zum Rücktritt des Außenministers führen konnte. Dabei waren auf beiden Seiten eine zunehmende Verhärtung und Gereiztheit zu beobachten. Das internationale Vertrauensdefizit gegenüber der rumänischen Regierung mit Brătianu führte dazu, dass man ihr automatisch eine Konnivenz bei vermeintlichen oder tatsächlichen Unruhen unterstellte. Andererseits tat die rumänische Regierung wenig, um das gegen sie in den westlichen Hauptstädten herrschende Misstrauen abzubauen und manövrierte sich zudem mit einer ungeschickten Politik in eine politische Einbahnstraße.

Das rumänische Terrain erwies sich als ein geeignetes Testgebiet für Kooperation wie für Division zwischen den Großmächten. Frankreich und Österreich-Ungarn fanden hier nach dem Salzburger Kaisertreffen vom August 1867, auf dem u. a. auch über die Fürstentümer verhandelt worden war, eine gemeinsame Aktionsbasis gegen Preußen und Russland, allerdings mit unterschiedlichen Zielsetzungen.[193] Preußen wiederum drang auf eine Politik der Annäherung Rumäniens an Russland, die von dem preußischen Generalkonsul in Bukarest, Graf Keyserling, energisch und erfolgreich vertreten wurde. Ihm gelang es, Einfluss auf den Fürsten zu gewinnen und dadurch eine Wende in der rumänischen Russlandpolitik herbeizuführen, die bis dahin durch die Verstimmung über die Entschädigungsfrage im Zuge der von Cuza durchgesetzten Klostersäkularisation und ein generelles Misstrauen aufgrund vermuteter Unterstützung separatistischer Bewegungen in der Moldau belastet war. Der Bismarcksche Köder bestand in der Anregung einer Heirat mit der russischen Zarentochter Maria, für die er sich einzusetzen versprach, nachdem sich das vorhergehende Heiratsprojekt mit der Nichte des Zaren, der Prinzessin Eugenie von Leuchtenburg, zerschlagen hatte.[194] Damit wurde Carol endgültig für Russland gewonnen.[195] Eine solche Heirat hätte für den Fürsten einen ungeheuren Prestigegewinn und eine politische Aufwertung bedeutet, die einer Unabhängigkeit gleichkam. Über eine daraus resultierende drohende Abhängigkeit von Russland machte er sich hingegen keine

[193] Oncken, H., Die Rheinpolitik Kaiser Napoleons III. von 1863-1870 und der Ursprung des Krieges von 1870/71, 2. Bd. Berlin, Leipzig 1926, S. 457f. u. 515. Für den Fall eines russischen Einmarsches in die Donaufürstentümer wurde Österreich-Ungarn die Besetzung benachbarter rumänischer Gebiete zugestanden. Elz, Die europäischen Großmächte, S. 188. Frankreich zielte auf die österreichische Unterstützung in der Deutschlandfrage ab, während Österreich im Osten eine gemeinsame Basis gegen Preußen finden wollte.

[194] Aus seinen Tagebuchaufzeichnungen geht hervor, in welch hohem Maße die Heiratsverbindung mit Eugenie von Leuchtenberg den Fürsten in der zweiten Hälfte des Jahres 1867 beschäftigte. So drang er immer wieder bei seinem Vater auf einen schnellen Abschluss der Verhandlungen. Das endgültige Scheitern dieser Verbindung Ende November 1867 erschütterte ihn tief. Keyserling wurde in dieser Zeit zu einem Vertrauten und außenpolitischen Ratgeber des Fürsten. Arh. Stat. Fond Regele Carol I, III/26 (m.r.), f. 101f.

[195] Arh. Stat. Fond Regele Carol I, III/27, f. 4 (12./24.1.1868). Einen Tag nach dieser Eröffnung entschied sich Carol für die Entsendung einer Mission nach Russland.

Sorgen.[196] Sichtbaren Ausdruck fand die Annäherung in der Entsendung einer Mission nach St. Petersburg im Februar/März 1868, die das Verhältnis zwischen beiden Ländern spürbar verbesserte, ohne allerdings viel an konkreten Ergebnissen zu bringen.
Die Annäherung an Russland, für die Carol auch die zunächst skeptischen und traditionell antirussischen Radikalliberalen gewinnen konnte, ließ das französisch-österreichische Misstrauen sofort wach werden. Sie wurde sowohl als Indiz für den starken preußischen Einfluss in Bukarest gewertet, wie auch mit den gesteigerten Aktivitäten einer politischen und militärischen Zusammenarbeit zwischen den Balkanländern in Verbindung gebracht, deren treibende Kraft Fürst Michael von Serbien war. Auch dahinter sah man das Wirken Russlands, einen möglichen Kriegsausbruch im Westen für die eigenen Ziele auf dem Balkan auszunutzen und zu diesem Zweck die Aufstandsbewegungen zu unterstützen.
Wie zur Bestätigung tauchten zu Beginn des Jahres 1868 Gerüchte über die Bildung von bulgarischen Banden auf rumänischem Boden auf, die sofort Paris und Istanbul bei der Regierung vorstellig werden ließen. Die rumänische Regierung, die auch durch eine entsprechende Rede von Carp über die „Bulgaren-Banden" in der Kammer innenpolitisch unter Druck geriet, dementierte sofort in einem Rundschreiben am 16./28. Februar und sicherte zu, alle Maßnahmen zu ergreifen, um Einfälle nach Bulgarien zu verhindern.[197] Zuvor hatte bereits der Fürst dem französischen Konsulatsverweser, der ihm eine „in den härtesten Ausdrücken" gehaltene Note von Moustier vorgelesen hatte, scharf geantwortet und diese als „Demütigung für meine Regierung" bezeichnet.[198] Obwohl Frankreich in diesem Fall einen Rückzieher machen musste, blieb der Druck auf Rumänien erhalten. So schloss man sich österreichischen Vorstellungen wegen angeblicher dakoromanischer Agitation in Siebenbürgen an und warf Brătianu vor, Siebenbürgen annektieren und ein Königreich proklamieren zu wollen.[199] Als Anfang April konkrete Gerüchte über die Ausrufung der Unabhängigkeit und eines Königreichs Rumänien am 20. Mai 1868 aufkamen, lösten sie eine scharfe Reaktion bei Kaiser Napoleon III. aus, die die Eltern von Carol in höchstem Maße alarmierte, da sie den Thron ihres Sohnes gefährdet sahen.[200] Die harschen Vorwürfe an die Adresse der rumänischen Regierung und an den Fürsten

[196] Ibd., f. 5 (24.1./5.2.1868).
[197] M.A.E. România, Vol. 126, Politice, 1867-1874, f. 104ff.
[198] Arh. Stat. Fond Regele Carol I, III/27 (5./17.2.1868). Als seine Antwort vermerkt er: „Cette note est dure et je ne l'accepte pas." In einem Brief v. 24.2./7.3.1868 an seinen Vater bezeichnete Carol die Note als „feindlich" und berichtete mit unverkennbarem Stolz, dass seine Antwort allgemeines Tagesgespräch bildete. FHHDA, HS, R 53, 1430, Nr. 407.
[199] P.A. I.A.B.q. Türkei 24, Vol. 36, Goltz v. 12.3.1868. Ibd. Vol. 37, Goltz v. 10. Juni 1868 (Vertraulich).
[200] FHHDA, HS, R 53, 1430, Nr. 431, 432, Josephine an Karl Anton v. 6.4.1868 über eine Unterredung mit Hortense Cornu; Karl Anton v. 8.4.1868 an Carol. Cornu hatte ihre Informationen vom früheren Privatsekretär des Fürsten, Emile Picot, erhalten, den der Fürst Anfang Dezember 1867 entlassen hatte und der gegen die Regierung Brătianu eingestellt war. Es war auch Cornu, die diese Nachrichten über eine bevorstehende Unabhängigkeit Napoleon III. mitteilte. Georgescu-Tistu, Correspondance d'un secrétaire, S. 113f. Aus dem Leben König Karls, 1, S. 249f.

führten ihrerseits zu einer wachsenden Verärgerung rumänischerseits. Der Fürst sah sich erneut zu Unrecht beschuldigt und bezeichnete alle Vorwürfe als organisierte Verfolgung gegen das Land und gegen sich.[201]

Vor dem Hintergrund dieser gespannten Beziehungen kam es zu einem erneuten Eklat in der rumänischen Politik, als am 5./17. März 1868 ein Gesetzentwurf der Fraktion einschließlich des ihr angehörenden Kammerpräsidenten eingebracht wurde, der die Juden ihrer Existenzgrundlagen beraubt und in seiner Konsequenz zu ihrer Massenausweisung geführt hätte. In Bacău waren bereits Ausweisungen erfolgt und an anderen Orten wurden willkürliche Aktionen gegen die Juden vorgenommen.[202] Den Fürsten, ohnehin über das bisherige Verhalten der Kammer aufgebracht, die sich in der Behandlung der Eisenbahngesetze wenig kooperativ zeigte, verärgerte der Antrag in hohem Maße, da Rumänien sofort wieder auf die internationale Anklagebank geriet und auch die Regierung diskreditierte, die sich auf die Fraktion stützte. Vor allem gefährdete er die Eisenbahnprojekte insgesamt, da der Fürst mit Bethel Strousberg einen Juden mit dem Bau beauftragen wollte, ganz abgesehen davon, dass das Land auf ausländisches Kapital angewiesen war.[203] Carol insistierte daher bei Brătianu, den Kammerpräsidenten zu entlassen und sich von der Fraktion zu distanzieren, was Brătianu in einer gewundenen Rede am 24.3./5.4.1868 tat.[204]

Auf die Proteste der Konsuln über die Ausweisungen und Ausschreitungen gegen die Juden reagierte die Regierung mit einer harschen Note (9./21.4.1868) des Außenministers, in der die Vorwürfe abgestritten und umgekehrt die ausländischen Konsuln, speziell der österreichische, einer rumänischfeindlichen Haltung beschuldigt wurden.[205] Als sich die antijüdischen Übergriffe und die Implikation von staatlichen Stellen dabei nicht mehr verleugnen ließen und die Westmächte mit einer Enquetekommission drohten, geriet die Regierung unter Zugzwang. Außenminister Şt. Golescu musste am 27.4./9.5.1868 seinen Hut nehmen,[206] der Präfekt von Bacău wurde versetzt, was aber einer Beförderung gleichkam, und die Nationalgarde von Bacău, die sich an den Verfolgungen beteiligt hatte, aufgelöst. Brătianu und Carol begaben sich im April selbst in die Moldau, um Präsenz zu zeigen und für eine Beruhigung der Lage zu sorgen.[207] Der neue Ministerpräsident und Außenminister Nicolae Golescu entschuldigte sich in einer Note am 21.5./2.6.1868

[201] FHHDA, HS, R 53, 1430, ad 437. Chiffr. Telegramm v. Carol v. 9.4.1868. Darin beklagt er sich auch bitter über Hortense Cornu. Carol hatte schon im März bemerkt, dass Frankreich viel verloren habe und Moustier türkischer als ein Türke galt. Ibd., Nr. 407.

[202] Iancu, Les juifs en Roumanie, S. 89ff. und S. 290f.

[203] Arh. Stat. Fond Regele Carol I, III/27, f. 17 (22.4./4.5.1868).

[204] Aus dem Leben König Karls, 1, S. 258. FHHDA, HS, 53, 1430, Nr. 426. Chiffr. Telegramm von Carol v. 6.4.1868 an den Vater.

[205] M.A.E. România, 1867-1874. Politice, Vol. 126, f. 111ff. Die Antwortnoten des österreichischen und englischen Generalkonsuls mit detaillierten Angaben über die Ausweisungen und Ausschreitungen v. 24.4, resp. 28.4.1868. Ibd., f. 120ff. und f. 124f.

[206] Arh. Stat. Fond Regele Carol I, III/27, f. 18. Carol erklärte Şt. Golescu, dass er zurücktreten müsse wegen der Note.

[207] Aus dem Leben König Karls, 1, S. 262ff.

beim österreichischen Generalkonsul und sagte den jüdischen Opfern, die unter österreichischer Jurisdiktion standen, eine Entschädigung zu.[208]
Damit nahmen die außenpolitischen Schwierigkeiten aber noch kein Ende. Anfang Juli 1868 gelang es einer bulgarischen Freischärlergruppe unter Führung von Dimităr und Karadža, von Rumänien aus in Bulgarien einzufallen, um dort einen Aufstand zu entfachen. Auch dieses Unternehmen endete mit einer vollständigen militärischen Niederlage, ganz abgesehen davon, dass es der ungefähr 130 Mann starken Truppe nicht gelang, die Bevölkerung gegen die Türken zu mobilisieren.[209] Obwohl die Regierung keine Schuld traf, da die Bulgaren äußerst konspirativ vorgegangen waren,[210] erschien sie in einem unglaubwürdigen Licht nach ihren Beteuerungen von Anfang des Jahres, keine Bandenbildung zu dulden. Die Pforte sah sich in ihrer Meinung über eine rumänische Unterstützung revolutionärer Bewegungen bestätigt und forderte in einer Note vom 1. August 1868 eine Untersuchungskommission der Garantiemächte. Doch kamen der Regierung die politische Sommerpause in den westlichen Hauptstädten und die russische Ablehnung sowie ein preußisches Desinteresse an einer solchen Kommission zugute.[211] Allerdings ist es bezeichnend für das politische Klima, dass die Angelegenheit in die gesamteuropäische Konfliktkonstellation mit einbezogen und mit entsprechenden Gerüchten versehen wurde. So gab es rumänische Befürchtungen über eine geplante türkische Besetzung mit Einwilligung Frankreichs und Österreichs, während man in Istanbul Preußen mit dem Bulgareneinfall in Verbindung brachte und es verdächtigte, im Hinblick auf einen bevorstehenden Kriegsausbruch mit Frankreich die Balkanvölker mit Waffen zu versorgen und Unruhen auf dem Balkan zu schüren.[212]
Statt die außenpolitischen Wogen zu glätten, gaben die rumänische Regierung und der Fürst ein erneutes Zeugnis ihres schwachen außenpolitischen Krisenmanagements ab. Auf eine Note des Großwesirs Ali Pascha an den Fürsten, in der er ihn aufforderte, die bulgarische revolutionäre Bewegung in Rumänien zu unterbinden, und ihn an seine gegenüber dem Sultan übernommene Verpflichtung erinnerte,[213] antwortete Außenminister N. Golescu in wenig diplomatischer Weise und bezeichnete zudem den Fürsten als

[208] P.A. I.A.B.q. Türkei 24, Vol. 37, Keyserling v. 9.6.1868 (Nr. 62). Aus dem Leben König Karls, 1, S. 262, 266f. Iancu, Les juifs en Roumanie, S. 93f. Etwas befremdlich wirkt die Darstellung bei Iordache, Instituirea monarhiei constituţionale, S. 195ff., der eine gegen Brătianu gerichtete Verschwörung in der ganzen Angelegenheit ausmacht.

[209] Gottas, F., Die bulgarische nationale Bewegung in den Jahren 1867 und 1868, in: Choliocev, Ch. et al. (Hg.), Nationalrevolutionäre Bewegungen in Südosteuropa im 19. Jahrhundert, Wien, München 1992, S. 86f.

[210] Arh. Stat. CR 16/1868 (Berichte der Präfekten von Teleorman und Vlaşca, Juli 1868). CR 53/1868, Note v. N. Golescu an die rumänischen Auslandsvertreter, August 1868.

[211] P.A. I.A.B.q. Türkei 24, Vol. 38, Telegramm v. 17.8.1868 an London, Paris, Petersburg. Ibd. Brincken v. 19.8.1868 aus Petersburg. Ibd. Annecke v. 12.8.1868 aus Bukarest. Darin bestreitet er eine Mitwisserschaft der Regierung über den Einfall in Bulgarien und verweist auf ähnliche Probleme mit Polen an der preußisch-russischen Grenze.

[212] P.A. I.A.B.q. Türkei 24, Vol. 38, Uebel v. 16.9.1868 (Nr. 142) aus Konstantinopel.

[213] Arh. Stat. CR 67, f. 5ff., Ali Pascha an Carol v. 10.9.1868.

„mon souverain". Dies führte zu einem politischen Eklat und sorgte für eine tiefe Verstimmung auf türkischer Seite, was sich die Westmächte nicht entgehen ließen, um auch über die Pforte Druck auf die rumänische Regierung auszuüben.[214] So blieb nur noch Preußen als Unterstützer Rumäniens übrig, wo man der Person Brătianu zwar auch nicht sehr gewogen war, sich aber zur Regierung des Fürsten gewollt neutral verhielt.

Dennoch wurde auf preußisches Drängen der Fürst selbst aktiv, um das Verhältnis zur Pforte zu entspannen.[215] Dem Sohn des Sultans ließ er ein Geschenk in Form von vier Pferden zukommen und schickte A. G. Golescu mit zwei versöhnlichen Briefen an den Sultan und Ali Pascha nach Istanbul. Außerdem stattete er dem Gouverneur des Donau-Wilajets einen Besuch ab, um die Differenzen mit der Pforte beizulegen.[216] Aber allmählich konnte auch er nicht mehr den Blick vor der Tatsache verschließen, dass ein rein radikalliberales Kabinett mit Brătianu als dominantem Minister eine außenpolitische Belastung darstellte und er Gefahr lief, seine eigene Stellung zu beschädigen. Vor allem der preußische Generalkonsul Keyserling drang nun immer wieder auf eine Regierungsumbildung. So fanden kurz vor der Kammereröffnung im November 1868 verschiedene Koalitionsgespräche mit Kogălniceanu und dem gemäßigt Konservativen D. Ghica statt, die aber zu keinem Resultat führten, da jeder die Übernahme des einflußreichen Innenministeriums zur Bedingung machte.

Auch den Schlusspunkt unter die Regierung setzte Preußen, das am 11./23. November 1868 den Fürsten durch Keyserling in fast ultimativer Form auffordern ließ, Brătianu zu entlassen, andernfalls mit dem Entzug seiner Unterstützung drohte.[217] Hintergrund dieses massiven Drucks bildete die Befürchtung Bismarcks, dass wegen Siebenbürgen ein Solidarisierungseffekt der Ungarn mit der Wiener Regierung eintreten und er ihre Unterstützung verlieren könnte. Er wollte mit andern Worten verhindern, dass Siebenbürgen zu einem Stabilisierungsfaktor der Donaumonarchie wurde. Hatte Bismarck bis jetzt versucht, mit Rumänien Druck auf Österreich-Ungarn auszuüben, so drehte der

214 P.A. I.A.B.q. Türkei 24, Vol. 38, Thile an Bismarck v. 4.11.1868. Bismarck bemerkte dazu: „Daß der Fürst es an Höflichkeit gegen Aali fehlen läßt, ist thöricht, ebenso das Wort Souverain der Pfordte gegenüber. Man denkt das, schreibt es aber nicht." Arh. Stat. CR 67/1866, f. 10ff.

215 Arh. Stat. Fond Regele Carol I, III/27, f. 40. Carol reagierte prompt auf die Mahnungen von Keyserling, das Verhältnis zur Pforte zu verbessern und besprach mit ihm auch die Briefe an den Sultan und Ali Pascha. (1./13.–3./15.11.1868).

216 Aus dem Leben König Karls, 1, S. 302ff.

217 P.A. I.A.B.q. Türkei 24, Vol. 38, Wesdehlen v. 18.11.1868 (Entzifferung). Ibd. Telegramm Bismarcks v. 22.11.1868 an Keyserling, in dem er mit der Abberufung des Generalkonsuls drohte, falls es zu keiner Einstellung der rumänischen Agitation in Siebenbürgen komme. Die Auswärtige Politik Preußens, Bd. X, 1939, S. 280ff. 288ff. Lutz, Österreich-Ungarn und die Gründung des Deutschen Reichs, S. 134f. Arh. Stat. Fond Regele Carol I, III/27, f. 41, wo die entsprechende Eintragung v. 11./23.11.1868 lautet: „4 1/2 Uhr Gf. Keyserlingk bei mir, der zieml. montirt, meint à tout prix eine Minister-Modification absolut nothwendig, sieht große Gefahr, bis nach 6 Uhr da. – ich nicht sehr befriedigt." [...] „Dienstag 12/24 Nov. Vormittags Bratiano bei mir, ihm die Situation ernst vorgestellt, er ist bereit sich zurückzuziehen."

österreichische Außenminister Beust den Spieß um, indem er Preußen als Unruhestifter an den Pranger stellte. Preußen selbst drohte wegen Rumänien in eine internationale Isolierung zu geraten und mögliche Verbündete zu verlieren. Nun sah auch Bismarck in Brătianu den europäischen Ruhestörer und einen Agitator für großrumänische Einigungspläne, was er im Sommer 1868 noch als österreichische Erfindung abgetan hatte.[218] Dabei diente ihm die gerade zu der Zeit ausgetragene publizistische Auseinandersetzung über Siebenbürgen mit ihrem antiungarischen Tenor in Zeitungen, die den Radikalliberalen nahe standen, als Vorwand. Die Warnungen aus Ungarn, die Bismarck über Florenz erreichten, und die Veröffentlichung des österreichischen Rotbuchs am 21. November 1868, das die preußische Politik gerade an Hand von diplomatischen Aktenstücken zu Rumänien und den geheimen Waffenlieferungen zu diskreditieren suchte, bildeten den Auslöser, kategorisch die Entlassung Brătianus zu fordern.[219]

Dem Fürsten blieb wie im Vorjahr im Fall Frankreichs keine andere Wahl, als Brătianu und das gesamte radikale Ministerium trotz der Parlamentsmehrheit zu entlassen. Mit Preußen drohte der letzte außenpolitische Halt verloren zu gehen, was negative Auswirkungen auf die Reformpläne des Fürsten hinsichtlich der Armee und des Ausbaus der Infrastruktur nach sich ziehen musste. Die radikalliberale Ära, die für den Fürsten so hoffnungsvoll begonnen hatte, endete somit in einer fast völligen außenpolitischen Isolierung und in einem innenpolitischen Dilemma, was nicht ohne Konsequenzen auf die fürstliche Stellung blieb.

Allerdings wäre es zu einfach, nur in den Großmächten die Schuldigen zu sehen. Wenn es auch zutrifft, dass Frankreich und Österreich-Ungarn keine Gelegenheit ausließen, um der rumänischen Regierung Schwierigkeiten zu bereiten und außenpolitischen Druck auszuüben, so ist auch richtig, dass die rumänische Politik selbst Angriffsflächen bot. Dies gilt besonders für die zweideutige Judenpolitik Brătianus, der nach innen den Ausschluss der Juden betrieb, um sich die Moldauer Mehrheit zu erhalten, nach außen aber jede Diskriminierung abstritt.[220] Die Desavouierung von Brătianu war eine Folge dieser Politik, die von den Westmächten entsprechend ausgenutzt wurde.[221]

Außenpolitische Unkoordinierung, mangelndes Fingerspitzengefühl, ein Überlegenheitsgefühl kennzeichneten die rumänische Politik ebenso im Hinblick auf die anderen außenpolitischen Störungen wie die Bulgaren- und Siebenbürgenfrage. Auch in diesem Fall gilt, dass die Westmächte Nachrichten übertrieben bzw. der Regierung kriegerische

[218] P.A. I.A.B.q. Türkei 24, Vol. 38, Bismarck an Keyserling v. 17.11.1868 (Nr. 38, Vertraulich).

[219] Giller, W., Die Orientkrise 1868/69 mit besonderer Berücksichtigung der österreichischen Haltung, Diss. phil. Innsbruck 1957, S. 268f., sieht in dem Rotbuch die Ursache für die veränderte Haltung von Bismarck, doch die war schon vor der Veröffentlichung eingetreten. Potthoff, Die deutsche Politik Beusts, S. 229. Oft wird der französische Druck als ausschlaggebend für die Entlassung Brătianus genannt, was aber nicht zutrifft.

[220] Carp entlarvte die Doppelzüngigkeit Brătianus in einer Rede am 26.4./8.5.1868, wo er ihn mit geheimen Rundschreiben konfrontierte. Carp, P. P., Discursuri parlamentare, Bucureşti 2000, S. 3-19.

[221] P.A. I.A.B.q. Türkei 24, Vol. 37, Keyserling v. 9.6.1868 (Nr. 62)

Pläne unterstellten in der Absicht, Brătianu zu Fall zu bringen, tatsächlich aber die preußische und russische Politik treffen wollten.[222] Brătianu bot sich hier als wohlfeiler Sündenbock an. Dennoch zeugten die rumänischen Reaktionen auf die kontinuierlichen Vorwürfe von außenpolitischem Dilettantismus. Es genügte nicht, Anschuldigungen mit Gegenvorwürfen zu beantworten und den betreffenden Mächten eine antirumänische Haltung zu bescheinigen, zudem in einem wenig diplomatischen Ton. Die rumänischen Politiker überschätzten den außenpolitischen Spielraum ihres Landes bei diesem Konfrontationskurs. Auch der Fürst gab in dieser Hinsicht viele Beweise seiner politischen Unerfahrenheit. Da er sich der preußischen Unterstützung sicher zu sein glaubte, trat er mit viel Selbstbewusstsein auf, machte sich damit aber auch abhängig von Berlin. Auf die Drohung einer europäischen Intervention in der Judenfrage drohte er mit orientalischen Verwicklungen.[223] Die erneute Drohung mit einer Untersuchungskommission über die Bulgareneinfälle nahm er nicht ernst.[224] Auch er tat alle Vorwürfe an die rumänische Adresse als unberechtigt, falsch und übelwollend ab, sah die Schuld nur bei den anderen und trug mit einer wenig verbindlichen Haltung selbst zu der Konfliktsituation bei, in die das Land außenpolitisch geriet. Die einseitige Festlegung auf Preußen manövrierte ihn schließlich in eine Lage, in der er innenpolitisch erpressbar wurde.

Hinter diesen Auseinandersetzungen verbarg sich ein Grundproblem der rumänischen Außenpolitik dieser Zeit, nämlich ihre Neudefinition durch den fremden Fürsten. Mit der Unabhängigkeit und der Umorientierung an Preußen gab er neue Prioritäten vor, die für Konfliktstoff sorgten. Über die vollständige Unabhängigkeit als nationale Fernzielvorgabe herrschte ein innenpolitischer Konsens, zum Problem geriet aber die zeitliche und inhaltliche Umsetzung. Während Cuza außenpolitisch die rumänische Autonomie auf der Grundlage des Pariser Vertrags in enger Anlehnung an Frankreich und im verbindlichen Umgang mit der Pforte konsolidierte und mit diplomatischen Mitteln ausbauen konnte, brachte der neue Fürst von Anfang an Unruhe in die Außenbeziehungen. Mit wenig Sensibilität für die Lage seines Landes im komplizierten Geflecht von Abhängigkeiten forcierte er den Ablösungsprozess vom Osmanischen Reich, was solange immer wieder zu Querelen mit den Garantiemächten, ganz abgesehen von der Suzeränitätsmacht, führen musste, wie die Beibehaltung des Status quo in ihrem Interesse lag. Außerdem fehlte

[222] In Darstellungen wie bei Giller, Die Orientkrise 1868/69, passim, Potthoff, Die deutsche Politik Beusts, S. 228, Dittrich, Z. R., Bismarck und Rumänien. Die turbulenten Jahre 1866-1868, in: Goudoever, A.P. (Hg.), Romanian History 1848-1918, Groningen 1978, S. 30ff., werden die kriegerischen Absichten der Balkanvölker und auch Rumäniens übertrieben herausgestellt, wobei an manchen Stellen die Argumentation der österreichischen Quellen durchschimmert. Österreich war die Regierung Brătianu vor allem deshalb ein Dorn im Auge, weil man in ihr einen Vollstrecker preußischen Einflusses sah. Die Auswärtige Politik Preußens, X, S. 243, Solms v. 25.10.1868.

[223] P.A. I.A.B.q. Türkei 24, Vol. 37, Goering v. 24.4.1868.

[224] Arh. Stat. Fond Regele Carol I, III/27, f. 30. „Bratiano bei mir, man behauptet, daß doch eine enquête international kömmt, wenigstens von Frankreich u. Oesterreich, je m'en moquerai." (6./18.8.1868).

eine andere langfristige Perspektive der rumänischen Außenpolitik, die untrennbar mit der Unabhängigkeit verbunden war, nämlich die einer außenpolitischen Sicherung im Falle des Verlustes der kollektiven Sicherheitsgarantie des Pariser Vertrags. Dieser Aspekt geriet kaum in das Blickfeld des Fürsten. Die zweite Konstante, die sich in seiner Politik neben der Unabhängigkeit abzeichnete, nämlich die Anlehnung an Preußen, sorgte in den ersten Jahren für zusätzlichen außenpolitischen Zündstoff und verlor erst nach der Niederlage Frankreichs 1870 an Relevanz.
Kennzeichnend für diese Umorientierungsphase war auch ein institutionelles Kompetenzdurcheinander. Die Politik des Fürsten, der sich durch direkt an ihn gerichtete Berichte der Auslandsvertreter informieren ließ, lief in der Regel am Außenministerium vorbei. Die wichtigsten Bezugspersonen des Fürsten in außenpolitischen Fragen bildeten Brătianu, der preußische Generalkonsul Keyserling, über den Preußen Einfluss auf die rumänische Politik erhielt, sein Sekretär Friedländer und, wie in allen Bereichen, sein Vater. Das konnte zu einer Geheimpolitik führen wie im Falle der Waffenlieferungen aus Preußen oder den Unabhängigkeitsplänen des Jahres 1868, die nur über den Fürsten und Friedländer liefen. Die Außenminister verfügten in den radikalliberalen Regierungen über wenig Sachverstand, was sich in wiederholten diplomatischen Fehlern niederschlug. Sie figurierten eher als Aushängeschilder einer vagen offiziellen Politik, die sich in Allgemeinplätzen über die Aufrechterhaltung von Neutralität und der Verteidigung rumänischer Selbständigkeit erschöpfte. Die rumänischen Vertreter im Ausland schließlich standen zwischen offiziellen und inoffiziellen Politikvorgaben, zwischen Fürst und Außenministerium, was zu den erwähnten Widersprüchen wie im Fall Bălăceanu führte. Schließlich unterhielt die radikalliberale Partei mit C. A. Rosetti Verbindungen zu anderen Befreiungsbewegungen, die gegebenenfalls politisch dienstbar gemacht werden konnten und daher geeignet waren, die offizielle Linie zu diskreditieren. Mangelnde Koordination und fehlende Kommunikation führten zu einer diffusen, widersprüchlichen Außenpolitik, die immer wieder Störungen im Verhältnis zu den Großmächten bewirkte und sie in den Ruf der Unberechenbarkeit brachte.
Das generelle politische Umfeld in den Balkanstaaten sorgte zudem für eine Virulenz von Unabhängigkeitsplänen in diesen zwei Jahren. Nach allgemeiner Einschätzung war der Zusammenbruch der osmanischen Herrschaft nur eine Frage der Zeit, den es zu beschleunigen galt unter Ausnützung einer günstigen europäischen Lage. Eine Umsetzungoption der Unabhängigkeitspolitik galt der Allianz unter den Balkanstaaten, die vor allem von Fürst Michael von Serbien und seinem Minister Garašanin seit Beginn der 60er Jahre vertreten wurde. Das offensiv gegen die Pforte gerichtete Allianzsystem, das Michael von Serbien 1867/1868 unter den Balkanstaaten mit bilateralen Verträgen zu errichten suchte,[225] wurde prinzipiell auch von Carol unterstützt, allerdings unter zwei Bedingungen: den Ausschluss von ausländischen Mächten und eine auf die Zukunft angelegte Entente

225 Vertrag mit Montenegro im Oktober 1866; im Mai 1867 kam es zu einem Abkommen mit einem bulgarischen Komitee, im August 1867 zu einem griechisch-serbischen Vertrag und einer Militärkonvention im Februar 1868. Stavrianos, L. S., The First Balkan Alliance System, 1860-1876, in: Journal of Central European Affairs, 1942, S. 267ff. Djordjevic, D., Revolu-

auf Regierungsebene anstelle von ungeordneten und spontanen Aktionen – eine Anspielung auf die griechische Kriegseuphorie –, die nur eine Intervention der Großmächte hervorrufen würden.[226] Carol hielt weder Rumänien noch die Nachbarländer für genügend vorbereitet, um militärisch gegen das Osmanische Reich vorzugehen. Priorität besaß für ihn die militärische Aufrüstung jedes Landes, aber nicht, um jetzt einen Angriffskrieg zu beginnen, sondern um der Pforte keine andere Wahl zu lassen, als angesichts einer gemeinsamen Handlungsfront der verbündeten Balkanoberhäupter die Unabhängigkeit bzw. im Falle Griechenlands eine Gebietserweiterung zuzugestehen. Eine *Confédération d'Orient* konnte sich als politisch wirksame Waffe gegen das osmanische Reich nur dann erweisen, wenn sie sich auf „300.000 Bayonette" stützen konnte.[227]

In diesem Punkt bestand ein wichtiger Unterschied zu Michael von Serbien, der eine militärische Option betrieb und sich vertraglich verpflichtete, einen allgemeinen antiosmanischen Aufstand in Bulgarien und Albanien zu organisieren als Auftakt für den Krieg mit der Pforte. Carol wollte in erster Linie aber kein Militärbündnis, sondern ein diplomatisches Druckmittel, das ihm seinen eigenen Spielraum beließ. So wurde zwischen Rumänien und Serbien im Januar 1868 nur ein Freundschaftsvertrag abgeschlossen, der zwar von einer „intimen Union" zwischen beiden Ländern sprach und auf die Respektierung ihrer Autonomierechte abstellte – was als Zusicherung einer rumänischen Neutralität im Fall eines Krieges ausgelegt werden konnte –, im Übrigen aber kaum konkrete Schritte außer in den Handelsbeziehungen vorsah.[228] Die verstärkten Kontakte zwischen den Balkanstaaten in den Jahren 1867 und 1868 bis zu dem tödlichen Attentat auf

tions nationales des peuples balkaniques 1804-1919, S. 116ff. Anderson, M. S., The Eastern Question 1774-1923, London 1974, S. 165f.

226 Arh. Stat. CR 41/1866, f. 46ff., Bălăceanu an Carol über seine Unterredung mit König Georg, Athen, 9.2.1867. Interessant ist auch seine Schilderung über einen Zusammenstoß mit dem türkischen Botschafter, der sich darüber beschwerte, dass Bălăceanu ohne seine Vermittlung direkt beim König vorgesprochen habe im Unterschied zu seinem Vorgänger unter Fürst Cuza. Auch in diesem Punkt konnte man die Veränderung in Stilfragen unter Carol beobachten. Aus dem Leben König Karls, 1, S. 178f. Velichi, C. N., Les relations roumano-grecques durant la période 1866-1879, in: Revue des études sud-est européenes, 8, 1970, S. 526ff. Dort auch die Veröffentlichung des Briefes von Bălăceanu und des Entwurfs eines Allianzvertrags zwischen Griechenland, Serbien, Rumänien und Montenegro. Ionescu-Nişcov, T., La politique des alliances en tant qu'expression de la lutte des peuples balkaniques pour l'indépendence et la formation des états nationaux durant la septième décennie du XIXe siècle, in: Actes du premier congrès internationale des études balkaniques et sud-est européenes, IV, Histoire, Sofia 1969, S. 423ff.

227 Arh. Stat. CR 41/1866, f. 53f.

228 Aus dem Leben König Karls, 1, S. 241f. Dem Freundschaftsvertrag lag ein Vertragsentwurf der vier Balkanstaaten zugrunde, der wiederum auf einer Vorlage von Garašanin aus dem Jahre 1861 beruhte. Bezeichnenderweise wurden aus dem serbisch-rumänischen Vertrag die Passagen weggelassen, die die Vertragsparteien zu Maßnahmen, Hilfe und Unterstützung im gegenseitigen Einverständnis verpflichteten. Arh. Stat. CR 64/1867, f. 3f. Velichi, Les relations roumano-grecques durant la période 1866-1879, S. 530f. und 537f. Djordjevic, Revolutions nationales des peuples balkaniques, S. 115ff. Die Bewertung von Dittrich, Bismarck

Michael von Serbien im Juni 1868 führten in erster Linie aufgrund innerer Differenzen und Rivalitäten zu keinem übergreifenden Bündnis zwischen den vier beteiligten Staaten Griechenland, Serbien, Montenegro und Rumänien. Außerdem gelang es nicht, die unmittelbar interessierten Großmächte herauszuhalten, die wie Österreich, Frankreich und England Druck wegen der Aufrüstungen zuerst auf Serbien, dann Rumänien und auf Griechenland ausübten. Auch die Hoffnungen in Bezug auf die internationale Sprengkraft des Aufstandes auf Kreta oder auf einen Krieg im Westen erfüllten sich nicht, da die Großmächte ihre anfänglichen Differenzen vorerst noch friedlich beilegen konnten.
Die vom Fürsten vertretene Politik der Erlangung der Unabhängigkeit aus eigener Kraft balancierte aber auf einem sehr schmalen Grat zwischen Aggression und „nur" militärischem Drohpotenzial. Ein solcher Unterschied war in der Außenwahrnehmung nicht erkennbar, wofür schon die notwendige Geheimhaltung seiner Pläne sorgte. Er selbst ließ immer wieder verlauten, dass sein Interesse dem inneren Aufbau gelte und er dafür Frieden brauche, nicht ohne einen Seitenhieb auf die Westmächte, dass diese ihn nicht in Ruhe ließen. Carol wusste, dass er keinen Angriffskrieg, weder allein, noch im Verein mit den übrigen Balkanstaaten führen konnte. Darüber hinaus überwog in den ihm während des Jahres 1868 zukommenden Nachrichten über die europäische Lage eine friedliche Einschätzung.[229] Die ihm vorschwebende friedliche Erlangung der Unabhängigkeit durch militärische Aufrüstung konnte abgesehen von dem dieser Vorgehensweise innewohnenden Widerspruch nicht gelingen, da die Unabhängigkeit an sich bereits ein europäisches Unruhepotenzial darstellte.
Der Fürst trug damit selbst einen Großteil der Verantwortung für die Widersprüchlichkeiten in der rumänischen Außenpolitik und verhinderte ihre Berechenbarkeit und Glaubwürdigkeit, zwei wichtige Voraussetzungen für eine außenpolitische Stabilisierung. Den Eindruck, den Carol in seinen veröffentlichten Memoiren zu vermitteln sucht, ein Opfer der ihm nicht wohlgesonnenen Mächte zu sein, verschleiert in Wirklichkeit die eigenen Fehler und seine Unerfahrenheit in außenpolitischen Fragen. Seine handlungsleitenden Ziele kollidierten mit der Interessenlage der Garantiemächte und den eigenen Machtmöglichkeiten bzw. Ressourcen. Das Scheitern der Pläne einer Unabhängigkeit aus eigener Kraft bewirkte zwar keine Änderung des Hauptzieles, löste aber einen Lernprozess aus, der mit einer Modifikation der Umsetzungsstrategie einherging, die nicht mehr auf Konfrontation, sondern auf Kooperation mit den Großmächten und, je nach Lage, auch mit dem Osmanischen Reich, setzte.
Die Erfahrungsdefizite, die generell die Anfangsphase der Herrschaft Carols charakterisierten, trugen somit auch im außenpolitischen Bereich zu der mangelnden Konso-

und Rumänien, S. 32, wo er von einem „Schutz- und Trutzbündnis" gegen das Osmanische Reich oder gar von einer „explosiven Natur" (S. 35) spricht, trifft nicht zu. Außerdem sind einige seiner Zeitangaben falsch, so z. B. der Besuch von Michael in Bukarest. Michael hielt sich nicht im Januar 1868, sondern 1867 nur sehr kurz in Bukarest auf der Heimreise von Istanbul auf. Der Besuch in Bukarest hinterließ einige Verstimmung, da Michael trotz des geplanten Programms nach nur einem Tag wieder abreiste. Arh. Stat. Fond Regele Carol I, III/26, f. 78.

229 Aus dem Leben König Karls, 1, S. 240, 244, 251, 260f., 264, 284, 291, 296, 304.

lidierung der fürstlichen Institution bei. Der Preis für ein Ende der außenpolitischen Destabilisierung war hoch, denn innenpolitisch läutete der Sturz Brătianus eine Periode von Instabilität ein. Nachdem die Radikalliberalen mit maßgeblicher Unterstützung des Fürsten die staatlichen Institutionen unter ihre Kontrolle gebracht hatten, konnten sie nur mit denselben Mitteln der massiven Wahlmanipulationen von der Macht vertrieben werden. Bei den daraus folgenden Auseinandersetzungen geriet der Fürst, wie im folgenden Kapitel zu zeigen sein wird, zunehmend in die Defensive und verlor immer mehr seine politischen Gestaltungsmöglichkeiten.

III Regierungsbildung zwischen konkurrierenden Machtansprüchen der Staatsorgane

1. Die Suche nach Regierungsmehrheiten unter den Radikalliberalen

Das Mémoire von 1870 machte das „parlamentarische System" von 1866 für die politische Instabilität der letzen Jahre verantwortlich, genauer gesagt, die Pervertierung dieses Systems in einem Land, wo weder die öffentliche Meinung noch die politische Erziehung Zeit und Gelegenheit gehabt hätten, sich zu entwickeln.[1] Um Mehrheiten zu erhalten, müssten Minister den Abgeordneten Versprechungen machen oder auch schon einmal die Verwaltung einer Stadt auswechseln. Die Jagd nach öffentlichen Ämtern, darunter die „Ministeromanie" bedeute eines der schlimmsten Übel seit der Phanariotenzeit: jeder Abgeordnete halte sich für ministeriabel, Prinzipien verschwänden bei Aussichten auf ein Portefeuille, die monströsesten Koalitionen kämen zustande, die nur das Ziel verfolgten, ein Ministerium zu stürzen, ohne zu wissen, wie es zu ersetzen sei. Während der Parlamentssession würde der Streit in den Kammern die allgemeine Aufmerksamkeit absorbieren und die Verwaltung zum Erliegen bringen, da sich alle nur mit der Tagespolitik und der großen Frage beschäftigten, welcher Minister als nächster käme. Während die einen auf eine Ernennung Einfluss zu nehmen suchten, lebten andere in der Furcht ihrer baldigen Absetzung, da ein neues Ministerium immer einen Personalwechsel in jedem Ressort nach sich ziehe. Die Folge sei eine Desorganisation in allen administrativen Bereichen. Als Ursachen für die genannten Verhaltensweisen sah die Denkschrift die Verfolgung rein persönlicher Interessen unter Missachtung des Gemeinwohls und das Fehlen eines aufrichtigen Patriotismus.

Diese Negativliste wurde mit dem „parlamentarischen Regime" in Verbindung gebracht, das wiederum gleichbedeutend mit Anarchie war und eine Scheinautorität des Staatschefs und eine machtlose Regierung zur Folge hatte. Im Mittelpunkt der Kritik stand demnach eine konstatierte Präponderanz des Parlaments gegenüber der exekutiven Gewalt, was der Konzeption des Fürsten zuwiderlief, der in der fürstlichen Macht, verkörpert durch die Minister, die zentrale Entscheidungsinstanz sah und dem Parlament die Rolle eines bestätigenden Organs zuwies. Die moralische Legitimation dieser Auffassung bestand in der Gleichsetzung des fürstlichen Willens mit dem Gemeinwohl, in der Identität seiner Ziele mit den wahren Interessen des Landes. Der eigene Anspruch, der erste Diener des Staates zu sein, zog das Anrecht auf eine aktiv zu gestaltende Politik und auf eine ihn zu unterstützende Volksvertretung nach sich. Eine passive Rolle, die eines *souverän de comédie*, war für ihn unvereinbar mit der Selbstachtung, die er seinem Namen schuldig war.[2]

1 FHHDA, HS, R 53, 1435, S. 38f.
2 Ibd., S. 41.

Carol sprach im Grunde den rumänischen Parlamentariern die Fähigkeit ab, politische Vorgaben zu bestimmen und argumentierte dabei mit einer moralischen Verworfenheit, was angesichts des Lebenslaufs vieler Führungspersönlichkeiten, die Jahre im Exil gelebt, Vermögen geopfert und schließlich die rumänische Einigung zustandegebracht hatten, kaum zu rechtfertigen war. Auch sein Anspruch auf eine Monopolstellung in Sachen Patriotismus oder rumänischer Interessenvertretung war fragwürdig, wenn er gleichzeitig die Verpflichtung gegenüber seinem Namen zur Norm seines Handelns machte und daraus eine fürstliche Priorität ableitete. Carols Lamento war in dieser Hinsicht eine Reaktion auf die wachsende Destabilisierung der Lage seit dem Sturz der radikalliberalen Regierung im November 1868 und ein Zeichen seiner eigenen Hilflosigkeit, eine von ihm mitbeeinflusste politische Entwicklung in einer Krise mit adäquaten Mitteln zu steuern. Das bedeutete nicht, dass die von ihm monierten Mängel wie Ämterjagd und Fluktuationen nicht anzutreffen waren, die übrigens oft genug auch von rumänischen Politikern beklagt wurden. Diese resultierten aus mehreren Gründen, darunter dem geringen Organisationsgrad von Parteien, dem eingeführten Zentralismus bei bestehendem Klientelwesen, wirtschaftlichen Abhängigkeiten, einer großen Beliebtheit der Debattenkultur, einem, wie Carol auch vermerkt, ausgeprägten Selbstbewusstsein in Bezug auf die eigenen Fähigkeiten. Die Kritik des Fürsten berührte auch nicht den institutionellen Aspekt des Verhältnisses zwischen Parlament und Regierung, an dessen Ausformung er in den ersten zwei Jahren maßgeblichen Anteil gehabt hatte.

Die Frage, ob das Parlament die dominierende Kraft in den ersten fünf Jahren dargestellt habe, betraf in ihrem Kern das Verhältnis von Parlament und Regierung, genauer gesagt, ob die Regierungsbildung von parlamentarischen Mehrheitsverhältnissen abhängig war und ob eine Verantwortlichkeit der Minister gegenüber der Volksvertretung bestand. Die Verfassung war in diesen Punkten eindeutig: die Regierungsbildung lag beim Fürsten, und die Minister waren ihm verantwortlich. Dennoch wurde immer wieder die Frage nach der „Stellung der Regierung gegenüber dem Parlament" gestellt, was zu heftigen Auseinandersetzungen führte, in denen, wenn auch nicht *expressis verbis*, die alleinige verfassungsmäßige Kompetenz des Fürsten in Zweifel gezogen wurde. In dieser Anfangsphase gab es durchaus Bestrebungen, die politische Entwicklung in Richtung einer parlamentarischen Abhängigkeit der Regierung zu lenken. So bot Ministerpräsident Ion Ghica am 21.12.1866/2.1.1867 der Kammer seine Demission an mit der Begründung, dass man einem „parlamentarischen Brauch" folge, wenn man nach der Wahl einer neuen Kammer dem Fürsten eine Regierung vorschlage, die das ganze Vertrauen und die Sympathie dieser Kammer besitze.[3] Auch wenn bei dieser Begründung eine gewisse Vorgeschobenheit berücksichtigt werden muss, um den Fürsten zu einer Entscheidung zu zwingen,[4] so wurde das Postulat aufgestellt, dass parlamentarische Mehrheitsverhältnisse die Bedingungen für eine Regierungsbildung vorgäben. Eine ähnliche Argumentation zeigte sich in den Debatten, die dem Sturz der Regierung Ion Ghicas vorausgingen, der

3 Nicolescu, Parlamentul român, S. 23.

4 Siehe oben, S. 134f.

eine äußerst knappe Mehrheit das Misstrauen aussprach und ihn zum Rücktritt zwang. Die Basis für diese Mehrheit hatte die Einigung zwischen den Radikalliberalen und den moldauischen gemäßigten Liberalen um Kogălniceanu in dem so genannten „Vertrag von Concordia“ gelegt,[5] aus deren Reihen der Misstrauensantrag gestellt wurde. Damit war unter dem neuen Herrschaftssystem ein Präzedenzfall geschaffen worden, der neben der Verantwortlichkeit gegenüber dem Fürsten auch eine politische gegenüber dem Parlament anerkannte, was von den Radikalliberalen dann auch als „konstitutionell“ bezeichnet wurde.[6]

Dagegen sah der Fürst in dem Kammervotum eine „Pression“, der er nur nachgegeben habe, weil die Regierung so schwach und unpopulär gewesen sei und beschuldigte die Abgeordneten, persönliche Interessen höher als die des Landes gestellt zu haben, obwohl auch er selbst mit Ion Ghica unzufrieden war.[7] In einem Land, „wo endlich die Stabilität etablirt werden muß“, räumte er der Regierungskontinuität somit einen höheren Stellenwert ein, sah sich aber mit der Schwierigkeit konfrontiert, dass eine Regierung ohne Mehrheit im Parlament keine Stabilität bringen konnte. Diese Suche nach einer Mehrheit stand auch im Mittelpunkt der neuen Regierungsbildung, die auf große Schwierigkeiten stieß, da sich die Einigung der liberalen Gruppen als wenig tragfähig erwies und eine Identität von Regierung stürzenden und Regierung bildenden Mehrheiten nicht gegeben war. Die Beauftragung der Radikalliberalen mit der Regierungsbildung entsprach sowohl dem politischen Verantwortungsprinzip, da sie den Sturz von Ion Ghica herbeigeführt hatten, als auch der persönlichen Präferenz des Fürsten, dem es vor allem um ein energisches Kabinett mit Ion C. Brătianu als Minister ging. Bei den Verhandlungen spielte dieser die wichtigste Rolle und schuf die Voraussetzungen für das Zustandekommen der neuen Regierung unter dem Vorsitz des Konservativen C. A. Creţulescu, wobei er den entscheidenden Vorteil besaß, das ungeteilte Vertrauen des Fürsten zu besitzen. Ein radikalliberaler Minsterpräsident stellte sich als noch nicht durchsetzbar heraus, so dass ein Konservativer als Aushängeschild figurieren musste bei einem ansonsten liberalen Ministerkollegium, in dem Ion Brătianu als Innenminister dominierte.

Trotz der grundsätzlich ablehnenden Haltung des Fürsten gegenüber parlamentarisch aufgezwungenen Entscheidungen hätte die Bildung der Regierung Creţulescu Anfang 1867 eine Entwicklung in Richtung parlamentarischer Regierungsform einschlagen können. Zu den günstigen Voraussetzungen gehörte, dass fürstliche Macht und Autorität erst neu gegründet und wenig etabliert waren und dass es ein Parlament gab, das seine Entstehung einem weitgehend freien Wählervotum verdankte. Die Zersplitterung der Parteigruppierungen und die daraus resultierende Lähmung von Parlaments- und Regierungsarbeit während der Zeit Ion Ghicas hatten einen Zwang zur Einigung ideologisch nahe stehender Gruppen ausgeübt, unter denen sich die Liberalen zunächst als erfolg-

5 Stan, Grupări şi curente politice, S. 190. Russu, V., Din lupta politică în anii instabilităţii guvernamentale: înţelegerea de la „Concordia“ (februarie 1867), in: Analele, XVII, 1971, S. 73ff.

6 Arh. Stat. CR 6/1866.

7 FHHDA, HS, R 53, 1430, Nr. 323, Carol v. 17./29.3.1867 an den Vater.

reicher erwiesen. Andererseits traten zugleich die großen Schwierigkeiten zutage, die Einheit selbst von Gruppen der gleichen politischen Grundrichtung aufrechtzuerhalten, da viele führende Politiker auf ihre Selbständigkeit bedacht waren und oft Zielkonflikte zwischen ideologischem Konsens und persönlichen Loyalitätsbeziehungen auftraten.[8]
Die dringend benötigte Zeit zur Konsolidierung der Koalition blieb der neuen Regierung jedoch versagt, da Ion Brătianu bereits im Sommer 1867 auf Druck Frankreichs zurücktreten musste, nachdem forcierte und willkürliche Maßnahmen gegen so genannte jüdische „Vagabunden" in der Moldau in der europäischen Öffentlichkeit und insbesondere in Frankreich zu scharfer Kritik und diplomatischen Interventionen geführt hatten.[9] Damit trat ein außenpolitischer Faktor in Erscheinung, der Grenzen des innenpolitischen Entscheidungsspielraums aufzeigte und Einfluss auf die politische Entwicklung nahm. Der Fürst war zur Entlassung Brătianus gezwungen, da sich der Minister als zu schwere Belastung für die außenpolitische Stellung Rumäniens erwies. Beide, Fürst wie Radikalliberale, hatten die Brisanz der Judenfrage trotz der Erfahrungen von 1866 unterschätzt, auch wenn sie, wie Carol bitter anmerkte, von allen Seiten instrumentalisiert wurde, um andere politische Ziele zu verfolgen.[10]
Der Rücktritt des einflussreichsten Ministers zog sofort die Demission des ganzen Kabinetts nach sich. Die Regierungskrise war ohne Beteiligung des Parlaments ausgebrochen und musste ohne es gelöst werden, da es sich in den Sommerferien befand. Carol wandte sich an eine neutrale Persönlichkeit, einen anerkannten Juristen und Staatsrechtler, Constantin Bosianu, um ihn mit der Bildung einer neuen Regierung zu beauftragen. Dieser lehnte jedoch mit dem Hinweis ab, dass nach parlamentarischer Gewohnheit (*cuviinţă*) einem Mitglied der zurückgetretenen Regierung die Aufgabe einer Neubildung zufalle.[11] Als Indikator wurden daher noch immer das weiterhin bestehende Parteienbündnis und die Mehrheitsverhältnisse im Parlament genommen. Der Fürst hielt sich an den Rat und beauftragte den bisherigen Außenminister Ştefan Golescu mit der Regierungsbildung. Dieser gehörten jedoch nur farblose und wenig einflussreiche Politiker an, „da viele hervorragende Politiker dem Fürsten ihre Mitwirkung bei der Bildung eines neuen Ministeriums" versagten.[12] Auch in diesem Punkt zeigte sich die vorhandene Schwäche der neuen Institution Fürst, der keineswegs davon ausgehen konnte, seine Vorstellungen durchzusetzen oder Politiker aufgrund seiner Autorität zur Mitarbeit zu gewinnen. Dem

[8] In Bezug auf Parteien und Parlament fehlen genaue Untersuchungen über die Interaktionsprozesse bei Konflikten oder Konsensverhalten. Zu diesem Komplex: Lehmbruch, G., Strukturen ideologischer Konflikte bei Parteienwettbewerb, in: Politische Vierteljahresschrift, 10, 1969, S. 285-313.

[9] M.A.E. Politice 1867-1874, Vol. 126. P.A. I.A.B.q. Türkei 24, Vol. 35, Goltz v. 22.7.1867 (Vertraulich, durch sichere Gelegenheit). Siehe oben, S. 173f.

[10] FHHDA, HS, R 53, Nr. 365, Brief v. 8.8.1867 (Nachschrift am 12.8.) an den Vater.

[11] Nicolescu, Parlamentul romîn, S. 25. P.A. I.A.B.q. Türkei 24, Vol. 35, Annecke v. 21.8.1867 (Nr. 27, Ganz vertraulich).

[12] Aus dem Leben König Karls, 1, S. 219. Eine solche Aussage zeigt übrigens, dass der so geläufige Vorwurf bezüglich ministerieller Ämterjagd nicht automatisch zutrifft. P.A. I.A.B.q. Türkei 24, Vol. 35, Annecke v. 31.8.1867 (Nr. 28, Ganz vertraulich).

neuen Ministerium oblag es als Übergangslösung, die Zeit bis zur nächsten Parlamentssession zu überbrücken, doch selbst diese Funktion konnte es kaum wahrnehmen, da sukzessive der Justiz-, der Finanz- und der Außenminister zurücktraten. Erst der erneute Eintritt von Ion Brătianu, der in der Zwischenzeit in Paris die dort gegen ihn herrschende Abneigung zu beseitigen versucht hatte, als Finanzminister (27.10./8.11.1867) verlieh der Regierung wieder Autorität.

Die Entscheidung des Fürsten, Brătianu wieder zum Minister zu berufen, ging einher mit dem gemeinsam gefassten Beschluss, die Kammer aufzulösen.[13] Das Parlament war am 25.10./6.11.1867 zu einer außerordentlichen Sitzung einberufen worden, um Kredite zu bewilligen und Indemnitäten zu gewähren. Aufgrund der hohen Zahl nicht erschienener Deputierten war die Kammer in den ersten Tagen nicht beschlussfähig, was der Fürst schon als Vorwand für ihre Auflösung nehmen wollte.[14] Diesen lieferte dann aber die Interpellation des Konservativen Epureanu am 31.10./12.11.1867, der die Legitimität des Ministeriums in Frage stellte und die Regierung aufforderte, der Kammer ihr Programm vorzulegen und sich von der Mehrheit bestätigen zu lassen.[15] Die Interpellation ging zum einen von der Annahme aus, dass sich die Mehrheitsverhältnisse in der Kammer zu Ungunsten der Regierung verschoben hätten, zum anderen war sie als Druckmittel gegen den Fürsten gedacht, dessen Absichten einer Auflösung bekannt geworden waren, die Konservative und Gemäßigte durch Warnungen vor einem Bürgerkrieg zu verhindern suchten.[16] Diesem Angriff auf die Regierung folgte aber kein formelles Misstrauensvotum, da man von konservativer Seite nicht selbst den Vorwand zu einer Auflösung liefern wollte. Ein offener Konflikt sollte vermieden, einer rein liberalen Regierung radikaler Couleur aber möglichst viele Schwierigkeiten in den Weg gelegt werden.[17] Dennoch bleibt festzuhalten, dass die Forderung nach einer Bestätigung der Regierung durch das Parlament bereits Eingang in die allgemeine politische Diskussion gefunden hatte und Parlamentarier sich bei Konflikten mit der Regierung darauf beriefen.

Der Fürst wurde dadurch erst recht in seinem Beschluss bestärkt, das Parlament aufzulösen, dessen unsicheres Abstimmungsverhalten die Durchsetzung seiner Reformpläne zu gefährden drohte.[18] In dieser Phase bemühte er sich nicht um einen Interessenausgleich oder eine Konsensbildung unter den Parteien, sondern sah in den endlosen Debatten nur einen Störfaktor für die Regierungsarbeit. So löste er die beiden Häuser des Parlaments am 1./13. November 1867 auf. In der Begründung der Auflösung wurde das Verhältnis zwischen Regierung und Parlament seit den ersten Wahlen im Herbst 1866 ausführlich analysiert, wobei besonders die fehlende Bereitschaft des Parlaments zur Zusammenarbeit mit der Regierung auf Kritik stieß. Den Grund dafür sah man in der

13 Arh. Stat. Fond Regele Carol I, III/26, f. 99.

14 FHHDA, HS R 53, 1430, Nr. ad 376, Brief v. 27.10./8.11.1867 an den Vater.

15 Nicolescu, Parlamentul romîn, S. 26.

16 Arh. Stat. Fond Regele Carol I III/26, f. 99 (28.10./10.11.1867, sic!). Carol machte Epureanu wegen der Interpellation Vorwürfe. Ibd., f. 100.

17 Nicolescu, Parlamentul romîn, S. 29.

18 FHHDA, HS, R 53, 1430, Nr. ad 376.

Aufsplitterung der Abgeordneten in drei Fraktionen, woran sich auch nach der Bildung einer ephemeren Kammermehrheit im Februar 1867 nichts Grundsätzliches geändert hätte. Eine Aussicht auf eine stabile Mehrheit für eine Regierung sei nicht vorhanden, die Kammer verliere nur Zeit in nutzlosen Debatten und Aufgeregtheiten, die Zweifel an den heilsamen Auswirkungen des konstitutionellen Regimes aufkommen ließen. Dem Senat warf man ebenfalls eine Obstruktionspolitik vor. Scharf kritisiert wurde die Interpellation von Epureanu, da sie nicht nur die verfassungsmäßigen Vorrechte des Throns bestritten habe, sich die Ratgeber zu wählen, sondern auch das Recht der Nation, sich zwischen der Regierung und den gesetzgebenden Körperschaften zu entscheiden. Die Bezeichnung der Nation als Schiedsrichter wurde zu einem Topos zur Begründung von Parlamentsauflösungen, der die Wahlentscheidung des Landes als vermeintlich neutrale Instanz stipulierte. Dem Parlament warf man vor, das Land in eine Lage gebracht zu haben, in der die Administration paralysiert, die Justiz und die Finanzen kompromittiert und dem Kredit des Landes im Ausland großer Schaden zugefügt worden seien, so dass das in zwanzig Jahren Erreichte auf dem Spiel stehe.[19]

Die Auflösungsbegründung arbeitete im Rückblick auf die vorangegangene Sitzungsperiode die Abhängigkeit effektiver Regierungspolitik von stabilen Mehrheiten im Parlament klar heraus und beleuchtete damit ein Problem, wozu die Verfassung schwieg. Das Verhältnis zwischen Regierung und Parlament war von einem – auch in der Verfassung angelegten – Antagonismus geprägt, der bis jetzt einen Grundkonsens über die Regierungsarbeit mit verhindert hatte. Das Parlament verstand sich als Kontrollinstanz und Gegenspieler der Regierung. Einem schwachen Kabinett gelang es dabei kaum, Regierungsvorlagen durch das Parlament zu bringen, wie der Fall Ion Ghica zeigte. Eine Parteienzersplitterung ohne Konsensbereitschaft in Grundsatzfragen verhinderte aber auch ihrerseits die politische Handlungsfähigkeit des Parlaments, so dass Vorschläge aus den eigenen Reihen gleichfalls scheiterten. Im Spannungsverhältnis zwischen Autonomie und Abhängigkeit führte die Schwäche beider Institutionen zu einer politischen Blockade, aus der die Parlamentsauflösung im November 1867 den Ausweg weisen sollte. Damit wurde aber ein Weg beschritten, der einen Prozess der Herausbildung von Konsensverhalten und Integration ideologisch nahe stehender Gruppen abbrach, der Zeit, Geduld und Verhandlungsbereitschaft erfordert hätte. Der Fürst verfügte über keine dieser Qualitäten, da er an einer schnellen und reibungslosen Durchsetzung seiner Reformen interessiert war und lange Debatten darüber nur als ärgerliche Störungen und als fast eine gegen sich persönlich gerichtete Beleidigung empfand. In seinem Verständnis von einer starken Exekutive konnte das Parlament keine autonome Institution darstellen. So billigte er die von Brătianu eingeschlagene Politik der Beschaffung einer sicheren Regierungsmehrheit im Parlament mit Hilfe einer gefügigen Administration, was ihn der mühsamen und undankbaren Aufgabe eines politischen Ausgleichs enthob.[20]

19 Nicolescu, Parlamentul romîn, S. 26ff.
20 FHHDA, HS, R 53, 1430, Nr. ad 376.

Als Konsequenz aus einem Jahr negativer Erfahrungen mit einem aus „freien Wahlen" hervorgegangenen Parlament folgte der „moralische Einfluss", den die Regierung auf die Wähler auszuüben trachtete und den Ion Brătianu, der zuvor zum Innenminister ernannt wurde und damit die Kontrolle über die Administration erhielt, in unnachahmlicher dialektischer Manier in einem berühmt gewordenen Rundschreiben an die Präfekten vom 16. November 1867 (a.St.) zu definieren suchte:

„In der Tat, um Autorität während der Wahloperation auszuüben, ohne dass unser Wirken seinen Charakter der Unparteilichkeit verliert und kein anderes Ziel verfolgt als das allgemeine Interesse, dazu bedarf es viel Verstandes, viel Taktes und einer großen Selbstbeherrschung.

Zu behaupten, dass die Regierung kein Interesse an den Wahlen hätte, wäre Heuchelei oder Dummheit. Die Regierung ist verpflichtet, sich mit ihrem Resultat zu beschäftigen, aber das Interesse, das sie dabei zu berücksichtigen sucht, ist kein persönliches, sondern ein allgemeines, es ist keines für die Partei, sondern eines für ganz Rumänien. Ihr durch die Gesetze begrenztes Wirken darf nur ein Wirken aufgrund jenes moralischen Einflusses sein, den jedes Individuum durch Integrität, Unparteilichkeit, Verständnis und Aktivität erwirbt und um wieviel mehr eine Verwaltung. Und ich glaube, Herr Präfekt, dass Sie in der Ausübung der Ihnen anvertrauten Funktionen alle diese Qualitäten entwickelt haben. Heute aber, wie auch in der Vergangenheit anlässlich der Wahlen, aber auch bei jeder anderen Gelegenheit werden Sie unter Beweis stellen, dass, solange wir die Macht in Händen haben, sie nicht in den Dienst von Freunden oder Parteiinteressen gestellt wird, sondern in den der öffentlichen Wohlfahrt, der Interessen des Vaterlandes und des Throns."[21]

Unparteiisch zu sein und doch die Interessen der Regierung durchzusetzen, die sich als Vertreterin des Allgemeinwohls legitimierte, schien den Verstand vieler zu übersteigen, denn wie der „moralische Einfluss" konkret zu handhaben sei, musste Brătianu in einem neuen Rundschreiben zwei Tage später präzisieren. Er erinnerte die Präfekten daran, dass die Regierung einen Einfluss auf die Wahlen ausüben müsse, wenn auch auf dem Boden der Legalität, der Unparteilichkeit, des Rechts, der Moral und des Patriotismus. Außerdem hätten die Präfekten die Ruhe und die öffentliche Ordnung zu gewährleisten und jede Störung der Wahl zu verhindern – diese Anordnung richtete sich von nun an gewöhnlich gegen die Opposition. Ein besonderes Augenmerk empfahl Brătianu auf das vierte Wahlkollegium zu richten, wo der „Einfluss" am leichtesten auszuüben war und das gewöhnlich als „Mitgift" einer Regierung galt.[22] Wie Brătianu ein ihm günstiges Wahlergebnis zu sichern suchte, beschrieb der preußische Vizekonsul in Iaşi, Goering, der über die Entfernung aller unsicheren Leute, auch aus untergeordneten Stellen, und

21 Arh. Stat. Min. de Int. 354/1866, f. 28. (Nr. 22470).

22 Ibd., f. 40 (Nr. 22689). Istoria parlamentului, S. 169f. Über das Wahlverhalten der Bauern fehlen genaue Untersuchungen. Zu fragen wäre, ob sie wirklich nur ein leicht zu beeinflussendes „Stimmvieh" waren, oder ob nicht Nützlichkeitserwägungen den Ausschlag für die Parteinahme für die Regierung gaben.

über die Aktivitäten von geheimen Komitees der Radikalliberalen im ganzen Land berichtete.[23] In der Moldau versuchten die Radikalliberalen ihre Schwäche in dieser Region durch verstärkten Druck und durch ein Bündnis mit der Fraktion auszugleichen, die in den Städten und an den Universitäten ihre Hochburg hatte.[24] Die Koalition mit den Fraktionisten, die sich vor allem durch ihre juden- und fremdenfeindliche Haltung auszeichneten, ließ bereits zukünftige außenpolitische Komplikationen vorausahnen, doch schien Brătianu der Überzeugung zu sein, sie in seinem Sinne beeinflussen zu können.[25] Die Bevorzugung der Fraktionisten als Koalitionspartner vor der Kogălniceanu-Gruppe, die gleichfalls in der Moldau stark vertreten war, zeigte die Brüchigkeit des „Vertrags von Concordia" und das noch immer herrschende Misstrauen gegen den Mann des „2. Mai". Ein Jahr später kam es dann zum Bruch zwischen beiden liberalen Gruppen.[26]

Die von Brătianu organisierten Wahlen Ende 1867 waren nicht die ersten, die von einer Regierung manipuliert worden waren – so hatte z. B. Kogălniceanu als Innenminister bei den 1864 unter dem Statut Cuza stattfindenden Wahlen nichts dem Zufall überlassen. Dieser Vorgang stellte aber einen Präzedenzfall unter dem neuen Verfassungssystem dar mit wegweisenden Konsequenzen für zukünftige Konfliktregelungsmechanismen zwischen Exekutive und Parlament. Der „Appell an das Land", der eine vermeintlich freie Entscheidung des Wahlvolks für oder gegen die Regierung suggerierte, begann als Instrumentarium zu dienen, Mehrheiten für eine amtierende Regierung zu beschaffen und die Opposition weitgehend auszuschalten. Der Wahlausgang brachte denn auch das gewünschte Resultat für die Regierung Ştefan Golescu/I. C. Brătianu, allerdings mit der Einschränkung, dass die Regierungsmehrheit im Senat auf schwachen Füßen stand.[27] Die Erwartung des Fürsten, mit diesem Parlament eine schnelle Verabschiedung der Armee- und Eisenbahngesetze zu erreichen, ging jedoch nicht in Erfüllung – sehr zu seinem Ärger. Die unsichere Regierungsmehrheit im Senat wandelte sich schnell zu einer Oppositionsmehrheit, die bereits im Februar 1868 einen Konflikt mit der Regierung provozierte, als sie den Justizminister wegen einer den Kassationshof betreffenden Gesetzesvorlage tadelte.[28]

Dieses Obstruktionsverhalten des Senats, der sich in seiner bisherigen Arbeit als Gegner vieler Regierungsvorhaben erwiesen hatte, ließ den Fürsten und seine Minister den Plan einer Verfassungsänderung in Erwägung ziehen, der auf eine Abschaffung oder zumindest auf eine Schwächung des Senats abzielte. Carol bezeichnete dieses Vorhaben,

23 P.A. I.A.B.q. Türkei 24, Vol. 35, Goering v. 9.12.1867.

24 Ibd. In Iaşi kandidierten auf der Regierungsliste nur Fraktionisten.

25 FHHDA, HS, R 54, 1430, Nr. 388, Carol v. 18./30.12.1867.

26 Vgl. dazu die aufschlussreiche Rede Kogălniceanus vom 28.1.1869 (a.St.): Kogălniceanu, Opere IV, orat. II, part. II, S. 181ff.

27 FHHDA, HS, R 54, 1430, Nr. 388, Carol v. 18./30.12.1867. Aus dem Leben König Karls, 1, S. 234.

28 P.A. I.A.B.q. Türkei 24, Vol. 36, Note des Außenministers Şt. Golescu an D. Brătianu v. 27.2.1868 (n.St.). Arh. Stat. Fond Regele Carol I, III/27, f. 7. Nicolescu, Parlamentul romîn, S. 32f.

bei der sich die Kammer zur Konstituante erklären sollte, als „kleinen Staatsstreich", dem er zu diesem Zeitpunkt nur aus dem Grunde nicht zustimmen wollte, weil er einen Aufschub seiner Eisenbahnpläne bedeutet hätte.[29] Zu einer Entmachtung des Senats in seiner bisherigen Gestalt hätte auch die Verabschiedung eines Gesetzesprojektes über die Ausführung des Wahlgesetzes vom 28. Juli 1866 geführt, das neben einer Stärkung des städtischen Elements im III. Wahlkollegium eine Mindestzahl von 25 (!) Wählern bei der Konstitutierung der provisorischen Wahlbüros bei Senatswahlen vorsah, die bei den meisten Wahlkollegien nicht erreicht wurde.[30] Das Gesetz passierte bereits im März 1868 mit großer Mehrheit die Kammer und wurde dann mit der Billigung des Fürsten an den Senat weitergeleitet, wo es jedoch erst Monate später auf die Tagesordnung kam und dann von der neuen Regierung D. Ghica/M. Kogălniceanu im Dezember 1868 zurückgezogen wurde.[31] Die Zustimmung des Fürsten zu einer Abschaffung des Senats, für den gerade er sich stark gemacht hatte, mag verwundern, ist aber vor dem Hintergrund seiner konservativen Zusammensetzung, die Carol immer noch mit Misstrauen betrachtete, und der Schwierigkeiten, die der Senat der Regierung bereitete und damit den Zorn des Fürsten auf sich zog, zu sehen. Auch in dieser Angelegenheit begünstigte der Fürst die Radikalliberalen, die sich von einer Senatsreform eine Stärkung ihrer politischen Stellung auf Kosten der Konservativen versprechen konnten. Vom Senat als dem eigentlichen Oppositionsorgan wird später noch mehrfach die Rede sein.

Die oppositionelle Strömung im Senat gewann immer mehr an Boden und führte schließlich zu einem Misstrauensvotum gegen die Regierung am 31. Mai/12. Juni 1868, kurz nachdem die Kammer das Eisenbahngesetz votiert hatte. Die Regierung reichte daraufhin sofort ihren Rücktritt ein, worauf die Kammer mit einem Vertrauensvotum reagierte.[32] Aufschlussreich war der Antrag der Kammer, der der Regierung das Vertrauen aussprach und worin dem Senat eine Anmaßung konstitutioneller Rechte vorgeworfen wurde, darunter dasjenige, ein Kabinett zu bilden, das aber der gesamten Volksvertretung zustehe.[33] Dieser kurze Passus reflektierte damit einen Anspruch der Kammer, der verfassungsmäßig gar nicht bestand, der aber erhoben werden konnte und in dem sich auch ein Überlegenheitsgefühl der Abgeordneten gegenüber dem Senat widerspiegelte.

Die Vorgänge im Umfeld der Senatsauflösung im Sommer 1868 ließen gravierende politische Fehler erkennen und beleuchteten die sich herausbildenden Strukturmerkmale im rumänischen Parlamentarismus. Das Wahlbündnis der Radikalliberalen mit der Fraktion hatte sich als politische Kurzsichtigkeit erwiesen, da die Regierung erneut unter starken außenpolitischen Druck geriet, der Brătianu zum Bruch mit der Fraktion zwang. Obwohl sie nach den Erfahrungen des Sommers 1867 um die politische Brisanz dieses Bündnisses hätten wissen müssen, waren der Fürst und Brătianu erneut das Risiko einer Zusammen-

29 Arh. Stat. Fond Regele Carol I, III/27, f. 7.

30 Istoria parlamentului, S. 187. Arh. Stat. Min. de Int. 77/1868, f. 2.

31 Ibd., f. 5

32 Arh. Stat. CR 6/1868, f. 6, Rücktrittsgesuch der Regierung vom 31.5.1868 (a.St.) mit dem handschriftlichen Vermerk des Fürsten „nu se aprobă" (nicht genehmigt).

33 Nicolescu, Parlamentul romîn, S. 37.

arbeit mit der Fraktion eingegangen, wobei das Negativimage von Brătianu im Ausland die Kritik an den rumänischen Maßnahmen gegen die Juden bedeutend verschärft hatte. Das von außen erzwungene Ende des Bündnisses mit der Fraktion führte zum Verlust der prekären Regierungsmehrheit im Senat, in dem sich die beiden so unterschiedlichen Lager der Konservativen und Fraktionisten zusammenfanden, um der Regierung aus einem geringfügigen Anlass das Misstrauen auszusprechen. Um die schnelle Verabschiedung der Eisenbahngesetze zu erreichen, war Carol zwar bereit, die Opposition mit der Neubildung zu beauftragen, wenn sie die Votierung der Konzessionen garantiert hätte. Er war aber nicht bereit, sich die Bedingungen für die Übernahme der Regierung durch die Opposition diktieren zu lassen.

Diese Antiregierungsmehrheit konnte aber schon aufgrund ihrer Inkohärenz und Heterogenität keine Alternative zur Regierung bieten. So wurden Regierungskrisen zwar herbeigeführt, ihre Bewältigung aber dann weitgehend der Exekutive überlassen. Die Krone wiederum konnte sich noch kaum auf feste Loyalitätsstrukturen stützen und besaß weder genügend Einfluss, noch die erforderlichen Mittel, um sich die nötige Mehrheit in einer für sie so entscheidenden Frage wie der Eisenbahnkonzessionen zu sichern. Wiederum kam es zu einer gegenseitigen Blockierung aufgrund fehlender Kompromissfähigkeit und Konsensbereitschaft, so dass als einziger Ausweg nur die Senatsauflösung blieb mit der Zielvorgabe, eine Mehrheit für die Regierung zu erhalten. Das Ergebnis zeigte, dass die Radikalliberalen organisatorisch in der Lage waren, auch bei den Wahlen zum Senat ihren Einfluss durchzusetzen, obwohl das Wahlrecht die Konservativen begünstigte.[34]

Mit einer sicheren Mehrheit in beiden Häusern des Parlaments für die Radikalliberalen bestand jetzt zum ersten Mal die Möglichkeit, eine gewisse Kontinuität und Stabilität im politischen Leben zu etablieren, die eine Institutionalisierung des Parteienwesens und der Staatsorgane begünstigt hätten. Einige Gesetzesprojekte wiesen auch auf eine weitere Liberalisierung des öffentlichen Lebens hin, wurden aber unter einer anderen Regierung nicht weiter verfolgt. Im Herbst 1868 gab es nach den politischen Unsicherheiten der beiden Anfangsjahre zum ersten Mal die erforderlichen institutionellen Voraussetzungen für eine Konsolidierung der Regierungs- und Parlamentsarbeit mit einem weitgehend homogenen Kabinett, das sich auf eine sichere parlamentarische Mehrheit stützen konnte, allerdings um den Preis von gesteuerten Wahlen.

Dieser Chance einer innenpolitischen Stabilisierung im Herbst 1868 stand aber eine außenpolitische Destabilisierung entgegen, die zur Entlassung des Kabinetts N. Golescu/ I. C. Brătianu im November 1868 führte. Wieder waren es politische Fehleinschätzungen und Kurzsichtigkeit sowohl von den Radikalliberalen als auch vom Fürsten, die es einer Garantiemacht erlaubten, ihrem Druck auf die Innenpolitik Geltung zu verschaffen. Die auf Expansion, Unterstützung revolutionärer Bewegungen und Restriktionsmaßnahmen gegen die Juden abzielende Politik der Radikalliberalen hatte das Land und den Fürsten, den das Ausland mit dieser Politik identifizierte, in den Augen der Großmächte, mit

34 Istoria parlamentului, S. 185.

Ausnahme Preußens, diskreditiert und isoliert. Zugleich hatte sich Carol mit seiner auf militärischem, wirtschaftlichem und politischem Gebiet einseitig nach Preußen hin orientierten Politik von diesem Staat abhängig und damit erpressbar gemacht. Als Bismarck im November 1868 auf Druck der Ungarn damit drohte, der rumänischen Regierung die preußische Unterstützung zu entziehen, war Brătianu wegen der Gefahr einer vollständigen außenpolitischen Isolierung nicht mehr zu halten.[35]

Einen Tag nach der Parlamentseröffnung am 15./27. November 1868, bei der Carol noch die mit der Regierung N. Golescu/I. C. Brătianu ausgearbeitete Thronrede hielt, reichte das Kabinett seinen Rücktritt ein. Am selben Tag übernahm eine neue Regierung mit gemäßigt Konservativen und Liberalen unter der Führung von D. Ghica und M. Kogălniceanu ihr Amt. Während die Berufung von D. Ghica zum Ministerpräsidenten und Außenminister ein versöhnliches Zeichen gegenüber dem Ausland – insbesondere gegenüber Österreich-Ungarn – setzen sollte, erfolgte die Wahl Kogălniceanus zum Innenminister hauptsächlich aus Rücksicht auf die parlamentarischen Mehrheitsverhältnisse.[36] Als Mitunterzeichner des Concordia-Vertrags wurde ihm zugetraut, sich bei diesem Parlament durchsetzen zu können, auch wenn er aus Verärgerung über die Benachteiligung seiner Anhänger bei den letzten Wahlen zu den Radikalliberalen auf Distanz gegangen war und nun im Oppositionslager stand.

Die entscheidende Frage lautete, ob eine Zusammenarbeit zwischen Parlament und Regierung funktionieren würde. Gerade als man den Punkt erreicht hatte, an dem Regierung und Parlamentsmehrheit parteipolitisch weitgehend übereinstimmten, musste die Regierung zurücktreten mit der Folge, dass sich zum ersten Mal eine große Mehrheit und eine neue Regierung gegenüberstanden, die zwar nicht aus völlig gegensätzlichen, aber sich dennoch als unterschiedlich verstehenden Parteilagern stammten. Es kam nicht zur Auflösung des Parlaments, sondern alle Beteiligten unternahmen den Versuch einer Zusammenarbeit. Fürst und neue Regierung hofften, dass Brătianu, der zum Kammerpräsidenten gewählt worden war, das Einvernehmen zwischen beiden Staatsorganen garantieren würde. Carol versuchte diesem Nachdruck zu geben, indem er Brătianu aufforderte, die nötigen Mehrheiten für die Regierung im Parlament zu sichern, wobei er auf dessen Loyalität ihm gegenüber baute.[37] Auch die Unterschriften der alten Kabinettsmitglieder unter der Thronrede wurden als Zeichen der gegenseitigen Verständigungsbereitschaft gedeutet. Ebenso wenig fehlte es an Appellen zu Einheit und Eintracht. So wies die Thronrede auf die Gefahr für das Land durch Zwietracht und Parteileidenschaften hin und rief zur Einigkeit auf, wenn es um Thron und Vaterland gehe.[38] Das Programm der neuen Regierung beschwor den Geist der Versöhnung und Einheit und versprach die Respektierung der Verfassung sowie Garantien für Freiheit, Ehre und Eigentum der Bürger.[39] In ihrer Antwortadresse gab auch die Kammer ihrer Hoffnung Ausdruck, dass die Harmonie zwi-

35 Siehe oben, S. 181f.
36 Die auswärtige Politik Preußens, X, S. 306f. Brassier de St. Simon v. 1.12.1868.
37 Arh. Stat. Fond Regele Carol I, III/27, f. 41.
38 Sturdza, Domnia Regelui Carol I, 1, S. 480.
39 Nicolescu, Parlamentul romîn, S. 45f.

schen der Volksvertretung und der Regierung weiterhin bestehen bleibe, dennoch klang bereits eine feine Akzentverschiebung an, wenn es hieß, dass die gegenüber Thron und Vaterland geforderte Eintracht in Beziehung zur Freiheit und zu einem freien Staat gesetzt werden müsse. Während der Fürst versuchte, aus der geforderten Zusammenarbeit zwischen Parlament und Regierung eine Loyalitätsverpflichtung ihm gegenüber zu machen, da die Interessen des Throns und des Landes identisch seien, schien das Parlament keineswegs die Intention zu haben, bedingungslos der neuen Regierung zu folgen.

2. Der Bruch mit den Radikalliberalen

Der Regierung D. Ghica haftete von Anfang an der Makel an, ihre Entstehung ausländischem Druck zu verdanken, was nicht ohne Folgen für das Ansehen des Fürsten blieb.[40] Um die Position des Minsteriums gegenüber der Kammer zu stärken, sprach der Fürst in einem Brief dem Ministerpräsidenten sein volles Vertrauen aus und sicherte ihm seine Unterstützung zu. Auch in diesem Brief bildete das Leitmotiv die Einigkeit, die Voraussetzung für das Glück und die Größe des Landes sei. Als größten Wunsch bezeichnete Carol die Eintracht zwischen „allen Söhnen des Vaterlands" und das Versammeln aller Fähigkeiten um den Thron.[41] Mit seinem Brief machte der Fürst dem Parlament aber klar, dass er hinter der Regierung stand, was implizit auch als Druckmittel an die Adresse der Volksvertretung verstanden werden konnte. Damit verließ er wiederum seine neutrale Position, was bei den Radikalliberalen Befremden auslösen musste, nachdem sie bis jetzt alle großen Reformprojekte des Fürsten mitgetragen und durchgesetzt hatten. Dabei stand von vornherein fest, dass angesichts der außenpolitischen Diskreditierung der Radikalliberalen im Konfliktfall mit der Regierung nur eine Kammerauflösung die Folge sein konnte.

Diese beschwörenden Appelle zur Einmütigkeit mit dem Thron als Gravitationszentrum stellten bereits ein Indiz dafür dar, dass man sie für gefährdet hielt. Zweifel an der Dauerhaftigkeit des Einvernehmens zwischen Regierung und Parlament kamen dem Fürsten bereits eine Woche nach der Parlamentseröffnung,[42] ebenso wuchsen seine Zweifel an I. C. Brătianu, dem er sofort mangelnde Ergebenheit unterstellte, als sich Anfang Januar erste Anzeichen von Opposition gegen die Regierung bemerkbar machten.[43] Die wachsende Entfremdung zwischen dem Fürsten und der Regierung auf der einen und den Radikalliberalen auf der anderen Seite trat auch auf gesellschaftlichem Terrain zutage: So

40 P.A. I.A.B.q. Türkei 24, Vol. 39, Goering v. 3.12.1868.

41 Sturdza, Domnia Regelui Carol I, t. 1, S. 481. Arh. Stat. Fond Regele Carol I, III/27, f. 42. Der Brief kam auf Anregung des preußischen Generalkonsuls Keyserling zustande, der dem Fürsten riet, mit dieser Manifestation seinem Ministerium gegenüber klarzustellen, „[...]daß Hoheit *gouvernirten* und das Ministerium *administriren* solle, ein Standpunkt der bisher nicht genügend festgehalten worden sei." Ibd. V N 224 , Keyserling v. 28.11.1868 an Carol [Hervorhebungen im Text].

42 Arh. Stat. Fond Regele Carol I, III/27, f. 42.

43 Ibd., f. 47. Aus dem Leben König Karls, 1, S. 323.

erschienen auf dem Neujahrsball des Hofes, einem gesellschaftlichen Höhepunkt während des Winters, nur noch wenige Linke; der Regierungschef D. Ghica wiederum untersagte den Mitgliedern seines Kabinetts die Teilnahme an einem Bankett, das C. A. Rosetti für Ion Brătianu organisiert hatte und das als Machtdemonstration gedacht war.[44]
Die Radikalliberalen versuchten ihrerseits, den Fürsten verstärkt unter Druck zu setzen, indem sie sowohl in der Presse als auch in Offizierskreisen eine Kampagne gegen Oberstleutnant Krenski begannen und damit Carol in einem empfindlichen Punkt, nämlich in der ihm am Herzen liegenden Armeeorganisation, trafen.[45] Auch tauchten Gerüchte über Konspirationen von Offizieren des 11. Februar auf.[46] Nicht zufällig wurde die Armee in dem Tagesbefehl zum Neuen Jahr 1869 an Treue und Disziplin erinnert.[47]
Der sich immer mehr abzeichnende Konflikt brach offen aus, als der als autoritär und Brătianu-Gegner geltende General Al. Macedonski, der Vater des berühmten symbolistischen Dichters Alexandru Macedonski, zum Kommandanten der Bukarester Territorialdivision ernannt wurde als Nachfolger des radikalliberalen Anhängers Oberst Creţulescu.[48] Diese Ernennung stieß auf den erbitterten Widerstand der Radikalliberalen, die formale Gründe gegen seine Wiedereingliederung in die Armee geltend machten. Die tiefere Ursache lag jedoch in dem Verlust einer militärisch wichtigen Machtposition und in der Befürchtung einer Säuberung der Armee von Offizieren, die zu den Parteigängern der Linken gehörten und zu den Anhängern des Umsturzes vom 11./23. Februar. Brătianu sah eine Katastrophe für den Fall der Berufung von Macedonski voraus und drohte damit, in die Opposition zu gehen.[49] Nach einigen taktischen Manövern mit Rücktrittsgesuch der Regierung und anschließendem Vertrauensvotum durch die Kammer am 25.1./6.2.1869, wobei jede Seite noch einmal ihre Verständigungsbereitschaft demonstrierte, im Grunde aber an ihren Positionen festhielt, erfolgte am 29.1./10.2.1869 das Dekret der Kammerauflösung, einen Tag nachdem die Kammer die Regierung in einem Antrag aufgefordert hatte, die Ernennung Macedonskis zurückzunehmen.[50]

[44] Arh. Stat. Fond Regele Carol I, III/27, f. 46. B.C.S. Fond Brătianu, P.L. D 1. Aus dem Leben König Karls, I, S. 324f.

[45] Arh. Stat. Fond Regele Carol I, III/27, f. 47f. Zur treibenden Kraft gegen Krenski wurde Oberst D. Creţulescu, der 1866 als Chef der Territorialdivision in Bukarest an der Veschwörung gegen Cuza teilgenommen hatte und der radikalliberalen Partei nahe stand. Er wurde in non-activité versetzt, nachdem der Plan gescheitert war, ihn mit einer Mission nach Budapest zu betrauen, um ihn von Bukarest zu entfernen. B.C.S. Fond Brătianu, P. L. D 4 und D 6. P.A. I.A.B.q. Türkei 24, Vol. 39, Keyserling v. 11. und 15.12.1868, wo er u. a. von Konspirationen in der Armee berichtet.

[46] Arh. Stat. Fond Regele Carol I, III/27, f. 43.

[47] Sturdza, Domnia Regelui Carol I, 1, S. 496.

[48] Arh. Stat. CR 5/1869, f. 1f. (Abschrift einer der Norddeutschen Allgemeinen Zeitung übermittelten Korrespondenz vom 15.2.1869).

[49] Der Streit entzündete sich an der Frage, ob Macedonski 1862 pensioniert oder nur zur Disposition gestellt worden war. Als pensionierter Offizier hätte er nicht wieder in den aktiven Dienst berufen werden können. Ibd. Kogălniceanu, Opere IV, orat. II, part. 2, S. 164ff. Fond Regele Carol I, III/27, f. 48. Aus dem Leben König Karls, 1, S. 330, 335.

[50] Nicolescu, Parlamentul romîn, S. 50f.

Beiden Seiten wurde der Vorwurf gemacht, den Fall Macedonski lediglich als Vorwand benutzt zu haben, um die gegnerische Seite herauszufordern und es auf einen Machtkampf ankommen zu lassen.[51] Der Macedonski-Affäre lagen aber tiefere Ursachen zugrunde, die eine Wende in den Beziehungen zwischen dem Fürsten und den Radikalliberalen bedeuteten. Dass es früher oder später zum Bruch zwischen Regierung und Parlament kommen würde, lag in der Konsequenz der unterschiedlichen Auffassung über die machtpolitischen Rollenverteilungen und der parteipolitischen Unterschiede. Brătianus Kalkül war es gewesen, mit Hilfe der Parlamentsmehrheit und des noch unter seiner Regierung ernannten Beamtenapparats die Kontrolle über die neue Regierung zu behalten und die Politik in seinem Sinne weiter zu bestimmen, somit das Ministerium in Abhängigkeit vom Parlament zu halten.[52] Darauf konnte die Regierung nicht eingehen, wollte sie nicht jede Autorität im Land verlieren. Sie forderte die Einhaltung der Zusage der Parlamentsmehrheit, sie zu unterstützen. Kogălniceanu sah darin eine berechtigte Kompensation für seine eigene Loyalität, da er seiner Auffassung nach trotz der Zurücksetzung durch Brătianu dessen Kabinett immer unterstützt habe.[53] Der Fürst, obwohl immer mehr von der Notwendigkeit einer Kammerauflösung überzeugt, versuchte dennoch vermittelnd einzugreifen und Konflikte zu schlichten, indem er in Gesprächen mit Brătianu und C. A. Rosetti diese zur Unterstützung der Regierung zu verpflichten suchte und daraus einen Beweis der Ergebenheit für seine Person machte.[54] Brătianu hoffte noch immer, den Fürsten weiterhin in seinem Sinne beeinflussen zu können, musste aber erkennen, dass dieser nicht mehr bereit war, ihm Glauben zu schenken.[55] Das bis zum Sturz Brătianus bestehende enge politische und persönliche Vertrauensverhältnis zwischen beiden wich einer wachsenden Entfremdung und führte schließlich zu einer tiefgehenden Trennung, die fast zehn Jahre andauern sollte.[56]

51 Russu, Vîtcu, Frămîntări politice interne în vremea guvernării Dimitrie Ghica – Mihail Kogălniceanu, 1868-1870, in: Anuarul VII, 1970, S. 166. Kogălniceanu, Opere IV, orat. II, part. 2, S. 179ff., 185.

52 Nicolescu, Parlamentul romîn, S. 47. Ghica beklagte sich in einer Rede darüber, wie jede Partei versuche, die Regierung als Instrument für die jeweils eigenen Zwecke zu benutzen. Kogălniceanu seinerseits klagte in einem Brief an Ion Strat v. 14./26.2.1869 über die Omnipräsenz der Brătianu-Anhänger: „Préfets, juges, conseils départemaux, conseils communaux, police, garde nationale, et même armée, tout est brationiste (...)“ B.C.S. Fond Brătianu, P. L. D 1. Aus dem Leben König Karls, 1, S. 335.

53 Kogălniceanu, Opere IV, orat. II, part. 2, S. 179ff., 182.

54 Arh. Stat. Fond Regele Carol I, III/27, ab f. 42 passim.

55 Am 23.1./4.2.1869, während des schwelenden Konflikts über die Ernennung von Macedonski fand eine viereinhalbstündige Unterredung zwischen Brătianu und dem Fürsten statt, in der Brătianu den Fürsten vor einer Katastrophe warnte. Carol erwiderte darauf, dass Europa Brătianu verantwortlich machen würde, falls diese einträte. Brătianu berichtete auch über Konspirationen gegen den Fürsten, womit er anzudeuten schien, dass nur er und seine Partei die Ordnung schützen könnten. Ibd., f. 48.

56 Am 5./17.2.1869 fand die vorläufig letzte Audienz von Brătianu beim Fürsten statt, in deren Verlauf er sich über die vielen Veränderungen in der Justiz und Administration beklagte und einen Bruch zwischen der liberalen Partei und dem Fürsten befürchtete. Arh. Stat. Fond Re-

Der Konflikt um die Ernennung Macedonskis besaß noch einen weiteren Aspekt. Er offenbarte den noch immer andauernden Riss innerhalb der liberalen Gruppen zwischen den „Männern des Mai“ und den „Männern des Februar“, d.h. zwischen denen, die zu den Anhängern Cuzas gehört hatten und denjenigen, die den Umsturz vom 11./23. Februar mitgetragen hatten.[57] Noch war das gegenseitige Verhältnis von einem Misstrauen geprägt, das einer Aussöhnung und politischen Einigung im Wege stand. Die Radikalliberalen hatten sich bis jetzt als die Garanten der neuen Ordnung gesehen. Dieser Funktion verdankten sie ihre bisherige Macht und Vertrauensstellung beim Fürsten. Mit der Ernennung von Macedonski, einem erklärten Gegner der Radikalliberalen, wurde diese Exklusivität beendet. Sie befürchteten nun eine Rückkehr der *maişti*, die das neu errichtete Herrschaftssystem und die eigene Machtstellung bedrohen konnten.[58] In diesem Sinn war auch die Warnung Brătianus vor einer Katastrophe zu verstehen, die der Fürst aber nur als Druckmittel interpretierte und ihn entsprechend heftig reagieren ließ.

Die Berufung von Kogălniceanu zum Minister hatte die politische Quarantäne seiner Gruppe beendet. Ihre politische Reintegrierung durch die Rückkehr zur Macht war möglich geworden, als der Fürst in ihm nicht mehr einen natürlichen Gegner seiner Dynastie sah. Diese Annäherung hatte sich bereits im Sommer 1868 angebahnt und beruhte vor allem auf Kogălniceanus Unterstützung der Konzession Strousberg und auf seinen engen Verbindungen zu diesem. Kogălniceanu selbst bekannte sich in einer Rede am 27.1./ 8.2.1869 öffentlich zum Fürsten und zur Dynastie. Er erkannte damit die neue Ordnung an und stellte sich in ihren Dienst, während gleichzeitig die politische Monopolstellung der Radikalliberalen verloren ging.

gele Carol I, III/27, f. 50. Vgl. auch die Darstellung von Kogălniceanu in seinem Brief an Ion Strat v. 14./26.2.1869: „Je vous dirai sincèrement que le Prince a vu Bratiano, *sur ma demande* il y a quelques jours. J'ai voulu *moi,* qu'il le voie, pour que personnellement il se convainque combien le *fameux* Bratiano est mesquin, une fois qu'il n'est plus au pouvoir. Le Prince l'a donc vu; le Prince ne le verra plus. Bratiano est à jamais jugé. Et ce sont ses propres discours dans la salle Slatinéno qui ont servi à sa sentence définitive.“ B.C.S. Fond Brătianu, P. L. D. 1 [Hervorhebungen im Text].

57 Aufschlussreich ist die Rede von Kogălniceanu am 28.1.1869 (a.St.) anlässlich der Ernennung von Macedonski, die zu einer Grundsatzrede über *maişti* und *februarişti* geriet und mit Brătianu abrechnete: Kogălniceanu, Opere IV, orat. II, part. 2, S. 173ff.

58 Ibd., S. 185. Für eine zusätzliche Vergiftung des Verhältnisses zwischen Kogălniceanu und den Radikalliberalen sorgte der – vorher aufgedeckte – Versuch eines Attentats auf den Minister im Juni 1869, bei dem die Hintermänner zum Umfeld von Ion C. Brătianu gehörten. Ciucă, E., Documente inedite referitoare la Mihail Kogălniceanu, in: Revista Arhivelor, an. LXVI, Vol. 51, 1989, S. 58-65. Besorgt über eine Rückkehr der *maişti* äußerte sich auch Ion Ghica in einem Brief v. 11./23.1.1869 an Dimitrie Sturdza. Slăvescu, V., Corespondenţa lui Ion Ghica cu Dimitrie Sturdza 1860-1880, in: Acad. Rom. mem. sec. ist. ser. III, t. XXV, 1942-43, S. 1272. Dieser Briefwechsel gehört zu den aufschlussreichen Quellen für die Jahre 1869/70.

3. Die Erosion der Regierung D. Ghica/Kogălniceanu

Bei der seit 1866 dritten Wahl zur Abgeordnetenkammer ließ sich bereits eine Verfestigung der unter Brătianu begonnenen Wahlstrukturen feststellen, die mit einer zunehmenden Radikalisierung einherging. Unter Kogălniceanu als neuem Innenminster kam es sofort nach Auflösung der Kammer ebenfalls zu einer Flut von Neubesetzungen von Präfekturstellen, in Justiz und Verwaltung, was von Carol kommentarlos zur Kenntnis genommen wurde.[59] Kogălniceanus Hauptaugenmerk richtete sich auf die Moldau, da er dort über den meisten Einfluss verfügte und politischen Druck effektiv einsetzen konnte, um vor allem die Fraktion zu bekämpfen.[60] Auch er sprach von einem „rein moralischen und vereinzelten Druck" der Regierung, der aber nur zur Vermeidung von Blutvergießen angewandt worden sei.[61] Die regierungsamtlichen Praktiken wurden bereits für nötig und legitim befunden, wie die Sprache von Kogălniceanu in seinen Schreiben an die Präfekten verrät.

Carol stellte sich hinter seine Regierung und wies alle Proteste wegen Übergriffen der Verwaltung zurück. Er machte im Gegenteil die Radikalliberalen für Unruhe und Unordnungen verantwortlich und ließ sie seine Meinung auch wissen.[62] Mit derselben Unbedingheit, mit der er sie früher unterstützt hatte, wandte er sich nun gegen sie und trug mit dieser Haltung, die mehr emotional als politsch geprägt war, ebenfalls zur Verschärfung des Gegensatzes zwischen ihnen bei. Die Kombination von verstecktem oder offenem administrativem Druck auf die Wähler und die wegen der Aussichtslosigkeit auf einen Erfolg aggressive Agitation der radikalliberalen Opposition in den Städten schufen ein äußerst gespanntes Wahlklima, in dem es in Hochburgen der Radikalliberalen wie Piteşti oder Ploieşti zu Unruhen kam.[63] Der Fürst unterließ es, in irgendeiner Weise beschwichtigend oder mäßigend auf die Wahlen einzuwirken. Seinem früheren Ministerpräsidenten, Ştefan Golescu, der sich bei ihm beschwerte, erklärte er, dass für Klagen die Gerichte und die Kammer zuständig seien und dass er nicht die Absicht habe, zugunsten der einen oder anderen Partei einzugreifen, wohl wissend, dass Klagen bei den Gerichten nach der Neubesetzung des Justizapparats kaum Aussicht auf Erfolg haben würden.[64]

Diese Haltung des *laissez faire* sicherte der Regierung ihren Erfolg, genauso wie auch Brătianu bei den vorangegangenen Wahlen davon profitiert hatte, ein Faktum, das die

59 Arh. Stat. Fond Regele Carol I, III/27, f. 50. P.A. I.A.B.q. Türkei 24, Vol. 40, Keyserling v. 25.3.1869.

60 B.C.S. Fond Brătianu, P. L. D 1. Kogălniceanu hoffte, dass in der Moldau wenigstens 50 „bons deputés" gewählt werden würden. An anderer Stelle war von 60-70 Deputierten die Rede. Russu, Vîtcu, Date noi referitoare la activitatea politică a lui Mihail Kogălniceanu (1869), in: Anuarul XVII, 1980, S. 615ff. (Briefe von Kogălniceanu an einige Präfekten während des Wahlkampfs).

61 Ibd. P.A. I.A.B.q. Türkei 24, Vol. 40, Keyserling v. 13.4.1869.

62 Arh. Stat. Fond Regele Carol I, III/27, f. 53f.

63 Aus dem Leben König Karls, 1, S. 344ff. Istoria parlamentului, S. 188.

64 P.A. I.A.B.q. Türkei 24, Vol. 40, Keyserling v. 31.3.1869.

Radikalliberalen bei ihren Protesten geflissentlich übersahen. Nur erwiesen sie sich in der Opposition als gefährlichere Gegner als die anderen politischen Gruppen. Der Fürst gab selbst zu, dass die Wahlen von einer bis jetzt noch nie dagewesenen Gereiztheit gekennzeichnet waren und ein großes Unzufriedenheitspotenzial zurückließen, das die innere Stabilität gefährden könne. Dennoch glaubte er, die Lage unter Kontrolle halten und etwaige Konflikte bewältigen zu können.[65] Das Wahlergebnis brachte denn auch keine Überraschung: die Regierungsparteien, allen voran die Gruppe von Kogălniceanu mit allein ungefähr 70-80 Stimmen, gewannen mit überwältigender Mehrheit, während die Radikalliberalen nur noch mit zehn Abgeordneten vertreten waren.[66] Die Auflösung des Senats blieb nur eine Frage der Zeit und erfolgte am 9./21. Juni 1869 nach einem Manöver, inszeniert von Senatoren, die der Regierung nahestanden.[67]

Das Ergebnis der Senatswahlen stellte die parteipolitische Übereinstimmung zwischen Regierung und den beiden Häusern des Parlaments wieder her. Dennoch blieben Appelle des Fürsten, die zu Harmonie und Einigkeit mahnten, an der Tagesordnung, so in seiner Rede zur Parlamentseröffnung am 29.4./11.5.1869.[68] Und in seiner Antwort auf die Glückwünsche des Parlaments anlässlich des dritten Jahrestags der Thronbesteigung erklärte er:

„Der heutige Tag wird mir noch teurer werden, wenn er der früheren Zwietracht ein Ende setzen und die von alters her ererbte Brüderlichkeit wieder herstellen wird, die in den schwierigsten Zeiten die rumänische Nation gerettet hat."[69]

Die von Carol geforderte und von den Parlamentariern versprochene Harmonie zwischen Exekutive und Legislative stellte sich jedoch schnell als Illusion heraus aufgrund der fehlenden Homogenität der Regierung selbst. Die Regierungszeit von D. Ghica kennzeichnete ein bis jetzt nicht gekanntes Ausmaß an Machtkämpfen, Intrigen und persönlichen Rivalitäten unter den Ministern, die sich im Parlament fortsetzten und jede Arbeit zum Erliegen brachten.[70] Im Mittelpunkt der Intrigen stand Mihail Kogălniceanu, der seine Macht auf Kosten der anderen einflussreichen Minister wie D. Ghica und V. Boerescu zu vergrößern suchte und dafür in seiner Parlamentsmehrheit eine gute Ausgangsposition fand. In Unkenntnis der persönlichen Beziehungen und im Vertrauen auf die Loyalität ihm gegenüber hatte der Fürst Politiker in die Regierung berufen, die sich lediglich in der Ablehnung von Brătianu einig gewesen waren, die sich aber als zu unterschiedlich und ehrgeizig erwiesen, um eine gemeinsame politische Linie zu vertreten.[71]

Die Differenzen zwischen den Ministern, die bereits im Sommer 1869 sichtbar wurden, nahmen nach der Auslandsreise des Fürsten und seiner Heirat mit der Prinzessin Elisabeth von Wied im Herbst 1869 verstärkt zu. Kogălniceanu fühlte sich in seinem Stolz

65 Aus dem Leben König Karls, 1, S. 345f.
66 Ibd., S. 346. Istoria parlamentului, S. 189.
67 Nicolescu, Parlamentul romîn, S. 54f.
68 Sturdza, Domnia Regelui Carol I, 1, S. 515.
69 Ibd., S. 517.
70 Istoria parlamentului, S. 189f.
71 P.A. I.A.B.q. Türkei 24, Vol. 41, Keyserling v. 19.9.1869.

tief verletzt, weil nicht er, sondern Justizminister V. Boerescu den Fürsten auf dieser Reise begleitet hatte. Das Ministerium insgesamt fühlte sich bei der Heirat des Fürsten übergangen, weil es nicht vorher darüber informiert worden war und dann vergeblich versucht hatte, die Hochzeit in Bukarest feiern zu lassen.[72] Kogălniceanu empfand es fast als Beleidigung, dass der Fürst eine unbekannte Prinzessin geheiratet hatte, anstatt mit einer glänzenden Partie das Ansehen Rumäniens in Europa zu erhöhen. Seiner Meinung nach hatte der Fürst mit seiner Heirat das Ministerium lächerlich gemacht und es damit in die denkbar schlechteste Lage gebracht, wofür er Boerescu verantwortlich machte, der den Fürsten schlecht beraten habe.[73] Zusätzlich fühlte sich Kogălniceanu vom Fürsten ungerecht behandelt, nachdem die Regierung alle Anstrengungen auf sich genommen habe, um die Lage Rumäniens nach dem Sturz Brătianus im In- und Ausland zu verbessern. Daher glaubte er auch Anspruch auf Anerkennung seiner Dienste zu haben.

Eine Amtsauffassung wie die von Kogălniceanu, dessen Kritik sich aus verletztem Stolz, Ärger und politischen Ambitionen speiste,[74] war für den Fürsten inakzeptabel. Er verlangte von seinen Ministern, dass sie dem Land und seinem Fürsten unter Hintansetzung persönlicher Belange oder Eitelkeiten zu dienen hätten. Aber nicht nur das Verhältnis zwischen dem Fürsten und seinem Innenminister verschlechterte sich zusehends, sondern auch die Spannungen innerhalb des Kabinetts nahmen zu, als Kogălniceanu seinen Einfluss in der Regierung durch die Berufung zweier ihm ergebener Moldauer zu vergrößern suchte und damit auf großen Widerstand seiner Kollegen stieß.[75] Die Regierung geriet nun selbst zum Störfaktor der politischen Stabilität. Da das Parlament mehrheitlich Kogălniceanu folgte, blieb dem Fürsten nur die Wahl, den Forderungen seines Ministers nachzugeben oder ihn zu entlassen und Neuwahlen auszuschreiben. Es bedeutete für den Fürsten die Wahl zwischen zwei Übeln, wobei ihm die Beibehaltung des Kabinetts als das kleinere erschien, da er Neuwahlen angesichts der aufgeheizten Stimmung im Land als ein größeres Risiko für die innere Stabilität einstufte. So ging er auf Kogălniceanus Forderungen ein und setzte im Kabinett die Ernennung der beiden Minister aus der Moldau durch. Gleichzeitig versuchte er den Mangel an Einigkeit durch sein persönliches Eingreifen zu kompensieren, indem er Aufgaben des Ministerpräsidenten übernahm, um Konsens und Arbeitsfähigkeit der Regierung zu ermöglichen. In einem Brief an seinen

[72] Das war allerdings auch kaum möglich gewesen, da sich Carol innerhalb eines Tages (30.9./12.10.1869) zur Heirat mit Elisabeth von Wied entschloss. Großen Einfluss auf seine Entscheidung hatte der deutsche Kronprinz gehabt, dessen Urteil er vertraute. Aus dem Leben König Karls, 2, S. 17ff. Der Notenwechsel im Oktober 1869 zwischen Boerescu, dem Fürsten und dem Ministerium über diese Fragen zeigt die tiefe Verstimmung Kogălniceanus. B.C.S. Fond Brătianu, P. L. D 3.

[73] P.A. I.A.B.q. Türkei 24, Vol. 41, 19.10.1869 (Nr. 102). Die Nachricht von der Verlobung des Fürsten mit Elisabeth von Wied rief in der Tat in den gesellschaftlichen Kreisen der Hauptstadt einen negativen Eindruck hervor.

[74] Kogălniceanu war auch darüber gekränkt, dass seine Tochter nicht zur Hofdame ernannt worden war. P.A. I.A.B.q. Türkei 24, Vol. 42, 21.12.1869 (Nr. 106).

[75] Ibd. Arh. Stat. Fond Regele Carol I, III/27, f. 90ff. Aus dem Leben König Karls, 2, S. 45f.

Vater vom 8./20. Dezember 1869 beschrieb Carol das politische Dilemma, in dem er sich befand:
„Diesmal ist für mich guter Rat teuer; ich mache alle Anstrengungen, um das Ministerium zusammenzuhalten, präsidiere häufig die Conseilsitzungen, um die Beschlüsse in eine für alle annehmbare Form zu bringen und die Herren zu gegenseitigen Konzessionen aufzufordern. Teilweise habe ich es auch erreicht. In jeder andern Lage hätte diesem Uebel durch einen Ministerwechsel abgeholfen werden können, den Kammern gegenüber ist das aber nicht möglich, sie müßten sonst aufgelöst werden. Eine solche Maßregel wäre aber heute sehr unklug, da die Neuwahlen neue Aufregungen hervorrufen würden. So handelt es sich darum, dies Ministerium während der Kammersession zusammenzuhalten, ohne den Geschäftsgang und die Verwaltung lahm zu legen."[76]
Carol versuchte darüber hinaus durch die Verleihung des Hohenzollernordens an Kogălniceanu dessen Eitelkeit zu befriedigen und hoffte, indem er an dessen Loyalität appellierte, dass dieser sich in die Kabinettsdisziplin einbinden lasse.[77] Er wollte das Ministerium wenigstens bis zum Ende der Kammersession zusammenhalten, um die Haushaltsgesetze verabschieden zu können.
Carols Hoffnungen gingen indes nicht in Erfüllung, sondern es kam im Gegenteil zum völligen Bruch zwischen dem Fürsten und seinem Innenminister, als Kogălniceanu durch eine Intrige versuchte, Boerescu zu Fall zu bringen. Es ging dabei um das Gesetzesprojekt einer jährlichen Apanage in Höhe von 300.000 Francs für die Fürstin und der Errichtung von Staatsdomänen. Es war von Boerescu ausgearbeitet worden, sollte aber von der Kammer als eigener Gesetzesantrag eingebracht werden. Dieses Verfahren wurde immer dann gewählt, wenn es sich um sensible politische Fragen handelte, wofür das Ministerium oder der Fürst nicht die alleinige Verantwortung übernehmen wollten. Die Gesetzesinitiative wurde somit zu einem nationalen Anliegen gemacht und konnte als vom Land legitimiert angesehen werden.
Gesetze, die das Fürstenhaus betrafen, beschritten in der Regel diesen Weg der Parlamentsinitiative, um ihnen den Charakter einer parteiübergreifenden Maßnahme zu verleihen. Das Gesetzesprojekt von Boerescu wurde nach Überzeugung des Fürsten durch Kogălniceanu den Radikalliberalen zugespielt, die es propagandistisch gegen den Fürsten ausschlachteten und den Justizminister Boerescu diskreditierten.[78] Boerescu mußte zurücktreten, danach wurde eine Kammersitzung inszeniert, in der das Gesetzesprojekt einer Apanage für die Fürstin eingebracht wurde, aber nur um dem Ministerium die Gele-

[76] Ibd., S. 44f. Bei den beiden moldauischen Ministern handelte es sich um N. Callimachi-Catargiu, der zum Außenminister ernannt wurde, und um G. Mîrzescu, der das Amt des Kultusministers übernahm.
[77] FHHDA, HS, R 53, 1433, Nr. 709.
[78] Auf die Einzelheiten dieser Intrige, über die es unterschiedliche Darstellungen, nicht zuletzt vom Fürsten selbst, gibt, soll hier nicht eingegangen werden, auch wenn sie ein lehrreiches Anschauungsmaterial über die politische Kultur abgeben. Aus dem Leben König Karls, 2, S. 53. Brief Carols an seinen Vater v. 4. März 1870 (n.St.): FHHDA, HS, R 53, 1433, Nr. 709. Arh. Stat. Fond Regele Carol I, III/27, f. 97. Slăvescu, Corespondenţa lui Ion Ghica, S. 51f.

genheit zu einer Erklärung zu geben, dass der Fürst angesichts der schlechten Finanzlage darauf verzichte.[79]

Die Dotationsaffäre führte zum Rücktritt der gesamten Regierung. Dem Fürsten, durch das Verhalten seines Ministers tief verletzt, war es unmöglich geworden, weiter mit Kogălniceanu zusammenzuarbeiten, dessen Verhalten er als „Hochverrat" bezeichnete.[80] Einen Tag nach dem Rücktritt Boerescus kam Kogălniceanu der Aufforderung Carols nach und reichte seine Demission ein.[81]

Die Regierung, deren Bestand nach dem Austritt ihrer zwei wichtigsten Minister nur notdürftig durch den Eintritt eines neuen Justizministers, I. Cantacuzino, und der Übernahme des Innenminsteriums durch den Ministerpräsidenten gesichert worden war, stand einer Kammer gegenüber, die sich in erster Linie dem entlassenen Innenminister verpflichtet fühlte. Ähnlich wie zur Regierungszeit Ion Ghicas drei Jahre zuvor trat eine politische Pattsituation ein, in der die Regierung sich auf keine Mehrheit im Parlament stützen konnte und das Parlament die politische Arbeit blockierte. Auch diesmal betraf das in erster Linie die dringend notwendige Votierung des Haushalts.[82] Wieder begannen Debatten und Interpellationen über die Stellung der Regierung zur Kammer, in deren Verlauf die Regierung der „Inkonstitutionalität" beschuldigt wurde, da weder die Kammer bei ihrem Zustandekommen beteiligt gewesen war, noch das Kabinett über eine parlamentarische Mehrheit verfügte.[83] Der Forderung des Abgeordneten Costache Epureanu, dass man den verfassungsmäßigen Weg einschlagen solle, nämlich den, die Regierungen den Parlamentsmehrheiten zu entnehmen, stand die Forderung des Ministerpräsidenten D. Ghica an die Kammer gegenüber, bei einem Mißtrauensvotum die Verantwortung zu übernehmen und an die Bildung einer neuen Regierung zu denken. Für sein Ministerium lehnte er die Rolle einer nur geduldeten Regierung ohne Autorität und Prestige ab.[84] Wieder führten diese Grundsatzdebatten zu keiner Klärung der Situation, sie machten nur grundsätzlich die Unmöglichkeit einer Zusammenarbeit zwischen Regierung und Parlament deutlich.[85]

79 Arh. Stat. Fond Regele Carol I, III/27. f.97. Ion Ghica bezeichnete diese Inszenierung der Kammersitzung als „comédie ridicule et compromettante": Slăvescu, Corespondenţa lui Ion Ghica, S. 52.

80 FHHDA, HS, R 53, 1433, Nr. 709.

81 22.1./3.2. 1870. In seinem Rücktrittsgesuch versicherte Kogălniceanu den Fürsten seiner Ergebenheit für ihn und die Dynastie. Arh. Stat. CR 1/1870, f. 1. Carol bemerkte dazu in seinem Tagebuch: „Nachmittags Cogolitcheno mir seine Demission gebracht. er spricht sehr schön. er ist u. bleibt aber ein Spitzbube." Arh. Stat. Fond Regele Carol I, III/27, f. 97.

82 Aus dem Leben König Karls, 2, S. 57.

83 Nicolescu, Parlamentul romîn, S. 58ff.

84 Ibd., S. 61.

85 Ein Konflikt zwischen Kammer- und Ministerpräsident, der bei einer turbulenten Sitzung am 26.1./7.2.1870 über den Schluss der Debatten die Parlamentsglocke an sich riss, heizte die Stimmung weiter an. Mit einer Entschuldigung von D. Ghica wurde der Vorfall am nächsten Tag bereinigt. Ibd., S. 61f. Aus dem Leben König Karls, 2, S. 59.

Ebenso deutlich wurde der Autoritätsverlust des Ministeriums D. Ghica, so dass eine Beibehaltung dieser Regierung keine Lösung der Krise gebracht hätte.[86] Das Kabinett trat am 27. Januar/8. Februar 1870 zurück, nachdem Carol nach eigenem Bekunden der Kammer zuvorkommen wollte und die Minister aufgefordert hatte, ihre freiwillige Demission zu erklären.[87] Die Alternative hieß nun wieder, entweder eine Regierung zu bilden, die von der Kammer akzeptiert wurde und somit von der Duldung Kogălniceanus abhängig war, oder ein Ministerium mit einem neuen starken Innenminister zu finden, der Neuwahlen erfolgreich organisieren konnte.

4. Beginnende Destabilisierung der innenpolitischen Lage nach dem Sturz der Regierung D. Ghica

Mit dem Rücktritt der Regierung D. Ghica begann ein stetiger Macht- und Autoritätsverlust des Fürsten und seiner Regierungen, der einherging mit der wachsenden Radikalisierung der politischen Aktionen seitens der Radikalliberalen. Diese Entwicklung einer zunehmenden politischen Destabilisierung, die ein Jahr dauern sollte, engte den politischen Entscheidungsspielraum des Fürsten immer weiter ein, der oft genug nur noch passiv reagierend handeln konnte. Zu diesem Autoritätsverlust trugen auch äußere Einflüsse wie der preußisch-französische Krieg und der Ausbruch der Strousbergkrise im Dezember 1870 entscheidend bei. Dass diese sich aber derart negativ auf die Stellung des Fürsten auswirken konnten, lag in der bereits bestehenden Legitimitätskrise begründet.
Diese Krise hatte sowohl persönliche wie strukturelle Ursachen, die mit dem Rücktritt von D. Ghica sichtbar wurden. Unübersehbar verschlechterten sich die persönlichen Beziehungen zwischen dem Fürsten und einflußreichen rumänischen Politikern. Der Ton zwischen ihnen wurde kälter und gereizter, die wechselseitige Entfremdung nahm zu. Das betraf jetzt nicht mehr nur die Radikalliberalen, sondern mit Kogălniceanu kam eine wichtige Persönlichkeit samt ihrem Anhang dazu. Die Dotationsaffäre hatte einen großen Anteil an dieser Entfremdung, denn sie führte dem Fürsten vor Augen, dass seine Dynastie in Rumänien alles andere als gesichert war, und dass darüber hinaus rumänische Politiker ihre Stabilisierung nicht als nationale Gemeinschaftsaufgabe ansahen, sondern die ganze Angelegenheit als Mittel zur Durchsetzung eigener Machtinteressen benutzten. Nicht nur, dass der Fürst persönlich tief verletzt worden war, sondern die Rücknahme der Gesetze über die Dotation und die Errichtung von Krondomänen traf den fürstlichen Haushalt in einer finanziell äußerst prekären Situation, da ein Defizit von 300 000 Francs gedeckt werden mußte.[88]

86 Über wie wenig Autorität D. Ghica bei seinen Kollegen verfügte, zeigt die Tatsache, dass drei Minister ihre Demission nicht ihm, sondern dem Fürsten einreichten, was Ghica, ein leicht aufbrausender Charakter, sehr aufbrachte. Aus dem Leben König Karls, 2, S. 59.

87 FHHDA, HS, R 53, 1433, Nr. 709.

88 Arh. Stat. Fond Regele Carol I, III/27, ab f.97. Aus dem Leben König Karls, 2, S. 52. Carol hatte zur Regelung seiner Haushaltsfinanzen von seinem Vater dessen Finanzverwalter Abegg

Nach dem Scheitern der oben genannten Gesetze ließ Carol zum ersten Mal erkennen, dass er die Möglichkeit eines Rücktritts nicht mehr ausschloss und äußerte sich in diesem Sinne auch gegenüber seinen Ministern.[89] Gleichzeitig machte er keinen Hehl aus seinem Ärger über Kogălniceanu und die Radikalliberalen, deren Handlungsweise er scharf verurteilte.[90] Kogălniceanu, dem Carol die Demission „in kältester Form" zugeschickt hatte,[91] revanchierte sich seinerseits mit antidynastischen Äußerungen. So erregte er mit Bemerkungen über ein bevorstehendes Ende der Dynastie einiges Aufsehen, die man aber eher als Ausdruck der eigenen Verärgerung über die Art und Weise seines Rücktritts zu bewerten hat.[92] Auch in der Wahl des füheren Fürsten Alexandru Ioan Cuza zum Abgeordneten von Turnu-Severin, die von der Kammer als gültig anerkannt wurde, erblickte man eine Intrige von Kogălniceanu. Carol reagierte darauf aber gelassen und lud den Fürsten selbst ein, sein Mandat anzunehmen.[93]

Das laute Nachdenken des Fürsten über einen eventuellen Rücktritt, seine negativen Verlautbarungen über den Charakter von bestimmten Politikern, die düsteren Andeutungen Kogălniceanus verstärkten die bestehende politische Unsicherheit. Gedacht als Warnung an die jeweils andere Seite und als Druckmittel verstanden, verschärften solche Äußerungen das innenpolitische Klima. Den größten Anteil an dieser atmosphärischen Verschlechterung hatten aber die Radikalliberalen. Seit ihrer Niederlage bei den von Kogălniceanu durchgeführten Wahlen sahen sie in dem Fürsten ihren Hauptgegner und benutzten jede Gelegenheit, ihn anzugreifen. Das geschah vor allem mit Hilfe der Publizistik und der Presse, wo die Radikalliberalen über wichtige, die öffentliche Meinung stark beeinflussende Organe wie den *Românul* verfügten, aber auch bei öffentlichen Auftritten ihrer Politker oder bei anderen Anlässen, die demonstrativ zu antidynastischen Kundgebungen genutzt wurden.[94] Die Dotationsangelegenheit war erst durch die inszenierte Pressekampagne zu einer brisanten politischen Affäre geraten, die den Rücktritt

erbeten. Sein Vater ermöglichte ihm auch eine Anleihe von 50 000 Pfund: FHHDA, HS, R 53, 1433, Nr. 709. Carol fühlte sich nun der Verpflichtung enthoben, die bei vielen Gelegenheiten gewährten finanziellen Hilfen weiterzugeben, „bis die Dotation u. die *schon lange* versprochenen Kron-Güter votirt sind."– Ibd. [Hervorhebung im Text].

89 So am 18./30.1.1870 gegenüber Boerescu, am 20.1./1.2.1870 gegenüber Manu und Mîrzescu. Arh. Stat. Fond Regele Carol I, III/27, f. 97. Immer häufiger finden sich Tagebucheintragungen wie „sehr verstimmt", „deprimirt", „trübe, ernste Stimmung". Am 19./31.1.1870 heißt es: „Im ganzen sehr deprimirt, ich will weggehen, was ich schon einigen erklärt.". Ibd.

90 Ibd.

91 FHHDA, HS, R 53, 1433, Nr. 709.

92 Über die Regierung seines Nachfolgers, A. G. Golescu, meinte er, dass diese die letzte des Fürsten Carols sein würde. Aber bereits wenig später versuchte Kogălniceanu das Verhältnis zum Fürsten wieder zu normalisieren. Kogălniceanu gehörte zweifellos zu den gewieftesten Taktikern unter den rumänischen Politikern. Arh. Stat. Fond Regele Carol I, III/27, f. 98f. Aus dem Leben König Karls, 2, S. 61 u. 63.

93 Carol hielt dies für politisch klug. Arh. Stat. Fond Regele Carol I, III/27, f. 99. Arh. Stat. CR 5/1870, f. 1. P.A. I.A.B.q. Türkei 24, Vol. 42, Radowitz v. 11.3.1870. Cuza nahm die Wahl jedoch nicht an.

94 Arh. Stat. Fond Regele Carol I, III/27, f. 90. Aus dem Leben König Karls, 2, S. 45.

der Regierung D. Ghica beschleunigte und zu einem Popularitätsverlust des Fürsten führte.[95] In der von der oppositionellen Presse angeheizten Stimmung setzte der Rücktritt der Regierung Emotionen von einer bis jetzt kaum gekannten Intensität frei. Carol beschrieb diese Atmosphäre in einem Brief an seinen Vater sehr anschaulich und bezeichnete diese Zeit als die schwerste, die er bis jetzt erlebt habe:

„Nach diesem Acte war allgemeine déroute und alle Leidenschaften entfesselt; es dauerte acht Tage bis ein neues Ministerium wieder gebildet war und diese acht Tage war entschieden die schwierigste Zeit, die ich hier erlebt, während welcher ich Elisabeth oft den ganzen Tag nicht sah, sie aber sorgenfrei zu halten suchte.

Wie gesagt es waren alle Leidenschaften entfesselt und von den Intriguen, die in der Zeit gesponnen wurden, kannst Du Dir keine Vorstellung machen, ebenso wenig von der Zügellosigkeit der Preße, die mich auf die gemeinste Weise angriff.–

In den Straßen bildeten sich von Morgens bis Abends verschiedene Gruppen, die von meiner Abdication, von Conspiration etc. redeten und die Aufregung war so groß wie man sie hier noch nie erlebt haben wollte.–

Man rechnete stark auf eine Revolution in Paris, um dann hier auch grabuge zu machen. Ich wurde beschworen in die Casernen zu gehen, um mich den Truppen zu zeigen, auf die ich doch vielleicht in einem gegebenen Moment zählen müßte. Ich unterließ dieses aus dem einfachen Grunde kein Aufsehen zu erregen, damit man nicht glaube, daß ich besorgt sei, dagegen ging ich ruhig in der Stadt zu Fuß spatzieren.–“[96]

Die Radikalliberalen versuchten während der Regierungskrise, ihren Einfluss auf den Fürsten zurückzugewinnen und ihn gleichzeitig durch Presseattacken unter Druck zu setzen, um wieder mit der Regierungsbildung beauftragt zu werden. Es kam zu zwei Audienzen mit Dumitru Brătianu, die aber zu keiner Annäherung führten.[97] Ein Gespräch mit Ion Brătianu am 28. Januar/9. Februar, die erste Begegnung nach einem Jahr, verlief für beide wenig befriedigend und diente eher der Klarstellung der gegenseitigen Standpunkte als einer Überwindung der Gegensätze. Im Mittelpunkt der Unterredung stand die politische Verantwortung für die gegenwärtige Lage. Brătianu erklärte, seine Partei aufgrund der sich verschlechternden Verhältnisse nicht mehr unter Kontrolle halten zu können und wies jede Schuld von sich. Der Fürst hingegen machte Brătianu persönlich für alle Agitationen der Radikalliberalen verantwortlich und warnte ihn eindringlich vor den politischen Folgen für das Land im Falle seiner Abdankung.[98] Eine Berufung der

95 Bacalbaşa, C., Bucureştii de altă dată 1871-1884, Vol. I, Bucureşti 1935, S. 18f. Vom Fürsten wurde als dem Deutschen gesprochen, der nur gekommen sei, sich in Rumänien zu bereichern.

96 FFHDA, HS, R 53, 1433, Nr. 709, Brief vom 4. März 1870 (n.St.).

97 Am 18./30.1. und am 27. 1./8.2.1870. Die Wahl des impulsiven Dumitru Brătianu zum Emissär war keine sehr glückliche, da er dem Fürsten gegenüber brüskierend auftrat, worauf dieser heftig reagierte. Arh. Stat. Fond Regele Carol I, III/27, f. 97f.

98 P.A. I.A.B.q. Türkei 24, Vol. 42, Radowitz v. 26.2.1870. Es ging in dem Gespräch auch um die persönliche Sicherheit des Fürsten, für die Brătianu die Verantwortung zu übernehmen der Mutter Carols versprochen hatte und die er jetzt nicht mehr glaubte garantieren zu können: FHHDA, HS, R 53, 1433, Nr. 709. Das von A. Stan, Ion C. Brătianu, S. 252f., konstatierte wei-

Radikalliberalen an die Regierung blieb vor allem aus außenpolitischen Gründen ausgeschlossen, andererseits wollte Carol den Kontakt mit ihnen nicht gänzlich abreißen lassen, um sie nicht jeder Hoffnung auf ein Ministeramt zu berauben und sie nicht zu Feinden des Fürsten zu machen.[99]

Das Verhältnis zwischen dem Fürsten und den Radikalliberalen blieb gespannt und verschlechterte sich durch die anhaltenden direkten Angriffe in der Presse und bei anderen Aktionen immer mehr.[100] Nun stellte sich der Fürst auch nicht mehr gegen Presseprozesse, gegen die er sich früher ausgesprochen hatte.[101] Das Agitationsschema der Radikalliberalen reichte von journalistischen Angriffen über demonstrative Petitionen an den Fürsten, Entsendung von Deputationen, die die Rückkehr der radikalliberalen Partei an die Macht forderten, bis zu dem propagandistischen Auszug ihrer kleinen Schar in der Opposition aus dem Parlament.[102] Das hinderte sie aber nicht, die Wahl eines der schärfsten Widersacher des Fürsten, des verhafteten Redakteurs Candiano, zum Abgeordneten in einer Nachwahl in Ploieşti mit allen Mitteln durchzusetzen.[103]

Mit ihrer Strategie einer fortgesetzten, an Intensität zunehmenden Agitation in allen Bereichen des öffentlichen Lebens verfolgten die Radikalliberalen das Ziel, den Druck auf den Fürsten massiv zu verstärken, um Neuwahlen zu erzwingen, bei denen sie sich gute Chancen für eine Rückkehr an die Macht ausrechneten.[104] Je länger die Regierungskrise andauerte, desto heftiger agierte die Opposition und umso weniger konnte der Fürst das Risiko eingehen, ohne ein starkes Kabinett Neuwahlen auszuschreiben. Zugleich verlor er aber immer mehr an Autorität, was die Suche nach einflussreichen Politikern zusätzlich erschwerte.

Die Demontage des Fürsten durch die Radikalliberalen führte bei der noch ungefestigten Stellung des Fürsten neben anderen Faktoren zu der Staatskrise am Anfang des Jahres 1871. Hier zeigten sich auch die strukturellen Schwachstellen des politischen Systems.

terhin gute Verhältnis zwischen Brătianu und Carol und dessen angebliche Bereitschaft, mit einer liberalen Koalition von Brătianu und Kogălniceanu die Regierungskrise zu überwinden, geht völlig an den Fakten vorbei und basiert auf französischen Konsularberichten, die sich als unzuverlässig erweisen.

99 Gegenüber Radowitz erklärte Carol: „Glauben Sie mir, ein Parteiführer, der nicht wenigstens im fernsten Horizont noch die Möglichkeit vor sich sieht, wieder einmal Minister zu werden, muß hier nothwendigerweise mein persönlicher Feind sein, und ich muß daher jeden mehr oder weniger über seine Chancen en suspens lassen.“: P.A. I.A.B.q. Türkei 24, Vol. 24, Radowitz v. 26.2.1870.

100 Arh. Stat. Fond Regele Carol I, III/27, f. 101.

101 Ibd., f. 101. Die Tagebucheintragung differiert von der offiziellen Version der veröffentlichten Memoiren: Aus dem Leben König Karls, 2, S. 75. Kurz danach wurde der Redakteur der „Democraţia“, Candiano, das *enfant terrible* der Radikalliberalen, verhaftet, der besonders gemeine Artikel gegen den Fürsten geschrieben hatte. Ibd. P.A. I.A.B.q. Türkei 24, Vol. 42, Radowitz v. 15. April 1870.

102 Nicolescu, Parlamentul romîn, S. 66ff.

103 P.A. I.A.B.q. Türkei 24, Vol. 42, Radowitz v. 15.4.1870.

104 FHHDA, HS R 53, 1433, Nr. 709, Carols Brief v. 4. März 1870 (n.St.).

Der einseitigen Zentralisierung der Institutionen, der zahlenmäßigen Begrenztheit der politischen Elite stand kein Gegengewicht in Form breiter gesellschaftlicher Einrichtungen oder Organisationsformen entgegen, die die Auswirkungen einer Krise hätten diversifizieren und abschwächen können. Regierungswechsel wurden in der Regel zu Regierungskrisen, die das gesamte öffentliche Leben absorbierten und nicht selten zu tiefen Erschütterungen des Staatswesens führten. Selbst in späteren Jahren, als der König zu einer unumstrittenen Institution geworden war, brachten schwache Ministerien und Kabinettswechsel destabilisierende Auswirkungen mit sich, die aber im Gegensatz zur Anfangszeit seiner Herrschaft vom König soweit gesteuert und aufgefangen werden konnten, dass daraus keine Staatskrise mehr entstand.[105]

Neben der institutionellen Konzentration trug auch das Prinzip der Beschaffung von Parlamentsmehrheiten durch die amtierende Regierung zur Krisenanfälligkeit des politischen Systems bei, wie es vom Fürsten und den Radikalliberalen unter der neuen Verfassung inauguriert worden war. Ursprünglich als Stabilisierungsmaßnahme gedacht, um das Defizit von Parteistrukturen auszugleichen und Regierungsarbeit zu ermöglichen, wirkte es bei einer schwachen Regierung krisenfördernd. Es funktionierte nur bei einem relativ homogenen Ministerium, das über starke Persönlichkeiten als Premier- und Innenminister verfügte, die ihrer Autorität in der Regierung, im Parlament und im Staatsapparat Geltung verschaffen konnten. Es blockierte zudem einen geregelten Wechsel von Regierungen, da ihre Ablösung in der Regel von Faktoren diktiert wurde, die außerhalb des institutionellen Rahmens der Staatsorgane lagen. Der weitgehende Ausschluss der Opposition aus dem Parlament brachte eine Verlagerung der politischen Auseinandersetzung auf die Straße mit sich, die gewaltsame Formen annehmen konnten. Oft genug hing dann ein Regierungswechsel vom Ausmaß der Aktionen der Opposition ab, die mit Hilfe außerparlamentarischen, öffentlichen Drucks die Destabilisierung einer Regierung und deren Sturz zu erreichen suchten.[106]

Außerdem erwies sich der Fürst als institutionelle Schwachstelle, da er einerseits nicht bereit war, dem Parlament grundsätzlich die Entscheidung über eine Regierungsbildung zu überlassen, andererseits keine gefestigte Stellung – und das bedeutete ein Legitimationsdefizit – besaß, um seine Vorstellungen einer fürstlichen Priorität durchzusetzen. Zudem beraubte er sich selbst mit der sukzessiven Ausgrenzung von Politikern, die nach seinen eigenen Loyalitätsvorstellungen für ihn untragbar geworden waren, politischer Möglichkeiten und Optionen.

Die Konturen dieser Entwicklung begannen sich nach dem Sturz der Regierung D. Ghica abzuzeichnen. Die mangelnde Fähigkeit des Systems zu einer institutionalisierten Konfliktregelung, da keines der Staatsorgane über eine anerkannte Kompetenzzuweisung und die erforderliche Macht verfügte, zeigte sich in vollem Umfang im Verlauf des Jahres

[105] Vgl. dazu die Briefe Carols an seinen Bruder Leopold aus den 80er und 90er Jahren des 19. Jahrhunderts: FHHDA, W 53, 69 29, 27, 1 UF 1 ca. 1860-1905.

[106] Vgl. dazu die Aktionen der „Parteibanden" von C. Bacalbaşa: Bucureştii de altă dată, 1, S. 24f.

1870 bis zum Frühjahr 1871. Zunächst scheiterte der Versuch Carols, ohne Auflösung des Parlaments – und das bedeutete: mit dessen Zustimmung – eine handlungsfähige Regierung einzusetzen. Die Regierung A. G. Golescu, der im vorausgegangenen Kabinett das Finanzministerium bekleidete, erwies sich von Anfang an als zu schwach und besaß nicht das Vertrauen der Kammer, obwohl deren Präsident, Gr. Balş, ihm die Unterstützung der Mehrheit zugesagt hatte.[107]

Der Fürst selbst sah in seinem Kabinett eine Übergangslösung, um Wahlen zu diesem Zeitpunkt zu vermeiden und um endlich die Verabschiedung der Haushaltsgesetze zu erreichen.[108] Dies bildete die vordringliche Aufgabe der Regierung, da die Finanzlage mit einem Defizit von über 11 Millionen Lei und einer schwebenden Schuld von über 57 Millionen Lei wieder einmal äußerst kritisch war.[109] Das Parlament verweigerte jedoch die Zustimmung zur Deckung des Defizits. Die Ablehnung der Erhöhung der Grundsteuer von 4 auf 6 % durch den Senat am 24. März/5. April 1870 führte zum Rücktritt der Regierung, knapp zwei Monate nach ihrer Bildung, nachdem sie erfolglos versucht hatte, den Senat zu einer Änderung seines Votums zu bewegen.

Die nächste Regierungskrise zog sich über fast einen Monat hin und endete mit einem überraschenden Ergebnis. Berufen wurden in das neue Kabinett hauptsächlich junge Politiker, die einer gemäßigt konservativen Richtung in der Walachei angehörten, der „Jungen Rechten" (*Juna dreaptă*) – im Unterschied zu den „alten" Rechten, den oft als rückständig und reaktionär angesehenen Großbojaren. Auch die Junimisten aus der Moldau erschienen zum ersten Mal auf der politischen Bühne in Gestalt von Petre Carp, der sich in beiden Gruppen betätigte, und Vasile Pogor, die die Ressorts für Äußeres und Kultus übernahmen.[110] Abgesehen vom Ministerpräsidenten Epureanu betrug das Durchschnittsalter der Minister knapp 35 Jahre, was dem Kabinett den Spitznamen „Henne mit Küken" einbrachte.

Der Bildung dieser Regierung war eine der schwierigsten Konsultationsperioden vorausgegangen, die der Fürst in seiner vierjährigen Amtszeit bisher erlebt hatte. Die Schwierigkeiten waren grundsätzlicher Natur und spiegelten die genannten strukturellen Defizite wider: einmal standen dem Fürsten kaum noch Politiker mit Autorität und einer breiteren Parteibasis zur Verfügung, nachdem die Radikalliberalen und Kogălniceanus Gruppe für ihn politisch und persönlich untragbar geworden waren. Vor einer Berufung der Altkon-

[107] B.C.S. Colecţia Kogălniceanu, P. LXI D 4, Diverşi către A. G. Golescu. P.A. I.A.B.q. Türkei 24, Vol. 42, 18.2.1870 (Nr. 4).

[108] FHHDA, HS, R 53, 1433, Nr. 709, Carols Brief v. 4.3.1870 (n.St.) an seinen Vater.

[109] Arh. Stat. CR 67/1870, f.178. Aslan, Finanţele României, S. 133ff.

[110] Stan, Grupări şi curente politice, S. 213ff. Iordache, A., Originile conservatorismului politic din România 1821-1882, Bucureşti 1987, S. 274f. Zu den Verhandlungen mit den Junimisten s. Ornea, Z., Junimea şi junimismul, S. 219ff. Vom selben Autor stammt eine vorzügliche Biographie über Titu Maiorescu, dem Initiator und einem der führenden Köpfe der Junimea: Viaţa lui Titu Maiorescu, 2 Bde, Bucureşti 1986 und 1987. Zu ihr gehörten am Anfang nicht nur Literaten, die sie später so berühmt machten, sondern Professoren, Juristen, Militärs, die nach Ornea sogar das Gros der Gruppe bildeten: Viaţa lui Titu Maiorescu, 1, S. 233.

servativen mit Lascăr Catargiu scheute er aber noch zurück, auch wenn dessen Name bei verschiedenen Ministerkombinationen bereits fiel.[111] Zweitens bestand das Problem der Kammer, deren Auflösung wegen der desolaten Finanzlage und der nicht votierten Budgets nur schwer zu verantworten schien. Andererseits war von ihr kaum eine Unterstützung für eine Regierung ohne Beteiligung Kogălniceanus zu erwarten. Bei einer Parlamentsauflösung als letztem Ausweg bildete die Berufung eines möglichst homogenen und starken Ministeriums die Voraussetzung.[112]

Die Schlüsselfigur bei der Suche nach einer funktionsfähigen Regierung während des ganzen Jahres 1870 bildete Ion Ghica, dessen Rolle sich bei dem Zustandekommen aller drei Regierungen dieses Jahres auf bemerkenswerte Weise änderte und es daher lohnt, näher auf sie einzugehen. Auf den ersten Blick ist es erstaunlich, dass der Fürst ausgerechnet in Ion Ghica seine größten Hoffnungen auf eine Stabilisierung des politischen Systems setzte. Seine Kritik an dem früheren Ministerpräsidenten wegen dessen Mangel an Energie und Autorität, der mit zu seinem Sturz im Februar 1867 beigetragen hatte, schien vergessen zu sein.[113] Wie sich die Wahrnehmung der Person Ion Ghicas verändert hatte, zeigte die Einschätzung des preußischen Generalkonsuls von Radowitz, der ihn als einen „wegen seiner Energie und Rücksichtslosigkeit" gefürchteten Politiker charakterisierte, der gerade deshalb als Mann der Situation gelten könne.[114] Diese Einschätzung dürfte nicht ohne Einfluss auf den Fürsten geblieben sein, der mit Radowitz viele politische Unterredungen führte. Dasselbe gilt auch für die Meinung der Fürstin Elisabeth, die sich sehr positiv über Ion Ghica äußerte, dem sie am ehesten zutraute, ein dauerhaftes und stabiles Ministerium zu bilden.[115] Selbst wenn sich Elisabeth nach eigenem Bekunden jeder Beeinflussung des Fürsten in Personalfragen enthielt, so musste allein die Tatsache, dass Ion Ghica im Unterschied zu vielen anderen Politikern die Fürstin schätzte

111 Arh. Stat. Fond Regele Carol I, III/27, f. 103.

112 In dem Memoire von Carol klingen diese Schwierigkeiten an, wenn es dort heißt, dass der Fürst Costache Epureanu „gebeten" habe, ein Ministerium zusammenzustellen, auf dessen Bildung sich die Kammer nicht verständigen konnte: FHHDA, HS, 53, Nr. 1435, S. 14. Der Kammer, „deren Existenz keine andere als nur eine Reihe von mehr oder weniger skandalösen Intrigen gewesen war", wird hauptsächlich die Schuld für die Krise gegeben: ibd.

113 FHHDA HS, R 53, 1430, Nr. 323, Carols Brief v. 17./29. März 1867.

114 P.A. I.A.B.q. Türkei 24, Vol. 42, Radowitz v. 11. März 1870. Die positive Meinung von Radowitz über Ion Ghica ging auf Dimitrie Sturdza zurück, den diplomatischen Vertreter Rumäniens in Konstantinopel und engen Freund Ghicas, mit dem sich Radowitz vor seiner Ankunft in Bukarest dort getroffen hatte und der Radowitz über die rumänischen Politiker informierte. Holborn, H. (Hg.), Aufzeichnungen und Erinnerungen aus dem Leben des Botschafters Joseph Maria von Radowitz, Berlin, Leipzig 1925, Bd. 1, S. 192.

115 Ibd. P.A. I.A.B.q. Türkei 24, Vol. 42. Radowitz v. 12. April 1870 (Vertraulich). Die Fürstin bat den Generalkonsul, ihre Äußerungen als vertraulich anzusehen, doch ist kaum anzunehmen, dass dem Fürsten die positiven Dispositionen seiner Frau gegenüber Ion Ghica unbekannt geblieben sind.

und anerkannte, während sie in Bukarester Kreisen auf viel Ablehnung stieß, den Fürsten angenehm berühren und ihn für Ion Ghica einnehmen.[116]
Doch nicht nur die positive Beurteilung Ghicas durch die nähere Umgebung Carols ließ ihn zu einem Hoffnungsträger für den Fürsten werden, sondern auch eine übereinstimmende Analyse der politischen Entwicklung seit 1866. Ion Ghica erklärte dem Fürsten in einer Audienz sehr offen, dass dieser 1867 eine Kammer zugunsten von Anarchisten aufgelöst habe, 1869 eine andere zugunsten von Spitzbuben, und dass er ihm nur raten könne, wieder den konstitutionellen Weg zu beschreiten, ehrenwerte Männer als Minister zu nehmen, freie Wahlen durchführen zu lassen und für immer auf Anarchisten und Gauner zu verzichten. Der noch nicht verabschiedete Haushalt stellte nach Ghicas Meinung kein Hindernis für Neuwahlen dar, da man mit dem alten Haushalt weiter regieren und von der neuen Kammer die Gewährung einer Indemnität für die Zeit der Wahlen verlangen könne.[117] Auf Carol machte diese offene Sprache einen großen Eindruck und bestärkte ihn gleichzeitig in der eigenen negativen Einschätzung der bisher an den Regierungen beteiligten Politikercharaktere. Von nun an galt Ion Ghica als „Mann der Situation"[118], als Mann, auf den der Fürst im Notfall zurückgreifen konnte, als letzte Hoffnung, eine Besserung in den Verhältnissen herbeizuführen. Carols Glaube an Ion Ghica ging sogar so weit, dass er meinte, mit diesem eine Verfassungsänderung erreichen zu können – in völliger Verkennung des politischen Credos Ghicas, der immer für die Beachtung der Verfassung eingetreten war und als Verfechter eines treuen Konstitutionalismus galt.[119]
Es kam im Frühjahr 1870 nicht zu einer Regierung unter Führung von Ion Ghica, doch spielte er indirekt als Druckmittel für das Zustandekommen des Ministeriums Al. G. Golescu eine Rolle, indem die Kammer, die einen Ministerpräsidenten Ion Ghica fürchtete, ihre Unterstützung für Golescu versprach. Damit konnte, wenn auch nur vorübergehend, eine Kammerauflösung vermieden und noch einmal versucht werden, die Finanzgesetze zur Deckung des Haushaltsdefizits votieren zu lassen. Nach dem endgültigen Scheitern von Golescu versuchte Ion Ghica zwar selbst, eine Regierung zu bilden, wurde aber von den Mitgliedern der „Jungen Rechten" nicht akzeptiert und gab schließlich den Auftrag

[116] Die positiven Beurteilungen Ion Ghicas durch Radowitz und die Fürstin beruhten auf Gegenseitigkeit. Ion Ghica äußerte sich Sturdza gegenüber sehr positiv über seine Begegnungen mit beiden: Slăvescu, Corespondenţa lui Ion Ghica, S. 54 u.58.

[117] Ibd., S. 55. Die Audienz fand am 27. Jan./8. Febr. 1870 statt.

[118] Arh. Stat. Fond Regele Carol I, III/27, f. 100. FHHDA, HS, R 53, 1433, Nr. 730, Brief v. 7/19. April 1870 an seinen Vater.

[119] „[...] dieser Staatsmann (Ion Ghica, E. B.-I.) erschiene ihm vielmehr als der Einzige, mit welchem noch ein Versuch zur Anbahnung dauernder, besserer Zustände mit Aussicht auf Erfolg gemacht werden könne. Allerdings, sagte Seine Hoheit schließlich, erkenne ich es an: dieser Versuch ist der letzte; wenn er fehlschlägt, dann sehe ich nicht mehr, was danach kommen kann. Deshalb bin ich auch mit ganz besonderem Ernste bei meinen jetzigen Entschlüssen zu Wege gegangen." P.A. I.A.B.q. Türkei 24, Vol. 42, Radowitz v. 22. April 1870 (Durch sichere Gelegenheit). Vgl. auch seinen Bericht v. 22. Mai 1870: Ibd.

zurück, jetzt mit der Begründung, dass die Finanzlage zu kritisch sei und er die Verantwortung nicht übernehmen könne.[120]

Die Regierungskrise war gekennzeichnet durch Unsicherheit und Ratlosigkeit und offenbarte die Schwierigkeiten, ein Kabinett aus gemäßigten Kräften liberaler oder konservativer Schattierungen zustande zu bringen. Hilflos wirkte das Bemühen Carols, immer wieder neue Ministerkombinationen aufzustellen, eventuelle Kandidaten zur Annahme zu überreden, nur damit endlich die Bildung eines Ministeriums gelänge. Mögliche Kombinationen scheiterten an politischen Gegensätzen und persönlichen Unverträglichkeiten, andere Politiker schreckten vor den Schwierigkeiten der Lage zurück. Ion Ghica stand exemplarisch für diese Situation und für die Schwäche der gemäßigten Kräfte, ohne großen parteipolitischen Rückhalt etwas bewirken zu können. Ghica war zwar einer der im In- und Ausland bekanntesten Politiker, dass er aber für den Fürsten zum alleinigen Hoffnungsträger avancieren konnte, zeigte, wie eng der politische Spielraum für Carol bereits geworden war. Vor diesem Hintergrund kam das neue Kabinett Epureanu eher situationsbedingt zustande, da junge, ehrgeizige Männer die Gelegenheit zum Einstieg in die Politik ergriffen.

Das Programm der neuen Regierung C. Epureanu sah als wichtigsten Punkt freie Wahlen vor, um das Land wieder in Besitz seiner selbst zu bringen, wie es der Außenminister Petre Carp formulierte. Den Praktiken der Vergangenheit abzuschwören, sei nicht nur eine Prinzipien-, sondern eine Existenzfrage, denn nur wenn sich das Land frei und loyal den Bemühungen anschließe, alle Interessen zu befriedigen und alle Klagen verstummen zu lassen, könne die Regierung hoffen, die schwierige Aufgabe zu meistern.[121]

Was theoretisch nach einem Bruch mit den Praktiken der beiden vorangegangenen Wahlen klang, stellte sich in der Praxis allerdings als weniger eindeutig dar, denn die Präfekten wurden angeweisen, darauf zu achten, dass die Wahlen nicht in Kämpfe und blutige Zusammenstöße degenerierten.[122] Die Anweisung, die öffentliche Ruhe zu garantieren, wurde in der Regel zur Rechtfertigung des Vorgehens gegen Oppositionskandidaten angewandt.[123] Die Wahlen des Frühsommers 1870 zeichneten sich durch besondere Gewalttätigkeiten aus, wobei sowohl die Regierung als auch die aggressive Agitation der Radikalliberalen zur Eskalation beitrugen. Das Tragen von Schusswaffen musste ausdrücklich verboten werden,[124] dennoch kam es in den Hochburgen der Radikalliberalen wie in Ploieşti, Piteşti, Brăila und Giurgiu zu Unruhen und blutigen Zusammenstößen. Zum ersten Mal wurde in Piteşti Militär eingesetzt und der Befehl zum Schießen gegeben,

120 Arh. Stat. Fond Regele Carol I, III/27, f.102. FHHDA, HS, R 53, 1433, Nr. 730.

121 B.C.S. Fond Brătianu, P. LVI, D 4, Carp an Steege v. 29.4./11.5.1870.

122 Arh. Stat. Min. de Int. 83/1870, f.11.

123 FHHDA, HS, R 53, 1433, Nr. 738, Carol an seinen Vater v. 29.4./11.5.1870: „Die Kammer wird aufgelöst u. die Wahlfreiheit proclamirt, gleichzeitig aber ein sehr energisches Circulair an die Prefecten erlassen."

124 Öffentliches Rundschreiben von Epureanu an die Präfekten v. 18. Mai 1870 (a.St.). Arh. Stat. Min. de Int. 83/1870, f. 11.

was vier Menschen das Leben kostete. Truppen wurden auch in Bukarest zusammengezogen und nach Ploieşti geschickt, um die Nationalgarde aufzulösen.[125]

In dem ersten massiven Militäreinsatz während einer Parlamentswahl sah Carol lediglich ein ordnungspolitisches Problem, ohne über die langfristigen politischen Folgen einer Militarisierung von Wahlen nachzudenken. Das Vorgehen der Armee bewies ihm, dass er sich auf seine Kommandeure verlassen konnte, was ihn mit Befriedigung erfüllte, sah er doch darin den Erfolg seiner bisherigen Arbeit.[126] Carol hatte sich im Frühjahr verstärkt durch Inspektionen von Heereseinrichtungen und Zusammenkünften mit Offizieren um die Armee gekümmert, deren „Geist" sich nach seinen eigenen Worten „bedeutend gebessert" habe.[127] Es war ein erster Test für die Zuverlässigkeit und die Loyalität der Truppen gewesen, der bezeugte, dass es dem Fürsten gelungen war, die Spaltung in der Armee nach dem Sturz Cuzas zu überwinden. Sein Bemühen, die Armee im parteipolitischen Sinne zu entpolitisieren und sie zu einem Instrument der Fürstenmacht auszubilden, zeigte die ersten Erfolge. Von nun an konnte der Fürst es wagen, sie als Ordnungsfaktor bei politischen und sozialen Auseinandersetzungen einzusetzen.[128]

Das Wahlergebnis brachte für die Regierung keine parlamentarische Unterstützung, sondern fiel zugunsten einer bunt zusammengewürfelten Opposition aus, in der die Radikalen am stärksten vertreten waren.[129] Trotz des Militäreinsatzes war es dem Regierungschef und Innenminister Epureanu nicht gelungen, eine Mehrheit zu erringen, was allgemein als Schwäche interpretiert wurde mit der Folge, dass die ministerielle Autorität verfiel. Es kam zu einer ähnlichen Pattsituation wie nach den ersten Wahlen 1866: keine der zahlreich vertretenen Gruppen im Parlament verfügte über eine sichere Mehrheit. Die inzwischen eingetretene Radikalisierung machte eine Zusammenarbeit zwischen der Kammer und der Regierung fast unmöglich, was sich bereits in der ersten außerordentlichen Sitzungsperiode herausstellte, als es über Verfahrensfragen bei der Konstituierung des definitiven Kammerbüros zu einem ersten Konflikt kam und der Regierung inkonstitutionelle Taktiken zur Aufrechterhaltung ihrer Macht vorgeworfen wurden. Nur mit Mühe gelang durch die Wahl des gemäßigten G. Costaforu zum Kammerpräsidenten die Abwendung einer neuerlichen Ministerkrise, als sich dieser für die Unterstützung der Regierung aussprach und gleichzeitig der Kammer gegenüber erklärte, dass sich der

125 Die Untersuchung des Blutvergießens in Piteşti fiel nach Aussage des Kriegsministers Manu zu Ungunsten der Regierung aus.. Arh. Stat. Fond Regele Carol I, III/27, f.106. In den publizierten Memoiren ist lediglich von Verwundeten die Rede: Aus dem Leben König Karls, 2, S. 94. P.A. I.A.B.q. Türkei 24, Vol. 43, Radowitz v. 17. Juni 1870.

126 FHHDA, HS, R 53, 1433, Nr. 749. P.A. I.A.B.q. Türkei 24, Vol. 43, Radowitz v. 24. Juni 1870 (Geheim).

127 FHHDA, HS, R 53, 1433, Nr. 730, Carol an seinen Vater v. 7./19. April 1870. Aus dem Leben König Karls, 2, S. 73, 76, 94f.

128 Gegenüber dem Grafen Andrassy, der eine Katastrophe in Rumänien befürchtete, erklärte der rumänische Agent, Ion Strat, dass der Fürst sich auf seine Armee verlassen könne, sollte es tatsächlich zu einer Revolution kommen: Aus dem Leben König Karls, 2, S. 100.

129 P.A. I.A.B.q. Türkei 24, Vol. 43, Radowitz v. 17. Juni 1870. Aus dem Leben König Karls, 2, S. 94f. Istoria parlamentului, S. 191. Stan, Ion C. Brătianu, S. 261.

Fürst nach deren Vorgaben in außen- und innenpolitischen Fragen richten werde.[130] Dies war bereits ein deutliches Zugeständnis an das Parlament und ein weiteres Indiz für die schwindende Autorität des Fürsten, der zusätzlich durch den Ausbruch des französisch-deutschen Kriegs in die Defensive geriet. Es zeichnete sich daher bereits ab, dass auch die ausgleichende Haltung Costaforus auf Dauer die Spannungen nicht überbrücken konnte.

Kaum ein anderes Ereignis trug zur Verschärfung der labilen innenpolitischen Lage bei wie der Krieg zwischen Frankreich und Preußen. Viele rumänische Politiker fühlten sich in hohem Maße emotional direkt betroffen und forderten die Regierung kategorisch auf, sich zugunsten Frankreichs zu erklären und ihm eine Allianz anzubieten.[131] In der Emotionalität der Debatten wurde wenig Rücksicht auf den tatsächlich vorhandenen außenpolitischen Handlungsspielraum des eigenen Landes genommen. Sie gipfelten in dem Kammerbeschluss, dass die Sympathien für die Rasse – sprich: lateinischer –, die die Grundlage der traditionellen rumänischen Politik bildeten, unwandelbar seien.[132] Das Bekenntnis zu Frankreich richtete sich sowohl gegen die Regierung, obwohl diese durch Carp ebenfalls erklären ließ, dass die rumänischen Interessen und Sympathien sich dort befänden, wo die französischen Fahnen wehten,[133] als auch – und dies in erster Linie – gegen den Fürsten, der als Angehöriger des preußischen Königshauses und als Bruder des spanischen Thronfolgekandidaten direkt von den Ereignissen betroffen war. Die Reaktionen in der Kammer zeigten, wie wenig der Fürst mit einem rumänischen Herrscher identifiziert wurde und wie stark man in ihm noch immer den Fremden, den „Deutschen", sah.

Der deutsch-französische Krieg wirkte als Katalysator in einer Atmosphäre zunehmender Feindseligkeit zwischen dem Fürsten und einem Großteil der politisch aktiven Gesell-

[130] Allerdings wurde er nur von 50 der 70 anwesenden Abgeordneten gewählt, da die Kammer (150 Mitglieder) noch nicht vollständig konstituiert war. Nicolescu, Parlamentul romîn, S. 75ff.

[131] Aus dem Leben König Karls, 2, S. 102f. Nicolescu, Parlamentul romîn, S. 79ff. Zu der Atmosphäre in Bukarest siehe die Erinnerungen von Radowitz: Holborn, Aufzeichnungen und Erinnerungen aus dem Leben des Botschafters Joseph Maria von Radowitz, 1, S. 202ff. Kontrastierend dazu aus rumänischer Sicht die Memoiren von C. Bacalbaşa, Bucureştii de altă dată, 1, S. 23.

[132] Nicolescu, Parlamentul romîn, S. 81. Auf die Inkonsequenz dieser Aussage wies Carol in einem Brief an seinen Vater v. 8./20. Juli 1870 hin, da von einer Einheit der lateinischen Rasse keine Rede sein könne, wie die Beispiele Italien und Spanien zeigten: FHHDA, HS, R 53, 1433, Nr. 752.

[133] Aus dem Leben König Karls, 2, S. 104. Wie er Radowitz, seinem Korpsbruder und Freund erklärte, wollte Carp mit dieser Erklärung der Kammer den Wind aus den Segeln nehmen und die Stellung der Dynastie retten. Holborn, Aufzeichnungen und Erinnerungen. 1, S. 203. Nach seinem Biographen, C. Gane, beruhte die Äußerung Carps auf seinem Misstrauen gegenüber Russland, dessen Absicht nach Änderung des Pariser Vertrags von 1856 auf den Widerstand Frankreichs stieß und Carp deshalb die Franzosen unterstützen wollte. Nur war zu dem Zeitpunkt die russische Absicht noch nicht bekannt. Gane, C., P. P. Carp şi locul său în istoria politică a ţării, Vol. I, S. 134f.

schaft, was zu einem Bruch im persönlichen und politischen Identifikationsprozeß führte. Die durch den Krieg hervorgerufene Polarisierung mit dem Gegensatzpaar: „preußisch = Carol" gegen „französisch = rumänisch-national" vertiefte die Entfremdung und isolierte den Fürsten, der sich seinerseits immer mehr vom Land distanzierte.[134] Carol reagierte dabei kaum weniger emotional. Auch für ihn tat sich eine Kluft auf zwischen den Rumänen, die lauthals ihre Sympathie für Frankreich bekundeten, und ihm mit seinen engen Bindungen an Familie und Vaterland. Während er rumänische Politiker und deren Sympathiekundgebungen für Frankreich verurteilte, erkannte er nicht seine eigene Voreingenommenheit für Preußen, die ihn zu Äußerungen verleitete, die streng genommen an Landesverrat grenzten. So schrieb er an seinen Vater am 1. September 1870:

„Ich freue mich, daß Du von demselben Ekel erfüllt bist, wie ich über die Rumän. Verhältniße, über unsere sympathische Neutralität u. neutrale Sympathie und daß wir darin übereinstimmen, Rumänien könne fernerhin nicht mehr mit dieser Constitution regiert werden.

Ich ziehe es vor die Rum. Dornen-Krone niederzulegen als noch ein Jahr unter diesen Verhältnissen hier zu bleiben. Ich erkläre Dir hiermit mit der größten Offenheit daß, wenn Preußen bei den bevorstehenden Friedens-Verhandlungen die hiesigen Einrichtungen nicht über den Haufen stoßen will, es über mein Land u. meine Person verfügen kann. Ich bitte Dich, lieber Papa, im vollen Ernste mir in dieser Angelegenheit an die Hand zu gehen um mit dem Könige und Bismack im gegebenen Momente offen darüber zu sprechen. Ich will hier nicht die Rolle eines Königs Otto spielen, der sich u. sein Land an den Abgrund gebracht hat. Ein Hohenzoller muß eine andere Rolle spielen als ein Wittelsbach.–" [135]

Carols politischer Spielraum wurde durch den Krieg noch weiter eingeengt, da die Legitimationsbasis eines Fürsten von Rumänien von dem Feindbild eines deutschen Hohenzollern überlagert und eine übereinstimmende Interessenlage zwischen ihm und dem Land in Zweifel gezogen wurde, wie die Debatten über die Haltung der Regierung zum Krieg zeigten. Die Schwäche seiner Stellung zwang nun den Fürsten, entgegen der eigenen Überzeugung die politische Verantwortung der Kammer zu übertragen und ihr

[134] FHHDA, HS, R 53, 1433, Nr. 758, Carol an seinen Vater v. 1.9.1870. Dieser Brief zeigt seine ganze Verachtung für die rumänischen Politiker und das „Französieren". Sich selbst bezeichnet er als „[...] Märtyrer, der nicht nur nicht an dem großen Kampfe theilnehmen kann, sondern alle warmen Sympathien kalt stellen und alle möglichen Beschimpfungen gegen Deutschland stillschweigend hinnehmen muß.– Fürwahr, wenn ich ein Mal bereut habe Fürst von Rumänien zu sein, so war es heute. Wie gerne hätte ich meinen Scepter für einen preuß. Commissäbel vertauscht, um die Schmach, die man hier und dort den Deutschen angethan zu rächen. Vielleicht kömmt aber noch der Moment wo ich mit Deutschland vereint auch hier im Oriente für die Civilisation kämpfen darf."

[135] Ibd. In dem selben Sinne äußerte sich Carol gegenüber Radowitz: „Seine Hoheit hat mich wiederholt gebeten, Euerer Excellenz vor Allem die Versicherung zu geben, daß Er mit Seiner Person niemals einer Combination im Wege stehen würde, welche für die preußische und deutsche Politik vortheilhaft sein könnte." Radowitz am 10.9.1870 (Vertraulich, durch sichere Gelegenheit): P.A. I.A.B.q. Türkei 24, Vol. 43.

bei der Festlegung der zu befolgenden Politik die Federführung zu überlassen. So ließ er durch den Kammerpräsidenten erklären:
„Seine Hoheit fügte hinzu, dass er entschlossen sei, sich um keinen Deut von der Haltung zu entfernen, die ihm von der Kammer vorgezeichnet wird. Seine Hoheit wird in allen Fragen, sowohl den inneren als auch den äußeren mit all den Umständen, in denen sich das Land befindet, eine vollkommen rumänische Politik verfolgen, konform mit dem Willen der Nation, die in dieser nationalen Versammlung vertreten ist."[136]
Da die Kammer kurz darauf geschlossen wurde (8./20. Juli 1870), zog dieses Zugeständnis unmittelbar keine politischen Folgen nach sich. Die Auseinandersetzungen zwischen Regierung und Parlament erhielten so einen Aufschub bis Ende November, dem Beginn der regulären Parlamentssession. Abzusehen war allerdings, dass sich das Ministerium mit dieser Kammer auf Dauer kaum würde halten können.

5. Eskalation der innenpolitischen Spannungen: Umsturzversuche der Radikalliberalen

Durch die Schließung der Kammer und die Absorbierung des allgemeinen Interesses auf den Kriegsschauplatz im Westen beruhigte sich die Lage im Innern, aber hinter dieser oberflächlichen Ruhe waren Bestrebungen im Gange, die auf eine Änderung des politischen Systems abzielten. Die eine ging von Carol aus, die andere von Radikalliberalen und weiteren Gegnern Carols.
Die letzte Wahl hatte die Schwäche des Systems vor Augen geführt: das gleichzeitige Versagen von Regierung und Parlament, sichere Mehrheiten zustande zu bringen, blockierte jede politische Arbeit, jede Frage geriet zu einem Ringen um Grundsatz- und Machtpositionen.[137] Die politische Situation schien wieder an dem Punkt der Regierungsunfähigkeit von Ion Ghica Anfang des Jahres 1867 angelangt zu sein, nur mit dem entscheidenden Unterschied, dass den politischen Entscheidungsträgern ein Ausweg aus der Krise innerhalb des bestehenden Systems nicht mehr denkbar erschien. Carol hatte alle die ihm nach seiner Ansicht nach zur Verfügung stehenden persönlichen und politischen Alternativen erschöpft. Die Ausweglosigkeit bestimmte ihn zu seinen Demarchen, ein neues Verfassungssystem mit Hilfe der Garantiemächte zu errichten, das die Machtbefugnisse des Fürsten beträchtlich erweitern würde.[138]
Die gleiche Ausweglosigkeit bestimmte auch seine mächtigsten innenpolitischen Gegner, die Radikalliberalen, auf eine Änderung der bestehenden politischen Verhältnisse hinzuarbeiten. Vor allem die Enttäuschung über die Wahlen, von denen sie einen Sieg und ihre Rückkehr in die Regierung erwartet hatten, führte zu einer Radikalisierung ihrer

[136] Nicolescu, Parlamentul romîn, S. 77f. Aus dem Leben König Karls, 2, S. 103.
[137] Symptomatisch war die Parlamentseröffnung am 15./27. Juni, in deren Verlauf es zu handgreiflichen Tumulten bei der Wahl des Alterspräsidenten kam. P.A. I.A.B.q. Türkei 24, Vol. 43, Radowitz v. 28.6.1870.
[138] Siehe oben, S. 123ff.

Aktionen. Die Einsicht, dass ihnen unter Fürst Carol auf absehbare Zeit eine Regierungsbeteiligung verbaut war, brachte sie dazu, konkrete Schritte zum Sturz des Fürsten zu unternehmen, wobei sie die preußisch-französischen Spannungen für sich instrumentalisierten und ihre Hoffnungen auf einen französischen Sieg setzten.

Ebenso wie Carol suchten sie außenpolitische Unterstützung, insbesondere die von Frankreich, das nach der Thronkandidatur Leopolds von Hohenzollern-Sigmaringen zu einem Sturz von Carol in Rumänien bereit war.[139] Die Franzosen verdächtigten Carol – zu Unrecht –, eine wichtige Rolle bei der Thronkandidatur seines Bruders gespielt zu haben, was umso schwerer wog, da Leopold nach der rumänischen Verfassung im Falle der Abwesenheit eines direkten Thronfolgers das rumänische Erbfolgerecht besaß. Gegenüber dem rumänischen Vertreter, Ion Strat, erklärte der Außenminister, Duc de Gramont, in aller Offenheit, dass Frankreich alles unternehmen werde, den Fürsten Carol zu stürzen, wenn es zu einem Krieg gegen Preußen käme, um der öffentlichen Meinung eine gewisse Genugtuung zu geben, die dem Kaiser oft genug vorgeworfen hätte, einen Hohenzollern an der Donau eingesetzt zu haben.[140] Strat, der um den Bestand der Dynastie fürchtete, begab sich nach der Unterredung mit Gramont sofort nach Sigmaringen, um den Vater Karl Anton von der Notwendigkeit des Thronverzichts von Leopold zu überzeugen und dadurch den Thron von Carol in Rumänien und das Land zu retten. Strat wurde zum Überbringer des Originaldokuments mit der Verzichtserklärung Leopolds an Gramont und bezeichnete Carol als denjenigen, dem dieser Erfolg zu verdanken war.[141] Das Ergebnis der Demarche von Strat, die er ohne Kenntnis seiner Regierung und des Fürsten unternommen hatte, bestand nach seinen eigenen Worten in einem vollständigen Stimmungsumschwung in Paris zugunsten des Fürsten und der Verweigerung der Unterstützung von Carols Gegnern, die in Paris zahlreich vertreten waren. Strat, der sich in seinem Bericht für sein eigenmächtiges Vorgehen rechtfertigte, fasste das Ergebnis seines Handelns folgendermaßen zusammen:

„En un mot je crois pouvoir soutenir que la rénonciation du Prince Léopold et surtout la croyance qu'elle est dûe au Prince Charles de Roumanie sont devenues un titre des plus puissant à la reconnaissance de la France et de l'Empereur, et peuvent devenir pour notre pays le point de départ d'une ère nouvelle.“[142]

Auch wenn der Bericht Strats mit seiner Rechtfertigung bisweilen sehr dramatisch ausfällt, so besteht kein Zweifel daran, dass die französische Regierung wenig Sympathien für den rumänischen Fürsten empfand und sich mit der Absicht trug, ihn zu stürzen, wobei man sich der in Paris zahlreich vertretenen Gegner Carols bedienen konnte.[143] Die Gegner Carols setzten sich aus verschiedenen Gruppen mit divergierenden Zielen zusammen: Zu ihnen gehörten selbst Thronanwärter wie Bibescu, Anhänger Cuzas wie seine früheren

[139] Arh. Stat. CR 48/1870, f. 1ff.
[140] Ibd. Bericht von Ion Strat v. 28. Juli 1870 (n.St.) an Carol.
[141] Ibd., f. 5. Aus dem Leben König Karls, 2, S. 112f.
[142] Arh. Stat. CR 48/1870, f. 6.
[143] Metternich an Beust v. 8. Juli 1870. Ibd., S. 401ff.

Vertrauten, Baligot und Librecht, und die Radikalliberalen, von denen ähnlich wie 1866 verschiedene wichtige Mitglieder wie D. Brătianu, C. A. Rosetti, mit Missionen im Ausland unterwegs waren, die teilweise unterschiedliche Ziele hatten, aber auch dazu dienen konnten, um entweder einen neuen Kandidaten zu finden – im Gespräch war z. B. der Prinz Napoleon – oder sogar eine Republik außenpolitisch vorzubereiten. Eine Rückkehr Cuzas oder eines Mitgliedes einer alten Hospodarenfamilie lehnten sie ab.[144] Alle hofften mit Hilfe Frankreichs ihr Ziel zu erreichen, während Frankreich sich dieser Gruppen bedienen wollte, um Carol gegebenenfalls zu stürzen.

Die Änderung der Haltung der französischen Regierung zugunsten des Verbleibs von Carol isolierte seine politischen Widersacher außenpolitisch,[145] im Innern gingen die Vorbereitungen der Radikalliberalen zum Sturz des Fürsten weiter. Ihrem Handeln lagen sowohl persönliche wie politische Motive zugrunde. Unvergessen geblieben waren die demütigende Entlassung Brătianus im November 1868 und die Wahlniederlage von 1869, die man dem Fürsten anlastete, hinzu kamen die politische Aussichtslosigkeit auf ein Regierungsmandat, die Furcht vor einem Erstarken der konservativen Partei durch junge, tatkräftige Politiker, die die jetzige Regierung stellten, die Überzeugung, ein französischer Sieg über Preußen würde die Stellung des Landes bei einem Verbleib des Fürsten bedeutend schwächen.[146] Auch das Kalkül, die – nach Ansicht einiger Radikalliberalen 1866 vergebene – Chance einer Vereinigung mit Siebenbürgen erneut zu ergreifen, spielte wieder eine Rolle in völliger Verkennung einer französischen Unterstützung für eine solche Politik.[147]

Die Erfolgsaussichten eines Putsches gegen den Fürsten erschienen angesichts der europäischen Krise und der antideutschen Stimmung, die von der Oppositionspresse kräftig geschürt wurde, günstig, ja fast aussichtsreicher als 1866 beim Sturz Cuzas. Dennoch blieb der so genannte „Aufstand von Ploieşti", der in der Nacht zum 8./20. August 1870

[144] Arh. St. CR 56/1870, f. 1ff., Bericht von Strat an Carol v. 3.9.1870 (n.St.) mit chiffrierten Textteilen, die über die Aktivitäten der Gegner des Fürsten berichten. Cristea, Gh., Conspiraţia „republicană" din august 1870, in: Studii, 22, 1969, S. 236f. Aus dem Leben König Karls, 2, S. 101. Nach Stan, Ion C. Brătianu, S. 263f., war die Entsendung von D. Brătianu nach Paris seinerseits eine Folge von Diffamierungen der Radikalliberalen durch Strat. D. Brătianus Reise nach Wien und Paris schien aber eher der Beruhigung der respektiven Regierungen über die vermeintlich revolutionären Pläne der Radikalliberalen zu dienen in Erwartung ihres Wahlsieges und einer Regierungsbeteiligung. Arh. Stat. CR 7/1870, f. 2, A. G. Golescu v. 8./20. Juni 1870 an Carol aus Wien.

[145] Aus dem Leben König Karls, 2, S. 108.

[146] Diesen Aspekt betont vor allem Maiorescu, Istoria contemporană, S. 22. Vgl. auch Theodorian-Carada, M., Eugeniu Carada, Bucureşti 1922, S. 50f. Răutu, C., Eugeniu Carada. Omul şi opera (1836-1910), Craiova 1940, S. 147ff. Romaşcanu, M. Gr. (Hg.), Eugeniu Carada (1836-1910), Bucureşti 1937, S. 15f. Cristea, Conspiraţia „republicană" din august 1870, S. 235ff.

[147] Aus dem Leben König Karls, 2, S. 106. Während in dem publizierten Brief nur von der „Verwirklichung unsrer Aspirationen" die Rede ist, nennt Carol im Originaltext Transsilvanien beim Namen, das die Radikalliberalen zu erobern dachten. FHHDA, HS, R 53, 1433, Nr. 752.

unter Führung von Al. Candiano-Popescu ausbrach, der den Fürsten für abgesetzt erklärte und eine Regentschaft ausrief, eine isolierte Episode, gleichzeitig aber der organisatorisch vielleicht am besten vorbereitete und spektakulärste Versuch während der ganzen Herrschaft Carols, den Fürsten zu stürzen.[148] Er scheiterte am isolierten Vorgehen von Candiano-Popescu[149] und dem Eingreifen von Truppen, so dass der Aufstand, der ursprünglich in sieben Städten gleichzeitig ausbrechen sollte, diskreditiert wurde und in sich zusammenbrach, ehe er richtig begonnen hatte.[150] Es folgte eine Welle von Verhaftungen fast der gesamten Führungsspitze der Radikalliberalen und anderer Gegner Carols, die aber größtenteils aus Mangel an Beweisen wieder freigelassen werden mussten, so dass zum Schluss eine Anklage nur gegen 41 Personen mit Eugen Carada und Candiano-Popescu als den Hauptangeklagten erhoben wurde, die aber von einem Geschworenengericht in Târgovişte am 17./29. Oktober 1870 freigesprochen wurden.[151]

Die Frage einer Komplizenschaft zwischen Candiano und den radikalliberalen Führern wie I.C. Brătianu, C.A. Rosetti und E. Carada konnte mangels direkter Beweise nie eindeutig geklärt werden, alle vorhandenen Quellen gehen aber davon aus, dass die Radikalliberalen hinter dem Umsturzversuch standen. Eugen Carada hätte demzufolge die Aufgabe der Organisation des Aufstandes übernommen, während Ion Brătianu als Kopf der Verschwörung bezeichnet wurde.[152] Feststeht, dass die Verschwörung schwerpunktmäßig in den Städten der Walachei und Olteniens organisiert wurde, den Hochburgen der Radikalliberalen. Nicht eindeutig geklärt sind aber die Rolle von Brătianu und die Ziele des Umsturzes. Es ist schwer vorstellbar, dass Carada, einer der engsten Freunde und Mitstreiter Brătianus, ohne dessen Kenntnis oder stillschweigende Billigung gehandelt hat; darauf deuten auch die von Candiano im Verlauf seines Putsches publizierten Erlasse hin, von denen einer mit dem Namen Brătianus als „Kriegsminister ad-interim" gezeichnet war.[153]

148 Zu den Bewertungen des Aufstandes siehe: Cristea, Conspiraţia „republicană"; Vlad, R.-D., Procesul de la Tîrgovişte al mişcării antidinastice din 8 august 1870, in: Revista de istorie, 35, 1982, S. 903ff. Russu, V., Mişcări şi frămîntări anticarliste (1866-1871), in: Analele, 20, 1974, S. 54f. Der offizielle Regierungsbericht über die Ereignisse in Ploieşti wurde am 11./23. August im Monitorul Oficial (Nr. 175) veröffentlicht.

149 Zum Werdegang von Candiano-Popescu, der sich vom draufgängerischen Agitator, Revolutionär und leidenschaftlichen Gegner Carols zum Brigadegeneral und langjährigen Adjutanten Carols (1880-1892) wandelte, siehe: Corbu, C., Alexandru Candiano-Popescu – participant şi cronicar al vieţii politice din a doua jumătate a veacului trecut, in: Revista de istorie, 33, 1980, S. 1737ff.

150 Ungeklärt sind die Gründe des vorzeitigen Losbrechens des Aufstandes: Cristea, Conspiraţia „republicană", S. 241. Vielleicht sollte er auch scheitern.

151 Ibd.

152 Răutu, Eugeniu Carada, S. 147ff u. 175f. Theodorian-Carada, Eugeniu Carada, S. 51f. Cristea, Conspiraţia „republicană", S. 236ff mit weiteren Literatur- und Quellenangaben.

153 Monarhia de Hohenzollern văzută de contemporani, Bucureşti 1968, S. 53. Interessant ist in diesem Zusammenhang, dass Candiano die Nachricht von dem Sturz des Fürsten an die rumänische Zeitung *Albina* in Pest schickte – ein Hinweis möglicherweise auf irgendeine Aktion in Siebenbürgen: ibd.

Andererseits ist nicht auszuschließen, dass Ion Brătianu durch die anwachsende, von der radikalen Presse kräftig geschürte antidynastische Strömung in eine Fundamentalopposition gegen den Fürsten gedrängt wurde, der er sich ohne Verlust der Führerschaft über seine Partei nicht mehr widersetzen konnte. Vielleicht gab es in dieser Hinsicht auch Differenzen zwischen der Parteiführung und aktiven Parteikadern. Brătianus Eingeständnis gegenüber dem Fürsten in der Audienz Anfang Januar 1870, dass er nicht mehr Herr seiner eigenen Partei sei und für die Sicherheit der Person des Fürsten keine Verantwortung mehr übernehmen könne, entbehrt vor diesem Hintergrund nicht der Glaubwürdigkeit und kann selbst als Indiz dafür gelten, dass es bereits Vorbereitungen für einen Sturz des Fürsten gab.[154] Ob er wirklich soweit gehen wollte, bleibt eine offene Frage; seine Haltung kann sich auch während des Sommers nach den Wahlen und durch den deutsch-französischen Krieg geändert haben.[155] Die Feststellung der Tochter von Brătianu, Sabina Cantacuzino, dass ihr Vater auf keinen Fall eine Rückkehr zu den Verhältnissen vor 1866 wollte, beruht auf einer Äußerung Brătianus zu einem späteren Zeitpunkt und kann in dieser sibyllinischen Form nicht als zweifelsfreie Quelle für seine Haltung im Sommer 1870 herangezogen werden.[156]

Unklar und widersprüchlich bleiben auch die Vorstellungen der Radikalliberalen über die zukünftige Staatsform im Falle eines gelungenen Umsturzes. Von Carada hieß es, sein Republikanismus sei wieder erwacht, dann wiederum, er wolle den Thron mit dem Prinzen Napoleon, dem Cousin Napoleons III., besetzen.[157] Candiano-Popescu rief in

[154] FHHDA, HS, R 53, 1433, Nr. 709, Brief Carols v. 4. März 1870 an seinen Vater. Vgl. auch seinen Brief an Madame Cornu v. 1./13. April 1870: Arh. Stat. Fond Regele Carol I, V N 121/48.

[155] Nach Theodorian-Carada, M. Eugeniu Carada, S. 51, gab es Differenzen zwischen Carada, Rosetti und Brătianu über einen Sturz Carols. Carada hätte demnach alles selbst in die Hand genommen. Direkte Beweise für seine Aussage, dass Brătianu der wirkliche Führer der Verschwörung war, kann Cristea in seinem Aufsatz „Conspiratia 'republicană' nicht anführen. Stan geht in seiner Monographie über Ion C. Brătianu davon aus, dass dieser gegen eine Absetzung von Carol war, die „exaltiertesten Radikalliberalen" aber nicht mehr beeinflussen konnte. Stan, Ion C. Brătianu, S. 264f. Stans Erklärungsversuche über das Verhalten von Brătianu in dieser Phase wirken aber oft inkohärent, da er sich zu sehr mit ihm identifiziert.

[156] Sie bezieht sich auf einen Brief von I. C. Brătianu v. 27. 1.1871 (a.St.): Cantacuzino, Sabina, Din viaţa familiei I. C. Brătianu 1821-1891, 2. Aufl. Bucureşti 1934, S. 91. In diesem Brief an seine Frau Pia kritisiert Brătianu den Vorschlag von N. Ionescu, den Fürsten nach der Veröffentlichung seines Briefes in der Augsburger Allgemeinen Zeitung ruhig ziehen zu lassen. Die Konsequenzen wären unabsehbar. Din corespondenţa familiei Ion C. Brătianu 1859-1883, Vol. I, 1933, S. 145. Zu dem Zeitpunkt hatte sich die internationale Lage aber entscheidend verändert. Eine kritische Replik zu dem Buch von S. Cantacuzino: Sihleanu, S., Note şi desminţiri asupra amintirilor d-nei Sabina Cantucuzino, Buc. o.J.

[157] Răutu, Eugeniu Carada, S. 147. Eugen Carada (1836-1910), S. 151ff. Cristea, Conspiratia „republicană", S. 237. Auch von Nicolae Bibescu war die Rede, dessen Kandidatur angeblich D. Brătianu in Paris betrieben haben sollte, was allerdings unglaubwürdig ist und eher kennzeichnend für eine Atmosphäre, in der alles für möglich gehalten werden konnte. Ibd., S. 232.

Ploieşti eine provisorische Regierung und eine Regentschaft aus, nicht aber eine Republik.[158] Hingegen engagierte sich C. A. Rosetti im Herbst 1870 von Frankreich aus mit allen Kräften für eine Republik, unterstützte die französische und bemühte sich, eine gemeinsame Front mit Italien, Polen und den südosteuropäischen Ländern gegen die Monarchen zu errichten, die durch eine allgemeine Volkserhebung unter der Führung der französischen Republik gestürzt werden sollten.[159] Mangelnde materielle und ideelle Unterstützung sowohl in Frankreich wie in Rumänien setzten diesen hochfliegenden Plänen ein Ende.[160] Nach den vorliegenden Aussagen muss davon ausgegangen werden, dass die radikalliberale Spitze über eine Absetzung Carols und die politischen Zielsetzungen gespalten war. Hinzu kam das isolierte Vorgehen einiger ihrer Führer, die eine einheitliche Aktionsfront, vielleicht zur Erleichterung vieler, auch von Brătianu, verhinderte. Auf sich allein gestellt und uneinig, konnten sie eine Alternative zum gegenwärtigen politischen System nicht durchsetzen.

Auffallend bei der Affäre Ploieşti ist die Tatsache, dass von den Beteiligten selbst wie auch von späteren Historikern einerseits immer wieder betont wurde, dass es keine Beweise für eine groß angelegte Verschwörung gab bzw. solche vernichtet worden waren[161], andererseits aber von Fakten ausgegangen wird, die genau jene beweisen sollen. Übersehen wird, dass noch vorhandene Dokumente oder Aussagen von den Beteiligten selbst stammen, die ein Interesse daran hatten, diesem Putschversuch eine möglichst breite Wirkung zu verschaffen und ihn politisch auszunutzen. Darin gab es keinen Unterschied zwischen dem Fürsten und der Regierung auf der einen Seite und den Radikalliberalen auf der anderen. Die Regierung benutzte die Gelegenheit, möglichst viele ihrer politischen Gegner zu verhaften, wobei oft genug als Grund die Bekanntschaft mit einem der Führer der Radikalliberalen ausreichte, um sie zu kriminalisieren. Die Anschuldigungen lauteten auf Rebellion, Komplott, Unterstützung eines Komplotts, ein Attentat mit

158 Von einer „Republik von Ploieşti“, wie manchmal in der Literatur zu lesen ist, war nicht die Rede.

159 Zu den Aktivitäten C. A. Rosettis im Herbst und Winter 1870/71 in Frankreich und Italien siehe: Bucur, M., C. A. Rosetti – mesianism şi donquijotism revoluţionar, Bucureşti 1970, S. 250ff. Netea, V., C. A. Rosetti, S. 299ff. Aufschlussreich und mit vielen Details ist der Briefwechsel von Rosetti mit seiner Frau Maria, veröffentlicht von M. Bucur, C. A. Rosetti către Maria Rosetti, Vol. I (1846-1871), Bucureşti 1988. Ders. (Hg.), C. A. Rosetti. Corespondenţa, Bucureşti. 1980. S. 64f. Aus den Briefen an seine Frau spricht immer wieder der Enthusiasmus von Rosetti für die Republik: Bucur, C. A. Rosetti către Maria Rosetti, S. 232f. und S. 295f. Aus Grüßen an Eugen Carada wird ersichtlich, dass auch dieser die republikanischen Ideen Rosettis teilte. Ibd., S. 312. Hingegen schien es in dieser Hinsicht Differenzen zu Ion Brătianu gegeben zu haben. Ibd., S. 244. Stan, Ion C. Brătianu, S. 255. Auch in diesem Punkt macht Stan widersprüchliche Aussagen: vgl. S. 255 und S. 265.

160 Ibd., S. 235f., S. 250, S. 257ff. Strat berichtete, dass die Reaktionen auf die Pläne Rosettis bei seinen Freunden in Frankreich kalt gewesen seien und er sehr entmutigt abgereist sei: Strat an Carol v. 3.9.1870. Arh. Stat. CR 56/1870, f. 4. Brătianu distanzierte sich von den phantastischen Plänen seines Freundes.

161 FHHDA, HS, R 53, 1433, Nr. 758, Brief Carols v. 1.9.1870 (n.St.) an seinen Vater.

dem Ziel, die Regierungsform durch umstürzlerische Mittel und eine Volkserhebung zu ändern.[162] Die Regierung bezeichnete in einer Proklamation an die Rumänen die Urheber des Aufstandes als „Kriminelle“ und diesen selbst als „kriminelle Handlung“. Sie forderte die Rumänen auf, „sich um den Thron zu scharen, der in diesem Augenblick mehr denn je das Symbol der Ruhe, des Fortschritts, ja sogar der Existenz des Staates sei“.[163] Auch Carol sprach während eines Besuches in Ploieşti im Oktober 1870 von „kriminellen Handlungen“[164], in seinem Mémoire von „cerveaux brûlés du parti rouge“, die nicht gezögert hätten, die Republik in Ploieşti auszurufen.[165] Dieser Vorwurf tauchte bei Carol immer wieder auf, da er besonders geeignet war, die Radikalliberalen insgesamt in Europa zu diskreditieren.[166] Dass dieser Vorwurf von der rumänischen kommunistischen Geschichtsschreibung bereitwillig aufgenommen und als positiver Beweis einer republikanischen Gesinnung des rumänischen Volkes uminterpretiert wurde, nimmt nicht wunder.[167] Auch wenn einzelne Mitglieder der Radikalliberalen wie C. A. Rosetti sich für die Republik begeisterten und, von der französischen Entwicklung ermuntert, eine Chance sahen, dieses Ziel auch in Rumänien zu erreichen, gab es keine allgemeine republikanische Strömung.

Umgekehrt versuchten die Radikalliberalen ihrerseits, dem Umsturzversuch eine nationale Dimension zu geben, ihn als Befreiungstat gegenüber Fremdherrschaft zu feiern und sich als die Bewahrer rumänischer Freiheiten darzustellen, ohne auf die politischen Konsequenzen einzugehen.[168] Inwieweit es sich wirklich um eine planmäßige, gut organisierte Verschwörung handelte oder aber die Radikalliberalen diesen Eindruck vermitteln wollten, um ihre Macht zu demonstrieren, muss nach all dem Gesagten offen bleiben.[169] Einschätzungen wie die von Ion Ghica, der nach eigenen Erkundigungen die ganze Angelegenheit auf eine zahlenmäßige Nüchternheit reduzierte und sie als lächerlich

162 Monarhia de Hohenzollern văzută de contemporani, S. 57.

163 Ibd., S. 53.

164 Sturdza, Domnia Regelui Carol I, 1, S. 586.

165 FHHDA, HS 53, 1435, S. 16.

166 Candiano-Popescu bestreitet in dem noch unveröffentlichten Teil seiner Memoiren, eine Republik ausgerufen zu haben: „Diese Legende ist ein Kind des Geistes der Reaktion. An jenem Tag ist nur der Sturz des Fürsten und eine provisorische Regierung, der einer Regentschaft vorsteht, ausgerufen worden: Die Regierungsform war einer Konstituante vorbehalten.“: B. A. Arhiva 734. General Al. Candiano-Popescu. Amintiri din viaţa-mi. Vol II, f. 80. Zitiert in: Corbu, Alexandru Candiano-Popescu, S. 1751. Dies ist allerdings auch eine zeitlich viel später gemachte Aussage.

167 So kommt es zu Ungereimtheiten wie z.B. im Artikel von Radu-Dan Vlad, der klar bestreitet, dass eine Republik ausgerufen wurde, aber dennoch schreibt, dass das Land von „einem mächtigen Aufwind der republikanischen Bewegung erfasst wurde.“ Vlad, Procesul de la Tîrgovişte, S. 907f.

168 So Fleva in seiner Verteidigungsrede der Angeklagten während des Prozesses in Tîrgovişte: Monarhia văzută de contemporani, S. 56ff.

169 Candiano macht in seinen Memoiren die schlechte Organisation in den anderen Städten für das Scheitern des Aufstandes verantwortlich.

bezeichnete, haben keinen Eingang in die historiographische Aufarbeitung gefunden.[170] Für Ghica war die Reaktion der Regierung nicht nur völlig unangemessen, sondern sie bediente sich mit den willkürlichen Verhaftungen nur auf Gerüchte hin genau derselben inkonstitutionellen Mittel, wie es früher Brătianu getan habe.[171] Auch wenn man davon ausgeht, dass er nicht über alle Informationen verfügte, so blieb Ghicas kühl gelassene Betrachtungsweise eine auffällige Ausnahme in der allgemeinen Aufgeregtheit von Übertreibungen, Verdächtigungen, Mutmaßungen, Spekulationen. Sein Rationalismus hatte aber angesichts der polarisierten Meinungen und der schon eingefahrenen politischen Verhaltensweisen keine Chance, zur Kenntnis genommen zu werden.

Die Ereignisse von Ploieşti selbst traten so sehr schnell in den Hintergrund, während der Kampf um ihre politische Verwertbarkeit die Öffentlichkeit beherrschte. Das zeigte sich besonders in dem Prozess gegen die Anführer des Putsches. Durch die Verlegung des Prozesses von Ploieşti in das vermeintlich sichere Târgovişte und die Auswahl von konservativen Geschworenen, Staatsanwälten und Richtern unternahm die Regierung alles, um einen Schuldspruch zu sichern, verletzte aber damit selbst Gesetzesvorschriften.[172] Carol seinerseits mischte sich mit seiner Äußerung in Ploieşti über die „verbrecherischen Handlungen“ fünf Tage vor dem Urteilsspruch offen in das Strafverfahren ein, da für ihn die Schuld der Angeklagten feststand.[173]

Die Radikalliberalen boten ein ganzes Heer von Advokaten und Verteidigern – zu ihnen gehörte auch Ion Brătianu – auf, um diese Auseinandersetzung mit der Regierung und dem Fürsten zu gewinnen. Beiden Seiten ging es nicht um das juristische Verfahren, sondern um einen politischen Sieg über den Gegner. Als die Angeklagten am 17./29. Oktober 1870 von den Geschworenen freigesprochen wurden, reagierte die Regierung mit ihrem Rücktrittsangebot, was eigentlich vom Prinzip der Gewaltenteilung her gesehen widersinnig war. Doch nach der von ihr mitbetriebenen Instrumentalisierung der Justiz war ihre politische Niederlage offensichtlich, was ihre Stellung wie auch die des Fürsten weiter schwächte. Für Carol stand fest, dass die Geschworenen von den Radikalliberalen bestochen worden waren.[174] Der Freispruch von Târgovişte, den er übrigens

170 „En résumé, on ne pourra pas même dire de cette affaire que la montagne a accouché d'une souris; elle n'aura pas accouché même d'une puce.“ Slăvescu, Corespondenţa lui Ion Ghica, S. 1315.

171 Ibd., S. 1312.

172 Zu den Einzelheiten des Prozesses: Vlad, Procesul de la Tîrgovişte, S. 910ff.

173 Aus dem Leben König Karls, 2, S. 126.

174 FHHDA, HS, R 53, 1433, Nr. 766, Brief Carols an seinen Vater vom 28.10./9.11.1870: „Die Geschworenen waren von reichen und unabhängigen Männern zusammengesetzt, Todt-Feinde der Rothen; – sechstausend Ducaten genügten aber, das größte Verbrechen zu sanctioniren. Die ganze Parthei Bratiano-Rosetti hatte beigesteuert, um das für sie so wichtige Resultat zu erreichen. Jedermann weiß hier, daß die Geschworenen gekauft waren, beweisen läßt es sich aber leider nicht.“ Auffällig ist die Diskrepanz zwischen diesen Äußerungen und denen in den publizierten Memoiren. Während er in dem Brief wie auch in seinem Tagebuch keinen Hehl aus seiner Verachtung und Feindseligkeit gegenüber den „Roten“ und Brătianu macht, wird in den publizierten Aufzeichnungen diese Meinung Carols deutlich abgemildert.

vorausgesehen hatte,[175] bildete die endgültige Bestätigung für den Fürsten, dass die 1866 geschaffenen Institutionen für das Land ungeeignet seien:
„Cet acquittément scandaleux n'emporte pas seulement la condamnation du jury, mais celle de la plupart des institutions de 1866 appliquées à un pays ou, complètement faussées dans leur esprit et détournées de leur but elles portent des fruits pareils."[176]
Noch drastischer äußerte er sich gegenüber seinem Vater, als er dieses Urteil kommentierte: „Ein Land, in dem Mörder, Verbrecher, Diebe und Revolutionnaire frei gesprochen werden, verdient nicht mehr freisinnige Institutionen zu besitzen, ja, es verdient nicht ein Mal noch ferner zu bestehen. – Es handelt sich heute nicht mehr darum auf indirectem Wege eine Revision der Verfassung zu erreichen; offen und rückhaltlos müssen die hiesigen Zustände geschildert werden und muß ich ganz bestimmte Bedingungen stellen, von deren Erfüllung mein ferneres Verbleiben hier abhängig gemacht wird."[177]
Der Freispruch der Urheber des Putschversuches gegen den Fürsten gab den letzten Ausschlag für seinen definitiven Entschluss, sich an die Garantiemächte zu wenden, um das politische System in Rumänien zu ändern. Die Alternative hieß für ihn von jetzt ab nur noch: radikale Reform oder Abdankung.[178]
Der Vorwurf der Bestechlichkeit der rumänischen Gerichtsbarkeit traf sicher in vielen Fällen zu, und gerade die Geschworenengerichte erwiesen sich anfällig für alle Arten von Beeinflussungen. Ob immer finanzielle Mittel angewandt wurden, ist eine andere Frage, denn auch mit dem so wichtigen Instrument der Rhetorik konnte erfolgreiche Überzeugungsarbeit geleistet werden. Im Fall des Prozesses von Tîrgovişte hatte in diesem Punkt die Verteidigung eindeutig die besseren Karten, während der von der Regierung bestellte Staatsanwalt, der Bruder des Justizministers, I. N. Lahovary, kaum richtig rumänisch sprechen konnte.[179] Carol selbst reflektierte nicht über die Tatsache, dass die Regierung sich durch die Auswahl der Geschworenen in gleicher Weise einer ungesetzlichen Beeinflussung schuldig gemacht hatte, um eine Verurteilung zu garantieren. Die Einflussnahme auf die Geschworenen schien jedoch nicht nur von der Regierung und

Das Bestreben ist unverkennbar, den unversöhnlichen Gegensatz zwischen Carol und den Radikalliberalen im Jahr 1870 nicht so krass hervortreten zu lassen und die Person Brătianus zu schonen. Aus dem Leben König Karls, 2, S. 129 und S. 116.

[175] So in seinem Brief v. 1.9.1870 (n.St.) an seinen Vater: „Geschieht aber dieses, so ist jede Regierung hier unmöglich geworden und bleibt nur noch das Mittel übrig Kanonen aufzufahren u. die Canaillen zusammenzuschießen." FHHDA, HS R 53, 1433, Nr. 758.

[176] FHHDA, HS R 53, 1435, S. 16. Die Nähe zur Argumentation der Theorie „Form ohne Inhalt", die von Maiorescu 1867 formuliert wurde, ist unverkennbar.

[177] FHHDA, HS R 53, 1433, Nr. 766, Brief v. 28.10./9.11.1870. Vgl. auch: Aus dem Leben König Karls, 2, S. 128.

[178] „Ist von den Groß-Mächten nichts zu erreichen, so werde ich, unter gleichzeitiger Veröffentlichung des mémoire's meine Abdankung bekannt machen." Brief v. 28.10./9.11.1870: FHHDA, HS R 53, 1433, Nr. 766.

[179] Cantacuzino, S., Din viaţa familiei I. C. Brătianu, S. 94ff. N. Fleva, der später als einer der besten Parlamentsredner galt, wurde mit seiner rhetorisch brillanten Verteidigungsrede berühmt. Vlad, Procesul de la Tîrgovişte, S. 913f.

den Radikalliberalen auszugehen, sondern auch von Konservativen und Anhängern von Cuza, die diese Gelegenheit ergriffen, dem Fürsten zu schaden.[180] Träfe dieses zu, so wäre der Freispruch auch konservativen Kräften zu verdanken gewesen, die gegen den Fürsten opponierten. Dafür spräche auch die Behauptung Carols, dass alle Geschworenen „Todfeinde" der Radikalliberalen gewesen seien, die eigentlich kein Interesse an einem Triumph ihrer Gegner haben konnten, es sei denn, das Ergebnis entspräche ihren Intentionen in Bezug auf den Fürsten.[181] Auch wenn nicht im Einzelnen zu klären ist, wer welchen Anteil an dem Zustandekommen des Urteils hatte, so bestand kein Zweifel darüber, dass es sich gezielt gegen den Fürsten richtete und eine bewusst intendierte Provokation darstellte.

Gerade dieser Prozess zeigte, dass es allen Beteiligten nicht um die legale Funktionsweise der Institutionen ging, sondern dass diese von beiden Seiten, Regierung/Fürst und Opposition, benutzt wurden, um ihren Machtkampf auszutragen, der sich zwischen dem Fürsten und den Radikalliberalen immer weiter zuspitzte. Beide Antagonisten waren fast ausschließlich auf ihre Gegner fixiert und reduzierten Politik auf ihre persönliche Fehde, in der es nur noch um Sieg oder Niederlage ging.[182] Der Fürst befand sich eindeutig in der Defensive: seine Regierung verfügte kaum noch über Autorität, eine deutschfeindliche Stimmung schlug ihm entgegen, während die radikalliberale Presse die Öffentlichkeit beherrschte und diese Macht offensiv gegen Carol einsetzte. Die Folgen dieser polarisierten Auseinandersetzungen hatten sich nun zu einer Staatskrise ausgeweitet. Die Radikalliberalen scheuten vor einem Sturz des Fürsten nicht zurück, während Carol, persönlich in die Enge getrieben und politisch in einer Sackgasse, seine alleinige Hoffnung in die Garantiemächte setzte.[183] Jede Möglichkeit einer Verständigung zwischen Fürst und Radikalliberalen innerhalb des bestehenden Systems schien vorerst ausgeschlossen. Der Fürst geriet zu einer antinationalen und antiliberalen Chiffre für die Radikalliberalen,

[180] So Candiano-Popescu in seinen unveröffentlichten Memoiren, der ausdrücklich den General I. Em. Florescu nennt, einen überzeugten Cuzisten. Zitiert bei Vlad, Procesul de la Tîrgovişte, S. 913f.

[181] Dieser Aspekt, dass hinter dem Freispruch auch konservative Gegner Carols stehen konnten, ist bisher so gut wie gar nicht behandelt worden. Vlad weist zwar in seinem Artikel darauf hin, geht der Sache aber nicht weiter nach. Über eine konservative Opposition gegen den Fürsten mit dem Ziel einer Personalunion mit Österreich berichtet auch Stan, ohne sie näher zu kennzeichnen oder Quellen zu nennen. Stan, Ion C. Brătianu, S. 255, 258.

[182] In der Tagebucheintragung v. 18./30. Okt. 1870 heißt es: „Romanul greift mich heftig an, wegen des Toasts in Ploesci (actele criminale) jubilirt über die Freisprechung u. ist der Ansicht, daß die Nation mich bestrafe. Es geht nicht mehr länger mit dieser Anarchie." Fond Regele Carol I, III/27, f. 117. Aus dem Leben König Karls, 2, S. 129.

[183] Bei der Realisierung seines Vorhabens der Verfassungsänderung mit Hilfe der Garantiemächte wurde Carol tatkräftig von dem deutschen Generalkonsul von Radowitz unterstützt, der aus seiner Abneigung gegen Rumänien keinen Hehl machte und mit seiner kompromisslosen Haltung den Fürsten in nicht geringem Maß beeinflusste. Er selbst arbeitete eine Denkschrift (15. Februar 1871) an das Auswärtige Amt aus, die zu ähnlichen Schlussfolgerungen kam wie das Memoire von Carol: P.A. I.A.B.q. Türkei 24, Vol. 45, A 981.

während diese wiederum für den Fürsten den Beweis für die Ungeeignetheit der 1866 geschaffenen Institutionen lieferten.

6. Die Suche nach einem Ausgleich: Die 3. Regierung Ion Ghica

Es blieb nur eine Frage der Zeit, wann die Regierung Epureanu nach der Eröffnung der regulären Parlamentssession am 15./27. November 1870 zum Rücktritt gezwungen werden würde. Die Eröffnungsrede des Fürsten behandelte hauptsächlich finanzielle Probleme, nur am Schluss ging er auf die Ereignisse in Ploieşti ein, ohne sie direkt beim Namen zu nennen, indem er die Abgeordneten aufforderte, Maßnahmen zu ergreifen, die in Zukunft Handlungen ausschlössen, die die Existenz schon älterer und mächtigerer Nationen als die rumänische in Gefahr gebracht hätten.[184] Wie kalt das Verhältnis der Abgeordneten zum Fürsten bereits geworden war, zeigte die Tatsache, dass dieser weder bei seinem Einzug noch beim Verlassen des Parlaments mit den üblichen Hochrufen begrüßt worden war.[185] Noch krasser traten die Differenzen zwischen der Regierung und dem Fürsten einerseits und dem Parlament andererseits bei der Verabschiedung der Antwortadresse zutage, die im Gegensatz zu der üblichen Paraphrasierung der Thronrede andere Akzente setzte bzw. der Thronrede in wichtigen Punkten widersprach.[186] Auf die Ereignisse in Ploieşti direkt eingehend, sah die Kammer im Gegensatz zum Fürsten in der Befriedigung von legitimen Forderungen des Volkes und in der strikten Anwendung der Gesetze sowie in ihrer Respektierung das Heilmittel, solche Vorkommnisse zu vermeiden. Auf dem Boden der Verfassung könnte der Thron immer auf eine vollständige Ergebenheit und auf die aufrichtige Unterstützung der nationalen Vertretung zählen. Damit bezog die Kammer eindeutig Stellung gegen den Fürsten, der gerade in der Verfassung das Grundübel des politischen Systems sah. Für Carol stellte die Adresse, die er als „perfide" bezeichnete,[187] eine weitere Demütigung dar, die noch dadurch verstärkt wurde, dass ausgerechnet Candiano-Popescu, der seinen Sitz als Parlamentsabgeordneter wieder eingenommen hatte, durch das Los zum Mitglied der Kommission bestimmt wurde, die die Adresse dem Fürsten überbrachte.[188] Entgegen seiner anfänglichen Weigerung, die Adresse in dieser Form anzunehmen, und eher das Ministerium zu wechseln oder die Kammer aufzulösen, blieb ihm keine andere Möglichkeit, als die Parlaments-

184 Regele Carol I al României, Cuvântări şi scrisori, 1, S. 224. Die Thronrede schloss mit einem Zitat von Montesquieu, das die Minister ausgesucht hatten: „Un gouvernement libre, c'est à dire toujours agité, ne saurait se maintenir, s'il n'est par ses propres lois capable de correction." Aus dem Leben König Karls, 2, S. 131.

185 P.A. I.A.B.q. Türkei 24, Vol. 43, Radowitz v. 27.11.1870.

186 Das betraf z.B. die ausdrückliche Hervorhebung der engen Verbindung zu Frankreich, die Carol bewusst vermieden hatte, den Eisenbahnbau, die Enteignungsgesetze etc. Der Ton der Adresse war höflich gehalten, konnte aber über die Differenzen nicht hinwegtäuschen. Arh. Stat. CR 9/1870 f.1f.

187 FHHDA, HS, R 53, 1433, Nr. 777, Brief v. 2./14.12.1870 an seinen Vater.

188 Nicolescu, Parlamentul romîn, S. 85. P.A. I.A.B.q. Türkei 24, Vol. 44, Radowitz v. 31.12.1870.

meinung zu akzeptieren. Der Regierung war es nicht gelungen, Modifikationen in der Antwortadresse durchzusetzen, sondern sie wurde im Gegenteil selbst von der Kammer heftig angegriffen. Den Konflikt zwischen Fürsten und Kammer durch eine Auflösung zu beseitigen, konnte in der gegenwärtigen Situation mit einem schwachen Kabinett und in der aufgeheizten öffentlichen Stimmung genau das Gegenteil bewirken, nämlich eine Stärkung der Opposition, zumal eine Weigerung des Fürsten als Reaktion aus persönlichen Motiven angegriffen werden konnte.[189] Überdies hatte das Ansehen des Fürsten einen weiteren Schlag erlitten, als am 6./18. Dezember bekannt wurde, dass Strousberg den Januarcoupon der Eisenbahnobligationen nicht würde zahlen können.

Dass Carol keinen Handlungsspielraum mehr besaß und eine seiner wichtigsten Prärogativen dem Parlament überlassen musste, zeigte sich endgültig beim Rücktritt der Regierung Epureanu und der Berufung von Ion Ghica zum Ministerpräsidenten. Die Regierung provozierte selbst eine Ministerkrise, indem sie am 12./24. Dezember 1870 die Annahme der Dringlichkeit der Beratung der Finanzgesetze mit der Vertrauensfrage verband. Die Kammer lehnte das Ansinnen der Regierung ab, die Finanzgesetze auf die Tagesordnung zu setzen, da diese bereits in den Kommissionen behandelt würden, sprach aber im Übrigen der Regierung kein Misstrauen aus.[190] Die Regierung erklärte tags darauf ihren Rücktritt, den Carol annehmen musste. Die von ihm in Aussicht genommenen Kandidaten, darunter der Kammerpräsident Costaforu, konnten sich nicht einigen bzw. wollten wegen der Finanzlage keine Verantwortung übernehmen, so dass Carol die verfahrenen Verhandlungen abbrach und die Kammer aufforderte, einen Kandidaten für das Amt des Ministerpräsidenten zu benennen.[191]

Es war das erste Mal, dass der Fürst explizit auf sein Vorrecht, einen Regierungschef zu bestimmen, an die Kammer abtrat, auch wenn ihm formal das Ernennungsrecht verblieb. Die Krise des Regierungssystems hatte einen Wendepunkt erreicht, an dem die Entwicklung in Richtung einer parlamentarischen Regierungsform ihren Anfang hätte nehmen können. Die Voraussetzung für diese Machtverlagerung zugunsten des Parlaments beruhte auf der Schwäche der Exekutive mit dem Fürsten an der Spitze, nicht aber auf der Stärke des Parlaments. Vom Erfolg der vom Parlament bestimmten Regierung würde es

[189] Die Minister rieten dem Fürsten zur Annahme der Kammerantwort, um keinen Konflikt wegen einer „dynastischen Frage“ auszulösen, sondern zu warten, bis sich die Kammer mit einer Entscheidung, die das Gemeinwohl betraf, selbst kompromittieren würde. P.A. I.A.B.q. Türkei 24, Vol. 44, Radowitz v. 31.12.1870. Seinem Mémoire zufolge wollte der Fürst keinen Vorwand liefern, mit seiner Weigerung die Behandlung der dringenden Finanzgesetze blockiert zu haben: FHHDA, HS R 53, 1435. Seine Verachtung drückte Carol nicht so sehr in seiner Erwiderung aus, als vielmehr durch sein Verhalten und seine Gestik: Aus dem Leben König Karls, 2, S. 140f.

[190] Nicolescu, Parlamentul romîn, S. 86f. Arh. Stat. Fond Regele Carol I, III/27, f. 121.

[191] In den veröffentlichten Memoiren heißt es, dass Epureanu dem Fürsten den Rat gegeben habe, die Kammer den Kandidaten vorschlagen zu lassen: Aus dem Leben König Karls, 2, S. 141. Dagegen steht die Version Carols in seinem Tagebuch: „[...] ich bestimme, daß die Kammer einen Candidaten für die Formation des Ministeriums vorschlagen soll.“ Arh. Stat. Fond Regele Carol I, III/27, f. 121.

entscheidend abhängen, ob sich dieser Wandel im Regierungssystem würde etablieren können.
Die Wahl von Ion Ghica zum Minsterpräsidenten auf Vorschlag der Kammer brachte den Mann auf die politische Bühne zurück, der bereits im Frühjahr eine wichtige Rolle bei der Regierungssuche gespielt hatte. Nur hatten sich jetzt die Fronten verkehrt. Ghica galt damals als „Mann der Situation“ und besaß das uneingeschränkte Vertrauen des Fürsten, das soweit ging, dass dieser glaubte, mit ihm eine Verfassungsänderung durchführen zu können.[192] Bei den Parlamentswahlen im Mai 1870 hatte sich Ion Ghica jedoch dem radikalliberalen Komitee „Verteidigung der Verfassung“ angeschlossen und einen offenen Brief publiziert, der sein politisches Credo enthielt.[193] Da es wenige Beispiele gibt, in denen ein Politiker seine politischen Überzeugungen derart klar formulierte, lohnt ein näheres Eingehen auf dieses Dokument, auch in Anbetracht der Rolle, die Ion Ghica während dieses Jahres spielte und die zu vielen Missverständnissen Anlass gab.
Ghica, dem oft genug eigene Ambitionen auf den Fürstenthron nachgesagt wurden, bezog hier eindeutig Stellung zur Dynastie. Zwei Grundvoraussetzungen hielt er für entscheidend für die politische Entwicklung des Landes und machte sie zu Grundpfeilern seines eigenen Handelns: 1. die strikte Befolgung der Verfassung und eine ehrliche Anwendung des konstitutionellen Systems, wozu freie Wahlen gehörten, und 2. die Bewahrung und Stärkung der Dynastie, was er als „heiliges Prinzip“ bezeichnete:
„Die Sicherstellung unserer nationalen Existenz, die Garantie, nicht von einem großen und mächtigen Volk, das in unserm Rücken steht, erobert und vernichtet zu werden, ist die erste Bedingung, um auf dem Weg der Zivilisation und des Fortschritts weiter voranzugehen. Jene Garantie ist heute untrennbar von der Bewahrung und Stärkung der Dynastie. Nur Feinde Rumäniens können wollen, die Rumänen von ihrem Souverän zu trennen, nur diejenigen, die Gefallen finden an der Verblendung derer, die die Agitation in den Köpfen aufrechterhalten und mit subversiven und umstürzlerischen Ideen ermutigen, indem sie illusorische Hoffnungen auf den Cuzismus und auf die Wiedererrichtung des 2. Mai zu erwecken suchen.“[194]
Die weiteren Punkte betrafen praktische politische Entscheidungen und Handlungsmaximen wie die Bewahrung einer strikten Neutralität in der Außenpolitik, das Bekenntnis zu einem freien Wettbewerb auf wirtschaftlichem und sozialem Gebiet sowie eine differenzierte Behandlung des Judenproblems, das sich für ihn als ein Problem der Korruption der Administration und der Justiz darstellte. Der Brief schloss mit der Feststellung, dass auf dem Gebiet der Moral und der Rechtschaffenheit der Regierungsbeamten noch viel zu tun sei und dass Korruption und Missbrauch erst dann aufhören werden, wenn diese von allen Rumänen geächtet würden.

[192] Siehe oben, S. 214f.
[193] B.C.S. Fond Brătianu, P. LVI, D 4. Der Brief mit dem Datum des 17./29. Mai 1870 trug die Anrede „Herr General“, bei dem es sich nach Radowitz um Ştefan Golescu handelte. P.A. I.A.B.q. Türkei 24, Vol. 43, Radowitz v. 10. Juni 1870.
[194] B.C.S. Fond Brătianu, P. LVI, D 4.

Ion Ghicas Brief richtete sich an zwei Adressaten, an den Fürsten und an die Gegner Carols, zu denen auch die Radikalliberalen gehörten. Wie der Fürst sah er die Defekte im politischen System wie Korruption, Wahlfälschungen, Gewalt und Aggression, nur lagen für ihn die Ursachen in der Verletzung der Verfassung und der Gesetze, für die sich vor allem die obersten Organe des Landes, allen voran die Regierung, zu verantworten hatten. Während der Fürst der Verfassung die Schuld gab und sie abschaffen wollte, argumentierte Ghica genau anders herum: nur die strikte Anwendung der verfassungsrechtlichen Prinzipien und die Beachtung der Gesetze führten zu einer besseren Funktionsweise des politischen Systems. Als dessen unlöslichen Bestandteil sah er die Dynastie an, zu der er ein eindeutiges Bekenntnis ablegte und die er als notwendig für die Existenz des Landes ansah. Damit bezog er auch klar Stellung gegen die Gegner des Fürsten und der Ordnung von 1866.

Die Position Ghicas hatte aber angesichts der verhärteten Fronten keine Chance, politisch ausgleichend zu wirken und zu einer Verständigung zwischen den Kontrahenten auf einer gemeinsamen Basis beizutragen. Seine Tragik bestand darin, dass er von beiden Seiten missverstanden und einseitig interpretiert wurde. Für den Fürsten war Ion Ghica in das Lager seiner Feinde gewechselt, und mit seinem Festhalten an der Verfassung stand er in Opposition zu den Bestrebungen des Fürsten. Dies bedeutete eine weitere herbe persönliche und politische Enttäuschung. Die Radikalliberalen hingegen begrüßten die Teilnahme Ghicas an ihrer Wahlkampagne als eine weitere Stärkung im Kampf gegen den Fürsten. Beide übergingen geflissentlich sein Bekenntnis zur Dynastie. Allerdings musste Ghicas organisatorische Annäherung an die Radikalliberalen Befremden hervorrufen, wenn man bedenkt, dass er 1867 einer ihrer schärfsten Kritiker gewesen war und sich bitter über sie beklagt hatte. Gerade ihre Regierungen waren es gewesen, die es mit den Verfassungsvorschriften nicht sehr genau genommen und mit der massiven Einflussnahme auf die Wahlen begonnen hatten.[195] Ghica verteidigte sich gegen den Vorwurf der Inkonsequenz, indem er auf die Grundsätzlichkeit seiner Haltung verwies:

„La violation de la Constitution et des lois est la violation, qu'elle soit faite au profit de Mr. Bratiano, Rosettaki et Cie ou qu'elle soit faite au profit de Epoureano, Petre Gradisteano et Cie. Je ne puis absoudre chez Epoureano et Cie ce que j'ai condamné chez Bratiano et Cie. Le gouvernement de Epoureano est aussi abusif et aussi concussionnaire que celui de Bratiano, augmenté de tout le progrès qu'un pareil mal acquiert par une plus longue pratique."[196]

Ion Ghica ließ aber die Frage unbeantwortet, warum er sich trotz seiner Kritik an Brătianu für die Anlehnung an die Radikalliberalen entschied, denn gerade sie hatten einen großen Anteil an der Destabilisierung der Lage. Sicher spielte seine Befürchtung vor einer Verfassungsänderung durch eine konservative Regierung eine große Rolle, vielleicht

[195] Darauf machte ihn auch Sturdza aufmerksam, der am 14./26. August 1870 besorgt an Ghica wegen dessen angeblicher Beteiligung an dem Umsturz in Ploieşti schrieb. Slăvescu, Corespondenţa lui Ion Ghica, S. 1309.

[196] Ibd., S. 1312 (Brief Ghicas v. 19./31. August 1870).

hoffte er auch, die Radikalliberalen in dem Sinne beeinflussen zu können, dass sie die Dynastie als integralen Bestandteil der verfassungsrechtlichen Ordnung von 1866 akzeptierten und ihre Attacken gegen den Fürsten einstellten. Doch war er nicht der Politiker, der seine Vorstellungen durchsetzen konnte, mit der Folge, dass die eine Seite ihm Verrat vorwarf,[197] während die andere triumphierte.

Seine Ernennung zum Ministerpräsidenten (15./27. Dezember 1870) führte denn auch zu keiner Entspannung der Situation, sondern er wurde zum Symbol eines unsicheren Schwebezustandes, in dem er nur eine vorgeschobene Figur darstellte, während der Machtkampf zwischen den Hauptkontrahenten weiterging. Für Carol, dessen Vertrauen Ion Ghica vollständig verloren hatte, bedeutete er ein vom Parlament aufgezwungener Kandidat, den er in der gegenwärtigen Lage zu akzeptieren hatte; an Ghica vorbei verfolgte er die eigenen Pläne einer verfassungsrechtlichen Umgestaltung des Landes weiter. Für die liberalen Gruppen im Parlament, die über eine prekäre Mehrheit verfügten, stellte Ghica den idealen Kompromisskandidaten dar, da keiner ihrer Führer auf ein solches Amt hoffen konnte und Ghica andererseits zu schwach war, selbst eine dominierende Machtposition zu erlangen, was sich die Radikalliberalen zunutze machen konnten.

Ion Ghica schien der einzige zu sein, der die veränderte Qualität in den Beziehungen zwischen Fürst und Parlament, wie sie durch seine Nominierung zum Ausdruck gekommen war, zur Errichtung einer parlamentarischen Regierungsform nutzen und weiterentwickeln wollte. So erklärte er in seiner Antrittsrede:

„Wir werden eine aufrichtig konstitutionelle und parlamentarische Regierung sein. Wir werden nie vergessen, dass eine konstitutionelle Regierung nur dann stark sein und nützlich arbeiten kann, wenn sie die Unterstützung der nationalen Vertretung hat und wenn eine vollständige Harmonie zwischen den Staatsgewalten herrscht.“[198]

Die Chancen, seine politischen Ideen in der Praxis zu verwirklichen, standen indes schlecht. Die Spannungen verschärften sich in den letzten Dezembertagen, als im In- und Ausland das Geheimnis des Briefes von Carol an die Souveräne durchsickerte.[199] Das Bekanntwerden seiner Demarche durch Indiskretionen seitens der österreichischen und englischen Konsuln trug weiter dazu bei, dass die Stellung des Fürsten immer prekärer wurde. Die osmanische Regierung, die Carol übergangen hatte und die glaubte, der Fürst wolle die Unabhängigkeit erklären, reagierte aufgebracht und hätte am liebsten seinen sofortigen Sturz gesehen; ähnliches ließ der österreichische Botschafter in Konstantinopel, Prokesch-Osten, verlauten. Carol musste die Minister von seiner Demarche in

197 B.C.S. Fond Brătianu, P. LVI D 4, Carp an Sturdza v. 7.9.1870 (Stil?): „Foulant aux pieds et ses principes et ses anciennes relations il (Ion Ghica, E.B.-I.) a prêté son appui aux rouges et trempé /tous nos rapports le confirment/ dans leur plus criminelles manigances.“ Carol schrieb am 1.9.1870 an seinen Vater: „[...] eine Illusion mehr habe ich an John Ghica verloren, der sich in einer Weise zweideutig benommen, die mich ihn als einen characterlosen Menschen ansehen läßt.“ FHHDA, HS, R 53, 1433, Nr. 758.

198 Nicolescu, Parlamentul romîn, S. 88.

199 Aus dem Leben König Karls, 2, S. 141. Fond Regele Carol I, III/27, f. 129, III/28, f. 2. S. oben, S. 125.

Kenntnis setzen, nachdem aus Konstantinopel eine Beschwerde über das Vorgehen des Fürsten eingegangen war.[200] Erst auf diesen Druck hin teilte er am 22. Dezemer 1870/3. Januar 1871 dem Ministerpräsidenten den Inhalt seines Schreiben mit und erklärte ihm gleichzeitig, dass er die Verfassung für ein Unglück für das Land halte.[201] Damit war Carols Plan aber endgültig der Boden entzogen worden, der auf einem Ausschalten der innenpolitischen Kräfte beruht hatte.

Für Ghica bedeutete diese Nachricht eine unangenehme Überraschung, doch weigerte er sich, die von Carol gestellte Alternative: Verfassung oder Fürst, zu akzeptieren. Er versuchte zu vermitteln und den Fürsten davon zu überzeugen, dass ein Regieren mit der Verfassung möglich sei, um ihm das Vertrauen in das Land zurückzugeben.[202] Ion Ghica selbst besaß aber weder das Vertrauen des Fürsten noch genügend Einflussmöglichkeiten, um einen Ausgleich herbeizuführen, so dass seine Bemühungen scheitern mussten.

Während der Jahreswende 1870/1871 durchlebte Carol eine der bittersten Zeiten seiner 48jährigen Herrschaft, vergleichbar nur noch mit der persönlichen Dramatik beim Ausbruch des Ersten Weltkriegs. Die Serie der Demütigungen riss nicht ab: eine aufgezwungene Regierung, der Schock über die Zahlungsunfähigkeit Strousbergs, der Echec seines Schrittes bei den Garantiemächten, die Schwierigkeiten mit der Pforte – kurz: alles was schiefgehen konnte, war schiefgegangen. Das Gefühl des völligen Gescheitertseins und einer persönlichen und politischen Verlassenheit machte sich bei ihm breit. Tief getroffen und deprimiert wurden seine Rücktrittsabsichten immer konkreter, wie seine zahlreichen Tagebucheintragungen bezeugen, hinter denen sich trotz ihres nüchternen Tons Enttäuschung und Resignation verbargen.[203] Offen schüttete er sein Herz nur gegenüber seinem Vater aus, den er am 8. Januar 1871 über seine Rücktrittsabsichten informierte:

„Eines kann ich Dich aber versichern, daß ich mich ehrenvoll aus diesen großen Verwicklungen herausziehen werde. Habe ich ein Mal diese *enormen* Schwierigkeiten hinter mir, so kann ich mit vollem Rechte sagen, daß ich die Feuer-Probe bestanden. Dann ist es aber genug des grausamen Spiel's u. hoffe ich, lieber Papa, daß Du mir dann ein Plätzchen finden wirst, wo ich mein müdes Haupt niederlegen kann.“[204]

Im Gegensatz zur Ohnmacht des Fürsten gewannen die Radikalliberalen unter Ion Ghicas Regierung wieder an Macht. Wichtige Posten in der Administration, im Polizeiapparat und in der Armee wurden mit ihren Anhängern besetzt, ihre Stellung im Parlament durch

[200] Arh. Stat. Fond Regele Carol I, III/27, f. 122f. III/28, f. 2.

[201] Ibd., f. 2.

[202] Ibd., f. 4. P.A. I.A.B.q. Türkei 24, Vol. 44, Radowitz v. 8.1.1871 (Ganz vertraulich). Radowitz berichtet von einer langen Unterredung mit Ion Ghica, der für einen Ausgleich und Kompromiss zwischen Krone und Land plädierte und wieder seine Ansicht vertrat, dass das Land mit der Verfassung regierbar sei, wenn man sie nur „aufrichtig und ehrlich“ anwende. Radowitz hielt diese Ausführungen für Schwärmereien, völlig ungeeignet, die Gefahren für das Land abzuwenden.

[203] Fond Regele Carol I, III/27, f. 122; III/28, f. 2.

[204] FHHDA, HS, R 53, 1434, Nr. 784 [Hervorhebung im Text]. Carol trifft in diesem Brief schon konkrete Dispositionen für seinen Rücktritt.

Neuwahlen des 3. Wahlkollegiums der Stadt Bukarest – die Wahlen vom Mai 1870 waren annuliert worden – gestärkt, bei denen nur ihre Kandidaten siegten.[205] Ghica hoffte, mit diesen Konzessionen vor allem die Votierung des Haushalts zu erreichen, doch das Parlament, das am 13./25. Januar 1871 nach den Weihnachtsferien seine Sitzungen wieder aufgenommen hatte, verlor sich erneut in zahlreichen Interpellationen und sterilen Diskussionen zu persönlichen Fragen. Die Situation erinnerte an die vor vier Jahren, als es Ion Ghica ebenfalls nicht gelungen war, die Verabschiedung der Budgets zu erreichen. Wieder einmal konnte die Finanzlage nur als katastrophal bezeichnet werden bei einer schwebenden Schuld von fast 54,5 Millionen Lei,[206] die Gehälter der Staatsbediensteten und Pensionen waren z. T. sechs Monate nicht ausgezahlt worden, was zu erheblicher Unruhe in diesem Personenkreis führte.[207] Trotz eindringlicher Mahnungen seitens einiger Abgeordneter wie Kogălniceanu, der an das Versprechen der Kammer erinnerte, die Regierung zu unterstützen und die Finanzgesetze zu verabschieden, beschäftigte sich die Kammer mit anderen Themen, so dass am 13./25. Februar die Sitzungsperiode um einen Monat verlängert werden musste.[208] Ohne Erfolg, denn nun begannen die Auseinandersetzungen über die Strousbergaffäre, die das ganze Interesse der Abgeordneten absorbierte. Die Weigerung der Kammer, der von ihr bestimmten Regierung die notwendigen Finanzmittel zu genehmigen, beraubte diese ihres Handlungsspielraums. Das Kabinett wurde in Abhängigkeit der Entscheidungen der Kammer gehalten, auf die es umgekehrt kaum Einfluss ausüben konnte.

7. Warten auf die Katastrophe: Die Lage vor dem 10./22. März 1871

Die ersten drei Monate des Jahres 1871 waren durch eine eigentümliche Spannung und durch einen Schwebezustand der Ungewissheit und Unentschiedenheit gekennzeichnet.[209] Man wartete ab, wie sich die Dinge weiter entwickeln würden. Carol war einerseits

[205] P.A. I.A.B.q. Türkei 24, Vol. 44, Radowitz v. 27.1.1871 und v. 4.2.1871. Carol blieb keine andere Wahl, als die Ernennungen zu unterschreiben. Nur der Ernennung von D. Creţulescu, dem vormaligen Krenski-Gegner, zum Kommandanten der Bukarester Garnison, widersetzte er sich erfolgreich. Stattdessen wurde dieser zum Kommandanten von Iaşi ernannt.

[206] Maier, Rumänien, S. 267.

[207] Aufschlussreich sind in dieser Hinsicht die Telegramme aus Iaşi vom Januar und Februar 1871 an Ion Ghica, die u. a. auf die Gefahr aufmerksam machen, die der Regierung aus diesem Unzufriedenheitspotenzial erwachsen könnte. Ghica wird dringend um Geld gebeten, um wenigstens einen Teil der Rückstände bezahlen zu können. Absender und Daten fehlen z. T. bei den Telegrammen, die Datierung ergibt sich aber eindeutig aus dem Kontext, als Absender kommt der Präfekt in Frage. B. A. Arhiva Ion Ghica VIII (3) Varia 1. Auch Carols Zivilliste war Ende Februar noch immer nicht bezahlt worden: Fond Regele Carol I, III/28, f.7.

[208] Kogălniceanu, Opere IV, orat. II, part. III, S. 501f. Aus dem Leben König Karls, 2, S. 162.

[209] P.A. I.A.B.q. Türkei 24, Vol. 44, Radowitz v. 8.1.1871 (Ganz vertraulich): „Es liegt zweifellos in der ganzen, socialen und politischen Atmosphäre von Bukarest die Vorahnung einer Katastrophe. Man ist zwar an dergleichen Stimmungen hier gewohnt, aber diesmal scheint den meisten mehr als sonst dabei unheimlich zu Muthe zu werden." Aus dem Leben König Karls,

entschlossen abzudanken, wofür er Vorbereitungen traf, andererseits schreckte er vor diesem Schritt zurück, vor allem wegen der Strousbergaffäre, da er fürchtete, sein Rückzug könnte damit in Verbindung gebracht werden. Ort und Zeitpunkt seiner Abdankung wollte er selbst bestimmen, wobei das Kriterium seiner Entscheidung die Bewahrung seiner Würde und die Achtung vor seinem Namen bildete.[210] Die Minister und andere Politiker wussten um die Rücktrittsabsichten, konnten ihrerseits aber nichts anderes tun, als an die Verantwortung des Fürsten dem Land gegenüber zu appellieren. Von der schwachen Regierung war eine Klärung der Situation nicht zu erwarten.

Erst das Bekanntwerden des Briefes des Fürsten, der am 27. Januar 1871 (n.St.) in der „Augsburger Allgemeinen Zeitung" veröffentlicht worden war und in dem Carol neben seiner Philippika gegen die rumänischen Politiker öffentlich seine Abdankung in Erwägung zog, sorgte für großes Aufsehen im In- und Ausland.[211] Die Abdankungsdrohung rief jetzt erhebliche Besorgnis vor den politischen Konsequenzen hervor.[212] Parlament und Regierung waren gezwungen, Stellung zu beziehen, wobei sich herausstellte, dass extreme Positionen wie die von N. Ionescu und N. Blaremberg, die den Fürsten heftig attackierten, keine Mehrheit fanden. Ebenso wurde aber auch die Forderung des Fürsten nach einer Verfassungsänderung abgelehnt. Die von der Kammer angenommene Entschließung erkannte Thron und Dynastie als Bestandteil der Verfassung an und durch diese gesichert. Kogălniceanu, der diese Entschließung eingebracht hatte, begründete sie knapp und präzise, indem er einmal auf die Gefahr für das Land hinwies, falls der Fürst abdanke, zum andern machte er ausdrücklich darauf aufmerksam, dass sich das Land selbst diese Verfassung gegeben habe und dass die Zeit der ausländischen Einmischungen vorbei sei – vielleicht eine Anspielung auf die diesbezüglich bekannt gewordenen Absichten Carols. Die Dynastie bilde einen Bestandteil der Verfassung, an der festgehalten werden müsse. Die Konsensfähigkeit dieser Auffassung, die die Dynastie durch die Verfassung garantiert sah, spiegelte sich in der Annahme des Antrags durch die überwältigende Mehrheit der Kammer wider (92 gegen 8 Stimmen und 6 Enthaltungen) unter Einschluss konservativer Politiker, zu denen auch Lascăr Catargiu, D. Ghica und der Kammerpräsident G. Costaforu gehörten.[213] Der Kammerantrag lag auf der Linie

2, S. 172. Din corespondenţa familiei Ion C. Brătianu, S. 139, I. C. Brătianu an seine Frau Pia v. 10.1.1871 (a.St.).

210 P.A. I.A.B.q. Türkei 24, Vol. 44, Radowitz v. 27.1.1871. FHHDA, HS, R 53, 1434, Nr. 801. Carol v. 19./31.1.1871 an seinen Vater. Vgl. auch das Schreiben von Bismarck an Carol v. 15. Februar 1871: Aus dem Leben König Karls, 2, S. 164f., und den Brief des Vaters Karl Anton an Carol v. 22.2.1871. Ibd., S. 165ff. Die Abdankung war zu diesem Zeitpunkt nicht nur ein Strategem, wie Damean in Unkenntnis der deutschen Quellen meint, sondern eine reale Absicht. Damean, Carol I al României, S. 127.

211 P.A. I.A.B.q. Türkei 24, Vol. 44, Radowitz v. 27.1.1871. S. oben, S. 125f.

212 Din corespondenţa familiei Ion C. Brătianu, S. 145, Brătianu an seine Frau Pia v. 27.1.1871 (a.St.). Brătianu selbst glaubte aber nicht, dass der Fürst abdanken würde. Ibd., S. 144.

213 Aus dem Leben König Karls, 2, S. 158f. Nicolescu, Parlamentul romîn, S. 95. Kogălniceanu, Opere IV, orat. II, part. a III-a, S. 76.

der Antwortadresse und entsprach gleichfalls der Auffassung von Ion Ghica, der es an Pathos nicht fehlen ließ, als er zu Eintracht und Verbrüderung aufrief, um den Glauben an die große und glückliche Zukunft Rumäniens in allen Herzen zu erwecken.[214]
Doch der Fürst wollte diese Basis seiner Dynastie nicht mehr akzeptieren, sondern interpretierte das Kammervotum als gegen ihn gerichtet.[215] Er übersah dabei, dass seine Legitimation allein der verfassungsrechtlichen Einbindung der Dynastie entsprang, gerade in der Krise, als er auf keine anderen legitimationsstiftenden Grundlagen wie Tradition, persönliches Ansehen oder politische Erfolge zurückgreifen konnte. In den Tagen nach der Veröffentlichung des Briefes fanden häufige und lange Unterredungen zwischen dem Fürsten und Ion Ghica statt. In diesen Gesprächen, von denen Einzelheiten nicht bekannt sind, ging es um die Grundsatzfrage der verfassungsrechtlichen Gestaltung des Landes. Die kurzen Eintragungen Carols in seinem Tagebuch lassen das Ringen der beiden Protagonisten nur erahnen, die beide erfolglos versuchten, den anderen von der eigenen Auffassung zu überzeugen.[216]
Während die Veröffentlichung des Briefes die bereits vorhandene politische Unsicherheit vergrößerte, leitete er andererseits aber auch einen innen- und außenpolitischen Umschwung zugunsten der Konsolidierung des Fürsten ein. Innenpolitisch reagierten vor allem die Konservativen, die die Kritik Carols in vielen Punkten teilten und die jetzt überzeugt sein konnten, dass er mit den Radikalliberalen gebrochen hatte und auch im Gegensatz zu seinem Regierungschef stand, dem sie zutiefst misstrauten.[217] Nicht zufällig kam eine der ersten Ergebenheitsadressen aus den konservativen Kreisen aus Iaşi in der Moldau, zu denen Mitglieder der Hocharistokratie wie Gr. M. Sturdza, Junimisten, Teile des höchsten Klerus und auch frühere Separatisten wie Rosetti-Roznovanu gehörten, die den Fürsten ihrer uneingeschränkten Loyalität und Unterstützung versi-

214 Rundschreiben an die Präfekten v 11.2.1871 (a.St.): B. A. Arhiva Ion Ghica, VIII(3) Varia 1.

215 Der Kommentar von Radowitz zu diesem Kammervotum lag auf der Linie von Carol: „Ein ähnliches 'Ergebensheits'-Votum, mit so vielen directen und indirecten Insulten und einer gleichen, fast cynischen Betonung des Utilitätsstandpunkts, hat wohl noch nicht leicht ein regierender Herr von seinen Unterthanen erhalten." Radowitz v. 20.2.1871: P.A. I.A.B.q. Türkei 24, Vol. 45. Radowitz schickte mit diesem Bericht eine Abschrift eines von ihm selbst verfassten Mémoires an Bismarck, das er für den Fürsten angefertigt hatte und dessen Fazit lautete, dass entweder die Verfassung verändert werden oder der Fürst abdanken müsse. In diesem Sinne suchte er auch den Fürsten zu beeinflussen.

216 Arh. Stat. Fond Regele Carol I, III/28, f. 5ff. So am 6./18.2.: „J. Ghica bei mir, der sehr an der Constitution hält." (f.7). Am 9./21.2.1871: „John Ghica 2 Stunden bei mir, über Lage gesprochen, die ich sehr schwarz sehe, ihm offen meine Meinung gesagt über Kammer u. seine Landsleute." (f. 7). Am 11./23.2.: „Vormittags J. Ghica, er ist der Ansicht fest an der Constitution zu halten." (f. 7). Am 18.2./2.3.1871: „Vormittags J. Ghica von 10-12 1/2 Uhr bei mir, ihm wieder über die Situation gesprochen, die ich sehr schlecht finde." (f. 7).

217 Vgl. die Denkschrift von I. Cantacuzino aus dem Jahre 1870. Arh. Stat. CR 67/1870 passim. Am 22.1./3.2.1871 schrieb Carol in sein Tagebuch: „Mein Brief soll einen tiefen Eindruck gemacht haben, namentlich in den conservativen Kreisen." Arh. Stat. Fond Regele Carol I, III/28 f. 5.

cherten.[218] Gerade aus der Moldau erhielt der Fürst viele Ergebenheitstelegramme, die ihn zum Bleiben ermunterten und sein verlorenes Vertrauen in das Land wiederherzustellen versuchten.[219] Auch hierin wurde die moldauische Distanz zu den muntenischen Radikalliberalen wieder sichtbar. Ebenso votierte der Senat im Unterschied zur Kammer eine Entschließung, die die Verantwortung gegenüber der Dynastie betonte und nicht gegenüber der Verfassung.[220]

Das ausländische Echo fiel für Carol günstig aus; sein Brief wurde vor allem in österreichischen Zeitungen kommentiert, in denen der Fürst bis jetzt immer nur Zielscheibe von Kritik gewesen war. Nun erreichten ihn Nachrichten, dass namentlich Österreich sein Verbleiben wünschte.[221] Diese ermutigenden Anzeichen für eine Wende ließen Carol neue Hoffnung schöpfen, dass seine Bedingungen von einem Teil der Politiker akzeptiert werden würden.[222] So verschärfte er den Druck, indem er das Damoklesschwert seiner Abdankung weiter über den rumänischen Politikern schweben ließ: Er widersprach einerseits Ion Ghica, der vor dem Parlament erklärt hatte, dass an eine Abdankung nicht mehr gedacht werde, andererseits wollte Carol seine Abdankung nicht schon als beschlossenes Faktum erscheinen lassen, sondern sie als Drohung verstanden wissen mit dem Ziel, diejenigen politischen Kräfte aufzurütteln, die ihn zu unterstützen und zu einer Verfassungsänderung bereit wären.[223]

[218] B.A. Arhiva Ion Ghica VIII(3) Varia I. Von Regierungsseite kam jedoch der Vedacht auf, dass die Loyalitätskundgebung für Carol nur vorgeschoben war, in Wirklichkeit aber Vorbereitungen für eine Schilderhebung des Fürsten Gr. M. Sturdza getroffen wurden im Falle der Abdankung Carols. Verdächtigt wurde die Versammlung in Iaşi auch des Separatismus, was auf die Junimisten aber auf keinen Fall zutraf. Telegramm an Ion Ghica v. 7.2.1871 ([n.St.] Dringend): ibd.

[219] Arh. Stat. CR 5/1871.

[220] Aus dem Leben König Karls, 2, S. 160. Eine Deputation des Senats war zuvor beim Fürsten gewesen und hatte ihn gefragt, wie der Senat sich verhalten solle.

[221] Arh. Stat. Fond Regele Carol I, III/28, f. 5. P.A. I.A.B.q. Türkei 24, Vol. 45, Radowitz v. 20.2.1871.

[222] Ibid: „Offenbar ist der Fürst in der Anschauung seiner Lage jetzt weniger klar und mit sich einig, wie er es vor zwei Monaten war, wo der Entschluß des Rücktritts für die seitdem eingetretenen Eventualitäten vollkommen in ihm feststand."

[223] Carol ließ über seinen Vater eine Meldung für die deutsche Presse lancieren: „Daß Fürst Carol von seinem Entschlusse im geeigneten Moment zu resigniren, zurückkommen werde, ist noch immer wenig wahrscheinlich. Nur wenn die besonnenen und befähigten Elemente, welche leider noch sehr im Hintergrunde zu stehen scheinen, sich in energischer Weise geltend machen und die Mittel und Garantien für eine dem Landesinteresse wahrhaft ersprießliche Regierung darbieten würden, könnte diese Frage wieder in Erwägung kommen. Noch sind aber nur wenig Anzeichen dafür vorhanden, daß solche Elemente die Oberhand gewinnen und leidliche Verfassungs-Verhältnisse zurückführen könnten. Augenblicklich giebt sich nur im Senat eine Regung der Art kund." Wie wichtig er diese Nachricht hielt, zeigt sein chriffriertes Telegramm, das am 27.2.1871 in Sigmaringen einlief: „N'avez vous pas reçu dépêche pour journaux. Je ne comprend pas, pourquoi elle n'est pas encore publiée. Il serait indispensable." Am 26. Februar war in der „Norddeutschen Allgemeinen Zeitung" die entsprechende Notiz erschienen. FHHDA, HS, 53, 1434, Nr. 821 u. 822. Bis in welche Einzelheiten das Bemü-

In diesem Zusammenhang bleibt noch zu klären, inwieweit der – wie auch immer geartete – Einfluss des russischen und vor allem des österreichischen Generalkonsuls auf Mitglieder konservativer Kreise mit dazu beigetragen hat, diese für den Fürsten zu gewinnen und sie von der Notwendigkeit seines Bleibens zu überzeugen.[224] Die Furcht vor einer revolutionären radikalliberalen Regierung in Bukarest war in beiden Kaiserreichen gleich groß, wobei die Österreicher speziell Auswirkungen auf Siebenbürgen befürchteten, aber auch einen eventuellen russischen Einmarsch und die Erweiterung des russischen Einflusses in der Moldau.[225] Allen Garantiemächten, die mit der Regelung der Pontusfrage auf der Londoner Konferenz beschäftigt waren, wäre eine Abdankung höchst ungelegen gekommen, da niemand an einer neuen Balkankrise Interesse hatte. Allerdings konnte man auch wenig für den Fürsten tun, es sei denn durch inoffizielle Beeinflussungsmaßnahmen der ortsansässigen Generalkonsuln.

Auch Carol konnte nach der Veröffentlichung seines Briefes im Grunde nur abwarten, wie sich die Situation weiterentwickeln und ob es zu einer gemeinsamen Aktion der ihn unterstützenden Kräfte kommen würde. Auch wenn er kurz nach dem Bekanntwerden seines Briefes glaubte, die Situation in Händen zu haben,[226] konnte er eines Erfolges kei-

hen Carols ging, nicht den Eindruck einer bereits definitiven Entscheidung hinsichtlich der Abdankung aufkommen zu lassen, zeigt sich in seiner Ablehnung des französischen Wortes *abattement* als Übersetzung des rumänischen *mihnire*, das Ion Ghica in seiner Erklärung benutzt hatte, als er erklärte, dass der Brief Carols in einem Moment „tiefer Trübsal" geschrieben worden sei. *Abattement* war dem Fürsten zu stark und zu eindeutig auf die Abdankung ausgerichtet. Ibd. Nr. 808. In der französischen Übersetzung seiner Memoiren wird an der entsprechenden Stelle *profonds soucis*, in der deutschen Ausgabe „Augenblick tiefer Bekümmernis" benutzt. Notes sur la vie de Roi Charles de Roumanie, Vol. II, Bucarest 1896, S. 65. Aus dem Leben König Karls, 2, S. 159. In dieser Phase benutzte Carol die Abdankung eindeutig als Strategem. Damean, Carol I al României, S. 127, 132, 138f.

224 Naturgemäß lassen sich dafür kaum direkte Beweise finden; Radowitz berichtete aber von den Bemühungen des russischen Generalkonsuls Offenberg, eine Einigung von loyalen Unterstützern Carols herbeizuführen, allerdings ohne nennenswerten Erfolg. Radowitz v. 4.2.1871: P.A. I.A.B.q. Türkei 24, Vol. 44. Zur russischen Politik gegenüber den Fürstentümern:. Jelavich, B, Russia and the Formation of the Romanian National State, S. 210ff. Sie stützt sich auf die Berichte von Offenberg an Gorčakov aus dem Archiv des russischen Außenministeriums, die im Bukarester Archiv auf Mikrofilm vorliegen. Der Zar hatte in seinem Antwortschreiben auf die konservativen Kräfte im Land verwiesen, die sich aus Furcht vor Unruhen nach einer Abdankung vielleicht um den Fürsten sammeln würden. Aus dem Leben König Karls, 2, S. 163f. Einen Hinweis auf das österreichische Bemühen, eine Abdankung Carols zu verhindern, gibt das Telegramm des Fürsten Karl Anton an seine Frau Josephine vom 27. März 1871, der das Verdienst der Bildung eines konservativen Kabinetts und des Erhalts des Throns den Österreichern zuschreibt, da das österreichische Generalkonsulat eine zweite Regierungsmacht in Bukarest sei. FHHDA, HS, R 53, 1434, Nr. 834. Der österreichische Botschafter in Berlin, Wimpffen, hatte am 26. März eine lange Unterredung mit Bismarck, in der es um die Vorgänge in Bukarest ging.

225 Lutz, Österreich-Ungarn und die Gründung des Deutschen Reichs, S. 404f., 434ff. Dort mehr über die Rolle Rumäniens in den veränderten Beziehungen zwischen Österreich-Ungarn, dem Deutschen Reich und Russland.

226 Arh. Stat. Fond Regele Carol I, III/28, f. 5, Tagebucheintragung v. 24.1./5.2.1871.

neswegs sicher sein. Die Reaktionen auf den Brief hatten ihm allerdings die Gewissheit gegeben, dass man überall die Folgen einer Abdankung fürchtete und ihn jeder anderen Alternative vorzog. Hierin bestand der ihm noch verbliebene Handlungsspielraum. Abzuwarten blieb nun, ob sich diese passive Furcht für eine konstruktive Entscheidung instrumentalisieren ließ, um die Krise zu beenden.

Nicht übersehen werden sollte, dass Carol eine Abdankung selbst am stärksten als Beweis seiner Niederlage, seines Scheiterns und seines Versagens, ein Land zu regieren, getroffen hätte, auch wenn er die Schuld anderen zuwies. Er selbst scheute vor dieser endgültigen Entscheidung zurück, wie sein eigentlich inkonsequentes Verhalten bei mehreren Gelegenheiten, wie z. B. bei der Entgegennahme der Kammeradresse, zeigte. So gesehen bedeutete die Strousbergaffäre eine wahrscheinlich nicht unwillkommene Verschiebung dieser Entscheidung, auch wenn Carol sich verpflichtet fühlte, eine Lösung in dieser ihm persönlich nahe gehenden Angelegenheit zu finden, für die er zudem die Rumänen nicht verantwortlich machen konnte. Auf jeden Fall wollte er verhindern, dass seine Abdankung mit dem Odium des Versagens einer Regelung dieser Affäre behaftet werden würde, da dies seine Ehre tangiert hätte.[227] Allerdings konnte er zu diesem Zeitpunkt nichts mehr zur Lösung der Eisenbahnfrage beitragen.[228]

Die Debatten über diese Affäre, die am 24. Februar/8. März 1871 in der Kammer mit dem Bericht der Untersuchungskommission begannen und zehn Tage dauerten, gehörten zu den turbulentesten der bisherigen Parlamentsgeschichte. Zu den Mitgliedern der Untersuchungskommission gehörten die schärfsten Gegner Carols, die nun keine Gelegenheit ausließen, ihn selbst anzugreifen und die Debatten in eine Anklage gegen ein „persönliches Regime", gegen Absolutismus und „Prussianismus" umzufunktionieren.[229] Wie sehr die Debatten Gefahr liefen, eine Eigendynamik zu entwickeln und außer Kontrolle zu geraten, indem alles, was irgendwie mit Strousberg in Verbindung gebracht werden konnte, verteufelt und verurteilt wurde, zeigte sich in der Annahme des Antrags durch die Kommissionsmitglieder, alle Minister, die mit der Ausführung des Konzessionsgesetzes beauftragt gewesen waren, zur Rechenschaft zu ziehen und sie mit ihrem Vermögen für den finanziellen Schaden haftbar zu machen. Das betraf auch die radikalliberalen Minister, angefangen von Ion Brătianu, und hätte die gesamte Führungsschicht aller bisher an Regierungen beteiligten Parteien unter Anklage gestellt.[230] Die Art der Eisenbahndebatten im rumänischen Parlament, die späteren miteingeschlossen, liefern ein gutes Beispiel für die von Henry Roberts noch vorsichtig als Hypothese formulierte Verbindung von der Kleinheit eines Staates und einer bestimmten Art politischer Unbe-

[227] P.A. I.A.B.q. Türkei 24, Vol. 44 u. 45, Radowitz v. 4. und 20. Februar 1871. FHHDA, HS, R 53, 1434, Nr. 784, Carol v. 8.1.1871.

[228] Siehe oben, S. 167ff.

[229] Russu, Timofte, Imprejurările şi semnificaţia instaurării guvernării conservatoare Lascăr Catargiu (martie 1871), in: Anuarul, XVI, 1979, S. 379ff.

[230] Nicolescu, Parlamentul romîn, S. 95ff. Kogălniceanu bezeichnete sich bereits als Angeklagter: Opere IV, orat. II, part. III, S. 113f.

herrschtheit, die sich aus dem Gefühl einer Hilflosigkeit über die eigene politische Ohnmacht, über die Diskrepanz zwischen Absichten und Fähigkeiten speisen kann.[231]
So waren selbst die Radikalliberalen kaum Herr der Lage in der Kammer, auch wenn dieser Antrag mit 69 gegen 52 Stimmen abgelehnt wurde. Ion C. Brătianu und Al. G. Golescu reichten daraufhin ihre Demissionen ein, die die Kammer jedoch nicht annahm.[232] Brătianu selbst machte während der ersten Monate des Jahres 1871 einen deprimierten Eindruck und hielt die politische Lage für völlig verfahren. Politische Aussichtslosigkeit, hervorgerufen auch durch ihre außenpolitische Isolation, ließ den Radikalliberalen selbst wenig Spielraum.[233] Ihre Angriffe auf den Fürsten setzten sie zwar unvermindert fort,[234] doch überdeckten diese Hasstiraden nur die eigene Hilflosigkeit. Ähnlich wie der Fürst hatten sie sich ihrer eigenen Handlungsmöglichkeiten beraubt, so dass auch sie als politischer Faktor ausfielen, um einen Weg aus der Krise aufzuzeigen.
Die Kammer in ihrem Rausch der Debatten über Strousberg interessierte sich für nichts anderes mehr, weder hielt sie die Verabschiedung des Budgets für wichtig, noch machte sie sich weitere Gedanken über eine eventuelle Abdankung Carols. Von einer Regierung merkte man so gut wie nichts, da sie jeden Einfluss auf den Gang der Diskussionen verloren hatte. Das Eigentümliche an der Situation vor dem 10./22. März 1871 bestand in dem Nebeneinander von politischen Kräften, von denen keine stark genug war, von sich aus eine Entscheidung durchzusetzen. Die konstituierenden Elemente des politischen Systems blockierten sich gegenseitig, da es keine Zusammenarbeit zwischen ihnen gab, sie aber aufeinander angewiesen waren. Die Legitimationskrise der Institution „Fürst" führte nicht dazu, dass eine andere Institution, Regierung oder Parlament, den Spielraum nutzte, um die politische Initiative zu übernehmen und Richtung weisende Entscheidungen zu treffen. Das Parlament, genauer gesagt: die Kammer, dominierte zwar die

[231] Roberts, H. L., Politics in a Small State: The Balkan Example, in: Jelavich, C. u. B., The Balkans in Transition, Berkley, Los Angeles 1963, S. 393f.

[232] Nicolescu, Parlamentul romîn, S. 100.

[233] Seiner Frau Pia schrieb Brătianu am 18.2.1871 (a.St.), dass sich die Sonne der politischen Welt vedunkelt habe und sie sich in völliger Nacht befänden. Das könnte sich vor allem auf die Vorgänge in Frankreich beziehen, wo tags zuvor die deutschen Truppen in Paris einmarschiert waren, doch klingt auch in den anderen Briefen eine gewisse Entmutigung durch. Din corespondenţa familiei Ion C. Brătianu, S. 147ff. Die französische Niederlage schien bei den Radikalliberalen ein Gefühl des Ausgeliefertseins und der politischen Verlassenheit ausgelöst zu haben. So befürchteten sie, dass die Fürstentümer Österreich anheimfallen würden. Ibd. Brief v. 19.1.1871 (a.St.). Ähnlich C. A. Rosetti in einem Brief an seine Frau Maria v. 17./29.1.1871: Bucur (Hg.), C. A. Rosetti către Maria Rosetti, Corespondenţa, 1, S. 337. Zum Rücktritt von seinem Abgeordnetenmandat: Ibd., S. 358f.

[234] So erschien am 11./23. Februar, dem Jahrestag der Abdankung Cuzas, im *Românul* ein Artikel, der an diesen „heiligen Tag" erinnerte, der ein „nationaler Festtag" sei, an dem ein Fürst gestürzt worden war, der öffentliche Gelder verschleudert und die Verfassung missachtet habe. Die Anspielungen auf Carol waren nicht zu übersehen. Netea, C. A. Rosetti, S. 302. Carols Eintragung dazu an diesem Tag: „Romanulu einen infamen Artikel.". Arh. Stat. Fond Regele Carol I, III/28, f. 7.

politische Bühne, doch der Mangel an einer einheitlichen Willensbildung, die fehlende Kohärenz der liberalen Gruppen, die Weigerung, die von ihr selbst bestimmte Regierung zu unterstützen, indem man ihr die finanziellen Mittel gab, um überhaupt regieren zu können, hatten zur Folge, dass die Kammer sich ihrer eigenen Macht beraubte. Wieder trat eine Krise, in der eine Chance lag, den Weg zu einer parlamentarischen Regierung einzuschlagen, zu einem zu frühen Zeitpunkt ein, als die strukturellen Voraussetzungen noch nicht gegeben waren, diese Chance trotz günstiger Rahmenbedingungen wahrzunehmen. Darin lag auch die Tragik der Regierung von Ion Ghica, die daran scheiterte, dass sie – übrigens als einzige – mit ihrer Konzeption einer aus dem Parlament hervorgegangenen und diesem verantwortlichen Regierung ins Leere lief, denn weder wurde diese von Carol akzeptiert, noch verhielt sich das Parlament kooperativ, da es in der Regierung den konstitutionellen Gegenpol sah, gegen den es seine Autonomie verteidigen musste. Dieses vom Dualismus zweier sich selbständig gegenüberstehender, nicht miteinander verbundener Gewalten bestimmte Denken des Konstitutionalismus beeinflusste auf lange Zeit das Verhältnis zwischen Regierung und Parlament, das sich eine gewisse Unabhängigkeit gegenüber einem Kabinett immer bewahrte, selbst wenn die Regierungspartei die erdrückende Mehrheit bildete. Dagegen konnte sich die Auffassung Ion Ghicas, der eine parlamentarische Regierungsweise nach englischem Vorbild zugrunde lag, weder konzeptionell noch faktisch durchsetzen, und sie aufzuoktroyieren, widersprach ihrer eigenen Logik und auch der Persönlichkeit von Ion Ghica.

8. Die Peripetie: 10./22. März 1871

Die Krise erreichte ihren Kulminations- und Wendepunkt mit den massiven Angriffen von – größtenteils – Studenten und jungen Leuten auf die Teilnehmer des Festbanketts, das die deutsche Kolonie in Bukarest unter Vorsitz des Generalkonsuls Radowitz zu Ehren des Geburtstages des deutschen Kaisers am 10./22. März 1871 im Slătineanu-Saal im Zentrum der Stadt feierte. Die Deutschen wurden mehrere Stunden lang mit Steinwürfen bombardiert und belagert, ohne dass die Polizei einschritt. Als der Tumult immer größere Ausmaße annahm und es Anzeichen dafür gab, dass die Menschenmenge in Richtung Palast marschieren würde – Kirchenglocken läuteten, Rufe wurden laut wie: „Es lebe die Republik! Zum Palast!“ – schritt der Oberkommandierende der Stadtgarnison, General Solomon, militärisch ein. Ihm gelang es, mit Hilfe der Truppen die Ruhe nach Mitternacht einigermaßen wiederherzustellen, indem er die Hauptstraßen besetzen ließ und durch dieses Druckmittel die Menschenmenge dazu brachte, sich zu zerstreuen.[235]

[235] Die Ereignisse des Tages werden in dem Bericht vom 23. März 1871 von Radowitz ausführlich beschrieben, der selbst von Steinwürfen verwundet wurde. Er legte besonderen Wert darauf zu betonen, alle nur erdenklichen Maßnahmen ergriffen zu haben, um jede Provokation zu vermeiden, und nur nach offiziellen Zusicherungen seitens des Polizeipräfekten, dass keine Unruhen zu befürchten seien, die Feier überhaupt veranstaltet zu haben: P.A. I.A.B.q. Türkei 24, Vol.

Der Fürst, durch dieses Ereignis erschüttert und aufgebracht, wie auch Radowitz machten Ion Ghica für die Ausschreitungen verantwortlich und beschuldigten ihn der Mitwisserschaft.[236] Noch in derselben Nacht setzte Carol seinen Ministerpräsidenten ab, dessen Abberufung auch Radowitz gefordert hatte. Härter als mit dem Angriff auf die Geburtstagsfeier für den deutschen Kaiser, dem Oberhaupt der hohenzollernschen Familie, hätte man den Fürsten kaum treffen können. Seine Verbitterung über diesen Anschlag, der auch seine Familienehre traf, entlud sich in einem verbalen Strafgericht über Ion Ghica.[237] Ob dieser tatsächlich von dem Überfall auf das Festbankett vorher Kenntnis hatte, ist zweifelhaft. Der radikalliberale Polizeichef, Mihailescu, wurde von mehreren Zeugen der Komplizenschaft beschuldigt und im Juli angeklagt, vom Appellationsgericht in zweiter Instanz aus Mangel an Beweisen aber freigesprochen.[238] Die genauen Hintergründe und wer für die Ausschreitungen verantwortlich war, lassen sich nicht mehr exakt klären, was z. T. dem Charakter des Aufruhrs entsprach. In der allgemein frankophilen, antipreußischen und fürstenfeindlichen, aufgeheizten Stimmung in der Hauptstadt entwickelten diese Krawalle – halb organisiert von aufgebrachten Studenten, die stark von der radikalliberalen Presse beeinflusst waren, halb spontan entstanden, als viele die Gelegenheit

45. Holborn, Aufzeichnungen und Erinnerungen, I, S. 216ff. Aus dem Leben König Karls, 2, S. 174ff. Arh. Stat. Fond Regele Carol I, III/28, f.9f. FHHDA HS, R 53, 1434, Nr. 844, Carols Brief an seinen Vater v. 27. März 1871 (seiner Frau Elisabeth diktiert). Unklar ist, ob es wirklich Rufe nach der Republik gab. *Românul* dementierte dieses kurz darauf mit dem Hinweis, solche Rufe hätten der französischen Republik gegolten. Damean, Carol I al României, S. 143f.

236 Beide hatten zunächst vergeblich nach Ion Ghica suchen lassen. Erst um 1 Uhr nachts kam er ins Palais. Am Vormittag hatte er den Fürsten gebeten, die am Mittwochabend gewöhnlich stattfindende Kabinettssitzung ausfallen zu lassen, was nun den Verdacht Carols von einer Mitwisserschaft Ghicas verstärkte. Arh. Stat. Fond Regele Carol I, III/28, f. 9f. Die Darstellung in den publizierten Memoiren, dass der Fürst zur Überzeugung gekommen sei, Ion Ghica sei mit der ganzen Angelegenheit nur überfordert gewesen und unschuldig an dem Vorgefallenen, ist eine nachträgliche Einschätzung oder eine rücksichtsvolle Kommentierung, die nicht mit der Meinung des Fürsten zum Zeitpunkt des Geschehens übereinstimmt. Aus dem Leben König Karls, 2, S. 175f. Dagegen steht die Überzeugung von Radowitz, dass der Angriff der erste Akt zur Machtergreifung von Ion Ghica gewesen sei: Holborn, Aufzeichnungen und Erinnerungen I, S. 220.

237 Ion Ghica wurde vom Fürsten regelrecht abgekanzelt. Die entsprechende Tagebucheintragung lautet: „ 1 Uhr J. Ghica angekommen, that ganz unschuldig, ich ihn zuerst befragt über die Angelegenheit, er meinte c'est un malheur, ich ihm ruhig aber entschieden meine Meinung gesagt u. seinen Rücktritt gefordert, dem er mit Vergnügen Folge leistete. Sein Gesicht war gelb u. die Wuth kochte in ihm." Arh. Stat. Fond Regele Carol I, III/28, f.9. In dem Brief an seinen Vater v. 27. März schilderte er seine Zusammenkunft mit Ghica noch drastischer: „Um 1 Uhr erst kam Jon Ghica mit bösem Gewissen an. [...] Was ich ihm sagte /zwar kalt und ruhig/ hörten nur er und die Wände, aber beide werden es schwerlich weitererzählen. Ich habe ihn geradezu fortgeschickt." FHHDA, HS, R 53, 1434, Nr. 844. Radowitz bestätigt die Art des Rausschmisses von Ghica durch Carol. Holborn, Aufzeichnungen und Erinnerungen I, S. 219.

238 P.A. I.A.B.q. Türkei 24, Vol. 46, Übersendung der Anklageschrift im Bericht v. Radowitz v. 15. Juli 1871. Aus dem Leben König Karls, 2, S. 240f.

ergriffen, ihrer Unzufriedenheit freien Lauf zu lassen, oder weil sie zu den „professionellen“ Banden gehörten, derer sich die Parteien für ihre Zwecke bedienten – eine Eigendynamik, die auch vor dem Fürsten nicht mehr Halt machte.[239] Es handelte sich aber um keinen geplanten, organisierten Umsturzversuch einer Verschwörergruppe mit klaren politischen Vorstellungen wie bei der Abdankung Cuzas, sondern um die Entladung einer sukzessive aufgebauten politischen Spannung. Für eine „wohlgeplante Revolution“, wie Carol wenige Tage später meinte, blieb er die Beweise schuldig.[240]

Die Situation in der Nacht des 22./23. März (n.St.) war allerdings offen, und jeder der politischen Kontrahenten hätte die Initiative übernehmen können.[241] Dass die Radikalliberalen es nicht taten, zeigt, dass sie nicht darauf vorbereitet waren und vor einem gewalttätigen Umsturz zurückschreckten. Die Armee, besonders die wichtige Bukarester Garnison mit ihrem Kommandanten, erwies sich als zuverlässig, die bestehende Ordnung und den Fürsten, wenn es sein musste, auch mit Waffengewalt zu verteidigen.[242]

Die Gewissheit, die Armee auf seiner Seite zu haben, mag Carol bestärkt haben, die Entscheidung seiner Abdankung zu treffen in der Überzeugung, sie nicht realisieren zu müssen. Am Morgen des 11./23. März ließ er durch D. Sturdza die Mitglieder der Statthalterschaft von 1866 rufen, um an sie seine Macht zurückzugeben. Gegenüber Radowitz erklärte er, dass seine ordnungspolitischen Mittel erschöpft seien und er es der Statthalterschaft überlasse, „sich mit der Kammer über einen weiteren Regierungsmodus zu verständigen“.[243]

Der Erfolg seines Vorgehens lag in der allgemeinen Überzeugung, dass der Fürst es jetzt ernst meinte. Die Abdankungsdrohung war seit dem Brief in der Augsburger Allgemeinen Zeitung allgemein bekannt, doch hatte sie bis jetzt zu keinem von dem Fürsten gewünschten Resultat geführt oder die politische Lage geklärt. Nun aber standen die rumänischen Politiker wirklich vor der Notwendigkeit, sich für oder gegen Carol auszusprechen, und damit eine Entscheidung zu treffen, der sie bis jetzt ausgewichen waren. Über die Konsequenzen für das Land und den Fortbestand der Union waren sich die meisten im Klaren, was sie jetzt zum Handeln zwang. Schlagartig gewann Carol mit seiner Entscheidung den verloren gegangenen Handlungsspielraum zurück. Die Mitglieder der Statthalterschaft von 1866, Lascăr Catargiu und Nicolae Golescu – das dritte Mitglied, General N. Haralambie, befand sich nicht in Bukarest –, weigerten sich, die Abdankung

239 Bacalbaşa, Bucureştii de altă dată, 1, S. 14ff., 24f.

240 FHHDA, HS, R 53, 1434, Nr. 844.

241 „Es war Nachts 1 Uhr, kein Ministerium, keine Polizei, und höchste Aufregung in der Stadt“. So Carol in seinem Brief v. 27. März 1871. Ibd.

242 Ibd. Das Palais wurde von Soldaten mit geladenem Gewehr bewacht. Vgl. auch die Schilderung des Treffens von Radowitz mit Solomon: Holborn, Aufzeichnungen und Erinnerungen, I, S. 220f.

243 P.A. I.A.B.q. Türkei 24, Vol. 45, Radowitz v. 24. März 1871. Bereits in der Nacht hatte Carol Radowitz diesen Entschluss mitgeteilt: Holborn, Aufzeichnungen und Erinnerungen, I, S. 220. Aus dem Leben König Karls, 2, S. 176.

anzunehmen und ließen nichts unversucht, um den Fürsten umzustimmen.[244] Carol nannte nach diesem dramatischen Gespräch, das über eine Stunde dauerte, seine Bedingungen, unter denen er seine Entscheidung für den Moment auszusetzen bereit wäre: die Bildung eines Ministeriums, das sein Vertrauen genieße und das die Verabschiedung der Haushaltsgesetze von der Kammer erreiche. Als letzten Termin dafür nannte er den 24. März/5. April 1871.[245]

In der Kammer, die in geheimer Sitzung von der Entscheidung des Fürsten in Kenntnis gesetzt wurde, kam es wieder zu heftigen Auseinandersetzungen, die vor allem von Gegnern Carols bestimmt wurden, die aber in der Minderheit blieben.[246] Die Kammer stimmte zu, dem Fürsten die Bildung einer neuen Regierung mit Männern seines Vertrauens zu überlassen, worauf dieser Lascăr Catargiu selbst beauftragte, ein Kabinett zu bilden, dem nur „Männer von bewährter Energie und conservativer Gesinnung, ohne alle Rücksicht auf ihre Stellung zur Kammer" angehören sollten.[247] Noch in der Nacht vom 11./23. zum 12./24. März legte Catargiu dem Fürsten die Ministerliste vor, die dieser billigte. Carol bezeichnete dieses Ministerium als das stärkste, das Rumänien je gehabt habe, weil alle seine Mitglieder bereits hätten schießen lassen.[248] Die Schnelligkeit, mit der diese Regierung zustande kam, bewies, wie ernst die konservativen Politiker die Situation ansahen. Ihre dringlichste Aufgabe bestand in der Wiederherstellung der öffentlichen Ordnung und Ruhe. Während der kritischen Tage vom 10./22. März bis zur Auflösung der Kammer am 16./28. März, als die stürmischen Kammersitzungen von Tumulten und Straßenkundgebungen begleitet wurden, traf man militärische Maßnahmen, die auch die verfassungswidrige Besetzung des Metropolitenhügels, wo sich die Kammer befand, durch Truppen einschlossen. Für den Fall einer Zuspitzung hatte man die notwendigen Akten für die Ausrufung des Ausnahmezustandes angefertigt, die nur noch von Carol unter Einsetzung des Datums unterschrieben werden mussten.[249] Damit standen ihm alle Mittel zur Verfügung, die Ordnung aufrechtzuerhalten und seinen Thron zu sichern.

Der Fürst hatte mit seinen Bedingungen die Verantwortung für die Lösung der Krise auf die Minister und das Parlament übertragen, während er sich selbst die eigene Entschlie-

[244] Carol berichtete Radowitz, dass sie ihn unter Tränen beschworen hätten, zu bleiben und das Land nicht der Anarchie und dem Staatsbankrott preiszugeben: P.A. I.A.B.q. Türkei 24, Vol. 54, Bericht v. 24. März 1871.

[245] Fond Regele Carol I, III/28, f.9f. Aus dem Leben König Karls, 2, S. 176f.

[246] Ungefähr 30 Abgeordnete.

[247] P.A. I.A.B.q. Türkei 24, Vol. 45, Radowitz v. 24. März 1871. Aus dem Leben König Karls, 2, S. 177.

[248] FHHDA, HS, R 53, 1434, Nr. 844, Brief Carols v. 27. März 1871. Diese Aussage bezog sich vor allem auf Lascăr Catargiu (Vorsitz und Inneres), Nicolae Creţulescu (Jusitzministerium und Ministerium für Öffentliche Arbeiten) und General Florescu (Kriegsministerium), die bei Unruhen in Iaşi im April 1866 bzw. im August 1865 in Bukarest den Schießbefehl gegeben hatten, um die Ordnung wiederherzustellen.

[249] Arh. Stat. CR 13/1871. Die Unterschriften der Minister L. Catargiu und General Florescu standen bereits unter dem Dekret der Ausrufung des Ausnahmezustandes. Man bezog sich dabei auf ein Gesetz vom 27.11.1864 aus der Cuza-Zeit.

ßungsfreiheit vorbehielt. Mit dieser Entscheidung begann der Prozess einer persönlichen Entidentifizierung von politischen Ereignisssen und Personen, die Carol schließlich den Freiraum geben sollte, die Funktion eines Koordinators und Schiedsrichters erfolgreich auszufüllen. Die persönliche Betroffenheit, die seine Politik in den ersten fünf Jahren bestimmt hatte, machte einer nüchternen, vorurteilsfreien, an den politischen Gegebenheiten des Landes orientierten Entscheidungsfindung Platz, die an dem Funktionieren des politischen Systems großen Anteil haben sollte.

Während Carols Forderung nach Bildung eines starken Ministeriums erfüllt wurde, sah es bei der Zustimmung der Verabschiedung des Haushalts, in dem auch das Problem der Strousbergzahlungen gelöst werden musste, anders aus. Die Kammer ließ sich auf diese Forderung des Fürsten nicht ein. Stattdessen entbrannte ein neuer Streit über die Verfassungsmäßigkeit der Regierung Lascăr Catargiu, der eine Verletzung der Parlamentsrechte und der Verfassung vorgeworfen wurde. Es entwickelte sich eine der letzten Grundsatzdebatten über die Frage, welchem konstitutionellen Faktor der bestimmende Einfluss für eine Regierungsbildung zukam: dem Fürsten oder dem Parlament. Die Abgeordneten begriffen sehr wohl, dass sich diese Regierung am Parlament vorbei konstituiert hatte. Allerdings ließen sie in ihrer Argumentation jetzt außer Acht, dass sie angesichts des Ultimatums dem Fürsten dieses Recht mehrheitlich zugestanden hatten. Ihre Angriffe richteten sich gegen den Fall des letzten Kabinetts und gegen die Missachtung des Parlaments, das „das parlamentarische System inauguriert hat" – so der Abgeordnete Nicolae Fleva, der die fünftägigen Debatten maßgeblich bestimmte.[250] Der Sturz des „parlamentarischen Ministeriums" wurde von vielen als Anschlag auf ihre Rechte interpretiert, die Verabschiedung des Haushalts hingegen als sekundär abgetan. Die Diskussionen spiegelten bereits eine Verfassungsentwicklung wider, die über den Verfassungstext hinausging, sich aber in der politischen Praxis als notwendig gezeigt hatte: das Mitspracherecht des Parlaments bei einer Regierungsbildung. Das Parlament, genauer gesagt, die Kammer, verstand sich als eine unabhängige Instanz, die sich nicht mehr nur mit einer Kontrollfunktion gegenüber der Regierung begnügen wollte, sondern aus ihrer Autonomie das Recht ableitete, beim Zustandekommen eines Ministeriums maßgeblich mitbeteiligt zu werden. Die Versicherungen des neuen Kabinetts, die Verfassung nach Geist und Buchstaben getreulich einzuhalten und die Erklärung des neuen Außenministers, Costaforu, eines anerkannten Juristen, der den Vorwurf des Verfassungsbruchs entschieden zurückwies und auf die Rechte des Fürsten hinwies, wurden nicht akzeptiert, da es sich nicht um „eine einfache Auswechslung eines Kabinetts durch ein anderes handelte", sondern um die Frage, welche Einflüsse, welcher Druck zu diesem Wechsel geführt hätten, der von höchster politischer Wichtigkeit sei: nämlich der Sturz eines parlamentarischen Ministeriums.[251]

[250] Nicolescu, Parlamentul romîn, S. 104ff.

[251] So der Abgeordnete Ion Codrescu in seiner von „stürmischem Beifall" begleiteten Rede. Ibd., S. 106. Auffallend ist die Ignorierung dieser Debatten in der *Istoria parlamentului* (1983), wo sie mit keinem Wort erwähnt wurden. Unwillkürlich drängt sich der Verdacht auf, dass in der damaligen aktuellen politischen Lage die Behandlung einer auf Autonomie und Stärkung der

Der Widerstand, auf den das Kabinett L. Catargiu traf, machte jede Verständigung und Zusammenarbeit illusorisch. Die Auseinandersetzungen, in denen wieder Verfahrensfragen zu Grundsatzfragen erhoben wurden, endeten am 16./28. März, nachdem die von der Regierung geforderte Beendigung der Diskussion, aus der Catargiu eine Vertrauensfrage gemacht hatte, abgelehnt wurde, ohne dass die Finanzgesetze verabschiedet worden waren. Die Folge konnte nur in der Auflösung des Parlaments bestehen. Damit fand auch die Zeit der parlamentarischen Turbulenzen ein Ende.[252] Das Parlament hatte sich als stark genug erwiesen, Ministerien zu Fall zu bringen, zeigte sich aber nicht in der Lage, Regierungen zu erhalten. Die einmalige Chance im Dezember 1870 – das gilt in etwas eingeschränktem Maße auch für die Regierung Ion Ghica 1866/67 –, eine parlamentarische Regierung mit den notwendigen Mitteln zu versehen, um die Stellung des Parlaments auf Kosten der fürstlichen Rechte zu stärken, wurde nicht genutzt bzw. konnte nicht genutzt werden.

Dabei waren jedoch nicht nur die parteipolitischen Defizite allein ausschlaggebend wie die fehlende Einheitlichkeit der Willensbildung, der Mangel an organisatorischer Geschlossenheit und ideologischem Grundkonsens von Parteien, die jede Abstimmung unberechenbar machten und damit eine einigermaßen kalkulierbare Politik jeder Regierung vereitelten. Als ebenso wichtig erwies sich die machtpolitische Kurzsichtigkeit der liberalen Kräfte, besonders der Radikalliberalen, die sich mit ihrem anticarlistischen Kreuzzug in eine politische Optionslosigkeit manövriert hatten. Die Möglichkeit, 1870/71 über das Parlament wieder an die Regierung zu kommen, hatten sie sich selbst verbaut, da dies unweigerlich die Abdankung des Fürsten zur Folge gehabt und das Land außenpolitischem Druck ausgesetzt hätte. Gerade die Inkonsequenz der Kammer, die dem Fürsten in der höchsten Abdankungsgefahr die Regierungsbildung übertrug, dann aber dessen Entscheidung heftig bekämpfte, offenbarte das Dilemma der Liberalen. Die stürmischen Debatten über die Einsetzung der Regierung Catargiu zeigten noch einmal ihren ganzen Widerstand gegen ein in ihren Augen reaktionäres Kabinett, das sie doch nicht verhindern konnten, ohne die staatlichen Fundamente zu gefährden. Von daher gesehen bildete diese parlamentarische Auseinandersetzung das radikalliberale Rückzugsgefecht. Man erkannte durchaus die Bedeutung dieser Kabinettsbildung, führte sie aber nicht auf die eigenen Fehler zurück, nämlich der Regierung Ion Ghica die Mittel versagt und sie nur als Instrument für den eigenen Machtantritt benutzt zu haben. So konnte die Krise des politischen Systems zum Ausbau der parlamentarischen Rechte nicht genutzt werden, da es den Abgeordneten nicht gelang, die Macht, die sie 1870/71 besaßen, in ein regierungsfähiges politisches Handeln umzusetzen.

Die Erfahrung, dass ein zersplittertes, unberechenbares Parlament jede Regierungsstabilität verhinderte, beeinflusste von nun an die Entwicklung des politischen Systems,

parlamentarischen Stellung gegenüber der Exekutive ausgerichteten Diskussion inopportun war.

252 Nach der Auflösung der Kammer trat auch schlagartig Ruhe in der ganzen Stadt ein, wie Carol hervorhebt. Aus dem Leben König Karls, 2, S. 180f.

in der die Zusammensetzung eines Parlaments von der jeweiligen Regierung bestimmt wurde, ohne es aber – und das ist wichtig – zu einem politisch bedeutungslosen Faktor zu degradieren. Die Beispiele aus der Zeit mit Ion Brătianu und Mihail Kogălniceanu als Innenminister hatten gelehrt, dass nur einflussreiche, durchsetzungsfähige Politiker, die einen bestimmten nummerischen Anhang hinter sich hatten, Wahlen organisieren und kompakte Mehrheiten sichern konnten. Dieser Persönlichkeitsfaktor spielte auch beim Zusammenhalt von Mehrheiten eine große Rolle. Die zweite Stabilitätsvoraussetzung bildete eine einheitliche Führung innerhalb der Regierung. Diese Erfahrungen bildeten sich nun zur Norm der parlamentarischen Entwicklung im politischen System heraus, womit ausgerechnet die radikalliberalen Regierungen unter Ion C. Brătianu von 1867/68 Vorbildcharakter erhielten. Komplementär bzw. kompensatorisch zu der mangelnden Institutionalisierung stand die Dominanz des persönlichen Faktors und von persönlichen Loyalitätsstrukturen, die sich aber in Bezug auf den Fürsten erst herausbilden mussten. Carol hatte die politische Chance des 10./22. März erkannt und genutzt.[253] Selbst bei einer Abdankung wäre er als moralischer Sieger hervorgegangen, da sich die Rumänen vor aller Welt ins Unrecht gesetzt hatten. Die Frage, ob er wirklich abdanken wollte, verneinte er selbst fünf Tage später in einem Brief an seinen Vater.[254] Diese *post festum* getroffene Feststellung unterschlägt den durchaus vorhandenen offenen Ausgang der

[253] Vielleicht hatte dabei auch das Beispiel Wilhelms I. eine Rolle gespielt, der als Ausweg aus dem Verfassungskonflikt die Abdankung sah, eine Absicht, von der Bismarck ihn an jenem denkwürdigen 22. September 1862 abbrachte.

[254] „[...] (dies war nicht Ernst; denn ich werde nicht in der Stunde der Gefahr meinen Posten verlaßen)“: FHHDA, HS, R 53, 1434, Nr. 844. Aus seiner Tagebucheintragung vom 11./23. März geht nicht hervor, wie ernst es ihm mit der Abdankung war. Vielleicht war er an dem Tage selbst nicht ganz darüber im Klaren, ob seine Drohung wirklich zum Ziel führen würde. In den veröffentlichten Memoiren wird von der Abdankung als von einem beschlossenen Faktum ausgegangen, von der Carol nur aufgrund des Insistierens von L. Catargiu und N. Golescu Abstand genommen hätte. – In der einschlägigen neueren Literatur wird in der Regel nicht viel über diese Frage spekuliert, sondern deskriptiv das Handeln Carols wiedergegeben. In rumänischen Darstellungen der kommunistischen Zeit, verfolgt man sie über einen längeren Zeitraum, ist die Bewertung der Abdankung äußerst zwiespältig. Einerseits ist von einem „Manöver“ Carols, von einem Ausnutzen der Situation zur Stärkung der eigenen Position die Rede mit einem eindeutig pejorativen Tenor, andererseits wirft man dem Fürsten verantwortungsloses Handeln vor, das Land der Gefahr eines Zerfalls ausgesetzt zu haben. Der Spagat, den Fürsten ideologiemäßig abzulehnen und eigentlich eine Abdankung zu begrüßen, vom nationalen Standpunkt der Bewahrung der Landeseinheit aber für den Verbleib des Fürsten einzutreten, führte z. T. zu kuriosen Begründungs- und Erklärungsmustern. Istoria Romîniei, IV, S. 559ff. Iordache, A., Goleştii. Locul şi rolul lor în istoria României, Bucureşti 1979, S. 403. Russu, V., Timofte, M., Imprejurările şi semnificaţia instaurării guvernării conservatoare, in: Anuarul XVI, 1979, S. 382f. Die beiden letzten Autoren übersehen, dass der entscheidende Unterschied bei der Drohung der Abdankung am 11./23. März 1871 zu früheren Äußerungen Carols die allgemeine Überzeugung von der Ernsthaftigkeit dieses Schrittes war, was ein anderes Handeln rumänischer Politiker zur Folge hatte. Neuere Abhandlungen sprechen von dem „Strategem“ der Abdankung, was zum großen Teil auch zutrifft, die Offenheit der Situation in der Nacht des 10./22. März damit aber unterschätzten. Damean, Carol I al României, S. 142.

Nacht des 22. März, gibt aber doch einen zuverlässigen Hinweis auf die Zuversicht des Fürsten, dass es nicht zu einer Abdankung kommen würde. Vor allem das Verhalten der Armee hatte ihn darin bestärkt. Ein anderes Kalkül, dass diejenigen Kräfte, die die Folgen seines Fortgangs am meisten fürchteten, sich vereinigen würden, um den Fürsten unter allen Umständen zu halten, erwies sich ebenfalls als richtig. Wie Carol seinem Vater sagte, handelte es sich darum, durch Schrecken und Einschüchterung, „die Körner von der Spreu zu scheiden."[255] Die einzige politische Gruppe, die jetzt noch für eine Regierungsübernahme in Frage kam, waren die Konservativen. Die Furcht vor Anarchie, vor der Übernahme der Macht durch die Radikalliberalen, aber auch die echte Besorgnis vor den außenpolitischen Gefahren bewogen sie, die sich bis jetzt von Carol fern gehalten hatten und an den bisherigen Regierungen nicht beteiligt gewesen waren – sieht man von der kurzen Amtszeit Catargius bei der Ankunft Carols ab –, sich dem Fürsten jetzt zur Verfügung zu stellen.[256] Das Resultat war „ein wirklich conservatives und energisches Ministerium [...] Etwas *Besseres* giebt es hier nicht mehr: darin sind alle Stimmen einig." – so der deutsche Generalkonsul von Radowitz.[257] Auf der Seite der Radikalliberalen führte diese Drohung aus teilweise derselben Besorgnis heraus umgekehrt zu einem Stillhalten, das den Konservativen das Feld überließ.

Unter den Ministern befanden sich ebenfalls Anhänger Cuzas, was Carol zu der Bemerkung veranlasste, dass sie „Verfechter des monarchischen Prinzips" seien und ebensowenig seinen Sturz hinzunehmen bereit waren, wie sie 1866 den Sturz Cuzas gebilligt hätten. In der Stunde der Gefahr hätten sie die wahren Interessen des Landes über „hohle Popularität" gestellt.[258] Das neue Ministerium Lascăr Catargiu verfügte im Gegensatz zu früheren Regierungen über Persönlichkeiten, die alle politischen Erfahrungen aufwiesen, wichtige Ämter innegehabt hätten und ein politisches Eigengewicht besäßen.[259] Die Taktik Carols war aufgegangen, durch „entschiedenes Auftreten" diejenigen zu mobilisieren, die sich nun aus Furcht vor einem politischen Chaos für den Erhalt der Dynastie aktiv einsetzten.[260] Die Regierung Catargiu markierte auch den Beginn der Zusammenarbeit Carols mit den Konservativen und ihre Integration in das Verfassungssystem von 1866.

Das wichtigste Indiz dafür, dass es nicht in der Absicht des Fürsten lag abzudanken, bildeten seine Bedingungen für ein weiteres Verbleiben. Er stellte nicht die Forderung nach einer Verfassungsänderung, von der er früher sein Bleiben abhängig gemacht hatte. In der äußerst gespannten Lage nach dem 10./22. März hätte keine Regierung eine solche Bedingung annehmen können, so dass dem Fürsten dann nur die Abdankung geblieben

255 FHHDA, HS, R 53, 1434, Nr. 844.

256 Vgl. den Brief von N. Crețulescu an Carol v. 25. Mai/6. Juni 1871: FHHDA, HS, R 53, 1435, Nr. ad 914.

257 P.A. I.A.B.q. Türkei 24, Vol. 45, Radowitz v. 27. März 1871 (Vertraulich) [Hervorhebung im Text].

258 FHHDA, HS, R 53, 1435, Nr. 914, Carol an seinen Vater v. 10./22. Juni 1871.

259 Ibd. Aus dem Leben König Karls, 2, S. 198ff.

260 Arh. Stat. Fond Carol I, V B 382/1871, f. 1f., Carol an seine Schwester Marie v. 2./14. Mai 1871.

wäre. Die Forderungen aber nach Bildung einer starken Regierung, die sein Vertrauen besaß, und der Votierung der Haushaltsgesetze erschienen berechtigt und erfüllbar. Bezeichnenderweise ließ es Carol auf die Verstreichung seines Ultimatums gar nicht ankommen – er hatte den 24. März/5. April als Stichtag genannt –, sondern löste die Kammer bereits am 16./28. März auf, als klar wurde, dass die Abgeordneten nicht daran dachten, mit ihren Grundsatzdiskussionen zugunsten der Behandlung des Haushalts aufzuhören.[261] Er vermied somit eine Situation, in der er um seiner Glaubwürdigkeit willen hätte abdanken müssen.

Darüber hinaus konnte sich der Fürst durch die Reaktionen der ausländischen Konsuln und ihrer Regierungen bestätigt fühlen, die ihn nach der Bildung des konservativen Ministeriums in der Absicht zu bleiben aktiv bestärkten. Vor allem die österreichisch-ungarische Regierung versuchte mit allen Mitteln, es nicht zu einer Abdankung kommen zu lassen.[262] Sie fürchtete am meisten eine Auflösung der Ordnung in Bukarest, zum einen wegen möglicher Auswirkungen auf die Rumänen in Siebenbürgen, zum andern wegen eines Machtzuwachses Russlands, falls es zu einer Trennung der Fürstentümer kommen sollte.[263] Für den österreichisch-ungarischen Außenminister, Beust, bildete die kritische Lage in Rumänen darüber hinaus einen Testfall für die neue Zusammenarbeit mit Bismarck, dem wiederum daran lag, jeden Konflikt zwischen Österreich-Ungarn und Russland über Rumänien zu vermeiden. Im Gegensatz zu seinem politischen Desinteresse an diesem Land und seiner Gleichgültigkeit gegenüber der Stellung Carols Ende 1870 hielt Bismarck nun angesichts der Besorgnisse der österreichisch-ungarischen Regierung und der Aussicht auf Stabilität mit einem konservativen Kabinett den Verbleib von Carol für wünschenswert.[264] Bismarck sorgte auch dafür, dass die Wiener Regierung über die russischen Absichten beruhigt wurde. Allgemeinen Konsens fand ebenfalls sein Standpunkt, bei Unruhen im Gefolge einer Abdankung Carols Artikel 27 des Pariser Vertrags anzuwenden, der für eine Militärintervention die vorherige Verständigung aller Garantiemächte mit der Pforte zur Voraussetzung machte.[265]

Es war ein Novum in den Beziehungen des Fürsten zu den Garantiemächten, dass sich jetzt alle aktiv für ihn einsetzten. Zum ersten Mal sah man in ihm im Verbund mit einer

[261] In dem Wahlrundschreiben des Innenministers L. Catargiu vom 31. März 1871 (a.St.) an die Präfekten wurde der Kammer vorgeworfen, dass sie weder dem Ministerium Epureanu noch der von ihr selbst bestimmten Regierung Ion Ghica die notwendigen finanziellen Mittel bewilligt hätte, obwohl sie es in der Hand gehabt hatte, die finanzielle Krise sofort zu beenden. P.A. I.A.B.q. Türkei 24, Vol. 46.

[262] P.A. I.A.B.q. Türkei 24, Vol. 45, Radowitz v. 31. März 1871 (Nr. 23).

[263] FHHDA, HS, R 53, 1434, Nr. 834. Jelavich, B., The Abdication Crisis of 1870-71: The International Aspects: RRH XXI, 1982, S. 97. P.A. I.A.B.q. Türkei 24, Vol. 45, Bismarck an Graf von Bernstorff in London, 3. April 1871 (Nr. 49. Sicher).

[264] Ibd. Bismarck v. 28.3.1871 an Reuss in Petersburg (Nr. 21). Der treibende Faktor der ausländischen Unterstützung für Carol war Österreich-Ungarn, nicht Deutschland. Maier, Rumänien, S. 368f.

[265] P.A. I.A.B.q. Türkei 24, Vol. 45. Depesche von Beust an Wimpffen v. 30. März 1871 (Abschrift). Lutz, Österreich-Ungarn und die Gründung des Deutschen Reichs, S. 434f.

konservativen Regierung einen Ordnungsfaktor, geeignet, den Ausbruch unkontrollierter Unruhen zu verhindern. Niemand wollte über Rumänien eine neue europäische Krise entstehen lassen. Genau in diesem Punkt lag der Vorteil einer Beibehaltung des Fürsten, da dieser die Großmächte ihrer Verantwortung für die Regelung der rumänischen Frage enthob.[266]
Die bekundete Abdankung Carols hatte sich demnach in zwei Richtungen positiv für ihn ausgewirkt: Sowohl innenpolitisch wie auch außenpolitisch mobilisierte sein Entschluss Kräfte, die aktiv wurden, um ihn zu stützen. Trotz seiner politischen Misserfolge war die zentrale Bedeutung seiner Position für die Einheit und Stabilität des Landes schlagartig klar geworden. Die rumänische Entscheidung von 1866, einen fremden Fürsten zu berufen, war selbst von der Krise von 1871 nicht überholt worden, da es zu ihm keine Alternative gab. Darüber hinaus aber bildete die veränderte gesamteuropäische Lage von 1871 ein gewichtiges Argument zugunsten des Fortbestehens der hohenzollernschen Dynastie in Rumänien. Ähnlich wie 1866 wirkte sich auch 1871 die veränderte Stellung Deutschlands positiv auf den Fürsten aus.

9. Rückblick auf die Anfangsjahre

Gemessen an den Zielen, die mit der Wahl eines fremden Fürsten gesteckt worden waren, konnte man dieses Experiment nach den ersten fünf Jahren nur als Fehlschlag bezeichnen. Weder innen- noch außenpolitisch hatte sich die Situation des Landes stabilisiert oder gefestigt. Insofern unterschied sich die Lage im März 1871 nicht sehr von dem Ausgangspunkt 1866. Dazwischen lag aber ein wichtiger Lern- und Anpassungsprozess sowohl des Fürsten als auch der politischen Führungsschicht. Beide mussten erkennen, dass die staatstragenden Institutionen nicht in der Konfrontation, sondern nur in der Kooperation funktionieren konnten. Es ging darum, die Spielregeln innerhalb des Verfassungssystems zu lernen, die zuerst jeder zu seinem Vorteil interpretierte und sie dem andern aufzuzwingen versuchte. Dieses Spiel ging für alle Beteiligten verloren, auch für den Fürsten, der selbst die Rolle eines aktiven Mitspielers übernahm und nicht diejenige eines Schiedsrichters und Vermittlers, der über die Einhaltung der Regeln wachte. Eine Erkenntnis dieses Misserfolges bestand darin, dass man dieses Schiedsrichters bedurfte und dass nur ein fremder Fürst diese Funktion erfüllen konnte.
Bei der Beantwortung der Frage nach dem Anteil des Fürsten an der instabilen Lage der ersten fünf Jahre müssen verschiedene Aspekte berücksichtigt werden. Auf der institutionellen Ebene, die verfassungsmäßig festgelegt worden war, bildete der Thron ein zentrales Element, ausgestattet mit entscheidenden Rechten bei der politischen Konfliktregelung. Ein Grundproblem dieses behandelten Zeitraums bestand darin, dass der

[266] Insofern muss die Aussage von B. Jelavich, dass der Fürst keine Unterstützung von den Großmächten erhalten habe, in dem Sinne relativiert werden, dass die ernst genommene Abdankung eine Änderung im Verhalten zugunsten des Fürsten bewirkte. Jelavich, Russia and the Formation of the Romanian National State, S. 214.

Fürst diese zentrale Rolle nicht ausfüllen konnte. Die Diskrepanz zwischen der verfassungsrechtlich wichtigen Stellung und dem politischen Unvermögen des Fürsten hatte demnach großen Anteil an der Legitimitätskrise des politischen Systems. Urteile über die Rolle Carols während dieser Zeit schließen zu schnell von seiner starken Stellung in der Verfassung auf eine gleichfalls starke politische Stellung, das Gegenteil war aber der Fall.[267] Seine politische Schwäche, nicht seine Stärke, trafen das Verfassungssystem in einem zentralen Punkt und trugen zur Destabilisierung bei.[268] Die Dominanz der Kammer beruhte auf der Schwäche der Exekutive, während sie sich gleichzeitig nicht in der Lage zeigte, die zentrale Aufgabe der Regierungsbildung auf Dauer zu übernehmen.[269]

Die Frage nach den Gründen der Schwäche des Fürsten berührt die politische Handlungsebene, wo der Fürst gravierende Fehler machte, die auf Unerfahrenheit, Unkenntnis der rumänischen Verhältnisse und persönlichem Ehrgeiz beruhten. Den Zielen, möglichst schnell ein modernes Eisenbahnnetz und ein schlagkräftiges, gut ausgerüstetes Heer aufzubauen sowie die Unabhängigkeit zu erreichen und die Außenpolitik nach Preußen hin umzuorientieren, ordnete Carol in der Anfangszeit alles andere unter. Er nahm keine Rücksicht auf die Ressourcen des Landes, er überschätzte den außenpolitischen Spielraum, setzte sich über Verfassungsvorschriften hinweg, überließ den Radikalliberalen die innenpolitische Ausgestaltung der Verfassung, so lange sie ihm die nötigen Mehrheiten für seine Reformen garantierten. Die Politik Carols bis zum Sturz der radikalliberalen Regierung im November 1868 war von kühnen Plänen diktiert worden, die sich nicht an den Interessen des Landes orientierten, sondern an der eigenen Position und Würde. Das Land sollte die Stellung erreichen, die seinem Stand entsprach. Das Ergebnis dieser Politik bestand in einer größeren außenpolitischen Abhängigkeit und Erpressbarkeit als zuvor und einer innenpolitischen Polarisierung, da die Radikalliberalen ihre Macht zur Durchdringung aller Bereiche der Staatsverwaltung genutzt hatten.

Carol und die Radikalliberalen waren in dieser Anfangsphase gleichermaßen aufeinander angewiesen, um ihre hochfliegenden Pläne zu verwirklichen. Seine Unerfahrenheit und der große Einfluss Brătianus auf den Fürsten machten es den Radikalliberalen leicht, an die Macht zu gelangen und diese auszubauen. Carol beging den Fehler, sich mit ihnen zu identifizieren, während andere Gruppen sich ihm entfremdeten.[270] Der Intimität der

[267] Hier wird ein anderer Akzent gesetzt als in den Bewertungen von Maier, Rumänien, S. 376f. und Michelson, Conflict and Crisis, S. 199f.

[268] Zu den stereotypen Begründungen der Instabilität in der kommunistischen Geschichtsschreibung gehörten die autoritären Tendenzen des Fürsten, was völlig unzutreffend ist und auf ideologischer Voreingenommenheit beruhte.

[269] Falsch ist das Urteil von A. Stan, dass die Exekutive sich der vielen politischen Gruppierungen zugunsten der Stärkung der eigenen Macht bediente und so die Rolle der gesetzgebenden Körperschaften schwächte. Das Gegenteil traf zu, nämlich dass die Exekutive meist dann erst handeln konnte, wenn die parlamentarischen Gruppen bereit waren, diese zu unterstützen. Stan, Grupări şi curente politice, S. 219.

[270] Aufschlussreich dazu: Rizos, P. (Hg.), Mémoires du Prince Nicolas Soutzo, Grand-Logothète de Moldavie 1798-1871, Wien 1899, S. 422ff.

engen Beziehungen zwischen ihnen entsprach nach 1868 dieselbe Gefühlsintensität, nur jetzt in negativer Hinsicht einer völligen Entfremdung und Feindschaft. Hier stießen exemplarisch auch zwei unterschiedliche, mentalitätsbezogene Grundauffassungen aufeinander: während der Fürst mit seinem Verständnis der Funktionsweise der preußischen Monarchie von den Politikern uneingeschränkte Loyalität und Akzeptanz seiner Position und Rechte verlangte, machten die Radikalliberalen in der rumänischen Tradition des Verhältnisses zwischen Bojaren und Fürsten ihn persönlich für ihren Ausschluss von der Macht verantwortlich und behandelten ihn als Gegner. Die Turbulenzen dieser Anfangsphase erwiesen sich, zugespitzt formuliert, als Auswirkungen des Verhältnisses zwischen Fürst und Radikalliberalen als der politisch stärksten Gruppe, die beide politische Entscheidungen persönlich nahmen mit der Folge, dass sie nur in einer Änderung der Verfassungordnung von 1866 eine Zukunft sahen.

Die Bindung des Fürsten an die Radikalliberalen führte im Verein mit der kurzsichtigen und ehrgeizigen Außenpolitik in eine institutionelle Falle, die geregelte Regierungswechsel verhinderte, da sich keine andere politische Gruppierung als stark genug erwies, um eine kontinuierliche Regierungsunterstützung durch das Parlament zu erhalten. Der immer enger werdende Spielraum Carols, sein abnehmender Einfluss, das z. T. hilflose Reagieren auf bestimmte politische Konstellationen waren maßgeblich eine Folge seiner verfehlten Politik in den ersten zwei Jahren. Die von dem Fürsten gegebenen Orientierungsangebote wie die Modernisierung des Landes durch den Eisenbahnbau, die schnelle Unabhängigkeit oder die Anbindung an Preußen wirkten sich weder stabilisierend noch integrierend auf seine Stellung aus. An den Folgen des überstürzten Eisenbahnbaus hatte das Land noch jahrzehntelang zu tragen, da er immer wieder Anlass zu heftigen innen- und außenpolitischen Auseinandersetzungen gab. Außenpolitisch musste Carol sein enges Verhältnis zu Preußen revidieren und seine Unabhängigkeitsbestrebungen zunächst aufgeben. Nur in der Armeepolitik hatte er Erfolge aufzuweisen, bezeichnenderweise erst, als die preußische Militärmission gescheitert war. Hier gelang es ihm, eine normen- und integritätsstiftende Funktion zu übernehmen, nicht zuletzt aufgrund der eigenen Militärkompetenz und Beschäftigung mit der Armee, die zu einem wichtigen Gesellschaftsfaktor aufgewertet und zu einer Stütze der Monarchie wurde.

Auf der anderen Seite kam den Radikalliberalen ein großer Anteil an der Destabilisierung des Landes in dieser Zeit zu. Ihre Enttäuschung über ihren Sturz schlug in eine Aggressivität gegen den Fürsten um, die sie fundamentale Interessen des Landes aufs Spiel setzen ließ. Auch sie überschätzten in fahrlässiger Weise die politischen Möglichkeiten ihres Landes, wozu die vielen nationalen Erfolge seit 1848, an denen sie maßgeblich beteiligt waren, sie verleitet haben mochten. Ihr Selbstverständnis, eine Monopolstellung in Sachen nationaler Politik zu besitzen und daraus einen politischen und moralischen Vorrang abzuleiten, verleitete sie zu einer Intransigenz, die eine erneute Zusammenarbeit mit ihnen für den Fürsten unmöglich machte. Intoleranz gegenüber dem politischen Gegner, ausgezeichnet durch eine hohe Integrationskraft von Feindbildmustern wie „fremd – national", „Reaktion – Revolution", „konservativ – fortschrittlich", „Bojar – Bürger", charakterisierte nicht nur die Radikalliberalen, diese beherrschten aber das notwendige

Instrumentarium am besten und setzten es am effektivsten ein. Gemäßigte Gruppen hatten aufgrund ihrer organisatorischen Schwäche und ihrer konziliantereren Haltung in einem sich zunehmend polarisierenden Umfeld wenig Chancen, sich durchzusetzen, so dass sie als ausgleichender Faktor nur sehr begrenzt und übergangsweise wirken konnten.
Die Funktionsweise der institutionellen Regelung von Konflikten zwischen Regierung und Parlament geriet ins Stocken, als dem Fürsten nach dem sukzessiven Ausschluss der liberalen Gruppen keine politischen Parteigruppierungen mit durchsetzungsfähigen Politikern mehr zur Verfügung standen bzw. diese sich fernhielten. Das von ihm und den Radikalliberalen inaugurierte System der Beschaffung von Parlamentsmehrheiten erwies sich durch die fehlende Anerkennung einer Entscheidungsinstanz bei Regierungsbildungen als instabil. Verstärkt durch den rapiden Autoritätsverlust 1870 und die Auswirkungen des deutsch-französischen Krieges verblieb ihm schließlich kein Entscheidungsspielraum mehr, er war gezwungen, seine Kompetenzen der Regierungsbildung an die Kammer abzugeben. Die Kammer konnte diese Chance nicht nutzen, die bereits eingeschlagene Richtung zu ändern und den Weg zu einer parlamentarischen Regierungsweise zu ebnen. Dazu hätte es einer höheren Parteikohärenz bedurft, einer größeren Kompromissbereitschaft und der Einsicht in das Abhängigkeitsverhältnis von Parlament und Regierung. Die vielen Grundsatzdebatten, die ausufernden und oft genug sterilen Rededuelle hätten in einem außenpolitisch gefestigten und gesellschaftlich konsolidierten Land vielleicht zu einer allmählichen Herauskristallisierung von mehrheitsfähigen Grundsatzpositionen und einer im Parlament stattfindenden Parteibildung geführt, die dann die Verlagerung des politischen Machtzentrums auf das Parlament ermöglicht hätte. Diese Zeit hatte Rumänien aber nicht, das sich nach den Cuza-Reformen von 1864 und der Einführung der Verfassung von 1866 in einem gesellschaftlichen und politischen Umbruch befand und dazu noch 1870/71 am Rande einer Staatskrise. Im Gegensatz z. B. zu England, das sich um die Jahrhundertmitte gleichfalls in einer permanenten Regierungskrise mit kurzlebigen Kabinetten befand und eine ähnliche Parteienzersplitterung aufwies,[271] konnte sich Rumänien eine reine Debattenkultur ohne Entscheidungsfindungen nicht leisten, da der gesamte Staatsapparat gelähmt wurde und nicht nur das Regierungssystem davon betroffen war, sondern das gesamte Land. Das zeigte sich besonders bei den ständigen Haushaltsproblemen, denn kaum ein Etat wurde fristgerecht verabschiedet. Sprach man im Falle von England von der „goldenen Zeit des Parlamentarismus“, von „Parlamentssouveränität“, so wurde im Fall Rumäniens die negative Seite, die Instabilität, die Destruktion, die Unberechenbarkeit, betont.[272] Für das Bild des Parlaments und seinen Stellenwert im politischen System wirkte sich diese Zeit negativ aus, da sie mit dem Odium des Phrasentums und der politischen Obstruktion behaftet wurde.

[271] Kluxen, K. Geschichte und Problematik des Parlamentarismus, Frankfurt 1983, S. 125f. Muhs, R., Deutscher und britischer Liberalismus im Vergleich, in: Langewiesche, D. (Hg.), Liberalismus im 19. Jahrhundert, Göttingen, 1988, S. 248f.

[272] Nicolescu, Parlamentul romîn, S. IXff.

Die ständigen Debatten im Parlament in Bezug auf das Verhältnis zur Regierung führten auf der anderen Seite zu einer Stärkung des Selbstbewusstseins der Parlamentarier als Angehörige eben dieser Institution. Mochten viele der Auseinandersetzungen zwischen Parlament und Regierung auf persönliche oder politische Intrigen zurückgehen, so zeigten die wiederholten Ansprüche des Parlaments, bei der Regierungsbildung beteiligt zu werden, dass man sich als eigenständige Kraft gegenüber der Regierung verstand. Die mangelnde institutionelle Macht reichte nicht, selbst die Regierungen zu stellen, sie reichte aber, eine mehr oder weniger große Unabhängigkeit gegenüber einem Ministerium und dem Fürsten zu bewahren. Das auch später immer wieder anzutreffende Phänomen, dass eine Regierung sich ihrer erdrückenden Mehrheit nie sicher sein konnte und sich die eigene Opposition schuf, basierte neben anderen Faktoren wie dem Klientelwesen und der großen Bedeutung der öffentlichen Meinung[273] auch auf dem Bewusstsein der eigenen Stärke. Das Moment der Unberechenbarkeit der rumänischen parlamentarischen Kultur sorgte einerseits für Instabilität und Unruhe, andererseits bildete es aber auch ein Korrektiv gegen eine zu große Uniformität der Parlamente.

Wäre die Entwicklung anders, d.h. in ruhigeren Bahnen, verlaufen, wenn Carol die Zeit und die Geduld aufgebracht hätte, das politische Konfrontationspotenzial abzubauen und die Konsensbereitschaft zwischen den Parteien zu fördern? Der Hauptvorwurf, den man dem Fürsten in dieser Hinsicht machen kann, ist, dass er am Anfang zu ungeduldig war, um den politischen Ausgleich zu finden, zu vermitteln und dass er das Parlament nur als Störfaktor bei der Verwirklichung seiner Reformpläne ansah. Eine Gleichberechtigung des Parlaments hatte er von Anfang an nicht akzeptiert, was allerdings auch noch kaum dem zeitgenössischen Verfassungsverständnis entsprach. Indem er zuließ, dass die Regierung die Wahlen zu ihren Gunsten organisierte, musste er die Verantwortung bei einem gouvernamentalen Wechsel übernehmen, ohne dass es ihm gelang, dafür eine politische Entlastung zu erhalten.

Das Mémoire des Fürsten verschwieg die Zusammenhänge zwischen seinem eigenen Versagen und der politischen Entwicklung. Seinem Hauptargument, dass die Verfassung für das Land zu liberal sei und es unregierbar mache, lagen falsche Voraussetzungen zugrunde, die zu falschen Schlussfolgerungen führten, ganz abgesehen davon, dass er und seine Regierungen sich wie selbstverständlich über deren Vorschriften hinweggesetzt hatten, wenn es ihnen opportun erschien. Dieser Vorwurf trifft in gleicher Weise die Radikalliberalen, die gerade ihre Verfassungstreue zu einem ihrer politischen Grundsätze machten. Insofern hatte Ion Ghica mit seinem Argument recht, dass die Verfassung noch gar nicht richtig angewandt worden sei und dass man anfangen sollte, sie ernst zu nehmen, besonders, was die Akzeptanz der gegründeten Dynastie anging. Andererseits trifft es zu, dass der in der Verfassung verankerte Dualismus zwischen Exekutive und Legislative im Konfliktfall die Konfrontation vergrößerte und Lösungen erschwerte. Im Widerstreit der Kompetenzen gelang es keinem Verfassungsorgan, verbindliche Normen der Entscheidungsfindung durchzusetzen, noch konnte sich der Fürst als politisches

[273] Ausführlich dazu: Maier, Rumänien, S. 376.

Ordnungsprinzip etablieren. Die gouvernamentale und damit politische Instabilität beruhte daher auf einer mangelnden Institutionalisierung der neu geschaffenen Institutionen, der die genannten Ursachen zugrunde lagen. Verfassungsmäßig hätte sich das politische System in Richtung einer Parlamentarisierung hin entwickeln können, wozu es die aufgezeigten Ansätze gab. Sie wurde aufgegeben, als die Kosten zu hoch auszufallen drohten, sprich die Existenz des Landes auf dem Spiel stand.

Der Fürst seinerseits übersah bei seiner geplanten Krisenlösung, dass eine autoritäre Verfassung für die Mehrheit der rumänischen Führungsschicht nicht mehr akzeptabel war, sein Vorhaben also von vornherein zum Scheitern verurteilt war. Die Verfassung von 1866 konnte von ihm nicht ohne Verlust des Throns einseitig aufgehoben werden. Das Kammervotum vom Dezember 1870, das er als Unverschämtheit bezeichnet hatte, garantierte in Wirklichkeit den Fortbestand seiner Dynastie, da sie diese in die Verfassung einband, auf der seine Legitimation beruhte. So scheiterte denn auch ein weiterer Versuch, den autoritären Verfassungsentwurf seiner Denkschrift mit Hilfe der neuen Regierung L. Catargiu zu realisieren, ebenso wie die ähnlich restriktiv geartete Verfassungskonzeption der erzkonservativen Gruppe um Gr. M. Sturdza in Iaşi, der so genannten „Petition von Iaşi".[274] Die Verfassung von 1866 erwies sich damit resistent gegenüber einseitigen Revisionsversuchen und konnte einen Schutz vor autoritären Tendenzen bieten. Der Fürst wiederum begann zu erkennen, dass er seine verfassungsrechtliche Stellung nicht mit einem Mehr, sondern nur mit einem Weniger an politischer Verantwortung ausfüllen konnte. Politisch gesehen, erfolgte eine Verlagerung von der Willensbeziehung zur Symbolbeziehung, ohne dass der Fürst seine verfassungsmäßigen Steuerungsinstrumente aus der Hand gab.[275] Die Wende im März 1871 begann damit, dass er mit seiner Abdankungsentscheidung die Verantwortung auf die rumänischen Politiker übertrug, was den Weg für die Überparteilichkeit der Institution Fürst ebnete und dadurch die Übernahme von verfassungsmäßigen Funktionen von Integration und Neutralität ermöglichte. Der rumänische 'Verfassungskonflikt' endete mit einem die Exekutive bevorzugenden Vergleich: der Fürst akzeptierte die bestehende Verfassung, behielt die Regierungsentscheidung unter Abgabe politischer Verantwortung, während die Exekutive maßgeblichen Einfluss auf die Parlamentsbildung erhielt, die Rechte des Parlaments aber nicht eingeschränkt wurden.

[274] Carol hatte am 11./23. Mai 1871 den Ministern Teile seines Mémoires vorgelesen und sie „mit den Ideen eines Constitutions-Wechsel vertraut gemacht". Ihre Reaktion war abwartend, und L. Catargiu hielt dafür die Administration nicht für gefestigt genug. Arh. Stat. Fond Regele Carol I, III/28, f. 10. Zu der „Petition von Iaşi": Ibd., f. 14. Stan, Grupări şi curente politice, S. 324f. Bacalbaşa, Bucureştii de altă dată, 1, S. 25ff. Maier, Rumänien, S. 382ff.

[275] Dazu Göhler, Wie verändern sich Institutionen? In: Göhler, G. (Hg.), Institutionenwandel, S. 30f.

1876

Le prince est la condition sine que non de notre durée comme Etat.
(Petre Carp) [1]

„Ich bin stolz, alle Politiker um mich zu sehen, die mit mir im Laufe von zehn Jahren für die Stärkung und die Entwicklung des Landes zusammengearbeitet haben.
In einem konstitutionellen Land muss es Parteien geben, die sich politisch bekämpfen, es muss allerdings auch einen Gedanken geben, der alle eint: die Liebe zum Vaterland. Auf diesem Grund können sich alle Parteien die Hand reichen. Vergessen wir aber heute die Vergangenheit und alles, was ihre Kämpfe manchmal an Unerfreulichem mit sich brachten, und, indem wir der Zukunft mit Vertrauen entgegenblicken, lasst uns einig sein in einem einzigen Ruf:
'Es lebe unser teures Rumänien!'"[2]
Mit diesen Worten antwortete Fürst Carol am 10./22. Mai 1876 auf die Glückwünsche des Metropolitenprimas anlässlich des zehnten Jahrestags seiner Thronbesteigung. Er zog keine Bilanz seiner zehnjährigen Herrschaft, sondern hob als wichtigsten Faktor die Präsenz aller Minister seiner bisherigen Regierungen hervor, von den Radikalliberalen bis zu den Konservativen, die sich tatsächlich das erste Mal seit 1866 wieder gemeinsam beim Fürsten versammelt hatten. Das Jubiläum sollte ein Versöhnungsfest werden in einer politisch schwierigen Umbruchphase, nämlich dem Machtwechsel von den Konservativen zu den Radikalliberalen. Diesem Versöhnungsgedanken entsprach auch der Einheitsappell Carols an die Parteien, der zwar die Berechtigung politischer Kämpfe zugestand, sie aber der inhaltlich nicht weiter definierten Vaterlandsliebe unterordnete. Die großen Festlichkeiten zu dem Thronjubiläum sollten ihren Beitrag zur Entspannung der inneren Lage leisten und die Integrationsfunktion des Throns in den Mittelpunkt stellen. Wie sehr Carol diese Einigung am Herzen lag, bezeugen seine zahlreichen privaten Äußerungen über den Charakter dieses Tages wie die im Gegensatz zu den oft lakonischen Eintragungen sehr ausführliche Beschreibung des Festes in seinem Tagebuch und seine Eindrücke in Briefen an seine Familie.[3]

1 M.A.E. Germania, 1852-1879, Vol. 241, S. 43.

2 Cuvântările Regelui Carol I, I, S. 221. Aus dem Leben König Karls, 3, S. 30f.

3 Arh. Stat. Fond Regele Carol I, III/29, f.72. Ibid, V D 1848, Brief an den Vater v. 12./24. Juni 1876: „Der Jahrestag meiner Thronbesteigung wurde so zu einem wirklichen Versöhnungsfest gestempelt." An seine Schwester Marie schrieb er am 7./19. Juni: „Der 10/22te Mai war ein schöner aber aufreibender Tag, an dem ich den Lohn meiner zehnjährigen Regierung und Arbeit empfangen habe. Aus den Zeitungen wirst Du ersehen haben mit welchem Enthu-

Im Vergleich zu früheren Jahrestagen hob sich dieser mit seinem Festprogramm, seinen zahlreichen Empfängen und Ansprachen und dem Volksfest abends im Park Cişmigiu deutlich ab[4]. Stark beeindruckt von diesem „nationalen" Fest mit ihm als allseits anerkanntem Mittelpunkt, gab sich Carol der Hoffnung hin, dass sein Prestige ausreichen würde, den innenpolitischen Antagonismen der Parteien Einhalt zu gebieten. Das stellte sich aber schnell als Illusion heraus. Der 10./22. Mai sollte während des Jahres 1876 der einzige unbeschwerte und sorgenfreie Tag für Carol werden, denn in diesem Jahr sorgten innenpolitische Spannungen und außenpolitischen Unsicherheiten erneut für eine Krisensituation, die das politische System stark erschütterten, ohne es aber im Ganzen zu gefährden.

Faktisch gesehen, ähnelte die Lage dem Krisenjahr 1870/71: vier Regierungswechsel, von dem konservativen Regierungschef L. Catargiu, einem Generalskabinett unter I. Em. Florescu, einem Übergangskabinett des gemäßigten C. Epureanu bis zur ersten Übernahme der Regierungsverantwortung durch I. C. Brătianu, eine Verschwörung gegen den Fürsten, eine Senats- und eine Kammerauflösung mit Neuwahlen, eine katastrophale Finanzlage am Rande des Staatsbankrotts[5] und schließlich eine bedrohlich empfundene außenpolitische Unsicherheit im Gefolge der Orientkrise.[6]

Die außenpolitischen Unwägbarkeiten der Balkankrise, die im Verlauf des Jahres 1876 immer stärker die gesamte Politik beherrschten, trugen nicht dazu bei, einen mäßigenden Einfluss auf die innenpolitischen Kämpfe auszuüben. Als nach dem Fall der konservativen Regierung Lascăr Catargiu (3./15. April), der fünf Jahre lang an der Spitze gestanden hatte, und des kurzlebigen Kabinetts der Generäle (26. April/8. Mai) die Radikalliberalen wieder an die Macht berufen wurden, begannen sie nicht nur die politische Abrechnung mit ihren Gegnern, sondern auch eine verfassungswidrige, strafrechtliche Verfolgung durch die Kammer. Wieder polarisierten sie mit ihrer Aggressivität die politischen Auseinandersetzungen in hohem Maße und heizten das innenpolitische Klima an mit dem Ziel, die Regierungsmacht, die sie zuerst noch mit gemäßigten Kräften teilen mussten, allein zu übernehmen und den Fürsten unter ihre Kontrolle zu bekommen.

Es gab aber einen entscheidenden Unterschied zu 1871, der in der veränderten Position des Fürsten bestand. Kein passives Übersichergehenlassen mehr des politischen Geschehens, dessen Zentrum die Kammer bildete, sondern 1876 steuerte Carol selbst die

siasmus dieser Tag gefeiert wurde. Das große Fest mit Feuerwerk im hiesigen Stadt-Park war geradezu imposant und wurde die Zahl der Menschen, die sich dabei betheiligten auf 60 000 taxirt." Ibd. V B 423/1876.

4 Aus dem Leben König Karls, 3, S. 30f. Lindenberg, König Karl von Rumänien, 1, S. 342f.

5 Die Zahlen bei Maier, Rumänien, S. 285f. Das Defizit für 1876 betrug 35 321 742 Francs, dazu kam eine schwebende Schuld von 65 Millionen.

6 Exemplarisch dazu die Eintragung Carols am 10./22.2.1876: „10-11 Uhr Catargi bei mir, die innere u. äußere Situation des Landes ist sehr schlecht. – Die conservative Partei ist in der Auflösung begriffen. Mit Deutschland u. Rußland stehen wir nicht gut. England ist uns feindlich. – In Bukarest große Agitation, Geldmangel u. große Krisis. – Finanzen in einem pitoyablen Zustand, ernste Frage. [...] In der Kammer Interpellation, so verliert man jeden Tag." Arh. Stat. Fond Regele Carol I, III/29, f. 66.

politische Wende von den Konservativen zu den Liberalen und bestimmte zu seinen Bedingungen den Ausgang der seit Anfang des Jahres andauernden Regierungskrise. Völlig verändert erschienen auch seine psychischen Dispositionen. Kennzeichneten 1870/71 Resignation, Niedergeschlagenheit und Ausweglosigkeit seine Gemütslage, machten diesmal Drohungen der Radikalliberalen mit Revolution und Abdankung keinen Eindruck mehr auf ihn.[7] Im sicheren Bewusstsein seiner Stärke und Unentbehrlichkeit blieb er trotz der unbestreitbaren Schwierigkeiten Herr der Lage. Fühlte er sich fünf Jahre zuvor als Spielball konkurrierender Parteiinteressen, waren jetzt die Parteien, wie er nicht ohne Befriedigung feststellte, auf ihn angewiesen.[8] Eine Szene voller Symbolik, die wie kaum eine andere die veränderte Stellung des Fürsten widerspiegelte, war die Überreichung der Senatsadresse an Carol durch den Vizepräsidenten Ion Ghica am 2./14. Mai 1876. Die Genugtuung, die Carol über diese Szene empfand, klang unüberhörbar aus den Zeilen an seinen Vater durch:

„Wir standen uns seit der denkwürdigen Nacht, in der ich ihn als Minister absetzte, zum ersten Male nach fünf Jahren gegenüber, ich auf dem Thron, er vor mir die Adresse vorlesend."[9]

Die veränderte Machtbasis des Fürsten war Voraussetzung und Folge zugleich der erfolgreichen Bewältigung der Konflikte, die 1876 das politische System erschütterten. Carol gelang es, die Gefahren, die von einer in Auflösung begriffenen Regierung und einer organisierten, entschlossenen Opposition für die politische Stabilität ausgingen, in institutionell geregelte Bahnen zu kanalisieren und die Institution Fürst zur Schaltstelle für die Steuerung der Konflikte zu etablieren. Er konnte zum ersten Mal auf die Herausforderungen in einer Weise reagieren, die eine einigermaßen gewaltfreie Ablösung der Regierungselite durch die Opposition erlaubte. Waren bis 1871 die Regierungswechsel gewöhnlich durch Umstände erzwungen worden, auf die Carol immer weniger Einfluss nehmen konnte und die seinen politischen Spielraum zunehmend einengten, lag es 1876 an ihm, eine neue Richtung in der Innenpolitik zu bestimmen. Zwar stand er auch jetzt wie fünf Jahre zuvor unter dem Entscheidungsdruck einer Krise, doch deren

7 So schreibt er z.B. in sein Tagebuch am 8. April/27. März 1876: „10 Uhr Catargi u. Balacéno gekommen, letzterer theilt mir mit daß J. Bratiano bei ihm war u. ihm erklärt habe, wenn ich nicht sofort abdanke, so wäre die Revolution unvermeidlich (?)[...] Die Lage ist zieml ernst – überall sucht man zu schüren. Ich sehe ruhig in die Zukunft." – Arh. Stat. Fond Regele Carol I, III/29, f. 68. Auch in Briefen an seinen Vater kommt diese Zuversicht zum Ausdruck.

8 Seinem Vater schrieb er am 14./26. April 1876: „Hier haben die Parteien als solche keine Macht und müssen daher den Fürsten in ihre Arena hinabziehen um dadurch auf die Massen zu wirken.". Arh. Stat. Fond Regele Carol I, V D 1846. Der Unterschied zu seinen früheren Äußerungen über das unheilvolle Parteiwesen ist frappierend. Dieser Satz fehlt bezeichnenderweise in den publizierten Memoiren, wo dieser Brief auch abgedruckt ist: Aus dem Leben König Karls, 3, S. 20f.

9 Arh. Stat. Fond Regele Carol I, V D 1848, Brief v. 12./24. Juni 1876. Dieser Brief ist in den publizierten Memoiren nur stark verkürzt wiedergegeben; es fehlt vor allem der innenpolitische Teil: Aus dem Leben König Karls, 3, S. 39ff. Bei der Beschreibung dieser Szene wird das versöhnliche Verhalten Carols hervorgehoben. Ibd., S. 28.

Lösungsstrategien fand er nun innerhalb des institutionellen Rahmens des bestehenden Herrschaftssystems.

Zu den Voraussetzungen der Krisenbewältigung gehörten auf Seiten Carols die Einsicht in die Notwendigkeit eines Wechsels und das Erkennen des Zeitpunkts, an dem das Konfliktpotenzial der Opposition die Fähigkeit der Regierung überstieg, dieses einzudämmen. Dann musste er handeln, um die Spannungen nicht außer Kontrolle geraten zu lassen und um die staatliche Ordnung aufrechtzuerhalten. In diesem Moment war es entscheidend, der Opposition die Aussicht auf einen Machtwechsel zu geben und sie in die politische Verantwortung zu nehmen, was dem Fürsten gestattete, seine Vorstellungen durchzusetzen und eine Akzeptanz seiner Bedingungen zu finden. In einem zentralen Punkt zeigte sich jetzt die Kompetenz des Fürsten, als Teil des politischen Systems dessen Ordnungs- und Integrationsfunktionen zu sichern und somit die eigene Stellung zu legitimieren. Damit ist nicht gesagt, dass es in solchen Umbruchphasen nicht zu teilweise schweren Erschütterungen kam. Desgleichen kann *eo ipso* nicht von einer gradlinigen, vorausschauenden Haltung Carols ausgegangen werden, der sich in seinen Entscheidungen immer wieder veränderten Bedingungen anpassen musste. Er vermochte aber, die krisenhafte Zeit eines Regimeumschwungs soweit zu steuern, dass eine gewisse Rechtssicherheit und Berechenbarkeit der Politik erhalten blieb, was sich stabilisierend auf das Herrschaftssystem auswirkte. Damit wurde auch seiner Person und der Institution Fürst allgemein die Rolle eines Stabilitätsfaktors zuerkannt.

Zu den Faktoren, die 1876 die Krise auslösten, gehörten einerseits die Schwäche der Regierung L. Catargiu, die immer mehr ihren Einfluss auf das Parlament verlor und an innerer Auflösung und Inkompentenz in den eigenen Reihen litt, andererseits die immer aggressiver auftretende Opposition, deren unterschiedliche Gruppen sich in der so genannten „Koalition von Mazar Pascha“ organisiert hatten. Verstärkt und beschleunigt wurden die Auseinandersetzungen dieser Hauptakteure durch die akute Finanzkrise, bei deren Bewältigung die Regierung versagte, und die andauernde Unsicherheit über die außenpolitische Haltung angesichts der Orientkrise.

Im Folgenden sollen diese Faktoren untersucht werden, da sie den institutionellen und personellen Bezugsrahmen für die Entscheidungen des Fürsten bildeten, der angesichts des Autoritätsverlustes der Regierung in einer zunehmenden instabilen innen- und außenpolitischen Lage zum ersten Mal während seiner Herrschaft aktiv beeinflussend einen Regierungswechsel vollzog. Sie spielen gleichfalls eine wichtige Rolle bei der Beantwortung der Frage nach der veränderten Stellung des Fürsten im Vergleich zu 1871 und spiegeln somit den institutionellen Lernprozess des Fürsten wider. Wie die anfangs beschriebene Momentaufnahme der Feier zum zehnjährigen Thronjubiläum zeigte, lag ein wesentlicher Unterschied zu 1871 in der allgemeinen Akzeptanz der fürstlichen Autorität und in der Anerkennung des Fürsten als Entscheidungsinstanz in politischen Krisensituationen.

I Ordnung und Stabilität: Die Regierung Lascăr Catargiu

Nach den Turbulenzen der ersten Jahre im Gefolge sich blockierender Machtansprüche der Herrschaftsorgane bestanden 1871 die beiden wichtigsten Aufgaben in der Konsolidierung der Position des Fürsten und in der Stabilisierung und Kontinuität des Regierungssystems. Die Voraussetzungen dafür bildeten ein parteipolitisch relativ homogenes Kabinett mit einem durchsetzungsfähigen Ministerpräsidenten, einem Parlament mit einer großen Regierungsmehrheit und das Vertrauen des Fürsten in seine Regierung. Das Kabinett L. Catargiu erfüllte alle diese Bedingungen und konnte zum ersten Mal unter der neuen Verfassung eine Stabilitätsphase begründen, die sich konsolidierend auf das gesamte Herrschaftssystem auswirkte. Nachdem der parlamentarische Regierungsversuch unter Ion Ghica gescheitert war, spielte das Parlament beim Zustandekommen des Kabinetts Catargiu zum ersten Mal seit 1866 keine Rolle mehr: weder wurden die Präsidenten der beiden Häuser konsultiert, noch wurde Rücksicht auf irgendwelche Mehrheitsverhältnisse genommen. Ausschlaggebend war allein die Zustimmung des Fürsten, der durch seine ernst genommene Abdankungsdrohung die Krise zu seinen Bedingungen und zu seinen Gunsten entschied.[10]

Der Neubeginn stand unter der Losung „Ordnung und Stabilität", die man in der akuten Krisensituation nach dem 10./22. März 1871 bis zur Ausrufung des Ausnahmezustandes durchzusetzen bereit war.[11] Nachdem die alte Kammer am 16./28. März 1871 aufgelöst worden war, kam dem Ausgang der Parlamentswahlen eine entscheidende innen- und außenpolitische Bedeutung zu. Die Zukunft der Regierung und auch des Fürsten hing davon ab, ob in der neuen Kammer eine breite konservative Mehrheit etabliert werden konnte. Um diese zu sichern, wurde nicht nur der schon zur Gewohnheit gewordene Beamtenwechsel vorgenommen, sondern es wurden auch Kommunalvertretungen, die sich noch in der Hand der Opposition befanden, aufgelöst, darunter in Bukarest, wo bei den Neuwahlen am 19. April/1. Mai kein einziger Oppositionskandidat durchkam.[12] Angesichts einer entschlossenen Regierung, aber auch aufgrund der Einsicht in die eigenen ungünstigen politischen Bedingungen, hatte sich die Opposition, besonders die radikalliberale, präventivhalber der Wahl enthalten – auch eine Praxis, die aufgrund der Chancenlosigkeit gegenüber dem Regierungsapparat immer häufiger befolgt wurde.[13]

[10] Vgl. das Rundschreiben von L. Catargiu an die Präfekten v. 31. März 1871 (a.St.), auf französisch veröffentlicht im *Journal de Bucarest* am 16. April (n.St.). P.A. I.A.B.q. Türkei 24, Vol. 46.

[11] Siehe oben, S. 246.

[12] P.A. I.A.B.q. Türkei 24, Vol. 46. Berichte von Thielau v. 17. April u. 12. Mai 1871 (Nr. 31 u. 34).

[13] Maier, Rumänien, S. 371. Aus dem Leben König Karls, 2, S. 189.

Die Bukarester Gemeindewahl galt als Testfall für die Regierung, deren Erfolg das Ergebnis der Kammerwahl vorwegnahm.
L. Catargiu beließ es aber nicht nur bei der Schaffung der institutionellen Voraussetzungen für den Sieg der Regierung, sondern versuchte auch ideologiepolitisch die liberalen Gegner vollständig zu desavouieren, denen er, gemessen an den eigenen Zielen, politische Unfähigkeit und Inkonsequenz vorwarf, die das Land an den Rand einer nationalen Katastrophe gebracht hätten.[14] Die letzte Kammer bezeichnete er als Fälschung des Volkswillens, zustande gekommen als Ergebnis von Agitationen und parteipolitischen Machenschaften. Die dualistische Gegenüberstellung von wahr – falsch, Einheit – Zersplitterung, Pflicht – Popularität, Ordnung – Anarchie, Respekt vor den Gesetzen – Mißachtung, und ihre eindeutige Zuordnung zu den Charakteristika der Regierung bzw. der Opposition durchzogen den ganzen Wahlaufruf. Ähnlich wie früher bei den Radikalliberalen galt diese Rhetorik der Schwarzweißmalerei der völligen Diskreditierung des politischen Gegners und sollte ihm jede politische Befähigung und moralische Berechtigung zur Führung von Staatsgeschäften absprechen. Die Ausgrenzung auf politisch-institutioneller Ebene musste auch durch eine entsprechende Rhetorik legitimiert werden.
Während sie sich bemühte, einen deutlichen Schlussstrich unter die vorangegangene Periode der Anarchie und Destabilisierung zu ziehen, gab sich die Regierung selbst überparteilich, appellierte an die Einheit, versprach die Respektierung der Verfassung, drohte aber auch, dass sie Unordnung und Störungen nicht zulassen würde. Ordnung und Stabilität hießen die Schlüsselworte, denn jene bildeten in der Regierungsargumentation die Voraussetzungen für die Weiterentwicklung sowohl der Freiheit wie der Institutionen. Vermieden wurde hingegen jede Erwähnung strittiger Fragen wie der Strousbergaffäre, die nach wie vor die Öffentlichkeit stark beschäftigte und die als populäres Angriffsmittel gegen die neue Regierung verwendet werden konnte.[15]

1. Die innen- und außenpolitische Bedeutung der Wahlen des Jahres 1871

Wie wichtig L. Catargiu diese Wahlen nahm, zeigte sich auch in dem Faktum, dass er das Fürstenpaar zu einer Reise in die Moldau bewog. Dieser Reise wurde eine sehr große Bedeutung beigemessen. Sie diente mehreren Zwecken: sie sollte sowohl dem Fürsten wie dem In- und Ausland beweisen, dass das Land nicht gegen die eigene Dynastie eingestellt sei und die Bukarester fürstenfeindlichen Demonstrationen nicht repräsentativ für die Stimmung im ganzen Land gelten könnten – die Moldau sollte geradezu als Gegenbild zu Bukarest dienen. Die Präsenz des Fürstenpaars in der Moldau – die Fürstin hatte diesen

[14] Wahlrundschreiben an die Präfekten v. 31. März/12. April 1871, Anlage zum Bericht Nr. 31 v. Thielau v. 17. April 1871: P.A. I.A.B.q. Türkei 24, Vol. 46. Die Charakterisierung der letzten Kammer und ihrer Arbeitsweise traf durchaus zu.

[15] Ibd. Thielau v. 17. April 1871 (Nr. 31).

Teil des Landes bis dahin noch nicht kennen gelernt – galt weiter der Festigung der Einheit des Landes, da in den Turbulenzen der letzten Zeit wieder separatistische Stimmen laut geworden waren.[16] Vor allem versprach man sich einen günstigen Einfluss auf das Wahlresultat. Die Reise war eine Wahlkampfveranstaltung zugunsten der Regierung, denn beide, der Fürst wie sein Kabinett, waren auf gegenseitige Unterstützung angewiesen.[17] Wie dringend die Konzentration aller Kräfte auf einen eindeutigen Sieg der konservativen Regierung bei den Wahlen im Hinblick auf die Erhaltung der Dynastie und die Bewahrung der Einheit des Landes geboten war, ging aus den Berichten des nach Berlin und Wien entsandten Agenten Petre Carp hervor. Am 1. Mai (n.St.) – Carol befand sich noch in Iaşi – schickte er ein alarmierendes chiffriertes Telegramm über den Inhalt einer Unterredung mit Bismarck an den Außenminister:

„J'ai été voir Bismarck. Le thème de sa conversation a été que l'Allemagne continuerait à porter le plus vif intérêt à S. A. mais que la Roumanie ne devait plus compter Allemagne parmi ses amis.

Il m'a dit nettement que la Russie désire la séparation et que le jour où S. A. nous abandonnerait l'Allemagne aiderait la Russie à effectuer son plan.

Je suis convaincu que les menaces de Bismarck avaient pour but d'exercer une pression, inutile quant à vous et à moi. Mais ceci doit vous convaincre de la nécessité d'une réussite dans les elections: il faut vaincre à tout prix.“[18]

In dem ausführlichen, streng geheimen und teilweise chiffrierten Bericht, den Carp am nächsten Tag verfasste, ging er im Detail auf die Unterredung mit Bismarck ein, der Carp unverhüllt gedroht hatte, dass sich Deutschland nach all den Anfeindungen den Feinden der Einheit Rumäniens, nämlich Russland und der Türkei, anschließen werde, falls sich die Gelegenheit dazu ergäbe. Der Fürst sei vollkommen frei in seinen Aktionen, im Übrigen würden die Wahlen beweisen, ob er fortfahren werde, die besten Jahre seines Lebens Rumänien zu widmen.[19]

16 So jedenfalls die Einschätzung Carols. FHHDA, HS, R 53, 1435, Nr. 914, Brief an seinen Vater v. 10./22. Juni 1871. Vgl. auch die Berichte von Radowitz v. 27.1. und 4.2.1871 (Nr. 7 und 9): P.A. I.A.B.q. Türkei 24, Vol. 44. Maiorescu hingegen verneint separatistische Tendenzen. Istoria contemporană, S. 38.

17 In einem Schreiben v. 2./14. April 1871 an Keyserling in Konstantinopel verglich sich Carol in dieser Hinsicht mit dem Präsidenten der USA: „Wie der Präsident der Vereinigten Staaten, so werde auch ich als Vorbereitung zu den Wahlen, eine kleine Rundreise unternehmen, bei welcher meine Frau sich vorgenommen hat, auf die unerhörteste Weise die wiederspenstigsten Gemüther zu bezaubern und bedauert nur, daß sie es mit solchen Wetterfahnen zu thun hat. Zwischen hier und Jassy werden wir uns in jeder Stadt anfeiern lassen, und uns so durch den Pfannenkuchentrog durchessen, daß wir nach drei Wochen wieder in unsern hängenden Gärten von Cotroceno unsere getreue Hauptstadt beliebäugeln können.–“ P.A. I.A.B.q. Türkei 24, Vol. 46, Anlage zu dem Bericht v. 20. April 1871 (Nr. 37). Diese Stelle ist eine der seltenen sarkastischen Äußerungen Carols, der sich hier dem Stil seines Adressaten anpasst.

18 M.A.E. Germania, 1852-1879, Corespondenţa cu Agenţia din Berlin, Vol. 241, f. 39 [65] u. 41 [67].

19 Ibd., f. 37f [61f]. Diese Passage wurde im Text unterstrichen.

Auch wenn Carp die Drohungen Bismarcks richtig als Druckmittel und nicht als bereits beschlossene Politik der Zugeständnisse gegenüber Russland interpretierte, saß der Schrecken tief, und er beschwor seine Regierung, alles zu unternehmen, um im Land für absolute Ruhe zu sorgen und auf diplomatischem Wege der außenpolitischen Gefahr einer Trennung der Fürstentümer vorzubeugen. Auch den Einfluss einer Lösung der Strousbergaffäre auf die Stabilisierung der ganzen politischen Lage des Landes stellte er heraus. Der Schock, den Bismarck bei Carp hinterlassen hatte, wurde zwar durch eine Audienz Carps beim deutschen Kaiser am 7. Mai (n.St.) weitgehend gemildert, dennoch hielt Carp die Gefahr für Rumänien noch nicht für gebannt. Solange der Fürst in Rumänien bleibe, könne er auf die Unterstützung des Kaisers zählen, während Bismarck noch nicht so recht an den Erfolg der jetzigen Regierung glaube und sich alle Optionen offen halte. Die Feindseligkeit Bismarcks würde an dem Tag eine Gefahr werden, an dem der Fürst das Land verließe. Carp schloss mit den Worten:

„Je conseille donc à tout Roumain de se dire avec conviction qu'il n'y a pas de salut en dehors de Son Altesse. Il va sans dire que vous et moi nous avions déjà cette conviction mais il s'agit de la mettre en évidence aux yeux du peuple pour que tous le sachent et le comprennent. En un mot le prince est la condition sine qua non de notre durée comme Etat et si l'on voulait vous entraver dans votre marche par des questions de droit constitutionnel faites sentir à vos adversaires que les questions d'existence priment les questions de droit."[20]

So klar und eindringlich war der Kausalnexus zwischen dem Fortbestand der Einheit des Landes und dem Verbleib des Fürsten noch nie formuliert worden. Auch wenn Carp noch unter dem Eindruck der schockierenden Eröffnungen Bismarcks die Lage dramatisch zugespitzt darstellte, so hatte er Recht in der Annahme, dass bei einem Fortgang des Fürsten die deutsche Haltung bei einer internationalen Regelung der rumänischen Frage großes Gewicht besitzen würde und dass Rumänien nach all dem Vorgefallenen kaum auf deutsches Wohlwollen würde rechnen können. Bedenkt man, dass Carol zu diesem Zeitpunkt seinen Ministern noch nicht eindeutig versprochen hatte, von einer Abdankung ganz Abstand zu nehmen, auch wenn diese für ihn selbst schon nicht mehr in Frage kam, so hatten die Befürchtungen Carps in der Optik der Minister ihre Berechtigung. Der Druck einer als existenziell empfundenen Gefahr für das Land ließ die Reise des Fürsten und die Wahlen zu einer Schicksalsfrage für den Bestand der Einheit werden.[21] Der Fürst musste unter allen Umständen davon überzeugt werden, dass das Land hinter ihm stand und Vertrauen zu ihm besaß; das Ausland darüber hinaus davon, dass die Union Bestand hatte.[22]

[20] Ibd., f. 43, Bericht v. 8. Mai 1871 (Confidentielle).

[21] Die alarmierende Sprache Carps war nicht ohne Einfluss auf die Minister geblieben, wie Thielau Bismarck berichtete. P.A. I.A.B.q. Türkei 24, Vol. 46, 3. Juni 1871 (Nr. 37).

[22] Carp bot seine ganze Argumentationskunst auf, um alle Separationsnachrichten bei den Moldauern zu dementieren. M.A.E. Germania, Vol. 241, 1852-1879, f. 37 [61]. Der Aufenthalt Carps in Berlin und seine Berichte werden im Gegensatz zu denjenigen des rumänischen Vertreters in Konstantinopel, Ion Strat, in den publizierten Memoiren mit keinem Wort erwähnt, da die Pression Bismarcks wohl als zu stark empfunden wurde.

Vor diesem Hintergrund gestaltete sich die Reise zu einem „Triumphzug“ für das Fürstenpaar, das überall begeistert empfangen wurde.[23] In Iaşi, wo es sich zehn Tage aufhielt, gab es besonders viele Festlichkeiten, Empfänge und Einladungen seitens der örtlichen Aristokratie, gerade auch von ehemaligen Separatisten wie dem Fürsten Roznovanu.[24] Die Frage, ob es sich um eine reine Inszenierung handelte, oder ob sich in den Ovationen eine wirkliche Begeisterung für den Fürsten widerspiegelte, ist nicht leicht zu beantworten. Beide Elemente waren vorhanden;[25] darüber hinaus ergriff man in der Moldau gern die Gelegenheit, sich gegenüber Bukarest in ein besseres Licht zu setzen. Darin fühlte man sich auch vom Fürsten bestätigt, der in seiner Ansprache bei seiner Abfahrt aus Iaşi ausdrücklich den schönen und warmherzigen Empfang durch „die zweite Hauptstadt Rumäniens“ hervorhob, wodurch er wieder Mut und Energie gewonnen habe, seine Mission fortzusetzen.[26] Es steht außer Frage, dass nach den Anfeindungen und persönlichen Angriffen der letzten Zeit der begeisterte Empfang dem Fürsten wohltat und dass er den Aufenthalt in der Moldau sichtlich genoss.[27]

Die Reise wurde zu einem vollen politischen Erfolg und erfüllte alle in sie gesetzten Erwartungen: der Fürst erklärte seinen Ministern definitiv, dass er „den Gedanken an Abdankung aufgegeben habe“[28], das Ausland zeigte sich angenehm überrascht und reagierte sehr positiv auf die sich anbahnende Stabilisierung. Die Regierung hatte den Beweis für die von ihren Vertretern im Ausland immer wieder vorgebrachte Beteuerung geliefert, dass es sich bei den Unruhestiftern des 22. März um eine kleine, nicht die Stimmung des Landes repräsentierende Gruppe gehandelt habe. Die Rumänen begannen, nach Einschätzung von Ion Strat in Konstantinopel, in der öffentlichen Meinung Europas beträchtlich zu steigen.[29]

Auch den überwältigenden Sieg der Regierung bei den Kammerwahlen führte Carol auf seine Reise zurück:

„Das günstige Wahl-Resultat ist dieses Mal sehr bedeutungsvoll denn es ist das Ergebniß unserer Reise. [...] Der Umschwung, den unsere Reise hervorgebracht, war ein vollständiger. Städte wie Galatz und Fokşani, die vier Jahre hintereinander rothe Deputirte geschickt, die meine Absetzung in der Kammer proclamiren wollten, wählten diesmal Männer, die sich während der größten Crisis offen für meine Dynastie erklärt haben.“[30]

23 Aus dem Leben König Karls, 2, S. 188ff.

24 Maiorescu, Jurnal şi epistolar, VII, Bucureşti 1987, S. 257ff (S. 50ff).

25 So berichtete z.B. Maiorescu, der zuerst nicht viel auf den Fürstenbesuch gegeben hatte, über den Abschied des Paars in Iaşi: „Begeistertes, ungemachtes Hurrahrufen beim Abgang. Es war sehr ergreifend, er und sie waren sehr gerührt und wir auch.“ Ibd., S. 260.

26 Auch Maiorescu war von dieser Ansprache beeindruckt. Ibd., S. 259f. Regele Carol I, Cuvântări şi scrisori, I, S. 235f.

27 Arh. Stat. Fond Regele Carol I, V B 382/1871, Brief Carols an seine Schwester Marie vom 2./14. Mai 1871.

28 Aus dem Leben König Karls, 2, S. 190.

29 Arh. Stat. CR 21/1871, Bericht v. I. Strat an Carol v. 16. Mai 1871 (n.St.). Strat begann seinen Bericht, indem er dem Fürsten zu den „brillanten Resultaten der Reise“ gratulierte.

30 FHHDA, HS, R 53, 1435, Nr. 914, Brief v. 10/22. Juni 1871 an seinen Vater.

Nur sehr wenige Oppositionsangehörige wurden gewählt, darunter keiner der bekannten radikalliberalen Führer wie Brătianu oder Rosetti, die zum ersten Mal seit 1866 nicht mehr in der Kammer vertreten waren.[31] In der Regierung kam es zwischen dem Kultusminister Chr. Tell und dem Ministerpräsidenten und Innenminister L. Catargiu über die Wahl von N. Blaremberg, einem notorischen Gegner Carols, zu einem ersten Streit, da Tell Catargiu beschuldigte, dessen Wahl zugelassen zu haben. Tell sah dies als Verrat an und reichte seine Demission ein. Carol gab Tell Recht, wollte aber unter allen Umständen eine Regierungskrise über diese Frage verhindern. Als es ihm nicht gelang, Tell zur Rücknahme seiner Demission zu bewegen, setzte er Elisabeth ein, die mehr Erfolg hatte. Es war höchst ungewöhnlich, dass die Fürstin in die Lösung eines solchen politischen Konfliktes einbezogen wurde, und war ein Indiz dafür, welche Priorität der Erhalt der Einheit des jetzigen Kabinetts für Carol besaß.[32]

Ein Vergleich der Wahlen vom November 1866 und vom Mai 1871 lässt ihre grundlegende Bedeutung erkennen: während 1866 ein weitgehend frei gewähltes Parlament die Chance für ein parlamentarisches Regierungssystem eröffnete, offenbarten die Wahlen von 1871 das Scheitern dieser Option, da sie den Fortbestand des Staates zu gefährden schien. Die Kammerwahl vom Mai 1871 etablierte endgültig die bereits begonnene, aber doch nicht immer durchgängig betriebene Praxis von beeinflussten Wahlen, die durch das Mehrheitswahlrecht noch begünstigt wurde. Dass selbst anerkannte Führer der Radikalliberalen durchfielen, bewies die Effizienz des Vorgehens Catargius, lag aber auch an den für die Radikalliberalen generell ungünstigen Bedingungen. Schon den Zeitgenossen fiel der völlige Umschwung in der politischen Atmosphäre auf, der mit der Auflösung der Kammer und den Wahlen einherging. Dieser war nicht allein aus dem institutionellen Administrationswechsel unter der neuen Regierung zu erklären, denn solche hatte es auch unter früheren Kabinetten gegeben, ohne dass es zu einer grundsätzlichen Änderung des politischen Klimas gekommen war. Die politische Aggressivität hatte ein solches Ausmaß angenommen und schon so lange gedauert, dass tatsächlich ein Bedürfnis nach Ruhe und Ordnung latent vorhanden war. Nach der Eruption der Spannungen am 10./22. März und der Auflösung der orientierungslosen Kammer wenige Tage danach trat eine allgemeine Beruhigung, wenn nicht gar Ermattung ein, die auf einen Überdruss an den Agitationen und Demonstrationen schließen ließ.[33]

31 Nach Carols Angaben wurden fünf Fraktionisten aus der Moldau und drei Rote aus der Walachei gewählt. Ibd. Nach Thielau gehörten von den 156 Deputierten 120 der konservativen Partei an, 17 der Opposition, von den übrigen wusste man wenig. P.A. I.A.B.q. Türkei 24, Vol. 46, Bericht v. 22. Mai 1871 (Nr. 36).

32 Arh. Stat. Fond Regele Carol I, III/28, f.16, Tagebuchaufzeichnung v. 10./22. und 11./23. Mai 1871. Die Darstellung in den publizierten Memoiren entspricht nicht ganz den Tatsachen. Aus dem Leben König Karls, 2, S. 193. In dem Brief an seinen Vater v. 10./22. Mai schrieb Carol die Wahl von Blaremberg der Ungeschicklichkeit eines Präfekten zu. FHHDA, HS, R 53, 1435. Nr. 914.

33 Aus dem Leben König Karls, 2, S. 180.

Die energischen Maßnahmen Catargius zur Aufrechterhaltung der Ordnung trafen sich mit diesem Bedürfnis nach einer endlichen Klärung der Lage. Das Gefühl, dass diese Regierung den politischen Erfordernissen der Situation entsprach, und man ihr zutraute, mit den Problemen fertig zu werden, war selbst unter liberal gemäßigten Gruppen verbreitet und ließ sie das neue Kabinett akzeptieren, ohne dass sie es aktiv unterstützten.[34] Die Isolierung der Radikalliberalen tat ein Übriges, um die Situation zu beruhigen. Durch die Vorfälle im Slătineanusaal waren sie diskreditiert worden und konnten vor allem außenpolitisch auf keinerlei Unterstützung mehr hoffen. Die Radikalliberalen hatten ihr politisches Spiel eindeutig überreizt und sich damit in eine innen- und außenpolitische Quarantäne hineinmanövriert. Desillusioniert durch die französische Niederlage und bekämpft in den Wahlen, was ihnen die parlamentarische Plattform raubte, zogen sich ihre Führer ins Privatleben zurück, Ion Brătianu auf sein Gut in Florica, C. A. Rosetti und E. Carada gingen nach Frankreich und ließen ihr wichtiges Organ *Românul* in den Händen des vergleichsweise farblosen Emil Costinescu zurück.[35]

2. Ideologische und organisatorische Grundlagen der Einigung der konservativen Gruppen

Als ein wichtiger Faktor der Stabilisierung erwies sich der mehr oder weniger enge Zusammenschluss konservativer Führer samt ihren Gruppen. Persönlich war es vor allem das Verdienst L. Catargius, der genügend Autorität und Integrität besaß, um so unterschiedliche Charaktere wie D. Ghica, Gr. M. Sturdza, Chr. Tell, T. Maiorescu an sich zu binden, politisch ideologisch besaß das gemeinsame Bekenntnis zur Dynastie, zu Sicherheit und Ordnung eine hohe Integrationskraft. Diese Prinzipien bildeten die Basis für das Zusammengehen von bis jetzt nur in sehr loser Verbindung stehenden und teilweise rivalisierenden konservativen Gruppen.[36]

34 So erklärte Kogălniceanu, dass das gegenwärtige Kabinett ein Kabinett der Notwendigkeit und dass es eine Tat von guten Patrioten gewesen sei, die Verantwortung für die Leitung der öffentlichen Angelegenheiten zu übernehmen. Kogălniceanu, Opere IV, orat. II, part. III, S. 121 (Rede vom 15./27.12.1871).

35 Răutu, C., Ion C. Brătianu, S. 117. Cantacuzino, S., Din viaţa familiei I. C. Brătianu, S. 96ff. Bucur, C. A. Rosetti, S. 258f. Netea, C. A. Rosetti, S. 303f.

36 Die Charakterisierung der Konservativen durch Carol in seinem Memoire war noch wenig schmeichelhaft ausgefallen: „Du côté des Blancs ou conservateurs se trouvent, il est vrai, presque tous les propriétaires et ce qu'il y a de plus instruit dans le pays, mais ce parti de l'ordre n'a plus d'autre lieu que l'incompatibilité générale des habitudes et des vues de ses membres avec celles de ses adversaires. [...] il ne forme, à proprement parler, même plus un parti, et les rivalités qui les divisent, permettent de la considérer, tout au plus, comme un assemblage de coteries, n'ayant de commun que la couleur du drapeau.“ FHHDA, HS 53, 1435, S. 26. Maiorescu hob für die Junimisten das 4-Punkte-Programm der Diwane ad hoc hervor, das die Errichtung einer Erbmonarchie vorsah, die es jetzt zu sichern galt. Maiorescu, Istoria contemporană, S. 42.

Exemplarisch für das Bemühen der Regierung, die konservativen Kräfte zu einen, stand die Assoziierung der Junimisten, die der Außenminister Costaforu unmissverständlich zur Teilnahme an der aktiven Politik aufforderte mit dem Argument, welchen Nutzen denn die Literatur habe, wenn durch die Passivität der Menschen, die für die Ordnung einträten, Thron und Land gefährdet seien.[37] Auch Carol förderte nach Kräften die Einbeziehung konservativer Gruppen in eine tragfähige Regierungsallianz, wie es sich in der sichtbaren Bevorzugung von Maiorescu und seiner Frau während des Iaşi-Besuchs zeigte.[38] Dieses ostentative fürstliche Wohlwollen tat ein Übriges, um Maiorescu und die Junimisten für eine aktive Unterstützung der Regierung zu gewinnen. Sie nahmen an den Wahlen teil und waren mit fünf, später mit sieben Abgeordneten in der Kammer vertreten, die als Gruppe immer eine gewisse Unabhängigkeit bewahrten.[39]

Die berühmte Formulierung von Maiorescu, dass das Ministerium „den stärksten Ausdruck der konservativen Idee in den Grenzen der Verfassung von 1866"[40] darstelle, bezog sich auf das alle Gruppen einende Bekenntnis zur Monarchie und zur Aufrechterhaltung der politischen Ordnung, weniger auf die organisatorische Geschlossenheit der Konservativen. Konservativ hieß, sich zu diesen Grundsätzen zu bekennen und sich dafür einzusetzen. So konnten sich auch Persönlichkeiten und Gruppen zusammenfinden, die in einigen Punkten ihrer wirtschaftlich-sozialen Auffassungen den liberalen Anschauungen näher standen wie z. B. V. Boerescu oder diejenigen, die zu den Anhängern Cuzas gehört hatten, wie der gemäßigt Liberale N. Creţulescu.[41] Für Carol war vor allem dieses Faktum wichtig, dass sich sowohl Befürworter wie Gegner des Umsturzes von Cuza zur Verteidigung des „monarchischen Prinzips" vereint hatten. Nun sah er in dem Verhalten der letzteren einen Beweis ihrer Charaktertreue. Folgerichtig hob er auch seinen Justizminister Creţulescu hervor, den letzten Ministerpräsidenten Cuzas, der sich ihm – Carol – angesichts der Gefahr der Abdankung zur Verfügung gestellt hatte und der von seinem Amt zurücktreten wollte, als diese Gefahr gebannt war.[42]

Dennoch war der Zusammenschluss der konservativen Kräfte nicht vom Himmel gefallen. In dem akuten Stadium der Abdankungskrise im März 1871 standen sowohl organisatorische wie ideologische Lösungen zur Verfügung, die aktiviert werden konnten. Schon seit Anfang 1870 hatte es Ansätze zur Gründung einer „Partei der Ordnung"

[37] Ibd., S. 38.

[38] Maiorescu, der zuerst nicht viel auf die Worte des Fürsten gegeben hatte, fühlte sich am Ende des Besuchs durch diese Bevorzugung sehr geschmeichelt und geehrt, sah die fürstliche Anerkennung aber auch als gerechte Kompensation für seine und die seiner Gruppe dem Fürsten gegenüber bewiesene Loyalität und Unterstützung an. Maiorescu, Jurnal şi Epistolar, VII, S. 257ff. (deutsche Originalversion).

[39] Ornea, Junimea şi junimismul, S. 223f.

[40] Maiorescu, Istoria contemporană, S. 34.

[41] Stan, A., Vasile Boerescu, Bucureşti 1974, S. 92ff. Xenopol, Nicolae Kreţulescu, S. 105.

[42] FHHDA, HS, R 53, 1435, Nr. 914, Brief v. 10./22. Juni 1871 an seinen Vater: „Im heutigen Cabinete habe ich nun die conservativen Elemente, die für den 11ten und gegen den 11ten Februar waren, verschmolzen." Dort auch das Demissionsgesuch von N. Creţulescu v. 25. Mai/6. Juni 1871, das Carol nicht annahm.

gegeben, für die sich vor allem gemäßigte Konservative unter Federführung der Gruppe von D. Ghica und V. Boerescu stark gemacht hatten. Ihr Programm hieß „Freiheit durch Ordnung und Stabilität durch die Dynastie“. Die Konsolidierung der Ordnung im bestehenden konstitutionellen System und das Bekenntnis zur Dynastie als Voraussetzung für Stabilität wurden als Grundbedingungen von Entwicklung und Fortschritt angesehen.[43] Anlässlich der Wahlen im Mai 1870 hatte diese „Partei der Ordnung“, wie sie sich selbst nannte, ein Wahlmanifest veröffentlicht, das von 42 gemäßigten und konservativen Politikern unterschrieben worden war, neben Boerescu und D. Ghica auch von I. Em. Florescu, einem engen Mitarbeiter Cuzas, und Chr. Tell, die beide als Kriegs- bzw. Kultusminister ins Kabinett Catargiu eintraten.[44] Vasile Boerescu hatte also bereits das Programm geliefert, das von der Regierung L. Catargiu nur übernommen zu werden brauchte,[45] und mit Hilfe dieses Programms einen, wenn auch losen, organisatorischen Zusammenschluss von gemäßigt konservativen Politikern geschaffen, auf den Catargiu ebenfalls zurückgreifen konnte. Die organisatorische Stärke erhielt diese Gruppe erst durch die Allianz mit anderen Konservativen, der geistige Mentor der Regierung blieb aber Vasile Boerescu mit seiner Zeitung *Pressa*, die quasi zum Regierungsorgan wurde.
Wie trag- und integrationsfähig sein Programm war, das Ordnung und Stabilität auf der Grundlage der bestehenden Verfassung in den Vordergrund stellte, zeigte sich besonders bei den von Carol und von den Moldauer Altkonservativen um Prinz G. M. Sturdza ausgehenden Versuchen einer restriktiven Verfassungsrevision.[46] Es ist übrigens nicht unwahrscheinlich, dass der Verfassungsentwurf von G. Sturdza, die so genannte „Petition von Iaşi“, auf ein langes Gespräch mit Carol während seines Besuches in Iaşi zurückging.[47] Die Gemeinsamkeiten zwischen den Vorschlägen Carols in seinem Mémoire von 1870 und denjenigen der Petition waren nicht zu übersehen. Das betraf die Errichtung eines Staatsrats, die Änderung der Wahl- und Kommunalgesetze, aber auch der Zusammensetzung des Senats, die Aufhebung bzw. Modifikation der Geschworenengerichte und die Abschaffung des Kolonisationsverbots. Darüber hinaus sah der Entwurf von Sturdza noch die Einführung der Todesstrafe und die Aufnahme des Ausnahmezustandes in die Verfassung vor.[48] Der Tenor beider Texte lautete übereinstimmend, dass die bisherigen Institutionen das Land nur in Anarchie gestürzt und unregierbar gemacht hätten; eine grundlegende Besserung der Verhältnisse könne demnach nur durch ein-

43 Stan, Grupări şi curente politice, S. 215ff., mit vielen Originalzitaten aus dem Hauptorgan „Pressa“, das Boerescu gehörte.

44 Ibd., S. 216. Stan streitet dieser Gruppe aufgrund ihrer Hetereogenität den Status einer Partei ab.

45 Das Wahlmanifest der Regierung liest sich in weiten Teilen wie die von Boerescu in der *Pressa* publizierten Anschauungen.

46 Siehe auch oben S. 257.

47 Arh. Stat. Regele Carol I, III/28, f.14. „Montag 26/8. Mai 1871 (Jassy) [...] lang mit Pr. G. Stourdza gesprochen, der entschieden für Modification der Constitution ist, ebenso Costaforu.“

48 Der Text der „Petition“ ist bei Maiorescu, Istoria contemporană, S. 48ff., abgedruckt. Vgl. dazu die „Conclusions“ des Mémoires von Carol. FHHDA, HS, 53, 1435, S. 53ff.

schneidende Verfassungsänderungen, die dem Entwicklungsstand des Landes entsprächen, erreicht werden.

Beide Versuche führten nicht zum gewünschten Erfolg, nicht, weil sie auf einhellige Ablehnung stießen, sondern weil sie die Regierung und die sie unterstützende Koalition gespalten hätten. Bereits die „Petition von Iaşi" rief bei den Junimisten, obwohl auch sie für eine Verfassungsreform eintraten, in einigen Punkten Widerstand hervor. Sie unterschrieben die Denkschrift nur mit dem Vorbehalt, dass sie sich mit der allgemeinen Tendenz einverstanden erklärten und sie der Kammer vorlegen würden.[49] So bestand selbst unter Befürwortern einer Revision keine Einigkeit über deren Umfang; entscheidenden Anteil an dem „Verschwinden der Petition in den Kammerarchiven" – so Maiorescu – hatte die ablehnende Haltung der Gruppe Ghica/Boerescu, mit denen sich die Moldauer über ein gemeinsames Vorgehen in dieser Frage berieten.[50] Diese Angelegenheit *in suspenso* zu lassen, da andere Probleme vorrangig gelöst werden müßten, bedeutete ihr Aus.

Ähnlich erging es der Initiative Carols. Auch die Regierung war geteilter Meinung, als Carol sie mit seinen Ansichten aus dem Mémoire am 11./23. Mai 1871 vertraut machte. Costaforu, Tell, Creţulescu, also die Hälfte des Ministeriums waren für eine Änderung, L. Catargiu jedoch blockte bereits tags darauf den Versuch ab mit dem interessanten Argument, dass man noch „temporisiren" müsse, da die „Administration noch nicht solid genug" sei, eine Begründung also, die gerade eine Verfassungsreform legitimieren sollte.[51] Als Pragmatiker hielt er den Zeitpunkt für inopportun, da diese Frage sowohl die Einheit der Regierungskoalition gefährdet als auch das Land gespalten hätte. Außerdem hatte er bereits in seiner ersten Regierungserklärung vor der Kammer wie auch wieder in dem Wahlaufruf versichert, die Verfassung respektieren zu wollen. Einen Wortbruch hätte seine Regierung wohl nicht lange überlebt und damit zu einem entgegengesetzten Resultat als der gewünschten Stabilisierung geführt. Mit der Eröffnung der Kammer am 23. Mai/4. Juni 1871 dominierten dann ganz andere Probleme die Tagespolitik, wie die Regelung der Finanzen und die leidige Strousbergaffäre. Schon bei dieser konnte sich die Regierung nicht mit ihrem eigenen Lösungsvorschlag durchsetzen, sondern nahm das Kammerprojekt an, um nicht die Vertrauensfrage stellen zu müssen, über deren Ausgang

49 Maiorescu versucht etwas umständlich, sich von der Petition zu distanzieren, sie aber doch in ihren Grundsätzen zu billigen. Istoria contemporană, S. 63f. Eine ausgewogene Bewertung der Haltung der Junimisten bei: Ornea, Viaţa lui Titu Maiorescu, S. 288ff. In sein Tagebuch schrieb Maiorescu: „Zur Herbstcampagne in der Kammer muß ich die staatsrechtlichen Détails studieren zur Constitutionsreform, die wir beantragen wollen." (28.8.1871, a.St.): Maiorescu, Jurnal VII, S. 261. Auch Carp hatte von Berlin aus eine Verfassungsänderung gefordert, die ihm nach dem großen Wahlerfolg der Regierung „sans violence" durchsetzbar erschien. Arh. Stat. CR 21/1871. Telegramm v. 28.5./9.6.1871. Aus dem Leben König Karls, 2, S. 195. Nach seiner Rückkehr nach Rumänien gelangte er aber zu einem anderen Schluss.

50 Maiorescu, Istoria contemporană, S. 64.

51 Arh. Stat. Fond Regele Carol I, III/28, f. 16. Über die Reaktion von P. Mavrogheni und Florescu ist nichts bekannt.

die Regierung trotz ihrer Mehrheit nicht sicher sein konnte.[52] Als Illusion erwies sich daher die Hoffnung, die Carol und die Befürworter einer Verfassungsrevision nach den Wahlen gehegt hatten, mit der Zweidrittelmehrheit jene verabschieden zu lassen.[53]
Das Verdienst der gemäßigten Konservativen um Boerescu bestand darin, die auseinander gedrifteten Institutionen Fürst und Verfassung, die sich während des vergangenen Jahres immer mehr zu einem unversöhnlichen Gegensatzpaar entwickelt hatten, wieder zusammenzuführen und ihre Unteilbarkeit und Abhängigkeit ins öffentliche Bewußtsein zu bringen. Den Radikalliberalen war es gelungen, gerade auch beim Fürsten selbst eine Unvereinbarkeit zwischen beiden Institutionen zu postulieren und für sich das Monopol der Bewahrer und Verteidiger der Grundrechte zu beanspruchen, verschweigend, dass auch der Fürst einen wichtigen Bestandteil eben dieser Verfassung bildete. Dieser Dualismus konnte allmählich überwunden und politische Prinzipien wie Ordnung und Stabilität, die Carol für unrealisierbar mit der Konstitution hielt,[54] mit ihr assoziiert werden.
Zwar machte sich dieser Dualismus noch in den Debatten über die Antwort der Kammer auf die Thronrede des Fürsten zur Eröffnung der Kammer am 23. Mai/4. Juni 1871 bemerkbar, als einige Oppositionsabgeordnete in einem Passus, der die Bedeutung des Throns für die Stabilität und Ruhe hevorhob, auch die liberale Verfassung als gleichrangig neben den Thron genannt wissen wollten aus Besorgnis vor einer Verfassungsänderung, doch glich diese Auseinandersetzung eher einem Rückzugsgefecht.[55] Der Antrag wurde abgelehnt mit dem Argument, dass man die Staatsorgane der Initiative einer eventuellen Verfassungsmodifikation nicht berauben dürfe. Damit grenzte sich die Kammer klar von dem letzten Abgeordnetenhaus ab und hielt sich formal die Option für eine Revision offen, ohne dass diese aber eine politische Wirksamkeit besaß.[56]
Da politisch nicht durchsetzbar, gab Carol seine Pläne einer Verfassungsänderung auf. Seine Strategie änderte sich dahingehend, dass die Erhaltung des konservativen Ministeriums absolute Priorität besaß, um die Stabilität zu sichern und mit diesem gewünschte Reformen innerhalb des vorgegebenen verfassungsrechtlichen Rahmens durchzuführen.[57] Somit scheiterten alle Versuche von links wie rechts, die Verfassung einseitig zu verändern, die sich endgültig als Grundgesetz etablierte.

[52] Siehe oben, S. 168f.
[53] P.A. I. A.B.q. Türkei 24, Vol. 46, Thielau v. 12. Mai 1871.
[54] So noch in seinem Mémoire: FHHDA, HS, 53, 1435, S. 43f.
[55] Nicolescu, Parlamentul romîn, S. 122f.
[56] Carol war mit der Haltung der Kammer sehr zufrieden und sprach von „constitutionellen Phrasen" der Opposition: FHHDA, HS, R 53, 1435, Brief v. 10./22. Juni 1871 an seinen Vater.
[57] P.A. I.A.B.q. Türkei 24, Vol. 47, Thielau v. 14. März 1872 (Nr. 19).

3. Regierungsstabilität durch die Unterstützung des Fürsten

Stabilitätsbegriffe und -denken durchzogen die ganze Legislaturperiode von 1871 bis 1875. Der Fürst ließ 1871 kaum eine Gelegenheit aus, in seinen Reden auf die Wichtigkeit dieses Faktors für das Wohlergehen des Landes hinzuweisen.[58] Vor allem boten die Thronreden immer wieder ein Forum, diesen Gedanken ins öffentliche Bewußtsein zu bringen. Alle Thronreden, einschließlich der Erwiderungen auf die Adressen der beiden Häuser des Parlaments während dieses Zeitraums, wiederholten dieses Thema in allen Variationen zusammen mit dem Appell zu Harmonie unter den Staatsorganen.[59] Als am 16./28. März 1875 die reguläre vierjährige Legislaturperiode der Kammer geschlossen wurde, benutzte Carol die Gelegenheit, dieses Faktum gebührend zu würdigen:
„Eine ganze Legislaturperiode von vier Jahren, erfüllt mit Aktivität, inspiriert vom öffentlichen Wohl, das Einvernehmen mit meiner Regierung, repräsentiert durch dasselbe Ministerium, bewahrend, beweist die Befähigung des Landes, sich mit den neuen Erfordernissen der Zeit zu identifizieren. Die Stabilität, die zum ersten Mal mit soviel Entschlossenheit bei den Vertretern der Staatsorgane aufrechterhalten wurde, hat ihre wohltätigen Früchte erbracht und in allen Zweigen der öffentlichen Administration können wir uns an den realisierten Verbesserungen freuen."[60]
Der Fürst konstatierte gegen Ende seiner Rede, dass sich das Land dem hohen Niveau der Zivilisation der anderen Staaten, die als Modell gedient hätten, angenähert habe, und sparte nicht mit Lob für die Arbeit der Abgeordneten, die dazu ihren Beitrag geleistet hätten. Die Schmeicheleien an die Adresse der Abgeordneten gehörten zur üblichen Rhetorik. In den Thronreden wurde auf die Eitelkeiten der Landesvertreter immer Rücksicht genommen und alles vermieden, was das gewünschte Einvernehmen mit ihnen hätte beeinträchtigen können. Diese demonstrative Belobigung des antizipierten Wohlverhaltens des Parlaments gegenüber der Regierung galt der Schaffung einer entspannten und kooperationsbereiten Atmosphäre zwischen Parlament und Regierung zu Beginn einer Sitzungsperiode und trug zugleich dem Selbstbewusstsein der Parlamentarier Rechnung. Keinen Hinweis enthielten die Thronreden auf die Schwierigkeiten, die viel gepriesene und beschworene Stabilität aufrechtzuerhalten, sowohl was die Regierung betraf, als auch

[58] So z.B. in seiner Erwiderung auf die Rede des Direktors des Gymnasiums in Galaţi am 10./22.4.1871 oder sein Toast anläßlich eines Banketts im Bukarester Palais am 10./22. Mai 1871 etc. Regele Carol I, Cuvântări şi scrisori, 1, S. 234, 236.

[59] Ibd. passim: „[...] nichts Gutes ist zu hoffen außer durch Ordnung und Stabilität" (17./29.10.1871); „Man kann nichts begründen ohne einen vollständigen Einklang zwischen den staatlichen Gewalten." (7./19.11.1871). „Das Land, durch diese Stabilität beruhigt, fängt an die Früchte der konservativen Prinzipien zu ernten [...]" (15./27.11.1873); „Wenn Stabilität und Harmonie zwischen den Organen des Staats eine notwendige Bedingung für das Wohlergehen des Volkes sind, so sind wir berechtigt, uns alle zu diesem Resultat zu beglückwünschen." (31.5/12.6.1874); „Ich bin glücklich, dass es mir vergönnt war, jene Stabilität in unser teures Land eingeführt zu sehen, ohne die kein Fortschritt möglich ist." (28.11./10.12.1874) etc.

[60] Regele Carol I, Cuvântări şi scrisori, I, S. 397.

das Verhältnis zwischen dieser und dem Parlament und nicht zuletzt das Parlament selbst. Dabei bildete sich eine Aufgabenverteilung der Stabilitätssicherung zwischen Fürst und Regierung heraus. Dem Fürsten oblag es, die Einheit des Kabinetts zu wahren und keinen Zweifel an seiner Haltung aufkommen zu lassen, dass er dieses vorbehaltlos unterstützte und im Konfliktfall eher die Kammer auflösen als die Regierung entlassen würde. Die Regierung hingegen stand immer wieder vor der Aufgabe, ihre Mehrheiten in der Kammer zu sichern und flexibel auf strittige Fragen zu reagieren.

Exemplarisch für die Politik des Fürsten, die Regierung zusammenzuhalten und ihre Stabilität zu sichern, steht sein Vorgehen im Fall seines Kultusministers Christian Tell. Carol, der Tell als „sehr derb, sehr grob" charakterisierte, der immer unumwunden seine Meinung sage, keinen Widerspruch vertrage und einen unbeugsamen Willen habe, sah die Schwierigkeiten mit einem solchen Charakter voraus, da bei ihm die kleinste Meinungsverschiedenheit zum Rücktritt führen würde. Dennoch lag ihm gerade an Tell sehr viel, da dieser aus dem Volk stammte und seit der 48er Revolution, die er mit seinen Truppen aktiv verteidigt hatte – damals war er auch zum General befördert worden –, große Popularität im Land besaß.[61] Er bildete das Gegengewicht zu dem Monopolanspruch der Radikalliberalen, die Tells Kampf für die nationale Einheit und Befreiung nicht in Frage stellen konnten.

Bis zu seinem endgültigen Ausscheiden aus dem Ministerium am 8./20. Januar 1874 gab es in der Tat mehrere kleinere Ministerkrisen wegen Tell, so im März 1872, als er gegen den Willen des Fürsten und vieler Abgeordneten die Normalschulen, d.h. die Lehrerausbildungsseminare, abschaffen wollte.[62] Dank des rhetorischen Geschicks einer Aufsehen erregenden Rede von Titu Maiorescu, der nach seinen eigenen Worten mit Tell in der Form sehr liebenswürdig und freundlich umging, in der Sache ihn aber „zermalmend", erklärte sich Tell bereit, in das Budget von 1873 die Normalschulen wieder aufzunehmen.[63] Carol musste selbst noch zweimal persönlich eingreifen und ihn zur Rücknahme seiner Demission bewegen, die er wegen diverser Differenzen zu Kollegen und anderen konservativen Gruppen eingereicht hatte.[64] Angesichts Tells latenter Bereitschaft, bei der kleinsten Unstimmigkeit zu demissionieren, seines kompromisslosen Charakters und seiner ständigen Auseinandersetzungen im eigenen Ressort mit Professoren wegen der Kompatibilität von politischem Amt und Berufsausübung grenzte es schon an ein kleines Wunder, dass er bis Anfang Januar 1874 im Amt blieb.[65] Seiner Herkunft nach

61 FHHDA, HS, R 53, 1435, Nr. 914, Brief v. 10./22. Juni 1871 an seinen Vater. Carols Aussage zufolge besaß Tell überdies Schriftstücke aus der Zeit von 1848, die die „Roten" kompromittierten. Mit seiner Charakterisierung von Tell stand Carol nicht allein da; auch Maiorescu bezeichnete ihn als „hart und ohne Takt": Maiorescu, Jurnal VII, S. 72.

62 Arh. Stat. Fond Regele Carol I, III/28, f. 41.

63 Ibd. Zu dieser ersten wichtigen Rede von Maiorescu und deren Eindruck auf die Parlamentarier s. Maiorescu, Jurnal VII, S. 69ff. Iordache, A., Vlăduţ, C., Christian Tell, Craiova 1976, S. 134ff.

64 Arh. Stat. Fond Regele Carol I, III/28, f. 42 u. 64.

65 Für seinen Rücktritt werden unterschiedliche Gründe genannt: Aus dem Leben König Karls, 2, S. 350, wo Tells Konflikt mit Professoren, die er von der Politik ausschließen wollte, im Vor-

Militär, verdankte er seinen Ministerposten nicht besonderen Fähigkeiten auf dem Kultus- oder Unterrichtssektor, auch wenn er unter Cuza im Kabinett N. Creţulescu dasselbe Amt ein halbes Jahr (30.12.1862–26.5.1863 [a.St.]) innehatte, sondern seiner prodynastischen Einstellung, seinem Eintreten für ein Übergewicht der Exekutive, das eine Abneigung gegen politische Auseinandersetzungen mit der Kammer einschloss,[66] und seiner Popularität als Volksheld von 1848. Seine Tätigkeit im Kultus- und Erziehungsministerium war kaum produktiv zu nennen, sondern gab im Gegenteil häufigen Anlass zu Kritik, gerade auch aus konservativen Reihen.[67] Eine grundlegende Schulreform, die Carol für dringend nötig hielt, konnte mit ihm nicht durchgeführt werden, sondern wurde erst von seinem Nachfolger, dem kompetenten Junimisten Titu Maiorescu, auf den Weg gebracht. Das Beispiel Christian Tell zeigte, wie das Stabilitätsdenken zu Lasten der Fachkompetenz gehen konnte, da wichtige Reformen im Unterrichtswesen hinausgezögert bzw. verhindert wurden.

Neben seiner Rolle als Vermittler zwischen Kabinettskollegen wie im Fall von Tell oder auch zwischen Boerescu und Mavrogheni musste Carol selbst Kompromissbereitschaft zeigen, wenn Differenzen zwischen ihm und seinen Ministern auftraten. Wie die Praxis zeigte, gab er seinen Ministern in der Regel nach. So war er z. B. mit Neuernennungen seines Justizministers Costaforu von Richtern am Bukarester Appellationsgericht im Januar 1872 nicht einverstanden und vertagte seine Entscheidung, nur um schließlich doch nachzugeben.[68] Ebenso beugte er sich dem Druck seines Außenministers V. Boerescu im Oktober 1873, der definitiv auf der Absetzung des Polizeipräfekten von Bukarest, Hiotu (Hiott), bestand und mit seinem Rücktritt drohte, falls seine Forderung nicht erfüllt würde.[69] Unverkennbar versuchte Carol, Konflikte mit seinen Ministern zu vermeiden, ausgleichend zu wirken und für Eintracht im Kabinett zu sorgen, auch wenn er persönlich mit Entscheidungen nicht einverstanden war.

Vermittelndes Eingreifen des Fürsten war auch gefragt, wenn sich der Rücktritt eines Ministers aus parlamentarischen Gründen nicht vermeiden ließ wie im Fall des Ministers für öffentliche Arbeiten, N. Creţulescu, im Dezember 1873. Auch wenn dieser erst auf Druck des Fürsten seine Demission einreichte, versuchte Carol dennoch, ihn nicht zu brüskieren und ihm mit dem Posten eines diplomatischen Agenten in Berlin eine gleichwertige Alternative anzubieten, die Creţulescu annahm.[70] Ähnlich wie bei dem früheren

dergrund steht. Iordache, Vlăduţ, Christian Tell, S. 139, sehen den Grund in dem Missfallen von Tell an der Duldung angeblich dubioser Geschäfte durch Mitglieder der Regierung.

66 Ibd., S. 108f.

67 P.A. I.A.B.q. Türkei 24, Vol. 49, Pfuel v. 23.1.1874.

68 Arh. Stat. Fond Regele Carol I, III/28, f. 39.

69 Ibd., f. 91f. CR 3/1873, f. 12, Schreiben v. N. Creţulescu an Carol v. 21.9./3.10.1873 zu den Gründen von Boerescu. P.A. I.A.B.q. Türkei 24, Vol. 48. Pfuel v. 2.11.1873. Carol wollte Hiot eigentlich behalten.

70 Der Darstellung in den veröffentlichten Memoiren, dass N. Creţulescu um seine Entlassung gebeten habe, stehen die Originalaufzeichnungen des Fürsten entgegen, aus denen hervorgeht, dass der Minister nicht zurücktreten wollte und L. Catargiu vergeblich versucht hatte, ihn dazu zu bewegen. Erst dem Fürsten gelang dies. Aus dem Leben König Karls, 2, S. 345. Arh. Stat. Fond Regele Carol I, III/28, f. 95.

Außenminister Costaforu, der nach seinem, aus eigenem Entschluss gefassten Rücktritt im Mai 1873 als Agent nach Wien ging, war Carol auch bei Creţulescu bemüht, eine für alle Beteiligten akzeptable Lösung zu finden, Spannungen abzubauen und keine Unzufriedenheit entstehen zu lassen.
Am wichtigsten war dem Fürsten der Erhalt des Kerns des Ministeriums, der aus dem Präsidenten und Innenminister L. Catargiu, dem Finanzminister Petre Mavrogheni und dem Kriegsminister Florescu bestand. Grundlage der Kabinettsstabilität bildete neben der Anerkennung der Führungsstellung des Ministerpräsidenten, nicht nur durch seine Kollegen, sondern auch durch den Fürsten, die gute Kooperation zwischen dem Fürsten und diesen Ministern, mit denen er die wenigsten Schwierigkeiten hatte, sowohl in fachlicher wie in persönlicher Hinsicht. Mavrogheni galt als einer der fähigsten Finanzpolitiker des Landes und als kompetenter Fachmann. Im Juni 1871 gelang es ihm, die so genannte Domänenanleihe von 78 Millionen Lei im Land unterzubringen, die dem Fiskus 58.500.000 Lei effektiv einbrachte. Diese Inlandsanleihe galt der Tilgung der schwebenden Schuld in Höhe von ca. 58.000.000 Lei und linderte kurzfristig die augenblickliche Finanznot der Regierung.[71] Carol dankte seinem Finanzminister persönlich für diesen Erfolg und sah darin einen realen Sieg und einen Beweis „unserer Vitalität“.[72]
Das Grundproblem der rumänischen Finanzen, die ständigen Haushaltsdefizite und anhaltenden Finanznöte, konnte auch Mavrogheni nicht lösen, da die Ausgaben vor allem durch die sukzessive Übernahme der Zinsgarantien für die fertiggestellten Eisenbahnstrecken, aber auch durch ehrgeizige Rüstungsprogramme, die Einnahmen trotz kontinuierlicher Erschließung neuer Steuereinkünfte überstiegen.[73] Im Unterschied zu den ersten fünf Jahren gelang es nun aber, ordentliche Haushaltsbudgets von der Kammer verabschieden zu lassen und damit der Regierung eine einigermaßen geordnete, vorausplanende Finanzverwaltung zu ermöglichen. Der politische Stabilisierungseffekt machte sich auch in den im Vergleich zu früher günstigeren Bedingungen von Anleihen auf dem internationalen Markt bemerkbar, wie bei der 1875 mit einem Pariser Bankhaus abgeschlossenen Rentenanleihe von 29 Millionen Francs mit einem Emissionskurs von 65 %, was einen Zinssatz von 7,5 % bedeutete. Angesichts der 22 % der Oppenheim-Anleihe aus dem Jahre 1866 stellte dieses Resultat einen Vertrauensbeweis für die Solidität

71 Nach Thielau war die Anleihe eher eine Konversion bzw. Konsolidierung bestehender Schulden, da sich die im Umlauf befindlichen Bons und Mandate gegen die neuen Obligationspapiere eintauschen ließen. Das Hauptverdienst am Gelingen der Finanzoperation kam einem Konsortium von Banken unter der Führung der Rumänischen Bank zu, das im letzten Augenblick noch 6 Mill. Francs übernommen hatte. P.A. I.A.B.q. Türkei 24, Vol. 46, Bericht v. 27.8.1871 (Nr. 46).

72 Arh. Stat. CR 27/1868, S. 272. Schreiben v. 1. August 1871. Ähnlich gegenüber seinem Vater: „Rumänien hat seine Anleihe von 75 Millionen im Inlande unterbringen können, was ein glänzender Beweis für seine Hülfsquellen und seine Lebensfähigkeit ist.“ FHHDA, HS, R 53, 1435, Nr. 930, Brief v. 17./29. August 1871.

73 Ausführlich dazu: Maier, Rumänien, S. 266ff. Aslan, Finanţele României, S. 140ff. Slăvescu, V., Vieţa şi opera lui Petre Mavrogheni, in: Anal. Acad. Rom. mem. secţ. ist. ser. III, t. XXI, 1939, S. 612ff.

der konservativen Regierung dar.[74] Eine andere, die 9,5-%-Anleihe für die Deckung eines 8-Millionen-Francs-Defizits der Stadt Bukarest im August 1875, konnte vollständig im Inland gezeichnet werden und brachte statt der geforderten knapp 9 Millionen 41 Millionen Francs. Alle diese Ergebnisse wurden von der Regierungspresse gebührend hervorgehoben und „als ein Zeichen des wachsenden Wohlstandes des Fürstenthums, sowie des Zutrauens der besitzenden Klassen in die durch die fünfjährige Amtsthätigkeit des Ministeriums geschaffenen Zustände“ charakterisiert.[75]

Auch wenn Mavrogheni die Haushaltsdefizite nicht beseitigen konnte und auch unter ihm die beschönigende Praxis der zu optimistisch veranschlagten Steuereinnahmen beibehalten wurde, verwaltete er sein Ressort mit einem nüchternen Sinn für das Mach- und Durchsetzbare und sorgte für einen geregelten Gang der Finanzgeschäfte, was sich stabilisierend auf die ganze Regierungspolitik auswirkte. Sein erzwungener Rücktritt am 8./20. Januar 1875 nach Veröffentlichungen im Prozess Ofenheim in Wien, in denen auch sein Name fiel, bedeutete infolgedessen eine erhebliche Schwächung des Kabinetts, da sein Nachfolger George Cantacuzino den Platz nicht ausfüllen konnte. Carol, der Mavrogheni als „Seele“ des Ministeriums bezeichnete, hoffte nach der Klärung der Vorwürfe, ihn wieder als Finanzminister ins Kabinett aufnehmen zu können.[76] Doch Mavrogheni, tief verletzt über die in diesem Fall ungerechtfertigten Anschuldigungen gegen ihn, weigerte sich, auf seinen Ministerposten zurückzukehren, obwohl ihn eine Untersuchungskommission der Kammer von allen Bestechungsvorwürfen freisprach.[77] Selbst dem Fürsten gelang es trotz aller Bemühungen nicht mehr, den von ihm hoch geschätzten Finanzminister zur erneuten Übernahme seines Ressorts zu bewegen.

Mit dem Rücktritt Mavroghenis verlor die Regierung allmählich auch das Vertrauen in ihre finanzielle Kompetenz, da der Nachfolger sich als Fehlbesetzung erwies. Bezeichnend für politische Verhaltensmuster war die Reaktion seiner früheren Ministerkollegen, Manolache Costache Epureanu und Christian Tell, die Mavrogheni am schärfsten kritisierten und der Unmoral beschuldigten. Diesen Mangel an Unkollegialität, der sich in Diskreditierungen, persönlichen Diffamierungen und Verleumdungen äußerte, griffen vor allem die Junimisten an, die sich für eine rational geführte Auseinandersetzung auf der Ebene der politischen Ideen einsetzten.[78]

Bei den Angriffen gegen Mavrogheni ging es aber um handfeste machtpolitische Motive, denn sie waren Teil einer Strategie zum Sturz der Regierung, der nicht nur von den politischen Opponenten, sondern auch von Teilen der Konservativen betrieben wurde.

[74] P.A. I.A.B.q. Türkei 24, Vol. 51, Pfuel v. 31.3.1875 (Nr. 28). Dort auch eine Übersicht über die Anleihen seit 1864. Maier, Rumänien, S. 268f.

[75] So Boerescus „Pressa“, zitiert in dem Bericht von Reitz v. 5.8.1875 (Nr. 62): P.A. I.A.B.q. Türkei 24, Vol. 52.

[76] Aus dem Leben König Karls, 2, S. 415.

[77] P.A. I.A.B.q. Türkei 24, Vol. 51, Pfuel v. 19.2.1875. Nicolescu, Parlamentul romîn, S. 151ff.

[78] Siehe die Rede Carps zur Verteidigung Mavroghenis: Gane, P. P. Carp, I, S. 165f. Allerdings waren auch die Junimisten gegen diese verbreitete Haltung nicht gefeit. Vgl. den Privatbrief v. Bülow v. 2. Juni 1888. P.A. Rumänien/Geheim. Bd. 1.

Der Grund lag in den bevorstehenden Neuwahlen der Kammer, deren reguläre Legislaturperiode zu Ende ging. Da die Entscheidung der Wahl in den Händen der Regierung lag, wurde von konkurrierenden Gruppen alles versucht, diese Machtstellung zu erobern. Nach dem Angriff auf Mavrogheni zielte der nächste direkt auf L. Catargiu. Wegen einer im November 1874 gemachten Äußerung, dass er den Wählern in den nächsten Wahlen die die Regierung unterstützende Kammermehrheit wieder empfehlen werde, beschuldigten ihn Abgeordnete, gegen die Verfassung verstoßen zu haben.[79] Hatte diese Äußerung damals keinen Anlass zur Kritik gegeben, diente sie jetzt Anfang 1875 als Hebel, die Regierung zu stürzen.

Doch nicht nur auf parlamentarischem Wege wurde dies versucht, sondern einige Abgeordnete intervenierten direkt beim Fürsten, einen Kabinettswechsel vorzunehmen. Carols Beschreibung der politischen Atmosphäre während dieser Tage war symptomatisch für Phasen bevorstehender oder für möglich gehaltener Regierungswechsel mit ihrer Erregung, Überreiztheit, ihren Winkelzügen, Gerüchten, Spekulationen:

„In den Tagen wo man versuchte das Ministerium zu stürzen waren solche Intriguen und ein solches Durcheinanderhetzen, daß sich die besten Freunde überwarfen oder sich mit Mißtrauen ansahen, einer schwärzte den andern an um ein Zusammengehen von Ministerium und Kammer unmöglich zu machen; man kann wirklich sagen „Politik verdirbt den Character." Jede politische Fraction hoffte bei dem Durcheinander das Heft in die Hand zu bekommen und dann die Wahlen für die neue Kammer nach seinem Geschmack vorzubereiten.

Die Rechnung ist aber ohne den Wirth gemacht worden. Einige Deputirte erdreisteten sich mich zu bitten das Ministerium zu wechseln; ich wies aber ein solches Verlangen mit Entschiedenheit zurück und erklärte jeden Personen-Wechsel vor den Wahlen als einen unconstitutionellen Act, jene werden mir zeigen ob das Land mit dem heutigen Cabinet einverstanden ist. – Sollte die jetzige Kammer, die in Kürze eines natürlichen Todes sterben wird, ein Mißtrauens-Votum geben, so würde sie in der letzten Stunde noch aufgelöst werden. Diese Erklärung, die bald in der Stadt bekannt wurde, verfehlte nicht den Eindruck und zwei Tage hernach sprach die Kammer der Regierung ihr volles Vertrauen aus. Dies Votum hat die Situation wieder geklärt und die Stabilität befestigt, die vorher sehr gefährdet war[...]"[80]

Die Fiktion einer durch Wahlen bestätigten Regierung wurde vom Fürsten bewusst aufrechterhalten und als politisches Argument eingesetzt, um die Verfassungsmäßigkeit seines Handelns unter Beweis zu stellen, der Regierung die zu erwartende parlamentarische Legitimation zu verschaffen und der Opposition den legalen Boden zu entziehen.

[79] Gane, P. P. Carp, I, S. 167. Nicolescu, Parlamentul romîn, S. 159ff. Der von Vernescu eingebrachte Antrag wurde von einer bunt zusammengewürfelten Koalition von Regierungsgegnern unterstützt, zu denen auch Tell und Epureanu gehörten.

[80] Arh. Stat. Fond Regele Carol I, V D 1830. Brief v. 7./19. März 1875. Diese Stelle ist in den publizierten Memoiren nur abgeschwächt wiedergegeben. Aus dem Leben König Karls, 2, S. 426.

Die zitierte Stelle ist auch unter einem anderen Aspekt bemerkenswert, da der Wandel in der persönlichen und politischen Anschauungsweise des Fürsten, vergleicht man sie mit Äußerungen fünf Jahre zuvor, klar hervortritt. Beklagte er damals mit sichtlicher Empörung und persönlicher Gekränktheit die Unmoral, die egoistischen Parteiinteressen und das Machtstreben der Politiker, sah er in der Verfassung das Grundübel der Unregierbarkeit des Landes, so fällt jetzt der nüchterne Ton seiner Beurteilung auf, in der sich die Akzeptanz der Verhältnisse widerspiegelt. Auch die Verfassung stellte kein Hindernis mehr für sein politisches Handeln dar, sondern er bediente sich ihrer, wie es die Situation erforderte, ohne ihre Bestimmungen zu verletzen. Vor allem zeigte sich jetzt eine Sicherheit im Umgang mit Personen und politischen Konstellationen, die auf seinen langjährigen Erfahrungen und seinem Lernprozess beruhten. Das Gefühl der Fremdheit und seine Opposition gegenüber den andersartigen rumänischen Verhältnissen waren einer Vertrautheit und Einsicht in diese gewichen, während sich gleichzeitig sein stark emotionales politisches und persönliches Engagement für eine radikale Veränderung des Landes in eine nüchterne und den Verhältnissen angepasste Haltung für das Erreich- und Durchsetzbare verwandelt hatte. Größere Rationalität und Distanz bei gleichzeitigem Verständnis und Vertrautheit mit den politischen Gegebenheiten und persönlichen Verhältnissen zeichneten jetzt Carols Urteilsvermögen aus.[81] Die gewonnenen Führungsqualitäten kamen ihm bei der Bewältigung der Krise des Jahres 1876 zugute, da sie seinen Entscheidungen Respekt und Glaubwürdigkeit verschafften.

4. Regierungsstabilität durch Kooperationsbereitschaft mit dem Parlament

Carols Politik der Unterstützung und Beibehaltung seines Kabinetts galt vor allem dem Ministerpräsidenten Catargiu. Dieser war der Garant der Stabilität, der Autorität gegenüber seinen Kollegen besaß, der Einfluss auf die Kammer ausübte und der die Verwaltung kontrollierte. Bei Störungen der öffentlichen Ordnung griff er hart durch wie bei den Ausschreitungen gegen Juden in Bessarabien Anfang 1872 oder bei Unruhen der Führer der Büffelkarren (*bivolari*) in Giurgiu im März 1873.[82] Seine oberste Maxime hieß wie beim Fürsten Ordnung und Stabilität und er ließ keinen Zweifel daran, diese, wenn

81 Vgl. seinen Brief v. 18./30.11.1873 an den Vater: FHHDA, HS, R 53, 1435, Nr. 1106.

82 Ibd., Nr. 963 und 993. Briefe Carols an seinen Vater v. 2./14.3.1872 und v. 14./26. 3.1873. Zu den Aussschreitungen gegen die Juden und die Hintergründe s. die Berichte v. Thielau v. 26.1. (Nr.7), 10.2. (Nr. 12), 22.2. (Nr. 15), 21.3. (Nr. 22), 13.4. (Nr. 26), 19.4. (Nr. 28), 6.5.1872 (Nr. 30). P.A. I.A.B.q. Türkei 24, Vol. 47. Welter, Die Judenpolitik der rumänischen Regierung, S. 44ff. Anlass für die Unruhen in Giurgiu war eine erhöhte Besteuerung des transportierten Getreides. P.A. I.A.B.q. Türkei 24, Vol. 48, Pfuel v. 2.4.1873 (Nr. 12). Aus dem Leben König Karls, 2, S. 309. Dort wird verschwiegen, dass es bei den Unruhen zwei Tote und viele Verwundete gab.

nötig, auch mit militärischen Mitteln durchzusetzen.[83] Beide sahen in diesen beiden größten Unruhen während der Regierungszeit Catargius das Werk der „Umsturzpartei", der radikalliberalen Opposition, die es zu bekämpfen galt. Wie bei früheren Ausschreitungen verstellte die Instrumentalisierung solcher Konflikte, die schlaglichtartig sozialpolitische Probleme beleuchteten, sowohl durch die Regierung wie durch die Opposition, aber auch durch das Ausland, den Blick auf die Ursachen und trug ihren Teil zur Verhinderung von Lösungen bei. Auch Carol machte sich erneut diese Sichtweise zu Eigen. Wenn er in den Krawallen gegen die Juden lediglich eine „Inszenierung" der „Umsturzpartei" sah mit dem Ziel, die innere Ordnung zu stören und dem außenpolitischen Ansehen zu schaden, um selbst an die Macht zu kommen, verkannte er die sozialen und psychosozialen Ursachen des Antisemitismus in Rumänien.[84] Der erfolgreiche Einsatz des Militärs bei innenpolitischen Konflikten enthob die Politiker zusätzlich der Notwendigkeit einer Lösung. Der bereits unter Cuza eingeschlagene Weg gewaltsamer Konfliktregelung[85] setzte sich unter Carol fort und trug zur Erhöhung der Gewaltbereitschaft und zur Vermehrung des Gewaltpotenzials bei der Durchsetzung politischer Ziele bei.
Innerhalb der Regierung blieb Catargiu der Garant für die Kontinuität der Regierungsarbeit. Außer dem Kriegsminister Ion E. Florescu traten mit der Zeit die übrigen Ressortminister aus verschiedenen Gründen von ihrem Amt zurück und wurden durch andere Politiker ersetzt. Die geschickte Kooptierung von Mitgliedern anderer konservativer Gruppen, die durch ihren Widerstand gegen bestimmte Gesetzesvorhaben der Regierung ihren Anspruch an der Teilhabe der Macht anmeldeten, bildete einen wichtigen Bestandteil in der Erhaltung des Ministeriums. Die Ernennungen von Costache Epureanu zum Justizminister am 28. Oktober/9. November 1872, von V. Boerescu zum Außenminister am 28. 4./10.5.1873, von Al. Lahovari zum Justizminister am 26.10./7.11.1873, von George Gr. Cantacuzino zum Minister für öffentliche Arbeiten am 16./28.12.1873, von Titu Maiorescu zum Kultusminister am 7./19. April 1874 bedeuteten die Einbindung der so genannten „Jungen Rechten" und der Junimisten in die Regierungsverantwortung und wandelten ihre Opposition in eine konstruktive Mitarbeit um.[86] Nicht zufällig konnten

[83] FHHDA, HS, R 53, 1435, Nr. 930, Brief Carols v. 17./29. August 1871 an seinen Vater. Vgl. auch das Rundschreiben Catargius an die Präfekten v. 12./24. April 1873 nach den Ereignissen in Giurgiu. P.A. I.A.B.q. Türkei 24, Vol. 48, Anlage z. Bericht v. Pfuel v. 29.4.1873 (dt. Übersetzung aus der „Rumänischen Post" v. 29.4.1873).

[84] Vgl. den Brief an seinen Vater v. 3./15.2.1873: „In den Bessarabischen Districten sind einige Judenhetzen von der Umsturz-Parthei in's Werk gesetzt worden, die Regierung hat aber sofort die energischsten Mittel aufgeboten, um die Ruhe wiederherzustellen." FHHDA, HS, R 53, 1435, Nr. 959. Stern, Din viaţa unui evreu român, 1, S. 70ff., hingegen schildert eindringlich die Judenverfolgungen und deutet an, dass Russland hinter diesen Unruhen stand (S. 78).

[85] So wurde bei einem Aufruhr gegen Cuza am 3./15. August 1865 das Militär eingesetzt, wobei ca. 20 Menschen den Tod fanden und viele verletzt wurden. Giurescu, Viaţa şi opera lui Cuza Vodă, S. 347ff.

[86] FHHDA, HS, R 53, 1435, Nr. 989. Brief Carols v. 16./28.12.1872 an seinen Vater. P.A. I.A.B.q. Türkei 24, Vol. 48, Berichte Pfuels v. 6. 2., 7. u. 11. Mai, 7.11.1873. Vol. 49, 29.12.1873, 23.1.1874. Vol. 50, 19.4.1874. Maier, Rumänien, S. 386ff.

die größeren Reformprojekte, die das Pressewesen, das Strafrecht, die Lokalverwaltung und das Erziehungssystem betrafen, nur durchgesetzt werden, nachdem diese Gruppen an der Macht beteiligt wurden, die gleichzeitig die usprünglich schärferen Vorschriften der Gesetzesentwürfe abmilderten.
Catargius Fähigkeit, Konflikte aufzufangen oder sie in bestimmte Bahnen zu lenken, zeigte sich vor allem in seinem Verhalten der Kammer gegenüber. Hier legte er eine große Flexibilität an den Tag, die von dem Grundsatz geleitet wurde, eine Kammerauflösung mit einem das ganze Land in Unruhe versetzenden Wahlkampf möglichst zu vermeiden und keine Situation herbeizuführen, die eine Grundsatzentscheidung zwischen Regierung und Kammer notwendig machte. Während in den ersten fünf Jahren oft aus nichtigem Anlass die Vertrauensfrage gestellt wurde oder werden musste, machte Catargiu von diesem Verfahren nur in seltenen Fällen Gebrauch.[87] Er befolgte eine Deeskalationsstrategie, die darauf hinauslief, es nicht zu einer ernsten Krise im Verhältnis zwischen Parlament und Regierung kommen zu lassen.

1. Fallbeispiel: Eisenbahngesetzgebung
Bei Themen, bei denen abzusehen war, dass die Regierung mit ihren eigenen Gesetzesprojekten scheitern würde, fügte sich die Exekutive den Wünschen der Kammer. Dies betraf z. B. alle Eisenbahngesetze, die die Regierung seit dem Sommer 1871 in der Nachfolge des Strousberg-Bankrotts zur Regelung dieser Frage einbrachte. Emotions- und interessenbeladen wie kein anderes Thema, hatte die Opposition im oder außerhalb des Parlaments grundsätzlich Recht mit ihrem Widerstand gegen alles, was von der Regierung kam, und die Regierung, die die Interessen beider Seiten im Auge haben musste, immer Unrecht. Publizistisch und politisch gerieten Ministerium wie Kammer immer unter Druck, dem viele Abgeordnete aus pekuniären Gründen oder aus Furcht des Verlustes ihrer eigenen Popularität nachgaben, so dass in dieser Frage jede Regierungsvorlage vor allem in den Kommissionen zunächst einmal abgelehnt wurde. Erst nachdem den Erfordernissen der Öffentlichkeit Genüge getan war, konnte eine Regelung erfolgen, wobei die betreffende Kammerkommission mit ihren Vorschlägen das Regierungsprojekt mehr oder weniger stark modifizierte. Die Regierung machte sich dann dieses veränderte Gesetzesprojekt zu Eigen und versuchte, auf der Grundlage dieser Akzeptanz noch einige kleinere Korrekturen durchzusetzen. Alle Gesetzesverfahren in der Eisenbahnfrage liefen nach diesem Verhaltensmuster ab: Schwierigkeiten zwischen Regierung und Kammer wie zwischen den Regierungsstellen in Bukarest und in Berlin waren somit immer vorprogrammiert.
So wurde das zwischen der Regierung und der offiziell am 16. November 1871 gegründeten preußischen Aktiengesellschaft „Rumänische Eisenbahngesellschaft“ ausgehandelte Abkommen von der Abgeordnetenkommission abgelehnt, deren Gegenvorschläge die Regierung annahm und jetzt als Regierungsvorlage zwischen dem 13./25. Dezember 1871

87 So z. B. im Dezember 1872 bei den Debatten über die Regelung der Eisenbahnfrage. Aus dem Leben König Karls, 2, S. 232.

und dem 21. Dezember 1871/2. Januar 1872 in der Kammer heftig debattiert wurde.[88] Das schließlich am 21.12.1871/2.1.1872 von der Kammer und drei Tage später vom Senat angenommene Gesetz, in dem die Regierung noch einige kleine Veränderungen zugunsten der Aktionäre votieren lassen konnte, übertrug der „Rumänischen Eisenbahngesellschaft" den weiteren Ausbau der Bahnen mit den Rechten und Pflichten der früheren Konzessionäre, während der rumänische Staat die halbjährliche Couponzahlung ab 1. Januar 1872 in Höhe von 4760000 Francs übernahm bis zur Fertigstellung der Hauptstrecke Roman–Bukarest, die am 1. September 1872 vom Staat übernommen werden sollte, der dann den garantierten Zins von 20250 Francs pro Kilometer bezahlte.

Das endgültige Abkommen wurde am 14. Februar 1872 zwischen der Regierung und der Aktiengesellschaft abgeschlossen, nach dem die unfertige Strecke von Bukarest nach Turnu-Severin in drei Jahren fertiggestellt werden sollte und der rumänische Staat nach der Übernahme 7,5% Verzinsung garantierte. Eine neue Streitfrage bezüglich der Übernahme und des Betriebs der rumänischen Eisenbahnen durch eine andere Gesellschaft, was die Kammer untersagt hatte, wurde ohne Mitwirkung der Kammer stillschweigend geregelt, indem sich die rumänische Regierung einer Vereinbarung zwischen der Eisenbahngesellschaft und der „Österreichischen Staatseisenbahngesellschaft" vom 6. März 1872 nicht widersetzte.

Um die Schwierigkeiten der Regierung zu verstehen, muss man die große Emotionalität in der Eisenbahnfrage berücksichtigen, die sich aus dem Gefühl speiste, dass man ein Opfer ausländischer Finanzspekulationen geworden sei und überdies die Zeche für den Zusammenbruch zu zahlen habe. Das immer latent vorhandene Misstrauen, dass Fremde das Land ausbeuteten und es unter Druck setzten, wurde in der Strousbergaffäre idealtypisch bestätigt gefunden. Dies erklärt auch den Widerwillen vieler Abgeordneter, eine Kompromisslösung zu finden und auch die Interessen der deutschen Aktienanleger zu berücksichtigen. Verstärkt wurde diese Opposition noch durch das Verhalten Bismarcks. Der Kampf um die Annahme des Eisenbahngesetzes im Dezember 1871 wurde nicht nur innenpolitisch mit aller Verbissenheit ausgetragen, sondern auch von Bismarck in kreuzzugähnlicher Manier geführt. Innen- und außenpolitische Aktionen schaukelten sich gegenseitig hoch und das ganze Problem eskalierte. Andererseits bleibt offen, ob ohne diesen Druck Bismarcks eine für beide Seiten annehmbare Lösung hätte gefunden werden können.

Nachdem er die Regelung des Strousberg-Konkurses den preußischen Bankiers Bleichröder und Hansemann übertragen hatte, die ihrerseits die Voraussetzungen zur Gründung der Aktiengesellschaft schufen, setzte Bismarck alle diplomatischen Mittel ein, um Rumänien zu einem Ausgleich mit der Rumänischen Eisenbahngesellschaft zu zwingen. Er schaltete alle Garantiemächte ein, allen voran die Pforte, und versuchte, sie unter Druck zu setzen, damit sie ihrerseits den Druck auf die Rumänen erhöhten. So erinnerte Bismarck die Pforte massiv an ihre Suzeränitätspflichten, was die Rumänen an einer empfindlichen Stelle, nämlich ihrem Stolz auf die Eigenständigkeit, traf. Bei Österreich,

[88] Nicolescu, Parlamentul romîn, S. 121f. Ausführlich: Maier, Rumänien, S. 201ff.

Russland und England machte er deren Haltung in dieser Frage zu einem Prüfstein in den bilateralen Beziehungen, Frankreich stellte er bei Unterstützung der deutschen Forderungen Erleichterungen in den Ausführungen des Friedensvertrags in Aussicht, mit der Drohung einer Konferenz erschreckte er überdies England, kurz: er zog alle Mächte in diese Frage mit hinein, um Rumänien zu isolieren.[89]
Es blieb nicht das letzte Mal, dass Bismarck ein bilaterales Problem zu einem internationalen machte. Den übrigen Mächten erschien sein Vorgehen eher lästig und unangemessen, da sie aber kein Interesse an weiteren Komplikationen und an einer Verschärfung der Lage hatten, drangen auch sie in die Rumänen, die Konvention mit der Rumänischen Aktiengesellschaft anzunehmen.[90] Abgesehen von dem Faktum, dass im Interesse der dem Berliner Hofe nahe stehenden und hoch gestellten Persönlichkeiten, die Mitkonzessionäre Strousbergs gewesen waren, eine Regelung unter allen Umständen gefunden werden musste, um einen Skandal zu vermeiden,[91] lag Bismarcks aggressivem Verhalten ein persönlicher Groll über die Rumänen und ihre während des Krieges deutlich bekundete deutschfeindliche und jetzt in der Eisenbahnfrage widerspenstige Haltung zugrunde. Seine Politik führte zwar zum Erfolg, belastete aber auch das Verhältnis zu Rumänien. Der politischen Einsicht, auf Deutschland angewiesen zu sein, stand eine gefühlsmäßige Antipathie gegenüber. Wie sehr sich das Verhältnis zu Deutschland abgekühlt hatte und wie sehr der Fürst selbst davon betroffen war, kam in einem Brief Carols an seinen Vater vom 16./28. Januar 1872 zum Ausdruck:
„Das Auftreten B. hat hier und im ganzen Orient sehr verstimmt und nicht beigetragen Deutschland in diesen Gegenden beliebt zu machen. Alles Deutsche ist hier geradezu verhaßt u. sollte R. (gemeint ist Radowitz, E. B.-I.) wieder hierher zurückkommen, was ich nicht hoffe, so würde er eine sehr unangenehme Stellung haben. Es ist hier sehr wohl

89 Die Einzelheiten der diplomatischen Aktionen im Dreieck Berlin – Konstantinopel – Bukarest werden ausführlich bei Maier, Rumänien, S. 196ff., mit den entsprechenden Quellenangaben behandelt. P.A. I.A.B.q. Türkei 24, Vol. 46, Auszug eines Schreibens v. Graf Waldersee aus Paris v. 23.8.1871. Bismarck v. 18.11.1871 an Reuss in St. Petersburg. Ibd. Aus dem Leben König Karls, 2, S. 232. Fond Regele Carol I, III/28, f. 34.

90 Vor allem Österreich hatte sich in dieser Frage als Vermittler angeboten: Costaforu v. 23.8./4.9.1871 an Carol. Arh. Stat. CR 27/1868, f. 307ff. Aus dem Leben König Karls, 2, S. 230ff. Carol schrieb es dem Druck der englischen Regierung zu, die in einer Note dringend die Annahme der Konvention empfohlen hatte, dass am 17./29.12.1871 die Beratung der Gesetzesvorlage beginnen konnte. Arh. Stat. Fond Regele Carol I, III/28, f. 34. In einem Brief an seinen Vater v. 2./14.3.1872 berichtet er über einen Brief, den er an Bismarck geschrieben habe, und bemerkt dazu, „[...] daß mir die Pression der Schutzmächte von großem Nutzen war, diese habe ich auch gewünscht und indirect herbeigeführt, indem ich Green, den engl. General-Consul, bat, wie es bei der Dicussion der prise en considération schlecht stand, mit einer Note von Granville, die er mir in einer Audienz am selben Tag mitgetheilt hatte, nach der Kammer zu gehen und dieselbe den Ministern zur Vorlage einzuhändigen. Der Eindruck den diese Mittheilung machte, war wirksam u. übte einen großen Druck aus.–“ FHHDA, HS, R 53, 1435, Nr. 963.

91 Vgl. ein Gespräch Bismarcks mit dem österreichisch-ungarischen Botschafter in Berlin, Karolyi, zitiert mit Quellenangabe in: Wolter, Bethel Henry Strousberg, S. 108f.

bekannt, daß er, wo er konnte, die Türken gegen Rumänien aufhetzte und dem Groß-Vezier erklärte, daß seine an mich gerichteten Depeschen viel zu milde gehalten seien. Es ist richtig, daß sie in der respectvollsten Form abgefaßt waren, wenn aber ein preuß. Agent wünscht, daß ein Türke einem Hohenzollern gegenüber mit Drohungen auftritt, so ist das eine andere Sache. –"[92]

Bismarck behandelte Carol nicht wie ein Mitglied der Hohenzollern, sondern als Fürst von Rumänien, einem Land, das er verachtete. Doch Carols Einflussmöglichkeiten in der Eisenbahnfrage waren begrenzt und im Gegensatz zu seinem aktiven Eingreifen bei der Votierung der Strousberg-Konzession musste er sich jetzt hauptsächlich darauf beschränken, auf seine Minister einzuwirken, damit sie in der Kammer die Regierungsvorschläge durchbrächten. Den auswärtigen Druck konnte er an seine Minister nur weitergeben und immer wieder auf die Notwendigkeit einer Einigung drängen. Carol wollte unter allen Umständen eine internationale Konferenz über diese Frage vermeiden, da er um die Autonomie des Landes fürchtete, und nahm sich alle Minister einzeln vor, um sie von der Dringlichkeit einer Lösung zu überzeugen.[93] Er selbst stand unter dem doppelten Druck aus Berlin und Konstantinopel, den er zwar einerseits zur Durchsetzung der Konvention nicht ungern sah, ihn aber andererseits als verletzend empfand, da Bismarck ihn gezielt als Vasallen der Pforte behandelte.[94] Der Fürst ging auf Distanz zu dem deutschen Kanzler, der seinerseits „wütend" auf den Fürsten war, und identifizierte die rumänischen Interessen nicht mehr mit den deutschen.[95] Ein Jahr nach seiner Aufforderung an Deutschland, über ihn und sein Land zu verfügen, geriet er selbst in Gegensatz zu seinem früheren Vaterland. Jetzt jedoch konstatierte er befriedigt, dass ihm Bismarcks Feindseligkeit nicht nur nicht geschadet, sondern „[...] im Gegentheil, das Land und die Nachbarstaaten haben mehr Vertrauen zu mir gefaßt, indem sie sich durch das feindliche Auftreten B. überzeugten, daß ich nicht nur ein vorgeschobener Posten bin.–" [96]

So trug das Vorgehen Bismarcks zur Emanzipation Carols im Verhältnis zu Deutschland bei und sorgte damit unbeabsichtigt für eine Konsolidierung seiner Stellung. Als Fürst von Rumänien selbst Opfer der Bismarckschen Politik wurde dem Vorwurf, Statthalter deutscher Interessen zu sein, der Boden entzogen.[97]

92 FHHDA, HS, R 53, 1435, Nr. 956.

93 Arh. Stat. Fond Regele Carol I, III/28, f. 34. Vgl. eine Bleistiftnotiz aus seinem Kabinett vom 1.9.1871. Arh. Stat. CR 27/1868, f. 283.

94 FHHDA, HS, R 53, 1435, Nr. 959, Brief Carols v. 2./14. März 1872 an seinen Vater.

95 Arh. Stat. Fond Regele Carol I, III/28, f. 36.

96 FHHDA, HS, R 53, 1435, Nr. 956, Brief v. 16./28.1.1872 an den Vater. – Gegenüber Radowitz erklärte der Fürst zwar, dass die Art und Weise, wie er von Berlin behandelt worden sei, seinem Ansehen im Land sehr geschadet habe, da man glauben müsste, „[...] daß selbst sein Mutterland Ihn verlasse", doch war dies eine Kritik am Verhalten Bismarcks und galt weniger der eigenen Stellung. P.A. I.A.B.q. Türkei 24, Vol. 46, Radowitz v. 13.11.1871.

97 Nicht zufällig wurde in einem Leitartikel der „Pressa" die würdige und patriotische Haltung des Fürsten hervorgehoben, der bewiesen habe, dass er Rumäne sei und keine anderen Interessen als die Rumäniens habe, die er am höchsten stelle. P.A. I.A.B.q. Türkei 24, Vol. 47, Anlage zum Bericht v. Thielau v. 4.2.1872.

Die von allen Seiten unter Druck gesetzte Regierung Catargiu manövrierte unter den gegebenen Umständen so geschickt wie möglich: Indem sie von vornherein auf die Forderungen der Kammer eingegangen war, konnte sie einen noch radikaleren Gegenentwurf aus deren Reihen abwehren und die Kammer in die Verantwortung für die endlich gefundene Lösung einbinden. Die Regierung ging aus diesem Konflikt gestärkt hervor, was sich wiederum auf die Zusammenarbeit mit dem Parlament auswirkte,[98] doch behielten die Eisenbahnfragen ihre politische Brisanz, bei denen die Regierung gegen den Widerstand der Kammer ihre Vorlagen kaum durchsetzen konnte bzw. ohne deren Einverständnis erst gar nicht handeln wollte: Das betraf die Eisenbahnanschlüsse an das russische und das österreichische Schienennetz,[99] die Finanzierungsgesetze zur Unterstützung der Rumänischen Eisenbahngesellschaft, deren Mittel zum Ausbau des Netzes nicht ausreichten und die deshalb von der Regierung die Genehmigung für Anleihen forderte, weiter die Vergabe der Konzession für den Bau der Predealbahn gegen die ursprünglichen Intentionen der Regierung an den britischen Unternehmer Crawley, der sich den Auftrag durch massive Bestechung der Abgeordneten zu sichern wusste.[100]

2. Fallbeispiel: Bodenkreditanstalt

In ähnlicher Weise gelang es der Regierung auch bei anderen wichtigen Gesetzesprojekten nicht, sich mit ihren Vorstellungen durchzusetzen, besonders, wenn es sich dabei um Probleme handelte, die die Interessen der Politiker direkt berührten. Im Fall des Gesetzes über die Gründung einer Bodenkreditbank, das im März 1873 leidenschaftlich diskutiert wurde, verliefen die Gegensätze quer durch die konservativen Reihen. Die Regierung musste sich dem Druck der Mehrheit beugen und ein Gesetzesprojekt annehmen, das ausschließlich rumänischen Grundbesitzern das Recht zur Bildung einer Bodenkreditanstalt zugestand, ausländische Kapitalgeber ausschloss und überdies der Bank ein Privileg von 25 Jahren einräumte. Trotz der Drohung einer Kammerauflösung konnte das Ministerium nur geringfügige Änderungen durchsetzen, die die Bestimmungen nicht grundsätzlich alterierten.[101] Regierungstreue Anhänger wie D. Ghica, der Kammerpräsident, und V. Boerescu wandten sich in dieser Frage gegen die Regierung, während Gegner wie Kogălniceanu oder A. Golescu, wenn auch mit einigen Einschränkungen, in ihrem Sinn sprachen. In welcher Lage sich die Regierung befand, schilderte Carol seinem Vater in einem Brief vom 14./26. März 1873:

98 FHHDA, HS, R 53, 1435, Nr. 956, Brief Carols v. 16./28.2.1872 an den Vater.

99 Aus dem Leben König Karls, 2, S. 305f.

100 Maier, Rumänien, S. 218ff., 228ff. Aus dem Leben König Karls, 2, S. 445, 448f. P.A. I.A.B.q. Türkei 24, Vol. 50, Pfuel v. 7. Juni 1874; Vol 51, Pfuel v. 6. Juli 1875.

101 Das betraf z. B. den Zeitraum für das Privileg der Bank, das von 25 Jahren auf zehn herabgesetzt wurde, aber nur für die Institute in Bukarest, Craiova und Iaşi. Der Versuch, diesen Zeitraum durch den Senat auf zwei Jahre zu verkürzen, scheiterte. Istoria parlamentului, S. 203ff. Nicolescu, Parlamentul romîn, S. 132ff. P.A. I.A.B.q. Türkei 24, Vol. 48, Pfuel v. 19.3.1873 u. v. 11.4.1873. Vgl. auch die breit angelegte Rede von Kogălniceanu am 1./13. März 1873 mit interessanten Details zur Vorgeschichte und zur Situation in der Moldau. Kogălniceanu, Opere IV, orat. II, part. III, S. 261ff.

„In dieser Lebens-Frage für das Land wurden die gemeinsten politischen Passionen und die schmutzigsten persönlichen Interessen gemischt, und gaben sich die verschiedenen Parteien auf diesem Terrain die Hand, um gegen die gesunden Ansichten der Regierung anzukämpfen. Der Kampf war ein ungleicher, sowohl in strategischer wie in tactischer Beziehung, jenseits waren alle Vortheile: das Terrain war *national*, die Frage populär, die Maaßen, die von der ganzen Sache nichts verstanden, für das *nationale Geld*, die Presse zur Disposition der nationalen Gründer; die Regierung hatte dagegen nur die Ueberzeugung für sich, daß ein Boden-Credit auf rein nationaler Basis, durch Association der Grundbesitzer, nicht allein dem Lande nicht nützen, sondern dem Grundbesitz schädlich werden kann. Um diesen zu retten brauchen wir Capitalien zu einem nicht zu hohem Zinsfuße, was man mit einem Pfandbrief-Institut nach schleßischem Muster schwer erreichen wird.
Da es unmöglich war das Projekt in der Kammer verwerfen zu lassen, so mußte man wenigstens suchen es unschädlich zu machen, was durch die Verweigerung des Privilegiums zum Theil gelungen ist. Auch vom politischen Standpunkte lag in der ganzen Combination eine Gefahr, indem eine große privileguirte Gesellschaft, von der die Existenz der Grundbesitzer abgehangen hätte, einen bedeutenden Einfluß auf die besitzende Klasse gewinnen konnte.“ [102]

Der Fürst selbst hatte vergeblich versucht, D. Ghica und Boerescu von ihrer starren Haltung gegen ausländisches Kapital abzubringen. In einem Land, dessen Elite ihre Einkünfte hauptsächlich aus dem Grundbesitz bezog und wo viele Güter bereits hypothekarisch belastet waren, konnte eine solche Institution, die, wie Carol befürchtete, in die Hände der Liberalen gelangen würde, ein Machtzentrum neben der Regierung bilden, wogegen Boerescu argumentierte, dass man sich gerade dieser Institution gegen die „Roten“ bedienen und ihre Vorstellungen sich zu eigen machen müsse.[103] Weder Fürst noch Regierung konnten sich mit ihren Ansichten durchsetzen, sondern mussten die Bodenkreditanstalt in der von der Parlamentsmehrheit angenommenen Form einer ausschließlich von rumänischen Grundbesitzern konstituierten Gesellschaft akzeptieren, die hypothekarisch auf die Gesamtheit der Güter gesicherte Pfandbriefe von 7 % herausgab. Die Institution, die am 5./17. April 1873 gegründet wurde, erfüllte ihren Zweck der Vergabe von billigen Krediten an die Großgrundbesitzer, nicht jedoch an die Bauern; politisch gesehen, bestätigten sich z. T. die Befürchtungen des Fürsten, da Führungspositionen von Liberalen besetzt wurden: Ion Ghica wurde erster Direktor, D. A. Sturdza erster stellvertretender Direktor, doch blieb die Regierung mit D. Ghica, dem Kammerpräsidenten, an der Spitze des Verwaltungsrates auch nicht ohne Einfluss.[104]

[102] FHHDA, HS, R 53, 1435, Nr. 993 [Hervorhebung im Text].

[103] Ibd. Kogălniceanu wies in seiner Rede gleichfalls auf die politischen Konsequenzen hin. Kogălniceanu, Opere IV, orat. II, part. III, S. 275f, 278f. Nach Slăvescu war der Grundbesitz mit 200 Mill. Lei belastet mit Zinsen von 12 bis 24 %. Slăvescu, V., Creditele funciare din Romînia, Bucureşti 1924, S. 20.

[104] In der „Istoricul partidului naţional-liberal“, S. 96, wird die Bodenkreditanstalt 1873 als gemeinsames Werk beider Parteien dargestellt, wobei den Liberalen das Verdienst zugekom-

3. Fallbeispiel: Konservative Gesetzgebung

Die Wintersession 1872/73 bildete für die Regierung eine kritische Zeit, da sie sich Mehrheiten nicht mehr sichern konnte und in kurzen Abständen mehrere parlamentarische Niederlagen einstecken musste.[105] Mit ihrem illoyalen Verhalten gaben Abgeordnete der Regierung die Machtansprüche ihrer eigenen Gruppen zu verstehen, worauf Catargiu schon resigniert um die Jahreswende zurücktreten wollte, „zur Calmirung des appetits de la chambre."[106] In dieser Konfliktsituation stellte sich Carol eindeutig auf die Seite seines Ministerpräsidenten und lehnte eine Kabinettsänderung rundweg ab. Er war nicht gewillt, sich von der Kammer sein Handeln diktieren zu lassen und zog ihre Auflösung einem Rücktritt von Catargiu vor.[107] Nach den negativen Erfahrungen der ersten Jahre verfolgte der Fürst gegenüber der Kammer eine Politik, die darauf abzielte, sie nicht wieder zu einem bestimmenden Faktor bei der Regierungsbildung werden zu lassen. Seinem Vater schrieb er darüber im Rückblick auf die Wintersession 1872/73:

„Außerdem ist der Winter stets eine *strenge* Periode für mich, da, durch das Zusammensein der Kammern, alle politischen Männer hier versammelt sind und dann natürlich viele Intriguen gesponnen werden und die Partei-Umtriebe im Blühen sind. Die Situation ist hier nicht so rosig, wie sie im Auslande erscheinen mag; zwischen Ministerium und Kammer waren schwere Kämpfe und jeden Tag war zu befürchten, daß einer auf dem Kampfplatze bleiben würde. Ich für meinen Theil war entschloßen die Kammern aufzulösen, um den Parlamentarismus herunter zu halten, dessenungeachtet war die Agitation und Unruhe geschaffen und gab den Rothen Mittel an die Hand ihre faule Waare anzupreisen."[108]

Die Strategie der Eindämmung parlamentarischer Machtansprüche hatte Erfolg, solange die Regierung sich keiner geschlossenen Opposition gegenübersah und die Abgeordneten durch eine Auflösung nur verlieren konnten. Eine Auflösung des Parlaments lag nicht im Interesse der Beteiligten, so dass sich die Eindeutigkeit der Haltung des Fürsten Stabilität sichernd auswirkte. Sie stärkte die Position der Regierung und übte bis zu einem gewissen Grad einen disziplinierenden Einfluss auf die Parlamentarier aus. Die Sitzungsperiode konnte ohne Auflösung zu Ende gebracht und sogar die wichtigen Haushaltsgesetze für 1874 ohne weitere Schwierigkeiten verabschiedet werden.[109] Die Befürchtung des

men sei, sich erfolgreich gegen die Konzessionierung einer solchen Bank an Ausländer zur Wehr gesetzt zu haben. Istoria parlamentului, S. 204f. Istoria Romîniei, IV, S. 472. Slăvescu, Corespondenţa lui Ion Ghica, S. 1338f.

105 Pfuel zählt in seinen Berichten die Niederlagen auf und sieht die Kammer in der „würdigen" Nachfolge ihrer Vorgängerinnen, „die sämmtlich nach einiger Zeit ihres Bestehens dem Ministerium, welchen sie ihre Existenz verdankten, untreu wurden." P.A. I.A.B.q. Türkei 24, Vol. 48, Pfuel v. 5.3.1873. S. a. die Berichte v. 6.2., 26.2., 4.3. und 15.3.1873: ibd.

106 Arh. Stat. Fond Regele Carol I, III/28, f. 67 (23.12.1872/4.1.1873). P.A. I.A.B.q. Türkei 24, Vol. 48, Pfuel v. 5.3.1873.

107 Fond Regele Carol I, III/28, f. 65 (14./26.12.1872) u. 67 (19./31.12.1873).

108 FHHDA, HS, R 53, 1435, Nr. 993, Brief v. 14./26. März 1873 [Hervorhebung im Text]. Dieser Brief ist in den Memoiren nicht veröffentlicht.

109 P.A. I.A.B.q. Türkei 24, Vol. 48, Pfuel v. 28.3.1873.

Fürsten, dass aufgrund der schwachen Regierungsmehrheit Neuwahlen im Herbst 1873 notwendig werden könnten, trat nicht ein, da durch die Aufnahme von V. Boerescu als Außenminister (28.4./10.5.1873), von Al. Lahovari als Justizminister (25.10./6.11.1873) und von George Cantacuzino als Minister für öffentliche Arbeiten (16./28.12.1873) ins Kabinett wichtige Vertreter von Gruppen in die Regierungsverantwortung eingebunden wurden, die während der vergangenen Wintersession gegen die Regierung gestimmt hatten. Die Justiz- und Außenressorts waren durch die Rücktritte von Costaforu und Epureanu frei geworden, die wegen divergierender Meinungen zu ihren Kollegen über die Vorgehensweise in der Frage der Bodenkreditanstalt aus dem Kabinett ausschieden.[110] Mit der Ernennung von V. Boerescu, einem der Hauptkontrahenten in dieser Frage, zum Außenminister wollte Carol, wie er dem deutschen Vertreter gegenüber betonte, seinen guten Willen für die Funktionsfähigkeit dieser Institution unter Beweis stellen;[111] er verschwieg allerdings die Wichtigkeit Boerescus bei der Vorbereitung der geplanten Unabhängigkeit.[112] Außerdem verhinderte diese Ernennung eine eventuelle Allianz mit den Radikalliberalen, mit denen sich die Gruppe D. Ghica/Boerescu bei der Bodenkreditanstalt in Übereinstimmung befunden hatte, und die bereits auf eine Koalition gegen die Regierung Catargiu spekuliert hatten.[113]
Gefestigt auch durch den Eintritt der beiden Mitglieder der „Jungen Rechten", die damit ihr Oppositionsziel erreicht hatten, konnte die Regierung in der Sitzungsperiode 1873/74 wichtige Gesetze zur Reform des Strafrechts und zur Gemeindeverwaltung im Parlament durchbringen. Den Geschworenengerichten, deren Urteile gewöhnlich mit Freisprüchen endeten, wurden Kompetenzen entzogen und das Strafmaß für bestimmte Vergehen heraufgesetzt; die Bestimmungen für Pressevergehen wurden verschärft und schlossen nun auch den Tatbestand der Beleidigung des Fürsten, seiner Familie sowie ausländischer Regenten und ihrer Vertreter mit ein. Ein erster Anlauf der Regierung im Winter 1872/73, Pressevergehen ordentlichen Gerichten zu übertragen, war an dem Widerstand der Junimisten gescheitert;[114] die neue Vorlage beließ diese bei den Geschworenengerichten. Auch in diesem Fall hatten sich Regierung und Fürst, der die Institution der Geschworenengerichte am liebsten ganz abschaffen wollte, nicht durchsetzen können, so dass die politisch wirksame Öffentlichkeit bei Pressedelikten erhalten blieb.[115] Eine Reform der Strafprozessordnung der Geschworenengerichte, die ihre Zahl und die Anzahl der Ge-

[110] Zu den Hintergründen s. den Bericht von Pfuel v. 7. Mai 1873: P.A. I.A.B.q. Türkei, Vol. 48.
[111] Ibd. Bericht v. 11. Mai 1873.
[112] Siehe unten S. 302f.
[113] P.A. I.A.B.q. Türkei 24, Vol. 48, Pfuel v. 11.5.1873.
[114] Ibd., Pfuel v. 6.2.1873. Maier, Rumänien, S. 387f.
[115] FHHDA, HS, R 53, 1435, Nr. 975, Brief Carols an seinen Vater v. 18./30. April 1872. Vor allem nach den skandalösen Freisprüchen durch Geschworenengerichte in den sog. Judenprozessen im Gefolge der Ausschreitungen in Bessarabien, wo schuldige Christen frei und unschuldige Juden schuldig gesprochen wurden, wollte Carol die Gelegenheit nutzen, um auch mit Hilfe ausländischen Drucks diese Institution, die sich in seinen Augen vollständig diskreditiert hatte, zu beseitigen. P.A. I.A.B.q. Türkei 24, Vol. 47, Thielau v. 12.6.1872. Vgl. auch den Bericht von Radowitz v. 24.6.1872 aus Buyukdere: Ibd.

schworenen reduzierte sowie den Zensus der Geschworenen erhöhte, wurde am Ende der Legislaturperiode im April 1875 verabschiedet und rundete die Justizreform ab.[116]
Die Reform der Kommunalverwaltung lief auf eine größere Zentralisierung hinaus und auf die Angleichung des Wahlmodus der bis jetzt direkt gewählten Selbstverwaltungsorgane auf Bezirks- (*județ*), Stadt- und Gemeindeebene an die Wahlbestimmungen für die Kammer, d. h. die Unterteilung der Wähler in vier Kollegien. Bereits im Februar 1872 wurde ein diesbezügliches Gesetz für die Wahl der Mitglieder des Generalrats für die Bezirke verabschiedet, das neue Gesetz für die Wahl zur Gemeindeverwaltung sah eine abgestufte Einteilung der Wähler in Wahlkollegien vor.[117] Eine wichtige Änderung erfuhr der Wahlmodus des Bürgermeisters (*primar*), der statt wie bisher durch Wahl jetzt in den Landgemeinden auf Empfehlung des Präfekten vom Innenminister ernannt und in den Städten auf Vorschlag des Innenministers vom Fürsten ernannt wurde. Außerdem wurde die Mindestzahl der Familien, die eine Gemeinde bildeten, von 100 auf 500 heraufgesetzt. Die ursprüngliche Regierungsvorlage, die der Zentrale noch größere Rechte über die Kommunen zugestand, musste auch hier einem Kompromiss weichen und erst nach zähen Debatten in beiden Häusern gelang es, das Gesetz mit Modifikationen verabschieden zu lassen.[118] Desgleichen konnte sich die Regierung auch nicht mit ihrem Vorschlag eines Ausländerwahlrechts in den Hafenstädten durchsetzen, wo sie den dort wohnenden Ausländern das aktive und passive Wahlrecht zugestehen wollte.
Die Gesetze vergrößerten die Kontroll- und Einflussmöglichkeiten der Regierung auf die Kommunalverwaltung und stärkten somit die Zentralisierungstendenzen, die den Verfassungsartikeln 37 und 132, Absatz 1, zuwiderliefen. Andererseits schrieb derselbe Artikel 132 die Angleichung aller Gesetze an die Verfassungsbestimmungen vor, so dass die Unterteilung in Wahlkollegien bei den Gemeinderatswahlen in diesem Sinne verstanden werden konnte. Inwieweit die Regierung dadurch mehr Einfluss auf diese Wahlen gewinnen konnte als ohnehin schon möglich, oder aber nur der Aufwand dafür verringert werden konnte, bleibt dahingestellt.[119] Wenn auch in vielen Bestimmungen restriktiver und gegen den Einfluss der Radikalliberalen intendiert, so stellten diese Gesetze nicht unbedingt eine konservative Gegenreform dar, da sie den liberalen Regierungen dieselbe Handhabung boten und von diesen in gleicher Weise genutzt wurden.[120] Sie erleichterten jeder Regierung die Kontrolle über die Kommunalverwaltung und die Verfügbarkeit über

116 Ibd. Vol. 51, Pfuel v. 6.4.1875.
117 Zu den Einzelheiten s. Maier, Rumänien, S. 393ff.
118 Istoria parlamentului, S. 218f. Nicolescu, Parlamentul romîn, S. 138f. P.A. I.A.B.q. Türkei 24, Vol. 49, Pfuel v. 26.2.1874.
119 Vgl. die Auslassungen G. Vernescus über die Einmischung von Regierungsbeamten bei Gemeinderatswahlen nach dem alten Wahlsystem. Maier, Rumänien, S. 395. Selbst die Gemeindewahlen in Bukarest im Frühsommer 1871 konnten von der Regierung effektiv gesteuert werden. Siehe auch das Beispiel der Stadt Iaşi bei: Maier, Rumänien, S. 394.
120 Kogălniceanu machte in einer langen Rede zum Gemeindegesetz darauf aufmerksam, dass die Dezentralisierung gerade von Konservativen befürwortet worden war und sie eine lange Tradition im Lande besaß. Kogălniceanu, Opere IV, orat. II, part. III, S. 357ff.

diese, so dass die Zentrale auf Kosten der Region gestärkt wurde, unabhängig von der Parteicouleur.
An dem politisch regen Leben in den Städten mit seiner vielfältigen Publizistik und Diskursen und an der Dominanz der von den Radikalliberalen beeinflussten Presse und damit an der Mitwirkung der öffentlichen Meinung an der politischen Willensbildung änderten diese Gesetze wenig.[121] Die so häufig anzutreffende These, dass die von der Regierung „erwählten" Parlamente willfährige Werkzeuge in deren Händen gewesen seien, trifft nicht zu, wie der ständige Kampf zwischen Regierung und Parlament um die Durchsetzbarkeit von Gesetzen zeigt. Eine große Mehrheit war notwendig, um überhaupt das Regieren zu ermöglichen, aber diese Mehrheit musste ständig neu gesichert werden durch Zugeständnisse, Kompromisse und das Austarieren konkurrierender Machtansprüche der verschiedenen konservativen Gruppen, die in einem spannungsreichen Verhältnis zueinander standen.

5. Das Verhältnis des Fürsten zum Ministerpräsidenten

L. Catargiu gelang es mit seiner Politik des Ausgleichs, der Vermeidung offener Konflikte gegenüber der Kammer, aber auch mit Entschlossenheit und Kontrolle über die Verwaltung die erste Legislaturperiode ohne Kammerauflösung zu überstehen.[122] Er wurde vom Fürsten vorbehaltlos unterstützt, der seinem Ministerpräsidenten für die bewiesene „Ruhe, Ausdauer und Energie" dankbar war[123] und es seinem Einfluss zuschrieb, „daß das gute Einvernehmen zwischen den gesetzgebenden Körpern und der Regierung nicht gestört worden ist".[124] In diesem Faktum sah Carol die Hauptursache für die Stabilität, und er wurde nicht müde, deren positive Auswirkungen auf das Land hervorzuheben.[125] Da seiner Meinung nach L. Catargiu das Hauptverdienst dafür zukam, tat der Fürst seinerseits alles, um den Ministerpräsidenten zu halten. So zeichnete er ihn durch die Verleihung des Hohenzollernschen Hausordens anlässlich des Neujahrsfestes 1874 aus, um den er seinen Vater gebeten hatte. Der Orden sollte sichtbares Zeichen der fürstlichen

[121] Sehr gut dazu: Maier, Rumänien, S. 404f.
[122] P.A. I.A.B.q. Türkei 24, Vol. 48, Pfuel v. 18.8.1873 (Nr. 42) über das energische Durchgreifen Catargius bei Schlampereien im Finanzministerium. Über Catargiu schrieb Carol an den deutschen Kronprinzen am 14.10.1876: „Catargiu hat während fünf Jahren mit eiserner Hand Ruhe und Ordnung aufrecht erhalten, und mag er vielleicht die Zügel zu straff angespannt haben, was seine Gegner aufs Äußerste gereizt hat." P.A. I.A.B.q. Türkei 24, secreta.
[123] FHHDA, HS, R 53, 1435, Nr. 993, Brief v. 14./26.3.1873 an seinen Vater.
[124] Ibd. Nr. 1106, Brief v. 18./30.11.1873 an den Vater. Aus dem Leben König Karls, 2, S. 344. Angesichts der vielen Schwierigkeiten mit der Kammer klingt diese Beurteilung allerdings beschönigend.
[125] Ibd. Vgl. auch die Briefe an seinen Bruder Leopold v. 18./30.12.1873 und an Mayenfisch v. 8./20. Mai 1874: FHHDA, W 53, 3 29, 4, 1 UF 7 u. W 53, 87 29, 28, 18, 1858-1876.

Dankbarkeit und Anerkennung sein und den Ministerpräsidenten zur Fortführung seiner Arbeit ermutigen.[126]

Der Fürst gab seinem Ministerpräsidenten den erforderlichen Rückhalt gegenüber der Kammer, indem er keinen Zweifel an seiner Entschlossenheit aufkommen ließ, im Konfliktfall eher die Kammer aufzulösen, als das Ministerium zu entlassen. Mit dieser Haltung gelang es ihm, wie bereits oben in einigen Fällen angeführt, die Abgeordneten zu disziplinieren.[127] Auch wenn er viele politische Vorstellungen nicht durchsetzen konnte – in diesem Punkt ließ sich der Fürst die Initiative nicht mehr aus der Hand nehmen, wie er bei jeder Gelegenheit bewies:

„Die Kammern [...] suchten das Ministerium zu stürzen und ein Coalitions-Ministerium vorzuschlagen. Ich berief die Parthei-Chefs und setzte mich mit den verschiedenen Fractionen in Verbindung und erklärte, daß das jetzige Cabinet mein Vertrauen hätte und ich entschloßen wäre mit ihm voran zu gehen. Heute wurde nun die Minister-Frage gestellt, 77 Stimmen gegen 28 stehen auf der Seite des Cabinets.“[128]

Carols Unterstützung seines Ministerpräsidenten ging sogar soweit, ihm 1875 finanziell auf informellem Weg zu helfen, als sich L. Catargiu in finanziellen Schwierigkeiten befand:

„Die Leistungen von L. Catargiu sind über alles Lob erhaben. Nachdem er über 4 Jahre sich und alle seine Interessen hinten angesetzt, ist er heute an der äußersten Grenze der Opfer, die er im Stande war zu bringen, angelangt. Schon vor drei Wochen erklärte er mir, daß er nicht mehr länger im Amte bleiben könnte, da seine Vermögens-Verhältnisse so in Unordnung gerathen seien, daß sie wie ein Druck auf ihm lasten und die Sorgen ihn Arbeits unfähig machen dies umso mehr da die Opposition seine Schuldscheine aufkaufe, in der Hoffnung ihn damit zum Rücktritt vom Ministerium zu zwingen. Da mir seine traurigen Vermögens-Verhältnisse schon lange bekannt sind, bot ich ihm im vorigen Sommer [...] fünfzig tausend frcs an; was er dankend zurückwies. – Um mir nun Catargi *um jeden Preis* zu erhalten, so habe ich mit Philippesco, der der Familie meines Minister-Presidenten nahe steht, eine andere Combination besprochen. Catargi erhält von mir 15.000 oestr. Ducaten zu 5 %, die in seinem Gute hypothecarisch sicher gestellt werden. Da mein Name in dieser Transaction nicht figuriren kann/die Opposition würde behaupten, daß ich mir das Ministerium gekauft/, so wird die Hypothek auf Philippesco ausgestellt, die er mir dann, mit einer schriftlichen Erklärung, einhändigt. – Auf diese Weise hoffe ich mir Catargi noch einige Jahre zu erhalten, was in den gegenwärtigen Verhältnissen einen höheren Werth hat als ein Paar tausend Dukaten.“[129]

Der Bitte des Fürsten an seinen Vater, den erforderlichen Geldbetrag zu beschaffen, kam Karl Anton nach, was Carol hoffen ließ, L. Catargiu noch lange behalten zu können.[130]

126 FHHDA, HS, R 53, 1435, Nr. 1106, Brief v. 18./30.11.1873. Die Passage fehlt in den Memoiren. Arh. Stat. Fond Regele Carol I, V D 1801, Brief v. 16./28.1.1874.

127 Siehe oben, S. 278f., 287f.

128 Arh. Stat. Fond Regele Carol I, V D 1809, Brief v. 14./26.5.1874 an den Vater.

129 Ibd. V D 1835, Brief v. 9./21. Juni 1875 an den Vater [Hervorhebung im Text]. Bei „Philippesco“ (Filipescu) handelte es sich um den Hofmarschall.

Mehr als jede andere Aktion bewies diese Maßnahme, für wie wichtig der Fürst seinen Ministerpräsidenten für die weitere Stabilitätsentwicklung des Landes hielt und wie aktiv er sich für sein Verbleiben an der Spitze der Regierung engagierte.
Trotz der engen Zusammenarbeit, des gegenseitigen Vertrauens und der Übereinstimmung in politischen Grundfragen zwischen dem Fürsten und seinem Ministerpräsidenten kam es aber nicht mehr zu einer so engen emotionalen Bindung seitens des Fürsten, wie es bei Ion Brătianu in den ersten zweieinhalb Jahren der Fall gewesen war. Carol fühlte sich L. Catargiu persönlich verbunden, doch ausschlaggebende Bedeutung besaß dessen Fähigkeit, die Zusammenarbeit zwischen Regierung und Parlament zu ermöglichen und für Ruhe im Land zu sorgen. Als Catargiu die divergierenden konservativen Gruppen nicht mehr zusammenhalten konnte und sein Einfluss auf das Parlament trotz der Unterstützung des Fürsten immer mehr abnahm, er also die Stabilität sichernden Funktionen nicht mehr erfüllen konnte, war auch Carol nicht mehr länger bereit, ihn zu halten. Anders als in den ersten fünf Jahren identifizierte sich der Fürst nicht mehr persönlich mit den Ministern, weder im positiven noch im negativen Sinne, sondern entwickelte bei aller Wertschätzung eine emotionale Distanz, die es ihm erlaubte bzw. erleichterte, bei der Auswahl des Regierungspersonals seine gefühlsmäßigen Präferenzen den politischen Notwendigkeiten unterzuordnen. Mit dieser Einstellung konnte er 1876 trotz seiner fortbestehenden Abneigung gegen die Radikalliberalen diese wieder an die Regierung berufen, auch wenn er zunächst hoffte, dass sie sich an der Macht schnell abnützen würden.[131]
Der Lernprozeß, den Carol während der zehn Jahre durchgemacht hatte, spiegelte sich wider in Äußerungen, wie er sie gegenüber dem deutschen Kronprinzen in einem Brief vom 14. Oktober 1876 machte:
„Für meine Person ist es ziemlich gleichgültig, welche von den beiden Parteien am Ruder, beide haben mich nöthig. Sechs Jahre haben die Rothen antidynastische Agitationen gemacht, heute erklären sie mir, daß ich die einzige Rettung des Landes wäre und getrauen sie sich keinen wichtigen Schritt zu machen ohne meinen Rath und Beistand, den ich ihnen ebensowenig versage als den Conservativen. Ich suche mich soviel wie möglich über die Parteien zu stellen, und erinnere mich dabei stets Deines Rathes: die Constitution streng zu beachten."[132]
Wie gerade dieses Zitat zeigt, bestand ein wichtiges Ergebnis der Regierungszeit L. Catargiu in der Aussöhnung des Fürsten mit der einst so ungeliebten Verfassung. Catargiu hatte bewiesen, dass Stabilität und Ruhe mit der Verfassung aufrechterhalten werden konnten, der Fürst hatte gelernt, mit dem Instrumentarium, das sie ihm bot, umzugehen und es erfolgreich bei Regierungskrisen einzusetzen. Ein wichtiges Faktum sollte allerdings nicht übersehen werden: die Durchsetzungsfähigkeit des Fürsten beruhte in

[130] Ibd., V D 1836, Brief v. 12. Juli 1875 (n.St.).
[131] Arh. Stat. Fond Regele Carol I, V D 1846, Brief v. 14./26.4.1876 an den Vater; ibd. V D 1848, Brief v. 12./24. Juni 1876; ibd. V D 1857, Brief v. 12./24.12.1876.
[132] P.A. I.A.B.q. Türkei 24, secreta. Eine sehr ähnliche Äußerung in einem Brief an seinen Bruder Leopold v. 11.10.1876: FHHDA, W 53, 69 29, 27 1, UF 1, 1860-1905.

der Anerkennung seiner verfassungsrechtlichen Prärogativen durch ein konservatives Parlament. Während frühere Kammern ihm das Recht von Regierungsbildungen streitig gemacht und ihren eigenen Anspruch darauf angemeldet hatten, stellte die Bestätigung dieses fürstlichen Rechts einen ideologischen Grundkonsens aller konservativen Gruppen dar, wurde aber auch von gemäßigten Liberalen, wie z. B. Kogălniceanu, nicht in Frage gestellt.[133] Das Verdienst der Konservativen lag darin, den verfassungsrechtlichen Grundkonsens über die Rechte des Fürsten stabilisiert und dadurch auch die Legitimität seiner Stellung gesichert zu haben; die Radikalliberalen konnten diese Entwicklung nicht mehr rückgängig machen und wollten es auch nicht, als sie sahen, dass diese sie nicht von der Beteiligung an der Macht ausschloss.

[133] Kogălniceanu, Opere IV, orat. II, part. III, S. 315. Wie bereits oben S. 278f. beschrieben, äußerte sich diese Anerkennung z.B. in dem Verhalten von Abgeordneten, die den Fürsten um die Ablösung des Ministeriums Catargiu baten; sie billigten damit dem Fürsten die alleinige Kompetenz in dieser Frage zu, während Carol es als „unconstitutionellen Act" erklärte, eine Regierung kurz vor den Wahlen abzulösen, was seine inzwischen gewonnene Sicherheit im Umgang mit der Verfassung widerspiegelte.

II Wechsel im politischen Handlungsmuster am Beispiel der Außenpolitik

1. Grundzüge rumänischer Außenpolitik

Die Stabilisierung des politischen Systems beruhte nicht nur auf den allmählich erworbenen Fähigkeiten der Staatsorgane, ihre institutionellen Zuständigkeiten zu klären und Konflikte zwischen ihnen auszubalancieren, sondern auch auf der gewandelten Vorgehensweise des Fürsten bei der Umsetzung politischer Entscheidungen. Ein prägnantes Beispiel hierfür bietet der Vergleich zwischen seinem außenpolitischen Handeln vor und nach 1871. Der hohe Stellenwert, den die Unabhängigkeitspolitik dabei einnahm, beruhte nicht nur auf den politischen und persönlichen Ambitionen des Fürsten, sondern Außenpolitik bedeutete ihrem Wesen nach Unabhängigkeitspolitik, wie die vielen Auseinandersetzungen um die Anerkennung nationaler Symbole, die die Eigenstaatlichkeit definierten, zeigten. Völkerrechtlich gesehen, konnte eine selbständige Außenpolitik nur von einem souveränen Staat betrieben werden, ein Status, den Rumänien nicht besaß. Grundsätzlich musste die rumänische Außenpolitik konzeptionell wie auch in ihrer langfristigen Strategie auf die vollständige Unabhängigkeit ausgerichtet bleiben, da sie sich andernfalls ihrer eigenen Existenzberechtigung beraubt hätte. Von Beginn der Eigenstaatlichkeit unter Cuza verfolgte die Außenpolitik keinen anderen Zweck, als die Bindungen zum Osmanischen Reich zu ignorieren, die Pforte als Zwischeninstanz in bilateralen Beziehungen zu anderen Staaten auszuschalten und den Anspruch auf ein eigenständig handelndes völkerrechtliches Subjekt durchzusetzen.[1]

Inwieweit dies gelang, hing vor allem von der Reaktion der Garantiemächte ab und ihrer Geschlossenheit in der Unterstützung bzw. Ablehnung rumänischer Forderungen bei der Pforte.[2] Das Grundmuster osmanischer Politik bildete unabhängig von der Relevanz des Problems zunächst die Ablehnung jeder Forderung nach Erweiterung nationaler Selbständigkeit, sei es in der Frage rumänischer Pässe, sei es das Recht, Orden zu verleihen, Münzen mit dem Bildnis des Fürsten zu prägen, die Anerkennung des Namens „Rumänien" oder die Akkreditierung rumänischer Diplomaten etc. Man fürchtete, jedes noch so kleine Zugeständnis würde die Stellung des Reiches schwächen und in der Konsequenz zum völligen Auseinanderfallen des Osmanischen Reiches führen.

1 Corivan, Relaţiile diplomatice ale României de la 1859-1877, Bucureşti 1984, S. 68ff (Cuzas Politik betreffend).

2 P.A. I.A.B.q. Türkei 24, Vol. 47, Andrassy an Karolyi in Berlin, 7. Juli 1872 (Abschrift); Radowitz an Bismarck v. 10. Juli 1872; Thielau an Bismarck v. 11. Juli 1872.

Die rumänische Seite hingegen vertrat die Auffassung eines quasi gleichberechtigten Vertragsverhältnisses mit dem Osmanischen Reich, mit dem die rumänischen Fürsten seit 1351 zu verschiedenen Zeiten völkerrechtliche Verträge, die sog. Kapitulationen, abgeschlossen hätten, die ihnen das Recht zugestanden, unabhängig von der Pforte internationale Abmachungen einzugehen, über Krieg und Frieden zu entscheiden und ihre Privilegien und Immunitäten zu behalten:
„Par les traités ou capitulations [...] la Roumanie a conservé le droit de faire la guerre et de conclure la paix avec les autres Puissances, le droit d'être représentée officiellement, ce qui constitue l'élément essentiel et caractéristique de l'indépendence et de la souveraineté d'un état, et enfin la faculté de règler ses relations avec les Puissances étrangères."[3]
Die Beziehungen zur Pforte reduzierten sich demnach nur auf eine Schutzverpflichtung, für die die Rumänen einen jährlichen Tribut zahlten.[4] Faktisch war jedoch diese alleinige Schutzfunktion spätestens mit dem Pariser Vertrag von 1856 obsolet geworden.
Die unterschiedlichen Grundsätze über die Stellung der Fürstentümer im Osmanischen Reich ließen sich nicht mehr miteinander vereinbaren, und die internationalen Verträge, auf die sich beide Parteien beriefen, ließen genug Spielraum für die jeweils eigene Interpretation. Infolgedessen wohnte dem rumänisch-osmanischen Verhältnis ein ständig latentes Konfliktpotenzial inne, das sofort ausbrach, wenn sich eine der beiden Seiten in ihren Rechten verletzt fühlte. Während die Pforte jedes Zugeständnis verweigerte, verfolgten die Rumänen mit großem Energieaufwand die Anerkennung ihrer nationalen Desiderata. Die politische Schwäche beider Staatseinheiten erhöhte zusätzlich die Sensibilität, mit der sie auf vermeintliche Verletzungen ihrer souveränen Rechte reagierten.
Diese Gegensätzlichkeit politischer Grundpositionen bedeutete nicht, dass es ständig nur Konflikte zwischen Bukarest und Istanbul gab: Phasen der Spannungen wechselten mit Zeiten relativ friedlichen Auskommens ab, doch waren diese meist durch die allgemeine politische Lage oder den Druck der Garantiemächte erzwungen und somit von Nützlichkeitserwägungen geleitet. So bemühte sich Carol im November 1868 um eine sichtbare Verbesserung des Verhältnisses zur Pforte, nachdem die rumänische Politik durch die bulgarischen Freischärleraufstände und die diskriminierende Judengesetzgebung vom Sommer 1868 in Europa diskreditiert und das Land fast vollständig in die Isolation geraten war.[5] Ähnlich suchte man nach den Turbulenzen vom März 1871 im Rahmen einer allgemeinen innen- und außenpolitischen Stabilisierung der Lage die Beziehungen zur

[3] Arh. Stat. CR 4/1868, Denkschrift vom 25.1/6.2.1868, verfasst vom Abteilungschef im Außenministerium, M. Mitilineu. Vgl. auch Boerescu, V., Jurisdiction consulaire dans les Principautés Roumaines, Paris 1865, und die Rede von C. Hurmuzaki vor dem Diwan ad hoc in Iaşi 1857: Sturdza, Domnia Regelui Carol I, 1, S. IVff. Einen guten Überblick mit vielen Literaturangaben, auch zu den Kapitulationen, gibt Dură, N. V., Political-juridical and Religious Status of the Romanian Countries, in: RESEE XXVII, 1989, S. 159-170.

[4] Zu der völkerrechtlichen Auslegung von Suzeränität und Souveränität s. Oprescu, P., Statutul juridic al României pînă la proclamarea independenţei în lumina dreptului internaţional al vremii, in: Revista de istorie, 40, 1987, S. 372ff.

[5] Arh. Stat. CR 67/1866, S. 20ff.

Pforte auf eine friedliche Basis zu stellen,[6] auch um dem Druck Bismarcks auf die türkische Regierung, zur Regelung der Eisenbahnfrage ihre Hoheitsrechte über Rumänien geltend zu machen, entgegenzusteuern. Diese aus Opportunitätsgründen zeitweise befolgte Politik der Versöhnlichkeit änderte jedoch nichts an dem grundsätzlichen Charakter der Unvereinbarkeit und war meistens nicht von langer Dauer. M. Kogălniceanu, seit dem 3./17. April 1877 Außenminister, brachte in seiner Rede zur Unabhängigkeitserklärung am 9./21. Mai 1877 das rumänisch-türkische Verhältnis auf die einfache Formel: „Die Beziehungen waren schwach, wenn die Rumänen stark waren, die Beziehungen waren stark, wenn die Rumänen schwach waren.“[7]

Die Haltung der Garantiemächte angesichts der rumänisch-türkischen Querelen beschränkte sich im Allgemeinen auf ein Temperieren der gegenseitigen Gereiztheiten und, falls möglich, auf die Suche nach einem Kompromiss;[8] in der Regel waren sie aber nicht bereit, die rumänischen Forderungen nachhaltig zu unterstützen. In den strittigen Hauptfragen: diplomatische Vertretung im Ausland, Abschluss von Verträgen mit ausländischen Staaten, Verleihung nationaler Orden, Münzprägung mit dem Bildnis des Fürsten, Anerkennung des Namens „Rumänien“, konnten die Rumänen keine umfassende und juristisch verbindliche Regelung durchsetzen. Dasselbe galt auch für die Konsulargerichtsbarkeit, die die Mächte nicht bereit waren, aufzugeben.[9] Nur mit Russland gelang eine unterschriftsreife Vereinbarung über eine teilweise Aufhebung der Konsulargerichtsbarkeit, die jedoch von beiden Seiten nicht ratifiziert wurde.[10] Die Garantiemächte gestanden in ihren bilateralen Beziehungen jedoch stillschweigend einige Forderungen zu wie die Bezeichnung „Rumänien“, die nach 1870 von allen Mächten, außer der Pforte, benutzt wurde. Ebenso wurden diplomatische Vertretungen im Ausland zugelassen, besaßen aber keinen offiziellen, sondern einen, allerdings schwer zu handhabenden „offiziösen“ Status, der immer wieder zu Verlegenheiten in der Behandlung rumänischer Vertreter im Ausland führte.[11] Bilaterale Probleme wurden zudem durch besondere Missionen verhandelt, die aber selten eine Erweiterung der rumänischen Rechte durchsetzen konnten.[12]

[6] P.A. I.A.B.q. Türkei 24, Vol. 46, Radowitz v. 13.4.1871; Handschreiben des Fürsten an Ali Pascha v. 2./14.4.1871; Limburg-Stirum v. 8.6.1871 aus Buyukdere. FHHDA, HS, R 53, 1435, Nr. 914, Carol an seinen Vater v. 10./22. Juni 1871.

[7] Kogălniceanu, Opere IV, orat. II, part. IV, S. 478.

[8] Arh. Stat. CR 35/1870, f. 1f., Carol an den französischen Botschafter Bourée v. 4./16.5.1870. So bemühte sich Österreich-Ungarn um die Zustimmung der Pforte für die Anerkennung des Titels „Rumänien“. P.A. I.A.B.q. Türkei 24, Vol. 47, Abschrift eines Berichts von Andrassy an den Grafen Karolyi, 16.4.1872.

[9] Zu diesem Komplex: Kellogg, F., Rumanian Nationalism and European Diplomacy, 1866-1878, S. 124ff. Maliţa, M., A Century of Political and Diplomatic Action for the Abolition of the Consular Jurisdiction in Romania, in: RRH IV, 1967, S. 587ff.

[10] Jelavich, B., Russia and the Formation of the Romanian National State, S. 194f. Politica externă a României. Dicţionar cronologic, Bucureşti 1986, S. 127.

[11] Vgl. die Berichte von N. Creţulescu über seine Stellung in Berlin Anfang 1874: M.A.E. Germania 241, 1852-1879, f. 105ff., 110ff., 115ff.

[12] So z.B. die Mission D. Brătianus Anfang 1868 nach Wien, Turin und Paris, diejenige von Bischof Melchisedec und I. Cantacuzino nach St. Petersburg im selben Jahr etc.

Unklare Abgrenzungen charakterisierten auch die Rechtslage von Vertragsabschlüssen; so schloss Rumänien eine ganze Reihe von Post- und Telegrafenabkommem mit Österreich-Ungarn, Deutschland und Russland ab, unterschrieb das internationale Telegrafenabkommem von Rom 1872, eine Konvention mit Österreich und Russland über die Navigation auf dem Pruth 1866 u. a. m. Als die Pforte in einer Zirkularnote vom 12./24. September 1873 den Fürstentümern grundsätzlich das Recht absprach, direkt mit fremden Staaten zu verhandeln, war die Entwicklung bereits über sie hinweggeschritten.[13] Die Antwortnote des rumänischen Außenministers V. Boerescu vom 2./14. November 1873 wies diesen Alleinvertretungsanspruch der Pforte zurück und wiederholte den rumänischen Standpunkt, dass aufgrund der mit dem Osmanischen Reich abgeschlossenen Kapitulationen Rumänien seine souveränen Rechte weder eingebüßt noch aufgegeben habe.[14]

Die Auslegung über die Reichweite der Privilegien und Immunitäten, die die Fürstentümer nach der Pariser Konvention besaßen, fiel je nach Interessenlage der Großmächte unterschiedlich aus. Am weitesten ging Österreich-Ungarn, das sich im Interesse seiner wirtschaftlichen, aber auch politischen Beziehungen über türkische Proteste hinwegsetzte und 1875 einen Handelsvertrag mit Rumänien abschloss. Es vertrat dabei den Standpunkt, dass die Fürstentümer in Handels- und Zollfragen vollständige Autonomie besäßen,[15] ein Standpunkt, dem sich auch Deutschland und Russland anschlossen.[16] Die Grenzen zwischen wirtschaftlicher Autonomie und politischer Unabhängigkeit waren fließend – im Falle des Handelsvertrags mit Österreich-Ungarn stand auf rumänischer Seite eindeutig die politische Bedeutung im Vordergrund, Verträge unabhängig von der Pforte abzuschließen,[17] während wirtschaftlich der Vertrag der rumänischen Kleinindustrie großen Schaden zufügte.[18]

Die ständigen Versuche der Rumänen, ihren außenpolitischen Spielraum auch in der Frage einer nationalen Ordensverleihung und der Münzprägung mit dem Bildnis des Fürsten

13 P.A. I.A.B.q. Türkei 24, Vol. 48.

14 Ibd. A 3840. Independenţa României, IV, Documente diplomatice, Bucureşti 1978, S. 14ff. Boerescu führte zum Beweis die zahlreichen Verträge an, die die Fürstentümer zu verschiedenen Zeiten mit europäischen Ländern abgeschlossen hatten.

15 Note Andrassys vom 14. Juni 1876 an das K.u.K. Handelsministerium, zitiert in: Bindreiter, U., Die diplomatischen und wirtschaftlichen Beziehungen zwischen Österreich-Ungarn und Rumänien 1875-1888, Wien-Köln-Graz 1976, S. 56f.

16 Bereits im Oktober 1874 war der Pforte eine identische Note der Botschafter der drei Kaisermächte überreicht worden, die das Recht betonte, direkt mit den Vasallenfürstentümern Zoll-, Transit- und Handelsabkommen abzuschließen. Ibd., S. 58. Kellog, Rumanian Nationalism, S. 134ff. Der deutsche Botschafter in Wien, Schweinitz, stellte nach einem Gespräch mit dem rumänischen Vertreter, Costaforu, die Frage, „ob die Vortheile einer solchen Uebereinkunft das Mißliche derselben aufwiegen", wobei „das Mißliche" mit Bleistift unterstrichen wurde. P.A. I.A.B.q. Türkei 24, Vol. 49, 8.2.1874.

17 Stellvertretend: Maiorescu, Istoria contemporană, S. 68f.

18 Bindreiter, Die diplomatischen und wirtschaftlichen Beziehungen, S. 95ff. Maier, Rumänien, S. 161. Kellogg, Rumanian Nationalism, S. 147f. Ders., Convenţia comercială din 1875, un pas către independenţă? In: Studii 25, 1972, S. 989ff.

zu erweitern, führten nicht zu den gewünschten Erfolgen.[19] Erst mit der Unabhängigkeit fanden die jahrelangen Auseinandersetzungen um die Anerkennung nationaler Symbole ihr Ende.

2. Die Unabhängigkeitsinitiative Carols 1872/73

Wie bereits ausgeführt, hatte der Regierungsantritt Carols zu einer neuen Dynamik im Streben nach Unabhängigkeit geführt und aufgrund der Unerfahrenheit und Ungeduld des Fürsten zur Isolierung des Landes beigetragen. Unkoordiniert und inkonsequent bot die rumänische Außenpolitik in den ersten Jahren nach 1866 allgemein ein Bild von Dilettantismus, Uneinheitlichkeit und Widersprüchlichkeit. Dafür trug der Fürst die Hauptverantwortung, der seinen Rang als Hohenzoller und die außenpolitischen Möglichkeiten des Landes überschätzte. Der Aufwand und die Energie, die von 1866 bis 1871 in die Beseitigung der Abhängigkeit und ihrer Symbole investiert wurden, standen in keinem Verhältnis zu dem erreichten Resultat und führten im Gegenteil zu einer negativen Wahrnehmung Rumäniens in der europäischen Öffentlichkeit. Angesichts des hohen gesellschaftlichen Integrationswertes einer auf Eigenständigkeit bedachten Politik trafen die Misserfolge Carols ihn in einem sensiblen Punkt: Erfolge in der Erweiterung der Autonomierechte oder zumindest die Erhöhung des außenpolitischen Prestiges hätten eine Bestätigung seiner Wahl dargestellt und seine Integration in die politische Gemeinschaft, die weitgehend dieselben Ziele vertrat, unterstützt.[20] Der Echec seiner außenpolitischen Ambitionen trug daher nicht unerheblich zu seinem Autoritäts- und Machtverlust bei und damit zur Legitimitätskrise von 1870/71.

Die Unabhängigkeit behielt für den Fürsten auch nach 1871 politische und persönliche Priorität, auch wenn zunächst die Regierungsstabilität das vorrangige Ziel darstellte. Nachdem diese vorläufig gesichert schien, befasste sich Carol bereits 1872 erneut mit einem Unabhängigkeitsprojekt, das er aber diesmal sorgfältig mit seinen Ministern vorbereitete und diplomatisch abzusichern suchte. Auch diesem Plan lagen unrealistische Einschätzungen zugrunde, die eher über seinen Ehrgeiz Auskunft gaben als von einer realistischen Einschätzung der europäischen Lage zeugten, doch hatte Carol aus seinen früheren Fehlern gelernt und versuchte nicht mehr im Alleingang, die Unabhängigkeit ohne jede Rücksicht auf innen- und außenpolitische Bedingtheiten durchzusetzen. Nicht das Ziel hatte sich verändert, sondern seine Vorgehensweise, die sich um Konsensbildung und außenpolitische Zustimmung bemühte, um innere wie äußere Komplikationen über diese Frage nicht entstehen zu lassen.

[19] Arh. Stat. CR 19/1871, S. 1ff., I. Strat an Costaforu v. 22. Mai 1871 aus Konstantinopel (Confidentielle).

[20] Vgl. den Brief Carols an Kogălniceanu aus Paris v. 10. Oktober 1869 über die Bedeutung der Verhandlungen mit Russland über die Aufhebung der Konsulargerichtsbarkeit, wo es u. a. heißt: „Une pareille convention est d'un intérêt majeur pour le pays, de même que pour la dynastie, comme vous le dites avec raison". Arh. Stat. CR 82/1869, f. 1.

Im Verlauf der Jahre 1872 und 1873 entstanden mehrere Entwürfe über den Modus, wie die Unabhängigkeit realisiert werden könnte. Der ursprüngliche Plan des Fürsten sah die Koppelung der Unabhängigkeitserklärung mit der politischen Gleichstellung der Juden vor, was in seinen Augen einen geschickten Schachzug darstellte: innen- wie außenpolitisch hätte die Emanzipation als Preis für die Unabhängigkeit vertreten und gerechtfertigt werden können und zugleich die Judenfrage, die immer wieder Anlass zu europäischen Einmischungen gab, auf einmal gelöst.

Deren politische Brisanz war gerade wieder im Frühjahr 1872 deutlich geworden, nachdem es in bessarabischen Städten zu schweren Ausschreitungen gegen Juden gekommen war und die Täter durch Geschworenengerichte freigesprochen wurden, während nachweislich unschuldige Juden verurteilt worden waren.[21] Obwohl im Gegensatz zu früheren Verfolgungen die Regierung diesmal keinen Anteil an den Unruhen hatte, geriet sie durch die Proteste der Garantiemächte unter außen- und innenpolitischen Druck[22], der sich zu verschärfen drohte, als England im Mai 1872 einen Vorstoß unternahm, um die rumänische Regierung durch eine kollektive Demarche der Garantiemächte zu einer Gleichbehandlung der Juden gemäß des Artikels 46 der Pariser Konvention zu zwingen.[23]

Außerdem erfolgte eine große Mobilisierung der europäischen Öffentlichkeit zugunsten der rumänischen Juden durch den amerikanischen Generalkonsul in Bukarest, Peixotto, der unermüdlich für die Gleichberechtigung der Juden in Rumänien kämpfte. Er sorgte für die europaweite Publizität der unrühmlichen Gerichtsurteile, was wiederum zu parlamentarischen Anfragen in den Parlamenten fast aller Garantiemächte führte.[24] England machte sich zum Vorreiter einer Lösung der rumänischen Judenfrage und schlug zu diesem Zweck eine Konferenz der Garantiemächte vor.[25] Diese Entwicklung alarmierte den Fürsten in hohem Maße, der zuerst geglaubt hatte, dass mit seiner Begnadigung der Juden die ganze Aufregung ein rasches Ende finden würde.[26] Nun befürchtete er den Sturz der Regierung und eine Gefährdung seiner eigenen Stellung, falls eine derartige

21 P.A. I. A.B.q. Türkei 24, Vol. 47, Berichte u. Telegramme Thielaus von Januar bis Juli 1872. Iancu, C., Benjamin Franklin Peixotto, l'Alliance israélite universelle et les juifs de Roumanie. Correspondance inédite (1871-1876), in: Revue des Etudes juives, 137, 1978, S. 89ff. u. 119ff. Dieses krasse Fehlurteil ließ Peixotto den Fluch ausstoßen: „The lightning of heaven should blast a country so infamous!" Brief v. 21.4.1872 an Dr. A. Kohn. Ibd., S. 126. Welter, Die Judenpolitik der rumänischen Regierung, S. 44ff. u. S. 112ff., die sich vor allem auf österreichische Quellen stützt. S. auch oben S. 288, Anm. 115.

22 Kollektivnote der Generalkonsuln v. 18.4.1872: P.A. I.A.B.q. Türkei 24, Vol. 47, Anlage zum Bericht Thielaus v. 19.4.1872.

23 Ibd., Odo Russel, der englische Botschafter in Berlin, an Thile, 19. Mai 1872.

24 Iancu, B. F. Peixotto, S. 90f. u. 126ff. Peixotto schrieb u. a. im Brief v. 21.4.1872: „Let Europe be roused to a full conception of the infamy." (S. 127) und am 27. Juli: „Nous avons mis en movement toute l'Europe et l'Amérique en faveur de nos frères opprimés, et nous ne devons pas permettre que le mouvement s'arrête, mais continue à agir sans relâche." (S. 131). Iancu, Les juifs en Roumanie (1866-1919), S. 100ff. Stern, Din viaţa unui evreu român, 1, S. 73, 77f.

25 Iancu, B. F. Peixotto, S. 130. Arh. Stat. Fond Regele Carol I, III/28, f. 50.

26 Ibd., f. 45f. P.A. I.A.B.q. Türkei 24, Vol. 47, Thielau v. 25.4.1872 (Entzifferung).

Konferenz zustande käme.[27] Mit dieser Ansicht stand er nicht allein, denn auch Russland, Deutschland und Österreich-Ungarn sahen dieselbe Gefahr. Sie hielten ein derartiges Eingreifen für kontraproduktiv, auch für die Juden in Rumänien selbst, und fürchteten eine weitere Schwächung der konservativen Regierung, von der nur die radikalen Kräfte profitieren würde – ein Argument, dessen sich die rumänischen Minister nur allzu gern bedienten.[28]

Um die gefürchtete Konferenz zu verhindern, entsandte Carol seinen Außenminister Costaforu nach Istanbul, um direkt mit der türkischen Regierung und den Botschaftern der Garantiemächte über die Inopportunität eines solchen Schrittes und dessen negative Konsequenzen für das Land zu verhandeln. Da unter den Botschaftern allgemein eine geringe Bereitschaft bestand, der englischen Initiative zu folgen und sich die Pforte durch die ungewohnt zuvorkommende Behandlung seitens der rumänischen Regierung und des Fürsten geschmeichelt fühlte, wurde die Reise Costaforus zu einem vollen Erfolg und die Gefahr einer Konferenz abgewendet.[29]

Die Ausschreitungen gegen die Juden und ihre politischen Folgeerscheinungen hatten wieder einmal gezeigt, welche Gefahren für die Regierungsstabilität von diesem ungelösten Problem ausgingen, da eine sensibilisierte europäische Öffentlichkeit ihre Regierungen mit dieser Frage immer unter Druck setzen und sie, mit Ausnahme Russlands, zum Handeln zwingen konnte. Für Carol kamen diese Unruhen höchst ungelegen: die Regierung befand sich Anfang 1872 nach der vorläufigen Regelung der Eisenbahnprobleme in einer Phase der inneren und äußeren Konsolidierung, die durch die Judenfrage ernsthaft gefährdet wurde. Bei kaum einem anderen Problem geriet eine Regierung so massiv unter Druck, da jegliche Maßnahme entweder zu einem innenpolitischen Popularitätsverfall oder einem außenpolitischen Glaubwürdigkeitsverlust führte mit denselben negativen Folgen für ihre Autorität. Sie stellte immer eine latente Gefahr eines kollektiven Eingreifens der auswärtigen Mächte in die Innenpolitik des Landes dar und konnte darüber hinaus mit dem Zivilisationsargument den rumänischen Anspruch auf volle Souveränität wirksam erschüttern. Innenpolitisch bildete die Judenfrage ein höchst effizientes Instru-

27 FHHDA, HS, R 53, 1435, Nr. 981, Brief Carols an seinen Vater vom 17./29.6.1872.

28 P.A. I.A.B.q. Türkei 24, Vol. 47, Reuss aus Petersburg v. 23.5.1872; Thielau v. 12.6.1872. Russland hatte sich bereits an allen vorangegangenen Schritten der Generalkonsuln zugunsten der Juden nicht beteiligt. Vgl. auch die Zirkularnote von Costaforu an die rumänischen Vertreter im Ausland v. 27.4./9.5.1872: Anlage zum Bericht Thielaus v. 12.6.1872. Welter, Die Judenpolitik der rumänischen Regierung, S. 115.

29 P.A. I.A.B.q. Türkei 24, Vol. 47, Radowitz v. 24.6.1872 (Durch sichere Gelegenheit) und v. 10.7.1872; Thielau v. 11.7.1872. Arh. Stat. Fond Regele Carol I, III/28, f. 50f. Schreiben Carols an den Großwesir und an den Sultan vom 5./17. Juni 1872 und v. 11./30. Juni 1872: CR 67/1866, f. 59. In dem Brief Carols an seinen Vater v. 17./29. Juni 1872 dementierte er, dass er seinen Außenminister wegen der Judenfrage nach Konstantinopel geschickt habe, sondern wegen verschiedener strittiger Probleme: FHHDA, HS, R 53, 1435, Nr. 981. In seinem Tagebuch wird aber die Judenfrage als Zweck der Reise Costaforus genannt, doch kamen bei dessen Besuch auch andere Fragen wie die Titelfrage, Münzprägung und Ordensverleihung zur Sprache. Arh. Stat. Fond Regele Carol I, III/28, f. 50f.

ment, das sowohl von der Regierung als auch von der Opposition für die eigenen Zwecke eingesetzt werden konnte.[30]

Vor diesem Hintergrund der Bedrohung der inneren Stabilität und der staatlichen Souveränität durch die Judenfrage ist die Initiative Carols zu sehen, die Unabhängigkeit des Landes mit der Gleichstellung der Juden zu verbinden und zu erreichen. Sie bildete für ihn Mittel zum Zweck, denn es ging ihm nicht um eine Gleichberechtigung aus humanitären oder liberalen Grundsätzen. Seine eigene Meinung über die rumänischen Juden unterschied sich in ihrer negativen Einschätzung kaum von der der überwiegenden Mehrheit der Rumänen.[31]

Offensichtlich stellte die Emanzipation den Köder dar, durch den das Ausland für die Unabhängigkeit gewonnen werden sollte, wobei nicht auszuschließen ist, dass sich Carol den Einfluss des jüdischen Pressewesens und jüdischer Organisationen für seinen Zweck zunutze machen wollte. Den größten Widerstand gegen diesen Plan musste er im Inland erwarten, den er durch Einzelgespräche mit Ministern und einflussreichen Persönlichkeiten zu überwinden suchte. Am 22.7./3.8.1872 sprach der Fürst zum ersten Mal über sein Projekt, und zwar mit dem Außenminister Costaforu.[32] Wenige Tage später weihte er den gemäßigt konservativen Politiker Epureanu (11.8.) und den Ministerpräsidenten Catargiu (20.8.) ein, danach folgten in größeren Abständen General Florescu, der Minister für öffentliche Arbeiten, Creţulescu, der berühmte Schriftsteller V. Alecsandri und schließlich Finanzminister Mavrogheni (29.12.1872/10.1.1873).[33] Die letzten drei sprachen sich alle

[30] So vermutete man hinter den Unruhen in Bessarabien sowohl radikalliberale als auch russische Machenschaften: Berichte Thielaus v. 22.2. und 21.3.1872: P.A. I.A.B.q. Türkei 24, Vol. 47. Brief Carols v. 3./15.2.1872 an seinen Vater: FHHDA HS, R 53, 1435, Nr. 959. Welter, Die Judenpolitik der rumänischen Regierung, S. 44f. Zu den geistesgeschichtlichen Hintergründen und Besonderheiten des rumänischen Antisemitismus s. das anregende Buch von Oldson, W. O., A Providential Anti-Semitism. Nationalism and Polity in Nineteenth-Century Romania, Philadelphia 1991.

[31] FHHDA, HS, R 53, 1435, Nr. 981, Brief v. 17./29. Juni 1872 an seinen Vater. Darin erklärt er, dass kein „guter Rumäne" den Juden auf Druck des Auslandes politische Rechte zugestehen würde.

[32] Arh. Stat. Fond Regele Carol I, III/28, f. 53. Die entsprechende Tagebucheintragung lautet: „Nachmittags lange mit Costa-Foru conferirt über event. Unabhängigkeits-Erklärung und Juden-Emancipation, im Principe dafür." Außer den Eintragungen in seinem Tagebuch und einem einzigen Hinweis in den publizierten Memoiren gibt es kaum Quellen über diese Verknüpfung der Unabhängigkeit mit der Judenemanzipation, so schweigen alle einschlägigen Publikationen, die sich mit der Judenfrage oder mit der Unabhängigkeitsinitiative von 1873 befassen. Aus dem Leben König Karls, 2, S. 298. Der Gedanke einer schrittweisen Gleichstellung der Juden kann Carol auch von österreichischer Seite nahe gelegt worden sein. Andrassy sprach sich in einem Brief an Baron Schlechta, den österreichisch-ungarischen Vertreter in Bukarest, vom 15. Juli 1872 für eine schrittweise Gleichstellung aus, um den Anlass für die ständigen Turbulenzen zu beseitigen, woran die rumänische Regierung selbst das größte Interesse haben müsste: Correspondenzen des Kais. und Kön. gemeinsamen Ministeriums des Äussern. Nr. 6, Wien 1872, S. 12f.

[33] Arh. Stat. Fond Regele Carol I, III/28, f. 64 u. 67.

vehement gegen eine Judenemanzipation aus, enthusiastisch hingegen reagierte V. Boerescu, ein Protagonist der Unabhängigkeit, den Carol am 2./14. Januar 1873 in Kenntnis setzte.[34] In diesem Zusammenhang könnte die Regierung auch den Plan von Peixotto einer Emigration der Juden nach Amerika unterstützt haben, indem sie sich sofort bereit erklärte, mittellosen Juden kostenlose Pässe auszuhändigen.[35]

Entgegen der Intention des Fürsten, der zunächst in Einzelgesprächen die Minister für seine Pläne zu gewinnen suchte, machte der Ministerpräsident L. Catargiu das Unabhängigkeitsprojekt in einer Ratssitzung am 6./18. Januar 1873 bekannt, was zu einer heftigen Reaktion des noch nicht informierten Kultusministers Tell führte.[36] Carol gelang es zwar, ihn von seiner Idee zu überzeugen, doch verhielten sich die Minister insgesamt reserviert, auch wenn sie nicht von vornherein Carols Vorstellungen ablehnten. Sie plädierten für eine Verschiebung des Projektes auf den Herbst 1873, während Carol bereits das Frühjahr für eine Verwirklichung ins Auge gefasst hatte.[37]

Mit der Berufung V. Boerescus zum Außenminister am 28. April/10. Mai 1873, der sich seit 1870 für die Unabhängigkeitsidee stark gemacht hatte, erhielt Carols Plan neuen Aufschwung,[38] doch wurde nun die Judenemanzipation nicht mehr erwähnt. Wann der Fürst einsehen musste, dass die Widerstände dagegen nicht zu überwinden waren, wird aus den Quellen nicht ersichtlich. Der neue Plan zur Erlangung der Unabhängigkeit vom Mai 1873 sah eine politische Gleichberechtigung der Juden nicht vor, sondern beruhte auf einer konzertierten Aktion des Parlaments und der Regierung, wobei die Initiative vom Parlament ausgehen sollte, während die Regierung durch diplomatische Gespräche mit den Garantiemächten und in direkten Verhandlungen mit der Pforte über eine Kapitalisierung des Tributs und andere strittige Fragen die Unabhängigkeit erreichen wollte.[39] Zum Zweck der außenpolitischen Absicherung fanden im Sommer 1873 intensive Gespräche rumänischer Politiker mit österreichisch-ungarischen und russischen Staatsmännern statt, die jedoch mit einer Weigerung der beiden Großmächte endeten, die rumänischen Unabhängigkeitsbestrebungen zu unterstützen, wobei es allerdings Nuancen

34 Ibd., f. 68. Aus dem Leben König Karls, 2, S. 300.

35 Stern, Din viaţa unui evreu român, 1, S. 81f. Auf eine entsprechende Anfrage von Peixotto vom 28.7./9.8.1872, reagierte die Regierung noch am selben Tag mit konkreten Vorschlägen und Anweisungen – sehr zum Erstaunen von Stern.

36 Arh. Stat. Fond Regele Carol I, III/28, f. 68. Carol hatte nicht an der Kabinettssitzung teilgenommen und Catargius Vorpreschen kam ihm sehr ungelegen.

37 Ibd., f. 69f. Tagebucheintragungen v. 27.1./8.2.1873: „Costa-Foru u. Mavrogény bei mir, über die große Angelegenheit gesprochen, letzter dafür, daß wir bis zum Herbst warten wegen Ernte etc.", und v. 29.1./10.2.1873: „Florescu u. Catargiu bei mir. Wir sind der Ansicht die große Frage erst im Herbst zu lösen." (f. 70).

38 Ibd., f. 76 (27.4./9.5.1873): „Abends 8-10 Uhr Boerescu bei mir, der Minister des Auswärtigen wird. – Wagen dann coup."

39 Stan, Vasile Boerescu, S. 54ff. Ders., Grupări şi curente politice, S. 385f. B.C.S. Fond St. Georges, P. CXXVII, D. 3. In sein Tagebuch schrieb Carol am 18./30. Mai: „[...] 10-1 Uhr Minister-Conseil, [...] die große Frage discoutirt. Programm entworfen." Arh. Stat. Fond Regele Carol I, III/28, f. 77.

zwischen beiden gab.[40] Obwohl daraufhin im Ministerrat die Unabhängigkeitserklärung auf unbestimmte Zeit verschoben wurde, arbeiteten Carol und sein Außenminister bereits im September/Oktober 1873 einen geänderten Aktionsplan aus, nach dem Boerescu zuerst in St. Petersburg das Terrain vorbereiten sollte, danach würde die Auflösung des Parlaments und die Berufung eines neuen erfolgen, das wiederum eine Einladung an die Regierung aussprechen würde, mit der Türkei über einen Rückkauf des Tributs zu verhandeln.[41] Angesichts des Widerstandes der Garantiemächte und der Verschlechterung der Beziehungen zur Pforte blieben diese Pläne, da politisch nicht durchsetzbar, auf dem Papier.

Der Fürst musste sein Vorhaben einer einseitigen Unabhängigkeitserklärung aufgeben, für deren Verwirklichung es nie eine reelle Chance gegeben hatte. Schon seine Grundidee, mit Hilfe der Judenemanzipation zu dem sehnlichst erhofften Ziel zu gelangen, beruhte auf einer Verkennung der innenpolitischen Opposition gegen eine derartige Gleichberechtigung. So wurde gerade im Frühjahr 1873 die Lage der Juden auf dem Land durch das so genannte Spirituosengesetz verschärft, das sie von der Pacht von Wirtshäusern ausschloss, was auch prompt wieder Proteste der Garantiemächte auslöste.[42] Sein früherer Tatendrang, die Unabhängigkeit mit allen Mitteln zu erreichen, schimmerte hier wieder durch. In der Ausführung seiner Pläne ging er diesmal aber vorsichtig zu Werke, indem er sie innen- wie außenpolitisch diskret vorzubereiten und abzusichern suchte. Als er die Unmöglichkeit ihrer Durchsetzbarkeit erkennen musste, gab er sie vorerst auf, auch wenn er das Ziel nie aus dem Auge verlor. Er wartete auf eine andere Gelegenheit und arbeitete unterdessen an der Erweiterung des außenpolitischen Spielraums durch den Abschluss von Handelsverträgen, um die türkische Suzeränität inhaltlich auszuhöhlen.

3. Die Haltung der Garantiemächte

Auch was den außenpolitischen Aspekt der Unabhängigkeitsinitiative betraf, so lagen den fürstlichen Überlegungen eher Wunschträume als realistische Einschätzungen über die zu erwartende Haltung der Großmächte zugrunde. Grundvoraussetzung für diese Initiative bildete die Herstellung guter Beziehungen zu den Garantiemächten, und das hieß 1871 vor allem zu dem siegreichen Deutschland. Das deutsch-rumänische Verhältnis war nach der profranzösischen Haltung der rumänischen Gesellschaft im Krieg, der Störung der

40 Siehe nächsten Abschnitt.

41 Stan, Vasile Boerescu, S. 62. Ders., Grupări şi curente politice, S. 388. Arh. Stat. Fond Regele Carol I, III/28, f. 88 und 90. B.C.S. Fond St. Georges, P. CXXVII, D 3. Als Beispiel dienten Carol die Verhandlungen des ägyptischen Vizekönigs über die Kapitalisierung des Tributs. Ibd. Carols Brief an Boerescu v. 1. Juli 1873.

42 Welter, Die Judenpolitik der rumänischen Regierung, S. 61ff. Das Gesetz wurde allerdings nicht strikt angewandt, da es den Interessen der Gutsbesitzer und des Fiskus schadete. P.A. I.A.B.q. Türkei 24, Vol. 50, Pfuel v. 12. Juni 1874. Arh. Stat. CR 12/1873, f. 1, Boerescu an die Agentie in Konstantinopel v. 29.5./10.6.1873.

Geburtstagsfeier des Kaisers am 22. März 1871 und den scharfen Auseinandersetzungen um die Regelung des Strousberg-Bankrotts erheblich gestört. Erst nach dem vorläufigen Ende der Eisenbahnstreitigkeiten konnte Carol die Initiative zu einer Normalisierung der Beziehungen ergreifen, die ihm sehr am Herzen lag. Nicht ohne seinen Groll gegen Bismarck, der ihn gezielt die Abhängigkeit zur Pforte hatte spüren lassen, unterdrücken zu können, erwartete er jedoch zuerst von Deutschland den ersten Schritt. Sein Vater, dem er seinen Ärger anvertraut und ihm nicht ganz ohne Genugtuung von dem Hass gegen die Deutschen in Rumänien berichtet hatte, wies die Vorwürfe Carols scharf zurück und machte ihm unmissverständlich klar, dass der Name angesichts der großen Ziele, die Bismarck verfolge, keine Rolle spiele, und es an Rumänien als dem „Kleineren und Schwächeren" liege, auf gute Beziehungen zu Deutschland hinzuarbeiten.[43] Grundlegend waren seine Schlussbemerkungen über das deutsch-rumänische Verhältnis, die auch für Carol Grundlage seiner Politik gegenüber Deutschland bilden sollten:

„Ich mache keinen Anspruch auf Unfehlbarkeit, aber ich möchte betonen, daß das germanische Element gegenwärtig das lebenstüchtigste und zukunftsreichste ist, und daß Rumänien nur in einem v e r n ü n f t i g e n Anschluß an dasselbe Herr der eigenen Zukunft bleiben wird. Mögen die Gesellschaft, die Presse, die allgemeinen Instinkte des Volkes noch so antideutsch sein, sie dürfen doch, wenn sie ihre Gefühle in die Praxis übersetzen wollen, dem Germanismus den Fehdehandschuh nicht hinwerfen.–"[44]

Der Fürst befolgte den Rat seines Vaters und machte nun alle Anstrengungen, die Beziehungen zu Deutschland zu verbessern. Dabei bediente er sich der Hilfe des Vaters, durch den er Briefe an Bismarck, Kaiser Wilhelm I. und an den Kronprinzen weiterleitete und ihn zu seinem Fürsprecher machte.[45] Durch seinen Außenminister Costaforu ließ er weiter dem deutschen Vizekonsul Glückwünsche zum Geburtstag des Kaisers am 22. März 1872 übermitteln, obwohl das Konsulat jede offizielle Mitteilung vermieden hatte.[46] Im April 1872 entsandte er seinen Finanzminister Mavrogheni nach Berlin, „um die Herstellung der besten Beziehungen zwischen dem großen deutschen Reich und dem jungen rumänischen Staate anzubahnen und zu verwirklichen".[47]

[43] FHHDA, HS, R 53, 1435, Nr. 956, Brief v. 16./28.1.1872. Carol bat seinen Vater, sich in Berlin für eine Neubesetzung des Bukarester Generalkonsulpostens einzusetzen, da Radowitz für ihn untragbar geworden war. Aus dem Leben König Karls, 2, S. 243ff. Der Vater gab ihm die Worte mit: „Nicht w e i l Du ein Hohenzoller bist, sondern o b g l e i c h Du einer bist, konnten bei der jüngsten Lösung der Eisenbahnfrage keine Rücksichten auf Namen und Stamm mehr genommen werden". (Hervorhebung im Text, E. B.-I.). Ibd., S. 245.

[44] Aus dem Leben König Karls, 2, S. 246 (Sperrung im Text, E. B.-I.). Carol bestätigte seinem Vater in einem Brief v. 2./14.3.1872 die vollkommene Übereinstimmung ihrer Meinungen: FHHDA, HS, R 53, 1435, Nr. 963.

[45] FHHDA, HS, R 53, 1435, Nr. 959 (3./15.2.1872) und Nr. 963 (2./14.3.1872).

[46] P.A. I.A.B.q. Türkei 24, Bd. 47, Thielau v. 23.3.1872, wo es heißt: „[...] ich glaube aber annehmen zu dürfen, daß Seine Hoheit der Fürst Carl persönlich das Bedürfniß gefühlt hat, diesen Tag nicht zu übersehen und für die Kundgebung Seiner Regierung eine Form zu wählen, welche jeden Mangel an Aufmerksamkeit auszuschließen geeignet war."

[47] Ibd., Schreiben Carols an Bismarck v. 10.4.1872.

Die Mission Mavroghenis war vom Fürsten ausgegangen, der aufgrund seines persönlichen Engagements auf ein Entgegenkommen Deutschlands hoffte.[48] Sie verlief erfolgreich[49] und brachte als konkrete Ergebnisse das Zugeständnis der Ernennung eines rumänischen Vertreters in Berlin mit demselben Status wie in Wien und ein moderates Vorgehen Deutschlands in der Judenfrage. Andererseits machte Bismarck dem Fürsten klar, dass er auf eine deutsche Unterstützung bei einer Erweiterung der Autonomierechte, wie sie Carol mit einer Verbesserung des beiderseitigen Verhältnisses in Verbindung gebracht hatte, nicht rechnen könne und verwies ihn auf die innere Entwicklung des Landes.[50]

Carol zeigte sich mit den Ergebnissen der Reise Mavroghenis zufrieden und ging von einem Neubeginn der deutsch-rumänischen Beziehungen aus,[51] doch hielt sich Deutschland eher zurück. Die Stellung des neuen rumänischen Agenten in Berlin, T. Rosetti, erwies sich gerade wegen der verwandtschaftlichen Nähe des Kaiserhauses zum rumänischen Fürsten als schwierig, da jeder Anschein von besonderem Entgegenkommen vermieden wurde.[52] Der Posten des deutschen Generalkonsuls wurde Anfang November 1872 nach einem Jahr Vakanz wieder besetzt, aber der neue Generalkonsul, v. Pfuel, erteilte den Autonomiebestrebungen Rumäniens von Anfang an eine klare Absage und bezeichnete es als den dringenden Wunsch der deutschen Regierung, dass Rumänien „die möglichst guten Beziehungen zur Pforte aufrecht zu erhalten" sich bestrebe und jede Komplikation vermeide. Dann könne es mit der Freundschaft Deutschlands rechnen.[53]

So hatte der Fürst von Deutschland keinerlei Unterstützung für seine Unabhängigkeitspläne zu erwarten, es sei denn im Zuge einer gemeinsamen Vereinbarung mit Österreich-Ungarn und Russland, mit denen das deutsche Kaiserreich seit September 1872 im Dreikaiserbündnis verbunden war, das aber im Moment die Erhaltung des Status quo favorisierte.[54] Rumänien bildete kein direktes Objekt der deutschen Außenpolitik,[55] sondern besaß einen Stellenwert vor allem innerhalb der Beziehungen zu den beiden anderen

48 Ibd., Thielau v. 13.4.1872 (Entzifferung).

49 Mavrogheni machte einen positiven Eindruck auf Bismarck: Abeken an Wilhelm I. v. 25.4. 1872: P.A. I.A.B.q. Türkei, Vol. 47. Mavrogheni charakterisierte die Änderung der Haltung Deutschlands als „changement radical", was übertrieben war. Es handelte sich vor allem um eine „atmosphärische" Klimaverbesserung. M.A.E. Germania, Vol. 241, 1853-1879. f. 55, Chiffriertes Telegramm v. 22.4.1872.

50 Aus dem Leben König Karls, 2, S. 257, Bismarck v. 12.4.1872. Er gab dem Fürsten aber immerhin zu verstehen, dass der deutsche Einfluss für Rumänien nützlich sein könne, „wenn letzteres die hier für Rumänien noch immer vorhandenen wohlwollenden Gesinnungen einigermaßen erwidert oder doch würdigt".

51 FHHDA, HS, R 53, 1435, Nr. 981, Brief v. 17./29. Juni 1872 an seinen Vater.

52 M.A.E. Germania, Vol. 241, f. 71, Vertraulicher Bericht v. T. Rosetti v. 11.10.1872.

53 P.A. I.A.B.q. Türkei 24, Vol. 47, Pfuel v. 2.11.1872.

54 Dazu ausführlich: Schmidt, R., Die gescheiterte Allianz. Österreich-Ungarn, England und das Deutsche Reich in der Ära Andrassy (1867-1878/79), Frankfurt 1992, S. 110ff., 121ff.

55 Darauf wies immer wieder T. Rosetti in seinen Berichten aus Berlin ab Oktober 1872 hin: M.A.E. Germania, Vol. 241, passim.

Kaisermächten, deren Interessen auf dem Balkan zusammenstießen. Die Behandlung Rumäniens orientierte sich daher in Abhängigkeit zu der Politik gegenüber Österreich-Ungarn und Russland. Nur innerhalb dieses Rahmens hätte man einer Unabhängigkeit Rumäniens zustimmen können, falls sich die beiden anderen Mächte in diesem Punkt einig gewesen wären.
Inwieweit Carol den Stellenwert Rumäniens in der deutschen Außenpolitik richtig erkannte, ist angesichts seiner Neigung, sich und sein Land zu überschätzen und aus der ihm persönlich entgegengebrachten zuvorkommenden Behandlung auf eine ebenso wohlwollende Politik gegenüber Rumänien zu schließen, nicht ganz ersichtlich. Die Bedeutung der Unterstützung Österreich-Ungarns und Russlands für sein Vorhaben erkannte er gleichwohl, da er in der Unabhängigkeitsangelegenheit auf diese beiden Länder sein Hauptaugenmerk richtete. Das Verhältnis zu Österreich-Ungarn hatte sich seit der Abdankungskrise merklich verbessert. Vor allem in Andrassy, ab Oktober 1871 Außenminister, glaubte Carol einen „aufrichtigen Freund" Rumäniens gewonnen zu haben.[56] Andrassy lag in der Tat sehr viel an einem guten Verhältnis zu Rumänien und an der Stützung seiner Dynastie, um den österreichisch-ungarischen Einfluss auf dem Balkan zu stärken. Er befolgte aber eine Politik der Bewahrung des Status quo und somit der Integrität des Osmanischen Reiches. In einer für Österreich-Ungarn ungesicherten bündnispolitischen Lage bildete die Aufrechterhaltung der gegenwärtigen Machtverhältnisse die Grundlage sowohl für die Option der Dreikaiserentente wie für sein Werben um einen Bündnispartner England, für das das Osmanische Reich nicht zur Disposition stand.[57] Eine rumänische Unabhängigkeit lief Andrassys strategischen Überlegungen eindeutig zuwider und stieß daher auf seine Ablehnung.[58] Andererseits kam er den Rumänen in anderen Symbolfragen entgegen, um nicht den Russen das Feld allein zu überlassen, wie im Falle der Anerkennung der Staatsbezeichnung „Rumänien".[59] Bis 1874 jedenfalls, als Andrassy gegenüber den Balkanländern eine offensive Politik der Annäherung einschlug, von der auch Rumänien durch den Abschluss des Handelsvertrags profitierte, konnte Rumänien zwar mit seiner wohlwollenden Haltung rechnen, jedoch mit keiner Unterstützung eines Unabhängigkeitsprojekts.
Infolgedessen gelang es weder dem rumänischen Außenminister V. Boerescu noch dem Fürsten Carol, der sich vom 11./23. Juni bis 19. Juni/1. Juli 1873 in Wien zur Zeit der Weltausstellung aufhielt, Andrassy für die rumänische Unabhängigkeit zu gewinnen.[60]

[56] FHHDA, HS, R 53, 1435, Nr. 941, Brief v. 10./22.11.1871 an den Vater.
[57] Ausführlich zu diesen Aspekten der Außenpolitik Andrassys: Schmidt, Die gescheiterte Allianz, S. 121ff.
[58] So sprach er sich gegen eine diplomatische Akkreditierung eines rumänischen Vertreters aus, da diese mit der Unabhängigkeitsfrage zu eng verknüpft sei: P.A. I.A.B.q. Türkei 24, Vol. 47, Erlass an Karolyi in Berlin v. 7. Juli 1872 (Abschrift).
[59] Ibd., Andrassy v. 16.4.1872 an Karolyi (Abschrift).
[60] Aus dem Leben König Karls, 2, S. 318ff. Stan, Vasile Boerescu, S. 56ff. Ders., Grupări şi curente politice, S. 386f. Die Angaben über Zeitpunkt und Teilnehmer der Gespräche sind nicht ganz eindeutig. In den publizierten Memoiren wird der 13./25. Juni genannt, an dem Carol die Unabhängigkeitsfrage mit Andrassy ventilierte, im Tagebuch der 17./29. Juni. Boerescu

Den rumänischen Argumenten, dass ein unabhängiges Rumänien zu einem Stabilitäts- und Friedensfaktor im Orient werden würde, vergleichbar Belgien, begegnete Andrassy mit dem Rat, sich innenpolitisch zu konsolidieren und graduelle Fortschritte zu machen, wonach sich alles von selbst ergeben würde. Er forderte vor allem eine Änderung der Verfassung, die er für zu „weit“ für das Land hielt und befürchtete Komplikationen, da Serbien und Montenegro dem rumänischen Beispiel folgen würden. Konfrontiert jedoch mit der direkten Frage, wie sich Österreich-Ungarn im Falle einer einseitigen Unabhängigkeitserklärung verhalten würde, antwortete der Außenminister nach dem Bericht von Boerescu, dass Österreich-Ungarn nicht intervenieren würde, es sei denn, dass im Zuge einer Unabhängigkeit die Radikalliberalen die Oberhand bekämen und unter dakoromanischem Vorzeichen eine Republik errichten würden. Boerescu und Carol gewannen daher aus den Gesprächen die Überzeugung, dass Österreich-Ungarn gegen eine vollendete Tatsache nichts unternehmen würde, solange die Ruhe im Innern garantiert und Siebenbürgen von einem solchen Schritt nicht tangiert wäre.[61]
Blieb Russland, dessen Zustimmung, oder zumindest dessen Zusicherung eines Nichteingreifens man bedurfte, um die Türkei zu isolieren. Die mit diesem Ziel im Sommer und Herbst geführten Gespräche zwischen dem Finanzminister Mavrogheni und Gorčakov in Bern und zwischen dem rumänischen Agenten in Wien, Costaforu, und dem Vertrauten des Zaren, Šuvalov, in Wien brachten nicht den gewünschten Erfolg. Aber auch hier schien es Nuancen in den Aussagen zwischen den beiden russischen Diplomaten zu geben, wobei Šuvalov den Rumänen mehr Hoffnung machte.[62] Die negative Haltung Russlands gab den Ausschlag, dass der Ministerrat beschloss, die Unabhängigkeit zu verschieben.[63] Boerescu und Carol arbeiteten zwar weiter an der Realisierung der Unabhängigkeit, sie änderten aber ihre Taktik, indem sie von einem einseitigen Vorgehen Abstand nahmen und Russlands Unterstützung auf langfristige Sicht zu gewinnen suchten. Die Errichtung einer eigenständigen Vertretung in St. Petersburg im April 1874 diente auch

sprach am 13./25. und am 16./28. Juni mit Andrassy. B.C.S. Fond St. Georges, P. CXXVII, D. 3. Politica externă a României. Dicţionar cronologic, S. 129.

61 B.C.S. Fond St. Georges, P. CXXVII, D. 3 (Notes sur ma conversation à Vienne avec le Conte Andrassy). Boerescu sah auch keine Schwierigkeiten bei einer Verfassungsänderung anlässlich einer Unabhängigkeit und versprach, dass man das Terrain gut vorbereiten und nicht leichtfertig vorgehen würde. Stan, V. Boerescu, S. 58f. Carol schien zudem aus einem Gespräch mit dem Kaiser Zuversicht für seine Pläne geschöpft zu haben, obwohl aus der betreffenden Stelle nicht eindeutig hervorgeht, worauf sie sich bezieht. Über seine Audienz beim Kaiser bemerkt er am 18./30. Juni 1873: „1/2 St. über Situation gesprochen, er hofft, daß Alles gut gehen wird.“ Arh. Stat. Fond Regele Carol I, III/28, f. 81.

62 B.C.S. Fond St. Georges, P. CXXVII, D. 3 (Notiz von Boerescu über eine Unterredung mit dem Fürsten am 21.9.1873 in Sinaia).

63 Aus dem Leben König Karls, 2, S. 333. Arh. Stat. Fond Regele Carol I, III/28, f. 84, 88, 90. Stan, Vasile Boerescu, S. 59ff. Ders., Grupări şi curente politice, S. 387f. Diese Unterredung fand Anfang Oktober 1873 statt, nachdem man sich im Ministerrat für eine Verschiebung ausgesprochen hatte (23.8./4.9.1873). Inwieweit gerade P. Mavrogheni, der den Plänen Carols von Anfang an skeptisch gegenüber gestanden und für ein vorsichtiges Vorgehen plädiert hatte, das fürstliche Anliegen überzeugend vertreten konnte, bleibt dahingestellt.

diesem Zweck und der neue Agent, Gheorghe C. Filipescu, nahm gleich die erste Begegnung mit dem Leiter der asiatischen Abteilung, Stremouchov, wahr, um dieses Thema anzuschneiden, jedoch ohne den gewünschten Erfolg.[64]

Die ablehnende Haltung Russlands unterschied sich wenig von der Österreichs, es gab aber doch einen gravierenden Unterschied in der Kompromisslosigkeit der russischen Position. Der Grund dafür war unschwer zu erkennen: eine Anerkennung der Unabhängigkeit Rumäniens in den vorhandenen Grenzen hätte die Wiedergewinnung der drei durch den Pariser Vertrag 1856 verloren gegangenen bessarabischen Distrikte verhindert. Zwischen dem rumänischen Wunsch und der Politik des Zaren Alexanders II., die Russland aufgezwungenen Klauseln des Vertrags zu beseitigen, bestand eine Unvereinbarkeit, die jede Unterstützung einer Unabhängigkeit ohne die aktive Mitwirkung Russlands und das hieß: zu dessen Bedingungen, ausschloss. Die Garantie der territorialen Integrität durch Russland bildete aber eine unverzichtbare Voraussetzung, ohne die der Fürst und sein Außenminister eine Ausrufung der Unabhängigkeit nicht riskieren konnten.[65]

Mit der russischen Weigerung, ein *fait accompli* zu tolerieren, zerschlugen sich die Hoffnungen des Fürsten auf eine möglichst schnelle und ohne viel Aufhebens zu bewerkstelligende Unabhängigkeit.[66] Er war von falschen Prämissen ausgegangen: Die wachsende politische Instabilität und drohende, dann auch tatsächlich eintretende Zahlungsunfähigkeit des Osmanischen Reiches führten nicht dazu, dass die Pforte aus pekuniären Gründen einer Ablösesumme für die Unabhängigkeit zustimmte. Carol gelang es auch nicht, die Großmächte von der Vorteilhaftigkeit einer rumänischen Unabhängigkeit zu überzeugen. Das Argument, dass sich Rumänien positiv von der Misswirtschaft in Konstantinopel abhebe und dass eine Kapitalisierung des Tributs den Interessen der primär Beteiligten am besten entspräche, entbehrte zwar nicht einer gewissen Berechtigung, doch trug es den Großmachtinteressen in dieser Region keine Rechnung. Gerade die Abhängigkeit hatte sich als nützliches Instrument der Disziplinierung erwiesen, dessen sich Bismarck virtuos bediente.[67] Auch Andrassy sprach Anfang 1874 von der „fast providentiellen Nützlichkeit“ des Osmanischen Reiches für Österreich.[68] Das Dreikaiserbündnis hatte sich zudem auf den Erhalt des Status quo auf dem Balkan und auf eine vorherige Verständigung bei allen auftretenden Veränderungen festgelegt, so dass einseitige Aktionen kleinerer Staaten, die dieses labile Zweckbündnis in Gefahr bringen konnten, auf Ablehnung stießen. Über die von einer Unabhängigkeit ausgehende Signalwirkung auf die anderen Balkanstaaten, die mit einer nur schwer kontrollierbaren Entwicklung einhergehen und im

[64] Reprezentanţele diplomatice, I, S. 196.

[65] B.C.S. Fond St. Georges, P. CXXVII, D. 3. Im Sommer 1872 waren Gerüchte aufgetaucht, dass Bessarabien als Tauschobjekt für die Unabhängigkeit dienen sollte. P.A. I.A.B.q. Türkei, 24, Vol. 47, Thielau v. 17.8.1872. Jelavich, B., Russia and the Reacquisition of Southern Bessarabia 1875-1878, in: Südost-Forschungen 28, 1969, S. 199f.

[66] Arh. Stat. Fond Regele Carol I, III/28, f. 90 (23.9./5.10.1873).

[67] P.A. I.A.B.q. Türkei 24, Vol. 49, Bismarck an Graf Münster in London, 26.1.1874.

[68] Zitat bei Schmidt, Die gescheiterte Allianz, S. 169.

schlimmsten Fall auch zu einem militärischen Eingreifen der Großmächte führen konnte, schienen sich Carol und sein Außenminister wenig Gedanken gemacht zu haben.

Falls der Fürst gehofft hatte, dass sich das Dreikaiserbündnis positiv für ihn auswirken könnte, indem die drei Monarchen ihn in dieser Frage unterstützten, um die monarchische Ordnung in Rumänien zu stärken, so musste er sich getäuscht sehen. Die persönliche Zuvorkommenheit und Auszeichnung, mit denen Carol im Sommer 1873 bei seinen Zusammenkünften von allen drei Kaisern empfangen wurde – vor allem der Empfang in Wien war glänzend ausgefallen, wozu die gleichzeitige Anwesenheit der deutschen Kaiserin Augusta mit beigetragen haben dürfte –,[69] setzten sich nicht in die vom Fürsten erhoffte Politik um. Einen positiven Effekt hatte die gute Aufnahme des Fürsten durch die drei Souveräne auf die Stellung der Regierung in Bukarest, da etwas von dem Glanz auf sie zurückfiel und auch ihrem Ansehen zugute kam, Boerescu aber sogleich zu dem Optimismus verleitete, auf ein Entgegenkommen der Kaisermächte gegenüber Rumänien zu hoffen.[70]

Carols Unabhängigkeitsinitiative von 1873 war die dritte in fünf Jahren nach seinen Versuchen von 1868 und 1870. Zeichnete sich die erste durch ein draufgängerisches und überhebliches Vorgehen aus, so unternahm er den zweiten Versuch aus der Defensive heraus und im Alleingang, als er in seinem Mémoire von 1870 die Großmächte zu einer Neuordnung des politischen Systems in Rumänien aufforderte. Sie scheiterten alle drei und zeugten von außenpolitischer Kurzsichtigkeit des Fürsten, der aus der Unabhängigkeit vor allem eine Prestigesache machte, die machtpolitischen Abhängigkeiten seines Landes aber kaum berücksichtigte. Carol übersah, dass eine Unabhängigkeit für die Garantiemächte *unisono* nur einen Störfaktor bedeutete mit unkalkulierbaren Konsequenzen. Das hieß nicht, dass das hartnäckige Streben nach Unabhängigkeit nicht legitim gewesen wäre, doch war die Interessenlage des kleinen Rumänien von der der Großmächte zu verschieden, als dass sie durch Überredungskunst und personengebundene monarchische Solidarität allein hätte überbrückt werden können. Österreich-Ungarn und

69 In den publizierten Memoiren fallen Beschreibungen solcher glänzenden Begegnungen, die das fürstliche Prestige erhöhten, gewöhnlich sehr detailliert aus: Aus dem Leben König Karls, 2, S. 317ff. Vgl. auch den Bericht v. 9. Juni 1873 des französischen Botschafters in Wien, de Banneville, über den Empfang der Balkanfürsten: Documents diplomatiques français, 1 série, t. 1, S. 249.

70 Arh. Stat. CR 14/1873, f. 1f. In diesem Bericht an Carol v. 7./19. Juli 1873 bemerkt Boerescu: „Après mon arrivée à Bucarest j'ai pu constater avec plaisir que la bonne réception que V.A. a eue à Vienne, a produit un excellent effet dans le pays: nos amis en ont été très encouragés; les rouges en sont désolés. Cet effet est très grand; et je puis assurer V.A. qu'il est réel. – Le même effet a été produit depuis lors par votre visite chez les deux Empereurs à Ems, et surtout par cette exceptionnellement belle réception que Vous a faite l'Empereur d'Allemagne. Pour moi en particulier les deux excellentes receptions constituent un indice certain de l'appui que nous devons espérer de ces deux grandes Puissances." Die Unterredung mit dem Zaren fand in Bad Ems am 21. Juni/3. Juli statt, ohne dass aber über „Politik" gesprochen wurde, die mit dem deutschen Kaiser am 24. Juni/6. Juli. Aus dem Leben König Karls, 2, S. 325f.

Russland mussten dennoch von nun an dieses offen angesprochene Ziel der Rumänen in ihrer Politik gegenüber dem Land und in der Balkanregion berücksichtigen.
Der Unabhängigkeitsvorstoß von 1873 zeigte, dass der Fürst die außenpolitische Isolation, in der sich das Land 1870/71 befunden hatte, hatte überwinden können. Das betraf vor allem das Verhältnis zu den drei Kaisermächten, auf die sich der außenpolitische Schwerpunkt verlagerte, da von Frankreich wenig zu erwarten und der Standpunkt Englands hinsichtlich der Erhaltung des Osmanischen Reichs eindeutig und bekannt war. Das Bemühen des Fürsten, zu den Kaisermächten ein freundschaftliches Verhältnis aufzubauen, führte im Verein mit der Regelung anderer strittiger Fragen zu einer Klimaverbesserung in den bilateralen Beziehungen. So gesehen, ging von den Treffen Carols mit den drei Kaisern im Sommer 1873 eine positive Wirkung auf die außenpolitische Situation Rumäniens aus, wobei Carol die Zugehörigkeit zu dem Hohenzollernhaus zustatten kam.[71]
Carols Initiative war diesmal eingebettet in eine Politik der Konsenssuche, der gegenseitigen Abstimmung und vorsichtigen Verhandlung, nicht der Konfrontation und Aggression wie 1868. Er befand sich auch nicht mehr in der Defensive und Isolation wie 1870/71, sondern hatte die Initiative in der Außenpolitik zurückgewonnen und bestimmte sie von nun an maßgeblich. Die Ziele hatten sich nicht geändert, wohl aber der Stil, so dass sich sein eigenmächtiges Vorgehen nicht negativ auf die gesamte Außenpolitik auswirkte und die Konsolidierungsphase nicht unterbrach. Nachdem er die Unmöglichkeit einer Realisierung erkennen musste, gab Carol seine Pläne einer einseitigen Unabhängigkeitserklärung stillschweigend auf. Man kehrte zu dem von allen Garantiemächten vertretenen Argumentationsmuster zurück, dass der jetzige Zustand der Kollektivgarantie für das Land am vorteilhaftesten sei, solange eine allseitige Neutralitätsgarantie nicht erreicht werden könne.[72] Von nun an verfuhr der Fürst zweigleisig, um sein Ziel zu erreichen: durch weitere innenpolitische Konsolidierung und Stabilität sollte sich Rumänien positiv von den Zuständen im Osmanischen Reich abheben, um aller Welt die Berechtigung auf eine eigenständige ökonomische und politische Entwicklung konkret zu beweisen,[73] während

[71] Documents diplomatiques, 1 série, t.1, S. 249, de Banneville aus Wien v. 9.6.1873. B.C.S. Fond St. Georges, P. CXXVII, D. 3, Brief Carols an Boerescu v. 1. Juli 1873, in dem es u. a. hieß: „Je n'ai pas douté un moment que mon voyage à l'étranger et la réception qu'on m'a faite partout porteraient ombrage à la Sublime Porte. Il serait utile de profiter de cette circonstance pour faire ressortir à Constantinople que la position de Prince de Roumanie est aujourd'hui tout autre que par le passé."

[72] Fast unverfroren erklärte Boerescu dem deutschen Generalkonsul gegenüber im Oktober 1873, dass Unabhängigkeitsbestrebungen der rumänischen Regierung vollkommen fremd seien „und sie überhaupt sehr entfernt davon wäre, eine derartige abenteuerliche 'Politik' zu treiben". P.A. I.A.B.q. Türkei 24, Vol. 48, Pfuel v. 14.10. u. v. 25.10.1873.

[73] FHHDA, HS, R 53, 1435, Nr. 993 u. Nr. 1106, Briefe Carols v. 14./26.3.1873 und 18./30.11.1873. Auch publizistisch versuchte man dieser Ansicht Geltung zu verschaffen, so in einem Artikel in der „Augsburger Allgemeinen Zeitung" am 30.8.1873, der sich mit der Randbemerkung in den Akten des Politischen Archivs des Auswärtigen Amts befindet: „Der Artikel ist selbstverständlich von Fürst Carl zur Unterstützung seiner Unabhängigkeitsbestrebungen bestellt worden." I.A.B.q. Türkei 24, Vol. 48.

man sich außenpolitisch um die ständige Erweiterung der Autonomierechte – hier ist in erster Linie der Abschluss von Handelsverträgen zu nennen – bemühte, wobei man ab 1874 mit Österreichs Unterstützung rechnen konnte.[74] Im Übrigen wartete man im Zuge des Verfalls des Osmanischen Reichs auf eine günstige Gelegenheit, um sich der letzten Fesseln der Suzeränität zu entledigen.[75] Diese kam bereits drei Jahre später. Die für ihn zunächst schmerzlichen Erfahrungen des Scheiterns seiner Pläne sollten dem Fürsten in der dann folgenden Orientkrise zugute kommen, als er die außenpolitischen Chancen seines Landes erkannte und seine Politik eines aktiven Eingreifens in den russisch-türkischen Krieg zum Erfolg führte.

[74] Über die Änderung der Balkanpolitik Andrassys 1874: Schmidt, Die gescheiterte Allianz, S. 159ff. Arh. Stat. CR 13/1874, f. 1f., 3f., 5; CR 11/1874, f. 6ff.

[75] So Carol in einer Audienz gegenüber dem neuen russischen Generalkonsul Zinov'ev: Alvensleben aus St. Petersburg v. 13./25.9.1873 (Vertraulich): P.A. I.A.B.q. Türkei 24, Vol. 48.

III Der Regierungswechsel 1876

1. Der Auflösungssprozeß der konservativen Regierung

Dem Sturz der Regierung L. Catargiu am 3./15. April 1876 ging ein Auflösungsprozess voraus, der paradoxerweise mit dem Sieg der Konservativen in den Parlamentswahlen vom April/Mai 1875 begann. Die Regierung schien sich trotz der Verfügungsgewalt über die Administration des Sieges nicht sicher zu sein, denn sie bereitete die Wahlen sorgfältig vor. Auch der Fürst beteiligte sich daran, indem er zusammen mit L. Catargiu die Wahllisten durchsprach und kurz vor den Wahlen militärische Einrichtungen, Ministerien, Ämter und die Polizeipräfektur in Bukarest inspizierte.[1] Interessanterweise schien man kein Vertrauen in die Überzeugungskraft der eigenen Erfolge während der vierjährigen Regierungszeit zu haben, obwohl Catargiu nicht versäumte, in einem Rundschreiben an die Präfekten vom 11./23. April 1875 die Verdienste seines Kabinetts um Stabilität und Ordnung bei gleichzeitiger Respektierung der Meinungsfreiheit herauszustellen und die moralischen Qualitäten der Regierungsmitglieder gegenüber den Oppositionskandidaten hervorzuheben.[2] Bei den Wahlen ging es eben nicht um programmatische Entscheidungen der Wähler, sondern angesichts einer überschau- und kontrollierbaren Klientel um die wahlinstitutionelle Durchsetzbarkeit der Kandidaten für das Parlament. Beide, Regierung wie Opposition, wandten Druck bzw. Gewalt an, um die entscheidenden Wahlpositionen wie Wahllisten, Wahlbüros etc. unter ihre Kontrolle zu bekommen, wobei die Opposition meist die schlechteren Karten hatte. Der Einsatz von Gewalt bei Wahlen bildete eine schwere Hypothek für die gesamte rumänische Politik. Sie stellte den Preis dar, den der Fürst für die Stabilität einer Regierung zu zahlen bereit war.

Der Mechanismus dieser Wahlentwicklung schlug aber auch auf eine Regierung zurück, da sie, selbst wenn sie politisch erfolgreich war, sich dem Risiko einer freien Wahlentscheidung nicht aussetzen konnte. Wahlen stellten somit einen Gradmesser für die Stärke einer Regierung dar. Sie konnte aber nur dann energisch auftreten und den Apparat für die Durchsetzung ihrer Kandidaten benutzen, wenn sie sich ihres Fortbestandes sicher war. Genau in diesem Punkt griff die Unterstützung des Fürsten, der das Kabinett Catargiu unter allen Umständen behalten wollte und sich für dessen Erhalt aktiv einsetzte. Das Faktum, dass das Eintreten des Fürsten für seine Regierung tatsächlich eine Stärkung für diese bedeutete, zeigte, wie sehr sich die Position des Fürsten gefestigt hatte. Der Fürst hatte sich zu einem entscheidenden Faktor der Regierungsexistenz entwickelt. Implizit erkannte dies auch die Opposition an, deren nach wie vor wichtigste Figur, Ion

1 Arh. Stat. Fond Regele Carol I, III/29, f. 42f. Aus dem Leben König Karls, 2, S. 431.
2 P.A. I.A.B.q. Türkei 24, Vol. 51, abgedruckt in: „Journal de Bucarest" vom 2.5.1875.

C. Brătianu, von Carol in einer Audienz verlangte, das Ministerium zu wechseln, gerade nachdem Catargiu in den Wahlen auf der ganzen Linie gesiegt hatte.[3] Hinter diesem eigentlich paradoxen Ansinnen, das vom Fürsten auch rundweg abgelehnt wurde mit dem Hinweis auf das Wahlergebnis, stand die Erkenntnis, dass Wahlen und Parlament für die Regierungsbildung ihre Bedeutung verloren hatten.
Die Wahlen selbst waren wieder von Gewalttätigkeiten und Militärpräsenz gekennzeichnet, besonders in Bukarest, wo es schwere Schlägereien um die Wahlbüros gab, die auch tödlich endeten.[4] Trotz der Niederlage der Opposition – nur ungefähr 20 ihrer Kandidaten konnte sie durchbringen, darunter aber I. C. Brătianu und Candiano-Popescu –, hatte sie viele Menschen, vor allem Studenten, mobilisieren können mit der Folge, dass die Stimmung in Bukarest sich gegen die Konservativen wandte. Zwölf Mitglieder von Bukarester Gerichten reichten aus Protest gegen die Wahlbeeinflussungen ihren Rücktritt ein und sorgten für eine Desavouierung der Regierung, was dem Fürsten sehr ungelegen kam, der ansonsten den Wahlvorgang distanziert kommentierte und keinen Anlass sah, seinen Ministerpräsidenten zur Mäßigung aufzufordern. Die Richter wurden sofort durch neue ersetzt, um keine Zweifel an der Entschlossenheit der Regierung aufkommen zu lassen.[5] Dennoch zeigten die Wahlen den beginnenden Zerfall der Konservativen auf, da wichtige Repräsentanten der Konservativen wie D. Ghica oder der Bürgermeister von Bukarest, G. Manu, zuerst in ihren Wahlkollegien durchfielen, wofür sie Catargiu verantwortlich machten.[6] Bereits kurz nach den Wahlen erkannte Carol, dass nicht die Radikalliberalen, sondern die abtrünnigen Konservativen das Hauptproblem für die weitere Regierungsstabilität darstellen würden.[7] Sehr schnell wurde sichtbar, dass der Sieg der Konservativen kaum zu einer Entspannung der Lage geführt hatte.[8] Carol hielt dennoch

[3] Brătianu wollte den Fürsten bereits während der Wahlen sehen, ohne aber eine Audienz zu verlangen, worauf Carol nicht einging. Er empfing ihn erst nach den Wahlen am 4./16. Mai 1875. Arh. Stat. Fond Regele Carol I, III/29, f. 44. Ibd., V D 1833, Brief v. 15./27. Mai 1875 an den Vater. Aus dem Leben König Karls, 2, S. 437.

[4] Eine höchst anschauliche Beschreibung der Wahlkämpfe in Bukarest, ihrer Atmosphäre, Mentalität und ihres Ablaufs gibt C. Bacalbaşa, der sich selbst daran beteiligte und verwundet wurde: Bucureştii de altă dată, I, S. 148ff. Die explosive Mischung von Bohèmementalität, Lust an Aktionen, Gewaltbereitschaft und Schlägerbanden eskalierte zu regelrechten Schlachten um die Wahlbüros. Die Kommentierung der Wahlen aus Oppositionssicht. Arh. Stat. CR 1/1875, S. 1ff (Briefe von P. Bataillard, der die Wahlberichterstattung der rumänischen Oppositionszeitungen an den Redakteur einer französischen Zeitung schickte). Ausführlich zum Verlauf der Wahlen: Maier, Rumänien, S. 411ff.

[5] Arh. Stat. Fond Regele Carol I, III/29, f. 44. Carol bezeichnete den Protest der Richter als „Dummheit".

[6] Ibd., f. 44 (1./13. Mai 1875). Maier, Rumänien, S. 417f.

[7] Arh. Stat. Fond Regele Carol I. V D 1833, Brief v. 15./27. Mai 1875 an den Vater. Die betreffende Stelle fehlt in den publizierten Memoiren. Aus dem Leben König Karls, 2, S. 437ff. Zu derselben Einschätzung kommt auch Bacalbaşa, der die Intrigen unter den Konservativen beschreibt: Bucureştii de altă dată, I, S. 145. Ähnlich Pfuel in seinem Bericht v. 1. Mai 1875: P.A. I.A.B.q. Türkei 24, Bd. 51.

[8] Aus dem Leben König Karls, 2, S. 436.

an ihnen fest und lehnte Rücktrittsangebote von Catargiu ab,[9] ja er unternahm alles, um Catargiu auch aus dessen finanziellen Schwierigkeiten herauszuhelfen.[10]
Die Aufgabe des Fürsten bestand im Verlauf des Jahres 1875 immer mehr darin, das Ministerium zusammenzuhalten und Entscheidungen wichtiger Fragen herbeizuführen, bei denen sich die Minister uneinig oder unsicher fühlten. Diese betrafen den Abschluss des Handelsvertrags mit Österreich-Ungarn, die Garantie für eine 65-Millionen-Anleihe für die Rumänische Eisenbahngesellschaft und die Konzessionierung des Eisenbahnbaus durch den Predealpass nach Kronstadt. Erneut erwies es sich trotz der massiven konservativen Mehrheit im Parlament als äußerst schwierig, diese Projekte parlamentarisch durchzubekommen, wobei die Uneinigkeit der Minister eine nicht unwichtige Rolle spielte. Besonders die Handelskonvention mit Österreich-Ungarn, die Costaforu in Wien unterschriftsreif ausgehandelt hatte,[11] stieß bei einigen Ministern auf Widerstand. Die Lage spitzte sich Anfang Juni zu, als das Kabinett zu keinem einheitlichen Votum finden konnte, und der Fürst nach eigenem Bekunden nur noch vor der Alternative: Annahme des Vertrags oder Bruch mit Wien stand.[12] Für ihn besaß der Handelsvertrag immense politische Bedeutung: während alle seine Vorstöße zu einer Unabhängigkeit gescheitert waren, gelang jetzt ein Vertragsabschluss mit einer Großmacht auf einer nahezu gleichberechtigten Basis. Die wirtschaftlichen Auswirkungen interessierten den Fürsten weniger, für ihn stand das Faktum eines die staatsrechtliche Abhängigkeit Rumäniens ignorierenden Vertrags im Mittelpunkt, der sowohl den rumänischen Anspruch auf Unabhängigkeit unausgesprochen anerkannte, als auch seinem eigenen Geltungsbedürfnis entsprach.[13] Dementsprechend unternahm er alle Anstrengungen, die Minister von der politischen Notwendigkeit der Annahme zu überzeugen.
Die Gründe für die ablehnende Haltung einiger Minister lagen teils in den Bestimmungen des Vertrags selbst, wie z.B. der Höhe des Weinzolls oder der Vertragsdauer von zehn Jahren, teils in der Furcht vor einem zu erwartenden Widerstand in der Kammer. Auch Catargiu gehörte zu den Zweiflern. Wie so oft in ähnlichen kritischen Phasen, wenn das Ministerium sich unsicher war, zog man einflussreiche Deputierte zur Entscheidungsfindung hinzu, um nicht allein die Verantwortung zu übernehmen und um gleichzeitig das Terrain für eine Kammerentscheidung vorzubereiten.[14] Wieder oblag es

[9] Arh. Stat. Fond Regele Carol I, III/29, f. 45. (13./25. Mai 1875). Catargiu wollte zugunsten von D. Ghica zurücktreten, worauf Carol reagierte: „ich entschieden dagegen".

[10] Siehe oben, S. 291.

[11] Zu den Verhandlungen: Bindreiter, Die diplomatischen und wirtschaftlichen Beziehungen, S. 59ff.

[12] Arh. Stat. Fond Regele Carol I, III/29, f. 46.

[13] Ibd. V D 1836. Brief v. 30. Juni/12. Juli 1875 an den Vater: „Dieser internationale Act ist von einer großen Tragweite, der in seinem Keime die Unabhängigkeit Rumäniens birgt." Aus dem Leben König Karls, 2, S. 451.

[14] Arh. Stat. Fond Regele Carol I, III/29, f. 46. Ministerratssitzung v. 25. Mai/6. Juni 1875. Dazu Carols Eintragung: „[...] enorme Schwierigkeiten bei den Minstern gefunden. [...] Boerescu u. Costa-Foru waren nicht im Conseil, was meine Stellung erschwerte." Aus dem Leben König Karls, 2, S. 41.

vor allem dem Fürsten, die Parlamentarier, unter ihnen den Kammerpräsidenten D. Ghica, I. Strat und P. Carp, zu überzeugen und für seinen Standpunkt zu gewinnen. Ohne sein massives Engagement wäre die Handelskonvention mit Österreich-Ungarn in der ausgehandelten Form kaum zustande gekommen.[15] So konnte er deren endliche Votierung auch als persönlichen Erfolg ansehen.[16]

Trotz, aber auch wegen der unbestreitbaren Aufwertung des Landes durch eine Großmacht stieß der Vertrag im Parlament auf heftige Kritik seitens der Opposition, die durch die Presse publizistisch wirksam unterstützt wurde. Natürlich versuchte man, einen außenpolitischen Erfolg der Regierung zu torpedieren, darüber hinaus ging es in den hitzigen Kontroversen um zwei typische Interpretationsmuster nationaler Politik: Während die Regierungsseite, allen voran Außenminster V. Boerescu, auf den diplomatischen Erfolg einer auf die internationale Anerkennung des rumänischen Anspruchs auf Unabhängigkeit gerichteten Politik hinwies, sahen die Gegner in dem Vertrag den Ausverkauf rumänischer Interessen und die dauerhafte wirtschaftliche und politische Abhängigkeit von Österreich.[17] Die Einwände der Opposition, rhetorisch geschickt vorgetragen von M. Kogălniceanu und I. Brătianu, entbehrten nicht der Grundlage, so z. B. das Argument, dass das Freihandelsprinzip, in Artikel 1 festgeschrieben, fast nur Vorteile für den stärkeren Partner bringe.[18]

In der Tat profitierte Österreich-Ungarn ungleich stärker vom Handelsvertrag und konnte in den ersten fünf Jahren nach Inkrafttreten seinen Exportwert nach Rumänien verdreifachen, während Rumänien zwar auch den Getreideexport steigern konnte, wenn auch nicht in demselben Ausmaß, seine heimische Industrie aber trotz einiger Schutzzölle durch die massiven österreichischen Importe von Textilwaren und anderen Industriegütern beträchtlichen Schaden erlitt.[19] Überdies traf das ab 1881 verhängte Einfuhrverbot von Vieh aus Rumänien aufgrund von sanitären Präventivmaßnahmen gegen die Rinderpest den rumänischen Export empfindlich.[20] Nach 1880 revidierten dann die liberalen Regierungen die Freihandelspolitik und führten sukzessive Schutzzölle für einige Industriezweige ein.

15 Vgl. auch Bindreiter, Die diplomatischen und wirtschaftlichen Beziehungen, S. 79f. mit entsprechenden österreichischen Quellen.

16 Etwas von diesem Stolz ist in dem Brief an seinen Vater v. 30. Juni/12. Juli 1875 zu spüren (Fußnote 13). Aus dem Leben König Karls 2, S. 451.

17 Nicolescu, Parlamentul romîn, S. 172ff. Eine Zusammenfassung der Debatten, die vom 27.6/9.7. bis 29.6./11.7. dauerten, bei Bindreiter, Die diplomatischen und wirtschaftlichen Beziehungen, S. 88ff.

18 Kogălniceanu, Opere IV, orat. II, part. IV, S. 157. Rhetorisch geschickt begann Kogălniceanu seine Rede mit der Versicherung, dass es in Fragen der Verteidigung der Rechte des Landes keine Unterschiede zwischen den Parteien gebe (S. 148) und dass niemand ihm in Sachen Patriotismus eine Lektion erteilen müsse. (S. 177). Die Rede Kogălniceanus enthält wieder viele interessante Details zu konkreten wirtschaftlichen und politischen Fragen.

19 Bindreiter, Die diplomatischen und wirtschaftlichen Beziehungen, S. 179ff.

20 Ibd., S. 182ff.

Die Regierung konnte sich auch dank der rhetorischen Leistung von V. Boerescu mit der Handelskonvention durchsetzen, die am 29. Juni/11. Juli 1875 mit 68 gegen 22 Stimmen von der Kammer angenommen wurde, vom Senat zwei Tage später. Dennoch bedeutete dieser Abstimmungssieg keine Stärkung ihrer Stellung, da eine spürbare Unzufriedenheit mit dem Vertrag zurückblieb: ein entschiedener Gegner blieb der Minister für Öffentliche Arbeiten, T. Rosetti, der nach der Annahme zurücktreten wollte,[21] während die Opposition ihre Niederlage zu einer publizistisch effektvollen Darstellung nutzte, die den Untergang Rumäniens beschwor, und demonstrativ ihre Abgeordnetenmandate niederlegte.[22]
Es bleibt dahingestellt, ob die Opposition in einer vergleichbaren Situation sich die Chance hätte entgehen lassen, einen ähnlichen Vertrag abzuschließen, der die Eigenständigkeit des Landes so augenfällig demonstrierte. Dieses lag gerade auf der Linie der Radikalliberalen, die dem nationalen Selbstwertgefühl immer wieder andere Fragen untergeordnet hatten. Unbestreitbar konnte der stets wiederholte und historisch untermauerte Anspruch auf volle Autonomie zum ersten Mal mit der Handelskonvention völkerrechtlich durchgesetzt werden. Österreich-Ungarn bildete den Präzedenzfall, dem andere Länder folgen mussten, wenn sie auf dem rumänischen Markt Fuß fassen wollten. War die wirtschaftliche Unabhängigkeit einmal anerkannt, würde die politische nicht mehr lange verweigert werden können. Die Bedeutung der Konvention lag in dieser Schrittmacherfunktion, eine wirtschaftliche und eventuelle politische Abhängigkeit von Österreich wurde zunächst einmal in Kauf genommen. Die Befürworter bezeichneten den Vertragsabschluss als den „wichtigsten Akt seit der Union und der Gründung der Dynastie."[23] Der Vertrag blieb diesen politischen Test schuldig, da der Balkankrieg die Unabhängigkeit forcierte, während die wirtschaftlichen Folgen Rumänien bald zu spüren bekam.
Mit dem Vertrag – von österreichischer Seite wurde aus Rücksicht auf das Suzeränitätsverhältnis „Konvention" bevorzugt – zeitigte die Politik des Fürsten und seines Außenministers einer schrittweisen Aushöhlung des Abhängigkeitsverhältnisses von der Pforte einen ersten Erfolg und unterstrich die Führungsrolle des Fürsten in der Außenpolitik, die er auch gegen Widerstände durchzusetzen in der Lage war. Der Verfassungsartikel 93, der dem Fürsten das Recht gab, Konventionen für Handel, Seefahrt u. Ä. mit anderen Ländern abzuschließen, konnte zum ersten Mal von Carol voll zur Geltung gebracht werden. Die Regierung allerdings wurde auf längere Sicht geschwächt, da der nicht sehr populäre Vertrag die Angriffsflächen gegen sie vergrößerte, was die Opposition politisch

[21] Maiorescu konnte Rosetti von seinem Rücktritt abbringen. Arh. Stat. Fond Regele Carol I, III/29, f. 49 (2./14. Juli 1875). Aus dem Leben König Karls, 2, S. 451.

[22] Bindreiter, Die diplomatischen und wirtschaftlichen Beziehungen, S. 93. Bacalbaşa, Bucureştii de altă dată, I, S. 170.

[23] P. P. Carp in seiner Rede: Gane, P. P. Carp, I, S. 174f. Ähnlich Boerescu: „Das Symbol der Ausübung unserer Souveränität": Kogălniceanu, Opere IV, orat. II, part. IV, S. 172. Costaforu telegrafierte an Carol anlässlich der Unterzeichnung am 22. Juni 1875: „C'est le plus grand acte de Votre règne: Que Dieu protège Vos jours et fortifie Votre bras! La Roumanie vivra!" Arh. Stat. CR 7/1875, f. 5 (Chiffriert).

virtuos auszunutzen verstand.[24] Zu leicht wird aber übersehen, dass der Abschluss des Handelsvertrags keinen genuin rumänischen Erfolg darstellte, da diese Politik nur durch die Bereitschaft Österreich-Ungarns ermöglicht wurde, das seinerseits seine Einflusssphäre auf dem Balkan zu vergrößern suchte und das in der Stärkung der Position des Fürsten eine Garantie für diese Politik sah.[25] Somit ging vor allem die Rechnung Österreich-Ungarns auf.

Schwieriger als die Durchsetzung der Handelskonvention erwiesen sich wieder einmal zwei Eisenbahnfragen, von denen der Fürst und die Regierung gehofft hatten, dass die neue Kammer sie leichter verabschieden würde als die alte.[26] Die eine betraf einen Kredit von 65 Millionen Francs für die in finanzielle Schwierigkeiten geratene Rumänische Eisenbahngesellschaft, deren Mittel für den Bau der Strecke Piteşti–Vârciorova nicht ausreichten, die andere den Bau der Predealbahn nach Kronstadt. Zur Regelung der Anleihe hatte die Regierung im Februar 1875 den Minister für Öffentliche Arbeiten, T. Rosetti, und im Mai noch einmal P. Carp nach Berlin geschickt, die einen Kompromiss aushandelten, von dem die Regierung glaubte, ihn der Kammer vorlegen zu können.[27] Es wiederholte sich aber das bekannte Verhaltensmuster wie bei den früheren Eisenbahndebatten: Zunächst zögerte die Regierung mit der Vorlage, weil sie sich einer Annahme nicht sicher fühlte, und als das Projekt dann endlich zur Abstimmung stand (30.6./12.7.), setzte die Kammer Modifikationen durch, die von der Berliner Gesellschaft bereits früher abgelehnt worden waren und prompt wieder zurückgewiesen wurden.[28]

Als Ausweg aus der festgefahrenen Situation kam dann von rumänischer Seite der Vorschlag eines Rückkaufs des gesamten Eisenbahnnetzes,[29] worauf Verhandlungen

[24] Natürlich geriet auch der Fürst ins Blickfeld der Kritik, ohne dass es ihm diesmal aber viel schadete. Vgl. das Pamphlet von D. A. Sturdza, Deutschland, Rumänien und Fürst Karl von Hohenzollern, Prag 1875, das er unter dem Pseudonym „Erdmann von Hahn" veröffentlichte.

[25] Bindreiter, Die diplomatischen und wirtschaftlichen Beziehungen, S. 80, mit einem Zitat von Calice, des österreichischen Generalkonsuls in Bukarest, zu diesem Aspekt: „Das Resultat ist aber unter allen Umständen ein bedeutendes, zumal in politischer Beziehung. Der Fürst hat die Einsicht dargethan, dass die Erhaltung des ihm bisher so wohlthätigen Einflusses der hohen k. und k. Regierung geradezu eine Existenzfrage für ihn bildet." (Calice an Andrassy, Juni 9, 1875: HHStA HP, F 34, S. R., 166 No. 45).

[26] Aus dem Leben König Karls, 2, S. 428. Arh. Stat. Fond Regele Carol I, III/29, f. 40f.

[27] Ibd., f. 46. (27. Mai/8. Juni 1875): „4 Uhr Carp gekommen, in Berlin ist Alles geregelt, die Anleihe wird jetzt der Kammer vorgelegt." Die Einzelheiten der Verhandlungen ausführlich bei: Maier, Rumänien, S. 221ff.

[28] Nicolescu, Parlamentul romîn, S. 180ff. Aus dem Leben König Karls, 2, S. 421, 452f., 459. Arh. Stat. Fond Regele Carol I, III/29, f. 49. Maier, Rumänien, S. 223ff.

[29] Der Fürst hatte bereits mit dem Finanzminister Cantacuzino Anfang des Jahres 1875 den Plan eines Rückkaufs der Eisenbahn in Erwägung gezogen. Aus dem Leben König Karls, 2, S. 407f. Doch konkret sprach Boerescu mit Carol am 31.8./12.9.1875 in Sinaia zum ersten Mal über einen solchen Plan, den Carol für so wichtig hielt, dass er tags darauf nach Bukarest fuhr, um ihn mit den Ministern gemeinsam zu erörtern. Arh. Stat. Fond Regele Carol I, III/29, f. 53.

mit dem Aufsichtsrat in Berlin folgten, die zuerst vom Außenminister Boerescu, dann vom rumänischen Vertreter in Berlin, N. Creţulescu, geführt wurden. Sie zogen sich bis Ende Januar 1876 hin, ohne dass man eine Einigung erzielte. Jede Seite war zwar an einer Lösung interessiert, aber jeweils zu ihren Bedingungen. Während sich Creţulescu nach Kräften um eine unterschriftsreife Regelung bemühte, stieß der Vorschlag, eine Anleihe zum Rückkauf der Bahn mit einer Hypothek auf die Eisenbahn zu sichern, auf den intransigenten Widerstand von Finanzminister Cantacuzino. Wieder zog die Regierung einige einflussreiche Abgeordnete zu den Beratungen hinzu,[30] doch als endlich eine Einigung in Sicht war, kamen neue Forderungen aus Berlin über eine besondere Abfindung für Inhaber von Prioritätsaktien, die endgültig zum Scheitern führten.[31]

Während der Verhandlungen ließ Bismarck die rumänische Regierung immer wieder sein großes Interesse an einer endgültigen Regelung der Eisenbahnfrage wissen und drohte Ende Dezember 1875 gar mit einem Abbruch der Beziehungen, falls keine Einigung erzielt würde. Doch fehlte seinem Druck diesmal die nötige Substanz, um beide Seiten zu einem Kompromiss zu zwingen.[32]

Betrachtet man die rumänische Regierung bei diesen Verhandlungen, so bot sie ein Bild der Uneinheitlichkeit und Unentschlossenheit. So gelang es ihr nicht, den von ihr initiierten Vorschlag in den eigenen Reihen durchzusetzen. Während dieser Zeit schied auch noch Boerescu aus dem Amt, der zu den durchsetzungsfähigen Persönlichkeiten im Kabinett gehörte, womit die Entscheidungskompetenz der Regierung weiter abnahm. Auch der Fürst konnte nicht mehr bewirken, als nur immer wieder auf einen Abschluss zu dringen. Vor allem der Finanzminister blockierte eine Entscheidung, was Carol in ungewohnter Weise gegen ihn aufbrachte.[33] Zwar machte Carol den Berliner Aufsichtsrat am Ende für das Scheitern der Gespräche verantwortlich[34], doch mangelte es beiden Seiten am erforderlichen Willen zur Einigung.

Weder der Fürst auf rumänischer Seite noch Bismarck auf deutscher konnten in diesem Sinn effektiv auf ein Ergebnis Einfluss nehmen, auch wenn dies jeder vom anderen erwartete. Aus den leidvollen Erfahrungen klug geworden, hatte Carol bereits zu Beginn der Verhandlungen über eine Anleihe Bismarck darauf aufmerksam gemacht, dass die Frage auf konstitutionellem Wege geregelt werden müsse, und ihn gebeten, seinen Einfluss auf den Aufsichtsrat geltend zu machen, um eine Einigung zu erzielen.[35] Bismarck wiederum

30 Ibd., f. 61. (14./26.12.1874).

31 Ibd., f. 64. Aus dem Leben König Karls, 3, S. 2.

32 Arh. Stat. Fond Regele Carol I, III/29, f. 61. Aus dem Leben König Karls, 2, S. 467.

33 Der Ärger wird aus den Tagebucheintragungen deutlich, in denen Cantacuzino als „furchtbar eigensinnig“ oder „immer eigensinnig, schlechter Finanzminister“ charakterisiert wird. Am 19./31.12.1875 hieß es: „Die Eisenbahn-Frage bleibt auf demselben Fleck, von Berlin will man niemand schicken, hier will man nicht zu einem Entschluß kommen, nur wegen Cantacuzen.“ Später sollte Carol auf seinem Rücktritt bestehen. Fond Regele Carol I, III/29, f. 61.

34 Ibd., f. 64: „[...] die Eisenbahn-Unterhandlungen sind definitiv gescheitert. Der Aufsichts-Rath hat sich perfide benommen.“ (12./24.1.1876).

35 Aus dem Leben König Karls, 2, S. 417.

legte ihm den Schutz der deutschen Kapitalanleger ans Herz, worauf Carol angesichts der Sensibilität der Frage in der rumänischen Öffentlichkeit nicht eingehen konnte.[36] Der Fürst hatte in Eisenbahnfragen seinen bestimmenden Einfluss verloren;[37] für ihn war der ganze Problemkomplex zu einem Störfaktor geworden, der immer wieder die Stabilität im Innern bedrohte und das Verhältnis zum Ausland belastete. Seinem eigenen Handeln waren dabei Grenzen gesetzt, denn die Voraussetzung zu einer Lösung bildete immer ein Konsens mit der Kammer. So klagte Carol seinem Vater Anfang Januar 1875:

„Vor wenigen Tagen noch sah ich mit vollem Vertrauen wenigstens in die allernächste Zukunft und hoffte, das rumänische Eisenbahnnetz, das ich unter so harten Kämpfen dem Lande errungen hatte, bald dem Verkehr übergeben zu sehen! Diese unleidliche Angelegenheit, die mir mehrere Jahre meines Lebens gekostet hat, hielt ich für vollständig geregelt und wollte nun die Früchte meiner Arbeit genießen. – Aber nein! Heute sind es wieder die Eisenbahnen, die mir alles über den Haufen werfen. Mit großer Mühe hatte ich die Stabilität erreicht und dem Lande dadurch die so nötige Ruhe zu seiner Entwicklung gegeben; die inneren Verhältnisse hatten sich konsolidiert, und nach außen hin genießen wir Achtung und Kredit. All dieses kann jetzt wieder in Frage gestellt werden.“[38]

Während das Anleiheproblem schließlich von der Eisenbahngesellschaft allein gelöst wurde, entwickelte sich die Vergabe der Konzession für die Predealbahn zu einem öffentlichen Skandal, der fast alles überstieg, was man bis dahin an Bestechungsaffären gewohnt war. Hintergrund dieses Komplexes bildeten die Anschlüsse der rumänischen Bahnen an das ungarisch-österreichische Netz, wobei die rumänische Regierung vor allem an dem Anschluss im Westen, im Banat, interessiert war, während für die ungarische Seite im Interesse des siebenbürgischen Handels die Predealbahn nach Kronstadt Priorität besaß. Da die Rentabilität der Strecke Piteşti – Vârciorova durch Oltenien, die der rumänische Staat ab 1. Januar 1875 übernommen hatte, und damit die Zinsgarantie von dem Anschluss an die Österreichische Staatsbahn abhing, stand die rumänische Regierung unter Druck, so schnell wie möglich durch einen Anschluss die Zinszahlungen zu senken. Beide Regierungen einigten sich auf eine gleichzeitige Eröffnung der Bahnen nach einer Bauzeit von vier Jahren.[39]

Die Absicht der Regierung, dem Parlament lediglich die *cahiers de charges*, also die Ausschreibungsbedingungen, zur Abstimmung vorzulegen und selbst eine Firma mit den Arbeiten zu betrauen, stieß bereits im Vorfeld auf den Widerstand der Abgeordneten, die den Modus einer Konzessionsvergabe durchsetzten, von der sie sich einen finanziellen Profit versprachen. Die Regierung musste wie gewöhnlich in diesen Fällen nachgeben, was einen regelrechten Konzessionswettlauf auslöste, den der englische Unternehmer

36 Ibd., S. 427.

37 Dementsprechend identifizierte er sich auch nicht mehr mit Eisenbahnprojekten: Maier, Rumänien, S. 222.

38 Aus dem Leben König Karls, 2, S. 411f.

39 Ausführlich: Maier, Rumänien, S. 227ff.

Crawley aufgrund der Höhe seiner Bestechungsgelder gewann.[40] Das Ausmaß der Bestechungsbereitschaft der Abgeordneten überstieg das für die rumänische Öffentlichkeit Akzeptierbare und wurde zu einem Skandalon mit negativen Auswirkungen für das Ansehen von Parlament und Regierung. Der zunächst vermittelnde Vorschlag der Regierung, die Konzessionäre durch eine öffentliche Ausschreibung zu bestimmen, fiel in der Kammer durch, woran Außenminister Boerescu nicht unschuldig war, da er sich gegen die Kabinettsvorlage stellte, was für Catargiu einem Vertrauensbruch gleichkam.[41]
Für die Regierung stand in den Anfangstagen des Juli 1875 viel auf dem Spiel, da bei allen drei Vorlagen: Handelsvertrag, Berliner Anleihe und Predealbahn, die zeitlich parallel in der Kammer verhandelt wurden, eine Abstimmungsniederlage nicht auszuschließen war. Zu einem kritischen Zeitpunkt wollte Carol durch eine Vertrauensfrage die Situation klären lassen, was die Minister aber ablehnten.[42] Zugeständnisse konnten von der Regierung nur bei den Eisenbahnfragen gemacht werden, nicht aber beim Handelsvertrag. Es spricht einiges für den von der Opposition erhobenen Vorwurf, dass die Zustimmung zum Handelsvertrag mit der Konzession an Crawley erkauft wurde, die von der Kammer am 22. Juni/4. Juli 1875 votiert wurde, eine Woche vor dem Handelsvertrag.[43] Die parlamentarischen Schwierigkeiten, mit denen die Regierung gleich zu Beginn der Legislaturperiode zu kämpfen hatte, ließen bereits ihre abnehmende Durchsetzungsfähigkeit erkennen, deren Grund zum großen Teil in dem Dissens zwischen den eigenen Mitgliedern lag.
Dem Unternehmer Crawley erging es in der Folgezeit nicht viel besser als Strousberg. Als die rumänische Regierung ihren Zahlungsverpflichtungen aufgrund der 1876 ausbrechenden Finanzkrise nicht mehr nachkommen konnte, musste er die Arbeiten einstellen. Danach begann erneut der Kreislauf von Verschleppungstaktik, des Unwillens zu einer für beide Seiten annehmbaren Lösung, des Drucks aus dem Ausland. Nur die Akteure hatten zu dem Zeitpunkt gewechselt: Regierung und Kammer gehörten jetzt der liberalen Partei an, die betreffende Großmacht hieß England. Die Verhaltensweisen blieben dieselben. Wieder bewahrheitete sich die Erfahrung, dass der Eisenbahnbau die finanziellen Möglichkeiten des Landes und der beteiligten Unternehmer überstieg, dass die Modernisierungskosten zu Lasten von politischer Stabilität gingen. Die Finanzkrise

40 „[...] in der Kammer haben sich so viele Gruppen gebildet als Concessionäre sind. Crawley soll viele Deputirte gekauft haben. Die ganze Sache ist ein wahrer Scandal." Arh. Stat. Fond Regele Carol I, III/29, f. 49. Aus dem Leben König Karls, 2, S. 448f. P.A. I.A.B.q. Türkei 24, Vol. 51, Pfuel v. 6. Juli 1875.

41 Arh. Stat. Fond Regele Carol I, III/29, f. 48. „Catargi [...] beklagt sich gegen Boerescu, der eine andere Haltung hatte als die übrigen Minister. Catargi könne kein Vertrauen mehr in Boerescu haben." (21. Juni/3. Juli 1875).

42 Ibd., f. 48 (22. Juni/4. Juli 1875). Aus dem Leben König Karls, 2, S. 448.

43 Erdmann von Hahn (D. A. Sturdza), Deutschland, Rumänien, S. 22f. Sturdza zufolge drohte die Regierung, die Sanktion für die Konzession Crawley zu verweigern, falls die Abgeordneten dem Handelsvertrag nicht zustimmten. Carol spricht in seinem Tagebuch während dieser Zeit immer wieder von „enorm viel Intriguen". Arh. Stat. Fond Regele Carol I, III/29, f. 49.

und der Krieg verzögerten den Bau der Predalbahn weiter, bis die Strecke 1879 endlich beendet werden konnte.[44]
Im Verlauf des Jahres 1875 und Anfang 1876 stand dem Gewicht der Probleme eine wachsende Schwäche der Regierung gegenüber. Die Unruhen in der Herzegowina und die Entwicklung in Serbien nahmen allmählich auch für die rumänische Regierung und den Fürsten ernste Ausmaße an[45] und zwangen sie, über ihre Haltung in einem eventuellen Krieg nachzudenken. Seit Dezember 1875 hielt der Fürst die Lage für sein Land vor allem wegen Russland bedrohlich und einen Krieg nicht mehr für ausgeschlossen.[46] Ausgerechnet in dieser außenpolitisch unsicheren Zeit fehlte ein Außenminister. Boerescu musste am 6./18. November 1875 zurücktreten, da er sich weigerte, seine Direktorenstelle in der neu gegründeten Bank „Banque de Bucarest" aufzugeben, deren Gründungszweck darin bestand, die von dem rumänischen Staat benötigten Anleihen beim geplanten Rückkauf der Eisenbahnen zu realisieren. Die Verquickung von Ministeramt und einem wichtigen Posten in einer Bank, bei der staatliche Finanzoperationen getätigt werden sollten, konnte von der Regierung nicht ohne Verlust ihrer Glaubwürdigkeit hingenommen werden. Selbst dem Fürsten gelang es diesmal nicht, Boerescu im Kabinett zu halten.[47] Die Regierung verlor damit nicht nur eine wichtige Persönlichkeit, sondern es stand auch eine Schwächung ihrer Mehrheitsbasis im Parlament zu befürchten.[48]
Für den Moment akuter und für die Regierung schwieriger entwickelte sich die zunehmende Finanzkrise, der gegenüber sich der Finanzminister immer hilfloser zeigte, bis dem Fürsten die Geduld ausging und er Cantacuzino offen zum Rücktritt aufforderte.[49] Es geschah sehr selten, dass der Fürst derart massiv seinen Unwillen zum Ausdruck brachte. Er nahm die Finanzkrise sehr ernst, da er sie auch als Gefahr für den Fortbestand der Regierung ansah. Hatte man am Ende der Legislaturperiode im März 1875 geglaubt, die seit 1873 angesammelten Defizite durch eine Anleihe von 29 Millionen Francs zu günstigen Bedingungen in Paris decken zu können und die weitere finanzielle Entwicklung im Griff zu haben, so änderte sich die Lage während des Jahres 1875 dramatisch, als der Getreideexport fast zum Erliegen kam und folglich die Staatskassen leer blieben.[50] Die Absatzkrise des Getreides, von dessen Verkauf Rumänien finanziell abhängig war, in Verbindung mit den sprunghaft ansteigenden Belastungen aufgrund der Zinszahlungen für die Anfang 1875 in Betrieb genommene Eisenbahn durch Oltenien

44 Maier, Rumänien, S. 233ff.
45 Arh. Stat. Regele Carol I, III/29, f. 52 (11./23.8. 1875): „[...].sehr ernst. kann die Orient. Frage heraufbeschwören."
46 Ibd., f. 60 (7./19.12.1875)
47 Ibd., f. 58. „8 Uhr abends Boerescu, dem ich die Ungehörigkeit seiner Demission vorhalte u. insistire, daß er bleibe. Es ist möglich daß ich ihn halte." (27.10./8.11. 1875). Darin sollte sich Carol täuschen.
48 P.A. I.A.B.q. Türkei 24, Vol. 52, Pfuel v. 18.11. u. 6.12.1875.
49 Fond Regele Carol I, III/29, f. 64 (19./31.1.1876). Von sich aus wollte Cantacuzino nicht zurücktreten. Maier, Rumänien, S. 273.
50 P.A. I.A.B.q. Türkei 24, Vol. 51, Pfuel v. 31.3.1875; Vol. 52, Pfuel v. 4.2.1876. Zu den Hintergründen und Zahlen: Maier, Rumänien, S. 269ff.

stürzte das Land in eine schwere finanzielle Krise, die die nächsten Jahre anhielt. Im Herbst 1875 war der Regierung das Ausmaß der finanziellen Schwierigkeiten ungefähr bekannt, in der Thronrede zur Eröffnung der Kammer sprach der Fürst jedoch nur von einem Defizit von 7 Millionen Francs, das hauptsächlich durch Einsparungen in allen Ministerien ausgeglichen werden sollte.[51] Wie ernst er selbst aber dieses Problem ansah, wird aus seinem Bemühen deutlich, Kriegsminister General Florescu, der sich hartnäckig weigerte, Reduktionen im Militärbudget zuzulassen – wofür Carol sicher Sympathie aufbrachte –, zu einer Änderung seiner Haltung zu bestimmen.[52]
Von nun an konkurrierten die Einsicht in die katastrophale Finanznot, was konsequentes Sparen nach sich ziehen musste, und das Bedürfnis nach steigenden Militärausgaben, um nicht unvorbereitet einer Orientkrise gegenüberzustehen, um den Prioritätsanspruch bei politischen Entscheidungen. In Abhängigkeit von der internationalen Lage und den Grundeinstellungen der Entscheidungsträger in der Regierung versuchte man zwischen diesen beiden Handlungszwängen zu lavieren, denen auch der Fürst unterlag.
Vor allem aber erwies sich der finanzielle Notstand als Hebel zur Entmachtung der Regierung. Ihr Spielraum wurde erheblich eingeschränkt, da sie in Finanzfragen von der Kammer abhängig war, auf die sie gleichzeitig aufgrund mangelnder Kompetenz und der wachsenden Stärke der Opposition immer weniger Einfluss nehmen konnte. Ab Anfang 1876 erschien das Parlament wieder als der dominierende Faktor auf der politischen Bühne, der die Regierung in die Defensive trieb. So lehnte die Kammer den von Florescu geforderten 5-Millionen-Kredit für Bewaffnung und Munition ab. Carol wollte dieser Entwicklung Einhalt gebieten, indem er sich nach Kräften bemühte, anstelle von Cantacuzino den allseits als kompetent angesehenen Mavrogheni wieder als Finanzminister zu gewinnen. Mavrogheni lehnte jedoch ab, da er die ganze Situation bereits als verfahren und schlecht beurteilte.[53] Als man dann in Ion Strat einen anderen fähigen Fachmann gefunden hatte, von dem eine Regelung der Finanzfragen erwartet werden konnte, zog ein Misstrauensvotum des Senats gegen den Unterrichtsminister Maiorescu anlässlich der Debatten seines wichtigen Unterrichtsgesetzes den Rücktritt der ganzen Regierung am 29.1./10.2.1876 nach sich.[54]
Der Fürst besaß zunächst in dieser sich ständig komplizierenden Situation kein klares Konzept: unübersehbar waren die wachsende Kooperationsunwilligkeit des Parlaments, die zunehmende Schwäche der Regierung, aber auch Catargius Amtsmüdigkeit.[55] So hatte er auch keine Einwände, als am 28.1./9.2.1876 der Ministerrat den Rücktritt beschloss.

[51] Finanzminister Cantacuzino befürchtete für Ende 1876 ein Defizit von 20 Millionen: Fond Regele Carol I, III/29, f. 59. Die Thronrede: Regele Carol I al României, 1, S. 435.

[52] Arh. Stat. Fond Regele Carol I, III/29, f. 59.

[53] Arh. Stat. Fond Regele Carol I, III/29, f. 64.

[54] Zu den Hintergründen: Maier, Rumänien, S. 434. Ausführlich auch: Ornea, Viața lui Titu Maiorescu, 1, S. 336ff.

[55] Arh. Stat. Fond Regele Carol I, III/29, f. 64. So notierte er am 23.1./4.2.1876: „Die Kammer ist en deroute", und einen Tag später: „Catargi war auf dem Punkt das Ministerium nieder zu legen, wegen der vielen Intriguen."

Zum ersten Mal ergriff er nicht mehr konsequent für Catargiu Partei, sondern begann andere Möglichkeiten innerhalb der konservativen Partei in Betracht zu ziehen. Wie unsicher sich Carol fühlte, zeigten auch seine Beratungen mit zwei Rechtsgelehrten und Senatoren, Bosianu und Orăscu, die für einen Verbleib der Regierung Catargiu plädierten, da sich das Misstrauensvotum nur auf Maiorescu bezogen hätte. Obwohl der Senat auf die Rücktrittserklärung der Regierung mit einem Vertrauensvotum reagierte, riet Catargiu dem Fürsten, D. Ghica mit einer Neubildung zu beauftragen, worauf Carol auch einging. D. Ghica wiederum sah eine Chance für seine Regierung nur mit einem Finanzminister Mavrogheni, der aber nicht mit Boerescu in ein Kabinett eintreten wollte, was Ghica wiederum nicht akzeptieren konnte.[56] Die Ministerkrise endete mit einem Kompromiss, indem Carol wieder auf Catargiu zurückgriff und ihn mit der Neubildung beauftragte, deren Ergebnis in der endgültigen Ernennung Strats zum Finanzminister, Ion Bălăceanus zum Außenminister und P. Carps zum Kultusminister bestand. Maiorescus Rücktritt bildete das Zugeständnis an den Senat, aber das auch für Carol sehr wichtige Unterrichtsgesetz wurde von Carp übernommen.[57]

Dieser Vorgang besiegelte die endgültige Hinwendung zur Opposition von Boerescu und D. Ghica, die beide auf die Nachfolge von L. Catargiu gehofft hatten.[58] Catargiu konnte sich zwar mit seinem neuen Kabinett in einem Vertrauensvotum mit 75 zu 11 Stimmen durchsetzen, doch die Interpellationen und Auseinandersetzungen im Parlament nahmen an Anzahl und Schärfe zu.[59] Als der neue Finanzminister Strat das volle Ausmaß des finanziellen Defizits offen legte und am 12./24.2.1876 neue Finanzierungsgesetze in die Kammer einbrachte, die eine neue Anleihe von 30 Millionen Francs zur Deckung und eine über 42,5 Millionen zur Finanzierung der Predealbahn vorsahen, bot sich den Gegnern der Regierung die Gelegenheit, diese offen anzugreifen und zu stürzen.[60] D. Ghica trat von seinem Amt als Kammerpräsident zurück, Boerescu folgte ihm kurz darauf in seiner Funktion als Vizepräsident, im Senat tat Vizepräsident Orăscu denselben Schritt. Die Finanzgesetze wurden in der von Strat vorgeschlagenen Form abgelehnt; die zuständige Kommission sah als Alternative einen Kredit in Höhe von 16 Millionen Francs in Form von Schatzbons vor, die durch die Eisenbahnanleihe für die Predealbahn gesichert werden sollten, die wiederum durch eine öffentliche Subskription im Inland gezeichnet werden sollte.[61] Nachdem die Regierung trotz Bedenken von Strat diesen Vorschlag angenommen hatte, hoffte Carol, dass eine erneute Ministerkrise damit abgewendet worden

56 Arh. Stat. Fond Regele Carol I, III/29, f. 65.

57 Ibd., f. 65 (30.1./11.2.1876). Zwischen dem Rücktritt Cantacuzinos und der Ernennung von Strat lagen einige Tage der Vakanz des Finanzressorts, in der das Ausmaß der schlechten Administration Cantacuzinos sichtbar wurde. Aus dem Leben König Karls, 3, S. 8.

58 Ibd., S. 9. Arh. Stat. Fond Regele Carol I, III/29, f. 65. Ghica behauptete, dass ihn der Fürst nicht direkt mit der Neubildung eines Kabinetts beauftragt habe.

59 Nicolescu, Parlamentul romîn, S. 196ff. P.A. I.A.B.q. Türkei 24, Vol. 52, Pfuel v. 23.2.1876.

60 Ibd. Pfuel v. 29. 2.1876. Maier, Rumänien, S. 275f. Aus dem Leben König Karls, 3, S. 9, 12.

61 Ibd., S. 12. P.A. I.A.B.q. Türkei 24, Vol. 52, Pfuel v. 16.3.1876.

sei.[62] Dies erwies sich schnell als Trugschluss, da die Regierung erfuhr, dass dieser Kompromissvorschlag im Senat keine Mehrheit finden würde. Um einer Niederlage zuvorzukommen, entschloss sie sich zu einer Senatsauflösung und Neuwahlen.[63] Ausgerechnet der Senat, der stereotyp als Bastion der Konservativen qualifiziert wurde, hatte sich seit Beginn 1876 immer mehr zu einer oppositionellen Operationsbasis gegen die Regierung Catargiu entwickelt, auf der nicht nur inhaltlich gegen Gesetzesvorhaben opponiert wurde, sondern grundsätzlich gegen das „System“ Catargiu Position bezogen wurde.[64] Der Ministerrat begründete dann auch die Auflösung des Senats mit dessen allgemeiner Oppositionseinstellung und der daraus resultierenden Blockade der Staatsorgane:

„[...] es ist aber auch nicht weniger richtig, dass es Situationen gibt, in denen sich eine Haltung offenkundiger Feindseligkeit hinter dem Anschein einer konstitutionellen Kontrolle verbirgt, und unter solchen Umständen ist es nicht im Interesse des Landes, eine falsche Stellung zu verlängern, in der die Beziehungen zwischen der Regierung und einem legislativen Körper noch nicht gänzlich abgebrochen sind, um ein Misstrauensvotum zu provozieren, aber auch nicht harmonisch genug sind, um jene Einheit von Ansichten und Aktionen zu ermöglichen, die allein den regelmäßigen Gang einer Regierung erleichtert.“[65]

Deutlich geht aus dieser Begründung hervor, dass die Obstruktionspolitik des Senats noch nicht stark genug war, die Regierung zu stürzen, aber die Regierungsarbeit effektiv blockieren konnte. Es stellt sich jedoch die Frage, ob Catargiu wirklich glaubte, mit einer Senatsauflösung die Regierung stabilisieren zu können, oder ob er nicht vielmehr diesen Weg wählte, um definitiv aus der Regierungsverantwortung entlassen zu werden. Er selbst hatte große Zweifel an einem Wahlsieg und auch der Fürst zögerte zuerst, einer Senatsauflösung der Neubildung eines Kabinetts aus der Mitte des Senats den Vorrang zu geben. Erst als sich andere Minister ebenfalls für Neuwahlen aussprachen, stimmte Carol der Auflösung zu.[66] Die Senatswahlen, die am 7., 9. und 11. April 1876 stattfanden, erbrachten kein eindeutiges Ergebnis; die sehr schwache Mehrheit für Catargiu führte dazu, dass er noch am letzten Wahltag seinen Rücktritt einreichte und damit den Wechsel einleitete. Sicher ist, dass die Initiative zur Senatsauflösung von Catargiu ausging, nicht vom Fürsten, der dann jedoch die Gelegenheit zu einem Regierungswechsel ergriff, den er zu seinen Bedingungen durchsetzen konnte.

62 Fond Regele Carol I, III/29, f. 67 (28.2./11.3.1876).

63 Ibd., f. 67. Aus dem Leben König Karls, III, S. 12. Die Dringlichkeit der Finanzgesetze war abgelehnt worden. Auch Crawley soll seine Finger im Spiel gehabt haben, da er selbst die Anleihe mit der Regierung abschließen wollte und zu diesem Zweck wie 1875 zum Mittel der Bestechung gegriffen habe, um das Gesetz scheitern zu lassen: P.A. I.A.B.q. Türkei 24, Vol. 52, Pfuel v. 16.3.1876.

64 Vgl. die Rücktrittserklärung von Orăscu: Nicolescu, Parlamentul romîn, S. 203.

65 Ibd., S. 205. Bericht des Ministerrats an Carol.

66 Arh. Stat. Fond Regele Carol I, III/29, f. 67. Carol dachte zuerst an eine Regierung Bosianu. Die erste Reaktion Catargius bestand übrigens auch in dem Vorschlag des Regierungsrücktritts, um den Weg für die Verabschiedung der Finanzgesetze frei zu machen. Die Unterredungen Carols mit seinen Ministern fanden am 2./14. u. 3./15. März 1876 statt.

2. Ein Regierungswechsel in der Wahrnehmung des Fürsten

Die Reaktionen des Fürsten auf den Zerfall der konservativen Partei hingen von seinen politischen Zielvorgaben, seiner Perzeption dieser Entwicklung und von seinen Steuerungsmöglichkeiten ab. Wie bereits oft erwähnt, besaß für ihn die Beibehaltung der Regierung Catargiu und der Machterhalt für die Konservativen Priorität, da sie die politischen Normen Stabilität und Ordnung verkörperten und durchgesetzt hatten. Alternativangebote der Opposition lehnte er rundweg ab. Diese Grundeinstellung beeinflusste sein Handeln gegenüber der Regierung, die er zu stabilisieren und ihre Kompetenz zu erhöhen suchte. So sorgte er in strittigen Fragen für Kompromisse und setzte sich engagiert für einen Finanzminister Mavrogheni ein, um mit ihm die Finanzkrise zu lösen. Seine unverhohlene Kritik an Cantacuzino fiel deutlich aus dem Rahmen seiner üblichen Verhaltensweisen gegenüber den Ministern heraus und zeigte, wie ernst er die Krise auch als Gefahr für das Ministerium nahm. Bei Mavrogheni spielte die persönliche Präferenz eine ebenso große Rolle, da er zu einem Vertrauten des Fürsten geworden war, dessen Urteil bei Carol Gewicht besaß. Mavroghenis Weigerung, das Finanzministerium zu übernehmen, und seine wiederholten negativen Beurteilungen über die politische Lage blieben daher auf den Fürsten nicht ohne Einfluss.[67] Mavrogheni bildete mit seinen düsteren Einschätzungen keine Ausnahme, denn es mehrten sich die Stimmen aus dem konservativen Lager, die die allgemeine Situation pessimistisch ansahen und der Regierung Catargiu keine lange Lebensdauer mehr voraussagten.[68] Nicht zuletzt Catargiu selbst, der nach einem Attentat auf ihn am 13./25.1.1876 zusätzlich psychisch angeschlagen war, hielt seine Stellung für zunehmend schwieriger und bot mehrfach seinen Rücktritt an.[69] So begann sich auch beim Fürsten allmählich die Überzeugung durchzusetzen, dass die Regierung ihr Leistungspotenzial erschöpft habe. Sein eigenes Engagement in Sach- und Personalfragen konnte die Schwäche der Regierung, vor allem auf parlamentarischer Ebene, nicht mehr kompensieren. Nun bedeutete es an sich kein neues Phänomen, dass die Kammern nicht effektiv arbeiteten, die Zeit mit sterilen Interpellationen verbrachten und dass intrigiert wurde – diese Klagen durchziehen die gesamte Legislaturperiode –, verengt hatten sich jedoch der politische Spielraum der Regierung und ihre Kooptationsmöglichkeiten, das Unzufriedenheitspotenzial an sich zu binden. Die allgemeine diffuse Stimmung gegen die Konservativen in der Öffentlichkeit, eine gewisse Überdrüssigkeit, schlugen in eine grundsätzliche Oppositionshaltung gegen die Regierung um, die immer häufiger Abstimmungen über Sachprobleme mit der Ministerfrage verbinden musste. Personelle Alternativen standen dabei dem Fürsten und der Regierung kaum noch zur Verfügung. Persönliche Rivalitäten traten umso offener zutage, je mehr die Regierung an Autorität verlor und das Schreckgespenst der Radikalliberalen seine einigende Wirkung

[67] Arh. Stat. Fond Regele Carol I, III/29, f. 64 (22.1./3.2.1876).
[68] Ibd., f. 65 (9./21.2.1876), f. 66 (17./29.2.1876). Aus dem Leben König Karls, 3, S. 10.
[69] Arh. Stat. Fond Regele Carol I, III/29, f. 64 (24.1./5.2.1876). Die Schilderung dieses Attentats bei Bălăceanu, Souvenirs politiques et diplomatiques, S. 208f. (Exemplar Romalo).

einbüßte. Mit dem Auflösungsprozess der Loyalitätsbindungen der verschiedenen Gruppen zur Regierung zerfiel das konservative Lager in seine Bestandteile.[70]
Dieser Einsicht konnte sich Carol nicht mehr entziehen, doch fiel es ihm noch schwer, von den Konservativen endgültig Abschied zu nehmen. Sein Ablösungsprozess begann mit Catargiu, an dem er nicht mehr unbedingt als Regierungschef festhielt.[71] Eine Alternative sah der Fürst noch in D. Ghica, der immer wieder als neuer Regierungschef im Gespräch war und auch mit der Neubildung beauftragt wurde.[72] Als sich dieser aber offen gegen Catargiu stellte und damit die Mehrheitsverhältnisse zu Ungunsten Catargius änderte, wurde er für Carol untragbar. Er sah in der Opposition der Gruppe D. Ghica/Boerescu eine Intrige von V. Boerescu mit dem Ziel, allein die Regierungsmacht zu übernehmen.[73] Der Fürst verurteilte dieses Verhalten, da es seinen persönlichen wie politischen Prinzipien zuwiderlief. Er ließ sich weder das Gesetz des Handelns vorschreiben, noch unter Druck setzen. Ghica und Boerescu hatten damit ihre Chancen beim Fürsten verspielt, zumal sie politisch nicht stark genug waren, da Boerescu über keine Mehrheit im Parlament verfügte: in der Kammer befand er sich in der Minderheit, die Mehrheit im Senat war nicht stabil genug.[74]
Die seit Januar 1876 andauernde Regierungskrise hatte einen Punkt erreicht, der die Funktionsfähigkeit des politischen Systems beeinträchtigte durch sich blockierende Machtansprüche, Inkompetenz und mangelnde parlamentarische Durchsetzungsfähigkeit. Da weder Regierung noch Parlament über Lösungsmechanismen verfügten, blieb der Fürst als Entscheidungsinstanz übrig. Seine Gleichung: konservativ = Ordnung und Stabilität musste durch eine weitergehende ersetzt werden, deren Geltungsbereich sich auf die gesamte Machtelite auszudehnen hatte. Das Problem hieß nach dem Wegfall konservativer Alternativen die Einbindung der liberalen Opposition in das Regierungssystem, ohne die etablierte Machtstellung des Fürsten und die politische Stabilität in Frage zu stellen. Die Heranführung der Liberalen an die Regierungsverantwortung bedeutete einen Paradigmenwechsel im Regierungssystem, der dem Fürsten zuerst nicht leicht fiel. Beide Seiten hatten Vorurteile und Ressentiments zu überwinden. Die Schwierigkeit bestand darin, einen Weg

[70] Arh. Stat. Fond Regele Carol I III/29, f. 66. Eine Ausnahme bildeten die Junimisten, die auch nach dem Misstrauensvotum gegen Maiorescu zur Regierung standen. Maiorescu bezeichnete sein Verhalten gar als erstmalig in der Parlamentsgeschichte: „11./23. Februar 1876. Montag 9/21. Februar 76 hielt ich die große Rede zur Verteidigung des Ministeriums Catargi, und die Tadelsmotion des Ventura, Meitani, D. Moruzi (de la Dorohoi), Pascal etc. wurde mit 66 gegen 24 Stimmen verworfen. Große, freudige Erregung, vermutlich weil zum 1. Mal die moralische Tatsache, daß ein abtretender Minister seine früheren Collegen weiter stützt. Wogegen Boeresco und G. Cantacuzène dagegen intriguiren." Maiorescu, Jurnal VIII, S. 200.

[71] Arh. Stat. Fond Regele Carol I, III/29, f. 64f. (25.1./6.2. u. 29.1./10.2.1876).

[72] Ibd., f. 65.

[73] Für Carol war Boerescu der einzige Urheber: „[...] die ganze Intrigue ist von ihm montirt, er wird aber nicht Minister werden." (18.2./1.3.1876) Ibd., f. 66.

[74] In der Kammer war nach dem Rücktritt D. Ghicas seine Wiederwahl zum Präsidenten eindeutig abgelehnt worden. Arh. Stat. Fond Regele Carol I, III/29, f. 66.

zu finden, der diesen politischen wie psychologischen Wechsel für alle annehmbar und legitim machte, Gewalt vermied und für den Fürsten selbst steuerbar blieb.
Den Ausweg aus der Krise fand Carol in der Ankündigung, dass die Senatswahlen frei sein, d.h. ohne administrative Einmischung stattfinden würden.[75] Dadurch bekam die Opposition, die sich bis jetzt außerhalb des Parlaments organisiert und manifestiert hatte, die Möglichkeit einer legalen, mehrheitsfähigen parlamentarischen Vertretung, was wiederum dem Fürsten ihre Berufung erlaubte. Die liberale Opposition sollte in institutionalisierte Bahnen gelenkt werden mit dem Ziel der Anerkennung der inzwischen etablierten Verfassungsordnung mit dem Fürsten als wichtigstem Entscheidungsträger. Die Wahlen wurden zu einem Testfall, inwieweit die Opposition diesen Mechanismus und damit die Führungsrolle des Fürsten akzeptieren würde.
Dass der Fürst bei diesem Regierungswechsel von den Konservativen zu den Liberalen noch Wahlen bedurfte, machte offenbar, dass er als Entscheidungsinstanz noch nicht völlig unangefochten akzeptiert wurde. Später benötigte er diesen Umweg nicht mehr. Zum ersten Mal führte der Fürst 1876 einen Machtwechsel aus eigener Initiative und zu seinen Vorgaben herbei, dies aber nicht willkürlich, sondern in Abhängigkeit von politischen Bedingungen, die eine Krisenlösung mit den Konservativen nicht mehr zuließen. Damit wurden die Voraussetzungen für die erfolgreiche Bewältigung von Regierungskrisen geschaffen, was das gesamte politische System stabilisieren sollte. Carols erfolgreiche Lösung der Regierungskrise bestätigte seinen Führungsanspruch innerhalb der Staatsorgane und stellte einen weiteren wichtigen Schritt zur Festigung seiner Dynastie dar. Die Bedeutung des Jahres 1876 lag in der endgültigen Akzeptanz der 1866 geschaffenen Ordnung und ihrer durch die konservative Regierung erfolgten Ausformung durch die Radikalliberalen. Die konstitutionelle Ordnung mit dem Fürsten an der Spitze wurde danach von der gesamten politischen Elite als legitim empfunden, was auch bedeutete, dass sie sich für deren Bestand einsetzte.
Welche Voraussetzungen brachten die Liberalen 1876 mit, die sie tatsächlich zu einer Alternative werden ließen? Unterschied sich ihre Opposition von der von 1870/71 oder bedeutete sie erneut eine Bedrohung für das politische System? Welche destruktiven oder konstruktiven Elemente lagen in ihrer Herausforderung an dieses? Diese Fragen führen zur Organisation der antikonservativen Kräfte, ihrem Programm und ihrer Haltung gegenüber dem Fürsten.

3. Der Aufstieg der Liberalen

Den liberalen Gruppen und insbesondere den Radikalliberalen gelang es nur allmählich, sich aus der innen- und außenpolitischen Isolation von 1871 zu befreien. Parlamentarisch kaum vertreten außer durch einige moderate Liberale und Fraktionisten wie Kogălniceanu und N. Ionescu, wirkten sie vor allem publizistisch gegen die konserva-

[75] Ibd., V D 1848, Brief an seinen Vater v. 12./24.6.1876. Aus dem Leben König Karls, 3, S. 13.

tive Regierung, gründeten Klubs, organisierten Veranstaltungen und nutzten jede Gelegenheit, um politisch verloren gegangenes Terrain zurückzugewinnen.[76] Bei Ereignissen mit nationalen Dimensionen wie der Begräbnisfeier von Alexandru Ioan Cuza im Juni 1873 oder der Einweihung der Statue Michaels des Tapferen vor dem Universitätsgebäude am 8./20.11.1874 versuchte daher die offizielle Seite, von vornherein möglichen Agitationen seitens der Radikalliberalen zuvorzukommen und selbst die Organisation in die Hand zu nehmen.[77]

Die Sprache der Radikalliberalen gegenüber der Regierung und dem Fürsten blieb unversöhnlich und kompromisslos, die getreue Negation all dessen, was von offizieller Seite getan oder verlautbart wurde. Dem Fürsten wurde dasselbe Los wie König Otto von Griechenland oder Kaiser Maximilian von Mexiko angedroht,[78] ebenso kamen immer wieder Gerüchte von einem Umsturz, von Absetzung oder Abdankung in Umlauf.[79] Ein geplanter Anschlag gegen den Fürsten wurde im November 1873 tatsächlich aufgedeckt, doch entsprang dieser persönlichen Rachegefühlen eines entlassenen Polizeibeamten und nicht einer politischen Verschwörung.[80] Andererseits gab es Informationen, dass Anfang 1876 ein englisches Parlamentsmitglied, dessen Namen mit Johnston Buttler angegeben wurde und der angeblich beim Sturz des Sultans Abdul Aziz eine Rolle gespielt hatte, Unterredungen mit Ion Ghica und Ion Brătianu über einen Sturz des Fürsten geführt hätte.[81]

[76] Stan, Grupări şi curente politice, S. 406ff. Bacalbaşa, Bucureştii de altă dată, I, S. 138f. P.A. I.A.B.q. Türkei 24, Vol. 47, Berichte von Thielau v. 14.3.1872 (Nr. 19) und von Pfuel v. 2.12. 1872 (Nr. 55).

[77] Ibd. Vol. 48, Pfuel v. 11. Juni 1873 über die Begräbnisfeier für Cuza. Aus dem Leben König Karls, 2, S. 311 und S. 403f. Carol vermerkt, dass er bei der Einweihung der Statue zum ersten Mal zum Volk gesprochen habe. Ibd., S. 405.

[78] FHHDA, HS, R 53, 1435., Nr. 981, Brief Carols v. 17./29. Juni 1872 an Karl Anton. So sah der „Românul" in der Abreise der Fürstin Elisabeth, die zu einer Kur nach Italien fuhr, die Vorbereitung zu einem Staatsstreich des Fürsten. Ibd. Nr. 963. Brief v. 2./14.3.1872. Der Kauf des Grundstücks in Sinaia für die zukünftige Sommerresidenz wurde als Diebstahl bezeichnet etc. Damé, Historie de la Roumanie contemporaine, S. 255.

[79] P.A. I.A.B.q. Türkei 24, Vol. 48, Pfuel v. 11.5.1873 (Nr. 16) und sein Telegramm v. 14.6.1873; Vol. 51, Pfuel v. 4.6.1875 (Geheim). M.A. E. Germania, Vol. 241, f. 109 (155), Boerescu v. 29.1./10.2.1874.

[80] P.A. I.A.B.q. Türkei 24, Vol. 48, Pfuel v. 19.11. und v. 24.11.1873 an Bismarck. Zu derselben Zeit im November 1873 wurde auch ein gewisser Bordini mit angeblichen Beweisen für eine Konspiration gegen Carol beim Fürsten vorstellig. Arh. Stat. Fond Regele Carol I, III/28 f. 93. Jener Bordini erwies sich jedoch selbst als Schwindler.

[81] P.A. I.A.B.q. Türkei 24, Vol. 53, Alvensleben v. 19.6.1876 (Ganz vertraulich). Die Informationen stammten von Kogălniceanu und wurden vom russischen Generalkonsul Zinov'ev bestätigt, der die Lage Anfang 1876 für den Fürsten als äußerst bedrohlich eingeschätzt hatte. Es handelte sich wohl um Henry Alexander M. Butler Johnstone, M. P. für Canterbury von 1862-78, der 1875 ein Werk „The Eastern Question" und 1876 „The Turks: their Character, Manners and Institutions" veröffentlicht hatte. British Biographical Archive, Microfiche Edition, London 1984, 623, 123. Butler Johnstone gehörte zu den Turkophilen in London, hielt sich im Frühjahr 1876 in Konstantinopel auf und soll mit 4000 £ die Ver-

Carol hielt nicht viel von solchen Gerüchten und sah in ihnen lediglich das Instrumentarium der Radikalliberalen, ihn einzuschüchtern und die politische Lage zu destabilisieren, um selbst davon profitieren zu können.[82] Seine Verachtung für die Radikalliberalen war geblieben, nur entsprang sie jetzt im Unterschied zu 1871 einem Überlegenheitsgefühl, da er sie von sich abhängig wusste:

„Sie sind aber eigentlich keine geschloßene Parthei mehr; denn Tag für Tag fallen von ihren Mitgliedern ab; so z. B. ernannte ich vor einiger Zeit einen früheren rothen Minister /A. Arion/ auf sein Ansuchen in eine untergeordnete Stellung; in Folge dessen werde ich von dem rothen Gesindel überlaufen, denn jeder hofft nun auf das Staats-Budget übergeschrieben zu werden. Folglich setzt sich diese patriotische Pathei aus Stellenjägern zusammen."[83]

Und an einer anderen Stelle bemerkte er im Anschluss an eine Audienz von Mihail Kogălniceanu:

„Er verließ mich mit tausend Versicherungen von Ergebenheit! Unter der Bedingung mein Minister sein zu dürfen, würde er mir treulich dienen, davon bin ich überzeugt, überhaupt jeder hier, mit Ausnahme von J. Ghica und Rosetti. Ich kenne jetzt die Rumänen besser, als sie sich selbst kennen."[84]

Im Bewusstsein der eigenen Stärke ließen den Fürsten die unvermindert heftigen Attacken auf ihn in der radikalliberalen Presse kalt. Das Feindbild der Radikalliberalen thematisierte ihn als „Fremden" und als Handlanger Bismarcks und Österreich-Ungarns.[85] Diffamierungen, böswillige Unterstellungen, teilweise auch gezielte Lügen kennzeichneten allgemein Sprache und Inhalt anticarlistischer Pamphlete und Zeitungstexte. Fürst und Radikalliberale standen sich in einer schroffen Konfrontation gegenüber, dennoch gab es von Zeit zu Zeit Kontakte zwischen ihnen, die eine gewisse gegenseitige Akzeptanz erkennen ließen. Da Carol in ihnen keine ihn bedrohende Gefahr mehr sah und das von

schwörer gegen Abdul Aziz unterstützt haben: L'Angleterre et la Russie en Orient. Une page d'histoire contemporaine (1876-1877), in: Revue d'histoire diplomatique 10, 1896, S. 70f.

82 Arh. Stat. Fond Regele Carol I, V D 1798, Brief an den Vater v. 18./30.12.1873, wo es u. a. heißt: „Ich habe zwei schöne Bernhardiner Hunde, die mir ungemein attachiert sind und als treue Wächter stets neben mir liegen, dieselben sind ein wirklicher Schutz und ich wollte keinem rathen, mir zu nahe zu kommen. Letzteres erwähne ich nur, weil ich in der letzten Zeit alle Augenblicke durch Conspirationen à la Bordini bedroht werde, die aber vollständig aus der Luft gegriffen sind. Die Opposition bedient sich dieser Mittel, um mich einzuschüchtern od. mich mißtrauisch gegen meine Minister zu machen, da immer einer meiner Räthe in der Verschwörung verwickelt sein soll. C'est de la blague."

83 FHHDA, HS, R 53, 1435, Nr. 981, Brief an den Vater v. 17./29.6.1872.

84 Ibd., Nr. 1106, Brief v. 18./30.11.1873.

85 P.A. I.A.B.q. Türkei 24, Vol. 47, Leitartikel der „Pressa" v. 4.2.1872, die gegen diese Anschuldigungen Stellung bezieht. Anlage zum Bericht Nr. 11 v. Thielau v. 4.2.1872. Der „gierige, sich bereichernde Fremde" und das „arme, ausgebeutete Rumänien" gehörten zu den Topoi der antidynastischen Bewegung während der gesamten Herrschaftszeit Carols. Vulpescu, I. (= Mârzescu, Gheorghe), Spionul prussian sau principele Carol de Hohenzollern. Domn als României. o. O. o. J. S. 23. Beldiman, A., Programul nostru, in: Ghimeş (Hg.), Gîndirea social-politică, S. 187ff. Damé, Histoire de la Roumanie, S. 255.

ihnen kultivierte Feindbild funktionell als politisches Instrument einstufte, verweigerte er sich Begegnungen mit oppositionellen Führern wie z. B. mit Ion Brătianu nicht[86] und begrüßte auch Institutionen wie die Bodenkreditanstalt, in denen alle Parteien vertreten waren.[87]

Trotz ihrer publizistischen Stärke und ihres wachsenden Einflusses auf die intellektuelle Jugend der Hauptstadt blieben die Radikalliberalen politisch isoliert. Ihr Negativimage als Umsturzpartei wirkte vor allem im Ausland noch nachhaltig nach. Das änderte sich erst mit den Wahlen von 1875, die die Gelegenheit boten, die politische Schwäche durch den organisatorischen Zusammenschluss der liberalen Gruppen und der Annahme eines Programms zu überwinden. Im Hinblick auf die Wahlen wurde ein Wahlkomitee gegründet, ein Wahlmanifest publiziert und eine Zeitung mit dem programmatischen Titel „Der freie Wähler" (*Alegătorul liber*) sowie eine Liga mit Beteiligung von Bukarester Bürgern zur Durchsetzung der liberalen Kandidaten ins Leben gerufen.[88]

Trotz ihrer Niederlage leiteten die Wahlen einen Stimmungsumschwung zugunsten der Liberalen ein in umgekehrter Analogie zu den negativen Auswirkungen auf die erfolgreichen Konservativen. Ihnen gelang eine große Mobilisierung vor allem der jungen Generation und die erneute Besetzung politisch positiver Begriffsfelder wie der Verteidigung nationaler Rechte, Freiheit und Legalität. Ähnlich wie 1871 die Konservativen glaubwürdig Stabilität und Ordnung gegen radikalliberale Anarchie und Revolution setzen konnten, so überzeugten diesmal die Liberalen mit ihrer Gegenüberstellung: konservative Regierung der Willkür, des Gutdünkens, der Gewalt gegen den Willen der Nation, sich selbst zu regieren, verkörpert durch die Liberalen.[89] Ihre vehementen Anklagen gegen die von der konservativen Regierung manipulierten Wahlen trafen in der Öffentlichkeit auf eine große Resonanz und Glaubwürdigkeit, wobei es keine Rolle spielte, dass die Radikalliberalen unter Brătianu sich genau derselben Praktiken bedient hatten. So gesehen, bedeutete die Sensibilisierung der Öffentlichkeit keine grundsätzliche Verurteilung dieser Praxis, sondern die Missstimmung gegen die Konservativen konnte sich in dieser Kritik konkret manifestieren. Untrügliches Zeichen für die gewandelte politische Atmosphäre bildete der demonstrative Rücktritt von zwölf Richtern des Tribunals von Ilfov aus Protest gegen die gewalttätigen Übergriffe der Behörden bei den Wahlen in Bukarest.[90]

86 So im November 1872. Arh. Stat. Fond Regele Carol I, III/28, f. 62; am 3./15. Mai 1874. Ibd. III/29, f. 13: „2-4 Uhr J. Bratiano bei mir. lange mit ihm über Finanz-Lage etc. gesprochen. er ist etwas milder in seinen Anschauungen." Am 4./16. Mai 1875. Ibd., f. 44. Am 10./22. Juli 1875 erschien selbst Candiano in einer Audienz, „der alle Betheuerungen von Ergebenheit macht." Ibd., f. 47.

87 Aus dem Leben König Karls, 2, S. 297. Istoricul partidului naţional-liberal, S. 94.

88 Stan, Grupări şi curente politice, S. 408f. Maier, Rumänien, S. 408ff.

89 B.C.S. Fond St. Georges, P. LXXVI, D 2, Arhiva C. D. Aricescu. Correspondance de Bucarest vom 13./25. Juni 1875. Vgl. auch das Programm der liberalen Koalition von 1875: Istoricul partidului liberal, S. 98ff. Zur Begeisterung der Studenten für die Radikalliberalen: Bacalbaşa, Bucureştii de altă dată, I, S. 113, 139, 147ff.

90 Ibd., S. 159f. und S. 166f. Die Richter wurden in der Öffentlichkeit wie Helden gefeiert. S. oben S. 313.

Nachdem sich die Liberalen aller Schattierungen, zu denen auch gemäßigt Konservative wie Manolache Epureanu stießen, anlässlich der Wahlen des Frühjahrs 1875 auf eine gemeinsame Wahlplattform und Kandidatenliste geeinigt hatten, schlossen sie sich im Juni 1875 zur so genannten „Koalition von Mazar Pascha" zusammen, die als Keimzelle der nationalliberalen Partei einen wichtigen Ausgangspunkt in der rumänischen Parteiengeschichte bildete. Der Name rührte vom Treffpunkt der Opposition her, dem Haus eines in Bukarest lebenden und mit einer rumänischen Bojarenwitwe verheirateten Engländers, Sir Stephen Lakeman, der Anfang der 50er Jahre als Stadtkommandant von Bukarest in türkischen Diensten gestanden hatte und dem während des Krimkriegs der Paschatitel verliehen wurde.[91] Das am 4./16. Juni 1875 veröffentliche Programm, das in seinen konkreten Aussagen für eine friedliche Außenpolitik, eine Verbesserung der Lage der Bauern, eine Linderung der Militärlasten für die Bevölkerung, die Reduktion der Staatsausgaben, für die Unabhängigkeit der Justiz und des Magistrats und gegen die von den Konservativen forcierte Zentralisierung eintrat, bezog sich in den grundsätzlichen Äußerungen über die allgemeine Lage ausdrücklich auf die Verfassung und ihre angebliche Nichtbeachtung durch die Konservativen:

„Das ganze Land erkennt an, dass das *konstitutionelle parlamentarische Regime*, einer der vier Punkte, die von den Mutterversammlungen von 1857 zur Grundlage der zukünftigen Organisation Rumäniens angenommen wurde, während der letzten Jahre zu einer bloßen Fiktion geworden ist. Tatsächlich hat die *Regierung der Willkür* unsere repräsentativen Institutionen ersetzt.

Heute übt die Nation keinerlei Kontrolle mehr über die öffentlichen Angelegenheiten aus, heute haben wir nur dem Namen nach das Gleichgewicht zwischen den staatlichen Gewalten wie es von der *Verfassung, die vom Fürsten beschworen wurde*, vorgesehen ist. Tatsächlich bilden nicht die legislativen Mehrheiten die Regierungen, sondern die Minister schaffen sich ihre Mehrheit selbst, ja mehr noch, die legislative Einstimmigkeit. [...] Auf diese Weise haben wir von unserer Verfassung nur noch den Namen; die konstitutionellen Garantien existieren nicht mehr und eine Regierung der Willkür herrscht in Rumänien."[92]

Politisches Ziel der Unterzeichner bildeten die „Wiederbelebung der Gesetze", die „Herrschaft der Gesetze" und eine „gute Harmonie zwischen der Exekutive und allen Klassen der rumänischen Gesellschaft." Scharf wandte man sich gegen die Ansicht, dass die Verfassung dem Land nicht angemessen sei, sondern man stellte sie im Gegenteil in die Tradition des Landes, nämlich der Kontrolle der Nation über die öffentlichen Angelegenheiten. Die konservative Regierung wurde beschuldigt, nur noch die äußeren Formen einer konstitutionellen Regierungsform aufrechterhalten zu haben.[93]

91 Ausführlich: Maier, L., Mazar Pascha – Ein abenteuernder Engländer und die rumänische Politik (1875-1876), in: Grimm, G. (Hg.), Von der Pruth-Ebene bis zum Gipfel des Ida. Fs. für E. Turczynski, München 1989, S. 247-266. Stan, Grupări şi curente politice, S. 411f.

92 Istoricul partidului liberal, S. 98f. [Kursive Hervorhebung im Originaltext].

93 Ibd., S. 100.

Die Argumentation erinnerte stark an diejenige Ion Ghicas von 1870, der die Schwierigkeiten der politischen Lage in der nicht erfolgten Anwendung der Verfassung gesehen hatte. Somit verriet das Programm von 1875 mehr die Handschrift von Ion Ghica als die der Radikalliberalen. Es ging um keine großartigen Zukunftsentwürfe nationalistischer Politik, sondern man versprach konkrete Maßnahmen, um soziale und finanzielle Missstände zu beseitigen, eingebettet in die Forderung nach Wiederherstellung von Recht und Gesetz, beruhend auf der Verfassung. Die Frage, die hier besonders interessiert, ist die nach der Haltung gegenüber dem Fürsten. Wenn man die Verfassung als Grundlage und Ausgangspunkt des Programms nahm, so musste dies die Anerkennung des Fürsten Carol und seiner verfassungsmäßigen Stellung als Konsequenz nach sich ziehen. Über den Fürsten selbst schwieg sich das Programm aus, es fällt aber auf, dass nicht er zur Hauptzielscheibe der Kritik wurde, sondern die konservative Regierung, ohne dass er jedoch von jeder Mitschuld freigesprochen wurde. Dem Vorwurf der Indulgenz gegenüber der Missachtung der von ihm beschworenen Verfassung haftete eine gewisse Zweideutigkeit über das eigene Verhalten gegenüber dem Fürsten an, dennoch stellte das Programm die Institution des Fürsten nicht in Frage. Wohl setzte es aber einen anderen Akzent gegen die von der konservativen Regierung ausgebildete starke Exekutive. Es sprach gleich am Anfang von dem „konstitutionellen parlamentarischen Regime", von dem Missstand, dass nicht die parlamentarischen Mehrheiten die Regierungen bildeten, von der willkürlichen Handhabung der Wahlgesetze durch die Regierung. Das Übergewicht der Exekutive sollte zugunsten der Legislative zurückgedrängt werden, was sich einschränkend auf die Verfassungsrechte des Fürsten auswirken musste, da das Recht der Regierungsbildung der parlamentarischen Mehrheit, hervorgegangen aus freien Wahlen, zustehen sollte. Diese Forderungen nach Stärkung der Legislative und nach freien Wahlen wurden aus der Position der Stärke erhoben, da sich die Liberalen eines Sieges über die Konservativen angesichts der Stimmung im Lande sicher sein konnten. Inwieweit sich die Liberalen an diese Prinzipien in Abkehr von früheren eigenen Praktiken wirklich halten würden, wenn sie selbst an der Macht wären, das mussten sie erst unter Beweis stellen.

Nachdem sie sich ihre organisatorischen und programmatischen Voraussetzungen geschaffen hatten, agierten die Liberalen auf mehreren Ebenen, um die politische Macht zu erobern. Ein wichtiges Element ihrer Strategie bildete eine allgemeine Destabilisierung der Verhältnisse. So riefen sie die Bauern zum Widerstand gegen die konservative Regierung auf und instrumentalisierten die sozialen Probleme, um eine Atmosphäre der Unruhe und Unsicherheit zu schaffen.[94] Die parlamentarische Ebene verließen sie schnell, als ihre Proteste gegen den Handelsvertrag und die Eisenbahngesetze ohne Erfolg blieben. Demonstrativ legten zehn der bekanntesten Oppositionsmitglieder, alle auch Mitglieder des Führungskomitees der Koalition, am 30.6./12.7.1875 ihre Kammermandate nieder und nahmen sie auch nach wiederholter Einladung der Kammer nicht wieder auf.[95]

[94] Maier, Mazar Pascha, S. 254ff. Istoria Romîniei, IV, S. 568.

[95] Nicolescu, Parlamentul romîn, S. 179f., 183ff. Es handelte sich um Manolache Epureanu, Kogălniceanu, G. Vernescu, Ion Brătianu, A. Stolojan, G. Chițu, A. G. Golescu, C. Fusea, N. Furculescu. Auch ein weiteres Oppositionsmitglied, C. G. Peşiakov, ebenfalls aus dem

Dieser Schritt, der die Diskreditierung der Mehrheitsbeschlüsse und der Institution der Kammer selbst beabsichtigte, verfehlte seine öffentliche Wirksamkeit nicht, besonders nach den skandalösen Bestechungsvorgängen bei der Crawley-Konzession. Der Auszug aus der Kammer hieß auch, dass man der eigenen parlamentarischen Opposition keine Erfolgsaussichten einräumte, nachdem man die selbst bei den Konservativen umstrittenen Gesetze nicht hatte verhindern können. Damit verbauten sich die Liberalen aber andererseits die Möglichkeit, dass der Fürst sie als legale Opposition zur Regierung berufen konnte.[96]

Das Schwergewicht der Aktionen der Liberalen lag in der Mobilisierung der Öffentlichkeit in den Städten, vor allem in Bukarest. Durch Massenversammlungen, Pressekampagnen, Unterschriftensammlungen, Petitionen beim Fürsten verstärkten sie sukzessive den Druck auf den Fürsten und die Regierung. Der Fürst wurde immer mehr zur Zielscheibe ihres Protestes. Eine Petition mit 1 900 Unterschriften, die von einer Deputation von führenden Oppositionellen in einer Audienz überreicht werden sollte, forderte von ihm die Verweigerung seiner Sanktion des Handelsvertrags und der Eisenbahngesetze. Die Reaktion Carols darauf spiegelte seine inzwischen gewonnene Sicherheit im Umgang mit der Opposition wider. Er lehnte die Petition nicht grundsätzlich ab, verwies die Opposition aber auf den üblichen Geschäftsgang: für Petitionen gebe es ein besonderes Büro im Palais und innerhalb seiner Audienzzeit am Sonntagnachmittag stehe er jedem zur Verfügung.[97] Das Bestreben, die Opposition zur Einhaltung festgelegter Regeln zu bestimmen und die Situation zu deeskalieren, war in dieser Episode nicht zu übersehen.[98] Aber auch Audienzen beim Fürsten konnten der Opposition wenig Hoffnung auf einen Regierungswechsel machen, ebenso verfehlte der drohende Ton ihrer Publikationen und Zeitungsattacken jede Wirkung auf ihn.[99]

Führungskomitee, schloss sich diesem Schritt drei Tage später an. P.A. I.A.B.q. Türkei 24, Vol. 51, Pfuel v. 14.7.1875 (Nr. 55).

96 Auf diese Konsequenz macht Maiorescu aufmerksam: Istoria contemporană, S. 72.

97 P.A. I.A.B.q. Türkei 24, Vol. 51, Pfuel v. 20.7.1875. Persönlich hielt Carol von dieser Petition überhaupt nichts und bezeichnete das Verlangen der Opposition, die ursprünglich eine gesonderte Audienz verlangt hatte, als „revolutionären Act“. Arh. Stat. Fond Regele Carol I, III/29, f. 43. Aus dem Leben König Karls, 2, S. 452.

98 So blieb Carol am Sonntag, dem 6./18. Juli 1875, entgegen seiner ursprünglichen Absicht, nach Sinaia zu fahren, in Bukarest, da sich einige junge Oppositionelle für die Audienz angemeldet hatten, um nicht den Anschein zu erwecken, dass er dieser Begegnung ausweiche. P.A. I.A.B.q. Türkei 24, Vol. 51, Pfuel v. 20.7.1875.

99 So versuchte Mazar Pascha selbst, in einer Audienz am 9./21.2.1876 den Fürsten massiv einzuschüchtern, indem er die allgemeine Lage als äußerst bedrohlich darstellte. Ausführlich dazu: Maier, Mazar Pascha, S. 256f. Carol dagegen hielt ihn für halb verrückt: „1 1/2 – 3 1/2 Uhr Masar-Pascha bei mir, der mir ein sehr schwarzes Bild vom Lande, der Situation u. dem Ministerium macht. Er ist halb verrückt, ihm sehr entschieden geantwortet.“ Arh. Stat. Fond Regle Carol I, III/29, f. 65. Bălăceanu berichtet, dass Carol die Schmähartikel überhaupt nicht las oder zur Kenntnis nahm. Bălăceano, Souvenirs politiques, S. 211f. (Exemplar Romalo): „L'opposition tenait ses réunions et faisait paraitre des articles quotidiens, plus violents que jamais, contre le Prince qui s'était fait une loi de ne pas les lire.“

Dennoch heizten die ständig zunehmenden Angriffe auf den Fürsten, verbreitet auch durch anticarlistische Broschüren wie die von Sturdza, Mîrzescu, C. A. Rosetti und Eugeniu Carada, die den Fürsten als Verräter an den rumänischen Interessen, als preußischen Spion oder als Agenten Deutschlands perhorreszierten,[100] eine Stimmung gegen den Fürsten an, die fast zwangsläufig zu Umsturzplänen führte, deren Ernsthaftigkeit jedoch schwer zu beurteilen ist.[101] Maiorescus Behauptung, dass der erste Punkt des Programms der Koalition von Mazar Pascha den Sturz des Fürsten beinhaltete, ist in dieser Eindeutigkeit nicht zu belegen.[102] Hauptziel bildete der Regierungswechsel, den man durchaus mit Hilfe des Fürsten zu erreichen suchte. Erst als sich der Fürst dem ausgeübten Druck gegenüber unempfindlich verhielt, wurde quasi als *ultima ratio* auch konkret an Umsturz gedacht, was jedoch eher den Eindruck vermittelt, dass man sich zu dieser Konsequenz selbst trieb, als dass sie planvoll betrieben wurde.

Konkret ist eine konspirative Sitzung des Führungskomitees der Koalition überliefert, in der die Absetzung Carols beschlossen und Oberst Nicolae Dabija, ein weithin unbekannter Militär, zum neuen Fürsten ausgerufen wurde.[103] Ob es sich hierbei um eine ernstzunehmende Konspiration oder um eine mehr oder weniger inszenierte Vorstellung handelte, um den aufgestauten Hass einiger Mitglieder zu kanalisieren und gleichzeitig die Absurdität einer solchen Wahl vor Augen zu führen, lässt sich nicht eindeutig ausmachen. Die Reaktion von Ion Brătianu, wie sie von Bălăceanu überliefert ist, spricht eher für die zweite Interpretation,[104] ebenso wie das exaltierte Verhalten von D. A. Sturdza, der Dabija bereits als seinen Souverän behandelt haben soll.[105] Sturdza stellte geradezu einen Idealfall von politischem Extremverhalten dar. Je nachdem, ob er oder seine Gruppe

[100] Istoria Romîniei, IV, S. 570, Maiorescu, Istoria contemporană, S. 72ff. Maiorescu wandte sich selbst in einer Schrift energisch gegen die Unterstellungen von D.A. Sturdza. Ibd., S. 74.

[101] Bălăceanu beschrieb die Stimmung vor seiner Ernennung zum Polizeipräfekten als „revolutionär", sprach von einer „breiten Konspiration" und sah die Lage für den Fürsten und die Dynastie als äußerst bedrohlich an: Bălăceano, Souvenirs politiques, S. 206ff. (Exemplar Romalo). Doch ist bei seinen Schilderungen Vorsicht geboten, da er zu Übertreibungen neigt und einen Hang zur Dramatik hat, was eine sachliche Bewertung der Lage erschwert. Die Memoiren wurden erst im hohen Alter niedergeschrieben und weisen an manchen Stellen falsche Daten und Erinnerungslücken auf. Dennoch besitzen sie für diese Umbruchszeit einen hohen Stellenwert, da Bălăceanu über gute Verbindungen zur Opposition verfügte und gleichzeitig als Polizeipräfekt das Vertrauen von L. Catargiu und dem Fürsten besaß. Maciu, V., Memorialistul Ion Bălăceanu (1825-1914), in: Omagiu lui P. Constantinescu-Iaşi cu prilejul împlinirii a 70 de ani, Bucureşti 1965, S. 447ff.

[102] Maiorescu, Istoria contemporană, S. 77.

[103] Bălăceano, Souvenirs politiques, S. 215f. (Exemplar Romalo). In: Rosetti, Dicţionarul Contimporanilor, S. 61, wird Dabija bereits als Gegenkandidat von Carol in Verbindung mit dem Aufstandsversuch von Ploieşti 1870 gebracht, wobei es sich eher um eine zeitliche Verwechslung zu handeln scheint.

[104] Bălăceano, Souvenirs politiques, S. 216 (Exemplar Romalo). Nach Bălăceanu war diese Wahl für Brătianu ausschlaggebend, sich Carol zu nähern, da Dabijas Kandidatur nur als lächerlich bezeichnet werden konnte. Vgl. auch Maier, Rumänien, S. 440.

[105] Maiorescu, Istoria contemporană, S. 72.

sich an der Regierung oder in der Opposition befanden, gehörte er zu den treuesten und ergebensten Anhängern des Fürsten oder aber zu seinen erbittertsten Gegnern, wobei er jedes politische Augenmaß verlieren konnte.[106]
Die Koalition von Mazar Pascha umfasste sehr heterogene Gruppen und Persönlichkeiten, deren Gemeinsamkeit in der Opposition gegen die konservative Regierung bestand. Einige unter ihnen mit einem größeren Pragmatismus in ihren politischen Anschauungen wie Ion C. Brătianu suchten nach einem Ausstieg aus dem immer schärfere Formen annehmenden Konfrontationskurs gegen den Fürsten, der auch ihrer Kontrolle entgleiten konnte.[107] Eine wichtige Rolle, deren Bedeutung jedoch nicht eindeutig zu bestimmen ist, bei dem Bemühen, die politischen Spannungen zu deeskalieren, spielte Ion Bălăceanu, ein politischer Anhänger und Freund von Ion Ghica, der am 14./26. Januar 1876 von L. Catargiu nach dem Attentat auf ihn zum Polizeipräfekten von Bukarest ernannt wurde. Diese Ernennung war insofern bemerkenswert, da ein politischer Gegner der Regierung für die Sicherheit des Fürsten und die Ruhe in der Stadt verantwortlich wurde und die eigenen Freunde überwachen musste, deren Pläne und Absichten er genau kannte.[108] Aber genau diese Kenntnis bildete den springenden Punkt, dass Bălăceanu für die Aufrechterhaltung der Ordnung garantieren konnte.[109]
Abgesehen von der politischen Bedeutung wies die Ernennung Bălăceanus auf Beziehungsstrukturen zwischen rumänischen Politiker hin, die sich unterhalb der politischen Gegensätze an ein Gefühl persönlicher Loyalität und Freundschaft gebunden fühlten, das in spannungsreichen Zeiten ausgleichend wirken konnte.[110] Die persönlich freund-

106 Was Maiorescu auch zu sarkastischen Bemerkungen über Sturdza, ebenso wie über andere, zu treuen Anhängern des Fürsten gewandelte Gegner veranlasste: Istoria contemporană, S. 75. Auch später verhielt sich Sturdza ähnlich, als er Anfang der 90er Jahre in der Opposition eine Kampagne zugunsten der Rumänen in Siebenbürgen entfesselte, um sie, kaum an der Macht, sofort einzustellen und auf die offizielle Linie der rumänischen Außenpolitik einzuschwenken. Lungu, T., Viaţa politică în România la sfirşitul secolului al XIX-lea, 1889-1900, Bucureşti 1967, ab S. 159 passim. Von Sturdza ist auch bekannt, dass er als einziger rumänischer Politiker in seiner Ergebenheit gegenüber dem Fürsten soweit ging, diesem die Hand zu küssen: Polihroniade, Tell, Domnia lui Carol I, S. 306.

107 Genau wie 1870 erklärte Ion Brătianu auch im Mai 1875 nach den Wahlen gegenüber dem Fürsten, dass er „nicht mehr Herr seiner Partei sei“, sich zurückziehen wolle und jede Verantwortung ablehne, falls eine Revolution ausbräche. Carol zeigte sich davon unbeeindruckt und machte seinerseits die Opposition für Unruhen voll verantwortlich: Aus dem Leben König Karls, 2, S. 437. Bălăceano, Souvenirs politiques, S. 211 (Exemplar Romalo).

108 Ibd., S. 206.

109 Ibd., S. 210. Die direkte Frage des Fürsten, ob Bălăceanu die Aufrechterhaltung der Ordnung garantieren könne, beantwortete dieser, ohne zu zögern, positiv.

110 Ibd., S. 209: „Quant à Catargi, la politique nous a souvent séparés depuis ces événements, mais les relations que je conservai avec lui jusqu'à sa mort ne cessèrent pas d'être sincèrement affectueuses et basées sur une estime réciproque.“ Das schließt natürlich nicht aus, dass Bălăceanu den Posten des Polizeipräfekten auch aus finanziellen Gründen annahm: Maier, Rumänien, S. 442. Zur Bedeutung persönlicher Beziehungen für die Stabilität eines politischen Gemeinwesens s. Hering, G., Die politischen Parteien in Griechenland 1821-

schaftlichen Beziehungen zwischen ihm und Bălăceanu gaben Catargiu die Sicherheit, dass Bălăceanu seine Position nicht gegen ihn und den Fürsten missbrauchen würde. Bălăceanu hatte zudem die Verbindung zum Fürsten nie ganz abreißen lassen, da er eine gewisse Anhänglichkeit für ihn empfand aufgrund des eigenen Engagements bei der Wahl und der Durchsetzung der internationalen Anerkennung von Carol.[111]
Politisch war es ein geschickter Schachzug, die Kontrolle über die Opposition durch einen ihrer Anhänger zu erhalten und ihr gleichzeitig eine Vermittlungsperson anzubieten, bei der ihr Anliegen auf Verständnis stieß. Weder hatte der Fürst Bedenken, Bălăceanu „auf Verlangen von Catargi" zum Polizeipräfekten zu ernennen, noch wurde das neue Amt seitens seiner politischen Freunde als Verrat gewertet.[112]
Bălăceanu blieb nur zwei Wochen im Amt, da er bereits am 30.1./11.2.1876 zum Außenminister im Kabinett Catargiu ernannt wurde. Seine Aufgabe sah er in der Abwendung der Verschwörung gegen den Fürsten, über die er jedoch wenig Konkretes mitteilt, und in der Hinführung der Opposition zu ihm, was er durch Gespräche mit Ion C. Brătianu zu erreichen suchte.[113] Ob der Eindruck, den seine Memoiren vermitteln, wirklich den Tatsachen entspricht, dass er nämlich den entscheidenden Part in der Entschärfung des Verhältnisses zwischen Fürst und Opposition spielte und den Fürstenthron rettete, ist angesichts seiner Neigung zu Übertreibung und Pathos nicht eindeutig zu belegen, zumal auch andere Quellen darüber schweigen.
Zieht man ein Fazit aus seinen Berichten und berücksichtigt man seine nur vierzehntägige Amtszeit, so spricht Vieles dafür, dass er seinen ihm zugedachten Aufgaben gerecht wurde: Bălăceanu konnte für die Sicherheit des Fürsten garantieren, Regierung und Fürst wurden über die Opposition aus erster Hand informiert und kannten auch die Bereitschaft einiger ihrer Führer, eine friedliche Lösung zu finden,[114] während der Opposition

1926, Bd. 1, S. 114. Die für Griechenland gemachten Beobachtungen treffen in ihren Grundzügen auch auf Rumänien zu.

111 So hatte Bălăceanu eine Audienz am 30.8./11.9.1873, als Carol ihn auf dessen eigenen Wunsch hin empfing. Arh. Stat. Fond Regele Carol I, III/28, f. 88. Bălăceano, Souvenires politiques, S. 207 (Exemplar Romalo).

112 Arh. Stat. Fond Regele Carol I, III/29, f. 64. Bălăceano, Souvenires politiques, S. 209 (Exemplar Romalo), wo er reflektiert: „Ma nomination à la Préfecture de Police jeta, naturellement, beaucoup de froid sur mes relations avec tous ceux qui poursuivaient la chute de la dynastie. Parmi ceux-ci je comptais de nombreux amis et nombre des personnes avec qui j'avais conspiré contre Couza. Mais je me flatte, et je suis sûr que ceux-là mêmes qui m'avaient dévoilé dans tous ses détails la conjuration, en m'engageant à y entrer, n'eurent pas un instant de crainte au sujet de leur personne et de leur secret."

113 Als Verbindungsmann bot sich der Arzt und Freund Bălăceanus, Dr. Iatropol, an, der ebenfalls der Opposition angehörte und in dessen Haus sich Bălăceanu und Brătianu trafen: Bălăceano, Souvenirs politiques, S. 211ff.

114 Ibd., S. 211 (Exemplar Romalo): „Je ne tardai pas à m'apercevoir que le Dr. Iatropoulo et ses amis cherchaient, comme moi, une solution et que même, ils n'auraient pas été fâchés si cette solution pouvait ne pas s'appeler 'revolution'." Bălăceanu ließ nie einen Zweifel daran, dass er den Fürsten über alle seine Gespräche mit Oppositionsmitgliedern informierte. Ibd., S. 212.

ihrerseits versichert wurde, dass sich der Fürst ihr nicht verweigere, dass aber auch hart durchgegriffen würde, falls es zu Unruhen käme. Bălăceanu war eine Vertrauensperson für beide Seiten, der beide von ihren jeweilig friedlichen Absichten zu überzeugen und für Verhandlungen zu gewinnen suchte. Eventuelle gewaltsame Aktionen der Opposition konnten mit seiner Ernennung paralysiert werden, andererseits signalisierte sie aber auch, dass die Zugehörigkeit zur Opposition kein grundsätzliches Hindernis für ein Regierungsamt darstellte, wenn man sich zum Fürsten und zur Dynastie bekannte.
Die Übernahme der Polizeipräfektur durch Bălăceanu bildete für den Fürsten nicht das Vorspiel zu einer liberalen Regierung, da er zu dem Zeitpunkt noch immer an den Konservativen festhielt und in ihren Reihen nach einer Alternative suchte, auszuschließen ist aber nicht, dass L. Catargiu in Bălăceanu die geeignete Vermittlerperson sah, um seinen Rücktritt und einen Regierungswechsel vorzubereiten.[115] Bălăceanu arbeitete auf eine Gesprächsbereitschaft hin, die zu einer Verständigung zwischen Fürst und Opposition führen sollte mit dem Ziel einer Machtübernahme durch die Opposition. Diesem Ziel fühlte er sich auch als Außenminister weiter verpflichtet, und gerade in dieser Amtszeit fanden die entscheidenden Gespräche zwischen ihm, dem Fürsten und den oppositionellen Vertretern statt. So auch die Audienz mit Brătianu am 7./19. März 1876, in deren Verlauf der Fürst ihm freie Wahlen zusicherte und damit die Weichen für einen Regierungswechsel stellte.[116]

[115] Nach Bălăceanu lag es in der Absicht von Catargiu, die Konservativen einige Zeit in der Opposition sich regenerieren zu lassen, und er unterstützte daher die Versuche Bălăceanus, Fürst und Opposition näher zu bringen: „J'en suis enchanté parce que ces cinq années de pouvoir m'ont terriblement vieilli et parce que mes chers conservateurs ont besoin de respirer pendant quelque temps l'air de la campagne. Dans trois ou quatre ans ils deviendront beaucoup plus raisonnables." Bălăceanu, Souvenirs politiques, S. 217 (Exemplar Romalo). Für diese Argumentationslinie spricht auch Catargius Drängen auf Neuwahlen für den Senat, die er nicht zu gewinnen glaubte. Vgl. dagegen Maier, Rumänien, S. 441.

[116] Aus dem Leben König Karls, 3, S. 13. Bălăceanu, Souvenirs politiques, S. 213ff. (Exemplar Romalo). Bălăceanu war bereits Außenminister und nicht mehr Polizeipräfekt, wie in seinen Erinnerungen angegeben. – In den Tagebuchaufzeichnungen des Fürsten lautet die Eintragung nur: „1 Uhr Audienzen. J. Bratiano 2 Stunden bei mir. ist der Ansicht daß ich die Coalition zum Ministerium berufe.– Spricht immer im Namen de la action (?) u.s.w." Arh. Stat. Fond Regele Carol I, III/29, f. 67. Bălăceanu blieb auch der Überbringer von Drohungen seitens der Radikalliberalen an den Fürsten, während er sich gleichzeitig für sie einsetzte: vgl. die Eintragungen vom 27.3./8.4.: „10 Uhr Catargi u. Balacéno gekommen, letzterer theilt mir mit daß J. Bratiano bei ihm war u. ihm erklärt habe, wenn ich nicht sofort abdanke, so wäre die Revolution unvermeidlich (?) Die Sache macht mir keinen Eindruck. Die Minister besorgt. Catargi ruhig.", und vom 29.3./10.4.1876: „Nachmittags Balacéno bei mir, der immer der Ansicht ist die Rothen zum Ministerium zu rufen." Ibd., f. 69. Hinter Äußerungen und Angaben, die ihm unsinnig, unglaubwürdig oder unverständlich erschienen, pflegte Carol ein Fragezeichen zu setzen.

4. Der Regierungsantritt der Liberalen

Die Frage, inwieweit Anfang 1876 tatsächlich eine immanente Gefahr für den Thron von den Liberalen ausging und ein politischer Umsturz drohte, ist von den Quellen her nicht eindeutig zu beantworten. Diese Unklarheit entspricht dem politischen Schwebezustand und den unterschiedlichen Wahrnehmungsweisen, aus denen bestimmte Handlungen resultierten. Während Bălăceanu von dieser Gefahr ausging und dementsprechend seine Vermittlerrolle akzentuierte, lässt sich aus den Äußerungen des Fürsten dieser Eindruck einer unmittelbaren Bedrohung nicht ableiten. Auch wenn ihm die Zerfallserscheinungen der konservativen Partei und die zunehmende Agitation der liberalen Opposition nicht verborgen blieben, so sah er sich dennoch als Herr der Lage, da er die Demagogie der Opposition als taktisches Manöver beurteilte und sich im Ernstfall auf die Armee verlassen zu können glaubte.[117] Dennoch wollten weder er noch die Realpolitiker der Opposition diesen Ernstfall eintreten lassen. Die Berufung der Liberalen an die Regierung hing für Carol von drei sich gegenseitig bedingenden Voraussetzungen ab: der Aufrechterhaltung von Ruhe und Ordnung, der Einbindung der Liberalen in die staatlichen Institutionen und der Beibehaltung der fürstlichen Entscheidungsinstanz bei der Bildung einer Regierung. Seine Sicht- und Vorgehensweise während der Übergangszeit vom Rücktritt des Kabinetts L. Catargiu am 30.3./11.4.1876 bis zur Regierungsübernahme durch die liberale Koalition am 27.4./9.5.1876 erläuterte Carol eingehend in einem Brief an seinen Vater vom 12./24. Juni 1876, der aufgrund der Wichtigkeit der fürstlichen Entscheidungsfindung verdient, ausführlich wiedergegeben zu werden:

„[...] der Senat aber, aufgereizt durch Boeresco /der mir nicht verzeihen konnte daß ich ihn wegen seiner Bankgeschäfte nicht im Cabinete dulden wollte/ und Consorten, machte Miene die Vorlagen zu verwerfen, ich griff diese Gelegenheit rasch auf und decretirte die Auflösung um dadurch den Mitgliedern der Coalition eine Thüre zu öffnen um wieder in einen gesetzgebenden Körper zurückzukehren. Kurz vor den Neuwahlen besuchte mich Bratiano, dem die Haltung der Opposition große Besorgniß einflößte und mir erklärte ich könnte meinen Thron nur noch retten wenn ich *sofort* die Coalition um ein Ministerium angehe. Ich antwortete ihm ich wollte das Resultat der Senats-Wahlen abwarten, denn ich könnte mein Ministerium nicht in den politischen Clubs oder in der Straße auflesen, worauf er mir erwiderte, daß die Regierung die Wahlen machen würde und daher auch bestimmt auf eine Majorität zählen könnte. Meinen Versicherungen, daß die Wahlen frei sein würden, schenkte er wenig Glauben, schrieb aber trotzdem in die Zeitungen, daß ich sie versprochen hätte, was mir nicht unlieb war. Von Catargi verlangte ich daß keine von den Coryphäen der Coalition bekämpft werde. Wie ich nun das erste Mal, gleich nach Beendigung der Neuwahlen, Vernesco berief um das Ministerium zu

[117] So schrieb er in einem Brief an Mayenfisch v. 17./29.1.1876: „Die Opposition setzt Alles in Bewegung um das Ministerium zu stürzen oder Unruhen zu provociren, was ihr aber nicht gelingt da an der Spitze aller Regimenter energische Officiere stehen auf die ich zählen kann.“ FHHDA W 53, 87, 29, 28, 18, 1856-1876.

bilden, wollte man mir Bedingungen stellen die ich zurückwies, und beauftragte ich Floresco, mit einigen energischen Männern die Leitung der Geschäfte zu übernehmen bis zur Constituirung des Senats, die weitere Entscheidung mir vorbehaltend.
Die Opposition glaubte nicht daß ich den Muth haben würde ihr Trotz zu bieten und war im ersten Augenblicke ganz consternirt, bald nahm sie aber ihre Wühlereien wieder auf aber mit mehr Vorsicht. Im Senate kamen aber die Passionen zur Explosion und wurde mit einer furchtbaren Erbitterung um die Presidenten-Sitze gekämpft, die schließlich Iepuréno und Vernesco eroberten. Nun mußte ich mich entscheiden entweder die Herrn mit der Formation des Ministeriums zu beauftragen oder mit Floresco den Senat aufzulösen. Ich ließ Iepuréno kommen um ihn zu fragen ob er ohne Bedingungen das Cabinet bilden wolle und daß ich mir die Wahl des Kriegsministers vorbehalte, außerdem machte ich ihn aufmerksam auf die *in*constitutionelle Haltung der Opposition in den letzten Monaten; er versprach mir in drei Tagen die Antwort zu bringen. –
Auf einen dieser Tage fiel der Namenstag von Elisabeth; der Senat ergriff diese Gelegenheit u. ließ uns durch seine Vice-Presidenten begleitet vom Büreau seine besten Wünsche und seine Ergebenheit ausdrücken. Ich dankte den Herrn in warmen Worten und betonte daß diese démarche mich besonders angenehm berühre. Den dritten Tag erschien Iepuréno mit einer Ministerliste, der ich nicht meine Zustimmung geben konnte, er versuchte mich zu überreden, ich sagte ihm aber, daß wenn er das Ministerium nicht unter den gegebenen Bedingungen formiren könnte, ich den Senat auflösen würde. Auf diese Erklärung hin zog er sich zurück um sich mit seinen polit. Freunden zu berathen, erschien aber noch denselben Abend sehr spät vollständig bereit jede von mir vorgeschlagene Modification anzunehmen. Den nächsten Tag konnte das neue Ministerium in seiner heutigen Zusammensetzung den Eid leisten und die Crisis hatte einen glücklichen Ausgang gefunden. Die conservative Partei klammerte sich bis zur letzten Stunde an die Macht und General Floresco unterschrieb mit einigen Wiederstand das Decret wodurch ich Iepuréno zum Minister-President ernannte. –
[...] Das jetzige Ministerium entspricht vollständig der Situation und wird in seiner gegenwärtigen Zusammensetzung einige Zeit fortbestehen können wenn die äußeren Fragen einen drohenden Character annehmen. Sollten sich aber die orientalischen Wirren beilegen, was nicht anzunehmen ist, so wird sich ein Cabinet Cogolicéno-Brationo bilden. Die conservative Partei muß längere Zeit fern von den Geschäften bleiben, weil sie durch grobe Fehler viel von ihrem Einfluße verloren hat. – Die Kammer, die mit so genannten freien Wahlen zu Stande gekommen ist, ist nichts weniger wie gut und birgt in ihrem Schooße viele revolutionäre Elemente, die man aber im Zaum halten wird. Im Senat dagegen sind alle politischen Coryphäen versammelt was ihm eine große Autorität verleiht, die einen wohlthuenden Einfluß auf die Situation ausüben kann."[118]

[118] Arh. Stat. Fond Regele Carol I, V D 1848 [Hervorhebungen im Originaltext]. Dieser wichtige Teil fehlt vollständig in den publizierten Memoiren: Aus dem Leben König Karls, 3, S. 38ff. Auffallend ist, dass Carol in seinem Tagebuch die „Freiheit" der Wahlen nicht erwähnt, und in einem früheren Brief (14./26.4.1876) an seinen Vater bezeichnet er dies als „Gerücht", das Brătianu „ausgesprengt" habe. Ibd., V D 1846.

Carols Äußerungen stellen bereits eine Reflektion über seine Vorgehensweise dar und heben die eigene Überlegenheit hervor, was den Vorgängen nicht ganz gerecht wird. So war die treibende Kraft für die Senatsneuwahlen nicht der Fürst, sondern Catargiu, und die Regierungsneubildung bot er Vernescu erst an, als der zuerst von ihm ins Auge gefasste Kandidat, der Rechtsgelehrte Bosiano, diesen Auftrag ablehnte und dem Fürsten den Rat gab, eben Vernescu zu berufen.[119] Auch kennzeichneten intensive Konsultationen des Fürsten mit verschiedenen Politikern die sechs Tage andauernde Regierungskrise nach dem Rücktritt von Catargiu, mit denen er nach einer Lösung suchte. Richtig ist aber, dass es Carol auf einen Machtkampf mit der Opposition ankommen ließ, als sie ihm eine Ministerliste vorlegte, die für ihn eine Provokation darstellte. Insbesondere lehnte er – aus leicht verständlichen Gründen – D. A. Sturdza ab, der für die Finanzen vorgesehen war, forderte anstelle von Ion C. Brătianu einen Militär für das Kriegsministerium und hatte auch Bedenken gegen Ion Ghica als Justizminister.[120]

Nach der Ablehnung der fürstlichen Bedingungen seitens der Opposition reagierte Carol seinerseits mit einer wohl kalkulierten Provokation, indem er ausgerechnet den als reaktionär verschrieenen General Florescu mit der Regierungsbildung beauftragte, der zwei weitere Generäle in sein Kabinett aufnahm.[121] Mit dieser „didaktischen" Maßnahme stellte der Fürst klar, dass er nicht gewillt war, sich seine Entscheidungsbefugnisse aus der Hand nehmen zu lassen und dass er eine Auseinandersetzung mit der Opposition nicht fürchtete.[122] Dennoch verfolgte er eine Taktik von Kompromissbereitschaft und Härte, da er eine oppositionelle Regierung nicht prinzipiell ablehnte, wie er dies mit seinem Regierungsangebot bekundete, gleichzeitig aber Bedingungen stellte, die er einsichtig begründen konnte, so dass die Verantwortung für das Scheitern der Verhandlungen auf die Opposition zurückfiel.[123] Carol hatte seinerseits die Voraussetzungen für einen regulären Machtwechsel geschaffen und unter Beweis gestellt, dass er an einer konservativen Regie-

119 Ibd., Fond Regele Carol I, III/29. f. 67 und f. 69 (30.3./11.4.1876). Vernescu war für Carol politisch am wenigsten kompromittiert: Ibd., V D 1846.

120 Arh. Stat. Fond Regele Carol I, III/29, f. 69 (2./14.4.1876). Aus dem Leben König Karls, 3, S. 17, wo lediglich die Forderung Carols nach einem Militär für das Kriegsministerium erwähnt ist, und S. 20f.

121 Ibd., S. 19. Dieses Ministerium wurde „Säbelministerium" tituliert. Mamina, I., Bulei, I., Guverne şi Guvernanţi (1866-1916), Bucureşti, 1994, S. 41.

122 Arh. Stat. Fond Regele Carol I, V D 1846. Brief an den Vater v. 14./26.4.1876: „Die Aufregung ist sehr groß, und man spricht von Konspiration und Revolution; all dies kann mich aber nicht einschüchtern, was ich den Herrn Agitatoren offen erklärte, denn ich gehe meinen geraden Weg und erfülle meine Pflicht." Vgl. auch: Aus dem Leben König Karls, 3, S. 21. Und in einem Brief an seine Schwester Marie v. 18./30.4.1876: „Die Leute, die heute die Hand auf's Ministerium legen wollen, verfolgen irgend einen Zweck, der die Zukunft des Landes auf's Spiel setzen könnte. Ich fürchte sie nicht, denn mir können sie nichts thun [...]" Ibd., V B, 422.

123 So erklärte er die Notwendigkeit eines Militärs für das Kriegsministerium mit der gespannten außenpolitischen Lage, und dass seine Selbstverleugnung nicht soweit ging, Sturdza zu akzeptieren, konnte man ihm ebenfalls nicht übel nehmen.

rung nicht mehr festhielt. Dementsprechend widersetzte er sich auch der Forderung von Florescu und dessen Ministerkollegen, den neu gewählten Senat wieder aufzulösen.[124] Damit erfüllte das Feindbild der Opposition seine einigende Funktion nicht mehr mit der Folge, dass deren heterogene Elemente stärker hervortraten und sie schwächten. Das Resultat des Machtkampfs bestand in der Annahme der fürstlichen Bedingungen. Mit Vernescu und Epureanu als Vizepräsidenten des Senats bot man dem Fürsten gemäßigte Verhandlungspartner für einen Regierungswechsel an und akzeptierte nach einem erneuten vergeblichen Versuch, den Fürsten unter Druck zu setzen, dessen Vorgaben über die Zusammensetzung des neuen Ministeriums: D. Sturdza erhielt kein Ministeramt, Brătianu wurde nicht Innen-, sondern Finanzminister und ein Militär, Oberst Slăniceanu, Kriegsminister. Auch Ion Ghica figurierte nicht in der Kabinettsliste.[125] Zu den Bedingungen gehörte auch die Ratifizierung der Handelskonvention mit Österreich-Ungarn, der Brătianu zustimmte.[126]

Mit der Bildung des Ministeriums M. Costache Epureanu (27.4./9.5.–23.7./4.8.1876) gelang Carol ein wichtiger Beitrag zur weiteren Festigung seiner Autorität und Institutionalisierung seiner Macht. Die erfolgreiche Bewältigung der Regierungskrise, die mit dem Zerfall der konservativen Gruppen begann, durch eine institutionelle Kanalisierung von Partizipationskonflikten verhinderte, dass sie sich erneut zu einer Legitimitätskrise des gesamten politischen Systems ausweitete. Die 1876 wieder offenbar gewordene Schwäche des Regierungssystems, keine Mechanismen eines geregelten Machttransfers entwickelt zu haben, konnte Carol durch seine gewonnene Kompetenz ausgleichen und damit genau diese Funktion übernehmen: Er wurde zum entscheidenden Faktor der Regierungsbildung und musste dafür Sorge tragen, dass das Konfliktpotenzial keine zerstörerischen Ausmaße annahm. Der formal konstitutionelle, legale Machtwechsel – Carol sprach von einem Systemwechsel[127] – lief 1876 noch über zu diesem Zweck veranstaltete Wahlen und über das Parlament, um der Opposition die Regierungsübernahme zu eröffnen,[128] danach bezog er seine Legalität fast nur noch vom Fürsten selbst. Das Jahr 1876

124 Arh. Stat. Fond Regele Carol I, III/29, f. 70. Aus dem Leben König Karls, 3, S. 23. FHHDA, W 53, 69, 29, 27, 1, UF 1, 1860-1905. Brief an den Bruder Leopold v. 18./30.4.1876: „Floresco, dem weder die Energie noch der Muth fehlt, den Kampf bis zu Ende durchzuführen, ist nicht genügend von den verschiedenen Fractionen der Conservativen unterstützt, um mit Bestimmtheit auf einen Erfolg zählen zu können. Es wäre daher nichts gewonnen diesen Senat aufzulösen, um einen noch schlechtern zu bekommen." Allerdings muss man sich den politischen Entscheidungsprozess bei Carol nicht immer gradlinig vorstellen. So war er in der Frage der Senatsauflösung durchaus schwankend, vgl. den Brief an seine Schwester Marie, ebenfalls v. 18./30.4.1876, in dem er schrieb, dass er den Senat ohne zu zögern auflösen würde „mit der festen Überzeugung eine solide Majorität zu erlangen", wenn nicht die wichtige Regelung der Finanzen von ihm abhinge. Arh. Stat. Fond Regele Carol I, V B 422.

125 Aus dem Leben König Karls, 3, S. 25f. Arh. Stat. Fond Regele Carol I, III/29, f. 71.

126 P.A. I.A.B.q. Türkei 24, Vol. 53, Alvensleben v. 3.6.1876.

127 Arh. Stat. Fond Regele Carol I, V B 423, Brief an Marie v. 7./19.6.1876.

128 So bezeichnete Carol die Regierungsübernahme der Opposition konsequent auch als „auf konstitutionellem Wege zur Macht gelangt": Aus dem Leben König Karls, 3, S. 40.

hatte somit einen Übergangscharakter auf dem Weg zur späteren alleinigen fürstlichen Berufungsinstanz, was sich auf der Gegenseite auch noch in den Planspielen eines Umsturzes bemerkbar machte.
Diese Entwicklung lief aber nicht auf eine Beliebigkeit oder Willkür von Entscheidungen des Fürsten hinaus, die immer abhängig von dem teilweise unkalkulierbaren Verhalten des Parlaments und den Aktivitäten einer außerhalb des Parlaments gedrängten Opposition war, sondern der Fürst wurde zu der Institution, die die Aufgabe einer kontrollierten, berechenbaren und akzeptierten Konfliktregelung zwischen den um die politische Macht konkurrierenden Parteien übernahm und erfüllen konnte. Charakteristisch für einen Machtwechsel von einem Parteienlager zum anderen wurden die kurzlebigen Übergangsregierungen, oft mit Kompromisskandidaten besetzt, die in beiden Lagern zu Hause waren und von diesen akzeptiert wurden. Sie federten einen allzu abrupten Machtwechsel ab, indem sie den Protagonisten die Möglichkeit gaben, ihren Spielraum auszuloten, die Konzessionsbereitschaft zu testen und Bedingungen für eine Regierungsübernahme auszuhandeln.
Somit erhielt diese Krise, in der zum ersten Mal seit 1866 der Fürst gefordert war, einen Machttransfer selbst zu steuern und durchzuführen, eine systemstabilisierende Funktion und wirkte sich auf die Position des Fürsten machtpolitisch positiv aus. Dennoch blieb die systemimmanente Schwäche, dass eine Opposition erst ein außerparlamentarisches Konfliktpotenzial aufbauen und ein oftmals mit Gewalt einhergehender Druck ausgeübt werden musste, um einen Regierungswechsel zu initiieren. Ein hohes Maß an Aggression, an Opportunismus und Intriganz kennzeichnete die politische Kultur, andererseits aber auch das Fehlen eines ideologischen Fanatismus und eines verabsolutierenden Dogmatismus, so dass politische Handlungsmuster, so unberechenbar sie auf den ersten Blick auch sein konnten, und Krisen für den Fürsten steuerbar blieben.

5. Die radikalliberale Kampagne gegen die Konservativen und die Rolle der Abgeordnetenkammer

Mit der Berufung der Koalition von Mazar Pascha stellte Carol die Weichen für die weitere innenpolitische Entwicklung, auf die er im Verlauf des Jahres 1876 aber nur noch wenig Einfluss ausüben konnte. So wie mit der Regierung Florescu die konservative Ära ausklang, so bildete das Kabinett Epureanu das Vorspiel für die Machtübernahme der Radikalliberalen. Diese waren innerhalb der Koalition politisch bis jetzt nicht besonders in den Vordergrund getreten, sondern hatten den gemäßigten Kräften die Formulierung des Programms und die Regierungsverhandlungen überlassen. Mit der Einbindung in eine antikonservative Oppositionsfront konnten sie ihre Isolation und Schwäche nach 1871 überwinden und verloren als Bestandteil dieser Opposition ihr negatives Image als Umsturzpartei. Von außen hatten sie keinerlei Unterstützung erhalten, da die Garantiemächte eindeutig die Konservativen bevorzugten und die Radikalliberalen noch immer

mit Umsturz und großrumänischen Agitationen identifizierten, also ein Misstrauen vorhanden war, das auch während der ersten Zeit nach dem Regierungswechsel anhielt.[129]
Unter der Regierung Epureanu begannen die Radikalliberalen schnell ihre Position auszubauen und sich auf die alleinige Übernahme der Macht vorzubereiten. Das Regierungsprogramm vom 28.4./10.5.1876 hatte noch versöhnliche Töne angeschlagen und erklärt, dass man weder Rache üben, noch die Parteien zerschlagen wolle, deren friedlicher Kampf eine Konsequenz des konstitutionellen Systems sei. Man habe die Regierung mit dem Ziel übernommen, die Leidenschaften zu beruhigen und allen, Freunden wie Feinden, die freie Ausübung der konstitutionellen Freiheiten zu garantieren.[130] Der Tenor der Regierungserklärung lag, analog zu den bereits im Wahlprogramm 1875 erhobenen Forderungen, auf der Rückkehr zu konstitutionellen Prinzipien, dass „es nicht die Regierungen sind, die die Mehrheiten der legislativen Körperschaften schaffen müssen, sondern der von dem Land frei ausgedrückte Wille muß dem Vertrauen Seiner Hoheit die Wahl seiner Ratgeber anzeigen". Dementsprechend erkannte die Regierung auch die parlamentarische Verantwortung der Minister an.[131] Auch die Adresse des Senats am 2./14.5.1876 sprach nach einer Ergebenheitsversicherung an den Fürsten von der „wahren Meinung", die die Nation in den Wahlen manifestiert habe und begrüßte die neue Regierung aus seiner Mitte, worauf der Fürst allgemein erklärte, dass es sein lebhaftester Wunsch sei, immer eng verbunden mit dem Land dessen Institutionen zu stärken und so die Entwicklung und Konsolidierung des rumänischen Staats zu sichern.[132]
In der Wahrnehmung und Rhetorik aller Beteiligten hatte es sich um einen wirklich konstitutionellen Regierungswechsel gehandelt, der mit den Senatswahlen eingeleitet worden war, was für das taktische Geschick des Fürsten sprach. In der Konsequenz dieser Argumentation und aufgrund der geänderten Machtlage bestand die erste Aufgabe der Regierung darin, die konservative Kammer trotz des Angebots der Zusammenarbeit seitens einiger Konservativen aufzulösen,[133] nachdem der Senat die bereits von der Kammer

[129] P.A. I.A.B.q. Türkei 24, Vol. 51, Pfuel v. 22.6.1875; Vol. 53, Bülow an den deutschen Kaiser v. 17.5.1876; AA an den Generalkonsul v. Alvensleben v. 16.6.1876 (Sicher). Maier, Rumänien, S. 425f.

[130] P.A. I.A.B.q. Türkei 24, Vol. 53, Reitz v. 11.5.1876 mit der Regierungserklärung in der Anlage. Carol hatte den Ministern erklärt, dass er ihnen „alles Vertrauen" entgegenbrächte, und dass er hoffe, „daß sie ein Ministerium der reconciliation sein werden". Arh. Stat. Fond Regele Carol I, III/29, f. 71.

[131] P.A. I.A.B.q. Türkei 24, Vol. 53, Reitz v. 11.5.1876. Man sprach sogar von einer „application religieuse du principe de la responsabilité ministérielle" und zum Schluss: „le but incessant de notre activité est celui de reinstaller la nation dans le libre exercise de ses libertés constitutionnelles."

[132] Sturdza, Domnia Regelui Carol I, 1. S. 787. P.A. I.A.B.q. Türkei 24, Vol. 53, Reitz v. 15.5. 1876. Carol bezeichnete die Adresse als „loyal". Arh. Stat. Fond Regele Carol I, III/29, f. 71. S. oben S. 260.

[133] Nicolescu, Parlamentul romîn, S. 222. Zur Begründung dienten die unterschiedlichen Sichtweisen zwischen Senat und Kammer und die Notwendigkeit, dass beide Häuser den getreuen Ausdruck der Nation verkörpern müssten.

Anfang März verabschiedeten Finanzgesetze seinerseits anstandslos votiert und damit seine Aufgabe erfüllt hatte.[134]

Sofort setzte ein vollständiger Personalwechsel in Justiz, Verwaltung, Polizeiapparat und Präfekturstellen ein, was bereits als anerkannte Praxis galt und auch vom Fürsten als notwendiges Übel akzeptiert wurde.[135] Dennoch gab es einen politischen Willen und die Bereitschaft, die vom 3./15. bis zum 9./21. Juni stattfindenden Wahlen ohne die unter den Konservativen massiv ausgeübte behördliche Beeinflussung durchzuführen. In mehreren, teilweise veröffentlichten Rundschreiben des Innenministers Vernescu an die Präfekten und des Justizministers Pherekyde an die Generalstaatsanwälte wurden die Adressaten ausdrücklich aufgefordert, für die Durchführung wirklich freier Wahlen zu sorgen und jede Zuwiderhandlung zu bestrafen.[136] Inwieweit sich diesmal die Behörden zurückhielten, ist schwer zu beurteilen, andererseits bedurfte es angesichts der Stimmung im Land, des freiwilligen Rückzugs von Konservativen und der Effizienz der Wahlkampagne der Radikalliberalen auch keines besonderen Drucks, um eine überwältigende Mehrheit in der Kammer den liberalen Gruppen insgesamt und den Radikalliberalen insbesondere zu sichern.[137]

In der neuen Kammer waren viele neue junge Abgeordnete vertreten, deren Idol, C. A. Rosetti, zum neuen Kammerpräsidenten gewählt wurde und nicht der ebenfalls zu den Radikalliberalen gehörende Dumitru Brătianu, der von den gemäßigten Liberalen unterstützt wurde.[138] Ein neues Selbstbewusstsein, gepaart mit Hass und Rachegefühlen gegen die Konservativen, beherrschte die Grundstimmung dieser jungen Generation von Abgeordneten, was schnell zu Differenzen mit der gemäßigt ausgerichteten Regierung führte.[139] Einen ersten Ausdruck fand dieser neue Geist der Kammer bereits in der Erwiderung auf die Thronrede. Hatte die fürstliche Eröffnungsrede (20.6./2.7.1876) an den Patriotismus und die Mäßigung der Abgeordneten appelliert angesichts der außenpolitischen Unsicherheiten und die perfekte Übereinstimmung in der Zusammenarbeit mit der Regierung antizipiert, so setzte die Kammerantwort ganz andere Akzente. Der ungewöhnlich lange Text verurteilte in scharfer Form die konservativen Minister, „deren ganze Kunst nur in der Ersetzung der Realität durch den Schein und in der Nichtbeachtung aller unserer nationalen Interessen bestand, eine Politik, die, unter dem Vorwand aufzubauen, nur Ruinen angehäuft hat, da vergessen wurde, dass sowohl

[134] Istoria Parlamentului, S. 225. Die Regierung wurde ermächtigt, Schatzbons in Höhe von 16 Mill. Lei auszugeben. P.A. I.A.B.q. Türkei 24, Vol. 53, Reitz v. 15.5. und Alvensleben v. 30.6.1876.

[135] Ibd., Alvensleben v. 3.6.1876. Arh. Stat. Fond Regele Carol I, III/29, f. 71.

[136] Istoria Parlamentului, S. 226f.

[137] Die Radikalliberalen setzten besonders unter der Landbevölkerung Wahlagenten ein. Ibd., S. 227. Die Konservativen wollten sich z. T. passiv verhalten: P.A. I.A.B.q. Türkei 24, Vol. 53, Alvensleben v. 3.6. und 25.6.1876.

[138] Istoria parlamentului, S. 228f. Rosetti wurde mit 70 : 41 Stimmen gewählt. Nicolescu, Parlamentul romîn, S. 225. Bacalbaşa, Bucureştii de altă dată, I, S. 191.

[139] Diese antikonservative Stimmung war schon lange aufgebaut worden. Ibd., S. 113.

für Nationen wie für Regierungen es eine Erlösung nur in der aufrichtigen Anwendung der Freiheit, der Sittlichkeit und der Gerechtigkeit gibt."[140] Als Heilmittel nannte man plakativ: eine zur Wirklichkeit werdende Verfassung, eine nationale und liberale, eine ehrliche und fortschrittliche Politik. Der scharfe Kontrast zwischen einer schlechten, unmoralischen, widerwärtigen Vergangenheit der Konservativen und einer wahrhaften, sittlichen und freien Zukunft, einer „neuen Ära", kennzeichnete die ganze Antwortadresse. Der Beginn dieser neuen Ära hatte mit den Wahlen begonnen, deren Freiheit man der Regierung ausdrücklich bescheinigte. Daraus bezog man auch die Legitimation, sich als „wirklichen Ausdruck" der Nation und als gleichberechtigten Partner des Fürsten zu verstehen. Die Diskreditierung der Konservativen und die Hervorhebung der positiven Prinzipien der Liberalen auf der Grundlage der Verfassung sollten auch dem Fürsten eine Rückkehr zu den Konservativen verbauen und ihn an die Liberalen binden.[141]

Die Kammeradresse lief den Deeskalationsbemühungen des Fürsten diametral entgegen und er drückte seine Missbilligung durch seine Kleidung aus, indem er sie nicht wie gewöhnlich in Uniform, sondern in Zivil entgegennahm (10./22. Juli 1876) und entzog sich in einer kurzen Antwort der Vereinnahmung durch die Liberalen, indem er seine eigene Überparteilichkeit über den Parteikämpfen hervorhob und in neutralen Worten seinem Wunsch nach Stärkung der verfassungsmäßigen Institutionen durch eine aufrichtige Anwendung der Gesetze und durch eine effektive und unparteiische Kontrolle der legislativen Körper Ausdruck verlieh.[142]

Mit der selbstbewussten Kammeradresse, die auf große Vorbehalte seitens der Regierung gestoßen war, zeichnete sich bereits ab, dass der vollzogene Machtwechsel neues Konfliktpotenzial mit sich brachte. Während der Fürst seine Aufgabe in der Sicherung der Kontinuität der Regierungsarbeit, der Einhaltung der unter den Konservativen eingegangenen vertraglichen Verpflichtungen und dem Abbau der innenpolitischen Spannungen sah, verfolgte die Kammer im Gegenteil den Bruch mit der konservativen

[140] Nicolescu, Parlamentul romîn, S. 235. Der Fürst wurde bei der Kammereröffnung mit einer wärmeren Begrüßung empfangen als in den vorangegangenen Jahren, während wichtige Konservative wie L. Catargiu und General Florescu bei der Eröffnung fehlten. P.A. I.A.B.q. Türkei 24, Vol. 53, Alvensleben v. 2.7.1876 (Nr. 73). Symptomatisch für die gewandelte Haltung der Radikalliberalen gegenüber dem Fürsten waren die Hochrufe auf den Fürsten von Nicolae Fleva, einem der wortgewaltigsten Anführer der neuen Abgeordneten, der während der Wahlen 1875 Konservative und Fürst fanatisch bekämpft hatte. Arh. Stat. CR 6/1876, f. 1.

[141] Nicolescu, Parlamentul romîn, S. 239. Zum Schluß hieß es ausdrücklich: „wenn diese Aufgabe, die auf uns zukommt, unseren Mut nicht erschreckt hat, so nur deshalb, weil wir überzeugt sind, dass Thron und Nation fest vereint sind, um dem Schlechten ein Ende zu setzen und den Grundstein für eine neue Ära zu legen, eine Ära des gegenseitigen Vertrauens, der Freiheit, der Sittlichkeit und der Gerechtigkeit." Alvensleben sprach von einem „Schriftstück voller Ueberhebung und Ungebührlichkeit, wie es wohl kaum bisher eine Landesvertretung ihrem Fürsten zu überreichen gewagt hat". P.A. I.A.B.q. Türkei 24, Vol. 54, Alvensleben v. 23.7.1876 (Nr. 94).

[142] Ibd., Aus dem Leben König Karls, 3, S. 48.

Vergangenheit und die strafrechtliche Abrechnung mit den konservativen Ministern. Die Regierung, sowohl auf den Fürsten wie auf die Kammer angewiesen, versuchte zwischen den Forderungen beider Seiten zu lavieren und einmal der einen, einmal der anderen Zugeständnisse zu machen. Selbst aus Mitgliedern unterschiedlicher parteipolitischer Couleur zusammengesetzt, besaß sie wenig Durchsetzungskraft bei einem erstarkten, von den Radikalliberalen domininierten Parlament.

Diesem Kräfteverhältnis trug das Kabinett sogleich Rechnung, als es das Parlament kurz nach seiner Konstitutierung mit der Bildung einer Kommission zur Unterstützung der Regierung und zur Mitwirkung an der auswärtigen Politik beauftragte.[143] Dieser ungewöhnliche Antrag des Außenministers spiegelte auch ein Verhaltensmuster in Krisenzeiten wider, nicht allein die Verantwortung bei Entscheidungen zu übernehmen, die wichtige nationale Interessen tangierten. Die Spannungen auf dem Balkan, die Anfang Juli zum Ausbruch des Krieges zwischen den beiden Ländern Serbien und Montenegro und dem Osmanischen Reich führten, brachten Rumänien in eine schwierige Lage, da es sich mit gegensätzlichen Forderungen der Krieg führenden Seiten und den mit ihnen sympathisierenden Mächten konfrontiert sah und seine eigenen Interessen definieren musste. Mit der vorläufigen Aufrechterhaltung der Neutralität und der Zusicherung sowohl Serbiens wie auch der Pforte, die Neutralität der Donau an der Grenze beider Länder zu respektieren, gewannen die Rumänen Zeit für die eigene Entscheidungsfindung und konnten sich ihre Optionen zunächst einmal offen halten.[144] Die Unterstützung des Parlaments für die Neutralitätspolitik der Regierung bedeutete daher eine wichtige Entlastung der Regierung, da das Parlament in die außenpolitische Verantwortung eingebunden wurde.

Doch nicht der Außenpolitik galt das Hauptinteresse der Parlamentarier, sondern der Abrechnung mit dem konservativen Gegner. Politisches Kalkül kombiniert mit persönlichen Hassgefühlen kulminierten in einem bis dahin in dieser Intensität nicht gekannten emotionalen und juristischen Rachefeldzug. Am 30.6./12.7. bzw. am 3./15. Juli 1876 wurden in der Kammer zwei Anträge eingebracht, die die Einsetzung einer parlamentarischen Kommission zur Überprüfung der Handlungen der konservativen Regierung forderten. Der gemäßigte Vorschlag, der speziell auf die Untersuchung der Ursachen der finanziellen Krise abzielte, die die Konservativen hinterlassen hatten, wurde in der Sitzung vom 7./19. Juli angenommen und für alle Ministerien eine Kommission eingesetzt.[145] Ein noch schärferer Antrag von N. Fleva vom 10./22. Juli 1876, unterzeichnet von 60 Abgeordneten, verlangte die Versetzung fast aller konservativen Minister in den Anklagezustand wegen der Verletzung der Verfassung und der öffentlichen Freiheiten,

143 P.A. I.A.B.q. Türkei 24, Vol. 53, Alvensleben v. 8. Juli 1876, Chiffriertes Telegramm und politischer Bericht Nr. 80 v. 8. Juli 1876. Nicolescu, Parlamentul romîn, S. 226f.

144 Aus dem Leben König Karls, 3, S. 44. Auch die Antwortadresse sprach sich für die Beibehaltung der Neutralitätspolitik der Regierung aus. Zum Komplex der Orientkrise siehe nächstes Kapitel.

145 Nicolescu, Parlamentul romîn, S. 231ff. Die Initiative ging ursprünglich vom Senat aus, doch bestimmte die Kammer sehr schnell das weitere Geschehen.

der Verschwendung öffentlicher Gelder und wegen Machtmissbrauchs.[146] Dieser Antrag wurde von allen Kammersektionen unterstützt und nach einer Generaldebatte am 22.7./ 3.8.1876 von der Kammer angenommen.[147] Ein Ausschuss aus sieben Abgeordneten wurde als Untersuchungsinstanz eingesetzt und bekam alle Vollmachten, die für die Wahrheitsfindung nötigen Schritte und Beschlagnahmungen vorzunehmen. Er sollte bis zum Ende des Prozesses in Permanenz tagen und die Anklage vor dem Kassationsgericht aufrechterhalten und vertreten.[148] Proteste der Minister Epureanu, Vernescu, Pherekyde und Kogălniceanu gegen die Usurpation juristischer Attribute durch die Kammer blieben wirkungslos, wie auch der Versuch, wenigstens die Möglichkeit von Haftbefehlen durch den Untersuchungsausschuss auszuschließen. Ministerpräsident Epureanu, selbst ehemaliger Minister im Kabinett Catargiu, trat einen Tag später, am 23. Juli/4. August, zurück, da er sich in dieser wichtigen Frage nicht durchsetzen konnte und durch dieses Vorgehen indirekt selbst betroffen wurde.[149] Damit war ein erstes Ziel auf dem Wege der alleinigen Regierungsübernahme durch die Radikalliberalen erreicht.

Die Kammer beherrschte im Sommer 1876 mit ihrer leidenschaftlichen Kampagne gegen die konservativen Minister die politische Szene und polarisierte die Gesellschaft in hohem Maße. Bekenntnisse von N. Fleva, einem der radikalsten Wortführer, der die Kammer als die alleinige nationale Kraft, als „Souverän", bezeichnete, reflektierten das gewonnene Machtbewusstsein der Abgeordneten und den Willen, diese Macht zu gebrauchen. Der Fürst sprach von einem „revolutionären Zustand" und drohte indirekt mit der Abdankung, ohne dass er viel damit bewirken konnte.[150] Seine erste Reaktion auf das Demissionsgesuch von Epureanu, nämlich die Kammer aufzulösen und die Regierung im Amt zu belassen, war eher von seinem Ärger diktiert, als von politischer Einsicht. Epureanu lehnte aus einsichtigen Gründen das Angebot des Fürsten ab, da erneute Wahlen in der gespannten Atmosphäre zu einer kaum kontrollierbaren Eskalation geführt hätten.[151]

146 Ibd., S. 232f. Aus dem Leben König Karls, 3, S. 48f. P.A. I.A.B.q. Türkei 24, Vol. 54, Alvensleben v. 24. Juli 1876 mit der Anklageschrift.

147 Ibd., Berichte v. 1.8. (Nr. 103) und v. 4.8.1876 (Nr. 105a). Aus dem Leben König Karls, 3, S. 49ff.

148 Nicolescu, Parlamentul romîn, S. 249. Die Kammer berief sich auf Artikel 77 des Kammerreglements und auf Artikel 101 der Verfassung, der lautet: „Jeder der beiden Versammlungen und der Fürst haben das Recht, die Minister unter Anklage zu stellen und sie vor das Kassationsgericht zu bringen [...]" Es fehlten aber Ausführungsbestimmungen, die die Kammer in diesem Fall selbst festlegte, was wiederum Verfassungsprinzipien verletzte. Kogălniceanu, Opere IV, orat. II, part. IV, S. 208f.

149 Gegenüber einem Generalkonsul äußerte sich Epureanu über das Vorgehen der Kammer mit den Worten: „Nous sommes en pleine Commune". P.A. I.A.B.q. Türkei 24, Vol. 54, Nachschrift v. 2.8. des Berichts Nr. 103 v. 1.8.1876 von Alvensleben.

150 Arh. Stat. Fond Regele Carol I, III/29, f. 76 (18./30.7. und 19./31.7.1876), wo es u. a. heißt: „4 1/2 Uhr Iepuréno ihm gesagt daß ich genug hätte u. wohl nicht mehr lange hier regiren werde, daß ich die Zukunft schwarz sehe. –" Aus dem Leben König Karls, 3, S. 52. Auch Alvensleben bezeichnete den politischen Zustand „als eine unter loyalem Schilde ausgeführte Revolution": P.A. I.A.B.q. Türkei 24, Vol. 54, Bericht v. 4.8.1876 (Nr. 105a).

151 Aus dem Leben König Karls, 3, S. 52. Nicolescu, Parlamentul romîn, S. 252.

Während die gemäßigten Minister auf den Kammerbeschluss mit ihrem Rücktritt reagierten, plädierten die radikalliberalen Minister wie Ion C. Brătianu für ein Gewährenlassen der Kammer, um die Spannungen nicht zu vergrößern.[152] Erst mit dem Schluss der Kammersession am 31.7./12.8.1876 trat eine gewisse Beruhigung ein; der Anklageausschuss aber nahm, ohne dass der Senat ein Votum abgegeben hatte,[153] seine Arbeit auf, sammelte umfangreiches Beweismaterial und ließ Hausdurchsuchungen bei ehemaligen konservativen Präfekten durchführen. Die unter Anklage gestellten Minister wurden im Dezember 1876 und Januar 1877 unter Androhung von Gewalt vor den Ausschuss zitiert, dessen Zuständigkeit sie jedoch rundweg ablehnten und jede Aussage verweigerten. Der im März 1877 vorgelegte Abschlussbericht von vier Bänden erhielt die Anklage nur noch gegen fünf anstelle der ursprünglich elf Minister aufrecht, doch schloss die Kammer V. Boerescu noch zusätzlich in die Anklage mit ein.[154]

Mit der Vorlage des Berichts und einer viel Aufregung hervorrufenden, öffentlichen Bekanntmachung der Anklagepunkte des Untersuchungsberichts verlor sich die ganze Angelegenheit im Sande, obwohl nun die eigentliche Aufarbeitung hätte beginnen können und auch die angeklagten Minister auf einem ordentlichen Prozess vor dem Kassationsgerichtshof bestanden. Doch jetzt zeichnete sich eine Niederlage der Liberalen ab, da bereits frühere Gerichtsverfahren gegen Magistrate der konservativen Regierung alle mit einem Freispruch geendet hatten und kaum Chancen bestanden, vor dem Kassationsgericht eine Verurteilung der Minister zu erreichen. Zudem absorbierte die kriegerische Lage im Frühjahr 1877 das ganze politische Interesse. Der Prozess wurde einfach nicht weitergeführt, und ein Mitglied nach dem anderen trat aus dem Untersuchungsausschuss aus. So blieben die konservativen Minister angeklagt, ohne verurteilt zu werden, so dass das Verfahren zu einer Farce geriet. Brătianu setzte dieser Peinlichkeit Anfang des Jahres 1878 (26.1./7.2.1878) ein Ende, als er einen günstigen Augenblick benutzte und die Kammer aufforderte, einen Schlussstrich unter diese „unglückliche Frage" zu ziehen, worauf die Abgeordneten unspektakulär die Rücknahme der Anklage votierten, ohne dass jedoch die angeklagten Minister rehabilitiert wurden.[155]

Hatte das Parlament, insbesondere die Kammer, seine starke Stellung im Sommer 1876 benutzt, seine Macht auf Kosten der Exekutive zu vergrößern? Mit Blick auf das Schicksal des Untersuchungsausschusses kann diese Frage nur negativ beantwortet werden. Er stand symptomatisch für das Verhalten des Parlaments. Die minuziöse Untersuchung

[152] Arh. Stat. Fond Regele Carol I, III/27, f. 77. Aus dem Leben König Karls, 3, S. 51f.

[153] Der Senat war lediglich am 30.7./11.8.1876 darüber informiert worden.

[154] Nicolescu, Parlamentul romîn, S. 270ff. Die angeklagten Minister waren: L. Catargiu, A. Lahovari, Ion E. Florescu, T. Maiorescu, P. Mavrogheni, V. Boerescu.

[155] Maiorescu als Betroffener beschrieb den Verlauf der Ministeranklage ausführlich und für die Ankläger demaskierend: Istoria contemporană, S. 86ff. Aus dem Leben König Karls, 3, S. 468. P.A. I.A.B.q. Türkei 24, Vol. 63, Alvensleben v. 8.2.1878 (Nr. 32). Nicolescu, Parlamentul romîn, S. 322. L. Catargiu bestand konsequenterweise auf einem Verfahren vor dem Kassationsgericht und richtete in diesem Sinne eine Petition an den Fürsten. Arh. Stat. Fond Regele Carol I, III/29, f. 126.

der Praktiken der Exekutive hätte den Blick grundsätzlich für deren Machtmechanismen schärfen und aus einer Position der Stärke heraus in eine stärkere Kontrolle der Exekutive münden können. Doch nicht die Änderung der Machtstruktur interessierte, sondern die Festigung der Macht der eigenen Partei. Zu diesem Zweck mussten die Konservativen von der politischen Bühne verbannt und dem Fürsten die Möglichkeit genommen werden, die Konservativen erneut in die Regierung zu berufen.[156] Der Untersuchungsausschuss verhinderte eher eine grundsätzliche Auseinandersetzung mit den Praktiken der Exekutive, verletzte selbst Rechtsnormen und seine Aktivitäten erschöpften sich in einer destruktiven Aggressivität gegenüber dem politischen Gegner. Man begnügte sich nicht mit der institutionellen Entfernung der Opposition, sondern verfolgte sie ideologisch und strafrechtlich in Kreuzzugsmanier mit dem Ziel, die Konservativen langfristig zu diskreditieren.

Maßgeblichen Anteil an dieser Polarisierung hatte der Kammerpräsident C. A. Rosetti, der wie kein anderer durch Wort und Schrift die öffentliche Meinung beeinflussen konnte. Seine Gegnerschaft zu den Konservativen war nicht nur politisch begründet, sondern prinzipiell-ideeller Natur. Sein Geschichtsverständnis prägte ein starker Dualismus zwischen Nation und Volk einerseits und Reaktion und Bojaren andererseits. Die Liberalen standen für Nation und Fortschritt, die Konservativen für Reaktion und Rückständigkeit. Die vollständige Identifikation der Liberalen mit der Nation bildete ein Credo für den „Romantiker des Liberalismus und der bürgerlichen Demokratie".[157] Rosetti lebte in und nach den Idealen der französischen Revolution und der Revolution von 1848, was auch seine Faszination und Glaubwürdigkeit unter der jungen Generation ausmachte. Leidenschaftlich und radikal setzte er sich für die Freiheit der Presse, des Wortes, von Versammlungen ein, die er durch die Konservativen bedroht sah. Den Fürsten hatte er früher beschuldigt, sich mit der alten Kamarilla von Cuza, nämlich General Florescu, Tell, Costaforu, N. Crețulescu umgeben zu haben, die ihn – wie früher Cuza – kompromittiert hätten.[158] Rosettis ideologische Gegnerschaft zu den Konservativen führte zu der politischen Überzeugung, dass die Bojarenschicht, die er weitgehend mit den Konservativen gleichsetzte – wobei er außer Acht ließ, dass sich auch die Liberalen aus dieser Schicht rekrutierten –, beseitigt werden müsste, um soziale Reformen und die Ideale der Revolution zu verwirklichen.[159]

Einerseits trug C. A. Rosetti zu einem demokratischen Bewusstsein der rumänischen Gesellschaft bei, da er in glaubwürdiger Weise diese Ideale verkörperte und sein Pathos und sein „verbaler Messianismus"[160] nicht nur leere Formeln darstellten, wie die Junimisten

156 Brătianu machte den Fürsten fast selbst für den Grad der Erbitterung gegen die Konservativen verantwortlich, da er nicht sofort die Liberalen an die Macht berufen habe: Aus dem Leben König Karls, 3, S. 52.

157 Bucur, C. A. Rosetti, S. 356. Allerdings erstreckte sich Rosettis Kampf um liberale Bürgerrechte nicht auf die Juden. Sein Schweigen in dieser Frage ist symptomatisch für den rumänischen Liberalismus.

158 Ibd., S. 264, Brief an den *Românul* vom 17.10.1872.

159 Ibd., S. 362.

160 Ibd., S. 369.

behaupteten,[161] andererseits verstärkte er die Tendenz, dem politischen und ideologischen Gegner eine Daseinsberechtigung als Opposition innerhalb der Verfassungsorgane abzusprechen. Rosettis Tragik bestand darin, dass ihm sein Idealismus den Blick auf politische Möglichkeiten verstellte, als er die Stellung des Parlaments hätte stärken können; als er sieben Jahre später die parlamentarische Basis grundlegend demokratisieren wollte, war dieser Moment vorbei.[162] Der politisch sehr hohe Stellenwert einer verbalen und publizistischen Opposition, woran Rosetti maßgeblichen Anteil hatte, konnte nicht in eine institutionelle Parlamentarisierung umgesetzt werden.

Auch dem Fürsten gelang es in der emotional aufgeputschten Anfangsphase der politischen Abrechnung nicht, einen mäßigenden Einfluss auszuüben. Andererseits war es symptomatisch, dass nach dem Erreichen eines emotionalen Sättigungsgrades das Interesse an dieser Angelegenheit wieder schnell verschwand. Zudem verlor der Untersuchungsausschuss seine Funktion als Instrument des Machterhalts während und nach dem russisch-türkischen Krieg, aus dem die Regierung und die Radikalliberalen gestärkt hervorgingen. Die Konservativen stellten zu dem Zeitpunkt keine Gefahr mehr für sie dar und die Radikalliberalen wandelten sich in die staatstragenden Liberalen. In dem akuten Stadium der außenpolitischen Krise übernahm die Exekutive mit dem Fürsten die Initiative und Führung. Die Chance einer Erweiterung der Kontrollfunktionen und der machtpolitischen Kompetenzen des Parlaments war wieder ungenutzt geblieben, da die Kammer als Herrschaftsinstrument einer Partei eingesetzt wurde. Die pathetischen Verfassungsbekenntnisse beruhten auf einer einseitig radikalliberalen Interpretation und grenzten den politischen Gegner aus.

6. Versuch einer Steuerung des liberalen Übergangs: die Rolle des Fürsten

Integration, Kontinuität und Ausgleich hießen die interdependenten Aufgaben für den Fürsten nach dem liberalen Regierungswechsel. Die Integration betraf sowohl die gegenseitige Annäherung zwischen dem Fürsten und den Liberalen, besonders den Radikalliberalen, als auch ihre – erneute – Eingliederung in das Regierungssystem. Kontinuität bezog sich auf die Fortführung des unter den Konservativen eingeschlagenen außen- und militärpolitischen Kurses, der Ausgleich schließlich zielte auf eine Minderung der parteipolitischen Spannungen und Leidenschaften im Gefolge der Ministeranklage. Soweit es ihm möglich war, bemühte sich der Fürst, in diesem Sinne auf die Liberalen Einfluss zu nehmen.

Grundvoraussetzung für die Zusammenarbeit bildete die Herstellung eines Vertrauensklimas zwischen dem Fürsten und den Liberalen, was sich nach den Jahren erbitterter Feindschaft und notorischen Misstrauens als nicht einfach erwies. Gleich nach dem

[161] Dobrogeanu-Gherea, C., Idealurile sociale şi arta, in: Studii critice, Vol. IV, Bucureşti 1925, S. 5ff., bes. S. 19.

[162] Bucur, C. A. Rosetti, S. 357.

Machtwechsel begann Carol, sich sukzessive mit den Führern der Liberalen zu treffen, die er teilweise seit mehreren Jahren nicht mehr gesehen hatte, so am 4./16. Mai 1876 mit D. Sturdza, dem er wegen seiner fanatischen antidynastischen Haltung in der Opposition Vorhaltungen machte, tags darauf mit Ion Ghica, das erste Mal nach fünf Jahren, am 8./20. Mai mit D. Brătianu und C. A. Rosetti.[163] Diese Begegnungen fanden kurz vor der Feier des zehnjährigen Thronjubiläums statt und waren auf beiden Seiten von dem Bemühen um Verständigung geprägt. Für beide besaß dieses Fest eine große Bedeutung: für den Fürsten stand der Versöhnungsaspekt im Mittelpunkt, für die Liberalen die Demonstration ihrer wiedererlangten Macht.[164] Die Treffen bildeten den Auftakt zu weiteren und setzten einen Annäherungsprozess in Gang, in dem das gegenseitige Misstrauen allmählich abgebaut wurde.[165]

Wenn sich auch die persönlichen Beziehungen zwischen den ehemaligen Gegnern besserten, so blieben bei Carol Zweifel über deren politische Kompetenz. Epureanu, Brătianu und Vernescu bezeichnete er als „unpractische Schwärmer"[166], kritisierte ihr nachgiebiges Verhalten gegenüber der Kammer und sah noch im Dezember 1876 den Sinn der liberalen Regierung in einem erwünschten Abnutzungseffekt der Radikalliberalen.[167] Ion C. Brătianu seinerseits beklagte sich über das mangelnde Vertrauen des Fürsten in ihn und in seine Partei.[168] Allein Kogălniceanu hielt der Fürst für einen fähigen Staatsmann und für den Kopf der Regierung, in dem er überdies den Garanten für die Kontinuität der Außenpolitik sah. Der Kontakt zu Kogălniceanu war im Gegensatz zu den anderen Politikern nie ganz abgebrochen worden, und der Fürst unterstützte ihn augenfällig, indem er ihn mit der Medaille „Bene merenti" auszeichnete (27.4./9.5.1876) und ihm 10000 Francs für eine Kur gab.[169] Die fürstliche Rechnung, mit Kogălniceanu die moderaten und konzilianten Kräfte im Kabinett und in der Kammer zu stärken und mit ihm ein Gegengewicht zu den Radikalliberalen zu schaffen, ging jedoch nicht auf. In der Regierung Ion C. Brătianu war Kogălniceanu nicht mehr vertreten – sehr zum

[163] Arh. Stat. Fond Regele Carol I, III/29, f. 71f. Das Treffen mit Ion Ghica bezeichnete Carol als „freundl. Konversation", während er bei D. Sturdza notierte: „Demétre Stourdza 2 Stunden bei mir, mit ihm zieml. ernst gesprochen." Aus dem Leben König Karls, 3, S. 29.

[164] Zu den Einzelheiten s. oben, S. 258f.

[165] So urteilte Carol z. B. über C. A. Rosetti, der am 4./16. Juli 1876 eine lange Audienz bei ihm hatte, dass dieser „ganz angenehm" gewesen sei. Arh. Stat. Fond Regele Carol I, III/29, f. 76.

[166] Arh. Stat. Fond Regele Carol I, V D 1848, Brief an den Vater v. 12./24.6.1876.

[167] Ibd., V D 1857, Brief an den Vater v. 12./24.12.1876: „Gerade heute müssen die Rothen an der Regierung gehalten werden um sich gründlich abzunutzen. Leider ist diese Mißwirthschaft für die Finanzen im höchste Grade ernst und fürchte ich daß wir einer Catastrophe entgegengehen."

[168] Din corespondenţa familiei Ion C. Brătianu, Vol. I, S. 160. Brief an seine Frau Pia, in dem es heißt: „Ich sage Dir heute nur soviel, dass ich für meine Person weder auf meine Kollegen zählen kann, noch auf den Staatschef, der kein Vertrauen zu mir und zu der Partei hat, zu der ich auch gehöre."

[169] Arh. Stat. Fond Regele Carol I, III/29, f. 71 und 75 (28.6./10.7.1876).

Leidwesen des Fürsten – wie auch alle anderen nicht radikalliberalen Minister, außer G. Vernescu, der politisch für die Radikalen keine Gefahr darstellte.

Die politische Zusammenarbeit mit dem neuen Ministerium Epureanu gestaltete sich von Anfang an schwierig. Ernste Differenzen zwischen dem Fürsten und einigen seiner Minister entstanden sofort über den Ratifikationsaustausch des Handelsvertrags mit Österreich-Ungarn, den jene in der Opposition abgelehnt hatten. Obwohl die Minister bei der Bildung des Kabinetts auf diese Bedingung Carols eingegangen waren, lehnten jetzt I. C. Brătianu und Vernescu den Vertrag ab und beschworen einen Konflikt mit Österreich-Ungarn herauf.[170] Der Widerstand beruhte vor allem auf wahltaktischen Überlegungen, da die Kammerwahlen bevorstanden und die Ablehnung des Handelsvertrags zu den zentralen Programmpunkten der Opposition gehört hatte.

Für den Fürsten aber stand die Glaubwürdigkeit und Berechenbarkeit der rumänischen Außenpolitik auf dem Spiel, und er war fest entschlossen, die Ratifikation unter allen Umständen zu erreichen. Sein Kompromissvorschlag, der von den Ministern angenommen wurde und der eine Verschiebung der Ratifikation vorsah, wurde jedoch von der unmissverständlichen Drohung Andrassys überholt, bei einem Scheitern des Ratifikationsaustausches die Verträge mit der Pforte auf Rumänien anzuwenden und diese Konsequenz sowohl Deutschland als auch Russland in ihren Verhandlungen mit Bukarest zu empfehlen.[171] Diesem Druck konnten sich die Minister nicht widersetzen, wollten sie nicht schwere außenpolitische Nachteile in Kauf nehmen, so dass sie der Ratifikation zustimmten. Carol feierte diesen Erfolg als einen persönlich errungenen „großen Sieg“, verschwieg aber den Anteil Österreich-Ungarns daran und lobte Kogălniceanu, der für die Annahme des Vertrags plädierte, als einer von der alten Regierung eingegangenen internationalen Verpflichtung, die die neue Regierung übernehmen müsse.[172] Dasselbe galt für die Handelskonvention mit Russland, ebenfalls noch von der konservativen Regierung abgeschlossen, für deren parlamentarische Verabschiedung Kogălniceanu eintrat und die auch votiert wurde.[173]

So konnte die Kontinuität der Außenpolitik, wenn auch gegen einige Widerstände, gewahrt werden. Das galt zunächst ebenfalls für die Aufrechterhaltung der Neutralität in der orientalischen Krise, auch wenn Kogălniceanu mit seiner Note vom 25.6./7.7.1876 an den türkischen Außenminister Savfet Pascha eine offensive Haltung annahm und – quasi

[170] Ibd., f. 73. Anlass zu dem Streit gab die Interpretation des Artikels VI, der Meistbegünstigungsklausel, inwieweit in Abwesenheit von Handelsverträgen mit anderen Ländern Begünstigungen für diese Länder, die sich aus Verträgen mit der Pforte ergeben und auf Rumänien angewendet werden, auch Österreich-Ungarn zugute kämen. Diese Auslegung wurde rumänischerseits abgelehnt. Bindreiter, Die diplomatischen und wirtschaftlichen Beziehungen, S. 170.

[171] Ibd., S. 170 mit dem Text der Note von Andrassy an Calice v. 31.5.1876 (n.St.) Arh. Stat. Fond Regele Carol I, III/29, f. 73 (19./31.5.1876).

[172] Ibd., V D 1848. Brief an den Vater v. 12./24.6.1876. Bălăceanu, als Agent in Wien tätig, rechnete es sich wieder einmal als eigenes Verdienst an, die österreichisch-rumänischen Beziehungen gerettet zu haben. B.A. Arhiva Bălăceanu, Souvenirs politiques, S. 170.

[173] Kogălniceanu, Opere, IV, orat. II, part. IV, S. 209ff.

als Belohnung für die rumänische Neutralität – auf die Anerkennung der bekannten rumänischen Forderungen drängte, die von einer Unabhängigkeit nur schwer zu unterscheiden waren.[174] Doch änderte das grundsätzlich nichts daran, dass man im Sommer 1876 kein klares Konzept über das eigene Vorgehen in der Orientkrise und über die Opportunität eines Eingreifens in den Krieg besaß, so dass der Neutralitätskurs beibehalten wurde, der ein Abwarten der weiteren Entwicklung mit einer für Rumänien günstigen Gelegenheit gestattete. Die Note von Kogălniceanu blieb daher vorerst ohne Folgen, und der Neutralitätskurs wurde von seinem Nachfolger noch stärker akzentuiert.

Bei anderen Streitpunkten konnte sich der Fürst indes nicht durchsetzen. Das betraf z. B. eine neue finanzielle Regelung zwischen der Regierung und Crawley, um die Finanzierung der Predealbahn zu sichern, für die der Regierung das Geld fehlte. Diese Neuregelung wurde von der Kammer abgelehnt und eine erneute Überprüfung des Preis-Leistungsverhältnisses der von Crawley gelieferten Arbeiten gefordert. Die Ablehnung hatte zur Folge, dass eine Regelung überhaupt ausblieb und Crawley in Ermangelung des Geldes die Arbeiten einstellen musste. Erst im Sommer 1877 wurde diese Frage mit der Auflösung der Konzession und einer Entschädigungszahlung an Crawley endgültig gelöst.[175] Auch im Konflikt mit Crawley zeigte sich das alte Verhaltensmuster in den Beziehungen zwischen Parlament und Regierung, dass sich nämlich eine Regierung mit ihren Lösungsvorschlägen in einer Eisenbahnfrage kaum durchsetzen und das Drängen des Fürsten wenig bewirken konnte. Bei Crawley wirkten sich seine offenen Bestechungspraktiken beim Zustandekommen der Konvention verstärkt negativ aus, die der neuen Kammer die moralische Berechtigung zur Überprüfung einer skandalösen, überteuerten Konzession gaben.

Vor allem scheiterte der Fürst aber mit seinem Bemühen, die Anklage gegen die Konservativen zu verhindern. Seit dem Antrag von N. Fleva, die konservativen Minister durch die Kammer unter Anklage zu stellen, verging kein Tag, ohne dass sich Carol energisch für seine früheren Minister einsetzte und immer wieder auf die Verfassungswidrigkeit eines solchen Vorhabens aufmerksam machte.[176] Sowohl ein Gefühl der Solidarität als auch die Sorge um die politische Stabilität bewegten ihn, alles zu unternehmen, um eine

[174] Independenţa României, Documente, IV, S. 109ff. Der Note wurde ein umfangreiches Mémoire beigefügt, das die rumänischen Forderungen ausführlich begründete. Diese waren: I. Reconnaissance de l'individualité de l'Etat roumain et de son nom historique. II. Admission du Représentant de Roumanie dans le Corps diplomatique. III. Régularisation de la position des sujets roumains établis en Turquie et reconnaissance de la juridiction des Agents de Roumanie sur leurs conationaux. IV. Inviolabilité du territoire roumain et délimitation des îles du Danube. V. Conclusion avec la Turquie de Convention de commerce, d'extradition des malfaiteurs, postale et télégraphique. VI. Reconnaissance du passeport roumain et abstention des Consuls turcs de s'immiscer dans les affaires concernant les Roumains à l'étranger. VII. Fixation de la frontière entre la Roumanie et la Turquie aux embouchures du Danube en prenant pour base le thalweg de ce fleuve. (S. 111). Ausführlich zu diesem Komplex siehe nächstes Kapitel, ab S. 377.

[175] Maier, Rumänien, S. 233ff. Nicolescu, Parlamentul romîn, S. 242f.

[176] Arh. Stat. Fond Regele Carol I, III/29, f. 76. Aus dem Leben König Karls, 3, S. 49f.

strafrechtliche Verfolgung der Minister zu vereiteln.[177] Er verfügte jedoch über wenige Druckmittel: seiner vagen Androhung mit Abdankung fehlte die nötige Substanz, und eine Kammerauflösung hätte die politischen Spannungen noch weiter eskalieren lassen.[178]

Mit dem Rücktritt der Regierung Epureanu am 23.7./4.8.1876 aufgrund des Kammervotums, einen Untersuchungsausschuß mit juristischen Kompetenzen einzusetzen, wurde ein erstes politisches Ziel der tonangebenden Radikalliberalen erreicht: die gemäßigten Mitglieder, außer Vernescu, verließen die Regierung, der vom Fürst bevorzugte und vom Parlament beargwöhnte Kogălniceanu musste sein Amt aufgeben.

Der Fürst hatte anfänglich zwischen Brătianu und Kogălniceanu als neuem Regierungschef geschwankt: seine persönliche Präferenz lag eindeutig bei Kogălniceanu, doch nach den üblichen Konsultationen mit dem Senatsvizepräsidenten Ion Ghica und dem Kammerpräsidenten C. A. Rosetti, die beide für Brătianu eintraten, entschied sich der Fürst, den letzteren mit der Regierungsneubildung zu beauftragen.[179] Er hatte angesichts der parlamentarischen Mehrheitsverhältnisse auch keine andere Wahl. Brătianu besetzte nur drei Ressorts neu: N. Ionescu, der Führer der Moldauer Fraktion, übernahm das Äußere, der Radikalliberale Stătescu Justiz und schließlich D. A. Sturdza die Öffentlichen Arbeiten, während Brătianu (Finanzen), Vernescu (Inneres) und Oberst Slăniceanu (Krieg) ihre Ämter behielten. Der Kabinettsumbildung lag eine Neuverteilung der Repräsentation der Gruppen zugrunde, die den Radikalliberalen näher standen; von einer Homogenisierung kann jedoch nur bedingt gesprochen werden, da sich innerhalb der Regierung sehr bald Unterschiede in wichtigen politischen Fragen zeigten. Die neue Regierung sah sich als „treuen Ausdruck der parlamentarischen Erfordernisse" und kündigte eine Fortsetzung der liberalen Politik an.[180]

Hatte sich der Fürst parlamentarischem Druck gebeugt und lief er wirklich Gefahr, zu einer „constitutionellen Fiktion" zu werden, wie der neue deutsche Generalkonsul, von Alvensleben, eine Bewertung von Nicolae Ionescu aufnehmend, befürchtete?[181] In den Äußerungen von Alvensleben, der dem Fürsten bescheinigte, sich „streng auf constitutionellem Boden bewegt" zu haben, indem er das Kabinett aus der Majorität der Kammer entnahm, spiegelte sich eine interessante Wahrnehmungslogik wider, die in der Rhetorik von Diplomaten, aber auch von rumänischen Politikern anzutreffen war. Streng konstitutionell vorzugehen, hieße demnach, sich nach den Kammermehrheiten zu richten,

177 P.A. I.A.B.q. Türkei 24, Vol. 54, Alvensleben v. 31.6.1876 (Nr. 102).

178 Siehe oben, S. 347.

179 Arh. Stat. Fond Regele Carol I, III/29, f. 77, Carol vermerkt dabei: „Cogalicéno bleibt leider draußen." (24.7./5.8.). P.A. I.A.B.q. Türkei 24, Vol. 54, Alvensleben v. 8.8.1876 (Nr. 107. Durch sichere Gelegenheit). Nach Alvensleben war der heftige Widerstand der Moldauer Fraktion gegen Kogălniceanu ausschlaggebend für den Verzicht Brătianus, diesen zu berufen.

180 Ibd., Anlage zum Bericht Nr. 107 von Alvensleben v. 8.8.1876 (Durch sichere Gelegenheit).

181 Ibd.

was nach dem Gedankengang von Alvensleben zu einer „constitutionellen Fiktion" des Fürsten führen müsse. Umgekehrt ausgedrückt, hätte dieser also inkonstitutionell vorgehen müssen, um konstitutionelle Realität zu werden. Alvensleben verwechselte einmal Ursache und Wirkung und verriet zudem seine Unkenntnis des Verfassungstextes. Er besaß in seinem Bewusstsein die Vorstellung von einem parlamentarischen Ursprung einer Regierung, was der Verfassung angeblich mehr entspräche als die fürstliche Ernennung. Von ihm negativ beurteilt, wurde derselbe Tatbestand von den Liberalen positiv bewertet. Übersehen wurde von beiden Seiten das entscheidende Faktum, dass der Fürst den Machttransfer gesteuert hatte und dass jetzt die politischen Vorgänge mit einer voraussehbaren Konsequenz abliefen, auf die der Fürst wie im Falle der Ministeranklage in der Tat wenig Einfluss nehmen konnte, die aber seine institutionelle Machtposition nicht tangierten. Das Parlament hatte seine Existenz der Entscheidung von Carol zu verdanken, die Opposition an die Regierung zu berufen, womit er die weitere Entwicklung vorprogrammierte. Ob er seine Regierung aus Kammermehrheiten nahm oder nicht, hatte für die Konstitutionalität seiner Entscheidungen keine Bedeutung, da die Verfassung ihm freie Hand ließ. Die „constitutionelle Fiktion" sagte mehr über das neue Selbstbewusstsein der Kammer aus als über die realen Machtgegebenheiten, die die Kammer unangetastet ließ, wie oben an dem Schicksal der Untersuchungskommission bereits ausgeführt wurde.

Epureanu hatte eine Übergangsfunktion besessen, um die Neuwahlen durchzuführen und die Handelsverträge mit Österreich-Ungarn und mit Russland ratifizieren und verabschieden zu lassen. Eine eigene Mehrheit im Parlament besaß er nicht und war auf das Wohlwollen der radikalliberalen Mehrheit angewiesen. Wie die Vergangenheit gezeigt hatte, konnte eine Regierung mit Aussicht auf Erfolg nur dann regieren und sich durchsetzen, wenn sie über eine Mehrheit im Parlament verfügte, die kompakt genug war, um die ständigen Verluste durch Abweichler, Abspaltungen und Fraktionsbildungen aufzufangen. Epureanus Zeit als Regierungschef war von Anfang an nicht lang bemessen gewesen, auch vom Fürsten nicht. Sein geringer Einfluss in der Kammer hätte früher oder später zum Rücktritt geführt – in der Tat wollte er bereits aufgrund von Differenzen mit Brătianu wegen des Crawley-Abkommens demissionieren –[182], die Ministeranklage gab nur den letzten Anstoß dazu. Da Alvensleben die Ursachen der politischen Lage außer Acht ließ, nahm seine Optik die falschen Probleme wahr.

Dasselbe gilt für seine Verschwörungstheorie in Bezug auf Ion Ghica, dessen unheilvollen Einfluss er überall am Werke sah mit dem Ziel, die politische Lage zu destabilisieren, um den Fürsten zu stürzen und dessen Platz einzunehmen.[183] Alvensleben übernahm ungeprüft die alten Denkmuster der deutschen Diplomatie, die seit den Skandalen vom

[182] Arh. Stat. Fond Regele Carol I, III/29, f. 75. Wahrscheinlich sollte bereits die Crawley-Angelegenheit einen ersten Hebel zur Entmachtung von Epureanu bilden. Epureanu war für die Verhandlungen zuständig, sah sich aber immer wieder durch Brătianu blockiert, der an einer Verständigung mit dem Unternehmer nicht interessiert war. (29.6./11.7.1876).

[183] P.A. I.A.B.q. Türkei 24, Vol. 55, Alvensleben v. 29.9.1876 (Nr. 130. Ganz vertraulich).

März 1871 in Ion Ghica und seinen Parteifreunden, wie auch in den Radikalliberalen, die gefährlichsten Feinde der Hohenzollerndynastie sahen, so dass ihre Ernennung zu Ministern den Untergang der Dynastie heraufbeschwor. Selbst die Annäherung zwischen dem Fürsten und Ion Ghica beurteilte er unter dem Gesichtspunkt eines taktischen Manövers. Sein vertraulicher Bericht von Ende September 1876 war voller Stereotypen und Vorurteile, die seine geringe Kenntnis von der rumänischen Politik und der Mentalität der Politiker verrieten. So verwechselte er die instrumentell geprägte Opposition der Radikalliberalen mit einer fundamentalen gegen den Fürsten,[184] den Einfluss von Ion Ghica überschätzte er maßlos, ebenso wie dessen Übereinstimmung mit den Radikalliberalen. Die Lage von 1876 hatte sich im Vergleich zu der von 1871 grundlegend geändert, was die Stabilität der fürstlichen Position betraf. Die Berufung der liberalen Opposition hatte nicht zu einem Machtverfall des Fürsten geführt, sondern im Gegenteil zu einer Festigung seiner Macht.[185]
Das verhinderte dennoch nicht, dass die Ministeranklage die innenpolitischen Spannungen im Verlaufe des Jahres 1876 weiter anheizte, ungeachtet der wachsenden außenpolitischen und finanziellen Krisen, die das Land zunehmend in Bedrängnis brachten. Hausdurchsuchungen bei ehemaligen Präfekten und Beschlagnahmungen im Auftrag des Untersuchungsausschuses im September 1876 führten zu einem ersten Höhepunkt in den Auseinandersetzungen.[186] Der Fürst wurde in Verkennung seiner Einflussmöglichkeiten von vielen Konservativen persönlich für die Verfolgung verantwortlich gemacht und zur Adresse ihres Protestes.[187] So beschwerte sich L. Catargiu über die Verhaftung seines Schwagers, eines ehemaligen Präfekten, und forderte den Fürsten auf, dessen Freilassung zu veranlassen. Er schloss mit den Worten:
„Lassen Sie es nicht zu, Eure Hoheit, dass man seinen Spott mit Leuten treibt, die Euch mit soviel Aufopferung gedient und den Thron gerettet haben, als die Revolution in den Straßen herrschte. Ich habe nicht erwartet, nach so vielen Opfern, die ich dem Land und Eurer Hoheit gebracht habe, so grausam geschlagen zu werden."[188]
Die Klage von Catargiu, Ungerechtigkeit und Undank zu erleiden, gab einer weit verbreiteten Stimmung unter den Konservativen Ausdruck;[189] nur die Junimisten fassten

184 Ein Gespräch mit dem neuen Außenminister, N. Ionescu, hätte Alvensleben eigentlich lehrreiches Anschauungsmaterial über die Fähigkeit zu politischem Denkwandel und Flexibilität rumänischer Politiker geben können. Ibd., Vol. 54, Alvensleben v. 9.8.1876 (Nr. 109. Durch sichere Gelegenheit).

185 Ibd., Vol. 55, Alvensleben v. 19.9.1876 (Nr. 123) über ein Gespräch des österreichisch-ungarischen Generalkonsuls Calice mit dem Fürsten, der sich über die innere Lage seines Landes sehr beruhigt zeigte und keine Änderung der Regierung vorhatte.

186 Aus dem Leben König Karls, 3, S. 59. P.A. I.A.B.q. Türkei 24, Vol. 55, Alvensleben v. 19.9. 1876 (Nr. 123).

187 Ibd. Arh. Stat. Fond Regele Carol I, III/29, f. 78 (11./23.8.1876): „General Florescu bei mir, beklagt sich bitter über die ungerechten Anschuldigungen."

188 Arh. Stat. CR 5/1876, f. 1, Telegramm Catargius an den Fürsten, 10.6.1876.

189 Arh. Stat. Fond Regele Carol I, III/29, f. 85 (18./30.11.1876).

die ganze Angelegenheit als Farce auf und machten sich darüber lustig.[190] Die generelle Haltung sowohl der Konservativen als auch der Liberalen, den Fürsten persönlich für politische Handlungen von Regierung und Parlament verantwortlich zu machen, zeigte, wie schwer es der politischen Elite noch immer fiel, der gewandelten Stellung des Fürsten Rechnung zu tragen. Ihr Verhalten war vom verfassungsrechtlichen Standpunkt anachronistisch.[191] Man hatte es nicht mehr mit einem absolut regierenden Fürsten zu tun, der selbstherrlich Entscheidungen treffen konnte, sondern mit einem, der selbst in ein System konstitutioneller und politischer Abhängigkeiten eingebunden war und der in diesem Fall höchstens informell eingreifen konnte. In seinen Beziehungen zu den rumänischen Politikern musste Carol diese immer wieder an deren politische Verantwortung erinnern und sich den ständigen Versuchen einer Identifizierung von Fürst und – jeweiliger – Regierungspartei entziehen.

Die Ministeranklage bildete den ersten Testfall für den Fürsten, in welchem Maße er seine Stellung über den Parteien behaupten konnte. Da seine Proteste und Drohungen keine Wirkung zeigten bzw. sich als unpraktikabel erwiesen, stellte er sich auf die gegebene Lage ein. Er änderte seine Taktik, um zum einen seine Unabhängigkeit gegenüber den Radikalliberalen unter Beweis zu stellen, zum andern, um auf dem Weg informeller Einflussnahme die Einstellung des Prozesses zu erreichen. So empfing er weiterhin Konservative – besonders der frühere Kriegsminister, General Florescu, ein Intimfeind der Radikalliberalen, war ein häufiger Gast –, unterstützte sie[192] und provozierte ganz gezielt die Radikalliberalen, als er zu einem offiziellen Essen zu Ehren des russischen Generalkonsuls, Baron Stuart, neben dem amtierenden Außen- und Kriegsminister auch deren konservative Vorgänger, General Florescu und Boerescu, die unter Anklage standen, einlud.[193] Die heftigen Proteste seines Kabinetts ließen den Fürsten kalt, wie er überhaupt mit diesem und vor allem mit Brătianu wegen vieler unerledigter Geschäfte äußerst unzufrieden war.[194] Carol schien daher wieder an Glaubwürdigkeit bei den Konservativen

190 Ibd., f. 90 (8./20.1.1877).

191 Man beachte, dass Catargiu sein Anliegen nicht als Bitte vortrug, sondern als eine ihm zustehende und legitime Forderung. Arh. Stat. Fond Regele Carol I, III/29, f. 126 (10./22.2.1878): „L. Catargiu richtet eine Petition an mich, in der er verlangt, jetzt noch vor den Cassations-Hof geschickt zu werden. – Die Konservativen machen mich verantwortlich für die Verfolgung der Rothen."

192 Arh. Stat. Fond Regele Carol I, III/29, f. 94. Mavrogheni gab er 15 000 Francs, als dieser sich in einer finanziellen Notlage befand (26.2./10.3.1877).

193 Ibd., f. 86 (2./14.12.1876). Da es sich um einen ausländischen Vertreter handelte, konnten die amtierenden Minister nicht absagen. Aus dem Leben König Karls, 3, S. 81.

194 Arh. Stat. Fond Regele Carol I, III/29, f. 86, „10 Uhr Stourdza bei mir, der Außer sich ist wegen der Einladung von Florescu etc. zu Tisch. sagt daß die Kammer sehr iritirt (?) – ich ihm erklärt daß mir die Sache sehr gleichgültig wäre." (4./16.12.1876). Ibd., V D 1857. Brief v. 12./24.12.1876 an den Vater: „Brătianu der immer moralisch u. physisch krank ist, beherrscht nicht mehr seine Partei, die sich allerhand Ausschreitungen erlaubt und in ihrem Haße gegen die früheren Minister, die viele von den heutigen Deputirten für Preßvergehen u.s.w. haben einsperren lassen, so weit geht, daß noch ein großer Scandal zu befürchten ist. Ich habe mich mit aller Energie in's Mittel gelegt und mit Minister-Wechsel, Kammer-

zu gewinnen, wie eine Episode mit dem früheren Justizminister, Al. Lahovary, zeigte, der nach einer ostentativen Verweigerung, den Fürsten zu grüßen, nach einem Monat den Gruß wieder aufnahm.[195]
Neben der Demonstration seiner Unabhängigkeit war Carol vor allem darum bemüht, jede weitere Aufregung im Zusammenhang mit der Arbeit des Ausschusses zu vermeiden. Er empfahl den angeklagten Ministern, den Vorladungen vor den Untersuchungsausschuss freiwillig, d. h. ohne den angedrohten polizeilichen Zwang, Folge zu leisten, woran sich aber nicht alle hielten.[196] Gleichzeitig suchte Carol Einfluss auf den Justizminister, E. Stătescu, zu nehmen und ihn zu einer Einstellung des Prozesses zu bewegen. Stătescu zeigte sich dieser Einflussnahme zugänglich, doch hing eine Lösung nicht von ihm ab. Überdies trat er bereits am 27.1./8.2.1877 von seinem Amt zurück.[197] Die Entscheidung über eine Einstellung des Prozesses lag beim Kammerpräsidenten C. A. Rosetti und bei Ion Brătianu, die beide an der Fortsetzung der Untersuchungen interessiert waren, auch wenn Zweifel daran bestehen, ob sie es wirklich zu einem ordentlichen Prozess vor dem Kassationsgericht kommen lassen wollten.[198] Eine letzte Intervention des Fürsten zugunsten seiner früheren Minister scheiterte, als er vier Tage nach Beginn des türkisch-russischen Krieges und des russischen Einmarsches in Rumänien C. A. Rosetti bat, die Ministeranklage als Zeichen der nationalen Versöhnung fallenzulassen. Die Weigerung Rosettis „verstimmte" den Fürsten sehr,[199] doch besaß sie schon keine Bedeutung mehr, da von nun an der Krieg die politische Tagesordnung beherrschte und die Ministeranklage in den Hintergrund geriet.
Die Bemühungen des Fürsten um eine Verminderung der politischen Spannungen und einen Abbau der Gegensätze hatten nur wenig Erfolg gehabt. Dennoch gelang es ihm, eine neutrale Position im Parteienstreit zu bewahren und seine Unabhängigkeit zu sichern.[200] Die Konservativen hatten weiterhin Zugang zu ihm und konnten, wenn auch nicht auf seine politische, so doch auf seine moralische Unterstützung rechnen, andererseits wies er Radikalliberale, die ihn bekämpft hatten, nicht mehr ab und akzeptierte sie als Minister.[201] Nicht Konfrontation, sondern Integration und Ausgleich von Gegen-

Auflösung u.s.w. gedroht, nur würde diese Maßregel augenblicklich schlimme Folgen haben können."

195 Arh. Stat. Fond Regele Carol I, III/29, f. 85 (24.11./6.12.1876) und f. 89 (20.12.1876/1.1.1877).

196 Ibd., f. 87 (13./25.12.1876).

197 Ibd., f. 85 (23.11./5.12.1876) und f. 86 (30.11./12.12.1876).

198 Nach Bălăceanu, der sich mit seinen früheren konservativen Kollegen solidarisch erklärte, habe sich Brătianu in seinem Namen und in dem seiner Partei dafür verbürgt, dass der begonnene Prozess nicht weitergeführt werden würde. Erst nach dieser Versicherung habe Bălăceanu den Posten eines Agenten in Wien angenommen. B. A. Arhiva Bălăceanu, Souvenirs politiques, S. 167.

199 Arh. Stat. Fond Regele Carol I, III/29, f. 97 (15./27.4.1877). Aus dem Leben König Karls, 3, S. 136. Die Ablehnung Rosettis wird im Tagebuch nicht erwähnt.

200 Vgl. auch Maier, Rumänien, S. 452.

201 Arh. Stat. Fond Regele Carol I, III/29, f. 91 (20.1./1.2.1877): „11 1/2 Uhr Bratiano mit J. Campineano bei mir, den ich seit Jahren nicht mehr gesehen u. der in einer persönl. Opposi-

sätzen bestimmten sein Handeln. Konservative und Liberale wurden im Gegensatz zu früher nicht mehr von ihm ausgeschlossen, er ließ sich aber auch nicht mehr von ihnen vereinnahmen. Das bekamen die Radikalliberalen mit Ion C. Brătianu zu spüren, die versuchten, ähnlich wie 1867/68 einen bestimmenden Einfluss über den Fürsten zu gewinnen, was ihnen nicht mehr gelang.[202]

Die Liberalen hielten ihre Regierungsmacht im Sommer und Herbst 1876 noch nicht für gesichert, und dieses Gefühl der Unsicherheit bestimmte ihr Verhältnis zum Fürsten. Die Ministeranklage erwies sich jedoch in dieser Hinsicht als das falsche Instrument zur Machtsicherung. Beim Fürsten überwogen die Zweifel an der Regierungsfähigkeit der Liberalen, im Ausland, wo die Konservativen hohes Ansehen genossen, fand man die Befürchtungen gegenüber den Liberalen bestätigt und begegnete dem neuen Ministerium mit Misstrauen.[203] Auch zeichnete sich bald ab, dass die Ministeranklage trotz Versuchen von Einflussnahmen selbst bei einem liberalen Justizapparat juristisch und politisch nicht durchsetzbar war.[204] Ihre Funktionen richteten sich denn auch eher auf die Liberalen selbst: jene bestanden in einem psychologischen Moment des Abreagierens der aufgestauten emotionalen und politischen Frustration gegenüber den Konservativen,[205] in einer Einigung und Festigung der liberalen Gruppen unter Führung der Radikalliberalen, die dafür ein gemeinsames Feindbild brauchten, und in einer Homogenisierung, indem nach und nach die den Radikalliberalen nicht nahe stehenden Politiker ausgegrenzt wurden. Das verfolgte Ziel, die Konservativen langfristig von der Regierungsmacht

tion gegen mich war. – Er soll jetzt Minister werden, ich nehme ihn an, denn ein Fürst muß selbst seinen Gegner u. Feinden verzeihen."

202 Ibd., f. 86 (26.11./8.12.1876): „Vormittags Bratiano bei mir, er ist immer etwas Utopist, er will, daß ich mich ganz in die Arme seiner Parthei werfe.", und am 6./ 18.12.1876 notiert Carol: „Bratiano bei mir, der sein Ministerium modificiren möchte, er will aber nicht sein Programm vorlegen, ich soll ihm unbedingtes Vertrauen schenken."

203 Stellvertretend dazu die Audienz von Bălăceanu bei Andrassy und beim österreichischen Kaiser, die beide das Thema zur Sprache brachten. B.A. Arhiva Bălăceanu, Souvenirs politiques, S. 169f. (125f.); Netea, C. A. Rosetti, S. 314f. P.A. I.A.B.q. Türkei 24, Vol. 55, Alvensleben v. 5.10.1876 (Nr. 137. Vertraulich).

204 So gewann der ehemalige Präfekt von Iaşi einen Revisionsprozess gegen die Hausdurchsuchungen. Ibd., Alvensleben v. 3.11.1876 (Nr. 164). In der Begründung des Urteils hieß es, dass der Untersuchungskommission die Bestätigung der verfassungsmäßig vorgesehenen drei Faktoren der Staatsgewalt fehle. Auch der Versuch, über Budgetkürzungen einige der unabsetzbaren Richterstellen am Kassationshof zu streichen, um auf diesem Weg eine Verurteilung der Minister zu erreichen, war nicht durchsetzbar, da dieses die Rechte der Garantiemächte verletzte. Ibd., Vol. 56, Alvensleben v. 14.12.1876 (Nr. 190). Arh. Stat. Fond Regele Carol I, III/29, f. 86 (26.11./8.12.1876) Carol nannte diesen Versuch eine „Infamie". Maiorescu, Istoria contemporană, S. 98ff.

205 Aus dem Leben König Karls, 3, S. 49. Carol dürfte im Übrigen die Meinung seines Vaters geteilt haben, der ihm schrieb: „Während manche sich über den Grad der Hitze, in die Senat und Kammer geraten sind, ängstigen, gehöre ich zu den wenigen, die gerade in der excessiven Leidenschaft und dem parlamentarischen Machttaumel der Deputierten die Remedur für baldige Rückkehr zu vernünftigen Zuständen erkennen wollen." Ibd., S. 55 (10./22.8.1876). Maiorescu, Istoria contemporană, S. 85.

auszuschließen, konnte mit der Ministeranklage nicht erreicht werden. Dass dennoch eine zwölfjährige Regierungszeit der Liberalen unter Ion C. Brătianu folgte, lag an der Bewältigung der politischen Probleme im Gefolge des Krieges und der Unabhängigkeit, die die liberale Regierung stabilisierte. Im Gegensatz zu der Auffassung einiger Historiker und Zeitgenossen hatte die orientalische Krise für die Berufung der Liberalen zur Regierung im April 1876 keine Rolle gespielt.[206] Es lagen ihr ausschließlich innenpolitische Motive zugrunde. Zu dem Zeitpunkt besaßen weder der Fürst noch die Liberalen einen Aktionsplan für die sich zuspitzende außenpolitische Lage, in der sie immer wieder neu auf geänderte Bedingungen reagieren mussten. Die durch die Ministeranklage hervorgerufenen innenpolitischen Turbulenzen verblassten schließlich mit dem Beginn des russisch-türkischen Krieges im April 1877, der ungleich ernstere Probleme für das Land mit sich brachte.

[206] Maiorescu war einer der ersten, die diese Meinung vertraten: Istoria contemporană, S. 83. Damé, Histoire de la Roumanie, S. 264ff. Burks, R. V., Romania and the Balkan Crisis of 1875-8, in: JCEA 2, 1942, S. 122.

1881

Sie sind für mich der höchste Ausdruck
der rumänischen Nationalität.
(I. C. Brătianu)[1]

10. Mai 1866 – 10. Mai 1877 – 10. Mai 1881. Der zehnte Mai (*zece mai* auf rumänisch) des gregorianischen Kalenders wurde zum Nationalfeiertag des monarchischen Rumänien und symbolisierte die wichtigsten Daten seiner Geschichte unter Bezugnahme auf den Einzug Carols in Bukarest am 10./22. Mai 1866. Elf Jahre nach seinem Amtsantritt erklärte sich das Land für unabhängig, fünfzehn Jahre nach der Thronbesteigung wurde mit einem nationalen Fest die Proklamation zum Königreich gefeiert, die bereits am 14./26. März 1881 in einem gemeinsamen Antrag von beiden Häusern des Parlaments einstimmig beschlossen worden war. Alle drei Entscheidungen: die Wahl eines ausländischen Fürsten, die Unabhängigkeit und die Ausrufung zum Königreich hatten die Rumänen selbst getroffen, ohne die Einwilligung der Großmächte und gegen den Widerstand zumindest einer von diesen. Den rumänischen Politikern war es immer wieder gelungen, unter Ausnutzung der internationalen Lage Fakten zu schaffen, die nicht mehr rückgängig gemacht werden konnten. Die unbestreitbaren Erfolge, nicht zuletzt auch die militärischen im Krieg gegen das Osmanische Reich, gaben dem nationalen Selbstwertgefühl und dem Nationalstolz großen Auftrieb und eine Wirksamkeit, die bis heute anhält.
Dabei fielen diese Entscheidungen in Augenblicken großer Unsicherheit, gekennzeichnet von Gefühlen der Bedrohung, so dass sie als Präventivmaßnahmen Schutzfunktionen erhielten: 1866 musste man die Union durch die schnelle Wahl eines ausländischen Fürsten sichern, 1877 stand die russische Armee im Land, und man sah sich der Gefahr ausgesetzt, wie eine besetzte Provinz behandelt zu werden und die Unabhängigkeit aus russischen Händen und zu russischen Bedingungen entgegennehmen zu müssen, 1881 bildete die Ermordung des Zaren Alexander II. (1./13.3.1881) ein auslösendes Moment für die beschleunigte Ausrufung zum Königreich, weil man auch aus Furcht vor unkalkulierbaren Folgen auf die europäische Politik die eigene Stellung sichern wollte.
Die Königreichsproklamation 1881 besiegelte zum einen die endgültige Etablierung und Konsolidierung des Fürsten und seiner Dynastie, nachdem zuvor die hohenzollernsche-sigmaringische Familie die in der rumänischen Verfassung verankerte Erbnachfolge als für sich bindend anerkannt hatte. Da das Fürstenehepaar nach dem Tod seiner einzigen Tochter Marie 1874 kinderlos geblieben war und wenig Hoffnung auf einen natürlichen Thronerben bestand, bildete die Regelung der Erbnachfolge die Voraussetzung der Kö-

1 Arh. Stat. CR 4/1879, f. 2f. Ion C. Brătianu an Carol v. 24.10./5.11.1879.

nigsproklamation, da mit der Anerkennung der rumänischen Verfassungsbestimmungen durch die Hohenzollernfamilie die Dynastie und die Monarchie gesichert wurden. Die Stabilität des Landes sahen die rumänischen Politiker, auf deren Drängen die Erbregelung zustande gekommen war, unlösbar mit der Stabilität der Dynastie verbunden. Der Fürst seinerseits hatte sich mit seinen politischen und militärischen Erfolgen endgültig legitimiert und bewiesen, dass er die Funktionen, für die er 1866 ins Land gerufen worden war, erfüllen konnte: Regelung und Ausgleich von konkurrierenden Machtansprüchen der politischen Parteien im Innern, Wahrung der außenpolitischen Sicherheitsinteressen und Prestigeerhöhung des Staates nach außen.

Zum anderen markierte die Ausrufung zum Königreich eine staatsrechtlich-ideologisch wichtige Zäsur für die Rumänen: man hatte den Anschluss an das „entwickelte" Europa erreicht und wurde als Königreich zu einem gleichberechtigten Mitglied in der europäischen Staatengemeinschaft, das nicht mehr als Objekt und politische Verhandlungsmasse behandelt werden konnte. Die Angleichung an das Vorbild Westeuropa, das seit Beginn der rumänischen Nationalbewegung deren Ziele und Handlungsweisen bestimmt hatte, war im staatsrechtlich – institutionellen Bereich am schnellsten gelungen, während der wirtschaftliche und soziale seine eigentümliche Entwicklung beibehielt. Dabei sollte nicht übersehen werden, dass zu diesem Prozess der Anpassung an Europa auch die Wahrnehmung der anderen, der entwickelten Länder, gehörte: man erkannte das als ebenbürtig, als gleichberechtigt an, was einem selbst gleich oder ähnlich war. Das Wissen um diese Perzeption hatte bewusst oder unbewusst auch die rumänischen Politiker bestimmt, die Modernisierung ihres Landes auf allen Gebieten, besonders aber auf der nationalstaatlichen Ebene, voranzutreiben, um die Anerkennung einer gleichberechtigten Stellung zu erreichen.

In dem Antrag, mit dem General D. Lecca am 14./26. März 1881 die Ausrufung des Königreichs begründete, wurde sowohl die innen- wie die außenpolitische Bedeutung dieses Aktes sichtbar:

„Pour fortifier aussi davantage la stabilité et l'ordre et donner ainsi encore une garantie que la monarchie roumaine, se trouvant dans les mêmes conditions que les autres Etats de l'Europe, pourra inspirer une plus grande confiance, la Chambre des députés, en vertu du droit de souveraineté que possède la nation, acclame Son Altesse Royale le Prince, Charles I, comme Roi de Roumanie."[2]

Auch für die weiteren Redner stand der Aspekt der erreichten Angleichung im Mittelpunkt. N. Fleva sah in der Verleihung des Königstitels an Carol vor allem einen Akt für das westliche Europa, G. Chiţu erklärte: „Le royaume de Roumanie sera dans le concert des autres monarchies et des autres Etats de l'Europe, revêtu en realité de toutes les formes extérieurs et orné de toutes les institutions intérieurs de la civilisation, de la culture et du progrès."[3] Für Außenminister V. Boerescu entsprach das Königreich der

[2] P.A. Rumänien, 3, Bd. 1, Anlage zum Bericht Nr. 35 v. Wesdehlen v. 30.3.1881. Ausschnitt aus: Independence Roumaine v. 18./30.3.1881.

[3] Ibd.

erreichten Stellung Rumäniens unter den zivilisierten Völkern Europas,[4] N. Ionescu, der 1866 gegen den fremden Fürsten gestimmt hatte, bezeichnete sein damaliges Verhalten als Irrtum und bewertete den Königstitel als in Übereinstimmung mit den Gewohnheiten der europäischen Staaten und als weitere Bestätigung dafür, dass „wir in die Familie der europäischen Staaten eingetreten sind".[5]

Der Tenor aller Reden lautete, dass Rumänien aus eigener Kraft die ihm jetzt gebührende Stellung errungen und daher das Recht habe, seinem Fürsten die Königskrone zu geben. Die Verdienste des Fürsten wurden von allen anerkannt. Ausgerechnet N. Fleva, vor 1875/76 ein fanatischer Gegner Carols, lobte ihn für dessen Respekt gegenüber den „Freiheiten des Volkes", sprach sogar von dem religiösen Respekt des Fürsten vor der Verfassung und von seiner konstitutionellen Regierungsweise.[6] Im Mittelpunkt der Reden stand aber die rumänische Nation, die in wenigen Jahren das erreicht hätte, wozu andere Nationen 300 Jahre gebraucht hätten.[7] In den stark emotionalen Reden von C. A. Rosetti in der Kammer und Vasile Alecsandri im Senat beschworen beide die nationale Einheit und Einigkeit, denen alles Erreichte zu verdanken sei. C. A. Rosetti sprach sogar von der „Liebe", die alle in schweren Momenten geeint hätte: „Pour l'amour seulement, par notre union nous avons pu acquérir tout ce que nous possédons aujourd'hui".[8], für G. Chiţu war „rumänisch" gleichzusetzen mit „große Dinge sagen und tun", für den berühmten Dichter V. Alecsandri jauchzte nicht nur jeder Rumäne über diesen Tag, sondern auch der Himmel.[9]

Es waren solche Reden in Sternstunden der rumänischen Geschichte, die den Mythos der Einheit der Rumänen gleichzeitig beschworen und konstitutierten. Die Tatsache, dass im politischen Alltagsgeschehen das Gegenteil der Fall war und dass gerade die Radikalliberalen, denen die meisten Redner angehörten, den Fürsten am heftigsten bekämpft und fast gestürzt hatten, spielte keine Rolle. Es wäre aber verfehlt, solche Reden nur als leere, exaltierte Phrasen oder theatralische Übertreibungen abzutun, wie sie in der rumänischen Rhetorik allgemein angelegt waren. Die meisten Redner, die für die nationale Befreiung gekämpft und dafür Exil und, wie C. A. Rosetti, auch Verarmung auf sich genommen hatten, empfanden diesen Tag wirklich als „Krönung" ihres Lebens. C. A. Rosetti gab mit diesen Worten am Schluss seiner Rede einem Gefühl Ausdruck, das von allen Vorkämpfern für die nationale Befreiung und Selbständigkeit geteilt wurde: sie hatten zu Lebzeiten alle nationalen Ziele erreicht – Einheit, Unabhängigkeit und Königreich. Die Königsproklamation krönte ihr eigenes politisches Lebenswerk.

4 Ibd., Anlage zum Bericht Nr. 36 v. Wesdehlen v. 2.4.1881. Ausschnitt aus: Independence Roumaine v. 31.3.1881.
5 Ibd., Heute würde man wahrscheinlich vom „europäischen Haus" sprechen.
6 Ibd., Anlage zum Bericht Nr. 35 v. Wesdehlen v. 30.3.1881. Ausschnitt aus: Independence Roumaine v. 18./30.3.1881.
7 So C. A. Rosetti: ibd.
8 Ibd.
9 Ibd., Indépendence Roumaine v. 1.4.1881.

Die Reaktion des Fürsten auf die Verleihung der Königswürde zeigte, wie gut er Mentalität und Rhetorik rumänischer Politiker inzwischen kannte. Mochte er die Königskrone auch als berechtigten Lohn für seine politischen und militärischen Erfolge ansehen, so stellte er dennoch seine Person zurück und hob die Nation in den Vordergrund, deren Willen er nur befolgt habe. So antwortete er auf die Überreichung des Gesetzesprojektes der Königsproklamation:

„Stets war es der Wunsch der Nation, der meinem Handeln Richtung und Ziel gegeben hat! [...] Stolz war ich deshalb auf meine Fürstenwürde, teuer war mir dieser Name, um den sich schon in ferner Vergangenheit Ruhm und Größe gewoben! – Das Land ist jedoch der Ansicht, es stünde ihm besser an, in seiner jetzt errungenen Stellung, in seiner durch Taten erwiesenen nationalen Kraft, daß es zum Königreich sich erhöbe: So nehme ich denn – nicht für mich, sondern für die Größe Rumäniens – den Königstitel an, sicher, daß er nichts an den Banden lösen wird, die mich so eng verschlungen haben mit meinem Volke durch alles, was wir gemeinsam durchkämpft und durchlebt!“[10]

Der Fürst wurde auch bei anderen Erwiderungen auf Glückwunschadressen nicht müde, die Verdienste der rumänischen Nation hervorzuheben.[11] Auch diese Sprache bedeutete keineswegs eine inhaltsleere Rhetorik, sondern sie erfüllte mehrere legitimationstechnische Funktionen: zum einen verwies Carol auf die Herkunft seiner Macht, die sich auf die Wahl durch das rumänische Volk gründete, zum andern besaß sie eine Integrationskraft auf der Kommunikationsebene innerhalb der politischen Führungsschicht, aber auch der Gesellschaft, der diese Betonung der nationalen Errungenschaften vertraut und geläufig war, zum dritten schuf sie eine nationale Identifikation mit der Institution Fürst/König, die mit Stolz als eigenes und gemeinsam erkämpftes Werk angenommen wurde. Wenn auch die Erfolge des Fürsten eine der wichtigsten Voraussetzungen für die dauerhafte Konsolidierung seines Amtes bildete, so festigte der verbal immer postulierte Primat der rumänischen Nation bei der Errichtung des Königreichs die Institution des Monarchen, unabhängig von der Person Carols. Carol hatte bis dahin seine Befähigung für das Fürstenamt immer wieder unter Beweis stellen müssen; mit der Verleihung der Königswürde integrierte ihn die Nation endgültig und machte ihn und seine Dynastie zu einem Teil ihrer selbst.

Die definitive Einbettung des hohenzollernschen Königtums in die rumänische Gesellschaft und Geschichte manifestierte sich für das ganze Land eindrucksvoll und mit eigener Symbolik in den Krönungsfeierlichkeiten am 10./22. Mai 1881. Wert wurde vor allem auf die Repräsentation aller Schichten und aller Landesteile gelegt, um den nationalen Charakter und die enge Verbundenheit des Landes mit seinem König zu feiern. Es

10 Lindenberg, König Karl von Rumänien, I, S. 504f. Regele Carol I al României, II, S. 426f.

11 Ibd., S. 430f: „[...] daß Rumänien sich durch seine eigenen Kräfte, seine politischen und militärischen Tugenden durch das Vertrauen in sich selbst auf die Stufe erhöht hat, auf die es Anspruch hat, sich dort niederzulassen.“ Antwort auf die Glückwünsche der Rumänischen Akademie am 21.3./2.4.1881. Vgl. auch den Brief Carols an I. C. Brătianu v. 22.3./3.4.1881. Ibd., S. 431.

war als „Familienfest" konzipiert, ohne Beteiligung ausländischer Gäste.[12] Während aber die liberalen Minister eine pompöse und religiös-sakral überhöhte Feier mit Salbung und Krönung abhalten wollten, die sie als notwendig für das Volk erachteten, bestand der Fürst auf einer möglichst einfachen Zeremonie und lehnte vor allem eine Salbung ab, die er für nicht mehr zeitgemäß und vereinbar mit seiner Stellung als konstitutionellem, aufgeklärtem Monarchen hielt.[13] Er wurde darin von seinem Vater Karl Anton bestärkt, der in einem Mémoire die Unvereinbarkeit zwischen den „demokratischen" Grundlagen des rumänischen Königtums und einer der mittelalterlichen Vorstellungs- und Gedankenwelt entsprungenen Krönungsfeier mit Salbung betonte und auf die Lächerlichkeit einer Nachahmung hinwies. Stattdessen empfahl er eine Kombination von Huldigung, Festgottesdienst und feierlichem Empfang, was auch den Vorstellungen Carols entsprach.[14] Carols Auffassung von einem rational-legislativ begründeten, militärisch abgesicherten und dem Dienst am Volk verpflichteten Königtum fand somit seine Ausprägung in den Krönungsfeierlichkeiten. Der religiös-sakrale Aspekt spielte eine untergeordnete Rolle, es wurde aber nicht ganz darauf verzichtet. Dagegen gewann das militärische Element an Bedeutung. Es war vor allem die Königskrone aus dem Stahl einer vor Plewna eroberten türkischen Kanone, die symbolträchtig die militärische Seite der Monarchie repräsentierte und gleichzeitig mit alten rumänischen Tugenden im Kampf gegen die Türken identifiziert werden konnte. Ursprünglich wollte Carol aber die verloren gegangene Krone Stefans des Großen, des berühmtesten Herrschers der rumänischen Geschichte und Helden im Kampf gegen die Türken, als Königskrone verwenden, was eine entsprechende Suche in Wien, Prag und Krakau auslöste, die aber erfolglos blieb.[15] Keine andere Krone

[12] Lindenberg, König Karl von Rumänien, I, S. 517. Vgl. auch das Programm der Krönungsfeierlichkeiten, in dem es ganz zu Anfang heißt: „Le pays entier participera à cette fête par les autorités centrales constituées, et par les délégations de tous les districts et des communes urbaines et rurales". Anlage zum Bericht Nr. 60 v. Wesdehlen v. 11.5.1881 (Sicher) mit einem Ausschnitt aus: Indépendance Roumaine, Nr. 1097: P.A. Rumänien, 3, Bd. 2. M.A.E. România, Politice, 1881, Vol. 133, f. 301, Chiffriertes Telegramm von Boerescu an Callimaki in London v. 7./19.4.1881, Nr. 6828.

[13] Aus dem Leben König Karls, 4, 392f. P.A. Rumänien, 3, Bd. 2, Wesdehlen v. 3.5.1881 (Sicher) und v. 25.5.1881 (Sicher). Arh. Stat. CR 12/1881, S. 83 (Hoyos v. 18.5.1881, Nr. 58 B). Ibd. Fond Regele Carol I, V D 1954. Brief Carols v. 29.4./11.5.1881 an seinen Vater. Der Katholik Carol lehnte eine Salbung auch aus religiösen Gründen ab. Alle Beobachter registrierten mit Erstaunen, dass ausgerechnet die Radikalliberalen für eine großartige, mit religiösen Attributen versehene Feier eintraten. Zu dem allgemeinen Erscheinungsbild von Monarchien im 19. Jh. s. Dollinger, H., Das Leitbild des Bürgerkönigtums in der europäischen Monarchie des 19. Jahrhunderts, in: Werner, K. F. (Hg.), Hof, Kultur und Politik im 19. Jahrhundert. Bonn 1985, S. 325ff.

[14] Aus dem Leben König Karls, 4, S. 395f. Carol antwortete seinem Vater am 29.4./11.5.1881: „Die Gedanken, die Du über Krönung und Salbung niedergeschrieben, waren mir aus der Seele gesprochen und hatte ich diese Ceremonien schon vorher energisch bekämpft, merkwürdiger Weise begegnete ich hier in den liberalen Kreisen einigen Wiederstand." Arh. Stat. Fond Regele Carol I, V D 1954.

[15] M.A.E. România. Politice, 1881, Vol. 133, f. 383, Nr. 6375, Chiffriertes Telegramm v. Boerescu an Bălăceanu v. 1./13.4.1881. Chiffrierte Antworttelegramme v. Bălăceanu v. 3./15. , 4./16.

hätte eine vergleichbare nationale Symbolik besessen und eine Identifikation von Nation und Königtum sichtbar machen können wie die Stefanskrone. Deren Symbolkraft hätte Carol als Fortsetzer und Vollender des Werks Stefans des Großen ausgewiesen und ihm zusätzlich eine historisch-nationale Legitimation ersten Ranges verliehen.

Eine einfache, schmucklose Krone aus dem Stahl einer von den Rumänen eroberten türkischen Kanone setzte einen anderen Akzent als die Stefanskrone. Aber auch sie entbehrte nicht einer historischen Dimension, denn sie vermittelte die Botschaft vom Türkenbefreier Carol, der der jahrhundertelangen osmanischen Herrschaft ein Ende bereitet und Rumänien wieder zu Ruhm und Größe geführt hatte. Die Betonung lag aber auf der nüchternen, militärischen Leistung des jetzigen Königs und seiner erfolgreichen Verteidigung der rumänischen Unabhängigkeit auf dem Schlachtfeld. Carol wertete den militärischen Aspekt seines Königtums eindeutig auf und machte den militärischen Sieg zu einer dessen Grundlagen,[16] dennoch wäre es falsch, pauschal von einer „Gleichung Heerkönigtum = Volkskönigtum"[17] im Fall Carols zu sprechen. Auch die Krönung kann nur bedingt als Beispiel „für die Legitimierung einer Dynastie durch Heer und Krieg" herangezogen werden.[18] Der militärische Erfolg im russisch-türkischen Krieg 1877 bildete weder die alleinige, noch die ausschlaggebene Komponente der Legitimierung der rumänischen Dynastie.

Wichtiger blieb die verfassungsrechtliche Begründung der Monarchie und ihre Einsetzung durch einen bewussten Akt der Nation. Die Verfassung musste durch die Rangerhöhung nicht einmal verändert werden, da die rumänische Bezeichnung für Fürst oder König gleichermaßen *domn(u)* lauten konnte.[19] Wichtigstes Dokument der Krönungsfeierlichkeiten bildete die Krönungsurkunde, die vom Königspaar, dem Erbprinz von Hohenzollern, Leopold, dem Metropoliten, den Ministern, den Präsidenten beider Häuser des Parlaments und dem Präsidenten des Kassationshofs unterschrieben wurde. Sie drückte in komprimierter Form nationale Programmatik und Symbolik aus und verwies auf die Grundlagen des Königreichs. Nachdem am Anfang an die Daten des Einzugs des Fürsten in Bukarest, des Plebiszits, des Votums der Nationalversammlung, der Verabschiedung der Verfassung, der Unabhängigkeitserklärung, des Übergangs der rumänischen Armee über die Donau (7. Juli 1877) und der Einnahme Plewnas (28. November 1877) erinnert und die Erfolge der rumänischen Armee hervorgehoben werden, heißt es im Text weiter:

u. 10./22. April 1881. Ibd., f. 565 u. 506. Arh. Stat. CR 12/1881, S. 78 (Hoyos an Haymerle v. 27.4.1881, Nr. 53 B).

16 Aus dem Leben König Karls, 4, S. 400. Carol setzte sich auch in dieser Frage gegen seine Minister durch, die kostbare Kroninsignien zu Beginn der rumänischen Königsherrschaft gewünscht hatten. Ibd., S. 393.

17 So Dollinger in seinem Aufsatz: Das Leitbild des Bürgerkönigtums, S. 340f.

18 Ibd., S. 341.

19 Vgl. dazu auch die Rede von Boerescu am 14./26. März 1881: M.A.E. România, Politice, 1881, Vol. 133, f. 25.

„Das edle rumänische Blut, welches zur Verteidigung und für die Unabhängigkeit des Vaterlandes vergoßen worden ist, erhielt am 14. (26.) März 1881 seinen Lohn. Die gesetzgebenden Kammern, beseelt von dem Wunsche, dem durch die Verschmelzung der Fürstentümer Moldau und Walachei geschaffenen rumänischen Staate eine vollkommene Sicherheit und eine festere, glänzendere Individualität zu geben, proklamierten die Erhebung Rumäniens zu einem Königreiche Europas.
Das ganze Land, vertreten durch den Senat und das Abgeordnetenhaus, begleitet von den Mitgliedern aller bestehenden Körperschaften des Landes, des Kassations- und Rechnungshofes, der rumänischen Akademie, der Repräsentanten der Universitäten Bukarests und Jassys und ihrer Schüler aller Grade, der Delegationen der städtischen und ländlichen Gemeinden, sowie aller Handwerker-Korporationen und zahlreicher Gesellschaften der verschiedenen Zweige unserer nationalen Kultur, hat sich heute, den 10. (22.) Mai 1881, zu dem heiligen Altar der Metropolie von Bukarest begeben und hat mit uns, Carol I., König von Rumänien, mit der Königin Elisabeth, unserer geliebten Gemahlin, mit unserm geliebten Bruder Leopold, Erbprinzen von Hohenzollern, umgeben von unsern Neffen Ferdinand und Carol, den heiligenden Gebeten beigewohnt, unter welchen Sr. Heiligkeit der Metropolit und Primas Calin Miclescu und Sr. Heiligkeit der Metropolit der Moldau und von Suczawa, Joseph, ebenso wie die Bischöfe der Eparchien und der hohe Metropolie-Klerus die Kronen geweiht haben, die uns das Land als ein für uns köstliches Emblem der Stabilität und Unabhängigkeit des Vaterlandes engegenbringt."[20]
Umrahmt wurde der Text von Medaillondarstellungen berühmter muntenischer und moldauischer Fürsten wie Mircea der Alte, Michael der Tapfere, Matei Basarab (linke Spalte), Alexander der Gute, Stefan der Große, Dimitrie Cantemir (rechte Spalte), in der Mitte unterbrochen von der Vereinigung der Fürstentümer (1859) und der Verfassung von 1866. Den Kopf des Dokuments bildete das Staatswappen, umrahmt von Fahnen und verschiedenen Wappen, begrenzt links und rechts von den als Stammväter der Rumänen angesehenen Dakerfürsten Decebal und römischen Kaiser Trajan. Ihnen gegenüber am unteren Rand standen die Daten 10. Mai 1877 und 10. Mai 1881, dazwischen die Schlacht von Rahova, 1877, wo die rumänische Armee ihren ersten Sieg erfochten hatte, und die Darstellung der Krönungsurkunde.
Eingebettet in eine – selektiv vorgenommene – Tradition des Kampfes um die nationale Befreiung und gegründet auf die Verfassung, berief man sich beim Königtum auf geschichtliche Kontinuität und moderne Volkssouveränität gleichermaßen. Die Nation bildete das Agens, nicht der König. Dieser hob ihre Rolle in seiner Antwort hervor, nachdem dem Königspaar im Thronsaal des Palais von den Präsidenten der Kammer und des Senats die Kronen überreicht worden waren:
„Durch die heutige Feier wird der an schweren Kämpfen und Großtaten so reiche Abschnitt von fünfzehn Jahren glanzvoll abgeschlossen! Unter dem Schutze seiner Verfas-

[20] Lindenberg, König Karl von Rumänien, I, S. 511-513. M.A.E. România, Politice, 1881, Vol. 133, f. 491: Resboiul v. 16.5.1881. Im Staatsarchiv Bukarest war 1994 ohne weitere Erklärungen die Krönungsurkunde in einer Vitrine zu besichtigen.

sung und seiner Gesetze hat Rumänien sich herrlich entfaltet, die rastlose Arbeit seiner Staatsmänner, die Tapferkeit seines Heeres und mein festes Vertrauen zu der Kraft des Volkes haben den heißen Wunsch aller zur Erfüllung gebracht: das Königreich, ein sicheres Unterpfand für die Zukunft ist heute aufgerichtet!
Mit Stolz nehme ich darum diese Krone an – sie ist geschmiedet aus dem Metall eines Geschützes, das mit dem Blute unserer Helden benetzt und von der Kirche geweiht ist; ich nehme sie an als ein Symbol der Unabhängigkeit und Stärke Rumäniens! Wie ein kostbares Kleinod wird sie Zeugnis ablegen von schweren und ruhmreichen Zeiten, die wir gemeinsam durchlebt, wird spätere Generationen an den Heldenmut ihrer Vorväter erinnern und an die Einigkeit, die zwischen Fürst und Volk geherrscht! Die schönste Krone aber für die Königin, wie für mich wird sein und bleiben die Liebe und das Vertrauen des Volks, dem all unser Denken und Fühlen gehört." Carol schloss mit dem Hochruf: „Unser geliebtes, heute durch sein eigenes Verdienst gekröntes Rumänien, es lebe hoch!"[21]
So bildeten die Krönungsfeierlichkeiten in all ihrer Ausgestaltung, Rhetorik und Aufmachung ein nationales Fest mit Volksfestatmosphäre und Volksnähe, das von allen Beobachtern und Teilnehmern als gelungen und erhebend charakterisiert wurde.[22] Der Königstitel stand am Ende der an innen- und außenpolitischen Kämpfen reichen Anfangsphase der Herrschaft Carols. Bildete während der ersten zehn Jahre die innenpolitische Konsolidierung den Schwerpunkt, so beherrschten außenpolitische Probleme die letzten fünf Jahre. Zentrale Entscheidungen über die Haltung Rumäniens in der Orientkrise 1875-1877, die Teilnahme am russisch-türkischen Krieg 1877 und die Auswirkungen der Beschlüsse des Berliner Kongresses von 1878 hatten nicht nur außenpolitische Folgen, sondern sorgten auch für innenpolitische Zerreißproben und nötigten dem Fürsten unterschiedliche Handlungsstrategien ab. Die nach den ersten zehn Jahren erreichte innenpolitische Festigung des Staatswesens samt der dabei gewonnenen Erfahrungen bildeten die Voraussetzung für die Bewältigung der großen außenpolitischen Herausforderungen durch den Fürsten. Diese vollendeten die Epoche seiner Bewährung als Fürst von Rumänien und bilden den Gegenstand des vierten Teils.

21 Aus dem Leben König Karls, 4, S. 406f. Nicht zufällig enden mit dieser Rede die veröffentlichten Memoiren des Königs.

22 Bacalbaşa, Bucureştii de altă dată, I, S. 295. Maiorescu, Însemnări zilnice, II, S. 14. P.A. Rumänien, 3, Bd. 2, Wesdehlen v. 25.5.1881 (Sicher), der in seinem Bericht bemerkt: „[...] umso angenehmer hat mich die warme, oft begeisterte Stimmung überrascht, welche sich an diesen Festtagen und in den Vorbereitungen zu denselben kundgegeben hat. Es ist meiner Ansicht nach Grund zur Hoffnung vorhanden, daß sich diejenigen nicht getäuscht haben, welche von der Annahme des Königtitels eine Stärkung des monarchischen Prinzips in diesem Theile Europas erwarteten."

I Die Balkankrise 1875-1877: Neutralität zwischen Frieden und Krieg

Seit dem Ausbruch des Aufstandes in der Herzegowina und in Bosnien im Sommer 1875 bis zum Kriegsbeginn zwischen Russland und dem Osmanischen Reich im April 1877 standen der Fürst und seine Minister ständig unter dem Entscheidungsdruck, ihre Politik im Koordinatensystem zwischen den Großmächten, der Souzeränitätsmacht, den Aktionen von Aufständischen und den Krieg führenden Ländern Serbien und Montenegro zu definieren. Grundsätzlich hatte man die Alternative, sich passiv zu verhalten und den Großmächten alle Entscheidungen zu überlassen, oder aber aktiv in die Ereignisse einzugreifen. Ein dritter Weg bestand in der Kombination beider Reaktionsweisen von Abwarten und politisch-militärischer Vorbereitung, um in einem günstigen Moment das eigene Gewicht in die Waagschale zu werfen. Dabei muss im Gegensatz zu vielen linear argumentierenden Arbeiten, gerade auf rumänischer Seite, hervorgehoben werden, dass es keine gradlinige Entscheidungskette gab, die zur Teilnahme Rumäniens am russisch-türkischen Krieg führte, diese im Gegenteil höchst umstritten war. Einigkeit zwischen dem Fürsten und seinen Ministern herrschte nur über die Ziele ihrer Politik: Bewahrung der staatlichen Integrität und die Unabhängigkeit.

Diese Ziele lösten einen Entscheidungsdruck aus, jede Wendung der Krise für die Verwirklichung dieser Wünsche zu verwerten. Einigkeit über das Ziel hieß nicht Einigkeit über die Mittel, was zu der Frage der Entscheidungsträger führt, von welchen Grundsätzen sie geleitet wurden und wie sich diese Dispositionen auf konkrete Reaktionen und Entscheidungen auswirkten. Zu berücksichtigen ist in diesem Komplex auch der Hintergrund der innenpolitischen Lage, deren krisenhafte Zuspitzung durch den Auflösungsprozess der Konservativen und den Machtwechsel zu den Radikalliberalen, wie im vorhergehenden Teil ausgeführt. Ebenso spielte die große Finanzkrise eine wichtige Rolle, da sie den Aktionsradius jeder Regierung merklich einengte und sie immer wieder vor die Frage der Priorität von Sparpolitik oder kostspieligen militärischen Vorbereitungen stellte.

Angesichts des Zerfalls der konservativen Regierung, der innenpolitischen Spannungen und der Regierungswechsel lag die Aufgabe einer Sicherung der Kontinuität der Außenpolitik und ihre Bestimmung maßgeblich beim Fürsten. Da die Unabhängigkeit seit der Übernahme des Fürstenamtes zu den Antriebskräften seines Handelns gehörte, war es nur konsequent, dass er, nachdem die Aufstände auf dem Westbalkan größere Ausmaße annahmen und die europäische Politik zu beschäftigen begannen, die Krise für die Erreichung dieses Ziels auszunutzen suchte.

Die erste Reaktion der rumänischen Regierung auf die Nachrichten von dem Aufruhr bestand in der Versicherung einer vollständigen Zurückhaltung und Wachsamkeit, um die Neutralität des Landes und die „guten Beziehungen“ zur Pforte nicht zu kompromittieren. In seiner Note vom 9./21. August 1875 sah Außenminister Boerescu Rumänien in der Rolle eines passiven, wenn auch interessierten Beobachters und konstatierte, dass die rumänische Politik bei aller Sympathie für die Nachbarvölker der Herzegowina, Serbiens und Montenegros sich von derjenigen dieser Länder unterscheide und Eigenständigkeit besitze.[23] Boerescu sprach darüber hinaus die Überzeugung aus, dass die Pforte ihre Autorität und den Frieden bald wiederherstellen würde. Er ging also von einem lokal begrenzten Konflikt aus ohne Auswirkungen auf die rumänische Politik.

Diese eher gleichgültige Haltung revidierte der Fürst nur eine Woche später, als er ein Telegramm an den rumänischen Vertreter in Konstantinopel, General Ioan Ghica, schickte mit der Aufforderung, die Note von Boerescu abzuschwächen, was eine Akzentuierung der rumänischen Politik bedeutete. Darin formulierte er das rumänische Interesse an den Ereignissen und ließ auch die Möglichkeit eines Eingreifens offen:

„Notre politique doit être réservée et expectative. Notre but, tout en ne indisposant pas les puissances garantes, celui de bénéficier des événements. – Nous ne devons pas nous aliéner les populations chrétiennes de l'Orient. Nous n'avons à prendre d'engagements envers personne et surtout pas envers la Porte, l'intérêt exclusivement roumain doit être notre seul guide.“[24]

Carol definierte hier die Richtlinien der rumänischen Außenpolitik in der orientalischen Krise: von den Ereignissen profitieren, ohne die Garantiemächte zu verstimmen. Der Fürst hatte die Lektion gelernt, Rumänien nicht wieder zum internationalen Störenfried zu machen. Das Argument einer Rücksichtnahme auf die christlichen Völker aufgrund einer unterstellten Schicksalsgemeinschaft, das Boerescu noch in Abrede gestellt hatte, besaß instrumentellen Charakter, womit eigene Aktionen präventivhalber begründet werden konnten. Der Wandel von einer passiven Zuschauerrolle, die von einem begrenzten Konflikt ausging und die zuerst auch von Carol geteilt wurde[25], zu einer an bestimmte Voraussetzungen geknüpften aktiven Politik innerhalb nur einer Woche beruhte auf alarmierenden Nachrichten aus Belgrad, die eine Ausweitung des Konflikts auf Serbien und einen Krieg befürchten ließen.[26]

Im Laufe des Herbstes 1875 verfestigte sich beim Fürsten die Überzeugung, dass für das Frühjahr 1876 eine wie auch immer geartete Entscheidung über die Zukunft des Osmanischen Reiches zu erwarten sei. Neben den andauernden Kämpfen in der Herzegowina und in Bosnien, der kriegerischen Stimmung in Serbien und Montenegro, den Aufstands-

[23] Independenţa României, IV, S. 47ff. Vertrauliche Note v. Boerescu v. 9./21.8.1875, Nr. 8214. Die Note richtete sich vor allem gegen Befürchtungen der Pforte im Hinblick auf ein Zusammengehen aufrührerischer und radikalrevolutionärer Kräfte in der Herzegowina, Kroatien und Rumänien. Vertraulicher Bericht von General I. Ghica v. 28.7./9.8.1875 an Boerescu. Ibd., S. 39ff.

[24] B.C.S. Fond St. Georges P. XLIII, D. 1, Basile Boerescu, Telegramm v. 16./28.8.1875.

[25] Arh. Stat. Fond Regele Carol I, III/29, f. 51 (31.7./12.8.1875).

[26] Ibd. Am 11./23.8.1875 notiert Carol zum ersten Mal, dass die Situation in Serbien sehr ernst sei, was die orientalische Frage heraufbeschwören könne. Vgl. auch: Aus dem Leben König Karls, 2, S. 457ff.

vorbereitungen der bulgarischen Revolutionäre, gerade auch in Rumänien, war es vor allem die finanzielle und die machtpolitische Krise des Osmanischen Reiches selbst, die Carol zu dieser Einschätzung brachte. Als die Türkei Anfang Oktober ihre Zahlungsunfähigkeit erklärte und England die Suez-Kanal-Aktien kaufte, sah Carol den Untergang des Reiches in naher Zukunft voraus.[27] Die Frage, in welcher Form sich dieser Zusammenbruch, in einem allgemeinen Krieg mit oder ohne Beteiligung einer Großmacht oder diplomatisch friedlich vollziehen würde, bedingte verschiedene politische oder militärische Entscheidungen. Die für Carol vorteilhafteste Option stellte zunächst eine friedliche Regelung durch die Großmächte dar mit einer Garantieerklärung für die Neutralität Rumäniens nach dem Vorbild Belgiens. Weder vom militärischen, noch vom diplomatischen, geschweige denn vom finanziellen Standpunkt konnte man sich einen Krieg leisten.[28] Hinzu kam die Schwächung des Ministeriums L. Catargiu durch den Rücktritt von V. Boerescu am 5./17. November 1875 wegen dessen Beteiligung an einer Bank. Gerade in einer Zeit außenpolitischer Unwägbarkeiten stand kein fähiger Außenpolitiker zur Verfügung, da Catargiu, der das Ressort *ad interim* übernahm, auf dem Gebiet wenig bewandert war. Es war daher Carol selbst, der die Außenpolitik bestimmte und die Richtung vorgab.

Von den Ereignissen zu profitieren, hieß für Carol im Herbst/Winter 1875/1876 die Großmächte von der Notwendigkeit einer Neutralitätsgarantie für Rumänien zu überzeugen. Das Konzept eines Belgien an der Donau beherrschte sein Denken, was die Unabhängigkeit voraussetzte. Als Argument hierfür diente ihm die im Vergleich zur Türkei vorteilhafte Stellung Rumäniens, das sich politisch und wirtschaftlich positiv von den türkischen Verhältnissen abhob. Er machte die Türkei wegen der noch bestehenden staatsrechtlichen Bindung für die rumänische Finanzkrise mitverantwortlich und forderte, „daß man eine scharfe, politische Demarkationslinie zieht zwischen einem Reiche, das zu jeder Reform unfähig ist, und einem jungen, aufblühenden Staate, der in den letzten Jahren Europa reelle Garantien gegeben hat!“[29] Die Garantiemächte hätten nach Carol die Aufgabe und die Verantwortung zu übernehmen, Rumänien gegen die negativen Folgen des bestehenden Abhängigkeitsverhältnisses zu schützen. Zweitens sah Carol in der Gewährung der Neutralität die Lösung der Orientalischen Frage insgesamt, da dadurch der Frieden dauerhaft gesichert werden könne.[30]

Diese Argumentation Carols lag noch auf seiner Linie nach dem Misserfolg der Unabhängigkeitspläne 1873/74, den Anspruch auf Unabhängigkeit durch eine sich von der

[27] Ibd., S. 464 u. 479. Arh. Stat. Fond Regele Carol I, III/29, f. 60: „Es gährt im Orient, die Türkei ist aufgegeben. England kauft den Suez-Kanal.“ (21.11./3.12.1875).

[28] Carol betonte häufig die Notwendigkeit von Stabilität und einer ruhigen inneren Entwicklung so z.B. in seiner Thronrede v. 15./27.11.1875. Sturdza, Domnia Regelui Carol I, 1, S. 769. Aus dem Leben König Karls, 2, S. 476.

[29] Ibd., S. 477. Brief an den Vater v. 15./27.11.1875. Carol hatte mit dem österreichischen Vertreter in diesem Sinne gesprochen, der aber zu Besonnenheit riet. Ibd.

[30] Ibd. „Rumänien ist bestimmt, das Belgien der unteren Donau zu werden; warum zögern die Kabinette, dies auszusprechen? Wir können noch etwas warten; für Europa wäre es aber eine Garantie des Friedens im Osten.“

Türkei abgrenzende politische und wirtschaftliche Konsolidierung zu erwerben, um das Abhängigkeitsverhältnis obsolet zu machen.[31] Dieser Augenblick schien jetzt gekommen zu sein. Ebenso war die Neutralität immer wieder als außenpolitisches Ziel propagiert worden; jetzt sah der Fürst wenigstens eine Möglichkeit ihrer Verwirklichung. Die Voraussetzung dafür bildete die eigene Neutralität in dieser Krise. In deren Einhaltung lag somit der Anspruch auf die von den Garantiemächten zu gewährende Neutralitätsgarantie begründet. Die Vorteile einer Neutralitätspolitik lagen auf der Hand: Sie bot einen flexiblen Spielraum für eigene diplomatische Aktionen und gleichzeitig einen Rückzugsraum, sie ließ Zeit für militärische Vorbereitungen, ohne sich exponieren oder festlegen zu müssen. Sie diente darüber hinaus zur Rechtfertigung eigener Ansprüche gegenüber den Großmächten und zur Begründung einer Nichteinmischungspolitik gegenüber den Serben und den Bulgaren.

Die anfangs eingenommene Haltung, den Großmächten die Initiative zu überlassen und ihnen nur die nötigen Argumentationshilfen für die nach rumänischen Vorstellungen zu lösende Krise zu liefern, bildete die eine Seite der Neutralitätspolitik. Die andere Option ging von dem Unvermögen der Großmächte aus, die Krise friedlich zu beenden. Die Entwicklung zum Krieg, sei es einem der Balkanländer gegen das Osmanische Reich, sei es einem unter Einschluss einer Großmacht, und das hieß vor allem Russlands, war für den Fürsten nicht ausgeschlossen und gewann im Dezember 1875 für ihn an Wahrscheinlichkeit und Bedeutung. Die Situation im Winter 1875/76 war offen und wenig vorhersagbar. Die Ungewissheit über die weitere Entwicklung, gepaart mit der Befürchtung vor einem Krieg ließ Carol sich auch auf eine militärische Option vorbereiten und entsprechende Vorkehrungen treffen. Er ließ die Munitionsvorräte überprüfen, besprach Mobilisierungspläne mit dem Kriegsminister und hielt größere Truppenübungen und Inspektionen ab.[32] Außerdem wurde über neue Waffeneinkäufe verhandelt, die aber am Geldmangel scheiterten. Die Kammer war im Januar 1876 auch nicht bereit, dem Kriegsminister einen 5,5-Millionen-Kredit für Bewaffnung und Munition zu bewilligen, sondern gestand ihm nur 4 Millionen zu.[33]

Unterschiedliche Auffassungen über die Dringlichkeit militärischer Vorbereitungen gab es nicht nur zwischen den Parlamentariern und dem Fürsten. Carol hatte seine Minister am 24.11./6.12.1875 zum ersten Mal mit der Frage nach der rumänischen Haltung in einem eventuellen Krieg konfrontiert. Die Minister zeigten sich aber „noch nicht sehr entschloßen" und plädierten für eine weiterhin abwartende Politik.[34] Dem Fürsten ging

[31] Ibd., S. 463, Brief v. 21.9./3.10.1875 an den Vater. Carol hoffte dabei auch auf den finanziellen Ruin der Türkei.

[32] Aus dem Leben König Karls, 2, S. 471ff. Lindenberg, König Karl, I, S. 338f.

[33] Aus dem Leben König Karls, 2, S. 482f.; 3, S. 1, 5, 7. P.A. I.A.B.q. Türkei 24, Vol. 53, Pfuel v. 7.2.1876. Diese Summe durfte überdies nicht durch eine neue Anleihe aufgenommen werden, sondern musste in Höhe von etwas über 3 Millionen einem Fond von 5 Mill. Francs entnommen werden, den die Kammer bereits im Frühjahr 1875 für Waffeneinkäufe gebilligt hatte.

[34] Arh. Stat. Fond Regele Carol I, III/29, f. 60. Aus dem Leben König Karls, 2, S. 480.

diese Passivität zu weit. Auch er wollte die Neutralitätspolitik nicht aufgeben, sich andererseits von den Ereignissen aber nicht überrollen lassen und unvorbereitet von einem Krieg überrascht werden. So tendierte er zum Ausnutzen des Spielraums, den die Neutralitätspolitik für eigene militärische Vorbereitungen bot. Im Dezember 1875 begannen auch die Politik Russlands in der Orientkrise und die möglichen Auswirkungen auf Rumänien den Fürsten zu beunruhigen. Zum ersten Mal wurde man mit der Möglichkeit einer Besetzung des Landes durch russische Truppen in einem türkisch-russischen Krieg konfrontiert, nachdem der russische Botschafter in Konstantinopel, General Ignat'ev, dem rumänischen Vertreter gegenüber erklärt hatte, dass Russland in einem möglichen Konflikt mit der Türkei die Fürstentümer als Pfand besetzen könnte.[35] Aufgrund der Gespräche mit seinen beiden Vertretern in Konstantinopel und in St. Petersburg, mit denen Carol im Dezember ausführlich die Lage erörterte, sowie aufgrund anderer Nachrichten über die Fortdauer des Aufstandes, die Kriegsbereitschaft in Serbien, die Stimmung in Griechenland und Bulgarien, die zu erwartende Unwirksamkeit der von dem österreichisch-ungarischen Außenminister Andrassy initiierten Reformen zur Beilegung des Aufstandes, den desolaten Zustand der Türkei, die Konzentrierung von russischen Truppen an der rumänischen Grenze in Bessarabien kam Carol zu der Einschätzung, dass mit einem Balkankrieg im Frühjahr zu rechnen sei.[36] Daraus ergab sich nicht nur die Frage nach einer Beteiligung Rumäniens, sondern wichtiger stellte sich diejenige nach dem Vorgehen der Garantiemächte in einem solchen Fall. In Unkenntnis dieser Haltung barg jede Entscheidung ein politisches und militärisches Risiko für Rumänien, vor allem im Hinblick auf Russland.

1. Die Zirkularnote vom 4./16. Januar 1876

Vor diesem Hintergrund der Unsicherheit ist die geheime Zirkularnote von Interimsaußenminister L. Catargiu vom 4./16. Januar 1876 an die rumänischen Vertreter im Ausland einzuordnen, die viel Staub aufwirbelte und zu unterschiedlichen Interpretationen Anlass gab. Sie trug eindeutig die Handschrift Carols, dessen häufig geäußerte

35 Arh. Stat. Fond Regele Carol I, III/29, f. 61. (8./20.12.1875). Carol notiert: „6 Uhr Filipescu u. J. Ghica v. Constantinople bei Tisch bis 10 Uhr über Politik, Türkei u. künftige Stellung des Landes gesprochen, die gefahrvoll erscheint wegen Rußland." Aus dem Leben König Karls, 2, S. 483.

36 Ibd., S. 482 u. 484f. Zu dieser Einschätzung dürften die beiden Vertreter in Konstantinopel und in St. Petersburg, Ioan Ghica bzw. Filipescu, nicht unerheblich beigetragen haben. Ghica soll sich nach dem Bericht von Zinov'ev, dem russischen Konsul in Bukarest, für ein gemeinsames Vorgehen Rumäniens mit den übrigen Balkanländern gegen die Türkei eingesetzt haben, um von deren gegenwärtiger Notlage zu profitieren: Independenţa României, II, S. 114 (Zinov'ev an Gorčakov v. 19./31.1.1876). Vgl. auch: Cazan, Gh., Petersburg, in: Reprezentanţele diplomatice, I, S. 206.

Argumente sie widerspiegelte.[37] Zwei Punkte standen im Vordergrund: zum einen die Forderung nach einer Neutralitätsgarantie durch die europäischen Mächte, sei es sofort, um weiteren Komplikationen vorzubeugen, sei es im Gefolge einer Gesamtregelung der orientalischen Frage nach dem Zusammenbruch des Osmanischen Reiches, zum anderen das Recht auf militärische Verteidigung im Falle eines Angriffs von außen – das betraf die Türkei – oder des Einmarsches einer fremden Armee ohne die Zustimmung Rumäniens – hier war Russland gemeint. Beide Anliegen wurden mit der eigenständigen Stellung Rumäniens gegenüber der Pforte begründet, die auf einem gegenseitigen Vertragsverhältnis beruhe und in dem der Tribut nur eine persönliche Zahlung an den Sultan darstelle, ohne die Souveränität des Landes zu tangieren. Die Berufung auf einen Status analog demjenigen Belgiens und dessen Berechtigung figurierten gleich dreimal im Text. Die Mächte wurden aufgefordert, das Werk des Pariser Vertrags mit der formellen Anerkennung der Neutralität Rumäniens zu vollenden. Grundsätzlich stellte die Note aber fest, dass man eine Lösung von Europa erwarte und sich nicht gegen Friedensbemühungen der Mächte stellen würde. Die militärischen Vorbereitungen wurden als Vorsorge- bzw. Vorsichtsmaßnahmen angesichts einer bedrohlichen äußeren Situation gerechtfertigt.

Welchen Zweck verfolgte diese Zirkularnote? Sie war nicht für eine offizielle Mitteilung an die Regierungen der Großmächte bestimmt, sondern die rumänischen Vertreter sollten die betreffenden Politiker ihres Gastlandes von dem Standpunkt Rumäniens informell und bei passender Gelegenheit in Kenntnis setzen, um Aufschlüsse über die Reaktion und die Haltung der jeweiligen Regierungen im Falle eines Scheiterns der zur Zeit laufenden Friedensbemühungen zu bekommen. Die Note hatte, was oft übersehen wurde, einen rekognoszierenden Charakter, um der rumänischen Politik Anhaltspunkte für die Dispositionen und Entscheidungen der Großmächte zu geben. Dahinter stand die Furcht, bei einer Regelung übergangen zu werden bzw. dass Einigungen zwischen den Großmächten auf Kosten Rumäniens zustande kämen, wobei man in erster Linie an die drei Distrikte Bessarabiens dachte.[38] Dass diese Sorgen nicht unberechtigt waren, sollte die weitere Entwicklung der Orientkrise zeigen.

[37] Abgedruckt in: Independenţa României, IV, 55ff. Ausführlich auch Maier, Rumänien, S. 428f. Kellogg, The Road to Romanian Independence, S. 132, gibt sie einmal fälschlich als Boerescus Note v. 4./16.2.1876 an unter Berufung auf die nicht immer zuverlässigen Angaben in Iorga, Correspondance diplomatique roumaine sous le roi Charles I-er, Bucureşti 1938. Die Übereinstimmung der Note mit der Argumentationsweise Carols fiel auch ausländischen Vertretern auf: Vivians Bericht v. 23.2./6.3.1876 aus Bukarest: Independenţa României, II, 1, S. 121f. Aus dem Leben König Karls 2, S. 477 (Brief Carols v. 15./27.11.1875 an den Vater).

[38] „Si les négociations ouvertes entre les différentes Puissances ou celles qui vont être continuées au sujet de la question d'Orient cachent des décisions qui porteraient atteinte aux droits de la Roumanie, il y a bien de connaître dès à présent la situation qui en résulterait pour notre pays.
Aussi je vous prie, M. l'Agent, de traiter par tous les moyens dont vous disposez de connaître tout projet qui nous concernerait directement ou indirectement, afin de pouvoir faire à temps toutes nos réserves et aviser en conséquence.

Allgemein definierte die Note Leitlinien der rumänischen Politik, an denen sie sich während der gesamten Krise orientierte: Festhalten an der Neutralität, die einen Krieg nicht ausschloss und sich bis zu einem gewissen Grad darauf vorbereitete, ohne ihn selbst zu provozieren. Das Problem der Note im Januar 1876 bestand in ihrer zeitlichen Inopportunität, nicht in der Neuigkeit oder Abwegigkeit ihres Inhalts. Die Großmächte hatten sich gerade durch ihre Zustimmung zu der Andrassy-Note mühsam auf gemeinsame Reformvorschläge bei der Pforte geeinigt, um den Aufstand zu entschärfen und zu lokalisieren.[39] Catargius Zirkular hingegen ging von dem Scheitern der Friedensbemühungen aus.[40] Somit konfrontierte der Fürst die Großmächte mit einem Problem, nämlich ihrer Haltung im Fall eines Krieges, auf den sie zu diesem Zeitpunkt selbst noch nicht vorbereitet waren, und das geeignet war, die mühsam erreichte Einigkeit zu sprengen.

Catargius Note stieß daher auf einhellige Ablehnung bei den Garantiemächten. Zu der negativen Wirkung trug auch die Art und Weise ihres Bekanntwerdens bei. Durch den rumänischen Vertreter in Wien, Costaforu, der eindeutig gegen seine Instruktionen verstieß und seine Regierung desavouierte, wurde der Text den anderen Regierungen bekannt.[41] Die Note wurde als unangemessen, unnötig, aggressiv und auch als gegen Russland gerichtet bewertet. Man bestritt den Rumänen vor allem die Berechtigung militärischer Vorbereitungsmaßnahmen, da das Land weder von den Türken noch von einer anderen Macht bedroht sei. Die Regierung wurde davor gewarnt, ihre Neutralitätspolitik aufzugeben und sich das Wohlwollen der Mächte zu verscherzen. Der Bericht von Costaforu veranlasste L. Catargiu zu einer präzisierenden Antwortnote, in der er noch einmal den Zweck seines Zirkulars vom 4./16. Januar betonte, sich rechtzeitig über die Intentionen der Regierungen der Großmächte für den Fall kriegerischer Entwicklungen zu informieren, da die Lage zum Zeitpunkt der Abfassung des Zirkulars unvorhersehbar und gefahr-

Ce qu'il importe surtout de rechercher c'est l'attitude des Puissances, dans le cas où la Turquie viendrait à succomber dans la lutte avec les populations chrétiennes de son Empire." Independenţa României, IV, S. 56. Auf diesen Punkt machte Catargiu auch in seiner Note an den Vertreter in Wien, Costaforu, vom 28.1./9.2.1876 ausdrücklich aufmerksam, indem er die Notwendigkeit hervorhob, im Voraus die Ansichten und Intentionen jeder Regierung im Falle von zu erwartenden Eventualitäten zu kennen. Ibd., S. 85.

39 Anderson, M.S., The Eastern Question 1774-1923, London 1974, S. 182, Sumner, B.H., Russia and the Balkans, 1870-1880, Oxford 1937, S. 152f. Zutreffend die Einschätzung von Schmidt, Die gescheiterte Allianz, S. 213.

40 Independenţa României, IV, S. 85. Außer England hatten alle Mächte am 3.1.1876 das Reformprogramm von Andrassy akzeptiert, England schloss sich erst am 18.1. an, die Türkei am 13. Februar.

41 Documente privind istoria Romîniei. Războiul pentru independenţă (Abkürzung: DIR), Vol. 1, part. II, Bucureşti 1954, S. 74ff. Bericht von Costaforu v. 23.1.1876. Costaforu ließ seine Missbilligung des Zirkulars deutlich fühlen und beschrieb sehr umständlich und weitscheifig die ablehnende Reaktion seiner Gesprächspartner. Außerdem verbreitete er sich unaufgefordert über Fernziele der rumänischen Politik, die überhaupt noch nicht zur Debatte standen wie das Königreich. Ganz andere, positive Reaktionen beschrieb dagegen A. Sturdza, der Vertreter in Belgrad, dessen Berichterstattung jedoch immer etwas übertrieben und nicht sehr zuverlässig wirkt: Independenţa României, IV, S. 64ff.

voll erschien. Er wies jede aggressive Absicht entschieden von sich und bestätigte die Politik der Neutralität, die sowohl von den Interessen des Landes wie auch vom Pariser Vertrag diktiert sei. Nachdem jetzt die befürchteten Komplikationen beseitigt worden seien, müsse sich Rumänien über die Gefahr, dass seine garantierten Rechte verletzt werden könnten, auch keine Sorgen mehr machen.[42]

Die Zirkularnote vom 4./16. Januar 1876 ist in ihrer Bedeutung für die aktuelle Tagespolitik vielfach überschätzt worden, da ihr Kontext, nämlich die in der Beurteilung Carols unsicher erscheinende internationale Lage um die Jahreswende 1875/76 zu wenig berücksichtigt wurde. Weder ist ihre Glorifizierung als Ausdruck des Wunsches des rumänischen Volkes nach Unabhängigkeit angebracht,[43] noch kann man von einer eigentlichen Wende in der rumänischen Außenpolitik sprechen oder innenpolitische Gründe für sie anführen.[44] Die Note gehörte zum Krisenmanagement in einer Situation, deren weitere Entwicklung für Carol nicht überschaubar und kalkulierbar war. Ihre Neuheit bestand in der Formulierung der rumänischen Position im Extremfall, nämlich dem Krieg. Das bedeutete aber nicht, dass Carol aus militärischem Ehrgeiz einen Krieg zu dem Zeitpunkt befürwortete und offensiv die Unabhängigkeit mit der Waffe in der Hand zu erreichen suchte. Seine Unsicherheit und auch ein gewisses Misstrauen über eventuelle Absprachen zwischen den Großmächten ließen ihn mit mehreren Faktoren rechnen, darunter mit dem für Rumänien zu dem Zeitpunkt äußerst ungelegenen, dem Krieg.[45]

Nun stand der Fürst einem Krieg grundsätzlich nicht negativ gegenüber. Erziehung und Ausbildung waren traditionsgemäß stark militärisch ausgerichtet gewesen und hatten sein Denken und Handeln geprägt. Im Aufbau und in der Stärkung der rumänischen Armee sah er neben der Erschließung des Landes seine Hauptaufgabe und hatte sich in den vergangenen Jahren dieser Aufgabe intensiv gewidmet. Da bei ihm der Wunsch bestand, seine Armee zu erproben, war er einem Krieg prinzipiell nicht abgeneigt, doch hielt er sein Land weder militärisch noch politisch für einen Krieg genügend vorbereitet.[46] Eine Neutralitätserklärung seitens der Garantiemächte, die einen Krieg auf dem Territorium Rumäniens von vornherein verhindern würde, stellte für ihn die beste Lösung dar. In diesem Punkt brachte die Note Klarheit: die Mächte waren dazu nicht bereit. So blieb für Carol ein Krieg weiterhin im Bereich des Möglichen und er setzte die Vorbereitungen fort, ohne die Neutralitätspolitik aufzukündigen. Die negativen Reaktionen auf die Zirkularnote änderten im Grunde nichts an dieser Politik. Ihr Politikum bzw. ihre Brisanz be-

42 Ibd., S. 85f. Note an Costaforu v. 28.1./9.2.1876 und sein vertrauliches Zirkular an die übrigen rumänischen Vertreter v. 29.1./10.2.1876. Ibd., S. 86f.

43 Stellvertretend für den Tenor der nationalistisch-kommunistischen Geschichtsschreibung: Corivan, Relaţiile diplomatice ale României, S. 298.

44 Maier, Rumänien, S. 432. Catargius Stellung stand für Carol zu dem Zeitpunkt nicht zur Disposition.

45 Aus dem Leben König Karls, 2, S. 477; 3, S. 7.

46 Gerade zu den drei Kaisermächten bestanden zu der Zeit einige Spannungen, die stärksten zu Deutschland wegen des Eisenbahnrückkaufs. Ibd., S. 7f.

stand in dem unpassenden Zeitpunkt ihrer Abfassung,[47] da sie den Friedensbemühungen der Mächte zuwiderlief und mit der Frage nach der Haltung in einem eventuellen Krieg ihren mühsam erreichten Konsens bedrohte. Die Reaktion der Großmächte fiel wahrscheinlich auch deswegen so heftig aus, weil die rumänische Note einen wunden Punkt berührte: für den Fall eines Scheiterns der Reformvorschläge, mit dem sie eigentlich auch rechnen mussten, besaßen sie kein Konzept.

Dennoch bewies der Fürst immer noch wenig außenpolitisches Gespür mit dieser Note, da er das Ende der Friedensverhandlungen zwischen den Großmächten nicht abwarten konnte. Mochten sich auch die der Note zugrunde liegenden Annahmen im Laufe des Jahres bestätigen, so war sie Mitte Januar 1876 falsch placiert und ließ Rumänien als Unruhestifter erscheinen, woran allerdings die Haltung von Costaforu in Wien großen Anteil hatte. Ob Carol wirklich die Chance für eine Neutralitätsgarantie gekommen sah, oder aber die realistischerweise zu erwartende Ablehnung dieser Forderung als Alibi für eine Politik der freien Hand benutzt werden sollte, sei dahingestellt; beide Überlegungen schlossen sich auch nicht aus. In einem Punkt ließ die Note aber keinen Zweifel: die Zeiten, in denen Rumänien nur als passives Objekt figurierte und sein Territorium als Aufmarschgebiet oder Kriegsschauplatz für fremde Armeen wie in den vergangenen russisch-türkischen Kriegen diente, waren vorbei. Mit einem Hohenzollern an der Spitze, der von militärischen Ehrbegriffen geprägt war und eine eigene Armee aufgebaut hatte, konnte Rumänien in einem Konflikt nicht länger übergangen oder ignoriert werden. Dieser Standpunkt gehörte zu den unverzichtbaren Maximen des politischen Handelns Carols, der in der Note vom 4./16. Januar postuliert wurde: die aktive militärische Verteidigung bei Verletzung des rumänischen Territoriums durch eine fremde Macht. Eine andere Politik hätte Carol mit sich kaum vereinbaren können und insofern bestimmte seine Einstellung maßgeblich den weiteren Verlauf der rumänischen Politik wie auch das russische Vorgehen in der sich seit Sommer 1876 zuspitzenden Krise.

2. Die offensive Neutralitätspolitik unter Kogălniceanu im Sommer 1876

Die außenpolitische Situation für Rumänien blieb nach der negativen Reaktion der Großmächte auf die Note vom 4./16. Januar unverändert. Da eine Neutralitätsgarantie nicht zu erreichen war, behielt die Frage, wie die Balkankrise zum Vorteil Rumäniens genutzt werden konnte, ihre Gültigkeit. Den größten Unsicherheitsfaktor bei der rumänischen Entscheidungsfindung bildete, abgesehen von der prinzipiellen Frage, ob es überhaupt zu einem Krieg käme, die Haltung der Großmächte, besonders Österreich-Ungarns und Russlands. Selbst abhängig von innenpolitischen und regierungsinternen Differenzen, lavierend zwischen dem Konzept eines gemeinsamen Konzerts der Großmächte und

47 Darauf wies Costaforu in einem Bericht vom 2./14.2.1876, in dem er sein Vorgehen rechtfertigte, ausdrücklich hin: DIR, 1, part. II, S. 106ff. bes. S. 109.

bilateralen Absprachen versuchten die am stärksten interessierten Großmächte Russland, Österreich-Ungarn und England ihre Differenzen in den Griff zu bekommen und die Balkankrise unter ihrer Kontrolle zu halten.[48] Eine erfolgreiche rumänische Politik musste ihrerseits versuchen, auf sich abzeichnende Entwicklungen möglichst frühzeitig einzugehen, doch gerade während der ersten Hälfte der orientalischen Krise erlitt die rumänische Diplomatie mehrere Fehlschläge, da sie von falschen Prognosen und unrealistischen Erwartungen ausging.

Nach der Annahme des Andrassy-Reformprogramms durch die Pforte Anfang Februar 1876 neigte Fürst Carol wieder mehr der Ansicht zu, dass es den europäischen Mächten doch noch gelingen könnte, den Frieden trotz der immer noch kriegerischen Lage in Serbien zu bewahren.[49] So beschränkte er sich auf eine die Entwicklung weiter abwartende Haltung, ohne jedoch ganz auf militärische Vorsichtsmaßnahmen zu verzichten. Sein neuer Außenminister Bălăceanu akzentuierte die strikte Neutralitätspolitik, bekannte sich zum Primat einer friedlichen ökonomischen Entwicklung im Innern und sprach sogar von einer an den Ereignissen desinteressierten Zuschauerposition Rumäniens.[50] Gegenüber der serbischen Ankündigung eines Krieges verhielt sich Carol reserviert, ja er warnte Fürst Milan sogar vor einem Krieg.[51] Desgleichen wollte er keine Agitationen von Serben und Bulgaren zugunsten des Befreiungskampfes ihrer Länder auf dem Territorium Rumäniens zulassen.[52] Im Frühjahr 1876 nahmen zudem die innenpolitischen Schwierigkeiten im Gefolge des Rücktritts der Regierung L. Catargiu und die sich zuspitzende Finanzkrise den Fürsten voll in Anspruch und überlagerten die außenpolitischen Unsicherheiten.

Die Beibehaltung der Neutralität bildete auch das außenpolitische Programm der Übergangsregierungen Florescu (Außenminister D. Cornea) und Manolache Epureanu mit Außenminister M. Kogălniceanu.[53] Mit Kogălniceanu übernahm kein ausgesprochener Außenpolitiker das Ressort, doch gehörte er neben I. C. Brătianu zu den starken Persön-

[48] Schmidt, Die gescheiterte Allianz, S. 209ff.

[49] Arh. Stat. Fond Regele Carol I, III/29, f. 65; f. 67 (9./21.3.1876): „In Belgrad stehen die Dinge schlecht. Der Fürst hat zwischen Krieg od. Revolution zu wählen. Die Sache wird sich aber beilegen, weil Europa den Frieden will.“

[50] DIR, 1, part. II, S. 135f. Zirkularnote v. Bălăceanu v. 19./31.3.1876. Franz. Zusammenfassung in: Iorga, Correspondance diplomatique, S. 168 (Nr. 356), ohne Datum.

[51] Arh. Stat. Fond Regele Carol I, III/29, f. 68. Carol wurde bereits am 25.3./6.4.1876, zweieinhalb Monate vor Ausbruch des Krieges, vom Onkel des serbischen Fürsten, A. Catargiu, von der serbischen Entschlossenheit, einen Krieg zu führen, in Kenntnis gesetzt. Aus dem Leben König Karls, 3, S. 15 u. 21f.

[52] Arh. Stat. Fond Regele Carol I, III/29, f. 67 (11./23.3.1876). Vgl. auch Ciachir, N. Bercan, Gh., Diplomaţia europeană în epoca modernă, Bucureşti 1984, S. 374. Die zwei Seiten weiter aufgestellte Behauptung, die rumänischen Behörden und der Außenminister Kogălniceanu hätten die bulgarischen Freischärler unter Hristo Botev direkt unterstützt, trifft nicht zu.

[53] DIR, 1, part. II, S. 140 u. S. 145ff. Independenţa României, IV, S. 91. Zirkular v. Kogălniceanu v. 30.4./12.5.1876: „Aujourd'hui, au milieu des troubles qui agitent la rive droit du Danube, plus que jamais le véritable intérêt de la Roumanie consiste à garder la plus stricte neutralité.“

lichkeiten des Kabinetts. Vor allem besaß er das Vertrauen des Fürsten, der in ihm ein Gegengewicht zu den Radikalliberalen sah und mit ihm seine außenpolitischen Vorstellungen verwirklichen konnte, während die Radikalliberalen ihre Macht im Innern zu festigen suchten.[54] An der rumänischen Neutralitätspolitik änderte sich zunächst auch wenig, als sich im Mai/Juni 1876 die Orientkrise durch den Aufstand in Bulgarien, den Mord an dem französischen und deutschen Konsul in Saloniki am 6. Mai 1876 und die innertürkischen Wirren nach dem Sturz des Sultans Abdul Aziz am 30. Mai und der Ermordung des Kriegsministers Hussein Avni Pascha sowie des Außenministers Raschid Pascha am 15. Juni zuspitzte. Gerade der Aufstand in Bulgarien, der weitgehend von bulgarischen Komitees in Rumänien aus organisiert worden war, von wo die bulgarischen Freischärler unter Führung von Hristo Botev auch ihre Aktionen starteten, gab in Rumänien Anlass zur Sorge, dass seine neutrale Haltung kompromittiert werden könnte.[55] Die strengen und wiederholten Anweisungen von Kogălniceanu an die Hafenkapitäne, die Donauhäfen strenger zu überwachen, sowie seine Bitte an den Innen- und Kriegsminister, die Zollkontrollen und Grenzwachen zu verstärken, entsprangen dieser Furcht, ungewollt und unvorbereitet in einen bulgarisch-türkischen Konflikt mit hineingezogen zu werden und den eigenen politischen Spielraum zu verlieren.[56]

Trotz verbal geäußerter Sympathie für die Bulgaren in der rumänischen Presse blieb die Haltung der rumänischen Regierung gegenüber dem bulgarischen Aufstand abweisend

[54] Carol verpflichtete sich überdies Kogălniceanu durch finanzielle Zuwendungen. Arh. Stat. Fond Regele Carol I, III/29, f.75 (28.6./10.7.1876) u. f. 77 (26.7./7.8.1876). In einem Brief v. 12./24.6.1876 an seinen Vater bemerkte Carol, nachdem er das Verhalten Kogălniceanus bei der Ratifizierung des österreichischen Handelsvertrags gelobt hatte: „überhaupt ist er der Kopf des Ministeriums und zweifle ich nicht daß er unsere auswärtige Politik mit viel Umsicht leiten wird." Arh. Stat. Fond Regele Carol I, V D 1848.

[55] Zu den Aufstandsvorbereitungen der Bulgaren in Rumänien: România în sud-estul Europei, Bucureşti 1979, S. 110f. Djordjevic, D., Revolutions nationales des peuples balkaniques, S. 132ff. Iliescu, C., Bulgaria, in: Moisuc, V. Calafeteanu, I. (Hg.), Afirmarea statelor naţionale independente unitare din centrul şi sud-estul Europei (1821-1923), Bucureşti 1979, S. 116f. Ciachir, N., Certains aspects de l'attitude de la Roumanie envers le mouvement révolutionnaire des Balkans 1875–avril 1877, in: Actes du Ier congres international des études balkaniques et sud-est européenes IV, Histoire, Sofia 1969, S. 315ff. Velichi, C., România şi renaşterea bulgară, Bucureşti 1980, S. 2557ff. Stavrianos, The Balkans since 1453, New York 1958, S. 378f. Eine Unterstützung der bulgarischen Freischärler durch die rumänischen Behörden, wie in der Regel von rumänischen Autoren behauptet, fand nicht statt und wurde unter Strafandrohung verboten.

[56] DIR, 1, part. II, S. 145, 150, 152, 154f., 158ff., 165. Die Aufbringung des Passagierdampfers „Radetzky" durch Botev und seine Freischärler am 18./30.5.1876, die Rumänien ungehindert und unkontrolliert verlassen konnten, um durch diese Aktion ihre Überfahrt nach Bulgarien zu erzwingen, führte zu erzürnten Reaktionen von Kogălniceanu, der den Verantwortlichen mit Absetzung drohte. Ibd., S. 166. P. A. I.A.B.q. Türkei 24, Vol. 53, Alvensleben v. 3.6.1876 (Nr. 47) über eine Audienz mit Carol, in der sich der Fürst sehr befriedigt zeigte, dass der türkische Gouverneur in Rusciuc nach einem klärenden Gedankenaustausch anerkannt habe, dass Rumänien nicht dafür verantwortlich gemacht werden konnte.

und verdeutlichte einmal mehr, dass man eine gemeinsame Aktion der Balkanstaaten und der Aufstandsbewegungen gegen das Osmanische Reich nicht in Erwägung zog. Es gab kein gemeinsames politisches Handeln, das auf dem Konzept einer alle Völker des Balkans umfassenden Befreiungsideologie beruhte. Nicht zusammen, sondern jeweils vom andern profitierend, suchten die Länder das Ziel der Unabhängigkeit zu erreichen. Gerade das Schicksal und die Behandlung der bulgarischen Befreiungsbewegung verwies immer wieder auf den instrumentellen Charakter, den sie für die Politik von Rumänien und Serbien besaß, ohne dass die große Bedeutung Rumäniens als Entfaltungsort für die bulgarische Kultur und Zufluchtsort für bulgarische Revolutionäre negiert werden sollte.[57]

Es gab nicht nur unterschiedliche Ausgangslagen und Interessengegensätze, nicht zuletzt territorialer Art, bei den verschiedenen Völkern und Regionen, sondern auch das eigene Geltungsbewusstsein und nationale Überheblichkeit spielten eine Rolle. So suchten die Rumänen sich von den Slawen abzugrenzen und sich mit ihrer Politik der Neutralität in den Augen der Großmächte vorteilhaft von jenen zu unterscheiden. Ein wichtiger Grund für die rumänische Neutralität stellte nicht zuletzt die Besorgnis dar, mit der Teilnahme an einem Krieg gegen das Osmanische Reich der Bildung eines südslawischen Staats Vorschub zu leisten, wodurch Rumänien zwischen zwei slawische Großreiche geraten konnte.[58] Vor diesem Hintergrund verweigerte man auch den Serben die gewünschte Hilfe und behielt die strenge Neutralitätspolitik bei. Rumänischen Staatsbürgern wurde der Eintritt in die serbische Armee untersagt, desgleichen erhielt die serbische Regierung eine Absage auf ihre Bitte, die heimliche Durchfuhr von Waffen und Munition durch

[57] Vgl. die Auflösung der 1. und 2. bulgarischen Legion in Serbien und das Schicksal von Rakovski, das Ende der „Heiligen Koalition" zwischen rumänischen Radikalliberalen und dem „Bulgarischen Geheimen Zentralkomitee" 1866 etc. Stavrianos, The Balkans since 1453, S. 377ff., MacDermott, M., The Apostle of Freedom, S. 122ff. Diculescu, Vl., Rumänien und die Frage der bulgarischen Freischaren (1866-1868), in: RESEE, 1, 1963, S. 468. Netea, C. A. Rosetti, S. 309f. Velichi, C. N., La contribution de l'emigration bulgare de Valachie à la renaissance politique et culturelle du peuple bulgare (1762-1850), Bucureşti 1970, S. 27ff. Meininger, T. A., The Formation of a Nationalist Bulgarian Intelligentsia, 1835-1878, Ann Arbor, Univ. Microfilms, 1974. Vgl. auch die Beiträge in: Relaţii româno-bulgare de-a lungul veacurilor sec. XII-XIX. Studii, Vol. 1, Bucureşti 1971, Vol. II, Bucureşti 1984. Siupiur, E., Intelectualii bulgari de emigraţie în România în secolul al XIX-lea, in: Duţu, A. (Hg.), Intelectuali din Balcani în România (sec. XVII-XIX), Bucureşti 1984, S. 114-162, Velichi, România şi renaşterea bulgară, passim.

[58] P.A. I.A.B.q. Türkei 24, Vol. 54, Anlage zum Bericht Nr. 90 von Alvensleben v. 19. Juli 1876 mit einem Zeitungsausschnitt aus der „Epoche", in dem es heißt: „Die Serben, die Montenegriner, die Bulgaren sind zum Unglück slavische Nationen und die Slaven sind die natürlichen Feinde der Rumänen. Können wir daher ihre vollständigen Erfolge und die Möglichkeit der Gründung eines großen unabhängigen Slavenreiches ohne Sorge für unsere eigene Zukunft betrachten?" Der Artikel geht im Weiteren auf die Gefahr ein, die Russland für Rumänien darstellt. Vgl. auch die in dieselbe Richtung gehenden Äußerungen Carols. Ibd., Vol. 53, Bericht Nr. 81 v. Alvensleben v. 9.7.1876. Independenţa României, II, 2, S. 132, 134 (Fava v. 2.7.1876).

Rumänien zu gestatten.[59] Um den eigenen Anspruch auf Zugeständnisse zu legitimieren, wurde die strenge Neutralitätspolitik gegenüber Serbien, die vor allem in der Ablehnung von militärischen Hilfstransporten bestand, konsequent eingehalten, sie stand „nicht nur auf dem Papier", wie oft zu lesen ist.[60] Die rumänische Neutralitätspolitik durfte nicht kompromittiert werden und ihre Glaubwürdigkeit verlieren, da andernfalls den eigenen Kompensationswünschen der Boden entzogen worden wäre. Und schließlich war eine Neigung, an diesem Krieg teilzunehmen, in der Bevölkerung kaum vorhanden. Mit einiger Verwunderung registrierten diplomatische Beobachter dieses Faktum sowie das mangelnde Solidaritätsgefühl gegenüber den Serben.[61]

So brachte auch der serbisch-türkische Krieg (18./30. Juni 1876) keine grundsätzliche Änderung der Neutralitätspolitik,[62] wohl aber eine offensive Instrumentalisierung der Neutralität zur Durchsetzung nationaler Ziele bei der Pforte. Auslösende Faktoren für diese neue Variante in der Handhabung der Neutralitätspolitik bildete neben dem bevorstehenden Krieg der Herrschafts- und Regierungswechsel in Konstantinopel.[63] Fürst und Außenminister hielten jetzt den Zeitpunkt für gekommen, um von der prekären außen- und innenpolitischen Lage des Osmanischen Reiches zu profitieren und von der Pforte die Erfüllung jahrelanger rumänischer Forderungen zu verlangen. Kogălniceanu begann nach Absprache mit Carol[64] Ende Juni seine diplomatische Offensive, die sich der Neutralität als Druckmittel zu bedienen suchte. Drei Dokumente, alle datiert vom 16./28. Juni 1876, also zwei Tage vor Ausbruch des Krieges, offenbarten den Facettenreichtum der rumänischen Neutralitätspolitik. In seiner Instruktion an den rumänischen Vertreter in Belgrad, A. Sturdza, stellte Kogălniceanu fest, dass die Regierung entschlossen sei, die Neutralität loyal aufrechtzuerhalten, solange sich die außenpolitischen Ereignisse nicht genau abzeichneten.[65] Mit diesem Argument, hinter dem eine Schutzfunktion der Neu-

[59] DIR, 1, part. II, S. 177 (Nr. 182), S. 181f. (Nr. 190), S. 183f. (Nr. 195), S. 187 (Nr. 202) etc. Selbst den rumänischen Anverwandten des Fürsten Milan wurde der Eintritt in die serbische Armee verboten.

[60] So bei Kellogg, The Road to Rumanian Independence, S. 124. Ebenso in rumänischen Darstellungen, die eine „Solidaritätsgemeinschaft" nicht leugnen durften. Vgl. hingegen die vielen Weisungen von Kogălniceanu in dieser Hinsicht und die Berichte von Präfekten: DIR, 1, part. II, ab S. 145-300 passim.

[61] P.A. I.A.B.q. Türkei 24, Vol. 53, Alvensleben v. 8. Juli 1876; Vol. 54, Alvensleben v. 14.8. und 16.8.1876 (Vertraulich).

[62] Aus dem Leben König Karls, 3, S. 39f. Carol an seinen Vater v. 12./24.6.1876. Er bedauert den für Rumänien aus finanzieller wie innenpolitischer Sicht ungünstigen Zeitpunkt der orientalischen Krise.

[63] Anderson, The Eastern Question, S. 185. Der Sultan Abdul Aziz wurde am 30. Mai 1876 durch eine Verschwörung, die vom Kriegsminister Hussein Avni Pascha und dem ehemaligen Großwesir Midhat Pascha angeführt wurde, entthront, und der psychisch kranke Murad V. zum Sultan erhoben, der formal bis zum 31. August 1876 regierte; am 15. Juni wurden der Kriegsminister und der Außenminister Raschid Pascha ermordet.

[64] Arh. Stat. Fond Regele Carol I, III/29, f. 74 (9./21. Juni 1876).

[65] Iorga, Correspondance diplomatique, S. 179f: „Or, tant que les événements extérieurs ne se dessineront davantage, nous sommes décidés à nous maintenir loyalement dans notre neutralité".

tralität gegenüber nicht vorhersehbaren Entwicklungen stand, wurde den Serben jede militärische Unterstützung verweigert, abgesehen vom Durchzug unbewaffneter und mit gültigen Pässen ausgestatteter Freiwilliger, die vor allem aus Russland kamen.[66]
Kogălniceanu forderte in einem zweiten Aktenstück vom selben Tag von der Pforte und den Garantiemächten, die Neutralität Rumäniens durch die Neutralisation der Donaustrecke zwischen Negotin und Vârciorova, wo sie die Grenze zwischen Rumänien und Serbien bildete, anzuerkennen und zu respektieren.[67] Ähnlich wie bei dem bulgarischen Aufstand spielte die Furcht eine große Rolle, durch unvorhergesehene Zwischenfälle oder eine Verletzung der territorialen Souveränität in einen Krieg mit hineingezogen zu werden, für den Rumänien nicht vorbereitet war. Diese Furcht nahm konkrete Gestalt an, als die Pforte mit der Anerkennung der Neutralität der Donaustrecke zögerte und man mit einem Krieg zu rechnen begann, sollten türkische Kriegsschiffe in rumänische Gewässer einlaufen. Von der selbst erklärten Neutralität leitete man das Recht und die Pflicht ab, diese militärisch zu verteidigen und warnte die Pforte vor den Folgen einer territorialen Verletzung.[68] In fast täglichen Demarchen versuchten Kogălniceanu und General Ghica, der Vertreter in Konstantinopel, mit dieser Warnung Druck auf die Pforte auszuüben, und schalteten auch die anderen Garantiemächte ein, die die rumänische Forderung unterstützten.[69] Um dieser noch mehr Nachdruck zu verleihen, stationierte man ein Observationskorps von ca. 1 500 Mann bei Gruia an der serbisch-rumänischen Grenze mit der Aufgabe, das Einlaufen von Kriegsschiffen zu verhindern und die rumänische Neutralität zu verteidigen.[70]
Die im Verlauf der Verhandlungen immer schärfer werdende Sprache von Kogălniceanu und General Ghica, um die Pforte zur Anerkennung der rumänischen Forderung zu drängen, erreichte am 25. Juni/7. Juli während einer Unterredung zwischen General Ghica und dem türkischen Außenminister, Savfet Pascha, eine drohende Wendung, als Ghica warnte, dass eine türkische Weigerung die Rumänen zwingen würde, selbst das Prinzip der Neutralität zu verteidigen. Als daraufhin Savfet Pascha erklärte, dass dies einer Kriegserklärung gleichkäme und die Pforte darauf mit dem Bombardement der rumänischen Häfen antworten würde, schwächte Ghica seine Worte etwas ab und bat um neue Instruktionen für den Fall einer türkischen Ablehnung der Neutralisation.[71]

66 P.A. I.A.B.q. Türkei, 24, Vol. 54, Alvensleben v. 10.8.1876 (Vertraulich, durch sichere Gelegenheit). DIR, 1, part. II, S. 216ff.

67 Ibd., S. 188f.

68 Ibd., S. 210f. (Nr. 215, 216). Wieder fehlte nicht der Hinweis auf Belgien.

69 Ibd., S. 208f., 210f., 213, 214, 216, 218, 221ff. (1. offizielle Note von Ghica an Savfet Pascha über die Forderung der Respektierung der rumänischen Neutralität v. 19.6./1.7.1876), S. 224, 228, 231, 234, 235, 239, 240, 241, 242f. (2. offizielle Note von Ghica an Savfet Pascha v. 22.6./4.7.1876), S. 244, 251ff.

70 Ibd., S. 230 (Anweisung Kogălniceanus an A. Sturdza in Belgrad v. 22.6./4.7.1876). Aus dem Leben König Karls, 3, S. 42.

71 DIR, 1, part. II, S. 241f., Ghica an Kogălniceanu v. 25.6./7.7.1876. Der Text ist nur in der rumänischen Übersetzung, nicht im französischen Orginal. Aus dem Text geht nicht hervor, ob die Unterredung am 25.6./7.7. oder einen Tag davor stattfand.

Dieses Telegramm löste in Bukarest Sorge aus und ließ den Fürsten und seinen Minister an die Eventualität eines Krieges glauben.[72] Auf Kogălniceanus Antrag hin wurde am 26.6./8.7.1876, noch vor Eintreffen der endgültigen türkischen Antwort, eine Kammerkommission gebildet, mit der sich die Regierung über Probleme der Außenpolitik beraten sollte. Kogălniceanu begründete seinen Antrag mit der Notwendigkeit einer Zustimmung der Vertreter des Landes zu seiner Außenpolitik angesichts der Besorgnis erregenden äußeren Lage und bevorstehender Eventualitäten.[73] Für einen Krieg wollte die Regierung nicht allein die Verantwortung übernehmen; außerdem konnte mit einer parlamentarischen Rückendeckung – auch der Senat bildete kurz danach eine Vertrauenskommission – und der Offenlegung bestimmter Akten der Druck auf die Pforte verstärkt werden, um eine Zusage zu erreichen.[74] Nicht zuletzt verfolgte Kogălniceanu auch das Ziel einer Stärkung seiner eigenen Stellung gegenüber dem Parlament, in dem die Radikalliberalen die Mehrheit besaßen.

Als endlich am 26.6./8.7.1876 die Pforte die schriftliche Zusage gab, ihre Flotte nicht in diesem Donauabschnitt einzusetzen, feierte Kogălniceanu dieses Ergebnis als großen Erfolg seiner Diplomatie, da zum ersten Mal die rumänische Neutralität in einem konkreten Fall international anerkannt worden sei. In einer Rede vor dem Senat am 28.6./10.7. sagte er:

„Ich habe die Ehre, meine Herren, Ihnen bekannt zu geben, dass die Regierung ein Recht erreicht hat, eine Situation, von der ich sagen kann, dass sie die Krone unserer Neutralität ist; denn, meine Herren, es genügt nicht, dass ein Staat neutral sein möchte, es ist notwendig, dass auch die anderen Mächte diese Neutralität anerkennen; heute aber ist Rumänien als neutral anerkannt.“[75]

Kogălniceanus Interpretation leitete von diesem Präzedenzfall eine Rumänien zugestandene internationale Neutralitätsgarantie ab, die den Tatsachen nicht entsprach: Die Unterstützung, die Rumänien in dieser Frage von den übrigen Großmächten erhalten hatte, entsprang dem Wunsch, den Konflikt nicht unnötig eskalieren zu lassen, hatte aber mit der Anerkennung eines neutralen Status von Rumänien insgesamt wenig zu tun.[76] Kogălniceanus Äußerungen richteten sich denn auch nicht so sehr nach außen, sondern nach innen. Er wertete das Nachgeben der Pforte als Ergebnis seines energischen Auftretens und versuchte, den Erfolg in dieser Frage für die Stärkung seiner innenpolitischen

72 Arh. Stat. Fond Regele Carol I, III/29, f. 75.

73 Kogălniceanu, Opere IV, orat. II, part. 4, S. 186ff. P.A. I.A.B.q. Türkei 24, Vol. 53, Alvensleben v. 8. Juli 1876.

74 Diesen Zweck nannte Carol in einer Audienz mit Alvensleben. Ibd. Alvensleben v. 9.8.1876.

75 Kogălniceanu, Opere IV, orat. II, part. 4, S. 196.

76 In Berlin hatte Radowitz dem rumänischen Vertreter, Titu Maiorescu, den Rat gegeben, nicht auf theoretischen Diskussionen über die Neutralität der Donau zu insistieren, sondern sich mit dem Faktum der Neutralität zufrieden zu geben: Independenţa României, IV, S. 107 (Maiorescu v. 25.6./7.7.1876 aus Berlin).

Stellung auszunutzen, da er nach dem Wahlerfolg der Radikalliberalen bei den Kammerwahlen seines Amtes nicht mehr sicher sein konnte.[77]

Die Politik des Fürsten und Kogălniceanus, die Neutralität so optimal wie möglich zu verwerten, schlug sich in einem dritten Dokument vom 16./28. Juni nieder, mit dem die diplomatische Offensive eröffnet wurde. In einem Rundschreiben an die rumänischen Auslandsvertreter listete Kogălniceanu sieben Forderungen auf, deren Erfüllung er von der Pforte erwartete: „1. Anerkennung Rumäniens in seiner staatlichen Individualität und als historischer Name. 2. Aufnahme des rumänischen Agenten zu Konstantinopel unter das diplomatische Korps. 3. Regulierung des Verhältnisses der in der Türkei lebenden rumänischen Unterthanen und Anerkennung der rumänischen Konsulargerichtsbarkeit über dieselben. 4. Anerkennung der Unverletzlichkeit des rumänischen Territoriums und Grenzberichtigung auf den strittigen Donauinseln. 5. Abschluß von Auslieferungs-, Handels-, Post- und Telegrafenkonventionen zwischen Rumänien und der Türkei. 6. Anerkennung der rumänischen Pässe und Nichteinmischung der türkischen Konsuln in die Angelegenheiten der rumänischen Unterthanen im Auslande. 7. Feststellung der türkisch-rumänischen Grenze an den Donaumündungen auf Basis der Mittellinie der Donauthalsohle."[78] Der letzte Punkt beinhaltete in der Konsequenz die Rückgabe des Donaudeltas.

Diesem Rundschreiben war ein langes Mémoire beigefügt, datiert vom 15./27. Juni 1876, das die Forderungen ausführlich begründete und rechtfertigte. Kogălniceanu hielt den Zeitpunkt für gekommen, für die seit Jahren immer wieder vorgebrachten rumänischen Wünsche eine zufrieden stellende Lösung zu erreichen: eine neue türkische Regierung lasse auf eine Änderung der bis jetzt starren Haltung der Pforte hoffen, und die der Türkei geleisteten Dienste durch die Überwachung ihrer Nordgrenze berechtigten Rumänien zu einer Entschädigung für die auf sich genommenen Opfer. Falls das unbefriedigende und ungeklärte Verhältnis zwischen beiden Ländern trotz des Wunsches der rumänischen Regierung, „mit der Regierung in Konstantinopel eine vollständige Harmonie aufrechtzuerhalten", weiter andauern würde, sähe sich Rumänien zu einer Änderung seiner Haltung gezwungen. Der Zweck des Zirkulars bestand in der vertraulichen Sondierung der Regierungen der Garantiemächte, ob sie den rumänischen Forderungen den nötigen Rückhalt und Unterstützung zu geben bereit wären. Mit der Rückendeckung der Garantiemächte und von der Notlage der Pforte profitierend, hoffte Kogălniceanu, dass seine beabsichtigte Demarche bei der türkischen Regierung zum Erfolg führen würde, wobei er auf das Interesse der Garantiemächte zählte, den Krieg nicht durch einen Eintritt Rumäniens auszuweiten. Dieses Interesse galt es für die Unterstützung der rumänischen Politik nutzbar zu machen.

[77] P.A. I.A.B.q. Türkei 24, Vol. 54, Alvensleben v. 19. Juli 1876. Auch Carol sah das Nachgeben der Türkei als Ergebnis des von Rumänien ausgeübten Drucks an. Arh. Stat. Fond Regele Carol I, III/29, f. 75.

[78] Aus dem Leben König Karls, 3, S. 42f. DIR, 1, part. II, S. 192ff.

Ausgestattet mit nur zwei bedingt positiven Stellungnahmen aus Berlin und Wien – wobei sich letztere später als Fehlinformation erwies –, die den rumänischen Forderungskatalog im Allgemeinen wohlwollend aufnahmen,[79] ohne dass eine direkte Unterstützung versprochen wurde, richtete Kogălniceanu am 25.6./7.7.1876 eine direkte Note an den türkischen Außenminister Savfet Pascha zusammen mit dem bereits erwähnten Mémoire vom 15./27. Juni 1876.[80] Kogălniceanu stellte erneut heraus, dass es im Interesse beider Länder läge, die guten Beziehungen zu konsolidieren und dass aufgrund der loyalen Haltung Rumäniens von der Türkei eine Lösung der angeführten Probleme erwartet werden könne. Aufgrund der Bedenken von General Ghica, der Kogălniceanu davor warnte, sich als Außenminister zu exponieren und der Gefahr eines Misserfolgs auszusetzen, wandelte Kogălniceanu die direkte Note in einen Verhandlungsauftrag an General Ghica ab.[81] Der diplomatische Vorstoß von Kogălniceanu endete mit einem Misserfolg. Weder zeigte sich die Pforte bereit, auf die rumänischen Wünsche einzugehen, noch fanden sie die notwendige Unterstützung bei den Garantiemächten.[82] Wenn man auch nicht abgeneigt war, über einzelne Punkte zu verhandeln, hielt man das Vorgehen von Kogălniceanu zum jetzigen Zeitpunkt für gänzlich inopportun und die dahinter liegende Absicht zu offensichtlich, „sich die jetzigen Verlegenheiten der Pforte zu Nutze zu machen“.[83] Kogălniceanu hatte sich von dem positiven Eindruck, den Maiorescu und Bălăceanu vermittelt hatten, zu der falschen Annahme verleiten lassen, dass er sich der Unterstützung wichtiger Großmächte sicher sein konnte. Der Misserfolg ließ Kogălniceanu die Flucht nach vorn antreten und eine drohende Haltung annehmen: in einem an dramatischen Formulierungen reichen Rundschreiben vom 20.7./1.8. unterstellte er einen wachsenden Handlungsdruck auf die Regierung aufgrund der Nachrichten über die von den Türken verübten Gräueltaten in Bulgarien, die die Öffentlichkeit in hohem Maße empörten und die rumänische Armee unter dem Joch der Disziplin stöhnen ließen. Er gab zu verstehen, dass die Regierung ihre bisherige neutrale Haltung auf Druck der öffentlichen Meinung

79 Ibd., S. 228 (Chiffriertes Telegramm von Maiorescu v. 22.6./4.7.) und S. 235 (Chiffriertes Telegramm von Bălăceanu aus Wien v. 24.6./6.7.1876) M.A.E. Germania, Vol. 241, 1852-1879, f. 211. Maiorescu, Jurnal IX, S. 98ff. (Bericht Maiorescus v. 8.7. (n.St.) 1876). Wie sich später herausstellte, war die Interpretation von Bălăceanu voreilig gewesen.

80 Independenţa Romăniei, IV, S. 110ff.

81 DIR, 1, part. II, S. 253f. (Chiffr. Telegramm von Ghica v. 28.6./10.7.1876), S. 260 (Ghica v. 2./14.7.1876). Dieses Faktum wird in der Literatur gewöhnlich übersehen, wo allgemein von der Note an Savfet Pascha die Rede ist. Außerdem werden die Zirkularnote v. 16./28. Juni an die Auslandsvertreter und die Mitteilung an die Pforte v. 25.6./7.7.1876 oft nicht auseinander gehalten, deren Texte zwar weitgehend übereinstimmten, deren Absichten jedoch unterschiedlich waren: so z.B. Politica externă a României, S. 130, Ciachir, Bercan, Diplomaţia europeană în epoca modernă, S. 376f. Corivan, Relaţiile diplomatice, S. 307.

82 DIR, 1, part. II, S. 286 (Ghica v. 17./29. Juli 1876), S. 263 (Callimachi Catargiu aus Paris v. 4./16.7.1876). P.A. I.A.B.q. Türkei 24, Vol. 53, Schweinitz aus St. Petersburg v. 1./13.1878; dt. Botschafter aus Paris v. 11.7.1876 (Durch sichere Gelegenheit).

83 P.A. I.A.B.q. Türkei 24, Vol. 54. Derenthal aus Rom v. 18.7.1876 über die italienische Reaktion.

zu ändern gezwungen wäre.[84] Noch kategorischer forderte er am 24.7./5.8.1876, als die Regierung Epureanu bereits ihren Rücktritt eingereicht hatte, eine energische Aktion der Großmächte zur Unterstützung der rumänischen Forderungen, andernfalls würde die öffentliche Meinung eine Kurskorrektur der Politik der Regierung erzwingen und der Frieden ernsthaft gefährdet sein.[85]

Kogălniceanus Politik lief nun ernsthaft Gefahr, sich in die Sackgasse eines Krieges zu manövrieren. Die Kontrolle über den von ihm selbst geweckten öffentlichen und politischen Erwartungsdruck drohte ihm zu entgleiten. Der Rücktritt der Regierung Epureanu, womit Kogălniceanu auch sein Amt verlor, setzte diesem aggressiven Einsatz der Neutralitätspolitik ein Ende. Mit N. Ionescu wurde ein Verfechter einer strikten Nichtinterventionspolitik Außenminister, der sofort den Kurs Kogălniceanus korrigierte und dessen Note vom 24.7./5.8.1876 zwei Tage später zurücknahm.[86]

Die Politik Kogălniceanus gab zu mehreren Interpretationen Anlass und führte besonders in den rumänischen Geschichtswerken zu stereotypen, elogenhaften Beurteilungen, die den Tatsachen nicht standhalten. Das Ende der Amtszeit Kogălniceanus markierte das Scheitern der von ihm mit Rückendeckung und Unterstützung des Fürsten verfolgten Politik einer maximalen Instrumentalisierung der Neutralität für die Erringung lange verfolgter nationaler Ziele. Sein Siebenpunkteprogramm hatte zum Ziel, eine faktisch unabhängige Stellung Rumäniens von der Pforte zu erreichen, selbst wenn dieser Begriff kein einziges Mal fiel. Die Forderungen standen schon lange auf der Agenda der rumänischen Diplomatie und bedeuteten nur in der vorgetragenen kompakten Form ein Novum. Als grobe Fehleinschätzung erwies sich jedoch das Kalkül, unter Ausnutzung der Krise des Osmanischen Reiches diese Forderungen auf einen Schlag durchsetzen zu können.

Kogălniceanu und der Fürst verstanden die Neutralität als ein Kompensationsgeschäft mit der Pforte, beruhend auf dem Prinzip der Reziprozität, die es in der Realität nicht gab.[87] Rumänien verfügte über keine Mittel, die Politik der Pforte oder der Garantiemächte in seinem Sinne zu beeinflussen. Zugeständnisse seitens der Pforte, deren Berechtigung Kogălniceanu und der Fürst aus ihrer strengen Neutralität gegenüber den Serben ableiteten, konnten sie nicht durchsetzen. Schon die mühsamen Verhandlungen mit der Pforte über die Neutralisation der Donaustrecke hätten Kogălniceanu und den Fürsten warnen müssen, dass sie selbst in einer Zwangslage kaum auf ein Entgegenkommen seitens der Türkei rechnen konnten, dass eine Lösung der anstehenden Probleme erst nach dem Krieg zu erwarten sei.[88]

84 DIR, 1, part. II, S. 292ff. P.A. I.A.B.q. Türkei 24, Vol. 54, Auszug aus einem Privatbriefe des deutschen Generalkonsuls in Belgrad v. 8.8.1876 über die geänderte Haltung Rumäniens.

85 DIR, 1, part. II, S. 300.

86 Ibd., S. 303.

87 Kogălniceanu hatte dieses Prinzip bereits am 29.4./11.5.1876 in einem Schreiben an Gen. Ghica anklingen lassen. Ibd., S. 145f.

88 So erklärte Savfet Pascha gegenüber Gen. Ghica, daß die türkische Regierung im Moment Wichtigeres zu tun habe, als sich mit den rumänischen Forderungen zu befassen: ibd., S. 286 (Chiffr. Telegramm v. Gen. Ghica v. 17./29. Juli 1876).

Auf falschen Prognosen beruhte auch die Annahme Kogălniceanus auf Unterstützung seines Programms durch die Großmächte. Vielleicht ließ er sich von dem Faktum verleiten, dass sie die rumänische Forderung nach Neutralisation der Donaustrecke bei der Pforte befürwortet hatten, was auch ihrem Wunsch einer Begrenzung des Krieges und der Sicherung des freien Handelsverkehrs auf der Donau entsprach. Aus demselben Grund stießen die rumänischen Forderungen auf entschiedene Ablehnung, nicht, weil man sie alle als abwegig empfand, sondern die Inopportunität dieses Schrittes, der allzu offensichtliche Versuch, den serbisch-türkischen Krieg für sich zu nutzen, rief den Widerstand der Garantiemächte hervor.[89] Kogălniceanu hatte seine diplomatische Offensive in keiner Weise bei den Garantiemächten abgesichert; im Gegenteil, er war bereits im Vorfeld vor einem solchen Vorgehen gewarnt worden.[90] So führten eine grundsätzliche Fehleinschätzung der Lage zusammen mit mangelnder diplomatischer Vorbereitung zu dem Scheitern der gemeinsamen Politik des Fürsten und Kogălniceanus, die Neutralität zur Durchsetzung von außenpolitischen Zielen zu instrumentalisieren.
Konnte man für diese Fehleinschätzung noch ein gewisses Verständnis aufbringen, so reagierte Kogălniceanu jedoch völlig kurzsichtig, wenn nicht panikartig, auf die Ablehnungsfront gegenüber seinem Mémoire, wobei ein Motivbündel von Temperament, gekränktem Eigen- und Nationalstolz, der Furcht vor den negativen Folgen für seine politische Karriere diese Reaktion auslösten. Kogălniceanu schien nicht mehr genau zwischen eigenen und Staatsinteressen unterscheiden zu können.[91] Er selbst hatte im Parlament durch die Einsetzung von Kommissionen und in der Öffentlichkeit eine Stimmung geschaffen, die eine angemessene Kompensation von der Pforte für die „ihr geleisteten Dienste" forderte, um sie als Druckmittel einsetzen zu können.[92] Er wurde

89 Der französische Außenminister bezeichnete die Forderungen als „gefährlich und ärgerlich", Andrassy nannte das Mémoire „die ungelegenste Sache der Welt". Ibd., S. 295 (Kogălniceanu v. 20.7./1.8.1876), S. 325 (Bericht aus Wien v. 19./31.8.1876).

90 P.A. I.B.A.q. Türkei 24, Vol. 53, Alvensleben v. 22.6.1876 (Nr. 61): „Herr Zinvoview (der russische Generalkonsul, E. B.-I.) will, wie er mir vertraulich bemerkte, Herrn Cogalniceano darauf aufmerksam gemacht haben, daß ihm der Augenblick, um von den Mächten eine Einwirkung auf die Pforte in dem gewünschten Sinne zu erwarten, nicht eben günstig gewählt zu sein scheine; er hat aber den Eindruck gehabt, daß der Minister sich von seiner Absicht nicht werde abbringen lassen und daß derselbe dieses Circular aus dem Grunde grade jetzt für opportun halte, da die Pforte sich anscheinend gegen das bisher so feindselige Serbien nachgiebig zeige."

91 So der Vorwurf fast aller Generalkonsuln: Independenţa României II, 1, S. 138 (Fava v. 8.7.1876), S, 143ff. (Raindre v. 11.7.1876). P.A. I.A.B.q. Türkei 24, Vol. 53, Alvensleben v. 8.7.1876 (Nr. 79); Vol. 54, Alvensleben v. 18.7.1876 (Nr. 88) und chiffr. Bericht v. 28. Juli 1876. Kogălniceanu galt allgemein als wenig beherrscht und zuverlässig. Die hier vorgenommene kritische Bewertung des Verhaltens von Kogălniceanu steht im Widerspruch zu der in der rumänischen Historiographie gewöhnlich vertretenen positiven Meinung über Kogălniceanu.

92 Konkret schlug sich diese Stimmung dann in der Antwortadresse der Kammer nieder, in der es hieß: „Nous sommes néanmoins en droit d'espérer que, forts de cette attitude correcte, nous pourrons à notre tour obtenir enfin une solution satisfaisante de toutes les justes réclamations que nous avons été contraints d'adresser en différentes époques à la Sublime Porte,

nun zum Gefangenen dieser Politik und handelte geradezu unverantwortlich, als er, ohne seine Ministerkollegen zu informieren, mit der massiven Drohung einer Änderung der neutralen Haltung die rumänische Politik präjudizierte.[93] Inwieweit diese forcierte Gangart noch vom Fürsten gedeckt wurde, ist nicht eindeutig zu beantworten, doch die häufig konstatierte außenpolitische Übereinstimmung zwischen beiden, ähnliche Argumentationsweisen, das Bedauern des Fürsten über das Ausscheiden von Kogălniceanu lassen auf ein Einverständnis des Fürsten über die Vorgehensweise seines Außenministers schließen.[94]

Diese Politik wirft daher die Frage auf, inwieweit man bewusst einen Krieg in Kauf nehmen wollte bzw. ob man ihn durch eine vorgeschobene Rechtfertigung vorzubereiten suchte. An den schlechten Ausgangsbedingungen für einen Krieg hatte sich nichts geändert. Weder finanziell konnte man sich ihn leisten, noch war man militärisch darauf vorbereitet: es fehlte an Munition, es gab unterschiedliche Waffensysteme und der türkischen Donauflotte war kaum etwas entgegenzusetzen. Darüber hinaus existierte keine kriegsbereite Stimmung in der Bevölkerung, die sich gegenüber den Kriegsereignissen gleichgültig verhielt.[95] Diesen Negativfaktoren standen Grundpositionen des Fürsten und der rumänischen Außenpolitik gegenüber, eine Verletzung der nationalen Souveränität nicht hinzunehmen und einen Krieg als eine, wenn auch im Moment sehr ungelegene Möglichkeit im Auge zu behalten, ohne ihn selbst zu provozieren. So besprachen der Fürst und sein Kriegsminister eine Woche vor Kriegsausbruch zwischen Serbien und der Türkei Mobilisierungspläne und der Ministerrat bewilligte 700 000 Francs für Munitionsankäufe.[96] Ein Krieg wurde zum ersten Mal konkret ins Auge gefasst, als die schriftliche Zusage der Türkei betreffend der Neutralisation der Donaustrecke ausblieb und man mit einem Einlaufen von türkischen Kriegsschiffen in rumänische Gewässer rechnete, was für den Fürsten einen Kriegsgrund dargestellt hätte. Zum ersten Mal notierte er auch seine persönliche Präferenz für einen Krieg[97] und bedauerte tags darauf,

laquelle doit être aujourd'hui suffisamment éclairée sur ses véribles intérêts." P.A. I.A.B.q. Türkei 24, Vol. 54, Anlage zum Bericht Nr. 94 von Alvensleben v. 23. Juli 1876 (Ausschnitt aus dem Journal de Bucarest v. 23.7.1876).

93 Der zurückgetretene Ministerpräsident Epureanu erklärte am 29.7./10.8.1876 schriftlich, dass er und seine Kollegen in völliger Unkenntnis des letzten Rundschreibens von Kogălniceanu vom 24.7./5.8.1876 gewesen seien und dass diese Demarche ein aus eigener Initiative erfolgter und isolierter Akt des Außenministers darstelle, die dem Programm der Regierung, eine absolute Neutralität zu befolgen, zuwider liefe. DIR, 1, part. II, S. 305f.

94 P.A. I.A.B.q. Türkei 24, Vol. 53, Alvensleben v. 9.7.1876 (Nr. 81); Vol. 54, Alvensleben vom 28.7.1876 (Nr. 99). Arh. Stat. Fond Regele Carol I, III/29, f. 77.

95 P.A. I.A.B.q. Türkei 24, Vol. 53, Alvensleben v. 30.6.1876 (Nr. 71), 8.7.1876 (Nr. 79); Vol. 54, 19.7.1876 (Nr. 89), 14.8.1876 (Nr. 114), 16.8.1876 (Nr. 115. Vertraulich). Independenţa României, II, 1, S. 132 (Fava v. 2. Juli 1876).

96 Arh. Stat. Fond Regele Carol I, III/29, f. 74 (11./23. Juni 1876). Aus dem Leben König Karls, 3, S. 38, wo die Mobilisierungspläne nicht erwähnt werden.

97 Arh. Stat. Fond Regele Carol I, III/29, f. 75 (26.6./8.7.1876: „Ueber die Kriegs-Eventualität gesprochen, wenn die Pforte keine befriedigende Antwort giebt. alle sehr besorgt. ich wünsche den Krieg."

als die türkische Antwort eintraf, dass der Krieg dadurch leider aufgeschoben worden sei.[98]

Aus dieser Einstellung des Fürsten kann jedoch nicht abgeleitet werden, dass er systematisch auf einen Krieg hinarbeitete und nur eine günstige Gelegenheit abwartete. Solche Gelegenheiten hätte es bei und nach dem Ausbruch des serbisch-türkischen Kriegs genügend gegeben. Die Äußerung des Fürsten betraf eine konkrete Entscheidungssituation, falls die territoriale Souveränität durch die türkische Flotte verletzt worden wäre und damit der oberste Grundsatz der rumänischen Außenpolitik. Carols Haltung schwankte im Grunde zwischen durchaus vorhandenen günstigen Dispositionen für einen Krieg und der Erkenntnis in die schlechte rumänische Ausgangslage. Doch selbst im Falle der Entscheidung für einen Krieg wäre es nicht sicher gewesen, ob Carol zu dem Zeitpunkt diese Entscheidung hätte durchsetzen können. Das Misstrauen des Parlaments gegenüber der Politik Kogălniceanus am Ende seiner Amtszeit, die nicht unbedeutende Präsenz von Verfechtern einer strengen Neutralitätspolitik wie Ion Ghica oder N. Ionescu, auf deren Zusammenarbeit die Radikalliberalen noch angewiesen waren, ebenso die mangelnde generelle Kriegsbereitschaft lassen Zweifel an dieser Durchsetzbarkeit aufkommen. Der Fürst und Kogălniceanu reizten den Spielraum der Neutralitätspolitik bis aufs Äußerste aus und liefen dabei Gefahr, genau diesen Spielraum zu verlieren, doch wird sich aus ihrem Aktionismus eine systematisch betriebene Kriegspolitik nicht ableiten lassen.

Nun gehört es durchaus zum politischen Handeln, die Schwäche des politischen Gegners zum eigenen Vorteil auszunutzen; nur verkannten ihre Protagonisten die Opportunität ihres Vorgehens. Als Ergebnis kam es erneut zu einem Vertrauensverlust in die Berechenbarkeit und Aufrichtigkeit der rumänischen Politik, die von vornherein als wenig zuverlässig galt. Allerdings wird man auch die türkische Seite vom Vorwurf der Kurzsichtigkeit nicht freisprechen können. Die starrköpfige Weigerung der Pforte, den Rumänen selbst bei Forderungen, die von den anderen Mächten bereits anerkannt worden waren wie die Bezeichnung „Rumänien", entgegenzukommen, hinterließ beim Fürsten und der Regierung wachsende Verbitterung und die Erkenntnis der Aussichtslosigkeit von Verhandlungen.[99] Bei realistischer Sichtweise hätte die türkische Diplomatie erkennen müssen, dass die Anerkennung der meisten rumänischen Forderungen nur noch eine Frage der Zeit darstellte. Ihr wenig flexibles, um nicht zu sagen: borniertes Vorgehen gründete sich auf einen von der Realität überholten Anspruch, während die Rumänen Forderungen von einem Anspruch ableiteten, den sie in Wirklichkeit noch nicht vollständig besaßen. Das Beharren auf den jeweiligen Standpunkten führte zu einer Blockade, die die Türkei leicht hätte vermeiden können, ohne sofort den gesamten Forderungskatalog der Rumänen erfüllen zu müssen. Das Faktum ist nicht zu negieren, dass Rumänien durch seinen Nichteintritt in den Krieg, aus welchen Gründen auch immer, die Türkei entlastete, was von dieser nicht honoriert wurde. Der Misserfolg der rumänischen Diplomatie stellte in

[98] Ibd. (27.6./9.7.). Diese Stellen, die die Kriegsbereitschaft Carols belegen, fehlen in den offiziellen Memoiren.

[99] P.A. I.A.B.q. Türkei 24, Vol. 53, Alvensleben v. 6.6.1876 (Nr. 51), 10.6.1876 (Nr. 52), 9. Juli 1876 (Nr. 81).

gleicher Weise einen Misserfolg der türkischen dar, die eine Chance verpasst hatte, das Verhältnis zu Rumänien zu entkrampfen. Die spätere Kriegsentscheidung gegen das Osmanische Reich wurde auch aufgrund dieser Politik erleichert, die zu viele Ressentiments beim Fürsten hinterließ und den Krieg unter den politischen Führern allmählich als eine wünschenswerte Alternative zu ergebnislosen Verhandlungen erscheinen ließ.[100]
Die Lehren, die der Fürst und die Regierung aus dem Scheitern der Außenpolitik Kogălniceanus ziehen mussten, hießen zum ersten, dass in direkten Verhandlungen mit der Türkei keine Zugeständnisse zu erreichen waren, und zum zweiten, dass sie auf eine Unterstützung der Garantiemächte, soweit es nicht in deren eigenem Interesse lag, nicht rechnen konnten. Beide Vorstöße der rumänischen Diplomatie im Januar und im Juni 1876, einmal über eine Neutralitätsgarantie, das andere Mal durch bilaterale Verhandlungen mit der Pforte einen faktisch unabhängigen Status zu erreichen, waren gescheitert. Mit der bis jetzt defensiv wie offensiv verfolgten Neutralitätspolitik, deren Spielraum der Fürst und Kogălniceanu soweit wie möglich auszunutzen versucht hatten, konnten die außenpolitischen Ziele nicht erreicht werden. Neben der veränderten großmachtpolitischen Lage auf dem Balkan legte diese Erkenntnis den Grundstein für eine veränderte Politik im Herbst, die im Zusammengehen mit Russland die Erfüllung nationaler Desiderata suchte und sich an einer aktiven Teilnahme an möglichen Kriegsereignissen orientierte.

3. Internationales Krisenmanagement während der zweiten Hälfte der Balkankrise

Da die rumänische Politik nur vor dem Hintergrund der internationalen Behandlung der Balkankrise verständlich wird, muss die Haltung der Großmächte zur Erklärung der rumänischen Position für die zweite Phase der Balkankrise herangezogen werden. Dabei geht es nicht um die chronologische Wiedergabe der Ereignisse, sondern um die Art und Weise der Konfliktregelung durch die europäischen Mächte. Während bis in den Sommer 1876 aufgrund der weitgehenden Zurückhaltung der Großmächte in dem serbisch-türkischen Krieg die rumänische Politik einen gewissen Freiraum besaß, änderte sich diese Lage mit der sich abzeichnenden militärischen Niederlage der Serben und dem Eingreifen der Großmächte zur Beendigung des Krieges. Das Hilfsgesuch von Fürst Milan am 24.8.1876 (n.St.) um Vermittlung der Mächte zur Beendigung der Kämpfe löste eine Reihe von Verhandlungen über Länge und Art eines Waffenstillstandes sowie über Friedensbedingungen unter den Mächten aus, die immer wieder von neuen Kämpfen unterbrochen wurden. Erst nach der vernichtenden Niederlage der Serben Ende Oktober an der Djunislinie, die den Türken den Weg nach Belgrad eröffnete, und dem darauffolgenden Ultimatum Russlands an die Pforte vom 19./31. Oktober kam es zu einem

[100] Arh. Stat. Fond Regele Carol I, III/29, f. 75 (2./14. Juli 1876) Brătianu und der Kriegsminister Slăniceanu sind nach dieser Eintragung Carols beide für den Krieg und weiter: „ich eigentlich auch."

zweimonatigen Waffenstillstand, an den sich auf Initiative Englands Friedensverhandlungen anschlossen, die in die Konferenz vom Konstantinopel mündeten, deren wichtige Vorverhandlungen am 29.11./11.12.1876 begannen.[101]
Obwohl von den Kämpfen auf dem Balkan nicht direkt betroffen, war Russland diejenige Macht, die sich am stärksten von den Ereignissen herausgefordert fühlte und auf den Verlauf der Krise entscheidenden Einfluss nahm. Der Handlungsdruck auf die russische Regierung und den Zaren entstand durch die von der panslawistischen Bewegung hervorgerufene Mobilisierung der Gesellschaft. Durch den Balkankrieg hatte diese einen ungeheuren Aufschwung erlebt, der sich bis in die Zarenfamilie auswirkte. Tausende von Freiwilligen zogen nach Serbien und Montenegro, Offiziere ließen sich beurlauben, um am Krieg teilzunehmen, überall im Land wurde für Spenden, Hilfs- und Waffenlieferungen gesammelt. Die Außenpolitik geriet in Abhängigkeit von einer gesellschaftlichen Bewegung, die sich prinzipiell auch gegen die Autokratie richten konnte, was sie wiederum in den Augen des Zaren suspekt machte. Einen Autoritätsverlust konnte sich die Regierung weder im Innern noch gegenüber den Südslawen leisten, ohne die eigene innen- und außenpolitische Machtposition aufs Spiel zu setzen. Die russische Außenpolitik wurde somit von Bedingungen diktiert, die über die eigentliche Balkankrise hinausgingen, da sie die innere Stabilität des eigenen politischen Systems betrafen.[102]
So musste der Krieg gegen das Osmanische Reich als letzte Möglichkeit für einen Ausweg aus der Krise immer in Betracht gezogen werden, was die russische Außenpolitik erpressbar machte. Die Meinungen in der russischen Führungsspitze über die Opportunität eines Krieges gingen auseinander und konnten sich zudem von Tag zu Tag ändern. Grundsätzlich neigte die russische Führungsspitze mit dem Zaren zu einer friedlichen Beilegung des Balkankonfliktes durch eine mit den übrigen Großmächten einvernehmliche diplomatische Aktion, die dem finanziell wie militärisch unvorbereiteten Land einen kostspieligen Feldzug ersparen würde. Bei Gefahr eines Macht- und Prestigeverlustes wurde ein Krieg aber auch nicht ausgeschlossen. Die Mobilisierung der russischen Südarmee am 13. November 1876 stellte einen ersten Höhepunkt einer kriegsbereiten Politik dar, ohne dass diese aber konsequent weiterverfolgt wurde. Doch erwies sich der bis zum Ausbruch des Krieges im April 1877 anhaltende Mobilisierungszustand als schwere

[101] Zu den diplomatischen Bemühungen der Mächte um eine Beendigung des Krieges und ihren unterschiedlichen Auffassungen über die Friedensbedingungen siehe vor allem: Sumner, Russia and the Balkans, S. 196ff.; Anderson, The Eastern Question, S. 187ff.; Schmidt, Die gescheiterte Allianz, S. 233ff.; Hünigen, Nicolaj Pavlovič Ignat'ev und die russische Balkanpolitik 1875-1878, Göttingen 1968, S. 123ff.; Langer, European Alliances and Alignments, 1871-1890, New York, 2. Auflage 1950, S. 95ff., mit entsprechenden Quellen und weiterführender Literatur. Actenstücke aus den Correspondenzen des K.u.K. Ministeriums des Äussern, 1873-1877, Wien 1878, ab S. 379. Der Waffenstillstand war bereits kurz vor dem russischen Ultimatum von der Pforte zugestanden worden. Die Vorkonferenzprotokolle bei: Sturdza, D., Charles Ier, Roi de Roumanie, II, Bucarest 1904, S. 276ff.

[102] Siehe dazu das Kapitel „Balkanpolitik und Balkankrieg" in: Geyer, D. Der russische Imperialismus. Studien über den Zusammenhang von innerer und auswärtiger Politik 1860-1914, Göttingen 1977, S. 56-71.

Hypothek für eine politische Regelung und führte mit zum Scheitern der Londoner Konferenz im März 1877.

Für einen Krieg als *ultima ratio* musste sich Russland politisch wie militärisch absichern, wobei doppelgleisig verfahren wurde: Einmal versuchte man in enger Zusammenarbeit und Abstimmung mit den übrigen Signatarmächten des Pariser Vertrags gegenüber der Pforte kollektiv zu agieren und im Falle des Scheiterns einer friedlichen Regelung mit einem europäischen Mandat zur militärischen Durchsetzung der gemeinsam gefassten Beschlüsse beauftragt zu werden.[103] Die zweite bestand in einer bilateralen Verständigung mit Österreich-Ungarn für den Fall, dass sich Russland zu einem militärischen Alleingang ohne europäische Zustimmung gezwungen sah. Für die russische Führung und speziell für den Außenminister Gorčakov stellte ein europäisches Mandat die vorteilhafteste Lösung dar, da man nicht in eine einseitige Abhängigkeit vom Wohlwollen Österreich-Ungarns geraten wollte. So schwankte man nicht nur grundsätzlich zwischen Krieg und Frieden, sondern in Abhängigkeit von dieser Frage musste man zudem in einer sich ständig verändernden Lage zwischen Vor- und Nachteilen einer Verständigung mit den übrigen Mächten oder nur mit Österreich-Ungarn abwägen, wobei den Verhandlungen mit Österreich die Bedeutung einer Versicherung für einen möglichst zu vermeidenden Ernstfall zukam.

Unter den Mächten herrschte prinzipiell Einigkeit über die Notwendigkeit von Reformmaßnahmen zugunsten der Christen im Osmanischen Reich, um künftigen Aufständen vorzubeugen. Zu den strittigen Punkten von Friedensvereinbarungen gehörten der Umfang einer Autonomieregelung für Bosnien, die Herzegowina und Bulgarien, konkrete Durchsetzungs- und Überwachungsbestimmungen für die von den Mächten geforderten Reformmaßnahmen in den Aufstandsgebieten und Sanktionsmaßnahmen gegen die Pforte. Vor allem über eine Autonomie für Bosnien und Herzegowina kam es zu Differenzen mit Österreich-Ungarn, das eine erweiterte Autonomie dieser Gebiete strikt ablehnte und nur lokale Reformen zuzugestehen bereit war. Versuche des Zaren und seines Außenministers, Österreich-Ungarn in die russische Politik einzubinden und es zu einer gemeinsamen Sanktion gegen die Türkei durch eine gleichzeitige Okkupierung Bosniens durch Österreich-Ungarn und Bulgariens durch russische Truppen zu bewegen, schlugen fehl, wie der Misserfolg der Mission von Sumarokov-Elston, des Generaladjutanten des Zaren, in Wien Ende September zeigte.[104] Österreich-Ungarn forderte für seine Neutralität bei einem militärischen Vorgehen Russlands gegen das Osmanische Reich ein Mitspracherecht bei einer Friedensregelung auf der Basis der im Treffen von Reichstadt am 8. Juli 1876 gemachten Zusagen, was auf eine Abtretung von Bosnien und der Herzegowina an Österreich-Ungarn hinauslief.[105] Der weitere Informationsaustausch zwischen

[103] Busch nannte dies den „Wechsel auf Europa“: Raschdau, Aus dem politischen Nachlaß des Unterstaatssekretärs Dr. Busch, in: Deutsche Rundschau, Bd. 137, Okt.-Dez. 1908, S. 402.

[104] Hünigen, N. P. Ignat'ev und die russische Balkanpolitik, S. 134ff., 141f. Schmidt, Die gescheiterte Allianz, S. 247ff.

[105] Antwortbrief des österreichisch-ungarischen Kaisers Franz Joseph vom 3.10.1876. Das Treffen von Reichstadt zwischen Andrassy und Gorčakov beinhaltete erste konkrete Absprachen

den beiden Monarchen (Schreiben von Alexander II. vom 28.9./10.10.1876, 22.10./3.11. an Franz Joseph und dessen Antwort vom 23.10.1876) bestätigte im Wesentlichen die österreichische Position, auf die Russland eingehen musste, was zu bilateralen Verhandlungen über einen Vertrag führte.

Die diplomatischen Verhandlungen der Großmächte im Herbst 1876 über eine dauerhafte Lösung der Balkankrise boten insgesamt ein Bild von Verworrenheit und Konzeptionslosigkeit, wobei das eigentliche Ziel in den Hintergrund zu geraten drohte. Der Streit über Definition und Länge eines Waffenstillstandes, über die Bedingungen von Friedensgesprächen offenbarten nur allzu deutlich das Misstrauen zwischen den am meisten interessierten Mächten Russland, Österreich-Ungarn und England, die sich gegenseitig verdächtigten, dass jeweils zwei Mächte gegen die eigenen Interessen koalierten. Die Pforte ihrerseits widersetzte sich den Einmischungen der Mächte, da sie nicht um die Früchte ihres Sieges gebracht werden wollte, und blockierte oder verzögerte dementsprechend nach Kräften eine für sie nachteilige Einigung, wobei ihr die Uneinigkeit der Mächte zugute kam.

Abgesehen von den diplomatischen Schwierigkeiten standen gerade in der Orientfrage die Regierungen der betreffenden Mächte unter einem in diesem Maße vorher kaum gekannten öffentlichen Druck: in Russland mobilisierten die Panslawisten die öffentliche Meinung, in England ging nach der Veröffentlichung von Gladstones Pamphlet über die türkischen Gräueltaten in Bulgarien („The Bulgarian Horrors“, erschienen am 6. September 1876) ein Schrei der Entrüstung durch das Land und führte zu Meetings von so genannten Entrüstungskomitees, was eine Fortsetzung der bis dahin offiziellen protürkischen Politik fast unmöglich machte. In Istanbul schließlich herrschte nach den Thronwechseln des Sommers und den Revolten der Softas eine explosive Stimmung, und der Ruf nach inneren Reformen und Stärkung des Landes, gepaart mit der verbreiteten Erbitterung über die ständigen Einmischungen der Großmächte verstärkte die innenpolitischen Spannungen, auf die die Regierung Rücksicht nehmen musste.[106]

Erschwerend für klare Konzeptionen und Vorgehensweisen wirkten sich weiterhin die unterschiedlichen Meinungen innerhalb von Regierungen aus: Differenzen zwischen dem englischen Premierminister Lord Beaconsfield (Disraeli), seinem Außenminister Lord Derby und dem Indienminister Lord Salisbury über eine Zusammenarbeit mit Russland oder mit Österreich-Ungarn sowie über eine Neudefinition der englischen Politik gegen-

zwischen Russland und Österreich-Ungarn über eine Aufteilung ihrer Interessensphären auf dem Balkan und sah u.a. die Abtretung der drei bessarabischen Distrikte an Russland vor. Über die mündlichen, strikt geheimen Abmachungen gab es von beiden Seiten in einigen Punkten verschiedene Versionen. Es überbrückte jedoch nur kurzfristig die russisch-österreichischen Differenzen auf dem Balkan, wie sich im Herbst 1876 zeigte. Weder für Österreich noch für Russland besaßen diese Vereinbarungen definitiven Charakter für eine gegenseitige Annäherung, sondern stellten eine von mehreren Optionen dar. Detailliert dazu: Schmidt, Die gescheiterte Allianz, S. 229ff.

106 L'Angleterre et la Russie en Orient. Une page d'histoire contemporaine (1876-1877), in: Revue d'histoire diplomatique 10, 1896, S. 103f.

über der Pforte, Divergenzen zwischen Gorčakov und seinem Botschafter Ignat'ev über eine Verständigung mit Österreich-Ungarn, die Konkurrenz zwischen antirussischen (Andrassy) und prorussischen (Erzherzog Albrecht und das *maison militaire*) Stimmungen in Wien führten zu verschiedenen Optionen, die teilweise gleichzeitig ausprobiert wurden und zu einer Politik der Verschleierung bzw. der Dissimulation führten.[107] Nicht zuletzt sorgte die Konkurrenz unter den russischen Botschaftern in London, Wien und Konstantinopel sowie zwischen den Botschaftern Englands und Russlands in Konstantinopel, Sir Elliot und General Ignat'ev, um Einfluss bei der Pforte und die turkophile Einstellung Elliots für zusätzliche Nuancen in der Politik beider Länder, wobei Elliot ziemlich unabhängig von der Londoner Regierungspolitik agieren konnte.[108]

Alle Maßnahmen, die zur Beendigung des Balkankriegs ergriffen wurden, zeugten daher von Halbherzigkeit, Entscheidungsschwäche und der Scheu vor Festlegungen. Sie erweckten den Eindruck, als ob die Mächte selbst von vornherein kein großes Vertrauen in deren Effizienz setzten. Dazu trug auch eine mehr oder weniger stark vorhandene Überzeugung bei, dass letztlich ein militärischer Schlagabtausch zwischen Russland und dem Osmanischen Reich unvermeidlich sei, um die verfahrene Situation zu klären, was sich negativ auf die Glaubwürdigkeit der russischen Diplomatie auswirkte. Die Rivalitäten aufgrund der unterschiedlichen Interessenlage der Mächte verhinderten zum einen ein trag- und konsensfähiges Konzept für eine grundlegende Neuordnung dieser Region, die den Forderungen der erwachenden nationalen Bewegungen ebenfalls Rechnung tragen musste, zum andern widersetzte sich die Pforte zu diesem Zeitpunkt einer von außen oktroyierten Neuregelung und strebte im Gegenteil eine Stärkung des Reiches durch innere Reformen an, die eine Gleichstellung von Muslimen und Christen vorsahen.[109] Über die Unmöglichkeit einer Rückkehr zum Status quo ante war man sich allgemein im Klaren, einer gemeinsamen Lösung standen aber zu viele miteinander nicht zu vereinbarende politische Zielvorstellungen über die Behandlung des Osmanischen Reiches im Wege.

Der letzte Versuch einer gesamteuropäischen Regelung stellte die durch Sondergesandte erweiterte Botschafterkonferenz von Konstantinopel vom Dezember 1876 dar, der jedoch bereits im Vorfeld wenig Erfolgschancen eingeräumt wurden.[110] Russland sah noch, wenn auch geringe, Möglichkeiten für eine friedliche Lösung, erhoffte sich aber

[107] Zu den Einzelheiten s. Schmidt, Die gescheiterte Allianz, S. 237ff., 249ff., 260ff., 270ff. Dazu gehörten z.B. auch Geheimgespräche zwischen dem Privatsekretär von Beaconsfield, Montague Corry, mit dem Vertrauensmann von Andrassy, dem Botschaftssekretär Rudolf Graf Montgelas, im November 1876 über eine britisch-österreichische Zusammenarbeit. Ibd., S. 266f. Hünigen, N. P. Ignat'ev, S. 144ff., passim. Sumner, Russia and the Balkans, S. 212f.

[108] L'Angleterre et la Russie en Orient, in: Revue d'histoire diplomatique 10, 1896, S. 100ff. Geyer, Der russische Imperialismus, S. 62.

[109] Siehe die Verfassung vom Dezember 1876: Grunebaum, G. E. (Hg.), Der Islam II. Die islamischen Reiche nach dem Fall von Konstantinopel, Frankfurt 1971, S. 131ff. Raschdau, Aus dem politischen Nachlaß des Unterstaatssekretärs Dr. Busch, in: Deutsche Rundschau, 137, Okt.-Dez. 1908, S. 404.

[110] Ibd., S. 404. Hünigen, N. P. Ignat'ev, S. 160, 162f., 165, 167. Langer, European Alliances, S. 103.

vor allem bei einem voraussichtlichen Scheitern ein europäisches Mandat für einen Krieg – ein Ziel, das Österreich-Ungarn verhindern wollte, während England zusammen mit Österreich-Ungarn die russischen Forderungen nach einer militärischen Okkupation und Bildung neuer Vasallenstaaten ablehnte.[111] Dennoch gelang es den Vertretern der Großmächte in den so genannten Vorkonferenzen, die vom 11. bis 22. Dezember 1876 (n.St.) ohne Beteiligung der Pforte unter Leitung von Ignat'ev stattfanden, sich über die Verwaltung und Grenzen der Aufstandsgebiete zu einigen, wie auch über die Einsetzung einer internationalen Kommission zur Überwachung der Reformen und über die Bildung einer belgischen Polizeitruppe als Durchsetzungsorgan.[112]

Das Pazifizierungsprojekt scheiterte an der türkischen Ablehnung und der englischen Weigerung, die Pforte militärisch oder politisch unter Druck zu setzen, um eine Annahme zu erzwingen. Die Pforte konterkarierte die am 23. Dezember 1876 unter türkischem Vorsitz eröffnete Hauptkonferenz, als sie ostentativ am selben Tag die türkische Verfassung proklamierte, die aus ihrer Sicht die Beschlüsse der Mächte durch die eigenen Reformvorhaben obsolet und hinfällig machte. Da die englische Regierung trotz des Drängens von Salisbury nicht bereit war, substanziellen Druck auf die türkische Regierung auszuüben, endete nach der endgültigen Ablehnung der inzwischen modifizierten Vorschläge die Konferenz am 20. Januar 1877 ergebnislos, worauf die Regierungen mit der Abberufung ihrer Botschafter reagierten.[113]

In einer kurzen Phase der Entspannung im Februar/März 1877, als nach dem Sturz des Großwesirs Midhat Pascha erneut Hoffnungen auf eine friedliche Lösung aufkeimten und auch in der russischen Führung der Friedenswunsch wieder stärker hervortrat, unternahm Russland noch einmal einen Versuch, durch eine kollektive Aktion der Mächte zu einer friedlichen Lösung zu kommen oder aber ein europäisches Mandat für eine Militäraktion zu erhalten. Das Resultat, das Londoner Protokoll vom 31. März 1877, entsprach aufgrund der englischen Vorbehalte jedoch kaum den russischen Intentionen und diente dann als Feigenblatt für die Rechtfertigung der Kriegserklärung an das Osmanische Reich am 24. April 1877, nachdem der Sultan das Londoner Protokoll am 9. April abgelehnt hatte.[114] Damit musste Russland die Option der Verständigung mit Ös-

[111] Hünigen, N. P. Ignat'ev, S. 163f. Die englische Haltung wurde jedoch kompliziert durch die Antagonismen ihrer beiden Vertreter, Lord Salisbury und Botschafter Elliot, die in Bezug auf die Erhaltung des Osmanischen Reichs entgegengesetzte Positionen vertraten und gegeneinander arbeiteten.

[112] Actenstücke aus den Correspondenzen des k.u.k. Ministeriums des Äussern (16.5.1873-31.5. 1877), S. 507, ab S. 641: Sitzungsprotokolle der Konferenz.

[113] Zu der Rolle von Elliot und dem erneut agitatorisch wirkenden Abgeordneten Butler-Johnstone, die die Pforte in ihrem Widerstand gegen die Forderungen der Mächte ermutigten und den Einfluss von Lord Salisbury neutralisierten, s. Hünigen, N. P. Ignat'ev, S. 170, mit Quellenangaben.

[114] Das Londoner Protokoll forderte die Pforte zur Demobilisierung und zur Umsetzung notwendiger Reformen auf und warnte sie, dass, sollte keine Verbesserung der Lage der Christen eintreten, sich die Mächte das Recht auf die Ergreifung geeigneter Maßnahmen vorbehielten. England jedoch erkannte die Vereinbarung nur dann als gültig an, wenn auch Russland seiner-

terreich-Ungarn realisieren, mit dem es sich bereits vorsorglich auf die Aufteilung der Interessensphären auf dem Balkan geeinigt hatte. Die im Dezember 1876 und Januar 1877 geführten Geheimverhandlungen zwischen Andrassy und dem russischen Botschafter in Wien, Novikov, führten am 15. Januar 1877 in Budapest zu der Paraphierung einer schriftlichen Militarkonvention, während die wichtige politische *convention additionelle* unter Rückdatierung auf den 15. Januar 1877 erst am 18. März 1877 unterzeichnet wurde. Diese Verzögerung stand im Zusammenhang mit dem oben genannten Versuch russischerseits, doch noch eine gemeinsame europäische Verständigung zu erreichen und der drohenden Abhängigkeit von Österreich-Ungarn entgegenzuwirken. Da dieser Versuch scheiterte, musste Russland die von Österreich-Ungarn geforderten Bedingungen für dessen Neutralität akzeptieren: das Recht auf eine eventuelle Annexion Bosniens und der Herzegowina und keine Errichtung eines großen kompakten südslawischen Staates. Russland überließ Österreich-Ungarn somit eine weitgehende Einflusssphäre über den Westbalkan nur für dessen Neutralität, während es selbst allein die Kosten und Risiken eines Krieges tragen und sich mit relativ kleinen Gebietszuwächsen wie Südbesssarabien zufrieden geben musste.[115] Nach dem Scheitern der europäischen Ententepolitik trat an deren Stelle die Einigung mit Österreich-Ungarn, die auch von Bismarck immer favorisiert worden war.

seits demobilisierte und mit der Türkei Frieden schloss. Actenstücke aus den Correspondenzen des k.u.k. Ministeriums des Äussern (16.5.1873–31.5.1877), S. 584ff. Denkwürdigkeiten des Botschafters General v. Schweinitz, 1. Bd., Berlin 1927, S. 380ff. Sumner, Russia and the Balkans, S. 263ff. Schmidt, Die gescheiterte Allianz, S. 298f. Über den russischen Meinungsbildungsprozess bezüglich der Chancen, den Frieden zu bewahren und über die diesbezügliche Mission Ignat'evs in die westeuropäischen Hauptstädte im März 1877 siehe die ausgewogene Erörterung bei Hünigen, N. P. Ignat'ev, ab S. 179.

115 Schmidt, Die gescheiterte Allianz, S. 292ff. Hünigen, N. P. Ignat'ev, S. 179ff. Anderson, The Eastern Question, S. 194. Werther, Eduard von, Graf Julius Andrassy. Sein Leben und seine Zeit, 2. Bd., Stuttgart 1913, S. 376ff. Werther bezeichnet die c*onvention additionelle* als den „Kernpunkt" der diplomatischen Erfolge von Andrassy. Ibd., S. 394.

II Konfrontation mit dem Krieg

Mit der Zuspitzung der Balkankrise nach der serbischen Niederlage geriet auch Rumänien immer stärker unter einen Entscheidungsdruck, wie sich das Land im Fall eines Krieges verhalten sollte. Rumänien war gleich in doppelter Weise den Entscheidungen der Großmächte ausgeliefert: weder konnte es Einfluss auf eine Kriegsentscheidung nehmen, noch sich den Konsequenzen dieser Entscheidung entziehen. Zwangsläufig würde eine Kriegsentscheidung das Land direkt treffen, sei es als Durchzugsgebiet oder/und als Kriegsschauplatz. Auch die Gefahr einer fremden Okkupation wuchs damit bedrohlich. Zentrales Anliegen der rumänischen Außenpolitik bildete daher, wie bereits dargelegt, die Sicherung der territorialen und institutionellen Unversehrtheit und die Anerkennung seiner staatlichen Eigenständigkeit durch die Garantiemächte. Darüber herrschte ein Grundkonsens in der politischen Führungsschicht, während es über die Art und Weise, wie dieses Ziel zu erreichen war, zu Differenzen kam.

Hatte Rumänien bis jetzt aus der Uneinigkeit der Mächte eher Nutzen für eine Erweiterung seines außenpolitischen Spielraums und seiner Autonomie ziehen können, so wurde diese Uneinigkeit bei unmittelbarer Kriegsgefahr zu einer Bedrohung, da der Schutz der Mächte für die Existenz des Landes verloren gehen konnte. Die Befürchtung, dass das Land bei einem russisch-türkischen Krieg zum Kriegsschauplatz und von den Mächten aufgeteilt werden könnte, war in der rumänischen Führungsschicht weit verbreitet.[1] Der letzte Krieg auf rumänischem Boden lag erst zwanzig Jahre zurück und die Erfahrung, immer wieder zum Spielball oder Kompensationsobjekt von Großmachtinteressen geworden zu sein, bestimmte maßgeblich ihre Furcht vor einer Isolation und dem Verlust der mühsam erreichten Selbständigkeit. Das Bemühen der rumänischen Diplomatie, einen Krieg durch eine internationale Garantieerklärung seiner Neutralität von vornherein zu verhindern, war von Anfang an zum Scheitern verurteilt und die Anfragen an die Garantiemächte bezüglich des eigenen Verhaltens in einem Krieg brachten weder Sicherheit noch Entscheidungshilfen.

Fast spiegelbildlich zu den Schwankungen der Großmächte reagierte die rumänische Politik auf die sich verändernden Konstellationen. Man musste über verschiedene Optionen verfügen, wollte man nicht unvorbereitet mit möglichen Großmachtentscheidungen konfrontiert werden. Bis zur Bildung der Regierung Ion C. Brătianu am 24.7./4.8.1876 hatten fast ausschließlich der Fürst und sein Außenminister Kogălniceanu die Außenpolitik bestimmt, während die radikalliberale Partei mit der Stärkung ihrer innenpolitischen Position in Anspruch genommen war. Nachdem mit der Regierungsübernahme durch Ion C. Brătianu ein wichtiger Schritt zu einer Homogenisierung des Kabinetts und der

1 Diese Angst hatte auch Brătianu: Nelidov, Souvenirs, in: Revue des deux mondes, 28, 1915, S. 251. Der in dieser Hinsicht unbelastete Fürst teilte diese Ansicht jedoch nicht. Arh. Stat, Fond Regele Carol I, III/29, f. 82 (11./23.10.1876).

gouvernamentalen Vormachtstellung der Radikalliberalen gemacht worden war, begannen sich auch deren Führungskräfte mit der ernster werdenden außenpolitischen Situation zu befassen. Dabei bestand eine ihrer Hauptaufgaben zuerst einmal darin, das gegen sie im Ausland allgemein bestehende Misstrauen abzubauen und sich als verantwortungsbewusste Politiker darzustellen, die ihren revolutionären Absichten entsagt hatten.
Ihre allmähliche Akzeptanz durch die Garantiemächte verdankten die Radikalliberalen in erster Linie dem Fürsten, der in der innenpolitischen Umbruchsituation als Garant für Stabilität und Kontinuität angesehen wurde.[2] Vorrangig musste ein gutes Verhältnis zu den beiden Kaiserreichen Österreich-Ungarn und Russland hergestellt werden, um sich deren Unterstützung in der ungewissen außenpolitischen Lage zu versichern und um sich Klarheit über deren Absichten zu verschaffen. Diese Aufgabe übernahm Ion C. Brătianu, der direkte politische und persönliche Kontakte auf höchster Ebene aufnahm und sich mit dem österreichischen Kaiser Franz Joseph II. am 30.8./11.9.1876 in Hermannstadt/Sibiu und dem Zaren Alexander II. in Livadia einen Monat später am 29.9./11.10.1876 traf. Die Zusammenkunft mit Franz Joseph galt in erster Linie der Versicherung, dass Rumänien großen Wert auf die freundschaftlichen Beziehungen zu Österreich-Ungarn lege, was von einem Mann wie Brătianu mit seinen Antezedentien nicht von vornherein erwartet werden konnte.[3] Die rumänische Delegation wurde mit großer Auszeichnung empfangen und erhielt österreichische Orden, was für den Fürsten eine besondere Genugtuung darstellte. Auch wenn der Höflichkeitsbesuch keine konkreten Ergebnisse brachte, so kam dem guten Empfang doch eine politische Bedeutung zu, da Österreich-Ungarn die Akzeptanz der neuen Regierung signalisierte und Rumänien seines Wohlwollens versicherte, was die Position gegenüber Russland stärkte. Brătianu gewann nach Andeutungen des Kaisers den Eindruck, dass ein dauerhafter Friede für den Moment kaum zu erwarten sei und mit einem Krieg zu einem späteren Zeitpunkt gerechnet werden müsse.[4]
Zur Beruhigung der durch Kogălniceanu verursachten Aufregungen trug auch die Übernahme des Außenministeriums durch N. Ionescu bei, einen konsequenten Befürworter

[2] M.A.E. Germania, Vol. 241, 1857-1879, f. 210f. Maiorescu v. 8.7.1876 (n.St.) an Kogălniceanu.

[3] Aus dem Leben König Karls, 3, S. 58. Bindreiter, Die diplomatischen und wirtschaftlichen Beziehungen, S. 115. P.A. I.A.B.q. Türkei 24, Vol. 55, Alvensleben v. 19.9.1876 (Nr. 122), wo Alvensleben die Bemerkung seines österreichischen Kollegen Calice über die rumänische Mission wiedergibt, „daß natürlich die dazu auserwählten Träger der jetzigen Regierung, und speciell Herr Bratiano, welcher aus seinen antiösterreichischen Gesinnungen niemals ein Hehl gemacht habe, seinem kaiserlichen Herrn nicht besonders willkommen hätten sein können, daß dieselben indessen mit der ihrem hohen Auftraggeber schuldigen Courtoisie empfangen worden seien." Der Anstoß zu der Begrüßung des Kaisers, der sich in Hermannstadt anlässlich von Manövern aufhielt, ging von Bălăceanu in Wien aus; Außenminister N. Ionescu delegierte diese Aufgabe an Brătianu. Reprezentanţele diplomatice ale României, I, S. 181f.

[4] Arh. Stat. Fond Regele Carol I, III/29, f. 79 (2./14.9.1876). P.A. I.A.B.q. Türkei 24, Vol. 55, Alvensleben v. 19.9.1876 (Nr. 122).

einer strikten Neutralitätspolitik.[5] Er war als Führer der mit den Radikalliberalen verbündeten Gruppe der Freien und Unabhängigen Fraktion aus Iaşi vor allem aus innenpolitischen Gründen in die Regierung mit eingebunden worden, repräsentierte aber auch die bedeutende Gruppe innerhalb der rumänischen Führungsschicht, die eine Anlehnung an Russland und eine aktive Beteiligung an kriegerischen Auseinandersetzungen ablehnte und in der Neutralität die Garantie für den Bestand des Staates sah. Auch sie forderte weitere Zugeständnisse von der Pforte, wollte diese aber auf dem Verhandlungswege erreichen. In Russland sah sie die bedeutend größere Gefahr für Rumänien als in der schwächeren Suzeränitätsmacht. Es bildeten sich zwei Entscheidungszentren, die unabhängig voneinander Außenpolitik betrieben: der Außenminister auf der einen, der Fürst mit seinem Ministerpräsidenten auf der anderen Seite. Ihre unterschiedlichen Antworten auf die außenpolitische Herausforderung schlugen sich in Optionen nieder, die parallel formuliert und realisiert wurden. Kennzeichnend für die rumänische Außenpolitik waren dieses Nebeneinander von Optionen, das Offenhalten von Möglichkeiten und das Hinauszögern einer definitiven Entscheidung, um die größtmöglichen Sicherheiten für das Land zu erreichen.[6]

1. Die europäische Option

Die Suche nach Sicherheit und nach Orientierung in der diffusen außenpolitischen Lage führte ab dem Sommer 1876 zu einem unentwegten Anrufen der europäischen Mächte, um eine europäische Sicherheitsgarantie oder aber klare Vorgaben für das eigene politische Verhalten zu bekommen. Man berief sich in seiner Neutralitätspolitik auf Europa und bemühte sich gleichzeitig, einen europäischen Konsens über die zu garantierende Neutralität Rumäniens herzustellen, wobei man die Mächte mit dem Argument zu überzeugen suchte, dass Rumänien zu einer unüberwindbaren Barriere zwischen den Nord- und Südslawen und damit zu einem Hindernis gegen russische Begehrlichkeiten gemacht werden müsse.[7]

Während seiner gesamten Amtszeit versuchte Außenminister N. Ionescu, dieses Ziel zu erreichen und die Westmächte, allen voran England, für eine europäische Garantieerklärung für Rumänien zu gewinnen. Als nach dem Abschluss eines Waffenstillstands zwischen Serbien und der Türkei sich Friedensverhandlungen abzeichneten, wies er die rumänischen Auslandsvertreter an, mit größter Diskretion die Mächte über eine Spezialgarantie bei einem eventuellen Krieg zu sondieren.[8] Diese Frage erhielt höchste

5 M.A.E. Germania, 1857-1879, Vol. 241, f. 217. Ein am 10./22.8.1876 aus Berlin übersandter Zeitungsausschnitt aus der Norddt. Allg. Zeitung über ein Interview Ionescus mit dem Korrespondenten der Augsburger Allgemeinen Zeitung.

6 Siehe den Bericht des italienischen Generalkonsuls Fava v. 19.12.1876: Independenţa României, II, 1, S. 233f.

7 Independenţa României, I, S. 16. Vgl. auch das Mémoire von Ion Ghica für Lord Salisbury: Sturdza, Charles Ier, II, S. 246ff.

8 DIR, 1, part. II, S. 394 (Chiffr. Telegramm v. 22.10./3.11. 1876).

Dringlichkeit, als man nach den Aufsehen erregenden kriegerischen Reden von Disraeli (9.11.1876) und des Zaren (11.11. in Moskau) und der Mobilmachung von sechs russischen Armeekorps am 13. November 1876 in Bukarest den nahen Ausbruch des Krieges befürchtete. Fast panikartig ließ Ionescu die Frage an die Großmächte übermitteln, was mit der rumänischen Neutralität bei einem Krieg geschehen würde, und verlangte von seinen Diplomaten, dass sie für eine positive Antwort Sorge tragen sollten.[9] Die Antworten fielen je nach Interessenlage der Großmächte unterschiedlich aus: Österreich-Ungarn und Deutschland lehnten eine Festlegung und Verantwortung ab,[10] Russland versprach, sich mit der rumänischen Regierung im Bedarfsfall zu verständigen und nichts gegen den Willen Rumäniens zu unternehmen,[11] die Pforte erklärte, dass sie die Neutralität Rumäniens respektieren werde und die Donau die Verteidigungslinie für ihre Armee bilde,[12] Frankreich, England und Italien schließlich zeigten sich bereit, den rumänischen Wunsch auf der Konferenz in Konstantinopel zur Sprache zu bringen, was bei N. Ionescu zu der Annahme führte, dass diese Mächte ihn auch unterstützen würden.[13]

Ionescu bediente sich auch diplomatischer Missionen, um einer Neutralitätsgarantie zum Erfolg zu verhelfen. So wurden C. A. Rosetti und Ion Ghica im Oktober/November 1876 nach Paris und London geschickt, um sowohl handels- und finanzpolitische Fragen zu erörtern, als auch die beiden Regierungen für eine Garantieerklärung für Rumänien zu gewinnen.[14] Vor allem von England als dem eigentlichen Gegenspieler Russlands erhoffte man, dass es eine rumänische Neutralität als eine im britischen Interesse liegende Forderung unterstützen würde. Dem anglophilen Ion Ghica gelang es, Lord Salisbury, den

9 Ibd., S. 423f. (zwei Telegramme v. 5./17.11.1876, das zweite klang etwas ruhiger). In Bukarest herrschten in jenen Tagen eine akute Kriegsangst und Hilflosigkeit, wie aus den Tagebucheintragungen Carols hervorgeht. Arh. Stat. Fond Regele Carol I, III/29, f. 83f.: „Der Krieg scheint fast unvermeidlich, die Conferenz tritt in 8 Tagen in Constantinopel zusammen." (2./14.11.); „[...] in Wien glaubt man entschieden an den Krieg, unsere Stellung wird immer schwieriger" (4./16.11.); „Die Situation wird immer ernster, Russland u. England bereiten Alles zum Krieg vor." (5./17. 11.) Auch eine Notiz, angeblich von I. C. Brătianu, v. 5./17.11. zeugt von der großen Unsicherheit: „Nous sommes excessivement inquiets sur la situation. Nous voyons que la guerrre se prépare, qu'elle est à notre porte et que l'Europe ne se préoccupe pas de ce que nous allons devenir au milieu de cet orage. Il ne s'agit pas seulement de sauvegarder soi-même sa neutralité, il faut qu'elle soit aussi respectée par les autres. [...] Comme nous sommes aujourd'hui, nous sommes en l'air et cela ne peut rester ainsi, ni dans notre intérêt, ni dans le votre, ni dans celui de l'Europe." Independenţa României, I, S. 16.

10 DIR, 1, part. II, S. 437, 441 [Telegramme vom 6/18.11. und 8./20.11.1876 (Chiffriert und vertraulich) von Bălăceanu], S. 441 u. 458f. (Degré aus Berlin v. 8./20.11. u. 15./27.11.1876).

11 Ibd., S. 437 (Chiffr. Telegramm v. 6./18.11.1876).

12 Ibd., S. 437f. u. 439f. (Chiffr. Telegramme v. Gen. Ghica v. 6./18. u. 7./19.11.1876). Vgl. auch das Antwortschreiben v. N. Ionescu an Gen. Ghica v. 12./24.11.1876. Ibd., S. 456f.

13 DIR, 1, part. II, S. 449f. (Şendrea v. 9./21. u. 10./22.11.1876), S. 450 (Ionescu v. 10./22.11. 1876), S. 457f. (Gheorghian aus Rom v. 12./24.11. u. v. 13./25.11.1876), S. 414 (Ion Ghica aus London v. 2./14.11.1876, übermittelt v. Şendrea v. 5./17.11.), S. 419f. (I. Ghica v. 3./15.11.), S. 457f., S. 462f. (Chiffr. Telegramme v. Ion Ghica aus Paris v. 12./24.11., 20.11./2.12.1876).

14 Corivan, Relaţiile diplomatice, S. 316.

britischen Sonderbotschafter für die Konferenz in Konstantinopel, für das rumänische Anliegen zu interessieren und fertigte für ihn ein Mémoire an, das alle Argumente für eine Neutralitätsgarantie zusammenfasste. Das Schwergewicht legte Ghica auf das gesamteuropäische Interesse an einer rumänischen Neutralität, da nur eine solche den Frieden und das europäische Gleichgewicht im Orient aufrechterhalten könne. Darin sah er zugleich die Mission Rumäniens, das seinerseits die Voraussetzungen einer Angleichung an die europäische Zivilisation erfüllt habe. Gefährdet sei die Stabilität in dieser Region sowohl durch die Pforte aufgrund ihrer Arroganz und Unnachgiebigkeit in Bezug auf berechtigte rumänische Forderungen als auch durch die expansionistischen Tendenzen Russlands, ohne letzteres direkt beim Namen zu nennen. Daher müsse Rumänien zu einer Barriere zwischen den großen slawischen Stämmen gemacht werden.[15] Die Gretchenfrage, wie eine internationale Neutralitätsgarantie mit dem Status von Rumänien als Bestandteil des Osmanischen Reiches zu vereinbaren sei, wurde nicht berührt,[16] ebensowenig wurde thematisiert, ob eine Missachtung der Neutralität durch eines der Nachbarreiche einen *casus belli* darstellen würde.

Ion Ghica gewann nach seinen Gesprächen in London und Paris die Überzeugung, dass die Westmächte die rumänische Position bei der Konferenz unterstützen würden und sah sich dem Ziel einer Neutralitätsgarantie nahe, nachdem England am 18./30.11.1876 eine Vereinbarung über die Handelsbeziehungen mit Rumänien unterzeichnet hatte.[17] Dieser Interpretation schloss sich auch Außenminister N. Ionescu an.[18] Die große Chance, die rumänischen Wünsche realisieren zu können, bot für ihn die Konstantinopler Konferenz, wohin er Dumitru Brătianu, ebenfalls einen eifrigen Befürworter der Neutralität, Bruder des Ministerpräsidenten und Mitglied des Senats, als Sonderbeauftragten entsandte.[19] D. Brătianus Auftrag umfasste die Forderung nach einer international garantierten, immerwährenden Neutralität Rumäniens und die Anfrage nach Handlungsanweisungen der Garantiemächte für Rumänien im Falle eines Krieges. Außerdem sollte er mit der türkischen Regierung über die in dem Mémoire von Kogălniceanu enthaltenen strittigen Punkte

[15] Independenţa României, IV, S. 153ff. (Notices concernant au Roumanie). Arh. Stat CR 11/1876.

[16] Diesen Zusammenhang sah hingegen Bălăceanu sehr deutlich: DIR, 1, part. II, S. 437 (Telegramm v. 6./18.11.1876).

[17] DIR I, part. II, S. 462f. (2 chiffrierte Telegramme aus Paris v. 20.11./2.12.1876). Geradezu euphorisch telegrafierte Ghica: „Gott unserer Väter, wir haben eine wunderbare Stellung in der westlichen Welt gewonnen. Um den Namen Gottes willen, wir dürfen sie nicht zerstören." Netea, V., Les relations de Ion Ghica avec certains diplomates anglais; ses missions et ses fonctions à Londres, in: RRH XI, 1972, S. 97.

[18] Independenţa României II, 1, S. 222 (Mansfield v. 15./27.11.1876). DIR, 1, part. II, S. 512 (N. Ionescu v. 7./19.12.1876).

[19] Ibd., S. 488f. P.A. I.A.B.q. Türkei 24, Vol. 56, Alvensleben v. 8.12.1876 (Nr. 184). Iordache, A., Pe urmele lui Dumitru Brătianu, Bucureşti 1984, S. 292ff. Die Sendung von D. Brătianu rief selbst bei Radikalliberalen Widerstand hervor, da man ihn für unfähig hielt und seine Mission als ein Mittel, ihm aus finanziellen Schwierigkeiten zu helfen: P.A. I.A.B.q. Türkei 24, Vol. 56, Alvensleben v. 20.12.1876.

verhandeln, zu denen auch die Rückgabe des Donaudeltas gehörte.[20] Trotz negativer Reaktionen aus den europäischen Hauptstädten in Bezug auf eine Neutralitätsgarantie[21] startete N. Ionescu eine neue diplomatische Offensive, indem er die rumänischen Vertreter im Ausland aufforderte, die jeweiligen Regierungen für eine Unterstützung der von D. Brătianu unternommenen Mission zu gewinnen.[22]

Die Hoffnungen der Neutralitätsbefürworter erwiesen sich auch diesmal als unrealistisch, da weder die Garantiemächte noch die Pforte irgendein Interesse zeigten, die rumänischen Wünsche zum Gegenstand ihrer Debatten zu machen.[23] Obwohl die Botschafter in Konstantinopel bereits im Vorfeld der Konferenz die rumänische Regierung über die Inopportunität und Unrealisierbarkeit ihres Schrittes nicht im Zweifel gelassen hatten,[24] ließen sich N. Ionescu und D. Brătianu nicht beirren und bemühten sich weiter beharrlich um eine Anerkennung der rumänischen Neutralität sowie um eine bilaterale Regelung mit der Pforte über die rumänischen Forderungen, besonders um die Abtretung des Donaudeltas an Rumänien.[25] Nach der endgültigen Weigerung der Garantiemächte, sich mit diesen Themen zu befassen, der Verkündigung der neuen türkischen Verfassung am 11./23. Dezember 1876, in der Rumänien zusammen mit Serbien und Ägypten als *provinces privilegées* bezeichnet wurde, und dem Auseinandergehen der Konferenz am 8./20. Januar 1877 gerieten die Protagonisten der Neutralität in die Defensive. Jetzt zeichnete sich unter den Parlamentariern der Regierungspartei ein Umschwung zugunsten einer Zusammenarbeit mit Russland ab.[26] Während einer Zeit des Abwartens auf die Entscheidung der Großmächte engagierten sich die Neutralitätsbefürworter um N. Ionescu, Ion Ghica, D. Sturdza, D. Brătianu weiterhin für Neutralität und versuchten politisch wie publizistisch eine Allianz mit Russland zu verhindern, wobei sie im Falle eines Krieges für den Rückzug von Armee und Regierung ins Landesinnere plädierten.[27]

20 DIR, 1, part. II, S. 499f. (D. Brătianu an N. Ionescu v. 3./15.12.1876). Independenţa României, IV, S. 167ff. (N. Ionescu an D. Brătianu v. 10./22.12.1876).

21 DIR, 1, part. II, S. 519ff. (Şendrea v. 11./23.12. u. 13./25.12.1876 aus Paris, Degré v. 12./24.12.1876 aus Berlin).

22 Independenţa României, IV, S. 182 (Rundschreiben von N. Ionescu v. 20.12.1876/1.1.1877).

23 DIR, 1, part. II, S. 537 (Brătianu v. 20.12.1876/1.1.1877). Sturdza, Charles Ier. Roi de Roumanie, II, S. 399f.

24 Independenţa României, IV, S. 163ff. (General Ghica an N. Ionescu v. 6./18.12.1876. Confidentielle). Die unterschiedliche Berichterstattung von Gen. Ghica und D. Brătianu ist symptomatisch für ihre Bewertung der Lage.

25 Sturdza, Charles Ier, II, S. 396ff u. 455ff. D. Brătianu übersandte den Konferenzmitgliedern zwei Denkschriften über die Berechtigung der Forderungen in Bezug auf eine Neutralitätsgarantie (13./25.12.1876) und die Rückgabe des Donaudeltas (2./14.1.1877). Eine definitive Absage, diese Probleme auf der Konferenz zu erörtern, erfolgte am 4./16.1.1877 durch Lord Salisbury. Ibd., S. 458.

26 Istoria parlamentului, S. 232. Istoria Romîniei, IV, S. 598.

27 Vgl. die Broschüren von N. Ionescu (Essai d'histoire politique. Le Etat roumain et la paix d'Orient. Neutralisation de la Roumanie, publiziert unter dem Namen von Fr. Damé), Ion Ghica (O cugetare politică), D. Brătianu (Uă datorie de consciinţă către ţeara mea). Istoria Romîniei, IV, S. 598. Bibliografia românească modernă, 1831-1918, Vol. II, Bucureşti 1986, S. 463 u. 721. Iordache, Pe urmele lui D. Brătianu, S. 296.

Nachdem zwischenzeitlich diese antirussische Gruppe nach einer Regierungsumbildung am 27.1./8.2.1877 sogar die Mehrheit im Kabinett stellte, verlor sie mit der wachsenden Kriegsgefahr an politischem Einfluss. D. Sturdza trat bereits am 21.2./5.3.1877 zurück, als die Kammer seine Sparpläne, die vor allem die Armee betrafen, ablehnte; am 25.3./6.4. folgte N. Ionescu, als seine Position mit der Auflösung des Senats, der Bastion der Neutralitätsbefürworter, und mit dem bevorstehenden Krieg innen- wie außenpolitisch obsolet wurde. Sein kurzzeitiger Nachfolger, Ion Cîmpineanu, versuchte noch zwei Tage vor der Unterzeichnung der russisch-rumänischen Konvention eine Regelung für den russischen Durchmarsch mit der Beibehaltung einer vollständigen Neutralität zu verbinden, doch besaß dieser Versuch schon keine politische Bedeutung mehr, ebensowenig wie das Ergebnis der Thronratbesprechungen vom 2./14. April 1876, wo die Mehrheit der anwesenden Mitglieder, darunter die meisten früheren Ministerpräsidenten, für die Neutraltät plädierten und sich gegen eine Kooperation mit Russland aussprachen.[28]
Genuine Schwächen der Argumentation zugunsten einer Neutralität lagen einmal in der bewusst offen gelassenen Unabhängigkeit, mehr noch aber in der Frage der Durchsetzbarkeit einer europäischen Neutralitätsgarantie. Eine Neutralitätsgarantie zog zwangsläufig eine Änderung des internationalen Status Rumäniens nach sich, was die Neutralitätsbefürworter zwar gegenüber ihren Gesprächspartnern verneinten, ohne dass sie aber in diesem Punkt eine überzeugende Antwort geben konnten. Natürlich lief eine vollständige Unabhängigkeit ihren Intentionen nicht zuwider, die Unabhängigkeit bildete aber nicht die Antriebskraft für ihr vehementes Eintreten für die Neutralität.[29] Die Unabhängigkeit machten sie von vornherein von der Zustimmung der Garantiemächte und insbesondere der Westmächte abhängig.[30] Die Ausgangsbasis ihrer Argumentation bildete der Pariser Vertrag, dessen Bestimmungen für Rumänien in einer solchen Krise sich als nicht ausreichend für seinen Schutz erwiesen hätten und daher hinsichtlich der bereits im Vertrag prinzipiell angelegten Neutralität präzisiert werden müssten.[31]
Die Großmächte hingegen erblickten in einer Neutralitätsgarantie eine grundlegende Änderung des Vertragswerks und zeigten wenig Neigung, sich mit einer Neuordnung der Region zu befassen bzw. interpretierten den Wunsch nach einer Neutralitätsgarantie als

[28] Sturdza, Charles Ier, II, S. 536ff. und S. 546 (Note v. I. Cîmpineanu v. 1./13.4.1877 an Bălăceanu). Der Thronrat fand am 2./14. April statt, nicht am 1./13.4.1877. Mamina, I., Consilii de coroană, Bucureşti 1997, S. 11-26. Arh. Stat. Fond Regele Carol I, III/29, f. 96 (2./14.4.1876). Aus dem Leben König Karls, 3, S. 117. Arh. Stat. CR 24/1877, S. 27f., Zwiedinek an Andrassy v. 15.4.1877. P.A. I.A.B.q. Türkei 24, Vol. 59, Avensleben v. 15.4.1877 (Nr. 65).

[29] Dies ist gewöhnlich die Argumentationslinie der rumänischen Historiographie, wo alles nur unter dem Aspekt der Unabhängigkeit interpretiert wird. Vgl. auch die interessante, von D. A. Sturdza beeinflusste Darstellung in: Bamberg, F., Geschichte der orientalischen Angelegenheit, Berlin 1891, S. 494.

[30] P.A. I.A.B.q. Türkei 24, Vol. 56, Alvensleben v. 23.1.1876 (Nr. 174).

[31] Siehe das Mémoire von D. Brătianu an die Teilnehmer der Konferenz von Konstantinopel und die vielen Zirkulare von N. Ionescu. Immer wieder berief man sich auf Belgien und auf die Schweiz.

eine neue Variante des Strebens nach Unabhängigkeit.[32] Davon abgesehen, wurde immer darauf verwiesen, dass eine Garantieerklärung für Rumänien im Fall eines russisch-türkischen Krieges keinerlei Wert besäße.[33] Das Neutralitätsprogramm ging von einer Verkennung der geostrategischen Lage Rumäniens aus und scheiterte, da man die Lösung des rumänischen Problems ausschließlich von Europa erwartete, an der Weigerung der Mächte, sich mit der rumänischen Frage zu befassen. Das konzeptionelle wie politische Defizit einer Neutralitätsgarantie lag in der Unvereinbarkeit der europäischen Interessen der Großmächte mit denjenigen Rumäniens.

Inwieweit sich die Vertreter der Neutralität dieses Defizits bewusst waren, ist schwer zu erkennen, doch schienen Naivität und Wunschdenken hinsichtlich der Durchsetzbarkeit ihres Programms zu überwiegen. Allerdings sind die Hartnäckigkeit und das Engagement, mit denen N. Ionescu und seine Mitstreiter ihr Ziel verfolgten, nur vor dem Hintergrund ihrer antirussischen Einstellung verständlich. Ihre Politik richtete sich eindeutig gegen Russland und gegen jede Zusammenarbeit mit dieser Macht. Sie sahen in ihm den Hauptfeind und befürchteten, dass bei einer Teilnahme Rumäniens an einem russisch-türkischen Krieg Rumänien jeden Anspruch auf den Schutz Europas verlieren und in Abhängigkeit von Russland geraten würde. Dieselbe Furcht bestimmte auch ihre Einstellung zu einer Unabhängigkeit, die ohne europäische Absicherung zu Isolation und einer Einvernahme durch Russland führen würde. Dieses antirussische Credo war das eigentliche Movens der Politik einer Neutralitätsgarantie. Das Misstrauen gegen Russland war in der rumänischen Führungsschicht allgemein verbreitet, so dass sich die Neutralitätspolitik auf eine breite Basis im Parlament stützen konnte. Dieses sprach sich nach seiner außerordentlichen Einberufung am 21.10./2.11.1876 für die Weiterführung einer strikten Neutralitätspolitik und gegen jegliche abenteuerlichen Projekte aus.[34] Diese Grundstimmung, verbunden mit der noch nicht gefestigten innenpolitischen Stellung der Radikalliberalen um Ion Brătianu, der auf die gemäßigt Liberalen und die Moldauer Fraktion angewiesen war, sicherte der Neutralitätspolitik mit ihrer antirussischen Stoßrichtung ihre Wirksamkeit nach innen, was bis zu einem Stillstand in den russisch-rumänischen Verhandlungen nach der unterschriftsreifen Konvention führen konnte.[35]

Wenn auch außenpolitisch erfolglos, so verhinderten die Vertreter der Neutralitätspolitik innenpolitisch eine frühzeitige Festlegung auf Russland und behinderten eine Allianz, solange sie konnten. Die Auswirkungen der Auseinandersetzungen über ein Zusammengehen mit Russland machten sich nach Kriegsende voll bemerkbar, als die russische Politik die Warnungen der Neutralitätsvertreter nachträglich zu rechtfertigen schien, und

[32] DIR, 1, part. 2, S. 521f. (Şendrea an N. Ionescu v. 13./25.12.1876).

[33] So Lord Salisbury in seiner Unterredung mit D. Brătianu am 14./26.12.1876: Sturdza, Charles Ier, II, S. 399.

[34] Ibd., S. 252. Antwortadresse der Kammer v. 6./18.11.1876 auf die Eröffnungsrede von Carol, in der die Abgeordneten den Akzent auf die Neutralität im Vergleich zur Rede von Carol verstärkten.

[35] Zalyškin, M. M., Vnešnjaja politika Rumynii i rumyno-russkie otnošenija 1875-1878, Moskva 1974, S. 185ff. mit entsprechenden Details.

Ion Brătianu wegen der Allianz mit Russland unter größten politischen Druck geriet, der auch die Dynastie in Mitleidenschaft ziehen konnte.

2. Die türkische Option

Obwohl politisch von untergeordneter Bedeutung, spielte die türkische Option eine gewisse Rolle bei den Neutralitätsvertretern und bildete einen nicht unwichtigen Teilaspekt ihrer Politik auf der Basis der europäischen Option. Dabei ging es zuerst nicht um die politische und militärische Zusammenarbeit mit der Pforte im Fall eines Krieges, sondern um eine Verbesserung in den bilateralen Beziehungen durch eine Politik der Zugeständnisse seitens der Pforte, die in dem Plan einer durch die Türkei zu gewährenden Unabhängigkeit gipfelte, um der russischen Expansion einen wirksamen Riegel vorzuschieben.
Eine hiervon abseits liegende Episode, deren Hintergründe nicht ganz geklärt sind, stellte die wahrscheinlich im Auftrag von Ion C. Brătianu unternommene Mission von Sir Stephen Lakeman – Mazar Pascha, der der Koalition der liberalen Gruppen den Namen gab –, nach Konstantinopel im November 1876 dar, um mit der türkischen Regierung Verhandlungen über ein militärisches Bündnis aufzunehmen. Die türkische Regierung zeigte sich nach Lakemans Angaben in diesem Fall bereit, den Rumänen in einigen Punkten des Forderungskatalogs im Memorandum von Kogălniceanu entgegenzukommen mit Ausnahme der Anerkennung eines diplomatischen Status des rumänischen Agenten und der Abtretung des Donaudeltas.[36] Die Reichweite des Verhandlungsauftrags von Lakeman, sollte er einen solchen tatsächlich besessen haben, blieb unklar; immerhin nahm die Türkei das Angebot ernst und entsandte Ende November den Gouverneur von Tulcea, Ali Bey, als Unterhändler nach Bukarest, pikanterweise zum selben Zeitpunkt, als sich der russische Vertragsunterhändler Nelidov dort aufhielt. Die Unseriösität eines Verhandlungsangebots wurde für die türkische Seite schnell offensichtlich, da niemand in der Regierung an Bündnisverhandlungen mit der Pforte dachte, so dass Ali Bey unverrichteter Dinge wieder abreisen musste.[37] Welche Zwecke die obskure Mission von Lakeman erfüllen sollte: ob als Versuchsballon gegenüber der Türkei, um ihre Konzessionsbereitschaft zu testen, ob als Druckmittel in Richtung Russland mit Blick auf die beginnenden Verhandlungen oder als Zeichen gegenüber England, die Bereitschaft eines Zusammengehens mit der Pforte im Fall eines russisch-englischen Krieges prinzipiell anzudeuten – es handelte sich nicht um ein ernsthaftes Allianzangebot an die Pforte, sondern um die kurzfristige Instrumentalisierung dieser Option für die brătianusche Politik, die in ihrer Mehrdeutigkeit die Unsicherheiten und Unwägbarkeiten des schwer vorhersehbaren weiteren Verlaufs der Balkankrise für Rumänien widerspiegelte.

36 Zu den Einzelheiten dieser Mission mit den entsprechenden Quellenangaben: Maier, Mazar Pascha, in: Grimm, Von der Pruth-Ebene bis zum Gipfel des Ida, S. 260ff.

37 Arh. Stat. Fond Regele Carol I, III/29, f. 85 (16./28.11.1876). P.A. I.A.B.q. Türkei 24, Vol. 56, Alvensleben v. 30.11.1876 (Nr. 178, Ganz vertraulich) und v. 5.12.1876 (Nr. 182, Vertraulich). Independenţa României, II, 1, S. 224 (Mansfield v. 24.11./6.12.1876, Confidenţial).

Abgesehen von dieser besonderen Nuance der türkischen Option in der Politik von Brătianu besaß sie aber einen eigenen Stellenwert in dem Gesamtkonzept der Neutralitätsbefürworter um Außenminister N. Ionescu und Ion Ghica. Auch für sie bildete das Memorandum von Kogălniceanu die Basis von Verhandlungen mit der Türkei, doch anders als der Fürst und sein früherer Außenminister suchte N. Ionescu nicht in der Konfrontation, sondern in der Kooperation mit der Pforte die entsprechenden Zugeständnisse zu erhalten. Sein Amtsantritt führte in dieser Hinsicht zu einer Änderung des Verhaltens gegenüber Istanbul und der Politik des Druckausübens bzw. der maximalen Instrumentalisierung der Neutralitätspolitik, wie sie vom Fürsten und Kogălniceanu betrieben worden war. Die Politik einer Verständigung mit der Pforte war Bestandteil der Neutralitätspolitik mit ihrer allgemeinen anglophilen Ausrichtung und ihrem Festhalten an dem Pariser Vertrag.[38] In diesem Sinne wirkten sowohl Ion Ghica in London, um die englische Regierung zu einer Einflussnahme auf die türkische zugunsten der rumänischen Forderungen zu veranlassen, als auch D. Brătianu in seinen Verhandlungen mit der Pforte. Immer wieder versuchte man rumänischerseits, die Türken von der Notwendigkeit von Zugeständnissen im Interesse einer Verbesserung der beiderseitigen Beziehungen zu überzeugen, um dadurch ein Bündnis mit Russland und ein militärisches Eingreifen überflüssig zu machen bzw. zu verhindern.[39]

Diese Verständigungspolitik lief der Grundeinstellung des Fürsten diametral entgegen, der an einer Verbesserung im Verhältnis zur Pforte in keiner Weise interessiert war. Beide Ansichten prallten bei der Reaktion auf die türkische Verfassung vom 11./23. Dezember 1876 aufeinander, deren 1. und 7. Artikel, in denen von den *provinces privilegiées* die Rede war, in Rumänien allgemeine Empörung hervorriefen.[40] Sogar von Unabhängigkeit als Reaktion darauf war die Rede.[41] Man sah darin eine Verletzung der Rechte und der

[38] Auf den berief sich auch Ali Bey, speziell auf Artikel 26, der für Rumänien im Fall eines Krieges die Abstimmung mit der Pforte vorsah. P.A. I.A.B.q. Türkei 24, Vol. 56, Alvensleben v. 15.12.1876 (Nr. 191).

[39] Vgl. den Tenor der Note von N. Ionescu an General Ghica v. 3./15.9.1876 oder derjenigen an D. Brătianu v. 10./22.12.1876: Sturdza, Charles Ier, II, S. 172 ff. und 307ff. Auch die geforderte Abtretung des Donaudeltas wurde mit dem Pariser Vertrag begründet.

[40] Art. 1 lautete: „L'Empire ottoman comprend les contrées et possessions actuelles et les *provinces privilégiees*. Il forme un tout indivisible dont aucune partie ne peut jamais être détachée par quelque motif que ce soit." Art. 7: „Sa Majesté le Sultan compte au nombre de ses droits souverains les prérogatives suivantes: Il nomme et révoque les ministres; il confère les grades, les fonctions et les insignes de ses ordres; *il donne l'investiture aux chefs des provinces privilégiées*, dans les formes déterminées par les privilèges que leur ont été concédés"; Sturdza, Charles Ier, II, S. 312 [Kursivschreibung im Text].

[41] Nach dem Bericht des österreichisch-ungarischen Generalkonsuls habe Carol im ersten Ärger die Unabhängigkeit erklären und sich zum König ausrufen wollen, sei aber von seinen Ministern zurückgehalten worden. Arh. Stat. CR 20/1877, S. 4f (Bosizio v. 5.1.1877, Nr. 2). Das ist wenig wahrscheinlich, und Carol dementierte gegenüber dem englischen Generalkonsul Unabhängigkeitsabsichten: P.A. I.A.B. q. Türkei 24, Vol. 57, Alvensleben v. 5.1.1877 (Nr. 3, Vertraulich). Allerdings nahm Carol in Verkennung der Stimmung an, dass die Bestätigung der Pforte bezüglich der Zugehörigkeit Rumäniens zu den privilegierten Provinzen zur Aus-

Würde Rumäniens, doch gingen die Meinungen über das weitere Vorgehen auseinander. Während der Fürst die Situation ausnutzen wollte und auf einem sofortigen scharfen Protest bestand, wiegelten die Neutralitätsvertreter eher ab und nahmen die Verfassung nicht sonderlich ernst. Es kam zu einer kleinen Ministerkrisis, als sich N. Ionescu zuerst weigerte, überhaupt eine Note nach Konstantinopel zu schicken, doch einigte man sich dann auf den Kompromiss einer Anfrage an die Pforte, ob unter den *provinces privilégiées* auch Rumänien gemeint sei.[42] Nachdem dies von der Pforte bestätigt worden war, setzte sich Carol mit seiner harten Linie durch, die auch von Ion C. Brătianu vertreten wurde.[43] Allerdings zeigte sich in der parlamentarischen Diskussion über die türkische Verfassung, dass keine Einigkeit über einen Protest herrschte. Wichtige Redner und Politiker maßen der Verfassung keine große Bedeutung bei und sahen den Status Rumäniens dadurch nicht tangiert.[44] Während die Kammer aber weitgehend der Regierung folgte und sie aufforderte, energisch bei der Pforte gegen die Verletzung der Rechte Rumäniens zu protestieren, nahm der Senat, wo sich eine wachsende Opposition gegen die Regierung bildete, eine gemäßigte Haltung an und begnügte sich mit dem generellen Verweis, die Regierung möge sich in würdiger Weise für das Ziel der Bewahrung und der Respektierung der vertraglich garantierten Rechte des Landes einsetzen.[45]

In der Absicht, die Verhandlungen mit der Pforte nicht durch die Verfassungsfrage zu gefährden, handelte auch D. Brătianu in Konstantinopel, als er sich eigenmächtig und ohne Wissen des rumänischen Vertreters, General Ioan Ghica, mit dem Außenminister Savfet Pascha in Verbindung setzte und ihm den Entwurf einer Note vorschlug, die erklären sollte, dass die türkische Verfassung weder den Status Rumäniens noch die internationalen Verträge in irgendeiner Weise verändere. Dieser Text wurde von Savfet Pascha wörtlich übernommen und fand Eingang in seine Note vom 26.12.1876/7.1.1877 an die rumänische Regierung.[46] Diese bestand jedoch auf einer formellen und offiziellen Erklärung der türkischen Regierung, dass 1. Rumänien nicht zu den in der Verfassung

rufung der Unabhängigkeit durch das Parlament führten könnte. Arh. Stat. Fond Regele Carol I, III/29, f. 89 (21.12.1876/2.1.1877).

42 Ibd., f. 87 (16./28.12. u. 17./29.12.1876). Sturdza, Charles Ier, II, S. 400ff. (Telegramm Ionescus v. 17./29.12.1876 an General Ghica und seine Zirkularnote vom selben Tag an die rumänischen Auslandsvertreter).

43 Telegramm v. N. Ionescu an General Ghica v. 22.12.1876 /3.1.1877, in der die Bestimmungen der Verfassung, soweit sie Rumänien betrafen, für null und nichtig erklärt wurden: Sturdza, Charles Ier, II, S. 407f.

44 Ibd., S. 408ff. Nicolescu, Parlamentul romîn, S. 262ff.

45 Sturdza, Charles Ier, II, S. 424 u. 428. In die Debatten beider Häuser musste Ion Brătianu eingreifen, um die Regierung zu verteidigen. Im Senat gelang es ihm nur, eine gegen die Regierung gerichtete Formulierung aus der Resolution zu streichen, in der es ursprünglich hieß, dass die Regierung „würdig und ohne Provokation" vorgehen sollte.

46 Sturdza, Charles Ier, II, S. 443f. (Telegramm v. General Ghica v. 26.12.1876/7.1.1877 und seine Note vom darauf folgenden Tag). DIR, 1, part. II, S. 544f. (Rechtfertigung v. D. Brătianu v. 24.12./5.1.1877 u. v. 25.12./6.1.1877).

genannten Provinzen gehöre, und dass 2. die Bindungen zwischen beiden Ländern auf international garantierten Verträgen beruhten.[47]
Auch gegenüber den Garantiemächten verteidigte die Regierung diesen Standpunkt, ohne auf allzu viel Verständnis zu stoßen. Die Garantiemächte hatten zwar dem rumänischen Protest eine gewisse Berechtigung zugebilligt, doch sahen sie mit der Erklärung von Savfet Pascha, dass der Status von Rumänien durch die Verfassung nicht tangiert werden würde, die Sache als erledigt an.[48] Allgemein wurde die türkische Verfassung eher als taktisches Manöver als eine neue staatsrechtliche Grundlage interpretiert, so dass man auch den rumänischen Protest nicht sonderlich ernst nahm. Da die Pforte auf das rumänische Verlangen nicht mehr einging und mit der Abberufung der Botschafter aus Konstantinopel jede weitere Möglichkeit der Einflussnahme von außen auf die türkische Regierung genommen war, verlief die Angelegenheit im Sande.[49]
Trotz des unspektakulären Ausgangs kam der türkischen Verfassung für die rumänische Politik eine wichtige Bedeutung zu, da sie als Katalysator im Meinungsbildungsprozess wirkte. Bis jetzt war es über die Außenpolitik zu keinen großen Auseinandersetzungen gekommen, da allgemein ein Konsens über die Neutralitätspolitik bestand. Differenzen bzw. Nuancen hatten sich eher im Führungskreis der Regierung ausgewirkt, ohne grundsätzlich diesen Konsens in Frage zu stellen. Mit den parlamentarischen Diskussionen über die Reaktion auf die Verfassung begann eine öffentliche Debatte über die grundsätzliche Ausrichtung der rumänischen Politik im Hinblick auf eine Anlehnung an Russland. Provoziert wurde diese Diskussion von den Befürwortern einer strikten Neutralität wie D. Sturdza, der aus Protest gegen die harte Linie der Regierung sein Ministeramt niederlegte, um die Regierung unter Druck zu setzen und zu einer klaren Stellungnahme zu zwingen, in der Absicht, eine Allianz mit Russland zu verhindern.[50] In zwei internen Versammlungen von 120 Abgeordneten und Senatoren am 4./16. und 5./17. Januar 1877 im Hotel Herdan, an denen auch die Minister teilnahmen, trafen die gegensätzlichen Argumente aufeinander, wobei D. Sturdza und Ion Ghica kompromisslos ihre Position einer strikten Neutralität vertraten, für die sie vorübergehend sogar eine Beeinträchtigung der nationalen Institutionen in Kauf zu nehmen bereit waren mit dem Argument, dass Europa den Rumänen alle Rechte zurückgeben werde. Ion Brătianu hielt dagegen, dass man nicht mehr wie früher alles aufgeben und sich in die Berge zurückziehen könne. Eine Allianz mit den Türken würde im Gegenteil bedeuten, sich vom europäischen Konzert zu trennen, da die Mächte selbst für eine Verbesserung der Lebensbedingungen der Christen im Osmanischen Reiche einträten. Darüber hinaus habe sich Russland gegenüber Rumänien verständnisvoll gezeigt, während die Türkei nur mit Schikanen und Böswilligkeiten auf rumänische Wünsche reagiere. Im Übrigen sei der Moment für eine definitive und unwi-

[47] P.A. I.A.B.q. Türkei 24, Vol. 57, Alvensleben v. 11.1.1877 (Nr. 7). Arh. Stat. CR 20, 1877, S. 32f. (Bosizio v. 12.1.1877). Sturdza, Charles Ier, II, S. 461f. (Note v. General Ghica v. 8./20.1.1877 an die Pforte und an die Garantiemächte).
[48] Sturdza, Charles Ier, II, S. 459f. (Andrassy an Bosizio v. 5./17.1.1877).
[49] Ibd., S. 466f. (Gen. Ghica an N. Ionescu v. 10./22.1.1877).
[50] Arh. Stat. CR 20, 1877, S. 33 (Bosizio an Andrassy v. 12.1.1877).

derrufliche Entscheidung noch nicht gekommen, die D. Sturdza erzwingen wolle. Beide Seiten legitimierten ihren Standpunkt mit dem europäischen Willen, den Rumänien zu erfüllen hätte. Sturdza und Ion Ghica leiteten aus dem Pariser Vertragswerk den Willen Europas zu einer strikten Neutralität ab; Brătianu hingegen sah Russland als Träger eines europäischen Mandats, den Schutz der Christen im Ernstfall auch mit Gewalt durchzusetzen, dem sich Rumänien weder moralisch noch faktisch widersetzen könne.[51]
Wenn auch keine Entschließungen gefasst wurden, so zeichnete sich dennoch ab, dass Sturdza und Ghica mit ihrer Meinung in der Minderheit bleiben würden. Die Parlamentarier neigten jetzt dazu, sich Brătianu und seiner Position anzuschließen, die davon ausging, dass Rumänien bei einer turkophilen Politik nichts zu gewinnen, aber viel zu verlieren hätte. Der Konsens über die Neutralitätspolitik war endgültig aufgebrochen und der Boden für die Zustimmung eines Zusammengehens mit Russland vorbereitet worden.[52] Die türkische Verfassung, die allgemein als ein Angriff auf die Würde des Landes und seine Institutionen verstanden wurde, hatte den Neutralitätsbefürwortern die Grundlage ihrer Politik entzogen, die ein gutes Verhältnis zur Türkei als Voraussetzung für deren Konzessionsbereitschaft anstrebte. Diese Bemühungen erwiesen sich jetzt als vergeblich, ebenso wie die Hoffnungen, dass die Pforte sogar einer Unabhängigkeit zustimmen könnte, wenn die Mächte im Gegenzug die Neutralität Rumäniens garantieren würden.[53] Vor allem D. Brătianu hatte sich ohne formellen Auftrag seiner Regierung in Konstantinopel für dieses Unabhängigkeitsprojekt engagiert und versucht, die türkischen Staatsmänner davon zu überzeugen, dass es im Interesse der Türkei läge, wenn diese von sich aus die formelle Unabhängigkeit Rumäniens zugestehen würde, um in Rumänien einen Verbündeten gegen Russland zu gewinnen.[54] Diese Verhandlungen führten wie voraussehbar zu keinem Erfolg. Für die Pforte bildete die Gewährung der Unabhängigkeit für ihre Vasallenstaaten den Anfang vom Ende ihres Reiches, was ihr schon während der letzten Jahre jede Nachgiebigkeit in souveränen Fragen verboten hatte.[55]

[51] Ibd., S. 41ff. (Bosizio v. 17.1.1877). P.A. I.A.B.q. Türkei 24, Vol. 56, Alvensleben v. 18.1.1877 (Nr. 12).

[52] Arh. Stat. Fond Regele Carol I, III/29, f. 90 (4./16.1.1877).

[53] P.A. I.A.B.q. Türkei 24, Vol. 58, Busch aus Pera v. 2.2.1877 (Nr. 39) und v. 8.2.1877 (Nr. 47).

[54] Ausführlich dazu: Căzănişteanu, C., Ionescu, M. E., Războiul neatîrnării României, 1877-1878, Bucureşti 1977, S. 78ff. Rosetti, R. (General), Documente privitoare la misiunea lui Dimitrie Brătianu la Constantinopole, în toamna 1876 şi alte documente din arhiva D-lui G. G. Cantacuzino, in: Anal. Acad. Rom. Mem. secţ. ist. ser. III, t. XXV, 1943, S. 955-1009. Maciu, V., La Roumanie et la Conférence de Constantinople de décembre 1876 – janvier 1877, in: RRH I, 1962, S. 349f.

[55] Fuad Pascha nannte es gegenüber dem deutschen Diplomaten Busch „das Verhängnis der türkischen Herrschaft, daß sie keine Gebietsabtretung, auch keine, die an sich eine Erleichterung für sie sein würde, zulassen könne, ohne damit den ersten Schritt zur Auflösung des Reiches zu tun. Montenegro, Serbien, Rumänien seien für die Pforte eher eine Last als ein Element der Stärke; aber die Abtrennung irgend eines dieser Gebiete werde das Signal zu einer allgemeinen Zerbröckelung des Reiches sein. [...] Die Türken seien dazu verurteilt, mit ihrem Blute, mit ihrem Hab und Gut den Besitzstand des Reiches in seiner Integrität aufrecht zu erhalten oder unterzugehen." Raschdau, L. (Hg.), Diplomatenleben am Bosporus. Aus dem literarischen

So scheiterte auch die türkische Option, ähnlich wie die europäische, da das rumänische Sicherheitsbedürfnis weder mit den Interessen der Pforte noch mit denen der Garantiemächte zu vereinbaren war.

3. Die russische Option

Während N. Ionescu die passive Spielart der Neutralitätspolitik verfolgte, behielten sich der Fürst und sein Premierminister Ion C. Brătianu im Hintergrund die weitreichendere Entscheidung über eine russische Option im Kriegsfall vor. Diese Option einer Kooperation mit Russland barg in sich auch die Entscheidung zugunsten einer aktiven Teilnahme an einem Krieg an der Seite Russlands. Die Grundlagen für diese Politik wurden von Ion C. Brătianu bei seinem Besuch beim Zaren gelegt, der sich mit seinem Hof seit dem 9. September 1876 in Livadia auf der Krim aufhielt. Nicht nur die politische Symmetrie nach der Höflichkeitsvisite beim österreichischen Kaiser ließ diesen Besuch als notwendig erscheinen, sondern auch die gespannten Beziehungen wegen der nach Meinung Russlands zu strengen Handhabung der Neutralitätspolitik. Mehrfach wurde russischerseits über die Durchsuchung russischer Freiwilliger und die Behinderung von Hilfstransporten nach Serbien geklagt, was in den Vorwurf mündete, dass die rumänische Neutralität mehr den Türken als den Christen zugute käme.[56] Auch der Besuch von Brătianu beim österreichischen Kaiser hatte für Verstimmung gesorgt.[57] Auf rumänischer Seite hingegen beunruhigten der immer größere Ausmaße annehmende Durchzug russischer Freiwilliger und Unruhen der Bulgaren in Bessarabien, die den Verdacht auf russische Unterstützung nährten.[58] Im Gegensatz zu den Neutralitätsbefürwortern stimmten der Fürst und Brătianu über die Notwendigkeit einer Verbesserung des Verhältnisses zu Russland überein und befürworteten grundsätzlich ein Zusammengehen mit diesem im Kriegsfall als die einzig mögliche und opportune Vorgehensweise.[59]

So ging von rumänischer Seite die Initiative aus, eine Begrüßungsdelegation nach Livadia zu entsenden mit dem Ziel, die beiderseitigen Beziehungen zu verbessern und die russischen Absichten über einen Krieg zu erkunden. Dieses Anliegen erhielt besondere Dring-

Nachlaß des Unterstaatssekretärs Dr. Busch, in: Deutsche Rundschau, 138, 1909, Jan.-März, S. 399.

56 Iorga, Correspondance diplomatique, S. 216 u. 225. DIR, 1, part. II, S. 306ff., 309f., 311, 323 (Jean Cantacuzeno v. 16./28.8.1876), S. 374f. Arh. Stat. Fond Regele Carol I, III/27, f. 80 (18./30.9.1876). P.A. I.A.B.q. Türkei 24, Vol. 55, Alvensleben v. 6.10.1876 (Nr. 138).

57 Ibd., Alvensleben v. 12.10.1876 (Nr. 143, Durch sichere Gelegenheit. Ganz vertraulich).

58 Arh. Stat. Fond Regele Carol I, III/27, f. 80 (13./25.9.1876). N. Ionescu protestierte am 11./23.9.1876 in St. Petersburg gegen den massiven Durchzug russischer Freiwiliger, da er die rumänische Neutralität kompromittiere, während die Türkei drohte, die Neutralität der Donau aufzuheben: DIR, 1, part. II, 351f.

59 Brătianu hatte dies gegenüber dem russischen Generalkonsul öfters anklingen lassen: vgl. die entsprechenden Quellenverweise bei Jelavich, B., Russia and the Formation of the Romanian National State, S. 239f. und S. 326.

lichkeit, als am 16./28. September 1876 die Anfrage des rumänischen Konsulatsverwesers in St. Petersburg, Emil Ghica, eintraf, welche Haltung Rumänien in einem eventuellen Krieg einzunehmen gedenke.[60] Die hypothetisch formulierte Frage, mit der E. Ghica um Instruktionen bat, traf den neuralgischen Punkt der rumänischen Politik und zwang die Politiker zum ersten Mal, sich konkret mit dieser Möglichkeit auseinander zu setzen. Die Antwort selbst fiel ausweichend und unbestimmt aus, die Anfrage führte aber dem Fürsten und Brătianu die dringende Notwendigkeit einer Verständigung mit Russland für den Kriegsfall vor Augen.[61] Die Entsendung einer rumänischen Delegation war bei Alexander II. zunächst auf Vorbehalte gestoßen, er hatte aber dem rumänischen Drängen und speziell dem Wunsch des Fürsten nachgegeben und einem Besuch zugestimmt.[62] Der Empfang der rumänischen Delegation in Livadia (28.9./10.10.–30.9./12.10.) fiel vom Zeremoniell her glänzend aus und brachte als Ergebnis eine Entspannung in den beiderseitigen Beziehungen, die auf der Erkenntnis des gegenseitigen Angewiesenseins beruhte. Dennoch gaben die Gespräche Brătianus mit den maßgeblichen russischen Politikern Anlass zu rumänischen Befürchtungen. Der Versuch Brătianus, einen Krieg und die rumänische Zusammenarbeit von einem europäischen Mandat an Russland abhängig zu machen, scheiterte von vornherein, ebenso wie sein Bemühen, konkrete Hinweise über die Kriegsabsichten Russlands und über Bessarabien zu bekommen.[63]

60 DIR, 1, part. II, S. 359.

61 Ibd., S. 361 (19.9./1.10.1876). N. Ionescu antwortete, dass man sich nicht dazu äußern könne, da im Moment die Friedensaussichten günstig seien, und man im Übrigen den größten Wert auf gute Beziehungen zu Russland lege, von dem man hoffe, dass es Rumänien nach Kräften in der jetzigen „delikaten Situation" unterstütze.

62 Zalyškin, M. M., Vnešnjaja politika Rumynii, S. 129 mit entsprechenden Quellenangaben. Carol schickte seinen Hofmarschall zum russischen Generalkonsul, Baron Stuart, um die Zustimmung für die Entsendung der Deputation zu erreichen. P.A. I.A.B.q. Türkei 24, Vol. 55, Alvensleben v. 12.10.1876 (Nr.143, Durch sichere Gelegenheit. Ganz vertraulich). Independenţa României, II, 1, S. 189f. (Fava v. 10.10.1876). Zum Besuch in Livadia s. auch: Stan, A., Ion C. Brătianu, S. 304ff.

63 Wie konkret über die Bessarabienfrage gesprochen wurde, ist nicht genau zu klären, da diese oft genug im Lichte der nachfolgenden Entwicklung interpretiert wurde. Carol erwähnt dieses Problem weder in seiner Originalniederschrift noch in den veröffentlichten Memoiren. Der nicht immer zuverlässige Bălăceanu hingegen berichtet, dass Alexander II. Brătianu unmissverständlich seine Absicht eröffnet habe, Bessarabien wieder zurückzufordern und dies als eine Frage des Prinzips und der Ehre bezeichnet habe. Bălăceanu, Souvenirs , S. 177. Brătianu selbst erklärte in seiner berühmten Verteidigungsrede vom 13./25.2.1878 vor dem Senat, dass er selbst in Livadia die Frage vorgebracht habe, ohne eine konkrete Antwort darauf bekommen zu haben, Gorčakov habe sogar gegen eine solche Insinuation protestiert: Giurescu, C. C. (Hg.), Ion C. Brătianu. Acte şi cuvântări, Vol. III (1 mai 1877–30 aprilie 1878) Bucureşti 1930, S. 191ff., s. auch S. VIII. Nelidov wiederum gibt in seinen viel später zu Papier gebrachten Erinnerungen die Aussage Brătianus wieder, dass dieser in Livadia gefühlt habe, dass es sich bei Bessarabien um eine Frage der Ehre für den Zaren handele: Nelidow, Souvenirs d'avant et d'après la guerre de 1877-1878, in: Revue des deux mondes, 28, 1915, S. 250f. Zu den Verhandlungen in Livadia siehe auch: Zalyškin, Vnešnjaja politika Rumynii, S. 130ff. Jelavich, B., Russia and the Formation of the National Romanian State, S. 242ff. Dies., Russia

Das lag nicht nur am russischen Widerstreben, Rumänien gegenüber seine Pläne offenzulegen, sondern auch an der grundsätzlichen Unsicherheit, der Wankelmütigkeit und den Meinungsverschiedenheiten in der russischen Führungsschicht über die Opportunität eines Krieges. Als im Oktober/November 1876 eine erhöhte Kriegsbereitschaft vorhanden war und ein Teil der russischen Armee am 13. November 1876 mobilisiert wurde,[64] stellte sich auch das Problem einer Regelung mit Rumänien über den russischen Durchmarsch immer dringender, über die in Livadia generell ein Einvernehmen hergestellt wurde. Die konkreten Verhandlungen zwischen Russland und Rumänien über Form und Inhalt einer Zusammenarbeit wurden unter größter Geheimhaltung zwischen I. C. Brătianu und dem russischen Botschaftsrat in Konstantinopel, A. I. Nelidov, Anfang Dezember in Bukarest geführt.[65] Große Differenzen gab es über die Art einer Vereinbarung: während die russischen Politiker zunächst nur eine militärische Konvention zur Regelung der technischen Probleme für notwendig erachteten, bestand die rumänische Seite auch auf einem politischen Vertrag mit Garantien für die staatliche Integrität, was gerade Russland vermeiden wollte. Es war der Fürst, der einen regelrechten Vertrag politischen Inhalts zur Bedingung machte, um Rumänien gegen alle Eventualitäten abzusichern.[66] Russland musste – ähnlich wie im Fall Österreich-Ungarns – die rumänischen Forderungen akzeptieren und sich in Artikel II des ausgehandelten Vertrags zur Aufrechterhaltung und zum Schutz der Integrität Rumäniens verpflichten.[67]

Der Fürst und Brătianu standen in den Verhandlungen mit Russland vor zwei grundsätzlichen Schwierigkeiten: mit den Separatverhandlungen gerieten sie in Gefahr, den Schutz der Kollektivgarantie der Pariser Vertragsmächte und Südbessarabien zu verlieren, ohne eine Sicherheit über eine Gebietsentschädigung zu erhalten. Die zweite bestand in der innenpolitischen Durchsetzung einer Verständigung mit Russland, gegen dessen Politik ein weit verbreitetes Misstrauen herrschte. So kennzeichnete eine ständige Ambivalenz zwischen der Furcht vor Russland und dem Wunsch, militärisch und politisch mit ihm zusammenzuarbeiten, das rumänische Vorgehen. Selbst nachdem Russland die rumänischen Forderungen erfüllt hatte, zeugte das Zögern von Brătianu, den Vertrag zu unterschreiben, von anhaltendem Misstrauen gegenüber Russland und von der Furcht vor den außen- wie innenpolitischen Konsequenzen eines Zusammengehens.[68] Aber auch die widersprüchlichen Nachrichten über Krieg und Frieden, die bevorstehende Konferenz in

and the Reacquisition of Southern Bessarabia 1875-1878, in: Südost-Forschungen, 28, 1969, S. 207f. Stan, Ion C. Brătianu, S. 311f.

64 Sumner, Russia and the Balkans, S. 216ff.

65 Über die besonderen Schwierigkeiten der Bukarester Verhandlungen s. Nelidov, Souvenirs, in: Revue des deux mondes, 28, 1915, S. 244ff.

66 Arh. Stat. Fond Regele Carol I, III/29, f. 85f.

67 Aus dem Leben König Karls, 3, S. 120ff. (dort Wortlaut des Vertrags mit den militärischen Durchzugsbestimmungen).

68 Am 23.11./5.12.1876 war der Vertrag unterschriftsreif, und Carol notierte: „es ist Alles angenommen worden was wir wünschen. – Es ist ein Vertrag en tout règle“. Arh. Stat. Fond Regele Carol I, III/29, f. 85. Vg. auch f. 86 (12./24.12.1876), f. 87 (15./27.12.1876), f. 90 (4./16.1.1877).

Konstantinopel, deren Ergebnisse man zuerst abwarten wollte, sowie – irrtümliche – Anzeichen, dass die Westmächte einer Neutralität Rumäniens zustimmen könnten, trugen zu den Schwankungen und dem ständigen Aufschub einer Entscheidung bei, ebenso wie die Unsicherheit über die Haltung Österreich-Ungarns. Ende Dezember stellte Brătianu den Vertrag sogar generell in Frage und suchte eine Entscheidungshilfe bei Bismarck,[69] nachdem Andrassy den Rumänen empfohlen hatte, sich bei einem Einmarsch russischer Truppen einfach zurückzuziehen und die Neutralität beizubehalten. Österreich-Ungarn würde bei einer solchen korrekten Haltung nicht zulassen, „daß Rumänien in seiner politischen Stellung oder in seinen territorialen Interessen irgend eine Schädigung erleide".[70] Bismarck beruhigte die Rumänen hinsichtlich ihrer Befürchtung eines Bruches zwischen Russland und Österreich-Ungarn im Kriegsfall und gab der vertragsmäßigen Regelung eines eventuellen Durchmarsches einem vertragslosen Zustand den Vorzug, ohne dass man sich damit überstürzen müsse.[71]

So blieb trotz russischen Drängens und auch des Anratens von Carol[72] die Vertragsunterzeichnung in der Schwebe, nicht zuletzt aus innenpolitischen Gründen, da Brătianu sich hinsichtlich der öffentlichen und parlamentarischen Akzeptanz dieses Vertrages nicht sicher fühlte und die Kammer darauf vorbereiten wollte. Aber auch auf russischer Seite bestand man im Januar 1877 nicht mehr auf einer sofortigen Unterzeichnung.[73] Wie bei den Verhandlungen mit Österreich-Ungarn zog man es jetzt erst einmal vor, eine möglichst vorzeitige, die russische Politik auf eine den Krieg präjudizierende Festlegung zu vermeiden und eine Einigung mit Europa zu erreichen. So verhielten sich beide Partner abwartend und behielten sich das Recht vor, den geeignetsten Augenblick für die Unterzeichnung der Konvention auszuwählen.[74] Der Vertrag mit Russland war als

[69] Arh. Stat. Fond Regele Carol I, III/29, f. 87 (15./27.12.1876): „1 Uhr Bratiano bei mir, der keine Lust mehr hat den ruß. Vertrag zu unterschreiben, er will eine Meinung aus Berlin haben. – Stuart droht wenn man zurückgeht. [...] 5 Uhr Alvensleben rufen lassen, ihn gebeten an Bismarck zu telegr. um seine Auffassung betreffs einer Regelung des ruß. Durchmarschs zu erfahren." Stan, I. C. Brătianu, S. 313. Das bedeutete keine formelle Garantie durch Deutschland, wie Stan behauptet.

[70] Bindreiter, Die diplomatischen und wirtschaftlichen Beziehungen, S. 119f. (Wortlaut des Telegramms von Andrassy an Bosizio v. 17.12.1876). DIR, 1, part. II, S. 503f. Aus dem Leben König Karls, 3, S. 81.

[71] P.A. I.A.B.q. Türkei 24, Acta secreta. Chiffr. Telegramm v. Alvensleben an Bismarck v. 28.12.1876 (Nr. 35, Geheim) und chiffr. Antworttelegramm v. 28.12.1876 (Nr. 19) an Alvensleben; chiffr. Bericht v. Alvensleben an Bismarck v. 28.12.1876 (Nr. 203) und v. 30.12.1876 (Nr. 204). Independenţa României, II, 1, S. 234f. Arh. Stat. Fond Regele Carol I, III/29, f. 87 (17./29.12.1876). Aus dem Leben König Karls, 3, S. 85f.

[72] Ibd., S. 91. Arh. Stat. Fond Regele Carol I, III/29, f. 90 (4./16.1.1877).

[73] Zalyškin, Vnešnjaja politika Rumynii, S. 178. Diese Haltung spiegelte die grundsätzlichen Differenzen innerhalb der russischen Regierung über einen Krieg wider; darüber hinaus widersetzte sich Finanzminister Rejtern den finanziellen Forderungen der Rumänen. Istoria Romîniei, IV, S. 596.

[74] Zalyškin, Vnešnjaja politika Rumynii, S. 178. Independenţa României, II, 1, S. 233f. (Fava v. 19.12.1876).

Rückversicherung für den Ernstfall vorgesehen und nicht das Resultat einer konsequent betriebenen Kriegspolitik, was auch für Russland zutraf.[75] Man hoffte bis zuletzt auf ein europäisches Mandat, um der Notwendigkeit einer eigenen Entscheidung enthoben zu werden bzw. um eine solche Entscheidung in den Augen Europas legitimieren zu können.

Erst unmittelbar vor Ausbruch des russisch-türkischen Kriegs wurde der Vertrag, der in seinem Wortlaut bis zuletzt geheim gehalten worden war, am 4./16. April 1877 von dem am Tag zuvor wieder zum Außenminister ernannten Kogălniceanu und dem russischen Generalkonsul Stuart unterzeichnet.

Bis zuletzt waren unter den rumänischen Politikern eine Verständigung mit Russland und die Aufgabe der eigenen Neutralität umstritten. Wie bereits erwähnt, fand die prorussische Politik auch in einem erweiterten Kronrat am 2./14. April 1877 keine Mehrheit.[76] Brătianu und C.A. Rosetti, neben dem Fürsten die Hauptprotagonisten eines Zusammengehens mit Russland und einer Teilnahme am Krieg, gelang es aber, die parlamentarische Sanktion für die russisch-rumänische Konvention zu sichern: am 16./28. April wurde sie von der Kammer mit 79 gegen 25 Stimmen, einen Tag danach vom inzwischen neu gewählten Senat mit 41 zu 10 Stimmen gebilligt, zu einem Zeitpunkt, als die russische Armee bereits im Lande stand.[77] Ähnlich wie 1867/68 die politische Neuorientierung von Frankreich weg hin nach Preußen nur mit den die Regierung stellenden Radikalliberalen gelingen konnte, bildete ihre Regierungsmacht 1876/77 die Voraussetzung für die Durchsetzbarkeit der Entscheidung zugunsten einer Zusammenarbeit mit Russland und einer Beteiligung am Krieg.

4. Die Entscheidung des Fürsten

Während der gesamten Balkankrise gab es ein grundsätzlich unterschiedliches Wahrnehmungsverhalten zwischen den Großmächten und Rumänien über die Lage dieses Landes. Während jene überhaupt kein rumänisches Problem und demzufolge keine Veranlassung sahen, sich mit Rumänien zu befassen, fühlte sich die rumänische Führung mit dem Fürsten an der Spitze elementar von den Ereignissen betroffen und ließ nichts unversucht, die Großmächte für die rumänischen Anliegen zu gewinnen, was diese allgemein als lästig und unangemessen empfanden. Die unterschiedliche Grundeinstellung führte

[75] Zalyškin zeichnet in seiner gut dokumentierten Monographie die vielen Schwankungen der rumänischen Regierung getreu nach und hebt im auffälligen Gegensatz zu vergleichbaren rumänischen Darstellungen die mehrheitlich antirussischen Tendenzen hervor, die der rumänischen Politik in der Tat besser gerecht werden. Allerdings geschieht dies vor dem Hintergrund einer der russischen Politik gegenüber positiven Voreingenommenheit, die die Rumänen als 'die Schuldigen' ausmacht.

[76] Siehe oben, S. 403.

[77] Istoria parlamentului, S. 232f. Nicolescu, Parlamentul romîn, S. 287ff. Dort wird das Abstimmungsergebnis in der Kammer mit 85 gegen 26 angegeben. Kogălniceanu, Opere IV, orat. II, part. IV, S. 423ff. P.A. I.A.B.q. Türkei 24, Vol. 60, Alvensleben v. 2.5.1877 (Nr. 100).

so zu verschiedenen politischen Handlungsweisen, wobei die Großmächte ihrem überlieferten machtpolitischen Verhalten folgten: Rumänien wurde selbst bei einem Krieg nicht als direkt betroffenes Subjekt angesehen, sondern ihm wurde geraten, in einem solchen Fall den russischen Durchzug einfach zuzulassen, sich ruhig zu verhalten und sich nicht einzumischen. Auch Russland machte in dieser Einstellung keine Ausnahme, da es nur die technischen Details eines Durchzugs geregelt wissen wollte ohne jede weitere politische Verpflichtung.[78] Der französische Außenminister fasste die Rumänien zugedachte Haltung mit den Worten zusammen: „La Roumanie a une excellente occasion de ne rien faire: qu'elle ne la perde pas."[79] Die empfohlene Politik des passiven Verhaltens suggerierte das Eigeninteresse der Rumänen, sie lag in erster Linie jedoch im Interesse der Großmächte, die jede weitere Komplikation und Störung ihrer mühsamen Friedenssuche vermeiden wollten. Auch ging das Desinteresse der Mächte an Rumänien nicht soweit, als dass es nicht wie im Falle von Österreich-Ungarn und Russland als Kompensationsobjekt in die eigenen Pläne eines Interessenausgleichs miteinbezogen werden konnte.

Diese empfohlene passive Haltung stieß in erster Linie auf den Widerstand des Fürsten, aber auch der radikalliberalen Führer, was eine gemeinsame Disposition erkennen ließ. Eine Politik des Abwartens und des Übersichergehenlassens widerstrebte ihm in hohem Maße. Trotz seiner generellen Unsicherheit und der ständig wechselnden Bedingungen wollte er sich nicht mit einer unbeteiligten Zuschauerrolle zufrieden geben, die er gleichermaßen für unwürdig und gefährlich für das Land hielt. In der Balkankrise sah er zudem die große Chance, Rumänien endlich aus dem Osmanischen Reich herauszulösen, selbständig zu agieren und sich als Partner für eine dauerhafte Lösung der Orientalischen Frage der europäischen Gemeinschaft anzubieten. Dabei leitete er den Anspruch auf Gleichberechtigung mit den übrigen europäischen Ländern von den auf allen Gebieten gemachten Fortschritten während der letzten Jahre ab, mit denen Rumänien das Recht auf eine Loslösung vom morbiden Staatsgefüge der Türkei erworben habe.[80] Unterstützt wurde diese Sichtweise auch von der politischen Lagebeurteilung, dass ein passives Verhalten Rumänien zum Opfer und zum Kriegsschauplatz der Großmächte machen würde.

78 Vgl. dazu die Briefe von Großfürst Nikolaj an Carol vom 12./24.1.1877 und die Antwort Carols vom 21.1./2.2.1877. Sturdza, Charles Ier, II, S. 467f. und 490f.

79 Independenţa României, II, 1, S. 249 (Debains v. 6.1.1877). Mansfield, der englische Generalkonsul, gab den rumänischen Ministern als Ratschlag die Maxime von Lord Melbourne weiter: „of doing nothing in moments of perplexity", worin er die Stärke der rumänischen Politik sah. Ibd., S. 204 (11./23.10.1876). Ähnlich äußerte er sich am 19.2.1877: „Roumania is and ought to be no factor in the present crisis". Ibd., S. 281. Carol dagegen war der Auffassung, dass man in Europa zu der Überzeugung gelangt sei, „daß es (Rumänien, E. B.-I.) ein Faktor in der Orientalischen Frage ist, mit dem gezählt werden muß". Aus dem Leben König Karls, 3, S. 68.

80 Aus dem Leben König Karls, 3, S. 39. Dieser Topos durchzieht auch die Argumentation der Neutralitätsbefürworter; vgl. das Memoire von Ion Ghica für Lord Salisbury: Independenţa României, IV, S. 153ff.

Diese Grundeinstellung einer aktiven und gestaltenden Politik bestimmte die Vorgehensweise des Fürsten während der Balkankrise insgesamt, führte aber auch bei ihm zu unterschiedlichen Reaktionsweisen, wenn man seine Politik während der ersten und der zweiten Hälfte der Balkankrise vergleicht. Das vorpreschende, diplomatisch offensive Vorgehen mit dem erklärten Ziel, den größten Nutzen aus der Krise zu ziehen, wich einem vorsichtigen und den Realitäten Rechnung tragenden Kurs, wobei der Fürst zusammen mit seinem Ministerpräsidenten im Schatten der offiziellen Neutralitätspolitik des farblosen Außenministers Ionescu richtungweisende Entscheidungen traf.[81] Den Wendepunkt hatte die schnelle serbische Niederlage dargestellt, die zum einen zu einem Erstarken der Türkei und zum zweiten zum Eingreifen der Großmächte führte, zwei für den Fürsten unerwünschte Konsequenzen, da sie eine Verminderung des rumänischen Handlungsspielraums mit sich brachten:[82] eine siegreiche Türkei ließ sich nicht mehr unter Druck setzen und bei einer Regelung der Krise durch die Großmächte würden rumänische Interessen erfahrungsgemäß kaum Berücksichtigung finden.
Diese veränderten Bedingungen zusammen mit dem Fehlschlag der diplomatischen Bemühungen in der ersten Phase der Balkankrise, eine Neutralitätsgarantie von den Großmächten und Zugeständnisse von der Pforte zu erlangen, führten beim Fürsten und seinem Ministerpräsidenten I. C. Brătianu zu einem Prioritätenwechsel bei den Optionen. Im Gegensatz zu den Neutralitätspolitikern waren sie realistisch genug zu erkennen, dass eine europäische Neutralitätsgarantie außerhalb der politischen Möglichkeiten lag.[83] Nach Carols Überzeugung war von Europa, das sich unfähig zur Lösung der Krise gezeigt habe, nichts zu erwarten. Daher müsse Rumänien ohne Rücksicht auf europäische Interessen allein seinen Weg bestimmen.[84] Diesen sah Carol in einer aktiven militärischen Beteiligung Rumäniens an der Seite Russlands vorgezeichnet, sollte es zu einem Krieg kommen. Ein Bündnispartner Türkei schied von vornherein aus und einen Rückzug ins Landesinnere hielt er für politisch gefährlich und militärisch unwürdig. Für ihn stellte ein Kampf zudem die Bewährungsprobe dar, ob sich ein Land der Unabhängigkeit würdig erweisen würde oder nicht.[85] Ein Krieg bot ihm auch die willkommene Gelegenheit, die von ihm neu aufgebaute Armee zu erproben und die Unabhängigkeit mit den Waffen zu erringen. Außerdem würde ein Krieg der generellen Unsicherheit, unter der Rumänien vor allem in finanzieller Sicht viel mehr zu leiden habe als unter einem Krieg, ein Ende setzen und „wenigstens inneren Frieden, frisches Leben und materiellen Aufschwung bringen".[86] Andererseits kamen Carol aber auch oft Bedenken

81 So beklagte sich N. Ionescu auch einmal darüber, dass „man sich nicht um ihn bekümmere u. Bratiano die auswärtige Politik leite". Arh. Stat. Fond Regele Carol I, III/29, f. 82 (7./19.10.1876).

82 Aus dem Leben König Karls, 3, S. 39.

83 Independenţa României, II, 1, S. 222 (Mansfield v. 27.11.1876).

84 Aus dem Leben König Karls, 3, S. 66 (Brief an den Vater v. 10./22.10.1876).

85 Ibd., S. 39.

86 Ibd., S. 84 (Brief an den Vater vom 12./24.12.1876). Vgl. auch seinen Brief vom 2./14.12.1876. Ibd., S. 80.

in Bezug auf einen Krieg, weil er das Land dafür noch nicht für genügend vorbereitet hielt.[87]
Neben persönlichen Neigungen und einer positiven Einstellung gegenüber einem Krieg bestimmten aber in erster Linie politische Erwägungen die Entscheidung zugunsten der russischen Option.[88] Darin lag ein entscheidender Unterschied zu seiner früheren Militär- und Unabhängigkeitspolitik. Nach Auffassung des Fürsten kam die russische Option dem rumänischen Sicherheitsbedürfnis am meisten entgegen: Sie vermied ein politisches Vakuum im Kriegsfall und bot die meisten Garantien für die Begrenzung der Kriegsfolgen auf rumänischem Boden. Ein Vertrag mit Russland gab der Regierung in einer Kriegssituation gewisse Steuerungsmechanismen an die Hand und versprach ein Mitspracherecht. Natürlich hoffte man auch, von dem als sicher geltenden russischen Sieg politisch und militärisch zu profitieren. Nach dem Scheitern der Konstantinopler Konferenz, das die Wahrscheinlichkeit eines Krieges erhöhte, bekannte sich Carol in einem Brief an seinen Vater klar zur russischen Option: „conclure une convention militaire avec la Russie et, s'il a y nécessité, de se battre avec les Russes contre les Turcs".[89] Die Besorgnisse seines Vaters über eine drohende Abhängigkeit von Russland, über einen unvorteilhaften Einsatz der rumänischen Armee und über die Gefahr einer „Preisgebung Rumäniens"[90] bei einer europäischen Friedensregelung teilte Carol nicht. Für ihn erforderte die politische Stellung Rumäniens, „daß es mit dem Stärkeren gehe" und der hieß ohne alle Zweifel Russland.[91] Eine Gefahr für Rumänien durch die Substitution der türkischen Oberherrschaft durch eine russische konnte er nicht erblicken, da eine solche auf den Widerstand Europas treffen und vor allem von Österreich-Ungarn nie akzeptiert werden würde.[92] Doch solange es Aussichten auf eine europäische Friedensregelung gab, gehörten die Geheimhaltung des Vertrags und die Aufschiebung einer endgültigen Entscheidung zugunsten Russlands zu den Wesensmerkmalen der russischen Option, um die rumänische Politik nicht zu präjudizieren und die Türkei militärisch nicht zu provozieren.[93]

87 Ibd., S. 111, Brief an den Vater v. 21.3./2.4. 1877, wo er schreibt: „Für uns wäre es das größte Glück, wenn die Katastrophe noch ein bis zwei Jahre hinauszuschieben wäre; – die geringen Friedenshoffnungen haben sofort wieder etwas Leben in die Transaktionen gebracht, und die Papiere sind gestiegen."
88 Carol fasste dies in den Worten zusammen: „Russland schlägt vor durch annehmbaren Vertrag, welcher *Würde des Fürsten und territoriale Integrität Rumäniens wahrt*, den Durchzug seiner Truppen zu regeln." P.A. I.A.B.q. Türkei 24, Acta secreta. Telegramm v. Alvensleben v. 28.12.1876 (Entzifferung. Geheim), Hervorhebung im Text. Ebenso: Independenţa României, II, 1, S. 234f.
89 Aus dem Leben König Karls, 3, S. 92 (Brief v. 8./20.1.1877).
90 Ibd., S. 104 (Brief v. 1. März 1877).
91 Ibd., S. 112f. (Brief v. 28.3./9.4.1877). Dort bemerkte Carol auch, dass die „theoretische Neutralität schon lange ein überwundener Standpunkt" sei.
92 Ibd., S. 113.
93 P.A. I.A.B.q. Türkei 24. Secreta. Alvensleben v. 11.1.1877 (Nr. 6, Geheim. Sicher bis zur deutschen Grenze). Vgl. auch die Diskussion über die rumänische Außenpolitik, die durch den Rücktritt von D. A. Sturdza ausgelöst wurde. Arh. Stat. CR 20/1877, S. 41ff. (Bosizio an Andrassy v. 17.1.1877). P.A. I.A.B.q. Türkei 24, Vol. 57, Alvensleben v. 18.1.1877 (Nr. 12).

Im Gegensatz zu vielen rumänischen Politikern besaß der Fürst keine Berührungsängste mit Russland; politische Vorsicht ließ ihn jedoch an eine Kooperation mit Russland Bedingungen knüpfen, um Rumänien politisch und militärisch abzusichern. Vor allem wollte er die Anerkennung der Souveränität des Landes gewahrt wissen. Nur mit Zustimmung der rumänischen Regierung durfte die russische Armee in das Land einmarschieren, andernfalls würde er sich militärisch einem Einmarsch widersetzen. Der Vertrag, mit dem Russland eine territoriale Bestandsgarantie gab, die Respektierung der politischen Institutionen zusicherte und Rumänien als gleichberechtigten Partner anerkannte, kam auf Druck des Fürsten zustande. Sein Insistieren auf Eigenständigkeit und Unabhängigkeit kennzeichnete den ganzen Verhandlungsverlauf und fand ihren Niederschlag im Vertragstext. Der Fürst erwies sich als treuer Sachwalter der nationalen Interessen, wie sie ebenso von den Radikalliberalen definiert wurden, und trug überdies den Verfassungsbestimmungen Rechnung, die einen Durchzug einer fremden Armee von der rumänischen Zustimmung abhängig machten. Umgekehrt erleichterte der Fürst mit seiner Herkunft und als Militär der russischen Seite die Akzeptanz Rumäniens als gleichberechtigten Vertragspartner. Schon früh zeichnete sich ab, dass Carol zur Schalt- und Verbindungsstelle bei der russisch-rumänischen Kooperation werden würde, da er von beiden Seiten respektiert wurde, was die Kommunikation in vielen Fällen erleichtern sollte.
Die Bewahrung der Eigenständigkeit galt auch auf militärischem Gebiet. Der Fürst war nicht bereit, die von ihm aufgebaute rumänische Armee in der russischen Armee aufgehen zu lassen, sondern forderte von Anfang an ein eigenes Operationsgebiet. Die militärischen Maßnahmen, die seit Oktober 1876 ergriffen wurden, galten nicht nur der Vorbereitung auf einen möglichen Krieg und der Abwehr einer türkischen Invasion, sondern standen auch im Zusammenhang mit der Annäherung an Russland: man demonstrierte Kriegsbereitschaft und stärkte die eigene Verhandlungsposition, indem Russland zu verstehen gegeben wurde, dass man einen Einmarsch seiner Armee ohne rumänische Zustimmung nicht dulden würde.[94] Der Entschluss, am 24.9./6.10.1876 die Truppen der permanenten Armee und der Territorialarmee samt ihrer Reserven unter dem Vorwand von Herbstmanövern einzuberufen, war nicht nur eine Folge der kriegerischen Nachrichten vom Tage zuvor, nach denen die Pforte erste Friedensvorschläge Englands abgelehnt und in Livadia ein Kriegsrat stattgefunden hatte, sondern er gab auch der Position I. C. Brătianus in Livadia den nötigen Rückhalt.[95]

[94] Aus dem Leben König Karls, 3, S. 67. Außenminister N. Ionescu leugnete in einer Unterredung mit dem italienischen Generalkonsul Fava einen Zusammenhang zwischen der Reise der rumänischen Delegation nach Livadia und der Mobilisierung und stellte die Verteidigung des Landes und seiner Institutionen gegen jeden Angriff von außen in den Mittelpunkt: Independenţa României, II, 1, S. 188ff. (28. 9./10.10.1876).

[95] So konterte Brătianu die Forderung von Gorčakov nach einem bedingungslosen russischen Durchmarsch mit der Feststellung, dass Russland in diesem Fall seinen christlichen Befreiungsfeldzug erst mit der Niederwerfung einer christlichen Armee, nämlich der rumänischen, beginnen müsse. Aus dem Leben König Karls, 3, S. 62f. Die Einberufung der Armee war von Brătianu ausgegangen, während der Fürst diese Maßnahme zuerst zu voreilig fand. Nach einer

Ungeachtet der alles lähmenden Finanzkrise, die nach Meinung der in Bukarest akkreditierten Generalkonsuln die Neutralitätspolitik geradezu erzwang,[96] blieb die Armee fast bis Ende 1876 konzentriert. Zwölf Kredite wurden allein für militärische Zwecke 1876 gebilligt, darunter ein Viermillionenkredit am 9./21. November und einer über eine Million Lei am 25.11./7.12.1876.[97] Auch die Neutralitätspolitiker trugen diese Maßnahmen mit, die sie mit der Notwendigkeit einer militärischen Verteidigung der Neutralität rechtfertigen konnten.[98] Der Fürst wandte sich seit November verstärkt militärischen Aufgaben zu und begann die Armee auf einen Krieg vorzubereiten. Er unternahm Inspektionsreisen zu allen vier konzentrierten Divisionen: Craiova (1. Division: 31.10./12.11.–2./14.11.), Bukarest (2. Division: 8./20.11.), Galaţi und Focşani (3. und 4. Division: 10./22.–15./27.11.)[99] und veranlasste Manöverübungen für das Zusammenspiel größerer Truppenverbände, wie es ein Krieg erforderte.[100]
Auch wenn sich die Schlachtordnung nicht von derjenigen vorangegangener Jahre unterschied,[101] so ließ die Dislozierung der mobilen Truppen entlang der Südgrenze die strategischen Prioritäten erkennen, da der Fürst im November 1876 eine türkische Invasion nicht ausschloss.[102] Strategisch wichtige Punkte wie Calafat und die Serethbrücke bei Barboşi wurden auf seine Anordnung hin befestigt.[103] Bis in Detailfragen von Bewaffnung und Munition kümmerte sich Carol und übernahm damit Aufgaben des Kriegsministeriums.[104] Andere Maßnahmen, die die Effizienz der Armee erhöhen sollten, bildeten die Umorganisierung der Dorobanzen (Infanterie der Territorialarmee), deren Regimenteranzahl von 8 auf 16 erhöht wurde, und die Errichtung von zwei neuen Artillerieregimentern (4./16.3.1877). Allerdings wurden aus finanziellen Gründen und aufgrund der periodisch auftretenden friedlichen Aussichten sukzessive Beurlaubungen durchgeführt,[105] die bis Anfang April die Präsenzzahl der Armee auf ein Minimum sin-

Ministerratssitzung schloss er sich dann Brătianus Meinung an. Arh. Stat. Fond Regele Carol I, III/29, f. 81 (23.9./5.10.1876).

96 P.A. I.A.B.q. Türkei 24, Vol. 54, Alvensleben v. 19. Juli 1876 (Nr. 89). Aus dem Leben König Karls, 3, S. 70.

97 Căzănişteanu, Ionescu, Războiul neatîrnării Romȃniei, S. 124. Dort auch Angaben über Art und Umfang der Bewaffnung der rumänischen Armee. Über die Stärke der eingezogenen Armeeteile schwanken die Angaben von 25 000 bis 32 000 Mann. Aus dem Leben König Karls, 3, S. 61. P.A. I.A.B.q. Türkei 24, Vol. 56, Alvensleben v. 21.11.1876 (Nr. 173).

98 Ibd. Vol. 55, Alvensleben v. 11.11.1876 (Nr. 166).

99 Aus dem Leben König Karls, 3, ab S. 70 passim.

100 Sturdza, Charles Ier, II, S. 264. Tagesbefehl Carols v. 16./28.11.1876.

101 P.A. I.A.B.q. Türkei 24, Vol. 55, Alvensleben v. 23.10.1876 (Nr. 157).

102 Ibd., Alvensleben vom 21.11.1876 (Nr. 173). Arh. Stat. Fond Regele Carol I, III/29, f. 84f. (9./21.11.1876).

103 Aus dem Leben König Karls, 3, S. 109.

104 Kriegsminister Slăniceanu zeigte nach Ansicht von Carol und Brătianu zu wenig Energie. Arh. Stat. Fond Regele Carol I, III/29, f. 85 (18./30.11.1876). Aus dem Leben König Karls, 3, S. 77f.

105 P.A. I.A.B.q. Türkei 24, Vol. 56, Alvensleben v. 16./12.1876 (Nr. 194), 27.12.1876 (Nr. 201); Vol. 58, 22.2.1877 (Nr. 36, Durch sichere Gelegenheit), 17.3.1877 (Nr. 46), 25.3.1877 (Nr. 51 mit einer detaillierten Aufstellung des Militäretats).

ken ließen, was den Fürsten bei einem schnellen Kriegsausbruch den Verlust der Kleinen Walachei befürchten ließ.[106]

Auch die militärischen Maßnahmen waren Ausdruck einer Politik, die kein passives Objekt der europäischen Großmachtpolitik mehr sein wollte. Der Wille zur Partizipation an der Außenpolitik in Europa als gleichberechtigter Partner kollidierte mit den Interessen der Mächte, die ein Mitspracherecht Rumäniens ablehnten. Diese Politik konnte der Fürst aber in der Option mit Russland verwirklichen, das auf Rumänien angewiesen war. Dennoch kann man auch bei der russischen Option nicht von einer kriegerischen Gradlinigkeit der rumänischen Politik insgesamt ausgehen, da sich auch diese in Abhängigkeit von Großmachtentscheidungen befand. Die ungesicherte Lage des Landes und die schwer einzuschätzende Entwicklung der Balkankrise führten zu einer Politik von Schwankungen, Unentschlossenheit, und dem ständigen Ausloten von eigenen Spielräumen. Der Zwang, sich immer wieder veränderten Situationen anpassen zu müssen, bewirkte Widersprüchlichkeiten von Vorpreschen und Vorsicht, Selbstüberschätzung und Ängstlichkeit, dem Bestehen auf Eigenständigkeit und dem Rufen nach Schutz. Man suchte generell, auch bei der russischen Option, solange wie möglich eine endgültige Entscheidung hinauszuschieben und immer wieder den europäischen Mächten die Verantwortung für die eigene Politik zu übertragen.[107] Solange eine Kriegsentscheidung nicht gefallen war, schlossen sich Neutralität und russische Kooperation nicht aus, sondern verhielten sich komplementär zueinander. Das Offenhalten von Entscheidungen, ebenso wie die ambivalenten Elemente der rumänischen Politik reflektierten aber neben der Undurchschaubarkeit der Balkankrise und der Unvorhersehbarkeit der internationalen Entwicklung auch den grundlegenden Dissens in der rumänischen Führungsschicht über den wirksamsten Schutz der staatlichen Integrität, ob durch Neutralität oder Bindung an Russland.

Dieses breite Spektrum von Reaktionen rief bei den Mächten, aber auch im Inland, nicht selten den Eindruck von Mehrdeutigkeit, Unaufrichtigkeit und Unzuverlässigkeit hervor.[108] Doch der Pariser Vertrag, auf den die Großmächte stereotyp bei allen Anfragen der Rumänen als Richtschnur verwiesen,[109] war von den Verhältnissen längst überholt

[106] Aus dem Leben König Karls, 3, S. 110.

[107] Vgl. z. B. das Vorgehen von Bălăceanu in Wien: P.A. I.A.B.q. Türkei 24, Vol. 56, Dönhoff v. 20.11.1876 (Nr. 297, Vertraulich). Independenţa României, II, 1, S. 233f. (Fava v. 19.12.1876).

[108] Ibd., S. 206f. (Alvensleben v. 25.10.1876). P.A. I.A.B.q. 24, Vol. 56, Alvensleben v. 13.12.1876 (Nr. 188). Vielen Generalkonsuln waren die „Roten“ von vornherein suspekt: „With dreamers like Messrs. Rosetti and Bratiano, who, throughout their lives, had been the asociates of Orsini, Doctor Bernard and „reds“ of the most extreme colour, it is useless to expect common sense or even moderation, and now in a moment of peril to their country they are holding language, which would be suitable on a platform of the „Internationale“ but is essentially inappropriate, when the only policy of this country should be a firm attitude of reserve, based on the treaties and guarantees which have called Roumania into existance.“ Independenţa României, II, 1, S. 231 (Mansfield v. 9.12.1876).

[109] So Fava, der italienische Generalkonsul, gegenüber N. Ionescu: „che nelle stipulazioni del Trattato di Parigi il governo Rumeno troverebbe forse una più sicura guida del suo procere“. Ibd., S. 190.

worden und bot dem Land keinen Schutz vor einem Krieg oder einer fremden Okkupation. Die Bestimmung, dass Rumänien im Kriegsfall mit der Suzeränitätsmacht gemeinsam gegen einen Gegner vorgehen solle, hätte sich im Fall Russlands, das seinen Feldzug mit der Verteidigung der Christen im Osmanischen Reich legitimierte, *ad absurdum* geführt und gleichzeitig zu einer russischen Besetzung des Landes. Ebenso wenig bot eine neutrale Haltung eine Garantie dafür, dass das Land nicht wieder zum Kriegsschauplatz werden würde wie beim Krimkrieg vor zwanzig Jahren. Der Topos, „von Europa verlassen zu sein" (*l'abandon de l'Europe*), entsprach durchaus einem allgemeinen Gefühl und konnte nicht generell als wohlfeile Entlastungs- und Rechtfertigungsformel abgetan werden, selbst wenn sie solche Elemente enthielt.

Die Großmächte hingegen beurteilten die rumänische Politik eher abwertend als „Conjunctural-Politik".[110] Die Entscheidung für eine Zusammenarbeit mit Russland muss vor dem Hintergrund des Versagens der europäischen Mächte bei der Beilegung der Balkankrise gesehen werden. Die russische Option besaß immer den Charakter einer Rückversicherung für den Ernstfall, um das Land einem Krieg nicht bedingungslos auszuliefern. Im Rahmen dieser Option hatte der Fürst mit dem russisch-rumänischen Durchzugsvertrag die geforderten Garantien für die Integrität des Landes und seiner Institutionen erhalten. Dass diese Politik seinen Dispositionen als Militär und seinem Ehrgeiz entsprach, ist nicht zu leugnen, ebenso wenig aber auch das Faktum, dass sie den Realitäten Rechnung trug und die Interessen Rumäniens unter den gegebenen Umständen so weit wie möglich wahrte. Überdies behielten der Fürst und seine Regierung einen gewissen Entscheidungsspielraum und Einflussmöglichkeiten auf die weitere Entwicklung, wobei ihnen der für die Russen ungünstige Verlauf der militärischen Operationen auf dem Balkan zugute kommen sollte. Die Risiken dieser Politik, in ein einseitiges Abhängigkeitsverhältnis zu Russland zu geraten und die Sympathien der übrigen Garantiemächte zu verlieren, schätzte der Fürst nicht so hoch ein, da er ein europäisches Interesse an einer Begrenzung der russischen Expansion voraussetzte, was auch zutraf.

Zu den innenpolitischen Folgeerscheinungen der Balkankrise gehörte die Machtkonsolidierung der Radikalliberalen. Der Annäherung an Russland kam dabei eine zentrale Bedeutung zu, da diese Frage wie keine andere die liberalen Gruppen spaltete. Die scharfe Kontroverse darüber mündete in eine grundsätzliche Opposition derjenigen Liberalen, die für eine strikte Neutralität eintraten, gegen die radikalliberale Regierung. Dass diese Opposition zu keiner Schwächung der Radikalliberalen führte, verdankten sie der Unterstützung des Fürsten. Die Frage erwies sich als der Stabilisierungsfaktor der radikalliberalen Macht, da der Fürst und die Führungsschicht der Radikalliberalen um I. C. Brătianu und C. A. Rosetti in der Notwendigkeit eines Zusammengehens mit Russland im Kriegsfall übereinstimmten und alle drei darin auch die Chance für die rumänische Teilnahme an einem Krieg und die Unabhängigkeit erblickten. Diese gemeinsame Auffassung und eine ähnlich geartete Disposition zugunsten eines aktiven Vorgehens überbrückten die

[110] Ibd., S. 207 (Alvensleben v. 25.10.1876); S. 209f. (Debains v. 18./30.10.1876) und S. 185ff. (Fava v. 18.10.1876). P.A. I.A.B.q. Türkei 24, Vol. 56, Alvensleben v. 17.11.1876 (Nr. 170).

großen Differenzen in fast allen anderen Bereichen – an erster Stelle die Anklage gegen die konservativen Minister –, die ihr Verhältnis kennzeichnete. So vollzog sich auch die Annäherung zwischen beiden Partnern, die ihr gegenseitiges Misstrauen erst allmählich abbauten, über diese Frage und die Erkenntnis des gegenseitigen Angewiesenseins. Ohne die Radikalliberalen hätte Carol die Annäherung an Russland nicht durchsetzen können, während jene ohne den Fürsten sich gegen die Opposition in den eigenen Reihen kaum so schnell hätten behaupten können. Carol unterstrich diesen Zusammenhang gegenüber seinem Vater:

„In Deinem lieben Brief hebst Du hervor, daß es gegenwärtig gleichgültig ist, welche Partei am Ruder ist, ich habe die Ueberzeugung, daß es für mich ein Glück ist, heute, wo vielleicht eine fremde Armee das Land überschwemmen wird, ein rothes Ministerium zu haben. Bratiano ist der Einzige der einen traité mit Russie abschließen kann, der den passage seiner armée regelt, ohne daß es meiner Stellung im Lande schadet. Die Rothen in der Opposition hätten Verrath geschrien, den ein fremder Fürst an ihrer Patrie begeht."[111]

So bildete der Machtwechsel im Frühjahr 1876 die Voraussetzung für die Durchsetzbarkeit der Balkanpolitik des Fürsten, während der außenpolitische Druck die radikalliberale Macht stabilisierte und das Verhältnis dieser Gruppe zum Fürsten normalisierte. Ganz allgemein stärkte die Krise die Stellung des Fürsten, da man in dem Gefühl der Bedrohung und Gefahr im Fürsten einen Halt fand.[112] Immer wieder wurden in den offiziellen Bekundungen Einheit, Harmonie und die Übereinstimmung der Ansichten zwischen dem Land und seinen Institutionen hervorgehoben. Wenn diese Formeln auch keineswegs der Realität entsprachen, wenn man an das feindselige Klima zwischen Liberalen und Konservativen oder an die grundlegenden Differenzen innerhalb der Liberalen über die Außenpolitik denkt, so wurde hinter ihrer Häufung doch ein Bedürfnis nach Sicherheit sichtbar, das sich mit dem Fürsten zu identifizieren begann. Carol seinerseits wurde nicht müde zu versichern, dort zu sein, wo die Nation ihn brauche.[113] Unverkennbar beschleunigte die Balkankrise den Prozeß der – erneuten – Akzeptanz des Fürsten durch die liberalen Gruppen und bildete einen weiteren Schritt zu seiner Integration und zu ei-

[111] Arh. Stat. Fond Regele Carol I, V D 1865. Carol an seinen Vater v. 28.3./9.4.1877. Die bereinigte Version in den veröffentlichten Memoiren lautet: „ich habe die Ueberzeugung, daß es ein Glück ist, wenn heute, wo vielleicht eine fremde Armee das Land überschwemmen wird, ein liberales Ministerium die Geschäfte leitet". Aus dem Leben König Karls, 3, S. 113.

[112] Oft zeugen kleine Bemerkungen von einer solchen Einstellung, wie die von Außenminister N. Ionescu, früher ein erklärter Gegner Carols, der gegenüber dem italienischen Generalkonsul erklärte, dass im Fall eines Einmarsches einer fremden Armee „les armes au bras, nous nous rangerions autour de Prince". Independenţa României, II, 1, S. 190. Vgl. auch die Antwortadresse der radikalliberalen Kammer an den Fürsten vom 6./18.11.1876 mit den Schlußworten: „et que, en même temps, par une union étroite et l'harmonie entre le Prince et la nation, nous surmonterons les difficultés extérieures". Sturdza, Charles Ier, II, S. 253.

[113] Ibd., S. 253. Erwiderung des Fürsten auf die Antwortadresse der Kammer: „Quant à Moi, vous pouvez être persuadés, Messieurs les Députés, que Je Me trouverai toujours là où le devoir et les intérêts du pays M'appelleront."

ner Identität stiftenden Institutionalisierung.[114] Gerade das Bündnis mit Russland machte den Fürsten dann zu einem unentbehrlichen Faktor in der Sicherung der rumänischen Eigenständigkeit und in der Einhaltung einer Distanz gegenüber dieser Großmacht. Die anfänglichen – aber lehrreichen – Misserfolge ließen Carol nun auf die Balkankrise adäquat und in realistischer Einschätzung der eigenen Möglichkeiten reagieren. Von den nachfolgenden Ereignissen hing ab, inwieweit seine Entscheidung zugunsten Russlands eine erfolgreiche Antwort auf die außenpolitische Krise darstellte und ob sie den innenpolitischen Dissens überbrücken konnte.

5. Historiographische Anmerkungen

Ähnlich wie in der zeitgenössischen Kontroverse hat die Politik des Fürsten und der Radikalliberalen in der Historiographie zu unterschiedlichen Beurteilungen geführt, wobei ein Unterschied zwischen rumänischen und nichtrumänischen Darstellungen zu beobachten ist. Da vom Ergebnis her diese Frage mit der Unabhängigkeit untrennbar verknüpft wurde und auf diese Weise das nationale Selbstverständnis unmittelbar berührte, bestimmten schon frühzeitig Rechtfertigung und Legitimierungsbestrebungen das historische Urteil.[115] Auch Gegner Russlands wie D. A. Sturdza oder Nicolae Iorga sahen in der Verständigung mit Russland eine „Notwendigkeit, aber keine fröhliche, sondern eine traurige, unvermeidliche“,[116] wobei Iorga noch eine zusätzliche Variante vertrat, nach der der Nichteintritt Rumäniens in den Krieg an der Seite Serbiens einen Fehler der rumänischen Politiker dargestellt habe.[117] Alle Historiker sahen die Entscheidung des Fürsten durch die nachfolgenden Ereignisse als gerechtfertigt an und gaben der Unabhängigkeitspolitik ihre historische Gradlinigkeit und Legitimation.[118] Pervertiert wurde diese Argumentation aber durch die nationalistisch kommunistische Geschichtsschreibung der 80er Jahre[119]

[114] Siehe auch das Urteil von Maiorescu über Carol: Istoria contemporană, S. 108. Polihroniade, Tell, Domnia lui Carol I, S. 331.

[115] Frappierend ist der Kontrast zwischen der Äußerung von Maiorescu während des Krieges: Maiorescu, Jurnal, IX, S. 277, und seiner Bewertung der Politik Brătianus und des Fürsten in der *Istoria contemporană*, S. 83 u. S. 108.

[116] Jorga, N., Geschichte des rumänischen Volkes im Rahmen seiner Staatsbildungen, 2. Bd. Gotha 1905, S. 345. Bamberg, Geschichte der orientalischen Angelegenheit, S. 494f. Sturdza, der Mentor dieses Buches, das auf den von ihm zur Verfügung gestellten Dokumenten beruht, macht aus seiner antirussischen Haltung kein Hehl, gibt aber den Garantiemächten die Schuld an der Verständigung Rumäniens mit Russland, da jene ihm die Neutralitätsgarantie verweigerten.

[117] Iorga, N., Politica externă a regelui Carol I, Bucureşti 1916, S. 167, 191.

[118] Auch hierfür ist D. A. Sturdza ein gutes Beispiel, wenn man seine kompromisslose Haltung gegen die russische Option 1876/1877 mit seiner späteren Argumentation im Vorwort zu dem von ihm herausgegebenen Dokumentationsband vergleicht: Charles Ier, II, S. XCIIIff.

[119] Stellvertretend sei der Band von Mircea Muşat und Ion Ardeleanu, De la statul geto-dac la statul român unitar, Bucureşti, 1983, genannt, wo die Unabhängigkeitserklärung mit den Worten interpretiert wird: „Jahrhunderte von Opfern und ununterbrochenen Anstrengungen,

mit ihrer geradezu götzenhaften Verherrlichung der Unabhängigkeitspolitik als Ausdruck eines jahrhundertelangen Strebens des rumänischen Volkes. Sie diente der Legitimierung des kommunistischen Regierungssystems, nicht aber der historischen Wahrheitsfindung. Weder gab es eine einheitliche Überzeugung des Volkes, noch eine zielgerichtete Unabhängigkeitspolitik. Im Gegenteil: die schärfsten Kritiker stammten aus den eigenen Reihen der „fortschrittlichen und nationalgesinnten" Liberalen, die eine Unabhängigkeit ohne europäische Garantien ablehnten. Wie mehrfach betont, konnten sich Fürst und Radikalliberale in dieser Frage gerade nicht auf eine Mehrheit in der rumänischen Führungsschicht stützen.[120] Die Durchsetzung der Unabhängigkeitspolitik in der Allianz mit Russland gelang aufgrund der Übereinstimmung zwischen dem Fürsten und den Radikalliberalen und der außenpolitischen Bedingungen, auf die Rumänien wenig Einfluss hatte. Zu einer grundlegenden Neubewertung der Politik Rumäniens während der Balkankrise ist es unter Historikern der nachkommunistischen Zeit noch nicht gekommen.[121]

Frei von Identifizierungs- und Legitimationszwängen konnten westliche Historiker das Thema behandeln. Ihre Bewertungen fielen unterschiedlich aus, wobei die Standpunkte der zeitgenössischen Befürworter oder Gegner der fürstlichen Politik als Argumentationsbasis dienen, die sich übrigens auch in der Konsularberichterstattung nachweisen lassen. Sehr kritisch äußert sich Maier in seinem Standardwerk, wo er vor allem den wirtschaftlichen und sozialen Implikationen der Krise nachgeht und zu dem Urteil einer „risikoreichen Politik" oder eines „außenpolitischen Abenteuers" gelangt, mit dem Ziel, durch einen Krieg den Folgen des finanziellen Zusammenbruchs zu entgehen.[122] Kritische Töne sind auch bei Bindreiter[123] und bei Burks zu finden, was Glaubwürdigkeit und Zuverlässigkeit der rumänischen Politik betreffen, wobei Burks die nationale Psychologie mit ihrem Minderwertigkeitskomplex zur Erklärung mitheranzieht, aber auch zugesteht, dass die rumänische Politik wenig Spielraum besaß.[124] Eher räsonierend die rumänischen

die der Einheit, Freiheit und dem Fortschritt des Vaterlandes gewidmet waren, führten auf objektive Weise zu dem historischen Ereignis des 9. Mai 1877." (S. 298). Die kommunistische Geschichtsschreibung weist, über die gesamte Dauer betrachtet, Unterschiede in ihrer Bewertung auf, doch die Nachzeichnung dieser Entwicklung würde hier zu weit führen. Grundsätzlich dazu: Georgescu, Politică şi istorie, passim.

120 Vgl. auch das vernichtende Urteil von Maiorescu über die Politik des Fürsten: Maiorescu, Jurnal IX, S. 277.

121 Auch Stan, in seiner 1993 erschienenen Biographie über Ion C. Brătianu, folgt weitgehend dem Unabhängigkeitsansatz, z. B. S. 305. Damean, Carol I al României, S. 197ff. mit einer eher narrativen Darstellung der Ereignisse von einem prorumänischen Standpunkt aus. Constantiniu bezeichnet die russisch-rumänische Zusammenarbeit als „doppeldeutig" (*cooperare cu echivocuri*), was sich nach den von ihm aufgeführten Fakten vor allem auf das Doppelspiel der Russen zu beziehen scheint: Constantiniu, O istorie sinceră, S. 242.

122 Maier, Rumänien, S. 482f., 295, 298.

123 Bindreiter, Die diplomatischen und wirtschaftlichen Beziehungen, S. 128, wo in Abrede gestellt wird, dass die russisch-rumänische Konvention den letzten Ausweg für die rumänische Regierung darstellte, sondern ein „geeignetes Provokationsmittel."

124 Burks, R. V., Romania and the Balkan Crisis of 1875-78, I, in: JCEA 2, 1942, S. 119ff. Ders., The Diplomacy of the Romanian War of Independence (1875-1878). A Part of a Dissertation, Chicago 1939, S. 10 u. 13.

Entscheidungsfindungen nachvollziehend mit viel Verständnis für das rumänische Vorgehen vor dem Hintergrund der außenpolitischen Bedingungen, äußern sich Kellogg und Hitchins in ihren Werken.[125] Auch B. Jelavich argumentiert in ihren zahlreichen Arbeiten auf einer ähnlichen Linie und behandelt die rumänisch-russische Annäherung als Folge des außenpolitischen Drucks, der Rumänien kaum eine andere Wahl ließ.[126]
Die Beurteilung der prorussischen Entscheidung hängt vor allem davon ab, welchen außenpolitischen Spielraum man der rumänischen Politik einräumt. Dieser war in der Tat gering: Jede Entscheidung war erstens mit einem Risiko verbunden und konnte zweitens das voraussehbare Ergebnis kaum alterieren, nämlich die Unabhängigkeit und, wenn auch nicht eingestandenermaßen, den Verlust Bessarabiens an Russland. Die vertragliche Vereinbarung mit Russland besaß den Vorteil einer größeren Einflussnahme auf das Kriegsgeschehen im eigenen Land und band Russland, vertraglich wie moralisch, an eingegangene Verpflichtungen. Daher muss, einmal abgesehen von persönlichen Präferenzen der Entscheidungsträger und der Frage der innenpolitischen Durchsetzbarkeit, die Entscheidung zugunsten der russischen Option als eine adäquate und realistische Reaktion auf den Ausbruch des Krieges gewertet werden, die den rumänischen Interessen am meisten gerecht wurde. Das ändert nichts daran, dass innenpolitische Aspekte gegen diese Option sprachen, da sie von vielen abgelehnt wurde und das Land finanziell wie militärisch auf einen Krieg nicht genügend vorbereitet war.[127] Das letzte Faktum traf übrigens in gleicher Weise oder fast mehr noch für Russland zu. Die materiellen Vorteile eines Krieges im Gefolge des russischen Durchzuges, die einen Ausweg aus der Finanzkrise anbieten konnten,[128] besaßen bei der prorussischen Entscheidung keinen ausschlaggebendem Charakter, da eine Besserung auf den Finanzmärkten ebenso bei einer dauerhaften Friedensregelung zu erwarten stand.[129] So sehr die positiven Auswirkungen eines Krieges auf die Innen- wie auf die Finanzpolitik auch herbeigesehnt werden mochten, so stellte eine solche Absicht nicht die entscheidende Triebfeder für das Zusammengehen mit Russland dar. Sie bildeten eher die willkommenen Akzidenzien einer unter dem Gesichtspunkt von außen- wie innenpolitischen Sicherheitsbedürfnissen getroffenen Grundsatzentscheidung, die den Herausforderungen der außenpolitischen Krise gerecht wurde.

125 Kellog, The Road to Romanian Independence, S. 136ff. Hitchins, Rumania 1866-1947, S. 37ff.

126 Jelavich, B., Russia and the Romanian National State, S. 240f. Dies., Diplomatic Problems of an Autonomous State: Romanian Decisions on War and Independence, 1877, in: Southeastern Europe, 5, Pt. 1, 1978, S. 34, wo es heißt: „common sense dictated the negotiation of an agreement with Russia". Dies., Austria-Hungary, Rumania and the Eastern Crisis 1876-1878, in: Südost-Forschungen 30, 1971, S. 118f.

127 So schrieb Carol noch Anfang April 1877, dass es für Rumänien das größte Glück wäre, „wenn die Katastrophe noch ein bis zwei Jahre hinauszuschieben wäre [...]". Aus dem Leben König Karls, 3, S. 111.

128 Maier, Rumänien, S. 297f.

129 Aus dem Leben König Karls, 3, S. 111. Carol schrieb am 2./14.12.1876 an seinen Vater: „Unter diesen Umständen könnte allein ein wirklich gesicherter Frieden, oder aber ein Krieg, Abhülfe bringen; ein längeres Hinziehen dieser Ungewißheit ist unser Ruin." Ibd., S. 80.

III Die russische Herausforderung: Unabhängigkeit und Krieg

1. Die innere Lage vor Kriegsausbruch

Der tatsächliche Kriegsausbruch zwischen Russland und dem Osmanischen Reich traf Rumänien in einem ungünstigen Augenblick ungeachtet des Faktums, dass man immer damit gerechnet hatte. Nach dem ergebnislosen Auseinandergehen der Konstantinopler Konferenz am 20. Januar 1877 bis zur Kriegserklärung Russlands blieb die außenpolitische Lage weiterhin unsicher, während innenpolitisch die zunehmenden Differenzen zwischen den liberalen Gruppen über die Außen- und Finanzpolitik zu einer Regierungskrise und Anfang April zur Senatsauflösung führten. Der Rücktritt von D. A. Sturdza, Minister für Öffentliche Arbeiten, aus Protest gegen die seiner Meinung nach zu provokante Politik Brătianus gegenüber der Pforte am 24.12.1876/5.1.1877[1] löste eine Reihe von Verhandlungen über eine Regierungsumbildung aus. Der Fürst befürwortete die Aufnahme von gemäßigten Politikern wie Epureanu und D. Ghica, was auf den Widerstand von I. C. Brătianu stieß, der sich für eine Woche ins heimatliche Piteşti absetzte und damit den politischen Geschäftsgang blockierte.[2] Auf diesen Druck hin stimmte Carol der von Brătianu geforderten „radikalen Modification“ zu. Der Rücktritt von Innenminister G. Vernescu, dem letzten der als gemäßigt geltenden Politiker, machte den Weg frei zu einer Neubildung der Regierung Brătianu am 27.1./8.2.1877, in die auch wieder D. A. Sturdza als Finanzminister zurückkehrte.[3] Das Ziel der Radikalliberalen, die Regierung unter ihre Kontrolle zu bekommen, war mit der Übernahme des Innenministeriums durch I. C. Brătianu weitgehend erreicht.[4]

Die Regierungsumbildung erwies sich jedoch nur als Übergangslösung, da D. A. Sturdza wegen der Ablehnung seines strikten Sparkurses, mit dessen Hilfe er seine politischen

1 Arh. Stat. CR 20/1877, S. 23 (Bosizio an Andrassy v. 8.1.1877, Nr. 5). P.A. I.A.B. q. Türkei 24, Vol. 57, Alvensleben v. Jan. 1877 (Nr. 11, ohne genaue Datumsangabe pr. 21.1.1877). Carol bedauerte den Rücktritt Sturdzas, „weil er ein guter Arbeiter ist.“ Arh. Stat. Fond Regele Carol I, III/29, f. 89 (26.12.1876/7.1.1877).

2 Ibd., f. 90.

3 Arh. Stat. CR 20/1877, S. 75ff. (Bosizio an Andrassy v. 9.2.1877, Nr. 30). P.A. I.A.B.q. Türkei 24, Vol. 58, Alvensleben v. 1. und 8.2.1877 (Nr. 24 und 32). Sturdza verband damit die Hoffnung, eine Annäherung an Russland verhindern zu können.

4 Gegenüber seinem Wunschkandidaten für das Kriegsministerium, General Al. Cernat, nannte Brătianu als sein Ziel, eine Regierung zu bilden, die einig genug sei, um sich an der Macht zu halten und sich notfalls auch gegen den Palast durchzusetzen in Anbetracht von Intrigen und Umständen, die Personen oder die Zeit mit sich bringen könnten. Independenţa României, I, S. 31f.

Vorstellungen durchzusetzen versuchte, bereits einen Monat später, am 21.2./5.3., zurücktrat.[5] I. C. Brătianu übernahm *ad interim* auch noch das Finanzressort, so dass er in seiner Person die drei wichtigsten Posten vereinigte, was sich aber auf den Kredit des Landes negativ auswirkte.[6] Anfang März beurteilte Carol die Lage im Land wegen der fast aussichtslosen Finanzsituation, der radikalliberalen „Demagogie" bei anhaltender außenpolitischer Unsicherheit als sehr ernst und meinte sogar, dass Brătianu ihr nicht mehr gewachsen sei.[7] Die Stellung der Regierung galt allgemein als unsicher, was sich lähmend auf die Administration auswirkte, Spekulationen über eine Neubildung auslöste und die Opposition im Senat stärkte, wo sich Politiker als Nachfolger von Brătianu zu profilieren suchten.[8] Gleichzeitig wuchs die Besorgnis über den Zweck der Reise Ignat'evs in den Westen, da man eine Aufkündigung des Pariser Vertrags und eine Verständigung der Großmächte auf Kosten Rumäniens, sprich: den Verlust Bessarabiens, befürchtete.[9]

Als Kernproblem für die Regierung stellte sich die Sicherung ihrer Mehrheit im Senat dar. Der Senat, der im April 1876 den „konstitutionellen" Weg für eine liberale Regierung freigemacht hatte, wandelte sich immer mehr zu einem Oppositionszentrum. Führende Politikerpersönlichkeiten mit ihrem Anhang stellten sich aus unterschiedlichen Gründen gegen die Regierung. So griff Kogălniceanu in einer Grundsatzrede am 24.1./5.2.1877 die Regierung Brătianu an und beschuldigte sie derselben Fehler wie unter der Herrschaft L. Catargius: Verschleiß von Ministern – Kogălniceanu gebrauchte die Metapher vom Saturn, der seine eigenen Kinder frisst –, willkürliche Eingriffe in Administration und Justiz, die in der Moldau zu einer regelrechten Verfolgung aller führten, die nicht zur Fraktion gehörten, Aufgabe des gemeinsamen Programms der nationalliberalen Partei vom Frühjahr 1876.[10] Kogălniceanus Rede offenbarte trotz eines gemeinsamen Grundsatzprogramms noch die Autonomie der liberalen Gruppen, die bei politischen und persönlichen Differenzen der Regierung die Unterstützung verweigerten. Sein Angriff galt aber in erster Linie der Moldauer Fraktion und diente ihrer Entfernung aus der Re-

5 P.A. I.A.B.q. Türkei 24, Vol. 58, Alvensleben v. 5.3.1877 (Nr. 40). Arh. Stat. CR 20/1877, S. 103f. (Bosizio an Andrassy v. 8.3.1877). Ausführlich: Maier, Rumänien, S. 290ff.

6 Arh. Stat. Fond Regele Carol I III/29 f. 93 (21.2./5.3.1877). Carol beklagte sich, dass Brătianu die Finanzlage nicht ernst genug nehme und diese den Radikalliberalen gleichgültig sei. Ihm selbst war seit November 1876 die Zivilliste nicht ausbezahlt worden. Ibd., f. 92f. (1./13.2. und 15./27.2.1877).

7 Ibd., f. 93 (25.2./7.3.1877).

8 Arh. Stat. CR 23/1877, S. 60 (Haan aus Galaţi an Andrassy v. 15.3.1877).

9 Arh. Stat. Fond Regele Carol I III/29, f. 94 (26.2./10.3., 2./14. 3., 3./15. 3. 1877): „Der Preis von Rußland könnte wohl Bessarabien sein, was wir aber mit den Waffen in der Hand vertheidigen werden." Iorga, Correspondance diplomatique, S. 239ff. Bălăceanu aus Wien zerstreute in einem Telegramm v. 16.3.1877 diese Bedenken. Ibd., S. 140f.

10 Kogălniceanu, Opere IV, orat. II, part. IV, S. 240ff. Die Rede ist unter mehreren Aspekten aufschlussreich: Sie beleuchtet Facetten der Rechts- und der politischen Kultur, der Volksmentalität, des Verfassungsverständnisses, der Situation in der Moldau etc. Carol kommentierte diese Rede mit den Worten: „Im Senat greift Cogalnicéno das Ministerium Bratiano an u. sagt daß dasselbe L. Catargi wieder rehabilitirt hat." Arh. Stat. Fond Regele Carol I, III/29, f. 91 (24.1./5.2.1877).

gierung mit dem Ziel, selbst die Nachfolge von Ionescu anzutreten.[11] Zu den anderen potenziellen Oppositionsgruppen gehörten auch Ion Ghica und D. Sturdza aufgrund ihrer Gegnerschaft gegen ein Zusammengehen mit Russland sowie die Zentrumskräfte um Epureanu und D. Ghica, die sich ihrerseits am 25. März 1877 (n.St.) in einem Klub organisierten, um sich institutionell für eine Regierungsübernahme anzubieten.[12] Aus ihren Reihen kam auch ein Misstrauensantrag gegen die Regierung, der jedoch scheiterte, da eine geschlossene Oppositionsfront gegen die Regierung nicht zustande kam.[13] Der Misstrauensantrag diente dann als Anlass zur Auflösung des Senats am 23.3./4.4.1877.
Brătianus Bestreben ging dahin, den Einfluss der verschiedenen Gruppen auszutarieren und zu neutralisieren und gleichzeitig seinen Einfluss beim Fürsten zu stärken. Als zentrale Frage stellte sich schon früh die Zustimmung des Fürsten zur Senatsauflösung. Seit Mitte Februar brachte Brătianu diese immer wieder vor Carol, der seine Zustimmung zuerst von einer Regelung der finanziellen Lage abhängig machte und einer Verstärkung der Regierung durch die Aufnahme von gemäßigten Kräften einer Auflösung den Vorzug gab. Doch sehr schnell erhielt Brătianu die gewünschte Zustimmung,[14] da Carol trotz seiner Kritik an dem Ministerpräsidenten keine Alternative zu diesem sah: Innenpolitisch war eine Rückkehr der Konservativen unmöglich, solange ihre Führer unter Anklage standen, außenpolitisch war der Fürst auf Brătianu bei der Verwirklichung seiner Pläne angewiesen, solange die Situation weiterhin ungeklärt blieb und die Kriegsgefahr nicht gebannt schien. Mit seiner Zustimmung stabilisierte der Fürst die Regierung und ließ Brătianu freie Hand, den Zeitpunkt für die Senatsauflösung selbst zu bestimmen.
Einer solchen Entscheidung lag bereits das Verständnis zugrunde, dass die Regierung für eine ausreichende Senatsmehrheit bei Neuwahlen Sorge tragen musste. Der Senat hatte mit dem erreichten Ziel des Umsturzes der Regierung L. Catargiu seinen inneren Zusammenhalt verloren und wurde zu einem politischen Gegengewicht zur Regierung bzw. zu einem Konkurrentenreservoir für Ministerposten. Wieder zeigte sich, dass eine Regierung ohne kompakte Mehrheiten in beiden Häusern des Parlaments gesetzgeberische Maßnahmen nur schwer durchsetzen konnte. Wie in der Begründung für die Senatsauflösung aufgelistet wurde, verbrachte der Senat 35 von 62 Sitzungen mit Interpellationen, in denen „persönliche Leidenschaften" die Interessen des Staates gefährdeten, Finanzgesetze zum Haushaltsausgleich entgegen gemachter Zusagen nicht votiert und dadurch eine Lösung der finanziellen Fragen verhindert wurde. Da der Senat einerseits alle Geschäfte paralysierte, andererseits sich unfähig zeigte, selbst eine Regierungsmehrheit zu bilden, sah die Regierung einen Ausweg nur in einem „Appell an das Land", wie Wahlen generell bezeichnet wurden.[15] Wichtig war bei dieser Rhetorik, dass der Senat für sein Scheitern

11 Arh. Stat. CR 20/1877, S. 70ff. (Bosizio an Andrassy v. 7.2. und v. 9.2.1877, Nr. 29 u. 30).
12 Ibd., S. 123 ff. (Zwiedinek an Andrassy v. 28.3.1877, Nr. 60). P.A. I.A.B.q. Türkei 24, Vol. 59, Alvensleben v. 29.3.1877 (Nr. 54). Zu den Mitgliedern gehörten u. a. V. Boerescu. Al. Orăscu, G. Apostoleanu und G. Esarcu.
13 Ibd., S. 127 (Zwiedinek an Andrassy v. 31.3.1877, Nr. 62).
14 Arh. Stat. Fond Regele Carol I, III/29, f. 94 (24.2./8.3.1877).
15 Nicolescu, Parlamentul romîn, S. 274ff.

verantwortlich gemacht wurde, während sich die Regierung in diesem Konflikt immer wieder als verhandlungs- und kompromissbereiten Partner darstellte. Wenn es auch zutraf, dass konkurrierende Ansprüche, politische Unabhängigkeit, persönliche Ambitionen der Senatsmitglieder die Konsensfähigkeit mit der Regierung einschränkten, so verfolgten aber auch Brătianu und die Radikalliberalen ihrerseits schon länger das Ziel einer Senatsauflösung, um auch diese Institution unter ihren Einfluss zu bekommen. Verständigungsversuche wurden von Brătianu daher nur halbherzig unternommen und führten zu keinem Erfolg. Carol bemerkte in einem Brief an seinen Vater:
„Die leidenschaftlichen Parteikämpfe durchkreuzen jede ernste Arbeit; hier kann keine Partei etwas zuwege bringen, wenn sie nicht die ganze Macht besitzt. Deshalb wird man gezwungen sein, den Senat aufzulösen, der zwar dem Ministerium kein Mißtrauensvotum geben wird, sich aber weigert, zu arbeiten, so daß die Vorlagen unerledigt bleiben."[16]
Der Senat hatte mit dem Sturz der Regierung L. Catargiu seine Funktion erfüllt und wurde nun für die Regierung zu einem Störfaktor, der ihrer Macht entgegenstand. In der Oppositionshaltung des Senats spiegelten sich noch einmal die Auseinandersetzungen zwischen den Institutionen der Anfangsjahre wider, die sich aufgrund fehlender Kohärenz und ungenügender Konsensfähigkeit gegenseitig blockiert hatten. Die seitdem erfolgte Institutionalisierung des Fürsten und der Parteien hatte das politische System soweit stabilisiert, dass die Opposition des Senats keine Gefahr mehr für diese Stabilität bedeutete. Der Prozess der Angleichung der noch unabhängig agierenden Führer an die liberale oder die konservative Partei setzte sich nach den Senatswahlen verstärkt fort, ohne dass jene aber ihre Selbständigkeit völlig aufgaben.
Die Senatsauflösung erfolgte vier Tage nach der Unterzeichnung des Londoner Protokolls am 23.3./4.4.1877, zu einem Zeitpunkt, als außenpolitisch noch alles offen schien, wo man aber in Erwartung einer baldigen Entscheidung der orientalischen Krise über einen zuverlässigen Senat verfügen wollte. Dies war besonders wichtig im Hinblick auf die Durchzugskonvention mit Russland und eine mögliche Kriegsentscheidung, wobei mit großem Widerstand oder sogar Ablehnung gerechnet werden musste. Fürst und Brătianu wollten daher kein Risiko eingehen, so dass sie trotz kriegerischer Nachrichten die Auflösung des Senats beschlossen. Der Fürst sah die Kriegsgefahr nach dem Londoner Protokoll noch nicht als gebannt an, glaubte aber noch einen Monat Zeit zu haben.[17]
Diese Hoffnung erwies sich schnell als Illusion, denn bereits nach sechs Tagen wurde die Unvermeidlichkeit des Krieges offensichtlich, was zum Beschluss der Mobilisierung der Armee führte.

[16] Aus dem Leben König Karls, 3, S. 111 (Brief v. 21.3./2.4.1877).
[17] Ibd., S. 110. Arh. Stat. Fond Regele Carol I, III/ 29, f. 95 (20.3./1.1.1877).

2. Reaktionen auf den Ausbruch des russisch-türkischen Krieges

Die seit Januar 1877 andauernde Regierungskrise fand unter dem Druck des bevorstehenden Kriegsausbruchs ein Ende: am 2./14. April wurde General Cernat Kriegsminister, am 3./15. April übernahm Kogălniceanu das Außenministerium und unterschrieb einen Tag später die Konvention und den Durchzugsvertrag mit Russland.[18] Die Gründe für die endlich erfolgte Unterzeichnung der schon lange unterschriftsreifen Konvention lagen in dem wachsenden russischen Drängen, der Erfüllung der rumänischen Forderung nach Bezahlung in Gold und der Aussichtslosigkeit einer friedlichen Lösung. Die Regierung stand mit dieser Entscheidung zunächst isoliert, da sich der Kronrat dagegen ausgesprochen hatte und eine parlamentarische Debatte wegen der Senatsauflösung nicht erfolgen konnte. Die Kriegsgefahr führte zu einer nicht verfassungskonformen Beschleunigung der Wahlen, so dass bereits am 14./26. April beide Häuser des Parlaments zu einer außerordentlichen Sitzungsperiode zusammentraten, einen Tag nach dem Einmarsch der russischen Truppen in Rumänien.
Zu den für Rumänien gefährlichsten Momenten während der Balkankrise gehörte der Zeitraum von der Unterzeichnung der russisch-rumänischen Konvention am 4./16. April 1877 bis Ende April, als die türkische Seite die Donau offiziell zu ihrer Verteidigungslinie erklärte.[19] Als Reaktion auf die politische und militärische Unterstützung Russlands musste mit einer türkischen Militärinvasion gerechnet werden, ohne zu dem Zeitpunkt dafür gerüstet zu sein. Regierung und Fürst gingen somit ein hohes Risiko ein, solange weder die rumänische noch die russische Armee in der Lage waren, die rumänische Donaugrenze zu sichern. Ein sofortiges Übersetzen der türkischen Armee über die Donau hätte zu einem politischen und militärischen Desaster führen können: ein Krieg ohne parlamentarische Rückendeckung auf dem Boden Rumäniens.
In dieser kritischen Situation kam es zu einer Aufgabenverteilung zwischen dem Fürsten, seinem Außenminister und dem Kammerpräsidenten C. A. Rosetti, um dieser Gefahr zu begegnen: Carol konzentrierte sich auf die militärischen Vorbereitungen, Kogălniceanu übernahm die außenpolitische, Rosetti die innenpolitische Absicherung der eingeschlagenen Politik. Während der Fürst die Verteidigungsmaßnahmen dirigierte, die zuerst auf eine Sicherung der Donaustützpunkte abzielten, verfolgte Kogălniceanu eine Dissimulationspolitik gegenüber dem Ausland und der Pforte: die Konvention wurde geheimgehalten, die Fiktion einer kontinuierlichen Neutralitätspolitik aufrechterhalten.[20]

[18] Ibd., f. 96. Carol kommentierte dieses Ereignis mit den Worten: „Die diplomatische Campagne ist zu Ende, die Kriegs-Erklärung nahe" (4./16. April 1877).

[19] Sturdza, Charles I, II, S. 675f. (17./29.4.1877)

[20] So schloss sich Kogălniceanu in einer Weisung an Bălăceanu in Wien vom 5./17.4.1877 der Argumentation seines Vorgängers, des Außenministers *ad interim* I. Câmpineanu, vom 1./13. 4.1877 an, in dem dieser nur von einer Durchzugsregelung mit Russland im Fall eines Krieges unter Aufrechterhaltung der vollständigen Neutralität gesprochen und hinzufügt hatte: „Ce modus vivendi exclut toute alliance et toute coopération." Sturdza, Charles I, II, S. 545f u. 561f. Kogălniceanu selbst bezeichnete in seinem Antrittsrundschreiben seine Vergangenheit

Die Argumentation von Kogălniceanu verdient dabei nähere Aufmerksamkeit, da sie Grundmuster der rumänischen Außenpolitik sichtbar macht, die bis in die Gegenwart fortwirken. In zwei Rundschreiben vom 5./17. und vom 10./22. April 1877 und in Telegrammen an Andrassy, Radowitz und Decazes, die unter dem Eindruck der unmittelbaren Bedrohung einer türkischen Invasion verfasst wurden, beschwor der rumänische Außenminister die Regierungen der Garantiemächte in einer dramatischen Rhetorik, sich bei der Pforte für die Respektierung der Donau als türkischer Verteidigungslinie einzusetzen, um einen Krieg auf rumänischem Boden zu verhindern. Dabei behauptete Kogălniceanu, dass Rumänien immer nur den Willen und die Ratschläge Europas ausgeführt und sich unter großen Opfern neutral verhalten habe, ja dass es dank seiner Zurückhaltung zu keinem Krieg im gesamten Osmanischen Reich gekommen sei.[21] Daraus leitete er die Pflicht der Garantiemächte für die Bewahrung des Landes ab und machte sie antizipatorisch für die Zerstörung Rumäniens bei einem Krieg verantwortlich. Kogălniceanu verneinte jede Kriegsabsicht gegen die Türkei und jede Kooperation mit der russischen Armee;[22] ein Durchzug der russischen Armee stelle keinen Kriegsgrund dar, da dieser Krieg mit dem stillschweigenden Einverständnis Europas geführt würde, dem sich Rumänien nicht widersetzen könne: „Nous ne saurions faire ce que l'Europe ne fait pas."[23] Kogălniceanu unterließ es auch nicht, auf den Pariser Vertrag zu verweisen, der die Zustimmung aller Mächte bei einer türkischen Militäraktion forderte.[24] Falls aber die Mächte Rumänien in diesen so kritischen Momenten im Stich ließen und zuließen, dass die Türken ihre Drohungen wahrmachten, wären die Rumänen gezwungen, sich von ihrer Verzweiflung beraten zu lassen.[25]

Es bedurfte schon einer extrem kritischen Situation, um diese Argumentation zu rechtfertigen, die sich mit der bisher tatsächlich verfolgten Politik nur schwer vereinbaren ließ, die gerade auf einer möglichst unabhängigen, aktiv die Ereignisse mitbestimmenden Vorgehensweise des Fürsten und seiner Minister beruht hatte. Die Neutralitätspolitik hatte man gerade nicht als Erfüllungsgehilfe der Garantiemächte betrieben, sondern weil sie den eigenen Interessen am besten entsprach und man davon einen expliziten Kompensationsanspruch ableitete.[26] Unerwähnt blieben die ständigen Versuche, die Türkei unter

als „beste Garantie einer vorsichtigen Politik und der Neutralität", was angesichts seines Vorgehens im Sommer 1876 eine kühne Behauptung war. DIR, 2, S. 109 (4./16.4. 1877).

21 „Il y a un an à peu près que, la Serbie et le Monténégro ayant déclaré la guerrre contre l'Empire ottoman, l'Europe nous a conseillé de rester neutres, et c'est grâce à cette neutralité que le feu n'a pas éclaté dans tout l'Empire turc, et cela à une époque où la Porte n'était pas préparée. Nous avons été constamment neutres et au prix de grands sacrifices, cédant aux conseils des Puissances, et sur leurs assurances positives que nous n'avions rien à craindre de la part de la Turquie." Sturdza, Charles I, II, S. 578 (10./22.4.1877).

22 Ibd., S. 578.

23 Ibd., S. 560 (5./17.4.1877).

24 Ibd., S. 562 (Telegramm an Bălăceanu in Wien v. 6./18.4.1877).

25 Ibd., S. 560 (5./17.4.1877).

26 Auf diesen Kompensationscharakter machte Kogălniceanu in seinen Reden vor dem Parlament am 16./28.4. u. 17./29.4.1877 immer wieder aufmerksam. Ibd., ab S. 621 passim.

Druck zu setzen, wie auch die nun eingegangene vertragliche Bindung an Russland und der politische Charakter der Konvention, auf den gerade der Fürst immer bestanden hatte, um die eigene Unabhängigkeit zu dokumentieren. Während ausländische Beobachter immer wieder die Unvereinbarkeit zwischen der Neutralität und der offensichtlichen Unterstützung Russlands hervorhoben,[27] verneinte Kogălniceanu eine solche Diskrepanz, wobei er eine große Interpretationsvirtuosität erkennen ließ. So versuchte er mit allen Mitteln, eine völlige Übereinstimmung Rumäniens mit der europäischen Politik zu konstruieren, um jedem Schuldvorwurf, es habe den Krieg mitprovoziert, zuvorzukommen. Ebenso sollte der Türkei jeder Vorwand für eine Militäraktion genommen werden.
Weiter brauchte man die Berufung auf Europa als Gegengewicht und als Abgrenzung zu Russland, um nicht mit der russischen Politik identifiziert zu werden, gleichzeitig berief man sich auch auf den Willen Europas bei einem Krieg Russlands. Man spielte nicht die russische, sondern die europäische Karte. Die Verantwortung für die rumänische Politik wurde den Garantiemächten zugeschoben, nach deren Vorgaben sich Rumänien gerichtet hätte. Aufgrund seines korrekten Verhaltens habe das Land einen Anspruch auf die Hilfe der Garantiemächte: „le gouvernement de Son Altesse le Prince et la nation roumaine considèrent les Puissances comme engagées, au moins moralement, vis-a-vis de nous" oder: „Et aujourd'hui, quand nous nous présentons devant l'Europe pour demander ce qui nous est dû."[28] Kogălniceanu benutzte erneut den Topos des „Verlassenseins" von Europa, ein Argument mit einer vorbeugenden Rechtfertigungswirkung für die Politik der Zusammenarbeit mit Russland, das den Eindruck erweckte, dass die Politik der Mächte Rumänien keine andere Wahl gelassen hätte.[29]
Kogălniceanu machte es sich jedoch zu einfach, aus dem Scheitern der europäischen Mächte, die Balkankrise friedlich beizulegen, eine lineare Zwangsläufigkeit für die rumänische Entscheidung abzuleiten. Es war auch die rumänische Unabhängigkeitspolitik, vertreten durch Fürst und Radikalliberale, die Risiken mit sich brachte, die zu übernehmen aber schwerfiel. Nach allen Seiten hin wurde die rumänische Politik abgesichert durch Schuldzuweisungen und Verantwortungsübertragung auf andere und durch die Inanspruchnahme einer Opferrolle – ein Rollenspiel, das die rumänische Außenpolitik auch zu späteren Zeiten immer wieder kennzeichnete und die Schwäche eines ungeschützten Kleinstaates zu kompensieren half.
Wankelmütigkeit, Verantwortungsscheu, die Beliebigkeit von Interpretationen irritierten die ausländischen Beobachter und brachten der rumänischen Außenpolitik einen insgesamt zweifelhaften Ruf von Mehrdeutigkeit, Unzuverlässigkeit und geringer Vertrauenswürdigkeit ein.[30] So gab es äußerst kritische Stimmen, die das Vorgehen Kogălniceanus,

[27] Arh. Stat. CR 24/1877, S. 37 (Zwiedinek an Andrassy v. 18.4.1877).

[28] Sturdza, Charles I, II, S. 578f.

[29] Dieses Argument wurde von der rumänischen Historiographie oft übernommen. Corivan, Relaţiile diplomatice, S. 327.

[30] Vgl. die sehr negative Berichterstattung der Generalkonsuln Debains (Frankreich), der die Ausführungen Kogălniceanus als „fanfaronades" bezeichnete, Mansfield (England), Zwiedinek (Österreich). Independenţa României, II, 1, S. 315 u. passim. Zwiedinek brachte die

am 10./22. April die Mächte um Hilfe anzurufen, nachdem am 4./16. April der Vertrag mit Russland abgeschlossen wurde, als wenig aufrichtig qualifizierten.[31] Je nach Standpunkt des Betrachters galt sie als gewandt, raffiniert, wandlungsfähig oder aber als unberechenbar – eine Diskussion, die sich durch die ganze Literatur zieht.[32] Doch hingen zum einen solche Beurteilungen von den jeweiligen politischen Interessen der Beteiligten ab und zweitens mochte jede noch so ausgefeilte Rhetorik die realen Machtverhältnisse nicht zu verändern. Weder konnte Kogălniceanu das türkische Verhalten beeinflussen, noch brachte sein Hilferuf an die Garantiemächte Erfolg, da diese die Möglichkeit einer Einflussnahme auf die Pforte in dieser Angelegenheit verneinten.[33]
Die Regierung geriet in große Verlegenheit, als sie von der türkischen Seite aufgefordert wurde, sich gemeinsam über militärische Maßnahmen gegen Russland zu verständigen. Sie reagierte darauf ausweichend mit dem Hinweis, dass die Entscheidungskompetenz über Krieg und Frieden allein beim Parlament läge, das erst am 26. April zusammentreten würde.[34] Umso größer fiel die Bestürzung der Regierung aus, als die Russen in der Nacht vom 11./23. zum 12./24.4.1877 ohne vorherige Informierung der rumänischen Regierung die rumänischen Grenzen überschritten.[35] Die Furcht vor einem sofortigen türkischen Gegenschlag und die fehlende parlamentarische Sanktion der beiden Konventionen mit Russland führten zu einer energischen Distanzierung von dem russischen Vorgehen. Jeder Eindruck eines Einverständnisses musste vermieden werden, um die offiziell noch immer aufrechterhaltene Neutralitätspolitik nicht zu kompromittieren. In einem sofort erlassenen Rundschreiben des Außenministers wurde hervorgehoben, dass die Russen ohne Wissen und Zustimmung in das Land einmarschiert seien; der Befehl erging an die rumänischen Truppen, sich von der Donaulinie zurückzuziehen und keinen Schuss gegen die Türken abzufeuern; den Präfekten wurde jeder Kontakt mit den russi-

Haltung Rumäniens auf den Punkt: „Rumänien will seine Selbständigkeit gegen die Türkei, da diese auf die in dem bekannten Mémoire ausgesprochenen Wünsche nicht eingehen wollte, als Alliierter Russlands mit den Waffen in der Hand zur Geltung bringen, es wäre ihm aber erwünscht und angenehm, wenn die garantierenden Mächte und speziell Oesterreich-Ungarn ihm dabei den Rücken decken würde.“ Zwiedinek an Andrassy v. 18.4.1877 (Nr. 79). Arh. Stat. CR 24/1877, S. 38f.

31 DIR, 2, S. 314f. (Callimaki-Catargi aus Paris und Bălăceanu aus Wien v. 20.4./2.5. 1877). Dazu die Replik v. Kogălniceanu v. 21.4/3.5.1877: Sturdza, Charles I, II, S. 690f.

32 So z. B. in dem Artikel von Emil Hurezeanu „Între Franța şi Germania“ in der Zeitschrift „22“, Nr. 3, 28.1.–3.2.1997. Solche Diskussionen bestimmen auch die Bewertung der Politik von N. Titulescu oder in neuerer Zeit von N. Ceauşescu.

33 Sturdza, Charles I, II, S. 565 (Callimaki-Catargi aus Paris v. 7./19.4.1877). Bindreiter, Die diplomatischen und wirtschaftlichen Beziehungen, S. 135f.

34 Sturdza, Charles I, II, S. 577 (Telegramm des Großwesirs Edhem Pascha v. 10/22.4.1877) und 580f. (Antwort Kogălniceanus v. 11./23.4.1877).

35 Arh. Stat. Fond Regele Carol I, III/29, f. 97. Ein Telegramm v. 10./22.4. des russischen Staatssekretärs Hamburger mit der entsprechenden Nachricht konnte aufgrund eines fehlenden Ziffernbuchs erst mit Verspätung dem rumänischen Ministerpräsidenten mitgeteilt werden. Zalyškin, Vnešnjaja politika, S. 223. Arh. Stat. CR 24/1877 (Zwiedinek an Andrassy v. 27.4.1877, Nr. 89).

schen Militärkommandanten untersagt.[36] In dieser kritischen Lage wollte die Regierung vor allem nicht ohne die Rückendeckung des Parlaments handeln: Sie berief sich bei ihren Maßnahmen auf die vom letzten Parlament beschlossenen Handlungsvorgaben der Aufrechterhaltung der Rechte Rumäniens und der Neutralität und verwies für endgültige Entscheidungen auf den baldigen Zusammentritt des Parlaments am 14./26. April. Mit der Türkei betrachtete man sich nach wie vor als im Frieden befindlich.[37]

Für zusätzliche Verstimmung, besonders beim Fürsten, sorgte auch die beim Einmarsch der russischen Truppen vom Großfürsten Nikolaj erlassene Proklamation an das rumänische Volk, dem versichert wurde, dass man als Freund käme und dass die Gesetze und Bräuche des Landes respektiert würden. Ebenso wenig fehlte die Erinnerung an die gemeinsamen Kämpfe gegen die Türken in der Vergangenheit.[38] Carol sah in dieser Proklamation eine Verletzung seiner fürstlichen Vorrechte und verlangte dafür Satisfaktion.[39] Diese fiel zu seiner Befriedigung aus, da Zar Alexander II. und der Großfürst dem Fürsten schriftlich wie mündlich durch ihre Adjutanten versichern ließen, dass es nicht in ihrer Absicht gelegen habe, die Autonomie des Landes zu verletzen, sondern dass allein dringende strategische Gründe für den schnellen Einmarsch ausschlaggebend gewesen seien.[40] Diese Reaktion stellte in Carols Sicht mehr als eine reine Höflichkeitsbezeugung dar, nämlich die Anerkennung seiner souveränen Rechte durch das Zarenreich.[41]

Mit der Klärung des Verhältnisses zu Russland, dem Verschwinden der Gefahr einer türkischen Invasion und der Verabschiedung der russisch-rumänischen Konventionen durch das Parlament wich Ende April der große militärische und politische Druck von Regierung und Fürst. Nach Carols Interpretation war es der rumänischen Regierung gelungen, die Türken zu täuschen und damit einen sofortigen Gegenschlag zu verhindern.[42] Den Türken war aber ebenso wenig wie den übrigen diplomatischen Vertretern die offensichtliche Kooperationsbereitschaft der rumänischen Regierung mit Russland

36 Arh. Stat. Fond Regele Carol I/29, f. 97. Aus dem Leben König Karls, 3, S. 129. Auffällig ist die unterschiedliche Darstellung der Haltung des Fürsten in beiden Quellen. Sturdza, Charles I, II, S. 589ff.

37 Ibd., S. 591.

38 Ibd., S. 587.

39 Arh. Stat. Fond Regele Carol I, III/27, f. 97. Aus dem Leben König Karls, 3, S. 132.

40 Ibd., S. 136ff. Sturdza, Charles I, II, S. 616f. So wollten die Russen gerade einer öffentlichen Debatte im Parlament zuvorkommen, um den Türken keine Zeit zum Handeln zu lassen. DIR, 2, S. 217 (General Ghica v. 13./25.4.1877).

41 Arh. Stat. Fond Regele Carol I, V D 1869. Brief Carols v. 17./29.4.1877, in dem es heißt: „Das *Malentendu* mit *Russie* wurde auf die aller befriedigendste Weise geregelt. – Ich war dem *represantant russe* gegenüber sehr entschieden aufgetreten. Gestern traf ein Flügel-Adjutant des Kaisers prince Doulgouriky hier ein und überbrachte mir ein sehr liebenswürdiges Schreiben mit allen *explications*, gleichzeitig überbrachte mir ein Adjutant des Großfürsten Nicola einen Brief; beide Herrn sind mit meinen Antworten wieder nach Kisneff zurückgekehrt. – Diese Correspondenz bleiben geschichtl. Documente [...]" [Hervorhebungen chiffriert]. Vgl. dazu den Text in den veröffentlichten Memoiren: Aus dem Leben König Karls, 3, S. 139.

42 Ibd.

entgangen,[43] so dass das Ausbleiben eines Donauübergangs eher auf strategischen Fehlentscheidungen türkischerseits als auf der List der rumänischen Regierung beruht haben dürfte.[44] Indes verhalf ein solchermaßen für sich beanspruchter Erfolg zu einer glänzenden Rechtfertigung der eigenen Politik, der vor allem nach innen wirkte.

Die parlamentarische Zustimmung zu den beiden Konventionen mit Russland konnte sich die Regierung am 16./28.4. in der Kammer mit 69 zu 25 Stimmen und einen Tag später auch im Senat mit 41 gegen 10 Stimmen sichern. Damit fand nicht nur die rumänische Neutralitätspolitik offiziell ihr Ende, sondern auch der seit 1856 durch den Pariser Vertrag gegebene Spielraum der rumänischen Außenpolitik. Dementsprechend gerieten die parlamentarischen Diskussionen zu einer Grundsatzdebatte über die Ausrichtung der rumänischen Außenpolitik. Während die Gegner einer Vereinbarung mit Russland wie Sturdza vor allem die Gefahr einer Ablösung der Kollektivgarantie der Großmächte durch ein einseitiges Abhängigkeitsverhältnis zu Russland beschworen,[45] verteidigte Kogălniceanu die Regierungspolitik als die einzig mögliche für die Bewahrung der Rechte Rumäniens und stellte sie in die historische Kontinuität der Politik der rumänischen Fürsten.[46] Seine vor dem Senat am 17./29. April gehaltene rhetorisch brillante Rede basierte noch stärker auf historischen Erklärungsmustern und fasste noch einmal alle Argumente zusammen, die für den Abschluss der ausgehandelten Konventionen sprachen. Kogălniceanu wie I. C. Brătianu, der ebenfalls in die Debatten der beiden Häuser eingriff, machten dabei immer wieder die Weigerung der Großmächte, Rumänien eine Neutralitätsgarantie zuzugestehen, zum Ausgangspunkt ihrer Argumentation. Diese Weigerung hätte eine Verständigung mit Russland notwendig gemacht, das überdies eine zivilisatorische Mission im Namen und unter stillschweigender Billigung der europäischen Mächte übernommen habe – Kogălniceanu führte diese Interpretation gleich dreimal an. Russland wäre als einzige Macht bereit gewesen, den jetzigen Bestand des Landes zu garantieren und seine Institutionen zu respektieren. Kogălniceanu gab zu, dass man jetzt nicht mehr im strengen Sinn des Wortes neutral sei, er bestritt aber ebenso wie Brătianu eigene Kriegsabsichten, falls man nicht angegriffen würde. Im Übrigen habe sich an den Bindungen zur Pforte nichts geändert.[47]

[43] Sturdza, Charles I, II, S. 574.

[44] Zu den türkischen Versäumnissen während der ersten Kriegsphase siehe die ausführliche Darstellung: Der Orientalische Krieg in den Jahren 1876 bis 1878. Vierte Abteilung. Der Russisch-Türkische Krieg. III, in: Unsere Zeit. Deutsche Revue der Gegenwart. N.F. 15, 1879, S. 833f. Auch Carol hielt die türkischen Fehler vom militärischen Standpunkt für unerklärlich. Aus dem Leben König Karls, 3, S. 145.

[45] Kogălniceanu, Opere IV, orat. II, part. IV, S. 437. Aus dem Leben König Karls, 3, S. 140f. Gane, P. P. Carp, I, S. 203f. Carp demontierte in seiner gewohnt scharfzüngigen Art das viel strapazierte Argument des „Von-allen-verlassen-Seins".

[46] Sturdza, Charles I, II, S. 626ff. So unterschied Kogălniceanu zwischen „Fürsten" und „Fürstlein", um zu beweisen, dass die rumänischen „Fürsten" nie eine Allianzpolitik mit den Türken verfolgt hätten, während die „Fürstlein" (*domnişor*), die Thronprätendenten, sich fallweise mit den Türken, Ungarn oder Polen verbündet hätten, um sich des Throns zu bemächtigen.

[47] Sturdza, Charles I, II, S. 649ff. Kogălniceanu, Opere IV, orat. II, part. IV, S. 423ff.

Die Reden von Kogălniceanu und Brătianu verdeutlichten, unter welch großem Rechtfertigungsdruck beide standen. Nicht die rational interessenpolitsche Begründung der Regierungsentscheidung war maßgebend, sondern die politische Apologetik, dass Rumänien, von allen Mächten verlassen, als Opfer dastand, dem nur dieser Ausweg geblieben sei.[48] Ähnlich wie bei den Rundschreiben Kogălniceanus wurden die Garantiemächte für die rumänische Politik und deren Folgen verantwortlich gemacht. Es war die Rhetorik einer Krisenzeit mit ihrer Unsicherheit über Verlauf und Ausgang des Krieges, wobei sich die Regierung vorsorglich mit einem Dispens für ihre Politik wappnete.

Dem diplomatischen Balanceakt zwischen Neutralität und russischer Unterstützung entsprach ein militärischer. Nach dem Mobilisierungsbefehl vom 6./18. April 1877 fand eine Verschiebung der in zwei Armeecorps unterteilten rumänischen Armee nach Westen und an die Donaugrenze statt, um für den erwarteten russischen Einmarsch im Osten des Landes einen Korridor zu schaffen und um einem türkischen Angriff begegnen zu können.[49] Diese militärischen Maßnahmen durften jedoch nicht als ein provozierender Akt gegen das Osmanische Reich erscheinen, um keinen Vorwand für einen Angriff zu liefern. Bei Ausbruch des Krieges war die Mobilisierung noch nicht abgeschlossen und der unerwartet frühzeitige Einmarsch der russischen Armee führte zu einem vorübergehenden Rückzug der rumänischen Truppen mehr ins Landesinnere, um sich vom russischen Vorgehen zu distanzieren.

Wie prekär die militärische Lage in diesen ersten Kriegstagen angesehen wurde, ließ sich an der Behandlung von Calafat ablesen. Calafat, im Westen an der Donau genau gegenüber der starken türkischen Festung Vidin gelegen, galt als der am stärksten gefährdete Punkt, wo in den vergangenen Kriegen die türkischen Truppen auf das rumänische Ufer gewöhnlich übergesetzt waren. Da Calafat nicht genügend gesichert werden konnte, erwogen Fürst und Regierung zuerst eine Neutralisierung der Stadt,[50] entschlossen sich dann, einen türkischen Übergang vor Augen, zu einer vollständigen Räumung[51], um dann am 21.4./3.5.1877, als die Gefahr eines türkischen Überraschungsangriff vorüber war,

48 Sturdza, Charles I, II, S. 634. Fast wie ein Credo der rumänischen Außenpolitik klingt die folgende Passage aus der Rede von Kogălniceanu: „Laissons donc, là, Messiers, les mots, et occupons nous de la triste et douloureuse réalité; et cette réalité c'est que nous devons, à tout prix et comme nous pourrons, glisser entre les intérêts égoistes des grands, entre les collisions des Puissances qui ont tiré l'épée et qui peuvent nous avaler cent fois, si nous ne parvenons pas à être sages. [...] Abandonnés par tout le monde, nous devons être contents, si on nous offre la garantie d'une seule, au moins, des grandes Puissances européenes, de la Puissance qui s'impose aujourd'hui à toute l'Europe – et que dire encore de nous autres! Voilà ce que nous nous sommes dit, voilà ce que nous disons."

49 Ausführlich dazu: Căzănişteanu, Ionescu, Războiul neatîrnării României, S. 138ff.

50 Arh. Stat. Fond Regele Carol I, III/29, f. 96 (3./15.4.1877).

51 Ibd., f. 96f. (6./18.4. und 10./22.4.1877). Am 5./17.4. und 9./21.1877 schien nach eingegangenen Informationen ein türkischer Übergang bevorzustehen. Aus dem Leben König Karls, 3, S. 126 u. 128.

den Befehl zur Wiederbesetzung Calafats zu geben.[52] Die Reaktion auf einen befürchteten türkischen Angriff offenbarte auf militärischer wie diplomatischer Ebene nur allzu sehr die Schwäche und Unsicherheit der rumänischen Position: den beiden Hilfegesuchen von Kogălniceanu am 5./17. und am 10./22. April entsprach genau der militärische Rückzug aus Calafat.[53]
Als wichtigste Frage nach dem Kriegsbeginn stellte sich die eigene Beteiligung an dem Krieg. Vorrangig galt, einen türkischen Angriff abzuwehren, sollten türkische Truppen als Reaktion auf den russischen Einmarsch in die Fürstentümer auf rumänisches Gebiet übersetzen. Dies hätte auch den Kriegseintritt Rumäniens nach sich gezogen. Im andern Fall gab es aber für einen Armeeeinsatz in einem türkisch-russischen Krieg zunächst weder klare politische noch militärische Vorgaben, auch wenn die Präferenzen des Fürsten für ein militärisches Eingreifen offensichtlich waren.
Neben dieser grundsätzlichen Unsicherheit wies die Ausrüstung der Armee erhebliche Defizite auf. Es gab weder genügend Waffen, Munition, Zelte, Kleidung, Schuhwerk,[54] noch funktionierten die Verpflegung der Truppen, die Versorgung der Pferde und das Transportwesen in ausreichender Weise. Die Mängel mussten durch die Heranziehung ziviler Ressourcen, vor allem auf dem Weg von Requisitionen, die am 6./18. April 1877 dekretiert worden waren, kompensiert werden. Dies führte negativ wie positiv zu einer großen Mobilisierung der Bevölkerung, die einerseits gegen willkürliche Übergriffe protestierte, andererseits die Armee durch finanzielle und materielle Spenden unterstützte und Spendenkomittees bildete.[55] Mit Waffen, Munition, Geschützen und finanzieller Unterstützung half Russland die ärgsten Engpässe zu überwinden.[56] Fürst Carol zeigte sich in erster Linie von dem Geist seiner Armee befriedigt und betrieb forciert ihre Kriegsbereitschaft.[57]

52 Arh. Stat. Fond Regele Carol I, III/29, f.98. Einen Tag zuvor hatte Bălăceanu aus Wien telegrafiert, dass der türkische Botschafter erklärt habe, dass sich die Türkei jeder Feindseligkeit gegenüber Rumänien enthalten werde und auch nicht daran denke, Calafat zu besetzen. DIR, 2, S. 316. Der Befehl zur Wiederbesetzung Calafats: Ibd., S. 331f. In den offiziellen Tagebuchaufzeichnungen ist von der Evakuierung von Calafat wenig zu lesen, da sie militärische Schwächen aufzeigte, die nicht ins offizielle Bild passen. So werden der dort angegebene Zeitpunkt und Befehl von den anderen Quellen nicht bestätigt. Aus dem Leben König Karls, 3, S. 134.

53 Dieser Rückzug rief einen negativen Eindruck bei der rumänischen Truppe wie bei ausländischen Beobachtern hervor. Arh. Stat. CR 24/1877, f. 68f (Oberstleutnant Josef Manega an das K.u.K. Kriegsministerium, 25.4.1877). DIR, 2, S. 173f., S. 178 u. S. 225f. Die militärische Evakuierung führte auch zu einer Flucht der Stadtbevölkerung.

54 DIR, 2, S. 239 (Nr. 438). Istoria Romîniei, IV, S. 607ff.

55 Zu den vielen Klagen über Willkür einerseits und die große Spendenbereitschaft andererseits siehe den 2. Band der Dokumentenreihe: Războiul pentru independenţa (DIR).

56 DIR, 2, S. 305, 348, 447f., 640. So wurde 1 Million Goldfranc am 20.4./2.5.1877 übergeben, am 7./19.5. erhielten die Rumänen drei Milllionen Goldfrancs aus einem Kredit von 5 Mill. Ebenso beglich Russland Schulden für die Klöster in Bessarabien. Aus dem Leben König Karls, 3, S. 181.

57 Aus dem Leben König Karls, 3, S. 146. In seinem Tagebuch notierte er aber, dass in der Armee Verstimmung herrsche, da sie kein eigenes Aktionsfeld sehe. Arh. Stat. Fond Regele Carol I, III/29, f. 97 (14./26.4.1877).

Insgesamt gesehen befand sich Rumänien zu Beginn des Krieges in keiner sehr günstigen Ausgangslage: bei den Garantiemächten wie beim Großteil der politischen Führungsschicht stieß das Vertragswerk mit Russland auf Misstrauen oder Ablehnung, die Armee war nur bedingt auf einen Krieg vorbereitet und auf die Hilfe der Bevölkerung und Russlands angewiesen, finanziell stand man vor dem Nichts[58], innenpolitisch gingen die Auseinandersetzungen zwischen Radikalliberalen und Konservativen im Umfeld der Ministeranklage[59] weiter. Außenpolitisch auf sich allein gestellt, innenpolitisch uneinig, militärisch nicht voll einsatzfähig, sah sich Rumänien ähnlich wie 1866 einer großen außenpolitischen Herausforderung gegenüber, die nach dem Verschwinden der Gefahr eines türkischen Angriffs vor allem die politischen und militärischen Beziehungen zu Russland und damit die Bewahrung der Selbständigkeit des Landes betraf. In dieser Phase war man in fast allen Belangen von Russland abhängig. Im allgemeinen Klima von Unsicherheit und Furcht geriet der Fürst nun immer mehr zu einem Stabilisierungsfaktor, was sich bei offiziellen Auftritten niederschlug. Bei der Parlamentseröffnung schlug ihm ein „ungeheurer Enthusiasmus" entgegen[60] – ein im Vergleich zu dem Verhalten der radikalliberalen Kammer im Sommer 1876 bemerkenswerter Einstellungswandel. Die Kammeradresse geriet zu einer eindrucksvollen Ergebenheitserklärung an den Fürsten, in der nicht nur von der Liebe die Rede war, mit der sich die Kammer um den Thron schare, sondern es wurde auch das „wahrhaftige rumänische Gefühl" von Glück beschworen, wenn es einen Herrscher habe, der darüber wacht, dass das Erbe der Vorväter nicht geschmälert werde.[61] Auch der Namenstag der Fürstin Elisabeth am 24.4./6.5.1877 gab Anlass, die enge Verbindung zwischen Nation und Fürstenfamilie hervorzuheben.[62]
Das Aufeinanderangewiesensein in Zeiten der Unsicherheit fand seinen Ausdruck in Versicherungen gegenseitigen Vertrauens von Fürst und Volksvertretern, das sich mit dem Glauben an die Nation verband. Von beiden wurde das Bild eines Beschützers, eines „Piloten" benutzt, der das Staatsschiff ruhig und fest durch stürmische Zeiten steuert.[63] Diese Beschützerrolle des Fürsten wurde in enger Verbindung mit der militärischen Verteidigung des Landes gesehen, aber auch mit der Wahrung der Eigenständigkeit gegenüber Russland. Die außenpolitische Bedrohung führte zu einer inhaltlichen Erweiterung der Bewertung des Fürsten, indem ihm moralisch positive Attribute als Verteidiger der Nation zugesprochen wurden. Ausgerechnet die Radikalliberalen hatten daran maßgeb-

58 Arh. Stat. CR 55/1877 f. 153 (Zollgeneraldirektor Steriade an Bălăceanu v. 26.4.1877 [Stil?], Chiffr. Telegramm).

59 Aus dem Leben König Karls, 3, S. 136.

60 Arh. Stat. Fond Regele Carol I, III/29, f. 97 (14./26.4.1877), allerdings mit der Einschränkung: „Die Conservativen kalt". Gegenüber seinem Vater bezeichnete Carol die Parlamentseröffnung gar als einen der „erhebendsten Momente" seiner Regierungszeit und fügte hinzu: „die Rumänen mögen heute fühlen, wie unentbehrlich ich ihnen bin!" Aus dem Leben König Karls, 3, S. 140.

61 Sturdza, Charles I, II, S. 693ff.

62 Ibd., S. 708f. Ausgerechnet C. A. Rosetti war derjenige, der jetzt leidenschaftliche Worte für den Fürsten fand. Arh. Stat. Fond Regele Carol I, III/29, f. 98.

63 Sturdza, Charles, II, S. 709. Lindenberg, König Karl, I, S. 351.

lichen Anteil, aber auch Carol übernahm diese Rhetorik, in der „rumänisch" und „national" mit der moralischen Kategorie des „Guten" aufgefüllt wurden.[64]

3. Die Unabhängigkeit

Der Ausbruch des Krieges am 12./24. April 1877 zog eine Linie, hinter die eine Rückkehr zum Status quo ante für die rumänische Führung nicht mehr in Frage kam. Von nun an stellte sich nicht mehr die Frage, ob Unabhängigkeit, sondern wie und wann. Über das „Wie" herrschte beim Fürsten und bei den Radikalliberalen grundsätzliche Einigkeit: die Unabhängigkeit sollte auf dem Schlachtfeld errungen werden, um die wieder erstandene Größe des Landes unter Beweis zu stellen und das Werk seiner Regeneration zu krönen. Die jahrhundertealte Schmach der Abhängigkeit von der Türkei sollte durch einen militärischen Sieg endgültig getilgt und an die Traditionen des Befreiungskampfes der großen mittelalterlichen rumänischen Fürsten angeknüpft werden. Für Carol war ein solcher Kampf überdies eine Frage der persönlichen Ehre und entsprach der militärischen Tradition seiner Familie, in die er sich eingebunden fühlte. Politisch-dynastisch sollte die Befreiung Rumäniens mit seinem Namen verbunden und seine Herrschaft durch einen Sieg unwiderruflich legitimiert und gefestigt werden. Dabei dürfte auch das Vorbild des deutsch-französischen Krieges seine Wirkung auf den Fürsten nicht verfehlt haben.

Nach dem Schwinden der Gefahr einer türkischen Invasion stellte nicht mehr die Türkei das Haupthindernis einer solchen Politik dar, sondern Russland, in dessen Schatten man seinen eigenen Krieg führen wollte. Carol brauchte angesichts der großen politischen Bedeutung ein eigenständiges Operationsfeld für seine Armee unter seinem Oberkommando. So strebte er eine vertraglich abgesicherte Kooperation mit der russischen Armee an, die den rumänischen Truppen ein Kampfgebiet im westlichen Bulgarien mit dem Fluss Iskar als östliche Grenze überlassen sollte, wo diese unter Beibehaltung eines eigenständigen Kommandos die rechte Flanke der russischen Armee bilden konnte.

Angewiesen war Carol bei einer solchen Operation nicht nur auf die russische Zustimmung, sondern auch auf die Ausrüstungshilfe der russischen Armee.[65] Erste Verhandlungen zwischen dem russischen Oberkommandierenden der Donauarmee, Großfürst Nicolaj, und I. C. Brătianu Anfang Mai in Chişinău führten aber zu keinem konkreten Ergebnis.[66] Auch ein Treffen des Fürsten mit Nicolaj am 2./14. Mai in Ploieşti, wo der Großfürst sein Hauptquartier aufgeschlagen hatte, brachte nicht den gewünschten Erfolg, obwohl Nicolaj an einer Unterstützung seines Feldzuges durch die rumänische Armee großes Interesse hatte und die von Carol ergriffenen Maßnahmen zur Sicherung der Donaugrenze lobte.[67] Während Nicolaj die Teilnahme der rumänischen Truppen,

64 Vgl. seine Antwort auf die Kammeradresse am 22.4./4.5.1877. Sturdza, Charles I, II, S. 695f.
65 Independenţa României, I, S. 150f. Mémoire. Devant servir de base au règlement de la coopération de l'armée roumain avec l'armée russe dans la guerre contre la Turquie.
66 Aus dem Leben König Karls, 3, S. 146.
67 Ibd., S. 154. Independenţa României, I, S. 65. Lindenberg, König Karl, I, S. 355f. P.A. I.A.B.q. Türkei 24, Vol 60, Alvensleben v. 15. Mai 1877.

aber unter russischem Kommando befürwortete, hielt die politische Führung mit dem Zaren an der Spitze diese weder für notwendig, noch für wünschenswert, da sie zum einen von einem schnellen Feldzug ausging, zum andern durch eine rumänische Einmischung zusätzliche außenpolitische Komplikationen befürchtete und aus nahe liegenden Gründen jede den Rumänen gegenüber verpflichtende Situation vermeiden wollte. Falls die Rumänen dennoch in Bulgarien kämpfen wollten, dann nur unter russischem Oberkommando.[68]

Diese Bedingung konnte der Fürst aufgrund der immanenten politischen und dynastischen Bedeutung eines eigenständigen Kommandos unter keinen Umständen akzeptieren. Solange Russland dieser Forderung nicht zustimmte, waren Carol die Hände gebunden. Er stand nun vor dem Problem, wie und zu welchem Zweck er mit dem wachsenden Vormarsch der russischen Truppen, die nach und nach die rumänischen Stellungen an der Donau auf ihrer Transitroute übernahmen, seine mobilisierte Armee einsetzen sollte.[69] Mehr noch, Carol musste den Verlust seiner Rückzugsbasis Oltenien befürchten, falls die russischen Truppen den Alt (Olt) überschreiten sollten. Seine vertrauliche Bitte an Österreich-Ungarn, sich für die Anerkennung der Altgrenze bei den Russen einzusetzen, offenbarte nur zu deutlich die Zwangslage des Fürsten.[70] Mit der russischen Haltung stand und fiel der für die Sicherung der Unabhängigkeit als Voraussetzung angesehene Kriegseinsatz der rumänischen Armee gegen die Türkei. Dieses Grundproblem beherrschte die rumänische Politik und beeinflusste alle Entscheidungen. Es ist fraglich, wie dieses Problem ohne die Niederlagen der russischen Truppen in Nordbulgarien vor Plewna (Pleven), die zwingend die Unterstützung durch die rumänische Armee erforderten, hätte gelöst werden können.

Während Carol auf eine russische Allianz bei einer Kriegsbeteiligung dringend angewiesen war, stieß diese auf den Widerstand von Außenminister Kogălniceanu, der eine Abhängigkeit von Russland und negative Reaktionen von Österreich-Ungarn befürchtete.[71] Die Durchzugskonventionen mit Russland waren bereits im Ausland ablehnend aufgenommen worden und Kogălniceanu versuchte, dem Eindruck gegenzutreten, als wäre Rumänien ein besetztes Land oder ein Erfüllungsgehilfe Russlands.[72] Die Abgren-

68 Independenţa României I, S. 104f. (Note von Nelidov an den Außenminister v. 17./29. Mai 1877). Hünigen, N. P. Ignat'ev, S. 213. Rosetti, R. Corespondenţa Generalui Iancu Ghica. 2 aprilie 1877 – 8 aprilie 1878, Bucureşti 1930, S. 74ff. (Chiffr. Telegramme von Ghica vom 9./21. Mai u. 10./22. Mai 1877).

69 Arh. Stat. C.R. 24/1877 S. 92f. (Zwiedinek an Andrassy v. 3.5.1877).

70 Ibd. (Zwiedinek v. 7. Mai 1877, Nr. 98). Vgl. auch den Bericht v. Debains v. 8./20. Mai 1877: Independenţa României, II, part. I, S. 398ff. Die Österreicher hatten in der Tat Befürchtungen vor Kampfhandlungen in der Nähe Serbiens: Ibd., S. 370ff. (Fava v. 9. Mai 1877).

71 Arh. Stat. Fond Regele Carol I, III/29, f. 98. Am 25.4./7.5.1877 notierte Carol: „Kogolicéno bei mir, der mich beschwört mit Rußland nicht zu sehr zu engagieren."

72 Vgl. das Telegramm von Bălăceanu aus Wien v. 21.4./3.5.1877 über den Eindruck, den die Durchzugskonventionen in Österreich-Ungarn hervorriefen: „Les Conventions cachent une alliance avec la Russie et l'on attend à quelque nouvelle surprise de notre part telle qu'une déclaration de guerre à la Turquie ou une coopération ouverte avec l'armee russe."

zung gegenüber Russland wurde zum wichtigsten Anliegen seiner Außenpolitik, wobei er vor allem die Unterstützung Wiens suchte. Aus demselben Grund sprach er sich zunächst auch gegen die Unabhängigkeit aus, da er die Schutzfunktion der internationalen Verträge nicht verlieren wollte, wobei das Misstrauen gegen die russischen Absichten in Bezug auf Bessarabien latent immer vorhanden war. So dementierte Kogălniceanu in seinen Rundschreiben an die rumänischen Auslandsvertreter bis Mitte Mai immer wieder jede Unabhängigkeitsabsicht und Zusammenarbeit mit der russischen Armee. Doch konnte er das Glaubwürdigkeitsproblem der rumänischen Außenpolitik nicht lösen, das in der offensichtlichen Diskrepanz zwischen der behaupteten Neutralität und der faktischen Unterstützung des russischen Vormarsches bestand, woran auch die Dislozierung der rumänischen Armee keinen Zweifel ließ. Alle ausländischen Beobachter, denen die Kriegsvorbereitungen nicht verborgen blieben, sahen die Neutralität als Fiktion an und beurteilten insgesamt die rumänische Politik sehr negativ.[73]

Kogălniceanu und Carol verfolgten zu Beginn des Krieges ganz unterschiedliche Ziele, die in dieser Phase aber zu derselben Entscheidung führten, sich ohne Garantiezusagen nicht zu engagieren.[74] Damit verharrte die rumänische Politik abwartend in einer Situation, die geprägt war von Spannungen zwischen russischem Militär und rumänischen Behörden und der Mobilisierung der Bevölkerung durch die vielen Requisitionen, die eine Sinngebung erforderten. Aus diesem Dilemma, wo man weder zurück noch vorwärts konnte, befreiten ausgerechnet die Türken die Rumänen, indem sie am 21. April/3. Mai durch die Beschießung rumänischer Donaustädte mit den Kampfhandlungen begannen, die mit Plünderungen und Ermorderungen durch irreguläre türkische Truppen auf rumänischem Ufer einhergingen.[75] Der türkische Botschafter in Wien erklärte, dass sich die Türkei seit dem Abschluss der Konventionen zwischen Rumänien und Russland als im Kriegszustand gegen Rumänien befindlich betrachte. Die Pforte suspendierte die Funktionen des rumänischen Vertreters in Istanbul, da sie das Land als durch Russland besetztes Territorium ansah.[76]

Damit lieferte das Osmanische Reich selbst die Gründe und die dringend benötigte Rechtfertigung für eine Unabhängigkeit, die einen Ausweg aus der Stagnation bot.[77] Mit

Independenţa României, I, S. 64. Besonders die ungarische Presse und Regierung griffen die rumänische Regierung scharf an. Sturdza, Charles I, II, S. 690f. (zwei Rundschreiben von Kogălniceanu v. 21.4./3.5.1877).

73 Besonders auffallend bei Zwiedinek und Debains. DIR, 2, part. 1, passim. Arh. Stat. CR 24/1877, passim.

74 Arh. Stat. Fond Regele Carol I, III/29, f. 98 (25. April/7. Mai 1877). CR 24/1877 S. 100ff. Zwiedinek an Andrassy v. 7. Mai 1877 über ein Gespräch mit Kogălniceanu.

75 Eine Aufstellung der Überfälle durch irreguläre Truppen: DIR, 3, S. 401f. In den Augen der ausländischen Diplomaten wurden die türkischen Bombardements durch die Rumänen übertrieben, um sie politisch zu instrumentalisieren. DIR, 2, part. I, S. 367 (Hoorickx v. 27.4./9.5.1877).

76 Sturdza, Charles I, II, S. 727 (Bălăceanu v. 27.4/9.5.1877) und S. 692 (Zirkulardepesche von Savfet Pascha v. 21.4./3.5.1877).

77 Bălăceanu berichtete aus Wien: „Opinion générale est que demence de Turcs a tiré Gouvernement roumain d'un grand embarras." Independenţa României, IV, S. 244f. Interessanterweise fehlt dieser letzte Satz in der Dokumentensammlung von Stourdza, Charles I, II, S. 727.

der Eröffnung der Kriegshandlungen gegen Rumänien, die Kogălniceanu regelmäßig in Zirkulardepeschen anzeigte, damit die rumänischen Vertreter die jeweiligen Regierungen informierten,[78] konnte sich die rumänische Führung darauf berufen, dass es die Pforte gewesen war, die mit den Feindhandlungen gegen Rumänien angefangen und die Beziehungen abgebrochen habe.

Es war aber vor allem das Verdienst von Kammerpräsident C. A. Rosetti, diese Chance konsequent genutzt und die Idee der Unabhängigkeit gegen die Bedenken von Carol und seines Außenministers in die Tat umgesetzt zu haben. Er brachte sie aus ihrer Latenz an das Licht der öffentlichen Diskussion und setzte die Regierung unter Zugzwang, da er sich auf den „Willen der Nation" berief. In Grundsatzartikeln in seiner Zeitung *Românul* vom 24. April/6. Mai und 25. April/7. Mai 1877 griff er das Osmanische Reich massiv an, wobei er in manichäischer Weise dessen böswillige Politik der friedliebenden Rumäniens gegenüberstellte und offen erklärte: „Le traité de Paris est complètement dechiré."[79] Mit diesem entscheidenden Satz, der der offiziellen außenpolitischen Doktrin widersprach, war für C. A. Rosetti der Weg zur sofortigen Unabhängigkeit frei. Er schloss seinen Artikel vom 25.4./7.5.1877 mit einem flammenden Appell zur Einigkeit für den gemeinsamen Kampf aller Rumänen für ein freies Rumänien.[80] Gleichzeitig mit der Erklärung der Unabhängigkeit sollte auch der Kampf gegen die Türken beginnen, der jetzt gleichermaßen als Verteidigungs- und Befreiungskampf gelten konnte.

C. A. Rosetti begann seine publizistische Initiative auch politisch sofort umzusetzen, indem er die Parlamentarier seiner Partei in geheimen Sitzungen die Unabhängigkeit diskutieren und parlamentarisch vorbereiten ließ.[81] Am 29. April/11. Mai kam es zur ersten öffentlichen Sitzung über die Frage der türkischen Kriegshandlungen und der Unabhängigkeit, wobei sich zeigte, dass die Radikalliberalen eine vollständige Unabhängigkeit noch nicht durchsetzen konnten. In einem Antrag wurde der Kriegszustand mit der Pforte konstatiert und die Regierung ermächtigt, alle Maßnahmen zu ergreifen, die

[78] Mihail Kogălniceanu, Documente diplomatice, Bucureşti 1972, S. 446ff. Bălăceanu erinnert sich in seinen Memoiren: „M. Kogolniceano, mon ministre, était, quoique fort intelligent, un homme nerveux jusqu'à la pusillanimité, et la guerre n'avait pas encore éclaté, quand je recevais déjà, presque toutes les nuits, des télégrammes chiffrés, de plusieurs centaines de mots, où le ministre ne rêvait que d'invasion, de bombardements et de massacres commis par les Turcs, alors qu'aucun d'eux n'avait encore franchi le Danube!" Bălăceanu, Souvenirs politiques, S. 171. Berücksichtigt werden müssen bei diesem Urteil Bălăceanus schlechtes Verhältnis zu Kogălniceanu und sein nicht immer zuverlässiges Gedächtnis.

[79] Sturdza, Charles I, II, S. 725. Zur antitürkischen Haltung von Rosetti, s. a. Bucur, C. A. Rosetti, S. 378ff.

[80] Die Ideale der französischen Revolution, denen sich C. A. Rosetti so verpflichtet fühlte, schimmerten deutlich durch: „A l'oeuvre donc, Roumains! Effaçons de bon coeur toutes les fautes de partis et des individus et, tous, mains en mains, rangeons nous sous le drapeau de la patrie, pour sortir tous frères de cette lutte, tous Roumains dans une Roumanie libre!" Sturdza, Charles I, II, S. 725.

[81] P.A. I.A.B.q. Türkei 24, Vol. 60, Alvensleben v. 8. Mai 1877. Arh. Stat. CR 24/1877, S. 103 u. 112 (Zwiedinek an Andrassy v. 7. und 10. Mai 1877).

zur Verteidigung der Existenz Rumäniens notwendig seien, damit „bei einem zukünftigen Frieden Rumänien mit einer politisch klar definierten Stellung hervorgehe und als selbständige Nation seine historische Mission erfüllen könne".[82] Einen Tag später wurde ein ähnlicher Antrag auch im Senat angenommen, aber mit der ausdrücklichen Erwähnung des Pariser Vertrags und der Unterstützung der Garantiemächte, die die politische Existenz Rumäniens sicherten.[83] Die Frage der Unabhängigkeit war somit noch nicht endgültig entschieden und C. A. Rosetti verstärkte seine publizistische Kampagne, indem er die Unabhängigkeitsgegner im Parlament kritisierte und sie mit der Berufung auf den Willen des Volkes und der Armee zu desavouieren suchte.[84]

Parallel mit den parlamentarischen Aktionen liefen auch die militärischen und außenpolitischen Aktivitäten auf Krieg und Unabhängigkeit hinaus, obwohl Carol und Kogălniceanu noch weiterhin klare Grundsatzentscheidungen vermieden. So ließ der Fürst in seiner Antwortrede auf die Senatsadresse am 25.4./7.5.1877 wissen, dass von nun an Gewalt mit Gewalt beantwortet und die junge Armee ihren Wert beweisen werde.[85] Einen Tag später erwiderte die rumänische Artillerie in Calafat das türkische Bombardement, womit die aktive rumänische Teilnahme am Krieg begann, die sich jedoch vorerst nur auf Artillerieeinsätze in den Donaustädten beschränkte. Carol übernahm am 27.4./9.5. das Oberkommando über sein Heer, dessen Mobilisierung zwei Tage vorher abgeschlossen worden war, organisierte die Kommandostruktur und überwachte von nun an die Kriegseinsatzbereitschaft seiner Armee durch tägliche Inspektionen und Kontrollen. Mit der Übernahme des Oberkommandos gab der Fürst auch Russland gegenüber unmissverständlich die Eigenständigkeit seiner Armee zu verstehen. Der Fürst schuf somit die Voraussetzungen, um einen Feldzug in Bulgarien zu beginnen, die entscheidende Frage der Zustimmung Russlands blieb aber offen. Das hatte zur Folge, dass Carol einen Kriegsbeginn von der von C. A. Rosetti forcierten Realisierung der Unabhängigkeit trennen musste, während Rosetti für einen zeitlichen Gleichbeginn eintrat.[86]

Auch Kogălniceanu erkannte, dass er sich der Unabhängigkeitskampagne nicht widersetzen konnte, es sei denn um den Preis seines Rücktritts.[87] Er versuchte nun auf diplomatischer Ebene die Garantiemächte auf eine aktive Kriegsteilnahme Rumäniens und auf die Unabhängigkeit vorzubereiten und sie gleichzeitig darüber zu sondieren.[88] Sein

82 Istoria parlamentului, S. 237. P.A. I.A.B.q. Türkei 24, Vol. 60, Alvensleben v. 12. Mai 1877 mit einer Zusammenfassung der Debatte in der Abgeordnetenkammer. Auch gegen diesen modifizierten Antrag stimmten immer noch 29 bei 58 für und einer Enthaltung.

83 Ibd., Alvensleben v. 13.5.1877. Kogălniceanu, Opere IV, orat. II, part. IV, S. 470ff.

84 Istoria parlamentului, S. 237. P.A. I.A.B.q. Türkei 24, Vol. 60, Alvensleben v. 16.5.1877. 1877 în conştiinţa literară a epocii. Documente, scrisori, articole, Bucureşti, 1977, S. 29ff. Independenţa României, II, 1, S. 395f. (Fava v. 6./18. Mai 1877).

85 Sturdza, Charles I, II, S. 722.

86 Arh. Stat. Fond Regele Carol I, III/29, f. 98 (25.4./7.5.1877).

87 Independenţa României, II, 1, S. 375f. (Fava v. 28.4./10.5.1877).

88 Sturdza, Charles I, II, S. 726f. (Rundschreiben von Kogălniceanu über die türkischen Aggressionen, die Rumänien zu einer Aufgabe seiner Neutralität zwingen könnten). P.A. I.A.B.q.

Rundschreiben vom 2./14. Mai 1877 bestand in einer ausführlichen Rechtfertigung der bisherigen rumänischen Politik in der Orientkrise mit der Wiederholung bekannter Argumente und Schuldzuweisungen an die Politik der Garantiemächte, die Rumänien keine andere Wahl gelassen hätten. Er machte die Pforte für den Abbruch der Beziehungen und den offenen Krieg gegen Rumänien verantwortlich und kündigte Gegenmaßnahmen an. Ohne die Unabhängigkeit zu erwähnen, stellte Kogălniceanu das Recht der Regierung heraus, alles zu unternehmen, um die Institutionen und die politische Existenz des Landes zu sichern.[89] Die Argumentation von Regierung und Parlament näherte sich an, die Frage der Gültigkeit des Pariser Vertrags für Rumänien ließ Kogălniceanu im Gegensatz zu Rosetti und auch I. C. Brătianu aber offen.[90] Die Reaktionen der Garantiemächte fielen einhellig reserviert aus, indem sie sich jeder Stellungnahme enthielten und die ganze Angelegenheit einer späteren Friedensregelung vorbehielten.[91] Für Kogălniceanu war der entscheidende Punkt, dass sich niemand dagegen aussprach. Ungelegen kam die Unabhängigkeit vor allem Russland, das sie zum jetzigen Zeitpunkt als unerwünschte Komplikation betrachtete.[92]
Der dann tatsächlich am 9./21. Mai 1877 erfolgten Unabhängigkeitserklärung durch das Parlament gingen Beratungen im Ministerrat und Besprechungen zwischen Carol und seinen Ministern voraus, wo endgültig Zeitpunkt und Form festgelegt wurden.[93] Angesichts der großen symbolisch-politischen Bedeutung bestimmte das Datum der Thronbesteigung Carols die offizielle Proklamation der Unabhängigkeit (10./22. Mai), womit beide Ereignisse untrennbar verknüpft wurden. Die Form bestand in einer parlamentarischen Initiative in der Abgeordnetenkammer und im Senat, wo auf entsprechende Anträge Außenminister Kogălniceanu in seiner berühmten Rede erklärte, dass Rumänien eine unabhängige und selbständige Nation sei.[94] Die parlamentarische Initiative gab der Regierung die notwendige Rückendeckung für die politische Durchsetzung der Unabhängigkeit auf internationaler Ebene. In der zeitlichen Versetztheit von parlamentarischer Verabschiedung (9./21. Mai) und offiziellem Feiertag (10./22. Mai) war wieder die feinsinnige Regie von C. A. Rosetti zu erkennen und dessen Vorliebe für nationale Symbolik. Urheber, Ausgangs- und Bezugspunkt der Unabhängigkeit blieb die Nation, nicht der Fürst.[95]

Türkei 24, Vol. 60, Hohenlohe aus Paris v. 11. Mai 1877 und Anweisung Bülows v. 15. Mai 1877 an die deutschen Botschafter. Diese Sondierungen erfolgten vertraulich.

89 Sturdza, Charles I, II, S. 738ff.

90 Istoria parlamentului, S. 236. P.A. I.A.B.q. Türkei 24, Vol. 60, Alvensleben v. 12.5. 1877

91 Independenţa României, II, 1, S. 382 und 393f. P.A. I.A.B.q. Türkei 24, Vol. 60, Rundschreiben von Bülow an die deutschen Botschafter v. 15. Mai 1877. Bindreiter, Die diplomomatischen und wirtschaftlichen Beziehungen, S. 137f. Sturdza, Charles I, II, S. 736.

92 Arh. Stat. CR 24/1877, S. 103 (Zwiedinek v. 7. Mai 1877, Nr. 98). P.A. I.A.B.q. Türkei 24, Vol. 60, Alvensleben v. 16. Mai 1877 (Nr. 135).

93 Aus dem Leben König Karls, 3, S. 157. Arh. Stat. Fond Regele Carol I, III/29, f. 99.

94 Kogălniceanu, Opere, IV, orat. II, part. IV, S. 478ff.

95 Dieser Datumsunterschied war in kommunistischer Zeit hochwillkommen, wo man den 21. Mai als Unabhängigkeitstag feiern konnte, ohne auf die monarchische Verbindung des alten Feiertags des 10./22. Mai angewiesen zu sein.

Welche Vorteile brachte die Unabhängigkeit zu diesem Zeitpunkt, wo eine internationale Anerkennung nicht zu erwarten stand? Voraussetzung dafür bildete zunächst einmal die Grundeinstellung der Radikalliberalen und des Fürsten, die Unabhängigkeit nur sich selbst zu verdanken und nicht den Mächten, insbesondere nicht Russland.[96] Dafür war jetzt der geeignete Moment, wo die rumänische Politik noch einen gewissen Spielraum besaß, bevor die Kriegshandlungen wirklich begannen und eine derartige Entscheidung als von dem Verlauf der Kämpfe beeinflusst hätte angesehen werden können. Die Unabhängigkeit wurde von Verlauf und Ausgang des Krieges und damit von einem – allgemein angenommenen – Sieg der Russen unabhängig gemacht. Weiterhin schien eine Verständigung über einen Einsatz der rumänischen Armee nach Verhandlungen mit dem Fürsten und dem Großfürsten Nikolaj in greifbare Nähe gerückt zu sein, so dass die Unabhängigkeit gleich auch militärisch hätte legitimiert werden können.[97] Mit der türkischen Beschießung der Donaustädte konnte schließlich die rumänische Entscheidung nach innen und außen gerechtfertigt werden.

Darüber hinaus besaß die Unabhängigkeit andere wichtige Funktionen. Sie wirkte nach innen als integrative Kraft, indem sie den über die Politik gegenüber Russland gespaltenen Parteigruppierungen ein einigendes Ziel vorgab, gegen das niemand ernsthaft protestieren konnte. Alle politischen und militärischen Maßnahmen konnten jetzt mit der Verteidigung und Durchsetzung der Unabhängigkeit gerechtfertigt werden. So wurde die Unabhängigkeitserklärung zu einem Legitimationsinstrument für die Politik der Regierung. Weiter erhielten die Aufrechterhaltung der Kriegsbereitschaft der Armee, die Requisitionen, die Opferbereitschaft der Bevölkerung Zweck und Bedeutung: die Unabhängigkeit stiftete die für die gesellschaftliche Mobilisierung notwendige Sinngebung. Zum dritten dürfte ein parteipolitischer Aspekt eine Rolle gespielt haben, indem die Unabhängigkeit die Position der Radikalliberalen insgesamt stärkte und den Konservativen, denen nachgesagt wurde, mit Hilfe der ihnen eher geneigten Russen die Macht zurückerobern zu wollen, den Weg zu einer erneuten Übernahme der Regierung zu versperren suchte.[98] Die Unabhängigkeit würde von nun an immer mit den Liberalen und ihrem Erfolg beim Streben nach nationaler Emanzipation in Verbindung gebracht werden. Die Unabhängigkeitserklärung stabilisierte insgesamt die Position der Regierung und band den Fürsten an die Radikalliberalen, denen er die Unabhängigkeit verdankte.

Nach außen hin übernahm die Unabhängigkeit eine Schutzfunktion gegenüber Russland und signalisierte den Großmächten, dass es kein Zurück mehr gab. Gerade die Russen konnten sich schwer diesem Faktum entziehen, da sie täglich mit den Rumänen zu tun hatten und auf ihre Kooperation angewiesen waren.[99] Überdies hatten sie mit den beiden Konventionen Rumänien faktisch als unabhängiges Land behandelt, wollten aber

96 Siehe die Rede von I. C. Brătianu am 30.4./12.5.1877. Iorga, N., Historie des Roumains et de la Romanité orientale, Vol. X, Bucarest 1945, S. 218ff.

97 Aus dem Leben König Karls, 3, S. 153ff.

98 Arh. Stat. CR 24/1877, S. 153ff. (Zwiedinek an Andrassy v. 29.5.1877).

99 Das offenbarte sich beim Besuch des Großfürsten in Bukarest gerade am 10./22. Mai, wo er an den Feierlichkeiten teilnehmen musste. Aus dem Leben König Karls, 3, S. 160f.

gleichzeitig die Vorteile seines abhängigen Status nicht aufgeben. Die Unabhängigkeit demonstrierte gegenüber Russland und dem Ausland, dass es sich bei Rumänien um keine besetzte türkische Provinz handelte, sondern um einen selbständigen Alliierten.[100]
Im weiteren Sinne bildete die von den Rumänen ausgerufene Unabhängigkeit den nicht mehr rückgängig zu machenden Anspruch auf Behandlung als Völkerrechtssubjekt, nicht mehr als Objekt von Großmachtpolitik, über das bestimmt werden konnte. Rumänien war das erste Land in der Balkanregion, das von sich aus und gegen den Willen der Großmächte seine Unabhängigkeit erklärte, und leitete damit einen außenpolitischen Paradigmenwechsel in der Region ein, indem die alleinige Entscheidungsrolle der Großmächte verloren ging, auch wenn der Berliner Kongress diese ein letztes Mal noch bestätigte. Den Mächten kam die Konfrontation mit der rumänischen Unabhängigkeit höchst ungelegen, da sie ihnen bereits Bedingungen aufzwang, über die sie erst nach dem Krieg in gewohnter Weise unter sich verhandeln wollten. Die vom Ausland *unisono* konstatierte Inopportunität der Unabhängigkeit entsprang daher dem Eigeninteresse der Großmächte. Interessanterweise wurde das auch von den Junimisten häufig benutzte Argument, dass das Land ja bereits eine *de facto* unabhängige Stellung besitze, als Beweis gegen die Notwendigkeit einer Unabhängigkeit angeführt.[101] Gerade in der Logik dieses Arguments lag aber der beste Grund für die Unabhängigkeit. Wenn es sie praktisch schon gab, was sollte dann gegen eine völkerrechtliche Angleichung an den bestehenden Zustand sprechen? Das Problem lag nicht in der Unabhängigkeit als solcher, sondern in der daraus folgenden außenpolitischen Sicherheitspolitik für das Land und die Region.
Ein Blick auf die am 10./22. Mai 1877 gehaltenen Reden verdeutlicht das Bewusstsein, bei der Anerkennung der Unabhängigkeit auf die Großmächte angewiesen zu sein. Kogălniceanus Rede bestand in einem Plädoyer für die Anerkennung und richtete sich mehr an die Adresse der Großmächte als an das Parlament. I. C. Brătianu stellte die Unabhängigkeit als Konsequenz einer Politik der Bewahrung und der Selbsterhaltung ohne jedes abenteuerliche Streben heraus, der Fürst suggerierte das europäische Interesse an einem unabhängigen rumänischen Staat, damit dieser seine geostrategische und zivilisatorische Mission erfüllen könne.[102] Das Verhältnis zur Pforte spielte nur noch eine untergeordnete Rolle. So sprach Carol von den „liens mal définis et sans nul fondement, qui s'appelaient à Constantinople suzeraineté, et à Bucarest vassalité".[103] Alle Redner machten deutlich, dass es kein Zurück mehr gab und dass sich die Rumänen jeder verordneten Rückkehr in den Staatsverband des Osmanischen Reiches bis zum Äußersten widersetzen

[100] Viele ausländische Beobachter brachten die Unabhängigkeit mit der Stellung zu Russland in Verbindung. Independenţa României, II, 2, S. 26ff. (Fava v. 26.5./7.6.1877).

[101] Arh. Stat. CR 24/1877, S. 153ff. (Zwiedinek an Andrassy v. 29.5.1877). Danach habe auch Kogălniceanu die Inopportunität dieses Schrittes zugegeben. P.A. I.A.B.q. Türkei 24, Vol. 60, Telegramm (Nr. 92) v. Schweinitz v. 23. Mai 1877. Auch der Vater Karl Anton war gegen die Ausrufung der Unabhängigkeit: Aus dem Leben König Karls, 3, S. 158f. Maiorescu, Jurnal, IX, S. 277.

[102] Sturdza, Charles I, II, S. 752f, 758ff.

[103] Ibd., S. 759.

würden. Dabei wurde auch auf den Anachronismus solcher Abhängigkeitsverhältnisse zwischen freien Völkern im 19. Jahrhundert verwiesen. Mit dieser Überzeugungsarbeit aus einer Mischung von Beruhigung und Drohung begann gleich bei Ausrufung der Unabhängigkeit der rumänische Kampf um ihre Anerkennung.

Ein weiterer Grundtenor aller Festreden beschwor die Einheit der Rumänen in Zeiten der Gefahr als beste Garantie, um die Herausforderungen zu meistern. Besonders Carol wurde nicht müde, darauf zu verweisen. Rumänischer Heldenmut vergangener Zeiten diente als nachahmenswertes Beispiel für die gegenwärtige Lage und man stellte sich bewusst in die Nachfolge des Kampfes gegen die Osmanen. Die Unabhängigkeit wurde eingebettet in die historische Erfahrung des Kampfes der Christen gegen die Heiden und erhielt auf diese Weise eine heilsgeschichtliche Überhöhung.[104]

Ein dritter wichtiger Aspekt in den Unabhängigkeitsreden betraf die enge Verbindung von Fürst und Nation.[105] Alle Redner bezogen die Unabhängigkeit auch auf den Fürsten, auf sein Wirken seit 1866, wie der Fürst seinerseits die Unabhängigkeit als Ziel und Zweck seiner Herrschaft deutete:

„Je suis en droit d'affirmer que Mon élection, Mon arrivée, sur votre appel, des sources du Danube aux bouches de ce grand fleuve, enfin la mission même de Mon règne, n'ont eu d'autre signification que d'affranchir la Roumanie de ces liens."[106]

Besonders die Reden der Präsidenten der beiden Kammern, C. A. Rosetti und D. Brătianu stellten eine Huldigung an den Fürsten dar, wobei D. Brătianu sich in seinem gewohnt überschwänglichen Stil in Lobeshymnen erging, Carol als Symbiose großer rumänischer mittelalterlichen Fürsten und hohenzollernscher preußischer Könige feierte und bereits das Königtum propagierte: „Osez! Osez! osez, fils de Frédéric le Grand, d'Etienne le grand et de Michel le Brave! Jetez-vous avec la foi des élus de Dieu sur la voie du salut de la patrie, où vous pousse les traditions héroiques de votre famille et le génie de la Roumanie [...] L'Europe, ensemble avec nous, saluera en Votre Altesse le Grand Roi de la Roumanie."[107] Die gefeierte Übereinstimmung zwischen dem Fürsten und seinem Volk bildete ein weiteres Indiz für das Bewusstsein des gegenseitigen Angewiesenseins in einer für Rumänien kritischen Zeit.

Allgemein vermittelten die Reden den Eindruck, als ob sich die Rumänen selbst Mut und Bestätigung zusprächen: mit der Unabhängigkeit hatte man sich von der Vormundschaft, aber auch von den Sicherheiten des Pariser Vertrags endgültig gelöst. Von nun an musste die Führung selbst die Verantwortung für die Sicherheit des Landes übernehmen. Insofern reflektierten die Reden mit ihren beschwörenden Appellen zur Einheit die Unsicher-

[104] Ibid S. 759.

[105] Ibd., S. 753. In I. C. Brătianus Rede hieß es: „Car ce n'est que la confiance absolue et l'amour réciproque et inébranlable entre le Souverain et le peuple qui peuvent assurer l'avenir de la Roumanie et nous donner à tous la force de lutter, dans toutes les vicissitudes que nous aurons à traverser."

[106] Ibd., S. 759.

[107] P.A. I.A.B.q. Türkei 24, Vol. 60, Alvensleben v. 24.5.1877 (Nr. 145). Independenţa României, II, 2, S. 13ff. Hoorickx v. 27.5.1877.

heiten und ein Krisenbewusstsein über die Risiken der neu gewonnenen Freiheit, die man noch wenig einschätzen konnte.

So spiegelte die Ausrufung der Unabhängigkeit ein ganzes Spektrum von kurz- und langfristigen innen- wie außenpolitischen Zielen und nationalem Selbstverständnis wider. Eine Glorifizierung der Unabhängigkeit, wie sie in der kommunistischen rumänischen Historiographie bis zur Perversion betrieben wurde, ist ebenso wenig angebracht wie die Negierung ihrer Bedeutung. Sie bildete das Ziel der rumänischen Nationalbewegung und des Fürsten, der seit seinem Amtsantritt unablässig daraufhin gearbeitet hatte, doch ebenso war sie das Ergebnis konkreter geschichtlicher Ereignisse und politischer Ziele, die der Stabilisierung des Landes und der Regierung dienten. Sie war in der gegebenen Situation die Antwort auf die zweifache Herausforderung einer russischen Dominanz und einer befürchteten Regelung der Verhältnisse auf dem Balkan durch die Großmächte ohne Rücksicht auf die Interessen der betreffenden Völker, deren Ausgangslage sich völlig anders als 1856 darstellte. Oder in den Worten Carols:

„Dies war der einzig würdige Ausweg für mein Land und für meine Person, nachdem Europa zugegeben hatte, daß Rumänien ins Kriegstheater hineingezogen wurde. Ruhige Zuschauer konnten und durften wir nicht bleiben; als türkische Provinz wollten wir uns nicht behandeln lassen, und von der Gnade andrer abzuhängen, fand ich unwürdig. Die Unabhängigkeits-Erklärung hat in Petersburg einen sehr unangenehmen Eindruck gemacht, da man uns *vielleicht* das geben wollte, was wir heute genommen, aber gerade diesem sollte vorgebeugt werden."[108]

Die Unabhängigkeit brachte aber gleichzeitig für die rumänische Politik ein neues Unsicherheitspotenzial mit sich, da die Kollektivgarantie durch ein neues Bündnissystem ersetzt werden musste, was erst 1883 mit dem Beitritt zum Bündnissystem zwischen Deutschland und Österreich-Ungarn gelang.[109]

4. Der Kriegseintritt

Wie allgemein im Verlauf der Balkankrise lag in einer Entscheidung bereits der Kern einer neuen angelegt, deren Zustandekommen jedoch in starkem Maße vom Verlauf der Ereignisse abhängig war. Die Grundsatzentscheidung, die Krise für eine aktive politische und militärische Teilnahme zu nutzen, führte zu der Vereinbarung mit Russland, die Anbindung an Russland zur Unabhängigkeit, diese wiederum musste um ihrer Glaubwürdigkeit und Endgültigkeit willen mit einem militärischen Sieg verteidigt werden. Wie bereits angesprochen, bestand das erklärte Ziel einer Militäraktion für den Fürsten in einem von den Russen unabhängigen Operationsgebiet im Nordwesten Bulgariens um Vidin, wo die

[108] Arh. Stat. Fond Regele Carol I, V D 1878 bis. Brief an den Vater v. 25.5./6.6.1877. Vgl. dazu die leichte Abweichung in: Aus dem Leben König Karls, 3, S. 172f.

[109] Die Hoffnung von Kogălniceanu, dass die Großmächte mit der Unabhängigkeit auch die Neutralität Rumäniens anerkennen würden, erfüllte sich nicht. Kogălniceanu, Opere, IV, orat. II, IV, S. 481.

rumänische Armee unter dem persönlichen Kommando ihres Fürsten ihre Feuertaufe bestehen sollte. Ähnlich wie bei der Unabhängigkeit spielten verschiedene ideelle, innen- und außenpolitische Motive für diese Entscheidung eine Rolle. Die Leitidee der Wiederherstellung des militärischen und politischen Selbstwertgefühls einer Nation verband sich mit dem persönlichen Stolz des Fürsten als Militär und seiner Auffassung vom Fürstenamt, das den Heerführer an der Spitze der eigenen Armee einschloss.[110] Die Vorstellung, sich der Unabhängigkeit würdig zu erweisen, die Existenz des Landes auch militärisch zu legitimieren,[111] war sowohl beim Fürsten wie bei den Radikalliberalen präsent und galt darüber hinaus im allgemeinen Denken der Zeit als Beweis der Lebensfähigkeit eines Staates. Daher erblickte man in der Militäraktion eine Garantie für die Anerkennung und die Aufnahme als gleichberechtigtes Mitglied in die europäische Staatenwelt,[112] während umgekehrt eine Rückkehr zum Status quo ante unmöglich gemacht werden sollte.[113]
Wichtig waren aber auch ganz konkrete Ziele, um bei einer Friedensregelung nicht übergangen zu werden: so konnte eine Eroberung auf bulgarischem Gebiet ein wertvolles Faustpfand oder Tauschobjekt, z. B. hinsichtlich der Dobrudscha, bedeuten.[114] Carol benannte des Weiteren die Schleifung der türkischen Donaufestungen und die völlige Freiheit der Schifffahrt auf der Donau als von höchstem Interesse für Europa und Rumänien.[115] Ein anderer Punkt, der von der Quellenlage her nicht eindeutig zu klären ist aufgrund der zu dem Zeitpunkt offensichtlichen Inopportunität, betraf das Königtum und die Errichtung eines rumänisch-bulgarischen Reichs, was Carol auf längere Sicht nicht auszuschließen schien.[116]

Die Realisierung dieser Pläne hing jedoch von den Russen ab, materiell wie politisch, und setzte überdies einen russischen Sieg voraus. Ohne russische Torpedos und zusätzliche Waffenhilfe drohte ein Donauübergang in einem militärischen Desaster zu enden, ohne eine vertraglich abgesicherte militärische Zusammenarbeit bestand die Gefahr des Verlustes der militärischen und politischen Unabhängigkeit. So dominierten während der

[110] Vgl. Carols Rede v. 10./22. Mai 1866, an die er und C. A. Rosetti anlässlich der Unabhängigkeit erinnerten. Regele Carol I, Cuvântări şi scrisori, I, S. 14.

[111] Aus dem Leben König Karls, 3, S. 173: „Meiner Armee fällt nun die schöne Rolle zu, sich für eine Idee zu schlagen; bis jetzt hat Rumänien alles ohne Kampf erreicht, diesmal aber ist ihm Gelegenheit gegeben, seine Existenz mit den Waffen in der Hand zu verteidigen."

[112] Arh. Stat. CR 40/1877, S. 48f. (Zwiedinek an Andrassy vom 24.7.1877 über eine Unterredung mit I. C. Brătianu).

[113] Independenţa României, II, 2, S. 52 (Debains v. 22. Juni 1877 über eine Unterredung mit Kogălniceanu).

[114] In den Worten Carols: „Nous voulons [...] nous créer des titres pour obtenir à la paix les concessions que notre dignité réclame." Independenţa României, II, 2, S. 51.

[115] Ibd., S. 51.

[116] Darauf kann nur indirekt und mit Vorbehalt geschlossen werden. Dass diese Ideen zirkulierten, machten die Ansprache von D. Brătianu am Unabhängigkeitstag und die deutliche Sprache Andrassys gegen ein Königreich deutlich; ein wichtiger Hinweis ist auch die Bemerkung des Vaters über die „Errichtung eines vereinigten Staates Rumänien-Bulgarien, selbstverständlich mit Freiheit der Donauschiffahrt bis ins Meer". Aus dem Leben König Karls, 3, S. 181.

Monate Juni – August die Verhandlungen mit Russland über eine vertragliche Regelung der miltärischen Beteiligung Rumäniens am Kriegsgeschehen die gesamte rumänische Politik. Es war dies die Stunde des Militärs Carol, der sich als Oberbefehlshaber allein die Entscheidungen vorbehielt,[117] sich aber dennoch immer mit den politischen und militärischen Führern absprach.
Als vorteilhaft im Umgang mit der russischen Hocharistokratie, die sich im Gefolge des Krieges zahlreich in Rumänien einfand,[118] erwies sich jetzt sein Status als Hohenzollernprinz. Besonders sichtbar wurde dies während der Anwesenheit von Zar Alexander II. in Ploieşti (25.5/6.6. – 14./26. Juni 1877), wo sich seit dem 2./14. Mai das russische Hauptquartier befand. Für Brătianu und Kogălniceanu ging vom Zaren eine Bedrohung für die Selbständigkeit des Landes aus, wohingegen Carol diese Gefahr aufgrund seiner Herkunft ausschloss.[119] Bukarest wurde im Juni zur Bühne gesellschaftlicher Auftritte von Fürst und Zar, wie sie souveränen Herrschern aus europäischen Hochadelsfamilien eigen waren. Vor dem Hintergrund der zahlreichen türkisch-russischen Kriege, in denen die Russen als Eroberer kamen, dokumentierte der zeremonielle Ablauf dieser Begegnungen augenfällig die andere Stellung eines Hohenzollernfürsten an der Spitze des Landes.[120] Man war *en famille*, in der Gemeinschaft von Ebenbürtigen, was die gegenseitige Akzeptanz und die Kommunikation erleichterte.[121] Auch als eine informelle Anerkennung der Unabhängigkeit konnte das Auftreten des Zaren gewertet werden.[122]
So sehr Zeremoniell und Zuvorkommenheit des Zaren gegenüber dem Fürstenpaar dieses und das Land aufwerten mochten, so führten sie doch zu keiner Regelung einer selbständigen Beteiligung der rumänischen Armee am Krieg. Gespräche Carols mit dem Zaren und Gorčakov verliefen ergebnislos.[123] Es war vor allem die russische Diplomatie, die jede Erweiterung von Kriegsteilnehmern aus Besorgnis vor weiteren europäischen Komplikationen und im Glauben an die eigene Überlegenheit ablehnte. Zudem betrachtete man Rumänien wie auch Serbien mit einer unverhohlenen Geringschätzung und erklärte offen, dass man dessen Hilfe nicht benötige.[124] Hingegen war die russische Heeresleitung an einer Verstärkung ihrer Truppen durch rumänische Verbände stark interessiert

117 P.A. I.A.B.q. Türkei 24, Vol. 61, Alvensleben v. 9. Juli 1877(Nr. 200).

118 Allein der Zar kam mit einem Gefolge von 700 Personen und 1 000 Pferden nach Rumänien. Arh. Stat. Fond Regele Carol I, V D 1878 bis, Brief v. 25.5./6.6.1877 an den Vater.

119 Ibd. III/29, f. 101. Aus dem Leben König Karls, 3, S. 173f.

120 Carol genoss sichtlich diese Auftritte mit dem Zaren, die in seinem Tagebuch einen breiten Raum einnehmen. Im Gegensatz zu seinen gewöhnlich lakonisch gehaltenen Eintragungen notierte er genau und ausführlich diese Begegnungen. Vgl. Aus dem Leben König Karls, 3, S. 177f. Eine für den Fürsten weniger schmeichelhafte Darstellung der Zarenbesuche bei dem französischen Generalkonsul Debains: Independenţa Romåniei, II, 2, S. 31f. (28.5./9.6.1877).

121 Aus dem Leben König Karls, 3, S. 173.

122 So die Meinung von Karl Anton, Ibd., S. 180.

123 Lindenberg, König Karl, I, S. 371.

124 Arh. Stat. Fond Regele Carol I, III/29, f. 100. Telegramm v. Ghica v. 11./23. Mai 1877, Note Nelidovs v. 17./29. Mai 1877: Aus dem Leben König Karls, 3, S. 167ff. Hünigen, N.

und einer Kooperation nicht abgeneigt, wollte die Einheiten aber russischem Kommando unterstellt sehen,[125] was wiederum für den Fürsten völlig unanehmbar war.
Noch mehr unter Druck gerieten Fürst und Regierung, nachdem am 1./13. Juni 1877 Gorčakov gegenüber Kogălniceanu offen erklärt hatte, dass Russland den Kiliaarm, d. h. Bessarabien, zurückbekommen müsse und Rumänien die Dobrudscha erhalten würde.[126] Einen Tag später wiederholte der russische Außenminister auch Carol gegenüber diese Forderung, so dass spätestens ab diesem Zeitpunkt bei den Rumänen kein Zweifel mehr über dieses Kriegsziel der Russen bestehen konnte.[127] Auf diese beunruhigende Nachricht reagierte Carol mit dem Hinweis auf die Zuständigkeit Europas bei der Neuregelung der Grenzen. Erstaunlicherweise fiel die Reaktion insgesamt wenig heftig aus, was die Russen vielleicht glauben ließ, dass sie mit dieser Forderung auf wenig Widerstand stoßen würden. Es spricht auch Einiges dafür, dass der Fürst, I. C. Brătianu und M. Kogălniceanu mit dem Verlust Bessarabiens rechneten und territoriale Eroberungen auf bulgarischem Boden zusätzlich als notwendiges Kompensationsobjekt ansahen.[128] Vor allem aber waren ihnen in der Situation die Hände gebunden, denn mit der russischen Armee im Land konnten sie keinen Konflikt mit Russland riskieren. Die Ankündigung Gorčakovs konnte somit den letzten Ausschlag für die am 1./13. Juni 1877 gefällte Grundsatzentscheidung eines eigenen Donauübergangs gegeben haben, um von den Russen unabhängig zu agieren, andererseits blieb man aber auf die russische Hilfe angewiesen.[129]
Vor dem Hintergrund der festgefahrenen Verhandlungen und einem möglichen Alleingang Rumäniens gewann die Haltung Österreich-Ungarns an Bedeutung, dessen Unterstützung man sich vergewissern wollte. Andrassy war grundsätzlich nicht gegen eine Beteiligung der rumänischen Armee am Krieg, knüpfte daran jedoch die Bedingungen, dass 1. die serbischen Grenzen respektiert werden müssten und dass 2. keine territorialen Eroberungen in Bulgarien gemacht werden dürften.[130] Dahinter stand die Hauptsorge Andrassys vor einer möglichen Proklamation zum Königreich mit ihrer Sogwirkung auf

P. Ignat'ev, S. 212f. Nicht besser erging es dem serbischen Fürsten Milan, der ebenfalls nach Ploieşti kam.

125 P.A. I.A.B.q. Türkei 24, Vol. 61, Alvensleben v. 9. Juli 1877 (Nr. 200) über eine Unterredung mit dem Fürsten. Großfürst Nikolaj zeigte sich über die russische Diplomatie verärgert. Aus dem Leben König Karls, 3, S. 179.

126 Arh. Stat. Fond Regele Carol I, III/29, f. 102.

127 Nach der Niederschrift Carols sagte Gorčakov: „on doit Vous donner les bouches du Danube, à nous il nous faut absolument la Kilia. – Ich drückte ihm mein Erstaunen aus u. sagte alors il nous faut beaucoup. 'Vous pouvez prendre la Dobroutcha.'" Ibd. (2./14. Juni 1877). Am 21.6./3.7.1877 bestätigte auch Bălăceanu diese Nachricht aus Wien. Aus dem Leben König Karls, 3, S. 178f., 195. Independenţa României, IV, S. 299. In Iorga, Correspondance diplomatique, S. 281, ist das falsche Datum 3./15. Juli angegeben.

128 Dieser „Pfandgedanke" kam bei Kogălniceanu immer wieder vor. Arh. Stat. CR 40/1877, S. 55 (Zwiedinek v. 25.7.1877, Nr. 193).

129 Aus dem Leben König Karls, 3, S. 178. Arh. Stat. Fond Regele Carol I, III/29, f. 102.

130 Independenţa României, I, S. 139 (Bălăceanu an Ion Brătianu v. 20.6./2.7.1877 über ein Unterredung Andrassys mit dem Kaiser).

die Rumänen in der Doppelmonarchie, was er auch gegenüber Bălăceanu warnend zur Sprache brachte.[131] In der Bessarabienfrage führte die Reise von Kogălniceanu Ende Juli/Anfang August 1877 nach Wien zu der *conviction fatale*, dass es ein völliges Einvernehmen zwischen Russland und Österreich gab.[132] Auch wenn die österreichisch-ungarische Duldung einer rumänischen Offensive in Bulgarien als positives Ergebnis für die rumänischen Pläne gewertet wurde, da in ihr die Anerkennung der Unabhängigkeit lag, so erfuhren Fürst und Regierung doch keinerlei Unterstützung in den Verhandlungen mit Russland, sondern mussten im Gegenteil von der Zustimmung Österreich-Ungarns zur Abtretung Bessarabiens bei einer künftigen Friedensregelung ausgehen.
Die Weigerung der russischen Führung, auf die Wünsche der rumänischen Regierung nach einem formellen Kooperationsvertrag über eine mit russischer Hilfe abgesicherte eigenständige Militäroperation im Nordwesten Bulgariens einzugehen, brachte den Fürsten in eine sehr kritische Lage und drohte ihn und die Regierung zu Gefangenen der eigenen Politik zu machen. Eine Demobilisierung schied ebenso aus wie eine ungedeckte Offensive mit unkalkulierbaren Opfern.[133] Die Äußerung des französischen Generalkonsuls Debains, dass Carol mit seiner Krone spiele, traf sicher nicht zu, wies aber auf den Ernst seiner Lage hin.[134] Nicht nur die militärische Zwangslage machte Schwierigkeiten, sondern auch innenpolitisch war die Lage gespannt. Auch wenn es keinen offenen Widerstand gegen einen Offensivkrieg an der Seite Russlands gab, so stieß dieser außerhalb der radikalliberalen Gruppe doch auf Opposition und war zudem parlamentarisch nicht gedeckt.[135] Frustration und Unsicherheit schlugen sich beim Fürsten in Ärger über die

131 P.A. I.A.B.q. Türkei 24, Vol. 61, Graf Stolberg v. 13. Juli 1877 (Nr. 202, Vertraulich). Independenţa României, I, S. 159ff. (Bălăceanu an Carol v. 8./20. Juli 1877).

132 „Le résultat de la conversation polie que j'ai eue avec Andrassy, c'est la conviction fatale qu'il existe une entente parfaite pour toute eventualité entre l'Autriche e la Russie". Arh. Stat. CR 16/1877, f. 14, Kogălniceanu an Carol, 22.7./3.8.1877. Gegenüber dem österreichischen Generalkonul Zwiedinek machte er gute Miene zum bösen Spiel, als er von dem „Glück" für Rumänien sprach, dass ein enges Einverständis zwischen beiden Kaiserreichen herrsche, „indem der gegenwärtige Krieg diesem Lande wenig nachteilig werden könne, wenn die Bedingungen des künftigen Friedens von den zwei grossen Nachbarmächten schon im Vorhinein vereinbart seien und die Ueberzeugung, daß dies der Fall sei, habe er aus Eurer Excellenz Mitteilungen geschöpft". Arh. Stat. CR 40/1877, S. 80 (Zwiedinek v. 22. 8.1877, Nr. 218).

133 Kogălniceanu an Bălăceanu v. 20.6/2.7.1877: Iorga, Correspondance diplomatique, S. 279f. Independenţa României, I, S. 138f.

134 Independenţa României, II, 2, S. 92f. (Debains v. 2./14.7.1877). Debains bezeichnete die Politik des Fürsten allgemein als tollkühn (politique téméraire): Ibd., S. 51 und S. 86, eine Meinung, die auch die anderen diplomatischen Vertreter teilten. Der italienische Generalkonsul Fava fand für eine derartig abenteuerliche Politik nur die Erklärung, dass die Roten, getreu ihrem alten Ziel, den Fürsten kompromittieren wollten: Ibd., S. 89f. (Fava v. 11. Juli 1877).

135 Independenţa României, II, 2, S. 92f. (Debains v. 2./14.1877). Arh. Stat. CR 46/ 1877 S. 17f. (Zwiedinek v. 14.9.1877, Nr. 235). Arh. Stat. Fond Regele Carol I, III/29, f. 107: „Unsere militärische u. politische innere Lage sehr ernst. Die Partheien ungemein gespannt." (31.7./ 12.8.1877). Das Parlament war am 15./27. Juni geschlossen worden.

Russen[136] und in ständigen Beratungen mit Kogălniceanu und I. C. Brătianu nieder, deren Meinungen über eine selbständige Militäraktion sich nicht ganz deckten. Kogălniceanu, ursprünglich ein Gegner jedweder Offensive in Bulgarien, ließ sich von Carol von der Notwendigkeit einer solchen überzeugen, bestand aber auf dem Abschluss eines Vertrages und verlangte Zusicherungen seitens Russlands über territoriale und finanzielle Entschädigungen.[137] Für I. C. Brătianu besaß die Militäraktion Priorität. Er sah in der Aprilkonvention bereits eine feste vertragliche Basis mit Russland und trat deshalb für ein „entschiedenes Vorgehen" ein.[138]

Der Fürst nahm eine mittlere Position ein, indem er auf einer Zusicherung der unabhängigen Befehlsgewalt über seine Armee und, soweit notwendig, auf russischer Hilfsunterstützung bestand, aber auch nicht abgeneigt war, bei entsprechend günstiger militärischer Entwicklung, die die Abhängigkeit von Russland aufheben könnte, einen eigenen Waffengang zu unternehmen. Daher entschied er sich für eine abwartende Haltung bei gleichzeitiger forcierter Fortsetzung der Vorbereitungen für einen eigenen Donauübergang, um bei einer sich bietenden Gelegenheit militärisch gerüstet zu sein. Er selbst hielt sich ab dem 1./13. Juli in seinem Hauptquartier in Poiana, nahe Calafat, auf, um selbst die Kriegsbereitschaft seiner Truppen zu überwachen und die Möglichkeiten einer Offensive zu erkunden.

Wie so oft im Verlauf der Balkankrise kamen äußere Ereignisse den Regierenden zu Hilfe und halfen ihnen bei einer Entscheidungsfindung in dem von ihnen gewünschten Sinne. Der russische Vormarsch war nach dem Donauübergang am 15./27. Juni 1877 zwischen Zimnicea und Svištov zuerst zügig vorangekommen: am 16. Juli fiel Nikopol, am 7. Juli war Târnovo eingenommen worden, am 19. Juli fiel der Schipkapass, der wichtigste Balkanübergang, fast kampflos in russische Hände, nachdem ein Vorauskommando unter General Gurko zwei Tage zuvor den Hainkoipass genommen hatte. Dennoch zeigte sich bald, dass die russischen Kräfte nicht ausreichten und zu zersplittert waren, um die sehr lange Frontlinie zu halten. Am 20. und dann besonders am 30. Juli kam es zu zwei entscheidenden Niederlagen vor Plewna, wo sich ein über 20 000 Mann starkes türkisches Heer unter Osman Pascha verschanzt hatte, das später auf 45 000-50 000 Mann verstärkt wurde. Diese Niederlagen drohten die bis jetzt erreichten Erfolge zu annulieren und den Kriegsverlauf zu Ungunsten der Russen zu verändern.[139] Die Folge war, dass die russische Heeresleitung immer dringender auf die rumänische Unterstützung angewiesen war.

[136] Carol klagte in seinen Tagebucheintragungen bitter über die Russen, die „sich nur unser bedienen wollen, ohne nichts zu geben." (11./23.7.1877) Arh. Stat. Fond Regele Carol I, III/29, f. 106. In den veröffentlichten Memoiren ist wenig davon zu lesen.

[137] Ibd., f. 102 (1./13. Juni 1877). Zwiedinek bemerkte: „Cogalniceano, der früher so laut gegen jede Offensive Rumäniens protestierte, ist in den letzten Tagen bezüglich dieser Frage auffallend zurückhaltend geworden." Arh. Stat. CR 40/1877, S. 20f. (Zwiedinek v. 20.6.1877, Nr. 147). Independenţa României, II, 2, S. 92f. (Debains v. 14.7.1877). Arh. Stat. CR 6/1877, f.1ff., Kogălniceanu an Carol v. 30.6./12.7.1877. Ibd. CR 40, S. 55 u. 58ff. (Zwiedinek v. 25.7., Nr. 193, und v. 27.7.1877, Nr. 195).

[138] Arh. Stat. Fond Regele Carol I, III/29, f. 106 (11./23. Juli 1877).

[139] Der Orientalische Krieg in den Jahren 1876-1878, V: Unsere Zeit N.F., XV, 2, 1879. Dort auch die Versäumnisse der russischen wie der osmanischen Kriegführung.

Ohne sofortige militärische Verstärkung bestand jetzt die Gefahr eines Rückzugs hinter die Donaulinie, da die am 31. Juli neu mobilisierten russischen Armeekorps, darunter die Eliteeinheit des Gardekorps, frühestens nach einem Monat auf dem bulgarischen Kriegsschauplatz eintreffen konnten.

In Kenntnis seiner unzureichenden Kräfte hatte Großfürst Nikolaj schon immer eine Verstärkung durch rumänische Truppen befürwortet, doch konnte er sich damit beim Kaiser und Gorčakov zuerst nicht durchsetzen. Er selbst war aber auch nicht bereit gewesen, den Rumänen ihre eigenen Offiziere und ein eigenständiges Oberkommando zu belassen. Eher dachte er an Gendarmen- und Überwachungsdienste an der Donau, um die russischen Truppen von diesen Aufgaben zu entlasten. Es war in bestimmten Bereichen bereits zu einer Zusammenarbeit gekommen, so beim gemeinsamen Artilleriebeschuss der türkischen Festungen vor dem russischen Donauübergang und beim Angriff auf Nikopol, wo die rumänischen Batterien den Russen wertvolle Hilfe leisteten. Carol ging auch auf die Wünsche des Großfürsten ein, einen Teil der russischen Defensivlinie auf der rumänischen Donauseite durch rumänische Truppen vorübergehend zu halten.[140] Auf die im Juli immer dringlicher werdenden Anfragen des Großfürsten nach einem Donauübergang der rumänischen Armee reagierte Carol aber ablehnend und machte die Bereitstellung von russischen Torpedos zur Bedingung.[141] Überdies blieb die entscheidende Frage eines eigenständigen Oberkommandos weiterhin ungelöst. Desgleichen lehnte Carol zuerst den Wunsch des Großfürsten ab, nach der Einnahme von Nikopol rumänische Truppen mit dessen Garnison und der Eskorte von 7 000 türkischen Gefangenen zu betreuen.[142] Erst die direkte Bitte von Zar Alexander II. nach der ersten Niederlage vor Plewna am 20. Juli 1877, die Besetzung von Nikopol durch rumänische Truppen zu veranlassen, um die dort festgehaltenen russischen Kräfte vor Plewna einsetzen zu können, ließ Carol den Marschbefehl an Teile der 4. Division unter General Manu erteilen, die Donau zu überqueren, um die Russen in und um Nikopol zu entlasten.[143] Carol sah diese Unterstützungsaktion noch als rein militärische Frage an, die die geplante Offensive nicht tangierte,[144] doch war nicht zu leugnen, dass von jetzt ab russische und rumänische Truppen gemeinsam agierten.[145]

140 Aus dem Leben König Karls, 3, S. 192f. und S. 194f.

141 P.A. I.A.B.q. Türkei 24, Vol. 61, Alvensleben v. 9. Juli 1877 (Nr. 200). Aus dem Leben König Karls, 3, S. 198, S. 199f., 202, 205f. Arh. Stat. Fond Regele Carol I, III/29, f. 106 (11./23. Juli 1877).

142 Regele Carol I, Cuvântări şi scrisori, II, S. 39f. (Carol an Kogălniceanu v. 7./19. Juli 1877).

143 Aus dem Leben König Karls, 3, S. 204ff. und 207ff. Die ersten Truppen überschritten am 17./29. Juli die Donau. Arh. Stat. CR 16/1877, f. 135.

144 „Ce passage [...] n'a rien de commun avec le passage que nous aurions pu tenter en face de l'ennemi, passage qui nécessiterait forcement les torpilles et autres moyens dont il est fait mention dans le télégramme adressé par Notre Grand Quartier Général au Général Nepokoitchisky." Ibd. Carol an Kogălniceanu v. 13./25.7.1877.

145 Kogălniceanu war über den Donauübergang denn auch bestürzt. Arh. Stat. CR 16/1877, f. 1, Kogălniceanu v. 12./24.7.1877. Er konnte ihn aber mit der persönlichen Bitte des Zaren

Trotz des wachsenden militärischen Drucks waren die Russen noch immer nicht bereit, dem Wunsch Carols nach einer eigenen Operationsbasis nachzukommen. Der Großfürst machte sogar die Rumänen für die erste Niederlage bei Plewna verantwortlich aufgrund ihrer Weigerung, Nikopol rechtzeitig zu besetzen.[146] In der Torpedofrage zeigten sie jedoch ein erstes Entgegenkommen, und auch Gorčakov setzte sich jetzt für eine Kooperation mit der rumänischen Armee ein.[147] Carol spielte noch auf Zeit[148] und ließ nach einem Kriegsrat mit I.C. Brătianu und Kogălniceanu am 17./29. Juli 1877 noch einmal seine Bedingungen an das russische Hauptquartier übermitteln.[149] Eine Wende kam erst nach der verheerenden zweiten Niederlage der Russen vor Plewna am 30. Juli. Mit dem berühmten Hilferuftelegramm des Großfürsten Nikolaj vom 19./31. Juli 1877, in dem es hieß: „Les Turcs ayant amassé les plus grandes masses à Plevna nous abîment"[150], wurde die Frage der Kooperation mit der russischen Armee für den Fürsten auf eine ganz andere Weise akut. Nicht er, sondern die Russen waren jetzt dringend auf Unterstützung angewiesen, doch das erhöhte die Gefahr einer Unterstellung seiner Truppen unter russisches Kommando, da er sich angesichts der schlechten militärischen Lage der Russen mit ihren möglichen Auswirkungen auf Rumänien der Hilfsforderung kaum entziehen konnte.

Die Diskussion zwischen I.C. Brătianu und Carol über das weitere rumänische Vorgehen spiegelte den Widerstand des Fürsten wider, ohne feste vertragliche Zusicherungen seine Armee den Russen zur Verfügung zu stellen.[151] Die alles entscheidende Frage blieb das eigenständige Kommando und die Beibehaltung der rumänischen Truppen als individuelles Armeekorps. So schrieb er an Brătianu: „Mon impression a toujour été que le jour où nous seconderions les Russes sur le champ de bataille ou que nous leur prêterions notre concours d'une facon quelconque, ils chercheraient à nous effacer et à nous absorber."[152] Angesichts der schlechten militärischen Lage der Russen sah Carol aber jetzt auch die Chance gekommen, seine Pläne einer eigenen Operationsbasis zu verwirklichen. So ließ er die Vorbereitungsarbeiten für den Donauübergang bei Corabia beschleunigen und reorganisierte sein Heer am 23. Juli/4. August in eine Operations- und Observa-

rechtfertigen: Independenţa României, II, 2, S. 96f. (Mansfield v. 15./27.7.1877, Nr. 198, Confidenţial).

146 Aus dem Leben König Karls, 3, S. 206, 208. Die Eintragung am 14./26. Juli im Tagebuch lautet: „General Cernat u. später Genral Zefkari von Tirnovo eingetroffen, vom Großfürsten geschickt, der uns beschuldigt daß wir an der ruß. Niederlage bei Plevna Schuld wären, er ist gegen uns aufgebracht, will daß wir über die Donau gehen. – Die Russen garantiren uns aber nichts u. wollen uns nur benützen." Arh. Stat. Fond Regele Carol I, III/29, f. 106. Aus dem Leben König Karls, 3, S. 207.

147 Ibd., S. 207, 209.

148 So schrieb er an seine Frau noch am 13./25. Juli, dass man sich in Bukarest „nur nicht auf einen baldigen Donauübergang spitzen" soll. Ibd., S. 206.

149 Ibd., S. 209.

150 Ibd., S. 212.

151 Ibd., S. 212f.

152 Arh. Stat. CR 16/1877, f. 142 (28.7./9.8.1877). Independenţa României, I, S. 187.

tionsarmee.[153] Das Ziel bildete eine Militäraktion in dem Raum zwischen den Flüssen Iskar und Vit, wobei das Abschneiden der türkischen Versorgungswege auch den Russen vor Plewna zugute kommen sollte.
Parallel zu diesen Vorbereitungen suchten Großfürst Nikolaj und der Fürst die Frage einer Kooperation in einem Briefwechsel zu regeln, wobei jede Seite zunächst an ihren Vorstellungen festhielt.[154] Der Streit machte sich an dem Ort fest, wo der Brückenschlag über die Donau stattfinden sollte, da dieser entscheidend für die von den Rumänen gewünschte eigene Operationsbasis war. Carol gab in diesem Punkt nicht nach,[155] so dass sich die Verhandlungen fast drei Wochen hinzogen, bis die russische Seite durch die sich zuspitzende militärische Lage gezwungen wurde, auf die rumänischen Forderungen einzugehen. Den Durchbruch brachten die Gespräche von I. C. Brătianu und Oberst Slăniceanu, dem Generalstabschef der rumänischen Armee, im russischen Hauptquartier am 6./18. August 1877, die mit der Anerkennung der rumänischen Bedingungen endeten.[156] Daraufhin wurde der Donauübergang beschleunigt in die Tat umgesetzt: am 14./26. August setzten die ersten Regimenter bei Corabia über die Donau, um mit der Besetzung der Iskarlinie zu beginnen.
Die rumänischen Pläne erfuhren aber eine Änderung, als die russische Heeresführung, dringend auf die sofortige Verstärkung ihrer Truppen vor Plewna angewiesen, das Oberkommando über eine vereinigte russisch-rumänische Streitmacht vor Plewna dem Fürsten antrug als Ausweg in der Frage des Kommandos über die rumänische Armee, das Carol nicht aus der Hand geben wollte. Am 16./28. August, während eines Besuchs im russischen Hauptquartier, entschied sich Carol für die Annahme des Oberbefehls, den ihm der Großfürst Nikolaj im Namen des Zaren angeboten hatte.[157] Diese Entscheidung traf er allein und damit auch den endgültigen Entschluss, an der Seite Russlands in den Krieg einzutreten.[158] Folglich gab er auf die Nachricht von neuen Kämpfen in der unmittelbaren Nähe von Plewna am 19./31. August den Befehl zum sofortigen Donauübergang seiner Armee und setzte sich damit über die Mehrheitsmeinung in seinem

[153] Aus dem Leben König Karls, 3, S. 219f. Căzănişteanu, Ionescu, Războiul neatîrnării, S. 168ff.

[154] Aus dem Leben König Karls, 3, S. 222f. Independenţa. României, I, ab S. 168 passim mit den Telegrammen des Großfürsten an Carol.

[155] So notierte er in sein Tagebuch am 2./14. August ursprünglich: „Ich bin gegen den Donau-Uebergang", was er dann änderte in: „Ich bin für den Donau-Uebergang nachdem unsere Situation geregelt ist." Arh. Stat. Fond Regele Carol I, III/29, f. 108. Am 4./16. August verweigerte er noch den Übergang der 3. Division, den Nikolaj gewünscht hatte. Aus dem Leben König Karls, 3, S. 224f.

[156] Arh. Stat. Fond Carol I, III/29, f. 108 (9./21.8.1877). Aus dem Leben König Karls, 3, S. 229f.

[157] Ibd., S. 236ff. Arh. Stat. Fond Regele Carol I, III/29, f. 109. Carol begründete seine Zusage damit, dass er das Anerbieten des Kaisers nicht hätte ausschlagen können. Aus dem Leben König Karls 3, S. 244.

[158] Iorga, Correspondance diplomatique, S. 292f., Kogălniceanu an Bălăceanu v. 25.8./6.9.1877.

Kriegsrat hinweg, der mit Ausnahme von I. C. Brătianu und einem Major für einen Aufschub eingetreten war.[159]

Carol selbst wohnte am 20.8./1.9.1877 dem Übergang seiner Truppen über die Pontonbrücke bei Corabia bei und sprach in einem Tagesbefehl die Überzeugung aus, dass die rumänische Armee in der Wiederaufnahme der glorreichen Kämpfe der Vorfahren gegen die Türken sich bewähren und Rumänien den Platz zurückgeben werde, den es einmal innegehabt habe und der ihm innerhalb der europäischen Nationen gebühre.[160] Einen Tag später überquerte auch er mit einem „merkwürdigen Gefühl" die Donau,[161] um das Oberkommando der vereinigten russisch-rumänischen Armee vor Plewna anzutreten, das er erst nach dem Fall von Plewna (28.11./10.12.1877) am 1./13. Dezember 1877 abgab.

5. Die Bewertung der Kriegspolitik des Fürsten

Die gemeinsame Kooperation der russisch-rumänischen Armee vor Plewna, deren Stärke sich zunächst auf ca. 60 000 Mann belief, darunter die Hälfte Rumänen,[162] war vertraglich nicht abgesichert, sondern beruhte allein auf dem mündlichen Gedankenaustausch zwischen Alexander II., Großfürst Nikolaj und Carol, ohne dass letzterer Bedingungen gestellt hatte.[163] Der Notenwechsel zwischen dem Großfürsten und Carol[164] und die Übertragung des Oberkommandos gaben allerdings der rumänischen Seite den Status eines gleichberechtigten Alliierten. Dieser wurde zudem durch die Tapferkeit der rumänischen Truppen unterstrichen, die sich in den Kämpfen vor Plewna auszeichneten. Die Hilfe der Rumänen war für die russische Kriegsführung in diesem Moment von zentraler Bedeutung, da sie die Fortsetzung des Krieges in Bulgarien erlaubte. Auch wenn die Übernahme des Oberkommandos durch Carol die tatsächliche russische Befehlsgewalt kaum alterierte, so demonstrierte gerade dieses Faktum augenfällig die Schwächen der russischen Heeresleitung,[165] die

159 Aus dem Leben König Karls, 3, S. 243f. Arh. Stat. Fond Regele Carol I, III/29, f. 109. Vgl. auch seine Rückschau auf diese Entscheidung: Aus dem Leben König Karls, 3, S. 438. Iorga, N., Războiul pentru independenţa României. Acţiuni diplomatice şi stări de spirit, hrsg. v. E. Simion, Bucureşti 1998, S. 149.

160 Regele Carol I, II, S. 63ff. Siehe auch die ausführliche und reich bebilderte Schilderung in: Lindenberg, König Karl von Rumänien I, S. 388ff.

161 Arh. Stat. Fond Regele Carol I, III/29, f. 110.

162 Aus dem Leben König Karls, 3, S. 238. Die Angaben über die Stärke der Truppen schwanken, bis zum Ende der Belagerung waren sie auf ca. 110 000 verstärkt worden.

163 Independenţa României, II, 2, S. 230f. (Hoorickx v. 19.12.1877). P.A. I.A.B.q. Türkei 24, Vol. 62, Alvensleben v. 8.9.1877 (Nr. 270. Durch sichere Gelegenheit bis zur Grenze).

164 Besonders der Brief des Großfürsten Nikolaj v. 6./18.8 und das Antwortschreiben Carols v. 10./22.8.1877, in denen die Individualität und das eigene Kommando der rumänischen Armee bestätigt wurden. Aus dem Leben König Karls, 3, S. 230f.

165 Arh. Stat. Fond Regele Carol I, V D 1883, Brief an den Vater v. 21.7./2.8.1877. Der Orientalische Krieg in den Jahren 1876 bis 1878. 4. Abteilung. Der Russisch-Türkische Krieg V, in: Unsere Zeit N.F. XV, 2, 1879, S. 526ff.

auf die rumänische Unterstützung angewiesen war, während es umgekehrt für den Fürsten einen enormen Prestigezuwachs bedeutete.

Die einsame Entscheidung des Fürsten, das Oberkommando zu übernehmen, war keineswegs unumstritten und führte zu mancherlei Irritationen im Regierungslager, da man nun wieder eine zu enge Allianz zwischen Russen und Rumänen befürchtete, die das Land in russische Abhängigkeit bringen würde.[166] Die Entscheidung lag aber in der Konsequenz der bisher verfolgten Politik und Carol konnte mit gutem Grund darin die einzige Garantie erblicken, die rumänischen Truppen nicht russischem Kommando unterstellen zu müssen, und sei es nur nominell.[167] Unter dem Druck der Verhältnisse hatte er das Maximum an Zugeständnissen russischerseits erreicht, auch wenn er das ursprüngliche Ziel einer eigenen Operationsbasis zunächst hatte aufgeben müssen.

Wie nie zuvor und danach war dabei seine Herkunft so entscheidend für die Regelung dieses Problems gewesen, da Zar Alexander II. einem Fürsten aus der rumänischen Bojarenschicht kaum das Oberkommando über eine russische Armee überlassen hätte.[168] Komplementär dazu hatte Carols Selbstbewusstsein in Bezug auf seine ebenbürtige Abstammung und eigene militärische Familientradition ihm die Sicherheit im Umgang mit dem russischen Herrscher gegeben und ihn auf den Forderungen eines eigenen Kommandos über seine Armee beharren lassen. Er empfand es dann als eine Frage der Ehre, dem Antrag des Zaren zu entsprechen und erblickte in dessen persönlicher Intervention auch die Übernahme einer moralisch-politischen Verpflichtung gegenüber Rumänien.[169] Dass die Übertragung des Oberkommandos dem Selbstwertgefühl des Fürsten schmeichelte, steht außer Frage, doch seinen Ehrgeiz und seine Eitelkeit als allein ausschlaggebend für seine Zustimmung anzusehen, wird dieser Entscheidung nicht gerecht. Diese stand am Ende eines bereits erfolgten politischen und militärischen

[166] Giurescu (Hg.), Ion C. Brătianu, Acte şi Cuvântări, III, S. 127. Kogălniceanu an Brătianu v. 23.8./4.9.1877 über den negativen Eindruck der Übernahme des Oberkommandos durch Carol im In- und Ausland, besonders in Wien. Independenţa României, II, 2, S. 150f. (Mansfield v. 24.8./5.9.1877). Besonders kritisch war Bălăceanu, der der Regierung vorwarf, den politischen Einfluss der Russen im Land zu zementieren. Independenţa României, I, S. 197ff. (Bălăceanu an Brătianu v. 22.8./3.9.1877).

[167] Selbst bei Brătianu musste Carol Überzeugungsarbeit leisten. Arh. Stat. Fond Regele Carol I, III/29, f. 109 (19./31.8.1877). Giurescu (Hg.), Ion C. Brătianu, Acte şi Cuvântări, III, S. 126f.

[168] Vgl. den Kommentar von Carol auf die Verleihung des Ordens „Pour le Mérite" durch Kaiser Wilhelm I.: „[...]wie sehr der Kaiser sich gefreut hat, daß ein Hohenzoller in diesem Kriege eine Rolle gespielt und in dem für Rußland gefährlichsten Momente desselben mit seinem Heere rettend eingegriffen hat!" Aus dem Leben König Karls, 3, S. 399 (Brief an den Vater v. 8./20.12.1877).

[169] Aus dem Leben König Karls, 3, S. 244: „Aber ich konnte das Anerbieten des Kaisers nicht ausschlagen, obwohl ich es vorgezogen hätte, mit meinem Heere allein, in gesonderter Operationszone, zu kämpfen." Ebenso S. 399 (Brief an den Vater v. 8./20.12.1877) und S. 438 (Brief an den Vater v. 2./14.1.1878). Rosetti, Corespondenţa Generalului Iancu Ghica, S. 81f.: „Voilà donc notre Prince commandant en chef de l'armée russo-roumain opérant à l'ouest! Il en est on ne peut plus flatté: quant aux généraux russes, ils font une piètre mine."

Abwägungsprozesses mit Zielvorgaben, die der Fürst nun in einer für ihn günstigen Situation umsetzen konnte.

Der Vorwurf, der später laut wurde und auch in der Historiographie auftaucht,[170] nämlich keine Garantien von Russland verlangt zu haben, geht an den Tatsachen vorbei. Zum einen hatte Carol seine wichtigste Forderung, das Oberkommando über seine Truppen zu behalten, durchsetzen können, und zum zweiten boten zusätzliche vertragliche Zusicherungen keine Garantie für ihre Einhaltung seitens Russlands, das später mit dem Argument der international nicht anerkannten Eigenstaatlichkeit Rumäniens bereits eingegangene vertragliche Verpflichtungen ignorierte. Die zugespitzte Frage, ob die Eitelkeit des Fürsten über politische Vernunft gesiegt habe, wird daher weder den Fakten gerecht noch gab es in diesem Punkt einen inneren Widerstreit. Carol verpflichtete sich die Russen auf lange Sicht moralisch auf eine viel wirksamere Weise, als es ein Vertrag zu dem Zeitpunkt hätte tun können. Die für die Russen ungünstige Kriegslage hatte gerade eine Situation geschaffen, in der Bessarabien – um dieses geht es nämlich bei der Diskussion – vielleicht gerettet werden konnte. Durch die Übernahme des Oberkommandos konnten Fürst und Regierung mit einigem Recht davon ausgehen, dass die Russen als Gegenleistung für die rumänische Hilfe auf die bekannte Forderung nach Rückgabe Bessarabiens verzichten würden. Als die Bessarabienfrage nach dem Krieg zu Ungunsten Rumäniens entschieden wurde, blieb Rumänien der moralische Gewinner, während Russland sich selbst diskreditierte und seinen politischen Einfluss auf Rumänien verlor.

Abgesehen von der Diskussion über das Oberkommando, das bereits eine Folge der Kriegsentscheidung darstellte, erhebt sich grundsätzlich die Frage nach dem Kriegseintritt von Rumänien. War dieser notwendig und welche Risiken wurden eingegangen? Dies zielt auch auf die Bewertung der offensiven Kriegspolitik des Fürsten, der eine führende Kraft für den Krieg darstellte. War sie eine persönliche Politik des Fürsten, getrieben von seinem Ehrgeiz, wie alle Vertreter der Garantiemächte, aber auch viele konservativen Kritiker im eigenen Land urteilten?[171] Dieses Urteil unterstellt, dass er damit gegen

170 Die Bemerkungen von B. Jelavich, dass das Angebot für Carol zu verlockend war, als dass er es hätte ausschlagen können, und dass er versäumte, von den Russen „genaue Vorteile" (precise advantages) bei einer späteren Friedensregelung zu erlangen, trifft daher den Sachverhalt unzureichend. Jelavich, B., Russia and the Reacquisition of Southern Bessarabia, 1875-1878, in: Südost-Forschungen 28, 1969, S. 216. Dasselbe Versäumnis warf der belgische Gesandte in Berlin, Nothomb, den Rumänen vor: Independenţa României, II, 2, S. 296ff. (13. April 1878). Die Ansicht, dass Alexander II. den rumänischen Fürsten überlistet hätte, wohl wissend, dass Carol das Angebot nicht ausschlagen konnte und er sich damit den russischen Generälen unterstellt hätte, verkennt ebenfalls die immanent politische Bedeutung, die in diesem Akt lag, und das Eingeständnis der russischen Niederlage. Roobol, W. M., Romania and the Powers in 1876-77, in: Goudever, P. A. (Hg.), Romanian History, 1848-1918. Essays from the First Dutch-Romanian Colloquium of Historians. Utrecht 1977, Groningen 1979, S. 98.

171 Arh. Stat. 40/1877, S. 37f., S. 70ff. (Zwiedinek v. 11.7.1877, Nr. 178 und v. 8.8.1877. Nr. 207); ibd. 46/1877, S. 17f., 23f. (Zwiedinek v. 14.9., Nr. 235 und v. 25.9. 1877, Nr. 241).Vgl. auch die Berichterstattung von Debains: Independenţa României, II, 2, passim. Maiorescu, Jurnal, IX, S. 277. Aus dem Leben König Karls, 3, S. 359.

die Interessen Rumäniens gehandelt bzw. seine auf persönlicher Eitelkeit beruhenden Interessen über die des Landes gestellt hätte. Diesen Fall hatte es 1868 bei seiner ersten Unabhängigkeitsoffensive gegeben, die mit einem völligen Scheitern endete und ihn außen- wie innenpolitisch in die Isolierung führte. 1877 jedoch stellte sich die Lage anders dar, da sich reelle Möglichkeiten boten, die Unabhängigkeit unter Ausnutzung günstiger Chancen aus eigener Kraft – und das hieß auch militärisch – durchzusetzen, ohne das Land zu destabilisieren. Die Diskussion über die rumänischen Interessen wurde, wie gesehen, äußerst kontrovers geführt, doch seit dem Sommer 1876 lagen Definition und Realisierung der rumänischen politischen Ziele gemeinsam bei den radikalliberalen Führern und beim Fürsten. Mit ihrer politischen Option befanden sie sich aber in der Minderheit, wie alle Grundsatzentscheidungen zeigten, wo sie sich über die Mehrheitsmeinungen hinwegsetzten. Dabei gab es entgegen vieler Meinungen weder klare Linien entlang Parteigrenzen, noch Einigkeit unter den Liberalen, von denen viele die Unabhängigkeit ablehnten, wenn sie um den Preis einer militärischen Beteiligung an der Seite Russlands zu erringen sei.[172] Das Urteil von N. Iorga, die Unabhängigkeit sei vor allem vier Personen zu verdanken, nämlich Carol, Ion C. Brătianu, M. Kogălniceanu und C. A. Rosetti, ist daher zutreffend.[173] Sie waren die vorwärts treibenden Kräfte, die die politischen Chancen gegen vorhandene Widerstände wahrnahmen.

Das Zusammenwirken von übereinstimmenden Ansichten von Fürst und Radikalliberalen über die Erlangung der rumänischen Unabhängigkeit und die Notwendigkeit ihrer militärischen Legitimierung, eine gemeinsame Disposition zum aktiven Handeln und die Ausnutzung der sich bietenden Spielräume verhalfen somit der rumänischen Politik zum Erfolg. In diesem Kontext stellte auch der zweifellos vorhandene Ehrgeiz des Fürsten eine wichtige Antriebskraft dar, ohne ihm aber die Einsicht in politische Bedingungen zu verstellen. Ein wichtiger Lernprozess des Fürsten während der letzten Jahre hatte darin bestanden, persönliche Präferenzen politischen Erfordernissen unterzuordnen. Seine Entscheidung für den Krieg ließ noch einmal seine Risikobereitschaft durchschimmern, doch militärisch gesehen, war das Risiko berechenbar, da man von einem Sieg ausgehen konnte. Und ein militärischer Erfolg schien die beste Antwort auf noch bestehende

[172] Alexandrescu, S., War and Significance. Romania in 1877, in: Goudever, P. A. (Hg.), Romanian History, 1848-1918, S. 67.

[173] Iorga, N., Războiul pentru independenţa Romîniei, S. 211-220. Iorga ordnet den vier Akteuren bestimmte kategoriale Handlungsmotive zu: Carol = Würde, C. A. Rosetti = Freiheit, Kogălniceanu = Nation, I. C. Brătianu = Aktion. Allerdings lässt sich Iorga wie oft in seinen Darstellungen von der eigenen Interpretationsfreudigkeit hinwegtragen, die es erstens mit den Fakten nicht immer genau nimmt, und zweitens wird ihre Einordnung dem historischen Geschehen oft nicht gerecht. In dieser Hinsicht ist Iorga oft unzuverlässig und muss hinsichtlich von Daten und Interpretation überprüft werden, was nicht ausschließt, dass er zu sehr zutreffenden Urteilen und originellen und prägnanten Formulierungen kommen kann, die aus einem intuitiven Geschichtsverständnis resultieren. Diese Deutung steht der nationalistisch kommunistischen Interpretation über die Unabhängigkeit natürlich diametral entgegen.

Widerstände gegen einen Krieg in der rumänischen Gesellschaft und hinsichtlich des Bessarabienproblems zu sein.[174]

Allerdings waren die Kosten dieser Politik hoch. Die Kriegsvorbereitungen und der Krieg selbst konnten nur mit Hilfe von Requisitionen durchgeführt werden, die der Bevölkerung große Opfer abverlangten.[175] Ausrüstung und Verpflegung der Soldaten vor und während des Krieges blieben mangelhaft und sie mussten z. T. unter widrigsten materiellen Bedingungen kämpfen, verschlimmert noch durch die klimatischen Härten.[176] Für einen Krieg war Rumänien weder militärisch noch finanziell genügend gerüstet gewesen, was zur Folge hatte, dass vieles *ad hoc* entschieden und der Mangel provisorisch verwaltet werden musste, wobei Ion C. Brătianu als Politiker mit der höchsten Autorität die Armeeversorgung übernahm. Härte bei Requisitionsmaßnahmen, organisierte Improvisation, Spenden- und Hilfsbereitschaft der Bevölkerung und russische Finanzhilfe machten erst die Kriegsführung möglich. Noch während des Krieges musste die Bevölkerung aufgerufen werden, für Waffen zu spenden.[177] Als die Finanzmittel während des Krieges ausgingen, half Russland mit vier Millionen Francs aus.[178] Trotz dieser Defizite wurde der Krieg geführt, weil die politische Sinngebung einen höheren Stellenwert besaß. So hieß es in dem Manifest, das Carol am 27.8./8.9.1877 an sein Land anlässlich des Beginns des Krieges in Bulgarien richtete:

„Die Zeit ist gekommen, dass auch dieser Staat Europa beweisen wird durch Energie und Entsagung aller Klassen seiner Gesellschaft und besonders durch den Arm seiner Söhne, dass Rumänien Vitalität besitzt, dass es die ihm eigenen Kräfte hat, dass es das Bewusstsein von seiner Mission an der Mündung der Donau hat, dass es die Manneskraft hat, diese zu erfüllen!“[179]

Der Fürst schlug sich nicht für das „Moskowitertum“, wie Maiorescu meinte,[180] sondern für die Idee der Selbständigkeit und internationalen Anerkennung Rumäniens mit

174 Arh. Stat. CR 46/1877, S. 17f. (Zwiedinek v. 14.9.1877, Nr. 235). Independenţa României, II, 2, S. 85f. (Debains v. 29.6./11.7.1877). Aus dem Leben König Karls, 3, S. 438.

175 Istoria Romîniei, IV, S. 607, mit entsprechenden Zahlen betreffs der Finanzierung und Ausrüstung der Armee.

176 Rosetti, Corespondenţa Generalului Iancu Ghica, S. 119. DIR, VI, S. 539. P.A. I.A.B.q. Türkei 24, Vol. 62, Alvensleben v. 31.10.1877 (Nr. 315). Das traf in noch stärkerem Maße für die russischen Truppen zu. Aus dem Leben König Karls, 3, S. 302, 369, 404.

177 Istoria Romîniei, IV, S. 609. Arh. Stat. CR 46/1877 f. 23ff. (Zwiedinek v. 25.9.1877, Nr. 241).

178 Aus dem Leben König Karls, 3, S. 290f., 295, 303, 315. Arh. Stat. CR 46/1877, S. 49f. (Zwiedinek v. 31.12.1877, Nr. 261).

179 Regele Carol I, II, S. 75. Vgl. auch: Aus dem Leben König Karls, 3, S. 173.

180 Das Urteil Maiorescus über den Krieg fiel vernichtend aus, aber auch hier verkannte er die politische Bedeutung: „Ich und viele Gleichgesinnte hier sehen nur mit Widerwillen auf den ganzen Krieg und bedauern den persönlichen Ehrgeiz des Fürsten Carl v. Hohenzollern. 1866, 1870 ja, das waren Kriege! da war eine Idee! Aber was hat Moskowitertum und Osmanentum mit den Idealen der Menschheit zu schaffen? Die beiden sind einander gleich wert und gleich unwert, und ob sich dieses Pack schlägt oder verträgt, ist im Grunde gleichgültig. Denn mit der Vorstellung von der wirklichen Gefährlichkeit des Slaventums für Deutschland,

natürlich intendierten Auswirkungen auf das eigene Ansehen und die eigene Stellung. Die Notwendigkeit für diesen Krieg ergab sich aus der Wiederherstellung der nationalen Würde, die Rumänien das ihm zukommende politische Gewicht und seinen Platz in Europa sichern würde. Das rechtfertigte in der zeitgenössischen Optik die großen materiellen und menschlichen Opfer – ungefähr 10 000 Soldaten starben oder wurden verletzt – und verwandelte die Kritik an dem generellen Unvorbereitetsein für den Krieg in den Stolz, aufgrund einer nationalen Anstrengung den Krieg gewonnen zu haben.[181]

Das Manifest vom 27.8./8.9.1877 bildete die Quintessenz der Argumentationslinie der rumänischen Politik, der ein starker apologetischer Zug innewohnte, der während der ganzen Balkankrise zu beobachten war.[182] Der Rechtfertigungszwang, der den anderen, den Großmächten, der Türkei, die politische Verantwortung zuschob, die den Rumänen keine andere Wahl gelassen habe, als selbst zu den Waffen zu greifen, verband sich mit dem Aufruf zur Bewährung, dem Bewusstsein der eigenen Mission und Stärke, der Evokation glorreicher Zeiten in der Vergangenheit, der Befreiung von einem unterdrückten Status und der Wiedererlangung verlorener Werte und Macht, um die Anerkennung Europas zu finden. Das Manifest richtete sich an das Inland wie ans Ausland gleichermaßen, und bildete zugleich die Antwort auf die weit verbreitete Kritik an der Offensive in Bulgarien. Defensive Absicherungsmechanismen und offensives nationales Selbstwertgefühl kennzeichneten diesen Aufruf, was sich nach dem erfolgreichen Feldzug in Bulgarien und den sich daraus ergebenen Folgen noch stärker auf Ausprägung und Intensität des rumänischen Nationalismus auswirken sollte.

Fragt man nach den Auswirkungen der Kriegsentscheidung auf die Institution Fürst, so stärkte Carol seine Legitimationsbasis erstens durch die von ihm immer auch angestrebte militärische Komponente und zweitens durch die Übernahme einer Garantiefunktion für die staatliche Integrität angesichts russischen Herrschaftsgebarens. Gerade im prekären Anfangsstadium der noch nicht anerkannten Unabhängigkeit konzentrierte sich die Sicherung der nationalen Souveränität in der Person des Fürsten, was ihn zum Entscheidungszentrum der rumänischen Politik machte. Das größte Problem für die rumänische Politik stellte seit Beginn des Krieges das Verhältnis zu Russland dar und in diesem Moment kam dem Faktum, einen Hohenzollern auf dem Thron zu haben, eine entscheidende Bedeutung zu. Carol verstand es, dieses Kapital politisch einzusetzen und die russische Herausforderung zu meistern, indem er in einer günstigen politischen, mi-

ist es ja nun hoffentlich vorbei, und die Russen werden noch viel mehr Seife importieren müssen, um sich erst die Augen zu waschen, bevor sie nach der westlichen Civilisation hinüber schielen." Maiorescu, Jurnal, IX, S. 277. (Brief an Dr. Scherer, ohne Datum). Offensichtliche Druckfehler im Text wurden verbessert, E. B.-I.

181 Aus dem Leben König Karls, 3, S. 359, 400, 405. Ion C. Brătianu, Acte şi cuvântări, III, S. 154ff. (Rede vom 18./30.1.1878). Iorga, Războiul pentru independenţa Romîniei, S. 211.

182 In diesem Teil trug das Manifest deutlich die Handschrift Kogălniceanus. Vgl. auch Zub, Al., Mihail Kogălniceanu. Biobibliografie, Bucureşti 1971, S. 354, der das Manifest als das Werk Kogălniceanus ansieht und sich dabei auf Iorga beruft. Iorga, N. Politica externă a Regelui Carol I, Bucureşti 1916, S. 247. Ders., Războiul pentru independenţa Romăniei, S. 152, wo er von „wahrscheinlich" spricht.

litärischen und persönlichen Konstellation der von ihm verfochtenen Politik zum Erfolg verhalf. In dem Maße, wie er als Feldherr und Bewahrer der nationalen Unabhängigkeit reüssierte, wurde auch seine Stellung im Innern aufgewertet und unanfechtbar, so dass er seinem Vater selbstbewusst schreiben konnte:

„Meine Stellung wird jetzt im In- und Auslande eine ganz andre werden, und ich kann mit Ruhe auch manchen Sturm über mich ergehen lassen. Die Parteien im Lande sind mir heute mehr od. weniger dienstbar gemacht, u. das Geschrei der Conservativen über den Krieg berührt mich sehr wenig."[183]

Zu diesem Zeitpunkt konnte Carol die politischen Stürme, die die Bessarabienfrage, die Judenemanzipation, die Grenzziehung zu Bulgarien und der Rückkauf der Eisenbahnen hervorrufen sollten, noch nicht vorhersehen – dass er sie ohne Schaden für seinen Thron überstand, war auch das Ergebnis des Krieges von 1877.

[183] Arh. Stat. Fond Regele Carol I, V D 1888. Vgl. die etwas abgewandelte Fassung in: Aus dem Leben König Karls, 3, S. 359 (Brief v. 21.11./3.12.1877). Elisabeth schrieb ihrem Mann bereits am 14./26.10.1877: „Der Krieg wird Dir in jeder Weise zu statten kommen und Deine Stellung vor Europa außerordentlich heben." Ibd., S. 316. P.A. I.A.B.q. Türkei 24, Vol. 62, Alvensleben v. 17.9.1877 (Nr. 280).

IV Das Bessarabiensyndrom

1. Der Sieg und seine Folgen

Persönlich wurde der Feldzug für den Fürsten zum Höhepunkt seines Lebens. Er bewegte sich in einem Milieu, das ihm von Jugend an vertraut war und in dem er sich trotz der großen Entbehrungen sichtlich wohlfühlte.[1] Die Übertragung des Oberkommandos, das gute Verhältnis zum Zaren,[2] der Stolz über die Erfolge seiner Armee hoben sein Selbstbewußtsein und rechtfertigten in seinen Augen die Kriegsentscheidung vollständig.[3] Vor dem Hintergrund der elfjährigen mühseligen und intrigenreichen Tagespolitik in Bukarest erblickte Carol in dem Sieg den verdienten Lohn seiner unermüdlichen politischen und militärischen Aufbauarbeit.[4]
Militärisch gesehen, war der Fürst zwar Oberbefehlshaber der Westarmee, die Entscheidungen für die Kriegführung lagen aber weiterhin beim russischen Hauptquartier des Großfürsten. Dementsprechend schwierig gestaltete sich sein Verhältnis zur russichen Armee, da man seinem Kommando mehr nominelle als reelle Bedeutung zumaß.[5] Die militärisch sinnlose dritte Schlacht vor Plewna am 30.8./11.9.1877, die vor allem aus Prestigegründen auf den Namenstag des Zaren festgelegt wurde, fand gegen den Rat des Fürsten statt und endete erneut mit einer schweren Niederlage. Erst die Autorität von General v. Todleben, dem berühmten Verteidiger von Sevastopol, der nach der Niederlage zum Organisator der Belagerung von Plewna berufen und als Adlatus dem Fürsten beigeordnet wurde, ließ auch Carols Ansichten über die Notwendigkeit der Belagerung und von massiven Truppenverstärkungen Geltung verschaffen. Ebenso führte erst Todlebens Kritik an den Einmischungen des großfürstlichen Hauptquartiers zu einer klaren Abgrenzung der Kommandostrukturen der vor Plewna operierenden Truppen-

1 Aus dem Leben König Karls, 3, S. 249, 258, 301.

2 Rosetti, Corespondenţa Generalului Iancu Ghica, S. 115: „Notre Prince est fréquement invité à sa table. L'Empereur est charmant avec lui. Il le comble de prévenances et d'égards; je crois même qu'il l'a pris en affection. Ils sont devenus presque intimes." (Ghica an seine Frau v. 14./26.11.1877). Aus dem Leben König Karls, 3, S. 358.

3 Ibd., S. 358f.

4 Ibd., S. 316, 405, 422.

5 Ibd., S. 263, 287, 358. P.A. I.A.B.q. Türkei 24, Vol. 63, Alvensleben v. 29.12.1877 (Nr. 362) über eine Privataudienz beim Fürsten. Nach Carol wirkte vor allem Alexander II. vermittelnd bei Unstimmigkeiten; auch der französische Militärattaché in St. Petersburg, Oberst Gaillard, der ein enges Vertrauensverhältnis sowohl zu Carol wie zum Großfürsten Nikolaj hatte, war als Vermittler tätig. Zur besonderen Stellung Gaillards s. den Bericht von Debains v. 16.1.1878: Independenţa României, II, 2, S. 240ff.

teile.[6] Carol, der sich mit Todleben gut verstand, gewann im Laufe der dreimonatigen Belagerung an Autorität, was er neben den Erfolgen seiner Truppen und den häufigen Treffen mit dem Zaren auch dem eigenen militärischen Auftreten und Takt verdankte.[7] Desgleichen führten die ständigen Truppeninspektionen und Besprechungen mit seinem russischen Generalstab zu einer gewissen Vertrautheit zwischen ihm und den russischen Militärs, so dass der Fürst und seine Truppen trotz Reibereien als gleichberechtigte Alliierte in einem gemeinsam geführten Kampf akzeptiert wurden, was sich auch in zahlreichen gegenseitigen Ordensverleihungen niederschlug. Als am 28.11./10.12.1877 die Belagerung Plewnas mit der Kapitulation von Osman Pascha ihren erfolgreichen Abschluss fand, wurde dies im Augenblick des Sieges als gemeinsamer Erfolg der ca. 140 000 Mann zählenden russisch-rumänischen Truppen der Belagerungsarmee gefeiert. Dieser Erfolg wurde zum persönlichen Triumph des Fürsten, der am 1./13. Dezember 1877 sein Oberkommando abgab.[8]

Von langfristig großer politischer Bedeutung waren die militärischen Erfolge der jungen rumänischen Armee, deren Wert man vor dem Krieg allgemein in Europa als gering eingeschätzt hatte.[9] So gelang den rumänischen Truppen in der Schlacht vom 30.8./11.9. durch die Eroberung und Behauptung einer wichtigen Redoute, der ersten Griviţa-Redoute, der einzige Erfolg, der sich vor dem Hintergrund der russischen Niederlagen umso stärker abhob. Griviţa erlangte eine ungeheure Symbolkraft für die nationale Dynamik und das wieder gewonnene Heldentum der Rumänen, wie Carol in einem Tagesbefehl hervorhob.[10] Die erbeuteten Trophäen, eine türkische Fahne und drei Kanonen, wurden auf Befehl des Fürsten nach Bukarest gebracht mit der Anweisung, zwei Kanonen neben der Statue Michaels des Tapferen (Mihai Viteazul) aufzustellen in Anspielung auf dessen Sieg über die Türken bei Călugăreni im August 1595, dem letzten großen Sieg einer rumänischen Armee über die Türken.[11] Der Griviţa-Sieg widerlegte die Annahme von der fehlenden Tapferkeit rumänischer Soldaten und bestätigte auf eindrucksvolle Weise den Glauben Carols an seine Armee und den Erfolg seiner Bemühungen um den Aufbau eines schlagkräftigen Heeres. Dies war ein ganz persönlicher Erfolg des Fürsten mit politischen Auswirkungen. Dieser Erfolg erlaubte es ihm, rumänische Orden an russische Offiziere und Soldaten zu verteilen und auch an Alexander II. den höchsten rumänischen Orden, den Stern von Rumänien, zu verleihen, den dieser annahm. In dieser Annahme

6 Aus dem Leben König Karls, 3, S. 329, 338f. Todleben war nach Carols Worten „durch und durch deutsch“. Ibd., S. 293f.

7 Ibd., S. 358. Der Zar hielt sich seit dem 14./26. Oktober auch in Poradim, dem Hauptquartier des Fürsten, auf. Independenţa României, II, 2, S. 227 (Alvensleben v. 16.12.1877).

8 Aus dem Leben König Karls, 3, S. 364ff. mit der detaillierten Schilderung der Übergabe Plewnas. Der Tagesbefehl v. 1./13.12.1877: Ibd., S. 375f. Schreiben des Kaisers an den Fürsten v. 1./13.12.1877: Ibd., S. 377.

9 Eine Ausnahme bildete die positive Einschätzung von R. Henke, Rumänien. Land und Volk, Leipzig 1877, S. 131.

10 Regele Carol I al României, II, S. 83ff., Tagesbefehl v. 5./17.9.1877.

11 Aus dem Leben König Karls, 3, S. 278f. mit dem falschen Datum 1591. Bacalbaşa, Bucureştii de altă dată, I, S. 230.

lag die politische Anerkennung der Unabhängigkeit Rumäniens, wie allgemein konstatiert wurde. Im Gegenzug wurde der Fürst in Anerkennung des Erfolges der rumänischen Armee und seines persönlichen Muts gleichfalls vom Zaren ausgezeichnet.[12]
Zeitgleich mit der Belagerung von Plewna eroberten hauptsächlich rumänische Truppen in verlustreichen Kämpfen am 9./21. November die Donaufestung Rahova, im Nordwesten von Plewna gelegen. Neben militärischen Erwägungen spielten politische eine wichtige Rolle, um bei einer künftigen Friedensregelung ein Faustpfand zu besitzen.[13] Dieselben politischen Überlegungen standen auch im Vordergrund bei der Entscheidung, den rumänischen Feldzug nach dem Fall von Plewna um Vidin und Belogradčik im Nordwesten Bulgariens fortzusetzen, womit der ursprüngliche Plan einer eigenen Operationszone in diesem Gebiet verwirklicht werden konnte. Kurz vor einer erfolgreichen Beendigung der Belagerung von Vidin wurden die Kämpfe dort mit dem russisch-türkischen Waffenstillstand vom 23.1./4.2.1878 eingestellt; am 12./24. Februar besetzten rumänische Truppen Vidin, einen Tag später Belogradčik, wo sie bis zum 25.3./6.4.1878 verblieben.
Der Sieg vor Plewna, die Erfolge von Rahova und Vidin führten zu einem enormen Prestigegewinn des Fürsten, der rumänischen Armee und zu einem Umschwung der bis dahin im Allgemeinen negativen Meinung in Europa über Rumänien.[14] Der Fürst wurde mit dem höchsten russischen Orden, dem Andreasorden, und dem höchsten preußischen Militärorden, „Pour le Mérite", ausgezeichnet.[15] Zar Alexander II. und der Großfürst bezeichneten die rumänischen Truppen als *nos alliés* und hoben ihre Tapferkeit hervor.[16] Carol pries mit pathetischen Worten die Heldentaten seiner Armee und sprach ihr das Verdienst der Wiederherstellung der rumänischen Würde zu.[17] In einem Zeitalter, wo Waffenerfolge als die größten Beweise nationaler Existenzfähigkeit und -berechtigung galten, brachte dieser Sieg auf lange Sicht politisches Kapital ein.
Auch in Bukarest kam es nach der Siegesnachricht von Plewna zu einem völligen Umschwung in der allgemeinen Stimmung. Kritik an der Kriegsführung und den großen Opfern verstummte, die nervöse Spannung und Unsicherheit während der langen Blockade vor Plewna lösten sich in einem befreienden Jubel, und überall machte sich Optimismus breit.[18] Es folgte ein Augenblick der Euphorie, den Zeitgenossen als einen einmaligen

[12] Aus dem Leben König Karls, 3. S. 276f. Arh. Stat. CR 46/1877, S. 19f. (Zwiedinek v. 16.9.1877, Nr. 237). P.A. I.A.B.q. Türkei 24, Vol. 62, Alvensleben v. 17.9.1877 (Nr. 280).

[13] Rosetti, Corespondenţa Generalului Iancu Ghica, S. 112. Aus dem Leben König Karls, 3, S. 335f., 338.

[14] „Es muß der höchste Lohn für Deine aufopferungsvollen Mühen sein, diese Erreichung eines konsequent verfolgten Zieles, die zugleich ein Triumph ist gegenüber der öffentlichen Meinung im übrigen Europa, welche dem rumänischen Staatswesen und Heere niemals große Sympathien entgegengetragen hat!" schrieb der Vater an Carol: Aus dem Leben König Karls, 3, S. 405f., 452f.

[15] Ibd., S. 369, 377, 395, 411.

[16] Ibd., S. 369, 371, 390, 419.

[17] Tagesbefehl v. 2./14.12.1877: Ibd., S. 377f.

[18] Ibd., S. 371. Independenţa României, III, S. 225ff. Marinescu, B., Duţu, A., Rădulescu-Zoner, S., Bucureştiul şi epopeea independenţei, 1877-1878, Bucureşti 1978, S. 152ff. Bacalbaşa, Bucureştii de altă dată, I, S. 240f.

Glücksmoment empfanden, da Rumänien nach Jahrhunderten politischer und militärischer Ohnmacht seine wieder erlangte Stärke unter Beweis gestellt und sich europäische Achtung erworben hatte.[19] „Enfin nous sommes quelqu'un dans ce monde", schrieb der berühmteste Schriftsteller seiner Zeit, Vasile Alecsandri, der in vielen zu seiner Zeit sehr populären Poemen Krieg und Ruhm literarisch verarbeitete.[20] Ähnlich deutete Carol den Sieg, nur mit der Betonung seines eigenen Anteils: „Ich habe Europa gezeigt, daß ich aus Rumänien etwas gemacht habe!"[21] Der Stolz, mit dem Sieg über die Osmanen endgültig die orientalische Abhängigkeit abgeschüttelt und sich als würdig eines Anschlusses an die westliche europäische Staatenwelt erwiesen zu haben, hatte für das rumänische Nationalbewusstsein eine große politische Tragweite.

Die allgemeine Hochstimmung im Dezember des Jahres 1877 ließ sich auch an der emotionalen Identifikation zwischen Fürst und Bevölkerung ausmachen.[22] Carol war und wurde nie ein populärer Volksherrscher wie z. B. Cuza, doch in der Stunde des Sieges fühlten sich Volk und Herrscher eins. Jeder war stolz auf den anderen: Carol hatte ein Volk, das endlich seinen Erwartungen entsprach, weil es zu kämpfen verstand, der Fürst wiederum hatte das Land zu militärischen Ehren und zu daraus resultierender Anerkennung geführt. Diese emotionale Identifikation wurde später in dieser Intensität

19 Ibd., S. 236. Für Bacalbaşa gab es in dieser Hinsicht einen eklatanten Unterschied zwischen 1877 und 1918/19 nach der Vereinigung Rumäniens mit Siebenbürgen.

20 Rosetti R, Insemnătatea istorică a căderei Plevnei, in: Acad. Rom. Mem. secţ. ist. ser. III, t. XIX, 1937, S. 323. Netea V., Iovan, R., Podocea-Constantinescu, M., 1877 în conştiinţa literară a epocii. Documente, scrisori, articole, Bucureşti. 1977, S. 173f. (V. Alecsandri an I. Negruzzi v. 1.12.1877). Alecsandris berühmtes Poem „Penesch, der Truthahn" war ein Lobgesang auf die Dorobantzen beim Sturm auf die Griviţa-Redoute. Die Aufbruchstimmung nach Plewna spiegelte vor allem seine „Ode an die rumänischen Soldaten" wider, in der es heißt: „Oh, Rumänen! Könnt ihr's sehen: in geheimnisvollen Weiten/ Dringt allmählich durch die Schatten, die sich ballten schon vor Zeiten,/ Hell hervor ein Strahl des Lebens, den ersehnten Tag zu künden,/ Und das Licht der Auferstehung für uns alle zu entzünden./ Seht, der Morgenstern der Hoffnung ist für uns hell aufgegangen,/ Und wir konnten, durch die Kämpfe, Unabhängigkeit erlangen!
Schritt gefaßt! Nur mutig weiter! Seht das Alte neu schon tagen./ Und Rumäniens helle Zukunft volle junge Knospen tragen!/ Stolz bin ich auf eure Taten, Taten, die uns Ehre machen,/ Und mein Stolz wächst mit der Größe eines Volkes im Erwachen!/ Wirklichkeit ward all mein Träumen, und ich kann mich glücklich nennen,/ Denn die Welt lernt uns Rumänen als ein Volk von Helden kennen!" (Mirceşti, 28.11.1877, a.St.) Alecsandri, V. Ostaşii noştri/ Unsere Krieger. Zweispr. Ausgabe, Bucureşti 1977, S. 115.

21 Aus dem Leben König Karls, 3, S. 438.

22 Der Korrespondent der Augsburger Allgemeinen Zeitung schrieb, dass er zum ersten Mal während seines 15jährigen Aufenthaltes „wirkliche Begeisterung" wahrgenommen habe: Independenţa României, III, S. 261. Arh. Stat. Fond Regele Carol I, III/29, f. 122, Carol fand die Worte: „Unbeschreiblicher Enthusiasmus". Aus dem Leben König Karls, 3, S. 409ff. Die traditionell eher dynastiefeindlich eingestellten Studenten veranstalteten für den Fürsten einen Fackelzug. P.A. I.A.B.q. Türkei 24, Vol. 63, Alvensleben v. 28.12.1877 (Nr. 360). Sehr verhalten dagegen die Aussage von Zwiedinek, der den Jubel lediglich einen „offiziellen" nannte. Arh. Stat. CR 46/ 1877, S. 101 (Zwiedinek v. 28.12.1877, Nr. 299).

nie wieder erreicht, dennoch brachten Krieg und Sieg eine bis dahin kaum vorhandene gefühlsmäßige Bindung an den Fürsten mit sich, woran die vielen persönlichen Kontakte Carols mit seinen Soldaten, die aus dem ganzen Land kamen, einen großen Anteil hatten. Die gemeinsamen Erfahrungen und Entbehrungen des Bulgarienfeldzugs, aber auch das militärische Vorbild, das Carol abgab, wirkten Identität stiftend für Nation und Dynastie. Zu einer emotionalen Akzeptanz der Fürstenfamilie verhalf auch der große persönliche Einsatz von Fürstin Elisabeth in der Verwundetenarbeit.[23]

Kennzeichnend für diese Aufbruchstimmung war die, allerdings nicht öffentlich geführte, Diskussion über die Ausrufung zum Königreich anlässlich des feierlichen Einzuges Carols in Bukarest am 15./27. Dezember 1877. Die Frage des Königtums war seit der Unabhängigkeit und der Teilnahme am Krieg zu einem latenten Thema geworden, und angesichts der militärischen Erfolge lag es nahe, ähnlich wie bei der Unabhängigkeit die Kammer die Initiative für eine Königsproklamation ergreifen zu lassen. Es kam zu Erörterungen über dieses Thema in Kammerkreisen, doch die offensichtliche Inopportunität eines solchen Schrittes vor dem Hintergrund der noch nicht anerkannten Unabhängigkeit und auch die scharfe Reaktion Andrassys ließen diesen Plan fallen.[24] Politische Vorsicht diktierte jetzt das weitere Vorgehen, um nicht durch überzogene Forderungen das durch den Krieg gewonnene positive Image aufs Spiel zu setzen. Oder anders ausgedrückt: die durch den Sieg erworbene Stärke benötigte keine Politik von vollendeten Tatsachen mehr.

So blieb es bei einer politischen Siegesfeier, für deren Symbolik der Titel belanglos war, da Carol bereits wie ein Herrscher und siegreicher Feldherr empfangen wurde.[25] Das Programm sah den Auftritt des Fürsten in der Kammer vor, was diesen Ort in das politische Zentrum der Feierlichkeiten stellte. Damit wurde sowohl die enge Verbindung von Volk und Fürst symbolisiert, als auch der nationale Ursprung der fürstlichen Macht dokumentiert. In der Kammer hatten sich die Spitzen des Staates versammelt, doch protestierten einige Senatoren der konservativen Opposition durch ihr Nichterscheinen gegen die Wahl der Kammer und ihres Präsidenten als Festredner. Der Akzent der Rede Carols bei diesem Anlass lag auf der Übereinstimmung des Fürsten mit seinem Volk, während es für C. A. Rosetti das Verdienst der Nation gewesen war, sich einen Fürsten auserwählt zu haben, der einem solchen Geschlecht angehöre, das die Völker auf den Gipfel ihrer Be-

23 C. A. Rosetti nannte die Fürstin in seiner Ansprache „den süßen Trost der Verwundeten". Lindenberg, König Karl, I, S. 451.

24 Arh. Stat. CR 46/1877, S. 98 (Chiffretelegramm v. Zwiedinek v. 28. 12. 1877), S. 99f. (Zwiedinek v. 28.12.1877, Nr. 298). Ibd. 16/1878, S. 1f. (Zwiedinek v. 1.1.1878, Nr. 1). Ibd. CR 23/1877 (Telegramm v. Kogălniceanu an Bălăceanu v. 28.12.1877). P.A. I.A.B.q. Türkei 24, Vol. 63, Alvensleben v. 30.12.1877 (Nr. 363) und v. 4.2.1878 (Nr. 26). Ion C. Brătianu, Acte şi cuvântări, III, S. 148f. Rosetti, Corespondenţa gen. I. Ghica, S. 124. (Kogălniceanu an Ghica v. 11./23.1.1878).

25 P.A. I.A.B.q. Türkei 24, Vol. 63, Programmablauf in der Zeitung „L'Orient" vom 17./29.12., Anlage zum Bericht Nr. 360 von Alvensleben v. 28.12.1877. Mit demselben Protokoll war auch Zar Alexander auf seiner Durchreise in Bukarest empfangen worden.

stimmungen führe. Besonders hob er das Faktum hervor, dass Rumänien während eines Krieges und des Durchmarsches einer fremden Armee seine konstitutionellen Freiheiten bewahrt habe, und feierte den Fürsten als Heerführer und konstitutionellen Fürsten, der mit seinem Schwert die Grenzen und die Unabhängigkeit des Landes verteidigt und aus seinen Tugenden die unerschütterliche Basis von Gesetzen gemacht habe.[26] Trotz des Lobes an die Adresse des Fürsten besaß wie immer bei C. A. Rosetti die Nation die Priorität in seinem Denken und Handeln und in seiner subtilen Argumentation hatte sich der Fürst des Vertrauens, das die Nation in ihn gesetzt hatte, würdig erwiesen. Für Rosetti besaß die Bewahrung der institutionellen Unversehrtheit in Kriegszeiten einen ebenso wichtigen Stellenwert wie der militärische Sieg.

Dieses Faktum war in der Tat von Bedeutung, da es außer einigen Einschränkungen, die eine Ausweitung der Militärgerichtsbarkeit auf zivile Bereiche und die Aussetzung von Gerichtsverfahren vor allem in den vom Krieg unmittelbar betroffenen Donaubezirken betrafen,[27] zu keiner generellen Ausnahmegesetzregelung gekommen war. Die Kriegsereignisse führten auch zu keiner politischen Abstinenz, denn die Auseinandersetzungen zwischen Liberalen und Konservativen, deren Presse sich weiterhin äußerst kritisch zu Regierung und Krieg äußerte, gingen unvermindert weiter. Oppositionelle Zentrumspolitiker und Konservative suchten aus ihrer Ablehnung der offensiven Kriegspolitik der Regierung sogar eine programmatische Plattform zu machen und sich zu einer Zentrumspartei zu organisieren, doch erwies sich diese Basis als nicht tragfähig.[28] Das Parlament wurde verfassungsgemäß am 15./27. November einberufen und alle konstitutionellen Formen wurden eingehalten. Die institutionelle Kontinuität blieb erhalten und auch der Fürst in Bulgarien agierte nicht im politikfreien Raum, sondern stand in enger Verbindung mit seiner Regierung durch die häufigen Aufenthalte von I. C. Brătianu im Hauptquartier in Poradim. Die wichtigen Beschlüsse, den Krieg in Bulgarien fortzusetzen, kamen immer in Übereinstimmung mit der Regierung, d. h. vor allem mit Brătianu, zustande. Brătianu hatte im Laufe des Jahres je nach politischen Erfordernissen abwechselnd die Schlüsselpositionen in der Regierung übernommen: neben dem Innenministerium (27.1./8.2.1877) übernahm er das Finanzresort (21.2./5.3.1877) *ad interim* und am 20.8./1.9.1877 das Kriegsministerium ad interim, gab aber die Finanzen an I. Câmpineanu ab. Brătianus Machtstellung und eine Homogenisierung des Kabinetts, in der mit Ausnahme von Kogălniceanu alle der radikalliberalen Gruppierung angehörten,[29]

[26] Ibd.

[27] DIR, 2, S. 469f.

[28] Arh. Stat. CR 46/1877, S. 47f. und 49f. (Zwiedinek v. 23.10 u. 31.10.1877). P.A. I.A. B.q. Türkei 24, Vol. 62, Anlage zum Bericht Nr. 326 v. 13.11.1877: Programm der „Zentrumspartei" v. 29.10./10.11., veröffentlicht in der „Pressa", dem Organ von V. Boerescu v. 1./13.11.1877. Den Spagat zwischen der Unterstützung der Unabhängigkeit und der Armee bei gleichzeitiger Ablehnung der Kriegspolitik der Regierung konnten die Oppositionspolitiker nicht durchhalten.

[29] Kabinettsliste s. Mamina, Bulei, Guverne şi guvernanţi 1866-1916, S. 42f. Kogălniceanu nahm eine Sonderstellung ein: durch die Regelung seiner zerrütteten Finanzverhältnisse war er Brătianu verpflichtet, der ihn seinerseits brauchte. P.A. I.A.B.q. Türkei 24, Vol. 62,

bewirkten eine einheitliche Führung und institutionelle Geschlossenheit der Regierung, die stark genug war, um Maßnahmen, die der Krieg erforderte, durchsetzen zu können, ohne auf außergewöhnliche legale Befugnisse angewiesen zu sein.[30]
Unmittelbar nach dem Krieg schienen alle Ziele und Erwartungen von Fürst und Regierung vollständig in Erfüllung gegangen zu sein und ihre Politik glänzend gerechtfertigt. Die militärischen Erfolge hatten im Bewusstsein der Eliten die verloren gegangene historische Größe wieder erstehen lassen, zu nationalem und internationalem Ruhm verholfen und die Dynastie gestärkt mit der Folge, dass die Unabhängigkeit von niemandem mehr ernsthaft in Frage gestellt werden konnte. Man muss diese euphorische Ausgangslage unbedingt im Auge behalten, um die tiefe Frustration und Erschütterung zu verstehen, die die Forderung Russlands nach Rückgabe Bessarabiens und das völlige Ignorieren Rumäniens bei den anstehenden Friedensverhandlungen auslösten. Dies sollte zu einer emotionalen Radikalisierung der rumänischen Politik führen, die der Regierung wenig Spielraum ließ.

2. Das Ende der Illusionen: Russlands Friedensbedingungen

Das Hauptproblem, das durch den Krieg nur aufgeschoben worden war, bestand in der internationalen Anerkennung der Unabhängigkeit. Und wieder kam Russland eine Schlüsselrolle zu. Wenn Russland Rumänien als Partner bei den Friedensverhandlungen akzeptieren würde, wäre ein Präzedenzfall geschaffen, den die übrigen Mächte nicht ignorieren konnten. Zugleich wurde die Furcht vor Russland wegen Bessarabien wieder akut. Seit dem Sommer waren dem Fürsten und der Regierungsführung die russischen Absichten bekannt.[31] Auch gab es während, dann verstärkt nach dem Krieg immer wieder Meldungen über die Rückgabe Bessarabiens in russischen Zeitungen, so dass das Thema auch die rumänische Öffentlichkeit beschäftigte.[32] Offiziell jedoch wurde Bessarabien seit dem Gespräch mit Gorčakov zu einem Tabuthema, das beide Seiten ängstlich vermieden anzusprechen. Weder kam es im großen russischen Kriegsrat vom 30.11./12.12.1877 zur Sprache, an dem Carol teilnahm und in dem über die weitere russische Kriegsführung und die Friedensbedingungen diskutiert wurde, noch in der Abschiedsaudienz von Carol beim Zaren am 2./14. Dezember 1877, noch verlor Alexander II. in einer Unterredung

Alvensleben v. 16.11.1877 (Nr. 330. Vertraulich). Arh. Stat. CR 46/1877, S. 38f. (Zwiedinek v. 10.10.1877, Nr. 251).

30 So schrieb Carol an seinen Vater: „Ich glaube ich schrieb Dir schon früher, daß ich sehr froh bin, die Rothen an der Regierung zu haben, ils font mes affaires aujourd'hui u. nehmen auf ihre breiten Schultern viele Maßregeln, die der Krieg nach sich zieht u. die für ein Land vexatoire sind." Arh. Stat. Fond Regele Carol I, V D 1888, Brief v. 21.11./3.12.1877.

31 Das gab auch Kogălniceanu in der geheimen gemeinsamen Sitzung von Kammer und Senat am 23.1./4.2.1878 zu, in der er in der Bessarabienfrage die Akten und seine Gespräche mit Gorčakov und Andrassy bekannt gab. Kogălniceanu, Opere IV, orat. II, part. 4, S. 526ff.

32 Aus dem Leben König Karls, 3, S. 354, 406.

mit Brătianu ein Wort darüber, während Brătianu es nicht wagte, die Frage anzuschneiden.[33] So stand am Beginn der Bessarabienkrise das beiderseitige Schweigen über dieses heikle Thema, von dem aber jeder spürte, dass es in der Luft lag.[34] Wohl hoffte der Fürst, dass aufgrund der geleisteten Militärhilfe und seines guten Verhältnisses zu Alexander II. Russland aus Erkenntlichkeit nicht mehr auf der Rückgabe Bessarabiens bestehen würde, doch sicher schien er sich nicht zu sein.[35] Generell kennzeichnete die allgemeine Stimmung daher ein Schwanken zwischen Hoffnung und bangem Ahnen, was sich auch in der Regierungspolitik niederschlug.

Die Regierung versuchte im Januar 1878, als aufgrund des schnellen russischen Vormarsches in Richtung Konstantinopel die Türken ihre Bereitschaft zu Waffenstillstandsverhandlungen signalisierten, durch eine Präventivpolitik gegenüber Russland die Anerkennung der Unabhängigkeit und die Teilnahme an den Friedensverhandlungen durchzusetzen. Beides bedingte sich gegenseitig. Dabei verfuhr sie mehrgleisig: so schickte sie General I. Ghica, der das Vertrauen des Zaren besaß, als Sonderbeauftragten nach St. Petersburg, um mit der russischen Regierung zu verhandeln, und entsandte am 2./14. Januar 1878 Oberst Arion als Bevollmächtigten an das russische Hauptquartier mit dem Auftrag, die rumänischen Forderungen zu vertreten und im Falle seines Ausschlusses die Waffenstillstandsbedingungen, soweit sie Rumänien betrafen, für null und nichtig zu erklären.[36] Weiter versuchte sie die Türkei für eine sofortige Anerkennung der Unabhängigkeit Rumäniens zu gewinnen, um Russlands Position von vornherein in der Bessarabienfrage zu erschweren, und startete eine diplomatische Offensive mit Missionen von Ion Ghica nach Wien und London und von Finanzminister Câmpineanu nach Berlin.[37] Den europäischen Regierungen kam jetzt wieder eine erhöhte Bedeutung zu, um sich vom Wohlwollen Russlands unabhängig zu machen und allen russischen Anmaßungen zuvorzukommen. Sie sollten für die Anerkennung der rumänischen Unabhän-

[33] Ibd., S. 337 (Treffen zwischen Brătianu und dem Zaren am 4./16.11.1877), S. 373, 379f. Schon in seinem Gespräch mit Carol am 2./14.12. wich Alexander II. der Frage nach der Beteiligung Rumäniens bei den Friedensverhandlungen aus, versprach aber dessen Interessen zu berücksichtigen.

[34] Symptomatisch dafür waren zwei Äußerungen von Fürst Carol und Zar Alexander II. Während Carol geltend machte, dass der russische Kaiser mit ihm nie über Bessarabien gesprochen habe, ging Alexander II. stillschweigend davon aus, dass man in Bukarest über die russische Forderung Bescheid wusste. Beide hatten Recht. Aus dem Leben König Karls, 3, S. 470, und Bd. 4, S. 36.

[35] Aus dem Leben König Karls, 3, S. 438. P.A. I.A.B.q. Türkei 24, Vol. 63, Alvensleben v. 29.12. 1877 (Nr. 362).

[36] Aus dem Leben König Karls, 3, S. 437f. Die Forderungen umfassten 5 Punkte: die rumänische Besetzung des bulgarischen Donauufers zwischen Vidin und Nikopolis bis zu einem definitiven Friedensschluss; Anerkennung der Unabhängigkeit, die Schleifung der türkischen Donaufestungen, Abtretung des Donaudeltas und eine Kriegsentschädigung in Höhe von 100 Millionen Francs. Independenţa României, IV, S. 320ff.

[37] Aus dem Leben König Karls, 3, S. 439f., 448.

gigkeit und möglichst für eine Neutralitätsgarantie gewonnen werden.[38] Offiziell meldete Kogălniceanu am 11./23. Januar 1878 in einer Note an den russischen Vertreter, Baron Stuart, den rumänischen Anspruch auf Beteiligung an den Waffenstillstands- und Friedensverhandlungen an und erinnerte an den von dem Zaren und dem Großfürsten Nikolaj oft erwähnten Alliiertenstatus der rumänischen Armee, der eine Teilnahme an den Verhandlungen rechtfertige.[39] Der Fürst seinerseits unterstützte die Bemühungen seiner Regierung, indem er seine persönlichen Beziehungen einsetzte, um den Zaren und über den deutschen Kronprinzen die deutsche Regierung zugunsten der rumänischen Position zu beeinflussen.[40] Alle drei Vorgehensweisen: bilaterale Verhandlungen mit Russland, separate Gespräche mit der Türkei sowie Verhandlungen mit den übrigen Garantiemächten dienten zugleich als Druckmittel für den jeweils anderen Verhandlungspartner und verfolgten das Ziel einer Anerkennung der Unabhängigkeit, um eine von Russland einseitig aufoktroyierte Regelung zu verhindern.

Diese Hoffnungen fanden ihr jähes Ende, als am 14./26. Januar 1878 General Iancu Ghica Außenminister Kogălniceanu informierte, dass die russische Regierung erstens Rumänien nicht zu den Friedensverhandlungen zulassen würde, und dass sie zweitens die drei südlichen bessarabischen Distrikte zurückfordere.[41] Russland rechtfertigte seine Entscheidungen mit der noch nicht anerkannten Unabhängigkeit Rumäniens und mit dem Argument, dass der südliche Teil Bessarabiens nicht an Rumänien, sondern der Moldau angegliedert worden sei durch einen Vertrag, der nicht mehr existiere, und dass es sich bei der Rückgabeforderung um eine Frage der nationalen Würde handele. Russland versprach im Gegenzug, die Interessen Rumäniens bei den Friedensverhandlungen und bei einem Kongress wahrzunehmen und dem Land das Donaudelta und die Dobrudscha als Kompensation zu geben.

Diese Ankündigungen Russlands schienen mit einem Schlag die gesamte Politik der Radikalliberalen und des Fürsten zu diskreditieren. Der Krieg mit seinen Opfern unter den Soldaten und der Bevölkerung, der um der Unabhängigkeit willen geführt worden war, drohte seine Berechtigung zu verlieren und der Verlust Bessarabiens kam einer Verhöhnung der von den Rumänen geleisteten Waffenhilfe gleich. Der Erwerb des Donaudeltas und der Dobrudscha erschien angesichts dieser Zumutungen ganz nebensächlich. Die unmittelbare Reaktion von Fürst und Ministern äußerte sich daher in ohnmächtigem

38 Diese Reisen stießen denn auch auf das Misstrauen Russlands: Rosetti, Corespondenţa gen. I. Ghica, S. 126.

39 Independenţa României, IV, S. 324f.: „[...] il est de toute justice que la Roumanie participe aux négociations comme elle a participé aux combats."

40 Brief an den Zaren vom 6./18.1.1878: Regele Carol I, II, S. 175f. P.A. I.A.B.q. Türkei 24, Vol. 63, Abschrift eines Brief v. Kronprinz Friedrich Wilhelm v. 27.1.1878 (Ganz vertraulich) über eine Audienz mit Câmpineanu, der einen Brief von Carol überbrachte.

41 Rosetti, Corespondenţa gen. I. Ghica, S. 125ff. (zwei chiffrierte Telegramme v. 14./26.1. 1878). Carol wurde erst am 16./28.1. von Brătianu und Kogălniceanu über die russischen Forderungen informiert: Aus dem Leben König Karls, 3, S. 453. Arh. Stat. Fond Regele Carol I, III/29, f. 124.

Zorn: Carol sprach von „schwarzem Undank", Kogălniceanu klagte über die Täuschung Russlands und erklärte erbittert, dass ein Sieg der Türken besser gewesen wäre, als jetzt nach einem gewonnenen Krieg alles zu verlieren.[42] Die Heftigkeit der rumänischen Reaktion war ein Indiz dafür, wie sehr man sich in der Hoffnung betrogen sah, Russland durch die militärische Unterstützung von seinem Vorhaben abgebracht zu haben.

Die russische Forderung nach Rückgabe Bessarabiens und die Weigerung, Rumänien an den Waffenstillstandsverhandlungen zu beteiligen,[43] kamen einem Debakel für die Regierungspolitik gleich, denn die Position Rumäniens hatte sich im Vergleich zur Vorkriegssituation verschlechtert: statt der lockeren türkischen Suzeränität sah man sich einer russischen Vormundschaft ausgesetzt, statt als gleichberechtigter, unabhängiger Staat akzeptiert zu werden, sank man wieder zum Objekt von Großmachtpolitik herab. Bessarabien erhielt dadurch einen Stellenwert in der rumänischen Politik, der über den Verlust der drei Distrikte weit hinausging. Es wurde zum Symbol enttäuschter Erwartungen, des Scheiterns politischer Visionen, der Willkür von Großmachtinteressen, der Ohnmacht des eigenen Staates. Es wurde zum Prüfstein nicht nur im Verhältnis zwischen Rumänien und Russland, sondern auch zu den anderen Großmächten, die ihre Beziehungen zu Rumänien in dieser Frage vor dem Hintergrund ihrer Interessen gegenüber Russland definierten und kaum gewillt waren, die rumänischen Belange wegen des Prinzips der nationalen Selbstbestimmung zu vertreten.

Die Folge der russischen Annexionsforderung war eine nachhaltige Erschütterung der Stellung der rumänischen Regierung, deren Position im Gefolge der Bestimmungen und Anerkennungsbedingungen des Berliner Kongresses bis Anfang 1880 geschwächt blieb. In dieser Situation konnte sie drei Handlungsoptionen verfolgen: 1. eine bilaterale Einigung mit Russland über diese Frage, 2. den Versuch einer Einflussnahme auf die europäischen Mächte, um mit deren Hilfe Bessarabien zu behalten, und 3. eine kompromisslose Ablehnung der russischen Forderungen auch gegen europäische Widerstände. Diese Optionen wurden parallel oder nacheinander gehandhabt, wobei die erste nur kurzfristig von Kogălniceanu verfolgt wurde. Zwischen ihm und Ion C. Brătianu gab es trotz der gemeinsamen Ablehnung und Entrüstung Differenzen über die rumänische Reaktion. Kogălniceanu war realistisch genug und eher bereit, die politische Notwendigkeit zu akzeptieren, wollte die Öffentlichkeit auf den Verlust Bessarabiens vorbereiten und von Russlands schlechtem Gewissen profitieren, um eine möglichst hohe Entschädigung oder große territoriale Kompensationen zu erhalten.[44] Brătianu aber musste vor allem

42 Ibd. Rosetti, Corespondenţa gen. I. Ghica, S. 129: „Donc nous avons versé notre sang, nous avons épuisé notre pays non pas pour gagner, non pas pour conserver au moins, mais pour perdre."

43 Iorga, Correspondance diplomatique, S. 302ff. (Arion an Kogălniceanu v. 10./22.1.1878).

44 Rosetti, Corespondenţa gen. I. Ghica, S. 156f. (Kogălniceanu an Ghica v. 24.1./5.2.1878). Arh. Stat. Fond Regele Carol I, III/29, f. 124f. Aus dem Leben König Karls, 3, S. 456 u. 458. Es wurden auch, vielleicht auf Veranlassung Kogălniceanus, statistische Daten über die Dobrudscha gesammelt, um deren Vorteile zu belegen. Kogălniceanu, Opere IV, orat. II, part. 4, S. 562f. Desgleichen wies er den geschäftsführenden Sekretär der rumänischen Vertretung in

aus innenpolitischen Gründen eine Kompensationslösung oder einen Tausch gegen die Dobrudscha entschieden ablehnen.[45] Die politische, aber auch persönlich empfundene Demütigung, das Gefühl, von Russland betrogen worden zu sein, wirkten sich gleichfalls nachhaltig auf seinen Widerstand aus. Brătianu stand unter großem Druck der eigenen Partei, in der sich einige der heftigsten Gegner des Zusammengehens mit Russland befanden, die nun in der Öffentlichkeit mit ihrem Misstrauen gegen Russland vor dem Krieg als gerechtfertigt dastanden. Das nahm Brătianu jede Verhandlungsbasis mit Russland, wollte er nicht seine eigene Position aufs Spiel setzen. Die allgemeine Empörung über Russland drängte die Regierung in die Defensive, so dass ihr Handlungsspielraum immer kleiner wurde. Da sie die politische Verantwortung in dieser Frage nicht übernehmen konnte, ohne ihren Sturz zu riskieren, gab sie die Initiative an das Parlament ab und überließ diesem die politischen Vorgaben für das weitere Vorgehen.
Bis zum Kammer- und Senatsvotum am 26.1./7.2.1878, das jede Kompromiss- oder Kompensationslösung mit Russland ablehnte, hatte die Regierung über einen gewissen Verhandlungsspielraum mit Russland verfügt, da dieses eine Einigung in bilateralen Gesprächen bevorzugte und zu größeren Kompensationen bereit war, die bis zu dem Angebot an den Fürsten reichten, Fürst von Bulgarien zu werden.[46] Die Bessarabienfrage stellte auch für die russische Regierung ein äußerst heikles und unangenehmes Thema dar, da es Russland dem berechtigten Vorwurf des Vertragsbruchs und der Undankbarkeit aussetzte, was seinem Ansehen und seiner Politik auf dem Balkan langfristig schaden konnte.[47] Die herangezogenen Argumente zeigten, in welchem Erklärungsnotstand sich die russische Diplomatie befand.[48] Andererseits konnte Russland darauf verweisen, die rumänische Regierung und den Fürsten über Bessarabien nicht im Unklaren gelassen zu haben und dass Rumänien nur auf Grund des türkisch-russischen Krieges und mit Hilfe Russlands überhaupt die Möglichkeit zum Einsatz seiner Armee erhalten hatte, was sich später in dem Vorwurf des Undanks an die Adresse der Rumänen niederschlug. Auch für Russland, genauer gesagt für den Zaren, besaß Bessarabien eine symbolische Dimension,

Rom, Obedenaru, an, ihm Dokumente betreffs der Abtretungsmodalitäten von Nizza und Savoyen an Frankreich zu beschaffen: DIR IX, S. 14 (Kogălniceanu v. 16./28.1.1878).

45 Arh. Stat. Fond Regele Carol I, III/29, f.125.

46 Dieses Angebot machte Ignat'ev während seines Aufenthalts in Bukarest gegenüber dem Fürsten; die Frage bleibt, inwieweit dieses ernst gemeint war, oder nicht eher als Lockmittel, um dem Fürsten zu schmeicheln bzw. als Ablenkungsmanöver diente, um Russland zu entlasten, da dies im Hinblick auf Österreich-Ungarn nicht durchsetzbar war. Carol verhielt sich reserviert und charakterisierte Ignat'ev als „geistreich" und als Lügner. Dennoch spielten Carol und Brătianu mit diesem Gedanken. Ibd. 125. (20.1./1.2. und 21.1./2.2.1878). Etwas abgemildert in: Aus dem Leben König Karls, 3, S. 458.

47 Iorga, Correspondance diplomatique, S. 323 (Bericht von L. C. Catargiu aus Belgrad v. 9./21.2. 1878).

48 Gorčakov war nach einem Bericht von Ghica (26.1./7.2.1878) gegen die Annexion Bessarabiens, weil er die negativen Folgen für die russische Politik sah; angeblich konnte er sich aber mit einem Kompromissvorschlag, der die Beibehaltung Bessarabiens bei Rumänien gegen ein russisches Durchzugsrecht vorsah, beim Zaren nicht durchsetzen. Rosetti, Corespondenţa gen. I. Ghica, S. 139.

die ständig an die Schmach des Pariser Vertrags und an die russische Niederlage erinnerte, die er endlich getilgt sehen wollte. „Sie stehen vor einer politischen Notwendigkeit", erklärte Gorčakov daher dem rumänischen Vertreter in St. Petersburg, General I. Ghica, der die rumänischen Argumente vorbrachte, um die Unhaltbarkeit der russischen Forderung zu demonstrieren.[49] So stand der große emotional-politische Stellenwert Bessarabiens auf beiden Seiten einer einvernehmlichen Lösung entgegen und wurde zu einem Eskalationsfaktor in den beiderseitigen Beziehungen.

3. Innenpolitische Eskalation der Bessarabienfrage

Am 26.1./7.2.1878, noch vor der offiziellen Kenntnis der Waffenstillstandsbedingungen von Adrianopel vom 19./31.1.1878,[50] verabschiedeten die beiden Häuser des Parlaments nach geheimen Sitzungen, in denen Kogălniceanu die diplomatischen Akten offen gelegt hatte, um jeden Vorwurf von Versäumnissen der Regierung in dieser Frage zu entkräften, die gleichlautende Erklärung, die territoriale Integrität des Landes aufrechtzuerhalten und eine Veräußerung von Land unter keinen Umständen und weder als territoriale Kompensation noch als Entschädigung zu akzeptieren.[51] In den Debatten entluden sich die ganze Wut und Empörung gegen Russland bis hin zur Forderung, Bessarabien militärisch zu verteidigen.[52] Die Minister schlossen sich diesem Votum an und erklärten, nichts ohne die Zustimmung des Parlaments zu unternehmen. Damit wurde das Parlament von nun an direkt in den Entscheidungsprozess der Regierung mit einbezogen, da die Minister nur mit einer parlamentarischen Absicherung handeln wollten. Die gegen Russland aufgeheizte Stimmung benutzte dann I. C. Brătianu, um die schon lange vom Fürsten verlangte Rücknahme der Anklage gegen die konservativen Minister zu fordern, was sofort und ohne weitere Diskussionen votiert wurde.[53]

Das Parlamentsvotum hatte innenpolitisch die Enttäuschung über Russland kanalisiert und die Position Brătianus und die Regierung gestärkt, außenpolitisch ihren Spielraum jedoch eingeengt und die Beziehung zu Russland drastisch verschlechtert.[54] Das gegen-

49 Ibd., S. 130 (16./28.1.1878): „Quels que soient vos arguments, ils ne peuvent en rien modifier notre décision. Elle est inébranlable. Vous êtes en face d'une necessité politique [...]."

50 Der Kurier des Großfürsten Nikolaj, der die Friedenspräliminarien und die Waffenstillstandsbedingungen offiziell überbrachte, traf erst am 3./15.2.1878 in Bukarest ein. Aus dem Leben König Karls, 3, S. 476ff.

51 Kogălniceanu, Opere IV, orat. II, part. IV, S. 528f. Aus dem Leben König Karls, 3, S. 466ff. (das angegebene Datum 25.1./6.2. ist nicht korrekt). Ion C. Brătianu, Acte şi cuvântări, III, S. 166ff. Istoria parlamentului, S. 250.

52 Arh. Stat. Fond Regele Carol I, III/29, f. 125, was Carol mit den Worten „heller Unsinn" kommentierte. P.A. I.A.B.q. Türkei 24, Vol. 63, Alvensleben v. 6.2.1878 (Vertraulich, Nr. 30).

53 Carol notierte dazu: „Alle Partheien geben sich auf dem Terrain gegen Rußland die Hand." Arh. Stat. Fond Regele Carol I, III/29, f. 125. Ion C. Brătianu, Acte şi cuvântări, III, S. 169f. Aus dem Leben König Karls, 3, S. 468.

54 Rosetti, Corespondenţa gen. I. Ghica, S. 140 (Ghica v. 28.1./9.2. und v. 29.1./10.2.1878). Auf russischer Seite interpretierte man die Erklärung als eine direkte Beleidigung des Zaren und

seitige Verhältnis wurde immer mehr auch durch Konflikte im Land zwischen rumänischen und russischen Stellen belastet; ebenso wuchs aufgrund der Quasi-Übernahme der rumänischen Eisenbahnen durch die russische Militärverwaltung und die Weigerung der Freigabe der Donauschifffahrt, die den Getreideexport empfindlich behinderte, die Unzufriedenheit gegen Russland.[55] Russland blieb der Hauptadressat eines weit verbreiteten tief sitzenden Grolls[56], doch auch die Regierung geriet immer mehr zur Zielscheibe der Kritik. Dabei entwickelte sich wieder einmal der Senat, der nach den Intentionen der Verfassungsgeber als ausgleichendes Gegengewicht zur Kammer fungieren sollte, zum eigentlichen Oppositionsorgan. In einem System, in dem sich die Regierung die parlamentarischen Mehrheiten verschaffen konnte, konnte dasjenige Haus eine größere Unabhängigkeit gegenüber der Regierung bewahren, bei dem der Einfluss der Regierung auf die Wähler angesichts der Zensusbedingungen, der überschaubaren Zahl von Wahlberechtigten und des Selbstbewusstseins der Politiker, die oft selbst Ministerposten innegehabt hatten, begrenzt war. So wurde der Senat trotz der vorhandenen Regierungsmehrheit oft zum parlamentarischen Gegenspieler der Regierung, wie sich bereits beim Sturz des Ministeriums L. Catargiu gezeigt hatte. Im Senat saßen die schärfsten Kritiker der Kriegspolitik an der Seite Russlands, auch in den eigenen Reihen wie D. Sturdza, die in der Bessarabienfrage die Regierung durch ihre kompromisslose Haltung in Schwierigkeiten brachte.
In mehreren Senatssitzungen im Februar sorgten die Waffenstillstands- und Friedensbedingungen von Adrianopel für weitere erhitzte Diskussionen über die Außenpolitik, in denen die Regierung immer wieder heftig angegriffen wurde. Die Bessarabienfrage drohte zur Regierungskrise zu werden, da ihr Autorität, Moralität und Ansehen abgesprochen wurden, um dieses Problem lösen zu können. Einen Höhepunkt bildeten die Grundsatzdebatten in der Senatssitzung vom 13./25. Februar 1878, als ein Misstrauensvotum von D. Ghica, das eine mangelnde moralische Autorität der Regierung konstatierte, mit 36 zu 16 Stimmen abgelehnt und der Regierung volles Vertrauen in ihre Fähigkeit ausgesprochen wurde, das Land bei dem zukünftigen Kongress zu repräsentieren.[57] Dennoch blieb

als einen feindseligen Akt gegen Russland. Die harsche russische Reaktion – Ghica wurde in der nächsten Zeit nicht mehr von Gorčakov empfangen – zeigte, dass die Rumänen den Nerv der russischen Führung getroffen hatten.

55 P.A. I.A.B.q. Türkei 24, Vol. 63, Alvensleben v. 13.2.1878 (Durch sichere Gelegenheit bis zur Grenze, Nr. 36) und v. 18.2.1878 (Ganz vertraulich, Nr. 39). Während Alvensleben mehrheitlich von rumänischen Provokationen sprach, machte Kogălniceanu die Russen verantwortlich: Rosetti, Corespondenţa gen. I. Ghica, S. 145f. (Kogălniceanu v. 7./19.2.1878). Aus dem Leben König Karls, 3, S. 427, 475.

56 Vgl. den offenen Brief v. Ion Alecsandri an Gorčakov, veröffentlicht wegen der großen Nachfrage zweimal in „Le Constitutionel“ vom 10. und 17.2.1878 (n.St.). Arh. Stat. CR 16/1878 S. 44ff., Zwiedinek v. 12.2.1878 mit einem Bericht des Vizekonsuls Zagorski über Volksversammlungen in Turnu Severin gegen die russische Annexionsforderung, in dem es heißt: „Ein Ministerium, welches die Retrozession befürworten wollte, ist bei dieser Stimmung eine Unmöglichkeit.“

57 Ion C. Brătianu, Acte şi cuvântări, III, S. 175ff (Sitzung v. 30.1./11.2.1878), S. 187ff. (Sitzung v. 13./25.2.1878). Kogălniceanu, Opere, IV, orat. II, part. IV, S. 543ff., 551ff. Wortführer der Opposition waren D. Ghica, Costache Epureanu, V. Boerescu, P. Carp. Die Senatssitzung am

die Regierung unter Druck, speziell Kogălniceanu, der sich immer wieder Kritik und Misstrauen ausgesetzt sah, wobei sich politische und persönliche Motive bei seinen Gegnern, unter ihnen auch den Radikalliberalen, vermischten.[58] Die Bessarabienfrage begann eine Eigendynamik zu entwickeln. Sie verschmolz zu einem Amalgam von Aggressivität gegen Russland, Misstrauen gegen die Regierung, politischer Instrumentalisierung sowohl durch die Opposition wie durch die Regierung, gekoppelt mit einem allgemeinen Gefühl von Frustation, Unzufriedenheit und Unsicherheit. In diesem Umfeld gediehen Spekulationen, Gerüchte, Intrigen, Widersprüche, Verdächtigungen, verloren Innen- und Außenpolitik ihre Konturen und drohte der Maßstab für politisch Machbares verloren zu gehen.

Im Parlament, das den Widerstand gegen Russland immer wieder erneuerte, verfolgten die politischen Gruppen ihre eigenen Ziele, die in der radikalliberalen Kammer auf den Sturz von Kogălniceanu hinausliefen, im mehr oppositionellen Senat auf den der Regierung. Im Senat versuchte der fanatisierte D. Sturdza immer wieder, die Regierung auf eine antirussische Haltung festzulegen, wobei er ebenfalls Kogălniceanu im Visier hatte, der stets einer russenfreundlichen Einstellung verdächtigt wurde. Ein Misstrauensvotum gegen ihn hätte jedoch im Senat zum Rücktritt des ganzen Kabinetts führen müssen, was wiederum nicht im Interesse Sturdzas lag, so dass er mit seinen Anträgen die Situation zwar anheizte, diese aber zurückzog, wenn die Regierung auf dem Spiel stand.[59] Kogălniceanu, unter ständigem Rechtfertigungsdruck, konnte entgegen seiner eigenen Überzeugung Russland in Parlamentsdebatten heftig attackieren,[60] während er sich inoffiziell für eine Verständigung mit dem Zarenreich aussprach[61] und die Politik Brătianus und seiner Partei als eine „Vogel-Strauß-Politik" bezeichnete, die den Verlust Bessarabiens nicht sehen wollte.[62] Brătianu wiederum schien es ratsam, der Kritik an

13./25. Februar geriet zu einem Schlagabtausch zwischen Opposition und Regierung, wobei Brătianu und Kogălniceanu in Grundsatzreden ihre Politik verteidigten und der Opposition selbst Heuchelei und Unvernunft vorwarfen. P.A. I.A.B.q. Türkei 24, Vol. 63, Alvensleben v. 26.2.1878 (Nr. 46) mit einer Zusammenfassung der Debatten. Arh. Stat. CR 16/1878, S. 76ff. (Zwiedinek v. 27.2.1878, Nr. 29).

58 Ibd., S. 99f. (Zwiedinek v. 10.3.1878, Nr. 42). Arh. Stat. Fond Regele Carol I, III/29, f. 127 (8./20. März 1878).

59 P.A. I.A.B.q. Türkei 24, Vol. 63, Alvensleben v. 26.2.1878 (Nr. 46); Vol. 64, 12.4.1878 (Nr. 81), 19.4.1878 (Nr. 87). Arh. Stat, CR 16/1878, S. 147f. (Zwiedinek v. 23.4.1878). Ion C. Brătianu, Acte şi cuvântări, III, S. 186f., 270ff. (Senatssitzung v. 4./16.4.1878).

60 P.A. I.A.B.q. Türkei 24, Vol 64, Alvensleben v. 28.3.1878 (Nr. 71). Arh. Stat. CR 16/1878, S. 123 (Zwiedinek v. 2.4.1878, Nr. 55). Rosetti, Corespondenţa gen. I. Ghica, S. 170.

61 Arh. Stat. CR 16/1878 (Zwiedinek v. 27.3.1878 und v. 30.4.1878, [Nr. 73, Confidentiel]). P.A. I.A.B.q. Türkei 24, Vol. 65, Alvensleben v. 24.4.1878 (Nachschrift zum Bericht Nr. 89). Kogălniceanu kritisiert gegenüber dem italienischen Generalkonsul die Behandlung der Bessarabienfrage, die nur aus „Parteizwecken" aufgebauscht wurde, was das Land auf eine schiefe Bahn bringen würde.

62 Rosetti, Corespondenţa. gen. I. Ghica, S. 176ff. In diesem vertraulichen Privatbrief an General Ghica v. 23.3./4.4.1878 unterzog Kogălniceanu die rumänische Bessarabienpolitik einer scharfen Kritik und bezeichnete sich selbst als Opfer, da er immer gegen die Kooperation

Russland freien Lauf zu lassen. Er griff in die Parlamentsdebatten ein, um die Regierung zu stabilisieren und seinen Außenminister zu verteidigen, brachte aber gleichzeitig auch eine Regierungsumbildung mit einem neuen Außenminister in die Diskussion.[63]
Wie fast immer in Krisenzeiten tauchten wieder Separationsgerüchte auf, worin man den Einfluss Russlands zu erkennen glaubte, das Grigore Sturdza, den Bruder der Schwiegertochter von Gorčakov, zum Fürsten der Moldau erheben wolle.[64] Auf dem Höhepunkt der Spannungen mit Russland im April/Mai kam dann der Verdacht auf, Russland agiere als *agent provocateur*, um eine Okkupation des Landes zu rechtfertigen, und habe vor, den Fürsten zu stürzen und eine Regierung Florescu einzusetzen.[65] Ebenso wenig fehlten Gerüchte über eine Abdankung oder Verschwörungen gegen Carol.[66] Es war auch dieser Aspekt der Agitation, der im Ausland den rumänischen Protest unglaubwürdig machte, da man ihn wie in Berlin für eine Intrige gegen den Fürsten hielt.[67] Das Phänomen von Gerüchten und Spekulationen gehörte zum Erscheinungsbild von Krisen und ließ die Grenze zwischen Fakten und Fiktion verschwinden. Gefragt war nicht die rationale Plausibilität, sondern die Relevanz bestand in der Funktion von Gerüchten: die daraus resultierende Unsicherheit diente vor allem der Stabilisierung der Regierung, die nicht zugeben konnte, mit einem Krieg an der Seite Russlands dem Verlust Bessarabiens Vorschub geleistet zu haben.[68]

mit Russland war, weil er um den Verlust Bessarabiens wusste, jetzt aber eines Einverständnisses mit Russland verdächtigt werde. Er selbst sei immer gegen extreme Maßnahmen gewesen und bedauere die gegenwärtigen Spannungen, ohne Russland entschuldigen zu wollen. Kogălniceanu war allerdings trotz seiner Missbilligung nicht so konsequent zurückzutreten.

63 Arh. Stat. Fond Regele Carol I, III /29, f. 127 (18.2./2.3.1878) und f. 128 (10./22.3.1878). Carol veranlasste die unentschlossene Haltung Brătianus wieder einmal zu der Bemerkung, dass dieser der Situation nicht gewachsen sei: Ibd. (27.2./11.3.1878).

64 P.A. I.A.B.q. Türkei 24, Vol. 64, Alvensleben v. 27.3.1878 (Vertraulich, Nr. 69), 9.4.1878 (Ganz vertraulich, Nr. 79), 13.4.1878 (Vertraulich, Nr. 83). Arh. Stat. CR 17/1878, Chiffrierte Telegramme von Brătianu an Bălăceanu v. 22.4. (Très confidentiel) und 28.4.1878 (Confidentiel). Arh. Stat. Fond Regele Carol I, III/29, f. 130 (29.4./11.5.1878). Aus dem Leben König Karls, 4, S. 40.

65 P.A. I.A.B.q. Türkei 24, Vol. 64, Alvensleben v. 15.4.1878 (Vertraulich, Nr. 84).

66 Arh. Stat. Regele Carol I, III/29, f. 126 (15./27.2.1878). P.A. I.A.B.q. Türkei 24, Vol. 64, Alvensleben v. 13.4.1878 (Vertraulich, Nr. 83) u. v. 15.4.1878 (Vertraulich, Nr. 84).

67 P.A. I.A.B.q. Türkei 24, Vol. 64, Schweinitz an Bismarck v. 16.4.1878 (Nr. 115, Ganz vertraulich). Bismarcks Randnotiz zu diesem Bericht: „Ich halte Bessarabien für Rußland fast ein Bedürfniß, für Rumänien durchaus nicht, sondern die hohe Veranschlagung für eine Intrigue gegen Fürst Carl. Der Kaiser hat darin sicher das richtigere Gefühl, F. G. (= Fürst Gorčakov, E. B.-I.) nicht."

68 Vgl. auch die Betrachtungen des regierungskritisch eingestellten englischen Generalkonsuls C. E. Mansfield: „and indeed so much is uttered in oficial circles for outsiders, and to sustain the popularity of the party at present in power that it is difficult to separate ‚the bread from the sack'." Independenţa României, II, 2, S. 303, Mansfield v. 11./23.4.1878 (Nr. 70, Confidenţial).

4. Außenpolitische Instrumentalisierung der Bessarabienfrage

Die Emotionalität der Bessarabienfrage ließ sich nicht nur auf eine diffuse, aus Animosität gespeiste Kampagne gegen das Zarenreich zurückführen, sondern dahinter steckte neben dem innenpolitischen auch ein außenpolitisches Kalkül. Der eigentliche Adressat hieß nicht Russland, sondern Europa, genauer gesagt: Österreich-Ungarn und England, die die Friedensbedingungen Russlands von Adrianopel und von San Stefano ebenfalls ablehnten. So lag der Schlüssel für das Verständnis der eskalierenden Bessarabienfrage auch in den Spannungen zwischen den drei Mächten, die Rumänien die Chance einer Annulierung der russischen Abtretungsforderung boten.

Mit dem Waffenstillstand und den Präliminarien von Adrianopel (19./31.1.1878) und den Friedensbedingungen von San Stefano (19.2./3.3.1878) hatte Russland sein Maximalprogramm der Türkei aufzwingen können, das die Errichtung eines großbulgarischen Fürstentums, eine zweijährige Okkupation Bulgariens und territoriale Zugewinne in Europa und Asien vorsah. Diese Forderungen stießen auf scharfe Kritik von Österreich-Ungarn und England, die ihre Einflusssphären durch den Machtgewinn Russlands auf dem Balkan, im östlichen Mittelmeer und in Asien bedroht sahen. Auch wenn Gorčakov im Januar den Mächten ein Mitspracherecht bei Bestimmungen von allgemeinem europäischen Interesse zugestanden hatte, war Russland zuerst nicht bereit, an seinen Maximalforderungen in Bezug auf die Neuregelung des Balkanraums Abstriche hinzunehmen.[69] Der Widerstand gegen Russland richtete sich aber nicht nur gegen einzelne Friedensstipulationen, die ihm eine dominierende Stellung auf dem Balkan verschafften, sondern auch grundsätzlich gegen seine Politik des *fait accompli* und das von ihm beanspruchte Recht auf Separatverhandlungen mit der Türkei unter Ausschluss der Großmächte.[70] Die daraus resultierenden Spannungen schlugen sich in einem Schwanken der europäischen Diplomatie zwischen Kongress und Krieg[71] während der Monate Januar bis Mai 1878 nieder, das an das verwirrende Erscheinungsbild vor Ausbruch des Krieges erinnerte. Divergierende Meinungen und daraus sich blockierende politische Handlungsweisen innerhalb der englischen (Disraeli gegen Außenminister Lord Derby), österreich-ungarischen (Andrassy gegen Erzherzog Albrecht und die sog. „Militärpartei") und russischen Regierungskreisen (Gorčakov, Großfürst Nicolaj gegen Ignat'ev), Argwohn zwischen den beteiligten Mächten, von Misstrauen geprägte Verhandlungen, Zurückschrecken vor letzten Konsequenzen, Taktieren zwischen Kriegsdrohung und Kompromiss, verstärkt

[69] Sumner, Russia and the Balkans, S. 351ff. Hünigen, N. P. Ignat'ev, S. 236ff. Anderson, The Eastern Question, S. 200ff.

[70] Das widersprach auch den Abmachungen mit Österreich-Ungarn in der Budapester Konvention.

[71] Andrassy brachte die Konferenzidee Ende Januar ins Spiel, als er nur die Alternative zwischen Konferenz oder Krieg sah: Hünigen, N. P. Ignat'ev, S. 240f. Am 3.2. erfolgte dann eine erste Einladung zu einer Konferenz in Baden-Baden, am 6.3. eine zweite zu einem Kongress in Berlin durch Andrassy. Wertheimer, Andrassy, III, S. 84ff.

durch widersprüchliche Informationen und eine schlechte Kommunikation[72] machten die europäische Politik erneut undurchsichtig und zu einem Wechselbad von Reaktionen, bei denen die Entscheidung über Krieg oder Frieden oft am seidenen Faden hing.
Dass es nicht zum Ausbruch eines Krieges kam, hing zum einen damit zusammen, dass der Konsens zwischen England und Österreich-Ungarn dazu nicht ausreichte, da jeder befürchtete, der andere würde ihn für die eigenen Zwecke benutzen, und weil zudem ihre Interessen auf unterschiedlichen Gebieten lagen. Zum anderen waren die militärischen Ausgangsbedingungen aller potenziellen Gegner ungefähr gleich schlecht verteilt, so dass sie sich gegenseitig in Schach hielten. Russland befand sich in einer vorteilhaften strategischen Position, der Zustand seiner Armee war jedoch desolat und das Land finanziell erschöpft; England verfügte zwar über die materiellen Ressourcen, konnte damit aber schwer den militärischen Vorsprung der Russen ausgleichen, was auch für Österreich-Ungarn trotz der Nähe zu den russischen Operationslinien zutraf. Österreich-Ungarn war zudem finanziell nicht in der Lage, einen Krieg zu führen, und auf englische Mittel angewiesen, die England aber nur in Form von Anleihen und nicht, wie von Andrassy gefordert, als Subsidien bereit war zu gewähren. Bismarck seinerseits versuchte, einen Interessenausgleich zwischen den Mächten durch die Aufteilung der Türkei herbeizuführen, ohne Deutschland direkt zu engagieren.
Die Situation war Ende März 1878 festgefahren, als England einen Kongress, auf dem nicht der ganze San Stefano Vertrag zur Disposition stand, ablehnte und militärische Vorbereitungen traf, die zum Rücktritt von Lord Derby führten. Es war bezeichnend für die Lage, dass es trotz der geringen Differenzen zwischen der englischen und der russischen Position zu keiner Einigung kam.[73] Auch eine Verständigung zwischen den drei Kaisermächten konnte nicht erreicht werden, als Andrassy Ignat'ev bei dessen Besuch Ende März 1878 in Wien einen neuen österreichischen Forderungskatalog vorlegte, den dieser ablehnte.[74] Zum entscheidenden Faktor in der Lösung der Krise wurde der Nachfolger des schwankenden Lord Derby, Lord Salisbury, der eine klare Linie in die britische Außenpolitik brachte und durch bilaterale Konzessionsverhandlungen mit Russland, für die sich auch der russische Botschafter in London, Šuvalov, immer eingesetzt hatte, mit der Türkei und mit Österreich-Ungarn eine Verständigungslösung ermöglichte, wobei militärische Vorbereitungsmaßnahmen als taktisches Druckmittel eingesetzt wurden. Das Ergebnis bestand in dem russisch-englischen Übereinkommen vom 30. Mai 1878, in dem die Grenzen Bulgariens und die territorialen Gewinne Russlands abgesteckt wurden, in einem Abkommen vom 6. Juni 1878 mit Österreich-Ungarn über die Grenzziehung Bulgariens und die Zeitdauer der russischen Okkupation und in der britisch-türkischen Konvention vom 4. Juni 1878, in der Zypern England überlassen wurde gegen eine briti-

[72] Dies wurde besonders bei den dreimal erteilten und dann wieder stornierten Befehlen an die englische Flotte sichtbar, in die Dardanellen auszulaufen. Langer, European Alliances, S. 132ff.

[73] Ibd., S. 141f.

[74] Zu dem Besuch Ignat'evs s. Wertheimer, Graf Andrassy, III, S. 90ff. Hünigen, N. P. Ignat'ev, S. 256ff.

sche Garantiezusage für den asiatischen Teil des Reiches.[75] Damit wurde eine Verständigungsbasis für einen europäischen Kongress gelegt, zu dem Bismarck offiziell am 3. Juni für den 13. Juni 1878 nach Berlin einlud.

In Rumänien bewirkten die als Demütigung empfundenen russischen Friedensbedingungen eine radikale Abkehr von Russland und Hinwendung zu Europa, was Kogălniceanu damit rechtfertigte, dass ein kleiner Staat seinen Rückhalt stets dort suchen müsse, wo die Gemeinsamkeit mit seinen Interessen am größten sei.[76] Vor dem Hintergrund einer zwischen Krieg und Frieden schwankenden europäischen Politik zielte das rumänische Bemühen jetzt darauf ab, die bessarabische Frage zu einem Anliegen der europäischen Diplomatie zu machen, um bei einem Kongress eine diplomatische Lösung im Sinne Rumäniens zu erreichen oder sich im Fall eines Krieges als Bündnispartner gegen Russland anzubieten.

Es war vor allem Außenminister Kogălniceanu, der den Streit mit Russland auf ein europäisches Gleis zu schieben und somit die Entscheidung über Bessarabien in letzter Instanz einer europäischen Regelung zu überlassen suchte. Sein Hauptansprechpartner bildete dabei Österreich-Ungarn, von dem sich die rumänischen Politiker allgemein die meiste Unterstützung gegen Russland versprachen.[77] Zu diesem Zweck überschwemmte er förmlich mit einer Flut von Rundschreiben und diplomatischen Noten die rumänischen Auslandsvertreter und die europäischen Kabinette, die immer wieder die Forderungen nach Anerkennung der Unabhängigkeit und der Neutralität, nach Besitz des Donaudeltas, die kategorische Ablehnung der Rumänien betreffenden Artikel des San-Stefano-Vertrags und den Anspruch Rumäniens auf Teilnahme an einem Kongress variierten.[78] Ein spezielles Mémoire über die Bessarabienfrage, datiert vom 25.2./9.3.1878, stellte ganz auf das europäische Interesse an der Belassung Bessarabiens bei Rumänien und der Erlangung des Donaudeltas ab, damit das Land seine Mission als Wächter des freien Donauhandels erfüllen könne. Das Memorandum sollte den europäischen Vertretern bei einem Kongress als Argumentationshilfe gegen den russischen Anspruch dienen.[79]

75 Anderson, The Eastern Question, S. 206ff. Clayton, G. D., Britain and the Eastern Question. Missolonghi to Gallipoli, London 1971, S. 144ff. Langer, European Alliances, S. 143ff.

76 Arh. Stat. CR 16/1878 (Zwiedinek v. 30.1.1878, Nr. 14), S. 19ff. Zwiedinek machte Kogălniceanu auf die Unglaubwürdigkeit der rumänischen Position beim Streit mit Russland aufmerksam.

77 Arh. Stat CR 16/1878, S. 51f. (Zwiedinek v. 13.2.1878). P.A. I.A.B.q. Türkei, Vol. 63, Alvensleben v. 13.2.1878 (Nr. 36, Durch sichere Gelegenheit bis zur Grenze).

78 Vgl. dazu die detaillierte Auflistung in: Zub, Mihail Kogălniceanu, S. 375ff. Politica externă a României, S. 134ff. Einzelne Rundschreiben und diplomatische Noten in: Mihail Kogălniceanu, Documente diplomatice, S. 224ff. Independenţa României, IV, S. 333ff.

79 P.A. I.A.B.q. Türkei 24, Vol. 63, Berlin, 15.3.1878. Der Verlust Bessarabiens wurde zudem als Bedrohung für einen stabilen Frieden in der Region und für die Konsolidierung Rumäniens dargestellt. Das Mémoire wurde in der russischen Presse einer scharfen Kritik unterzogen: Rosetti, Corespondenţa gen. I. Ghica, S. 167ff. (Ghica v. 16/28.3.1878). Zur Widerlegung der rumänischen Argumente wurde ein russisches Mémoire im Kriegsministerium verfasst. Veröffentlicht in: Varta, I., Documents inédits sur la politique russe à l'égard de la Roumanie

Der diplomatische Aktionismus Kogălniceanus stand im Gegensatz zu der Spärlichkeit der Reaktionen der europäischen Regierungen, die Rumänien in Bezug auf die Anerkennung der Unabhängigkeit und Bessarabien wenig Hoffnung machten, allerdings in der allgemeinen ungewissen Situation auch klare Antworten vermieden. Überdies kam Österreich-Ungarn und England der rumänische Widerstand nicht ungelegen, half er doch den Druck auf Russland zu verstärken. Kogălniceanu musste angesichts seiner prekären innenpolitischen Stellung immer wieder unter Beweis stellen, alles unternommen zu haben, um die Mächte vom rumänischen Standpunkt zu überzeugen. Doch es war nicht sein Erfolg, dass die Mächte auch die Bessarabienfrage auf die europäische Agenda setzten, sondern hing mit der Grundauffassung des englischen und auch des österreichisch-ungarischen Kabinetts zusammen, den gesamten San Stefano Vertrag einer europäischen Überprüfung zu unterziehen, der Russland zustimmen musste.[80] Das Unglück für Rumänien bestand darin, dass gerade Bessarabien einen der am wenigsten umstrittenen Punkte zwischen den Großmächten darstellte, da es weder die Interessen Englands noch Österreich-Ungarns tangierte, so dass alle Argumente Rumäniens vergeblich waren und die Chance, Bessarabien zu erhalten, nur bei Ausbruch eines neuen Krieges bestand.
Im Gegensatz zu Kogălniceanu, der durch die Europäisierung der Bessarabienfrage auch einen *modus vivendi* mit Russland anzustreben suchte, bestimmte immer mehr die parlamentarische Gruppe um die russophoben Ion Ghica und D. A. Sturdza im Verein mit dem rumänischen Vertreter in Wien, Ion Bălăceanu, die rumänische Politik nach San Stefano, deren Ziel eine antirussische und antislawische Kriegskoalition mit Österreich-Ungarn und England bildete. Zu diesem Zweck eskalierten sie bewusst die Spannungen zu Russland mit Hilfe der parlamentarischen Debatten, wobei sie sich der antirussischen Stimmung im Land bedienen konnten. Nach Sondermissionen, die Ion Ghica und D. A. Sturdza im Februar und März 1878 nach London, Wien und Budapest geführt hatten, stellten sie in einer geheimen Sitzung von Senat und Kammer am 19./31. März 1878 einen Krieg Englands und Österreich-Ungarns gegen Russland in Aussicht und erweckten sogar die Hoffnung auf den Erwerb des russischen Teils Bessarabiens nach einer Niederlage Russlands.[81] Mit ihrer optimistischen Einschätzung über eine englische

en 1878, in: RESEE 32, 1994, S. 236ff. Der kommentierende Artikel von Varta ist selbst ein Lehrstück apologetischer Geschichtsschreibung mit Bezug auf die aktuelle Situation in der Republik Moldau mit ihrer zwischen Rumänen und Russen umstrittenen Staatslegitimität.

80 Gorčakov hatte es zuerst abgelehnt, die Bessarabienfrage auf einem Kongress diskutieren zu lassen: Rosetti, Corespondenţa gen. I. Ghica, S. 160 (Ghica v. 28.2./12.3.1878), doch Zwiedinek bezeichnete sie Anfang April als eine europäische Frage und auch Kogălniceanu sprach vom europäischen Charakter. Arh. Stat. CR 16/1878 S. 123ff. (Zwiedinek v. 2.4.1878, Nr. 55).

81 P.A. I.A.B.q. Türkei 24, Vol. 64, Alvensleben v. 1.4.1878 (Nr. 74). Die Minister Câmpineanu, obwohl enger Freund von Ghica und Sturdza, und Kogălniceanu sprachen ihnen allerdings die Fähigkeit zu einem objektiven Urteil ab und sahen einen Widerspruch zwischen ihrer optimistischen Einschätzung und ihren Berichten. Ibd. Alvensleben v. 2.4. (Nr. 75, Durch sichere Gelegenheit bis zur Grenze) und v. 12.4.1878 (Nr. 82). Am 4.3.1878 schrieb Ion Ghica an Sturdza: „Si nous résistons, on nous soutiendra." Slăvescu, Corespondenţa lui Ion Ghica, S. 1342. Liu, N., Catalogul corespondenţa lui Ion Ghica, Bucureşti 1962, S. 255f.

und österreichisch-ungarische Unterstützung bestimmten sie das Parlament zu einem scharfen Protest gegen den Vertrag von San Stefano, indem sie geltend machten, dass die Sympathien dieser Mächte gegenüber Rumänien erhalten werden müssten und es der nationalen Vertretung obliege, der Regierung die Richtung der Politik vorzuschreiben, „die allein zum Heile führen könne."[82] In den Debatten im Parlament am 15./27. März (Kammer), 29.3./10.4. (Senat), 4./16. (Senat) 5./17. (Kammer) und 6./18. April (Senat und Kammer) über den San-Stefano-Vertrag wurde jeder Verständigungsversuch mit Russland abgeblockt und die Regierung auf eine unnachgiebige Haltung festgelegt.[83] Auch Kogălniceanu glaubte sich dieser Stimmung nicht mehr widersetzen zu können und hielt am 15./27. März, dem Tag des Rücktritts von Lord Derby, eine Brandrede gegen Russland, in der er den San-Stefano-Vertrag, speziell aber das zweijährige Durchzugsrecht als „Geißel" für das Land bezeichnete.[84] Desgleichen richtete er nach Vorlage vor der gemeinsamen Kommission von Kammer und Senat eine Protestnote an den russischen Außenminister, die einem diplomatischen Affront gegen Russland gleichkam, weshalb sich General Ghica in Petersburg weigerte, den Text ohne Veränderungen zu überreichen, da er das Land in Gefahr sah.[85]

Die Verschärfung des rumänischen Widerstandes Ende März/Anfang April entsprach zeitlich exakt der Zuspitzung der europäischen Lage, hervorgerufen durch den Rücktritt von Lord Derby, die ersten militärischen Vorbereitungen Englands sowie die gescheiterte Mission Ignat'evs in Wien. Dementsprechend scharf fiel die russische Reaktion auf die Rede von Kogălniceanu aus, als Gorčakov am 20.3./1.4.1878 androhte, die rumänische Armee zu entwaffnen und das Land zu besetzen, falls sich die Bukarester Regierung dem Artikel 8 des San-Stefano-Vertrags, der ein zweijähriges Durchzugsrecht für die russische Armee vorsah, widersetzen sollte.[86] Nervös wegen der Kriegsgefahr sah die russische Regierung ihre Vorsorgungslinien in Rumänien durch die feindselige rumänische Hal-

82 Arh. Stat. CR 16/1878 S. 123ff. (Zwiedinek v. 2.4.1878). Rosetti, Corespondenţa gen. I. Ghica, S. 178 (Privater und vertraulicher Brief Kogălniceanus an Ghica v. 23.3./4.4.1878).

83 Kogălniceanu, Opere IV, orat. II, part. 4, ab S. 572. Ion C. Brătianu, Acte şi cuvântări, III, ab S. 256ff. Brătianu sah sich zu der Erklärung veranlasst, dass „wir mit allen unseren Kräften protestieren und kämpfen werden, um unsere volle Unabhängigkeit wiederzuerlangen und das Land vor einer fremden Okkupation zu retten." Ibd., S. 277 (Senatssitzung am 4./16.4.1878).

84 Kogălniceanu, Opere IV, orat. II, part. 4, S. 572ff. Die Rede erregte wegen ihrer Heftigkeit großes Aufsehen. Arh. Stat. CR 16/1878, S. 123ff. (Zwiedinek v. 2.4.1878). P.A. I.A.B.q. Türkei 24, Vol. 64, Alvensleben v. 28.3.1878 (Nr. 71). Kogălniceanu rechtfertigte sich damit, dass er mit seinem energischen Auftreten seinen Sturz und damit Schlimmeres abgewendet habe. Rosetti, Corespondenţa gen I. Ghica, S. 170f. (Kogălniceanu an Ghica v. 17./29.3.1878).

85 Iorga, Correspondance diplomatique, S. 334ff. (Note v. 24.3./5.4.1878). Rosetti, Corespondenţa gen. I. Ghica, S. 186ff. Ghica drohte mit seinem Rücktritt, sollten keine Veränderungen vorgenommen werden: Ibd., S. 190 (Schreiben v. 1./13.4.1878). Aus dem Leben König Karls, 4, S. 16. P.A. I.A.B.q. Türkei 24, Vol. 64, Alvensleben v. 12. April 1878 (Nr. 81).

86 Rosetti, Corespondenţa gen. I. Ghica S. 171f. (Ghica v. 20.3./1.4.1878, Chiffriert). Aus dem Leben König Karls, 4, S. 17f. P.A. I.A.B.q. Türkei 24, Vol. 64, Chiffr. Telegramm (Nr. 20) v. Alvensleben v. 4.4.1878 und Bericht v. 4.4.1878 (Nr. 76, Ganz vertraulich).

tung bedroht. Auch wenn sie angesichts der entschlossenen Haltung des Fürsten, der seinerseits mit bewaffnetem Widerstand drohte, und des öffentlichen Aufsehens dieser Drohung[87] nachgeben musste, wurden die russischen Truppen in Rumänien verstärkt und strategisch wichtige Punkte besetzt.[88] Zu den russischen Pressionen gehörte auch der unverhüllte Angriff Zar Alexanders II. auf die rumänische Regierung, die er direkt für die Spannungen mit Russland verantwortlich machte, womit er den Fürsten unter Druck zu setzen versuchte.[89] Gleichzeitig versuchte die russische Regierung, eine neue Konvention mit Rumänien über die Sicherung des Durchzuges während der russischen Okkupation Bulgariens gemäß Artikel 8 des San-Stefano-Vertrags abzuschließen und sich für den Fall eines österreichischen oder englischen Angriffs durch eine bilaterale Verständigung mit Rumänien abzusichern, was angesichts des Misstrauens gegen Russland zum Scheitern verurteilt war.[90]

Rumänien antwortete auf die russischen Drohungen und Militärbewegungen seinerseits mit einer Neuaufstellung seiner noch immer mobilisierten Armee auf einer Linie Piteşti–Târgovişte am südlichen Karpatenhang und in der Nähe zur siebenbürgischen Grenze, verstärkte den Effektivbestand durch Rekrutenaushebungen auf 60 000 Mann und stellte finanzielle Mittel in Höhe von 4 Millionen für die Neubewaffnung bereit.[91] Der Abschluss einer neuen Konvention wurde abgelehnt, nachdem im Parlament D. Sturdza dieses russische Ansinnen sofort abgeblockt hatte[92] und auch Österreich-Ungarn

[87] Es war I. C. Brătianu, der die russische Drohung entgegen der Anweisung des Fürsten, sie geheim zu halten, publik machte. P.A. I.A.B.q. Türkei 24, Vol. 64, Alvensleben v. 12.4.1878 (Nr. 81).

[88] Aus dem Leben König Karls, 4, S. 20ff., S. 33, 35, 39. Kogălniceanu protestierte gegen die Truppenkonzentrationen in einer Note an Baron Stuart v. 24.4./6.5.1878 und bezeichnete sie als „installation quasi-permanente“. Ibd., S. 39. P.A. I.A.B.q. Türkei 24, Vol. 64, Alvensleben v. 15.4.1878 (Vertraulich): Vol. 65, Alvensleben v. 11.5.1878 (Nr. 97, Durch sichere Gelegenheit bis zur Grenze), 1.6. mit Nachschrift v. 3.6.1878 (Nr. 103). Auch an der Donau wurde mit Torpedos und der Errichtung von Barrieren Vorsorge gegen einen englischen Flottenangriff getroffen. Ibd. Alvensleben v. 5.4.1878 (Nr. 77).

[89] Aus dem Leben König Karls, 4, S. 20f., 27f. (Depesche und Handschreiben des Zaren v. 27.3./8.4. u. 1./13.4.1878). Vgl. die beiden chiffrierten Telegramme v. Brătianu an Bălăceanu v. 22.4. und 28.4.1878 (n.St.). Arh. Stat. CR 17/1878, f. 117, 128. Brătianu interpretierte das Schreiben des Zaren als Aufforderung, die Regierung zu stürzen.

[90] Rosetti, Corespondenţa gen. I. Ghica, S. 202f. (Ghica v. 6./18.4.1878). P.A. I.A.B.q. Türkei 24, Vol. 64, Alvensleben v. 12.4.1878 u. v. 11.5.1878 (Durch sichere Gelegenheit bis zur Grenze).

[91] Aus dem Leben König Karls, 4, S. 38f. P.A. I.A.B.q. Türkei 24, Vol. 65, Alvensleben v. 11.5.1878 (Nr. 97, Durch sichere Gelegenheit bis zur Grenze). Arh. Stat. CR 16/1878, S. 179f. (Zwiedinek v. 14.5.1878). Die Kammer erhöhte den ursprünglich von der Regierung geforderten 3-Millionen-Kredit um noch eine Million.

[92] Kogălniceanu, Opere, IV, orat. II, part. 4, S. 586. Sturdza bezeichnete dies als „Selbstmord“ (Senatssitzung v. 29.3./10.4.1878). Am 4./16. April kam es im Senat über eine Interpellation von Sturdza zu diesen russischen Forderungen zu einer Grundsatzdebatte. P.A. I.A.B.q. Türkei 24, Vol. 64, Anlage zum Bericht Nr. 87 von Alvensleben v. 19.4.1878.

davon abriet.[93] Stattdessen erklärte man die Aprilkonvention von 1877 als noch in Kraft befindlich.[94] Die parlamentarischen Hardliner um D. A. Sturdza und Ion Ghica hatten somit weitgehend ihr Ziel eines Bruches mit Russland erreicht: aus den Verbündeten waren Feinde geworden, die im Falle eines neuen Krieges gegeneinander kämpfen würden. Die rumänische Politik erhielt während der Monate April bis Juni einen insgesamt konfliktverschärfenden Charakter trotz einer vorübergehenden Entspannung des rumänisch-russischen Verhältnisses im Gefolge einer enttäuschend verlaufenden Reise I. C. Brătianus nach Wien und Berlin, die keine Unterstützung für die rumänische Position gebracht hatte.[95]

Parallel zu der sich zwischen den Mächten anbahnenden Verhandlungslösung bei noch vorhandener Kriegsgefahr versuchten Parlament und Regierung einer Friedensregelung, die auf den Verlust Bessarabiens hinauslief, entgegenzusteuern.[96] Das betraf sowohl die Pressepolitik, als auch den Plan, Regierung und Fürst nach Craiova zu evakuieren, was einer Aufforderung zur Besetzung Bukarests durch die russische Armee gleichgekommen wäre.[97] In der Intention dieses Vorhabens, dem sich der Fürst und Kogălniceanu erfolgreich widersetzten, lagen ein offener Bruch mit Russland und ein Eingreifen Österreich-Ungarns, das erklärt hatte, keine russische Besetzung Rumäniens zuzulassen.[98] Als Anfang Juni der Zusammentritt des Kongresses feststand, bestand die einzige Hoffnung auf den Verbleib Bessarabiens nur noch in einem Krieg,[99] den man zu provozieren bereit war: so machte I. C. Brătianu Österreich-Ungarn das Angebot, bei entsprechenden Zusagen einen Aufstand gegen Russland zu beginnen:

93 Arh. Stat. CR 17/1868, S. 126f. (Telegramm Andrassys an Zwiedinek v. 27.4.1878). Independenţa României, I, S. 340f.

94 Ibd., S. 337ff. (Rundschreiben von I. C. Brătianu an die Präfekten v. 14./26.4.1878). P.A. I.A.B.q. Türkei 24, Vol. 64, Alvensleben v. 19.4.1878 (Nr. 87).

95 Ibd. Alvensleben v. 22.4.1878 (Nr. 88, Durch sichere Gelegenheit bis zur Grenze) und v. 29.4.1878 (Nr. 90, Durch sichere Gelegenheit bis zur Grenze). Arh. Stat. CR 18/1878, S. 147f. (Zwiedinek v. 23.4.1878 u. v. 30.4.1878 [Nr. 73, Confidentiel]).

96 P.A. I.A.B.q. Türkei 24, Vol. 64, Alvensleben v. 28.5.1878 (Durch sichere Gelegenheit bis zur Grenze) über den niederschmetternden Eindruck, den der Zusammentritt des Kongresses auslöste.

97 Aus dem Leben König Karls, 4, S. 25f., 30. Arh. Stat. Fond Regele Carol I, III/29, f. 129 (10./22. April 1878). Brătianu begründete den Plan damit, dass die russische Militärpräsenz um Bukarest den Fürsten zur Berufung eines Russland genehmen Ministeriums zwingen könne. Gegenüber Alvensleben dementierte er jedoch, dem Fürsten diesen Vorschlag unterbreitet zu haben. P.A. I.A.B.q. Türkei 24, Vol. 64, Alvensleben v. 22.4.1878 (Nr. 88, Durch sichere Gelegenheit bis zur Grenze). Arh. Stat. CR 16/1878, S. 173f. (Zwiedinek v. 30.4.1878, Nr. 73, Confidentiel). Alvensleben setzte sich in Erkenntnis der Folgen für eine Verhinderung dieses Plans ein.

98 P.A. I.A.B.q. Türkei, Vol. 64, Alvensleben v. 8.4.1878 (Nr. 78, Ganz vertraulich). Am 22. April (n.St.) telegrafierte Brătianu an Bălăceanu, dass die russische Besetzung Bukarests bevorstehen könnte: Arh. Stat. CR 17/1878, f. 117 (Copie-Télégramm. Chiffré. Trés confidentiel).

99 Bindreiter, Die diplomatischen und wirtschaftlichen Beziehungen, S. 144, Fußnote 267. Unterredung Andrassys mit Bălăceanu.

„Nous ne céderons pas un pouce de la Bessarabie, pour la plus brillante des compensations. Nous avons soixante mille hommes dans de fortes positions et le pays est prêt à se lever, tout entier pour défendre son droit. Nous voulons savoir si l'Autriche-Hongrie est aussi décidée que nous obtenez une déclaration catégorique de Mr. le Comte Andrassy. Le moment est décisif, car la Roumanie est à la veille de jouer son va-tout."[100]
Der verzweifelte Versuch, alles auf die Kriegskarte zu setzen und auf die Unterstützung von Österreich-Ungarn und England[101] zu hoffen, bildete den Höhepunkt einer Politik, die jede Kompromissbereitschaft in Bezug auf Bessarabien ablehnte, was so weit gehen konnte, dass man einen Krieg im eigenen Land dem Verlust eines Landstriches vorzog. Selbst während des Berliner Kongresses hörten Provokationsversuche und militärische Drohungen nicht auf,[102] doch konnten diese ebenso wenig wie das Plädoyer der beiden rumänischen Vertreter, I. C. Brătianu und Kogălniceanu, die am 1. Juli die rumänischen Anliegen vor dem Kongress verteidigten, die Entscheidungen der Großmächte in der Bessarabienfrage beeinflussen. Artikel 45 des Berliner Vertrags vom 13. Juli 1878 sah die Abtretung der drei südlichen bessarabischen Distrikte an Russland vor, das militärisch diesen Landstrich im Juni bereits weitgehend besetzt hatte. Nachdem jeder Widerstand zwecklos geworden war, vollzog sich der letzte Akt in aller Stille. Am 30.9./12.10.1878 erklärte nach dem Senat auch die Kammer, dass sie die Regierung ermächtige, sich den Bestimmungen des Berliner Vertrags zu fügen und die Zivil- und Militärbehörden aus Bessarabien zurückzuziehen.[103]

100 Arh. Stat. CR 17/1878, f. 157. (Copie-Télégramme, Brătianu an Bălăceanu v. 3. Juni 1878). Bindreiter, Die diplomatischen und wirtschaftlichen Beziehungen, S. 149. Vgl. auch Wertheimer, Graf Julius Andrassy, III, S. 103.

101 Vor allem der neue englische Generalkonsul in Bukarest, White, aber auch der englische Botschafter in Wien, Sir Elliot, beide bekannte Gegner Russlands, weckten diesbezüglich rumänischerseits neue Hoffnungen: Independenţa României, II, 2, S. 318 (White v. 1./13.5.1878, Secret), S. 323f. (White v. 12./24.5.1878, Secret). Aus dem Leben König Karls, 4, S. 59. P.A. I.A.B.q. Türkei 24, Vol. 65, Alvensleben v. 1.6.1878 mit Nachschrift v. 3. Juni, Nr. 103, in der er über eine Unterredung zwischen D. A. Sturdza und Elliot in Wien berichtet, in der es über die Möglichkeit der Provozierung eines Konfliktes mit Russland durch Rumänien ging, um eine Friedenslösung zu verhindern. Während einerseits die Rumänen in ihrem Widerstand gegen Russland ermutigt werden sollten, machte andererseits Elliot aber auch klar, dass man wegen Bessarabien keinen Krieg führen würde, ohne einen Krieg aber grundsätzlich auszuschließen. Edward, S., Sir William White. His Life and correspondence, London 1902, S. 134ff.

102 P.A. I.A.B.q. Türkei 24, Vol. 65, Alvensleben v. 11. Juni (Nr. 111, Durch sichere Gelegenheit bis zur Grenze und Nr. 112, Durch sichere Gelegenheit). Arh. Stat. CR 16/1878, S. 185 (Zwiedinek v. 11. Juni 1878). C.A. Rosetti drohte mit dem geschlossenen Widerstand des Landes bei Abtretung Bessarabiens und wollte, wenn möglich, die Armee auf das Dreifache erhöhen.

103 Aus dem Leben König Karls, 4, S. 111: „Durch den Entschluß der Großmächte dazu gezwungen und um kein Hindernis zur Befestigung des Friedens zu sein, ermächtigt die Kammer die Regierung, sich dem Gesamtwillen Europas zu fügen, indem sie die Zivil- und Militärbehörden aus Bessarabien zurückruft und Besitz ergreift von der Dobrudscha, dem Donaudelta und der Schlangeninsel." Der Senat hatte zwei Tage vorher einen ähnlichen Antrag votiert.

Tags darauf übernahmen die russischen Behörden die Verwaltung, ohne dass ein offizieller Übergabeakt stattgefunden hätte.[104]

5. Institutionelle Folgen der Bessarabienkrise

In der Bewertung der Bessarabienfrage herrscht in der Regel eine monokausale Argumentation vor, die in der russischen Politik die alleinige Ursache für die große Erschütterung sieht.[105] Diese Erklärung beantwortet jedoch nur teilweise die Fragen, warum die russische Abtretungsforderung, so ungerechtfertigt sie sein mochte, das Land in eine tiefe Krise stürzte und warum die Regierung an der Illusion der Beibehaltung bis nach Beginn des Berliner Kongresses festhielt.[106] Dabei wird außer Acht gelassen, dass Opposition wie Regierung, wenn auch aus entgegengesetzten Gründen, an einer Verschärfung des Konflikts interessiert waren und die Regierung mit ihrer Presse über nicht unwichtige Steuerungsmechanismen verfügte. Die Krise ist nur dann zu verstehen, wenn man mit berücksichtigt, dass die russische Forderung die Regierung in einem zentralen Punkt traf: die fehlende Legitimation für die Kriegsallianz mit Russland um den Preis Bessarabiens. Die Bessarabienkrise stellte den Versuch der Regierung dar, dieses Defizit zu kompensieren und ihre Legitimitätsbasis und damit ihre Macht zu erhalten. Dies gelang ihr durch einen ideologischen und institutionellen Transfer von Verantwortung, der so effektiv war, dass die Erklärungsmuster für die Bewertung der Krise vor allem von einer nationalistischen Geschichtsschreibung übernommen wurden.[107]

Im Laufe ihrer Parteientwicklung hatten die Liberalen immer stärker die Werte der rumänischen Nation mit all ihren Aspekten von Unabhängigkeit, nationaler, kultureller und territorialer Einheit ins Zentrum ihrer Ideologie und Politik gerückt, der sie alle anderen Fragen zu- und unterordneten. Diese nationale Ideologie konnte in einem innen- und außenpolitisch ungefestigten Staatswesen die Aufgabe einer fundamentalen Orientierung übernehmen, die sich durch den Machtantritt der Liberalen im Frühjahr 1876, vor allem aber durch den siegreichen Krieg mit seiner Losung „Durch uns selbst“, immer stärker auf gesellschaftlicher Ebene manifestierte und politisch handlungsrelevant wurde. Dieser Prozess erfuhr durch die Bessarabienfrage eine erhebliche Verstärkung, indem es den Liberalen gelang, die Rückgabeforderung als Verletzung der höchsten Werte der rumänischen Nation zu kanalisieren und damit den Zielkonflikt in ihrer Kriegspolitik zwischen Unabhängigkeit und Bessarabien zu überwinden. Die eigene Politik wurde der Kritik

[104] Ibd., S. 108, 112.

[105] Stellvertretend: Jelavich, B., Russia and the Formation of the Romanian National State, S. 270, 272f.

[106] Erst am 23. Juni 1878 (n.St.) erkannte Brătianu an, dass Bessarabien verloren war und bat C. A. Rosetti, die öffentliche Meinung darauf vorzubereiten: Chiffre-Telegramm v. 23. Juni 1878 aus Berlin. Arh. Stat. CR 31/1878, f. 14.

[107] Das trifft auch für neuere rumänische Darstellungen zu: Stan, A., Rezistenţă la raptul Basarabiei în 1878, in: Revista istorică, 3, 1992, S. 61-80. Das Buch von Ionescu, D. P., Războiul de independenţă şi problema Basarabiei, Bucureşti 2000, lag mir nicht vor.

entzogen und alle Vorwürfe der konservativen Opposition gegen die Regierung, für die Krise selbst verantwortlich zu sein,[108] auf einer nationalen Metaebene aufgehoben. Ins Zentrum rückte die bedrohte nationale Einheit, die Brătianu immer wieder beschwor, womit er auch die Zurückziehung der Anklage gegen die konservativen Minister durchsetzen konnte. Die Regierung bezeichnete er als Ausdruck des Willens der gesamten Nation[109] und benutzte zur Begründung des Widerstands gegen die Abtretung Bessarabiens eine allseits vertraute Vorstellung, nämlich die Metapher des freien Grundbesitzers, der den von seinen Vorfahren ererbten, mit Schweiß und Blut verteidigten Boden nicht gegen das fruchtbarste Land eintausche.[110] So wurden mit einer solchen nationalen Ideologisierung Weichen für eine Überhöhung des rumänischen Nationalismus gestellt, der auf der Linie einer bereits vorgegebenen generellen Ausrichtung und durch die konkrete historische Situation begünstigt, eine hohe Wirksamkeit entfalten und für die rumänische Politik einen konstitutiven Charakter annehmen konnte.[111]
Die Priorität der Nation implizierte die Übertragung der Verantwortung für das politische Handeln auf das Parlament. Institutionell wurde das Parlament zum Entscheidungsfaktor in der Krise und verschärfte sie, indem diejenigen Kräfte die Politik bestimmten, die immer auf einer unversöhnlichen Haltung gegenüber Russland bestanden hatten. Die Verlagerung der Entscheidungszuständigkeit auf das Parlament ging einher mit einem politischen Kompetenzverlust bei gleichzeitig ansteigenden Herausforderungen an die rumänische Politik durch die europäischen Revisionsverhandlungen des San-Stefano-Vertrags. Der hohe Stellenwert einer nationalen Ideologie bewirkte einen institutionellen Machttransfer, der wiederum zu Inflexibilität, zur Verkennung der eigenen Machtmöglichkeiten und in die außenpolitische Isolation führte, aus der man nur einen Krieg als

[108] Einer der schärfsten Kritiker der Regierung, der Junimist Petre Carp, warf der Regierung ihrerseits eine antinationale Politik vor, indem sie Russland geholfen habe, seine traditionelle Politik zu realisieren: „Dies erklärt Ihnen [...], warum Sie, anstatt Vorteile zu ziehen, die Sie sich von unserem Kriegseintritt versprachen, heute kommen und jammern, dass wir dabei sind, eine Provinz zu verlieren." Gane, P. P. Carp, I, S. 217. Kritisch auch Maiorescu, Istoria contemporană, S. 156ff.

[109] Ion C. Brătianu, Acte şi cuvântări, III, S. 185.

[110] Ibd., S. 167. Mit dem rumänischen Wort *moşie* (Landgut, Erbgut, Landbesitz), verbindet sich ein bestimmtes Heimat- und Traditionsgefühl, die Vorstellung eines auf seinem Land freien und unabhängigen Grundherrn, der treu das Erbe seiner Väter bewahrt, so dass der Begriff auch zum Synonym für Vaterland und Heimat mit diesen Konnotationen wurde. Georgescu, V. A., Instituţiile statelor româneşti de-sine-stătătoare, in: Constituirea statelor feudale româneşti, Bucureşti 1980, S. 216.

[111] Es ist bezeichnend, dass eine kritische Stimme wie Nicolae Creţulescu, der in einer Broschüre „Reflexions sur la retrocession des 3 districts de la Bessarabie", Bucarest 1878 mars, die Bessarabienfrage unter realpolitischen Gesichtspunkten behandelte und sich angesichts der Machtverhältnisse für eine Kompensationslösung mit Russland einsetzte, keine Chance hatte, sich durchzusetzen. In seiner Monographie über Creţulescu kritisierte Xenopol die Presse als „an Chauvinismus erkrankt" und ihre Agitation als „falschen Patriotismus." Im Gegenzug bezeichnete er Creţulescu als den einzigen, der das wirkliche Interesse Rumäniens zu verteidigen wusste. Xenopol, Nicolae Kretzulescu, S. 126f.

Ausweg sah, womit ungleich größere personelle und materielle Werte des Landes aufs Spiel gesetzt wurden. Wenn auch die Frustration über die russische Perfidie Ausgangspunkt und Folie für den rumänischen Widerstand in der Bessarabienfrage bildete, so trug zu ihrer krisenhaften Entwicklung ebenso die Eskalationspolitik von Regierung und Parlament bei. Die Verlagerung von Verantwortlichkeiten brachte eine politische Instabilität mit sich, die mit der Stärkung der nationalen Idee als wichtigstem Legitimationsinstrument einherging. An diesem Punkt wurde auch die politische Ambivalenz der Krise sichtbar: die Antwort auf die russische Herausforderung bildete die politische Destabilisierung zur Stabilisierung der bestehenden Machtverhältnisse. Es war der Preis, den die Regierung für den Sieg an der Seite Russlands zahlte.

Spätestens hier stellt sich noch einmal die Frage, ob die Politik der Kriegsteilnahme nicht doch gescheitert war. Oder anders formuliert, hätte eine Nichtteilnahme die Bessarabienkrise verhindert? Diese Frage muss verneint werden, denn Bessarabien hätte nur im Fall eines Sieges der Türkei gerettet werden können. Dieser Ausgang allerdings stellte den am wenigsten wünschenswerten für die rumänische Politik dar. Ein russischer Sieg bedeutete den Verlust Bessarabiens, unabhängig davon, ob mit oder ohne rumänische Kriegsteilnahme. Daher befand sich die rumänische Führung von Anfang an in einem Grundsatzdilemma, da jede Entscheidung für sie mit Nachteilen verbunden war. Die russische Rückgabeforderung hätte in jedem Fall eine Krise ausgelöst, denn jede Regierung hätte sich dem Verlust Bessarabiens widersetzen müssen und wäre in dieser Frage auf das Parlament angewiesen gewesen, das zum Kanalisationsorgan der gesellschaftlichen Frustration wurde.

Die eigene Militärleistung und der Sieg verstärkten aber das Gefühl der Enttäuschung und des Betrogenseins und bestimmten somit den emotional-politischen Intensitätsgrad der Krise. An der rumänischen Reaktion ließ sich ablesen, wie stark sich das Nationalbewusstsein seit 1856 entwickelt hatte, das sich im vehementen Widerstand gegen den Verlust eines Landesteils äußerte, während sich früher der Protest in den Memoranden einiger Bojaren manifestiert hatte. Die tiefe Verletzung des Nationalstolzes, der durch den Krieg einen enormen Mobilisierungsschub erhalten hatte, machte daher jede Verständigungslösung mit Russland unmöglich. Die Bedeutung der Bessarabienfrage bestand darin, dass zum ersten Mal eine außenpolitische Verletzung nationaler Rechte zum Gegenstand des nationalrumänischen Diskurses wurde. Die Verteidigung dieser Rechte wurde zu einem grundlegenden Wert, den Parlament und Regierung mit ihrer liberalideologischen Ausprägung zum Ausdruck brachten und ihm eine normative Integrationskraft verliehen.[112] Die Bessarabienkrise bereitete somit den Boden, auf dem die durch den Berliner Kongress gemachten Auflagen keine grundsätzliche Lösung erfuhren. Die gleichzeitigen Erfahrungen von Stolz und Demütigung der Jahre 1877-1880 verbanden sich in einer hoch sensibilisierten Öffentlichkeit zu einem emotional aufgefüllten Nationalismus, dem Überlegenheit und Opfermentalität gleichermaßen innewohnten.

[112] Göhler, Wie verändern sich Institutionen? In: Göhler (Hg.), Institutionenwandel, S. 32f.

6. Der Fürst und die Bessarabienkrise

Der russische Angriff auf die Integrität Rumäniens brachte auch den Fürsten in eine schwierige Lage, hatte er doch zu den treibenden Kräften einer Allianz mit Russland gehört, das diese Politik jetzt diskreditierte. Carol stand in noch stärkerem Maße als die Regierung vor der Aufgabe, sein Amt, das wie kein anderes Einheit und nationale Unversehrtheit symbolisierte, von dem Makel eines territorialen Verlustes freizuhalten. Dies entsprach auch der Verfassung, die die politische Verantwortlichkeit der Minister stipulierte, doch die Anerkennung dieses Prinzips war in der Vergangenheit oft schwer gefallen. Andererseits boten die unbestrittene militärische Leistung und der Stolz über das Oberkommando des Fürsten eine Immunität gegen Vorwürfe, den Russen gegenüber zu willfährig gewesen zu sein. Die Unbeschadetheit seiner Institution bildete die Voraussetzung für den Fürsten, handlungsfähig zu bleiben und das politische System in der Balance zu halten. Dies hatte zur Folge, dass Carol sich aus den Auseinandersetzungen über die gegenüber Russland zu befolgende Politik heraushalten musste. Das hieß nicht, dass er eine Einflussnahme aufgab, sondern bedeutete den Verzicht auf die Durchsetzung seiner Vorstellungen bei Zielkonflikten zwischen ihm und der Regierung in einer national aufgeheizten Lage, wo eine politische Alternative zur Regierung nicht zur Verfügung stand. In der Anfangsphase unternahm Carol noch den Versuch, durch direkte Intervention auf monarchischer Ebene eine Änderung der russischen Entscheidung zu erreichen. Nach ersten Nachrichten über Friedensverhandlungen erinnerte er den Zaren an dessen *généreuses assurances*, um Rumänien ein Mitspracherecht bei den Verhandlungen zu sichern.[113] Auf die Zusicherungen des Zaren berief er sich auch in einem zweiten Brief an Alexander II. als Antwort auf das von Ignat'ev überbrachte Schreiben und die russischen Vorschläge eines Gebietsaustausches von Bessarabien gegen die Dobrudscha. Diplomatisch verkleidet lehnte Carol diesen Vorschlag ab, indem er seine Hoffnung in den Zaren setzte, dass eine Lösung gefunden werde, die die Würde Rumäniens nicht mindere und seine Interessen wahre.[114] Angesichts der zunehmenden krisenhaften Entwicklung entschloss sich Carol zu dem außerordentlichen Schritt, direkt beim deutschen Kaiser zu intervenieren, hoffend, dass seine Verwandtschaftsbeziehung und sein gestiegenes Prestige sich zugunsten einer Intervention des deutschen Kaisers beim Zaren auswirken würde.[115] Noch weiter ging er in seinem Brief an den deutschen Kronprinzen von Ende Februar, als er das deutsche und österreichische Interesse an einem Fernhalten Russlands von der Donaumündung invozierte und Deutschland aufforderte, sich für Bessarabien

[113] Arh.Stat CR 16/1877, f. 230, Handschreiben Carols v. 6./18.1.1878. Aus dem Leben König Karls, 3, S. 443.

[114] Ibd., S. 464f.

[115] P.A. I.A.B.q. Türkei 24, Vol. 63, Handschreiben v. 9.2.1878: „Mögen Euere Majestät mit Nachsicht beurtheilen, daß ich gewagt habe, mich in dieser ernsten Angelegenheit an Allerhöchstdieselben zu wenden, ich halte es aber für meine Pflicht meinem Lande gegenüber Alles gethan zu haben, was eine Schmälerung seiner Interessen abwenden könnte." Aus dem Leben König Karls, 3, S. 469f.

einzusetzen, um damit einen Anspruch auf die Dankbarkeit Rumäniens zu erwerben, was zu einer Einbindung in die deutsche Einflusssphäre führen würde.[116]

Alle diese Versuche einer Einflussnahme auf die russische und deutsche Politik waren von vornherein zum Scheitern verurteilt. Gab es im Fall des Zaren von Anfang an keine Hoffnung auf eine Sinnesänderung, so besaßen auch für Deutschland bei allem Verständnis für die schwierige Lage Carols die russischen Interessen Priorität.[117] Anfang März sprach Carol schon von der „Illusion", Bessarabien behalten zu können und vertrat die Meinung, dass die Agitation dem Land nur schaden würde.[118] Er behielt diese Position grundsätzlich während der ganzen Krise bei, selbst wenn auch er nicht völlig die Hoffnung auf eine Kongresslösung zugunsten Rumäniens aufgab. Seine grundsätzliche Haltung in der Bessarabienfrage hatte Carol in einem Brief vom 8./20. Februar an seinen Vater dargelegt:

„Die bessarabische Frage hat hier einen Sturm von Entrüstung hervorgerufen und die Aufregung ist so groß, daß es geradezu gefährlich werden kann. Wir dürfen nicht vergessen, daß wir noch die Russen im Lande haben. Die Minister versammeln sich alle Augenblicke bei mir, alle Partei-Chefs wollen mich sehen, sprechen und sich mit mir berathen, das ganze Land hat seine Augen auf mich gerichtet und setzt seine ganze Hoffnung in mich. Es werden im Minister-Rath Entschlüße gefaßt, die den folgenden Tag wieder aufgegeben werden; ich kann und darf noch keine Entschließung fassen und bin gezwungen mit meinen Ansichten und Rathschlägen zurückzuhalten, denn ich muß mich vorläufig vom Lande leiten lassen, denn in dieser ernsten Frage kann ich es nicht leiten. Ich muß alle und jede Verantwortung für den Verlust eines Territoriums von mir abschieben; das

116 P.A. I.A.B.q. Türkei 24, Vol. 63, Abschrift des Briefes vom 26.2.1878. Dort heißt es: „Es wäre ein großes Glück, wenn Rumänien durch ein Band der Dankbarkeit an Deutschland gekettet und dadurch gezwungen würde, sich auch in Zukunft an dasselbe anzuschließen; ich glaube, es wäre dieses nicht ganz ohne Werth für das Deutsche Reich, das noch eines Tages seinen vollen Einfluß in dem Krystallisationsproceß des Orients wird zur Geltung bringen müssen. Außerdem ist die Donau ein deutscher Strom und wir als die Wächter derselben ein deutsches Interesse. Daher wünschte ich, daß wir Deutschland *allein* die Erhaltung Bessarabiens zu verdanken hätten. Die Sympathien werden dadurch eine solche Basis gewinnen und nicht mehr durch Intriguen gestört werden können." [Hervorhebung im Text]. Der politische Teil des Briefes war natürlich für das Auswärtige Amt bestimmt und fand in Abschrift auch Eingang in die Akten. Vgl. auch: Aus dem Leben König Karls, 3, S. 497ff., wo dieser Teil verkürzt und abgeschwächt wiedergegeben ist.

117 P.A. I.A.B.q. Türkei 24, Vol. 63. Bülow übersandte am 15.3. im Auftrag Bismarcks dem Kaiser ein Exposé über die Bessarabienfrage, in der Bismarck von einer Unterstützung Rumäniens abriet, da die politischen Gründe, die dagegen sprächen, zu stark seien, und überdies der von Russland angebotene Tausch angesichts des Erwerbs eines Hafens am Schwarzen Meer und einer Eisenbahnlinie für Rumänien nicht unvorteilhaft sei. Die Frage sollte auf einer europäischen Konferenz entschieden werden.

118 Arh. Stat. Fond Regele Carol I, III/29, f. 127 (21.2./5.3.1878): „Vormittags Bratiano bei mir, er macht sich immer noch die Illusion daß wir Besarabien nicht verlieren werden." Ibd. 26.2./ 9.3.1878: „die Lage ist zieml. ernst, Bessarabien ist verloren u. die Agitation schadet uns nur." Aus dem Leben König Karls, 4, S. 1 u. 4.

Einzige was ich thun kann, ist zur Vorsicht mahnen, von jedem übereilten Schritt zurückzuhalten."[119]

Carol sprach in diesem Brief Funktionen indirekter Herrschaftsausübung an, die für die Beherrschbarkeit der Krise von großer Bedeutung wurden. Sie bezogen sich auf die Klärung politischer Handlungsweisen, den Ausgleich extremer Positionen und die Wahrung rumänischer Selbständigkeit gegenüber den Russen. Diese Funktionen wirkten sich insgesamt deeskalierend aus mit stabilisierenden Effekten für die politische Lage des Landes. Während er die Politikgestaltung an die anderen Institutionen abgeben musste, übernahm der Fürst gleichzeitig die politische Abfederung. Für die Minister mit ihren unterschiedlichen Meinungen wurde er zum wichtigsten Ansprechpartner, der einen Gegenpol in der emotional überhitzten Debatte bildete und eine Atmosphäre für eine rational geführte Diskussion schuf, wo Unsicherheiten, Übertreibungen, Ängste abgebaut werden konnten.[120] Ähnlich wirkte er auch nach außen im Kontakt mit den ausländischen Vertretern, die in ihm eine Garantie für die Steuerungsfähigkeit der Krise sahen, vor allem was das russisch-rumänische Verhältnis betraf.

Die Grenzen einer inhaltlichen Bestimmung der rumänischen Politik waren für den Fürsten in dieser Frage von elementarer nationaler Betroffenheit eng gesteckt. Mit seiner Auffassung, dass Bessarabien verloren sei und ein *modus vivendi* mit Russland einer ständigen Provokation vorzuziehen sei, konnte sich Carol bei seinem Ministerpräsidenten angesichts des parlamentarischen Drucks nicht durchsetzen.[121] Auch die von Carol angebotene Entlastungsformel, nach der Europa über das Schicksal Bessarabiens zu bestimmen habe,[122] ließ Brătianu bis zum Schluss nicht gelten. Noch während des Berliner Kongresses kritisierte er den Fürsten für dessen Äußerung, dass Europa die Verantwortung für den voraussichtlichen Verlust Bessarbiens übernehmen müsse. Angesichts der Uneinigkeit der Mächte in vielen Punkten glaubte Brătianu noch immer, dass ein energischer Widerstand im Lande Bessarabien retten könne und erblickte in der Einstellung des Fürsten eine Schwächung seiner Position in Berlin.[123] Der Fürst beeilte sich daraufhin zu

[119] Arh. Stat. Fond Regele Carol I, V D 1896, f. 352.

[120] Ibd., III/29, f. 126 (15./27.2.1878): „Kogolicéno bei mir, er ist, wie immer sehr aufgeregt, sieht Feuer und Flamme." Ibd., f. 127 (26.2./9.3.1878): „Bratiano bei mir, der ziel. unentschloßen ist wegen der Auswärtigen Politik." Ibd., f. 129 (10./22.4.1878): „Vormittags Bratiano bei mir, ist enorm besorgt daß die Russen Bucarest besetzen und etwas gegen mich unternehmen." etc. Aus dem Leben König Karls, 4, S. 21.

[121] Dazu riet eindringlich auch der Vater Carols, Karl Anton. Arh. Stat. Fond Regele Carol I, III/29, f. 129 (10./22. April 1878). Aus dem Leben König Karls, 4, S. 30f.

[122] P.A. I.A.B.q. Türkei 24, Vol. 64, Alvensleben v. 25.3.1878 (Nr. 67, Durch sichere Gelegenheit bis zur Grenze). Diese Position deckte sich mit der deutschen.

[123] Arh. Stat. CR 16/1878 S. 185 (Zwiedinek v. 11. Juni 1878). Zwiedinek berichtete, dass Carol auf eine Entscheidung des Kongresses, Bessarabien an Russland abzutreten, vorbereitet war, er allerdings verlangte, dass „Europa Rumänien gegenüber die Verantwortung übernehme und sie nicht ihm aufgebürdet werde." Brătianu, der sich in Berlin aufhielt, war von Andrassy darüber informiert worden. Ibd. CR 31/1878, f.3 (Chiffretelegramm an Carol v. 17.6.1878).

versichern, dass „mon point de vue dans la question de la Bessarabie est inseparable de celui de pays, et je me conformerai à ses désirs".[124]
Ebensowenig durchsetzungsfähig war eine Kompensationslösung mit der Akzeptierung der Dobrudscha. Das Angebot des bulgarischen Throns, das Ignat'ev auf seiner Reise Ende Januar unterbreitete, nahm Carol nicht sehr ernst, dennoch stieß es nicht sofort auf seine Ablehnung und selbst Brătianu schien zuerst nicht ganz abgeneigt.[125] Bulgarien kam auch in späteren Denkspielen immer wieder vor, doch beendete das Parlamentsvotum vom 26.1./7.2.1878 vorerst jede Verhandlungsbasis mit Russland. Außerdem entschied man im vorauseilenden Vertrauen auf eine Unterstützung Österreich-Ungarns, die eigenen Truppen vom bulgarischen Ufer zurückzuziehen, da Österreich-Ungarn im Herbst Vorbehalte gegen ein rumänisches Festsetzen im bulgarisch-serbischen Grenzgebiet geltend gemacht hatte, aber auch, um sich vorteilhaft von den Russen abzusetzen und selbst beispielgebend zu wirken.[126] Erst als am 23. Juni 1878 (n.St.) endgültig Gewissheit herrschte, dass Bessarabien verloren war, wurde die Kompensationsfrage bzw. die Akzeptierung eines Tauschgeschäftes noch einmal akut.[127] Auf eine entsprechende Anfrage Brătianus aus Berlin hin überließ Carol die Entscheidung darüber dem Ministerrat, der kategorisch jede Transaktion ablehnte und den Protest gegen den „Raub" Bessarabiens für den einzig würdigen und ehrenhaften Weg hielt, der zugleich dem Votum der beiden Häuser des Parlaments entspräche.[128] Damit hatte sich C. A. Rosetti durchgesetzt, der vor der Abreise Brătianus nach Berlin das wichtige Innenministerium übernommen hatte und den Ministerpräsidenten vertrat.

124 Ibd., f. 1 (Telegramm v. 5./17. Juni 1878).

125 Arh. Stat. Fond Regele Carol I, III/29, f. 125 (20.1./1.2. und 21.1./2.2.1878). Gegenüber seinem Vater schrieb Carol, dass er das Angebot Ignat'evs „kühl" abgewiesen habe, seine erste Reaktion war aber, dass er es sich erst überlegen müsse. Ibd. V D 1896, Carol an seinen Vater v. 8./20.2.1878. Diese Stelle fehlt in den publizierten Memoiren: Aus dem Leben König Karls, 3, S. 488f.

126 Dies ging hauptsächlich auf Bălăceanu zurück, der den Rückzug als Wunsch Österreich-Ungarns dargestellt hatte, was dieses später dementierte. Arh. Stat. Fond Regele Carol I, III/29, f. 126 (12./14.2.1878). Aus dem Leben König Karls, 3, S. 493. Carol bedauerte später den Rückzug, da man somit ein Faustpfand für eine Kriegsentschädigung aus der Hand gegeben habe. P.A. I.A.B.q. Türkei 24, Vol. 64, Alvensleben v. 25.3.1878 (Nr. 67, Durch sichere Gelegenheit bis zur Grenze). Doch war er zuerst nicht gegen den Rückzug, „um dadurch dem Occident eine Garantie zu geben, daß wir nichts gemein haben mit den Slawen". Arh. Stat. Fond Regele Carol I, V D 1896, Carol v. 8./20.2.1878 an seinen Vater.

127 Arh. Stat. CR 31/1878, f. 14, Chiffretelegramm von Brătianu an Rosetti v. 23.6.1878, in dem es hieß: „Les plenipotentiares tous sans distinction considèrent la Bessarabie comme perdue. Les plus sympathiques n'ont pas d'autre espoir que d'obtenir pour nous des compensations le plus possible avantageuses. Nous serons admis au Congrès pour être entendus, seulement si nous entrons dans la voie des transactions. Le Français et l'Italien nous conseillent d'être practiques."

128 Ibd., CR 34/1878 f. 1 (Telegramm Carols v. 12./24.6.1878 an Brătianu). Ibd., Fond Regele Carol I, III/29, f. 117. Etwas verändert: Aus dem Leben König Karls, 4, S. 66f.

Dennoch suchte der Fürst in dieser Endphase nach einer akzeptablen Entschädigung für Bessarabien, um den Verlust für die Rumänen erträglich zu machen. Ein Ausweg bot sich ihm in einer Pfandlösung, wonach Rumänien von Europa mit der Organisation Bulgariens beauftragt werden solle. Rumänien könnte dann in die Abtretung Bessarabiens unter der Bedingung einwilligen, dass Russland sich gegenüber Europa verpflichte, Bessarabien zurückzugeben, wenn sich Bulgarien eines Tages von Rumänien trennen würde. Bulgarien sollte als Pfand gegen die Verjährung eines Rechtsanspruchs dienen, was Rumänien zum Hüter des Friedens im Orient machen würde, wodurch es Aufgaben von wirklich europäischem Interesse wahrnehmen könnte.[129] Der Plan lief auf eine Erweiterung des rumänischen Herrschaftsgebiets bis zum Balkan hinaus, zeugte aber insgesamt von wenig Realismus und ließ noch einmal den Visionär Carol durchschimmern. Festzuhalten bleibt aber, dass seit der Balkankrise Bulgarien und der bulgarische Thron immer wieder zum Objekt rumänischer Herrschaftsgelüste wurden.

Die wichtigste Funktion, die der Fürst in der Bessarabienkrise übernahm, bestand in dem Schutz gegenüber Russland. Zweifellos war er die einzige Persönlichkeit im Land, deren Autorität die Russen anerkannten. Carol ließ trotz seines persönlichen Ärgers und seiner Unzufriedenheit über das russische Verhalten den Kommunikationsfaden zum Zaren und zum russischen Militär nie abreißen und wahrte die zeremoniellen Formen bei Festlichkeiten und Jahrestagen, die für die russische Seite von Bedeutung waren. Der Hof, der während des Krieges eine wichtige Anlaufstelle für die russische Aristokratie gebildet hatte, behielt diese Kommunikationsfunktion auch nach dem Ende des Plewna-Feldzuges. Herkunft und militärisches Prestige sicherten dem Fürsten den Respekt der Russen, die ihn nicht mit der Politik seiner Minister identifizierten und in ihm einen vertrauenswürdigen Verhandlungspartner sahen.[130] Auf dieser Basis gelang es dem Fürsten, vermittelnd bei Konflikten zu wirken und Auseinandersetzungen zu reduzieren.[131] Das persönlich gute Verhältnis Carols zum Zaren blieb von der Krise weitgehend unangetastet, da er seinerseits den Zaren von der russischen Politik distanzierte. Obwohl gerade Alexander II. die Krise mit seiner Forderung nach Rückgabe Bessarabiens ausgelöst hatte und er auch die Drohung äußerte, die rumänische Armee zu entwaffnen, weigerte sich

[129] Diesen Gedanken hatte Carol bereits am 31. Mai 1878 dem deutschen Generalkonsul gegenüber geäußert: P.A. I.A.B.q. Türkei 24, Vol. 64, Alvensleben v. 1. Juni 1878 (Nr. 105, Ganz vertraulich). Dabei handelte es sich um einen ballon d'essai an die Adresse Deutschlands, wobei Carol sowohl mit dem verletzten Nationalgefühl argumentierte als auch mit der vorauszusehenen Feindschaft zwischen Russland und Rumänien wegen Bessarabien. Arh. Stat. Fond Regele Carol I, III/29, f. 117 (13./25. Juni 1878): „Vormittags u. Nachmittags mit Elisabeth an einem kl. memoire gearbeitet, daß ich Bratiano schicke. – Für ganz Bulgarien geben wir als Pfand Bessarabien her." Ibd. CR 35/1878, f. 1f. (Mémoire Carols).

[130] Wenn Kogălniceanu sich beklagte, dass der russische Generalkonsul Stuart sich immer gleich zum Fürsten begab, anstatt mit den Ministern zu verhandeln, was er als Relikt des früheren Schutzmachtverhaltens gegenüber den Hospodaren kritisierte, so war dies auch ein Indiz für das geringe Vertrauen der russischen Seite in die Regierung. Rosetti, Corespondenţa gen. I. Ghica, S. 154f. und S. 157.

[131] Aus dem Leben König Karls, 4, S. 63.

Carol in beiden Fällen, den Zaren als Urheber anzusehen.[132] Somit wurde die monarchische Ebene weitgehend von den rumänisch-russischen Querelen freigehalten und konnte im Notfall für Verständigungslösungen zur Verfügung stehen.[133]

Andererseits trat der Fürst russischen Angriffen auf die rumänische Selbständigkeit entschieden entgegen und widersetzte sich Anfang April der russischen Drohung einer Entwaffnung des rumänischen Heeres. Diese Drohung, ausgelöst durch die scharfen rumänischen Proteste gegen den San-Stefano-Vertrag, speziell gegen das zweijährige Durchzugsrecht, traf den Fürsten als Oberkommandierenden des Heeres in seiner persönlichen wie militärischen Ehre und führte zu einer scharfen Reaktion, indem er erklären ließ, dass eine Armee, die unter den Augen des Kaisers bei Plewna gekämpft habe, vernichtet oder getötet werden könne, sich aber niemals entwaffnen ließe.[134] An dem Ernst dieser Worte konnten bei der russischen Regierung kaum Zweifel bestehen, die sich beeilte, die Entwaffnungsdrohung zu dementieren, um die Anfang April erhöhten Spannungen nicht weiter eskalieren zu lassen. Das Bekanntwerden dieser Worte trotz der von Carol befohlenen Geheimhaltung sorgte für großes Aufsehen und brachte den Rumänen europaweit Sympathien ein, auch wenn die Regierungen in Wien und Berlin sie eher als Einschüchterung denn als reale Drohung ansahen.[135]

Der Fürst hatte zusammen mit seiner unmissverständlichen Warnung auch Verständigungsbereitschaft geäußert, was der russischen Regierung ein Abrücken von der Drohung erleichterte.[136] Dennoch begannen die Russen in der Folgezeit, ihre Versorgungslinien in Rumänien zu verstärken und strategisch wichtige Punkte zu besetzen, was rumänischerseits zu Plänen führte, Regierung und Armee aus Bukarest zu evakuieren, wofür sich besonders der Ministerpräsident stark machte.[137] In dieser Phase der erhöhten Konfrontationsgefähr wirkte Carol mit seiner Entscheidung, Bukarest nicht zu verlassen,

132 Arh. Stat. CR 16/1878, S. 116ff. (Zwiedinek v. 2.4.1878, Nr. 54). Carol machte in einer Privataudienz gegenüber Zwiedinek geltend, dass Alexander II. ihm gegenüber Bessarabien nie erwähnt habe und dass die Rückgabeforderung auf einen Teil seiner Umgebung zurückgehen müsse, wobei Carol vor allem Ignat'ev im Auge hatte. P.A. I.A.B.q. Türkei 24, Vol. 64, Alvensleben v. 4.4. (Nr. 76, Ganz vertraulich) und v. 8.4.1878 (Nr. 78, Ganz vertraulich) über die Entwaffnungsdrohung.

133 Aus dem Leben König Karls, 4, S. 36.

134 Rosetti, Corespondenţa gen. I. Ghica, S. 171ff. (Ghica v. 20.3./1.4.1878, chiffriert) und S. 174 (Kogălniceanu v. 21.3./2.4.1878, chiffriert). P.A. I.A.B.q. Türkei 24, Vol. 64, Chiffretelegramm v. Alvensleben v. 4.4.1878 und Bericht Nr. 76 (Ganz vertraulich) v. 4.4. 1878. Aus dem Leben König Karls, 4, S. 16f., S. 22. Der Vater Karl Anton lobte den Sohn für diese Klarheit und sprach von einem echten „Hohenzollernwort“: Ibd., S. 31.

135 Ibd., S. 20f. Ion Brătianu hatte Bălăceanu ausdrücklich beauftragt, dem englischen Botschafter in Wien, Sir Elliot, die russische Drohung mitzuteilen, und sich damit über Carols und Kogălniceanus Anweisung hinweggesetzt. P.A. I.A.B.q. Türkei 24, Vol. 64, Alvensleben v. 12.4.1878 (Nr. 81). Ion C. Brătianu, Acte şi cuvântări, Vol. III, S. 269. Die russische Drohung veranlasste Ion Brătianu, der sich gerade in Wien aufhielt, sich auch nach Berlin zu begeben und dort um deutsche Unterstützung nachzusuchen. Ibd., S. 278f.

136 P.A. I.A.B.q. Türkei 24, Vol. 64, Alvensleben v. 8.4.1878 (Nr. 78, Ganz vertraulich).

137 Aus dem Leben König Karls, 4, S. 20f., 25f., 27, 29, 33, 39.

mäßigend auf die Situation ein,[138] wie auch mit seiner Weigerung, Brătianu zum Kriegsminister zu ernennen. Er sah einen Krieg als unwahrscheinlich an, da er die Lage der russischen Armee für zu schlecht hielt;[139] auch Wien und Berlin beruhigten hinsichtlich einer Besetzung Rumäniens durch Russland.[140] Carol hatte zudem eine Demarkationslinie für die russischen Truppen entlang der Strecke Giurgiu, Bukarest und Ploieşti vorgeschlagen, um die Gefahr von Zusammenstößen zu reduzieren.[141] Er reagierte aber scharf, als im Juni russische Truppen Anstalten machten, diese Linie westlich zu überschreiten, und drohte mit einem bewaffneten Konflikt, worauf die Truppen wieder zurückverlegt wurden.[142]

Eine Demobilisierung der eigenen Armee kam für den Fürsten bis zu einem definitiven Friedensschluss nicht in Frage. Stattdessen nahm er eine Neuaufstellung des noch immer westlich des Alts (Olt) stationierten rumänischen Heeres zwischen Slatina und Târgovişte vor. Diese Neustationierung trug sowohl den Versorgungsproblemen in Oltenien Rechnung als auch strategischen Gesichtspunkten. Auch wenn sie als Defensivstellung bezeichnet wurde, lag in ihr eine Bedrohung der russischen Versorgungslinien für den Fall eines Krieges zwischen Österreich-Ungarn und Russland.[143] Die Aufrechterhaltung der militärischen Kampffähigkeit wurde zusätzlich durch die Neuaushebung von Rekruten sowie durch einen Vier-Millionen-Kredit für Ausrüstung und Neubewaffnung unterstrichen.[144] Gegen russische Bedenken unternahm der Fürst vom 26.4./8.5. bis 15./27. Mai 1878 eine Inspektionsreise zu seinen Truppen nach Oltenien, die ihn auch nach Vidin und Rahova zu den Schlachtfeldern der rumänischen Armee in Nordwestbulgarien führte. Im Anschluss daran erkundete er die für die Neukonzentration der Armee vorgesehene Gegend um Piteşti, Curtea de Argeş und Câmpulung. Die Reise glich in Carols Worten einem „Triumphzug", in deren Verlauf er als Befreier von den Türken gefeiert wurde.[145] Der erste Jahrestag der Unabhängigkeit, den Carol aufgrund der noch nicht anerkannten Unabhängigkeit bewusst nicht in der Hauptstadt feiern wollte, geriet noch stärker als im Vorjahr zu einer Manifestation der Verbundenheit zwischen Fürst und Nation unter Hervorhebung des gemeinsam errungenen militärischen Sieges, wobei der

[138] Ibd., S. 30. Arh. Stat. CR 18/1878, f. 173f. (Zwiedinek v. 30.4.1878, Nr. 73 [Confidentiel]).
[139] Arh. Stat. Fond Regele Carol I, III/29, f. 130, 114, 116.
[140] Aus dem Leben König Karls, 4, S. 28. Arh. Stat. CR 17/1878 (Andrassy an Zwiedinek v. 27.4.1878).
[141] Aus dem Leben König Karls, 4, S. 25.
[142] Ibd., S. 60, 63. P.A. I.A.B.q. Türkei 24, Vol. 65, Alvensleben v. 11.6.1878 (Nr. 111, Durch sichere Gelegenheit bis zur Grenze) und v. 12.6.1878 (Nr. 112, Durch sichere Gelegenheit).
[143] Ibd., Alvensleben v. 21.5.1878 (Nr. 101, Durch sichere Gelegenheit bis zur Grenze) und v. 1.6.1878 (Nr. 103). Die Nähe zur siebenbürgischen Grenze erleichterte auch ein mögliches Zusammengehen mit den österreichisch-ungarischen Truppen. Aus dem Leben König Karls, 4, S. 38f., 60f.
[144] Ibd., 4, S. 41. P.A. I.A.B.q. Türkei 24, Vol. 65, Alvensleben v. 11.5. 1878 (Nr. 97, Durch sichere Gelegenheit bis zur Grenze).
[145] Aus dem Leben König Karls, 4, S. 64.

Begeisterung für den Fürsten echte Sympathien und Anerkennung zugrunde lagen.[146] So gab es einen allgemeinen politischen und gesellschaftlichen Konsens über die Notwendigkeit der weiteren militärischen Einsatzbereitschaft trotz der großen finanziellen und außenpolitischen Belastungen.

Insgesamt reagierte der Fürst flexibel auf die verschiedenen Anforderungen der Krise. Gegenüber den Russen demonstrierte er sowohl Kompromissbereitschaft wie Härte, im Innern zog er sich vom Entscheidungsprozess zurück, um sein Amt und seine Person nicht mit einer nationalen Demütigung zu verbinden. Gleichzeitig stützte er die Regierung Brătianu durch sein vermittelndes Handeln und gab ihr den notwendigen Halt in ihrer Politik gegenüber dem Parlament und Russland. Mit der anhaltenden Mobilisierung der Armee hielt er zwar die militärische Option auch offen, lehnte aber Provokationen ab. So war es vor allem sein Verdienst, dass das politische System mit ihm als anerkanntem Mittelpunkt trotz aller destabilisierenden politischen Entscheidungen weiterhin funktionsfähig blieb.

Die Bessarabienkrise machte aber auch die Grenzen seiner Einflussmöglichkeiten sichtbar, denn sie unterschied sich in einem entscheidenden Punkt von der Vorkriegslage: im politischen Faktor einer durch die russische Annexionsforderung ausgelösten mobilisierten und sensibilisierten Öffentlichkeit. Diese nationale Mobilisierung führte zusammen mit ihrer politischen Instrumentalisierung zu einer emotionalen Dynamik der politischen Entscheidungsfindung, die sich am Rachegedanken gegen Russland orientierte. Wurde diese Konstellation noch durch eine angeschlagene Regierung verstärkt, resultierten daraus eine Reduzierung oder ein Verlust von objektiven Lösungsstrategien.[147] Während der Fürst mit seinem Ministerpräsidenten den Kriegseintritt noch im Alleingang durchgesetzt hatte, war eine ähnliche Regelung des Konfliktes mit Russland jetzt nicht mehr möglich. So stießen auch zwei unterschiedliche Auffassungen und Handlungsweisen in Bezug auf das nationale Interesse aufeinander, die sich nicht ausschlossen, aber in Krisenzeiten ein unterschiedliches Gewicht erlangen konnten. Für Carol besaßen nun die rational-funktionalen Aspekte der Staatsräson Vorrang, die sich an den realpolitischen Möglichkeiten Rumäniens orientierte, so dass er das nationale Interesse in einer Verständigung mit Russland am ehesten gewahrt sah. Dieser mehr pragmatisch geprägten Haltung, auch ein Resultat des jahrelangen Lernprozesses, stand die Intensität einer emotionalen, affektiven

146 „Den Tag des Zehnten Mai zu feiern, das ist, den Namen Eurer Hoheit zu feiern, das ist, besonders heute, die Besinnung auf die Allianz, die vor zwölf Jahren zwischen Eurer Hoheit und der rumänischen Nation geschlossen wurde, und diese hat durch das Heldentum und die Selbstlosigkeit Eurer Hoheit in diesem Jahr das Siegel erhalten, das die Völker unauflöslichen Akten und Taten aufdrücken." Glückwunschtelegramm des Ministerrats v. 10./22. Mai 1878: Regele Carol I. Cuvântări şi scrisori, II, S. 209. Carol seinerseits setzte den Akzent in seinen Reden auf den rumänischen Patriotismus und den Heldenmut der Armee: Ibd., S. 208.

147 Die von B. Jelavich in ihrem Aufsatz: Romania at the Congress of Berlin, in: Der Berliner Kongreß von 1878, S. 198, konstatierte Unkenntnis der rumänischen Politiker über den von den Großmächten beschlossenen Verlust Bessarabiens trifft so nicht zu und lässt das Legitimationsproblem der Regierung außer Acht.

Verhaltensweise gegenüber, die die subjektive Betroffenheit über die Verletzung nationaler Rechte mit dem Staatsinteresse identifizierte bzw. jene für eine Politik der Eskalation benutzte.[148] Die Bessarabienkrise zeigte, dass sich der Fürst dieser Stimmung nur schwer widersetzen konnte. Es gelang ihm aber erstens, sein Amt aus den Auseinandersetzungen herauszuhalten, und zweitens, ein rationales Gegengewicht zu bilden mit bestimmten deeskalierenden und damit systemstabilisierenden Folgen.

Mit Unabhängigkeit und Krieg hatte der Fürst seine Ziele vorerst erreicht und seine Rolle als Antriebskraft des nationalen Emanzipationsprozesses erfüllt. Von nun an bestand seine Hauptaufgabe in der Aufrechterhaltung und Stabilisierung des sich herausgebildeten politischen Systems. Die spezifischen Herausforderungen der Bessarabien- und der anschließenden Anerkennungskrise verstärkten diese systemkonsolidierenden Herrschaftsfunktionen, indem der Fürst zum unentbehrlichen Faktor beim Austarieren politischer Gegensätze und zum Garanten außenpolitischer Sicherheit wurde.

[148] P.A. I.A.B.q. Türkei 24, Vol. 65, Alvensleben v. 1.6.1878 (Nr. 105, Ganz vertraulich). Kogălniceanu kritisierte die Politik während der Bessarabienkrise als eine „Politik des Gefühls" und plädierte in seiner Rede vor dem Senat am 28.9./10.10.1878 dafür, endlich eine Interessenpolitik zu machen, die jetzt die Anerkennung der Unabhängigkeit zum Ziel haben müsse. Kogălniceanu, Opere IV, orat. II, part. 4, S. 623.

V *Die europäische Herausforderung: Konditionierte Anerkennung*

1. Die Dimensionen der Judenfrage

Im Nachhinein hatte die Bessarabienkrise nur das Präludium für die ungleich größere Dimensionen annehmende Anerkennungskrise dargestellt, die die Bestimmungen des Berliner Vertrags vom 13. Juli 1878 auslösten, insbesondere dessen Artikel 44, der die Unabhängigkeit Rumäniens von der politisch-rechtlichen Gleichstellung aller Religionen abhängig machte. Diese Bedingung war die größte Herausforderung für die Regierung in dieser Zeit, da sie auf fast unüberwindbare Widerstände stieß und zudem eine Verfassungsänderung erzwang. Gleichzeitig gingen die Auseinandersetzungen mit Russland über die Frage eines Durchzugsrechtes durch die Dobrudscha und über die Grenzziehung in der Dobrudscha bei Silistria, die so genannte Arab-Tabia-Frage, weiter. Große Spannungen entstanden zusätzlich im Verhältnis zu Deutschland, das die Anerkennung vom Rückkauf der rumänischen Eisenbahnen abhängig machte und dies zum Prüfstein in seinen Beziehungen zu anderen Mächten erhob. Bis zur Anerkennung der rumänischen Unabhängigkeit durch alle Signatarmächte des Berliner Vertrags im Februar 1880 sah sich die Regierung einem ständigen, gleichzeitig wirkenden und sich gegenseitig verstärkenden innen- und außenpolitischen Druck ausgesetzt, der ihre Fähigkeit zur Lösung dieser Konflikte überstieg.

Die seit 1871 größte Erschütterung des politischen Systems brachte die geforderte Revision des Artikels 7 der rumänischen Verfassung mit sich, die eine ungeahnte Sprengkraft entwickelte. Diese wird nur verständlich, wenn man die Vielschichtigkeit der rumänischen Probleme, die Funktionsweise des politischen Systems sowie Zeitpunkt und Art der geforderten Lösung im Auge behält. Jede monokausale Sichtweise, die nur den rumänischen Antisemitismus in allen seinen Formen als Ursache für die unbefriedigende Judenemanzipation ausmacht,[1] greift zu kurz, denn es war das Zusammenspiel verschiedener Faktoren, das eine wirkliche Bewältigung der durch den Berliner Vertrag ausgelösten Krise verhinderte. Inhalt und Schärfe der Auseinandersetzungen zeigten, dass es nicht nur um die Emanzipation der Juden und das Problem ihrer Integration in die rumänische Gesellschaft ging, sondern um die sozialen Defizite des Landes, die Benachteiligung der Moldau seit der Vereinigung und um die Suche nach neuen gesellschaftlichen und politischen Zielen, nachdem der Hauptzweck der Politik seit der Vereinigung, die Unabhängig-

[1] In seiner informationsreichen und differenzierenden Darstellung: Les juifs en Roumanie (1866-1919), die den besten Einblick in die Lage der Juden in Rumänien während dieses Zeitraums gibt, argumentiert Carol Iancu in Bezug auf den rumänischen Antisemitismus aber oft zu unilateral und an vielen Stellen apologetisch.

keit, erreicht worden war. In einem noch ungefestigten Staatswesen zwang die Judenfrage dem politischen Establishment eine Diskussion über die Ungleichheiten der rumänischen Agrar- und Sozialverfassung auf, die es nicht gewillt war zu führen. Am Ende der Krise stand die erfolgreiche Verhinderung der Judenemanzipation bzw. die Transferierung sozialer Probleme auf die Judenfrage und auf die Ebene einer nationalen Ideologie, was die Politiker auf lange Sicht der Notwendigkeit enthob, sich mit den Grundproblemen der strukturellen Ungleichheit innerhalb der rumänischen Gesellschaft zu befassen. Dieser Verdrängungsprozess stabilisierte das politische System, verstärkte jedoch die bestehende Kluft der Gesellschaft. So wurde die Judenemanzipation neben der Bauernfrage zum Gradmesser für die Reformfähigkeit der politischen Elite. In ihrer Reaktion auf diese Herausforderungen zeigten sich sowohl die Überforderung durch den Stress der Modernisierung, den diese Elite seit der Revolution von 1848 mit politischen, sozialen und wirtschaftlichen Veränderungen ständig in Gang gehalten hatte, als auch ihr Bestreben, die erreichten Ziele, die Unabhängigkeit, die Einheit des Landes und die Konsolidierung ihrer Stellung nicht mehr zu gefährden.

Seit der Vereinigung 1859 und den großen Reformen, die mit dem Verfassungswerk von 1866 ihren vorläufigen Abschluss gefunden hatten, befand sich das Land in einer großen Umbruchphase. Eines der Hauptprobleme bildete dabei die wirtschaftliche, soziale und politische Integration der beiden Fürstentümer Walachei und Moldau. Zu den Verlierern des Einigungsprozesses gehörte der kleinere Partner Moldau, der aufgrund der Zentralisierung mit Bukarest als Hauptstadt und des geringeren wirtschaftlichen Potenzials immer mehr ins Hintertreffen geriet, was auch jede noch so ausgefeilte Rhetorik nicht überdecken konnte.[2] Diese Benachteiligung suchte sich von Zeit zu Zeit ein Ventil in separatistischen Anwandlungen und nach 1866 verstärkt auch in antijüdischen Aktionen, die von der Bukarester Zentralregierung je nach politischer Konjunktur als dankbares Mittel politischer Diversion aufgegriffen wurden. Schon die Aufnahme des Artikels 7 in die Verfassung von 1866 geschah im Hinblick auf die prekäre Lage in der Moldau und damit der Union.[3] Alle Erklärungsansätze müssen berücksichtigen, dass die Judenproblematik eine Erblast der Union darstellte, was einen erheblichen Anteil am Wandel hatte

2 Gerade Kogălniceanu beklagte in seinen Reden immer wieder die Benachteiligung und Übergehung der Moldau, auch im Zusammenhang mit der Erörterung der Judenemanzipation. Kogălniceanu, Opere, V, orat. III, part. 1, S. 70f. Vgl. auch die Petition der Stadt Iaşi vom September 1866 an Fürst Carol: Welter, B., Documente pentru istoria Iaşilor: Rapoarte consulare austriace din perioda 1866-1878, in: Românii în istoria universală, Bd. III, 3. Izvoare străine pentru istoria Românilor, Iaşi 1988, S. 234ff. Dort heißt es: „Jassy, die 300jährige Residenzstadt der Moldau, diese Stadt hat die Unionsidee beider Schwesterländer der Moldau und Walachei zum ersten Male ins Leben gerufen, und als diese Idee aus dem politischen Kampfe siegreich hervortrat, und tatsächlich sich zu realisieren begann, war Jassy wieder die erste Stadt, welche die meisten und größten Opfer hiefür darbrachte."

3 Welter, B., Documente pentru istoria Iaşilor, S. 237. In der Petition dankt Iaşi für die verfassungsmäßige Verweigerung der Einbürgerung von Juden, da anderfalls die rumänische Nationalität gefährdet gewesen wäre. Vgl. auch Maiorescu, Istoria contemporană, S. 167. Siehe oben, S. 68f.

von einem liberal geprägten rumänischen Nationalismus, wie ihn vor allem die 48er Generation in der Walachei ursprünglich vertreten hatte, hin zu einem fremdenfeindlichen, aggressiv national übersteigerten Chauvinismus.[4]
Mit der Vereinigung erwuchs die Notwendigkeit der Schaffung eines kollektiven nationalen Selbstbewusstseins, um Differenzen zwischen den beiden Landesteilen aufzuheben und sich mit dem neuen Staat zu identifizieren. Natürlich bestand ein solches Bewusstsein innerhalb der intellektuellen Elite, ohne das der Einigungsprozess nicht möglich gewesen wäre, dennoch gab es keinen Automatismus der Übertragung von Loyalitäten und Identifikationen auf eine gesamtstaatliche Ebene. Den Rumänen gab es bis 1859 vor allem als Idealprojektion und politisches Movens; mit der Vereinigung musste ein Gruppenverständnis gefunden werden, das die Gemeinsamkeiten betonte und sich von anderen Gruppen abgrenzte. Zu diesem Gruppenverständnis gehörten die Konstruktion einer Geschichte, die die Gemeinsamkeiten hervorhob wie die Betonung der römischen und dakischen Abstammung, die halbautonome Stellung der beiden Fürstentümer im Osmanischen Reich, Sprache, Religion und die verbindende Erfahrung des Widerstandes gegen verschiedene Formen von politischer und wirtschaftlicher Fremdbestimmung, sei es gegen Polen, Türken, Griechen, Armenier oder Russen.[5] Diese Feindbilder, die zu verschiedenen Zeiten virulent waren, verloren im Laufe des 19. Jahrhunderts sukzessive ihre prägende Aussagekraft und das Feindbild des Türken verschwand völlig mit dem Unabhängigkeitskrieg, der den endgültigen Triumph einer geeinten rumänischen Nation über jahrhundertealte Fremdherrschaft besiegelte. In dem Maße, wie diese Feindbilder verblassten, verstärkte sich dasjenige der Juden als gemeinsames Feindbild, das sich nahtlos in das bereits vorhandene Deutungsmuster einfügte.[6] Die zunächst auf einflussreiche politische und kulturelle Kreise in der Moldau beschränkte Doktrin, der zufolge ein Jude ein nicht assimilierbarer Fremder sei,[7] wurde nicht zuletzt durch die großen öffentlichen

4 In dieser Hinsicht greift der Artikel von J. Schmidt, Dakoromanismus von 1918. Nationalbewegung und Parteienbildung in Rumänien, in: Südost-Forschungen 54, 1995, S. 161ff., zu kurz, wenn er die Konstituierung des modernen Antisemitismus von den außenpolitischen Interventionen zugunsten der Juden abhängig macht. Ibd., S. 182ff. Die Thematik der Benachteiligung der Moldau findet man kaum in rumänischen Darstellungen, da sie der nationalen Ideologie widerspricht. Welter in ihrer Arbeit hingegen akzentuiert diese zu Recht, vernachlässigt jedoch die ideologischen Dimensionen der Judenfrage. Welter, Die Judenpolitik, S. 34.

5 Zu den Voraussetzungen und der Ausprägung der nationalen Identitätsbildung: Verdery, K., Moments in the Rise of the Discourse on National Identity. I: Seventeenth Through Nineteenth Centuries, in: Românii în istoria universală, Bd. III, 1, Iaşi 1988, S. 25ff.

6 Zu diesem Komplex s. das einleitende Kapitel von L. Volovici, Ideologia naţionalistă şi „problema evreiască" în România anilor 30, Bucureşti 1995, S. 23ff. Die antijüdischen Stereotypen unterschieden sich kaum von denen im übrigen Europa: s. dazu Erb, R., Bergmann, W., Die Nachtseite der Judenemanzipation. Der Widerstand gegen die Integration der Juden in Deutschland 1780-1860, Berlin 1989.

7 Hier wirkte sich der Einfluss von Simion Bărnuţiu, einem rumänischen Philosophen aus Siebenbürgen und Vordenker eines Priorität beanspruchenden rumänischen Nationalismus, prägend und verhängnisvoll aus. Zu Bărnuţiu s. Hitchins, K., Orthodoxy and Nationality. Andreiu Şaguna and the Rumanians of Transylvania, 1846-1873. Cambridge, London 1977,

Debatten anlässlich des Berliner Vertrags auf das ganze Land ausgeweitet und zum Bestandteil nationaler Integrations- und Identifikationspolitik. Kennzeichnend dafür war, dass die nach der Vereinigung der beiden Fürstentümer allmählich einsetzende Diskussion über die Definition eines spezifisch rumänischen Selbstverständnisses sich immer stärker in Auseinandersetzung mit der jüdischen Frage vollzog und in der Polemik von Mihai Eminescu, dem bedeutendsten rumänischen Dichter, während der parlamentarischen Verhandlungen über die Judenemanzipation einen ersten Höhepunkt fand.[8]
Das Bild vom Fremden stand zudem im Gegensatz zu einem bestimmten rumänischen Lebensgefühl, das sich an einer Bauern- und Hirtengesellschaft und generell am Land mit seinen überschaubaren Strukturen und geregelten Sozialbeziehungen orientierte. Somit wurde es als ein Gegenbild zur Stadt verstanden, wo sich Handel, Finanzen und Handwerksbetriebe mehrheitlich in den Händen von Ausländern befanden, was moralische Be- und Verurteilungen implizierte.[9] Auch von dieser sozialen und mentalen Trennungslinie her gesehen, war das Bild vom Fremden negativ besetzt, was positive Wahrnehmungen und ein friedliches Zusammenleben auf einer individuellen Ebene aber nicht ausschlossen. Wichtig ist in diesem Zusammenhang, wie man sich als Gruppe verstand, zu anderen abgrenzte und welche konstituierenden Elemente diese Definition ausmachten. Daher ging die Argumentation einer spezifisch religiösen Toleranz der Ru-

42ff., passim. Zu Bărnuţius Einfluss, insbesondere auf die „Fraktion" in der Moldau: Stan, Grupări şi curente, S. 178f. Maier, L., Iaşi, die Hauptstadt der Moldau als religöses, geistiges und politisches Zentrum im 19. Jahrhundert, in: Kohlbacher, M., Lesinski, M., Horizonte der Christenheit. Fs. für F. Heyer, Erlangen 1994, S. 337ff.

8 Die Diskussion über das „rumänische Spezifikum" ist bis heute nicht abgeschlossen und hat mit seiner Mischung von nationaler Überheblichkeit und Unterlegenheitsgefühl insgesamt gesehen mehr negative Folgen für die kulturelle und politische Entwicklung gehabt. Heitmann, K., Das „rumänische Phänomen". Die Frage des nationalen Spezifikums in der Selbstbesinnung der rumänischen Kultur seit 1900, in: Südost-Forschungen, 29, 1970, S. 171ff. Zu den Auswirkungen in der Ceauşescu-Zeit: Verdery, K., National Ideology Under Socialism. Identiy and Cultural Politics in Ceausescu's Romania, University of California, 1991. Eminescus Artikel aus dieser Zeit sind in dem Band 10 der Gesamtausgabe der rumänischen Akademie unter der Koordination von D. Vatamaniuc veröffentlicht worden. Eminescu, M. Opere, X, Publicistică. 1 noiembrie 1877 – 15 februarie 1880, Bucureşti 1989. Neumann, V., Problema emancipării evreilor reflectată în cultura română modernă, in: Zub (Hg.), Identitate – alteritate, S. 293ff. bes. ab S. 301. Iancu, Les juifs en Roumanie, S. 213ff.

9 Vgl. dazu das Sprichwort: „Ein Jude betrügt zwei Armenier, ein Armenier zwei Griechen, ein Grieche zwei Rumänen." Zitiert in: Oişteanu, A. „Imaginary Jew" versus „Real Jew" in Romanian Folklore and Mythology, in: Zub (Hg.), Identitate – alteritate, S. 271. Siehe auch seine umfassende Studie: Oişteanu, A., Imaginea evreului în cultura română, Bucureşti 2001. Aufschlussreich in diesem Zusammenhang ist auch die Selbstbezeichnung von Kogălniceanu am Anfang seiner Rede auf dem Berliner Kongress nach den Aufzeichnungen von Radowitz: „Nous venons ici, des paysans du Danube, peu accoutumés à paraître devant une pareille assemblée." Holborn (Hg.), Aufzeichnungen, II, S. 52. Diese stadt- und fremdenfeindliche Haltung fand sich später in der Idealisierung eines vermeintlich einheitlichen, unverdorbenen und wahren rumänischen Bauerntums durch den Semănătorismus wieder, der mit von N. Iorga gegründet wurde.

mänen – besser würde der Terminus Indifferenz passen –, die von den Politikern gerade in der Judenfrage gern gebraucht wurde, an dem Problem vorbei, da nicht der Glaube als das entscheidende Kriterium einer Bedrohung durch den Fremden galt,[10] sondern dessen soziale Überlegenheit, die einen Abwehrmechanismus auslöste und sich als Feindbild ins kollektive Bewusstsein der rumänischen Elite einprägte.

In dieses Bild fügten sich die aschkenasischen Juden mit ihrer starken Präsenz in den nordmoldauischen Städten – eine Niederlassung auf dem Land war nur unter großen Auflagen gestattet – besonders gut ein, da sie einen Großteil des Handels, der Finanzen und bestimmte Handwerksberufe dominierten und sich zudem in ihrer Lebensweise sichtbar von den Rumänen unterschieden. Sie fungierten als Schankwirte, Pächter, Zwischenhändler zwischen Gutsbesitzern und Bauern und als Kreditgeber – Berufe, die allgemein als anrüchig galten. In diesen für die bäuerliche Gesellschaft wichtigen Kontaktstellen und Abhängigkeitsbeziehungen konnten Missstände schnell auf das unheilvolle Wirken von „Fremden", sprich „Juden", abgewälzt werden, wozu die Gesetzgebung seit den „Reglements Organiques" überdies eine juristische Handhabe bot, die alle Juden zu Ausländern erklärt hatte.[11] Auch die Änderung der Agrarbeziehungen nach der Bauernbefreiung 1864 zu Lasten der Bauern, die durch das System der Agrarverträge in immer größere Abhängigkeit zu den Großgrundbesitzern und deren Pächtern gerieten, und die dadurch enttäuschten Erwartungen in die Reform blieben nicht ohne Einfluss auf die Einstellung gegenüber Juden, die für Fehlentwicklungen verantwortlich gemacht werden konnten und damit ein probates Erklärungsmodell für die bäuerlichen Schwierigkeiten boten.[12] Daneben gab es aber auch die jüdischen verarmten Randgruppen, wie Bettler oder „Luftmenschen",[13] die unter erbärmlichsten Verhältnissen lebten und gleichermaßen auf Ablehnung und Vorurteile stießen.[14]

Einen weiteren Bezugspunkt für eine negative Konnotation des Fremden bildete die Schutzuntertänigkeit (rumänisch: *sudiți*) einer ausländischen Macht, eine Folge der zwischen dem Osmanischen Reich und den Großmächten abgeschlossenen Kapitulationen.[15] Ursprünglich waren damit bestimmte wirtschaftliche und rechtliche Privilegien wie die Befreiung von der Kopfsteuer, niedrige Ein- und Ausfuhrzölle, konsularischer Beistand bei Gerichtsverfahren etc. für Ausländer verbunden. Aber auch Einheimischen stand dieser Weg offen, um gegen eine Gebühr von diesen Vorteilen eines ausländischen

[10] Dennoch sollte dieser Faktor nicht unterschätzt werden, wie das Misstrauen gegenüber der katholischen Kirche und später gegenüber der unierten Kirche zeigte, da beide mit der sich verfestigenden Gleichung Rumäne = orthodox nur schwer in Einklang zu bringen waren.

[11] Welter, Die Judenpolitik, S. 25.

[12] Dazu generell: Groh, D., Die verschwörungstheoretische Versuchung oder „Why do bad things happen to good people?" In: Merkur 463/464, 1987, S. 859ff.

[13] Haumann, H., Geschichte der Ostjuden, München 1990, S. 99f.

[14] FHHDA, HS, R 53, 1430, Nr. 345, Carol an seinen Vater v. 14./25.5.1867 (sic!).

[15] Zu diesem Thema vgl. die sorgfältige Studie von Mărieş, St., Supuşii străini din Moldova în perioada 1781-1862, Iaşi 1985, die, wenn auch nicht frei von der damals üblichen nationalen Apologetik, ein reiches Archivmaterial zugänglich gemacht hat und wertvolle Detailinformationen liefert.

Schutzes zu profitieren. Die Vereinheitlichung der Gesetzgebung unter Cuza beendete weitgehend die wirtschaftlichen Privilegien, doch die Konsulargerichtsbarkeit blieb erhalten und stellte ein ständiges Ärgernis für die rumänische Politik dar, die darin einen unzulässigen Eingriff in ihre Autonomie sah. Nach rumänischer Lesart waren diese Kapitulationen in den Fürstentümern nicht anwendbar, da es sich um kein islamisches Land handelte und die Fürstentümer selbst mit der Türkei verschiedene Kapitulationen abgeschlossen hatten, die ihnen Selbständigkeit und Rechtsautonomie garantierten. Der Kampf für die Aufhebung der Konsulargerichtsbarkeit bildete denn auch einen wichtigen Bestandteil der Unabhängigkeitspolitik seit der Vereinigung.[16]

Unter allen ausländischen Mächten besaß Österreich-Ungarn aufgrund des siebenbürgischen Handels die meisten Schutzuntertanen, deren Zahl zusätzlich durch viele Juden erhöht wurde, denen die Schutzuntertänigkeit eine rechtliche Absicherung bot.[17] So führten die Diskriminierungsmaßnahmen der rumänischen Regierung gegen die Juden in den 60er und 70er Jahren immer wieder zu Interventionen der Konsuln oder der Garantiemächte, was wiederum die rumänischen Ressentiments verstärkte, da in diesem Eingreifen eine Verletzung der inneren Autonomie gesehen wurde. Angesichts der Priorität einer Politik der Unabhängigkeit erblickte man den Grund für solche Probleme nicht in eigenen Versäumnissen, sondern in einem überholten internationalen Rechtsstatut mit der Folge, dass diejenigen, die sich darauf beriefen wie die Juden unter österreichisch-ungarischer Protektion, als Gegner des nationalen Emanzipationsprozesses bewertet wurden.[18] Ähnlich verurteilte man das Wirken der *Alliance Israélite Universelle,* die sich auf nationaler wie internationaler Ebene für eine Verbesserung der Lage der Juden einsetzte, als Einmischung in die inneren Angelegenheiten.[19]

Symptomatisch für die Diskussion über die Judenfrage war die Diskrepanz zwischen Wahrnehmung und Faktizität der numerischen Anwesenheit der Juden in Rumänien. Aus

16 Mărieş, Supuşii străini, S. 80ff. Dies., Abolierea jurisdicţiei consulare în România – parte integrantă a luptei pentru independenţă naţională, in: Revista de istorie, 30, 1977, S. 5ff.

17 Zuverlässige Zahlen sind für diesen Zeitraum nur schwer zu bekommen. Welter, Die Judenpolitik, S. 51, nennt für 1859 die Zahl von 4763 Juden, die dann von 1866 bis 1888 auf 100000 anstieg und nach Aufhebung der Konsulargerichtsbarkeit im Jahre 1888 auf 5859 fiel. In einer anderen Statistik sind für 1859 21519 Personen mit ausländischer Protektion aufgeführt: Chiriţa, G., Populaţia Principatelor unite române în 1859, in: Revista de istorie, 42, 1989, S. 45-57.

18 Im Einzelnen dazu: Welter, Die Judenpolitik, S. 102ff. und S. 116ff. spez. zu der österreich-ungarischen Protektion.

19 Ibd., S. 159ff. Iancu, C. Les juifs en Roumanie, passim, bes. 96f. B.C.S. Fond Brătianu, P.L. D 1, Ion Strat v. 12. Juli 1869 an D. Ghica. Ibd. D 4, Schreiben der „Vereinigung zum Widerstand gegen die jüdische Eroberung in Rumänien" an D. Ghica v. 11.12.1869, in dem es zu Beginn heißt: „Die Invasion der Juden (gebraucht wird der pejorative Begriff *jidovi*, E. B.-I.) nach Rumänien in einem erschreckenden Ausmaße, der verleumderische Alarm, den die jüdische Propaganda im Ausland macht gegen ein gastfreundliches und tolerantes Rumänien, die bedrohende Haltung, die die Juden im In- und Ausland gegenüber der rumänischen Nationalität eingenommen haben, die sie mit der anmaßenden Forderung nach politischen Rechten in Rumänien vernichten wollen [...]"

den wenigen, annährend zuverlässigen Statistiken geht hervor, dass sich die Zahl der Juden 1859 bei einer Gesamtbevölkerung von ca. vier Millionen auf etwas über 134 000 belief. Die Unterschiede zwischen Moldau und Walachei waren jedoch beträchtlich: in der Moldau betrug sie 124 867 (8,57 %), in der Walachei 9 301 (0,38 %). Jüdische Einwohner konzentrierten sich besonders in den nördlichen Distrikten der Moldau und dort wiederum in den Städen, wo sie 1859 35,1 % der Stadtbevölkerung ausmachten, in einigen Städten wie Dorohoi, Fălticeni und auch Iaşi (1899) bildeten sie die Mehrheit.[20] Bis 1899 stieg die Zahl der Juden in Rumänien auf knapp 270 000 an und bildete ca. 4,6 % der Bevölkerung (19,3 % der Stadtbevölkerung), womit Rumänien prozentual gesehen hinter Österreich-Ungarn mit an der Spitze der europäischen Länder stand.[21]

In der politischen Diskussion nahm der jüdische Bevölkerungsanteil ungleich größere Proportionen an, die im Bereich von bis zu einer halben Million Juden lagen.[22] Doch bei der Handhabung dieser Zahlen ging es nicht nur um eine rein nummerische Bedrohung, sondern um deren Verbindung mit ökonomischer Überlegenheit und kulturellem Anderssein, was für alle Politiker den Bestand der rumänischen Nation gefährdete, da man die Existenz der Moldau bedroht sah.[23] Die wirtschaftliche Überlegenheit bezog sich sowohl auf die Finanzgeschäfte reicher jüdischer Bankiers und kleiner Geld- und Pfandleiher wie auf den Handel, wobei den Juden generell Wucher, Unehrlichkeit und listenreiche Schläue unterstellt wurden.[24] Eine zentrale Gefahr sah die gesamte politische Elite in der Hypothekenschuld des moldauischen Großgrundbesitzes. In diesem Punkt tangierte

20 Zu den einzelnen Zahlen: Welter, Die Judenpolitik, S. 48ff. mit entsprechenden Tabellen im Anhang. Chiriţa, G., Populaţia principatelor unite române, S. 45ff. Etwas andere Zahlen bei Rotman, L., Evreii şi începuturile industriei româneşti, in: Revista istorică, 3, 1992, S. 321. Eine große Einwanderungswelle hatte von 1846 bis 1858 gedauert, in deren Verlauf ca. 100 000 Juden in die Moldau kamen. Iancu, Les juifs en Roumanie, S. 142ff.

21 Welter, Die Judenpolitik, S. 50.

22 So die judenfeindliche „Freie und unabhängige Fraktion". Kogălniceanu, Opere V, orat. III, part. 1, S. 73. Kogălniceanu sprach von mindestens 300 000 Juden. Auch in zeitgenössischen Werken liegen die Zahlen gewöhnlich höher: Ion Strat in seiner Broschüre „La question des israélites de Roumanie, Paris 1869, spricht von 400 000 Juden. Slăvescu, Ion Strat, S. 340. Henke, Rumänien, S. 32, listet ohne Quellenangabe ebenfalls 400 000 Juden bei einer Bevölkerung von über 5 Mill. Einwohnern auf. Bengescu, G., La Roumanie en 1900, Paris 1900, S. 2, unter Berufung auf statistische Erhebungen von D. A. Sturdza kommt auf 490 000 Juden für 1895 bei einer Gesamtbevölkerung von über 6 Millionen.

23 So erklärte Kogălniceanu in seiner Rede vom 8./20. März 1879 „feierlich", wie er hinzufügte, „daß, wenn die Moldau akzeptiert hat, ihre politische Individualität zu opfern, um Rumänien zu werden, so wird sie es nie akzeptieren, ein neues Jerusalem zu werden". Und weiter: „Sie werden begreifen, daß, wenn in dieser Frage (= die Judenfrage, E. B.-I.) die geringste Unvorsichtigkeit begangen würde, entweder von der einen oder der anderen Seite, vor allem die Moldau das Opfer dieser Unvorsichtigkeit sein würde." Kogălniceanu, Opere V, orat. III, part. 1, S. 73. Der Topos von der Gefahr eines neuen Jerusalem in der Moldau tauchte immer wieder in der Argumentation auf.

24 Vgl. die Broschüre von Ion Strat „La question des israélites de Roumanie", Paris 1869, die die rumänischen Gravamina gegen die Juden ausführlich behandelt. Slăvescu, Ion Strat, S. 334ff.

die Sozialverfassung politische Rechte, da das Wahlrecht, besonders für den Senat, an den Grundbesitz gekoppelt war. Die Zuerkennung politischer Rechte an Juden hätte sie in den Besitz ländlicher Güter gebracht und damit die Fundamente des bestehenden politischen Systems verändert. Außenminister Câmpineanu brachte in einem Brief an den rumänischen Vertreter in Wien, Bălăceanu, diese Befürchtung offen zum Ausdruck:

„En Moldavie surtout, une grande partie de propriété rurale se trouve engagée entre leurs mains. Si, par conséquent, on étentait à tous les étrangers, sans distinction, le droit d'acheter des biens ruraux, qui avait été accordé en 1864, avec des restrictions qui rassuraient les intérêts nationaux, bientôt la propriété rurale de la Moldavie passerait entière entre les mains des Juifs.

C'est là, Monsieur le Ministre, le point le plus délicat de la question et la cause principale de l'inquiétude et de l'agitation qui règnent dans le pays. La propriété rurale joue, en effet, le principal rôle dans l'organisation politique du pays, notamment dans la constitution des collèges électoraux qui nomment le Sénat et qui concourent, aussi, à la formation de la Chambre des députés. Si cette propriété passait entre les mains des étrangers, les collèges électoraux, déjà peu nombreux, seraient désorganisés, annulés, et le récrutement du Senat, surtout rendu bien difficile.

Si ces étrangers, avant de s'assimiler à la nation roumaine, obtenaient aussi les droits politiques, comme ils reçoivent leur direction du dehors, on verrait bientôt se produire en Roumanie une espèce de dualisme de tendances qui serait fatal à notre nationalité.“ [25]

Die Grundlagen des politisch-sozialen Systems, das einer Minderheit ein staatliches Machtmonopol sicherte, sah man jedoch nicht nur auf dem Land gefährdet, sondern ebenso in den moldauischen Städten mit ihrem großen Anteil jüdischer Kleinhändler und -handwerker, die durch die Emanzipation das Wahlrecht erlangen und die schmale Basis der liberalen Partei, genauer gesagt: ihres Ablegers, der Fraktion, bedrohen konnten. So waren es gerade die Liberalen, besonders aus der Moldau, die ihre Positionen wirtschaftlich, politisch und ideologisch gefährdet sahen und darauf mit der Ausgrenzung der Juden reagierten, die generell zu nicht assimilierbaren Fremden deklariert wurden.

Ausgehend von den Verhältnissen in der Moldau, wo die jüdische Immigration tatsächlich eine große integrationspolitische Herausforderung darstellte, kam es zu einer Generalisierung und einer nationalen Bewusstseinsbildung von einer jüdischen Gefahr, obwohl es in den übrigen Landesteilen vergleichbare Probleme mit einer großen jüdisch-aschkenasischen Minorität, die in den Städten ein weitgehendes Eigenleben führte, nicht gab. Auch ideologiegeschichtlich prägte ein Teil der moldauischen Intellektuellen den öffentlichen Diskurs über das rumänische Selbstverständnis und verlieh dem rumänischen Liberalismus eine diskriminierende und intolerante Wendung, die im 20. Jahrhundert

[25] Arh. Stat. CR 10/1879, f. 15. Câmpineanu v. 9. Juli 1879. Die Verschuldung des Großgrundbesitzes wurde 1873 auf 200 Mill. Lei geschätzt, 1900 auf 29% des Gesamtwerts, was angesichts einer stagnierenden Produktivität hoch war. Slăvescu V., Die Agrarfrage in Rumänien, Halle 1914, S. 134ff. Grünberg, M., Das rumänische Hypothekarkreditwesen, München, Leipzig 1915, S. 76ff. Vgl. Welter, Die Judenpolitik, S. 82ff. Aus dem Leben König Karls, 4, S. 213f.

auch die Politik gegenüber Minderheiten maßgeblich beeinflussen sollte. Die Virulenz des rumänischen Nationalismus speiste sich aus der Angst vor dem Verlust der eigenen Nationalität, die zu einem Abwehrmechanismus führte, dessen politisches Handlungsmuster die Segregation bildete. Diese affektive Dimension bewirkte auch die Irrationalität der öffentlichen Debatte, die den Blick auf tatsächlich vorhandene Probleme verstellte. So wurden nicht Missstände wie z. B. im Kredit- oder Pachtwesen beseitigt, sondern die pauschale Ausgrenzung und Stigmatisierung von Juden bildeten die Antwort auf bäuerliche Verarmung.[26] Während der Debatte über die Verfassungsreform verbanden sich die verschiedenen Aspekte eines Judenfeindbildes, die während der letzten Jahre punktuell und z. T. inkohärent in Erscheinung getreten waren, zu einem Gesamtentwurf einer politischen, wirtschaftlichen und kulturellen Antithese zur rumänischen Gesellschaft mit kompensatorischen, orientierungsgebenden und stabilisierenden Funktionen.[27] Unter diesen Voraussetzungen wurde die Integration der Juden, selbst derjenigen, die schon lange in Rumänien lebten und sich assimiliert hatten wie die sephardischen Juden in der Walachei, weitgehend unterbunden und ihre Bewegungs- und Handlungsfreiheit mit der Gesetzgebung der folgenden Jahre immer weiter eingeschränkt.[28] Die Folgen der ungelösten Judenfrage wirkten sich stabilisierend und destabilisierend zugleich aus: die Ausgrenzung sicherte der politischen Elite ihre führende Stellung im politischen System, festigte die Nation und die Union, während die intoleranten, diskriminierenden und xenophoben Aspekte dem rumänischen Nationalismus langfristig eine negative politische und gesellschaftliche Dynamik verliehen und die Abwälzung sozialer Probleme auf eine Außenseitergruppe grundlegende Reformen blockierte. Es war gerade der Erfolg der Segregation, der sich als schwere Hypothek für die rumänische Gesellschaft erwies.

[26] Zu diesem Komplex s. die nüchterne und ausgewogene Darstellung von G. Panu, Chestia evreilor, Bucureşti 1893, bes. S. 79ff., wo er den tatsächlichen Gründen für die schlechte wirtschaftliche Lage nachging. Panu war einer der wenigen Politiker, der sich kritisch mit dem rumänischen Antisemitismus auseinander setzte und die ganze Debatte zu objektivieren versuchte.

[27] Zu diesem Aspekt: Hoffmann, Ch., Das Judentum als Antithese. Zur Tradition eines kulturellen Wertungsmusters, in: Bergmann, W., Rainer, E. (Hg.), Antisemitismus in der politischen Kultur nach 1945, S. 20ff. Die darin konstatierte Tradition eines dualen Wertungsmusters, vom Judenbild als Antithese und dessen Funktionen als Orientierungsleistung in der deutschen Kultur, trifft ebenso auf den rumänischen Fall zu und ist ganz allgemein für den Antisemitismus von Bedeutung.

[28] Vgl. die Darstellung von Bernard Lazare, Die Juden in Rumänien, Autorisierte deutsche Übersetzung, Berlin 1902, der die vielen legislativen Schikanen gegen die Juden und ihre sich verschlechternde Lage in den 80er und 90er Jahren bewegend schildert. Er stellte übrigens auch einen Zusammenhang zwischen der Lösung der Bauern- und Judenfrage her, wenn er seinen Text mit der Hoffnung beschloss: „Aber selbst, wenn dies nicht geschehen sollte, wird eines Tages der sich erhebende Bauer direkt oder indirekt die jetzige Judenfrage in Rumänien lösen, dadurch dass er sich selbst und gleichzeitig den Juden befreit.“ Ibd., S. 88. Iancu, Les juifs en Roumanie, S. 180ff.

2. Die Ablehnung des Berliner Vertrags

Der Berliner Kongress, der vom 13. Juni bis zum 13. Juli 1878 dauerte, beendete vorläufig die Spannungen zwischen den Großmächten Russland, England und Österreich-Ungarn, die im Gefolge des San-Stefano-Vertrags aufgetreten waren. Es war ein Revisionskongress, der den Einfluss Russlands auf der Balkanhalbinsel durch die Teilung Bulgariens und eine auf neun Monate verkürzte russische Okkupationsdauer zurückdrängte, und der letzte große europäische Kongress, der basierend auf dem Europäischen Konzert durch einen Ausgleich der Machtinteressen der Großmächte die orientalische Frage unter Ausschluss der von diesen Entscheidungen betroffenen kleinen Balkanstaaten zu regeln suchte. Formell noch nicht unabhängig – mit Ausnahme Griechenlands – wurden sie nur „écoutés, mais non entendus".[29] Sie galten als potenzielle Störenfriede, die eine Friedensregelung zusätzlich erschweren würden.[30] Den Vertretern Griechenlands und Rumäniens wurde zwar gestattet, ihre Forderungen vor dem Kongress vorzubringen, doch blieben diese ohne jeden Einfluss auf die Entscheidungen. Bereits vor dem Auftritt der beiden rumänischen Minister I. C. Brătianu und M. Kogălniceanu am 1. Juli 1878 hatten sich die Mächte auf der Sitzung vom 29. Juni auf die Abtretung Bessarabiens verständigt. Die Anerkennung der rumänischen Unabhängigkeit wurde dann in der Sitzung vom 1. Juli auf Antrag des französischen Botschafters, Waddington, von der Herstellung der Rechtsgleichheit aller Religionen und von der Abtretung Bessarabiens an Russland abhängig gemacht. Ihren Niederschlag fanden diese Bedingungen in den Artikeln 43- 45 des Berliner Vertrags, während Artikel 46 den Rumänen das Donaudelta, die Schlangeninsel und die Dobrudscha bis zu einer Linie Silistria – Mangalia zusprach. Mit der genauen Grenzziehung wurde die europäische Grenzziehungskommission für Bulgarien betraut. Das unabhängige Rumänien wurde überdies Mitglied der Donaukommission.[31]

Verschärfend im Vergleich zum San Stefano Vertrag wurde die Anerkennung der Unabhängigkeit an konkrete Bedingungen geknüpft, während die Verkürzung der russischen Okkupationsdauer in Bulgarien und des Durchzugsrechts durch Rumänien auf ein Jahr und die territoriale Vergrößerung der Dobrudscha Rumänien begünstigten. Diese Vorteile blieben angesichts der Unabhängigkeitsbedingungen fast unbeachtet, zumal man der Dobrudscha zunächst keinen großen ökonomischen Wert beimaß. Aufgrund der Geheimhaltung der Kongresssitzungen wurde der genaue Wortlaut der Vertragsbestimmungen den Rumänen erst im August bekannt, doch ließen erste Zeitungsmeldungen gleich nach der Sitzung am 1. Juli 1878 die Brisanz der Entscheidungen erahnen und

[29] Baumgart, W., Vom europäischen Konzert zum Völkerbund, Darmstadt 1974, S. 14. Er bezeichnet ihn als eine „der letzten großen Manifestationen europäischer Solidarität": Ibd., S. 56.

[30] Anderson, The Eastern Question, S. 210f., mit einem Zitat von Salisbury: „At Potsdam there are mosquitoes – here there are minor powers. I don't know which is worse."

[31] Geiss, I., Der Berliner Kongreß 1878. Protokolle und Materialien. Boppard 1978, S. 259ff., 269f., 274ff. Zum Eindruck des Auftritts von Brătianu und Kogălniceanu, s. die Beschreibung von Radowitz: Holborn (Hg), Aufzeichnungen, II, S. 52.

lösten bei den rumänischen Politikern große Besorgnis aus, dass es zu Unruhen kommen könnte. Kogălniceanu und Brătianu warnten noch von Berlin aus vor jeder Provokation und baten Carol, der sich in Sinaia aufhielt, dringend nach Bukarest zurückzukehren, um übereilte Maßnahmen zu verhindern.[32] Die Gefahr, dass Wut und Enttäuschung zu unkontrollierten Aktionen führen könnten, bestand in der Tat, zumal auch in der Regierungspresse zunächst heftige Artikel erschienen und sogar zum bewaffneten Widerstand gegen die Kongressbeschlüsse aufgerufen wurde.[33] Das energische Auftreten Carols, die Verhinderung eines parlamentarischen Protestes durch C. A. Rosetti und die Informierung des Parlaments durch die am 7. Juli aus Berlin zurückgekehrten Minister Brătianu und Kogălniceanu bewirkten zunächst eine Entspannung der Lage.[34] Das Bekanntwerden des Vertragstextes am 3./15. Juli bewog die Regierung zur Schließung des Parlaments, wo es zu ersten hitzigen Auseinandersetzungen gekommen war, um weitere negative Reaktionen zu verhindern und Zeit zu gewinnen. In der Schlussbotschaft wurde bereits der Versuch unternommen, die Parlamentarier für die Annahme des Vertrags günstig zu stimmen, indem das schmerzhafte Opfer Rumäniens in Abhängigkeit zur Erhaltung des Friedens in der Welt gesetzt und an den Patriotismus appelliert wurde, mit Besonnenheit und Reife an die bevorstehenden Entscheidungen heranzugehen.[35] Wieder übernahm die Rhetorik die Aufgabe, unangenehme Fakten in einen übergeordneten nationalen Wertekontext zu stellen, um eine Lösung zu erleichtern. Mit der Parlamentsschließung am 4./16. Juli verschaffte sich die Regierung eine innenpolitische Atempause. Militärisch markierten die Demobilisierung der Armee am 12./24. Juli 1878 und der einsetzende Rückzug des russischen Heeres das Ende des Krieges.

Das Ende des Berliner Kongresses bedeutete für die Regierung zunächst den Startschuss für die internationale Anerkennung der Unabhängigkeit. Bereits am 1./13. Juli, also am letzten Kongresstag, verschickte Kogălniceanu ein Rundschreiben mit der Aufforderung an die Mächte, ihre Vertretungen in Bukarest in Legationen und die Generalkonsuln in den Rang von „außerordentlichen Gesandten und bevollmächtigten Ministern" zu erheben, was der Bedeutung der neu erworbenen politischen Stellung Rumäniens entspräche. Dabei ging Kogălniceanu von einer faktisch bereits vorhandenen Anerkennung („recon-

32 Arh. Stat. CR 31/1878, Chiffretelegramme vom 2. Juli 1878 (n.St.) von Kogălniceanu und I. C. Brătianu. Ibd. CR3/1877, Chiffretelegramm von C.A.Rosetti v. 2.7.1878.

33 P.A. I.A.B.q. Türkei 24, Vol. 65, Alvensleben v. 3.7. (Nr. 117, Durch sichere Gelegenheit bis zur Grenze), v. 4.7. (Nr. 118, Durch sichere Gelegenheit bis zur Grenze) und v. 5.7.1878 (Nr. 119). Arh. Stat. CR 16/1878, S. 198ff. (Zwiedinek an Andrassy v. 3. Juli 1878, Nr. 109); ibd. CR 41/1878, S. 5f. (Chiffretelegramm an Andrassy v. 3. Juli 1878). Die Agitationen riefen bei den ausländischen Konsuln die Befürchtung hervor, dass es zu Übergriffen gegen die Juden kommen könnte.

34 Nach Einschätzung der beiden Minister würde es sich bei der Judenemanzipation nicht um eine peremptorische Bedingung handeln, ebenso hoffte man noch auf den russischen Verzicht auf den mehrheitlich von Rumänen bewohnten Distrikt Cahul. P.A. I.A.B.q. Türkei 24, Vol. 65, Alvensleben v. 9. Juli 1878 (Nr. 121).

35 Regele Carol I, Cuvântări şi scrisori, II, S. 225f.

naissance déjà virtuelle de cette indépendence par l'Europe") der Unabhängigkeit aus.[36] Gleichzeitig setzte er sich für eine Änderung des Fürstentitels in „Großfürst" und die Erweiterung des Titels in „Altesse Royale" ein, um den neuen Status Rumäniens sichtbar zu machen und dem ihm von der Größe her zukommenden Platz mit den in Europa üblichen Etiquettenormen in Übereinstimmung zu bringen.[37] In diese optimistischen Anerkennungsvorbereitungen hinein schlug der am 3./15. Juli bekannt gewordene genaue Wortlaut der Vertragsbestimmungen, wonach die Anerkennung von der Erfüllung der beiden Bedingungen, nämlich der Abtretung Bessarabiens und der Gleichstellung aller Religionen abhängig gemacht wurde, ein wie eine Bombe.[38] Auch wenn man die beiden Forderungen erwartet hatte, so war man auf das Junktim zwischen Anerkennung und Erfüllung von Bedingungen nicht gefasst gewesen.

Der Schock über den Berliner Vertrag saß tief in der ganzen Gesellschaft. Er wurde nicht nur als Demütigung empfunden, da die konditionierte Abhängigkeit den nationalen Stolz traf, den eigenen Anstrengungen und nicht dem Wohlwollen der Großmächte die Unabhängigkeit verdankt zu haben,[39] sondern er wurde auch als ungerechtfertigte Einmischung in die Regelung von inneren Verhältnissen bewertet. In der öffentlichen Meinung brandmarkte man das Vertragswerk als Festschreibung des Dogmas von Raub, Ungerech-

36 Independenţa României, IV, S. 391f. Kogălniceanu verwies dabei auch auf die Ebenbürtigkeit Rumäniens mit anderen Staaten Europas wie z. B. Belgien.

37 Ibd., S. 393f. (Rundschreiben vom 3./15.7.1878, Vertraulich). Bereits in diesem Rundschreiben sprach Kogălniceanu im Hinblick auf die Ebenbürtigkeit Rumäniens mit anderen Ländern wie Griechenland, Portugal, Schweden oder Belgien den Anspruch auf das Königreich an, den man im Moment jedoch nicht weiter verfolgen werde, um keine Empfindlichkeiten zu wecken. Aus dem Leben König Karls 4, S. 80.

38 Arh. Stat. Fond Regele Carol I, III/29, f. 119. Carols Eintragung dazu: „Die Unabhängigkeit wird unter der Bedingung anerkannt, daß wir den Juden Rechte geben u. daß wir Bessarabien Rußland retrocediren, was ist dies ganz infam.–" Der genaue Wortlaut des entscheidenden Artikels 44 lautete: „En Roumanie, la distinction des croyances religieuses et des confessions ne pourra être opposée à personne comme un motif d'exclusion ou d'incapacité en ce qui concerne la jouissance des droits civils et politiques, l'admission aux emplois publics, fonctions et honneurs ou l'exercice des différentes professions et industries, dans quelque localité que ce soit.

La liberté et la pratique extérieure de tous les cultes seront assurées à tous les ressortissants de l'Etat roumain aussi bien qu'aux étrangers, et aucune entrave ne sera apportée soit à l'organisation hiérarchique des différentes communions, soit à leurs rapports avec leurs chefs spirituels.

Les nationaux de toutes des Puissances, commerçants ou autres, seront traités en Roumanie, sans distinction de religion, sur le pied d'une parfaite égalité." Geiss, Der Berliner Kongreß 1878, S. 399. Bis auf den letzten Abschnitt war der Wortlaut identisch mit dem Artikel 35 betr. der Anerkennung der Unabhängigkeit Serbiens.

39 Maiorescu wertet in seiner „Istoria contemporană", S. 167, den Vertrag als „unverdiente Erniedrigung" in einem Augenblick des allgemeinen Aufwindes im Land und nach einem siegreichen Krieg, auch wenn er die Unmöglichkeit des Artikels 7 zugesteht. Anders sein Kommentar in seinem Tagebuch: Maiorescu, Jurnal, IX, S. 229, wo er sich abfällig über die politischen Diskussionen äußert und das Ende der „roten Partei" in Rumänien sieht.

tigkeit und Immoralität, dem die kleinen Staaten skrupellos geopfert worden wären, und die geforderte Judenemanzipation als Folge der Einflussnahme mächtiger europäischer Juden.[40] Somit waren die Voraussetzungen für eine Lösung der Judenfrage von vornherein denkbar schlecht und trugen maßgeblich zu ihrem Scheitern bei. Abgesehen von den bereits behandelten Widerständen wirkten sich in der konkreten politischen Situation drei Momente negativ auf eine grundsätzliche Regelung aus: 1. die öffentliche Ablehnung des Berliner Vertrags, 2. die Verfassungsfalle des Artikels 7 und 3. die Benutzung der Judenfrage als Druckmittel zur Durchsetzung anderer Ziele durch Deutschland.

1. Die einhellige Verurteilung des Berliner Vertrags erwies sich als schwere Hypothek für die Bereitschaft, ernsthafte Schritte zur Erfüllung seiner Bestimmungen zu unternehmen. Die Empörung über den Verlust Bessarabiens nach einem siegreichen Krieg dominierte zunächst die allgemeine Einstellung zu dem Vertragswerk. Dabei konnten die Rumänen keineswegs eine Exklusivität der Opferrolle für sich beanspruchen: Russland hatte viel größere Abstriche an seinen ursprünglichen Forderungen hinnehmen müssen, und auch in Österreich-Ungarn stieß der Vertrag auf große Ablehnung, die Andrassy nur mühsam überwinden konnte.[41] Doch kamen Argumente, nach denen der Vertrag einen Kompromiss und Interessenausgleich bedeutete, in der öffentlichen Diskussion kaum zum Tragen.[42] Diese begann mit der Eröffnung der außerordentlichen Parlamentssitzung am 15./27. September 1878 und erreichte einen vorläufigen Abschluss mit der Annahme des Vertrags am 28.9./10.10. durch den Senat und zwei Tage später durch die Kammer. Die Debatten verliefen hitzig und setzten die Regierung von verschiedenen Seiten unter Druck. Wieder einmal stand die gesamte Regierungspolitik während des Krieges im Kreuzfeuer der Kritik, unterschiedliche Meinungen bestanden in der Frage der Einberufung von Revisionskammern auch hinsichtlich der territorialen Veränderungen und über Annahme oder Ablehnung der Dobrudscha.[43] Vorrangige Ziele für die Regierung bildeten zunächst die parlamentarische Zustimmung zur Abtretung Bessarabiens und die Ermächtigung, die Dobrudscha, das Donaudelta und die Schlangeninsel in Besitz zu nehmen, während die verfassungsrechtliche Regelung des Artikels 7 später erfolgen sollte. Aus außenpolitischen Gründen musste sie auf einer grundsätzlichen Annahme des Vertrags bestehen, und die Zeit drängte, da Russland die Besetzung Bessarabiens forcierte. Nach den großen Grundsatzreden von Kogălniceanu und Brătianu am 28.9./10.10 im Senat und einen Tag später in der Abgeordnetenkammer konnte sich die Regierung

[40] So Bacalbaşa, Bucureştii de altă dată, I, S. 255.

[41] Wertheimer, Graf Julius Andrassy, III, S. 164ff.

[42] Sie fehlten aber auch nicht völlig, so in den Reden von Brătianu und Kogălniceanu. P.A. I.A.B.q. Türkei 24, Vol. 66, Rotenhan v. 15.10.1878 (Nr. 144, Durch sichere Gelegenheit bis über Rumänische Grenze) mit Anlagen. Kogălniceanu, Opere IV, orat. II, part. 4, S. 612ff., bes. 615. Kogălniceanu war es auch, der trotz aller Demütigungen den Beginn einer neuen Ära für die Größe Rumäniens sah (S. 623).

[43] Nicolescu, Parlamentul romîn, S. 322ff. P.A. I.A.B.q. Türkei 24, Vol. 66, Rotenhan v. 8.10. (Nr. 142) u. v. 15.10.1878.

durchsetzen.[44] Die Kammer machte jedoch kein Hehl aus ihrem Widerwillen gegen den Vertrag, was sich in der Formulierung des Antrags niederschlug: „Durch den Entschluß der Großmächte dazu gezwungen, und um kein Hindernis zur Befestigung des Friedens zu sein, ermächtigt die Kammer die Regierung, sich dem Gesamtwillen Europas zu fügen [...]“[45] Zwang, Unterwerfung, schmerzliche Opfer bildeten das Vokabular, das mit dem Berliner Vertrag assoziiert wurde. Parlamentarische Trotzreaktionen und eine allgemein negative Einstellung ließen eine konstruktive politische Sicht- und Vorgehensweise erst gar nicht entstehen und verhinderten bereits im Vorfeld die Akzeptanz für eine grundlegende Lösung der Judenfrage im Sinne des Berliner Vertrags.

2. Als größtes Hindernis für die Regelung der Judenfrage sollte sich die Verfassung selbst erweisen. Dort war eine Änderung von Artikeln an hohe Auflagen geknüpft. Was als Schutzmaßnahme gegen willkürliche Eingriffe gedacht war, wirkte sich jetzt zum Nachteil einer Lösung aus. Demnach musste die Notwendigkeit für eine zu benennende Verfassungsänderung dreimal in jeweils zweiwöchentlichem Abstand in öffentlicher Lesung von beiden Kammern beschlossen werden. Dann mussten innerhalb von drei Monaten Neuwahlen zu einer Konstituante stattfinden, die nur über die betreffende Verfassungsänderung mit Zweidrittelanwesenheit und -mehrheit abstimmen konnte.[46] Aufgrund dieses Verfahrens erhielt die Judenfrage eine bisher ungekannte öffentliche Resonanz und gesellschaftliche Relevanz. Die Verfassungsdebatte koordinierte die bereits vorhandenen antijüdischen Stimmungen, kombinierte sie mit wirtschaftlichen und gesellschaftlichen Problemen, ließ bestimmte Deutungsmuster und Geschichtsinterpretationen entstehen[47] und wurde zu einem Kristallisationspunkt einer neuen Auseinandersetzung über die nationale Identität. Große politische Breitenwirkung erhielt die Judenfrage besonders durch die Wahlen zur Konstituante, die im Mai 1879 stattfanden. Zu diesem Zeitpunkt war es für einen Parlamentarier bereits unmöglich geworden, sich für eine großzügige Lösung der Judenfrage einzusetzen, wenn er gewählt werden wollte. Beredtes Beispiel für die entstandene Lage war Titu Maiorescu, der sich wie die Junimea-Gruppe zuerst noch für eine zügige Regelung ausgesprochen und den Artikel 7 als Anachronismus bezeichnet hatte, der von den modernen Prinzipien der Nationalität überholt worden sei.[48] Seine Wähler hingegen in Iaşi, wo er im ersten Kollegium gegen den von den Fraktionisten aufgestellten populären Schriftsteller und erklärten Judenfeind V. Alecsandri kandidierte,

44 Kogălniceanu, Opere IV, orat. II, part. 4, S. 612ff.

45 Aus dem Leben König Karls, 4, S. 111. Der Senatsantrag fiel im Ton milder aus. Dort war von den schmerzhaften Opfern die Rede, die Rumänien auferlegt wurden. Nicolescu, Parlamentul romîn, S. 324.

46 Artikel 129 der Verfassung.

47 Aufschlussreich in dieser Beziehung ist die fürstliche Botschaft bei der Eröffnung der Revisionskammern am 22. Mai/3. Juni 1879. Nicolescu, Parlamentul romîn, S. 341ff.

48 Ornea, Viaţa lui Titu Maiorescu, I, S. 393. Auf welchem Terrain sich die Diskussion bereits bewegte, zeigte seine Rede vom 24.2.1879, in der er auf die rumänische Nationalität und ihren lateinischen Ursprung abhob.

verlangten von ihm eine restriktive Haltung, der er sich beugen musste.[49] Selbst ein aufgeklärter, rational denkender Intellektueller wie Maiorescu, dem der Hass auf die Juden unverständlich war,[50] konnte sich der Radikalisierung nicht entziehen und sprach sich im September 1879 unmissverständlich gegen eine Kategorien- oder Gruppenlösung aus. Jetzt stufte auch er die Juden als Fremde und als potenziell antirumänisches und feindliches Element ein, gegen das sich Rumänien schützen müsse.[51] Die emotionale Mobilisierung in Verbindung mit den Wahlagitationen und einem klaren Wählerauftrag gegen die Emanzipation der Juden schufen ein derart explosives parlamentarisches Umfeld, dass selbst die Junimisten ihre aufklärerischen Prinzipien aufgaben, wenn es sich um die Bewahrung der Nation handelte, und den Topos vom Juden als antinationalem Fremden, wenn auch mit anderen Begründungen, übernahmen.[52]

Auch der Zeitaufwand für die Verfassungsänderung ließ die großen Schwierigkeiten erkennen, wozu allerdings die weiter unten zu behandelnde Strategie der Regierung erheblich beitrug. Als der Berliner Vertrag bekannt wurde, tagte das Parlament noch, so dass sofort eine Behandlung des Vertragstextes hätte erfolgen können. Angesichts der ablehnenden öffentlichen Meinung ließ sich die Regierung auf dieses Risiko nicht ein, schloss die Kammern am 4./16. Juli 1878 in der Hoffnung auf eine Beruhigung der Lage und berief sie erst wieder ein, als die Zeit für die Übergabe Bessarabiens drängte, für die sie das parlamentarische Placet unbedingt brauchte (15./27. September 1878). Nach der prinzipiellen Annahme des Berliner Vertrags wurde das Parlament am 4./16. Oktober erneut geschlossen, ohne dass es zu konkreten Schritten bezüglich der Revision des Artikels 7 gekommen wäre. Begründet wurde die Verzögerung mit dem Hinweis, dass die Wahlen zu einer Konstituante erst nach einem vollständigen Abzug der russischen Armee stattfinden könnten. Erst mit der regulären Parlamentssession, die am 15./27. November 1878 eröffnet wurde, begann dieses Thema die parlamentarische Arbeit zu dominieren, doch dauerte es bis nach den Weihnachtsferien, als die eigentlichen Debatten aufgenommen wurden und die erforderlichen Lesungen auf der Tagesordnung standen. Diese begannen am 20. Februar/4. März 1879 in der Kammer und dauerten bis zum 24. März/5. April 1879. Einen Tag später wurde das Parlament aufgelöst und die Wahlen für den Zeitraum vom 3./15. bis zum 15./27. Mai anberaumt.

Die Revisionskammern traten am 22. Mai/3. Juni 1879 zusammen, doch erst nach der Validierung aller Mandate Ende Mai/Mitte Juni begann die Arbeit mit der Einsetzung von Kommissionen, die mit ihren Vorschlägen zur Revision des Artikels 7 die konkrete

49 Ibd., S. 394. Maiorescu, Însemnări zilnice, I, S. 323. Maiorescu gewann die Wahl gegen Alecsandri mit 65 gegen 39.

50 Maiorescu, Însemnări zilnice, I, S. 325.

51 Ornea, Viaţa lui Titu Maiorescu, I, S. 397. Arh. Stat. CR 63/1878, S. 33ff. (Bosizio v. 20.9.1878, Nr. 187). Ausführlich: Oldson, A Providential Antisemitism, S. 68, 109ff.

52 Eine Ausnahme bildete Petre Carp, der in gewohnter Scharfzüngigkeit anhand des Judenproblems die Defizite der rumänischen Gesellschaft und ebenso die Zwickmühle der rumänischen Politik in dieser Frage analysierte. Gane, P. P. Carp, I, S. 233ff. Carp, P. P., Discursuri parlamentare, Bucureşti 2000, S. 78ff. bes. S. 82f. und S. 88ff. (Rede vor der Kammer am 28.10.1879).

Debatte einleiteten (23.6./5.7.1879 in der Kammer, 24.6./6.7. im Senat). Die Heftigkeit der Debatten und die Unmöglichkeit eines Konsenses, eine Ministerkrise und eine Kabinettsumbildung führten erneut zu einer Unterbrechung. Die Kammern wurden am 11./23. Juli 1879 vertagt mit der Aufforderung an die Parlamentarier, sich mit ihren Wählern in Verbindung zu setzen und deren Meinung einzuholen, was eine erneute Festlegung auf eine restriktive Judenemanzipation bedeutete. Als einen Monat später, am 11./23. August, die Kammern erneut zusammentraten, mussten die Debatten, die sich bis in den Oktober hineinzogen, immer wieder unterbrochen und aufgeschoben werden, da es über fast jeden Antrag zu stürmischen Auseinandersetzungen kam und das kleinste Zugeständnis als Landesverrat galt. Begleitet wurden die Diskussionen von aggressiven öffentlichen Kundgebungen und Petitionsstürmen, die Einfluss auf die Parlamentsverhandlungen zu nehmen suchten. Erst am 6./14. Oktober kam es zur Schlussabstimmung in der Kammer, am 10./22. Oktober 1879 votierte der Senat das Gesetz, das den Artikel 7 gemäß den Auflagen des Berliner Vertrages änderte, die Gleichstellung der Juden aber an derart hohe Bedingungen knüpfte mit der Folge, dass sich deren gesellschaftliche und politische Segregation verfestigte. Die verfassungsrechtliche Verankerung und das Revisionsprocedere hatten einer Integration in höchstem Maße entgegengewirkt.

3. Negativ auf die Bereitschaft einer umfassenden Regelung wirkte sich von Anfang an der außenpolitische Druck aus, der in erster Linie von Deutschland ausgeübt wurde.[53] Hier ist nicht der Ort, die deutsche Außenpolitik zu verfolgen, die nach dem Berliner Kongress vor einer Neudefinition ihrer Aufgaben und Ziele stand.[54] Rumänien nahm darin weder einen besonderen Platz ein, noch wurde es, wie Winckler mit z. T. abwegigen Argumentationsgängen meinte, zu dem entscheidenden Strategem von Bismarcks Bündnispolitik.[55] Bismarcks Verhältnis zu Rumänien war sehr zwiespältig. Er erkannte

[53] Aus dem Leben König Karls, 4, S. 130. Zur Anerkennungsfrage generell: Medlicott, W. N., The Recognition of Roumanian Independence, 1878-1880, in: The Slavonic and East European Review, 11, 1932/33, S. 354-372 und 572-589.

[54] Eine gute Zusammenfassung bei Nipperdey, T., Deutsche Geschichte, Bd. 2, München 1992, S. 436ff.

[55] Winckler, M. B., Bismarcks Rumänienpolitik und die europäischen Großmächte 1878/79: JGO, N.F. 2, 1954, S. 53ff. Der Aufsatz ist voller Widersprüche, Ungereimtheiten und falschen Schlussfolgerungen, die eine gesonderte Widerlegung verdienten. Vor allem geht er von falschen Voraussetzungen aus, was den Stellenwert Rumäniens in Bismarcks und in der europäischen Politik betrifft. Das viel zitierte Wort: „Der Schlüssel zu Bismarcks Rumänienpolitik liegt in seinem Verhältnis zu Rußland und Österreich" gilt ganz allgemein für die bismarcksche Außenpolitik, reicht aber gerade nicht als Erklärung für sein Verhalten gegenüber Rumänien während der Anerkennungskrise aus, das genau im Gegensatz zur Politik der beiden anderen Großmächte gegenüber Rumänien stand. Bismarck benötigte Rumänien nicht, um mit Österreich-Ungarn den Zweibund abzuschließen, da ein Zusammengehen mit Deutschland immer ein vorrangiges Ziel der andrassyschen Politik gewesen war. Vgl. dazu Schmidt, Die gescheiterte Allianz, passim. Die beste Zusammenfassung der bismarckschen Politik noch immer das Kapitel: Rumänien: Sieg des Opportunismus, bei Stern, F., Gold und Eisen, S. 431ff. Aus jüdischer Sicht: Iancu, C., Bleichröder et Crémieux. Le combat pour

sehr wohl die Bedeutung des Landes und wollte daher das gegenseitige Verhältnis von Konfliktpotenzial befreien, zugleich aber war sein Verhalten von Aggressionen und einer nachtragenden Emotionalität geprägt, die durchaus irrationale Züge annehmen konnte.[56] Ebenso sind die innenpolitischen Schwierigkeiten Bismarcks und seine psychische Disposition in Rechnung zu stellen, die sich mit der „konservativen Wende" 1878/79 verbanden und in der Judenfrage das Verhältnis zu den Nationalliberalen tangierten.[57] Außenpolitisch gab es in Bezug auf Rumänien zwei Ziele, die sich für Bismarck mit der Judenfrage verknüpften. Das erste betraf die Geltung des Berliner Vertrags insgesamt. Der mit so vielen Schwierigkeiten und unter Bismarcks großem persönlichen Einsatz zustande gekommene Kompromiss drohte gleich nach Beendigung des Kongresses zu scheitern, da er sowohl in Russland als auch in Österreich-Ungarn auf große Ablehnung stieß. Die Einhaltung des Vertrags bildete daher für Bismarck, abgesehen von seinem damit verbundenen persönlichen Prestige, eine Voraussetzung für die Bewahrung des Friedens in Europa. Rumänien wiederum, das bezüglich der Einhaltung von Verträgen einen denkbar schlechten Ruf hatte, drohte mit seiner offensichtlichen Unwilligkeit, den Artikel 44 des Vertrags zu erfüllen, zum Präzedenzfall von Vertragsverletzungen zu werden, was das Vertragswerk in Frage stellen konnte.[58] Seine scharfen Reaktionen gegenüber Rumänien lagen daher zunächst in dem übergeordneten Ziel begründet, die Mächte auf die Einhaltung des Vertrages festzulegen.

Ein zweites, Deutschland allein betreffendes Motiv für die harte Haltung Bismarcks hing mit der Eisenbahnfrage zusammen, die seit dem Zusammenbruch des Strousberg-Konsortiums das deutsch-rumänische Verhältnis immer wieder belastet hatte. Bismarck wollte sich aus innen- wie außenpolitischen Gründen dieses Störfaktors endlich entledigen, um die Beziehungen zu Rumänien neu ordnen zu können. So nahm er während des Verlaufs der Auseinandersetzungen über die Judenemanzipation die sich bietende Gelegenheit wahr, das leidige Eisenbahnproblem durch die Verzögerung der Anerkennung der Unabhängigkeit endlich aus der Welt zu schaffen.[59] Dieser Gesichtspunkt wurde immer

l'èmancipation des Juifs de Roumanie devant le Congrès de Berlin. Correspondance inédite (1878-1880), Montpellier 1987.

56 Stern, Gold und Eisen, S. 468f. Carol hatte Recht mit seiner Auffassung, dass Bismarck, wenn er die Mittel dazu besäße, mit den ihm verhassten Rumänen rasch aufräumen würde. Arh. Stat. Fond Regele Carol I, V D 1917. Brief v. 20.6./2.7.1879 an den Vater. Die Stelle fehlt in den veröffentlichten Aufzeichnungen": Aus dem Leben König Karls, 4, S. 210f. Edwards, S. H., Sir William White, S. 198f.

57 Zu diesem Themenkomplex: Gall, Bismarck, S. 568ff.

58 P.A. I.A.B.q. Türkei 24, Vol. 66, Bülow an den Kronprinzen v. 27.10.1878 und die Antwort Friedrich Wilhelms; Vol. 67, Runderlass an die deutschen Botschaften v. 12.11.1878 (Sicher). Ibd. Rumänien 1, Rundschreiben an die deutschen Botschaften v. 18. Mai 1879 (Sicher). Dort heißt es: „Wir halten daran fest, daß das rumänische Vorgehen in der Frage der Gleichberechtigung der Confessionen eine Umgehung der Congreßbestimmungen in sich schließt, welche wir nicht annehmen können, und welche für die anderweitige stricte Ausführung der Stipulationen des Berliner Vertags ein gefährliches Präcedens schaffen würde."

59 P.A. Rumänien 1, Bd. 1, Bismarck an Prinz Reuß in Wien, 13.2.1879 (Nr. 80, Sicher). In diesem Schreiben bringt Bismarck die beiden für ihn wichtigen Punkte offen zur Sprache.

mehr zum entscheidenden Handlungsmovens in der Anerkennungsfrage, während offiziell humanitäre Prinzipien der Judenemanzipation vorgeschoben werden konnten. Die Westmächte hatten Bismarcks Haltung in der Judenfrage weitgehend unterstützt, da die Öffentlichkeit in dieser Frage stark sensiblisiert war, die jüdischen Vertretungen großen Einfluss ausübten und das Thema innenpolitische Relevanz besaß, während übergeordnete außenpolitische Belange im Verhältnis zu Rumänien eine geringe Rolle spielten. Nach der Verfassungsrevision im Oktober 1879 gelang es Bismarck dann nur noch mit Mühe, die deutsche Position den Westmächten zu vermitteln und die Anerkennung bis nach der Regelung der Eisenbahnfrage hinauszuzögern. Diese fand ebenfalls erst nach schwierigen und oft am Rande des Scheiterns stehenden Verhandlungen Anfang Februar ihren Abschluss, nachdem die beiden Kammern ein Abkommen über den Rückkauf der Eisenbahnen votiert hatten.[60] Am 8./20. Februar 1880 erfolgte dann die Anerkennung Rumäniens durch identische Noten von Deutschland, England und Frankreich.[61]

Doch nicht nur für Deutschland, sondern auch für England bildete die rumänische Anerkennung Mittel zum Zweck. Im Herbst 1878 stand England kurz davor, die Unabhängigkeit Rumäniens anzuerkennen, um dessen Position gegenüber Russland zu stärken, nachdem russische Forderungen nach einem permanenten Durchzugsrecht durch die Dobrudscha bekannt geworden waren.[62] Erst nach dem Verzicht Russlands auf diese Forderung schwenkte England auf die deutsche und französische Linie ein.

Auch die Uneinheitlichkeit des Vorgehens der Großmächte bei der Anerkennung verringerte ihre Glaubwürdigkeit in der Frage der Gleichberechtigung. Die Nachbarmächte Österreich-Ungarn, Russland und das Osmanische Reich, die in einer Konkurrenzsituation am meisten an einer Normalisierung oder Verbesserung der Beziehungen zu Rumänien interessiert waren und in denen die Judenfrage in der Innenpolitik kaum eine Rolle spielte, hatten bereits im Spätherbst 1878 die Unabhängigkeit anerkannt. Am 15./27. Oktober 1878 überreichte der russische Generalkonsul Baron Stuart sein Akkreditiv als Ministerresident, sechs Tage später folgte sein österreichischer Kollege, Graf Hoyos, und

Zu Rumänien schreibt er: „Wir wissen nicht minder die bedeutsame Stellung zu würdigen, welche Rumänien seiner natürlichen Lage nach unter den neuen Staatsgebilden im Osten einzunehmen berufen ist [...]“ Auslöser für das Junktim zwischen Anerkennung, Judenfrage und Eisenbahnproblem war ein Brief Bleichröders mit einem Bericht des Sonderbeauftragten Wölffel über die Lage der rumänischen Eisenbahnen an Bismarck vom 10.2.1879. Darin wurde ein vernichtendes Urteil über die allgemeine Situation in Rumänien gefällt, das sich durch Unkenntnis und Arroganz auszeichnete, aber Wasser auf die Mühlen der Vorurteile von Bismarck und Bleichröder über die Rumänen war. Holborn (Hg.), Aufzeichnungen, Bd. 2, S. 84. Iancu setzt das Junktim zwischen Eisenbahn- und Judenfrage fälschlicherweise erst für den Sommer 1879 anlässlich des Besuchs von Sturdza in Berlin an: Iancu, Bleichröder et Crémieux, S. 78ff.

60 Zu den Einzelheiten: Stern, Gold und Eisen, S. 468ff. Aus dem Leben König Karls, 4, S. 289.

61 Wortlaut der Note. Ibd., S. 293f.

62 P.A. I.A.B.q. Türkei 24, Vol. 67, Telegramm von Münster v. 18.11.1878 (Nr. 222) und Münster v. 19.11.1878 (Nr. 157) aus London: „Lord Salisbury hält im Englischen Interesse diese Frage für wichtiger als die der Humanität, und glaubt, daß er Rumänien durch die Anerkennung im Widerstande gegen Rußland bestärken könne.“

am 3./15. Dezember 1878 der osmanische Gesandte Suleiman Bey.[63] Die rumänischen Vertretungen in den Hauptstädten dieser Länder wurden gleichfalls in den Rang von Legationen erhoben. Auch Italien stand kurz vor der Anerkennung, hielt aber nach Intervention Deutschlands das Beglaubigungsschreiben seines Vertreters zurück.[64] So gab es von vornherein keine geschlossene Ablehnungsfront gegen Rumänien und die Faktizität der bereits erfolgten Anerkennung ließ diejenige durch die übrigen Mächte zu einer Frage der Zeit werden. Der ausländische Druck erwies sich insgesamt als zwiespältig, da die Judenfrage von den Großmächten utilitaristisch gehandhabt und somit die Akzeptanz für eine befriedigende Lösung bei den Rumänen verringert wurde, die die Gleichstellungsforderung als „Einmischung in innere Angelegenheiten des Landes" und somit als fremdbestimmt interpretierten.[65]

Trotz aller Kritik soll nicht verkannt werden, dass die erstmalige Festschreibung eines religiösen Diskriminierungsverbots in einem internationalen Vertrag einen großen Fortschritt bedeutete. Die politische Gleichstellung nichtchristlicher Religionen wurde zur Völkerrechtsnorm erhoben, deren Anerkennung sich langfristig kein Staat entziehen konnte. Die Großmächte gerieten aber dadurch selbst in einen Zielkonflikt und ordneten das von ihnen postulierte humanitäre Prinzip anderen politischen Interessen unter, was ihre Glaubwürdigkeit in dieser Frage erschütterte und die Rumänen in ihrer Abwehrhaltung bestärkte.[66] Dennoch kann man die Frage, ob der Opportunismus Bismarcks die Juden Rumäniens der Regelung der Eisenbahnfrage geopfert habe,[67] in dieser Form nicht bejahen, da die Großmächte keine Machtmittel besaßen, um eine Lösung im Sinne des Berliner Vertrags zu erzwingen.[68] So konnte sich eine innenpolitische Eigendynamik der Krise entwickeln, in der außenpolitische Rücksichten kaum noch eine Rolle spielten und wo es am Ende nur um die Frage ging, wie eine Gleichstellung der Juden zu verhindern sei. Kennzeichnend für die anderthalb Jahre andauernde politische Aporie waren das gouvernamentale Nichtentscheiden und Lavieren, wobei die Regierung immer mehr die Aufgabe übernehmen musste, der Verweigerung der Judenemanzipation auch international zur Akzeptanz zu verhelfen.

[63] Aus dem Leben König Karls, 4, S. 123f., 149. Cazan, Gh., Recunoşterea internaţională a independenţei de stat a României. Stabilirea relaţiilor diplomatice cu ţările europene 1878-1880, in: Reprezentanţele diplomatice ale României, I, S. 33.

[64] Ibd., S. 32. P.A. I.A.B.q. Türkei 24, Vol. 67, Keudell v. 19.11.1878 (Nr. 163. Vertraulich).

[65] Arh. Stat. CR 40/1878, f. 1ff. Rundschreiben Kogălniceanus v. 21.9./3.10.1878 (personelle et confidentielle). Oldson, A Providential Antisemitism, S. 64f.

[66] Arh. Stat CR 37/1879 f. 1ff. Privatbrief Liteanus an Brătianu v. 6.9.1879 aus Berlin. Die Haltung der Großmächte in der Judenfrage ähnelte in vielen Punkten der heutigen Menschenrechtspolitik.

[67] So Iancu, Bleichröder et Crémieux, S. 79f., 85, 92. Dieselbe Tendenz klingt auch bei Stern, Gold und Eisen, an, dessen Kapitelüberschrift lautet: „Rumänien: Sieg des Opportunismus" (S. 431-481).

[68] Arh. Stat. Fond Regele Carol I, V D 1917: „Die Politik liegt aber der Art, daß er (= Bismarck, E. I.-B.) keinen coup wie in Egypten machen kann." Carol v. 20.6./2.7.1879 an den Vater.

3. Die Verfassungsrevision und die Aporie der Regierung

Seit dem Ende des Krieges gab es aus rumänischer Sicht für die Regierung nur eine Serie außenpolitischer Misserfolge: die rumänischen Forderungen wurden weitgehend übergangen, der nicht unerhebliche militärische Anteil am Sieg politisch ignoriert und die Unabhängigkeit an unzumutbare Bedingungen geknüpft. Sie befand sich daher trotz oder gerade wegen des militärischen Erfolges in der Defensive und stand in dieser geschwächten Position vor der Aufgabe, der unpopulären Entscheidung einer Anerkennung der Gleichberechtigung der Juden die parlamentarische Zweidrittelmehrheit zu sichern. Darüber kam es zu einem Zielkonflikt zwischen außen- und innenpolitischen Prioritäten, den sie nicht zu lösen vermochte. Die tief gehende Auseinandersetzung über die Judenemanzipation entwickelte sich fast zwangsläufig zu einem Machtkonflikt zwischen den institutionellen Arenen Regierung und Parlament, der von der Exekutive erhebliche Zugeständnisse abverlangte und zudem bestimmte Konfliktmuster in der politischen Kultur etablierte.

Die Unüberbrückbarkeit von innen- und außenpolitischen Forderungen in der Judenfrage führte bei der Regierung zu einer Politik der Entscheidungslosigkeit und des Appeasement. Sie überließ ähnlich wie in der Bessarabienkrise die Initiative der Kammer und versuchte durch häufige Unterbrechungen der parlamentarischen Arbeiten, die aufgeheizte Lage zu beruhigen. Wie bereits ausgeführt, kam es erst im Frühsommer 1879 zu den Kommissionsberatungen, und erst am 4./16. September 1879 begann die öffentliche Gesetzesberatung im Parlament, dessen Sitzungen immer wieder unterbrochen wurden in der Hoffnung, die allgemeine Erregung abzubauen und Kompromisslösungen zu finden.[69]

Diese Verzögerungstaktik bewirkte jedoch das Gegenteil von Entspannung, da den Gegnern einer weitergehenden Regelung immer wieder die Gelegenheit geboten wurde, ihren Protest auszuweiten und neue Formen des Widerstands auf breiter Ebene zu initiieren wie Petitionsstürme oder Agitationen unter der Bevölkerung, und dies nicht nur in der Stadt, sondern auch auf dem Land.[70] Ohne die Aufschübe, Vertagungen und Unterbrechungen hätte die Judenfrage ein halbes Jahr früher zur Entscheidung anstehen können, wozu sich die Regierung jedoch nicht in der Lage sah.

Mit Hilfe der Personalpolitik versuchte die Regierung, sowohl Einfluss auf das Parlament zu nehmen als auch die Fundamentalisten der Opposition aus den eigenen Reihen in eine Kabinettsdisziplin einzubinden. So gab C. A. Rosetti sein Innenministerium auf, um sich

69 Nicolescu, Parlamentul romîn, S. 353ff. So zwischen dem 6./18.–11./23. September, dem 26.9./7.10.–29.9./10.10. und dem 1./13.–4./16. Oktober 1879.

70 Ibd., S. 366. Kogălniceanu, Opere V, orat. III, part. 1, S. 156. Kogălniceanu sprach von einem Bürgerkrieg in den Depeschen, den Zeitungen, den Petitionen und fragte, an die Adresse der Gegner einer Lösung gewandt, ob sie den Bürgerkrieg auf den Straßen wollten? In seiner Rede brachte er zudem konkrete Fälle über die Vorgehensweise bei den Petitionen, in die Abgeordnete verwickelt waren.

zum Kammerpräsidenten wählen zu lassen, wenn auch nicht mit der gewohnten Mehrheit. Obwohl er ebenfalls zum Präsidenten der Revisionskammer gewählt wurde, zeigte sich bei der entscheidenden Abstimmung über das erste Projekt der Verfassungsänderung im Juli 1879, dass die Radikalliberalen über keine Mehrheit in dieser Frage verfügten. Die Opposition bestand neben den Konservativen mit ihren verschiedenen Nuancen, die als Minderheit vertreten waren und die „prinzipielle" Opposition darstellten, in der Judenfrage jedoch nicht insgesamt einen fundamentalistischen Standpunkt vertraten, aus den Fraktionisten und der gemäßigt liberalen Gruppe um G. Vernescu, beide aus der Moldau und Angehörige der Regierungskoalition, aber unversöhnliche Gegner einer Gleichstellung der Juden.[71]

Bereits Ende November/Anfang Dezember 1878 hatte Ion C. Brătianu mit einer Kabinettsumbildung versucht, die Führer der Moldauer Opposition an sich zu binden, doch scheiterte dieses Vorhaben an den unannehmbaren Bedingungen von Vernescu. Stattdessen kam ein Revirement mit Persönlichkeiten aus der zweiten Reihe dieser Gruppen (G. P. Cantilli als Kultus- und Unterrichtsminister und M. Pherekyde als Minister für Öffentliche Arbeiten) zustande. M. Kogălniceanu verlor sein Amt als Außenminister, da er die Rolle des Sündenbocks für die Politik mit Russland übernehmen musste,[72] behielt aber durch seinen Vertrauten und Nachfolger Ion Câmpineanu weiterhin Einfluss. Die Ernennung von D. A. Sturdza zum Finanzminister verdeutlichte die Wiederannäherung der Gruppe um Ion Ghica an die Radikalliberalen, nachdem eine russlandfreundliche Politik nicht mehr zu befürchten stand.[73] I. C. Brătianu behielt sich das für die bevorstehenden Wahlen wichtige Innenministerium vor und betonte in seiner Regierungserklärung vom 27.11./9.12.1878, dass sich die Regierung um eine getreue Ausführung des Berliner Vertrags und um eine möglichst schnelle Durchführung der Wahlen bemühen werde, was an die Adresse des Auslandes gerichtet war, während er nach innen für die Freiheit der Wahlen zu sorgen versprach, wofür die Zusammensetzung der Regierung garantieren sollte.[74]

Der Ausgang der Wahlen zur Konstituante brachte der Regierung trotz eines Sieges keine Zweidrittelmehrheit. Das Abstimmungsverhalten der Wähler hatte sich diesmal nicht in erster Linie nach einer institutionellen Vorgabe gerichtet, sondern nach der inhaltlichen Aussage der Kandidaten zur Judenemanzipation. So kam die Abstimmungsniederlage der Regierung nicht überraschend, als die Kammersektionen am 4./16. Juli 1879 einen restriktiven Revisionsvorschlag annahmen, den die Regierung vorher als unannehmbar be-

71 In den Worten Blarembergs: „Wir haben eine ministerielle Mehrheit, aber keine Revisionsmehrheit im Regierungssinne. Die Kammer möchte Herrn Brătianu, aber sie teilt nicht seine Ideen in der Judenfrage." Xenopol, N. Kretzulescu, S. 129.

72 Zub, M. Kogălniceanu, Biobibliografie, S. 393.

73 Arh. Stat. CR 41/1878, S. 102f. (Hoyos v. 5.12.1878, Nr. 168). P.A. I.A.B.q. Türkei 24, Vol. 67, Rotenhan v. 8.12.1878 (Durch sichere Gelegenheit bis über die rumänische Grenze). Kabinettsliste bei Mamina, Bulei, Guverne şi guvernanţi, S. 46f.

74 Nicolescu, Parlamentul romîn, S. 328f.

zeichnet hatte, während ihr eigenes Projekt durchfiel.[75] Damit war die Strategie Brătianus gescheitert, über eine Regierungsbeteiligung von Mitgliedern der Moldauer Liberalen eine Lösung der Judenfrage zu bewerkstelligen. Der Rücktritt der Regierung am selben Tag bedeutete den offenen Konflikt zwischen beiden Institutionen. Doch die Kammer hatte keine Alternative anzubieten. Sie hatte die Regierung zwar zu Fall gebracht, konnte aber aus den eigenen Reihen kein mehrheitsfähiges Kabinett stellen, das die Judenfrage auch unter außenpolitischen Rücksichten zu lösen imstande gewesen wäre. Die Wiederwahl von C. A. Rosetti, der sein Amt als Kammerpräsident ebenfalls zur Verfügung gestellt hatte,[76] verdeutlichte diese Hilflosigkeit des Parlaments, das zwar eine liberale Regierung Brătianu wollte, deren Projekt für eine Judenemanzipation jedoch ablehnte.

Durch diese Blockade war die innenpolitische Situation im Juli 1879 völlig festgefahren. Gleichzeitig verschärfte sich der außenpolitische Druck durch Deutschland.[77] Die Lage erschien derart aussichtslos, dass Carol sogar über einen Rückzug aus seinem Amt nachdachte.[78] Nur mit aktiver Mitwirkung des Fürsten gelang die Überwindung dieser Krise durch eine erneute Regierungsumbildung unter Hinzuziehung gemäßigt Konservativer wie Boerescu (Außenminister) und N. Creţulescu (Minister für Erziehung und Unterricht) und von Kogălniceanu, der als Innenminister für Ruhe und Ordnung in der Moldau sorgen sollte. Durch dieses „Fusionsministerium", wo „jeder Parteigeist, alle Leidenschaften und Erinnerungen" beiseite gelassen wurden,[79] wurde ein Teil der konservativen Opposition gewonnen, die stärker im Senat vertreten war.[80] Das Bündnis mit den gemäßigt Konservativen bot den Vorteil, dass sie die Regierungsliberalen vom Druck der Abhängigkeit der Moldauer Fundamentalisten entlastete und gegenüber dem Ausland ein Signal des guten Willens darstellte. Auf der Parteienebene führte der Konflikt zu einer Trennung der Moldauer Liberalen der Gruppe um Vernescu und der Fraktion, die entschiedene Gegner einer Judenemanzipation blieben, von den Radikalliberalen, obwohl sich diese in der Judenemanzipation von ihrem liberalen Credo weit entfernt hatten.[81]

75 Aus dem Leben König Karls, 4, S. 214f. Nicolescu, Parlamentul romîn, S. 351. Zum Gang der Verhandlungen und den verschiedenen Projekten s. das Kapitel „Die erzwungene Revision der rumänischen Verfassung 1878/79", in: Welter, Die Judenpolitik, S. 67ff.

76 Nicolescu, Parlamentul romîn, S. 352.

77 Aus dem Leben König Karls, 4, S. 211, 214. Arh. Stat. Regele Carol I, III/29, f. 142. Deutschland drohte mit einer internationalen Konferenz.

78 Ibd., f. 142 (4./16. Juli 1879). S. unten, S. 543.

79 So in der Regierungserklärung am 11./23. Juli 1879: Nicolescu, Parlamentul romîn, S. 353. Die „Erinnerungen" beziehen sich auf persönliche Animositäten, denn weder Boerescu noch Creţulescu waren Freunde Brătianus.

80 Xenopol, Nicolae Kretzulescu, S. 130.

81 Es fällt auf, wie wenig der sonst so konsequente Vertreter der französischen Revolutionsideale, C. A. Rosetti, in der Judenfrage in Erscheinung trat und sich für die Gleichstellung der Juden, die er noch 1848 vertreten hatte, einsetzte. Vernescu gründete im Januar 1880 seine eigene Partei („Die Partei der aufrichtigen Liberalen") und fusionierte 1884 mit den Konservativen zur Liberal-Konservativen Partei. Alexandrescu, I. et al., Partidele politice din România (1862-1994). Enciclopedie, Bucureşti 1995, S. 55f. Cîncea, P., Viaţa politică din România în primul deceniu al independenţei de stat, Bucureşti 1974, S. 48f.

Doch weder die Verzögerungstaktik noch die personellen Zugeständnisse an die Opposition erwiesen sich für die Lösung der Krise als ausreichend. Die Unvereinbarkeit zwischen europäischen Forderungen, die einen Rechtsanspruch auf Einbürgerung implizierten und den rumänischen Vorstellungen, die eine Individualprüfung und das parlamentarische Entscheidungsrecht postulierten, konnte durch verfahrenstechnische Instrumente nicht überbrückt werden. Die parlamentarischen Vorschläge vom 4./16. Juli 1879 beinhalteten eine individuelle und kraft eines Gesetzes zu erfolgende Naturalisation, das Verbot für Ausländer, Ruralbesitz zu erwerben, und die verfassungsmäßige Festschreibung dieser Bedingungen. Vorangestellt waren dem Gesetzesentwurf vier Prinzipien, die der Initiativkommission bei der Bewertung der Judenfrage als Leitlinien dienten: danach gab es erstens keine rumänischen Juden, zweitens konnte jeder Ausländer durch ein Spezialgesetz eingebürgert werden, drittens sollte das Einbürgerungsverfahren in die Verfassung aufgenommen werden und viertens erklärte man den Erwerb von ländlichem Grundbesitz zum politischen und nicht bürgerlichen Recht.[82] Diesem parlamentarischen Maximum an Zugeständnissen, die als allgemein mehrheitsfähig gelten mussten, stand die Minimalforderung der Westmächte gegenüber, die die Übernahme des Artikels 44 des Berliner Vertrags in die rumänische Verfassung anstelle des Artikels 7 und eine sofortige Einbürgerung bestimmter Kategorien von Juden beinhaltete.[83]
Zwischen diesen Antagonismen musste die neu formierte Regierung agieren und somit Erwartungen gerecht werden, die sich ausschlossen. Die Erkenntnis, dass es keinen Mittelweg gab, spiegelte sich bereits in ihrem Programm vom 11./23. Juli 1879 wider, das weitgehend die Positionen des Parlaments übernahm und entscheidende Zugeständnisse machte: von vornherein wurde die Übereinstimmung der Regierung mit den Ideen und Sorgen der Landesvertreter und der ganzen Nation konstatiert und eine Regelung vorgeschlagen, die auf dem Prinzip der individuellen Naturalisation und auf besonderen Restriktionen für den Erwerb von Landbesitz beruhte.[84] Der Versuch des neuen Außenministers Boerescu, auf einer Rundreise im Sommer 1879 die europäische Zustimmung für dieses Programm zu erlangen, misslang, während ein gegenteiliger Entwurf von D. A. Sturdza, der die Vorstellungen der Westmächte weitgehend berücksichtigte, innenpolitisch nicht durchsetzbar war.[85] Das Ergebnis der Julikrise bestand in einem Bruch der

82 Aus dem Leben König Karls, 4, S. 214. Nicolescu, Parlamentul romîn, S. 345f.

83 Aus dem Leben König Karls, 4, S. 232f. Medlicott, The Recognition of Roumanian Independence, 1878-1880, S. 578f. und S. 582f. Arh. Stat. CR 22/1879, f. 7f., Sturdza v. 18./30. Juli 1879 über ein Gespräch mit St. Vallier und Radowitz in Berlin.

84 Nicolescu, Parlamentul romîn, S. 354f. Das Regierungsprogramm las sich auf weite Strecken wie ein Euphemismus: So bezeichnete es die „Strömung der Ideen des Landes hinsichtlich einer Lösung der dringenden Frage" als „rational und gerecht"; ebenso glaubte man den Forderungen der europäischen Diplomatie entsprechen zu können durch restriktive Einbürgerungsvorschriften. In einem Rundtelegramm vom 11./23. Juli an die Präfekten wurden die im Regierungsprogramm formulierten Grundsätze noch einmal explizit betont. Arh. Stat. Min. de Int. 92, f. 77.

85 Boerescus Reise war von Anfang an im Kabinett umstritten gewesen und stieß gegen Ende auf offenen Widerstand, da er seine Instruktionen überschritten hatte. Arh. Stat. CR 63/1878,

Regierungsliberalen mit der Moldauer liberalen Opposition bei gleichzeitiger Aneignung der restriktiven parlamentarischen Vorschläge durch die Regierung.

Die parlamentarischen Debatten begannen am 4./16. September und endeten am 11./23. Oktober 1879, als der Senat die Verfassungsreform verabschiedete. Sie bildeten den Höhepunkt der Auseinandersetzungen über die Judenfrage und führten wie in der Bessarabienkrise zu einer Übersteigerung der bereits vorhandenen Emotionen. Das Parlament zusammen mit der öffentlichen Meinung dominierte die politische Szene, während die Regierung kaum in Erscheinung trat. Intrigen, Gerüchte, Verdächtigungen, überzogene Rhetorik, Verschwörungstheorien auf der Grundlage der Überzeugung, dass die Emanzipation der Juden den Untergang Rumäniens nach sich ziehen würde, schufen im Verein mit dem sich verstärkenden Mobilisierungsgrad durch Petitionen, Drohtelegramme, Versammlungen ein derart spannungsgeladenes Umfeld, dass erneut die Grenzen zwischen Fakten und Fiktion verschwammen[86]. Auf parlamentarischer Ebene kam es zu einer Eigendynamik von Emotionen. Den Diskurs dominierten Beschimpfungen, persönliche Abrechnungen und Diffamierungen, während Verfahrensfragen zu Grundsatzdebatten Anlass gaben.[87] In dieser Phase ließ sich wieder das Phänomen beobachten, dass die große Öffentlichkeit keineswegs zu einer Transparenz von Entscheidungen führte, sondern im Gegenteil zu ihrer Verschleierung, die zusätzlich durch Politiker und Gruppen verstärkt wurde, die von der verworrenen Situation zu profitieren suchten, auch finanziell. Auch die Presse heizte die Lage an, da sie sich nicht als Beobachter oder kritischer Berichterstatter verstand, sondern als Teil der Politik, auf die sie Einfluss im Sinne einer restriktiven Gesetzgebung zu nehmen suchte.

Welchen Anteil Russland an der Destabilisierung der politischen Lage durch eine Einflussnahme auf die Moldauer Bojaren und den Moldauer Widerstand hatte, ist schwer zu klären; dass es einen Einfluss gab, wurde von mehreren Seiten bestätigt und befürchtet.[88] Es kursierten wieder Gerüchte, dass Russland die moldauische Thronkandidatur

S. 27ff. u. S. 33ff. (Bosizio v. 14.9., Nr. 184, u. v. 20.9.1879, Nr. 187). Sturdzas Entwurf hingegen war von vornherein unrealisierbar und eher als Zeichen von Verständigungsbereitschaft und gutem Willen im Zusammenhang mit der Regelung der Eisenbahnfrage zu sehen. Aus dem Leben König Karls 4, S. 222, 232ff.

86 Einer der Anträge, der in der Kammer eingebracht wurde mit dem Ziel, eine Verfassungsänderung ganz abzulehnen, listete die gängigen, als Tatsachen aufgeführten Vorwürfe gegen die Juden auf, u. a., dass das internationale Judentum konspiriere, um einen eigenen jüdischen Staat an den Ufern der Donau zu errichten und die Rumänen als Staat und Nation zu vernichten. Bacalbaşa, Bucureştii de altă dată, I, S. 270f. Dieser Antrag war von 22 Deputierten unterzeichnet worden, u. a. von N. Blaremberg, Iacob Negruzzi, einem führenden Mitglied der Junimisten, und dem berühmten Philosophen Vasile Conta.

87 Arh. Stat. CR 63/1878 S. 33ff. (Bosizio v. 20.9.1879, Nr. 187). Sein Kommentar über eine Kammersitzung lautete: „Es wurden Worte gesprochen, die in keinem Parlamente zulässig erscheinen würden." Xenopol, N. Kretzulescu, S. 132ff. Nicolescu, Parlamentul romîn, S. 365f. Bacalbaşa, Bucureştii de altă dată, I, S. 272ff.

88 B.C.S. Fond Brătianu, P XLIV, D 15, Radu Mihai (zu der Zeit Polizeipräfekt von Iaşi) v. 23.5/3.6.1879. Arh. Stat. CR 7/1879, S. 53f., Entwurf eines Schreibens von Karl Anton an Bleichröder, in dem der russische Einfluss jedoch übertrieben dargestellt und selbst instru-

von Grigore Sturdza und die Teilung des Landes verfolge, während andererseits Fürst Carol verdächtigt wurde, dass er aus den Juden ein moldauisches Bürgertum und eine ihm ergebene Partei schaffen wollte.[89] Berechtigte oder unberechtigte Vermutungen über ausländische Einmischung gehörten zu den Wahrnehmungsphänomenen einer jeden Krise, doch die Fusion von Tatsachen mit Gerüchten, Unterstellungen, Spekulationen samt ihrer politischen Instrumentalisierung verhinderte jede Objektivierung der Diskussion. Hier ließ sich eine Konflikttransformation feststellen auf eine Ebene von Entdifferenzierung, Emotionalisierung und Moralisierung mit entsprechenden handlungsrelevanten Auswirkungen.[90] Eine Entscheidung, die sich an sachbezogenen Problemen einer Judenintegration und an der sozialen Situation in der Moldau orientierte, wurde unmöglich. So berücksichtigte der Entwurf, den die Regierung am 11./23. September der Kammer vorlegte, die wesentlichen Punkte der Opposition, nämlich die individuelle Naturalisation und die Festschreibung des Erwerbs von Landbesitz als ein politisches Recht. Daneben umfasste er eine Namensliste von ca. 1 000 Personen, die in einem einmaligen Vorgang sofort eingebürgert werden sollten.[91] Der Regierung fehlten für eine Zweidrittelmehrheit nur wenige Stimmen, doch diese reichten aus, um jedes noch so kleine Zugeständnis zu blockieren und die allgemeine Erregung weiter anzuheizen.[92] Erst das weitere Nachgeben der Regierung auf Forderungen eines Teils der Opposition brachte den Durchbruch der politischen Blockade.[93] Danach wurde jede Erwähnung, dass es rumänische Untertanen ohne eine Staatsbürgerschaft gab, gestrichen, die ausdrückliche Nennung des Präzedenzfalls Dobrudscha, die einen Sonderstatus ohne jegliche restriktive Bestimmungen besaß, aufgehoben und das Einbürgerungsverfahren genau festgelegt. Von der Namensliste für eine einmalige kollektive Einbürgerung blieben nur diejenigen übrig, die im Unabhängigkeitskrieg gekämpft hatten, 863 an der Zahl.

In dieser Fassung, die am Anfang das vom Berliner Vertrag aufgestellte Prinzip der Rechtsgleichheit aller Religionen übernahm, danach in fünf Paragraphen die genauen Bedingungen einer Einbürgerung festlegte, wurde das Gesetz am 6./18. Oktober in der

mentalisiert wird. Ibd. 63/1878 S. 42ff. (Bosizio v. 28.9. 1879, Nr. 190). Aus dem Leben König Karls, 4, S. 233. Welter, Die Judenpolitik, S. 282ff.

89 B.C.S. Fond Brătianu, P XLIV, D 15, Radu Mihai v. 23.5./3.6.1879. Arh. Stat. CR 7/1879, S. 38, Ausschnitt aus dem Artikel des „Deutschen Montagsblatts“ v. 1.9.1879.

90 Zum theoretischen Konzept s. den Artikel von B. Nedelmann, Das kulturelle Milieu politischer Konflikte, in: Neidhardt, F., Lepsius, M. R., Weiß, J. (Hg.), Kultur und Gesellschaft, Opladen 1986, S. 397ff., deren interaktionsdynamischer Ansatz sich für die Ausprägung politischer Konflikte als fruchtbar erweist.

91 Nicolescu, Parlamentul romîn, S. 363f. Diese Liste war jedoch sehr ungenau, z. T. existierten die Personen nicht, andere kamen doppelt vor, wieder andere waren gar keine Juden etc. Arh. Stat. CR 63/1878, S. 42ff. (Bosizio v. 28.9.1879).

92 Arh. Stat. CR 53/1878, S. 48ff. (Bosizio v. 6.10.1879, Nr. 193). Danach fehlten der Regierung nur drei Stimmen. Sie brauchte bei 145 Abgeordneten 96 Stimmen, doch 52 Vertreter hatten sich schriftlich verpflichtet, gegen das Regierungsprojekt zu stimmen.

93 Arh. Stat. 63/1878, S. 70f. (Bosizio v. 16.10.1879).

Kammer und am 11./23.10.1879 im Senat mit großer Mehrheit verabschiedet.[94] Das Resultat der einjährigen Auseinandersetzung bestand somit in der weitgehenden Rückkehr zum ersten Kammerentwurf vom Juli 1879, den die Regierung damals noch als unannehmbar bezeichnet hatte. Ein Rechtsanspruch auf Einbürgerung bestand nicht, sondern über jeden Einzelfall blieb dem Parlament die Entscheidung vorbehalten. Der Erwerb von Grundbesitz auf dem Land war nur Rumänen und eingebürgerten Rumänen gestattet. Mit diesem Ergebnis hatte sich das Parlament durchgesetzt, dem die Regierung weitgehend die Initiative in dieser Frage überlassen hatte. In einem weit schweifenden Rundschreiben an die Auslandsvertreter vom 12./24. Oktober 1879 rechtfertigte Außenminister Boerescu die zustande gekommene Lösung mit den unüberwindlichen innenpolitischen Schwierigkeiten, die sich einer Regelung der Judenemanzipation in den Weg gestellt und das Land an den Rand von Unruhen gebracht hätten, so dass der Regierung keine andere Wahl geblieben sei, als diesem Kompromiss zuzustimmen. Seine Behauptung, dass sich die revidierte Fassung des Artikels 7 „im vollständigen Einklang mit den Intentionen der Signatarmächte" befinde und „ihren Erwartungen voll entspreche", grenzte aber an Unverfrorenheit.[95]

Die Hoffnung auf eine schnelle Anerkennung erfüllte sich jedoch nicht, da Bismarck nun die Anerkennung von der Regelung des Eisenbahnrückkaufs durch den rumänischen Staat abhängig machte, wobei er die Unzufriedenheit in Paris und London über die unbefriedigende Lösung der Judenfrage vorschieben konnte.[96] Auch ein zweiter Vorstoß von Boerescu im November 1879 mit einer vertraulichen Erklärung der Regierung, die eine graduelle Normalisierung des Verhältnisses zu den Juden als Folge ihrer Assimilierung in Aussicht stellte und eine Zusicherung über ihre rechtlich gesicherte Stellung abgab,[97] führte nicht zu dem erhofften Ergebnis.[98] Erst die endgültige Regelung der Eisenbahnfrage Ende Januar 1880 schuf die Voraussetzung für die Anerkennung, es blieben aber

[94] Wortlaut der revidierten Fassung des Artikels 7: Aus dem Leben König Karls, 4, S. 254f. Ausführliche Darstellung und Wertung bei: Welter, Die Judenpolitik, S. 78ff.

[95] B.C.S. Fond St. Georges, P. XXXIX, D. 1 B. Boeresco. Dazu auch die kritischen Bemerkungen von Hoyos v. 29.10.1879, der seinen Bericht mit den Worten schließt: „wie sehr die rumänische Regierung auch bemüht ist den wahren Sachverhalt zu verdecken, so wird doch jeder Unbefangene zugeben müssen, dass eine Lösung der Juden-Frage in dem durch den Berliner Vertrag angestrebten Sinne darin nicht enthalten ist." Ahr. Stat. CR 63/1878, S. 89ff.

[96] P.A. Rumänien 1, Bd. 3, Immediatbericht an den deutschen Kaiser von Radowitz, 10.11.1879 (A 6220).

[97] Ibd. Rundschreiben Boerescus v. 10./22.11.1879. In der vertraulichen Zusatzerklärung hieß es: „En attendant, tous les Israélites résidant dans le pays auront, au point de vue du droit privé, une position juridique assurée, sans avoir à craindre d'être sujets à des mesures administrative arbitraires ou à des lois exceptionnelles pour cause de confession ou de religion." Ibd. A 6835, pr. 8.12.1879.

[98] Nur Italien erklärte sich damit zufrieden und erkannte Rumänien sehr zum Ärger Deutschlands früher als die übrigen Westmächte an: P.A. Rumänien 1, Bd. 3. Telegramme Nr. 78, 80, 81 vom 14., 17. und 18.12.1879 von Keudell aus Rom. Aus dem Leben König Karls, 4, S. 272.

bei den Westmächten, speziell Frankreich und England, Bedenken wegen der unbefriedigenden Emanzipation der Juden.[99] Als bekannt wurde, dass die Großmächte die Anerkennung mit gewissen Vorbehalten verbinden würden, erklärte Brătianu, dass er protestiere und sein Amt zur Verfügung stellen werde (28.1./9.2.1880).[100] Auch der Fürst beklagte sich bitter über das Verhalten der Großmächte und die Auswirkungen auf die innenpolitische Lage:

„Jetzt sind die drei Mächte überein gekommen im Anerkennungs-Acte Clauseln, Floskeln und Reserven aufzunehmen und sich dadurch eine Thüre offen zu lassen um uns weiter plagen und chicaniren zu können; unsere Geduld geht aber zu Ende und wir sind entschloßen mit einem Protest darauf zu anworten. Die Indignation im Lande hat einen gefährlichen Grad erreicht, den die Opposition, die die rußische Fahne aufgeplanzt, mit großem Erfolg ausbeutet. Die Stellung der Regierung ist stark erschüttert und die Angriffe richten sich direct gegen mich. Es ist den Großmächten gelungen, das große Prestige, das ich durch Jahre lange Arbeit mühsam errungen, und das durch den Krieg feste Wurzeln geschlagen hatte, bedeutend zu untergraben."[101]

Erst nach einigen Zusatzverhandlungen über die Anerkennungsnote, in die Österreich-Ungarn vermittelnd eingriff, wurde Rumänien am 8./20. Februar 1880 von Deutschland, England und Frankreich als unabhängiger Staat anerkannt. In den gleich lautenden Noten kam zwar die Unzufriedenheit der Mächte mit der individuellen Einbürgerung zum Ausdruck, gleichzeitig wurde aber der Regierung das Vertrauen ausgesprochen, dass sie sich gemäß ihren formellen Zusicherungen der von den Mächten gewünschten liberalen Handhabung der Bestimmungen allmählich annähern werde.[102] Diese Hoffnung sollte sich schnell als trügerisch erweisen.

Stellte die Aufnahme des Prinzips der Gleichberechtigung aller Religionen in die Verfassung ein an sich positives Faktum dar, so entwertete der verfassungsmäßig festgeschriebene Einbürgerungsmodus diesen Fortschritt von vornherein. Es kam in den folgenden Jahren zu einer immer stärker diskriminierenden Gesetzgebung gegen die Juden.[103] Bis 1913 wurden nur 552 Juden eingebürgert, wobei sich die Argumente gegen eine Einbürgerung auf vermeintliche Zusammenarbeit mit der *Alliance israélite* – was einem Verrat an Rumänien gleichkam –, auf eine angeblich ausländische Schutzuntertänigkeit oder auf die Gefahr des Erwerbs von Grundbesitz bezogen.[104] So wurde die Verfassungsrevision zum Ausgangspunkt einer sich zementierenden politischen und bewusstseinsmäßigen

[99] Arh. Stat. CR 10/1879, S. 82ff., CR 63/1878, S. 134ff.

[100] Arh. Stat. Fond Regele Carol I, III/29 (m. r. 562), 28.1./9.2.1880.

[101] Arh. Stat. Fond Regele Carol I, V D 1930, Brief an den Vater vom 30.1./11.2.1880. Diese Passage fehlt in den veröffentlichten Aufzeichnungen. Aus dem Leben König Karls, 4, S. 290f.

[102] Ibd., S. 293f. Independenţa României, IV, S. 609ff.

[103] Dies widersprach der Zusicherung der rumänischen Regierung, keine Ausnahmegesetze oder willkürliche Maßnahmen gegen die Juden zuzulassen.

[104] Welter, Die Judenpolitik, S. 82ff. 1912 betrug die Zahl der rumänischen Staatsbürger jüdischen Glaubens 4 668, während 228 683 keine und 7 987 eine ausländische Staatsangehörigkeit besaßen. Mit 241 341 Einwohnern machte die jüdische Bevölkerung 3 % der Gesamtbevölkerung aus. Stanciu, Statutul juridic al evreilor, in: Revistă istorică, 3, 1992, S. 331.

Ausgrenzung und Diskriminierung der Juden anstatt einer Integration. Für die Rumänen blieb die Judenemanzipation weitgehend mit der Willkür der Mächte verbunden, die das Selbstwertgefühl einer Nation demütigten, als diese gerade eine jahrhundertealte Schmach der Fremdherrschaft getilgt und ihre Vitalität unter Beweis gestellt hatte:

„Der empörende Zwang der Großmächte gegenüber einem kleinen und tapferen Volk, das sich sein Recht auf Leben durch den Heldenmut seiner Söhne erworben hatte, bewirkte zwingend den Widerstand der Parlamentarier, den sie der auferlegten Bedingung entgegensetzten. Rumänien war nicht zum Berliner Kongress gekommen, um die Unabhängigkeit zu erbetteln. Es hatte die Unabhängigkeit selbst vor Griviţa, Plevna, Smârdan erobert; für diese Unabhängigkeit hatte es mit dem Leben von 10.000 Soldaten und dem geraubten Bessarabien bezahlt. Aber die Großmächte, zur Schande Europas und des Jahrhunderts, nötigten Rumänien noch die Rechte für die Juden auf, eine Bedingung, mit der seine Unabhängigkeit anerkannt wurde.

Der Artikel 7 wurde geändert, aber es blieb auch der Hass gegen die Juden.“[105]

Es war nur ein kleiner Schritt, die Juden für die den Rumänen widerfahrende Ungerechtigkeit verantwortlich zu machen und die antijüdischen Ressentiments im rumänischen Bewusstsein dauerhaft zu verankern. In diesem Sinn bildete die Verweigerung der Emanzipation eine wegweisende Entscheidung, die sich gesamtgesellschaftlich Identität stiftend auswirkte und institutionellen Charakter erhielt.

4. Die Eisenbahnkrise

Nach der Beendigung der Verfassungsrevision geriet die Anerkennungskrise in ein neues Stadium, da Deutschland die Anerkennung von der endgültigen Regelung des Rückkaufs der rumänischen Eisenbahnen abhängig machte. Mit diesem Vorgehen konnte sich Bismarck nicht mehr auf den Berliner Vertrag und damit auf ein europäisches Mandat berufen, doch gelang es ihm, die beiden Westmächte aufgrund deren Unzufriedenheit mit der Lösung der Judenfrage und wegen der Beteiligung französischen Kapitals an der rumänischen Eisenbahn zur Unterstützung seiner Politik zu bewegen. Die deutsche Regierung sah in der Hinauszögerung der Anerkennung die letzte Möglichkeit, die „leidige Eisenbahnangelegenheit zu beenden“.[106] Sie hatte sich in dieser Frage engagiert und immer wieder Druck auf beide Verhandlungspartner, die rumänische Regierung und das deutsche Bankkonsortium unter Federführung von Bleichröder und Hansemann, ausgeübt, um eine Einigung zu erreichen. Anfang Oktober 1879 kam es zu einer unterschriftsreifen Konvention, die der Kammer am 18./30. Oktober vorgelegt wurde. Zu dem Zeitpunkt musste den rumänischen Politikern die große Bedeutung der Eisenbahnfrage für Bismarck und das Junktim zwischen Juden- und Eisenbahnfrage klar gewesen sein. Dieser hatte bereits im Sommer erklärt, dass er im Falle einer Regelung des Eisenbahnrückkaufs eine restriktive Judenemanzipation akzeptieren und sie in den westlichen Hauptstädten

[105] Bacalbaşa, Bucureştii de altă dată, I, S. 274.

[106] Holborn (Hg.), Aufzeichnungen, 2. Bd., S. 84.

durchsetzen würde.[107] Doch die Judenfrage hatte zu dem Zeitpunkt bereits eine Eigendynamik entwickelt mit der Folge, dass dieses Angebot Bismarcks ohne Wirkung auf die parlamentarischen Verhandlungen blieb, wohl aber den Spielraum der Regierung für den Kompromiss mit der Opposition zugunsten einer Minimallösung vergrößerte.
Rumänischerseits empörte man sich darüber, dass die „zukünftige Stellung Rumäniens im europäischen Concerte von einem Finanz-Geschäfte abhängen solle."[108] Wie bereits üblich bei Eisenbahngesetzen und noch emotionalisiert durch die Judenfrage, stieß die Konvention in der Kammer auf großen Widerstand und wurde nach heftigen Debatten am 27.11./9.12.1879 mit einigen Veränderungen verabschiedet, deren wichtigste die sofortige Verlegung des Sitzes der neuen Eisenbahngesellschaft nach Bukarest betraf, was Bleichröder wegen der Befürchtung vor Schadensersatzansprüchen seitens der Aktionäre kategorisch ablehnte.[109] An dieser Bestimmung drohte die ganze Konvention zu scheitern und damit die deutschen Bemühungen um eine Regelung der Frage zunichte zu machen. Auf beiden Seiten hatte die Eisenbahnfrage einen derart hohen Grad von Gereiztheit erreicht, dass jede kleine Änderung zu einer politischen Grundsatzfrage wurde. Aus deutscher Sicht stellte sich das Kammervotum als Vertragsbruch der Regierung Brătianu/Sturdza dar, die sich verpflichtet hatte, den Vertragstext durchzubringen und mit ihm zu stehen oder zu fallen. Bei einem Scheitern der Konvention, daran ließ Bismarck keinen Zweifel, würde eine „freundschaftliche Haltung für Rumänien [...] vorläufig auf keinem Gebiete mehr in Frage kommen."[110] Das bedeutete, dass die Judenfrage als dem Berliner Vertrag nicht entsprechend angesehen und Rumänien in der Arab-Tabia-Frage keine deutsche Unterstützung erhalten würde.[111] Außerdem wurde die Haltung der rumänischen Regierung gegenüber anderen Kabinetten als „Bruch amtlich und formell abgegebener Zusagen gegenüber einer anderen Macht" gebrandmarkt, die potenziell jedes Land treffen könnte, so dass es im europäischen Interesse läge, solche Anwandlungen „gemeinsam und nachdrücklich zurückzuweisen."[112]
Ähnlich wie in der Judenfrage hielt es die Regierung bei außen- und innenpolitischen Zielkonflikten in öffentlichkeitswirksamen Fragen, die als national eingestuft wurden, für inopportun, gegen eine starke parlamentarische Opposition ihre ursprünglich eingenommene Position durchzusetzen. Dabei muss daran erinnert werden, dass die Regierung in beiden Häusern eine Mehrheit besaß und dass für die Eisenbahngesetzgebung nur die einfache Mehrheit genügte. Nicht die konservative Opposition, die nur schwach vertreten war, stellte für die Regierung das Problem dar, sondern die mangelnde Kohärenz ihrer eigenen Partei. Die Oppositionsfronten hatten sich im Vergleich zur Judenfrage wieder

107 Arh. Stat. CR 37/1879, f. 1f., Liteanu an Ion C. Brătianu v. 6.9.1879. Aus dem Leben König Karls, 4, S. 214f, 216, 218, 234.
108 Arh. Stat. Fond Regele Carol I, V D 1924, Brief Carols an den Vater v. 3./15.11.1879.
109 In der ursprünglichen Konvention wurde die Entscheidung über eine Sitzverlegung der Aktionärsversammlung überlassen.
110 P.A. Rumänien 1, Bd. 3, Radowitz an Keudell in Rom, 12.12.1879 (Vertraulich).
111 Ibd., Graf Bismarck an AA v. 13.12.1879.
112 Ibd., Radowitz an Fürst Hohenlohe v. 13.12.1879 (Vertraulich).

völlig verschoben, sowohl bei den Liberalen wie bei den Konservativen. Auch in diesem Fall zeigten sich die Brüchigkeit von Mehrheiten und die Grenzen der Durchsetzungskraft einer Regierung, die eher einen Konflikt mit Deutschland riskierte, als die Entscheidung der Kammer über eine Frage von nationalem Prestige abzulehnen.

Das Eisenbahnproblem erreichte aber bei weitem nicht die soziale und nationale Dimension der Judenfrage, so dass die Regierung die durch das Kammervotum ausgelöste Krise mit institutionellen Mitteln zu bewältigen in der Lage war. Dabei spielte Ministerpräsident Brătianu eine Schüsselrolle und legte den Grundstein für seine langjährige Machtausübung. Sein Politikstil zeichnete sich durch Mehrdeutigkeit aus, wobei sich die Konturen zwischen rationaler Entscheidungskraft, emotionalem Stress, Inszenierung und Kalkül verwischten. Ein Ausdruck dafür waren seine mehrfachen Rücktrittsgesuche während des Winters 1879/80. So löste er zu Beginn der Eisenbahndiskussionen am 21.10./2.11.1879 mit seiner überraschenden Demission, die er mit dem Verlust seiner Autorität durch den sicher geglaubten Verlust Arab Tabias begründete, eine Regierungskrise und einen politischen Stillstand aus.[113] Natürlich konnten Entmutigung und psychische Ermattung, wie Carol meinte, den Rücktritt hervorgerufen haben, andererseits setzte Brătianu ihn auch als Disziplinierungsmittel gegenüber der eigenen Partei ein, da er um den Widerstand gegen die Eisenbahnkonvention wusste. Nicht zuletzt stellte er einen strategischen Schachzug dar, der Reaktionen provozieren musste, die der Stärkung seiner Position dienten. Sein Sturz lag weder im Interesse des Fürsten, der endlich die Anerkennung der Unabhängigkeit realisiert sehen wollte, noch im deutschen Interesse, das der Lösung der Eisenbahnfrage Priorität einräumte, nicht Arab Tabia. So versprach man von deutscher Seite Unterstützung für Rumänien, wenn die Eisenbahnfrage geregelt würde.[114] Brătianus Rücktritt offenbarte seine Unentbehrlichkeit, was den Fürsten zu einer persönlichen Intervention bewegte, um von Brătianu die Rücknahme seiner Demission zu erreichen.[115] Zurück im Amt, konnte und wollte dieser die Widerstände in der Kammer gegen die Eisenbahnkonvention aber nicht bekämpfen und erklärte sich, wenn auch mit Vorbehalten, mit der Kammerentscheidung vom 27.11./9.12.1879 einverstanden.[116]

Brătianu hatte die Entscheidung der Kammer in der Hoffnung auf ein deutsches Entgegenkommen akzeptiert und auch, um die Übereinstimmung mit der Mehrheitsmeinung zu dokumentieren. Ebenso hielt er es wie bei ähnlichen Anlässen für sinnvoll, dem öffentlichen Unmut ein Ventil in Form der parlamentarischen Ablehnung zu geben. Aber die

[113] Aus dem Leben König Karls, 4, S. 263, 267f. Brătianu ließ alles stehen und liegen und verschwand sofort auf sein Landgut bei Piteşti. Arh. Stat. Fond Regele Carol I, III/29 (m.r. 562), 21.10./2.11.1879.

[114] P.A. Rumänien 1, Bd. 3, Chiffr. Telegramm von Rotenhan v. 3.1.1879 (Nr. 21) und sein Bericht v. 4.11.1879 (Nr. 88, Vertraulich). Chiffr. Telegramm vom AA v. 4.11.1879. Aus dem Leben König Karls, 4, S. 265f.

[115] Ibd., S. 264f. Arh. Stat. CR 4/1879, f. 1 (23.10./4.11.1879). S. unten S. 545.

[116] Aus dem Leben König Karls, 4, S. 274, 277. Brătianu hatte sich auch für eine Verlegung des Sitzes nach Bukarest ausgesprochen und wollte eine diesbezügliche Zusicherung aus Berlin. Arh. Stat. Fond Regele Carol I, III/29 (m.r. 562), 11./23.11.1879.

kompromisslose Reaktion Deutschlands, das auf einer Rücknahme der Veränderungen durch das noch ausstehende Senatsvotum bestand, zwang die Regierung zum Handeln, da sie sonst Gefahr lief, sich vollständig zu isolieren und die größte Macht des Kontinents gegen sich zu haben. Ähnlich wie im Sommer nach dem ersten Kammervotum in der Judenfrage beschwor nun ein Konflikt mit Deutschland unkalkulierbare politische Folgen herauf. Jetzt war zudem eine Großmacht direkt impliziert. Nach Carols Einschätzung war die Lage noch nie so „ernst und schwierig wie in diesem Augenblick"[117], eine Aussage, die alle bisherigen Krisen begleitet hatte.

Doch zunächst einmal bewirkte dieser Druck wieder eine Entscheidungslosigkeit bei Brătianu und einen innenpolitischen Schwebezustand.[118] Erst als er von Bismarck die Zusicherung einer guten Aufnahme bei einem Besuch in Berlin – nach der Regelung der Eisenbahnfrage, versteht sich – erhielt, was die außenpolitische Unterstützung Brătianus durch Deutschland bedeutete,[119] und nachdem ihm Carol als Folge eines erneuten Rücktrittsgesuchs am 15./27. Dezember 1879 den Machterhalt für mindestens zwei Jahre versprach,[120] sah sich Brătianu in der Lage zu handeln und am 22.12.1879/3.1.1880 die ursprünglich abgeschlossene Konvention vom Senat votieren zu lassen. Die erforderliche erneute Abstimmung durch die Kammer erfolgte aber erst nach den rumänischen Weihnachtsferien, um dem Eindruck eines Nachgebens auf ausländischen Druck entgegenzuwirken. Am 15./27. Januar 1880 schloss sich die Kammer der Entscheidung des Senats an und revidierte dadurch ihr erstes Votum.[121] Nachdem die letzten deutschen Bedenken wegen hypothekarischer Sicherheiten durch eine Senatsinterpellation ausgeräumt wurden, erklärten die deutschen Banken am 25.1./6.2.1880 die Annahme der Konvention, einen Monat später wurde sie auch von der Aktionärsversammlung in Berlin gebilligt.[122] Am 1. April 1880 (n.St.) übernahm der rumänische Staat die Verwaltung und den Betrieb

[117] Arh. Stat. Fond Regele Carol I, III/29 (m.r. 562), 5./17.12.1879. Karl Anton schrieb seinem Sohn: „Du befindest Dich nun wieder am Anfang aller Schwierigkeiten und Gott weiß welcher Verlegenheit." Aus dem Leben König Karls, 4, S. 277.

[118] Arh. Stat. Fond Regele Carol I, III/29 (m.r. 562), 10/22.12.1879: „Bratiano sieht auch Schwierigkeiten, sagt aber nicht wie man herauskommen kann." 15./27.12.1879: „Bratiano bei mir. wankt vollständig in der Eisenbahn-Frage." Ibd.

[119] In einem Brief v. 28.12.1879 (n.St.) an Brătianu teilte Liteanu ein Gespräch mit Radowitz mit, der Verständnis für die Schwierigkeiten Brătianus äußerte, diesem aber die volle Unterstützung Deutschlands nach der Beendigung der Eisenbahnfrage versprach und ihm die bedeutende Stärkung seiner Position nach der Unabhängigkeit in Aussicht stellte. Arh. Stat. CR 37/1879, f. 3ff.

[120] Arh. Stat. Fond Regele Carol I, III/29 (m.r. 562), 15./27.12.1879: Brătianu „reicht Demission ein, findet daß ich nicht energisch genug mich gegen die Opposition kehre. – Ich rede ihm zu u. verspreche ihm daß er mit seiner Partei mindestens noch 2 Jahre am Ruder bleiben könne."

[121] Aus dem Leben König Karls, 4, S. 287ff. Der Widerstand gegen das Senatsvotum machte sich besonders an der ausländischen Pression fest, der man sich nicht beugen dürfe: Nicolescu, Parlamentul romîn, S. 383f.

[122] Aus dem Leben König Karls, 4, S. 289, 297.

der rumänischen Eisenbahn, während der Sitz der Eisenbahngesellschaft 1881 nach Bukarest verlegt wurde.[123]
Damit wurde einer der größten innen- und außenpolitschen Konfliktherde während der Herrschaft Carols beseitigt und die Anerkennungskrise beendet, die das politische System und das Selbstverständnis einer Nation nachhaltig beeinflusste. Übrig blieb eine große Verbitterung über den als ungerechtfertigt angesehenen außenpolitischen Druck.[124]
Doch die deutsche Befürchtung war nicht unbegründet gewesen, dass ohne massiven Druck, der ja nicht nur auf die rumänische Regierung, sondern auch auf Bleichröder ausgeübt wurde, die Eisenbahnfrage auf absehbare Zeit nicht geregelt werden würde. Es handelte sich auch nicht um ein deutsches Diktat, da die rumänische Regierung die unterschriftsreife Konvention mit ausgehandelt hatte. Ebenso wurde auf rumänischer Seite übersehen, dass es auch im eigenen Interesse lag, die beiderseitigen Beziehungen von diesem Dauerproblem zu befreien. Gerade für ein unabhängiges Rumänien bedeutete es eine außenpolitische Stärkung, wenn es seine Beziehungen zu Deutschland unbelastet neu ordnen konnte, was auch Auswirkungen auf das Verhältnis zu Österreich-Ungarn und Russland hatte, deren Interessengegensätze sich auf dem Balkan abzeichneten. Nicht weil sich das Land in einer erpressbaren Situation befand, sondern weil er die Bedeutung eines unabhängigen Rumänien erkannt hatte, bestand Bismarck so energisch auf der Regelung der Eisenbahnfrage. Daher stellte sich die rumänische Opferperspektive als zu kurzsichtig heraus, doch die zweijährige ununterbrochene Belastung durch Anerkennungsforderungen hatte zu Frustration und Verbitterung geführt und das geschichtsmächtige Misstrauen gegenüber den Großmächten bestätigt. Fürst Carol machte sich zum Sprachrohr der allgemeinen Stimmung, als er schrieb: „Europa und Deutschland ganz besonders haben an Rumänien schwer gesündigt, und wenn Rußland nur etwas geschickter gewesen wäre, so hätten sie das Land für immer in dessen Arme geworfen, der Occident wird uns eclatante Beweise seines Wohlwollens geben müssen, um die verlornen Sympathien zurückzugewinnen."[125]

5. Der Grenzkonflikt um Arab Tabia

Die innenpolitischen Schwierigkeiten wurden immer wieder von außenpolitischen Komplikationen durchzogen und überlagert, die die vorhandene Krisensituation zusätzlich verstärkten. Das größte Konfliktpotenzial stellten die Beziehungen zu Russland dar. Nach dem Berliner Kongress hing Rumänien sicherheitspolitisch in der Luft: noch nicht vollständig anerkannt und ohne den Schutz der Garantiemächte, sah es sich einem zunehmenden Druck Russlands ausgesetzt, das nach der erzwungenen Verkleinerung

[123] Ibd., S. 305f., 373.
[124] Nicolescu, Parlamentul romîn, S. 378, bezeichnete das Vorgehen Deutschlands als „Terrorisierung".
[125] Arh. Stat. Fond Regele Carol I, V D 1930, Brief an den Vater vom 30.1./11.2.1880. Diese Passage fehlt in den veröffentlichten Memoiren. Aus dem Leben König Karls, 4, S. 290f.

Bulgariens seinen Einfluss dort massiv verstärkte und versuchte, einen ständigen Zugang zu dem Land zu sichern und eine Bulgarien bevorzugende Grenzziehung durchzusetzen. Daraus erwuchsen immer größere Spannungen zu Rumänien: so in der Frage des Durchzugsrechts für russische Truppen durch die Dobrudscha, was auch die Übernahme der Dobrudscha durch Rumänien immer wieder verzögerte, da Russland sich weigerte, sie zu räumen, und vor allem in der Grenzziehung um Arab Tabia, einem Fort bei Silistria, das Rumänien zugesprochen worden war.

Zunächst kam es aufgrund der russischen Forderung nach einer Sonderregelung des Truppendurchzugs durch die Dobrudscha mit Garnisonsrecht und der Errichtung von Küstenbatterien zu einer rumänisch-russischen Kontroverse, die im November 1878 die Besitznahme der Dobrudscha durch rumänische Truppen in Frage stellte. Russland wollte erst nach Abschluss einer neuen Konvention diesen Landstrich an Rumänien übergeben.[126] Dieses Ansinnen stieß auf den Widerstand der rumänischen Regierung, die ihrerseits geltend machte, dass die Bedingungen des Berliner Vertrags bezüglich des Truppendurchzugs auch für die Dobrudscha Gültigkeit besäßen und daher keine Notwendigung für einen separaten Abschluss bestehe. Der Versuch Russlands, seinen Einfluss in Rumänien und Bulgarien militärisch zu sichern, war zu offensichtlich und stand so eindeutig im Widerspruch zu den Berliner Vertragsbestimmungen, dass die rumänische Regierung in ihrer Ablehnung erfolgreich war, da sie auf englische und österreichisch-ungarische Unterstützung rechnen konnte.[127] Russland musste nachgeben, nachdem Außenminister Kogălniceanu im Hinblick auf die Parlamentseröffnung (15./27.11.1878) ein Ultimatum gestellt und für den Fall eines russischen Widerstandes mit einer offiziellen Intervention bei den europäischen Mächten gedroht hatte.[128] Mit einem Notenaustausch vom 13./25. November 1878 zwischen dem rumänischen Außenminister und dem russischen Vertreter, Baron Stuart, in dem die Ausweitung der Durchzugsbestimmungen des Berliner Vertrags auch auf die Dobrudscha ausdrücklich anerkannt wurde, fand die Auseinandersetzung ein Ende.[129] Rumänien hatte sich unter Berufung auf den Berliner Vertrag durchsetzen können, vor allem weil englische und österreichisch-ungarische Interessen eine russische militärische Dauerpräsenz in diesem Gebiet nicht zuließen. Am 14./26. November konnte in einem festlichen Akt die offizielle Übergabe der Dobrud-

[126] Aus dem Leben König Karls, 4, S. 127f, 130, 133, 135f. Arh. Stat. CR 41/1878, S. 43ff. (Hoyos v. 11.11.1878, Nr. 153); ibd., S. 49f. (Chiffretelegramm v. 14.11.1878). CR 17/1878, f. 245, Telegramm v. Kogălniceanu v. 15.11.1878 an Bălăceanu. Russland forderte eine neue Konvention, der die Aprilkonvention von 1877 mit ihren weitergehenden Rechten zugrunde liegen sollte.

[127] Edwards, S. H., Sir William White, S. 194f. Der englische Generalkonsul in Bukarest, White, und der englische Botschafter in Konstantinopel, Sir Henry Layard, versuchten aus Furcht vor der Zunahme des russischen Einflusses auf dem Balkan Rumänien als Gegengewicht zu stärken.

[128] Arh. Stat. CR 17/1878, f. 244, Telegramm Kogălniceanus an Bălăceanu v. 23.11.1878.

[129] P.A. I.A.B.q. Türkei 24, Vol. 67, Rotenhan v. 27.11.1878 (Nr. 154, Vertraulich) mit dem Wortlaut der beiden Noten. Russland hatte erst in letzter Minute nachgegeben.

scha an Rumänien erfolgen, was für die Regierung einen wichtigen Erfolg darstellte und ihre Stellung gegenüber dem Parlament stärkte, wovon man sich auch dessen erhöhte Bereitschaft zur Annahme des Berliner Vertrags erhoffte.
Anders verhielt es sich mit der zweiten großen Streitfrage, die sich über mehrere Jahre hinzog und die Grenzziehung bei Silistria betraf. Mit der Regelung des endgültigen Grenzverlaufs zwischen Bulgarien und Rumänien war eine internationale Grenzkommission beauftragt worden, die im Dezember 1878 eine Entscheidung traf, die gemäß Artikel 46 des Berliner Vertrags, der eine Linie östlich von Silistria bis südlich von Mangalia festgelegt hatte, einen Punkt 80m östlich von Silistria zum Ausgangspunkt nahm und den wichtigen Hügel samt der Festung Arab Tabia, die die Stadt dominierte, Rumänien zusprach.[130] Dabei spielte der Gesichtspunkt eines geeigneten Terrains für den Bau einer Brücke, die die Dobrudscha an das rumänische und europäische Kommunikationsnetz anschließen sollte, eine wichtige Rolle. Doch Russland weigerte sich, die Entscheidung der Grenzkommission anzuerkennen und forderte einen Grenzverlauf ab 20 km nordöstlich von Silistria, was die Festung Arab Tabia bei der Stadt belassen hätte.[131] Der Streit entzündete sich an der strategischen Bedeutung der Stadt für die Dobrudscha und entwickelte sich zu einer Machtfrage über den Einfluss in dieser Region zwischen Russland und Rumänien.[132]
Die Frage blieb in der Schwebe und führte zusammen mit der zögerlichen und z. T. widerwilligen Übergabe der Verwaltung der neuen Provinz an die Rumänen zu einem immer gespannteren Verhältnis zu Russland. Die Situation spitzte sich zu, als die rumänische Regierung am 14./26. Januar 1879 beschloss, Arab Tabia zu besetzen, wobei die Notwendigkeit der Errichtung eines Sicherheitskordons gegen die in Astrachan ausgebrochene Pest als Begründung diente.[133] Den Hintergrund dieser Aktion bildete jedoch die bevorstehende Konstituierung des autonomen bulgarischen Staates. Rumänien wollte beim Grenzverlauf Fakten schaffen, um Streitigkeiten zuvorzukommen und den rumänischen Anspruch klarzustellen, der sich auf das Mehrheitsvotum der Grenzkommission stützen konnte.[134]

130 Aus dem Leben König Karls, 4, S. 128f. u. 131. Zur Zusammensetzung der Kommission, die auch den türkischen Grenzverlauf zu bestimmen hatte, s. ibd., S. 119. Die letzte Sitzung der Kommission fand am 17. Dezember 1878 in Konstantinopel statt.

131 Ibd., S. 153, 156. Zu den Einzelheiten s. Kellogg, The Road to Romanian Independence, S. 200ff.

132 P.A. Rumänien 1, Bd. 1. Alvensleben v. 17.2.1879 (Vertraulich). Nach dem Fürsten bildete Arab Tabia den Schlüssel für eine Operationsbasis in der Dobrudscha, ohne den es besser wäre, ganz auf die Dobrudscha zu verzichten. Rumänien bemühte sich immer auch, Silistria zu erhalten, allerdings ohne Erfolg.

133 Aus dem Leben König Karls, 4, S. 162f. 165.

134 Arh. Stat. CR 12/1879, f. 20. Außenminister Câmpineanu begründete das rumänische Vorgehen in einer vertraulichen Note v. 19./31.1.1879, in der er u. a. ausführte: „Il est d'une importance capitale que la délimitation devienne définitive avant la Constitution avant l'organisation de la nouvelle Bulgarie, qui, selont le traité de Berlin, est imminente. Nous ne devons pas nous trouver en conflit avec la partie directement intéressée, le jour où elle vivra de la vie autonome. Il ne foudrait pas que par imprudence ou par indifférence on semât maintenant les germes de dissidences futures.“ Politica externă a României. Dicţionar cronologic, S. 137f.

Die Besetzung des Festungshügels führte zu einem bedrohlichen Konflikt mit Russland mit der Gefahr eines militärischen Zusammenstoßes. Die übrigen Mächte brachten zwar ein gewisses Verständnis für das rumänische Vorgehen auf, charakterisierten es aber als übereilt und provokatorisch. Ohne Unterstützung durch die Westmächte musste sich die Regierung am 6./18. Februar 1879 zur Räumung des Hügels entschließen und die Regelung der Frage einer Botschafterkonferenz in Istanbul überlassen.[135]
Die Frage zog sich noch über ein Jahr hin, wurde neuen Kommissionen übertragen, ohne dass man zu einer Einigung gelangte. Dabei geriet auch Arab Tabia zu einem Druckmittel Deutschlands in der Eisenbahnfrage und führte innenpolitisch zu einer schweren Regierungskrise, als Brătianu auf Meldungen hin, dass Arab Tabia für Rumänien verloren sei, im November 1879 zurücktrat.[136] Es sollte bis zum Juni 1880 dauern, ehe mit einem Kompromiss der endgültige Grenzverlauf beschlossen wurde, über den es bereits mit Bulgarien zu Konflikten gekommen war.[137] Arab Tabia verblieb bei Rumänien, der Stadt Silistria wurde aber ein größeres Umland zugesprochen, wodurch Rumänien im Vergleich zur ersten Entscheidung vom Dezember 1878 fast fünf Quadratkilometer verlor. Die Regierung sah sich damit auch der Verpflichtung enthoben, bei Silistria eine Brücke zu bauen, was ihr bei deren strategischer Verwundbarkeit nicht ungelegen kam.[138]
Den Schlusspunkt setzte die Bestätigung der Grenze durch die osmanische Regierung als Suzerän Bulgariens mit ihrer Note vom 25. Juli/6. August 1881, doch oblag es noch einer rumänisch-bulgarischen Grenzkommission, Einzelheiten des Grenzverlaufs während der Jahre 1884-1886 festzulegen.[139]
Der Konflikt um Arab Tabia wurde zu einem Schlüsselerlebnis für ein Land, das gerade seine Unabhängigkeit erlangt hatte, sich aber noch in einem Übergangsstadium zwischen Nichtanerkennung und voller Souveränität befand. An den Verhandlungen selbst konnten rumänische Vertreter zwar teilnehmen und ihren Standpunkt darlegen, besaßen aber kein Stimmrecht. Der Kompromiss der Großmächte blieb in rumänischen Augen eine Niederlage. Als sich eine Gelegenheit wie die Balkankriege von 1912/13 bot, versuchte man eine Änderung durchzusetzen, wobei man sich nach dem zweiten Balkankrieg jedoch nicht mehr mit Silistria zufrieden gab,[140] sondern den ganzen südlichen Teil, den sog. Cadrilater, forderte, der durch den Frieden von Bukarest am 10. August 1913 an Ru-

135 Aus dem Leben König Karls, 4, S. 162ff., 170f. Arh. Stat. Fond Regele Carol I, III/29, f. 133. Russische Truppen wurden in Silistria zusammengezogen und dem rumänischen General Anghelescu am 5./17. Februar 1879 ein Ultimatum gestellt.

136 P.A. Rumänien 1, Bd. 3, Rotenhan v. 4.11.1879 (Nr. 88, Vertraulich). Aus dem Leben König Karls, 4, S. 263ff.

137 Ibd., S. 313, 326.

138 Ibd., S. 328f., 332.

139 Politica externă a României. Dicţionar cronologic, S. 138. Kellogg, The Road to Romanian Independence, S. 204.

140 So noch in dem Memorandum v. 15./28. Februar 1913 und im Protokoll von St. Petersburg v. 26.4./9.5.1913. Lindenberg, König Karl von Rumänien, II, S. 148f., 150ff. Politica externă a României, S. 155. Anderson, The Eastern Question, S. 297f. Vgl. auch Netzhammer, R., Bischof in Rumänien. Bd. I, München 1995, S. 467.

mänien fiel. Bis zum Pariser Frieden 1947 blieb die südliche Dobrudscha ein Zankapfel zwischen Bulgarien und Rumänien.

Der Grenzdisput hatte vor allem das grundsätzliche Problem einer Standortbestimmung eines unabhängigen Staates und der Definierung seiner außenpolitischen Interessen offenbart. Mit dem Ende der türkischen Oberhoheit ging auch die Kollektivgarantie verloren, unter der Rumänien einen Aktionsspielraum gewonnen hatte, dessen Grenzen aufgrund der unterschiedlichen Interessenlage der Mächten kontinuierlich erweitert werden konnten. Das hatte eine Politik der vollendeten Tatsachen ermöglicht, für die jetzt aber die Voraussetzungen entfielen. Auf sich allein gestellt, musste Rumänien von nun an in eigener Verantwortung seine sicherheitspolitischen Interessen wahrnehmen. Der Konflikt um Arab Tabia hatte zum einen die Gefährdung Rumäniens durch Russland aufgezeigt, das in Bulgarien eine Dependence aufzubauen versuchte, zum zweiten die Gefahr einer Isolierung Rumäniens heraufbeschworen. Die Lage zwischen einem „großen und kleinen Rußland“[141] führte fast zwangsläufig zu der Konzeption, eine Barriere gegen den Panslawismus zu bilden, eine Auffassung, die schon immer zum politischen Ideenrepertoire gehört hatte, jetzt aber politische Aktualität gewann.[142] Das Verhältnis zu Russland, mit dem man zusätzlich über die Grenzziehung in Bessarabien stritt, war durch die Nachkriegsereignisse nachhaltig derart belastet worden, dass auf absehbare Zeit eine Annäherung keine politische Alternative darstellte.

Die Lage zwischen zwei großen Nachbarreichen erforderte nach den Worten Bismarcks, „wenigstens Einen zum sicheren Bundesgenossen zu haben“.[143] Dass die Entscheidung zugunsten Österreich-Ungarns ausfiel, lag in der Konsequenz der russischen Politik seit San Stefano. Wenn auch die rumänische Außenpolitik in den nächsten Jahren zunächst eine Festlegung zwischen den beiden Nachbarmächten vermied[144] und das Verhältnis

[141] Aus dem Leben König Karls, 4, S. 301, 315f.

[142] Diese Interessengleichheit zwischen Rumänien und Österreich-Ungarn hob Andrassy hervor, als er an Carol schrieb, dass Rumänien in seinem nationalen wie auch im europäischen Interesse den „gleichen Beruf wie Österreich-Ungarn“ habe, nämlich eine „wirksame Barriere zu bilden gegen die Slawisierung eines Theils von Europa und speziell des Orientes.“ Ibd., S. 317f.

[143] Ibd., S. 325: „Die Schwierigkeiten der historisch gegebenen Situation ist die, daß jenseits der Donau die nationalen Anknüpfungspunkte für eine Verstärkung Rumäniens fehlen, und auf der anderen Seite die stammverwandten Bevölkerungen den beiden großen Nachbarstaaten angehören, mit welchen in Frieden zu leben für die Konsolidierung der Zustände ein Bedürfnis ist, und von welchen wenigstens Einen zum sicheren Bundesgenossen zu haben, immer das Ziel rumänischer Politik bleiben wird.“

[144] Diese „Schaukelpolitik“, sowohl von Diplomaten wie von nichtrumänischen Historikern immer wieder als moralisch anrüchig, unaufrichtig oder eigenwillig kritisiert, wurde vielfach überbewertet und von den rumänischen Möglichkeiten her überschätzt: z. B. Bindreiter, Die diplomatischen und wirtschaftlichen Beziehungen, ab S. 209 passim. Dieses Urteil schimmert auch in dem Artikel von E. R. v. Rutkovski, Österreich-Ungarn und Rumänien 1880-1883, die Proklamierung des Königreiches und die rumänische Irredenta, in: Südost-Forschungen, 25, 1966, S. 150ff., durch, wo den irredentistischen Äußerungen zu viel Wert beigemessen wurde. Eine Politik der Neutralität, wie sie 1880 auch in der Presse diskutiert und von vielen für wün-

zu Österreich-Ungarn durch Importsperren für rumänisches Vieh, die Donaufrage und provokante irredentische Äußerungen aufs Schwerste belastet wurde, stand eine Annäherung an Russland nie wirklich zur Debatte. Dabei spielte auch immer wieder eine innenpolitische Komponente eine Rolle, denn Russlands Einfluss auf einige moldauische oppositionelle Großbojaren und die Ausnutzbarkeit der Unzufriedenheit in der Moldau stellten in den Augen der Regierung eine potenzielle Gefahr für die innere Stabilität dar.[145] Österreich-Ungarn, dessen strategisch-politisches Gewicht sich durch das Bündnis mit Deutschland im September 1879 verstärkt hatte, blieb die einzige außenpolitische Alternative für die rumänische Politik, die schließlich in die Dreibundverträge vom 30. Oktober 1883 mündete. Dieses Bündnis stellte daher keinen grundlegenden Bruch in der rumänischen Außenpolitik dar,[146] sondern den folgerichtigen Abschluss einer Suche nach Orientierung und Standortbestimmung als unabhängiger Staat, der die Westausrichtung auch weiterhin zur Grundlage seiner Politik machte.

6. Der Fürst und die Anerkennungskrise

Die veröffentlichten Memoiren wie auch die Tagebuchaufzeichnungen des Fürsten über den Zeitraum der Anerkennungskrise hinterlassen den Eindruck eines fast übermenschlichen Ringens um die Erfüllung der Berliner Vertragsbedingungen, das von ständigen Enttäuschungen und Rückschlägen begleitet war und den Fürsten sogar eine Abdankung in Erwägung ziehen ließ. Auch er empfand eine tiefe Frustration über den Vertrag und sah in ihm eine Ungerechtigkeit angesichts der militärischen Leistung im Krieg, besonders da er die Unabhängigkeit an Bedingungen wie die Rückgabe Bessarabiens knüpfte.[147] Carol vermied konsequent jeden Anschein, der als eine Billigung des Vertrags hätte gedeutet werden können. So erschien er nicht persönlich zur Eröffnung der Parlamentssitzung am 15./27. September 1878, sondern ließ die Thronrede durch Außenminister Kogălniceanu verlesen.[148] Person und Amt sollten unter keinen Umständen mit dem

schenswert gehalten worden war, wurde von den maßgebenden Politikern als unrealistisch erkannt. Arh. Stat. CR 20/1880, S. 62f. (Hoyos v. 10.3.1880 über ein Gespräch mit Brătianu, Nr. 30C); 25.2.1880 (Nr. 24 B). Ibd., S. 24f.; 17.3.1880 über eine Unterredung mit Boerescu. Ibd., S. 85f.; 24.3.1880 (Nr. 35 A-E. Geheim). Ibd., S. 96f. Brătianu sprach sich für einen Anschluss an Österreich-Ungarn und Deutschland im Falle eines Krieges aus. Vgl. auch den Bericht von Hoyos v. 4.4.1880 (Nr. 39 A-B) über die Resultate der Reise Brătianus nach Berlin und Wien im März 1880: CR 29/1880, S. 1ff.

145 Arh. Stat. CR 20/1880, S. 65ff. (Schlick v. 28.2.1880 an Hoyos); ibd. CR 29/1880, S. 105f. (Hoyos v. 25.7.1880, Nr. 80). Nach Bosizio gab es in der rumänischen Politik nur eine russische und eine antirussische Partei: Bosizio v. 4.8.1880: Ibd., S. 121f.

146 So Bindreiter, Die diplomatischen und wirtschaftlichen Beziehungen, S. 238. Eher ist Sumner, Russia and the Balkans, S. 570, zuzustimmen, der es verwunderlich nennt, dass sich Rumänien erst so spät mit Wien einigte, was an den genannten Differenzen lag.

147 Aus dem Leben König Karls, 4, S. 88.

148 Ibd., S. 89, 107. Bei Abwesenheit Brătianus stammte die Thronrede hauptsächlich aus der Feder Kogălniceanus. Arh. Stat. Fond Regele Carol I, III/29, f. 124.

Verlust eines Landesteils in Verbindung gebracht werden, um die fürstliche Legitimität nicht zu beschädigen. Das Heraushalten seiner Institution aus den negativen Folgeerscheinungen des Berliner Vertrags bildete ein zentrales Anliegen der Politik Carols und bestimmte auch seine Haltung gegenüber der Verfassungsrevision. Er ließ von Anfang an keinen Zweifel daran aufkommen, dass er sich in der Judenfrage in Übereinstimmung mit dem Land befand und jede Entscheidung respektieren würde. So gab er in der Thronrede am 15./27. September 1878 ein feierliches Versprechen ab:

„Was Mich betrifft, Meine Herren Senatoren und Abgeordneten, so erkläre Ich Ihnen: Gutes und Böses, das dieses Land berührt, das Meines ist, berührt auch Mich! Seine Freude ist Meine Freude, seine Schmerzen sind Meine Schmerzen! Wie immer Ihre Entscheidung sein wird, diese wird Meine Entscheidung sein!“[149]

Auch für Carol stand die Unmöglichkeit einer allgemeinen Judenemanzipation fest, denn „eine solche Maßregel könnte in der Moldau eine Revolution zur Folge haben, die lieber russisch werden möchte, als durch 400 000 rumänische Israeliten sich erdrücken zu lassen“.[150] Seine Auffassung, sowohl hinsichtlich der übertriebenen Zahl als auch der Befürchtung vor einem Zerfall des Staates, unterschied sich somit nicht grundsätzlich von der der Allgemeinheit. Auch nach Carol konnte eine Judenemanzipation nur auf dem Wege einer Ausländereinbürgerung erfolgen,[151] nur sollten deren Bedingungen den Forderungen der Westmächte entgegenkommen. Über das Konfliktpotenzial der Judenfrage war sich Carol voll bewusst. Er sah voraus, dass die Revision zu innenpolitischen Kämpfen führen würde, die „unvergleichlich ernster“ als die Schlachten vor Plewna und Vidin einzustufen seien.[152] An anderer Stelle bezeichnete er die Verfassungsänderung als die „Vornahme einer sozialen Revolution auf friedlichem Wege“[153], was ebenfalls auf die Schwierigkeiten einer Akzeptanz dieser geforderten Regelung abhob.

Standen für Carol die innenpolitischen Konflikte im Vordergrund, so brachte ihm sein Vater den Ernst der außenpolitischen Lage zu Bewusstsein, als er auf die Konsequenzen einer Nichterfüllung des Berliner Vertrags für den rumänischen Thron hinwies und für einen solchen Fall einen Thronverzicht in Betracht zog, da es mit der Würde des Fürsten unvereinbar sei, an der Spitze eines Landes zu stehen, „welches sich selber einer Exekutionspression aussetzt.“[154] Die politische Aufgabe, vor der Carol stand, glich einer Gratwanderung, denn er musste sich einerseits jeder Einmischung in die Judenfrage enthalten, um nicht mit einer Lösung identifiziert und damit in die innenpolitischen Konflikte hi-

[149] Regele Carol I al României, II, S. 240.

[150] Arh. Stat. Fond Regele Carol I, V D 1901, Brief an seinen Vater vom 23.7./4.8.1878. Diese Passage fehlt in den veröffentlichten Aufzeichnungen. Aus dem Leben König Karls, 4, S. 89.

[151] Ibd., S. 89.

[152] Ibd., S. 88.

[153] Ibd., S. 188.

[154] Ibd., S. 194. Weiter schrieb Karl Anton: „Ich sehe die ganze Sachlage *sehr ernst* an und glaube, daß in den 13 Jahren, in denen Du so manchen Sturm hast erleben müssen, keine solche entscheidungsvolle Frage an Dich herangetreten ist, wie die, deren Lösung die Mächte mit allen erdenklichen Maßregeln, am Ende mit Gewalt durchsetzen werden.“ (Hervorhebung im Text).

neingezogen zu werden, andererseits aber seinen ganzen Einfluss aufbieten und auf die Politiker einwirken, um eine Regelung zustande zu bringen und den drohenden außenpolitischen Druck abzuwenden. Zugespitzt formuliert, stand der Thron gleichermaßen auf dem Spiel, wenn Carol sich gegen den gesellschaftlichen Widerstand für eine liberale Lösung engagieren oder wenn das Scheitern einer Regelung das Land zu einem Interventionsobjekt ausländischer Interessen machen würde. Angesichts dieses Dilemmas ergingen dann auch der Rat und der Wunsch des Vaters an den Sohn: „Nimm Dein ganzes Wissen und Können zusammen, um diese Frage siegreich durchzuführen [...].“[155]

Ein wichtiger Aspekt der Politik des Fürsten während der Krise bestand darin, auf die Regierung, insbesondere auf Ion C. Brătianu einzuwirken, um sie zu bewegen, in der Judenfrage die Initiative zu übernehmen und mit konkreten Vorschlägen vor das Parlament zu treten. Genau in diesem Punkt aber herrschte zwischen Fürst und Ministerpräsident ein grundlegender Dissens. Brătianu lehnte wegen der Unpopularität der Judenemanzipation und wohl auch wegen des eigenen Widerstands eine gouvernamentale Initiativrolle ab und überließ dem Parlament die Priorität bei der Verfassungsrevision.[156] Carol kämpfte immer wieder gegen die Entscheidungsscheu des Ministeriums an, kritisierte seine Zaghaftigkeit, erinnerte an die große politische Verantwortung. Als Entscheidungshilfe und um die Minister zu Reaktionen zu bewegen, brachte er selbst im Ministerrat konkrete Lösungsvorschläge zur Eingliederung der Juden ein, ohne jedoch auf einer Durchsetzung zu bestehen.[157] Im Gegensatz zu Brătianu war er der Überzeugung, dass nur ein entschiedenes Auftreten der Regierung die in ihrem Urteil noch schwankenden Parlamentarier positiv beeinflussen könne. Alle seine Bemühungen scheiterten jedoch an der Weigerung Brătianus, Stellung zu beziehen.

Trotz aller Kritik an Brătianu blieb dieser für den Fürsten ein unverzichtbarer Faktor zur Beherrschbarkeit der Krise, da nur er und die Liberalen als „Volkspartei“ die Kraft zur Durchsetzung einer so unpopulären Regelung besäßen.[158] So hielt er an seinem Ministerpräsidenten fest, unterstützte ihn und suchte dessen Stellung zu stärken.[159] Ein gutes

155 Ibd., S. 194.

156 Ibd., S. 160, 200, 205f.

157 Ibd., S. 210. Arh. Stat. Fond Regele Carol I, III/29. Besonders während der Monate Januar/Februar und Juni/Juli 1879 häuften sich die kritischen Einträge: Am 13./25.2.1879: „Nichts geht voran. Brătianu fehlt die Energie.“ (f. 14), oder „Brătianu entmutigt (5./17. Juni 1879); „Brătianu unentschlossen“ (25.6./7.7.1879) etc. Eine Standardformulierung war das immer wiederkehrende „Lage enorm ernst“ bzw. „Schwierigkeiten enorm groß“.

158 Aus dem Leben König Karls, 4, S. 89: „für große Reformen und für die Lösung unpopulärer Fragen muß man eben die Volkspartei wählen!“

159 Dementsprechend groß fiel seine Bestürzung aus, als Brătianu am 4./16. Juli 1878 durch einen Sturz aus dem Wagen schwer verletzt wurde. Sein Besuch bei dem Unfallopfer und seine Anordnung, Brătianu ins Sommerpalais Cotroceni zu verlegen, um ihm die bestmöglichen Genesungsbedingungen zu verschaffen, offenbarten, welche zentrale Bedeutung I. C. Brătianu für Carol besaß. Aus dem Leben König Karls, 4, S. 83f. Noch größer klang seine Besorgnis aus den Tagebuchnotizen heraus: „Ich kann die ganze Nacht nicht schlafen, denn sein Tod wäre in diesem Augenblick ein unersetzlicher Verlust.“ Arh. Stat. Fond Regele Carol I, III/

Beispiel bieten dafür die beiden Regierungsumbildungen während der Krise. Carol ging zunächst davon aus, dass Brătianu bei der ersten Regierungsumbildung im Dezember 1878 durch die Aufnahme von Vertretern der radikalen Gegner einer Judenemanzipation wie den Fraktionisten und der Gruppe um Vernescu einen Kompromiss bei der Verfassungsänderung würde durchsetzen können, indem er sie in eine Regierungsdisziplin einband. Daher ließ ihm der Fürst freie Hand und akzeptierte jeden Vorschlag von Brătianu, obwohl er mit dessen Personalvorschlägen nicht übereinstimmte und z. B. die Entlassung von Kogălniceanu für politisch unklug hielt.[160]

Anders verhielt es sich mit der zweiten Kabinettsumbildung im Juli 1879 nach der Annahme des restriktiven Revisionsentwurfes durch die Kammer am 4./16. Juli 1879. Das Scheitern der Regierung Brătianu hatte sich bereits seit längerem abgezeichnet, da die Moldauer Hardliner zu keinen Zugeständnissen bereit waren und das Ministerium zu gespalten war, um sich in der Kammer durchsetzen zu können.[161] So lief auch die Stellung der Vertrauensfrage als letztes Druckmittel ins Leere und änderte nichts an der Niederlage der Regierung, die am selben Tag ihren Rücktritt einreichte. In dieser gespannten innenpolitischen Lage, die sich noch zusätzlich durch die Drohung einer direkten diplomatischen Intervention durch die Großmächte zuspitzte,[162] übertrug Brătianu dem Fürsten indirekt die Aufgabe, die Regierungskrise zu überwinden. Es ging darum, überhaupt ein Ministerium zustande zu bringen, das den Willen für die Durchsetzung der Verfassungsänderung aufbrachte. Carol übernahm nicht die direkte Regierungsbildung, sondern suchte eine Konsens- und Kooperationsbereitschaft unter gemäßigten Politikern herzustellen, um die nötige Mehrheit für eine Lösung der Judenfrage zu erreichen. So verhandelte er mit vielen Politikern verschiedener Parteizugehörigkeit, angefangen mit den Präsidenten der beiden Kammern, C. A. Rosetti und C. Bosianu.[163] Dabei zeichnete sich eine Zustimmung über ein Koalitionskabinett unter Politikern liberaler und gemäßigt konservativer Couleur mit gleichzeitiger Vertagung des Parlaments ab, obwohl Carol letzteres unbedingt hatte vermeiden wollen. Ihm gelang es aber, eine Akzeptanz für eine Regierungskoalition von Liberalen und gemäßigten Konservativen zu erreichen, wofür er

29, f. 119 (4./17. Juli 1878). Sabina Cantacuzino, die Tochter Brătianus, sah in diesem Unfall einen ersten Attentatsversuch Russlands auf ihren Vater, wofür es keine Anzeichen gab, was aber im Hause Brătianu dahingehend interpretiert wurde. Cantacuzino, Din viața familiei I. C. Brătianu, S. 215f. Die Kutscher in Bukarest waren überwiegend russischer Abstammung.

160 Arh. Stat. Fond Regele Carol I, III/29, f. 128. Am 23.11./5.12.1878 kommentierte Carol die Vorschläge von Brătianu: „ich sage ihm daß ich jede Combination annehme."

161 Carol beklagte immer wieder die Energie- und Entscheidungslosigkeit des Kabinetts. Aus dem Leben König Karls, 4, S. 210.

162 Vgl. dazu den aufschlussreichen Bericht v. 4. Juli 1879 von Hoyos über eine Unterredung mit Brătianu am 4. Juli 1879 hinsichtlich der außenpolitischen Konsequenzen einer Nichtregelung der Judenfrage. In: Welter, Die Judenpolitik, S. 282ff. Arh. Stat. Fond Regele Carol I, III/29 f. 141 (28.6./10.7.1879): „Nachmittags Depeschen eingegangen, wonach sich die Großmächte einigen werden wegen einer sommation, Oestereich will vorher freundschaftlich interveniren. – Bismarck soll wüthend sein u. will bis zum Aeußersten gehen."

163 Arh. Stat. Fond Regele Carol I, III/29, f. 142 (5./17. Juli 1879).

sich schon früher eingesetzt hatte. Brătianu stimmte der Aufnahme von V. Boerescu und N. Creţulescu, beide frühere Minister im Kabinett L. Catargiu und Gegner Brătianus, und dem Wiedereintritt von Kogălniceanu zu, während diese wiederum die Präsidentschaft Brătianus akzeptierten und Carol selbst in die Vertagung des Parlaments einwilligte.[164] Der Fürst ermöglichte durch sein Einwirken auf eine allseitige Kompromissbereitschaft das Zustandekommen einer Regierung, deren einzige Aufgaben in der Durchsetzung der Verfassungsrevision und der anschließenden Regelung der Eisenbahnfrage bestanden.[165] Carol sah in diesem Kabinett die letzte Möglichkeit, die Verfassungsänderung durchzusetzen. Dementsprechend unternahm er alles, um den Zusammenhalt der Regierung zu gewährleisten. Als Kogălniceanu, der angesichts des Protestes in der Moldau in seiner Unterstützung des Regierungsprojektes schwankend wurde und gleichzeitig die knappe Abstimmungssituation als Druckmittel einsetzte, vom Fürsten 15000 Francs für geheime Fonds verlangte,[166] ging der Fürst auf dessen Forderung ein,[167] um eine Zweidrittelmehrheit nicht zu gefährden. Gleichzeitig suchte er durch seine Präsenz bei den Kabinettssitzungen den Entscheidungsprozess zu beschleunigen und durch Unterredungen positiv zu beeinflussen: „ich hatte fast täglich Ministerrat, wobei es manchmal stürmisch herging, Besprechungen mit politischen Männern, mit dem Metropoliten der Moldau [...]; ich suchte durch alle Mittel den Leuten die Ueberzeugung beizubringen, daß endlich einmal die schwebenden Fragen zur Entscheidung gebracht werden müßten."[168] Trotz der kaum vorhandenen Unterschiede zwischen Regierung und Parlament glich es einem Kraftakt, überhaupt eine Entscheidung über die Verfassungsreform durchzubringen, was nur nach nochmaligen Zugeständnissen der Regierung an die moldauisch-liberale und konservative Opposition gelang.[169] Einen Tag nach der Senatsabstimmung promulgierte der Fürst am 12./24. Oktober 1879 die Verfassungsrevision und lobte in

164 Ibd. V D 1919, Brief an den Vater v. 14./26.7.1879. Aus dem Leben König Karls, 4, S. 226f. Stan, Ion C. Brătianu, S. 373. Über die Bedeutung dieser Regierungskoalition und die Parteienkonstellation: Xenopol, Nicolae Kretzulescu, S. 130; Bacalbaşa, Bucureştii de altă dată, I, S. 272. Boerescu hatte sich bereits bei früheren Entscheidungen den Liberalen angenähert: Aus dem Leben König Karls, 4, S. 108, 111.

165 Nach dem Ende der Anerkennungskrise schieden die meisten nichtgouvernamentalen liberalen Mitglieder wieder aus, so Creţulescu und Kogălniceanu, die zu Gesandten in Rom und Paris ernannt wurden, während D. A. Sturdza Mitglied der Kommission zur Durchführung des Eisenbahnabkommens wurde. Aus dem Leben König Karls, 4, S. 290, 297, 315.

166 Arh. Stat. Fond Regele Carol I, III/29, f. 146 (16./28.9.1879). Die geheimen Fonds unterlagen nicht der Kontrolle des Parlaments und konnten von einem Minister nach Belieben ausgegeben werden. Das Verhalten Kogălniceanus stieß auf scharfe Kritik Carols. Ibd. V D 1922, Brief an den Vater v. 16./28.9.1879. Aus dem Leben König Karls, 4, S. 251.

167 Arh. Stat. Fond Regele Carol I, III/29, f. 147 (26.9./8.10.1879): „Bratiano bei mir, er zweifelt an 2/3 wegen Kogalicéno. ich muß ihm 15.000 frcs als fond secret vorstrecken, mit K. kann man nichts machen ohne Geld." Kogălniceanu war berüchtigt wegen seiner ständigen Geldsorgen und galt als bestechlich, war aber dennoch einflussreich genug, um unabhängig zu agieren.

168 Aus dem Leben König Karls, 4, S. 250.

169 Siehe oben, S. 523f.

seiner Botschaft, mit der die Revisionskammern geschlossen wurden und gleichzeitig das Parlament zu einer außergewöhnlichen Sitzungsperiode einberufen wurde, die Arbeit der Parlamentarier, die sich durch die „Lösung einer der heikelsten Fragen, die Rumänien beschäftigt haben, unauslöschliche Rechte auf die Anerkennung des Landes“ erworben hätten.[170] Carol selbst charakterisierte die Lösung als unvollständig, aber als „die einzige, die möglich war, und hat den großen Wert, einstimmig votiert und vom ganzen Lande mit Freude begrüßt zu werden.“[171] In einer Konfliktsituation zwischen innen- und außenpolitischen Zwängen akzeptierte er die parlamentarische Entscheidung als das einzig durchsetzbare Ergebnis, ohne die inhaltlichen Defizite weiter zu kommentieren.
Was sich in dieser Krise deutlich abzeichnete, waren die beschränkten Einflussmöglichkeiten des Fürsten auf das Verhalten von Regierung und Parlament im Sinne einer konkreten Entscheidungsfindung. Weder besaß er eine Regierungsalternative, da auch die Opposition keinen Ausweg bot, noch die Machtmittel, eine Regelung in der von den Westmächten geforderten Weise durchzusetzen. Angesichts des gesamtgesellschaftlichen Widerstands gegen eine Judenemanzipation stand der Fürst in letzter Konsequenz nur vor der Alternative, einen Staatsstreich zu versuchen oder abzudanken, was in beiden Fällen das Ende der Dynastie bedeutet hätte.[172] Zu einer solchen Zuspitzung der Krise durfte es Carol unter keinen Umständen kommen lassen. Seine Krisenbewältigungsstrategie zielte daher auf eine indirekte Einflussnahme ab, um die Rahmenbedingungen für eine Lösung zu verbessern und so zu gestalten, dass sie überhaupt zustande kommen konnte und dass Möglichkeiten offen gehalten wurden. So diente z. B. die Verleihung der Medaille „Den

[170] Regele Carol I al României. Cuvântări şi scrisori, II, S. 337f. Die Botschaft war angesichts des Verhaltens des Parlaments eine einzige Beschönigung. Sie stellte auf die lobenswerte Einigkeit der Parlamentarier ab, die jedes Parteiinteresse zugunsten der Interessen des Landes hintan gestellt hätten.

[171] Aus dem Leben König Karls, 4, S. 267. An anderer Stelle kommentierte er sie dahingehend, dass sie „weniger als das minimum enthält, was Europa erwartet.“ Arh. Stat. Fond Regele Carol I, V D 1922, Brief an den Vater v. 16./28.9.1879.

[172] Carol schien manchmal den Verdacht zu hegen, dass genau dieses das eigentliche Ziel der Politik Bismarcks sei. Arh. Stat. Fond Regele Carol I, III/27, f. 135: „Seine Haltung (d.h. Bismarcks, E. B.-I.) gegen Rumänien wird immer feindlicher, ich bin ihm hier im Wege.“ (19./31.3.1879). In eine ähnliche Richtung geht seine Bemerkung in dem Brief an seinen Vater vom 20.6./2.7.1879: „wenn Bismarck die Mittel dazu zu Gebote stünden und er sich mit den anderen Mächten einigen könnte, so wäre kein Zweifel mehr erlaubt, er würde mit dem ihm so verhaßten Rumänien rasch aufräumen. Die Politik liegt aber der Art, daß er keinen coup wie in Egypten machen kann.“ Fond Regele Carol I, V D 1917. Diese Passage fehlt in den veröffentlichten Memoiren: Aus dem Leben König Karls, 4, S. 210f. Nach Carols Aussage intrigierte auch Alvensleben, der frühere Vertreter Deutschlands, der sich zur Erkundung der Lage einige Tage im April zu Besuch in Bukarest aufhielt, mit dem Ziel, die Liberalen zu stürzen und einer konservativen Regierung zur Macht zu verhelfen: „Er hofft dadurch das Ministerium zu stürzen und eine andere Partei an's Ruder zu bringen, die den Anforderungen von Berlin und St. Petersburg mehr entsprechen würde.“ Arh. Stat. Fond Regele Carol I, V D 1915, Brief v. 3./15.4.1879 an den Vater. Dieser Teil fehlt in den veröffentlichten Memoiren: Aus dem Leben König Karls, 4, S. 188f.

Verteidigern der Unabhängigkeit" an alle Abgeordneten und Senatoren am Ende der Parlamentssession Anfang April 1879 der Schaffung eines günstigen Umfeldes für eine Verfassungsänderung.[173] Auch mit seiner einwöchigen Reise in die Moldau Ende April/Anfang Mai 1879 wollte der Fürst einen mäßigenden Einfluss auf die dortige antijüdische Agitation ausüben und die Regierung bei den bevorstehenden Wahlen unterstützen.[174] Eine zunehmend wichtigere Rolle spielte aber der moralische Druck des Fürsten, den er aufgrund seiner eigenen moralischen und politischen Autorität ausüben konnte. Er wurde zu einer Instanz, die die Politiker in die Pflicht nahm und sie ständig an ihre Verantwortung für die Folgen eines Scheiterns erinnerte. Um seine Unabhängigkeit zu wahren und nicht mit dem Berliner Vertrag identifiziert zu werden, enthielt er sich jeder Einmischung in eine konkrete Regelung, gab aber die Lösungstopographie vor, nämlich eine Lösung, „die vor allem die ökonomischen Interessen des Landes wahrte und den Großmächten die Möglichkeit verschaffte, sich zufrieden zu erklären".[175] Er beließ den Politikern den politischen Spielraum und die Entscheidungsfreiheit und entließ sie gerade dadurch nicht aus der Verantwortung. Welchen Lernprozess er im Vergleich zu 1871 durchgemacht hatte, als er eine Lösung der Krise nur durch die Beseitigung der Verfassung für möglich hielt, zeigte nun sein Bekenntnis zu dieser Verfassung: „Ich habe nur einen einzigen Weg, der mich zum Ziele führen kann, und der ist durch die Verfassung vorgeschrieben. Diese streng zu beachten, ist mein Streben, und darin liegt die kolossale Schwierigkeit, mit der ich zu kämpfen habe! – Der Sieg wird umso verdienstvoller, das Resultat ein bleibendes sein."[176] Wie Carol jetzt erkannte, lag seine Stärke genau in dem Punkt seiner vermeintlichen Ohnmacht: nicht die direkte Entscheidungsgewalt verhalf ihm zur Macht, sondern seine Neutralität im Entscheidungsprozess durch die Verlagerung der Verantwortung und seine Art des Krisenmanagements durch informelle Methoden der Beeinflussung, Verringerung von Polarisierungen, Abbau von Aggressionspotenzial zwischen politischen Gruppen und Politikern stellten das politische Kapital dar, das es ihm erlaubte, den Entscheidungsprozess bis zu einem gewissen Grad zu rationalisieren. Hier lag auch der fundamentale Unterschied in der Institution des Fürsten zwischen seinen Vorgängern und Carol. Dieser hatte erkannt, dass Staatsstreiche keine Lösung mehr darstellten, da sie dauerhafte und akzeptierbare Regelungen verhinderten und nur zu erneuter Gewalt führten.[177]

173 Regele Carol I al României, II, S. 286f. (Brief an den Ministerpräsidenten vom 24.3./5.4.1879). Die Begründung für die Verleihung der Auszeichnung, dass nämlich die Kammern in den großen Fragen des Vaterlandes jeden Meinungsunterschied vergessen und die Regierung unterstützt hätten, um den Kampf siegreich zu beenden, bildete einen deutlichen Hinweis auf die aktuelle Situation und auf das erhoffte Wohlverhalten der Volksvertreter in der Revisionsfrage.

174 Aus dem Leben König Karls, 4, S. 190, 196ff. Carol empfing am 19.4./1.5.1879 auch eine jüdische Delegation und empfahl ihr Mäßigung bei ihren Forderungen.

175 Ibd., S. 226.

176 Ibd., S. 225.

177 Ibd., S. 213: „Mit Gewaltmitteln, durch einen Staatssreich, läßt sich das Schwierigste durchsetzen; aber solche Reformen schlagen dann keine Wurzel und können nur mit neuer Gewalt aufrechterhalten werden!"

Auch im Umgang mit entschiedenen Gegnern einer Judenemanzipation bewies er seine Souveränität. Er grenzte sie nicht aus, selbst als sie sich jeder Argumentation oder seinen Appellen zur Mäßigung unzugänglich zeigten wie z. B. der Metropolit von Iaşi, der Dichter Vasile Alecsandri oder Politiker wie Mavrogheni, Vernescu, Mîrzescu etc.[178] Dasselbe galt für konservative Oppositionspolitiker, denen der Zugang zum Fürsten offen blieb.[179] Wenn auch seine Überzeugungskraft in diesen Fällen versagte, konnte Carol bis zu einem gewissen Grad verhindern, dass sie mit ihrem Fanatismus noch größeren Schaden anrichteten. Da er eine Opposition nicht mehr persönlich nahm, verstand er es, Ansprechpartner zu bleiben und konnte somit eine kommunikative Entlastungsfunktion übernehmen.[180]

Eine ähnlich gelagerte innere Unabhängigkeit des Fürsten ließ sich auch im Verhältnis zu Brătianu beobachten. Obwohl er diesen für die entscheidende Persönlichkeit hielt und ihm auch verbunden blieb, identifizierte Carol sich nicht mehr mit Person und Politik Brătianus wie in den Anfangsjahren. Mit einer gewissen Leidenschaftslosigkeit beschrieb er seinen Lernprozess im Umgang mit den rumänischen Politikern: „ich habe, was meine Person anbetrifft, nicht mehr und nicht weniger Vertrauen in diese oder jene Partei, die Erfahrung hat mir gelehrt, daß diejenige die sich am Ruder befindet, so viel als möglich sucht ihre grenzenlose !? Ergebung für mich herauszustreichen, während die, welche der Macht beraubt ist, sofort eine feindliche Stellung einnimmt und vor nichts zurückscheut, um wieder die Zügel der Regierung ergreifen zu können. Verrath, Conspiration, Drohungen und noch viel schlimmere Dinge erscheinen dabei als ganz erlaubte Mittel."[181] Carol widersetzte sich auch dem Drängen Brătianus, seine konservative Hofumgebung zu entlassen und fuhr fort, ebenfalls für konservative Politiker ein Ansprechpartner zu

178 Ibd., S. 250. Carol bezeichnete den Metropoliten in diesem Brief an seinen Vater (16./28.9. 1879) als „Fanatiker". Arh. Stat. Fond Regele Carol I, V D 1922 (dieser Ausdruck fehlt in den veröffentlichten Memoiren). In diesem Fall zeigte sich auch die Erfolglosigkeit Carols, denn er hatte bereits im April 1879 eine Auseinandersetzung mit dem Metropoliten gehabt, über die er dem Vater berichtete (3./15. April 1879): „Den Metropoliten von Jassy habe ich zwei Stunden vorgenommen, ihn beschwörend Frieden und Eintracht zu predigen und sich toleranter als alle zu zeigen. Als er mir entgegnete, die christliche Moldau dürfe nicht den Juden ausgeliefert werden, machte ich ihn darauf aufmerksam, wie gefährlich es sei, solchen Ideen Nahrung zu geben und erklärte ihm er verstünde nicht seine Mission, wenn er mit solchen Ideen das National-Gefühl reize. Wie wir uns trennten sagte ich ihm, daß ich ihn für etwaige Unruhen in Jassy verantwortlich mache, da ich seinen Einfluß den er dort und namentlich in der Judenfrage besitze, kenne. Ein solches Auftreten in einer so unpopulären Frage ist aber nicht angenehm." Arh. Stat. Fond Regele Carol I, V D 1915. Vgl. auch: Aus dem Leben König Karls, 4, S. 188, wo der letzte Teil fehlt.

179 Arh. Stat. Fond Regele Carol I, III/29, f. 144 (10./22.8.1879), Treffen mit Mîrzescu, drei Tage später mit Prinz Gr. Sturdza, im September mit Vernescu etc.

180 So schrieb er auch seinem Vater: „Zum Glück nehme ich nichts persönlich, wodurch ich mich mit dem Schlimmsten wieder aussöhnen kann." Arh. Stat. Fond Regele Carol I, V D 1916, Brief v. 1./13. Juni 1879.

181 Ibd., V D 1919, Brief an den Vater v. 14./26. Juli 1879. Diese Passage fehlt in den veröffentlichten Memoiren: Aus dem Leben König Karls, 4, S. 225ff.

bleiben.[182] Er ließ sich nicht mehr von einer Partei vereinnahmen und konnte somit als Ausgleichsinstanz bei politischer Partizipation akzeptiert werden.

Der Fürst konnte den Ablauf der Krise kaum alterieren, hatte aber einen großen Anteil daran, dass sie nicht gänzlich außer Kontrolle geriet.[183] Er entließ Brătianu nicht aus dem Amt, obwohl dieser gerne einem anderen die unpopuläre Aufgabe überlassen hätte, er sorgte für die Kompromissfähigkeit der Kabinettsmitglieder und übte einen Herrschaftsstil aus, der in aufklärerisch-didaktischer Manier auf die rationale Überzeugungskraft von Argumenten und auf die politische Verantwortung von Regierenden wie Opposition abhob. Dass er aber auch damit an Grenzen stieß, zeigte seine Drohung mit seiner Abdankung, um den Ernst der Situation vor Augen zu führen: „Von heute ab würde ich nur an der Spitze eines *unabhängigen*, durch *europäisches* Recht garantierten Rumäniens stehen; sollte es aber anders kommen, so würde die Geschichte diejenigen verantwortlich machen, die die Katastrophe heraufbeschworen!“[184] Die Warnung mit einer Abdankung stellte durchaus keine leere Drohung dar, denn Carol hatte sie als letzte Konsequenz nach dem Kammervotum am 4./16. Juli 1879 ernsthaft in Betracht gezogen, dennoch war sie zu dem Zeitpunkt mehr Ausdruck einer politischen Hilflosigkeit denn eines konkreten Vorhabens.[185] Allerdings zeigte allein die Vorstellung Carols, im Ernstfall seinen Thron zur Disposition zu stellen, noch immer ein Unsicherheitsmoment, auch auf Seiten des Fürsten, an, was die Dauerhaftigkeit der Dynastie beziehungsweise ihren politischen Prioritätswert betraf.

Auch aus dieser Krise ging der Fürst trotz des Scheiterns seiner Forderung, eine Regelung zu finden, die den europäischen Ansprüchen entspräche, gestärkt hervor. In einer Frage, die wie keine andere seit der Bauernemanzipation von 1864 die Gesellschaft erschütterte, verstand er es, anders als sein Vorgänger Cuza, seine Institution aus den politischen Antagonismen herauszuhalten. Angesichts der Blockade zwischen Regierung und Parlament blieb er zeitweise als einziger institutioneller Ordnungsfaktor übrig, der die staatliche Einheit und die Funktionsfähigkeit des Staates repräsentierte. Mit seinen berechenbaren Handlungsmustern bildete er ein rational-nüchternes Gegengewicht zur Emotionalität und Irrationalität der Auseinandersetzungen und bewahrte gleichzeitig seine integrative Kraft in einem polarisierten Umfeld. Gerade durch den Verzicht auf die Erzwingung einer konkreten Entscheidung gewann er an Orientierungskompetenz für die herrschende Elite als eine Instanz, die dem politischen Tageskampf übergeordnete Werte einer staat-

[182] Arh. Stat. Fond Regele Carol I, III/29, f. 126 (17./29.10.1879), f. 131 (5./17.1.1879). Carol sah in dem Verlangen Brătianus, „alle konservativen Elemente“ vom Hof zu entfernen, eher einen Vorwand, sich um die Verantwortung in der Judenfrage zu drücken.

[183] „Bis jetzt habe ich alles gethan, damit die Judenfrage nicht ganz und gar verfahren werde;“ Aus dem Leben König Karls, 4, S. 225.

[184] Ibd., S. 226. (Hervorhebung im Text).

[185] Arh. Stat. Fond Regele Carol I, III/29 (4./16. Juli 1879). „Die Judenfrage ist in ein ernstes Stadium getreten. Es ist nichts zu erreichen. Die Minister stehen machtlos da u. wollen keine Energie zeigen. – Ich bespreche mit Elisabeth den Plan uns zurückzuziehen.“

lichen Ordnung vermittelte. Aufgrund seines eigenen Vorbildes konnte er einen normativen Aspekt seiner Autorität zur Geltung bringen, der Rechenschaft einforderte. Angesichts einer jahrhundertelangen politischen Kultur mit einem absolutistischen Macht- und Verantwortlichkeitsverständnis vom Fürsten war das keineswegs selbstverständlich. Seit dem Amtsantritt von Carol stellte dieser verfassungsrechtlich festgelegte Paradigmenwechsel von Verantwortung ein wichtiges legitimatorisches Element in den Beziehungen Carols mit der politischen Führungsschicht dar und forderte von beiden Seiten einen bisweilen schmerzhaften Anpassungsprozess. Dabei blieb er auch jetzt nicht außerhalb von Kritik, aber eine solche Kritik richtete sich nicht mehr grundsätzlich gegen den Fürsten als Institution, sondern war Ausdruck bestimmter politischer Defizite oder behaupteter Benachteiligungen seitens einer Opposition.[186] Der Mechanismus von politischer Entlastung durch eine Verantwortungsübertragung auf den Fürsten funktionierte bei Carol nicht mehr, hingegen akzeptierte er seinerseits Entscheidungen, auch wenn sie nicht seinen Vorstellungen entsprachen. Er hatte sich endgültig emanzipiert und damit ein weiteres Stück Autonomie gewonnen, was die Institution der Monarchie insgesamt weiter festigte.

Auch während der Eisenbahnkrise zeigte sich dasselbe Grundmuster des fürstlichen Verhaltens. In dieser Frage musste er besonders vorsichtig agieren, weil sie als Erblast der früheren Eisenbahnaffäre Strousberg gerade mit seinem Namen verbunden war und er sich unter keinen Umständen dem Verdacht aussetzen durfte, als Sachwalter deutscher Interessen aufzutreten. Dass mit Deutschland ausgerechnet sein früheres Heimatland Rumänien unter massiven Druck setzte, machte seine Aufgabe nicht leichter. Carol konnte sich weder eine neue Strousbergaffäre leisten,[187] noch wollte er die in greifbare Nähe gerückte internationale Anerkennung durch parlamentarische Kompromisslosigkeit aufs Spiel setzen. Wieder ging es darum, seine Person aus der konkreten Konfliktregelung herauszuhalten, auf die Bedingungen einer Lösung aber positiv einzuwirken und der Destabilisierung der Lage entgegenzuwirken. Da die Regierung in dieser Frage die institutionell stärkere Seite darstellte, konzentrierten sich die Bemühungen des Fürsten mehr noch als in den vorangegangenen Krisenabschnitten auf Ion C. Brătianu. Er hielt ihn allein für fähig, den nötigen Einfluss auf das Parlament auszuüben, um der Eisenbahnkonvention die erforderliche Mehrheit zu sichern. Daher blieb Carol konsequent, keinen der häufigen Rücktrittsgesuche von Brătianu während des Winters 1879/80 anzunehmen, sondern ihn

[186] In einem Brief an seinen Vater v. 14./26. Juli 1879 setzt sich Carol mit der Anschuldigung gegen ihn auseinander, er wolle sich durch die Emanzipation der Juden eine ihm ergebene Partei schaffen: „Aus dieser perfiden Erfindung spricht theilweise auch das böse Gewissen der Politiker, die fühlen mögen, daß ich durch ihre rein persönliche Opposition nicht mehr viel Vertrauen in sie setzen könne; sie irren sich aber darin vollständig, ich habe, was meine Person anbetrifft, nicht mehr und nicht weniger Vertrauen in diese oder jene Partei [...]" Arh. Stat. Fond Regele Carol I, V D 1915.

[187] Die Opposition ließ u. a. verbreiten, dass Carol die deutschen Gerichte bevorzuge und dass man es mit andern Ambronns zu tun haben würde. Ibd., V D 1925, Brief v. 26.11./8.12.1879 an seinen Vater. Aus dem Leben König Karls, 4, S. 276.

immer wieder zu ermutigen und ihn auch mit Versprechungen zur Rücknahme seiner Demission zu überreden.

Für wie wichtig der Fürst Brătianu hielt, zeigte seine Reaktion auf dessen Rücktritt vom 21.10./2.11.1879. Er zeichnete ihn durch ein bewunderndes Privatschreiben aus, hob Brătianus große Verdienste um das Vaterland hervor und ermutigte ihn, den Kampf kurz vor dem Ziel nicht aufzugeben.[188] Gleichzeitig schickte er ihm das Rücktrittsgesuch zurück. Das Vorgehen Carols führte zum Erfolg. Brătianu nahm seine Demission zurück und schrieb dem Fürsten gleichfalls einen elogenhaften Brief, in dem er ihn als „höchsten Audruck der rumänischen Nationalität" bezeichnete, eine Anerkennung der von dem Fürsten befolgten nationalen Politik.[189] Derart gestärkt und zusätzlich von seiner eigenen Partei bedrängt,[190] nahm er die Regierungsgeschäfte nach zehn Tagen wieder auf, ließ aber entgegen den Vorstellungen des Fürsten die Kammerentscheidung vom 27.11./9.12.1879 zu, die die Eisenbahnkonvention modifizierte und zum Konflikt mit Deutschland führte.

Carol geriet daraufhin selbst unter Entscheidungsdruck, da man von deutscher Seite direkt bei ihm intervenierte und sogar den Kaiser einschaltete,[191] während die rumänische Regierung sich darauf versteifte, Zugeständnisse von Deutschland zu erhalten. Er versuchte zunächst, beide Seiten zu einem Kompromiss zu bewegen,[192] doch die deutsche Unnachgiebigkeit zwang den Fürsten zum Handeln. Er musste auf die Bedingungen für eine Rücknahme des Kammervotums durch den Senat einwirken, um den offenen Bruch mit Deutschland mit seinen destabilisierenden Folgen im In- und Ausland zu vermeiden.[193] Nach seiner Überzeugung konnte die politische Blockade durch ein energisches Handeln Brătianus überwunden werden, sprich die Einflussnahme der Regierung auf das Parlament.[194] Um deren Position zu festigen, versprach er Brătianu, als dieser am 15./27. Dezember 1879 erneut seinen Rücktritt einreichte mit der fast erpresserischen Begrün-

[188] „Vous avez lutté toute Votre vie et surtout dans les trois dernières années avec un courage et une abnégation si admirables, que je ne puis admettre qu'au jour où il s'agit du couronnement de cette grande oeuvre, à laquelle nous avons travaillé avec tant de persévérance, un découragement, peut-être justifié, puisse s'emparer de Vous." Arh. Stat. CR 4/1879 f. 1 (23.10./4.11.1879). Aus dem Leben König Karls, 4, S. 264f.

[189] Ibd., 4, S. 265. Arh. Stat. CR 4/1879, f. 2f. Brătianu an Carol v. 24.10./5.11.1879.

[190] Auch C. A. Rosetti und D. Sturdza drangen in Brătianu, die Demission zurückzunehmen. S. oben, S. 528f.

[191] Aus dem Leben König Karls, 4, S. 278f. S. unten S. 551.

[192] Arh. Stat. CR 7/1879. f. 83., chriffr. Telegramm von Carol an seinen Vater v. 18.12.1879 als Antwort auf das Telegramm der Kaiserin vom selben Tag: „Avec patience, calme et moins d'irritation à Berlin il a y moyen de sortir des difficultés, surtout si le gouvernement allemand nous garantie transfer siège."

[193] Arh. Stat. Fond Regele Carol I, D 1928. Carol schrieb am 21.12.1879/2.1.1880 an seinen Vater, dass die Opposition und Russland die politische Paralysierung zu Intrigen benutzen. Dieser Teil fehlt in den veröffentlichten Memoiren: Aus dem Leben König Karls, 4, S. 282.

[194] Karl Anton schrieb seinem Sohn: „Du befindest Dich nun wieder am Anfang aller Schwierigkeiten und Gott weiß welcher Verlegenheiten!" Ibd., S. 277. Und Carol notierte in sein Tagebuch am 5./17.12.1879: „Noch nie war die Lage so ernst u. schwierig wie in diesem

dung, dass Carol sich nicht genügend von den Konservativen distanziere, den Machterhalt für mindestens zwei Jahre.[195] Zugleich verließ der Fürst seine bisher eingehaltene Reserve und wirkte nun selbst auf einflussreiche Parlamentarier ein, um eine Revision des Kammervotums zu erreichen, wobei er sich aber gleichzeitig klar von dem Vorgehen Deutschlands distanzierte, das „an eine solche Frage die zukünftige Stellung des Landes knüpft".[196] Mit diesen Beeinflussungsmechanismen gelang es, den offenen Bruch mit Deutschland durch die Rücknahme der Kammerentscheidung seitens des Senats zu vermeiden und damit eine politische Krise großen Ausmaßes abzuwenden.

Aus der Anerkennungskrise gingen zwei Personen gestärkt hervor: der Fürst und Brătianu. Dieser blieb für Carol auch weiterhin die entscheidende Persönlichkeit für die weitere politische Entwicklung. So lehnte er die zwei weiteren Rücktrittsgesuche im Januar von Brătianu ab, der befürchtete, dass sich Carol den Konservativen zuwenden würde, die sich Anfang 1880 in einer Partei organisierten.[197] Dagegen sah der Fürst „in der liberalen Partei mehr Stoff für eine mutige Entwicklung Rumäniens und Durchführung großer Reformen" [198] als bei den Konservativen, deren Konstituierung in eine Partei er dennoch begrüßte. Brătianu bildete für ihn den Garanten nicht nur einer innenpolitischen Reformpolitik in einem unabhängigen Rumänien, sondern auch für die außenpolitische Annäherung an Deutschland und vor allem für die Verwirklichung des rumänischen Königtums. Brătianu hatte sich auch außenpolitisch profiliert und war nach der Beendigung der Eisenbahnkrise in Berlin endgültig zur *persona grata* geworden, dem nicht mehr das Image eines ehemaligen Revolutionärs und Anhängers Frankreichs anhing. Seine Reise nach Berlin im März 1880, die der Vorbereitung der Ausrufung zum Königreich galt, wurde dementsprechend zu einem vollen Erfolg. Die Wichtigkeit der Person Brătianu zeigte auch die Bitte Carols an seinen Vater, Brătianu bei dessen Besuch in Sigmaringen zu ermuntern und davon zu überzeugen, dass er noch lange als Ratgeber seinem Fürsten dienen solle.[199] Das Verhältnis erinnerte in dieser Hinsicht an den Beginn der Herrschaft Carols 1866: auch damals hielt Carol Brătianu für unentbehrlich, doch anders als 15 Jahre zuvor hatte sich der Fürst emanzipiert und identifizierte sich weder

Augenblick, mit Energie von Bratiano ist es aber leicht heraus zu kommen." Arh. Stat. Fond Regele Carol I, III/29 (m.r. 562).

195 Ibd. (15./27.12.1879).

196 Arh. Stat. Fond Regele Carol I. V D 1928, Brief v. 21.12.1879/2.1.1880 an den Vater. Aus dem Leben König Karls, 4, S. 282. Dort fehlt die direkte Nennung Deutschlands. Carol nutzte am 16./28.12.1879 ein parlamentarisches Essen zu politischen Gesprächen mit Senatoren und Abgeordneten. Ibd. Fond Regele Carol I, III/29 (m.r. 562).

197 Ibd. (10./22.1. und 17./29.1.1880). So sah Brătianu in der Wahl des Ultrakonservativen Florescu (gegen D. Ghica) zum Vizepräsidenten des Jockey-Clubs bereits ein Zeichen der Ermutigung der Konservativen durch Carol. Die Konservativen schlossen sich am 3./15. Februar 1880 zu einer Partei unter dem Vorsitz von Costache Epureanu zusammen.

198 Arh. Stat. Fond Regele Carol I, V D 1932, Brief an den Vater v. 6./18. März 1880. Aus dem Leben König Karls, 4, S. 304f., wo dieser Teil fehlt.

199 Aus dem Leben König Karls, 4, S. 305, 307, 309, 312. Gemäß dem Wunsch seines Sohns verlieh Karl Anton auch den Hohenzollernorden an Brătianu.

persönlich noch politisch mit ihm, sondern beurteilte ihn nach seiner Funktionsfähigkeit, indem er in ihm den Staatsmann sah, den Rumänien für seine innen- und außenpolitische Stabilität jetzt brauchte.

7. Die Rolle der Hohenzollern

Da ausgerechnet das Heimatland Carols die stärkste Unnachgiebigkeit gegenüber Rumänien an den Tag legte, besitzt die Frage nach dem Einfluss der Hohenzollernfamilie auf die gegenseitigen Beziehungen in Spannungszeiten einige Relevanz, d. h. ob und wie sich die dynastischen Verbindungen auf die offizielle Politik Deutschlands auswirkten bzw. ob sie eine Stärkung für den Fürsten bedeuteten. Grundsätzlich ist von einer positiven Disposition der Berliner Hohenzollern gegenüber Carol auszugehen, die nach seinem Sieg über die Türken noch verstärkt worden war, hatte er sich doch der militärischen Tradition der Hohenzollernfamilie würdig erwiesen und zum Ruhm der Familie beigetragen. Die Umsetzung eines persönlichen Wohlwollens in konkrete Politik stand jedoch immer in Abhängigkeit zu den außenpolitischen Vorgaben Bismarcks, dessen Autorität für Kaiser Wilhelm I. maßgeblich blieb.

Die Sigmaringer Familie hingegen, wenn auch politisch machtlos, aber mit vielen Beziehungen zu Hochadel und Politik, brauchte nicht in dem Maße Rücksicht auf die deutsche Politik zu nehmen, sondern konnte sich für Carol und die rumänische Anerkennung engagieren. Im Mittelpunkt aller Bemühungen, die Aufgabe Carols zu erleichtern, stand sein Vater, Fürst Karl Anton. Als Vater hatte er natürlich ein immanent persönliches Interesse an einem Erfolg seines Sohnes, aber auch ein dynastisch-politisches im Hinblick auf die endgültige Sicherung der Position seines Sohnes durch die Begründung eines rumänischen Königtums, das das Gewicht seiner Familie erhöhen würde. So suchte er, abgesehen von persönlicher Ermunterung und politischen Ratschlägen,[200] den Sohn mit seinen Mitteln und Verbindungen in Deutschland zu unterstützen und auf informellem Wege die deutsche Öffentlichkeit und Politik zugunsten Rumäniens zu beeinflussen.[201] Vater und Sohn befanden sich in einem engen Gedankenaustausch, sowohl brieflich, als auch durch direkte Gespräche mit rumänischen Politikern, die Carol, wenn sie sich zu Verhandlungen in Deutschland aufhielten, immer auch nach Sigmaringen schickte, um seinen Vater auf dem Laufenden zu halten.[202] Zudem bat er seinen Vater immer wieder zu intervenieren, um Bewegung in die festgefahrenen deutsch-rumänischen Beziehungen zu bringen, wie z. B. in der Ordensfrage oder in der Eisenbahnfrage.[203] Karl Anton nahm

[200] Ibd., S. 156f, 187.

[201] So initiierte er z.B. eine Interpellation über Rumänien im Reichstag: Aus dem Leben König Karls, 4, S. 183. Publizistisch wirkte der Straßburger Professor Geffcken für den rumänischen Fürsten. Ibd., S. 87f., 90, 243.

[202] Ibd., S. 182, 304f., 306f.

[203] Ibd., S. 122. Arh. Stat. Fond Regele Carol I, V D 1925. Brief v. 26.11./8.12.1879, wo es heißt: „Ich bitte Dich, theuerster Papa, auch Deinen Einfluß geltend zu machen, damit die Aktien-

selbst Verbindung mit Bleichröder auf, dessen Einfluss sich nach Carols Worten in der Juden- wie in der Eisenbahnfrage geltend machte,[204] um für Verständnis für die schwierige Lage seines Sohnes zu werben. In seinem Engagement für die Emanzipation der rumänischen Juden ließ sich Bleichröder zwar nicht beirren, zumal er über die Rumänen und Fürst Carol eine denkbar schlechte Meinung hatte,[205] in der Eisenbahnfrage nahm er aber Karl Antons Vermittlerdienste an und hoffte seinerseits, über diesen den rumänischen Fürsten beeinflussen zu können.[206] Auch nach dem Abschluss der Eisenbahnkonvention blieb Karl Anton in Kontakt mit Bleichröder, da er in ihm eine wichtige Informationsquelle für die deutsche Politik sah, die auch seinem Sohn zugute kommen würde.[207] Wenn auch, insgesamt gesehen, der Einfluss der Sigmaringer Familie auf die deutsche Außenpolitik gering war,[208] ergaben sich doch Vorteile für den rumänischen Fürsten durch den direkten Zugang zum Berliner Kaiserhaus und die Nutzung informeller Kanäle, die die Kommunikationsmöglichkeiten in kritischen Augenblicken offen hielten, so z. B. als Brătianu auf dem Höhepunkt des Konflikts um die Eisenbahn über Fürst Karl Anton sondieren ließ, ob Bismarck ihn empfangen würde.[209] Sicher ist, dass ohne die Unterstützung seines Vaters Carols Position in Deutschland schwieriger gewesen wäre.

Von politisch entscheidender Bedeutung waren die Berliner Hohenzollern, in die man von Seiten der Sigmaringer besondere Hoffnungen setzte. Die Anfangsphase der rumänischen Anerkennungskrise fiel gerade in die Zeit der Stellvertreterschaft des Kronprinzen für seinen durch ein Attentat am 2. Juni 1878 schwer verwundeten Vater. So schien der Moment für eine Unterstützung der rumänischen Wünsche während und nach dem Berliner Kongress besonders günstig zu sein, da Carol mit dem Kronprinzen Friedrich Wilhelm ein enges Freundschaftsverhältnis verband. Falls Carol daran aber die Hoffnung nach dessen aktiver Unterstützung der rumänischen Forderungen nach Erhalt Bessarabiens im Sinne seines im Februar 1878 an den Kronprinzen entworfenen Konzepts über eine deutsch-rumänische Annäherung geknüpft haben sollte,[210] so erfüllte sich diese nicht, da Friedrich Wilhelm in die Verhandlungen des Berliner Kongresses nicht eingriff.

Gesellschaft gezwungen werde, die Stipulation anzunehmen.“ Diese Stelle fehlt in den veröffentlichten Memoiren. Aus dem Leben König Karls, 4, S. 273f.

204 Ibd., S. 189, 194.

205 Arh. Stat. CR 7/1879, f. 53f. Karl Anton schob besonders die Gefahr einer Teilung des Landes durch das Zusammengehen der moldauischen Bojarenopposition mit Russland in den Vordergrund. Stern, Gold und Eisen, S. 470, 472.

206 Aus dem Leben König Karls, 4, S. 278, 284ff., 288.

207 Ibd., S. 307f.

208 Auch der älteste Bruder Carols, Erbprinz Leopold, benutzte Besuche in Berlin zu politischen Gesprächen zugunsten seines Bruders: Aus dem Leben König Karls, 4, S. 287, während seine Schwester Marie, die mit Philipp v. Flandern verheiratet war, in Brüssel versuchte, ihrem Bruder bei der Anerkennung durch Belgien behilflich zu sein. Ibd., S. 195. Auch mit Marie stand Carol in einem engen politischen und privaten Meinungsaustausch.

209 Aus dem Leben König Karls, 4, S. 280. Arh. Stat. Fond Regele Carol I, III/29 (m.r. 562), 10./22.12. und 12./24.12.1879.

210 P.A. I.A.B.q. Türkei 24, Vol. 63, Abschrift des Briefes von Carol an den Kronprinzen v. 26.2.1878. S. oben, S. 490f.

Doch unternahm der Kronprinz im August 1878 einen Vorstoß, die Unabhängigkeit Rumäniens anzuerkennen und einen Gesandten in Bukarest zu ernennen mit dem ausdrücklichen Hinweis auf die verwandtschaftlichen Beziehungen und auf einen diesbezüglichen Wunsch des rumänischen Fürsten.[211] Allerdings besaß Friedrich Wilhelm aufgrund seiner eingeschränkten Befugnisse und der Spannungen zwischen ihm und Bismarck keinen eigenen Entscheidungsspielraum und musste sich den Beschlüssen Bismarcks beugen.[212] So stimmte er der von Bismarck und Bülow verfolgten Linie gegenüber Rumänien zu, mit der Anerkennung erst nach erfolgter Emanzipation der Juden zu warten, wobei er jedoch anmerkte, dass bei diesem Problem nicht zu vergessen sei, „daß die Juden in jenem Lande zu den verworfensten Subjekten gerechnet werden, folglich die emancipation sich sehr schwer bewerkstelligen lassen wird".[213] Mit dieser Äußerung hatte sich der Kronprinz die negative Einschätzung Carols über die rumänischen Juden zu eigen gemacht, doch der Versuch schlug fehl, die deutsche Politik durch eine Berücksichtigung der konstatierten Unterentwicklung der rumänischen Juden zugunsten einer schnellen Anerkennung zu beeinflussen, da Bismarcks Politik andere Motive zugrunde lagen als die Rückständigkeit der Juden in Rumänien.

Ähnlich erfolglos verlief auch eine andere Initiative Carols, mit Hilfe des Einflusses des Kronprinzen auf den deutschen Delegierten bei der europäischen Kommission für die Grenzziehung einen den rumänischen Wünschen entsprechenden Grenzverlauf zu Bulgarien zu erreichen.[214] Auch Fürst Karl Anton schaltete sich aktiv in diese Bemühungen ein und schickte ein entsprechendes Memoire an Friedrich Wilhelm.[215] Doch der Versuch der Einflussnahme auf den Kronprinzen wirkte angesichts der bismarckschen Animosität ihm gegenüber und in einer für Bismarck politisch wie psychisch schwierigen Zeit[216] eher kontraproduktiv und war geeignet, sein Misstrauen gegenüber der Sigmaringer Linie der Hohenzollern weiter zu bestärken. Das Verhalten Bismarcks gegenüber Rumänien, das immer stärker schikanöse Züge annahm – so musste der deutsche Delegierte bei der Europäischen Kommission entgegen seiner eigenen und entgegen der Mehrheitsmei-

211 Ibd. Vol. 65, Bülow an Radowitz v. 19.8.1878: „Der Kronprinz erachtet es nämlich für wünschenswerth, daß wir, zumal bei den verwandtschaftlichen Beziehungen des Fürsten Carl zum Königlichen Hause, unsere Entschließung in der Angelegenheit nicht zu lange hinausschieben und den Schein vermeiden, als ob wir letztere nicht selbstständig, sondern gewissermaßen nur nach dem Vorgange anderer Mächte getroffen hätten."

212 Aus dem Leben König Karls 4, S. 70. Treue, W. (Hg.), Drei deutsche Kaiser. Wilhelm I. – Friedrich III. – Wilhelm II. Ihr Leben und ihre Zeit 1858-1918, Freiburg, Würzburg 1987, S. 115f. Friedrich Wilhelm hatte die Stellvertretung seines Vaters bis zum 6. Dezember 1878 inne.

213 P.A. I.A.B.q. Türkei 24. Vol. 66, Antwort Friedrich Wilhelms auf das Schreiben von Bülow v. 27.10.1878 (A 6013).

214 Aus dem Leben König Karls, 4, S. 93.

215 Ibd., S. 105f. So schrieb er ein kleines Memoire an den Kronprinzen über die Grenzziehung. S. 121, 126, 131.

216 Vgl. dazu Gall, Bismarck, S. 567ff.

nung die russische Position unterstützen,[217] das Tragen rumänischer Orden wurde untersagt,[218] der rumänische Vertreter in Berlin ignoriert[219] –, ließ Karl Anton zu dem Schluss kommen, dass die Sympathie für Russland nicht der alleinige Grund für das geringe deutsche Entgegenkommen gegenüber Rumänien sein könne. Hier ließen sich bei Bismarck auch emotionale Gründe ausmachen, die auf einer starken Verärgerung, Abneigung und Ressentiments gegenüber den Rumänen beruhten.[220]
So hatte die halbjährige Stellvertretungszeit des Kronprinzen trotz der Freundschaft zu Carol der rumänischen Politik keinerlei Vorteile gebracht,[221] sondern sich sogar eher negativ ausgewirkt. Jedenfalls behauptete Kaiser Wilhelm I., bei dem sich Fürst Karl Anton im Juli 1879 bitter über die deutsche Haltung in der Judenfrage beklagte, dass er, wäre er zum Zeitpunkt des Berliner Kongresses nicht verwundet gewesen, ein Aufrollen des Problems der Judenemanzipation nicht zugelassen hätte, da auch er aus seiner Verachtung über die osteuropäischen Juden kein Hehl machte.[222] Ob es ohne das Attentat auf den Kaiser keine Judenfrage in Rumänien gegeben hätte, sei dahingestellt, nur zeigte diese Aussage, dass Bismarck sie nicht in dem Maße hätte benutzen können wie unter dem schwachen Kronprinzen. Es war auch ein Ergebnis dieses Gesprächs zwischen Wilhelm I. und Karl Anton, dass Bismarck nicht mehr die beim Kaiser unpopuläre Judenfrage, sondern die Eisenbahnfrage in den Mittelpunkt der deutschen Politik rückte. Im Verlauf des Sommers 1879 kam es auch zunächst zu einer vorübergehenden Entspannung im deutsch-rumänischen Verhältnis, die Carol auf die Intervention des Kaisers und auf das Bad Kissinger Treffen Sturdzas mit Bismarck zurückführte, daneben aber auch auf eine insgesamt gewandelte innen- und außenpolitische Lage in Deutschland, bedingt durch den Bruch Bismarcks mit den linken Nationalliberalen, den Spannungen mit Russland und der Annäherung an Österreich-Ungarn und nicht zuletzt auch aufgrund einer wachsenden antisemitischen Bewegung in Deutschland selbst.[223]
In der Judenfrage konnte sich Carol der Sympathie und des Wohlwollens von Kaiser Wilhelm I. sicher sein, der von einer unzureichenden Verfassungsreform nicht die Anerkennung der Unabhängigkeit abhängig machen würde. Anders verhielt es sich mit dem Eisenbahnproblem, wo Interessen der unmittelbaren Umgebung des Kaisers berührt wurden, und die, wie Fürst Karl Anton im Sommer 1879 erkannte, für Bismarck immer die wichtigere gewesen sei, während die Judenemanzipation als Vorwand gedient habe.[224]

217 Aus dem Leben König Karls, 4, S. 152, 172, 174.
218 Ibd., S. 121, 157, 174. Auch in der Ordensfrage bat Carol seinen Vater um eine Intervention. Ibd., S. 122.
219 Ibd., S. 178.
220 Ibd., S. 172. Stern, Gold und Eisen, S. 468ff.
221 Die Briefe von Friedrich Wilhelm zeugen von einer großen persönlichen Anteilnahme am Schicksal von Carol, aber auch von der eigenen politischen Ohnmacht und Resignation: Aus dem Leben König Karls, 4, S. 116f., 230f., 315f.
222 Ibd., S. 224f. Karl Anton gab zu verstehen, dass Bismarck den Kaiser bewusst desinformiert hatte. S. 228, 236f., S. 271.
223 Ibd., S. 228, 241, 243, 247f., 288f.
224 Ibd., S. 247, 234.

Als nach der Kammerentscheidung vom 27.11./9.12.1879 ein offener Bruch zwischen beiden Ländern drohte, erhofften sich beide Seiten von einer Intervention des Kaisers eine Lösung in jeweils ihrem Sinne.[225] Während Carol die Auffassung vertrat, dass der Kaiser ein „Machtwort" bei Bleichröder sprechen müsse, setzte die deutsche Diplomatie den Kaiser als Mittel ein, um direkt auf den Fürsten Einfluss zu nehmen. So teilte der deutsche Geschäftsträger v. Rotenhan dem Fürsten im Auftrag des Kaisers mit, „daß seine guten Dispositionen für Rumänien aufhören müßten, wenn die Convention nicht modificirt würde".[226] In einem Telegramm der Kaiserin Augusta an den Fürsten Karl Anton machte sie im Auftrag des Kaisers auf die großen Gefahren für Rumänien (Verlust von Arab Tabia und keine Anerkennung) aufmerksam, wenn die Konvention nicht umgehend vom Senat in ihrer ursprünglichen Form angenommen werden würde.[227]
Die kaiserliche Intervention war Teil des massiven Drucks aus Deutschland auch auf ihn persönlich, der Carol unangenehm berührte, zumal er die rumänischen Forderungen für berechtigt hielt.[228] Auch Karl Anton machte sich zum Fürsprecher seines Sohnes und bedauerte in dem Antwortschreiben an die Kaiserin, dass die Auseinandersetzungen über den Eisenbahnrückkauf von deutscher Seite einen derart wichtigen politischen Stellenwert erhalten hätten.[229] Aber Carol konnte die Einmischung des Kaisers nicht ignorieren, da sie die stärkste informelle Waffe Berlins bildete und mehr als alles andere den Ernst der Lage verdeutlichte. Dies zwang ihn trotz der Brisanz der Eisenbahnfrage zu einer direkten Einflussnahme auf die Parlamentarier, um die von Deutschland gewünschte Lösung durchzusetzen.[230] Die dynastischen Verbindungen hatten bis jetzt Rumänien kaum Vorteile gebracht, sondern konnten sich im Gegenteil noch als zusätzliches Druckmittel einsetzen lassen. So hinterließ denn ungeachtet aller Wertschätzung für den Kaiser die deutsche Politik bei Carol viele Ressentiments und er schrieb voll Bitterkeit an seinen Vater:
„Es ist den Großmächten gelungen, das große Prestige, das ich durch Jahre lange Arbeit mühsam errungen, und das durch den Krieg feste Wurzeln geschlagen hatte, bedeutend zu untergraben. Es wird hier offen ausgesprochen: Serbien habe einen kleinen Fürsten, den kein Verwandtschaftsband an eine europ. Dynastie knüpfe und der noch nicht alle Bedingungen erfüllt, trotzdem sei er von ganz Europa anerkannt, Rumänien dagegen werde wegen seines fremden Fürsten verfolgt, weil dieser sich den Großmächten gegenüber zu nachgiebig zeigt."[231]

[225] Ibd., S. 276.
[226] Arh. Stat. Fond Regele Carol I, rola 562 (4./16.12.1879). Aus dem Leben König Karls, 4, S. 277. Hier fehlt der explizite Hinweis auf einen Auftrag des Kaisers.
[227] Ibd., S. 278ff. Arh. Stat. Fond Regele Carol I, III/29 (m.r. 562), 6./18.12.1879.
[228] Arh. Stat. Fond Regele Carol I, V D 1926, Brief Carols v. 2./14.12.1879 an seinen Vater. Ibd. V D 1929. Brief v. 6./18.1.1880. Ibd. III/29 (m.r. 562), 3./15.12.1879. Aus dem Leben König Karls, 4, S. 276ff.
[229] Ibd., S. 280.
[230] Siehe oben, S. 527, 545.
[231] Arh. Stat. Fond Regele Carol I V D 1930, Brief v. 30.1./11.2.1880. Vgl. auch: Aus dem Leben König Karls, 4, S. 290f., wo dieser Passus ganz fehlt.

Kaiser Wilhelm I. seinerseits machte kein Hehl aus dem Zwiespalt zwischen seinen persönlichen Sympathien für den rumänischen Fürsten und den Erfordernissen der Politik, der er Priorität einräumen musste:

„Die Sympathien, die ich stets für Dich als Hohenzollern und für Deine Person empfunden, habe ich nie verleugnet; aber wo Viele zum selben Ziele gelangen wollen und jeder seinen Weg geht, bis man endlich sie alle unter einen Hut bringt, das erfordert Zeit und manches Opfer! Daher mußte auch ich temporisieren, um Dich endlich vor der Welt anerkennen zu können!“[232]

Erst nach der Anerkennung der Unabhängigkeit konnte der Kaiser seinem Bukarester Verwandten die politische Auszeichnung und Ehrungen zukommen lassen, die einem unabhängigen Souverän und militärisch siegreichen Hohenzollern zustanden, dessen Königtum nur noch eine Frage der Zeit war. So verlieh er ihm den Schwarzen Adlerorden, den höchsten preußischen Orden, der für Carol die wertvollste Auszeichnung überhaupt darstellte,[233] da er die sichtbare Bestätigung seines bisherigen Strebens bildete, seinem Namen Ehre zu machen und endlich die diesem gebührende Stellung einzunehmen.[234]

Erst die volle staatliche Souveränität bildete die Voraussetzung dafür, dass sich die Zugehörigkeit des Fürsten zur Hohenzollernfamilie für Rumänien prestigesteigernd auswirkte und das Land auch aufgrund seiner dynastischen Beziehungen als ebenbürtig anerkannt wurde. Die repräsentativen Elemente der Herrschaft wie Ordensverleihungen, Zeremoniell, Empfangskultur traten nun auch in den auswärtigen Beziehungen stärker hervor und ließen das rumänische Königtum an der herausgehobenen Aura der europäischen Herrscherhäuser teilhaben. Insgesamt gesehen, hatte sich bis zu diesem Zeitpunkt die dynastische Verbindung kaum sehr unterstützend auf die Institutionalisierung des Fürsten ausgewirkt, nur die Teilnahme am Krieg an der Seite Russlands bildete davon die große Ausnahme.

8. Die Folgen der Anerkennungskrise

Die Anerkennungskrise bildete einen tiefen Einschnitt in der modernen rumänischen Geschichte mit lang anhaltenden Auswirkungen auf Politik und Gesellschaft, besonders aber auf die spezifische Ausprägung des Nationalbewusstseins aufgrund der Akkumulation sukzessive erfahrener Enttäuschungen. Als fundamentale Erfahrung erwies sich das bittere Gefühl des Ausgeliefertseins an die Bedingungen der Großmächte, von Ungerechtigkeit und Ohnmacht, von Nichtanerkennung der eigenen Leistungen. Auf eine Formel gebracht, hatten die Großmächte – nach rumänischer Lesart – die Rumänen um ihren Sieg betrogen. In ihren Augen verdankten sie sich selbst die Unabhängigkeit. Damit hätten sie den Beweis der eigenen „Lebensfähigkeit“ erbracht und sich ein Anrecht auf Gleichbehandlung und

232 Aus dem Leben König Karls, 4, S. 298 (Schreiben v. 5. März 1880).

233 Ibd., S. 308.

234 Ibd., S. 304. Nach Carols Worten lag ihm an dieser Ehre seines Namens mehr als am Königstitel. Arh. Stat. Fond Regele Carol I, V D 1932, Brief an den Vater v. 6./18.3.1880.

Ebenbürtigkeit erworben. Die Verbindung von berechtigtem Stolz über den Sieg in einem Krieg und erlittener Demütigung von außen verstärkte die bereits angelegte Ambivalenz des nationalen Selbstverständnisses zwischen Überheblichkeit und Unterlegenheitsgefühl, zwischen Misstrauen gegenüber den Großmächten und außenpolitischem Schutzbedürfnis. Die Sensibilität gegenüber außenpolitischem Druck entwickelte sowohl ideologische wie auch politische Abwehrmechanismen. Man sah sich auf sich selbst zurückgeworfen, was wiederum seinen Ausdruck in der programmatischen Losung „Durch uns selbst" (*Prin noi înşine*) fand.[235] Diese erhoben die Liberalen später zu ihrem Programm und kanalisierten damit eine durch den siegreichen Krieg entstandene Strömung, die sie gleichzeitig intensivierten und zu einem gesellschaftlichen und politischen Leitbild ausformten, das sich in vielfachen Formen von Exklusivität gegenüber dem Nichtrumänischen äußern konnte. Die Kehrseite bildete die Entwicklung eines Fremd- und Feindbildes, das zu einem normativen Wert des eigenen nationalen Bewusstseins ausgeweitet wurde und bei Konflikten immer wieder aktualisiert, stabilisiert und instrumentalisiert werden konnte. Das konnte sich kurzfristig konfliktverstärkend auf das politische System auswirken, langfristig aber übernahm dieser Diskurs eine herrschaftsstabilisierende Funktion.

Fragt man nach den Auswirkungen der Krise auf das politische System, so ließ sich eine Verlagerung der institutionellen Schwerpunkte je nach Krisenart feststellen. Nicht nur die Anhäufung und Interdependenz von gleichzeitig zu lösenden Problemen wie der Judenemanzipation, der Eisenbahnfrage und den Grenzunsicherheiten, sondern auch die soziale und nationale Dimension der Judenfrage überforderten die Handlungskapazitäten der Regierung und setzten sie unter einen Entscheidungsdruck, dem sie nicht gewachsen war. Sie reagierte darauf, indem sie Regelungskompetenzen an das Parlament abgab. Das bestimmte dann den Durchsetzungsmodus und die Art der Lösung der vorgegebenen Aufgaben, die sich in der Judenfrage besonders negativ nicht nur auf die Integration dieser Gruppe auswirkte, sondern auch auf den allgemeinen Umgang mit Problemen, die sich in irgendeiner Weise an das Rumänentum ankoppeln ließen. Hier lag die Gefahr, bei Auseinandersetzungen in moralischen Wertekategorien von einem positiv besetzten Rumänen und einem negativ bewerteten Fremden oder Juden zu argumentieren und jedes andere Problem darunter zu subsumieren oder zu instrumentalisieren. Dies führte u. a. zu der Auffassung, dass man die Bauern und das Rumänentum vor den Juden beschützen müsse, nicht durch Integration, sondern durch Ausgrenzung.[236] Die schlechte

[235] Das Hervorheben der eigenen Kräfte durchzog alle Parlamentsadressen des Fürsten während der Krise. Regele Carol I al României. Cuvântări şi scrisori, II, S. 240, 288, 303. Aus dem Leben König Karls, 4, S. 186, 203. Diese Losung bildete auch die Inschrift des rumänischen Kronenordens, der am 9./21. Mai 1881 gestiftet wurde. Ibd., S. 401. Binder-Iijima, E., Rites of Power at the Beginning of the Reign of Prince Charles, 1866-1881. Means of Legitimation of a Foreign Dynasty, in: RESEE, 32, 1994, S. 215.

[236] Zu den angesprochenen Punkten ist die Rede von I. C. Brătianu am 11./23. September 1879 vor der Kammer aufschlussreich, die mit den Argumenten seiner Gegner abrechnet, die eigene Politik rechtfertigt und sich gegen die Emanzipation der Juden, aber für die der Bauern ausspricht. Ion C. Brătianu, Acte şi cuvântări, V, S. 47-63.

soziale und wirtschaftliche Lage der Bauern brauchte dementsprechend nicht primär als endogenes Problem der rumänischen Gesellschaft verstanden werden, sondern als durch jüdische Wucherei und Pächtertum verursachtes Übel. So verfestigte sich ein Wahrnehmungsmuster, das die eigene Gesellschaft von Verantwortung entlastete, Ursachen von Problemen in exogenen Faktoren suchte und die Bereitschaft zu grundsätzlichen Reformen herabsetzte.

Zudem bot die Übertragung der Entscheidungskompetenz auf das Parlament der Regierung einen gewissen Schutz vor Großmachtforderungen und entlastete die Regierung bei unpopulären Fragen. Das Parlament wiederum erwies sich keineswegs als ein nur williges Ausführungsinstrument der Regierung, sondern konnte bei strittigen Problemen durchaus an Autonomie gewinnen. Allerdings führten mangelnder Organisationsgrad und fehlende Kohärenz von Parteien selbst bei den Liberalen im Verein mit einer starken öffentlichen Meinung zu politischer Unberechenbarkeit und einer mangelnden Bereitschaft, konstruktive Lösungen zu finden. Hier blockierten sich oft konkurrierende Zielvorstellungen zwischen der Abhängigkeit von der Regierung, der man seine Entstehung weitgehend verdankte, und dem Selbstverständnis als unabhängiges Kontroll- und Repräsentativorgan des Landes gegenüber der Regierung.

Zu den Ergebnissen der Orientkrise gehörten auch eine allgemeine Mobilisierung und zugleich eine leicht zu mobilisierende Öffentlichkeit, die zwar schon immer in den Städten präsent gewesen war, sich jetzt aber endgültig zu einer politischen Kraft etablierte, die eine Regierung nicht mehr ignorieren konnte und die der rumänischen Politik eine spezifische Note von Flexibilität – von ausländischen Kritikern oft negativ als Unzuverlässigkeit und Unaufrichtigkeit bewertet –, Geschmeidigkeit und Widersprüchlichkeit verlieh. Wie die Diskussion über die Judenemanzipation zeigte, bestand bei öffentlichkeitssensiblen Fragen mit nationaler Relevanz die Gefahr, dass Gerüchte fehlende Informationen ersetzten, komplexe Probleminhalte reduziert und bestimmte Emotionen durch wertorientierte Schlagwörter hervorgerufen wurden, was zusammen mit politischem Opportunismus die Manipulierfähigkeit der öffentlichen Meinung erhöhte. Dieses Phänomen stellt kein spezifisch rumänisches dar, sondern gehört zu generellen Krisenbegleiterscheinungen, nur in der konkreten politischen Situation und angesichts der fundamentellen Bedeutung dieser Frage wurde dadurch eine zukunftsweisende Lösung verhindert.

Natürlich konnte eine solch rege Öffentlichkeit demokratisierende Elemente enthalten und eine Kontrollfunktion gegenüber autoritären Tendenzen übernehmen. Wurde ein Thema als national eingestuft, besaß eine solche Diskussion das Potenzial, auf Mehrheitsverhältnisse und Entscheidungsabläufe im Parlament Einfluss zu nehmen, zumal bei ungefestigten Parteistrukturen und einem geringen Wählerpotenzial. Die Abhängigkeit einer Regierung von dem Ausmaß des öffentlichen Interesses an einer Frage korrelierte daher mit dem mangelnden Organisationsgrad der Parteien im Parlament. Die parlamentarische Institution erwies sich abhängig sowohl von der Exekutive wie von der Öffentlichkeit. Es hing vom Betroffenheitsgrad ab, welcher der beiden Faktoren in konkurrierenden Handlungssituationen entscheidenden Einfluss gewann.

Generell gilt, dass sich die staatlichen Institutionen während der Orientkrise bewährt hatten, deren Kennzeichen es war, dass jede Einzelkrise für sich genommen ein hohes Destabilisierungspotenzial aufwies. So war es ein Erfolg, dass die Mittel zur Krisenbewältigung in dem vorgegebenen institutionellen Rahmen gefunden wurden.[237] Maßgeblichen Anteil daran hatte der Fürst, der immer wieder auf neue Anforderungen reagieren musste, um Eskalationen zu vermindern und fest gefahrene Situationen zu überwinden. Seine Stärke lag in der Geduld und in der persönlichen Distanz zu den Ereignissen und Personen, die eine Objektivierung ermöglichten, sowie in einer politischen Flexibilität, sich auf die jeweiligen Erfordernisse einstellen zu können.[238] Auch außenpolitisch übernahm er die wichtige Funktion einer Sicherung und Verkörperung der Einheit des Landes und bildete vor allem gegenüber Russland eine Autoritätsinstanz, die Schutz gegenüber russischen Drohungen bot.[239]

Vor allem aber verstärkten die gemeinsamen Erfahrungen von Krieg und Anerkennungskrise den beiderseitigen Identifikationsprozess zwischen dem Land und seinem Fürsten und etablierten ihn endgültig als nationales Repräsentativ- und Integrationsorgan. Das äußerte sich in den gemeinsamen Gedenktagen und Festen, die nun begannen, fester Bestandteil der nationalen Einheitssymbolik zu werden: so der Unabhängigkeitstag, der mit dem Antritt der Herrschaft Carols am 10./22. Mai 1866 zusammenfiel, der Jahrestag der Einnahme der Grivița-Redoute oder des Falls von Plewna.[240] Feierlichkeiten wie der Einzug des Heeres in Bukarest am 8./20. Oktober 1878[241] oder das Erscheinen des Fürsten im Parlament sowie seine Rhetorik gerieten zu Demonstrationen der Übereinstimmung zwischen Herrscher und Volk.[242] So ging aus der Krise ein institutionell und ideologisch gefestigtes Staatswesen mit einem allseits anerkannten Oberhaupt und einem unangefochtenen Ministerpräsidenten Ion C. Brătianu hervor, der mit Unterstützung des Fürsten die Grundlagen für die bis 1888 andauernde Herrschaft der Liberalen legte.

Eine Bewertung des Ausgangs der Krise kann nicht ohne Berücksichtigung der Ausgangsbedingungen erfolgen, die im Fall Rumäniens denkbar schlecht waren. Stand auf der positiven Seite das Funktionieren der Institutionen auch in Extremsituationen, so blieben als negative Langzeitwirkung die ungelöste Judenfrage und die Implikationen für das nationale Selbstverständnis und die Reformbereitschaft. Das Junktim zwischen Anerkennung und Judenemanzipation muss als schwere Hypothek für die Ausprägung des rumänischen

[237] Dieses hob der Fürst in seiner Rede bei der Schließung der Kammer am 25.3./6.4.1879 hervor: Aus dem Leben König Karls, 4, S. 186. Regele Carol I al României, Cuvântări și scrisori, II, S. 289f.

[238] Aus dem Leben König Karls, 4, S. 292.

[239] Ibd., S. 152ff., 156, 168.

[240] Ibd., S. 146ff., 200ff., 248, 274. Auch Straßen in Bukarest wurden Teil dieser Symbolik, als sie Namen von Schlachtplätzen wie Plevna, Grivița, Smîrdan, Rahova, erhielten, während die frühere Hauptstraße, Podul Mogoșoaia, in Calea Victoriei (Siegesstraße) umbenannt wurde. Ibd., S. 112f.

[241] Ibd., S. 113ff.

[242] Ibd., S. 140, 186, 203f. Arh. Stat. Fond Regele Carol I, III/29, f. 135: „Großer Enthusiasmus und warmer Empfang" (25.3./6.4.1879), ibd., f. 139 (22.5./3.6.1879).

Nationalismus und für die Behandlung des Judenproblems angesehen werden. Die aufgezwungene Diskussion führte dazu, dass sich die intoleranten, fremdenfeindlichen Aspekte und eine Opfermentalität zu einem kohärenten Denkmuster nationaler Sinngebung verdichten konnten, das zu Beginn der staatlichen Unabhängigkeit Integration und Orientierung bot und eine erstaunliche Beharrlichkeit in der geschichtlichen Interpretation bewies.[243] Die restriktive Lösung bewirkte, dass Politik und Gesellschaft der Notwendigkeit enthoben wurden, sich mit dem Emanzipationsproblem von seinen Grundlagen her zu beschäftigen und die Integration der Juden als eigenes Anliegen der Gesellschaftspolitik zu begreifen. In diesem Sinn hat ausgerechnet der Berliner Vertrag trotz der Festschreibung der Gleichberechtigung der Religionen die Judenemanzipation in Rumänien verhindert, was allerdings die rumänische Seite nicht von ihren Defiziten entlastet.

Die hypothetische Frage nach der Alternative bleibt offen. Die Beibehaltung des diskriminierenden Verfassungsartikels hätte vielleicht auf Dauer einen anderen Anpassungsdruck erzeugt, wollte man nicht ständig als Paria in der europäischen Staatengemeinschaft stigmatisiert und immer wieder zum ausländischen Interventionsobjekt in der Judenfrage werden. Auch der Sonderstatus der Dobrudscha mit seiner Gleichstellung aller Religionen, die hier in erster Linie die Moslems betraf, schuf einen Präzedenzfall, der auf Dauer auch eine Lösung der Judenfrage hätte erzwingen müssen. Ob es dann zu einer liberalen Lösung gekommen wäre, ist fraglich. Die Diskussion wäre aber in diesem Fall nicht mit einer nationalen Demütigung verbunden gewesen. Gerade diese Kombination von Demütigung, Ungerechtigkeitsgefühlen und aufgezwungener Judenemanzipation war es aber, die sich tief in das nationale Gedächtnis einprägte und den Antisemitismus zu einem konstituierenden Bestandteil des rumänischen Bewusstseins werden ließ.

Die Frustration über die Behandlung durch die europäischen Großmächte verstärkte sowohl die Opferkomponente des rumänischen Nationalismus als auch den nicht unberechtigten Stolz auf die eigene Leistung über das in den vergangenen zwanzig Jahren Erreichte. Nirgendwo manifestierte sich diese Stimmung symbolträchtiger als in den Krönungsfeierlichkeiten anlässlich der Proklamation zum Königreich, die unter Ausschluss europäischer Vertreter begangen wurden.

[243] In der „Enciclopedia Românieiˮ, einer Bestandsaufnahme des rumänischen Staates in allen Bereichen, die kurz vor und während des Zweiten Weltkriegs erschien, kam diese Denkweise noch klar zum Ausdruck: „Und unsere Unabhängigkeit wird jedoch nur unter der Bedingung der Zuerkennung von Rechten an die Juden anerkannt. So zwang uns die internationale jüdische Macht, denjenigen Rechte zuzugestehen, die sie uns aufzunehmen zwang.ˮ Polihroniade, M., Viaţa politică a României sub Carol I, in: Enciclopedia României, I, S. 868. Zu den meinungsführenden Persönlichkeiten gehörte auch N. Iorga, der wie kein anderer das Geschichtsbild in diesem Sinne beeinflusste: Iorga, Geschichte des rumänischen Volkes im Rahmen seiner Staatsbildung, 2. Bd. S. 362ff. In der nationalkommunistischen Ära gab es keinen substanziellen Unterschied in der Auffassung, nur dass anstelle der Juden die Großmächte traten: Cazan, Gh., Recunoaşterea internaţională a independenţei de stat a României, in: Reprezentanţele diplomatice ale României, I, S. 23. Zu den herausragenden Merkmalen der kommunistischen Historiographie gehört die Unterschlagung der gesamten Judenfrage. Stellvertretend: Muşat, Ardeleanau, De la statul geto-dac la statul român unitar, I, S. 309.

VI Vollendung der staatlichen Organisation durch das Königreich

1. Die Erbfolgeregelung

Bereits während der Auseinandersetzungen um die internationale Anerkennung der Unabhängigkeit begann das Thema der Sicherung der Thronfolge die rumänischen Politiker zu beschäftigen.[1] Da das Fürstenpaar nach dem Tod seiner einzigen Tochter 1874 kinderlos geblieben war,[2] kam es trotz der eindeutigen Verfassungsartikel 82 und 83, die die Erbfolge regelten, zu Unsicherheiten über die Erbberechtigten und die Vorgehensweise bei einer Sukzessionsregelung.[3] Die Diskussion über die Thronfolge zu diesem Zeitpunkt war nicht zufällig, hing sie doch aufs Engste mit der außen- und innenpolitischen Sicherung des unabhängigen Staates zusammen, deren Konstante die Besorgnis gegenüber Russland bildete. Dieses wurde verdächtigt, sich der Moldau oder ganz Rumäniens bemächtigen zu wollen, wobei im Mittelpunkt der Anschuldigungen wieder Grigorie Sturdza stand, dem man den Aufsehen erregenden Brand des Administrationspalais in Iaşi anlastete und ihn ebenso mit dem gescheiterten Attentat auf Ion Brătianu in Verbindung brachte.[4]
Beschleunigt wurde die Angelegenheit nach der Beendigung der Anerkennungsfrage in Angriff genommen, als man nach Aussage Carols Beweise besaß, dass Russland den bulgarischen Fürsten als zukünftigen rumänischen Thronkandidaten ins Auge gefasst habe.[5]

1 Aus dem Leben König Karls, 4, S. 189f. Auch Kogălniceanu setzte sich für die Sicherung der Thronfolge ein. Arh. Stat. CR 41/1878, S. 112f. (Hoyos v. 19.12.1879, Nr. 177); ibd. 12/1879, S. 2f. (Hoyos v. 6.1.1879, Nr. 8. Reserviert).

2 Auch nach einer Kur von Fürstin Elisabeth im Sommer und Herbst 1879 in Holland und Italien stellte sich sehr zur Enttäuschung der Fürstin keine Schwangerschaft ein. Zu dem Zeitpunkt war sie 36 Jahre alt (geb. 29.12.1843).

3 Art. 82: Die verfassungsmäßigen Gewalten des Fürsten sind erblich in direkter absteigender und legitimer Linie Seiner Hoheit des Fürsten Carols I. von Hohenzollern-Sigmaringen, von Mann zu Mann nach der Ordnung der Erstgeburt und mit immerwährender Ausschließung der Frauen und ihrer Nachkommen.
Die Nachkommen Seiner Hoheit werden in der orthodoxen Religion des Ostens erzogen.
Art. 83: Mangels Nachkommen in männlicher Linie Seiner Hoheit Carols I. von Hohenzollern-Sigmaringen wird die Thronfolge dem ältesten seiner Brüder oder deren Nachkommen nach den im vorhergehenden Artikel festgesetzten Regeln zufallen. Etc.

4 Arh. Stat. Fond Regele Carol I, V D 1930, Brief Carols v. 30.1./11.2.1880.

5 Ibd., V D 1932, Brief Carols v. 6./18. März 1880. S. unten S. 568f. In Sturdzas Argumentation: „Bei den zu verwartenden Entwickelungen der Dinge auf der Balkanhalbinsel, muss rumänischerseits mit ebensoviel Entschiedenheit vorgegangen werden, wie russischerseits. Rumänien und sein Fürst müssen immer oben an sein. Jeder Zug am Schachbrette feindlicher-

Sowohl das Misstrauen gegenüber Russland wie die allgemeine Unsicherheit über die Lage auf dem Balkan angesichts drohender griechisch-türkischer Konflikte über die Grenzziehung in Thessalien und Epirus, die Krise um den Adriahafen Dulcigno, der Montenegro zugesprochen war, und die innerbulgarischen Schwierigkeiten ließen eine Regelung als dringlich erscheinen.[6] Konkreter Ausgangspunkt bildete eine erste Denkschrift von D. A. Sturdza vom 20. April 1880 (n.St.) an den Vater Carols, Fürst Karl Anton, in der er die Wichtigkeit einer Erbfolgeregelung für die Konsolidierung des rumänischen Throns und der innenpolitischen Verhältnisse hervorhob und für die Annahme der Verfassungsbestimmungen seitens der fürstlichen Familie plädierte. Seinem Vorschlag nach sollte der Erbprinz von Hohenzollern-Sigmaringen, der älteste Bruder von Carol, Leopold, für sich und seine Söhne die Bedingungen der rumänischen Verfassung als bindend anerkennen.[7] In einer zweiten Denkschrift vom 22. Juli 1880 (n.St.) begründete Sturdza dann ausführlich die Wichtigkeit einer Erbdynastie als Integrations- und Stabilisationsfaktor für das Gemeinwesen und hob in seinem Begleitschreiben an Karl Anton hervor: „Nichts kettet die Menschen im Staate so an einander, als das Anhängen an eine Dynastie. Der Grund davon ist, dass die Dynastie in dem beständig wandelbaren der menschlichen und staatlichen Verhältnisse, der einzig feste unverrückte Punct, der gewaltige Felsen, die hochgehaltene von allen gesehene Fahne gesicherter Zukunft erscheint."[8]

Sturdza unterzog die rechtlichen Aspekte der Erbfolge einer eingehenden Prüfung und sprach sich für die strikte Einhaltung der Verfassungsbestimmungen aus, die den ältesten Bruder des Fürsten und seine Nachkommen als erbberechtigt festgelegt habe, und verwahrte sich gegen jede andere Lösung, etwa eine Adoptionsregelung. Um seinem Anliegen noch mehr Nachdruck zu verleihen, bezeichnete er es geradezu als eine Pflicht des Hohenzollern-Sigmaringer Hauses, die von Carol so erfolgreich begonnene Mission der Zivilisation an der unteren Donau zu sichern und weiterzuführen.[9] Auf Bitte von Karl Anton nach einer Punktation fasste Sturdza in einer dritten Denkschrift vom 4.

seits, erfordert einen erfolgreicheren unsererseits. Noch mehr, wir müssen vorgehen und nicht nachhinken." Arh. Stat. CR 4/1880, f. 23, Sturdza v. 4.8.1880 an Karl Anton.

6 Ibd., f. 15, Sturdza an Karl Anton v. 22. Juli 1880. Griechenland gehörte ebenfalls zu den Ländern, die mit den Ergebnissen des Berliner Kongresses höchst unzufrieden waren. So versuchte es, eine Revision der griechisch-türkischen Grenzziehung in Epirus und Thessalien durchzusetzen. Erst am 24. Mai 1881 kam es auf Druck der Großmächte zu einer Regelung zwischen Griechenland und der Türkei, wobei Griechenland zwar Gebietsgewinne machen konnte, die aber dennoch hinter seinen Erwartungen zurückblieben. In allen Schreiben bildete den Grundtenor einer Dringlichkeit der Erbfolgeregelung die Besorgnis vor „orientalischen Verwicklungen" – so Karl Anton an den Hohenzollernschen Hausminister Graf Schleinitz vom 31. August 1880. Ibd., f. 41.

7 Ibd., f. 2f.

8 Ibd., f. 15.

9 Ibd., f. 20f.: „Diese Idee, diese That weiter zu führen und zu entwickeln ist für dasselbe zu einer Pflicht dem Fürsten Carol und der eigenen weltgeschichtlichen Stellung gegenüber geworden. Der glückliche Versuch darf nicht aus Mangel an nöthiger, zeitiger Unterstützung in die Brüche gehen."

August 1880 noch einmal alle Argumente zusammen und schlug zur Durchführung der Anerkennung der rumänischen Erbfolge durch die Hohenzollern-Sigmaringer konkrete Maßnahmen vor, wie die Verleihung des Titels „Prinz von Rumänien“ an den Erbprinzen Leopold und an dessen männliche Nachkommen durch Fürst Carol und die Annahme der Titel durch Leopold.[10]

Seitens der Hohenzollern-Sigmaringer wurde die Frage im Verlauf des Sommers und Herbstes 1880 ausführlich erörtert, als Carol auf seiner ersten Auslandsreise seit 1874 längere Zeit mit seiner Familie in Krauchenwies bei Sigmaringen und auf der Weinburg in der Schweiz verbrachte.[11] Das Ergebnis bestand in einer allgemein gehaltenen Deklaration, in der sich der Vater und die beiden Brüder von Carol, Leopold und Friedrich, unter Bezugnahme auf die Verfassungsartikel 82 und 83 zur Annahme der von der rumänischen Konstitution festgelegten Sukzession mit Zustimmung des deutschen Kaisers als Oberhaupt des Hauses Hohenzollern bereit erklärten. Personal- und Detailfragen sollten aber einer späteren Konvention vorbehalten werden.[12] Nach einem Briefwechsel mit dem hohenzollernschen Hausminister Graf v. Schleinitz, der einige Präzisierungen anbrachte, schickte Karl Anton die Erklärung am 19. September 1880 an Bismarck, dessen Zustimmung von allen Seiten als notwendig erachtet wurde, da die Angelegenheit aufgrund der Involvierung des Kaisers die deutsche Politik tangierte.[13]

Bismarcks Eingreifen wirkte sich entscheidend auf die Art und Weise der Erbfolgeregelung aus und gab ihr eine neue Richtung. Sein wichtigster Einwand betraf die Einbeziehung des deutschen Kaisers in diesen Akt, da die rumänische Sukzessionsfrage als von der Entscheidung des deutschen Kaisers abhängig und der deutsche Einfluss als maßgebend erscheinen könnte. Dieses läge weder im Interesse Carols noch in demjenigen Deutschlands, da eine angenommene Vorrangstellung Deutschlands in Rumänien wie bei den europäischen Mächten nur Misstrauen hervorrufen und negative Implikationen

10 Ibd., f. 26ff.

11 Die Auslandsreise des Fürstenpaars dauerte vom 29.7/10.8. bis zum 2./14. Oktober 1880. Carol hielt sich bei seiner Familie zunächst vom 4./16.–14./26. August in Krauchenwies auf, dann vom 27.8./8.9.–28.9./10.10.1880 auf der Weinburg in der Schweiz. Aus dem Leben König Karls, 4, S. 338f. Arh. Stat. Fond Regele Carol I, III/29 (m.r. 562), f. 166. Am 7./19. August 1880 wurde dieses Thema im Familienkreis ausführlich erörtert, während des Aufenthalts auf der Weinburg kam es dann zu wiederholten Gesprächen zwischen Carol und seinem Bruder Leopold und dessen Frau Antoinette, die aus religiösen Gründen einer möglichen Berufung einer ihrer Söhne zum rumänischen Thronfolger abgeneigt zu sein schien. Ibd., f. 168f. Am 23.9./5.10.1880 trafen auch Sturdza und Stătescu auf der Weinburg ein, um die Sukzessionsfrage zu erörtern, auf deren Erledigung man in Bukarest drängte. Ibd., f. 170.

12 Arh. Stat. CR 4/1880, f. 34ff. Der entscheidende Passus lautete: „Le Chef et les princes majeurs de la maison princière de Hohenzollern, père et frères du souverain actuel de la Roumanie, déclarent avec le consentement de Sa Majesté l'Empereur d'Allemagne, Roi de Prusse comme Chef suprême de la maison de Hohenzollern, pour eux et leurs descendants accepter pleinement la règle de succession telle qu'elle est établie par les susdits articles 82 et 83 avec les conséquences et réserves qu'elle implique.“ Die Notwendigkeit der Zustimmung des Kaisers ergab sich für Karl Anton aus den Hohenzollernschen Hausgesetzen.

13 Ibd., f. 49ff.

für die deutsche wie für die rumänische Politik nach sich ziehen würde. Zudem könne sich Deutschland für Rumänien nur dann wirksam einsetzen, wenn jeder Verdacht auf einen „Anspruch auf deutschen Einfluß in Rumänien und auf eine *nähere* Berechtigung Deutschlands zur Einwirkung auf die Zukunft des Landes und seiner Dynastie" ausgeräumt sei.[14]

Bismarck lehnte aber nicht nur eine Mitwirkung des Kaisers ab, sondern zog auch die Wirksamkeit einer allgemein gehaltenen, einseitigen Annahmeerklärung durch die „nichtrumänischen Mitglieder" des hohenzollernschen Fürstenhauses in Zweifel. Stattdessen schlug er eine „Reihe von Actenstücken" vor, die „durch amtliche Fürstlich-Rumänische Initiative an das rumänische Bedürfnis der Klarstellung des Artikels 83 der Verfassung geknüpft würde". Um jede Unklarheit zu beseitigen, erachtete er zudem die Benennung des künftigen Thronerbens für notwendig und näherte sich damit den Vorstellungen von Sturdza an. Der entscheidende Unterschied zur Auffassung der Sigmaringer bestand darin, dass Bismarck die rumänische Initiativrolle hervorhob und die Wichtigkeit einer offiziellen staatsrechtlichen Verfahrensweise erkannte. Die rumänische Sukzessionsregelung stellte eben keinen innerfamiliären Vorgang dar, sondern besaß weitreichende politische Implikationen für die Dynastie in Rumänien wie für Deutschland. Sie wurde nun zum Ausgangspunkt, an dem sich der rumänische Teil vom deutschen Gesamthaus abzulösen und einen selbständigen Zweig zu bilden begann. Bismarck seinerseits bezeugte mit seiner Hilfestellung in dieser Frage, dass er endgültig die Sigmaringer Linie als rumänische Dynastiegründer akzeptiert hatte und die rumänische Monarchie als politischen Machtfaktor in seinem europäischen Sicherheitssystem ernstnahm. Indem er jede deutsche Einflussnahme auf die Erbfolgeregelung ablehnte, bereitete er langfristig den Weg zu einer Einbindung Rumäniens in das deutsch-österreichische Bündnis vor.

Bismarcks Vorschläge wiesen den Weg, der dann beschritten wurde. Am 11./23. Oktober 1880 richtete Fürst Carol ein offizielles Schreiben an seinen Vater, in dem die Wichtigkeit einer Regelung als „eine mächtige Garantie der Stabilität für die Zukunft" („comme une puissante garantie de stabilité pour l'avenir") hervorgehoben und der Vater im Namen des Fürsten und der rumänischen Regierung gebeten wurde, eine formelle, von allen Mitgliedern der fürstlichen Familie unterzeichnete Erklärung abzugeben, in der diese die Annahme der Erbfolge in Rumänien mit allen damit verbundenen Prärogativen und Restriktionen deklarierten.[15] Diese Annahmeerklärung der Hohenzollern-Sigmaringer wurde

[14] Ibd., f. 51ff., hier: f. 55 [Hervorhebung im Text]. Bismarck v. 27.9.1880 an Karl Anton. Carol befand sich noch auf der Weinburg, als die Antwort von Bismarck am 29. September 1880 eintraf.

[15] Ibd., f. 64. Aus dem Leben König Karls, 4, S. 357f. Ausdrücklich wurde zu Beginn des Schreibens die Forderung des Ministeriums zum Ausgangspunkt genommen: „Après mon retour en Roumanie, mon conseil des ministres m'a soumis de nouveau la nécessité de régler par un acte formel, la question de la succession au trône." Am 8./20.10. hatte Carol mit Brătianu die Sukzession und den Brief an seinen Vater besprochen, am 10./22.10.1880 fand ein Ministerrat statt, in dem das Anliegen förmlich zur Sprache gebracht wurde. Arh. Stat. Fond Regele Carol I, III/29 (m.r. 562), f. 171.

auf Vorschlag Karl Antons in Bukarest in der Privatkanzlei des Fürsten abgefasst, um sie von vornherein den rumänischen Sprachgepflogenheiten anzupassen und ihre Akzeptanz zu sichern.[16] Damit sollte der ganze Vorgang beschleunigt werden, denn Carol wollte bereits in der Thronrede zur Eröffnung des Parlaments am 15./27. November die „vom ganzen Lande erwartete und erhoffte Lösung dieser schwebenden Frage" verkünden.[17] Neben dieser Deklaration war auch eine Verzichtserklärung des Erbprinzen Leopold vorgesehen bei gleichzeitiger Annahme der rumänischen Thronfolge für seine Söhne.

Der von Carols Kanzlei ausgearbeitete Entwurf wurde von Karl Anton erneut zur Überprüfung an den Hausminister v. Schleinitz und an Bismarck geschickt, der ihm mit einem Änderungsvorschlag die endgültige Fassung gab.[18] Am 22. November 1880 sandte Karl Anton die offiziellen Aktenstücke über die Sukzession, die aus einem französisch abgefassten Kabinettsschreiben von Karl Anton, aus einem auf deutsch gehaltenen Kabinettsschreiben von Leopold und der Urkunde der Annahmedeklaration bestanden, an Carol ab, der sie einen Tag vor der Parlamentseröffnung erhielt.[19] So konnte er in der Thronrede in einem kurzen Passus verkünden, dass die Erbfolge gemäß den Verfassungsbestimmungen geregelt werden würde. Im Gegensatz zur Auffassung seiner Minister wollte Carol eine spezielle Erklärung zur Thronnachfolge vermeiden, um der Sache keinen ostentativen Charakter zu verleihen und sie nicht zum Gegenstand öffentlicher Debatten zu machen.[20] Die Kabinettsschreiben von Karl Anton und Leopold erhielten danach in der Kanzlei des Fürsten ihre endgültige Fassung, in der sie dem Parlament vorgelegt wurden und in den diplomatischen Schriftverkehr Eingang fanden.[21] Die fürstliche

16 Arh. Stat. CR 4/1880, f. 65ff., Brief Karl Antons an Carol v. 2.11.1880 (n.St.).

17 Ibd., f. 69ff. Carol v. 8.11.1880 an den Vater mit dem Entwurf der Annahmeerklärung.

18 Ibd., f. 75f., Karl Anton v. 13.11.1880 an Schleinitz, und f. 77f., Karl Anton an Bismarck v. 15.11.1880. Bismarcks Antwortschreiben v. 19.11.1880: Ibd., f. 83f. Wenn auch nur eine Randerscheinung im Wirken Bismarcks, so gibt dieser Schriftwechsel über die rumänische Sukzessionsfrage ein gutes Beispiel für das außenpolitische Einfühlungsvermögen Bismarcks und die Treffsicherheit in seinen Formulierungen. Karl Anton fiel es sichtlich schwer, entgegen den Bestimmungen des Hausgesetzes ohne ausdrückliche Einwilligung von Wilhelm I. vorzugehen, informierte aber über den Hausminister den Kaiser ausführlich, der die politische Inopportunität einer eigenen Zustimmungserklärung anerkannte. Ibd., f. 79f., Schleinitz an Karl Anton v. 16.11.1880.

19 Ibd., f. 88ff. und f. 91f., Brief Karl Antons v. 22.11.1880.

20 Die Minister wollten zunächst, als die offiziellen Papiere noch nicht eingetroffen waren, keine Erwähnung der Erbnachfolge in der Thronrede, sondern erst nach Erhalt eine gesonderte Botschaft an das Parlament richten, was Carol ablehnte. Brief v. 15./27.11.1880 an seinen Vater: Ibd., f. 100.

21 Aus dem Leben König Karls, 4, S. 364ff. Die in den veröffentlichten Memoiren abgedruckten Schriftstücke stellen bereits die letzte Fassung dar, die Carol nach der Überarbeitung und der Übersetzung des Briefes von Leopold in seiner Kanzlei erst Anfang Dezember unterschrieben von seinem Vater und Leopold zurückerhielt. Insofern stimmt das angegebene Berichtsdatum nicht vollständig mit den Dokumenten überein. Auch die Unterschrift von Prinz Friedrich, Carols jüngstem Bruder, unter die Annahmeerklärung musste aufgrund der von Bismarck vorgeschlagenen Änderung noch nachträglich eingeholt werden.

Familie der Hohenzollern erklärte sich damit offiziell bereit, die Thronfolge im Erbfall gemäß der rumänischen Verfassung für sich anzuerkennen. Leopold als Erbprinz des Hauses verzichtete auf seinen Anspruch, verpflichtete sich aber gleichzeitig, einen seiner Söhne für diese Aufgabe zur Verfügung zu stellen und darauf vorzubereiten.
Die unspektakuläre Art der Regelung der Thronnachfolge sollte nicht darüber hinwegtäuschen, dass es sich um einen Vorgang von größter politischer Tragweite handelte. In einem Land, das in seiner Geschichte immer wieder von Thronwirren und den daraus resultierenden außenpolitischen Einmischungen in seiner Existenz bedroht worden war, stellte die Sicherung der dynastischen Nachfolge eine der wichtigsten Stabilitätsgarantien dar. Als „Lebensfrage Rumäniens" bezeichnete sie Karl Anton gegenüber Bismarck.[22] Carol sah darin überdies einen zusätzlichen persönlichen Schutz.[23] Vor allem aber deutete er die deutsche und österreichisch-ungarische Unterstützung als eine Absicherung seiner Dynastie gegenüber Russland. Carol und seinem Vater war es mit Bismarcks Unterstützung gelungen, auf diskrete Weise die Sukzessionsfrage zu regeln, ohne innen- oder außenpolitische Angriffsflächen zu bieten. Ihr Erfolg ließ sich gerade daran messen, dass die Regelung später kaum noch der Erwähnung für wert befunden, sondern als etwas Selbstverständliches angesehen wurde.[24] Die Thronfolgeregelung offenbarte fast idealtypisch den Politikstil des Fürsten und späteren Königs, alle sein Haus und seine Person betreffenden Angelegenheiten aufgrund der hohen politischen Sensibilität aus politischen Auseinandersetzungen herauszuhalten. Der Fürst schuf dadurch eine Atmosphäre der Diskretion und Exklusivität um das Herrscherhaus, die zu bewahren viel Fingerspitzengefühl und Erfahrung mit den politischen und gesellschaftlichen Umgangsformen erforderte. Gerade diese Unantastbarkeit seiner Position bildete einen wichtigen Bestandteil in der Akzeptanz der integrativen Aufgaben des Fürsten bei politischen Konflikten.
Bei den in der Regierungsverantwortung stehenden liberalen Politikern herrschten Freude und Erleichterung vor.[25] Am 19.11./1.12.1880 sprach das Ministerium dem Fürstenpaar

[22] Arh. Stat. CR 4/1880, f. 96.

[23] Ibd., f. 100, Brief Carols v. 15./27.11.1880 an seinen Vater.

[24] So z.B. in Nicolescu, Parlamentul romîn, S. 39, wo das Ereignis mit einem dürren Satz abgehakt wird.

[25] Carol dankte seinem Vater in einem Brief vom 15./27.11.1880 für dessen Engagement in dieser Frage und schrieb über die rumänische Reaktion: „Bratiano u. Boerescu sagten mir mit Thränen in den Augen, es sei ihr glücklichster Tag, an dem sie Kenntniß von der Erklärung des Hohenz. Hauses und dem Briefe von Leopold, den ich ihnen vorübersetzt, genommen. In der Kammer wurde der nicht viel sagende Passus bezügl. der Thron-Folge mit großer Wärme aufgenommen u. D. Ghica, der Senats-President gab das Zeichen zum Applaudiren, in das das ganze Haus einstimmte." Den Anteil Bismarcks, der den „richtigen Weg angegeben" hatte, strich Carol gleichfalls heraus. Arh. Stat. CR 4/1880, f. 100. In seinem Brief v. 10.12. an den Vater wiederholte er: „Der Eindruck den das Familien Uebereinkommen in den Kammern hervorgerufen ist ein großer und jederman ist erfüllt von der Tragweite des Actes, der die Zukunft des Landes sicher stellt." Ibd., f. 111. Stackelberg, N., Aus Carmen Sylva's Leben, Heidelberg, 5. Aufl. 1880, S. 214.

seinen Dank für die Regelung der Sukzessionsfrage aus,[26] am 4./16. Dezember bildeten die Überreichung der Senatsadresse und am 7./19. Dezember die der Kammeradresse jeweils den Anlass, um dieses Ereignis zu würdigen. Besonders die Senatsadresse, von D. A. Sturdza als Berichterstatter formuliert, behandelte die Nachfolgeregelung ausführlich und bezeichnete sie als den „letzten Stein" im politischen Gebäude des Landes, der noch gefehlt habe: „Ainsi la stabilité du trône, tant désirée par la nation entière, dont les assemblées nationales de 1857 ont été le plus puissant écho, est devenue un fait accompli."[27] Desgleichen wurde an die geschichtlichen Erfahrungen der Instabilität des Throns erinnert, um vor diesem Hintergrund die gewonnene Sicherheit und das Vertrauen in die Zukunft des Landes noch stärker hervortreten zu lassen. Auch die konservative Opposition stellte sich hinter die Thronfolgeregelung und dokumentierte mit ihrem Votum die Anerkennung der Etablierung der Dynastie.[28] Um keinerlei Anlass für Gerüchte und öffentliche Diskussionen zu bieten, legte Carol bei diesen offiziellen Auftritten großen Wert auf die Anwesenheit von Elisabeth, um ihre Akzeptanz der Thronfolge zu demonstrieren.[29]

Nach 1866 bildete die Sukzessionsregelung 1880 den zweiten Anlass, bei dem sich die rumänischen Politiker aktiv für ihre Dynastie einsetzten. Stabilität und Sicherheit durchzogen als Leitmotive bei beiden Ereignissen alle Verlautbarungen und wurden als die zentralen funktionalen Elemente mit dem Thron verknüpft. Die Berufung Carols 1866 war der Ausstellung eines politischen Wechsels auf die Zukunft Rumäniens gleichgekommen, von dem man erst jetzt wusste, dass er eingelöst worden war. Nach innenpolitischem Ausgleich, Krieg und Unabhängigkeit hatte sich Carol als rumänischer Dynastiegründer etabliert und den Bestand seines Throns rechtlich gesichert. Die Ausrufung zum König setzte folgerichtig den Schlussstein im Institutionsgebäude Monarchie.

26 Aus dem Leben König Karls, 4, S. 367f.

27 Arh. Stat. CR 4/1880, f. 115.

28 So wurde die Senatsadresse einstimmig votiert, und bei ihrer Verlesung vor dem Fürsten waren viele aus der Opposition anwesend. Arh. Stat. Fond Regele Carol I, III/29 (m.r. 562), f. 175 (4./16.12.1880).

29 Gerüchte über eine ablehnende Haltung der Fürstin begleiteten die Thronfolgeregelung ständig, doch wenn es auch zutraf, dass diese einen wunden Punkt bei Elisabeth berührte, so hatte Carol mit ihr das Problem immer gemeinsam erörtert und sie in eine Regelung miteinbezogen, die auch Elisabeth für politisch notwendig ansah. Die ständigen Hinweise auf die immer noch bestehende Möglichkeit der Geburt eines Thronerben waren ein Ausdruck von Rücksichtnahme auf die Fürstin. Arh. Stat. CR 4/1880, f. 101. Carol v. 15./27.11.1880 an seinen Vater. Fond Regele Carol I, III/29 (m.r. 562), f. 175 u. 176 (4./16.12.1880 und 7./19.12.1880). Nach Wolbe, E., Carmen Sylva, Leipzig 1933, S. 158f., hätte Elisabeth ihren Bruder, Fürst Wilhelm zu Wied, zum Nachfolger küren wollen.

2. Präliminarien der Königreichsproklamation

Die Monarchie lag in der Konsequenz der Unabhängigkeit, was bereits in den Unabhängigkeitsreden anklang, und begleitete danach die rumänische Politik auf latente Art.[30] Ein erster Versuch wurde zwar, wie oben erwähnt, im Dezember 1877 wegen politischer Inopportunität aufgegeben,[31] doch änderte dies nichts an dem grundsätzlichen Konsens, dass nach Unabhängigkeit und Sieg über das Osmanische Reich das Königreich die Rumänien zustehende und seiner Bedeutung entsprechende Staatsform darstelle. Das Königtum sollte den krönenden Abschluss der rumänischen Staatswerdung und die Garantie für die Anerkennung als gleichberechtigtes Mitglied im Kreis der europäischen Länder bilden. D. A. Sturdza brachte die allgemeine Stimmung auf den Punkt, als er in einem Glückwunschschreiben zum Geburtstag des Fürsten am 20. April 1880 das Königreich ausführlich behandelte und die Notwendigkeit desselben begründete:
„Eines bleibt aber noch zu thun übrig: die Titulatur seiner Stellung offen und frei bekennen. Rumänien braucht nicht unbescheiden zu werden, um den Namen eines Königreiches zu tragen. Kleinere Länder sind es längst. Jene Titulatur ist auch keine Geringfügigkeit, kein leeres Wort. Daran sind Rechte und Pflichten gebunden, die in der völkerrechtlichen Stellung eine Bedeutung haben. [...] Wir müssen Alle an die Zukunft und deren Sicherung denken. Ein Fürstenthum wird leicht übersehen, ein Königreich hat ein grösseres Gewicht, gebietet mehr Achtung und hat mehr Ansehen. [...]
Ich glaube, dass kaum je eine günstigere Lage der Verhältnisse sich gestalten könnte, um diese Frage zu erledigen, wie im jetzigen Augenblicke. Alle Mächte sind dafür vorbereitet, weil die Sache natürlich und logisch ist, und folglich in der Luft schon liegt."[32]
Ein anderer Aspekt der Königreichfrage hing wie bei der Erbfolge eng mit dem Schutzbedürfnis des jungen Staates in einer Region zusammen, wo weiterhin die Großmachtinteressen Russlands und Österreich-Ungarns aufeinanderstießen und die Konflikte zwischen den Balkanstaaten durch den Berliner Vertrag keinesfalls gelöst worden waren. Nicht nur der bulgarisch-rumänische Zwist über den Grenzverlauf hatte die Verwundbarkeit der rumänischen Position offenbart, sondern auch die Gefahr eines neuen Krieges auf dem Balkan im Gefolge der Grenzstreitigkeiten zwischen dem Osmanischen Reich und Montenegro bzw. Griechenland, die erst im Oktober 1880 respektive im Mai 1881 beigelegt wurden, brachte die eigene Bedrohung immer ins Bewusstsein und verstärkte den Wunsch nach einer politischen Sicherstellung durch ein Königtum. Das hinderte die

30 So bezeichnete Senatsvizepräsident D. Brătianu den Fürsten in seiner Rede am Unabhängigkeitstag (10./22. Mai 1877) als zukünftigen König Rumäniens. Lui C. A. Rosetti (1816-1916) la o sută de ani dela naşterea sa, o.O. 1916, S. 332.

31 Arh. Stat. CR 46/1877, S. 99f. (Zwiedinek v. 28.12.1877). Das Dementi von Kogălniceanu fiel eindeutig als: „Ni le Prince, ni ses ministres n'ont jamais songé à ériger la Roumanie en Royaume. Nous pensons que notre pays peut avoir son importance sans s'affubler d'un titre étranger et contraire à nos traditions." Arh. Stat. CR 23/1877, f. 114, Telegramm an Bălăceanu v. 28.12.1877 (n.St.).

32 Arh. Stat. CR 32/1880, Sturdza an Carol v. 20.4.1880 aus Berlin.

Regierung aber nicht daran, schon kräftig im türkisch-griechischen Konflikt mitzumischen, indem sie die Aromunen in Mazedonien unterstützte, die sich mit den Albanern einer Eingliederung ihrer Siedlungsgebiete in Epirus und Thessalien durch Griechenland widersetzten. Besonders der Fürst machte sich für die Ermutigung der Aromunen stark, was er als friedensichernde Maßnahme verstand: „Wenn die Griechen wissen, daß die dortigen Rumänen mit den Albanesen sind, werden sie vielleicht nicht den Krieg unternehmen."[33] Somit griff Rumänien aktiv in die Auseinandersetzungen in den Nachbarstaaten ein und die aromunische Frage, d. h. der Kampf um eine kulturelle Autonomie der Aromunen, bekam von nun an einen wichtigen Stellenwert in den Beziehungen zu Griechenland und zur Türkei. Zudem wurde sie auch zu einem Interventionsinstrument bei Versuchen einer Änderung der Machtverhältnisse auf dem Balkan.

Neben den regionalen Spannungen fachte das sich abzeichnende neue europäische Mächtegefüge durch den Abschluss des Zweibundvertrags zwischen Deutschland und Österreich-Ungarn im Oktober 1879 und das gespannte Verhältnis zwischen den deutschen Mächten und Russland die rumänische Diskussion über seine außenpolitische Orientierung an, die 1880 und 1881 besonders intensiv geführt wurde.[34] Gerade weil ein Zusammengehen mit Russland keine politische Option mehr darstellte und das russische Vorgehen in Bulgarien als ständiges Bedrohungspotenzial angesehen wurde, fürchtete man auch die Abhängigkeit von Österreich-Ungarn. Der Versuch Wiens, die Kontrolle über den rumänisch-bulgarischen Streckenabschnitt der Donau zu gewinnen, und die handelspolitischen Einschränkungen des rumänischen Exports schienen diese Befürchtungen vor einer österreichischen Dominanz nur allzu sehr zu bestätigen. Andererseits gab es zu Österreich-Ungarn sicherheitspolitisch keine Alternative. Vor einer Festlegung auf ein Bündnis schreckte man noch zurück, doch Brătianu machte bereits klare Zusagen, im Kriegsfall an der Seite der Doppelmonarchie zu stehen.[35] Symptomatisch für den Zwiespalt im Verhältnis zu Österreich-Ungarn war eine heftige Debatte zu Beginn des Jahres 1881, ausgelöst durch einen Grundsatzartikel von Titu Maiorescu in der Januarausgabe von 1881 der „Deutschen Revue". Dieser Aufsatz mit dem Titel „Zur

33 Arh. Stat. Fond Regele Carol I, III/30 (m.r. 562), f. 2 (23.12.1880/4.1.1881, auch 10./22.1. 1881, 17./29.1.1881) Aus dem Leben König Karls, 4, S. 375. Eine in diesem Brief Carols an seinen Vater v. 26.12.1880/7.1.1881 ausgelassene Passage lautet: „Um den Frieden aufrecht zu erhalten lassen wir ihnen (= Aromunen, E. B.-I.) indirect Unterstützungen zukommen." Arh. Stat. Regele Carol I, V D 1952. Generell zu diesem Thema: Peyfuss, M. D., Die aromunische Frage. Ihre Entwicklung von den Ursprüngen bis zum Frieden von Bukarest (1913) und die Haltung Österreich-Ungarns, Wien, Köln, Graz 1974.

34 Arh. Stat. CR 20/1880 mit den Berichten von Hoyos und Zeitungsausschnitten über die von Januar bis März 1880 geführte Debatte über die geänderte internationale Lage und über die Frage, welche Position Rumänien im Falle eines Krieges einnehmen solle.

35 Arh. Stat. CR 20/1880, S. 39ff. (Hoyos an Haymerle v. 3. März 1880, Nr. 27 B, Vertraulich, und Nr. 27C, Geheim); CR 29/1880, S. 107 (Chiffr. Telegramm v. 28. Juli 1880 von Baron Calice über die rumänischen Befürchtungen vor einem russischen Angriff auf die Dobrudscha). Aus rumänisch parteiischer Sicht: Căzan, N., Rădulescu-Zoner, S., Rumänien und der Dreibund 1878-1914, Bucureşti 1983, S. 35f.

politischen Lage Rumäniens"[36] ging von einer natürlichen Interessengemeinschaft Rumäniens und Österreich-Ungarns gegen ein slawisches Übergewicht aus und plädierte für eine Annäherung an Deutschland und Österreich – Maiorescu sprach dabei von einem „legitimen Einfluß Deutschland-Österreichs unter den Rumänen". Ursprünglich an die Adresse der Konservativen gerichtet und als Angriff gegen die russophile Richtung der Moldauer Ultrakonservativen um Grigorie Sturdza gedacht,[37] überstieg dieser Artikel bei weitem die Intentionen Maiorescus, indem er auf eine breite öffentliche Kritik stieß und die Grundsatzdiskussion über die Außenpolitik Rumäniens weiterführte. Dabei zeigten sich Divergenzen zwischen der Öffentlichkeit, die einer Neutralitätspolitik den Vorzug gab, und der Einsicht führender Politiker, die die Unmöglichkeit einer solchen erkannten, da Rumänien weder die Machtmittel besaß, sie durchzusetzen, noch auf Garantiezusagen der Großmächte hoffen konnte.[38]

Andererseits erregten Anzeichen einer Verständigung zwischen den drei Kaisermächten, die gerade Anfang 1881 in geheimen Verhandlungen über eine Erneuerung des Dreikaiserbundes berieten, großes Misstrauen, da es die alten Ängste vor einer Aufteilung des Landes reaktivierte.[39] Die Ermordung von Zar Alexander II. am 1./13. März 1881 brachte neue Unsicherheit über die zukünftige europäische Lage und die möglichen Auswirkungen auf Rumänien. So muss die Königreichsfrage auch in den Gesamtkomplex der außenpolitischen Standortbestimmung nach der Unabhängigkeit eingeordnet werden, da man sich von der Rangerhöhung eine Verstärkung des politischen Eigengewichts nach außen und eine größere Durchsetzungkraft bei eigenen Ansprüchen erhoffte. So sehr das Königreich Ausdruck eines gesteigerten Selbstbewusstseins und neuen Machtempfindens war, so entsprang es ebenso einem Unsicherheitsgefühl und einem Schutzbedürfnis, was in allen Reden zur Begründung der Königreichsproklamation zur Sprache kam.

Die Aufnahme in die europäische Gemeinschaft der Monarchien tangierte in besonderem Maße den herausgehobenen symbolischen Aspekt dieser Herrschaftsform. Auflagen oder das Feilschen um die Erfüllung von Bedingungen wie bei der Anerkennung der Unabhängigkeit hätten das Königtum in seiner neutralen Stellung von vornherein entwertet und seine politische Unverletzlichkeit beschädigt. Daher bemühte sich die rumänische Politik in der Umsetzung des Königreichs um eine Konsenslösung, sowohl außen- wie innenpolitisch. Dabei hatte man keine einseitigen Großmachtregelungen wie im Fall der Königreiche Belgien und Griechenland im Auge, sondern eine Verständigung mit den Großmächten, um die internationale Solidarität und Akzeptanz der Monarchie sichtbar zu machen. Auch eine einseitige Aktion in Form einer vollendeten Tatsache wie bei der Union oder bei der Berufung eines fremden Fürsten sollte vermieden werden. Die Zeit

36 Deutsche Revue, 6. Jg., 1. Bd., Jan.–März 1881, S. 12-20. Vgl. dazu auch die Artikel von Eminescu, in: Eminescu, Opere, Vol. XII, S. 36ff., 42f., 46f., 53f. Ornea, Viaţa lui Titu Maiorescu, I, S. 409f.

37 Maiorescu, Istoria contemporană, S. 178ff. Ders., Însemnări zilnice, II, S. 4.

38 Arh. Stat. CR 20/1880, S. 62ff. und S. 85 (Hoyos v. 10.3. und v. 17.3.1880 über Unterredungen mit Brătianu und Außenminister Boerescu).

39 Arh. Stat. CR 16/1881, S. 5f. (Hoyos v. 9.3.1881, Privatschreiben).

der Politik eines *fait accompli* gehörte der Vergangenheit an, nachdem sich Rumänien als unabhängiger Staat etabliert und in die europäische Staatenordnung integriert hatte. Das größte Hindernis bei der Vorbereitung des Königreichs bildete der Widerstand Österreich-Ungarns, das zugleich den wichtigsten Stellenwert in den rumänischen Außenbeziehungen einnahm. Das Bemühen der rumänischen Diplomatie um die Zustimmung der Doppelmonarchie stellte daher eine Konstante in der Königreichfrage dar und spiegelte den Balanceakt bei dem Interessenkonflikt zwischen Rücksichtnahme auf den Nachbarn und Durchsetzung der eigenen politischen Ziele wider. Dem außenpolitischen Vereinbarungsversuch entsprach ein innenpolitischer, durch eine Koalitionsregierung den parteiübergreifenden und versöhnenden Aspekt der Institution herauszustellen und das Königreich als ein von allen Parteien gemeinsam geschaffenes und anerkanntes Werk zu begründen.

3. Politische Machtspiele: ein Königreich Dakien

Eine besondere Variante der Königreichsidee stand mit einer Personalunion mit Bulgarien in engem Zusammenhang und tauchte als Kompensationsgedanken für die durch die Friedensregelungen von Berlin erlittenen Einbußen und auferlegten Bedingungen auf, was bereits in dem Mémoire von Carol während des Berliner Kongresses seinen Niederschlag fand.[40] Besonders im Dezember 1878 wurden die Wahl Carols zum bulgarischen Fürsten und die Schaffung eines Königreichs Dakien mit Rumänien und Bulgarien in einem engen Führungszirkel mit den Brătianu-Brüdern, C. A. Rosetti und Außenminister Câmpineanu intensiv diskutiert. Es war vor allem D. Brătianu, der als treibende Kraft eines solchen Plans auftrat und diesen als den Wunsch der türkischen Regierung darstellte.[41] Favorisiert wurden solche Pläne aber auch vom englischen Botschafter in Konstantinopel, Layard, und dem englischen Generalkonsul in Bukarest, White, der als „Russenfeind" galt. Beide hegten die schlimmsten Befürchtungen hinsichtlich eines übermächtigen russischen Einflusses auf dem Balkan und wurden darin von den Vorgängen in Bulgarien und Mazedonien bestärkt. In einer Vergrößerung Rumäniens erblickten sie daher ein wirksames Gegenmittel, der russischen Expansionspolitik einen Riegel vorzuschieben. Allerdings machte sich Layard wenig Illusionen über die Realisierungschancen einer solchen Personalunion angesichts des zu erwartenden russischen Widerstandes und setzte sich alternativ für eine rumänisch-türkische Annäherung ein, um Russland

40 Siehe oben, S. 494f. Arh. Stat. Fond Regele Carol I, III/29, 19./31.5.1878 und 13./25. Juni 1878.

41 Ibd. 1./13. Juli 1878; 1./13.12.–19./31.12.1878. D. Brătianu war zum diplomatischen Vertreter bei der Pforte ernannt worden und verfügte dort über gute Beziehungen. Er war bekannt für seine oft phantastischen Pläne und sein eigenmächtiges Vorgehen. Seine im Winter 1878/79 unternommene Reise nach Paris und London, wo er für seine Pläne und für die Anerkennung der Unabhängigkeit werben wollte, gerieten jedoch zu einer Belastung für die rumänische Außenpolitik. Iordache, Pe urmele lui Dumitru Brătianu, S. 299ff.

entgegenzutreten.[42] Auch nach Ansicht Carols war zum gegenwärtigen Zeitpunkt seine Wahl zum bulgarischen Fürsten gegen Russland nicht durchzusetzen, da der „günstigste Moment" verpasst worden sei.[43]
Die intensive Diskussion über ein Königreich Dakien hing zunächst mit der inneren Lage zusammen, wo ein Gebietszuwachs und das Königtum einen Ausweg aus der sich abzeichnenden Krise wegen der Judenfrage zu bieten schienen und eine politische Genugtuung für den Verlust Bessarabiens bedeutet hätten. Doch der Plan entwickelte auch eine Eigendynamik und konnte bei bestehenden Schwierigkeiten im Verhältnis zu Bulgarien oder bei Neuordnungsplanspielen in der Balkanregion immer wieder aktiviert werden. Es entbehrte nicht einer gewissen Ironie, dass man sich jetzt aus einer überlegenen Position heraus Bulgarien gegenüber ähnlich verhielt wie früher die Großmächte gegenüber Rumänien, so z. B. in der Frage der Konsulargerichtsbarkeit, in der Rumänien dieses Recht für sich in Anspruch nahm, während es selbst auf seinem Gebiet dieses Recht den Großmächten immer abgesprochen hatte.[44] Dieses Überlegenheitsgefühl enthielt auch eine Dosis Verachtung gegenüber dem „halb barbarischen Bulgarien"[45], während sich die Bulgaren in Fragen nationaler Souveränität ähnlich intransigent wie die Rumänen zu zeigen begannen. Die Rollen hatten sich vertauscht, was dazu führte, dass es in den Beziehungen zwischen beiden Ländern von Anfang an ein Spannungs- und Konfliktpotenzial gab.
Mit der Wahl von Alexander von Battenberg zum bulgarischen Fürsten am 30. April 1879[46] fand das Kapitel einer Union ein vorläufiges Ende, nicht aber die Verlockung auf den Erwerb Bulgariens.[47] Unter anderen Vorzeichen erlebte der Plan einer Vereinigung beider Länder im Herbst 1879 eine Neuauflage, als eine Adoption Alexanders durch den

42 British Library London (A. H. Layard-Papers) Add. Mss. 38939. Layard an White v. 4.10.1878 (f. 81f.), v. 8.11.1878 (f. 85f.) und v. 20.12.1878 (f. 88f.). Für die Einsicht in diese Quellen danke ich Herrn Prof. Lothar Maier, der mir diesen Briefwechsel zur Verfügung stellte. White, seit Mai 1878 Generalkonsul in Bukarest, stand mit den Radikalliberalen in enger Verbindung und dürfte diese Idee mit ihnen diskutiert haben. Edwards, S., Sir William White, S. 160f, S. 191ff., S. 210ff. Von offizieller britischer Seite wurde diese Personalunion nicht propagiert, allerdings könnte es sich bei der Erwähnung des Gerüchtes von der Wahl Carols zum Fürsten von Bulgarien durch den englischen Botschafter in Berlin, Lord Odo Russell, gegenüber Bülow um einen Versuchsballon gehandelt haben. England fürchtete, dass Russland Rumelien nicht räumen würde. P.A. I.A.B.q. Türkei 24, Vol. 67, Bülow v. 27.12.1878.

43 Aus dem Leben König Karls, 4, S. 151f.

44 Velichi, C., Sofia, in: Reprezentanţele diplomatice ale României, I, S. 264f.

45 So Carol in einem Brief an seinen Vater v. 3./15.4.1881. Arh. Stat CR 7/1879, f. 200. Edwards, Sir William White, S. 208. Ähnlich hielt man auch in Griechenland die Bulgaren für „barbarisch".

46 Für Alexander spielte das Vorbild Carol, mit dem er sich seit dem russisch-türkischen Feldzug gut verstand, eine wichtige Rolle. Alexander hoffte auf Unterstützung durch seinen Nachbarn und schrieb an Carol, dass nur dessen Freundschaft und Nachbarschaft ihn zur Annahme der bulgarischen Krone hätte bewegen können. Arh. Stat. Fond Regele Carol I, III/29, f. 137 (19.4./1.5.1879).

47 So schrieb Carol am 14.12.1878 an Alexander v. Battenberg, als dieser ihn wegen einer eventuellen Kandidatur um Informationen bat: „Die Zeitungen stellen wieder Deinen Namen als

rumänischen Fürsten im Gespräch war.[48] Nun allerdings stieß ein solches Vorhaben auf den energischen Widerstand Carols und der Regierung, da man eine Intrige Russlands befürchtete, im Verein mit russisch gesinnten Bojaren Carol zu stürzen und einen Russland ergebenen Fürsten auf den rumänischen Thron zu erheben. So führte dieser Adoptionsplan zu einer Beschleunigung der Erbfolgeregelung, die ihrerseits die Voraussetzung für die Königreichsproklamation bildete.

In diesen Planspielen machte sich ein expansiver Zug der rumänischen Außenpolitik bemerkbar, der Bulgarien als mögliches Kompensationsobjekt ansah und auf Kosten des südlichen Nachbarn den eigenen Herrschaftsbereich zu erweitern suchte. Unverkennbar stärkte das Königreich das eigene Machtbewusstsein, als Ordnungsmacht gegenüber Bulgarien aufzutreten, dessen wachsende innenpolitische Schwierigkeiten ein rumänisches Eingreifen nach Meinung vieler notwendig machen würden.[49] Einige wie ausgerechnet C. A. Rosetti beflügelte das Königreich in ihrer Fantasie und ließ sie jetzt von einem rumänischen Kaisertum in der byzantinischen Nachfolge träumen.[50] Das Königreich gab einem Überlegenheitsgefühl gegenüber den balkanischen Nachbarn großen Aufschwung und verband sich mit der gebräuchlichen Vorstellung von der zivilisatorischen Mission des Landes an der Donau, was soweit gehen konnte, dass man ein lateinisches Reich, das sich auf den Ruinen des türkischen erheben würde, innerhalb von zehn Jahren für realisierbar hielt.[51] Festzuhalten bleibt bei diesem Expansionsdrang im Zusammenhang mit

Fürst von Bulgarien in den Vordergrund, obwohl sie Dich nicht verdienen, so würde ich es doch auf einen Versuch ankommen lasssen, und wenn Dir dieser neue Beruf nicht munden sollte, *so bin ich dann bereit, Dir die Regierungssorgen abzunehmen.*“ Zitiert in: Corti, E. C. Alexander von Battenberg. Sein Kampf mit den Zaren und Bismarck, Wien 1920, S. 56. (Hervorhebung im Text). Corti bezeichnet ein Donaureich als einen der geheimsten Wünsche Carols.

48 P.A. Rumänien 1, Bd. 3, Reuss v. 29.10.1879. Nach diesem Bericht soll der Plan von der Mutter Alexanders von Battenberg ausgegangen sein. Anders Schaller, R., Bulgarisch-rumänische Föderationsgespräche während der Regierungszeit Alexanders von Battenberg (1879-1886), in: Deutsch-rumänisches Colloquium, München 1974, S. 109. Hier wird argumentiert, dass Russland einen solchen Großbalkanstaat nicht zugelassen hätte; die rumänische Ablehnung wird mit den instabilen bulgarischen Verhältnissen begründet. Bei Corti, der für seine Monographie über Alexander von Battenberg das Hartenau-Achiv eingesehen hat, gibt es keinen Hinweis auf die geplante Adoption. Die Befürchtung einer Abdankung Carols zugunsten von Alexander von Battenberg hatte dagegen Ion Ghica. Liu, Catalogul corespondenţei lui Ion Ghica, S. 322 (Ghica an D. Sturdza v. 8./20.7.1879).

49 Arh. Stat. CR 7/1879, f. 216f. Werner an Karl Anton v. 1. Juni 1881: „Die Zustände in Bulgarien werden hier allgemein für unhaltbar angesehen. – Die Heißblütigen sehen dieses Land schon in nächster Zeit mit Rumänien vereinigt, die ruhiger Denkenden halten diese Vereinigung nicht für so nahe bevorstehend, aber ebenfalls für sicher.“

50 Ibd. Ähnlich Bălăceanu, der dem Fürsten in einem Glückwunschschreiben zu dessen Geburtstag sein politisches Testament schrieb: „J'ai désiré, pour mon Prince, la couronne royale; il ne me reste plus à souhaiter, à mon Roi, que la Couronne des Paléologues!“ Arh. Stat. CR 48/1881, f. 28f., Bălăceanu an Carol v. 22.4.1881.

51 Ibd. „C'est là une solution de la question d'Orient, qui *doit* convenir à *cinq* grandes puissances, ... sur *six*, et, avec la rapidité vertigineuse qui emporte aujourd'hui l'Europe, vers des

dem Königreichkomplex, dass die Stoßrichtung der außenpolitischen Ambitionen nicht, wie fälschlicherweise oft angenommen wird, auf Siebenbürgen zielte,[52] sondern südlich in den Balkanraum.

4. Der Widerstand Österreich-Ungarns

Österreich-Ungarn war ein entschiedener Gegner eines Königreichs Rumänien und behielt diese Linie grundsätzlich bis zu seiner Ausrufung durch das rumänische Parlament am 14./26. März 1881 bei. Der Argwohn Andrassys wie auch der seines Nachfolgers Haymerle richtete sich auf die Anziehungskraft eines Königreichs auf die Siebenbürger Rumänen und auf großrumänische Aspirationen seitens der Bukarester Führung.[53] Ebenso befürchtete man einen Nachahmungseffekt in Serbien mit denselben Folgen für die serbischen Untertanen in der Doppelmonarchie. Die nationalen Schwachstellen im eigenen Reich und die darauf beruhende Projektion von Ängsten bildeten den eigentlichen Grund für die österreichische Ablehnung, nicht eine grundsätzliche Opposition gegen ein Königreich an sich. Wien versuchte mit einer Kombination von Entgegenkommen und Widerstand, das rumänische Königreich solange wie möglich aufzuschieben oder, wenn es schon nicht zu verhindern war, die Zustimmung an Bedingungen zu knüpfen, um seinen Einfluss an der unteren Donau politisch und wirtschaftlich dauerhaft zu sichern.

Einen Teil dieser Strategie bildete die Anerkennung des Titels „Königliche Hoheit" für den rumänischen Fürsten im September 1878. Nach der im Berliner Vertrag zugestandenen Unabhängigkeit war für den rumänischen Außenminister Kogălniceanu der Weg frei für eine Neuregelung der diplomatischen Titel im Verkehr mit dem Ausland, wozu auch die Anredeformel zwischen den Souveränen gehörte.[54] In Wien, wo der diplomatische Vertreter Bălăceanu in dieser Frage vorstellig wurde, war Andrassy sofort bereit, dem

destinées inconnues, *dix ans* Vous suffiront pour atteindre ce but, ... (y compris *l'étape obligée*, à Sophia) [Hervorhebungen im Text].

52 Stellvertretend Rutkowksi, Österreich-Ungarn und Rumänien 1880-1883, in: Südost-Forschungen, 25, 1966, S. 150ff. und auch bei Bindreiter, Die diplomatischen und wirschaftlichen Beziehungen, findet man dieselbe Tendenz.

53 Zur österreichischen Politik generell: Bindreiter, Die diplomatischen und wirschaftlichen Beziehungen, S. 189f. Rutkowksi, Österreich-Ungarn und Rumänien 1880-1883, S. 152f. Beide Autoren machen sich dabei den österreichisch-ungarischen Standpunkt zu unreflektiert zu eigen. So stimmt Bindreiter der Beurteilung Andrassys zu, dass „ein derartiger Zuwachs an Macht den Rumänen allzu sehr in den Kopf steigen" und auf die Siebenbürger Rumänen „einen gefährlichen Einfluß ausüben würde". (S. 189). Man wird den Rumänen kaum verübeln können, dass sie eine eigene Interessenpolitik betrieben, die mit Österreich-Ungarn nicht immer übereinstimmte. Zu diesem Zeitpunkt stand eine Vereinigung mit Siebenbürgen überhaupt nicht zur Debatte und Rutkowski überinterpretiert einzelne Fakten, die großrumänische Pläne belegen sollen.

54 Kogălniceanu, Documente diplomatice, S. 267.

rumänischen Fürsten als einem Mitglied der Hohenzollernfamilie den Titel „Königliche Hoheit" zuzugestehen; nach Intervention von Bălăceanu, diesen nicht nur als einen Akt der Höflichkeit gegenüber dem Fürsten, sondern als eine dem Land gegenüber zu erteilende Zusage aufzufassen, erfolgte die Anerkennung des Titels mit dem Rang eines Großherzogs für Carol und dessen Nachfolger „aus seinem Haus".[55] Dieser Zusatz war politisch bedeutsam, denn zum einen gab Österreich-Ungarn offen sein Interesse an dem Erhalt der jetzigen Dynastie als Stabilitätsfaktor für Rumänien zu verstehen und erteilte damit etwaigen anderen Prätendenten eine Absage.[56] Zum andern wies der Zusatz unübersehbar auf die Notwendigkeit der dynastischen Sicherung durch die Regelung der Sukzessionsfrage als Voraussetzung für das Königreich hin.

In Wien hatte man gehofft, mit der schnellen Anerkennung des Titels der Königreichfrage den Wind aus den Segeln genommen und sie auf unbestimmte Zeit verschoben zu haben. Fürst Carol sah darin den eigentlichen Grund für das österreichische Entgegenkommen. Er war aber fest davon überzeugt, dass Österreich-Ungarn das Königreich nicht werde verhindern können und bezeichnete sich selbst als Garanten, die österreichisch-ungarischen Befürchtungen hinsichtlich Siebenbürgens zu zerstreuen.[57] Auch der Vater Carols, Karl Anton, bedauerte die Aufschiebung des Königreichs durch die Titelfrage und sah jetzt größere Schwierigkeiten bei einer Anerkennung des Königtums voraus, sollte es aus einer Parlamentsinitiative hervorgehen.[58] Doch zunächst beanspruchten die großen Konflikte über die Judenfrage während des Jahres 1879 alle politischen Kräfte, so dass ein ursprünglich ins Auge gefasster Plan, durch die Konstituante gleich die Staatsform ändern zu lassen, nicht zur Ausführung gelangte.

Der Titel „Königliche Hoheit" wurde auch von den übrigen Mächten sofort anerkannt, wobei Deutschland bezeichnenderweise das Schlusslicht bildete. Bereits in dieser Frage machte sich die politische Leitlinie bemerkbar, ein einseitiges Vorgehen in Fragen, die mit dem Berliner Vertrag zusammenhingen, zu vermeiden. Das Auswärtige Amt wies ausdrücklich darauf hin, dass die Anerkennung des Titels nicht die der Unabhängigkeit präjudiziere. Desgleichen übernahm man den österreichisch-ungarischen Zusatz der dy-

55 Arh. Stat. Fond Regele Carol I, III/29, 5./17.9.1878. Mit sichtlichem Stolz notiert Carol, dass er jetzt den Kaiser als „Monsieur, mon Cousin" anreden könne. P.A. I.A.B.q. Türkei 24, Vol. 66, Reuss v. 27.9.1878 (Durch sichere Gelegenheit).

56 Arh. Stat. CR 17/1878, S. 197, Chiffr. Telegramm an Zwiedinek, 24.9.1878: „D'une manière confidentielle Vous ferez comprendre qu'en réservant la reconnaissance du nouveau titre au Prince actuel et à ses successeurs légitimes appartenant à sa maison, nous n'entendons qu'ajouter un élément de plus à la stabilité de sa dynastie en offrant au peuple roumain une nouvelle raison pour se rallier autour d'elle." Bălăceanu schrieb am 23.9.1878 an Kogălniceanu in einem ähnlichen Sinn: „Je vous prie de ne voir dans la forme donnée à cette communication qu'une précaution nécessaire contre certaines velleités qui ne tarderont pas à se manifester dans notre voisinage[...]" Gemeint war natürlich Russland. Ibd., S. 196.

57 Arh. Stat. Fond Regele Carol I, V B 433/1878, Carol an Marie v. 2./14.11.1878. Aus dem Leben König Karls, 4, S. 132f.

58 Ibd., S. 143.

nastischen Einschränkung, der den deutschen Vorstellungen voll und ganz entsprach.[59] Die Titeländerung blieb aber ein Provisorium und wurde auf rumänischer Seite als politische Halbherzigkeit empfunden, die auf Dauer wenig befriedigte, zumal sie keine positiven Auswirkungen auf die Beschleunigung der Anerkennung hatte.

Den entscheidenden Schritt für die diplomatische Vorbereitung des Königreichs unternahm Ministerpräsident Ion C. Brătianu mit seiner Reise nach Berlin im März 1880, deren Hauptzweck der Königstitel und die Anbahnung enger Beziehungen zu Deutschland bildete.[60] In Berlin stieß Brătianu bei Bismarck auf keine grundsätzlichen Einwände und konnte daher von einer Zustimmung zum Königreich ausgehen.[61] Dabei argumentierte er, dass die Königswürde eine Stärkung der Dynastie und der Verfassung gegen eventuelle geheime Thronprätendenten darstelle.[62] Anders verhielt es sich in Wien, wo Brătianu auf seinem Rückweg von Berlin dieses Thema nach einer wenig ermutigenden Aussprache mit dem deutschen Botschafter Reuss über die zu erwartende negative österreichische Haltung bei Haymerle nicht ansprach, wohl aber in einer Audienz bei Kaiser Franz Joseph.[63] Dessen Reaktion könnte zur Hoffnung beigetragen haben, dass eine Anerkennung des Königstitels aufgrund der Herkunft des rumänischen Fürsten auf keine unüberwindbaren Schwierigkeiten stoßen würde. Als besonderen Vertrauensbeweis an die Adresse Österreich-Ungarns hinterließ Brătianu die Instruktion an Bălăceanu, nicht nur nichts ohne die österreichische Zustimmung zu unternehmen, sondern sogar die österreichische Initiative in dieser Frage abzuwarten.[64] Zweifellos geschah dieses Entgegenkommen in der festen Überzeugung, dass nach der positiven Haltung Deutschlands und dem verbindlichen Auftreten des Kaisers das Wiener Außenministerium über kurz oder lang seinen Widerstand gegen das Königreich aufgeben werde.

Entgegen dieser Instruktion brachte Bălăceanu, der schon oft in seiner diplomatischen Karriere eigenmächtig gehandelt hatte, bereits kurz danach im April 1880 von sich aus das Königreich bei Außenminister Haymerle zur Sprache, da ihm der Ausgang der englischen Wahlen, die die Liberalen mit Gladstone gewonnen hatten, als psychologisch günstiger Moment erschien. Da Gladstone als Exponent slawischer Interessen und als Österreich- und Türkengegner galt, glaubte Bălăceanu bei den Österreichern mehr Entgegenkommen für das rumänische Anliegen zu finden. Trotz der nach wie vor reservierten Haltung Haymerles war Bălăceanu überzeugt, dass seine Argumentation auf

59 P.A. I.A.B.q. Türkei 24, Vol. 66, Bülow an den Kronprinzen v. 2.10.1878. Der Kronprinz hatte zunächst Bedenken gegen die Titeländerung geäußert. Erlass an die Königlichen Missionen an deutschen Höfen v. 4.10.1878.

60 Arh. Stat. Regele Carol I, V D 1932, Carol an seinen Vater v. 6./18. März 1880.

61 Bleichröder schrieb in diesem Sinn bereits am 13. März 1880 an Karl Anton, der sich seinerseits darüber erstaunt zeigte, da er von Carol diesbezüglich keinerlei Mitteilungen erhalten hätte. Arh. Stat. CR 7/1879, f. 117f.

62 P.A. Rumänien 3, Bd. 1, Wesdehlen v. 20.2.1881 (Ganz vertraulich. Sicher).

63 Ibd. Laut Brătianu hatte sich der Kaiser weder abgeneigt noch überrascht gezeigt.

64 Bindreiter, Die diplomatischen und wirtschaftlichen Beziehungen, S. 191f. Rutkowski, Österreich-Ungarn, S. 156f. Arh. Stat. 39/1880, Bălăceanu an I. Brătianu v. 2. Juli 1880 (Personelle).

fruchtbaren Boden gefallen war, und ging sogar davon aus, dass die Frage in zwei bis drei Monaten geregelt sein könnte.[65] Diesen Zeitraum relativierte er nach einer Unterredung mit dem deutschen Botschafter Reuss, der einen Zeitraum von einem Jahr für realistisch hielt. Österreichischerseits vertrat man die Auffassung, dass sich Rumänien erst des Vertrauens der Großmächte würdig zeigen müsste, bevor diese Rangerhöhung zugestanden werden könne.[66] Während des Sommers 1880 nahmen die Differenzen über das weitere Vorgehen zwischen Bălăceanu und Brătianu zu. Ersterer sah seine Aufgabe darin, aktiv darauf hinzuwirken, um Haymerle zu einem Vorstoß zu bewegen, während Brătianu eine solche Forcierung ablehnte und Bălăceanu für sein Vorgehen tadelte.[67]

Die Königreichfrage trat im weiteren Verlauf des Jahres 1880 in den Hintergrund, da die Regelung der Erbfolge Priorität besaß. Das dürfte auch der Hauptgrund für Brătianus einstweiliges Abblocken gewesen sein. Angesichts der laufenden geheimen Verhandlungen über die Sukzession bestand kein Anlass, diese durch eine Diskussion über das Königreich zusätzlich zu belasten. Dieses spielte auch bei den Begegnungen des rumänischen Fürsten mit dem österreichisch-ungarischen und deutschen Kaiser während seiner Auslandsreise im Sommer/Herbst 1880 keine große Rolle.[68] Im engeren Hohenzollern-Sigmaringer Familienrat sprach man sich dafür aus, das Königreich nicht gegen den Widerstand des österreichischen Hofes durchzusetzen.[69] Bei dieser Rücksichtnahme auf Österreich-Ungarn liegt die Vermutung nahe, dass man hoffte, mit der endgültigen Festlegung der Erbfolge in der Hohenzollern-Sigmaringer Linie auch den österreichischen Widerstand in der Königreichfrage überwinden zu können.

Die rumänischen Hoffnungen auf ein Entgegenkommen Österreich-Ungarns erfüllten sich jedoch nicht. Im Gegenteil, die beiderseitigen Beziehungen verschlechterten sich gerade Anfang Januar 1881, als Österreich-Ungarn eine Viehimportsperre gegen rumänische Rinder und Schweine einführte mit der Begründung des Auftretens von Viehseuchen in Rumänien. Damit wurde der rumänische Export empfindlich getroffen, was umso stärker verbitterte, weil man das Importverbot nur als Vorwand ansah, um die ungarische Viehwirtschaft zu schützen, die wiederum durch die deutschen Einfuhrsperren ihren Absatzmarkt verloren hatte.[70] Eine weitaus schwerwiegendere Belastung des beiderseitigen Verhältnisses stellte jedoch seit Mitte 1880 die Donaufrage dar, in der es um die beherrschende Stellung Österreich-Ungarns an der unteren Donau ging. Ausgangspunkt des Streites bildete der Vorschlag einer Uferkommission, der sog. *com-*

65 Arh. Stat. CR 34/1880, f. 1ff., Bălăceanu an Carol v. 28. April 1880.

66 Ibd. CR 35/1880, f. 1f., Bălăceanu an Carol v. 8. Mai 1880.

67 Arh. Stat. CR 29/1880, S. 63ff. (Hoyos v. 19.5.1880). Ibd. CR 39/1880, f. 1f. und f. 3, Bălăceanu an Brătianu v. 2. Juli 1880 (Personelle) und Telegramm Brătianus, ohne Datum. CR 29/1880, S. 107 (Chiffretelegramm v. 28. Juli 1880 aus Bukarest).

68 Aus dem Leben König Karls, 4, S. 334ff. Vgl. Căzan, Rădulescu-Zoner, Rumänien und der Dreibund, S. 36f.

69 P.A. Rumänien, 3, Bd. 1, Auszug aus einem Brief des Grafen Chotek aus Brüssel v. 8.12.1880 (Nr. 40A). Abschrift. Vom österreichischen Botschafter.

70 Bindreiter, Die diplomatischen und wirtschaftlichen Beziehungen, S. 182ff.

mission mixte, bestehend aus vier Delegierten aus Österreich-Ungarn, Serbien, Rumänien und Bulgarien und zuständig für die Überwachung und Regulierung des Streckenabschnitts Eisernes Tor–Galaţi, in der sich Österreich-Ungarn in einem ersten Projekt, dem *avant-projet*, den Vorsitz und die ausschlaggebende Stimme bei Stimmengleichheit vorbehalten hatte. Dies stieß auf den entschiedenen Widerstand von England und vor allem von Rumänien, das seine Souveräntitätsrechte nicht zu Unrecht beeinträchtigt sah. Auf rumänischer Seite befürchtete man, dass Österreich-Ungarn die seit 1856 bestehende europäische Donaukommission, die für den Abschnitt Galaţi bis zum Schwarzen Meer zuständig war und deren Mandat vorbehaltlich einer Verlängerung 1883 auslief, durch die von ihm dominierte Uferstaatenkommission zu ersetzen plante und damit die Vorherrschaft über den gesamten rumänischen Teil der Donau erringen würde.[71] Trotz verschiedener Vermittlungsvorschläge kam es zu keiner Annäherung der Standpunkte, so dass die Donaufrage die rumänische Politik der Jahre 1880 bis 1883 in hohem Maße bestimmte.[72] Im Zusammenhang mit der Königreichfrage ventilierten dabei immer wieder Gerüchte über eventuelle Zugeständnisse an Österreich-Ungarn in der Donaufrage als Gegenleistung für die Anerkennung des Königtums, mit denen vor allem Grigorie Sturdza in seiner Zeitung *Democraţia naţională* antiliberale und antiösterreichische Stimmungen zu erzeugen suchte.

In diesem Umfeld musste die Regierung auf jeden Fall einen Konnex zwischen Königreich und Donauproblematik vermeiden und dennoch versuchen, die Zustimmung Österreich-Ungarns für das Königreich zu erhalten. Darauf konzentrierten sich ihre Bemühungen, nachdem der Ministerpräsident und der Fürst am 11./23. Januar 1881 übereingekommen waren, die Königsproklamation auf den geschichtsträchtigen 10./22. Mai festzulegen.[73] Nach der erfolgreichen Sukzessionsregelung gab es keinen Grund mehr, das Königreich aufzuschieben. Ermutigend war auch der Bericht des rumänischen Vertreters in Berlin, Vîrnav Liteanu, ausgefallen, der nach Gesprächen mit verschiedenen Botschaftern gemeldet hatte, dass diese das Königreich als interne Angelegenheit des Landes ansähen und einer Umwandlung positiv gegenüberständen, besonders da es sich bei dem Fürsten um ein Mitglied einer angesehenen Herrscherfamilie handele.[74]

[71] Aus dem Leben König Karls, 4, S. 375. Arh. Stat. Fond Regele Carol I, V D 1952, Brief Carols an seinen Vater v. 26.12.1880/7.1.1881. Aus rumänischer Sicht waren es die Ungarn, die hinter den Forderungen standen, was Carol zu der Bemerkung veranlasste: „Wir sehen uns gar nicht veranlaßt den Magyaren Concessionen zu machen." Dieser Passus fehlt in den veröffentlichten Memoiren.

[72] Bindreiter, Die diplomatischen und wirtschaftlichen Beziehungen, S. 201ff. Maiorescu, Istoria contemporană, S. 198ff. Ausführlich dazu: Demorgny, G., La question du Danube, Paris 1911, S. 233ff.; Cârţână, I., Seftiuc, I., Dunărea în istoria poporului român, Bucureşti 1972, S. 65ff.

[73] Arh. Stat. Fond Regele Carol I, III/30 (m.r. 562), f. 3 (11./23.1.1881). An seine Schwester Marie schrieb Carol, dass er lieber bis zum Herbst gewartet hätte, bis sich die orientalische Lage wegen des griechisch-türkischen Grenzkonfliktes geklärt hätte. Ibd. Fond Regele Carol I, V B 443/1881. Aus dem Leben König Karls, 4, S. 378.

[74] Arh. Stat. CR 43/1881, f. 1ff., Liteanu an Carol v. 6.1.1881.

So muss man für die „geänderte Haltung" Brătianus Anfang des Jahres 1881, als er die diplomatische Initiative ergriff, auch nicht lange suchen.[75] Er bediente sich zunächst des englischen und deutschen Gesandten, bei denen er sich über die wenig zuvorkommende österreichische Haltung beklagte.[76] Alle rumänischen Anläufe, die Zustimmung Österreich-Ungarns zu erreichen, blieben jedoch erfolglos. Verhindern konnte Wien das Königreich aber nicht. Im Gegenteil, es beschleunigte seine Umsetzung, als die rumänische Regierung befürchten musste, dass Österreich seine Zustimmung an Bedingungen knüpfen würde. Am 6./18. März 1881 setzte Brătianu den österreichisch-ungarischen Gesandten Hoyos von der nicht mehr aufschiebbaren Königsproklamation in Kenntnis, ohne einen Termin zu nennen, und versuchte wieder, Österreich-Ungarn für die sofortige Anerkennung des Königstitels zu gewinnen. Hoyos verhielt sich reserviert und deutete überdies an, dass eine eventuelle Zustimmung Österreich-Ungarns von einem Einlenken Rumäniens in der Donaufrage abhängig gemacht werden könnte.[77] Wenig ermutigend verlief auch eine Unterredung zwischen Haymerle und Bălăceanu, der angewiesen worden war, alles zu unternehmen, um ein österreichisches Einverständnis zu erlangen.[78] Auch Haymerle sprach die Divergenzen mit Rumänien an und wandte sich gegen einen Überraschungscoup. Er verwies dabei auf die Aachener Protokolle von 1818, die eine vorherige Zustimmung der Souveräne zu einer Titelerhöhung stipulierten, und schlug diese Vorgehensweise im Fall Rumäniens vor.[79] Vor allem füchtete er, dass Serbien dem rumänischen Beispiel sofort folgen würde, und beschwor die Gefahr der Destabiliserung der Doppelmonarchie aufgrund der Anziehungskraft eines serbischen und rumänischen Königreichs auf die respektiven Nationalitäten im Habsburgerreich.[80] Wenn aber das Königreich schon nicht mehr verhindert werden konnte, so wollte man wenigstens den

75 Bindreiter, Die diplomatischen und wirtschaftlichen Beziehungen, S. 194. Sowohl Bindreiter wie Rutkowski in seinem Aufsatz übersehen den Zusammenhang zwischen Erbfolgeregelung und Königreich, da sie hauptsächlich auf einer rumänisch-österreichischen Konfliktebene argumentieren und damit zu unbesehen den Standpunkt der österreichischen Politik übernehmen.

76 P.A. Rumänien 3, Bd. 1, Wesdehlen v. 7.2.1881 (Nr. 9, Sicher. Ganz vertraulich) und v. 20.2.1881.

77 Arh. Stat. CR 16/1881, S. 9ff. (Privatbrief von Hoyos an Haymerle v. 19.3.1881). Ibd. Fond Regele Carol I, III/30 (m.r. 562), f. 7 (7./19. und 8./20. März 1881). Rutkowski, Österreich-Ungarn und Rumänien, S. 175f. Bindreiter, Die diplomatischen und wirtschaftlichen Beziehungen, S. 195ff.

78 M.A.E. România, Politice, 1881, Vol. 133, f. 4, Chiffr. Telegramm an Bălăceanu v. 7./19. März 1881. Ibd., f. 348, Chiffr. Telegramm von Bălăceanu an Boerescu v. 10./22.3.1881.

79 Ibd., f. 349, Chiffretelegramm Bălăceanu an Boerescu v. 13./25. März 1881. P.A. Rumänien 3, Vol. 1, Reuss an Bismarck v. 23.3.1881 (Nr. 92).

80 Noch im Februar 1881 äußerte Haymerle gegenüber dem deutschen Botschafter in Wien, Reuss, dass es den alten Monarchien kaum erwünscht sein könne, „eine ganze Sammlung von kleinen Königen an der unteren Donau entstehen zu sehen, deren Titel der Bedeutung ihrer Länder durchaus nicht entprechen", was Bismarck zu der Randnotiz veranlasste: „Das ist das schlimmste nicht, aber der nationale Lockvogel!" P.A. Rumänien 3, Bd. 1, Reuss v. 27.2.1881 (Nr. 61).

Preis bestimmen, sprich die Länder an Österreich-Ungarn binden und dadurch die Gefahren für die eigene Sicherheit neutralisieren.[81]
Ein Königtum von Österreich-Ungarns Gnaden musste die Regierung aber unter allen Umständen verhindern. Dies hätte nicht nur der Institution des Königs die Legitimation entzogen, sondern auch die eigene Stellung unhaltbar gemacht, zumal die Regierung bereits unter dem Verdacht stand, österreichischen Wünschen zu sehr entgegenzukommen. Brătianu konnte und durfte das Königtum weder mit Konzessionen in der Donaufrage in Verbindung bringen noch sich von den Großmächten das Zustandekommen des Königreichs vorschreiben lassen, das, wie er nun betonte, nur von den Rumänen abhänge. Die österreichische Reaktion zwang ihn daher zum sofortigen Handeln.[82] Um möglichen österreichischen Protesten oder Absprachen der Großmächte zuvorzukommen, wurde der Termin erneut vorverlegt, und zwar auf den 3. April n.St.[83] Als dann aufgrund innenpolitischer Auseinandersetzungen bereits am 14./26. März das Königreich überraschend proklamiert wurde, fiel die Reaktion des österreichisch-ungarischen Vertreters in Bukarest entsprechend harsch aus. Hoyos bezeichnete den Akt als Provokation gegen Österreich-Ungarn und beschuldigte den Ministerpräsidenten Brătianu des Wortbruchs, da dieser entgegen seinen Versprechungen einen *fait accompli* zugelassen habe.[84]
Doch diese Beurteilung wird der rumänischen Haltung nicht gerecht, da sich die Regierung intensiv um eine Verständigung mit Österreich-Ungarn bemüht und es als einzige Macht von der bevorstehenden Proklamation in Kenntnis gesetzt hatte. Es spricht eher für die Kurzsichtigkeit des Wiener Außenministeriums, sich dem rumänischen Wunsch hartnäckig widersetzt zu haben, den es zu verhindern oder zu verzögern nicht in der Lage war. Erst dessen intransigente Haltung hatte die rumänische Regierung gezwungen, entgegen ihrem Wunsch einer vorherigen Verständigung mit den Großmächten das Kö-

81 Privatbrief von Haymerle an Hoyos v. 24.3.1881, zitiert in: Rutkowski, Österreich-Ungarn und Rumänien, S. 177, und die Mission von Baron Nikolics nach Bukarest am 27. März 1881. Ibd., S. 179f. Diese Mission diente dem Zweck, Bedingungen für die Königreichproklamation mit dem Fürsten zu erörtern, was durch die frühzeitige Ausrufung zum Königreich hinfällig wurde. Bezeichnenderweise wird sie in den Tagebuchnotizen Carols nicht erwähnt, obwohl Carol sonst penibel seine Empfänge notiert. Bindreiter, Die diplomatischen und wirtschaftlichen Beziehungen, S. 196f.

82 Von einem „Übers Knie brechen", wie Rutkowski, Österreich-Ungarn und Rumänien, S. 178, meint, kann jedoch keine Rede sein: Am 7./19.3. informierte Boerescu den Fürsten von der Unterredung Brătianus mit Hoyos und war der Ansicht, dass man mit der Proklamierung des Königreichs nicht mehr lange warten solle, vielleicht schon in 14 Tagen. Einen Tag später, am 8./20.3., sprach Brătianu beim Fürsten vor und meinte, „daß die Proclamation des Königreiches höchstens noch eine Woche verschoben werden kann, da er ein Protest von Oesterreich befürchtet." Arh. Stat. Fond Regele Carol I, III/30 (m.r. 562), f. 7.

83 Ibd., f. 7f. (11./23. März 1881).

84 Arh. Stat. CR 12/1881, S. 32ff. (Hoyos an Haymerle v. 30. März 1881, Nr. 39 A-D, Vertraulich); ibd. CR 16/1881, S. 19 (Privatbrief von Hoyos an Haymerle v. 30. März 1881): „Wie man die Sache auch drehen und wenden mag, so hat der Minister-Präsident doch gerade dasjenige gethan was er nie thun zu wollen erklärte, nämlich durch Schaffung eines fait acccompli die Mächte zu zwingen demselben nachträglich ihre Zustimmung zu geben."

nigreich auszurufen.[85] In richtiger Erkenntnis seiner Isolierung sprach sich dann auch Haymerle als einer der ersten für die Anerkennung aus, so dass im Gegensatz zur Unabhängigkeit kein Widerstand bei der Sanktionierung des Königreichs durch Europa zu erwarten war.[86] Entscheidend auf die positive Haltung der Kaisermächte wirkte sich die deutsche Zustimmung aus, auch wenn Deutschland nicht die Initiative zur Anerkennung ergriff, um jeden Anschein einer familiären Bevorzugung zu vermeiden. Wie bereits bei der Erbfolgeregelung machte sich auch beim Königreich das deutsche Interesse an guten Beziehungen zu Rumänien und an dessen Heranziehung an das deutsch-österreichische Bündnissystem bemerkbar gerade im Hinblick auf eine Stabilisierung Österreich-Ungarns, um die Sprengkraft der Nationalitätenfrage zu entschärfen.[87]
Anders als Fürst Milan von Serbien, der ein Jahr später im März 1882 die Zustimmung Österreich-Ungarns zur Ernennung zum König mit einem Abhängigkeitsverhältnis zu dieser Macht bezahlte, gelang es den Rumänen und ihrem Fürsten, Österreich-Ungarn keinen Einfluss auf diese Frage zu gestatten und ihre Linie der Zurückdrängung fremder Einmischung durchzusetzen. Für den Prozess der Institutionalisierung der Monarchie und ihrer Akzeptanz bildete die nationale Unversehrtheit eine der wichtigsten Voraussetzungen.

5. Innenpolitische Vorbereitung und Proklamation des Königreichs

Die konkrete Entscheidung zur Ausrufung des Königreichs fiel, wie bereits erwähnt, am 11./23. Januar 1881, als Fürst und I.C. Brătianu das Datum auf den 10./22. Mai 1881 festlegten.[88] Um diesen Akt als Werk der ganzen Nation und als Symbol von Versöhnung und Einheit zu dokumentieren, lag dem Fürsten viel daran, die Konservativen in eine Regierung einzubinden und einem Koalitionskabinett die Durchführung der Feierlichkeiten zu übertragen. So erging das Angebot von Brătianu an die Junimisten, ein gemeinsames

85 In der gleichen Weise verkennen auch Bindreiter und Rutkowski die rumänischen Bemühungen und die Eigenwertigkeit des Königtums, das mit Bedingungen nicht zu vereinbaren war.

86 Arh. Stat. CR 7/1879, f. 172, Carol v. 18./30.3.1871 an seinen Vater. Die schnelle positive Reaktion von Haymerle ist daher auch kaum als „seltsamerweise“ zu charakterisieren, wie bei Bindreiter, Die diplomatischen und wirtschaftlichen Beziehungen, S. 198, zu lesen, sondern sie entsprang der Einsicht in die Unhaltbarkeit eines Widerstandes. P.A. Rumänien 3, Bd. 1, Busch an den deutschen Kaiser v. 2.4.1881.

87 Liteanu wurde nicht müde, auf die Bedeutung Deutschlands hinzuweisen, ohne dessen Unterstützung eine so schnelle Anerkennung nicht möglich gewesen wäre. Arh. Stat. CR 37/1879, f. 16f. u. 18f., Liteanu an Brătianu v. 6.4.1881 u. 7.4.1881. In dem Brief v. 7.4.1881 schrieb er an Brătianu: „Fürst Bismarck hat sein Wort gehalten, was er dir in Berlin gegeben hat. [...] Folglich erntest du die Frucht des Besuches, den du letztes Jahr in Berlin gemacht hast.“ B.C.S. Fond Brătianu, P. XLVI, D. 1; Arh. Stat. CR 23/1881, f. 1ff., Liteanu an Carol v. 9.4.1881.

88 Arh. Stat. Fond Regele Carol I, III/30 (m.r. 562), 11./23.1.1881. Ibd. V B 443/1881, f. 1f. Aus dem Leben König Karls, 4, S. 378.

Ministerium zu bilden, um das Königreich zu proklamieren und administrative Reformen im Sinne des junimistischen Programms durchzuführen.[89]
Es war kein Zufall, dass sich Brătianu an die Junimisten wandte und nicht an die konservative Kernpartei. Sie nahmen eine Mittlerposition ein, da sie trotz ihrer konservativen Grundhaltung mit den Liberalen in einigen Punkten, vor allem in der Außenpolitik und ihrem Bekenntnis zur Monarchie übereinstimmten. So konnte Brătianu von einer positiven Aufnahme seines Vorschlags ausgehen, zumal die Junimisten von persönlichen Ressentiments wegen der Ministeranklage, die noch viele Altkonservative verbitterte, frei waren. Brătianu hoffte darüber hinaus, mit einer Koalitionsregierung die Opposition aus den eigenen Reihen zu neutralisieren. Sowohl innerhalb des Kabinetts wie auch im Parlament nahmen die Differenzen zu und erschwerten immer mehr die Regierungsarbeit.[90]
Die Junimisten wiederum traf das Angebot in einem Augenblick, als sie ihr Verhältnis zu der konservativen Partei neu ordneten. Bis jetzt waren sie auf Distanz zu der Partei geblieben, die sich Anfang 1880 mit Manolache Costache Epureanu an der Spitze formell konstitutiert hatte, da sie weder mit dem Programm, das sie als zu generell und phrasenreich bezeichneten, noch mit dem Vorsitzenden Epureanu, dem sie die Koalition von Mazar Pascha mit den Radikalliberalen von 1875 verübelten, einverstanden waren. Nach dem Tod von Epureanu im September 1880 übernahm Lascăr Catargiu im Dezember 1880 den Vorsitz, mit dem die Junimisten jetzt die Chance sahen, auf die Partei im Sinne ihres Reformprogramms Einfluss zu nehmen, das sie für notwendig hielten, nachdem sich Rumänien als unabhängiger Staat etabliert hatte.[91] Mit seinem Plädoyer für eine Anlehnung Rumäniens an die Mittelmächte im Januarartikel der „Deutschen Revue" hatte Maiorescu den Anfang gemacht und versucht, die überwiegend russischfreundliche Haltung der traditionellen konservativen Führungsschicht zu ändern. Er war damit auf große Kritik im konservativen Lager gestoßen,[92] was die Gruppe aber nicht davon abhielt, in weiteren Grundsatzreden ihr Reformprogramm zu vertreten, das unter dem Schlagwort „Neue Ära" bekannt wurde.[93]
Die Junimisten mussten zwischen einer Regierungsbeteiligung mit den Liberalen und einer Zusammenarbeit mit den Konservativen in der Opposition abwägen. Für sie standen

89 P.A. Rumänien 3, Bd. 1, Wesdehlen v. 23.2.1881 (Nr. 14, Sicher); Arh. Stat. CR 12/1880, S. 6ff. (Hoyos v. 23.2.1881, Nr. 19 A-D. Vertraulich); Maiorescu, Însemnări zilnice, II, S. 5.
90 Ibd., S. 5. Aus dem Leben König Karls, 4, S. 374. Arh. Stat. Fond Regele Carol I, III/30 (m.r. 562), f. 4f. (19./31.1.1881, 9./21.2., 10./22.2.1881). So wollte Außenminister Boerescu wegen Meinungsverschiedenheiten über das Pensionsgesetz und in der Donaufrage zurücktreten.
91 Maiorescu, Istoria contemporană, S. 176ff. Aus dem Leben König Karls, 4, S. 378.
92 Maiorescu, Imsemnări zilnice, II, S. 4f.
93 Gane, P. P. Carp, I, S. 252ff. So die berühmte Haushaltsrede von Carp am 30.3/11.4.1881, die er mit den Worten begann: „Lassen Sie uns einige klarere und ruhigere Höhen erklimmen, denn von dort können wir erkennen, welches Gebiet wir bis heute durchschritten haben und welches das Ziel ist, das wir mit allen verfolgen müssen [...], dies umso mehr, da niemand heute verleugnen kann, dass sich eine neue Ära für den rumänischen Staat eröffnet." Carp, Discursuri parlamentare, S. 118.

ihre Einwirkungsmöglichkeiten auf die konservative Partei – Maiorescu war inzwischen Mitglied im Führungsorgan, dem „Konservativen Klub“, geworden – und deren Zukunftsfähigkeit auf dem Spiel, während auf der anderen Seite eine Zusammenarbeit mit den Liberalen eher eine kurzfristige Perspektive bot und die Feiern zum Königreich nicht lange überdauert hätte. So machten die Junimisten ihre Regierungsbeteiligung von einer Zustimmung der Gesamtpartei abhängig, die zunächst aber an Bedingungen geknüpft wurde, die einer Absage gleichkamen.[94] Ein Grund für die ablehnende Haltung war noch immer der verletzte Stolz einiger Konservativer, auch L. Catargius, wegen der Ministeranklage und das daraus resultierende gestörte Verhältnis zum Fürsten, von dem man den ersten Schritt zu einem Entgegenkommen verlangte.[95] Dennoch lag es, anders als es Maiorescu und die sich auf ihn berufenden Historiker darstellen, nicht an Catargiu, dass die Verhandlungen am Ende scheiterten. Dieser rang sich schließlich doch dazu durch, um eine Audienz beim Fürsten nachzusuchen und so den Weg für eine Koalitionsregierung freizumachen.[96]

Es war Ion C. Brătianu, der eine Beteiligung der konservativen Partei an dem Zustandekommen des Königreichs verhindern wollte, um die eigene Macht und die seiner Partei zu sichern. Eine offizielle Audienz von L. Catargiu und ein Angebot des Fürsten hätten die Konservativen wieder hof- und regierungsfähig gemacht und somit die monopolartige politische Stellung der Liberalen gebrochen. Die Junimisten allein stellten keine Gefahr dar, da sie als Gruppe zu schwach waren, um Brătianu zu gefährden. Er brauchte sie als Alibi und als Disziplinierungsinstrument gegenüber der eigenen Partei, nicht aber als Repräsentativorgan der konservativen Partei, die dann ebenfalls ihren Anteil am Königreich hätte reklamieren können. Brătianus Regierungsangebot hatte nicht auf eine Stärkung der Konservativen abgezielt, sondern auf ihre Schwächung durch eine Abwerbung der intellektuell führenden Köpfe der Partei. Als sich die Junimisten für einen Verbleib bei der Gesamtpartei entschieden, bedeutete dies auch das Ende der Verhandlungen.[97]

Brătianus Taktik brachte auch den Fürsten in die Lage, zwischen ihm und dem Wunsch nach einem parteiübergreifenden Ministerium mit Beteiligung der Konservativen für die Königreichsproklamation zu entscheiden. Carol hatte die Wahl Lăscar Catargius zum Vorsitzenden der konservativen Partei begrüßt, da er darin einen Schritt zu ihrer erneuten Regierungsfähigkeit sah, um die Liberalen dereinst einmal ablösen zu können, dennoch war er jetzt nicht bereit, sich von Brătianu zu trennen. Wie er seinem Vater schrieb, wolle

94 Maiorescu, Însemnări zilnice, II, S. 6 u. 8; ders., Istoria contemporană, S. 182f. Carp war auf konservativer Seite der Verhandlungspartner von Brătianu.

95 Arh. Stat. Fond Regele Carol I, III/30 (m.r. 562), f. 5 (4./16.2., 11./23.2., 16./28.2.1881).

96 Ibd., f. 6 (16./28.2.1881): „Die Opposition L. Catargi u. Florescu haben sich im Palais eingeschrieben sie lenken jetzt ein. – Carp tritt vielleicht ins Ministerium.“

97 Ibd., f.7. Carp hatte am 4./16.3.1881 eine lange Unterredung mit dem Fürsten, der dazu notierte: „8 1/2 – 10 Uhr Carp bei mir, der nicht abgeneigt mit einem bestimmten Programm in's Ministerium einzutreten, seine Parthei wünscht nur, daß ich L. Catargi empfange u. ihm davon spreche.“ Maiorescu, Istoria contemporană, S. 183.

er Brătianu „um keinen Preis“ gehen lassen, weil er dessen Partei noch brauche.[98] Dieses Festhalten am Ministerpräsidenten hing vor allem mit den außenpolitischen Zielvorstellungen des Fürsten zusammen, der eine Anbindung Rumäniens an die deutschen Mächte im Auge hatte. Diese konnte er nur mit der liberalen Partei erreichen ähnlich wie 1868, als die Neuorientierung der rumänischen Politik hin zu Preußen nur mit den Radikalliberalen gelang. So verzichtete der Fürst auf ein überparteiliches Kabinett zugunsten der Realisierung einer langfristig angelegten Bindung an die Mittelmächte und festigte die Macht der Liberalen, indem er ihnen den Ruhm für das Königreich überließ.

Die Königreichfrage begann ab Januar 1881 die Öffentlichkeit im In- und Ausland immer stärker zu beschäftigen. So sehr sich Fürst und Regierung bemühten, dieses Thema aus der Tagespolitik herauszuhalten, konnten sie dennoch kaum verhindern, dass es in die innen- und außenpolitischen Auseinandersetzungen hineingezogen wurde. Der Fürst verzichtete auf die Reise zur Hochzeit des ältesten Sohnes des deutschen Kronprinzen am 16./28. Februar 1881, um allen Spekulationen aus dem Weg zu gehen.[99] Brătianu reagierte ausweichend, als am 25. Februar/9. März 1881 das Königreich zum ersten Mal Gegenstand einer parlamentarischen Anfrage wurde. Er hob aber unmissverständlich hervor, dass das Land das Recht habe, sich den Titel zu geben, der ihm angemessen erscheine. Eine Verfassungsänderung wäre nicht notwendig, da die rumänische Bezeichnung für Herrscher, *domn*, eine universale Titulatur sei, die auch „Kaiser“ bedeuten könne. Brătianu dementierte, dass Schritte bei ausländischen Regierungen unternommen worden wären, „denn es wäre gegen unser Recht, sich an Mächte zu wenden, um uns zu geben, was ein Recht von uns ist“.[100] Diese Antwort bedeutete ein klares Abrücken von der im vergangenen Jahr gemachten Zusage an Österreich-Ungarn, nichts ohne dessen Zustimmung zu unternehmen. Mit der Berufung auf das „Land“ und auf die allgemeine Stimmung zugunsten eines Königreichs konnte sich die Regierung entlasten und sich zugleich mit der jetzt als „traditionell“ etablierten rumänischen Politik legitimieren, nichts von „Fremden“ geschenkt zu bekommen, sondern alles sich selbst zu verdanken. Diese Rede Brătianus gab die offizielle Sprachregelung für die Interpretation des Königreichs vor, die in den bestehenden Rahmen der nationalen Ideologie eingebettet wurde.

Mit der ersten parlamentarischen Behandlung des Königreichs stand das Thema nun auch offiziell auf der politischen Tagesordnung und konnte immer wieder zum Gegenstand von Anfragen bzw. Angriffen gegen die Regierung werden. Es war zudem kein Geheimnis mehr, dass der 10./22. Mai als Proklamationstermin vorgesehen war. Die Diskussion um das Königreich bestimmte immer stärker die Terminplanung. Um we-

[98] Arh. Stat. Fond Regele Carol I, V D 1952, Brief v. 26.12.1880/7.1.1881. Dieser Passus fehlt in den veröffentlichten Memoiren. Aus dem Leben König Karls, 4, S. 375.

[99] Arh. Stat. Fond Regele Carol I, III/30 (m.r. 562), f. 5 (4./16.2. u. 7./19.2.1881). Brătianu hatte dem Fürsten zur Reise geraten.

[100] Ion C. Brătianu. Acte şi cuvântări, Vol. VI, S. 140. Arh. Stat. CR 12/1881, S. 16f. (Hoyos an Haymerle v. 12.3.1881, Nr. 29B). Der „Românul“ hatte diese Lesart bereits am 24. Februar 1881 verbreitet. Eminescu unterzog diese philologische Interpretation einer gelehrt sarkastischen Kritik: Eminescu, Opere, Vol. XII, S. 90f.

nigstens noch etwas von der Einmaligkeit des Staatsaktes zu retten und gleichzeitig einer politischen Stagnation vorzubeugen, kamen Minister und Fürst überein, den Termin auf den Geburtstag des Fürsten am 8./20. April vorzuverlegen.[101] Doch einen Tag nach dieser Entscheidung schien alles wieder offen aufgrund der Ermordung Zar Alexanders II. am 1./13. März 1881, die ganz Europa erschütterte und zu Unsicherheit über die weitere Politik Russlands unter dem neuen Zaren führte. Diese Unsicherheit schlug sich zunächst auch in einer abwartenden und vorsichtigen Haltung der rumänischen Regierung nieder.[102] Außerdem lenkte das Attentat die innenpolitische Aufmerksamkeit auf die in Iaşi agierenden Sozialisten, die z. T. aus Bessarabien kamen und Verbindungen zur russischen *Intelligencija* besaßen. Da man sie verdächtigte, Teil einer weitverzweigten nihilistischen Verschwörung zu sein, der Alexander II. zum Opfer gefallen war, schritt man verstärkt gegen sie ein, verbot ihre Aktivitäten und bereitete durch ein Fremdengesetz legislative Maßnahmen vor, die nach der Verabschiedung des Gesetzes die Handhabe zur Ausweisung einiger ihrer Führer mit russischem Pass gab.[103]

Ein anderes innenpolitisches Ereignis in diesen Märztagen war der Prozess gegen Pietraru, der am 2./14. Dezember 1880 ein Attentat auf Ion C. Brătianu verübt hatte, bei dem dieser am Kopf verletzt worden war. Als Drahtzieher des Attentats galt wieder Gr. Sturdza, ohne dass man ihm allerdings die Tat nachweisen konnte.[104] Gr. Sturdza blieb die suspekte Persönlichkeit in der Innenpolitik, dem man immer wieder eigene Thronambitionen unterstellte und ihn verdächtigte, mit Unterstützung Russlands eine Lostrennung der Moldau zu betreiben.[105] Alle diese Ereignisse ließen die Stärkung des

[101] Arh. Stat. Fond Regele Carol I, III/30 (m.r. 562), f. 7 (28.2./12.3.1881).

[102] M.A.E. România, 1881, Politice, Vol. 133, f. 2, Chiffr. Telegramm v. 4./16.3.1881 von Boerescu an Kogălniceanu in Paris: „ La chose (= das Königreich, E. B.-I.) se fera un jour, vous le savez bien; mais personne ne peut savoir quand. Cela dépend des évenements. Vos appréciations sur le cas mort Empereur Alexandre sont très justes; avons absolument eu mêmes idées: attendre, ne rien prejuger, ne s'engager surtout d'aucune façon, maintenir son action libre pour avenir, qui seul nous apprendra ce que nous aurons à faire." Vgl. auch: Kogălniceanu, Documente diplomatice, S. 362.

[103] Arh. Stat. Fond Regele Carol I, III/30 (m.r. 562), f. 7 (4./16. März 1881); CR 7/1879, f. 172, Carol an seinen Vater v. 18./30.3.1881. M.A.E. România, Politice, 1881, Vol. 133, f. 5, Chiffr. Telegramm von Boerescu an Bălăceanu v. 11./23.3.1881. Zu den sozialistischen und den *Narodniki*-Zirkeln in Rumänien sowie zu den Verbindungen zwischen der rumänischen und russischen *Intelligencija:* Schmidt, J., Populismus oder Marxismus. Zur Ideengeschichte der radikalen Intelligenz Rumäniens 1875-1915, Tübingen 1992, S. 41 ff. u. 57ff.

[104] Arh. Stat. Fond Regele Carol I, V D 1952, Carol an den Vater v. 26.12.1880/7.1.1881. Ibd., III/29 (m.r. 562), f. 176 (8./20.12.1880).

[105] Rutkowski hält die Hinweise auf die Agitation von Gr. Sturdza, die die Notwendigkeit eines Königtums beweisen sollten, für wenig überzeugend. Es trifft zu, dass der Fall Sturdza instrumentalisiert wurde, allerdings gab es durchaus eine allgemeine Befürchtung, dass es ihm mit Unterstützung Russlands gelingen könnte, das Land zu destabilisieren. So wurde auch der Brand des Regierungspalais in Iaşi mit ihm in Verbindung gebracht. Rutkowski, Österreich-Ungarn und Rumänien, S. 158f. Für die Tochter Brătianus, Sabina Cantacuzino, standen die Opposition und die russische Gesandtschaft hinter den Attentaten auf ihren Vater: Cantacuzino, Din viaţa familiei I. C. Brătianu, S. 236ff.

Landes durch ein Königreich als notwendig erscheinen und gaben den Argumenten, dass das Land dadurch an Stabilität und Sicherheit gewönne, da keine anderen Thronprätendenten mehr auftreten und ausländische Mächte ein Königreich nicht so leicht zerstören könnten, neuen Auftrieb.[106]

Am 11./23. März beschlossen Brătianu, Boerescu und der Fürst, den Termin erneut vorzuverlegen und zwar auf den 3. April n.St. als Reaktion auf die von Österreich-Ungarn angedeuteten Bedingungen.[107] Seinem Vater schrieb der Fürst am 12./24. März 1881, dass die Proklamation von einem Tag auf den andern erfolgen könne, da die Strömung so stark sei, dass sie nicht mehr einzudämmen wäre. Für ihn hing der verstärkte Druck auf eine schnelle Verwirklichung des Königreichs mit der unsicheren europäischen Lage zusammen, die eine Stärkung des rumänischen Staatswesens erforderlich machte: „Das tragische Ende des Kaisers Alexander, dem wir mit dem ganzen Lande nachtrauern, beschleunigte das Einsetzen des Schlußsteines in dem politischen Aufbau des rum. Staates, der bei eintretenden Ereignißen die Stellung einnehmen muß, die ihm mit fünf und eine halbe Million Einwohner und einer Armee von 100 000 Mann gebührt." Bezugnehmend auf Österreich-Ungarn, ohne es zu nennen, fuhr er selbstbewusst fort: „Wer viel fragt bekömmt unangenehme Antworten und erreicht nichts, es muß gehandelt und dann verhandelt werden. Wie kann Europa Rumänien etwas verweigern was es seiner Zeit Griechenland gegeben, die Anerkennung kann daher nicht ausbleiben, wir werden sie ruhig abwarten, wie das letzte Mal, und wird sie dieses Mal rascher erfolgen."[108]

Publizistisch wurde die bevorstehende Proklamation durch den *Românul* am 13./25. März 1881 vorbereitet, der noch einmal die bereits offiziell geäußerten Argumente für das Königreich aufnahm und den Stabilitäts- und Ordnungsgedanken heraushob, der seit Vereinigung der Fürstentümer die rumänische Politik bestimmt habe: „Dieser Titel wird uns demnach von der Krankheit, auf den Thron zu aspiriren, vollständig heilen." Und an die Adresse der Mächte gerichtet, die in der Vergangenheit die Fürstentümer wiederholt als Aufteilungs- und Kompensationsobjekt be- und gehandelt hatten: „Europa ist gleichfalls eher gewohnt ein Fürstenthum zu unterdrücken, es fällt ihm aber schwieriger ein Königreich aufzulösen." Der Exekutive wurde gleichsam der Auftrag erteilt, diese „Meinung der Nation" umzusetzen, wofür der 10./22. Mai das geeignete Datum sei.[109]

Bis dahin war man davon ausgegangen, dass die Exekutive, sprich die Regierung, diesen Staatsakt vollziehen würde, doch den letzten Akt des Königreichs bestimmte das Parlament. Den Anstoß gab eine provozierende Rede von Maiorescu am 13./25. März, in der

106 Arh. Stat. CR 7/1879, f. 172, Carol an seinen Vater v. 18./30.3.1880: „Die Aufhebung der Nihilisten-Bande in Jassy hat das Königreich beschleunigt. Wir wollen Ordnung, Ruhe u. Stabilität hier haben."

107 Siehe oben, S. 576. Arh. Stat. Fond Regele Carol I, III/30 (m.r. 562), f. 8. An diesem Tag wurde auch Pietraru zu 20 Jahren Zwangsarbeit in den Salinen verurteilt, was Carol als „großes Glück" bezeichnete.

108 Arh. Stat. CR 7/1879, f. 167f., Brief v. 12./24. März 1881.

109 Arh. Stat. CR 12/1881, S. 22f. (Hoyos v. 25.3.1881, Nr. 35A-B). Bei diesem Terminvorschlag schien es sich eher um ein Ablenkungsmanöver zu handeln.

er die Regierung heftig attackierte. Er bezichtigte sie der Tolerierung der Sozialisten, die die Grundlagen des Staates gefährdeten, und warf den Radikalliberalen eine unverändert revolutionäre Gesinnung vor, die die Jugend verderbe und das Gebäude der konstitutionellen Monarchie untergrabe.[110] Die ausgestreuten Zweifel an der Monarchietreue der Liberalen und eine unterstellte Konnivenz der Regierung gegenüber Nihilisten und Sozialisten in Iaşi, die mit dem Zarenmord in Verbindung gebracht werden konnten, mussten in der vorhandenen Situation katalysierend wirken, wollte die liberale Partei nicht mit dem Odium von Revolution und Terror behaftet werden. Die Reaktion der Liberalen fiel entsprechend heftig aus. Noch am Abend desselben Tages wurde auf einer Versammlung von liberalen Abgeordneten und Senatoren die Ausrufung des Königreichs für den nächsten Tag beschlossen.[111] Am 14./26. März, an einem Sonnabend, war es dann soweit. Zunächst setzte eine hektische diplomatische Aktivität von Außenminister Boerescu ein, der die rumänischen Vertretungen in den Kaiserreichen auf das Ereignis vorbereitete.[112] Um halb zwölf versammelte sich das ganze Kabinett beim Fürsten, um ihm die bevorstehende Ausrufung des Königreichs mitzuteilen.[113] Am Nachmittag nahm mit dem Antrag von General Lecca über die Ausrufung eines rumänischen Königreichs das parlamentarische Abstimmungsverfahren seinen Lauf. Das Gesetz bestand aus zwei Artikeln: „Art. 1. Rumänien wird zum Königreiche erhoben; Fürst Carol I. nimmt für sich und seine Erben den Titel eines Königs von Rumänien an. Art. 2. Der Thronerbe wird den Titel Kronprinz von Rumänien führen.“, und es wurde einstimmig votiert.[114] Danach fanden sich alle Parlamentarier im Thronsaal des Palais ein, wo in einer improvisierten und schlichten Zeremonie das Ereignis gefeiert wurde. Die unerwartete Proklamation zum Königreich löste große Begeisterung in der Stadt aus und der denkwürdige Tag endete mit spontanen Festlichkeiten, Musik, Beflaggung und Illumination.[115]

110 Ornea, Viaţa lui Titu Maiorescu, I, S. 411f. Maiorescu, Însemnări zilnice, II, S. 10f.

111 Arh. Stat. CR 7/1879, f. 171, Carol an seinen Vater v. 15./27.3.1881. Doch hatte bereits einen Tag zuvor, am 12./24. März 1881, eine kleine Versammlung von liberalen Abgeordneten über eine beschleunigte Durchführung der Königreichproklamation diskutiert. P.A. Rumänien, 3, Bd. 1, Wesdehlen v. 30.3.1881 (Nr. 33. Sicher).

112 M.A.E. România, Politice, 1881, Vol. 133, f. 6ff. Chiffr. Telegramme von Boerescu an Bălăceanu (Nr. 164 und Nr. 166) in Wien und an Liteanu in Berlin und Ghica in Petersburg (Nr. 165), in denen Boerescu die Dringlichkeit der Ausrufung vor allem mit der Interpellation von Maiorescu begründete, die für Regierung und liberale Partei zu ernsten Konsequenzen hätte führen können.

113 Arh. Stat. Fond Regele Carol I, III/30 (m.r. 562), f. 8 (14./26.3.1881): „11 1/2 Uhr alle Minister zu mir gekommen, um zu erklären, daß die Kammern sich nicht mehr zurückhalten lassen, das Königreich zu proclamiren; die gestrige Sitzung, wo die Opposition die Regierung mit großer Heftigkeit attakirt hatte, brachte die Majorität so außer sich daß sie keinen Tag mehr warten wolle, ich hatte nur ein Bedenken daß Kaiser Alexander II. noch nicht begraben.“ Aus dem Leben König Karls, 4, S. 382ff.

114 Ibd., S. 383f.

115 Ibd., S. 387. Bacalbaşa, Bucureştii de altă dată, I, S. 289: „Es ist eine allgemeine und aufrichtige Begeisterung, es ist die rumänische Seele, die Freudensprünge macht.“ Arh. Stat. CR 7/1879, f. 171, Carol v. 15./27.3.1881 an seinen Vater: „Ich schreibe Dir unter dem Eindrucke der

So wurde das Königreich durch einen Überraschungscoup des Parlaments vollendet,[116] der aufgrund einer Rede ausgelöst wurde, die die Liberalen und die Regierung in Zugzwang brachte, ihr Bekenntnis zur Monarchie unter Beweis zu stellen. Dieses aus konservativer Sicht kontraproduktive Ergebnis hatte Maiorescu natürlich nicht vorausgesehen. Indem er den Liberalen unterstellte, Gegner der Monarchie zu sein, hatte er versucht, ihre politische Dominanz zu schwächen und die Konservativen als die eigentlich staatstragende Kraft hinzustellen. Sein Auftritt galt aber auch in gleicher Weise den Konservativen und war Teil der junimistischen Offensive, die konservative Partei aus ihrer politischen Isolierung herauszuführen und sie wieder regierungsfähig zu machen. Inhaltlich standen seine Ausführungen auf schwachen Füßen, so dass es Brătianu nicht schwer fiel, die Vorwürfe zu widerlegen.[117] Maiorescu hatte auf den publikumswirksamen Effekt seiner Rede angesichts der gesteigerten Aufmerksamkeit der Öffentlichkeit auf sozialistische Bewegungen nach dem Zarenmord spekuliert und sie für seine Zwecke zu nutzen gedacht. Auch wenn er die Beschleunigung der Ausrufung zum Königreich nicht intendiert hatte, schien es seinem Selbstbewusstsein zu schmeicheln, als „Königsmacher" angesehen zu werden.[118]

Dem nationalen Selbstverständnis entsprach es, dass das Königreich sein Zustandekommen weder einem Regierungsakt noch einer Mächtevereinbarung verdankte, sondern dem Parlament, wodurch es als Ausdruck des Volkswillens legitimiert wurde wie schon beim Plebiszit von 1866. Durch seine Haltung hatte Fürst Carol diesen Aspekt verstärkt, indem er sich einer Einflussnahme auf den Proklamationstermin enthielt und den Vorschlägen seiner Minister folgte. Jeder Anschein eines persönlichen Ehrgeizes nach der Königswürde sollte vermieden, die Krone nicht als sein Verdienst, sondern als Ausfluss eines vom Land frei ausgeübten Rechtes verstanden werden. Auch wenn er von den eigenen Führungsqualitäten überzeugt war, nahm er seine Person zurück und betonte immer den „demokratischen" Ursprung seines Amtes wie in seiner Rede an die Parlamentarier anlässlich der Überbringung des Votums über die Ausrufung zum Königreich am 14./26. März 1881: „In diesem Moment will ich wiederholen, was ich immer gesagt habe, dass der Willen der Nation alle Zeit mein Führer gewesen ist. [...] Nicht also für Mich persönlich, sondern für die Größe Meines Landes nehme ich den Titel an, der den lebhaftesten Wunsch ausdrückt, der seit so langer Zeit in der Brust eines jeden Rumänen brennt, der aber nichts an den engen Beziehungen zwischen der Nation und Mir ändert und die ihre

unbeschreiblichen Begeisterung, die die Proclamierung des Königreichs hervorgerufen." P.A. Rumänien 3, Bd. 1, Wesdehlen v. 27.3.1881 (Nr. 32).

116 C. A. Rosetti schrieb an einen seiner Söhne am 26.3.1881: „Des grandes choses. Aujourd'hui nous allons proclamer à la chambre le Roi et le Royaume. [...] Nous irons ensuite senateurs et deputés au Palais et le nouveaux scandal que nous faisons sera couronné." B.C.S. Fond St. Georges, P. XLIV, D. 2. Dinu V. Rosetti.

117 Brătianu, Acte şi cuvântări, VI, S. 177ff. Brătianu sah als Grund der Rede die Befürchtung vor einer zu langen Regierungszeit der Liberalen an.

118 Maiorescu, Însemnări zilnice, II, S. 10.

Stärke in den Ereignissen bewiesen haben, die wir gemeinsam erfahren haben."[119] Hier wurde das Signum des nationalen Zeitalters sichtbar mit seiner Priorität von nationalen Souveränitäts- und Selbstbestimmungsrechten, dem auch das Königtum untergeordnet war.

Die Liberalen konnten sich das Verdienst zuschreiben, ihr nationales Werk durch das Königtum gekrönt zu haben. Große Widerstände gab es weder innen- noch außenpolitisch. Allerdings kostete es den Konservativen einige Überwindung, diesen Sieg der Liberalen anzuerkennen, und Maiorescu musste Überzeugungsarbeit bei L. Catargiu und General Florescu leisten, um das Königreich als „Triumph der konservativen Sache" darzustellen.[120] Die folgenden Tage standen ganz im Zeichen von Freudenkundgebungen, Empfängen und Glückwunschadressen aus dem In- und Ausland. Das außenpolitische Echo fiel überwiegend positiv aus.[121] Die europäischen Regierungen wurden von der Königreichproklamation durch ein Rundschreiben von Boerescu vom 16./28. März 1881 in Kenntnis gesetzt, der zunächst betonte, dass Rumänien nur ein ihm innewohnendes Recht ausgeübt habe, und dann versicherte, dass das Königreich eine neue Garantie für Ordnung und Stabilität bedeute und den friedlichen Gang auf dem Weg der Zivilisation und der inneren Verbesserungen sichere.[122] Belgien, Griechenland und die Türkei waren die ersten, die den Königstitel anerkannten, England, Italien und Frankreich folgten am 3. und 4. April 1881 (n.St.).

Für Russland, Österreich-Ungarn und Deutschland bildete die Ausrufung des Königreichs einen unerwarteten Testfall für das Funktionieren des Dreikaiserbündnisses, über das man gerade verhandelte. Da man sich als genuine Bewahrer des monarchischen Prinzips verstand, bot sich ein gemeinsames Vorgehen in dieser Frage an. So ging der Anerkennung ein Meinungsaustausch zwischen den Regierungen voraus, um sich auf eine einheitliche Linie zu verständigen. Russland benutzte die Gelegenheit, um Maß-

119 Regele Carol I al României. Cuvântări şi scrisori, II, S. 426f. Aus dem Leben König Karls, 4, S. 386. Carol bezeichnete seine Rede als „sein Programm", es hätte sich für ihn nichts geändert, ob als Fürst oder König: Brief an den Vater v. 3./15. April 1881. Arh. Stat. CR 7/1879, f. 197f. Auch der Vater Karl Anton sprach von dem rumänischen Königtum als „ein rein demokratisches und aus der Einstimmigkeit des Nationalwillens hervorgegangenes": Aus dem Leben König Karls, 4, S. 395.

120 Maiorescu, Însemnări zilnice, II, S. 11. Arh. Stat. CR 12/1881, S. 46f. (Hoyos v. 6.4.1881, Nr. 44 A-E).

121 Carol vermerkt in seinem Tagebuch sehr genau die in- und ausländischen Reaktionen. An seinen Vater schrieb er am 18./30.3.1881: „Heute nur wenige Worte, denn neben den Geschäften reihen sich endlose Empfänge und Ovationen, die die unbeschreibliche Freude und die Einstimmigkeit der Nation bekunden, die ganze europäische Presse begrüßt sympathisch den großen Act, der Rumänien die gebührende Stellung in der Staaten-Familie einräumt." Arh. Stat. CR 7/1879, f. 172.

122 M.A.E. România, Politice, Vol. 133, 1881, f. 19: „La Roumanie, en donnant le titre de Roi à son Souverain, n'a fait qu'exercer un droit inhérent à sa qualité d'Etat libre." Diesem Rundschreiben waren die amtlichen Verlautbarungen über die Königreichsproklamation beigefügt.

nahmen gegen Nihilisten und Anarchisten zu fordern und wurde darin vorbehaltlos von Deutschland unterstützt als sichtbares Zeichen der „Solidarität der drei Kaiserhöfe als Vertreter und Hüter des monarchischen und conservativen Princips den Umsturzbestrebungen der Zeit gegenüber".[123] Das russische Ansinnen stieß auf keine Schwierigkeiten in Bukarest, wo gerade ein Fremdengesetz im Parlament eingebracht worden war, das die Handhabung zur Ausweisung oder Inhaftierung von Ausländern bot, die die öffentliche Ordnung störten. Auf den Rat des rumänischen Vertreters in Berlin, Liteanu, der einen Hinweis der deutschen Seite weitergab, wurde ein Zusatzartikel angenommen, der ein Attentat auf das Oberhaupt eines fremden Staates oder auf ein Mitglied seiner Familie nicht als politisches, sondern als strafrechtlich zu ahndendes Verbrechen einstufte.[124] Am 6. April 1881 (n.St.) erkannten die drei Kaisermächte das rumänische Königreich an, wobei sie zugleich die Erwartung ausdrückten, dass Rumänien der Erfüllung seiner internationalen Pflichten, eine Umschreibung für den Kampf gegen Anarchisten und Sozialisten, verstärkt nachkommen werde.[125] Am deutlichsten wurde Zar Alexander III., der in seinem Glückwunschschreiben an den König auf die Notwendigkeit einer Vereinigung aller konservativen Kräfte angesichts der sozialen Krise hinwies, um Konflikten, ausgelöst durch anarchische Kräfte, entgegenzutreten, und gleichzeitig seiner Hoffnung Ausdruck gab, dass das Königreich eine neue Garantie der europäischen Ordnung bedeute.[126] Carol seinerseits griff diesen Gedanken auf, als er nicht ohne Stolz seinem Vater schrieb: „Das monarchische Europa muß uns dankbar sein, daß ein Land, mit allen Freiheiten ausgestattet, seiner Krone mehr Relief verleiht und dadurch dem monarchischen Prinzip huldigt, dem alle Parteien, die radicalen Fractionen nicht ausgeschloßen, zustimmen. –"[127] Zehn Jahre lagen zwischen dieser Aussage und seiner Verurteilung der „quasi republikanischen Staatsform", deren liberale Verfassung er als Unglück für das Land ansah.[128]

Die bedingungslose und schnelle Anerkennung des Königreichs zeigte bereits die Selbstverständlichkeit, mit der Rumänien als eigenständiger Staat akzeptiert wurde und erfüllte Fürst und Regierung mit großer Genugtuung nach den Demütigungen im Gefolge der

[123] P.A. Rumänien 3, Bd. 1, Busch an Reuss in Wien v. 1. April 1881 (Nr. 128. In Postziffern). Russland hatte nach dem Attentat auf den Zaren bereits Maßnahmen gegen die Aktivitäten der „Anarchisten" in der Schweiz und in England gefordert und war deswegen in Berlin vorstellig geworden, wo diese Initiative bereitwillig aufgegriffen wurde. Arh. Stat. Fond Regele Carol I, III/30 (m.r. 562), f. 9 (21.3./2 4.) und 23.3./4.4.1881, wo Carol notierte: „Rußland, Oesterreich u. Deutschland wollen uns erst anerkennen, wenn wir ein Socialisten-Gesetz gemacht (?) soll von Rußland ausgehen." Arh. Stat. CR 23/1881, f. 1ff., Liteanu an Carol v. 9.4.1881.

[124] Arh. Stat. CR 37/1879, f. 10, Chiffr. Telegramm von Liteanu aus Berlin, 4.4.1881 an Brătianu. P.A. Rumänien 1, Bd. 9, Chiffre-Telegramm von Wesdehlen v. 7. April 1881(Nr. 11).

[125] Arh. Stat. CR 12/1881, S. 55 (Hoyos v. 6. April 1881, Nr. 44 B).

[126] Arh. Stat. CR 7/1879, f. 198f., Carol an seinen Vater v. 3./15. April 1881.

[127] Ibid, f. 172, Carol an seinen Vater v. 18./30.3.1881.

[128] Aus dem Leben König Karls, 2, S. 139.

Unabhängigkeit.[129] Rumänien hatte seinen Platz in Europa gefunden. Mit dem Königtum war der Emanzipationsprozess der Eigenstaatlichkeit abgeschlossen. Die rumänische Führungsschicht und der Fürst hatten innerhalb von 22 Jahren alle nationalen Ziele erreicht: Union, fremder Fürst, Unabhängigkeit, Befreiungskrieg und Königreich. Der Rückblick verdeutlicht, wie sehr diese Jahre vom Ringen um die Unabhängigkeit geprägt waren, deren innenpolitische Voraussetzung die staatliche Stabilität bildete, während sie außenpolitisch gegen die Interessen der Großmächte durchgesetzt werden musste. Die rumänische Politik stand in einer funktionalen Beziehung zur Unabhängigkeit und definierte sich vor allem über sie. Das galt in besonderem Maße für den Fürsten, der Bestandteil und Exponent dieser Politik gleichermaßen war, sie koordinierte und strukturierte. Seine Legitimität bezog er auch durch die Identifikation mit der nationalen Selbständigkeit und die Abwehr außenpolitischer Angriffe gegen diese. Der Erfolg dieser Politik brachte aber auch eine schwere Hypothek mit sich, denn während dieses Zeitraums bildeten sich Grundmuster rumänischer Politikgestaltung aus, die eine Hypersensibilisierung hinsichtlich nationaler Themen mit systemstabilisierender Wirkung aufwiesen.

Die Etablierung des Königreichs markierte eine von vielen Zeitgenossen empfundene Zäsur: einerseits bedeutete sie die vollständige Erfüllung der nationalen Zielvorgaben seit 1857, andererseits machte sie den Beginn einer Neudefinition politischer Ziele notwendig. Bis jetzt waren die sozial-ökonomischen Probleme immer den nationalen untergeordnet worden. Nun musste sich erweisen, ob die nationalen Werte mit sozialen Reformzielen in ähnlicher Intensität wie mit der Unabhängigkeit aufgefüllt werden konnten. Es fehlte nicht an Einsicht in die Notwendigkeit der Beseitigung der sozialen Defizite der rumänischen Gesellschaft, wie die Junimisten mit ihrem Programm der „Neuen Ära“ und die Linken der Liberalen mit C. A. Rosetti mit ihrem Schlagwort der Eroberung eines „inneren Plewna“ bewiesen. Auch der König stand vor einer neuen Aufgabe, nachdem er als Fürst die Funktionen, für die er 1866 berufen wurde, erfolgreich erfüllt hatte. Als politische Integrationsinstitution und Vollender der Unabhängigkeit hatte er sich etabliert. Wie die Umsetzung des Königreichs zeigte, gehörte nun die Bewahrung der Dynastie zum politischen Fundamentalkonsens. Ob dem König und der politischen Führungsschicht ein sozialer Ausgleich gelingen würde, gehörte zu den entscheidenden Fragen nach 1881.

[129] Arh. Stat. CR 16/1881, S. 21ff. (Hoyos v. 13.4.1881, Privatbrief).

Zusammenfassung

Die Einsetzung einer ausländischen Dynastie galt dem innenpolitischen Ausgleich, der außenpolitischen Unabhängigkeit und dem Anschluss an das entwickelte Europa mit dem Ziel der Sicherung des rumänischen Nationalstaats. Ein fremder Fürst wurde dadurch zum Exponenten des Nationalstaatsgedankens und gleichzeitig zum Aushängeschild eines westeuropäischen Verfassungsmodells, das die größte internationale Akzeptanz versprach. Die Verfassung wurde analog der belgischen zur Herrschafts- und Legitimitätsgrundlage der politischen Ordnung, als deren Souverän sich die Nation verstand, während der Fürst als *pouvoir constitué* in die Verfassung eingebunden war und sein Eid die Voraussetzung für die Ausübung seiner Rechte bildete. Der Monarchiebildung lagen keine religiösen, patriarchalischen, traditionalen oder charismatischen, im weiteren Sinne also emotionalen Bindungen zugrunde, sondern ein rational gesetztes Rechtsnormensystem, das den Fürsten als neutrale Gewalt und Symbol des Staates konzipierte. Damit erhielten die Herrschaftsbeziehungen einen funktionalen, zweckrationalen Charakter mit der Folge, dass sich der neu ernannte Fürst im Sinne der Verfassungsaufgaben als effizient erweisen musste.

Die eingangs genannten Ziele konnte Carol I. in den ersten vier Jahren nicht erfüllen. Mit ihm wurde ein ehrgeiziger junger Mann zum Fürsten berufen, der in den ersten Jahren unter einem ständigen subjektiven Entscheidungsdruck stand, der aus der Diskrepanz zwischen der vorgefundenen Rückständigkeit des Landes und dem Stolz auf seine Herkunft resultierte. Sein Heimat- und Referenzland Preußen war durch seine Könige groß geworden und eine ähnliche Rolle wollte auch Carol übernehmen. Er machte Politik, wie er sie aus Preußen kannte, ohne Rücksicht auf den Kleinstaatcharakter und den Abhängigkeitsstatus seines neuen Landes. Die von ihm forciert betriebene Modernisierung der Verkehrswege, der Armee und die Politik der Unabhängigkeit ohne Rücksicht auf die finanziellen Ressourcen des Landes und in Überschätzung der politischen Spielräume wirkten sich auf eine Stabilisierung seiner Institution negativ aus. Die Herausbildung verbindlicher Entscheidungsmechanismen zwischen den Staatsorganen auf der Grundlage von Wahlergebnissen gelang nicht aufgrund von Defiziten im Konsensmanagement und außenpolitischer Eingriffe als Folge der fürstlichen Politik. So besaß die von ihm vorangetriebene Unabhängigkeitspolitik als wichtiger Teil nationaler Programmatik zwar eine Integrationsfunktion für seine Institution, aber auch eine Dysfunktionalität, die in der störanfälligen Anfangsphase die Institutionenbildung behinderte.

Das Anwachsen des Legitimationsdefizits fürstlicher Gewalt beruhte zusätzlich auf der Unterschiedlichkeit von Mentalitätsstrukturen und historischen Traditionen zwischen Fürst und rumänischer Führungsschicht. Dabei besaß sowohl im Verständnis des Fürsten wie in der historischen Erfahrung von Herrschaft in den Fürstentümern der Fürst die entscheidende Rolle. Mit der preußischen Erfahrung vom monarchischen Prinzip groß geworden, verstand sich der Fürst als oberste Entscheidungsinstanz und Zielgeber der Politik und machte aus der Zustimmung für seine Politik eine Frage der persönlichen Loyalität. Eine ähnlich geartete Loyalität, nur umgekehrt im Sinne einer reellen Anerkennung ihrer Dienste, z. B. in Form von Versorgung durch politische Ämter verlangten hingegen die rumänischen Politiker von ihm. Im Konfliktfall hatte es in der Vergangenheit immer die Alternative eines Fürstenwechsels gegeben, der immer noch Virulenz besaß. So herrschte auf beiden Seiten, wenn auch aus unterschiedlichen historischen Erfahrungen, weiterhin eine personenbezogene und emotionale Legitimitätsstruktur vor, aber keine verfassungsmäßige, so dass eine Änderung oder gar Aufhebung der Verfassung als Lösung der Legitimationskrise wenig Schwierigkeiten bereitete.

Weiter trugen dualistisch angelegte Verfassungsbestimmungen in Bezug auf Exekutive und Legislative, die einen Balancecharakter vorsahen, aber bei noch nicht etablierten Verfahrensprozeduren der Machtzuweisung und mangelnder Erfahrung zunächst die Konfrontation verstärkten, zu der Erosion der Fürstenmacht in den ersten Jahren bei. Die sich daraus ergebende Chance einer Parlamentarisierung des politischen Systems durch die Übernahme der Regierungsverantwortung auf parlamentarischer Basis scheiterte aber ihrerseits an der mangelnden Institutionalisierung des Parlaments und den Defiziten im Konsensverhalten innerhalb eines Parteienlagers – die Parteiensegmentierung allein stellte noch keinen Grund für die Schwäche des Parlaments dar, wohl aber eine polarisierende Oppositionshaltung, die sich der Erkenntnis in die Notwendigkeit einer parlamentarischen Unterstützung für die Arbeit einer Regierung verschloss. Einen zeitaufwändigen Lernprozess konnte man sich aber angesichts der gespannten Lage im Innern und bei den Finanzen nicht leisten. Die immer wieder hervorgehobene Parlamentsherrschaft dieser Jahre äußerte sich daher nur vordergründig in den Redeauseinandersetzungen, eine wirklich institutionelle Machtzunahme auf Kosten des Fürsten gelang aber nicht. Die Konfliktkonfiguration spitzte sich dabei auf die Machtfrage zu zwischen dem Fürsten und dem rumänischen Liberalismus, wie ihn die Radikalliberalen vertraten. Jeder nahm für sich in Anspruch, sei es aus nationalen Gründen, sei es aus Gründen der Staatsräson, eine politische Monopolstellung zu besitzen. Doch erwies sich jeder zu schwach, seine Verfassungsvorstellungen einseitig durchzusetzen, wobei den Radikalliberalen zusätzlich der außenpolitische Gesamttrend entgegenstand.

Der institutionelle Lernprozess des Fürsten begann mit der spektakulären Entscheidung der Abdankung, die einerseits das Scheitern seiner bisherigen Politik eines fürstlichen Primats markierte, andererseits eine qualitative Änderung in den Herrschaftsbeziehungen einleitete. Nicht zuletzt auch aufgrund des außenpolitischen Gefährdungsdrucks kam ein Elitenkonsens über die Beibehaltung des 1866 inaugurierten Systems mit dem Fürsten zustande. Die politische Verantwortung lag nun reell in den Händen der Regierung, während der Fürst sich als oberste Entscheidungsinstanz zurückzog und der Regierung bzw. dem Ministerpräsidenten die politische Führung überließ. Institutionelle Sicherheiten konnten sich nun herausbilden, die auf einer einigermaßen homogenen Zusammensetzung von Regierung und Parlament aufgrund von gesteuerten Wahlen beruhten und die Priorität der Regierung anerkannten. Dies bedeutete jedoch keine gouvernamentale Allmacht, sondern es wurden Zuständigkeiten abgesteckt und respektiert. So mussten dem Parlament wichtige Kompetenzen belassen werden. Gesetze, die einen wie auch immer gearteten „nationalen“ Charakter besaßen, ließen sich gegen es und die öffentliche Meinung nicht durchsetzen. Ein Autonomieverständnis des Parlaments als Gegengewicht zur Regierung blieb erhalten, was sich besonders im Senat artikulieren konnte, der aufgrund des geringeren Grads gouvernamentaler Einflussnahmemöglichkeiten oft die Rolle eines Oppositionsorgans übernahm. Ebenso etablierte sich eine parlamentarische Ministerverantwortlichkeit, selbst wenn das Parlament seine entscheidende Rolle bei der Regierungsbildung nach 1871 verlor.

Der Verzicht des Fürsten auf konkrete Entscheidungs- und Durchsetzungsvorgaben bedeutete keine Aufgabe von Einflussnahme und -möglichkeiten, sondern Konsensverfahren im Umgang mit Regierung und Parlament und das Nachgeben im Konfliktfall. Die Zunahme an Schlichtungs- und Ausgleichskompetenzen ließ ihn allmählich zu einer übergeordneten Instanz werden, die sich aus den politischen Auseinandersetzungen heraushielt und zum Element von Stabilität und Berechenbarkeit wurde. Zugrunde lag dieser Veränderung auf der Aktionsebene ein Wechsel in der politischen Zielsetzung des Fürsten. Im Unterschied zur Regierungszeit der ersten fünf Jahre besaßen nicht mehr Unabhängigkeits- und bestimmte Modernisierungsziele nach fürstlicher Maßgabe Priorität, sondern die Stabilität des politischen Systems. Die maßgeblichen politischen Faktoren wie die Verfassung, das Verhältnis von Regierung, Parlament, Parteien und Fürst zueinander und auch die noch immer verfolgte Unabhängigkeitspolitik wurden nun an ihrer Funktionalität zu diesem obersten Prinzip gemessen. Damit einher ging eine Rationalisierung des Entscheidungsprozesses und Distanzierung von identifikatorischen Personenbeziehungen.

Diese Zieländerung erlaubte dem Fürsten auch die tiefe Spaltung zwischen ihm und den Radikalliberalen als der aktivsten Kraft im öffentlichen Leben zu überwinden und sie 1876 mit der Regierung zu beauftragen, als es den Konservativen nicht mehr gelang, Ruhe und Ordnung aufrechtzuerhalten. Sie hatten ihre Aufgabe der Konsolidierung des politischen Systems auf der Grundlage der 1866er Verfassung erfüllt und durch die Dauer ihrer Regierungszeit einen stabilisatorischen Gewöhnungseffekt erreicht. Die Radikalliberalen wiederum akzeptierten nun die institutionellen Spielregeln und die fürstliche Schiedsrichterfunktion, da sie nicht von der Macht ausgeschlossen wurden. Ihre Versuche aber, den Fürsten erneut zu dominieren, liefen ins Leere, da der Fürst nicht mehr auf sie angewiesen war. Er behielt seine institutionelle Autonomie als eine über den Parteien stehende Kraft, was ihm ermöglichte, die Partizipationskrise des Regierungswechsels 1876 im verfassungsrechtlichen Rahmen über mehrere Wahlstufen zu lösen. Später wurden diese als Legitimationshilfe nicht mehr benötigt, da der Fürst durch die Berufung einer Regierung die Funktion von Wahlen als Indikatoren von gouvernamentalen Kabinettswechseln übernahm. Wahlen dienten von da an in erster Linie als Gradmesser für die Durchsetzungsfähigkeit einer Regierung und nicht als Quelle ihres Ursprungs, auch wenn letzteres in der politischen Rhetorik mit dem „Appell an das Land" immer aufrechterhalten wurde. Die Kehrseite dieser Entwicklung bestand in einer Gewaltanfälligkeit der Gesellschaft, da sich die jeweils außerhalb des Parlaments befindliche Opposition den Regierungszugang über eine Destabilisierungsstrategie erkämpfen musste. Dem Fürsten oblag die Kontrollierbarkeit dieser Konflikte durch die Überführung in institutionelle Bahnen, wobei sich seine Machtzuweisung an Regierung oder Opposition nach dem jeweils größeren Stabilisierungspotenzial auf Seiten der Kontrahenten richtete. So handelte es sich bei einem Regierungswechsel nicht um voluntaristische Entscheidungen des Fürsten, sondern um vorhersehbare institutionelle Verfahrensweisen, die ein Zweiparteienlager mit ihren jeweiligen Haupt- und Nebenparteien begünstigten und Eskalationen unter Kontrolle zu halten suchten.

Beim Ausbruch der orientalischen Krise 1876 hatte sich das politische System dank der gefestigten Stellung des Fürsten soweit stabilisiert, dass die außenpolitischen Gefahren nicht nur ohne Auswirkungen auf die Funktionsweise der Institutionen blieben, sondern man sich sogar erlauben konnte, die Konfrontation durch die Ministerklage zu verstärken. Vor allem aber – und dies stellte ein Novum in der Geschichte dar – wurde das Land außenpolitisch respektiert und zum ersten Mal in einem Krieg zwischen dem Osmanischen Reich und Russland nicht von einem der kriegführenden Mächte besetzt. Durch die politisch und militärisch erfolgreiche Kriegsteilnahme, womit der Fürst den rumänischen Interessen gegenüber russischen Ansprüchen wirksam Geltung verschaffen konnte, erweiterte er seine Legitimationsbasis, indem er zu einem anerkannten Symbol nationaler Integration und Unabhängigkeit wurde. Als dann die verschiedenen Anforderungen der Anerkennungskrise nach dem Berliner Kongress die rumänische Politik fast handlungsunfähig machten, war es zum großen Teil seinem Wirken zuzuschreiben, dass Blockaden aufgelöst und Lösungsoptionen offen gehalten werden konnten, ohne dass er selbst seine Vorstellungen gegen allgemeine Widerstände durchzusetzen suchte. Auch hier macht ein Vergleich zwischen seinem offensiven Vorgehen bei der Durchsetzung der Eisenbahnkonzessionen und seiner Deeskalationsstrategie bei der Umsetzung der Berliner Kongressentscheidungen den Unterschied in seinem Politikstil deutlich: weg von konkreten Entscheidungen transitiver Machtgestaltung hin zu einer Orientierungsleistung symbolischer Repräsentation in Form von politischem Ausgleich, Bewahrung der Unabhängigkeit und der Anerkennung der Priorität des Nationalen. Gerade in der Anerkennungskrise ließ sich der Institutionenwandel festmachen, den Carol I. vollzogen hatte. Gleichzeitig wurden die Grenzen seiner Einflussmöglichkeiten sichtbar: bei Gesetzen, die fundamentale nationale oder soziale Interessen betrafen und die nationale Identität berührten wie die Judenemanzipation, blieb ihm nur die Akzeptanz der Ausgrenzungspolitik übrig. Verhindern konnte er nicht, dass sich der Antisemitismus zu einem nationalen Integrationsinstrument und Bestandteil eines ethnozentrierten Identitätsverständnisses entwickelte. Dennoch sollte dabei nicht aus dem Blick geraten, dass sich Rumänien darin nicht vom allgemeinen europäischen Trend mit seiner Herausbildung der überall anzutreffenden nationalen Abgrenzungsstrategien unterschied, die in jedem Land ihm eigene Fremdbilderprojektionen hervorbrachten und zu Strukturmerkmalen des eigenen Nationalismus werden konnten.[1]

Kurz zusammengefasst, gaben die Entscheidungen in den behandelten Krisen der fürstlichen Institution und damit dem politischen System ihre spezifische Ausprägung und erweiterten aufgrund der bewiesenen Effizienz kontinuierlich die Legitimationsbasis des Fürsten: 1866 wurden die normativen Verfassungsgrundlagen durch eine Übereinkunft der politischen Führungsschicht bestimmt, 1871 bedeutete die Umsetzung des Prinzips der politischen Nicht-Verantwortlichkeit, 1876 gelang ein geregelter institutioneller Machtwechsel, 1877 bewies der Sieg gegen die Türken die militärische Kompetenz des Fürsten und in den Jahren 1878-1880 bildete seine Entscheidung, sich jeder Entscheidung zu enthalten und damit den rumänischen Nationalismus in seiner exklusiven Form als Identitätsideologie zu akzeptieren, die Voraussetzung für die Bewältigung der Anerkennungskrise. Ihm gelang es dadurch, sein Amt aus den politischen Konflikten herauszuhalten und zu der neutralen Gewalt zu machen, wie sie die Verfassung vorsah.[2] Neben seiner politischen und militärischen Kompetenz trugen seine moralische Autorität, seine Respektierung der orthodoxen Traditionen des Landes und die Herausbildung einer mit seiner Person verbundenen Staatssymbolik und von Machtritualen zu seiner Legitimation bei. Zusammen mit seinem Stolz auf die eigene Herkunft verliehen diese Faktoren dem Amt eine den politischen Alltag überragende Würde und staatstragende Souveränität. Die Vorbildfunktion, die der Fürst insgesamt erfüllte, wirkte sich auch außenpolitisch vorteilhaft auf die Stellung Rumäniens aus, dessen Ansehen sich etwa im Vergleich zu Serbien oder Bulgarien nach 1877 spürbar erhöhte und es zu einem politisch wichtigen Faktor in der europäischen Politik werden ließ.

Mit der Ausgestaltung des Fürsten- und später des Königsamtes hatte Rumänien den Anschluss an die westeuropäische Entwicklung gefunden und die Prinzipien einer konstitutionellen Monarchie erfolgreich übernommen und es den eigenen Bedürfnissen angepasst. Damit brachte es seine eigene Spielart in die europäischen Monarchien ein, die näher am westeuropäischen als am preußischen Monarchieverständnis lag.[3] Die rumänische Mon-

1 Kaschuba, Wolfgang, Volk und Nation: Ethnozentrismus in Geschichte und Gegenwart, in: Winkler, H. A., Kaelble, H. (Hg.), Nationalismus – Nationalitäten – Supranationalität, Stuttgart, 2. Auflage 1995, S. 56-82.

2 Hier ist vielleicht ein Querverweis auf die kleine Schrift von Hans Joachim Schoeps: Kommt die Monarchie? Wege zu neuer Ordnung im Massenzeitalter, Ulm 1953, nicht uninteresssant, der in der Diskussion über eine Wiedereinführung der Monarchie in Deutschland diesen Aspekt einer neutralen und moderierenden Gewalt an der Spitze des Staates und einer moralischen Autorität angesichts einer zerstrittenen Parteiendemokratie und anonymen Massengesellschaft herausstellt, wobei seine Argumentation in vielen Punkten der rumänischen ähnelt (bes. S. 46ff.).

3 Hintze, Otto, Das monarchische Prinzip und die konstitutionelle Verfassung (zuerst erschienen 1911), in: Hintze, O., Staat und Verfassung, hrsg. v. G. Oestreich, dritte durchgesehene und erweiterte Auflage, Göttingen 1970. Anders Docea, nach dem die rumänische Monarchie-

archie mit ihren leistungsbezogenen Funktionen und ihren rationalen, säkularen Komponenten integrierte sich in die europäische Moderne und mit der Volkssouveränität als ihrem Ursprung ins nationale Zeitalter. Vielleicht konnte dies nur einem ausländischen Fürsten gelingen, der unbelastet von einheimischen historischen Traditionen die dafür notwendige Distanz und Integrationsfähigkeit gleichermaßen mitbrachte. Carol I. wurde kein Rumäne, wie er zu Beginn seines Herrschaftsantritts verkündigt hatte, und gerade darin lag seine Stärke. Die Voraussetzung für seinen Erfolg bildete die Erkenntnis seiner Grenzen, oder, wie er einmal äußerte, die Rumänen besser zu kennen als sie selbst. Der Fürst und spätere König blieb wohl insgesamt gesehen eine unbequeme Persönlichkeit für die Rumänen, die sie respektierten, mit der sie sich aber nur schwer identifizieren konnten, was ihnen umgekehrt die Akzeptanz normativer Regeln erleichterte.

Dennoch bleiben Fragen bei der Bewertung offen und werden, je nach Zeitumständen und Betrachter, unterschiedlich beantwortet werden. Wenn, wie gesehen, die Anfangsphase und speziell die ersten fünf Jahre sich prägend auf die politischen Systembeziehungen auswirkten, dann muss hinter der allgemein als Erfolg gewerteten Fürstenkarriere ein großes Fragezeichen gesetzt werden. Begünstigten nicht die Fehler des Fürsten, seien sie nun aus Unerfahrenheit, Leichtsinn oder Hochmut entstanden, dass sich frühere defizitäre Entwicklungslinien wie die Wahlmanipulationen, die Tendenz zur Ausschaltung des politischen Gegners und zum damit verbundenen Gewaltpotenzial in das neue Verfassungssystem übernommen und etabliert wurden? Andererseits gibt es, dem Ansatz dieser Arbeit folgend, keine unilateralen Begründungszuweisungen, sondern ein Bündel von verschiedenen Kontextfaktoren, die zu bestimmten Entscheidungen führten. Dabei kam es auch immer zu einer Verlagerung von Gewichtungen, sowohl bei innen- und außenpolitischen Fragen als auch bei der Stellung der Staatsorgane zueinander, so dass eine Antwort auf die Frage nach einem entscheidenden Einfluss des Fürsten auf die Ausgestaltung des politischen Systems differenziert ausfallen und seine sich verändernden Spielräume berücksichtigen muss.

Unter der Herrschaft Carols I. verstärkten sich, insgesamt gesehen, die antiemanzipatorischen und segregierenden Komponenten des rumänischen Nationalismus und Liberalismus, die die Ideologiehoheit in dieser Epoche besaßen. Darauf konnte er kaum einen alterierenden Einfluss nehmen. Dadurch, dass er sich zum einen selbst zum Vorreiter der

variante dem zentraleuropäischen, sprich dem preußischen Modell mit dem Grundsatz: „Der Fürst herrscht und regiert“, ähnelte und dies mit dem absoluten Vetorecht begründet, das der Fürst zugegebenermaßen nie anwandte. Docea, V., Europa monarhică şi România lui Carol I: analogii, modele străine, tradiţii autohtone, in: Ders., Carol I şi monarhia constituţională, S. 106ff., 120. Dagegen ließe sich argumentieren, dass der Fürst im entscheidenden Konfliktfall nicht gegen die Elite stimmte, sondern nachgab und im Extremfall wie beim Ausbruch des Ersten Weltkrieges die Abdankung einer Kriegserklärung gegen die Mittelmächte vorzog. Nicht das absolute Veto bildete die Voraussetzung für seine Schiedsrichterrolle, sondern seine Konfliktvermeidungsstrategien und berechenbare institutionelle Entscheidungsmuster. Das bedeutet natürlich umgekehrt auch keine Deckungsgleichheit mit der belgischen oder englischen Monarchie, da die sozialen und politischen Voraussetzungen andere waren.

Politik einer nationalen Unabhängigkeit machte und äußerst sensibil auf Souveränitätsfragen reagierte, er andererseits aber in seiner Eigenschaft als „Fremder" besondere Vorsicht bei nationalen Themen an den Tag legen musste, beeinflusste er diese nationalistischen Tendenzen direkt wie indirekt mit. Ebenso wenig kam eine Übernahme von Schutzfunktionen zu Gunsten der Bauern gegen die politische Elite für ihn in Frage, da sie seine Herrschaftsbasis gefährdet hätte. Vielleicht förderte gerade der Erfolg des Fürsten und späteren Königs bei der Konsolidierung des Staatswesens die soziale Reformunwilligkeit der politischen Führungsschicht. Nicht weil er solche Reformen ablehnte, sondern weil die Elite angesichts gut funktionierender Partizipations- und Distributionsmöglichkeiten an der politischen Macht dafür keinen Handlungsbedarf sah, was sich grundsätzlich erst nach dem großen Bauernaufstand von 1907 ändern sollte. Andererseits bildeten Stabilität und Kontinuität politischer Herrschaft die Grundvoraussetzung für eine nationalstaatliche Existenz, die immer als bedroht angesehen worden war. Als diese Gefahr durch die Errichtung des Königreichs vorerst gebannt war, boten sich wiederum Chancen der Überwindung der sozialen Gegensätze – eine Initiativrolle hierfür konnte und wollte der spätere König aber nicht übernehmen, gerade auch im Hinblick auf die Erfahrungen seiner ersten Jahre. Bei ihm verhielten sich das konstitutionelle Nicht-Können und das individuelle Nicht-Wollen oft komplementär zueinander, wobei er seine Hauptaufgabe in der Überwachung eines möglichst reibungslosen Funktionierens des politischen Systems und in der Koordination von Macht sah, Reformanstöße aber weitgehend der politischen Führungsschicht überließ.

Abkürzungen

Acad. Rom. Mem. secţ. ist.	Academia Română. Memoriile secţiunii istorice. Seria III, Bucureşti
Analele	Analele ştiinţifice ale Universităţii „A. I. Cuza" din Iaşi. Secţiunea III. A Istorie
Anuarul	Anuarul institutului de istorie şi arheologie „A. D. Xenopol", Iaşi
DIR	Documente privind istoria Romîniei. Războiul pentru independenţa.
JCEA	Journal of Central European Affairs
JGO	Jahrbücher für Geschichte Osteuropas
RRH	Revue roumaine d'histoire, Bucureşti
RESEE	Revue des études sud-est européenes, Bucureşti
Slav.East Europ.Rev.	The Slavonic and East European Review
Studii	Studii. Revista de istorie, Bucureşti (ab 1974 unter dem Titel: Revista de istorie)

Archive

P.A.	Politisches Archiv des Auswärtigen Amtes, Bonn
FHHDA	Staatsarchiv Sigmaringen: Fürstlich Hohenzollernsches Haus- und Domänenarchiv
Arh. Stat.	Arhivele Statului, Bucureşti
CR	Casa Regală
	Fond Regele Carol I bzw. Regele Carol I. Personale
Min. de Int.	Ministerul de Interne, Divisiunea Administrativă
M.A.E.	Arhiva Ministerului Afacerilor Externe, Bucureşti
B.A.	Biblioteca Academiei Române, Bucureşti
B.C.S.	Biblioteca Centrală de Stat, Bucureşti, Handschriftenabteilung

Literaturverzeichnis

ACTENSTÜCKE aus den Correspondenzen des K.u.K. Ministeriums des Äussern, 1873-1877, Wien 1878.
ADĂNILOAIE, Nichita, Unele probleme privind războiul de independenţă 1877-1878, in: Studii. Revista de istorie 10, 1957, S. 111-130.
ADĂNILOAIE, Nichita, CÎNCEA, Paraschiva, Războiul pentru independenţă 1877-1878, in: Studii. Revista de istorie 15, 1962, S. 1613-1622.
ADĂNILOAIE, Nichita, CUPŞA, I. Gh., Războiul pentru independenţa naţională a României 1877-1878, Bucureşti 1967.
ALECSANDRI, Vasile, Ostaşii noştrii – Unsere Krieger. Zweisprachige rumänisch-deutsche Ausgabe. Bucureşti 1977.
ALEXANDRESCU, Ion, BULEI, Ion, MAMINA, Ion, SCURTU, Ioan, Partidele politice din România (1862-1994). Enciclopedie, Bucureşti 1995.
ALEXANDRESCU, Sorin, War and Significance. Romania in 1877, in: GOUDEVER, P.A. (Hg.), Romanian History, 1848-1918. Essays from the First Dutch-Romanian Colloquium of Historians. Utrecht 1977, Groningen 1979, S. 61-100.
ALMOG, Shmuel, Nationalism & Antisemitism in Modern Europe 1815-1945, Oxford etc. 1990.
ANDERSON, M. S., The Eastern Question 1774-1923. A Study in International Relations, London 1974.
ANGELESCU, Constantin C., Proiectul de constituţie din 1859 al Comisiei Centrale de la Focşani, in: Anuarul 17, 1980, S. 363-404.
L'ANGLETERRE et la Russie en Orient. Une page d'histoire contemporaine (1876-1877), in: Revue d'histoire diplomatique 10, 1896, S. 56-118; S. 171-222.
ANTIM, St., Studii şi portrete, Craiova 1936.
ARCHIVES diplomatiques, 1868, 1869.
ASLAN, Th. C., Finanţele României de la Regulamentul organic până astăzi 1831-1905, Bucureşti 1905.
ASPECTE ale luptei pentru unitate naţională, Iaşi 1600-1859-1918, Iaşi 1983.
AURI Sacra Fames. Antologie de literatură română antimonarhică, hg. von HANŢA, Al., Bucureşti 1972.
Die AUSWÄRTIGE Politik Preußens 1858-1871. Diplomatische Aktenstücke. Band VI, VIII, IX, X, Oldenburg 1939, 1934, 1936, 1939.
BĂCILĂ, Ion C., Bibliografia domniei regelui Carol I al României, Bucureşti 1916.
BĂLĂCEANU, Ion, Souvenirs politiques et diplomatiques, t.1 (Manuskript, Exemplar Romalo)
BACALBAŞA, Constantin, Bucureştii de altă dată, Band 1: 1871-1884, 2. Auflage, Bucureşti 1935.
BAMBERG, Felix, Geschichte der orientalischen Angelegenheit im Zeitraume des Pariser und des Berliner Friedens, Berlin 1891

BANTEA, Eugen, Aspects of the Correlation Material-Military Art in Modern Romania (1840-1940), in: RRH XV, 1976, S. 669-685.

BAUMGART, Winfried, Vom europäischen Konzert zum Völkerbund, Darmstadt 1974.

BENGER, G., La Roumanie en 1900, Paris 1900.

BEREND, Iván T., RÁNKI, György, Economic Development in East-Central Europe in the 19th and 20th Centuries, New York, London 1974.

BERINDEI, Dan, Societatea românească în vremea lui Carol I (1866-1876), Bucureşti 1992.

DERS., Les antécédents de l'abdication du Prince Cuza, in: RRH XVIII, 4, 1979, S. 785-802.

DERS., Epoca unirii, Bucureşti 1979.

DERS., Rumänien und die Freiheitsbewegungen der Nationen Südosteuropas zwischen 1866 und 1877, in: CHOLIOLCEV, Christo, MACK, Karlheinz, SUPPAN, Arnold (Hg.), Nationalrevolutionäre Bewegungen in Südosteuropa im 19. Jahrhundert, Wien, München 1992, S. 152-160.

DERS., La Roumanie face à la France et à la Prusse pendant la guerre franco-allemande de 1870-1871, in: RRH 33, 1994, S. 63-89.

DERS., Die rumänisch-deutschen Wirtschaftsbeziehungen im 19. und 20. Jahrhundert, in: GRIMM, Gerhard (Hg.), Von der Pruth-Ebene bis zum Gipfel des Ida. Fs. für E. Turczynski, München 1989, S. 233-245.

DERS., Evoluţie şi revoluţie în istoria modernă a României, in: Revista de istorie, 31, 1978, S. 1409-1417.

DERS., Geheimgesellschaften und die Befreiungsbewegung der rumänischen Nation, in: BALAZS, Eva H., et al. (Hg.), Beförderer der Aufklärung in Mittel- und Osteuropa. Freimauer, Gesellschaften, Clubs, Berlin 1979, S. 161-173.

DERS., Formarea elitei româneşti peste hotare în cel de-al doilea sfert al secolului al XIX-lea. Parisul, in: Revista istorică 5, 1994, S. 515-521.

DERS., Diplomaţia românească modernă de la începutul la proclamarea indepenţei de stat (1821-1877), Bucureşti 1995.

DERS., Românii şi Europa în perioadele premodernă şi modernă, Bucureşti 1997.

DERS., Bukarest – Hauptstadt der rumänischen Nation, in: HEPPNER, Harald (Hg.), Hauptstädte in Südosteuropa. Geschichte – Funktion – Nationale Symbolkraft, Wien, Köln, Weimar 1994, S. 37-53.

DERS., The Military Reforms of Alexandru Ioan Cuza and the Modernization of the Romanian Army, in: CEAUŞESCU, Ilie (ed.), War, Revolution and Society in Romania. The Road to Independence, New York, 1983, S. 165-182.

DERS., Rumäniens Unabhängigkeitskrieg (1877-1878), in: Aus der Geschichte der rumänischen Armee, Bucureşti 1978, S. 154-174.

BERLIN, Isaiah, Nationalism, in: DERS., Against the Current. Essays in the History of Ideas, ed. by HARDY, Henry, Oxford etc. 1981, S. 333-355.

BERNATH, Mathias, Werden und Gemachtwerden von Nation. Die Rumänen im Blickpunkt vergleichender Nationalismusforschung, in: GREGORI, Ilina, SCHASER, Angelika (Hg.), Rumänien im Umbruch. Chancen und Probleme der europäischen Integration, Bochum 1993, S. 65-71.

BIBLIOGRAFIA românească modernă (1831-1918). Vol. I (A-C), Vol. II (D-K), Vol. III (L-Q), Vol. IV (R-Z). Eingeleitet von ŞTREMPEL, Gabriel, Bucureşti 1984, 1986, 1989, 1996.

BINDER-IIJIMA, Edda, Rites of Power at the Beginning of the Reign of Prince Charles, 1866-1881. Means of Legitimation of a Foreign Dynasty, in: Revue des études sud-est europées 32, 1994, S. 211-217.

BINDREITER, Uta, Die diplomatischen und wirtschaftlichen Beziehungen zwischen Österreich-Ungarn und Rumänien 1875-1888, Wien, Köln, Graz 1976.

BIRKE, Adolf M., Die Souveränität des viktorianischen Parlaments und die moderne Parlamentarismuskritik, in: BÖCKENFÖRDE, Ernst-Wolfgang (Hg.), Probleme des Konstitutionalismus im 19. Jahrhundert, Berlin 1975, S. 59-73.

BIRNBACH, H. und Berthold, Moldau-Walachei (Rumänien). Die fremden und einheimischen Posten bis 1875 unter besonderer Berücksichtigung der österreichischen Konsulats- bezw. Feldpost, Berlin 1930.

BISMARCK, Otto von, Die gesammelten Werke. Band 5, 6a, bearbeitet von Friedrich THIMME, Berlin 1928, 1930.

[DERS.], Anhang zu den Gedanken und Erinnerungen von Otto Fürst von Bismarck, Band 2: Aus Bismarcks Briefwechsel, Stuttgart, Berlin 1901.

DERS., Werke in Auswahl, Band 5: Reichsgestaltung und europäische Friedenswahrung. 1. Teil 1871-1876, hrsg. von MILATZ, Alfred, Darmstadt 1973.

BLUMER, Herbert, Race Prejudice as a Sense of Group Position, in: The Pacific Sociological Review, 1, 1958, S. 3-7.

BOBANGO, Gerald J., The Emergence of the Romanian National State, New York 1979.

DERS., The Path to Unity and Autonomy under Alexander Ioan Cuza 1859-1861, in: Southeastern Europe, 5, 1978, S. 10-25.

DERS., Foundations of the Independence Army: The Romanian Military in the Unification Era, in: KIRALY, Bela K. (ed.), The Crucial Decade: East Central European Society and National Defense 1859-1870, Columbia 1984, S. 388-396.

BÖCKENFÖRDE, Ernst-Wolfgang, Verfassungsprobleme und Verfassungsbewegung des 19. Jahrhunderts, in: DERS., Staat, Gesellschaft, Freiheit. Studien zur Staatstheorie und zum Verfassungsrecht, Frankfurt 1976, S. 93-111.

DERS., Der deutsche Typ der konstitutionellen Monarchie im 19. Jahrhundert, in: CONZE, Werner (Hg.), Beiträge zur deutschen und belgischen Verfassungsgeschichte im 19. Jahrhundert, Stuttgart 1967, S. 70-92.

BODEA, Cornelia, The Romanian People's Struggle of National Unity, in: Southeastern Europe, 6, 1979, S. 66-72.

BOGDAN, Dan, Pe urmele lui Ion Ghica, Bucureşti 1987.

BOGDAN, N. A., Regele Carol şi a doua sa capitală, Iaşi 1916.

BOGDANOR, Vernon, The Monarchy and the Constitution, Oxford 1995.

BOIA, Lucian, Istorie şi mit în conştiinţa românească, Bucureşti 1997.

BOLDT, Hans, Monarchie, in: Geschichtliche Grundbegriffe. Historisches Lexikon zur politisch-sozialen Sprache in Deutschland, Band 4, Stuttgart 1978.

BOSSY, Raoul V., Politica externă a României între anii 1873-1880 privită dela agenţia diplomatică din Roma, Bucureşti 1928.

[BRĂTIANU, Ion C.] Din scrierile şi cuvîntările lui Ion C. Brătianu 1821-1891, Bucuresci 1903.

BRĂTIANU, Ion C, Discursuri, scrieri, acte şi documente. Vol. II (23 aprilie 1876 – 30 aprilie 1877) Teil 1 und 2, Bucureşti 1912.

[BRĂTIANU, Ion C.] Lui Ion C. Brătianu 1821-1921. Din scrierile şi cuvîntările lui I. C. Brătianu. Lupta pentru redeşteptarea naţională, Bucureşti 1921.

[BRĂTIANU, Ion C.] Din corespondenţa familiei Ion C. Brătianu 1859-1883, Vol. I, hrsg. von NISTOR, Ion C., Bucureşti 1933.

BRĂTIANU, Ion C., Acte şi Cuvântări. Vol. III (1 mai 1877 – 30 aprilie 1878), publicate de C. C. GIURESCU, Bucureşti 1930; Vol. IV (1 mai 1878 – 30 aprilie 1879), publicate de N. GEORGESCU-TISTU, Bucureşti 1932; Vol. V (1 mai 1879 – 30 aprilie 1880), publicate de G. MARINESCU u. C. GRECESCU, Bucureşti 1934; Vol. VI (1 mai 1880 – 30 iunie 1881), publicate de G. MARINESCU u. C. GRECESCU, Bucureşti 1936.

BROWN, Victoria F., The Adaptation of a Western Political Theory in a Peripheral State: The Case of Romanian Liberalism, in: Romania Between East and West. Historical Essays in Memory of Constantin C. Giurescu, ed. by FISCHER-GALATI, Stephan, FLORESCU, Radu, and URSUL, George R., New York 1982, S. 269-301.

BUCUR, Marin (Hg.), C. A. Rosetti. Corespondenţă, Bucureşti 1980.

DERS. (Hg.), C. A. Rosetti către Maria Rosetti. Corespondenţă, Band 1 (1846-1871), Bucureşti 1988, Band 2 [zusammen mit Neonila ONOFREI] (1871-1876), Bucureşti 1998.

DERS., C. A. Rosetti – mesianism şi donquijotism revoluţionar, Bucureşti 1970.

DERS. (Hg.), Jules Michelet şi revoluţionarii români în documente şi scrisori de epocă (1846-1874), Cluj-Napoca 1982.

BULEI, Ion, Sistemul politic al României moderne. Partidul conservator, Bucureşti 1987.

BURKS, Richard V., Romania and the Balkan Crisis of 1875-8, in: Journal of Central European Affairs, 2, 1942, Teil 1: S. 119-134, Teil 2: 310-320.

DERS, The Diplomacy of the Romanian War of Independence (1875-1878). A Part of a Dissertation, Chicago 1939.

CAMPBELL, John C., French Influence and the Rise of Roumanian Nationalism, New York 1971.

CANDIANO-POPESCU, Al., Amintiri din viaţa-mi, Vol. 1, Bucureşti 1944.

CANTACUZINO, Sabina, Din viaţa familiei I. C. Brătianu 1821-1891, 2. Auflage, Bucureşti 1934.

CĂPREANU, Ioan, Partide şi idei politice în România (1880-1947), Bucureşti 1994.

[CARADA Eugeniu] Eugeniu CARADA (1836-1910), Bucureşti 1937.

[CAROL I]100 ani dela naşterea regelui Carol I.: Revista Fundaţiilor Regale Mai 1939, Anul VI (mit Beiträgen verschiedener Autoren und Historiker).

[CAROL I] 30 de ani din domnia militară a regelui Carol I al României 1866-1896, Bucureşti 1899.

[CAROL I] Regele Carol I al României. Cuvântări şi scrisori, Band 1 (1866-1877), Band 2 (1877-1886), Band 3 (1887-1909), Bucureşti 1909.

[CAROL I] Cuvântările regelui Carol I 1866-1914, hrsg. von GIURESCU, Constantin C., Band 1: 1866-1886, Band 2: 1887-1914, Bucureşti 1939.

CARP, Petre P., Discursuri parlamentare, Ediţie îngrijită de DUŢĂ, Marcel, Studiu introductiv de BULEI, Ion, Bucureşti 2000.

CÂRŢÂNĂ, Iulian, SEFTIUC, Ilie, Dunărea în istoria poporului român, Bucureşti 1972.

CAZAN, Gh., Petersburg, in: Reprezentanţele diplomatice ale României, Band 1, Bucureşti 1967, S. 187-214.

DERS., Recunoaşterea internaţională a independenţei de stat a României. Stabilirea relaţiilor diplomatice cu ţările europene 1878-1880, in: Reprezentanţele diplomatice ale României, Band 1, Bucureşti 1967, S. 19-59.

CĂZAN, Gheorghe N., RĂDULESCU-ZONER, Şerban, România şi tripla alianţă, 1878-1914, Bucureşti 1979.

DIES., Rumänien und der Dreibund, 1878-1914, Bucureşti 1983.

CĂZĂNIŞTEANU, Constantin, Un deceniu de realizări militare: 1866-1875, in: File din istoria militară a poporului român, 7, 1980, S. 96-128.

DERS., Die rumänische Auffassung des Volkskriegs um die Mitte des 19. Jahrhunderts, in: Aus der Geschichte der rumänischen Armee, Bucureşti 1978, S. 124-131.

CĂZĂNIŞTEANU, Constantin, IONESCU, Mihail E., Războiul neatîrnării României, 1877-1878, Bucureşti 1977.

CERNOVODEANU, Paul, MARIAN, Ştefan, Pe urmele Magherilor, Bucureşti 1983.

CHIRIŢĂ, Grigore, Populaţia principatelor unite române, in: Revista de istorie 42, 1989, S. 45-57.

DERS., România şi conferinţa de la Paris februarie – iunie 1866. Teil 1, in: Revista de istorie, 38, 1985, S. 967-986; Teil 2: S. 1075-1100.

DERS., România în 1866. Coordinate ale politicii interne şi internaţionale, in: Revista de istorie 31, 1978, S. 2197-2220.

DERS., De la domnia pământeană la dinastia de Hohenzollern (1859-1866). Prerogativele şi însemnătatea domniei în edificarea statului român modern. Teil 1, in: Revista istorică, V, 1994, S. 729-741; Teil 2, in: Revista istorică, VI, 1995, S. 89-106.

CHIROT, Daniel, Social Change in a Peripheral Society. The Creation of a Balkan Colony, New York, San Francisco, London 1976.

DERS., Causes and Consequences of Backwardness, in: DERS. (Hg.), The Origins of Backwardness in Eastern Europe, Berkeley, Los Angeles, Oxford 1991, S. 1-14.

CHOLIOLCEV, Christo, MACK, Karlheinz, SUPPAN, Arnold (Hg.), Nationalrevolutionäre Bewegungen in Südosteuropa im 19. Jahrhundert. Mit einer Einleitung von PLASCHKA, Richard Georg, Wien, München 1992.

CIACHIR, Nicolae, Marile puteri şi România 1856-1947, Bucureşti 1996.

DERS., Certains aspects de l'attitude de la Roumanie envers le mouvement révolutionnaire des Balkans (1875 – avril 1877), in: Actes du premier congrès international des études balkaniques et sud-est-européenes, IV, Histoire, Sofia 1969, S. 311-318.

DERS., Istoria popoarelor din sud-estul Europei în epoca modernă, Bucureşti 1998.

CIACHIR, Nicolae, BERCAN, Gheorghe, Diplomaţia europeană în epoca modernă, Bucureşti 1984.

CIUCĂ, Elena, Documente inedite referitoare la Mihail Kogălniceanu, in: Revista arhivelor, anul LXVI, Vol. LI, Nr. 1/1989, S. 58-65.

CIUPALĂ, Alin, King Carol I and the Cultural Modernisation in Romania, in: MURGESCU, Bogdan (Ed.), Romania and Europe. Modernisation as Temptation, Modernisation as Threat, Bucureşti 2000, S. 57-63.

CÎNCEA, Paraschiva, Viaţa politică din România în primul deceniu al independenţei de stat, Bucureşti 1974.

DIES., Opoziţia parlamentară faţă de alegerea lui Carol de Hohenzollern ca domnitor al României, in: Studii şi articole de istorie, X, 1967, S. 173-181.

CLARK, Ch., Prince Gorchakov and the Black Sea Question 1866. A Russian Bomb That Did Not Explode, in: American Historical Review, 48, 1942/43, S. 52-60.

CLAYTON, G. D., Britain and the Eastern Question. Missolonghi to Gallipoli, London 1971.

CLIVETI, Gheorghe, Interferenţe româno-germane în raporturile politice internaţionale la 1866, in: Anuarul 23, 1986, S. 619-638.

DERS., Liberalismul românesc. Eseu istoriografic, Iaşi 1996.

COHEN, Lloyd A., The Jewish Question During the Period of the Romanian National Renaissance and the Unification of the Two Prinipalities of Moldova and Wallachia, 1848-1866, in: Romania Between East and West. Historical Essays in Memory of Constantin C. Giurescu, ed. by FISCHER-GALATI, Stephan, FLORESCU, Radu R., and URSUL, George R., New York 1982, S. 195-216.

CONSTANTINESCO, Nicholas, Romania on the European Stage 1875-1880. The Quest for National Sovereignty and Independence, New York 1998.

CONSTANTINIU, Florin, O istorie sinceră a poporului român, Bucureşti 1997.

CORBU, Constantin, Rolul ţărănimii în istoria României, sec. XIX, Bucureşti 1982.

DERS., Alexandru Candiano-Popescu – participant şi cronicar al vieţii politice din a doua jumătate a veacului trecut, in: Revista de istorie 33, 1980, S. 1737-1763.

DERS., 1877-1878. Războiul naţional şi popular al românilor pentru independenţa deplină, Bucureşti 1977.

CORIVAN, N., Lupta diplomatică pentru cucerirea independenţei României, Bucureşti 1977.

CORIVAN, Nicolae, Relaţiile diplomatice ale României de la 1859 la 1877, Bucureşti 1984.

CORRESPONDENZEN des Kais.-Kön. Gemeinsamen Ministeriums des Äußern, Nr. 2 (Januar – November 1868) Wien 1868, Nr. 6 (November 1871 – September 1872), Wien 1872.

CORTI, E. S., Alexander von Battenberg. Sein Kampf mit den Zaren und Bismarck. Nach des ersten Fürsten von Bulgarien nachgelassenen Papieren und sonstigen ungedruckten Quellen, Wien 1920.

CRISTEA, Gheorghe, Conspiraţia „republicană" din august 1870, in: Studii. Revista de istorie, 22, 1969, S. 231-247.

DERS., Manifestări antidinastice în perioada venirii lui Carol I în România (aprilie – mai 1866), in: Studii. Revista de istorie, 20, 1967, S. 1073-1091.

DERS., La guerre franco-allemande et le mouvement républicain de mars 1871 à Bucarest, in: RRH III, 1964, S. 277-290.

DERS., România şi comuna din Paris, in: Studii. Revistă de istorie, 24, 1971, S. 207-219.

CRISTESCU, Sorin, Sfetnici de taină. Hortense Cornu, in: Magazinul istoric (1998), Internetausgabe: www.itc.ro/history/archive/mi1998/current9/mi65.htm; curent10/mi30htm; mi1999/current1/m17.htm.

CUPŞA, Ion, CULEA, Maria, L'armée roumaine dans la guerre pour l'indépendance, in: RRH XVI, 1977, S. 247-258.

DAMÉ, Frédéric, Histoire de la Roumanie contemporaine depuis l'avènement des princes indigès jusqu'à nos jours (1822-1900), Paris 1900.

DAMEAN, Sorin Liviu, Carol I al României 1866-1881, Bucureşti 2000.

DELETANT, Dennis, HANAK, Harry (ed.), Historians as Nationsbuilders. Central and South East Europe, London 1988.

DEMORGNY, G., La question du Danube, Paris 1911.

DEUTSCH, Karl W., Zum Verständnis von Krisen und politischen Revolutionen. Einige Bemerkungen aus kybernetischer Sicht, in: JÄNICKE, Martin (Hg.), Herrschaft und Krise, Opladen 1973, S. 90-100.

DEZBATERI privind regimul social-politic din România în perioada anilor 1864-1918 (Masă rotundă), in: Analele de istorie XV, 1969, S. 161-181.

DICULESCU, Vladimir, Rumänien und die Frage der bulgarischen Freischaren (1866-1868), in: Revue des études sud-est européenes, 1, 1963, S. 463-483.

DIPLOMAŢIA română în slujba independenţei, Bucureşti 1977.

Dittrich, Z. R., Bismarck und Rumänien. Die turbulenten Jahre 1866-1868, in: GOUDOEVER, A. P. (Hg.), Romanian History 1848-1918. Essays from the First Dutch-Romanian Colloquium of Historians Utrecht 1977, Groningen 1978, S. 19-45.

DJORDJEVIC, Dimitrije, Revolutions nationales des peuples balkaniques 1804-1914, Beograd 1965.

DOBROGEANU-GHEREA, Constantin, Idealurile sociale şi arta, in: Studii critice, Vol. IV, Bucureşti 1925.

DOCEA, Vasile, Istoria monarhiei între inerţie şi resurecţie, in: Xenopoliana, I, 1993, S. 70-77.

DERS., Un confident al regelui Carol I: scriitorul Paul Lindenberg, in: Istoria ca lectură a lumii, hrsg. v. BĂDĂRĂU, Gabriel, BOICU, Leonid, NASTASĂ, Lucian, Iaşi 1994, S. 605-614.

DERS., Carol I şi Academia română, in: Anuarul, XXXIII, 1996, S. 209-216.

DERS., Proiectele matrimoniale ale principelui Carol I al României, in: Arhiva genealogică, IV (IX), 1997, S. 271-295.

DERS., Das „europäische" Modell und die konstitutionelle Monarchie in Rumänien, in: HEPPNER, Harald (Hg.), Die Rumänen und Europa vom Mittelalter bis zur Gegenwart, Wien, Köln, Weimar 1997, S. 185-214.

DERS., Carol I şi monarhia constituţională. Interpretări istorice, Timişoara 2001.

DOCUMENTE ale unirii (1600-1918), Bucureşti 1984.

DOCUMENTE privind istoria Romîniei. Războiul pentru independenţa, hrsg. v. ROLLER, Mihail, 10 Bände (= Vol. 1-9), Bucureşti 1952-1955.

DOCUMENTS diplomatiques français (1871-1914), 1 série, t.1 (10 mai 1871 – 30 juin 1875), Paris 1929.

DOGARU, Maria, Aspiraţia poporului român spre unitate şi independenţă oglindită în simbol heraldic. Album heraldic, Bucureşti 1981.

DOLLINGER, H., Das Leitbild des Bürgerkönigtums in der europäischen Monarchie des 19. Jahrhunderts, in: WERNER, Karl F. (Hg.), Hof, Kultur und Politik im 19. Jahrhundert. Bonn 1985, S. 325-364.

DRĂGANU, Tudor, Începuturile şi dezvoltarea regimului parlamentar în România pînă in 1916, Cluj 1991.

DRIAULT, Édouard, LHÉRITIER, Michel, Histoire diplomatiques de la Grèce de 1821 à nos jours. Tome III: Le règne de Georges Ier avant le traité de Berlin (1862-1878). Hellénisme et slavisme, par LHÉRITIER, Michel, Paris 1925.

DUCA, I. G. Amintiri politice, Band 1, München 1981.

DUCHARD, Heinz, JACKSON, Richard A., STURDY, David (Ed.), European Monarchy. Its Evolution and Practice from Roman Antiquity to Modern Times, Stuttgart 1992.

DUMITRU, Dana, Întroducere în opera lui C. A. Rosetti, Bucureşti 1984.

DURĂ, Nicolae V., Political-juridical and Religious Status of the Romanian Countries and the Balkan People During the 14th – 19th Centuries. Some General Remarks, in: Revue des études sud-est europées, 27, 1989, S. 159-170.

DURANDIN, Catherine, Histoire des roumains, Paris 1995.

DUZINCHEVICI, Gh., Un document sur l'émeute de Ploieşti (8 – 20 août 1870), in: Revue historique du sud-est européen, 14, Bucarest 1937, S. 69-72.

DERS., Contribuţii la istoria legăturilor polono-române în anii 1865-1866, Bucureşti 1936.

DERS., Le rôle des Polonais dans les relations bulgaro-roumaines sous le règne de Charles 1er, in: Revue historique du sud-est européen, 14, Bucarest 1937, S. 35-60.

ECHARD, William E., Napoleon III. and the Concert of Europe, Baton Rouge, London 1983.

EDWARDS, Sutherland H., Sir William White. For Six Years Ambassador at Constantinople. His Life and Correspondence, London 1902.

ELWERT, Georg, Fassaden, Gerüchte, Gewalt. Über Nationalismus, in: Merkur 45, 1991, S. 318-332.

ELZ, Wolfgang, Die europäischen Großmächte und der kretische Aufstand 1866-1867, Stuttgart 1988.

EMERIT, Marcel, Le dossier de la première mission militaire française en Roumanie, in: RRH V, 1966, S. 575-586.

DERS., Une ingérence française dans la politique intérieure roumaine au début du règne de Charles I-er, in: Revue historique du sud-est européen, 16, 1939, S. 53-73.

EMINESCU, Mihai, Opere, coordinator: Dimitrie Vatamaniuc. Band X: Publicistică. 1 noiembrie 1877 – 15 februarie 1880, Bucureşti 1989, Band XII: Publicistică. 1 ianuarie – 31 decembrie 1881, Bucureşti 1985.

ENCICLOPEDIA României, 4 Bände, Bucureşti 1939-1943.

ENE, V. (Hg.), Adevărul despre regi, Bucureşti 1977.

ERB, Rainer, BERGMANN, Werner, Die Nachtseite der Judenemanzipation. Der Widerstand gegen die Integration der Juden in Deutschland 1780-1860. Berlin 1989.

ERDMANN VON HAHN (= Dimitrie A. Sturdza) Deutschland, Rumänien und Fürst Karl von Hohenzollern, Prag 1875.

FEHRENBACH, Elisabeth, Verfassungsstaat und Nationsbildung 1815-1871, München 1992 (= Enzyklopädie Deutscher Geschichte Band 22).
FILITTI, Ioan C., România faţă de capitulaţiile Turciei, in: Analele Academiei Române, Mem. Secţ. Istorice, seria II, t. 37, 1915/1916, S. 127-189.
FISCHER, Emil, Aus Alt-Bukarest. Kultur-historische Skizzen mit besonderer Berücksichtigung der Kulturarbeit des Deutschthum's in Rumänien, Bukarest 1906.
FLORESCU, Radu R., Social Classes and Revolutionary Ferment in Nineteenth Century Bucharest, in: Romania Between East and West. Historical Essays in Memory of Constantin C. Giurescu, ed. by FISCHER-GALATI, Stephan, FLORESCU, Radu R., and URSUL, George R., New York 1982, S. 159-168.
DERS., Essays on Romanian History, Iaşi, Oxford, Portland 1999.
FOCŞENEANU, Eleodor, Istoria constituţională a României 1859-1991, 2. Auflage, Bucureşti 1992.
FRANZ, G. (Hg.), Staatsverfassungen. Eine Sammlung wichtiger Verfassungen der Vergangenheit und Gegenwart in Urtext und Übersetzung, München 1950.
GALL, Lothar, Bismarck. Der weiße Revolutionär, Frankfurt 1980.
GANE, Constantin, P. P. Carp şi locul său în istoria politică a ţării, Band I und II, Bucureşti 1936.
GEISS, Imanuel, Der Berliner Kongreß 1878. Protokolle und Materialien, Boppard 1978.
DERS., Der Balkan als historische Konfliktregion, in: ELWERT, Jürgen (Hg.), Der Balkan: eine europäische Krisenregion in Geschichte und Gegenwart, Stuttgart 1997, S. 37-48.
GENOV, Tsenko, Military Operations in the Balkan Theatre during the 1877-1878 War, in: Southeastern Europe, 6, 1979, S. 136-153.
GEORGESCU, Maria, Politica militară a guvernării liberale din anii 1867-1868, in: File din istoria militară a poporului român, 3, 1975, S. 120-138.
GEORGESCU, Valentin A., Instituţiile statelor româneşti de-sine-stătătoare, in: Constituirea statelor feudale româneşti, Bucureşti 1980, S. 209-250.
GEORGESCU, Vlad, Ideile politice şi iluminismul în principatele române 1750-1831, Bucureşti 1972.
DERS., Istoria ideilor politice româneşti (1369-1878), München 1987.
DERS., Politică şi istorie. Cazul comuniştilor români 1944-1977, hg. v. POPA, Radu, Bucureşti 1991.
DERS., Istoria românilor. De la origini pînă în zilele noastre, 3. Auflage, Bucureşti 1992.
GEORGESCU-TISTU, N., Emile Picot et ses travaux relatifs aux Roumains, in: Mélanges de l'École Roumaine en France, V, 1. Teil, Paris 1925, S. 181-276.
DERS., Correspondance d'un secrétaire princier en Roumanie: Emile Picot (1866-1868), in: Mélanges de l'École Roumaine en France, V, Paris 1926, S. 101-214.
GEYER, Dietrich, Der russische Imperialismus. Studien über den Zusammenhang von innerer und auswärtiger Politik 1860-1914, Göttingen 1977.
GHICA, Ion, Scrisori către V. Alecsandri, Bucureşti 1967.
GHIMEŞ, Gh. (Hg.), Gîndirea social-politică antimonarhică şi republicană din România, Bucureşti 1979.
GILISSEN, J., Die belgische Verfassung von 1831 – ihr Ursprung und ihr Einfluß, in: CONZE, Werner (Hg.), Beiträge zur deutschen und belgischen Verfassungsgeschichte im 19. Jahrhundert, Stuttgart 1967, S. 38-69.
GILLER, Werner, H., Die Orientkrise 1868/69 mit besonderer Berücksichtigung der österreichischen Haltung (dargestellt unter Benutzung ungedruckter Aktenstücke aus dem Haus-, Hof- und Staatsarchiv in Wien), Diss. Phil. Innsbruck 1957.
GIURESCU, Constantin C., Viaţa şi opera lui Cuza Vodă, 2. Auflage, Bucureşti 1970.

GÖHLER, Gerhard, Wie verändern sich Institutionen? Revolutionärer und schleichender Institutionenwandel, in: DERS. (Hg.), Institutionenwandel, Opladen 1997, S. 21-56.

[GOLTZ] Robert Heinrich Graf von der Goltz, Botschafter in Paris 1863-1869, hrsg. von Dr. Otto Graf zu STOLBERG-WERNIGERODE, Oldenburg, Berlin 1941.

GOTTAS, Friedrich, Die bulgarische nationale Bewegung in den Jahren 1867 und 1868, in: CHOLIOLCEV, Christo, MACK, Karlheinz, SUPPAN, Arnold (Hg.), Nationalrevolutionäre Bewegungen in Südosteuropa im 19. Jahrhundert, Wien, München 1992, S. 78-92.

GREBING, Renate, Mite Kremnitz (1852-1916). Eine Vermittlerin der rumänischen Kultur in Deutschland, Frankfurt, Bern 1976.

GRIGORAŞ, N., Alexandru Ioan Cuza şi Iaşii, in: Cuza Vodă in memoriam, Iaşi 1973, S. 478-501.

GRIMM, Gerhard (Hg.), Von der Pruth-Ebene bis zum Gipfel des Ida. Studien zur Geschichte, Literatur, Volkskunde und Wissenschaftsgeschichte des Donau-Balkan-Raumes. Fs. E. Turczynski, München 1989.

GROH, Dieter, Die verschwörungstheoretische Versuchung oder „Why do bad things happen to good people?" In: Merkur 463/464, 1987, S. 859-878.

Die GROSSE POLITIK der europäischen Kabinette 1871-1914, Band 1 und 2, Berlin 1922.

GROTHE, Hugo, Zur Landeskunde von Rumänien, Halle 1907.

GRÜNBERG, Mayer, Das rumänische Hypothekar-Kreditwesen (Inaugural-Dissertation), München, Leipzig 1915.

GRUNEBAUM, Gustave E. v. (Hg.), Der Islam II. Die islamischen Reiche nach dem Fall von Konstantinopel (= Fischer Weltgeschichte, Bd. 15), Frankfurt 1971.

GUNDLACH, Rolf, WEBER Hermann (Hg.), Legitimation und Funktion des Herrschers. Vom ägyptischen Pharao zum neuzeitlichen Diktator, Stuttgart 1992.

HAAS, Rudolf, Stephanie Napoleon. Großherzogin von Baden. Ein Leben zwischen Frankreich und Deutschland 1789-1860, Mannheim 1976.

HAJEK, Alois, Bulgariens Befreiung und staatliche Entwicklung unter seinem ersten Fürsten, München, Berlin 1939.

HAMANGIU, Constantin, Codul General al României. Legi uzuale I, Bucureşti 1907.

HAUMANN, Heiko, Geschichte der Ostjuden, München 1990.

HEITMANN, Klaus, Ein Sachwalter Rumäniens in der deutschen Diplomatie und Publizistik des 19. Jahrhunderts: Emil von Richthofen, in: GRIMM, Gerhard (Hg.), Von der Pruth-Ebene bis zum Gipfel des Ida. Studien zur Geschichte, Literatur, Volkskunde und Wissenschaftsgeschichte des Donau-Balkan-Raumes. Fs. E. Turczynski, München 1989, S. 193-231.

DERS., Das „rumänische Phänomen". Die Frage des nationalen Spezifikums in der Selbstbesinnung der rumänischen Kultur seit 1900, in: Südost-Forschungen, 29, 1970, S. 171-236.

DERS., Deutsche und rumänische Kultur am Hofe Carols I. und Carmen Sylvas, in: LAUER, Reinhard, MAJER, Hans Georg (Hg.), Höfische Kultur in Südosteuropa, Göttingen 1994, S. 305-338.

DERS., Das Rumänienbild im deutschen Sprachraum 1775-1918 (Eine imagologische Studie), Köln, Wien 1985.

HENKE, Rudolf, Rumänien. Land und Volk, Leipzig 1877.

HENRY, Paul, L'abdication du Prince Cuza et l'avènement de la dynastie de Hohenzollern au trône de Roumanie. Documents diplomatiques, Paris 1930.

HEPPNER, Harald (Hg.), Der Weg führt über Österreich... Zur Geschichte des Verkehrs- und Nachrichtenwesens von und nach Südosteuropa (18. Jahrhundert bis zur Gegenwart), Wien, Köln, Weimar 1996.

HERING, Gunnar, Die politischen Parteien in Griechenland 1821-1936, Teil 1 und 2, München 1992.

DERS., Zum Problem der Ursachen revolutionärer Erhebungen am Anfang des 19. Jahrhunderts, in: CHOLIOLCEV, Christo, MACK, Karlheinz, SUPPAN, Arnold (Hg.), Nationalrevolutionäre Bewegungen in Südosteuropa im 19. Jahrhundert, Wien, München 1992, S. 17-30.

HERMET, Guy, Histoire des nations et du nationalisme en Europe, Paris 1996.

HÎNCU, Dumitru, „Noi" şi germanii „noştri" 1800-1914. Un studiu imagologic urmat de tablouri dintr-o lume care a fost, Bucureşti 1998.

HINTZE, Otto, Das monarchische Prinzip und die konstitutionelle Verfassung (1911), in: DERS., Staat und Verfassung. Gesammelte Abhandlungen zur allgemeinen Verfassungsgeschichte. Herausgegeben von Gerhard OESTREICH mit einer Einleitung von Fritz HARTUNG, 3., durchgesehene und erweiterte Auflage, Göttingen 1970, S. 359-389.

HITCHINS, Keith, Orthodoxy and Nationality. Andreiu Şaguna and the Rumanians of Transylvania, 1846-1873, Cambridge, London 1977.

DERS., Rumania 1866-1947, Oxford 1994.

DERS., A Nation Affirmed: The Romanian National Movement in Transylvania 1860-1914, Bucharest 1999.

HOBSBAWM, Eric, RANGER, Terence (Ed.), The Invention of Tradition, Cambrigde 1983.

HOFFMANN, Christhard, Das Judentum als Antithese. Zur Tradition eines kulturellen Wertungsmusters. In: BERGMANN, Werner, ERB, Rainer (Hg.), Antisemitismus in der politischen Kultur nach 1945, Köln 1990, S. 20-38.

HOHENZOLLERN, Albrecht Prinz von, König Carol I. von Rumänien und seine Zeit. Ein Gedenkwort zur 120. Wiederkehr seines Geburtstages (Erweiterte Fassung eines Vortrages vom 5. Oktober 1959), in: Hohenzollerische Jahreshefte 20, 1960, S. 4-38.

HÖPKEN, Wolfgang, SUNDHAUSSEN, Holm (Hg.), Eliten in Südosteuropa. Rolle, Kontinuitäten, Brüche in Geschichte und Gegenwart, München 1998.

HÖSCH, Edgar, Geschichte der Balkanländer. Von der Frühzeit bis zur Gegenwart, 2. Auflage, München 1993.

DERS., Die Entstehung des Nationalstaats in Südosteuropa, in: Südosteuropa 42, 1993, S. 551-563.

DERS., Europa und der Balkan, in: ELWERT, Jürgen (Hg.), Der Balkan: eine europäische Krisenregion in Geschichte und Gegenwart, Stuttgart 1997, S. 37-48.

HOSSU, Andrei-Iustin, Istoria monarhiei române, Bucureşti 1995.

HOSSU-LONGIN, Valentin, Monarhia românească, Bucureşti 1994.

HROCH, Miroslav, Das Erwachen kleiner Nationen als Problem der komparativen Forschung, in: WINKLER, Heinrich August (Hg.), Nationalismus, Königstein 1978, S. 155-172.

HÜNIGEN, Gisela, Nicolaj Pavlovič Ignat'ev und die russische Balkanpolitik 1875-1878, Göttingen, Zürich, Frankfurt 1968.

HUNTINGTON, Samuel P., Political Development and Political Decay, in: World Politics, 17, 1965, S. 386-430.

HUREZEANU, Damian, La théorie des „Formes sans fond" dans la vie idéologique de Roumanie (La seconde moitié du XIXe siècle et les premières décennies du XXe siècle), in: Nouvelles Etudes d'Histoire, IV, 1970, S. 297-304.

IACOB, Gheorghe und Luminiţa, Modernizare – Europenism. România de la Cuza Vodă la Carol al II-lea. Band 1: Ritmul şi strategia modernizării; Band 2: Percepţie, trăire, identitate etnică, Iaşi 1995.

IANCU, Carol, Bleichröder et Crémieux. Le combat pour l'èmancipation des Juifs de Roumanie devant le Congrès de Berlin. Correspondance inédite (1878-1880). Montpellier 1987.

DERS., Benjamin Franklin Peixotto, l'Alliance israélite universelle et les juifs de Roumanie. Correspondance inédite (1871-1876), in: Revue des études juives, 137, 1978, S. 77-147.

DERS., Les juifs en Roumanie (1866-1919) de l'exclusion à l'emancipation, Editions de l'Université de Provence 1978.

DERS., Adolphe Crémieux, l'Alliance Israélite Universelle et les juifs de Roumanie au début de règne de Carol, Hohenzollern Sigmaringen, in: Revue des études juives, 133, 1974, S. 481-502.

DERS., Napoléon III et la politique française à l'égard de la Roumanie, in: Revue d'histoire diplomatique 88, 1974, S. 59-85.

ILIESCU, Octavian, La Roumanie vers la proclamation du royaume (1878-1881). Documents numismatiques, in: RRH XXX, 1991, S. 135-141.

ILINCIOIU, Ion, Ţăranii, pămîntul şi moşierii în România 1864-1888, Bucureşti 1982.

INDEPENDENŢA României. Bibliografie, Bucureşti 1979.

INDEPENDENŢA României. Documente.

Band I: Documente şi presă internă, Bucureşti 1977.

Band II: Teil 1, 2: Corespondenţă diplomatică străină 1852-1878, Bucureşti 1977.

Band III: Presă străină, Bucureşti 1977.

Band IV: Documente diplomatice 1873-1881, Bucureşti 1978.

IONAŞCU, Ion, Die Entwicklung der Stadt Bukarest im XVIII. und XIX. Jahrhundert, in: Die Stadt in Südosteuropa. Struktur und Geschichte, München 1968.

IONESCU, Dumitru P., Războiul de independenţă şi problema Basarabiei, Bucureşti 2000.

IONESCU, Matei, Objectifs balkaniques de la diplomatie roumaine de 1867-1869, in: Actes du premier congrès international des études balkaniques et sud-est-européenes, IV, Histoire, Sofia 1969, S. 185-190.

IONESCU, Dionisie, ŢUŢUI, Gheorghe, MATEI, Gheorghe, Dezvoltarea constituţională a statului romîn, Bucureşti 1957.

IONESCU, Virgil I., Opera lui Mihail Kogălniceanu sub raportul faptei şi gîndirii social-economice, Craiova 1979.

IONESCU-NIŞCOV, Traian, La politiques des alliances en tant qu'expression de la lutte des peuples balkaniques pour l'indépendance et la formation des états nationaux durant la septième décennie du XIXe siècle, in: Actes du premier congrès international des études balkaniques et sud-est-européenes, IV, Histoire, Sofia 1969, S. 423-432.

DERS., Mişcarea de eliberare naţională a bulgarilor în nordul Dunării între 1850-1870, in: Relaţii româno-bulgare de-a lungul veacurilor (sec. XII-XIX), Vol. 1, Bucureşti 1971, S. 369-400.

IORDACHE, Anastasie, Instituirea monarhiei constituţionale şi regimului parlamentar în România, Bucureşti 1997.

DERS., Principatele române în epoca modernă, Band 1: Domniile pământene şi ocupaţia rusească 1821-1831, Bucureşti 1996; Band 2: Administraţia regulamentară şi tranziţia la statul de drept (1831-1859), Bucureşti 1998.

DERS., Sub zodia Strousberg. Viaţa politică din România între 1871-1878, Bucureşti 1991.

DERS., Originile conservatorismului politic din România şi rezistenţa sa contra procesul de democratizare 1821-1882, Bucureşti 1987.

DERS., Pe urmele lui Dumitru Brătianu, Bucureşti 1984.

DERS., Al. G. Golescu (1819-1881), Bucureşti 1974.

DERS., Goleştii. Locul şi rolul lor în istoria României, Bucureşti 1979.

IORDACHE, Anastasie, VLĂDUŢ, Constantin, Christian Tell 1808-1884, Craiova 1976.

IORGA, Nicolae, Politica externă a regelui Carol I, Bucureşti 1916.

DERS., Supt trei regi. Istorie a unei lupte pentru un ideal moral şi naţional, Bucureşti 1932.

DERS., Correspondance diplomatique roumaine sous le roi Charles I-er (1866-1880), 2. Auflage, Bucarest 1938.

DERS., Cum a fost regele Carol I, in: Convorbiri literare, LXXII, aprilie 1939, S. 389.

DERS., Despre Carol I, in: Convorbiri literare, LXXII, aprilie 1939, S. 383-387.
DERS., Histoire des Roumains et de la Romanité orientale, Vol. IX: Les unificateurs, Bucureşti 1944; Vol. X: Les réalisateurs de l'unité nationale, Bucarest 1945.
DERS., Istoria statelor balcanice în epoca modernă. Lecţii ţinute la universitatea din Bucureşti, Vălenii-de-Munte 1913.
DERS., Războiul pentru independenţa României. Acţiuni diplomatice şi stări de spirit, hrsg. v. SIMION, Elisabeta und einem Vorwort von DICULESCU, Vladimir, Bucureşti 1998 (Neuauflage von 1927).
DERS., Carol I-iu. O caracterisare, Vălenii-de-Munte 1932.
DERS., Istoria evreilor in ţerile noastre, in: Analele Academiei Române, Mem. secţ. istorice, seria II, t. 36, 1913/1914, S. 179-188.
DERS., Opera de istoric a regelui Carol, in: Analele Academiei Române, Mem. secţ. istorice, seria II, t. 37, 1914/1915, S. 165-205.
DERS., Opinia publică germană şi România lui Carol I-iu inainte şi după răsboiul de independenţă, in: Academia Române, Mem. secţ. ist., seria III, t. 14, 1933, S. 1-29.
DERS., Oameni care au fost, 4 Bände, Bucureşti 1934, 1935, 1936, 1939.
DERS. (JORGA, N.), Geschichte des rumänischen Volkes im Rahmen seiner Staatsbildungen, 2 Bände, Gotha 1905.
ISTORIA dreptului românesc, Band 1: Bucureşti 1980; Band II, Teil 1: Bucureşti 1984; Teil 2: Bucureşti 1987.
ISTORIA parlamentului şi a vieţii parlamentare din România pînă la 1918, Bucureşti 1983.
ISTORIA Romîniei.
Band III: Feudalismul dezvoltat în secolul al XVII-lea şi la începutul secolului al XVIII-lea. Destrămarea feudalismului şi formarea relaţiilor capitaliste, Bucureşti 1964.
Band IV: Formarea şi consolidarea orînduirii capitaliste (1848-1878), Bucureşti 1964.
ISTORIA României, redactată de BĂRBULESCU, Mihail, DELETANT, Dennis, HITCHINS, Keith, PAPACOSTEA, Şerban, TEODOR, Pompiliu, Bucureşti 1998.
O ISTORIE a Românilor. Studii critice. Coordinatori: FISCHER-GALAŢI, Stephen, GIURESCU, Dinu C., POP, Ioan-Aurel, Cluj-Napoca 1998.
ISTORICUL partidului naţional-liberal de la 1848 şi până astăzi, Bucureşti 1923.
JÄNICKE, Martin, Die Analyse des politischen Systems aus der Krisenperspektive, in: DERS. (Hg.), Politische Systemkrisen, Köln 1973, S. 14-50.
DERS., Krisenbegriff und Krisenforschung, in: DERS., Herrschaft und Krise, Opladen 1973, S. 10-25.
DERS. (Hg.), Politische Systemkrisen, Köln 1973.
JANOS, Andrew C., Modernization and Decay in Historical Perspective. The Case of Romania, in: JOWITT, Kenneth (Ed.), Social Change in Romania 1860-1940. A Debate on Development in an European Nation, Berkeley 1978, S. 72-116.
DERS., Gentry in a Changing World. Nobility and the Political Elite in Danubian Europe, 1866-1940, in: Association Internationale d'Etudes du Sud-est Europeen, Résumés des III-ème Congrès, Communications, t. I, Histoire, Bucarest 1974, S. 302.
JELAVICH, Barbara, Russia and the Formation of the Romanian National State 1821-1878, Cambridge 1984.
DIES., Russia and Moldovian Separatism: The Demonstration of April, 1866, in: Rußland – Deutschland – Amerika. Fs. für Fritz T. Epstein, Wiesbaden 1978, S. 73-87.
DIES., Russia and the Rumanian Commercial Convention of 1876, in: Rumanian Studies III (1973-1975), S. 39-60.
DIES., Austria-Hungary, Rumania and the Eastern Crisis 1876-1878, in: Südost-Forschungen 30, 1971, S. 111-141.

DIES., Diplomatic Problems of an Autonomous State: Romanian Decisions on War and Independence, 1877, in: Southeastern Europe, 5, 1978, S. 26-35.

DIES., Russia and the Reacquisition of Southern Bessarabia 1875-1878, in: Südost-Forschungen 28, 1969, S. 199-237.

DIES., Balkan Nations under European Protectorship, in: Actes du premier congrès international des études balkaniques et sud-est-européenes, IV, Histoire, Sofia 1969, S. 397-408.

DIES., The Abdication Crisis of 1870-71: The International Aspects, in: RRH XXI 1982, S. 89-99.

DIES., Negotiating the Treaty of San Stefano, in: Southeastern Europe, 6, 1979, S. 171-193.

DIES., Romania at the Congress of Berlin: Problems of Peacemaking, in: MELVILLE, Ralph, SCHRÖDER, Hans-Jürgen (Hg.), Der Berliner Kongreß von 1878, Wiesbaden 1982, S. 189-204.

DIES., British Eastern Policy, 1878-1880: The View from Bucharest. The Letters of William White, in: Rumanian Studies V (1980-1986), S. 41-83.

DIES., Russia's Balkan Entanglements 1806-1914, Cambridge 1991.

DIES., Mihail Kogălniceanu: Historian as Foreign Minister, 1876-8, in: DELETANT, Dennis, HANAK, Harry (ed.), Historians as Nationsbilders. Central and South East Europe, London 1988, S. 87-105.

DIES., History of the Balkans. Volume I: Eigtheenth and Nineteenth Centuries, Volume II: Twentieth Century, Cambridge 1983.

JELAVICH, Charles and Barbara, The Establishment of the Balkan National States 1804-1920. Seattle, London 1977.

JOWITT, Kenneth, The Leninist Response to National Dependency, Berkeley 1978.

DERS. (Hg.), Social Change in Romania, 1860-1940. A Debate on Development in an European Nation, Berkeley 1978.

KAISER, André, Die politische Theorie des Neo-Institutionalismus: James March und Johan Olsen, in: BRODOCZ, André, SCHAAL, Gary S. (Hg.), Politische Theorien der Gegenwart. Eine Einführung, Opladen 1999, S. 189-211.

KARASEV, V. G., KONOBEEV, B. D., O svjazjach russkich, serbskich u bolgarskich revoljucionerov v 60-70-ch rodach XIX veka, in: Actes du premier congrès international des études balkaniques et sud-est-européenes, IV, Histoire, Sofia 1969, S. 201-213.

[KARL] Aus dem Leben König Karls von Rumänien. Aufzeichnungen eines Augenzeugen. 4 Bände, Stuttgart 1894, 1894, 1897, 1900.

KARPAT, Kemal H., Romanian independence and the Ottoman State, in: Southeastern Europe, 5, 1878, S. 1-9.

KASCHUBA, Wolfgang, Volk und Nation: Ethnozentrismus in Geschichte und Gegenwart, in: WINKLER, Heinrich August, KAELBLE, Hartmut (Hg.), Nationalismus – Nationalitäten – Supranationalität, Stuttgart 1995, S. 56-81.

KELLOGG, Frederick, The Road to Romanian Independence, West Lafayette 1995.

DERS., Rumanian Nationalism and European Diplomacy, 1866-1878, Ann Arbor (Univ. Microf.) 1969.

DERS., Convenţia comercială din 1875, un pas către independenţă? In: Studii. Revista de istorie 25, 1972, S. 989-1003.

KIENAST, Andreas, Die Legion Klapka. Eine Episode aus dem Jahre 1866 und ihre Vorgeschichte, Wien 1900.

KLUXEN, Kurt, Geschichte und Problematik des Parlamentarismus, Frankfurt 1983.

DERS. (Hg.), Parlamentarismus, 5. erw. Auflage, Königstein1980.

KOFOS, Evangelos, Greek-Romanian Attempts at Collaboration on the Eve of Romania's Independence, in: RRH XVI, 1977, S. 619-629.

KOGĂLNICEANU, Mihail, Opere III. orat. I, part. I, Bucureşti 1983.
DERS., Opere IV oratorie II 1864-1878, hrsg. von PENELEA, Georgeta.
Teil 1: 1864-1868, Bucureşti 1977.
Teil 2: 1868-1870, Bucureşti 1980.
Teil 3: 1870-1874, Bucureşti 1982.
Teil 4: 1874-1878, Bucureşti 1978.
DERS., Opere V Oratorie III 1878-1891, hrsg. v. PENELEA, Georgeta.
Teil 1: 1878-1880, Bucureşti 1984.
Teil 2: 1881-1883, Bucureşti 1986.
DERS., Texte social-politice alese, Bucureşti 1967.
DERS., Documente diplomatice, Bucureşti 1972.
KREMNITZ, Mite, König Karl von Rumänien. Ein Lebensbild, Breslau 1903.
DIES., Carmen Sylva. Eine Biographie, Leipzig 1903.
KURZE Geschichte Siebenbürgens, Budapest 1990.
LAMPE, John R. Imperial Borderlands or Capitalist Periphery? Redefining Balkan Backwardness, 1520-1914, in: CHIROT, Daniel (Ed.), The Origins of Backwardness in Eastern Europe, Berkeley, Los Angeles, Oxford 1991, S. 177-209.
DERS., Varieties of Unsuccessful Industrialization: The Balkan States before 1914, in: Journal of Economic History 35, 1975, S. 56-85.
DERS., Modernization and Social Structure: The Case of the pre-1914 Balkan Capitals, in: Southeastern Europe 5 pt. 2, 1979, S. 11-32.
LANGER, William L., European Alliances and Alignments, 1871-1890, 2. Auflage, New York 1950.
LAZARE, Bernard, Die Juden in Rumänien. Autorisierte deutsche Übersetzung, Berlin 1902.
LECCA, Octav-George, Familiile boereşti române. Istoric şi genealogie (După isvoare autentice), Bucureşti 1899.
LEHMBRUCH, Gerhard, Strukturen ideologischer Konflikte bei Parteienwettbewerb, in: Politische Vierteljahresschrift, 10, 1969, S. 285-313.
LINDENBERG, Paul, Es lohnte sich, gelebt zu haben. Erinnerungen, Berlin 1941.
DERS., König Karl von Rumänien. Ein Lebensbild dargestellt unter Mitarbeit des Königs, 2 Bände, Berlin 1923.
LIPP, Wolfgang, Institutionen, Entinstitutionalisierung, Institutionengründung. Über die Bedeutung von Institutionen, zumal im gesellschaftlichen Transformationsprozeß, in: PAPALEKAS, Johannes Chr. (Hg.), Institutionen und institutioneller Wandel in Südosteuropa, München 1994, S. 19-34.
LIU, Nicolae, Catalogul corespondenţei lui Ion Ghica, Bucureşti 1962.
LOEWENSTEIN, Karl, Die Monarchie im modernen Staat, Frankfurt 1952.
LOVINESCU, Eugen, Istoria civilizaţiei române moderne, Vol. I: Forţele revoluţionare, Vol. II: forţele reacţionare; Vol. III: Legile formaţiei civilizaţiei române, Bucureşti 1924, 1925.
DERS., P. P. Carp. Critic literar şi literat, Bucureşti 1941.
LUKÁCS, Lajos, Military organizations of the Hungarian Exils, 1859-67, in: KIRALY, Bela K. (ed.), The Crucial Decade: East Central European Society and National Defense 1859-1870, Columbia 1984, S. 457-468.
LUNGU, Traian, Viaţa politică în România la sfîrşitul secolului al XIX-lea, 1889-1900, Bucureşti 1967.
LÜTTGE, Albert, Die Lebensarbeit eines Hohenzollern im Osten Europas, Erfurt 1904.
LUTZ, Heinrich, Österreich-Ungarn und die Gründung des Deutschen Reiches. Europäische Entscheidungen 1867-1871, Frankfurt, Berlin, Wien 1979.
MACDERMOTT, M., The Apostle of Freedom, Sofia 1979.

MACIU, Vasile, De la Tudor Vladimirescu la răscoala din 1907, Craiova 1973.
DERS., La Roumanie et la Conférence de Constantinople de décembre 1876 – janvier 1877, in: RRH I, 1962, S. 349f.
DERS., Memorialistul Ion Bălăceanu (1825-1914), in: Omagiu lui P. Constantinescu-Iaşi cu prilejul împlinirii a 70 de ani, Bucureşti 1965, S. 447-454.
DERS., Comment la Roumanie a conquis son indépendance, in: RRH, IV, 1965, S. 523-545.
DERS., Cu privire la războiul pentru independenţa Romîniei, in: Studii. Revistă de istorie, X, 1957, S. 111-133.
DERS., La préparation politique de la guerre d'indépendence de la Roumanie, in: RRH XVI, 1977, S. 225-245.
DERS., La Roumanie et la conférence de Constantinople de décembre 1876 – janvier 1877, in: RRH I, 1962, S. 325-350.
DERS., Premisele proclamării independenţei României, in: Studii. Revistă de istorie 20, 1967, S. 411-438.
DERS., Rumäniens Weg in die Unabhängigkeit, in: Südosteuropa Mitteilungen, 17, 1977, S. 72-64.
DERS., Formarea regimului politic în România (1848-1881), in: Academia R.S.R. Memoriile secţiei de ştiinţe istorice, ser. IV, t. V, 1980, S. 9-28.
DERS., La participation de Gh. Costaforu à la lutte pour l'union des Principautés Roumaines, in: RRH V, 1966, S. 89-120.
DERS., Participarea lui Gh. Costaforu la lupta pentru unire, in: Studii. Revista de istorie, 18, 1965, S. 89-115.
MADIEVSKIJ, S. A. Političeskaja sistema Rumynii poslednjaja tret' XIX – načalo XXv. Monarchija, parlament, pravitel'stvo, Moskva 1980.
DERS. (MADIEVSCHI), Elita politică a României (1866-1918), Chişinău 1993.
MAIER, Lothar, Rumänien auf dem Weg zur Unabhängigkeitserklärung 1866-1877. Schein und Wirklichkeit liberaler Verfassung und staatlicher Souveränität, München 1989.
DERS., Stadien der Modernisierung Rumäniens. Vom Frieden von Adrianopel bis zur Thronbesteigung Carols II. (1829-1930), in: ZACH, Krista (Hg.), Rumänien im Brennpunkt. Sprache und Politik, Identität und Ideologie im Wandel, München 1998, S. 13-37.
DERS., Iaşi, die Hauptstadt der Moldau als religiöses, geistiges und politisches Zentrum im 19. Jahrhundert, in: KOHLBACHER, Michael, LESINSKI, Markus (Hg.), Horizonte der Christenheit. Fs. für F. Heyer, Erlangen 1994, S. 334-343.
DERS., Rumänien und die europäischen Mächte (1859-1944), in: GREGORI, Ilina, SCHASER, Angelika (Hg.), Rumänien im Umbruch. Chancen und Probleme der europäischen Integration, Bochum 1993, S. 15-21.
DERS., Mazar Pascha – Ein abenteuernder Engländer und die rumänische Politik (1875-1876). In: GRIMM, Gerhard (Hg.), Von der Pruth-Ebene bis zum Gipfel des Ida. Fs. für E. Turczynski, München 1989, S. 247-266.
DERS., Die innen- und außenpolitischen Auseinandersetzungen um die Gründung der „Rumänischen Eisenbahngesellschaft" 1871-1872, in: Anuarul 23, 1986, S. 491-511.
DERS., Die Politik Rumäniens in der Orientalischen Krise 1875-1878 aus der Sicht der diplomatischen Vertreter Großbritanniens und Frankreichs in Bukarest, in: Südost-Forschungen 40, 1981, S. 81-103.
MAIORESCU, Titu, Istoria contemporană a României (1866-1900), Bucureşti 1925.
DERS., Însemnări zilnice, publicate cu o introducere şi note de I. RĂDULESCU-POGONEANU, 3 Bände, Band 1: 1855-1880, Band 2: 1881-1886, Band 3: 1887-1891, Bucureşti 1937.
DERS., Jurnal şi epistolar, ediţie îngrijită de RĂDULESCU-DULGHERU, Georgeta, Vol. V (10/22 iulie 1864 – 7/19 noiembrie 1866), Bucureşti 1984; Vol. VI (8/20 noiembrie 1866 – 17 aprilie

1870) Bucureşti 1986; Vol. VII (18 aprilie 1870–28 aprilie 1872) Bucureşti 1987; Vol. VIII (sfîrşitul lui aprilie 1872 – sfîrşitul lui aprilie 1876) Bucureşti 1989; Vol. IX (sfîrşitul lui aprilie 1876 – începutul lui ianuarie 1879), Bucureşti 1989.
DERS., Critice, Bucureşti 1989.
DERS. (Majorescu), Zur politischen Lage Rumäniens, in: Deutsche Revue, 6, Bd. 1, Januar – März 1881, S. 12-20.
MALIŢA, Mircea, A Century of Political and Diplomatic Action for the Abolition of the Consular Jurisdiction in Romania, in: RRH IV, 1967, S. 587-604.
MAMINA, Ion, Consilii de Coroană, Bucureşti 1997.
DERS., Monarhia constituţională în România. Enciclopedie politică. 1866-1938, Bucureşti 2000.
MAMINA, Ion, BULEI, Ion, Guverne şi Guvernanţi (1866-1916), Bucureşti, 1994.
MĂRIEŞ, Stela, Abolierea jurisdicţiei consulare în România – parte integrantă a luptei pentru independenţă natională, in: Revista de istorie 30, 1977, S. 5ff.
DIES., Supuşii străini din Moldova în perioada 1781-1862. Iaşi, 1985.
MĂNESCU, J. N., La question des armes de la Roumanie devant les assemblées en 1866/67 et 1871/72, in: RRH XXX, 1991, S. 235-252.
MARINESCU, Beatrice, Romanian-British Political Relations 1848-1877, Bucureşti 1983.
MARINESCU, Beatrice, DUŢU, Aurel, RĂDULESCU-ZONER, Şerban, Bucureştiul şi epopeea independenţei, 1877-1878, Bucureşti 1978.
MARINESCU, Georg G., Die Entwicklung des parlamentarischen Wahlsystems in Rumänien (Masch. Diss.), München 1954.
MAXIM, Mihai, Principatele române şi imperiul otoman (1400-1878), in: O istorie a românilor. Studii critice, Cluj-Napoca 1998, S. 129-147.
MEDLICOTT, W. N., The Recognition of Roumanian Independence, 1878-1880, in: The Slavonic and East European Review, 11,1932/33, S. 354-372 und 572-589.
DERS., Diplomatic relations after the Congress of Berlin, in: The Slavonic and East European Review 8, 1929/30, S. 66-79.
MEININGER, T. A., The Formation of a Nationalist Bulgarian Intelligentsia, 1835-1878, Ann Arbor, Univ. Microfilms, 1974.
MELVILLE, Ralph, SCHRÖDER, Hans-Jürgen (Hg.), Der Berliner Kongress von 1878. Die Politik der Großmächte und die Probleme der Modernisierung in Südosteuropa in der zweiten Hälfte des 19. Jahrhunderts, Wiesbaden 1982.
MICHELSON, Paul E., Conflict and Crisis. Romanian Political Development, 1861-1871, New York, London 1987.
DERS., Romanian Politics 1859-1871. From Prince Cuza to Prince Carol, Iasi, Oxford, Portland 1998.
DERS., Carol I (1866-1914) in Modern Romanian History and Historiography, in: TREPTOW, Kurt, W. (Ed.), Biography and Romanian Studies. Biografie şi studii româneşti, Iasi, Oxford, Portland 1998, S. 80-91.
DERS., Procesul dezvoltării naţionale române. Contribuţia lui Ştefan Zeletin, in: Anuarul XXIV, 1987, S. 365-374.
DERS., Romanian Perspectives on Romanian National Development, in: Balkanistica VII, 1981/82, Special Issue on Romania, S. 92-120.
MIHORDEA, V., Răscoala grănicerilor de la 1866, Bucureşti 1958.
MILWARD, Alan S., SAUL, S. B., The Economic Development of South-Eastern Europe, 1850-1914, in: DIES., The Development of the Economies of Continental Europe 1850-1914, London 1977, S. 427-465.
MOISUC, Viorica, CALAFETEANU, Ion (Hg.), Afirmarea statelor naţionale independente unitare din centrul şi sud-estul Europei (1821-1923), Bucureşti 1979.

MONARHIA de Hohenzollern, văzută de contemporani. Antologie, Bucureşti 1968.

MOSSE, W. E., England, Russia and the Rumanian Revolution of 1866, in: The Slavonic and East European Review 39, 1960/61, S. 73-94.

MUHS, Rudolf, Deutscher und britischer Liberalismus im Vergleich, in: LANGEWIESCHE, Dieter (Hg.), Liberalismus im 19. Jahrhundert, Göttingen, 1988, S. 223-259.

MÜLLER, Harald, Friedrich III. Ein Schattenkaiser, in: SEEBER, Gustav (Hg.), Gestalten der Bismarckzeit, 2. Band, Berlin (Ost) 1986, S. 399-424.

MURARU, Ioan, IANCU Gheorghe, Constituţiile române. Texte. Note. Prezentare comparativă, 3. Auflage, Bucureşti 1995.

MURGESCU, Mirela-Luminiţa, Între „bunul creştin" şi „bravul român". Rolul şcolii primare în construirea identităţii naţionale româneşti (1831-1878), Iaşi 1999.

MUŞAT, Mircea, ARDELEANU, Ion, De la statul geto-dac la statul român unitar, Bucureşti, 1983.

NEAGOE, Stelian, Istoria guvernelor României de la începuturi – 1859 până în zilele noastre – 1995, Bucureşti 1995; 2. Auflage (bis 1999), Bucureşti 1999.

NEDELMANN, Birgitta, Das kulturelle Milieu politischer Konflikte, in: NEIDHARDT, Friedhelm, et al. (Hg.), Kultur und Gesellschaft, Opladen 1986, S. 397-414.

NEGRUŢI, Ecaterina, Structura demografică a oraşelor şi târgurilor din Moldova 1800-1859, Iaşi 1997.

DIES., Tulburările antievreieşti din 1859 în Moldova, in: Anuarul 32, 1995, S. 175-183.

NÉLIDOV, A., Souvenirs d'avant et d'après la guerre de 1877-1878, in: Revue des deux mondes, 27, 1915, S. 302-339; 28, 1915, S. 241-277; 30, 1915, S. 241-270.

NETEA, Vasile, C. A. Rosetti, Bucureşti 1970.

DERS., Les relations de Ion Ghica avec certains diplomates anglais; ses missions et ses fonctions à Londres, in: RRH XI, 1972, S. 91-107.

DERS., Spre unitatea statală a poporului român. Legături politice şi culturale între anii 1859-1918, Bucureşti 1979.

NETEA, Vasile, IOVAN, Rodica, PODOCEA-CONSTANTINESCU, Mihaela (Hg.), 1877 în conştiinţa literară a epocii. Documente, scrisori, articole, Bucureşti 1977.

NETZHAMMER, Raymund, Bischof in Rumänien. Im Spannungsfeld zwischen Staat und Vatikan, hrsg. von Nikolas NETZHAMMER in Verbindung mit Krista ZACH, 2 Bände, München 1995.

NEUMANN, Victor, Problema emancipării evreilor reflectată în cultura română modernă, in: ZUB, Al. (Hg.), Identitate-alteritate în spaţiul cultural românesc, Iaşi 1996, S. 293-322.

NICOLESCU, George D., 1866-1901. Parlamentul romîn, Bucureşti 1903.

NIPPERDEY, Thomas, Deutsche Geschichte. Band 1: 1800-1866. Bürgerwelt und starker Staat, München 1983, Band 2: 1866-1918. Machtstaat vor der Demokratie, München 1992.

DERS., Grundprobleme der deutschen Parteigeschichte im 19. Jahrhundert, in: CONZE, Werner (Hg.), Beiträge zur deutschen und belgischen Verfassungsgeschichte im 19. Jahrhundert, Stuttgart 1967, S. 147-169.

NISTOR, Ioan Silviu, Monarhia în faţa istoriei. Consideraţii privind instituţia monarhică în România, Cluj-Napoca 1994.

OHLSEN, M., Der Eisenbahnkönig Bethel Henry Strousberg. Eine preußische Gründerkarriere, Berlin 1987.

OIŞTEANU, Andrei, „Imaginary Jew" versus „Real Jew" in Romanian Folklore and Mythology, in: ZUB, Al. (Hg.), Identitate-alteritate în spaţiul cultural românesc, Iaşi 1996, S. 266-292.

DERS., Imaginea evreului în cultura română. Studiu de imagologie în context est-central european, Bucureşti 2001.

OLDSON, William O., A Providential Anti-Semitism. Nationalism and Polity in Nineteenth Century Romania, Philadelphia 1991.

OLLIVIER, Émile, L'Empire libéral. Études, récits, souvenirs. T. 8: L'année fatale. Sadowa (1866), Paris 1903.
ONCKEN, Hermann, Die Rheinpolitik Kaiser Napoleons III. von 1863-1870 und der Ursprung des Krieges von 1870/71, 3 Bände, Stuttgart, Berlin, 1926.
OPRESCU, Paul, Statutul juridic al României pînă la proclamarea independenţei în lumina dreptului internaţional al vremii, in: Revista de istorie 40, 1987, S. 372-383.
Der ORIENTALISCHE Krieg in den Jahren 1876 bis 1878. 4. Abteilung. Der Russisch-Türkische Krieg V: Unsere Zeit, N. F. XV, 2, 1879, S. 526ff., III: S. 833ff.
Les ORIGINES diplomatiques de la guerre de 1870/71. Recueil de Documents, Bd. 22-29, Paris 1928-1932.
ORNEA, Zigu, Junimea şi Junimismul, Bucureşti 1975.
DERS., Portrete, Bucureşti 1999.
DERS., Viaţa lui Titu Maiorescu, 2 Bände, Bucureşti 1986 und 1987.
PANAITESCU, P. P., Urcarea în scaun a principelui Carol de Hohenzollern, in: Revista fundaţiilor regală, VI, 1939, 249-267.
PANU, George, Amintiri de la „Junimiea" din Iaşi. Ediţie, prefaţă şi tabel cronologic de Z. ORNEA, Bucureşti 1998.
DERS., Chestia evreilor, Bucureşti 1893.
DERS., Portrete şi tipuri parlamentare, Bucureşti 1892.
PAPACOSTEA, Şerban, Captive Clio: Romanian Historiography under Communist Rule, in: European History Quaterly, 26, 1996, S. 181-208.
PAPALEKAS, Johannes Chr. (Hg.), Institutionen und institutioneller Wandel in Südosteuropa, München 1994.
PASCU, Ştefan, Independence: A Fundamental Characteristic in the History of the Romanian People, in: Southeastern Europe, 5, 1978, S. 36-45.
PĂTRĂŞCANU, Lucreţiu, Un veac de frământări sociale 1821-1907, Bucureşti 1945.
PĂTROIU, Ion, La cumpăna a două epoci 1849-1877, Craiova 1983.
PENCOVICI, Al., Dezbaterile Adunării Constituante din anul 1866 asupra Constituţiunei şi Legei electorale din Romînia, Bucureşti 1883.
PETRESCU, Cezar, Cei trei regi, Bucureşti 1934.
PETRI, H., Ludwig Steege als Finanzminister Rumäniens und der Strousbergsche Eisenbahnbau (1867-1871). Ein Kapitel aus der ersten Regierungszeit des Fürsten Karl von Rumänien, in: Südostdeutsches Archiv, 4, 1961, S. 92-104.
PETROV, Metodi, Die Wahl des Prinzen von Battenberg zum Fürsten Bulgariens 1879, in: Bulgarian Historical Review, 2, 1973, S. 52-60.
PEYFUSS, Max D., Die aromunische Frage. Ihre Entwicklung von den Ursprüngen bis zum Frieden von Bukarest (1913) und die Haltung Österreich-Ungarns, Wien, Köln, Graz 1974.
PIPPIDI, Andrei, România Regilor, Bucureşti 1994.
PLATAMONA, Lucreţia Carandino, Regina Elisveta (Carmen Sylva), Bucureşti 1943.
PLATON, Gheorghe, Istoria modernă a României, Bucureşti 1985.
DERS., Évolution et révolution dans le développement de la Roumanie moderne. Notes préliminaires, in: Revue des éudes sud-est européenes, 27, 1989, S. 81-93.
DERS., Die Revolutionen des 19. Jahrhunderts in den rumänischen Ländern – Ausdruck des sozialen und nationalen Befreiungskampfes, in: Anuarul 23, 1986, S. 5-12.
DERS., Ideea de republică în secolul al XIX-lea. Între renunţ teoretic şi practică politică, in: Cercetări istorice, 14/15 (serie nouă), 1983/1984, S. 183-189.
DERS., 1866 – începutul „revoluţiei pentru independenţă". Ecouri în presa europeană, in: Anuarul 21, 1984, S. 439-452.

PLATON, Gheorghe, PLATON, Alexandru-Florin, Boierimea din Moldova în secolul al XIX-lea. Context european, evoluţie socială si politică (Date statistice şi observaţii istorice), Bucureşti 1995.

PLATON, Gh., RUSSU, V., IACOB, Gh., CHRISTIAN, V., AGRIGOROAIEI, I. (Hg.), Cum s-a înfăptuit România modernă. O perspectivă asupra strategiei dezvoltării, Iaşi 1993.

PLOEŞTEANU, Grigore, Alexander J. Cuza im Exil (1866-1873). Innerer Nachklang und diplomatische Implikationen, in: RRH XXII, 1983, S. 47-58.

POLIHRONIADE, Mihail, TELL, A.-Ch., Domnia lui Carol I, Vol. I, 1866-1877, Bucureşti 1937.

POLIHRONIADE, Mihail, Viaţa politică sub Carol I, in: Enciclopedia României, Vol. I: Statul, Bucureşti 1939, S. 883-883.

POLITICA externă a României. Dicţionar cronologic, Bucureşti 1986.

POPESCU, Teodor, Modernizarea forţelor armate româneşti în timpul domniei lui Alexandru Ioan Cuza, in: Revista de istorie, 32, 1979, S. 79-102.

POPOVICI, Ion, Organizarea armatei române. Lucrare întocmită după legiuirile în vigóre, Vol. I, Roman 1900.

POTTHOF, Friedrich H., Die deutsche Politik Beusts von seiner Berufung zum österreichischen Außenminister 1866 bis zum Ausbruch des Deutsch-Französischen Krieges 1870/71, Bonn 1968.

PREDA, Dumitru, Armata şi societatea românească (1859-1877), in: Revistă de istorie 40, 1987, S. 384-396.

[RADOWITZ] Aufzeichnungen und Erinnerungen aus dem Leben des Botschafters Joseph Maria von Radowitz, hrsg. von HOLBORN, Hajo, 2 Bände, Berlin, Leipzig 1925.

RĂDULESCU, Mihai Sorin, Elita liberală românească 1866-1900, Bucureşti 1998.

DERS., Genealogii, Bucureşti 1999.

DERS., Die rumänische liberale Elite (1866-1900), in: Südost-Forschungen 58, 1999, S. 203-219.

DERS., Sur l'élite du Parti Conservateur roumain, in: RRH 37, 1998, S. 61-72.

RĂPEANU, Valeriu (Hg.), Societatea românească la 1877. Memorii ale unor luptători, Antologie, Bucureşti 1977.

RĂUTU, Constant, Ion C. Brătianu. Omul – timpurile – opera (1821-1891), Turnu-Severin 1940.

DERS., Eugeniu Carada. Omul şi opera (1836-1910), Craiova 1940.

RASCHDAU, L. (Hg.), Aus dem politischen Nachlaß des Unterstaatssekretärs Dr. Busch, in: Deutsche Rundschau, Bd. 137, Okt.–Dez. 1908, S. 368-405,

DERS. (Hg.), Die Botschafterkonferenz in Konstantinopel und der russisch-türkische Krieg (1877-1878). Aus dem literarischen Nachlaß des Unterstaatssekretärs Dr. Busch, in: Deutsche Rundschau, 141, Oktober–Dezember 1909, Teil 1: S. 12-28, Teil 2: S. 207-222, Teil 3: S. 361-379.

DERS. (Hg.), Diplomatenleben am Bosporus. Aus dem literarischen Nachlaß des Unterstaatssekretärs Dr. Busch, in: Deutsche Rundschau, 138, Januar–März 1909, S. 203-222, S. 381-405.

RELAŢII româno-bulgare de-a lungul veacurilor sec. XII-XIX. Studii, Vol. I: Bucureşti 1971, Vol. II: Bucureşti 1984.

REPREZENTANŢELE diplomatice ale României, Vol. 1: 1859-1917, Bucureşti 1967.

RHEINLÄNDER, R., Fürst Karl Anton von Hohenzollern-Sigmaringen als Berater seines Sohnes Karl von Rumänien, Tübingen (Diss. Masch.) 1923.

RIKER, Thad W., The Making of Roumania; a Study of an International Problem, 1856-1866, London 1931 (rumänische Übersetzung: Cum s'a înfăptuit România. Studiul unei probleme internaţionale 1856-1866, Bucureşti 1940).

RIZOS, Panaioti (Hg.), Mémoires du Prince Nicolas Soutzo, Grand-Logothète de Moldavie 1798-1871, Wien 1899.

ROBERTS, Henry L., Politics in a Small State: The Balkan Example, in: JELAVICH, Charles und Barbara, The Balkans in Transition, Berkley, Los Angeles 1963, S. 376-395.
ROMAN, Ion (Hg.), Ion Ghica, Opere II, Bucureşti 1970.
ROMÂNIA în războiul pentru independenţă naţională – 1877-1878. Contribuţii bibliografice, Bucureşti 1972.
ROMÂNIA în relaţiile internaţionale 1699-1939, Iaşi 1980.
ROMÂNIA în sud-estul Europei. Culegere de studii, Bucureşti 1979.
ROMAŞCANU, M. Gr. (Hg.), Eugeniu Carada (1836-1910), Bucureşti 1937.
RONNEBERGER, Franz, Der Staat als Institution in Südosteuropa. Seine Rolle im Transformationsprozeß, in: PAPALEKAS, Johannes Chr. (Hg.), Institutionen und institutioneller Wandel in Südosteuropa, München 1994, S. 55-62.
ROOBOL, W. M., Romania and the Powers in 1876-77, in: GOUDEVER, P.A. (Hg.), Romanian History, 1848-1918. Essays from the First Dutch-Romanian Colloquium of Historians. Utrecht 1977. Groningen 1979,
[ROSETTI, Constantin A.] Lui C. A. ROSETTI (1816-1916) la o sută de ani dela naşterea sa. Ediţia IIIa, Bucureşti 1916.
C. A. ROSETTI. Gînditorul – Omul. Studiu, antologie şi note de Radu PANTAZI, Bucureşti 1969.
ROSETTI, Dim. R., Dicţionarul Contimporanilor, Bucureşti 1897.
ROSETTI, Radu (General), Însemnătatea istorică a căderei Plevnei, in: Academia Română, Mem. secţ. istorice seria III, t. XIX, 1937, S. 319-329.
DERS., Regele Carol I militar, in: Arhiva Românească, IV, Bucureşti 1940, S. 23-36.
DERS., Corespondenţa generalului Iancu Ghica, 2 aprilie 1877 – 8 aprilie 1878, Bucureşti 1930.
DERS., Documente privitoare la misiunea lui Dimitrie Brătianu la Constantinopole, în toamna 1876 şi alte documente din arhiva d-lui G. G. Cantacuzino, in: Academia Română. Mem. secţ. istorice seria III, t. XXV, Bucureşti 1943, S. 955-1009.
DERS., Un uitat. Generalul Ion Em. Florescu, in: Academia Română. Mem. secţ. istorice seria III, t. XIX, Bucureşti 1937, S. 1-31.
DERS., Roumania's Share in the War of 1877, in: The Slavonic and East European Review 8, 1929/30, S. 548-577.
DERS., Din corespondenţa inedită a principelui Milan al Serbiei cu colonelul Gheorghe Catargi în timpul războiului din 1877-1878, in: Academia Română. Mem. secţ. istorice seria III, t. XVII, Bucureşti 1935-36, S. 37-85.
ROTH, Harald, Kleine Geschichte Siebenbürgens, Köln u.a. 1996.
ROTMAN, Liviu, Evreii şi începuturile industriei româneşti, in: Revista istorică, 3, 1992, S. 321-327.
La ROUMANIE 1866-1906. Hrsg. v. Ministère de l'Agriculture, de l'Industrie, du Commerce et des Domaines, Bucarest 1907.
RUSSU, V., Cauzele luptelor politice dintre grupările liberale şi conservatoare în anii instabilităţii guvernamentale şi parlamentare (1866-1871), in: Cercetări istorice (serie nouă) IX-X, 1978/79, S. 411-437.
DERS., Din activitatea politică a lui Ion Ghica în perioada instabilităţii guvernamentale şi parlamentare (iulie 1866 – februarie 1867), in: Anuarul, XIV, 1977, S. 191-210.
DERS., Consideraţii privind constituirea partidului conservator din România, in: Analele ştiinţifice Univ. Cuza, Iaşi, secţ. III/A istorie, 18, 1972, S. 117-147.
DERS., Consideraţii privind teoria alianţei burghezo-moşiereşti, in: Anuarul XV, 1978, S. 455-463.
DERS., Frămîntări politice în perioada instaurării regimului burghezo-moşieresc (martie – iunie 1866), in: Analele ştiinţifice Univ. Cuza, Iaşi, secţ. III/A istorie, 13, 1967, S. 119-129.

DERS., Din frământările politice ale perioadei de instabilitate guvernamentală şi parlamentară (1871-1871). Încercări de revizuire a Constituţiei, in: Analele ştiinţifice Univ. Cuza, Iaşi, secţ. III/A istorie, 18, 1972, S. 67-84.

DERS., Instituirea şi organizarea regimului politic al burgheziei şi moşierimii (februarie – iunie 1866), in: Analele ştiinţifice Univ. Cuza, Iaşi, secţ. III/A istorie, 16, 1970, S. 135-155.

DERS., Din lupta politică în anii instabilităţii guvernamentale: înţelegerea de la „Concordia" (februarie 1867), in: Analele ştiinţifice Univ. Cuza Iaşi, secţ. III/A istorie, 17, 1971, S. 73-91.

DERS., „Monstruoasa coaliţie" şi detronarea lui Al. I. Cuza, in: Cuza Vodă in memoriam, Iaşi 1973, S. 503-550.

DERS., Mişcări şi frământări anticarliste (1866-1871), in: Analele ştiinţifice Univ. Cuza, Iaşi, secţ. III/A istorie, 20, 1974, S. 45-56.

DERS., Constituţia de la 1866 şi ideea de independenţă, in: Analele ştiinţifice Univ. Cuza, Iaşi, secţ. III/A istorie, 22, 1976, S. 11-18.

DERS., Observaţii privind aplicarea legii învoielilor agricole din 1866, in: Analele ştiinţifice Univ. Cuza, Iaşi, secţ. III/A istorie, 19, 1973, S. 103-110.

DERS., Viaţa politică în România (1866-1871), teză de doctorat, Iaşi 1975.

DERS., Un deceniu furtunos (1866-1876). Confruntări asupra orientării procesului de modernizare a României, in: PLATON, Gh. et al. (Hg.), Cum s-a înfăptuit România modernă. O perspectivă asupra strategiei dezvoltării, Iaşi 1993, S. 101-132.

RUSSU, V., TIMOFTE, Mihai, Imprejurările şi semnificaţia instaurării guvernării conservatoare Lascăr Catargiu (martie 1871), in: Anuarul XVI, 1979, S. 359-384.

RUSSU, V., VITCU, Dumitru, Date noi referitoare la activitatea politică a lui Mihail Kogălniceanu (1869), in: Anuarul XVII, 1980, S. 615-622.

DIES., Frământări politice interne în vremea guvernării Dimitrie Ghica – Mihail Kogălniceanu, 1868-1870, Teil 1 in: Anuarul VII, 1970, S. 139-171; Teil 2: Anuarul VIII 1971, S. 61-98.

RUSU, Andrei (Hg.), Bălcescu. Scrieri alese, Bucureşti 1973.

DERS. (Hg.), Cezar Bolliac, Scrieri, Band 1: Meditaţii. Poezii; Band 2: Articole literare. Cronici dramatice. Articole politice. Arheologie, Bucureşti 1983.

RUSU, Dumitru (Hg.), Republica în România de la idee la faptă, Iaşi 1988.

RUTKOVSKI, Ernst R. v., Österreich-Ungarn und Rumänien 1880-1883, die Proklamierung des Königreiches und die rumänische Irredenta, in: Südost-Forschungen, 25, 1966, S. 150-284.

SACHELARIE, Ovide, DIMIU, Radu, Le passage du régime d'assemblées d'états au régime parlementaire en Roumanie, in: VIERHAUS, Rudolf (Hg.), Herrschaftsverträge, Wahlkapitulationen, Fundamentalgesetze, Göttingen 1977, S. 163-172.

SCHALLER, Roland, Bulgarisch-rumänische Föderationsgespräche während der Regierungszeit Alexanders von Battenberg (1879-1886), in: Deutsch-rumänisches Colloquium junger Historiker, Kulturhistoriker und Zeitgeschichtler, München 1974, S. 108-111.

SCHMIDT, Christian Hermann, Vorrang der Verfassung und konstitutionelle Monarchie. Eine dogmengeschichtliche Untersuchung zum Problem der Normenhierarchie in den deutschen Staatsordnungen im frühen und mittleren 19. Jahrhundert (1818-1866), Berlin 2000.

SCHMIDT, Ernst, Die verfassungsrechtliche und politische Struktur des rumänischen Staates in ihrer historischen Entwicklung, München 1932.

SCHMIDT, Jochen, Dakoromanismus von 1918. Nationalbewegung und Parteienbildung in Rumänien, in: Südost-Forschungen 54, 1995, S. 161-200.

DERS., Populismus oder Marxismus. Zur Ideengeschichte der radikalen Intelligenz Rumäniens 1875-1915, Tübingen 1992.

SCHMIDT, Rainer, Die gescheiterte Allianz. Österreich-Ungarn, England und das Deutsche Reich in der Ära Andrassy (1867-1878/78), Frankfurt 1992.

SCHÖDL, Günter, Die Dauer des Nationalen. Zur Entwicklungsgeschichte des „neuen" Nationalismus im östlichen Europa, in: WINKLER, Heinrich August, KAELBLE, Hartmut (Hg.), Nationalismus – Nationalitäten – Supranationalität, Stuttgart 1995, S. 123-155.

SCHOEPS, Hans Joachim, Kommt die Monarchie? Wege zu neuer Ordnung im Massenzeitalter, Ulm 1953.

SCHRAMM, Gottfried, Die Ostjuden als soziales Problem des 19. Jahrhunderts, in: MAUS, Heinz (Hg.), Gesellschaft, Recht und Politik. Wolfgang Abendroth zum 60. Geburtstag, Neuwied, Berlin 1968, S. 353-380.

SCHWEINITZ, Lothar, Denkwürdigkeiten des Botschafters General v. Schweinitz, hrsg. v. Wilhelm v. Schweinitz, 2 Bände, Berlin 1927.

SCURTU, Ioan, Contribuţii privind viaţa politică din România: Evoluţia formei de guvernămînt în istoria modernă şi contemporană, Bucureşti 1988.

DERS., Monarhia în România 1866-1947, Bucureşti 1991.

DERS., Mişcarea ţărănistă din România pînă la 1907, in: Studii. Revistă de istorie, 25, 1972, S. 529-550.

SCURTU, Ioan, BULEI, Ion, Democraţia la români 1866-1938, Bucureşti 1990.

SENNER, Martin, Die Donaufürstentümer als Tauschobjekt für die österreichischen Besitzungen in Italien (1853-1866), Stuttgart 1988.

SETON-WATSON, Hugh, Nations and States. An Enquiry into the Origins of Nations and the Politics of Nationalism, London 1977.

SETON-WATSON, Robert, A History of the Roumanians; from Roman Times to the Completion of Unity, Cambridge 1934.

SHILS, Edward, Centre and Periphery, in: The Logic of Personal Knowledge. Essays presented to Michael Polanyi on his Seventieth Birthday 11th March 1961, London 1961, S. 117-130.

SIHLEANU, Severa, Note şi desmintiri asupra amintirilor d-nei Sabina Cantucuzino, Bucureşti o. J.

SIMONESCU, Dan, POP, Augustin Z.N. (Hg.), Mihail Kogălniceanu. Scrisori, note de călătorie. Studii şi documente, Bucureşti 1967.

SIUPIUR, Elena, Intelectualii bulgari de emigraţie în România în secolul al XIX-lea, in: DUŢU, A. (Hg.), Intelectuali din Balcani în România (sec. XVII-XIX), Bucureşti 1984, S. 114-162.

DIES., The Training of Intellectuals in South-East Europe during the 19th Century. The Romanian Model, in: Anuarul XXIII, 1986, S. 469-490.

DIES., Les intellectuels roumains du XIXe siècle et la réorganisation de la classe politique et du système institutionnel, in: RRH, 34, 1995, S. 75-95.

SLAVESCU, Victor J., Die Agrarfrage in Rumänien (Inaugural-Dissertation), Halle 1914.

SLĂVESCU, Victor, Ion Strat. Economist – financiar – diplomat. 1836–1879. 2 Bände, Bucureşti 1946.

DERS., Creditele funciare din Romînia, Bucureşti 1924.

DERS., Corespondenţa lui Ion Ghica cu Dimitrie Sturdza 1860-1880, in: Academia Română, Mem. secţ. istorice ser. III, t. XXV, 1942-43, S. 1247-1358.

DERS., Vieţa şi opera lui Petre Mavrogheni, in: Academia Română, Mem. secţ. istorice ser. III, t. XXI, 1939, S. 569-652.

DERS., „Afacerea Strousberg", I-IV, in: Magazin istoric, 13 (Nr. 2, 3, 4, 5) 1979.

SMITH, Robert, MOORE, John S. (Hg.), The Monarchy. Fifteen Hundred Years of British Tradition, London 1998.

SOUTHEASTERN Europe. Special Section: The Centenary of Romanian Independence, 1878-1978, Vol. 5, 1978, Vol. 6, 1979.

SRBIK, Heinrich, Ritter v. (Hg.), Quellen zur deutschen Politik Österreichs 1859-1866, Band V, 2, Oldenburg, Berlin 1938.

STACKELBERG, Natalie Freiin v., Aus Carmen Sylva's Leben, 5. Auflage, Heidelberg 1889.
STAN, Apostol, Ion C. Brătianu şi liberalismul român. Un promotor al liberalismului în România, Bucureşti 1993.
DERS., Rezistenţă la raptul Basarabiei în 1878, in: Revista istorică, 3, 1992, S. 61-80.
DERS., Vasile Boerescu (1830-1883), Bucureşti 1974.
DERS., Grupări şi curente politice în România între unire şi independenţă, Bucureşti 1979.
DERS., Putere politică şi democraţie în România 1859-1918, Bucureşti 1995.
DERS., Independenţa României. Detaşarea de piaţa otomană şi rataşarea de Europa 1774-1875, Bucureşti 1998.
STAN, Apostol, VLĂDUŢ, Constantin, Gheorghe Magheru, Bucureşti 1969.
STAN, Apostol, IOSA, Mircea, Liberalismul politic în România: De la origini până la 1918, Bucureşti 1996.
STANCIU, Ion, Statutul juridic al populaţiei evreieşti din România în perioada 1878 – septembrie 1940, in: Revista istorică 3, 1992, S. 320-343.
STAVRIANOS, Leften S., The First Balkan Alliance System, 1860-1876, in: Journal of Central European Affairs, 2, 1942/43, S. 267-290.
DERS., The Balkans since 1453, New York etc. 1958.
DERS., The Influence of the West on the Balkans, in: JELAVICH, Charles and Barbara (Ed.), The Balkans in Transition, Berkeley, Los Angeles 1963, S. 184-226.
ŞTEFAN, I. M., De la Podul Mogoşoaiei la Calea Victoriei. Din cronica anilor 1877-1878, Timişoara 1977.
ŞTEFĂNESCU, PAUL, Istoria francmasoneriei române, Bucureşti 1999.
STERBLING, Anton, Kontinuität und Wandel in Rumänien und Südosteuropa. Historisch-soziologische Analysen, München 1997.
STERN, Adolphe, Din viaţa unui evreu român, hrsg. von GOLDSTEIN, Ţicu, 3 Bände, Bucureşti 2001.
STERN, Fritz, Gold und Eisen. Bismarck und sein Bankier Bleichröder. Frankfurt/Berlin 1978.
[STROUSBERG], Dr. Strousberg und sein Wirken von ihm selbst geschildert. Dritter unveränderter Abdruck, Berlin 1876.
STURDZA, Démètre A., Charles I. Roi de Roumanie, Chronique – Actes –Documents, 3 Bände (3. Band unvollständig), Bucarest 1899,1904.
STURDZA Dimitrie A. (Hg.), Domnia Regelui Carol I. Fapte–cuvîntări–documente, t. 1, 1866-1876, Bucureşti 1906.
DERS. (Hg.), 30 de ani de domnie ai Regelui Carol I. Cuvântăi şi acte, 2 Bände, Bucureşti 1897.
DERS. (Hg.), Acte şi documente relative la istoria renascerei României, Vol. VIII (1858-59), Bucuresci 1900.
DERS. (= Erdmann von Hahn), Deutschland, Rumänien und Fürst Karl von Hohenzollern, Prag 1875.
STURDZA, Mihai Dim., Junimea societate secretă, in: Ethos, caietul 1, Paris 1973, S. 81-110.
SUCIU, Dumitru, Monarhia şi făurirea României mari, Bucureşti 1997.
SUMNER, Benedict H., Russia and the Balkans, 1870-1880, Oxford 1937.
SUNDHAUSSEN, Holm, Neue Literatur zu Problemen der Industrialisierung und der nachholenden Entwicklung in den Ländern der europäischen Peripherie, in: Südost-Forschungen, 43, 1984, S. 287-303.
DERS., Die verpaßte Agrarrevolution. Aspekte der Entwicklungsblockade in den Balkanländern vor 1945, in: SCHÖNFELD, Roland (Hg.), Industrialisierung und gesellschaftlicher Wandel in Südosteuropa, München 1989, S. 45-60.
DERS., Nationsbildung und Nationalismus im Donau-Balkan-Raum, in: Forschungen zur Osteuropäischen Geschichte 48, 1993, S. 233-258.

DERS., Die „Peripherisierungstheorie" zur Erklärung südosteuropäischer Geschichte, in: HINRICHS, Uwe et al. (Hg.), Sprache in der Slavia und auf dem Balkan. Fs. für Norbert Reiter, Wiesbaden 1993, S. 277-288.

DERS., Institutionen und institutioneller Wandel in den Balkanländern aus historischer Perspektive, in: PAPALEKAS, Johannes Chr. (Hg.), Institutionen und institutioneller Wandel in Südosteuropa, München 1994, S. 35-54.

DERS., Nation und Nationalstaat auf dem Balkan. Konzepte und Konsequenzen im 19. und 20. Jahrhundert, in: ELWERT, Jürgen (Hg.), Der Balkan: eine europäische Krisenregion in Geschichte und Gegenwart, Stuttgart 1997, S. 77-90.

DERS., Europa balcanica. Der Balkan als historischer Raum Europas, in: Geschichte und Gesellschaft 25, 1999, S. 626-653.

DERS., Eliten, Bürgertum, politische Klasse? Anmerkungen zu den Oberschichten in den Balkanländern des 19. und 20. Jahrhundert, in: HÖPKEN, Wolfgang, SUNDHAUSSEN, Holm (Hg.), Eliten in Südosteuropa. Rolle, Kontinuitäten, Brüche in Geschichte und Gegenwart, München 1998, S. 5-30.

SUVEICĂ, Marcel, Relaţii diplomatice romăno-ruse în perioada crizei balcanice şi a războiului pentru independenţă (1875-1878), in: Destin românesc, 2, 1997, anul IV, nr. 14, S. 32-50.

TĂNĂSOIU, Carmen, Iconografia regelui Carol I, Timişoara 1999.

TAPIE, V.-L., Autour d'une tentative d'alliance entre la France et l'Autriche 1867-1870, in: Österreichische Akademie der Wissenschaften. Philologisch-Historische Klasse, 274, Nr. 5, Wien 1971.

TAPPE, E. D., Rumania, in: Warriner, Doreen (Ed.), Contrasts in Emerging Societies, Bloomington 1965, S. 116-203.

THEODORIAN-CARADA, M. Eugeniu Carada, Bucureşti 1922.

TIMOFTE, Mihai, România la 1870-1871: Monarhie sau republică, Iaşi 1996.

TOTU, Maria, Garda civică din România 1848-1884, Bucureşti 1976.

TREPTOW, Kurt (Ed.), A History of Romania, Iaşi 1995.

DERS. (Ed.), Biography and Romanian Studies. Biografie şi studii româneşti, Iasi, Oxford, Portland 1998

TREUE, Wilhelm (Hg.), Drei deutsche Kaiser. Wilhelm I. – Friedrich III. – Wilhelm II. Ihr Leben und ihre Zeit 1858-1918, Freiburg, Würzburg 1987.

TRICOLORUL României. Simbol al unităţii, integrităţii şi suveranităţii naţionale. Coordinator: Dr. Adina BERCIU-DRĂGHICESCU, Bucureşti 1995.

TÜRR, Stefan, Fürst Bismarck und die Ungarn. Reminiscenzen aus dem Jahre 1866, in: Deutsche Revue, 25, Januar – März 1900, S. 313-329.

TURCZYNSKI, Emanuel, Originäre und imperiale Impulse der Nationalbewegung in Südosteuropa, in: Actes du premier congrès international des études balkaniques et sud-est-européenes, IV, Histoire, Sofia 1969, S. 365-389.

DERS., Rechtssicherheit und wirtschaftlicher Fortschritt. Zum Forderungskatalog des Frühliberalismus in Südosteuropa, in: Südosteuropa im Entwicklungsprozeß der Welt. Fs. für Hermann Gross, München, Wien 1979, S. 119-137.

TZIGARA-SAMURCAŞ, Alexandru (Hg.), Din viaţa regelui Carol I, Bucureşti 1939.

DERS., Memorii, Vol. 1 (1872-1910), Vol. 2 (1910-1918), hrsg. v. ŞERB, Ioan und Florica, Bucureşti 1991, 1999.

ŢUŢUI, Gheorghe, POPA, M., Hohenzollernii în Romînia, Bucureşti 1962.

VARTA, I., Documents inédits sur la politique russe à l'égard de la Roumanie en 1878, in: Revue des études sud-est européenes, 32, 1994, S. 229-239.

VELICHI, Constantin N. Les relations roumano-grecques durant la période 1866-1879, in: Revue des études sud-est européenes, 8, 1970, S. 525-548.

DERS., La contribution de l'emigration bulgare de Valachie à la renaissance politique et culturelle du peuple bulgare (1762-1850), Bucureşti 1970.

DERS., La Roumanie et les mouvements nationaux des Balkans (1840-1877), in: Actes du premier congrès international des études balkaniques et sud-est-européenes, IV, Histoire, Sofia 1969, S. 301-310.

DERS., România şi renaşterea bulgară, Bucureşti 1980.

DERS., Relaţiile române-turce în perioada februarie – iunie 1866. Înfiinţarea comitetului central secret bulgar de la Bucureşti şi legăturile acestuia cu guvernul român, in: Studii, Revista de istorie 1963, S. 843-867.

DERS., C. A. Rosetti şi „Comunitatea bulgară", in: Omagiu lui Constantinescu-Iaşi. Cu prilejul împlinirii a 70 de ani, Bucureşti 1965, S. 527-532.

DERS., Sofia, in: Reprezentanţele diplomatice ale României, Band 1, Bucureşti 1967, S. 256-283.

VERDERY, Katherine, Moments in the Rise of the Discourse on National Identity. I: Seventeenth Through Nineteenth Centuries, in: Românii în istoria universală, Band III, 1, Iaşi 1988, S. 25-60.

VIERHAUS, Rudolf, Zum Problem historischer Krisen, in: FABER, Karl-Georg, MEIER, Christian (Hg.), Historische Prozesse, München 1978, S. 313-329 (Theorie der Geschichte. Beiträge zur Historik, Band 2).

VINOGRADOV, V. N. et al. (Hg.), Bessarabija na perekrestke evropejskoj diplomatii. Dokumenty i materialy, Moskva 1996.

VITCU, Dumitru, „Momentul" B. F. Peixotto în evoluţia raporturilor româno-americane (1870-1876), in: Anuarul XXIII, 1986, S. 733-742.

VLĂDUŢ, Constantin, Ion Câmpineanu, Bucureşti 1973.

VLAD, Radu-Dan, Procesul de la Tîrgovişte al mişcării antidinastice din 8 august 1870, in: Revistă de istorie 35, 1982, S. 903-916.

DERS., Opinii privind dezvoltarea industriei naţionale în anii 1859-1866, in: Revistă de istorie 42, 1989, S. 59-78.

VOLOVICI, Leon, Ideologia naţionalistă şi „problema evreiască" în România anilor 30, Bucureşti 1995.

VULPESCU, Iordache (= Mârzescu, Gheorghe), Spionul prussian sau principele Carol de Hohenzollern. Domn al României, Berlin 1875.

WALLER, Bruce, Bismarck at the Crossroads. The Reorientation of German Foreign Policy after the Congress of Berlin 1878-1880, London 1974.

WALTERS, E. G., Ion C. Brătianu: The Making of a Nationalist Politician, 1821-1866. Ann Arbor, Univ. Microfilm 1974.

WELTER, Beate, Die Judenpolitik der rumänischen Regierung 1866-1888, Frankfurt 1989.

DIES., Documente pentru istoria Iaşilor: rapoarte consulare austriace din perioada 1866-1878, in: GOROVEI, Ştefan (ed.), Românii în istoria universală III, 3: Izvoare străine pentru istoria românilor, Iaşi 1988, S. 229-255.

WELZK, Stefan, Nationalkapitalismus versus Weltmarktintegration? Rumänien 1830-1944. Ein Beitrag zur Theorie eigenständiger Entwicklung, Saarbrücken 1982.

DERS., Entwicklungspolitische Lernprozesse: Rumänische Erfahrungen, in: Befreiung. Zeitschrift für Politik und Wissenschaft, 19/20, 1980, S. 70-118.

WENDEL, Hermann, Bismarck und Serbien im Jahre 1866, Berlin 1927.

WERTHEIMER, Eduard von, Graf Julius Andrassy. Sein Leben und seine Zeit, Band 2 und 3, Stuttgart 1913.

WHITMAN, Sidney (Ed.), Reminiscences of the King of Roumania, London, New York 1899.

WINCKLER, Martin B., Bismarcks Rumänienpolitik und die europäischen Großmächte 1878/79, in: Jahrbücher für Geschichte Osteuropas, N.F. 2, 1954, S. 53-88.

WINKLER, Heinrich August (Hg.), Nationalismus, Königstein 1978.
WINKLER, Heinrich August, KAELBLE, Hartmut (Hg.), Nationalismus – Nationalitäten – Supranationalität, Stuttgart 1995.
WITTE, Jean, Quinze ans d'histoire 1866-1881. D'après des mémoires du Roi de Roumanie et les témoignages contemporaines, Paris 1905.
WOLBE, Eugen, Carmen Sylva. Der Lebensweg einer einsamen Königin, Leipzig 1933.
WOLTER, Heinz, Bethel Henry Strousberg. Aufstieg und Fall des preußischen „Eisenbahnkönigs" in: SEEBER, Gustav (Hg.), Gestalten der Bismarckzeit, 2. Band, Berlin (Ost) 1986, S. 91-117.
DERS., Joseph Maria von Radowitz, Stationen einer diplomatischen Karriere, in: SEEBER, Gustav (Hg.), Gestalten der Bismarckzeit, 2. Band, Berlin (Ost) 1986, S. 251-272.
XENOPOL, Alexandru D., Istoria partidelor politice in România, Band 1: Dela origini până la 1866, Bucureşti 1910.
DERS., Nicolae Kretzulescu. Viaţa şi faptele lui, 1812-1900, Bucureşti 1915.
ZACH, Krista (Hg.), Rumänien im Brennpunkt. Sprache und Politik, Identität und Ideologie im Wandel, München 1998.
ZALYŠKIN, Michail M., Vnešnjaja politika Rumynii i rumyno-russkie otnošenija 1875-1878, Moskva 1974.
ZELETIN, Ştefan, Burghezia română, Origina şi rolul ei istoric, Bucureşti 1925.
ZIEMER, Klaus, Rumänien, in: STERNBERGER, Dolf, VOGEL, Bernhard (Hg.), Die Wahl der Parlamente und anderer Staatsorgane. Ein Handbuch. Band I: Europa, 2. Halbband, Berlin 1969, S. 1031-1074.
ZINGELER, K. Th., Die Hohenzollern in Rumänien. Eine historisch-politische Abhandlung, Bonn 1890.
DERS., Karl Anton von Hohenzollern und Berthold Auerbach, in: Deutsche Revue, 35, 2. Bd., April – Juni 1910, S. 309-328.
DERS., Karl Anton. Fürst von Hohenzollern. Ein Lebensbild nach seinen hinterlassenen Papieren, Stuttgart, Leipzig 1911.
ZUB, Al., Mihail Kogălniceanu 1817-1891. Biobibliografie, Bucureşti 1971.
DERS., République et monarchisme chez M. Kogălniceanu, in: RRH XI, 1972, S. 919-931.

Personenregister